中國國家圖書館編

國家圖書館藏敦煌遺書

第一百十三冊　北敦一三八〇一號——北敦一三八三三號

北京圖書館出版社

圖書在版編目(CIP)數據

國家圖書館藏敦煌遺書·第一百十三册/中國國家圖書館編;任繼愈主編.—北京:北京圖書館出版社,2009.7

ISBN 978-7-5013-3675-3

Ⅰ.國… Ⅱ.①中…②任… Ⅲ.敦煌學-文獻 Ⅳ.K870.6

中國版本圖書館 CIP 數據核字(2009)第 062887 號

ISBN 978-7-5013-3675-3

9787501336753

書　　名　國家圖書館藏敦煌遺書·第一百十三册
著　　者　中國國家圖書館編　任繼愈主編
責任編輯　徐　蜀　孫　彦
封面設計　李　璀

出　　版　北京圖書館出版社　(100034　北京西城區文津街 7 號)
發　　行　010-66139745　66151313　66175620　66126153
66174391(傳真)　66126156(門市部)
E-mail　btsfxb@ nlc. gov. cn(郵購)
Website　www. nlcpress. com → 投稿中心
經　　銷　新華書店
印　　刷　北京文津閣印務有限責任公司

開　　本　八開
印　　張　59.5
版　　次　2009 年 7 月第 1 版第 1 次印刷
印　　數　1-250 册(套)

書　　號　ISBN 978-7-5013-3675-3/K·1638
定　　價　990.00 圓

編輯委員會

主　編　任繼愈

常務副主編　方廣錩

副主編　李際寧　張志清

編委（按姓氏筆畫排列）　王克芬　王姿怡　吳玉梅　周春華　陳　穎　黄　霞（常務）　黄　建　程佳羽　劉玉芬

出版委員會

主　任　詹福瑞

副主任　陳　力

委　員（按姓氏筆畫排列）　李　健　姜　紅　郭又陵　徐　蜀　孫　彦

攝製人員（按姓氏筆畫排列）

于向洋　王富生　王遂新　谷韶軍　張　軍　張紅兵　張　陽　曹　宏　郭春紅　楊　勇　嚴　平

原件修整人員（按姓氏筆畫排列）

朱振彬　杜偉生　李　英　胡玉清　胡秀菊　張　平　劉建明

目錄

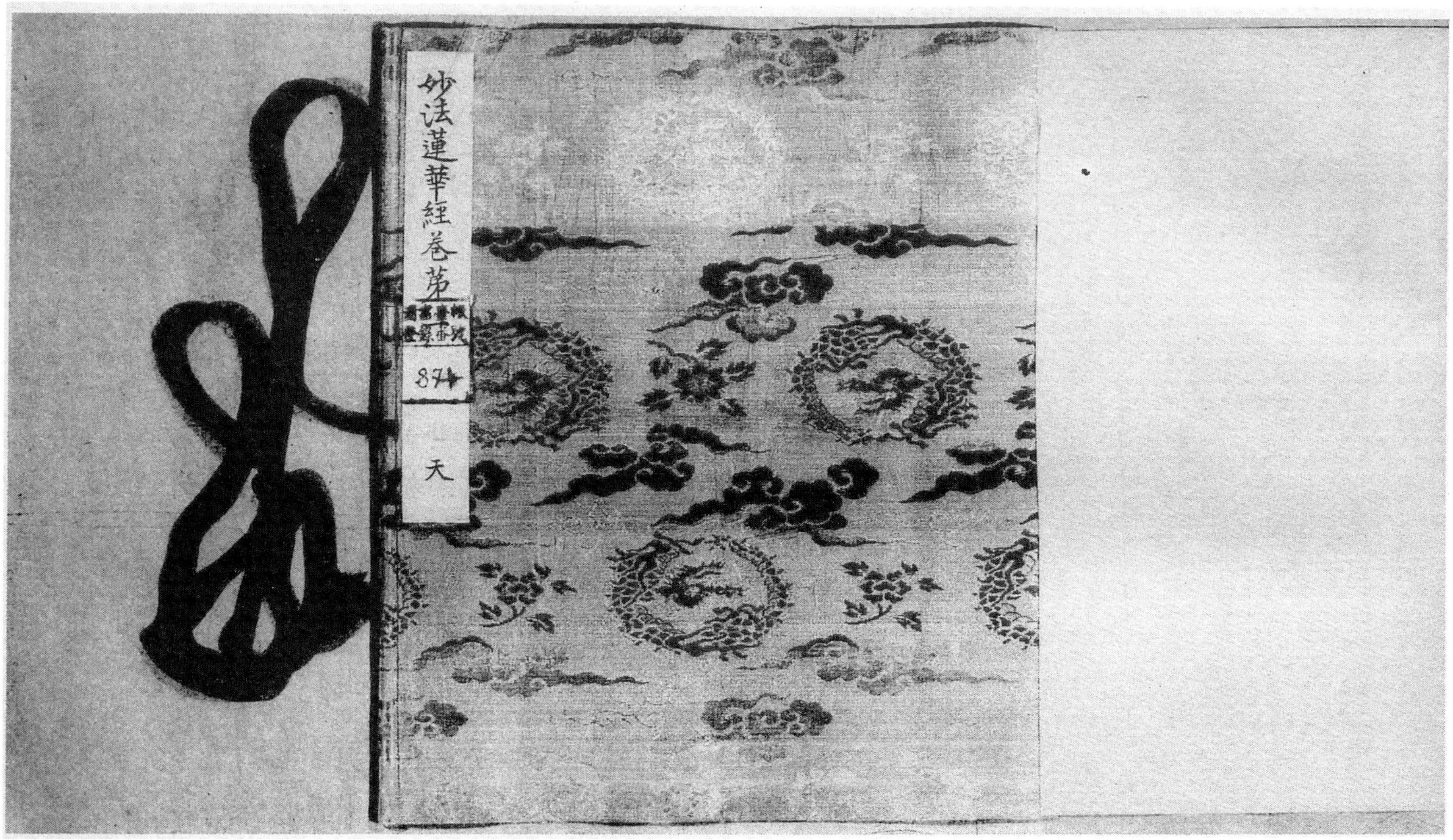

BD13801 號背　現代護首　（1–1）

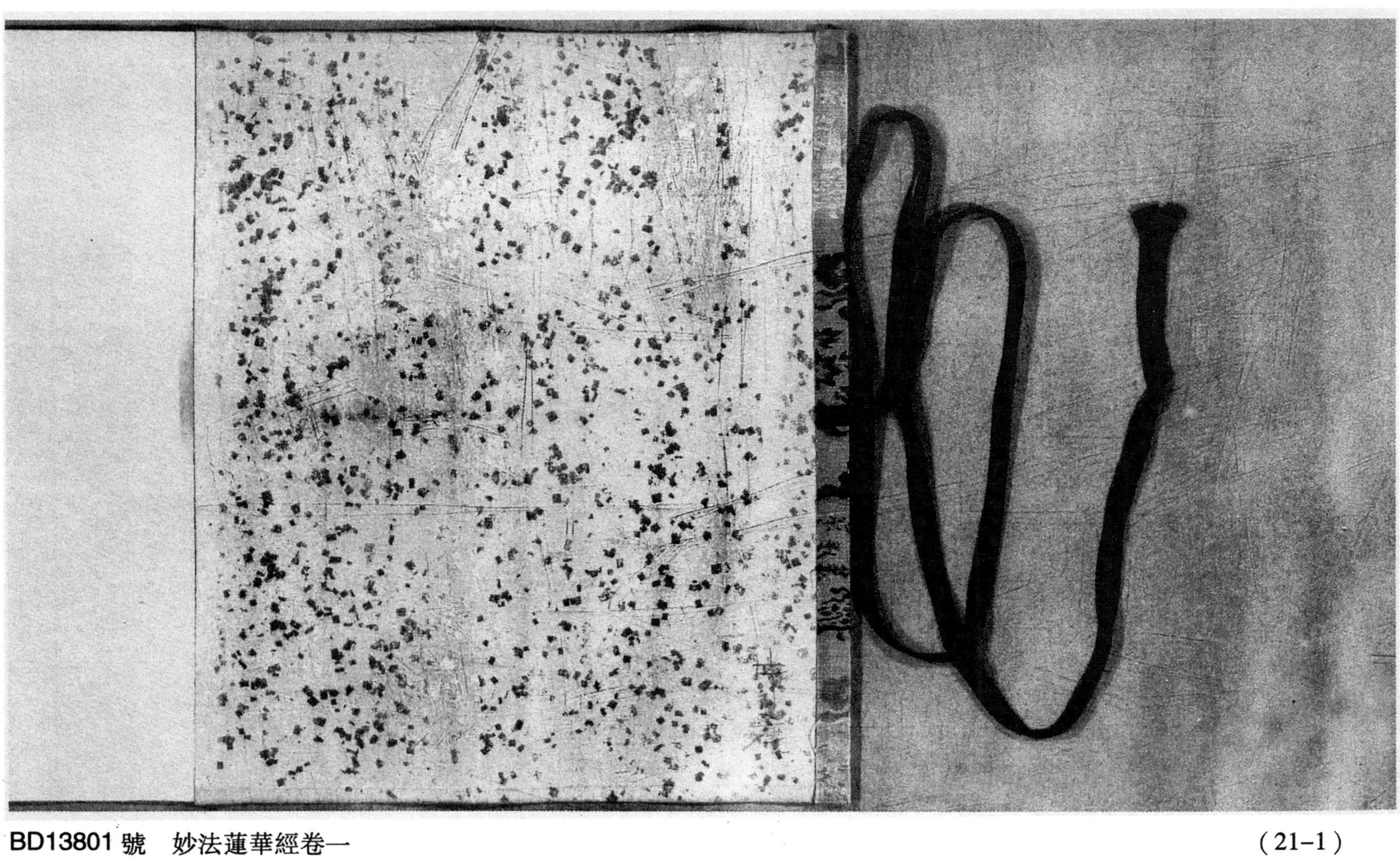

BD13801 號　妙法蓮華經卷一　（21–1）

BD13801號　妙法蓮華經卷一　　（21–2）

妙法蓮華經序品第一

如是我聞一時佛住王舍城耆闍崛山中與
大比丘衆萬二千人俱皆是阿羅漢諸漏
已盡無復煩惱逮得己利盡諸有結心得自
在其名曰阿若憍陳如摩訶迦葉優樓頻
螺迦葉伽耶迦葉那提迦葉舍利弗大目揵連
摩訶迦旃延阿㝹樓馱劫賓那憍梵波提
離波多畢陵伽婆蹉薄拘羅摩訶拘絺羅難
陁孫陁羅難陁富樓那弥多羅尼子須菩提
阿難羅睺羅如是衆所知識大阿羅漢等復
有學無學二千人摩訶波闍波提比丘尼與眷
屬六千人俱羅睺羅母耶輸陁羅比丘尼亦與
眷屬俱菩薩摩訶薩八萬人皆於阿耨多羅
三藐三菩提不退轉皆得陁羅尼樂說辯才
轉不退轉法輪供養無量百千諸佛於諸佛
所植衆徳本常爲諸佛之所稱歎以慈脩身
善入佛慧通達大智到於彼岸名稱普聞無
量世界能度無百千衆生其名曰文殊師
利菩薩觀世音菩薩得大勢菩薩常精進
菩薩不休息菩薩寶掌菩薩藥王菩薩勇施
菩薩寶月菩薩月光菩薩滿月菩薩大力菩
薩無量力菩薩越三界菩薩跋陁婆羅菩薩

BD13801號　妙法蓮華經卷一　　（21–3）

量世界能度無百千衆生其名曰文殊師
利菩薩觀世音菩薩得大勢菩薩常精進
菩薩不休息菩薩寶掌菩薩藥王菩薩勇施
菩薩寶月菩薩月光菩薩滿月菩薩大力菩
薩無量力菩薩越三界菩薩跋陁婆羅菩薩
弥勒菩薩寶積菩薩導師菩薩如是等菩
薩摩訶薩八萬人俱
尒時釋提桓因與其眷屬二萬天子俱復有
名月天子普香天子寶光天子四大天王與
其眷屬萬天子俱自在天子大自在天子與
其眷屬三万天子俱娑婆世界主梵天王尸
棄大梵光明大梵等與其眷屬万千千天子
俱有八龍王難陁龍王跋難陁龍王娑伽
羅龍王和脩吉龍王徳叉迦龍王阿那婆達
多龍王摩那斯龍王漚鉢羅龍王等各與
若干百千眷屬俱有四緊那羅王法緊那羅王妙
法緊那羅王大法緊那羅王持法緊那羅王
各與若干百千眷屬俱有四乾闥婆王樂乾
闥婆王樂音乾闥婆王美乾闥婆王美音乾
闥婆王各與若干百千眷屬俱有四阿脩羅
王婆稚阿脩羅王佉羅騫大阿脩羅王毗摩
質多羅阿脩羅王羅睺羅阿脩羅王各與若
干百千眷屬俱有四迦樓羅王大威徳迦樓
羅王大身迦樓羅王大滿迦樓羅王如意迦
樓羅王各與若干百千眷屬俱韋提希子
阿闍世王與若干百千眷屬俱各礼佛足退
坐一面

BD13801 號　妙法蓮華經卷一　（21–4）

干百千眷屬俱有四迦樓羅王大威徳迦樓
羅王大身迦樓羅王大滿迦樓羅王如意迦
樓羅王各與若干百千眷屬俱韋提希子
阿闍世王與若干百千眷屬俱各礼佛足退
坐一面
尒時世尊四衆圍遶供養恭敬尊重讃嘆為
諸菩薩說大乘經名无量義教菩薩法佛所
護念佛說此經已結加趺坐入於无量義處
三昧身心不動是時天雨曼陁羅華摩訶曼
陁羅華曼殊沙華摩訶曼殊沙華而散佛上
及諸大衆普佛世界六種震動尒時會中比
丘比丘尼優婆塞優婆夷天龍夜叉乾闥婆
阿脩羅迦樓羅緊那羅摩睺羅伽人非人及
諸小王轉輪聖王是諸大衆得未曾有歡
喜合掌一心觀佛尒時佛放眉間白毫相
光照東方万八千世界靡不周遍下至阿
鼻地獄上至阿迦尼吒天於此世界盡見彼
土六趣衆生又見彼土現在諸佛及聞諸佛
所說經法幷見彼諸比丘比丘尼優婆塞優
婆夷諸脩行得道者復見諸菩薩摩訶薩
種種因緣種種信解種種相根行菩薩道復
見諸佛般涅槃者復見諸佛般涅槃後以佛舍
十三
之七寶塔
尒時弥勒菩薩作是念今者世尊現神變相
以何因緣而有此瑞今佛世尊入于三昧是
不可思議現希有事當以問誰誰能荅者復
作此念是文殊師利……

BD13801 號　妙法蓮華經卷一　（21–5）

質多羅阿脩羅王羅睺羅阿脩羅王各與若
干百千眷屬俱有四迦樓羅王大威德迦樓
羅王大身迦樓羅王大滿迦樓羅王如意迦
樓羅王各與若干百千眷屬俱韋提希子
阿闍世王與若干百千眷屬俱各礼佛足退
坐一面
尒時世尊四衆圍遶供養恭敬尊重讚歎爲
諸菩薩說大乘經名无量義教菩薩法佛所
護念佛說此經已結加趺坐入於无量義處
三昧身心不動是時天雨曼陁羅華摩訶曼
陁羅華曼殊沙華摩訶曼殊沙華而散佛上
及諸大衆普佛世界六種震動尒時會中比
丘比丘尼優婆塞優婆夷天龍夜叉乾闥婆
阿脩羅迦樓羅緊那羅摩睺羅伽人非人及
諸小王轉輪聖王是諸大衆得未曾有歡
喜合掌一心觀佛尒時佛放眉間白毫相
光照于東方万八千世界靡不周遍下至阿
鼻地獄上至阿迦尼吒天於此世界盡見彼
土六趣衆生又見彼土現在諸佛及聞諸佛
所說經法并見彼諸比丘比丘尼優婆塞優
婆夷諸脩行得道者復見諸菩薩摩訶薩
種種因緣種種信解種種相貌行菩薩道復
見諸佛般涅槃者復見諸佛般涅槃後以佛舍
利起七寶塔
尒時弥勒菩薩作是念今者世尊現神變相
以何因緣而有此瑞今佛世尊入于三昧是
不可思議現希有事當以問誰誰能荅者復

利起七寶塔
尒時弥勒菩薩作是念今者世尊現神變相
以何因緣而有此瑞今佛世尊入于三昧是
不可思議現希有事當以問誰誰能荅者復
作此念是文殊師利法王之子已曾親近供
養過去无量諸佛必應見此希有之相我今
當問尒時比丘比丘尼優婆塞優婆夷及諸
天龍鬼神等咸作此念是佛光明神通之相今
當問誰尒時弥勒菩薩欲自決疑又觀四衆
比丘比丘尼優婆塞優婆夷及諸天龍鬼
神等衆會之心而問文殊師利言以何因緣而
有此瑞神通之相放大光明照于東方万八
千土悉見彼佛國界莊嚴於是弥勒菩薩
欲重宣此義以偈問曰
文殊師利　導師何故　眉間白毫　大光普照
雨曼陁羅　曼殊沙華　栴檀香風　悅可衆心
以是因緣　地皆嚴淨　而此世界　六種震動
時四部衆　咸皆歡喜　身意快然　得未曾有
眉間光明　照于東方　万八千土　皆如金色
從阿鼻獄　上至有頂　諸世界中　六道衆生
生死所趣　善惡業緣　受報好醜　於此悉見
又覩諸佛　聖主師子　演說經典　微妙第一
其聲清淨　出柔軟音　教諸菩薩　无數億万
梵音深妙　令人樂聞　各於世界　講說正法
種種因緣　以无量喻　照明佛法　開悟衆生
若人遭苦　厭老病死　爲說涅槃　盡諸苦際
若人有福　曾供養佛　志求勝法　爲說緣覺

又覩諸佛 聖主師子 演說經典 微妙第一
其聲清淨 出柔爽音 教諸菩薩 无數億万
梵音深妙 令人樂聞 各於世界 講說正法
種種因緣 以无量喻 照明佛法 開悟衆生
若人遭苦 猒老病死 為說涅槃 盡諸苦際
若人有福 曾供養佛 志求勝法 為說緣覺
若有佛子 脩種種行 求无上慧 為說淨道
文殊師利 我住於此 見聞若斯 及千億事
如是衆多 今當略說
我見彼土 恒沙菩薩 種種因緣 而求佛道
或有行施 金銀珊瑚 真珠摩尼 車𤦲馬瑙
金剛諸珎 奴婢車乘 寶飾輦轝 歡喜布施
迴向佛道 願得是乘 三界第一 諸佛所歎
或有菩薩 駟馬寶車 欄楯華蓋 軒飾布施
復見菩薩 身肉手足 及妻子施 求无上道
又見菩薩 頭目身體 欣樂施與 求佛智慧
文殊師利 我見諸王 往詣佛所 問无上道
便捨樂土 宮殿臣妾 剃除鬚髮 而被法服
或見菩薩 而作比丘 獨處閑靜 樂誦經典
又見菩薩 勇猛精進 入於深山 思惟佛道
又見離欲 常處空閑 深脩禪定 得五神通
又見菩薩 安禪合掌 以千万偈 讃諸法王
復見菩薩 智深志固 能問諸佛 聞悉受持
又見佛子 定慧具足 以无量喻 為衆講法
欣樂說法 化諸菩薩 破魔兵衆 而擊法鼓
又見菩薩 寂然宴默 天龍恭敬 不以為喜

BD13801號　妙法蓮華經卷一　（21–8）

又見菩薩 安禪合掌 以千万偈 讃諸法王
復見菩薩 智深志固 能問諸佛 聞悉受持
又見佛子 定慧具足 以无量喻 為衆講法
欣樂說法 化諸菩薩 破魔兵衆 而擊法鼓
又見菩薩 寂然宴默 天龍恭敬 不以為喜
又見菩薩 處林放光 濟地獄苦 令入佛道
又見佛子 未曾睡眠 經行林中 懃求佛道
又見具戒 威儀无缺 淨如寶珠 以求佛道
又見佛子 住忍辱力 增上慢人 惡罵搥打
皆悉能忍 以求佛道
又見菩薩 離諸戲笑 及癡眷屬 親近智者
一心除亂 攝念山林 億千万歲 以求佛道
或見菩薩 餚膳飲食 百種湯藥 施佛及僧
名衣上服 價直千万 或无價衣 施佛及僧
千万億種 栴檀寶舍 衆妙臥具 施佛及僧
清淨園林 華菓茂盛 流泉浴池 施佛及僧
如是等施 種種微妙 歡喜无猒 求无上道
或有菩薩 說寂滅法 種種教詔 无數衆生
或見菩薩 觀諸法性 无有二相 猶如虛空
又見佛子 心无所著 以此妙慧 求无上道
文殊師利 又有菩薩 佛滅度後 供養舍利
又見佛子 造諸塔廟 无數恒沙 嚴飾國界
寶塔高妙 五千由旬 縱廣正等 二千由旬
一一塔廟 各千幢幡 珠交露幔 寶鈴和鳴
諸天龍神 人及非人 香華伎樂 常以供養

BD13801號　妙法蓮華經卷一　（21–9）

又見佛子　造諸塔廟　无數恒沙　嚴飾國界
寶塔高妙　五千由旬　縱廣正等　二千由旬
一一塔廟　各千幢幡　珠交露幔　寶鈴和鳴
諸天龍神　人及非人　香華伎樂　常以供養
文殊師利　諸佛子等　為供舍利　嚴飾塔廟
國界自然　殊特妙好　如天樹王　其華開敷
佛放一光　我及衆會　見此國界　種種殊妙
諸佛神力　知慧希有　放一淨光　照无量國
我等見此　得未曾有　佛子文殊　願決衆疑
四衆欣仰　瞻仁及我　世尊何故　放斯光明
佛子時荅　決疑令喜　何所饒益　演斯光明
佛坐道場　所得妙法　為欲說此　為當受記
示諸佛土　衆寶嚴淨　及見諸佛　此非小緣
文殊當知　四衆龍神　瞻察仁者　為說何等
是時文殊師利語彌勒菩薩摩訶薩及諸
大士善男子等如我惟忖今佛世尊欲說大法
雨大法雨吹大法螺擊大法鼓演大法義諸
善男子我於過去諸佛曾見此瑞放斯光已
即說大法是故當知今佛現光亦復如是欲
令衆生咸得聞知一切世間難信之法故現
斯瑞諸善男子如過去无量无邊不可思議
阿僧祇劫尒時有佛号日月燈明如來應供
正遍知明行足善逝世間解无上士調御丈
夫天人師佛世尊演說正法初善中善後善
其義深遠其語巧妙純一无雜具足清白梵

BD13801號　妙法蓮華經卷一　（21-10）

斯瑞諸善男子如過去无量无邊不可思議
阿僧祇劫尒時有佛号日月燈明如來應供
正遍知明行足善逝世間解无上士調御丈
夫天人師佛世尊演說正法初善中善後善
其義深遠其語巧妙純一无雜具足清白梵
行之相為求聲聞者說應四諦法度生老病
死究竟涅槃為求辟支佛者說應十二因緣
法為諸菩薩說應六波羅蜜令得阿耨多羅
三藐三菩提成一切種智
次復有佛亦名日月燈明次復有佛亦名日
月燈明如是二万佛皆同一字号日月燈明
又同一姓姓頗羅墮彌勒當知初佛後佛皆
同一字名日月燈明十号具足所可說法初
中後善其最後佛未出家時有八子一名有意
二名善意三名无量意四名寶意五名增意
六名除疑意七名嚮意八名法意是八王
子威德自在各領四天下是諸王子聞父出
家得阿耨多羅三藐三菩提悉捨王位亦隨
出家發大乘意常脩梵行皆為法師已於千
万億佛所殖衆德本是時日月燈明佛說大
乘經名无量義教菩薩法佛所護念說是經
已即於大衆中結加趺坐入於无量義處三
昧身心不動是時天雨曼陀羅華摩訶曼陀
羅華曼殊沙華摩訶曼殊沙華而散佛上及

BD13801號　妙法蓮華經卷一　（21-11）

万億佛所殖衆德本是時日月燈明佛說大
乘經名无量義教菩薩法佛所護念說是經
已即於大衆中結跏趺坐入於无量義處三
昧身心不動是時天雨曼陁羅華摩訶曼陁
羅華曼殊沙華摩訶曼殊沙華而散佛上及
諸大衆普佛世界種震動尒時會中比丘
比丘尼優婆塞優婆夷天龍夜叉乾闥婆阿
脩羅迦樓羅緊那羅摩睺羅伽人非人及諸
小王轉輪聖王等是諸大衆得未曾有歡喜
合掌一心觀佛
尒時如來放眉間白豪相光照東方万八千
佛土靡不周遍如今所見是諸佛土弥勒當
知尒時會中有二十億菩薩樂欲聽法是諸
菩薩見此光明普照佛土得未曾有欲知此
光所為因緣時有菩薩名曰妙光有八百弟子
是時日月燈明佛從三昧起因妙光菩薩
說大乘經名妙法蓮華教菩薩法佛所護念
六十小劫不起于坐時會聽者亦坐一處六
十小劫身心不動聽佛所說謂如食頃是時
衆中无有一人若身若心而生懈惓日月燈明
佛於六十小劫說是經已即於梵魔沙門婆羅
門及天人阿脩羅衆中而宣此言如來於今
日中夜當入无餘涅槃時有菩薩名曰德藏
日月燈明佛即授其記告諸比丘是德藏菩
薩次當作佛[illegible]

[illegible]
門及天人阿脩羅衆中而宣此言如來於今
日中夜當入无餘涅槃時有菩薩名曰德藏
日月燈明佛即授其記告諸比丘是德藏菩
薩次當作佛号曰淨身多陁阿伽度阿羅訶
三藐三佛陁授記已便於中夜入无餘涅
槃
佛滅度後妙光菩薩持妙法蓮華經滿八十
小劫為人演說日月燈明佛八子皆師妙光
妙光教化令其堅固阿耨多羅三藐三菩提
是諸王子供養无量百千万億佛已皆成佛
道其最後成佛者名曰燃燈八百弟子中有
一人号曰求名貪著利養雖復讀誦衆經而
不通利多所忘失故号求名是人亦以種諸
善根因緣故得值无量百千万億諸佛供養恭
敬尊重讚嘆弥勒當知尒時妙光菩薩豈異
人乎我身是也求名菩薩汝身是也今見此
瑞與本无異是故惟忖今日如來當說大乘
經名妙法蓮華教菩薩法佛所護念尒時文
殊師利於大衆中欲重宣此義而說偈言
我念過去世　无量无數劫　有佛人中尊　号日月燈明
世尊演說法　度无量衆生　无數億菩薩　令入佛智慧
佛未出家時　所生八王子　見大聖出家　亦隨脩梵行
時佛說大乘　經名无量義　於諸大衆中　而為廣分別
佛說此經已　即於法座上　跏趺坐三昧　名无量義處
[illegible]

我念過去世　无量无數劫　有佛人中尊　号日月燈明
世尊演說法　度无量衆生　无數億菩薩　令入佛智慧
佛未出家時　所生八王子　見大聖出家　亦隨脩梵行
時佛說大乘　經名无量義　於諸大衆中　而為廣分別
佛說此經已　即於法座上　跏趺坐三昧　名无量義處
天雨曼陀華　天鼓自然鳴　諸天龍鬼神　供養人中尊
一切諸佛土　即時大震動　佛放眉間光　現諸希有事
此光照東方　万八千佛土　示一切衆生　生死業報處
有見諸佛土　以衆寶莊嚴　琉璃頗梨色　斯由佛光照
及見諸天人　龍神夜叉衆　乾闥緊那羅　各供養其佛
又見諸如來　自然成佛道　身色如金山　端嚴甚微妙
如淨琉璃中　内現真金像　世尊在大衆　敷演深法義
一一諸佛土　聲聞衆无數　因佛光所照　悉見彼大衆
廿三
或有諸比丘　在於山林中　精進持淨戒　猶如護明珠
又見諸菩薩　行施忍辱等　其數如恒沙　斯由佛光照
又見諸菩薩　深入諸禪定　身心寂不動　以求无上道
又見諸菩薩　知法寂滅相　各於其國土　說法求佛道
尒時四部衆　見日月燈明　現大神通力　其心皆歡喜
各各自相問　是事何因緣
天人所奉尊　適從三昧起　讚妙光菩薩　汝為世間眼
一切所歸信　能奉持法藏　如我所說法　唯汝能證知
世尊既讚歎　令妙光歡喜　說是法華經　滿六十小劫
不起於此座　所說上妙法　是妙光法師　悉皆能受持

BD13801號　妙法蓮華經卷一　（21–14）

我念過去世　无量无數劫　有佛人中尊　号日月燈明
世尊演說法　度无量衆生　无數億菩薩　令入佛智慧
佛未出家時　所生八王子　見大聖出家　亦隨脩梵行
時佛說大乘　經名无量義　於諸大衆中　而為廣分別
佛說此經已　即於法座上　跏趺坐三昧　名无量義處
天雨曼陀華　天鼓自然鳴　諸天龍鬼神　供養人中尊
一切諸佛土　即時大震動　佛放眉間光　現諸希有事
此光照東方　万八千佛土　示一切衆生　生死業報處
有見諸佛土　以衆寶莊嚴　琉璃頗梨色　斯由佛光照
及見諸天人　龍神夜叉衆　乾闥緊那羅　各供養其佛
又見諸如來　自然成佛道　身色如金山　端嚴甚微妙
如淨琉璃中　内現真金像　世尊在大衆　敷演深法義
一一諸佛土　聲聞衆无數　因佛光所照　悉見彼大衆
廿三
或有諸比丘　在於山林中　精進持淨戒　猶如護明珠
又見諸菩薩　行施忍辱等　其數如恒沙　斯由佛光照
又見諸菩薩　深入諸禪定　身心寂不動　以求无上道
又見諸菩薩　知法寂滅相　各於其國土　說法求佛道
尒時四部衆　見日月燈明　現大神通力　其心皆歡喜
各各自相問　是事何因緣
天人所奉尊　適從三昧起　讚妙光菩薩　汝為世間眼
一切所歸信　能奉持法藏　如我所說法　唯汝能證知
世尊既讚歎　令妙光歡喜　說是法華經　滿六十小劫
不起於此座　所說上妙法　是妙光法師　悉皆能受持

BD13801號　妙法蓮華經卷一　（21–15）

各各自相問　是事何因緣
天人所奉尊　適從三昧起　讚妙光菩薩　汝為世間眼
一切所歸信　能奉持法藏　如我所說法　唯汝能證知
世尊既讚歎　令妙光歡喜　說是法華經　滿六十小劫
不起於此座　所說上妙法　是妙光法師　悉皆能受持
佛說是法華　令衆歡喜已　尋即於是日　告於天人衆
諸法實相義　已為汝等說　我今於中夜　當入於涅槃
汝一心精進　當離於放逸　諸佛甚難值　億劫時一遇
世尊諸子等　聞佛入涅槃　各各懷悲惱　佛滅一何速
聖主法之王　安慰无量衆　我若滅度時　汝等勿憂怖
是德藏菩薩　於无漏實相　心已得通達　其次當作佛
号曰為淨身　亦度无量衆
佛此夜滅度　如薪盡火滅　分布諸舍利　而起无量塔
比丘比丘尼　其數如恒沙　倍復加精進　以求无上道
是妙光法師　奉持佛法藏　八十小劫中　廣宣法華經
是諸八王子　妙光所開化　堅固无上道　當見无數佛
供養諸佛已　隨順行大道　相繼得成佛　轉次而授記
最後天中天　号曰燃燈佛　諸仙之導師　度脫无量衆
是妙光法師　時有一弟子　心常懷懈怠　貪著於名利
求名利无厭　多遊族姓家　棄捨所習誦　廢忘不通利
以是因緣故　号之為求名　亦行衆善業　得見无數佛
供養於諸佛　隨順行大道　具六波羅蜜　今見釋師子
其後當作佛　号名曰弥勒　廣度諸衆生　其數无有量
彼佛滅度後　懈怠者汝是　妙光法師者　今則我身是

BD13801 號　妙法蓮華經卷一　（21–16）

求名利无厭　多遊族姓家　棄捨所習誦　廢忘不通利
以是因緣故　号之為求名　亦行衆善業　得見无數佛
供養於諸佛　隨順行大道　具六波羅蜜　今見釋師子
其後當作佛　号名曰弥勒　廣度諸衆生　其數无有量
彼佛滅度後　懈怠者汝是　妙光法師者　今則我身是
我見燈明佛　本光瑞如此　以是知今佛　欲說法華經
今相如本瑞　是諸佛方便　今佛放光明　助發實相義
諸人今當知　合掌一心待　佛當雨法雨　充足求道者
諸求三乘人　若有疑悔者　佛當為除斷　令盡无有餘

妙法蓮華經方便品第二

尒時世尊從三昧安詳而起告舍利弗諸佛
智慧甚深无量其智慧門難解難入一切聲
聞辟支佛所不能知所以者何佛曾親近
百千万億无數諸佛盡行諸佛无量道法勇
猛精進名稱普聞成就甚深未曾有法隨宜
所說意趣難解舍利弗吾從成佛已來種種因
緣種種譬喻廣演言教无數方便引導衆生
令離諸著所以者何如來方便知見波羅蜜
皆已具足舍利弗如來知見廣大深遠无量
无㝵力无所畏禪定解脫三昧深入无際成
就一切未曾有法舍利弗如來能種種分別
巧說諸法言辭柔軟悅可衆心舍利弗取要
言之无量无邊未曾有法佛悉成就止舍利
弗不須復說所以者何佛所成就第一希有
難解之法唯佛與佛乃能究盡諸法實相所

BD13801 號　妙法蓮華經卷一　（21–17）

說一切未曾有法舍利弗如來能種種分別
巧說諸法言辭柔軟悅可衆心舍利弗取要
言之无量无邊未曾有法佛悉成就止舍利
弗不須復說所以者何佛所成就第一希有
難解之法唯佛與佛乃能究盡諸法實相所
謂諸法如是相如是性如是體如是力如是
作如是因如是緣如是果如是報如是本末
究竟等尒時世尊欲重宣此義而說偈言
世雄不可量　諸天及世人　一切衆生類　无能知佛者
佛力无所畏　解脫諸三昧　及佛諸餘法　无能測量者
本從无數佛　具足行諸道　甚深微妙法　難見難可了
於无量億劫　行此諸道已　道場得成果　我已悉知見
如是大果報　種種性相義　我及十方佛　乃能知是事
是法不可示　言辭相寂滅　諸餘衆生類　无有能得解
除諸菩薩衆　信力堅固者　諸佛弟子衆　曾供養諸佛
一切漏已盡　住是最後身　如是諸人等　其力所不堪
假使滿世間　皆如舍利弗　盡思共度量　不能測佛智
正使滿十方　皆如舍利弗　及餘諸弟子　亦滿十方刹
盡思共度量　亦復不能知　辟支佛利智　无漏最後身
亦滿十方界　其數如竹林　斯等共一心　於億无量劫
欲思佛實智　莫能知少分　新發意菩薩　供養无數佛
了達諸義趣　又能善說法　如稻麻竹葦　充滿十方刹
一心以妙智　於恒河沙劫　咸皆共思量　不能知佛智
不退諸菩薩　其數如恒沙　一心共思求　亦復不能知
又告舍利弗　无漏不思議　甚深微妙法　我今已具得

BD13801號　妙法蓮華經卷一　（21–18）

除諸菩薩衆　信力堅固者　諸佛弟子衆　曾供養諸佛
一切漏已盡　住是最後身　如是諸人等　其力所不堪
假使滿世間　皆如舍利弗　盡思共度量　不能測佛智
正使滿十方　皆如舍利弗　及餘諸弟子　亦滿十方刹
盡思共度量　亦復不能知　辟支佛利智　无漏最後身
亦滿十方界　其數如竹林　斯等共一心　於億无量劫
欲思佛實智　莫能知少分　新發意菩薩　供養无數佛
了達諸義趣　又能善說法　如稻麻竹葦　充滿十方刹
一心以妙智　於恒河沙劫　咸皆共思量　不能知佛智
不退諸菩薩　其數如恒沙　一心共思求　亦復不能知
又告舍利弗　无漏不思議　甚深微妙法　我今已具得
唯我知是相　十方佛亦然　舍利弗當知　諸佛語无異
於佛所說法　當生大信力　世尊法久後　要當說真實
告諸聲聞衆　及求緣覺乘　我令脫苦縛　逮得涅槃者
佛以方便力　示以三乘教　衆生處處著　引之令得出
尒時大衆中有諸聲聞漏盡阿羅漢阿若憍
陳如等千二百人及發聲聞辟支佛心比丘
比丘尼優婆塞優婆夷各作是念今者世
尊何故慇懃稱歎方便而作是言佛得法甚
深難解有所言說意趣難知一切聲聞辟支
佛所不能及佛說一解脫義我等亦得此法
至於涅槃而今不知是義所趣尒時舍利弗
知四衆心疑自亦未了而白佛言世尊何因

中山。

BD13801號　妙法蓮華經卷一　（21–19）

除諸菩薩衆 信力堅固者 諸佛弟子衆 曾供養諸佛
一切漏已盡 住是最後身 如是諸人等 其力所不堪
假使滿世間 皆如舍利弗 盡思共度量 不能測佛智
正使滿十方 皆如舍利弗 及餘諸弟子 亦滿十方剎
盡思共度量 亦復不能知 辟支佛利智 无漏最後身
亦滿十方界 其數如竹林 斯等共一心 於億无量劫
欲思佛實智 莫能知少分 新發意菩薩 供養无數佛
了達諸義趣 又能善說法 如稻麻竹葦 充滿十方剎
一心以妙智 於恒河沙劫 咸皆共思量 不能知佛智
不退諸菩薩 其數如恒沙 一心共思求 亦復不能知
又告舍利弗 无漏不思議 甚深微妙法 我今已具得
唯我知是相 十方佛亦然 舍利弗當知 諸佛語无異
於佛所說法 當生大信力 世尊法久後 要當說真實
告諸聲聞衆 及求緣覺乘 我令脫苦縛 逮得涅槃者
佛以方便力 示以三乘教 衆生處處著 引之令得出
尒時大衆中有諸聲聞漏盡阿羅漢阿若憍
陳如等千二百人及發聲聞辟支佛心比丘
比丘尼優婆塞優婆夷各作是念今者世
尊何故慇懃稱嘆方便而作是言佛得法甚
深難解有所言說意趣難知一切聲聞辟支
佛所不能及佛說一解脫義我等亦得此法
到於涅槃而今不知是義所趣尒時舍利弗
知四衆心疑自亦未了而白佛言世尊何因

BD13801號 妙法蓮華經卷一 （21–20）

尒時大衆中有諸聲聞漏盡阿羅漢阿若憍
陳如等千二百人及發聲聞辟支佛心比丘
比丘尼優婆塞優婆夷各作是念今者世
尊何故慇懃稱嘆方便而作是言佛得法甚
深難解有所言說意趣難知一切聲聞辟支
佛所不能及佛說一解脫義我等亦得此法
到於涅槃而今不知是義所趣尒時舍利弗
知四衆心疑自亦未了而白佛言世尊何因

BD13801號 妙法蓮華經卷一 （21–21）

BD13802 號背　現代護首　　　　　　　　　　　　（1–1）

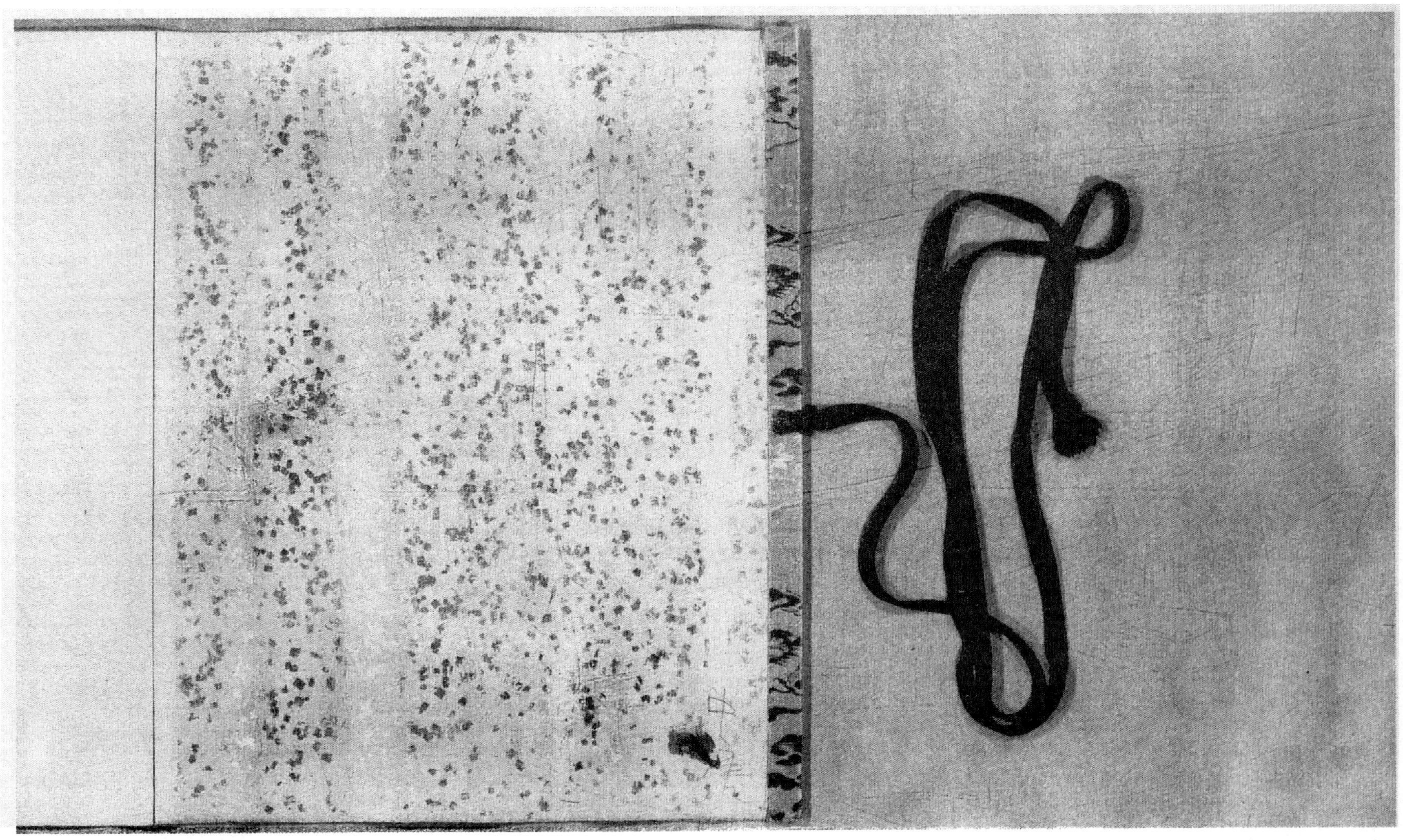

BD13802 號　妙法蓮華經卷二　　　　　　　　　　　（32–1）

妙法蓮華經譬喻品第三　二

尒時舍利弗踊躍歡喜即起合[illegible]瞻仰尊顏

而白佛言今從世尊聞此法[illegible]踊躍得

BD13802 號　妙法蓮華經卷二　（32–2）

妙法蓮華經譬喻品第三　二

尒時舍利弗踊躍歡喜即起合掌瞻仰尊顏
而白佛言今從世尊聞此法音心懷踊躍得
未曾有所以者何我昔從佛聞如是法見諸
菩薩受記作佛而我等不預斯事甚自感傷
失於如來无量知見世尊我常獨處山林樹
下若坐若行每作是念我等同入法性云何
如來以小乘法而見濟度是我等咎非世尊
也所以者何若我等待說所因成就阿耨多
羅三藐三菩提者必以大乘而得度脫然我
等不解方便隨宜所說初聞佛法遇便信受
思惟取證世尊我從昔來終日竟夜每自剋
責而今從佛聞所未聞未曾有法斷諸疑悔
身意泰然快得安隱今日乃知真是佛子從
佛口生從法化生得佛法分尒時舍利弗欲
重宣此義而說偈言

我聞是法音　得所未曾有　心懷大歡喜　疑網皆已除
昔來蒙佛教　不失於大乘　佛音甚希有　能除衆生惱
我已得漏盡　聞亦除憂惱　我處於山谷　或在林樹下
若坐若經行　常思惟是事　嗚呼深自責　云何而自欺
我等亦佛子　同入无漏法　不能於未來　演說无上道
金色三十二　十力諸解脫　同共一法中　而不得此事
八十種妙好　十八不共法　如是等功德　而我皆已失
我獨經行時　見佛在大衆　名聞滿十方　廣饒益衆生

BD13802 號　妙法蓮華經卷二　（32–3）

若坐若經行　常思惟是事　嗚呼深自責　云何而自欺
我等亦佛子　同入无漏法　不能於未來　演說无上道
金色三十二　十力諸解脫　同共一法中　而不得此事
八十種妙好　十八不共法　如是等功德　而我皆已失
我獨經行時　見佛在大衆　名聞滿十方　廣饒益衆生
自惟失此利　我爲自欺誑　我常於日夜　每思惟是事
欲以問世尊　爲失爲不失　我常見世尊　稱讚諸菩薩
以是於日夜　籌量如此事　今聞佛音聲　隨宜而說法
无漏難思議　令衆至道場　我本著邪見　爲諸梵志師
世尊知我心　拔邪說涅槃　我悉除邪見　於空法得證
尒時心自謂　得至於滅度　而今乃自覺　非是實滅度
若得作佛時　具三十二相　天人夜叉衆　龍神等恭敬
是時乃可謂　永盡滅無餘　佛於大衆中　說我當作佛
聞如是法音　疑悔悉已除　初聞佛所說　心中大驚疑
將非魔作佛　惱亂我心耶　佛以種種緣　譬喻巧言說
其心安如海　我聞疑網斷　佛說過去世　无量滅度佛
安住方便中　亦皆說是法　現在未來佛　其數无有量
亦以諸方便　演說如是法　如今者世尊　從生及出家
得道轉法輪　亦以方便說　世尊說實道　波旬无此事
以是我定知　非是魔作佛　我墮疑網故　謂是魔所爲
聞佛柔軟音　深遠甚微妙　演暢清淨法　我心大歡喜
疑悔永已盡　安住實智中　我定當作佛　爲天人所敬
轉无上法輪　教化諸菩薩
尒時佛告舍利弗吾今於天人沙門婆羅門
等大衆中說我昔曾於二万億佛所爲无上

BD13802號　妙法蓮華經卷二　（32–4）

聞佛柔軟音　深遠甚微妙　演暢清淨法　我心大歡喜
疑悔永已盡　安住實智中　我定當作佛　爲天人所敬
轉无上法輪　教化諸菩薩
尒時佛告舍利弗吾今於天人沙門婆羅門
等大衆中說我昔曾於二万億佛所爲无上
道故常教化汝汝亦長夜隨我受學我以方
便引導汝故生我法中舍利弗我昔教汝志
願佛道汝今悉忘而便自謂已得滅度我今
還欲令汝憶念本願所行道故爲諸聲聞說
是大乘經名妙法蓮華教菩薩法佛所護念
舍利弗汝於未來世過无量无邊不可思議
劫供養若干千万億佛奉持正法具足菩薩
所行之道當得作佛号曰華光如來應供正
遍知明行足善逝世間解无上士調御丈夫
天人師佛世尊國名離垢其土平正清淨嚴
飾安隱豐樂天人熾盛瑠璃爲地有八交道
黃金爲繩以界其側其傍各有七寶行樹常
有華菓華光如來亦以三乘教化衆生舍利
弗彼佛出時雖非惡世以本願故說三乘法
其劫名大寶莊嚴何故名曰大寶莊嚴其國
中以菩薩爲大寶故彼諸菩薩无量无邊不
可思議筭數譬喻所不能及非佛智力无能
知者若欲行時寶華承足此諸菩薩非初發
意皆久植德本於无量百千万億佛所淨脩
梵行恒爲諸佛之所稱歎常脩佛慧具大神

BD13802號　妙法蓮華經卷二　（32–5）

可思議筭數譬喻所不能及非佛智力无能
知者若欲行時寶華承足此諸菩薩非初發
意皆久植德本於无量百千万億佛所淨脩
梵行恒為諸佛之所稱歎常脩佛慧具大神
通善知一切諸法之門質直无偽志念堅固
如是菩薩充滿其國舍利弗華光佛壽十二
小劫除為王子未作佛時其國人民壽八小
劫華光如來過十二小劫授堅滿菩薩阿耨多
羅三藐三菩提記告諸比丘是堅滿菩薩
次當作佛号曰華足安行多陁阿伽度阿羅
訶三藐三佛陁其佛國土亦復如是舍利弗
是華光佛滅度之後正法住世三十二小劫
像法住世亦三十二小劫尒時世尊欲重宣
此義而說偈言
舍利弗來世　成佛普智尊　号名曰華光　當度无量眾
供養无數佛　具足菩薩行　十力等功德　證於无上道
過无量劫已　劫名大寶嚴　世界名離垢　清淨无瑕穢
以琉璃為地　金繩界其道　七寶雜色樹　常有華菓實
彼國諸菩薩　志念常堅固　神通波羅蜜　皆已悉具足
於无數佛所　善學菩薩道　如是等大士　華光佛所化
佛為王子時　棄國捨世榮　於最末後身　出家成佛道
華光佛住世　壽十二小劫　其國人民眾　壽命八小劫
佛滅度之後　正法住於世　三十二小劫　廣度諸眾生
正法滅盡已　像法三十二　舍利廣流布　天人普供養
華光佛所為　其事皆如是　其兩足聖尊　最勝无倫疋

BD13802號　妙法蓮華經卷二　（32–6）

華光佛住世　壽十二小劫　其國人民眾　壽命八小劫
佛滅度之後　正法住於世　三十二小劫　廣度諸眾生
正法滅盡已　像法三十二　舍利廣流布　天人普供養
華光佛所為　其事皆如是　其兩足聖尊　最勝无倫疋
彼即是汝身　宜應自欣慶
尒時四部眾比丘比丘尼優婆塞優婆夷天
龍夜叉乾闥婆阿脩羅迦樓羅緊那羅摩睺
羅伽等大眾見舍利弗於佛前受阿耨多羅
三藐三菩提記心大歡喜踊躍无量各各脫
身所著上衣以供養佛釋提桓因梵天王等
與无數天子亦以天妙衣天曼陁羅華摩訶
曼陁羅華等供養於佛所散天衣住虛空中
而自迴轉諸天伎樂百千万種於虛空中一
時俱作雨眾天華而作是言佛昔於波羅柰
初轉法輪今乃復轉无上最大法輪尒時諸
天子欲重宣此義而說偈言
昔於波羅柰　轉四諦法輪　分別說諸法　五眾之生滅
今復轉最妙　无上大法輪　是法甚深奧　少有能信者
我等從昔來　數聞世尊說　未曾聞如是　深妙之上法
世尊說是法　我等皆隨喜　大智舍利弗　今得受尊記
我等亦如是　必當得作佛　於一切世間　最尊无有上
佛道叵思議　方便隨宜說　我所有福業　今世若過世
及見佛功德　盡迴向佛道
尒時舍利弗白佛言世尊我今无復疑悔親

BD13802號　妙法蓮華經卷二　（32–7）

我等亦如是　必當得作佛　於一切世間　最尊无有上
佛道叵思議　方便隨宜說　我所有福業　今世若過世
及見佛功德　盡迴向佛道
尒時舍利弗白佛言世尊我今无復疑悔親
於佛前得受阿耨多羅三藐三菩提記是諸
千二百心自在者昔住學地佛常教化言我
法能離生老病死究竟涅槃是學无學人亦
各自以離我見及有无見等謂得涅槃而今
於世尊前聞所未聞皆墮疑惑善哉世尊願
為四衆說其因緣令離疑悔尒時佛告舍利
弗我先不言諸佛世尊以種種因緣譬喻言
辞方便說法皆為阿耨多羅三藐三菩提耶
是諸所說皆為化菩薩故然舍利弗今當復
以譬喻更明此義諸有智者以譬喻得解舍
利弗若國邑聚落有大長者其年衰邁財富
无量多有田宅及諸僮僕其家廣大唯有一
門多諸人衆二百二百乃至五百人止住其
中堂閣朽故墻壁頹落柱根腐敗梁棟傾危
周匝俱時欻然火起焚燒舍宅長者諸子若
十二十或至三十在此宅中長者見是大火
從四面起即大驚怖而作是念我雖能於此
所燒之門安隱得出而諸子等於大宅內樂
著嬉戲不覺不知不驚不怖火來逼身苦痛
切己心不猒患无求出意舍利弗是長者作
是思惟我身手有力當以衣裓若以几案從
舍出之復更思惟是舍唯有一門而復狹小

所燒之門安隱得出而諸子等於大宅內樂
著嬉戲不覺不知不驚不怖火來逼身苦痛
切己心不猒患无求出意舍利弗是長者作
是思惟我身手有力當以衣裓若以几案從
舍出之復更思惟是舍唯有一門而復狹小
諸子幼稚未有所識戀著戲處或當墮落為
火所燒我當為說怖畏之事此舍已燒宜時
疾出无令為火之所燒害作是念已如所思
惟具告諸子汝等速出父雖憐愍善言誘喻
而諸子等樂著嬉戲不肯信受不驚不畏了
无出心亦復不知何者是火何者為舍云何
為失但東西走戲視父而已尒時長者即作
是念此舍已為大火所燒我及諸子若不時
出必為所焚我今當設方便令諸子等得免
斯害父知諸子先心各有所好種種珍玩奇
異之物情必樂著而告之言汝等所可玩好
希有難得汝若不取後必憂悔如此種種羊
車鹿車牛車今在門外可以遊戲汝等於此
火宅宜速出來隨汝所欲皆當與汝尒時諸
子聞父所說珍玩之物適其願故心各勇鋭
相推排競共馳走爭出火宅是時長者見諸
子等安隱得出皆於四衢道中露地而坐
无復障礙其心泰然歡喜踊躍時諸子等各
白父言父先所許玩好之具羊車鹿車牛車
願時賜與舍利弗尒時長者各賜諸子等一

子等安隱得出皆於四衢道中露地而坐
无復障礙其心泰然歡喜踊躍時諸子等各
白父言父先所許玩好之具羊車鹿車牛車
願時賜與舍利弗尒時長者各賜諸子等一
大車其車高廣衆寶莊校周匝欄楯四面懸
鈴又於其上張設幰蓋亦以珍奇雜寶而嚴
飾之寶繩交絡垂諸華瓔重敷綩綖安置丹
枕駕以白牛膚色充潔形體姝好有大筋力
行步平正其疾如風又多僕從而侍衛之所
以者何是大長者財富无量種種諸藏悉皆
充溢而作是念我財物无極不應以下劣小
車與諸子等今此幼童皆是吾子愛無偏黨
我有如是七寶大車其數無量應當等心各
各與之不宜差別所以者何以我此物周給
一國猶尚不匱何況諸子是時諸子各乘大
車得未曾有非本所望舍利弗於汝意云何
是長者等與諸子珍寶大車寧有虛妄不舍
利弗言不也世尊是長者但令諸子得免火
難全其軀命非爲虛妄何以故若全身命便
爲已得玩好之具況復方便於彼火宅而拔
濟之世尊若是長者乃至不與最小一車猶
不虛妄何以故是長者先作是意我以方便
令子得出以是因緣无虛妄也何況長者自
知財富无量欲饒益諸子等與大車佛告舍
利弗善哉善哉如汝所言舍利弗如來亦復

令子得出以是因緣无虛妄也何況長者自
知財富无量欲饒益諸子等與大車佛告舍
利弗善哉善哉如汝所言舍利弗如來亦復
如是則爲一切世間之父於諸怖畏衰惱憂
患无明闇蔽永盡无餘而悉成就无量知見
力无所畏有大神力及智慧力具足方便智
慧波羅蜜大慈大悲常无懈惓恒求善事利
益一切而生三界朽故火宅爲度衆生生老
病死憂悲苦惱愚癡闇蔽三毒之火教化令
得阿耨多羅三藐三菩提見諸衆生爲生老
病死憂悲苦惱之所燒煑亦以五欲財利故
受種種苦又以貪著追求故現受衆苦後受
地獄畜生餓鬼之苦若生天上及在人間貧
窮困苦愛別離苦怨憎會苦如是等種種諸
苦衆生沒在其中歡喜遊戲不覺不知不驚
不怖亦不生猒不求解脫於此三界火宅東
西馳走雖遭大苦不以爲患舍利弗佛見此
已便作是念我爲衆生之父應拔其苦難與
无量无邊佛智慧樂令其遊戲舍利弗如來
復作是念若我但以神力及智慧力捨於方
便爲諸衆生讚如來知見力无所畏者衆生
不能以是得度所以者何是諸衆生未免生
老病死憂悲苦惱而爲三界火宅所燒何由
能解佛之智慧舍利弗如彼長者雖復身手
有力而不用之但以慇懃方便免濟諸子火

不能以是得度所以者何是諸衆生未免生
老病死憂悲苦惱而爲三界火宅所燒何由
能解佛之智慧舍利弗如彼長者雖復身手
有力而不用之但以殷勤方便免濟諸子火
宅之難然後各與珎寶大車如來亦復如是
雖有力无所畏而不用之但以智慧方便於
三界火宅拔濟衆生爲說三乘聲聞辟支佛
佛乘而作是言汝等莫得樂住三界火宅勿
貪麁弊色聲香味觸也若貪著生愛則爲所
燒汝速出三界當得三乘聲聞辟支佛佛乘
我今爲汝保任此事終不虛也汝等但當勤
脩精進如來以是方便誘進衆生復作是言
汝等當知此三乘法皆是聖所稱歎自在无
繫无所依求乘是三乘以无漏根力覺道禪
定解脫三昧等而自娛樂便得无量安隱快
樂舍利弗若有衆生內有智性從佛世尊聞
法信受慇勤精進欲速出三界自求涅槃是
名聲聞乘如彼諸子爲求羊車出於火宅若
有衆生從佛世尊聞法信受慇勤精進求自
然慧樂獨善寂深知諸法因緣是名辟支佛
乘如彼諸子爲求鹿車出於火宅若有衆生
從佛世尊聞法信受勤脩精進求一切智佛
智自然智无師智如來知見力无所畏慜念
安樂无量衆生利益天人度脫一切是名大
乘菩薩求此乘故名爲摩訶薩如彼諸子爲

BD13802號　妙法蓮華經卷二　(32–12)

從佛世尊聞法信受勤脩精進求一切智佛
智自然智无師智如來知見力无所畏慜念
安樂无量衆生利益天人度脫一切是名大
乘菩薩求此乘故名爲摩訶薩如彼諸子爲
求牛車出於火宅舍利弗如彼長者見諸子
等安隱得出火宅到无畏處自惟財富无量
等以大車而賜諸子如來亦復如是爲一切
衆生之父若見无量億千衆生以佛教門出
三界苦怖畏險道得涅槃樂如來尒時便作
是念我有无量无邊智慧力无畏等諸佛法
藏是諸衆生皆是我子等與大乘不令有人
獨得滅度皆以如來滅度而滅度之是諸衆
生脫三界者悉與諸佛禪定解脫等娛樂之
具皆是一相一種聖所稱歎能生淨妙第一
之樂舍利弗如彼長者初以三車誘引諸子
然後但與大車寶物莊嚴安隱第一然彼長
者無虛妄之咎如來亦復如是无有虛妄初
說三乘引導衆生然後但以大乘而度脫之
何以故如來有无量智慧力無所畏諸法之
藏能與一切衆生大乘之法但不盡能受舍
利弗以是因緣當知諸佛方便力故於一佛
乘分別說三佛欲重宣此義而說偈言
譬如長者　有一大宅　其宅久故　而復頓弊
堂舍高危　柱根摧朽　梁棟傾斜　基陛頹毀
墻壁圮坼　泥塗褫落　覆苫亂墜　椽梠差脫

BD13802號　妙法蓮華經卷二　(32–13)

乘分別說三　佛欲重宣此義而說偈言
譬如長者　有一大宅　其宅久故　而復頓弊
堂舍高危　柱根摧朽　梁棟傾斜　基陛頹毀
墻壁圮坼　泥塗褫落　覆苫亂墜　椽梠差脫
周障屈曲　雜穢充遍　有五百人　止住其中
鵄梟鵰鷲　烏鵲鳩鴿　蚖蛇蝮蠍　蜈蚣蚰蜒
守宮百足　狖狸鼷鼠　諸惡虫輩　交橫馳走
屎尿臭處　不淨流溢　蜣蜋諸虫　而集其上
狐狼野干　咀嚼踐蹋　嚌齧死屍　骨肉狼藉
由是群狗　競來搏撮　飢羸慞惶　處處求食
鬪諍齟掣　啀喍嘷吠　其舍恐怖　變狀如是
處處皆有　魑魅魍魎　夜叉惡鬼　食噉人肉
毒虫之屬　諸惡禽獸　孚乳產生　各自藏護
夜叉競來　爭取食之　食之既飽　惡心轉熾
鬪諍之聲　甚可怖畏　鳩槃荼鬼　蹲踞土埵
或時離地　一尺二尺　往返遊行　縱逸嬉戲
捉狗兩足　撲令失聲　以腳加頸　怖狗自樂
復有諸鬼　其身長大　裸形黑瘦　常住其中
發大惡聲　叫呼求食　復有諸鬼　其咽如針
復有諸鬼　首如牛頭　或食人肉　或復噉狗
頭髮蓬亂　殘害凶險　飢渴所逼　叫喚馳走
夜叉餓鬼　諸惡鳥獸　飢急四向　窺看窓牖
如是諸難　恐畏無量　是朽故宅　屬于一人
其人近出　未久之間　於後舍宅　欻然火起
四面一時　其焰俱熾　棟梁椽柱　爆聲震裂

BD13802號　妙法蓮華經卷二　（32–14）

夜叉餓鬼　諸惡鳥獸　飢急四向　窺看窓牖
如是諸難　恐畏無量　是朽故宅　屬于一人
其人近出　未久之間　於後舍宅　欻然火起
四面一時　其焰俱熾　棟梁椽柱　爆聲震裂
摧折墮落　墻壁崩倒　諸鬼神等　揚聲大叫
鵰鷲諸鳥　鳩槃荼等　周慞惶怖　不能自出
惡獸毒虫　藏竄孔穴　毗舍闍鬼　亦住其中
薄福德故　為火所逼　共相殘害　飲血噉肉
野干之屬　並已前死　諸大惡獸　競來食噉
臭烟熢㶿　四面充塞　蜈蚣蚰蜒　毒蛇之類
為火所燒　爭走出穴　鳩槃荼鬼　隨取而食
又諸餓鬼　頭上火然　飢渴熱惱　周慞悶走
其宅如是　甚可怖畏　毒害火災　衆難非一
是時宅主　在門外立　聞有人言　汝諸子等
先因遊戲　來入此宅　稚小無知　歡娛樂著
長者聞已　驚入火宅　方宜救濟　令無燒害
告喻諸子　說衆患難　惡鬼毒虫　災火蔓莚
衆苦次第　相續不絕　毒蛇蚖蝮　及諸夜叉
鳩槃荼鬼　野干狐狗　鵰鷲鵄梟　百足之屬
飢渴惱急　甚可怖畏　此苦難處　況復大火
諸子無知　雖聞父誨　猶故樂著　嬉戲不已
是時長者　而作是念　諸子如此　益我愁惱
今此舍宅　無一可樂　而諸子等　耽湎嬉戲
不受我教　將為火害　即便思惟　設諸方便
告諸子等　我有種種　珍玩之具　妙寶好車

BD13802號　妙法蓮華經卷二　（32–15）

諸子無知　雖聞父誨　猶故樂著　嬉戲不已
是時長者　而作是念　諸子如此　益我愁惱
今此舍宅　無一可樂　而諸子等　耽湎嬉戲
不受我教　將爲火害　即便思惟　設諸方便
告諸子等　我有種種　珍玩之具　妙寶好車
羊車鹿車　大牛之車　今在門外　汝等出來
吾爲汝等　造作此車　隨意所樂　可以遊戲
諸子聞說　如此諸車　即時奔競　馳走而出
到於空地　離諸苦難　長者見子　得出火宅
住於四衢　坐師子座　而自慶言　我今快樂
此諸子等　生育甚難　愚小無知　而入險宅
多諸毒虫　魑魅可畏　大火猛焰　四面俱起
而此諸子　貪樂嬉戲　我已救之　令得脫難
是故諸人　我今快樂　尒時諸子　知父安坐
皆詣父所　而白父言　願賜我等　三種寶車
如前所許　諸子出來　當以三車　隨汝所欲
今正是時　唯垂給與　長者大富　庫藏衆多
金銀琉璃　車𤦲馬瑙　以衆寶物　造諸大車
莊校嚴飾　周匝欄楯　四面懸鈴　金繩交絡
真珠羅網　張施其上　金華諸瓔　處處垂下
衆彩雜飾　周帀圍繞　柔軟繒纊　以爲茵褥
上妙細疊　價直千億　鮮白淨潔　以覆其上
有大白牛　肥壯多力　形體姝好　以駕寶車
多諸儐從　而侍衛之　以是妙車　等賜諸子
諸子是時　歡喜踊躍　乘是寶車　遊於四方

BD13802 號　妙法蓮華經卷二　（32–16）

衆彩雜飾　周帀圍繞　柔軟繒纊　以爲茵褥
上妙細疊　價直千億　鮮白淨潔　以覆其上
有大白牛　肥壯多力　形體姝好　以駕寶車
多諸儐從　而侍衛之　以是妙車　等賜諸子
諸子是時　歡喜踊躍　乘是寶車　遊於四方
嬉戲快樂　自在無礙　告舍利弗　我亦如是
衆聖中尊　世間之父　一切衆生　皆是吾子
深著世樂　無有慧心　三界無安　猶如火宅
衆苦充滿　甚可怖畏　常有生老　病死憂患
如是等火　熾然不息　如來已離　三界火宅
寂然閑居　安處林野　今此三界　皆是我有
其中衆生　悉是吾子　而今此處　多諸患難
唯我一人　能爲救護　雖復教詔　而不信受
於諸欲染　貪著深故　是以方便　爲說三乘
令諸衆生　知三界苦　開示演說　出世間道
是諸子等　若心決定　具足三明　及六神通
有得緣覺　不退菩薩　汝舍利弗　我爲衆生
以此譬喻　說一佛乘　汝等若能　信受是語
一切皆當　得成佛道　是乘微妙　清淨第一
於諸世間　爲無有上　佛所悅可　一切衆生
所應稱讚　供養礼拜　無量億千　諸力解脫
禪定智慧　及佛餘法　得如是乘　令諸子等
日夜劫數　常得遊戲　與諸菩薩　及聲聞衆
乘此寶乘　直至道場　以是因緣　十方諦求
更無餘乘　除佛方便　告舍利弗　汝諸人等
皆是吾子　我則是父　汝等累劫　衆苦所燒

BD13802 號　妙法蓮華經卷二　（32–17）

禪定智慧　及佛餘法　得如是乘　令諸子等
日夜劫數　常得遊戲　與諸菩薩　及聲聞衆
乘此寶乘　直至道場　以是因緣　十方諦求
更無餘乘　除佛方便　告舍利弗　汝諸人等
皆是吾子　我則是父　汝等累劫　衆苦所燒
我皆濟拔　令出三界　我雖先說　汝等滅度
但盡生死　而實不滅　今所應作　唯佛智慧
若有菩薩　於是衆中　能一心聽　諸佛實法
諸佛世尊　雖以方便　所化衆生　皆是菩薩
若人小智　深著愛欲　為此等故　說於苦諦
衆生心喜　得未曾有　佛說苦諦　真實無異
若有衆生　不知苦本　深著苦因　不能暫捨
為是等故　方便說道　諸苦所因　貪欲為本
若滅貪欲　無所依止　滅盡諸苦　名第三諦
為滅諦故　脩行於道　離諸苦縛　名得解脫
是人於何　而得解脫　但離虛妄　名為解脫
其實未得　一切解脫　佛說是人　未實滅度
斯人未得　無上道故　我意不欲　令至滅度
我為法王　於法自在　安隱衆生　故現於世
汝舍利弗　我此法印　為欲利益　世間故說
在所遊方　勿妄宣傳　若有聞者　隨喜頂受
當知是人　阿鞞跋致　若有信受　此經法者
是人已曾　見過去佛　恭敬供養　亦聞是法
若人有能　信汝所說　則為見我　亦見於汝
及比丘僧　并諸菩薩　斯法華經　為深智說

BD13802號　妙法蓮華經卷二　（32–18）

當知是人　阿鞞跋致　若有信受　此經法者
是人已曾　見過去佛　恭敬供養　亦聞是法
若人有能　信汝所說　則為見我　亦見於汝
及比丘僧　并諸菩薩　斯法華經　為深智說
淺識聞之　迷惑不解　一切聲聞　及辟支佛
於此經中　力所不及　汝舍利弗　尚於此經
以信得入　況餘聲聞　其餘聲聞　信佛語故
隨順此經　非己智分　又舍利弗　憍慢懈怠
計我見者　莫說此經　凡夫淺識　深著五欲
聞不能解　亦勿為說　若人不信　毀謗此經
則斷一切　世間佛種　或復顰蹙　而懷疑惑
汝當聽說　此人罪報　若佛在世　若滅度後
其有誹謗　如斯經典　見有讀誦　書持經者
輕賤憎嫉　而懷結恨　此人罪報　汝今復聽
其人命終　入阿鼻獄　具足一劫　劫盡更生
如是展轉　至無數劫　從地獄出　當墮畜生
若狗野干　其形頡瘦　黧黮疥癩　人所觸嬈
又復為人　之所惡賤　常困飢渴　骨肉枯竭
生受楚毒　死被瓦石　斷佛種故　受斯罪報
若作駱駝　或生驢中　身常負重　加諸杖捶
但念水草　餘無所知　謗斯經故　獲罪如是
有作野干　來入聚落　身體疥癩　又無一目
為諸童子　之所打擲　受諸苦痛　或時致死
於此死已　更受蟒身　其形長大　五百由旬
聾騃無足　宛轉腹行　為諸小虫　之所唼食

BD13802號　妙法蓮華經卷二　（32–19）

有作野干　来入聚落　身體疥癩　又無一目
為諸童子　之所打擲　受諸苦痛　或時致死
於此死已　更受蟒身　其形長大　五百由旬
聾騃無足　宛轉腹行　為諸小虫　之所唼食
晝夜受苦　無有休息　謗斯經故　獲罪如是
若得為人　諸根闇鈍　矬陋攣躄　盲聾背傴
有所言說　人不信受　口氣常臭　鬼魅所著
貧窮下賤　為人所使　多病痟瘦　無所依怙
雖親附人　人不在意　若有所得　尋復忘失
若脩醫道　順方治病　更增他疾　或復致死
若自有病　無人救療　設服良藥　而復增劇
若他反逆　抄劫竊盜　如是等罪　橫羅其殃
如斯罪人　永不見佛　眾聖之王　說法教化
如斯罪人　常生難處　狂聾心乱　永不聞法
於無數劫　如恒河沙　生輒聾瘂　諸根不具
常處地獄　如遊園觀　在餘惡道　如己舍宅
駝驢猪狗　是其行處　謗斯經故　獲罪如是
若得為人　聾盲瘖瘂　貧窮諸衰　以自莊嚴
水腫乾痟　疥癩癰疽　如是等病　以為衣服
身常臭處　垢穢不淨　深著我見　增益瞋恚
婬欲熾盛　不擇禽獸　謗斯經故　獲罪如是
告舍利弗　謗斯經者　若說其罪　窮劫不盡
以是因緣　我故語汝　無智人中　莫說此經
若有利根　智慧明了　多聞強識　求佛道者
如是之人　乃可為說　若人曾見　億百千佛

BD13802號　妙法蓮華經卷二　（33–20）

告舍利弗　謗斯經者　若說其罪　窮劫不盡
以是因緣　我故語汝　無智人中　莫說此經
若有利根　智慧明了　多聞強識　求佛道者
如是之人　乃可為說　若人曾見　億百千佛
殖諸善本　深心堅固　如是之人　乃可為說
若人精進　常脩慈心　不惜身命　乃可為說
若人恭敬　無有異心　離諸凡愚　獨處山澤
如是之人　乃可為說　又舍利弗　若見有人
捨惡知識　親近善友　如是之人　乃可為說
若見佛子　持戒清潔　如淨明珠　求大乘經
如是之人　乃可為說　若人無瞋　質直柔軟
常愍一切　恭敬諸佛　如是之人　乃可為說
復有佛子　於大眾中　以清淨心　種種因緣
譬喻言辭　說法無礙　如是之人　乃可為說
若有比丘　為一切智　四方求法　合掌頂受
但樂受持　大乘經典　乃至不受　餘經一偈
如是之人　乃可為說　如人至心　求佛舍利
如是求經　得已頂受　其人不復　志求餘經
亦未曾念　外道典籍　如是之人　乃可為說
告舍利弗　我說是相　求佛道者　窮劫不盡
如是等人　則能信解　汝當為說　妙法華經

妙法蓮華經信解品第四

尒時慧命須菩提摩訶迦栴延摩訶迦葉摩
訶目揵連從佛所聞未曾有法世尊授舍利
弗阿耨多羅三藐三菩提記發希有心歡喜
踊躍即從座起整衣服偏袒右肩右膝著地

BD13802號　妙法蓮華經卷二　（33–21）

妙法蓮華經信解品第四
尒時慧命須菩提摩訶迦旃延摩訶迦葉摩
訶目揵連從佛所聞未曾有法世尊授舍利
弗阿耨多羅三藐三菩提記發希有心歡喜
踊躍即從座起整衣服偏袒右肩右膝著地
一心合掌曲躬恭敬瞻仰尊顏而白佛言我
等居僧之首年並朽邁自謂已得涅槃無所
堪任不復進求阿耨多羅三藐三菩提世尊
往昔說法既久我時在座身體疲懈但念空
無相無作於菩薩法遊戲神通淨佛國土成
就衆生心不喜樂所以者何世尊令我等出
於三界得涅槃證又今我等年已朽邁於佛
教化菩薩阿耨多羅三藐三菩提不生一念
好樂之心我等今於佛前聞授聲聞阿耨多
羅三藐三菩提記心甚歡喜得未曾有不謂
於今忽然得聞希有之法深自慶幸獲大善
利無量珎寶不求自得世尊我等今者樂說
譬喻以明斯義譬若有人年既幼稚捨父逃
逝久住他國或十二十至五十歲年既長大
加復窮困馳騁四方以求衣食漸漸遊行遇
向本國其父先來求子不得中止一城其家
大富財寶無量金銀琉璃珊瑚虎珀頗梨珠
等其諸倉庫悉皆盈溢多有僮僕臣佐吏民
象馬車乘牛羊無數出入息利乃遍他國商
估賈客亦甚衆多時貧窮子遊諸聚落經歷
國邑遂到其父所止之城父每念子與子離

BD13802 號　妙法蓮華經卷二　（32–22）

向本國其父先來求子不得中止一城其家
大富財寶無量金銀琉璃珊瑚虎珀頗梨珠
等其諸倉庫悉皆盈溢多有僮僕臣佐吏民
象馬車乘牛羊無數出入息利乃遍他國商
估賈客亦甚衆多時貧窮子遊諸聚落經歷
國邑遂到其父所止之城父每念子與子離
別五十餘年而未曾向人說如此事但自思
惟心懷悔恨自念老朽多有財物金銀珎寶
倉庫盈溢無有子息一旦終沒財物散失無
所委付是以慇懃每憶其子復作是念我若
得子委付財物坦然快樂無復憂慮世尊尒
時窮子傭賃展轉遇到父舍住立門側遙見
其父踞師子牀寶机承足諸婆羅門剎利居
士皆恭敬圍繞以真珠瓔珞價直千万莊嚴
其身吏民僮僕手執白拂侍立左右覆以寶
帳垂諸華幡香水灑地散衆名華羅列寶物
出內取與有如是等種種嚴飾威德特尊窮
子見父有大力勢即懷恐怖悔來至此竊作
是念此或是王或是王等非我傭力得物之
處不如往至貧里肆力有地衣食易得若久
住此或見逼迫強使我作作是念已疾走而
去時富長者於師子座見子便識心大歡喜
即作是念我財物庫藏今有所付我常思念
此子無由見之而忽自來甚適我願我雖年
朽猶故貪惜即遣傍人急追將還尒時使者
疾走往捉窮子驚愕稱怨大喚我不相犯何

BD13802 號　妙法蓮華經卷二　（32–23）

去時富長者於師子座見子便識心大歡喜
即作是念我財物庫藏今有所付我常思念
此子無由見之而忽自來甚適我願我雖年
朽猶故貪惜即遣傍人急追將還尒時使者
疾走往捉窮子驚愕稱怨大喚我不相犯何
為見捉使者執之逾急強牽將來于時窮子
自念無罪而被囚執此必定死轉更惶怖悶
絕躃地父遥見之而語使言不須此人勿強
將來以冷水灑面令得醒悟莫復與語所以
者何父知其子志意下劣自知豪貴為子所
難審知是子而以方便不語他人云是我子
使者語之我今放汝隨意所趣窮子歡喜得
未曾有從地而起往至貧里以求衣食尒時
長者將欲誘引其子而設方便密遣二人形色
顦顇無威德者汝可詣彼徐語窮子此有作
處倍與汝直窮子若許將來使作若言欲何
所作便可語之雇汝除糞我等二人亦共汝
作時二使人即求窮子既已得之具陳上事
尒時窮子先取其價尋與除糞其父見子愍
而恠之又以他日於窓牖中遥見子身羸瘦
顦顇糞土塵坌汙穢不淨即脫瓔珞細軟上
服嚴飾之具更著麁弊垢膩之衣塵土坌
身右手執持除糞之器狀有所畏語諸作人
汝等勤作勿得懈息以方便故得近其子後
復告言咄男子汝常此作勿復餘去當加汝

BD13802號　妙法蓮華經卷二　（32–24）

顦顇糞土塵坌汙穢不淨即脫瓔珞細軟上
服嚴飾之具更著麁弊垢膩之衣塵土坌
身右手執持除糞之器狀有所畏語諸作人
汝等勤作勿得懈息以方便故得近其子後
復告言咄男子汝常此作勿復餘去當加汝
價諸有所須瓫器米麵鹽酢之屬莫自疑難
亦有老弊使人須者相給好自安意我如汝
父勿復憂慮所以者何我年老大而汝少壯
汝常作時無有欺怠瞋恨怨言都不見汝有
此諸惡如餘作人自今以後如所生子即時
長者更與作字名之為兒尒時窮子雖欣此
遇猶故自謂客作賤人由是之故於二十年
中常令除糞過是已後心相體信入出無難
然其所止猶在本處世尊尒時長者有疾自
知將死不久語窮子言我今多有金銀珍寶
倉庫盈溢其中多少所應取與汝悉知之我
心如是當體此意所以者何今我與汝便為不
異宜加用心無令漏失尒時窮子即受教
勑領知眾物金銀珍寶及諸庫藏而無悕取
一飡之意然其所止故在本處下劣之心亦
未能捨復經少時父知子意漸已通泰成就
大志自鄙先心臨欲終時而命其子并會親
族國王大臣剎利居士皆悉已集即自宣言
諸君當知此是我子我之所生於其城中捨
吾逃走竛竮辛苦五十餘年其本字某我名

BD13802號　妙法蓮華經卷二　（32–25）

大志自鄙先心臨欲終時而命其子并會親
族國王大臣刹利居士皆悉已集即自宣言
諸君當知此是我子我之所生於其城中捨
吾逃走跉跰辛苦五十餘年其本字某我名
某甲昔在本城懷憂推覓忽於此間遇會得
之此實我子我實其父今我所有一切財物
皆是子有先所出内是子所知世尊是時窮
子聞父此言即大歡喜得未曾有而作是念
我本無心有所悕求今此寳藏自然而至世
尊大富長者則是如来我等皆似佛子如来
常說我等為子世尊我等以三苦故於生死
中受諸熱惱迷惑無知樂著小法今日世尊
令我等思惟蠲除諸法戲論之糞我等於中
勤加精進得至涅槃一日之價既得此已心
大歡喜自以為足而便自謂於佛法中勤精進
故所得弘多然世尊先知我等心著弊欲樂
於小法便見縱捨不為分別汝等當有如来
知見寶藏之分世尊以方便力說如来智慧
我等從佛得涅槃一日之價以為大得於此
大乘無有志求我等又因如来智慧為諸菩
薩開示演說而自於此無有志願所以者何
佛知我等心樂小法以方便力隨我等說而
我等不知真是佛子今我等方知世尊於佛
智慧無所悋惜所以者何我等昔来真是佛
子而但樂小法若我等有樂大之心佛則為
我說大乘法於此經中唯說一乘而昔於菩

BD13802號　妙法蓮華經卷二　(32–26)

佛知我等心樂小法以方便力隨我等說而
我等不知真是佛子今我等方知世尊於佛
智慧無所悋惜所以者何我等昔来真是佛
子而但樂小法若我等有樂大之心佛則為
我說大乘法於此經中唯說一乘而昔於菩
薩前毀呰聲聞樂小法者然佛實以大乘教
化是故我等說本無心有所悕求今法王大
寶自然而至如佛子所應得者皆已得之尒
時摩訶迦葉欲重宣此義而說偈言
我等今日　聞佛音教　歡喜踊躍　得未曾有
佛說聲聞　當得作佛　無上寶聚　不求自得
譬如童子　幼稚無識　捨父逃逝　遠到他土
周流諸國　五十餘年　其父憂念　四方推求
求之既疲　頓止一城　造立舍宅　五欲自娛
其家巨富　多諸金銀　車𤦲馬瑙　真珠琉璃
象馬牛羊　輦轝車乘　田業僮僕　人民衆多
出入息利　乃遍他國　商估賈人　無處不有
千万億衆　圍繞恭敬　常為王者　之所愛念
群臣豪族　皆共宗重　以諸緣故　往来者衆
豪富如是　有大力勢　而年朽邁　益憂念子
夙夜惟念　死時將至　癡子捨我　五十餘年
庫藏諸物　當如之何　尒時窮子　求索衣食
從邑至邑　從國至國　或有所得　或無所得
飢餓羸瘦　體生瘡癬　漸次經歷　到父住城
傭賃展轉　遂至父舍　尒時長者　於其門内
施大寶帳　處師子座　眷屬圍遶　諸人侍衛

BD13802號　妙法蓮華經卷二　(32–27)

夙夜惟念 死時將至 癡子捨我 五十餘年
庫藏諸物 當如之何 尒時窮子 求索衣食
從邑至邑 從國至國 或有所得 或無所得
飢餓羸瘦 體生瘡癬 漸次經歷 到父住城
傭賃展轉 遂至父舍 尒時長者 於其門內
施大寶帳 處師子座 眷屬圍繞 諸人侍衛
或有計筭 金銀寶物 出內財產 注記券疏
窮子見父 豪貴尊嚴 謂是國王 若是王等
驚怖自恠 何故至此 覆自念言 我若久住
或見逼迫 強驅使作 思惟是已 馳走而去
借問貧里 欲往傭作 長者是時 在師子座
遙見其子 嘿而識之 即勅使者 追捉將來
窮子驚喚 迷悶躃地 是人執我 必當見殺
何用衣食 使我至此 長者知子 愚癡狹劣
不信我言 不信是父 即以方便 更遣餘人
眇目矬陋 無威德者 汝可語之 云當相雇
除諸糞穢 倍與汝價 窮子聞之 歡喜隨來
為除糞穢 淨諸房舍 長者於牖 常見其子
念子愚劣 樂為鄙事 於是長者 著弊垢衣
執除糞器 往到子所 方便附近 語令勤作
既益汝價 并塗足油 飲食充足 薦席厚暖
如是苦言 汝當勤作 又以軟語 若如我子
長者有智 漸令入出 經二十年 執作家事
示其金銀 真珠頗梨 諸物出入 皆使令知
猶在門外 止宿草菴 自念貧事 我無此物

BD13802號　妙法蓮華經卷二　（32–28）

既益汝價 并塗足油 飲食充足 薦席厚暖
如是苦言 汝當勤作 又以軟語 若如我子
長者有智 漸令入出 經二十年 執作家事
示其金銀 真珠頗梨 諸物出入 皆使令知
猶在門外 止宿草菴 自念貧事 我無此物
父知子心 漸已廣大 欲與財寶 即聚親族
國王大臣 剎利居士 於此大眾 說是我子
捨我他行 經五十歲 自見子來 已二十年
昔於某城 而失是子 周行求索 遂來至此
凡我所有 舍宅人民 悉以付之 恣其所用
子念昔貧 志意下劣 今於父所 大獲珍寶
并及舍宅 一切財物 甚大歡喜 得未曾有
佛亦如是 知我樂小 未曾說言 汝等作佛
而說我等 得諸無漏 成就小乘 聲聞弟子
佛勅我等 說最上道 修習此者 當得成佛
我承佛教 為大菩薩 以諸因緣 種種譬喻
若干言辭 說無上道 諸佛子等 從我聞法
日夜思惟 精勤修習 是時諸佛 即授其記
汝於來世 當得作佛 一切諸佛 祕藏之法
但為菩薩 演其實事 而不為我 說斯真要
如彼窮子 得近其父 雖知諸物 心不希取
我等雖說 佛法寶藏 自無志願 亦復如是
我等內滅 自謂為足 唯了此事 更無餘事
我等若聞 淨佛國土 教化眾生 都無欣樂
所以者何 一切諸法 皆悉空寂 無生無滅

BD13802號　妙法蓮華經卷二　（32–29）

如彼窮子 得近其父 雖知諸物 心不悕取
我等雖說 佛法寶藏 自無志願 亦復如是
我等內滅 自謂爲足 唯了此事 更無餘事
我等若聞 淨佛國土 教化衆生 都無欣樂
所以者何 一切諸法 皆悉空寂 無生無滅
無大無小 無漏無爲 如是思惟 不生喜樂
我等長夜 於佛智慧 無貪無著 無復志願
而自於法 謂是究竟 我等長夜 脩習空法
得脫三界 苦惱之患 住最後身 有餘涅槃
佛所教化 得道不虛 則爲已得 報佛之恩
我等雖爲 諸佛子等 說菩薩法 以求佛道
而於是法 永不願樂 導師見捨 觀我心故
初不勸進 說有實利 如富長者 知子志劣
以方便力 柔伏其心 然後乃付 一切財物
佛亦如是 現希有事 知樂小者 以方便力
調伏其心 乃教大智 我等今日 得未曾有
非先所望 而今自得 如彼窮子 得無量寶
世尊我今 得道得果 於無漏法 得清淨眼
我等長夜 持佛淨戒 始於今日 得其果報
法王法中 久脩梵行 今得無漏 無上大果
我等今者 真是聲聞 以佛道聲 令一切聞
我等今者 真阿羅漢 於諸世間 天人魔梵
普於其中 應受供養 世尊大恩 以希有事
憐愍教化 利益我等 無量億劫 誰能報者
手足供給 頭頂禮敬 一切供養 皆不能報

BD13802 號　妙法蓮華經卷二　（32–30）

世尊我今 得道得果 於無漏法 得清淨眼
我等長夜 持佛淨戒 始於今日 得其果報
法王法中 久脩梵行 今得無漏 無上大果
我等今者 真是聲聞 以佛道聲 令一切聞
我等今者 真阿羅漢 於諸世間 天人魔梵
普於其中 應受供養 世尊大恩 以希有事
憐愍教化 利益我等 無量億劫 誰能報者
手足供給 頭頂禮敬 一切供養 皆不能報
若以頂戴 兩肩荷負 於恒沙劫 盡心恭敬
又以美饍 無量寶衣 及諸卧具 種種湯藥
牛頭栴檀 及諸珎寶 以起塔廟 寶衣布地
如斯等事 以用供養 於恒沙劫 亦不能報
諸佛希有 無量無邊 不可思議 大神通力
無漏無爲 諸法之王 能爲下劣 忍于斯事
取相凡夫 隨宜爲說 諸佛於法 得最自在
知諸衆生 種種欲樂 及其志力 隨所堪任
以無量喻 而爲說法 隨諸衆生 宿世善根
又知成就 未成就者 種種籌量 分別知已
於一乘道 隨宜說三

妙法蓮華經卷第二

西天取經僧継從乾德六年二月日科記

BD13802 號　妙法蓮華經卷二　（32–31）

BD13802 號　妙法蓮華經卷二　　(32–32)

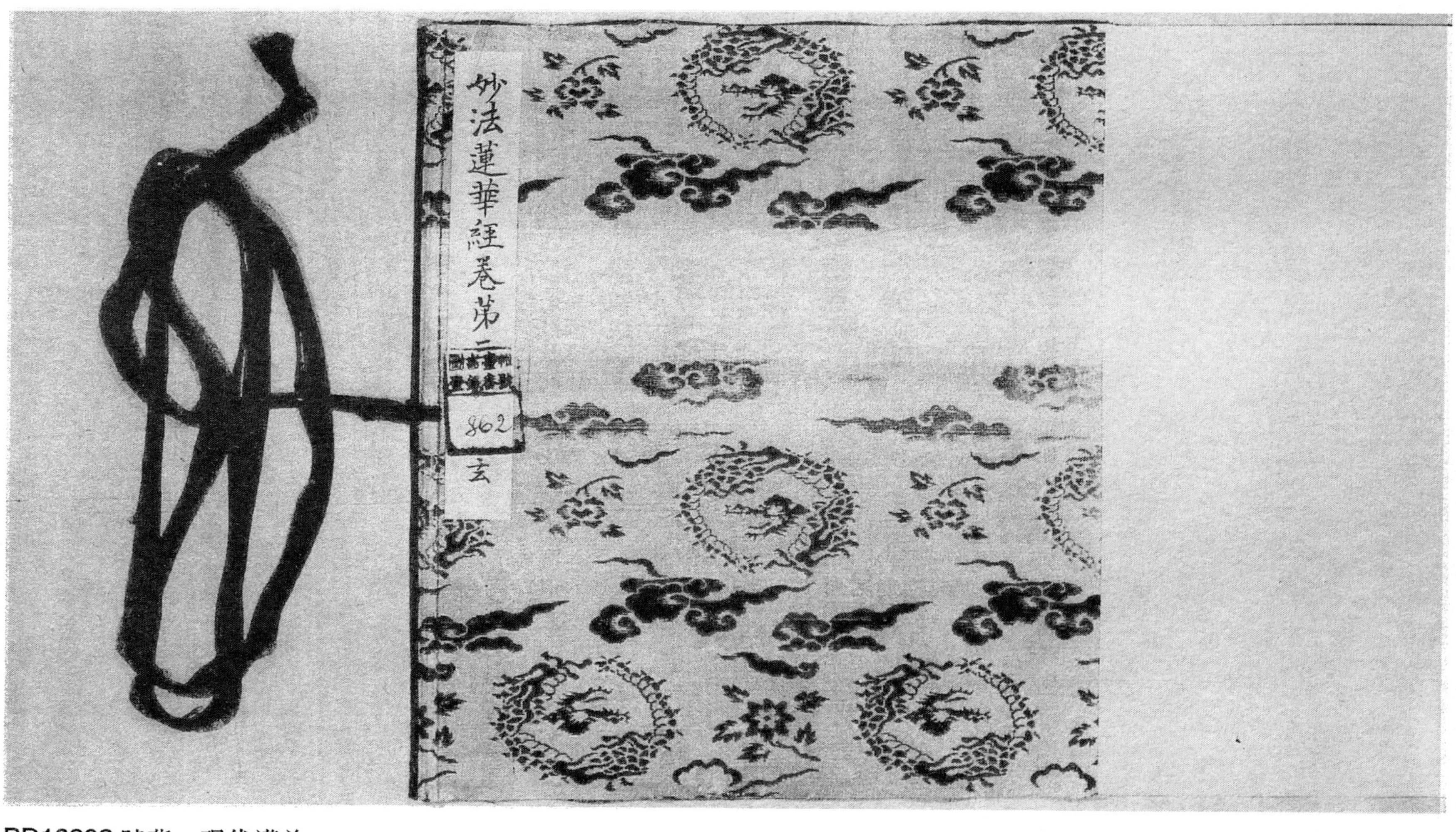

BD13803 號背　現代護首　　(1–1)

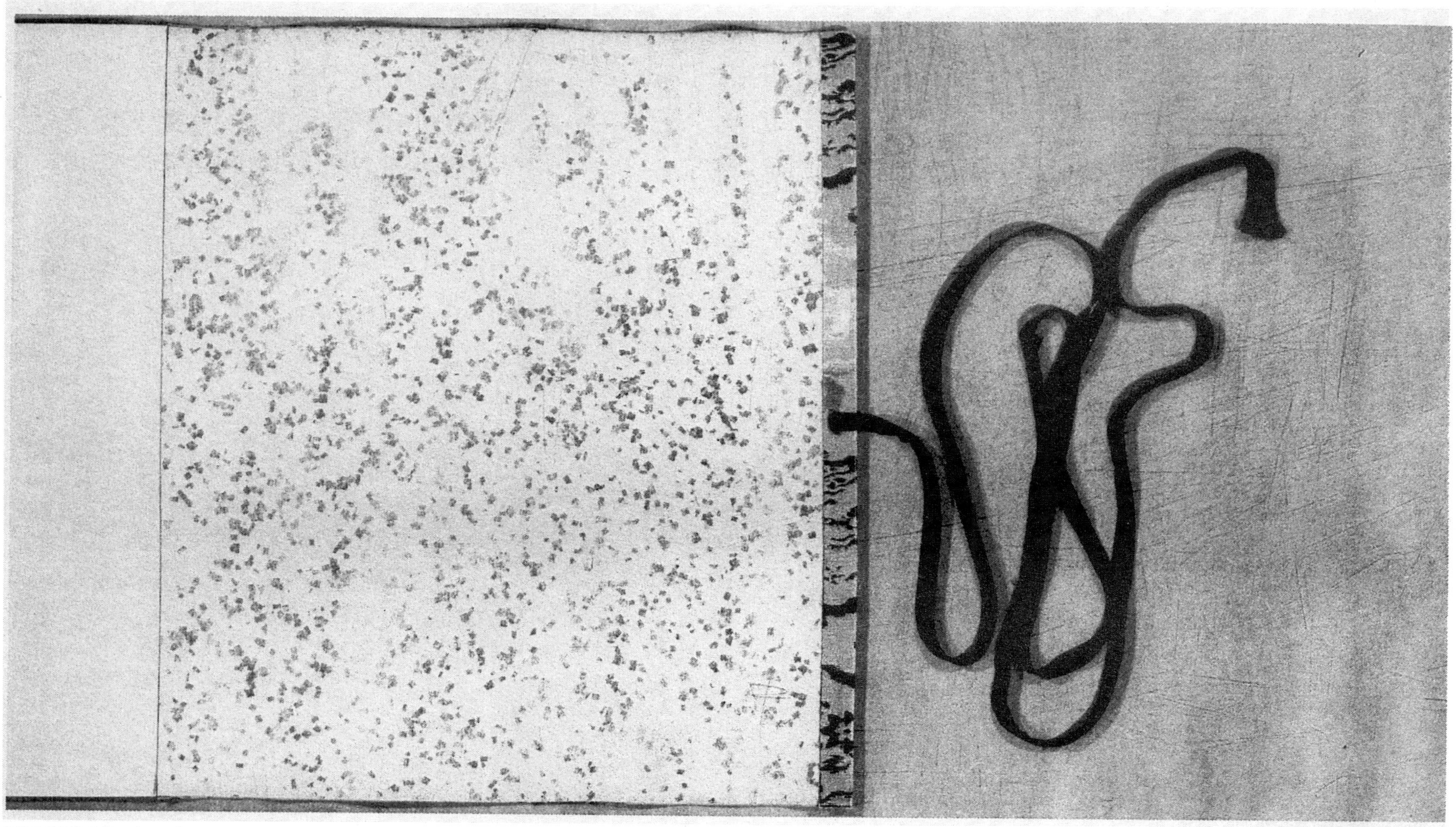

BD13803號　妙法蓮華經卷三　（29–1）

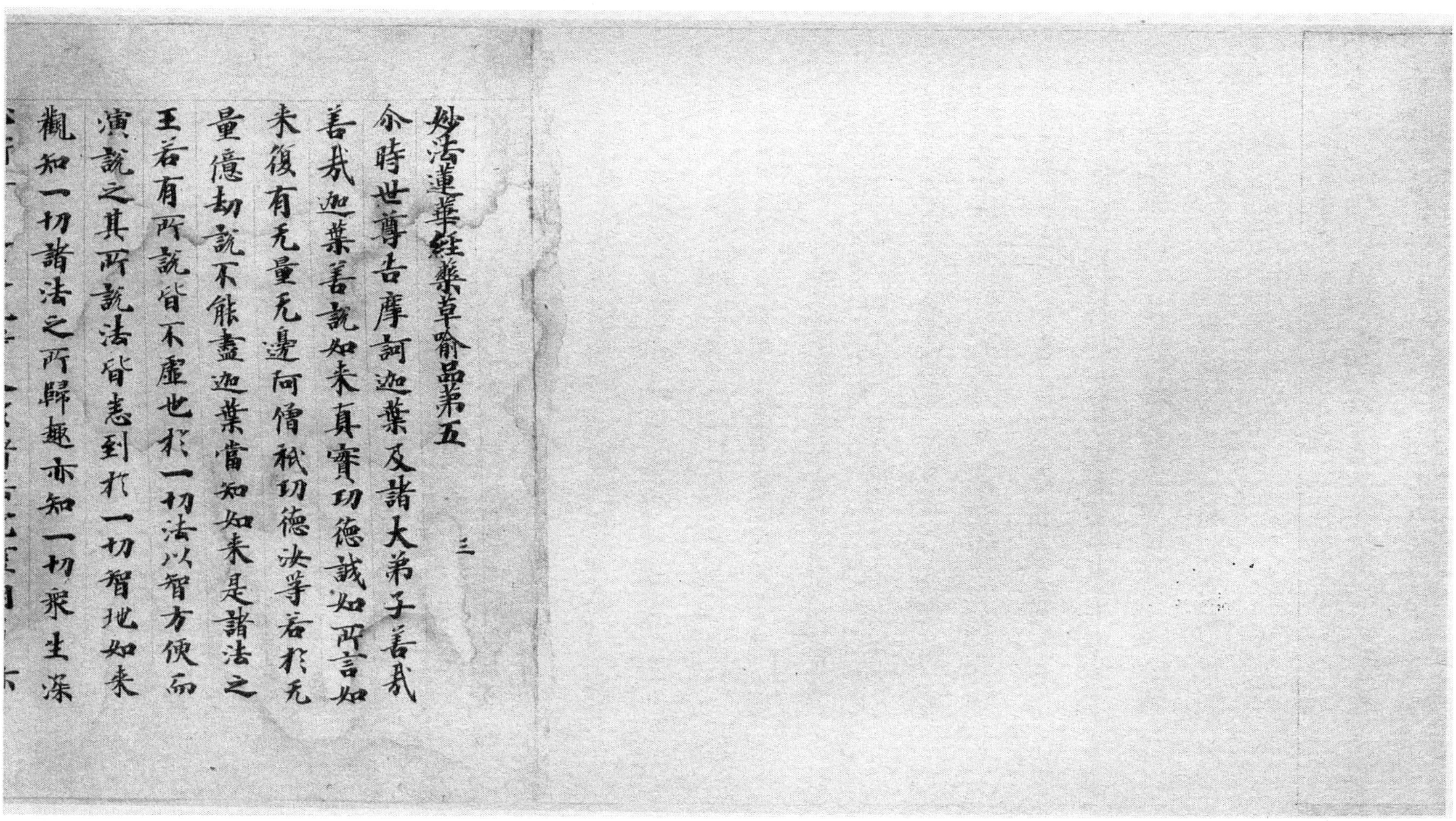

妙法蓮華經藥草喻品第五　三
尒時世尊告摩訶迦葉及諸大弟子善哉
善哉迦葉善說如來真實功德誠如所言如
來復有无量无邊阿僧祇功德汝等若於无
量億劫說不能盡迦葉當知如來是諸法之
王若有所說皆不虛也於一切法以智方便而
演說之其所說法皆悉到於一切智地如來
觀知一切諸法之所歸趣亦知一切衆生深

BD13803號　妙法蓮華經卷三　（29–2）

量億劫説不能盡迦葉當知如來是諸法之
王若有所説皆不虚也於一切法以智方便而
演説之其所説法皆悉到於一切智地如來
觀知一切諸法之所歸趣亦知一切衆生深
心所行通達无㝵又於諸法究盡明了示
諸衆生一切智慧迦葉譬如三千大千世界
山川谿谷土地所生卉木藂林及諸藥草種
類若干名色各異密雲彌布遍覆三千大千
世界一時等澍其澤普洽卉木藂林及諸藥草
小根小莖小枝小葉中根中莖中枝中葉
大根大莖大枝大葉諸樹大小随上中下各
有所受一雲所雨稱其種性而得生長華菓
敷實雖一地所生一雨所潤而諸草木各有
差別迦葉當知如來亦復如是出現於世如大
雲起以大音聲普遍世界天人阿脩羅如彼
大雲遍覆三千大千國土於大衆中而唱是
言我是如來應供正遍知明行足善逝世間
解无上士調御丈夫天人師佛世尊未度者
令度未解者令解未安者令安未涅槃者
令得涅槃今世後世如實知之我是一切知者
一切見者知道者開道者説道者汝等天人
阿脩羅衆皆應到此爲聽法故尒時无數千
万億種衆生來至佛所而聽法如來于時觀
是衆生諸根利鈍精進懈怠随其所堪而爲
説法種種无量皆令歡喜快得善利是諸衆

BD13803號　妙法蓮華經卷三　（29–3）

阿脩羅衆皆應到此爲聽法故尒時无數千
万億種衆生來至佛所而聽法如來于時觀
是衆生諸根利鈍精進懈怠随其所堪而爲
説法種種无量皆令歡喜快得善利是諸衆
生聞是法已現世安隱後生善處以道受樂
亦得聞法既聞法已離諸障㝵於諸法中任
力所能漸得入道如彼大雲雨於一切卉木
藂林及諸藥草如其種性具足蒙潤各得生
長如來説法一相一味所謂解脱相離相滅相
究竟至於一切種智其有衆生聞如來法若
持讀誦如説脩行所得功德不自覺知所以
者何唯有如來知此衆生種相體性念何
事思何事脩何事云何念云何思云何脩以
何法念以何法思以何法脩以何法得何法衆
生住於種種之地唯有如來如實見之明了
无㝵如彼卉木藂林諸藥草等而不自知上
中下性如來知是一相一味之法所謂解脱
相離相滅相究竟涅槃常寂滅相終歸於
空佛知是已觀衆生心欲而將護之是故不
即爲説一切種智汝等迦葉甚爲希有能知
如來随宜説法能信能受所以者何諸佛世
尊随宜説法難解難知尒時世尊欲重宣此
義而説偈言
破有法王　出現世間　随衆生欲　種種説法
如來尊重　智慧深遠　久嘿斯要　不務速説
有智若聞　則能信解　无智疑悔　則爲永失

BD13803號　妙法蓮華經卷三　（29–4）

尊隨宜說法難解難知尒時世尊欲重宣此
義而說偈言
破有法王 出現世間 隨衆生欲 種種說法
如來尊重 智慧深遠 久嘿斯要 不務速說
有智若聞 則能信解 无智疑悔 則為永失
是故迦葉 隨力為說 以種種緣 令得正見
迦葉當知 譬如大雲 起於世間 遍覆一切
惠雲含潤 電光晃曜 雷聲遠震 令衆悅豫
日光掩蔽 地上清涼 靉靆垂布 如可承攬
其雨普等 四方俱下 流澍无量 率土充洽
山川險谷 幽邃所生 卉木藥草 大小[illegible]樹
百穀苗稼 甘蔗蒲桃 雨之所潤 无不豐足
乾地普洽 藥木並茂 其雲所出 一味之水
草木叢林 隨分受潤 一切諸樹 上中下等
稱其大小 各得生長 根莖枝葉 華菓光色
一雨所及 皆得鮮澤 如其體相 性分大小
所潤是一 而各滋茂 佛亦如是 出現於世
譬如大雲 普覆一切 既出于世 為諸衆生
分別演說 諸法之實 大聖世尊 於諸天人
一切衆中 而宣是言 我為如來 兩足之尊
出于世間 猶如大雲 充潤一切 枯槁衆生
皆令離苦 得安隱樂 世間之樂 及涅槃樂
諸天人衆 一切善聽 皆應到此 覲无上尊
我為世尊 无能及者 安隱衆生 故現於世
為大衆說 甘露淨法 其法一味 解脫涅槃
以一妙音 演暢斯義 常為大乘 而作因緣

BD13803 號　妙法蓮華經卷三　（29–5）

皆令離苦 得安隱樂 世間之樂 及涅槃樂
諸天人衆 一切善聽 皆應到此 覲无上尊
我為世尊 无能及者 安隱衆生 故現於世
為大衆說 甘露淨法 其法一味 解脫涅槃
以一妙音 演暢斯義 常為大乘 而作因緣
我觀一切 普皆平等 无有彼此 愛憎之心
我无貪著 亦无限㝵 恒為一切 平等說法
如為一人 衆多亦然 常演說法 曾无他事
去來坐立 終不疲猒 充足世間 如雨普潤
貴賤上下 持戒毀戒 威儀具足 及不具足
正見耶見 利根鈍根 等雨法雨 而无懈惓
一切衆生 聞我法者 隨力所受 住於諸地
或處人天 轉輪聖王 釋梵諸王 是小藥草
知无漏法 能得涅槃 起六神通 及得三明
獨處山林 常行禪定 得緣覺證 是中藥草
求世尊處 我當作佛 行精進定 是上藥草
又諸佛子 專心佛道 常行慈悲 自知作佛
決定无疑 是名小樹 安住神通 轉不退輪
度无量衆 百千衆生 如是菩薩 名為大樹
佛平等說 如一味雨 隨衆生性 所受不同
如彼草木 所稟各異 佛以此喩 方便開示
種種言辭 演說一法 於佛智慧 如海一渧
我雨法雨 充滿世間 一味之法 隨力脩行
如彼叢林 藥草諸樹 隨其大小 漸增茂好
諸佛之法 常以一味 令諸世間 普得具足
漸次脩行 皆得道果 聲聞緣覺 處於山林

BD13803 號　妙法蓮華經卷三　（29–6）

我雨法雨　充滿世間　一味之法　隨力修行
如彼叢林　藥草諸樹　隨其大小　漸增茂好
諸佛之法　常以一味　令諸世間　普得具足
漸次循行　皆得道果　聲聞緣覺　處於山林
住最後身　聞法得果　是名藥草　各得增長
若諸菩薩　智慧堅固　了達三界　求最上乘
是名小樹　而得增長　復有住禪　得神通力
聞諸法空　心大歡喜　放无數光　度諸衆生
是名大樹　而得增長　如是迦葉　佛所說法
譬如大雲　以一味雨　潤於人華　各得成實
迦葉當知　以諸因緣　種種譬喻　開示佛道
是我方便　諸佛亦然　今為汝等　說最實事
諸聲聞衆　皆非滅度　汝等所行　是菩薩道
漸漸循學　悉當成佛

妙法蓮華經授記品第六

尒時世尊說是偈已告諸大衆唱如是言我
此弟子摩訶迦葉於未來世當得奉覲三百
万億諸佛世尊供養恭敬尊重讚歎廣宣
諸佛无量大法於最後身得成為佛名曰光
明如来應供正遍知明行足善逝世間解无上
士調御丈夫天人師佛世尊國名光德劫名
大莊嚴佛壽十二小劫正法住世二十小劫
像法亦住二十小劫國界嚴飾无諸穢惡瓦
礫荊棘便利不淨其土平正无有高下坑坎
堆阜瑠璃為地寶樹行列黄金為繩以界道
側散諸寶華周遍清淨其國菩薩无量千億

BD13803 號　妙法蓮華經卷三　（29–7）

大莊嚴佛壽十二小劫
像法亦住二十小劫國界嚴飾无諸穢惡瓦
礫荊棘便利不淨其土平正无有高下坑坎
堆阜瑠璃為地寶樹行列黄金為繩以界道
側散諸寶華周遍清淨其國菩薩无量千億
諸聲聞衆亦復无數无有魔事雖有魔及魔
民皆護佛法尒時世尊欲重宣此義而說偈言
告諸比丘　我以佛眼　見是迦葉　於未来世
過无數劫　當得作佛　而於来世　供養奉覲
三百万億　諸佛世尊　為佛智慧　淨循梵行
供養最上　二足尊已　循習一切　无上之法
於最後身　得成為佛　其土清淨　瑠璃為地
多諸寶樹　行列道側　金繩界道　見者歡喜
常出妙香　散衆名華　種種奇妙　以為莊嚴
其地平正　无有丘坑　諸菩薩衆　不可稱計
其心調柔　逮大神通　奉持諸佛　大乘經典
諸聲聞衆　无漏後身　法王之子　亦不可計
乃以天眼　不能數知　其佛當壽　十二小劫
正法住世　二十小劫　像法亦住　二十小劫
光明世尊　其事如是
尒時大目揵連須菩提摩訶迦旃延等皆悉
悚慄一心合掌瞻仰世尊目不暫捨即共同
聲而說偈言
大雄猛世尊　諸釋之法王　哀愍我等故　而賜佛音聲
若知我深心　見為授記者　如以甘露灑　除熱得清涼
如從飢國来　忽遇大王饍　心猶懷疑懼　未敢即便食
若復得王教　然後乃敢食　我等亦如是　每惟小乘過

BD13803 號　妙法蓮華經卷三　（29–8）

聲而說偈言
大雄猛世尊 諸釋之法王 哀愍我等故 而賜佛音聲
若知我深心 見爲授記者 如以甘露灑 除熱得清涼
如從飢國來 忽遇大王饍 心猶懷疑懼 未敢即便食
若復得王教 然後乃敢食 我等亦如是 每惟小乘過
不知當云何 得佛无上慧 雖聞佛音聲 言我等作佛
心尚懷憂懼 如未敢便食 若蒙佛授記 尒乃快安樂
大雄猛世尊 常欲安世間 願賜我等記 如飢須教食
尒時世尊知諸大弟子心之所念告諸比丘是
須菩提於當來世奉覲三百万億那由他佛
供養恭敬尊重讚歎常脩梵行具菩薩道
於最後身得成爲佛号曰名相如來應供正
遍知明行足善逝世間解无上士調御丈夫
天人師佛世尊劫名有寶國名寶生其土平
正頗梨爲地寶樹莊嚴无諸丘坑沙礫荊棘
便利之穢寶華覆地周遍清淨其土人民皆
處寶臺珍妙樓閣聲聞弟子无量无邊筭
數譬喻所不能知諸菩薩衆无數千万億那
由他佛壽十二小劫正法住世二十小劫像
法亦住二十小劫其佛常處虛空爲衆說法
度脫无量菩薩及聲聞衆尒時世尊欲重宣
此義而說偈言
諸比丘衆 今告汝等 皆當一心 聽我所說
我大弟子 須菩提者 當得作佛 号曰名相
當供无數 万億諸佛 隨佛所行 漸具大道
最後身得 三十二相 端正姝妙 猶如寶山

此義而說偈言
諸比丘衆 今告汝等 皆當一心 聽我所說
我大弟子 須菩提者 當得作佛 号曰名相
當供无數 万億諸佛 隨佛所行 漸具大道
最後身得 三十二相 端正姝妙 猶如寶山
其佛國土 嚴淨第一 衆生見者 无不愛樂
佛於其中 度无量衆 其佛法中 多諸菩薩
皆悉利根 轉不退輪 彼國常以 菩薩莊嚴
諸聲聞衆 不可稱數 皆得三明 具六神通
住八解脫 有大威德 其佛說法 現於无量
神通變化 不可思議 諸天人民 數如恒沙
皆共合掌 聽受佛語 其佛當壽 十二小劫
正法住世 二十小劫 像法亦住 二十小劫
尒時世尊復告諸比丘衆我今語汝是大迦
旃延於當來世以諸供具供養奉事八千億
佛恭敬尊重諸佛滅後各起塔廟高千由旬
縱廣正等五百由旬以金銀瑠璃車𤦲馬瑙
真珠玫瑰七寶合成衆華瓔珞塗香末香燒
香繒蓋幢幡供養塔廟過是已後當復供養
二万億佛亦復如是供養是諸佛已具菩薩
道當得作佛号曰閻浮那提金光如來應供
正遍知明行足善逝世間解无上士調御丈
夫天人師佛世尊其土平正頗梨爲地寶樹
莊嚴黃金爲繩以界道側妙華覆地周遍清
淨見者歡喜无四惡道地獄餓鬼畜生阿脩
羅道多有天人諸聲聞衆及諸菩薩无量万

夫天人師佛世尊其土平正頗梨為地寶樹
莊嚴黃金為繩以界道側妙華覆地周遍清
淨見者歡喜无四惡道地獄餓鬼畜生阿脩
羅道多有天人諸聲聞衆及諸菩薩无量万
億莊嚴其國佛壽十二小劫正法住世二十小
劫像法亦住二十小劫尒時世尊欲重宣此
義而說偈言
諸比丘衆　皆一心聽　如我所說　真實无異
是迦旃延　當以種種　妙好供具　供養諸佛
諸佛滅後　起七寶塔　亦以華香　供養舍利
其最後身　得佛智慧　成等正覺　國土清淨
度脫无量　万億衆生　皆為十方　之所供養
佛之光明　无能勝者　其佛号曰　閻浮金光
菩薩聲聞　斷一切有　无量无數　莊嚴其國
尒時世尊復告大衆我今語汝是大目揵連
當以種種供具供養八千諸佛恭敬尊重諸
佛滅後各起塔廟高千由旬縱廣正等五百
由旬以金銀琉璃車璖馬瑙真珠玫瑰七寶
合成衆華瓔珞塗香末香燒香繒蓋幢幡以
用供養過是已後當復供養二百万億諸佛
亦復如是當得成佛号曰多摩羅跋栴檀香
如來應供正遍知明行足善逝世間解无上
士調御丈夫天人師佛世尊劫名喜滿國名
意樂其土平正頗梨為地寶樹莊嚴散真
珠華周遍清淨見者歡喜多諸天人菩薩聲聞
其數无量佛壽二十四小劫正法住世四十小

BD13803號　妙法蓮華經卷三　(29–11)

如來應供正遍知明行足善逝世間解无上
士調御丈夫天人師佛世尊劫名喜滿國名
意樂其土平正頗梨為地寶樹莊嚴散真
珠華周遍清淨見者歡喜多諸天人菩薩聲聞
其數无量佛壽二十四小劫正法住世四十小
劫像法亦住四十小劫尒時世尊欲重宣此義
而說偈言
我此弟子　大目揵連　捨是身已　得見八千
二百万億　諸佛世尊　為佛道故　供養恭敬
於諸佛所　常脩梵行　於无量劫　奉持佛法
諸佛滅後　起七寶塔　長表金剎　華香伎樂
而以供養　諸佛塔廟　漸漸具足　菩薩道已
於意樂國　而得作佛　号多摩羅　栴檀之香
其佛壽命　二十四劫　常為天人　演說佛道
聲聞无量　如恒河沙　三明六通　有大威德
菩薩无數　志固精進　於佛智慧　皆不退轉
佛滅度後　正法當住　四十小劫　像法亦尒
我諸弟子　威德具足　其數五百　皆當授記
於未來世　咸得成佛　我及汝等　宿世因緣
吾今當說　汝等善聽
妙法蓮華經化城喻品第七
佛告諸比丘乃往過去无量无邊不可思議
阿僧祇劫尒時有佛名大通智勝如來應供
正遍知明行足善逝世間解无上士調御丈
夫天人師佛世尊其國名好成劫名大相諸
比丘彼佛滅度已來甚大久遠譬如三千大

BD13803號　妙法蓮華經卷三　(29–12)

阿僧祇劫尒時有佛名大通智勝如來應供正遍知明行足善逝世間解无上士調御丈夫天人師佛世尊其國名好成劫名大相諸比丘彼佛滅度已來甚大久遠譬如三千大千世界所有地種假使有人磨以為墨過於東方千國土乃下一點大如微塵又過千國土復下一點如是展轉盡地種墨於汝等意云何是諸國土若筭師若筭師弟子能得邊際知其數不不也世尊諸比丘是人所經國土若點不點盡末為塵一塵一劫彼佛滅度已來復過是數无量无邊百千万億阿僧祇劫我以如來知見力故觀彼久遠猶若今日

尒時世尊欲重宣此義而說偈言

我念過去世　无量无邊劫　有佛兩足尊　名大通智勝
如人以力磨　三千大千土　盡此諸地種　皆悉以為墨
過於千國土　乃下一塵點　如是展轉點　盡此諸塵墨
如是諸國土　點與不點等　復盡末為塵　一塵為一劫
此諸微塵數　其劫復過是　彼佛滅度來　如是无量劫
如來无礙智　知彼佛滅度　及聲聞菩薩　如見今滅度
諸比丘當知　佛智淨微妙　无漏无所㝵　通達无量劫

佛告諸比丘大通智勝佛壽五百四十万億那由他劫其佛本坐道場破魔軍已垂得阿耨多羅三藐三菩提而諸佛法不現在前如是一小劫乃至十小劫結跏趺坐身心不動而諸佛法猶不在前尒時忉利諸天先為彼佛於菩提樹下敷師子座高一由旬佛於此

BD13803號　妙法蓮華經卷三　（29–13）

耨多羅三藐三菩提而諸佛法不現在前如是一小劫乃至十小劫結跏趺坐身心不動而諸佛法猶不在前尒時忉利諸天先為彼佛於菩提樹下敷師子座高一由旬佛於此座當得阿耨多羅三藐三菩提適坐此座時諸梵天王雨衆天華面百由旬香風時來吹去萎華更雨新者如是不絕滿十小劫供養於佛乃至滅度常雨此華四王諸天為供養佛常擊天鼓其餘諸天作天伎樂滿十小劫至于滅度亦復如是諸比丘大通智勝佛過十小劫諸佛之法乃現在前成阿耨多羅三藐三菩提其佛未出家時有十六子其第一者名曰智積諸子各有種種珍異玩好之具聞父得成阿耨多羅三藐三菩提皆捨所珍往詣佛所諸母涕泣而隨送之其祖轉輪聖王與一百大臣及餘百千万億人民皆共圍繞隨至道場咸欲親近大通智勝如來供養恭敬尊重讚歎到已頭面礼足繞佛畢已一心合掌瞻仰世尊以偈頌曰

大威德世尊　為度衆生故　於無量億歲　尒乃得成佛
諸願已具足　善哉吉無上　世尊甚希有　一坐十小劫
身體及手足　靜然安不動　其心常惔怕　未曾有散亂
究竟永寂滅　安住無漏法　今者見世尊　安隱成佛道
我等得善利　稱慶大歡喜　衆生常苦惱　盲瞑無導師
不識苦盡道　不知求解脫　長夜增惡趣　減損諸天衆
從瞑入於瞑　永不聞佛名　今佛得最上　安隱無漏道

BD13803號　妙法蓮華經卷三　（29–14）

究竟永寂滅　安住無漏法　今者見世尊　安隱成佛道
我等得善利　稱慶大歡喜　衆生常苦惱　盲瞑無導師
不識苦盡道　不知求解脫　長夜增惡趣　減損諸天衆
從瞑入於瞑　永不聞佛名　今佛得最上　安隱無漏道
我等及天人　為得最大利　是故咸稽首　歸命無上尊
尒時十六王子偈讚佛已勸請世尊轉於法
輪咸作是言世尊說法多所安隱憐愍饒益
諸天人民重說偈言
世雄無等倫　百福自莊嚴　得无上智慧　願為世間說
度脫於我等　及諸衆生類　為分別顯示　令得是智慧
若我等得佛　衆生亦復然　世尊知衆生　深心之所念
亦知所行道　又知智慧力　欲樂及脩福　宿命所行業
世尊悉知已　當轉無上輪
佛告諸比丘大通智勝佛得阿耨多羅三藐
三菩提時十方各五百萬億諸佛世界六種
震動其國中間幽瞑之處日月威光所不能照
而皆大明其中衆生各得相見咸作是言此
中云何忽生衆生又其國界諸天宮殿乃至梵
宮六種震動大光普照遍滿世界勝諸天光
尒時東方五百萬億諸國土中梵天宮殿光
明照曜倍於常明諸梵天王各作是念今者
宮殿光明昔所未有以何因緣而現此相是
時諸梵天王即各相詣共議此事時彼衆中
有一大梵天王名救一切為諸梵衆而說偈言

明照曜倍於常明諸梵天王各作是念今者
宮殿光明昔所未有以何因緣而現此相是
時諸梵天王即各相詣共議此事時彼衆中
有一大梵天王名救一切為諸梵衆而說偈言
我等諸宮殿　光明昔未有　此是何因緣　宜各共求之
為大德天生　為佛出世間　而此大光明　遍照於十方
尒時五百萬億國土諸梵天王與宮殿俱各
以衣裓盛諸天華共詣西方推尋是相見大
通智勝如來處于道場菩提樹下坐師子座
諸天龍王乾闥婆緊那羅摩睺羅伽人非人
等恭敬圍繞及見十六王子請佛轉法輪即
時諸梵天王頭面礼佛繞百千帀即以天華
而散佛上其所散華如須弥山并以供養佛
菩提樹其菩提樹高十由旬華供養已各以
宮殿奉上彼佛而作是言唯見哀愍饒益我
等所獻宮殿願垂納處時諸梵天王即於佛
前一心同聲以偈頌曰
世尊甚希有　難可得值遇　具無量功德　能救護一切
天人之大師　哀愍於世間　十方諸衆生　普皆蒙饒益
我等所從來　五百萬億國　捨深禪定樂　為供養佛故
我等先世福　宮殿甚嚴飾　今以奉世尊　唯願哀納受
尒時諸梵天王偈讚佛已各作是言唯願世
尊轉於法輪度脫衆生開涅槃道時諸梵天
王一心同聲而說偈言
世雄兩足尊　唯願演說法　以大慈悲力　度苦惱衆生
尒時大通智勝如來默然許之又諸比丘東南

尒時諸梵天王偈讚佛已各作是言唯願世
尊轉於法輪度脫衆生開涅槃道時諸梵天
王一心同聲而說偈言
世雄兩足尊　唯願演說法　以大慈悲力　度苦惱衆生
尒時大通智勝如来默然許之又諸比丘東南
方五百萬億國土諸大梵王各自見宮殿光
明照曜昔所未有歡喜踊躍生希有心即各
相詣共議此事時彼衆中有一大梵天王名
曰大悲為諸梵衆而說偈言
是事何因緣　而現如此相　我等諸宮殿　光明昔未有
為大德天生　為佛出世間　未曾見此相　當共一心求
過千萬億土　尋光共推之　多是佛出世　度脫苦衆生
尒時五百萬億諸梵天王與宮殿俱各以衣
祴盛諸天華共詣西北方推尋是相見大通
智勝如来處于道場菩提樹下坐師子座諸
天龍王乾闥婆緊那羅摩睺羅伽人非人等
恭敬圍繞及見十六王子請佛轉法輪時諸
梵天王頭面礼佛繞百千帀即以天華而散
佛上所散之華如須弥山并以供養佛菩提樹
華供養已各以宮殿奉上彼佛而作是言唯
見哀愍饒益我等所獻宮殿願垂納受尒時
諸梵天王即於佛前一心同聲以偈頌曰
聖主天中王　迦陵頻伽聲　哀愍衆生者　我等今敬礼
世尊甚希有　久遠乃一現　一百八十劫　空過無有佛
三惡道充滿　諸天衆減少　今佛出於世　為衆生作眼
世間所歸趣　救護於一切　為衆生之父　哀愍饒益者

BD13803號　妙法蓮華經卷三　（29–17）

聖主天中王　迦陵頻伽聲　哀愍衆生者　我等今敬礼
世尊甚希有　久遠乃一現　一百八十劫　空過無有佛
三惡道充滿　諸天衆減少　今佛出於世　為衆生作眼
世間所歸趣　救護於一切　為衆生之父　哀愍饒益者
我等宿福慶　今得值世尊
尒時諸梵天王偈讚佛已各作是言唯願世
尊哀愍一切轉於法輪度脫衆生時諸梵天
王一心同聲而說偈言
大聖轉法輪　顯示諸法相　度苦惱衆生　令得大歡喜
衆生聞此法　得道若生天　諸惡道減少　忍善者增益
尒時大通智勝如来默然許之又諸比丘南方
五百萬億國土諸大梵王各自見宮殿光明
照曜昔所未有歡喜踊躍生希有心即各
相詣共議此事以何因緣我等宮殿有此光
曜而彼衆中有一大梵天王名曰妙法為諸
梵衆而說偈言
我等諸宮殿　光明甚威曜　此非無因緣　是相宜求之
過於百千劫　未曾見是相　為大德天生　為佛出世間
尒時五百萬億諸梵天王與宮殿俱各以衣
祴盛諸天華共詣北方推尋是相見大通智
勝如来處于道場菩提樹下坐師子座諸天
龍王乾闥婆緊那羅摩睺羅伽人非人等恭
敬圍繞及見十六王子請佛轉法輪時諸梵
天王頭面礼佛繞百千帀即以天華而散佛
上所散之華如須弥山并以供養佛菩提樹
華供養已各以宮殿奉上彼佛而作是言唯

BD13803號　妙法蓮華經卷三　（29–18）

敬圍繞及見十六王子請佛轉法輪時諸梵
天王頭面禮佛繞百千帀即以天華而散佛
上所散之華如須彌山并以供養佛菩提樹
華供養已各以宮殿奉上彼佛而作是言唯
見哀愍饒益我等所獻宮殿願垂納受尒時
諸梵天王即於佛前一心同聲以偈頌曰
世尊甚難見　破諸煩惱者　過百三十劫　今乃得一見
諸飢渴衆生　以法雨充滿　昔所未曾見　無量智慧者
如優曇鉢羅　今日乃值遇　我等諸宮殿　蒙光故嚴飾
世尊大慈愍　唯願垂納受
尒時諸梵天王偈讚佛已各作是言唯願世
尊轉於法輪令一切世間諸天魔梵沙門婆
羅門皆獲安隱而得度脫時諸梵天王一心
同聲以偈頌曰
唯願天人尊　轉無上法輪　擊于大法鼓　而吹大法螺
普雨大法雨　度無量衆生　我等咸歸請　當演深遠音
尒時大通智勝如來黙然許之西南方乃至下
方亦復如是尒時上方五百萬億國土諸大梵
王皆悉自覩所止宮殿光明威曜昔所未有歡
喜踊躍生希有心即各相詣共議此事以何
因緣我等宮殿有斯光明時彼衆中有一大
梵天王名曰尸棄為諸梵衆而說偈言
今以何因緣　我等諸宮殿　威德光明曜　嚴飾未曾有
如是之妙相　昔所未聞見　為大德天生　為佛出世間
尒時五百萬億諸梵天王與宮殿俱各以衣

BD13803號　妙法蓮華經卷三　（29–19）

今以何因緣　我等諸宮殿　威德光明曜　嚴飾未曾有
如是之妙相　昔所未聞見　為大德天生　為佛出世間
尒時五百萬億諸梵天王與宮殿俱各以衣
裓盛諸天華共詣下方推尋是相見大通智
勝如來處于道場菩提樹下坐師子座諸天龍
王乾闥婆緊那羅摩睺羅伽人非人等恭敬
圍繞及見十六王子請佛轉法輪時諸梵天
王頭面禮佛繞百千帀即以天華而散佛上所
散之華如須彌山并以供養佛菩提樹華供養
已各以宮殿奉上彼佛而作是言唯見哀愍
饒益我等所獻宮殿願垂納受時諸梵天
王即於佛前一心同聲以偈頌曰
善哉見諸佛　救世之聖尊　能於三界獄　勉出諸衆生
普智天人尊　哀愍群萌類　能開甘露門　廣度於一切
於昔無量劫　空過無有佛　世尊未出時　十方常闇暝
三惡道增長　阿脩羅亦盛　諸天衆轉減　死多墮惡道
不從佛聞法　常行不善事　色力及智慧　斯等皆減少
罪業因緣故　失樂及樂想　住於邪見法　不識善儀則
不蒙佛所化　常墮於惡道　佛為世間眼　久遠時乃出
哀愍諸衆生　故現於世間　超出成正覺　我等甚欣慶
及餘一切衆　喜歎未曾有　我等諸宮殿　蒙光故嚴飾
今以奉世尊　唯垂哀納受　願以此功德　普及於一切
我等與衆生　皆共成佛道
尒時五百万億諸梵天王偈讚佛已各白佛
言唯願世尊轉於法輪多所安隱多所度脫

BD13803號　妙法蓮華經卷三　（29–20）

令以奉世尊　唯垂哀納受　願以此功德　普及於一切
我等與衆生　皆共成佛道
尒時五百万億諸梵天王偈讚佛已各白佛
言唯願世尊轉於法輪多所安隱多所度脫
時諸梵天王而說偈言
世尊轉法輪　擊甘露法鼓　度苦惱衆生　開示涅槃道
唯願受我請　以大微妙音　哀愍而敷演　无量劫習法
尒時大通智勝如来受十方諸梵天王及十六
王子請即時三轉十二行法輪若沙門婆羅門
若天魔梵及餘世間所不能轉謂是苦是
苦集是苦滅是苦滅道及廣說十二因緣法
无明緣行行緣識識緣名色名色緣六入
六入緣觸觸緣受受緣愛愛緣取取緣有有緣
生生緣老死憂悲苦惱无明滅則行滅行滅
則識滅識滅則名色滅名色滅則六入滅
六入滅則觸滅觸滅則受滅受滅則愛滅愛
滅則取滅取滅則有滅有滅則生滅生滅則
老死憂悲苦惱滅佛於天人大衆之中說是
法時六百万億那由他人以不受一切法故而
於諸漏心得解脫皆得深妙禪定三明六通
具八解脫第二第三第四說法時千万億
恒河沙那由他等衆生亦以不受一切法故
而於諸漏心得解脫從是已後諸聲聞衆无量
无邊不可稱數尒時十六王子皆以童子
出家而爲沙弥諸根通利智慧明了已曾供養
百千万億諸佛淨脩梵行求阿耨多羅三

BD13803號　妙法蓮華經卷三　(29–21)

恒河沙那由他等衆生亦以不受一切法故
而於諸漏心得解脫從是已後諸聲聞衆无量
无邊不可稱數尒時十六王子皆以童子
出家而爲沙弥諸根通利智慧明了已曾供養
百千万億諸佛淨脩梵行求阿耨多羅三
藐三菩提俱白佛言世尊是諸无量千万億
大德聲聞皆已成就世尊亦當爲我等說阿
耨多羅三藐三菩提法我等聞已皆共脩學
世尊我等志願如来知見深心所念佛自證
知尒時轉輪聖王所將衆中八万億人見十
六王子出家亦求出家王即聽許尒時彼佛
受沙弥請過二万劫已乃於四衆之中說是
大乘經名妙法蓮華教菩薩法佛所護念
說是經已十六沙弥爲阿耨多羅三藐三菩提
故皆共受持諷誦通利說是經時十六菩薩
沙弥皆悉信受聲聞衆中亦有信解其餘
衆生千万億種皆生疑惑佛說是經於八千劫
未曾休廢說此經已即入靜室住於禪定八
万四千劫是時十六菩薩沙弥知佛入室寂
然禪定各昇法座亦於八万四千劫爲四部
衆廣說分別妙法華經一一皆度六百万億
那由他恒河沙等衆生示教利喜令發阿耨
多羅三藐三菩提心大通智勝佛過八万四
千劫已從三昧起往詣法座安詳而坐普告
大衆是十六菩薩沙弥甚爲希有諸根通利
智慧明了已曾供養无量千万億數諸佛於

BD13803號　妙法蓮華經卷三　(29–22)

那由他恒河沙等衆生示教利喜令發阿耨
多羅三藐三菩提心大通智勝佛過八万四
千劫已從三昧起往諸法座安詳而坐普告
大衆是十六菩薩沙弥甚爲希有諸根通利
智慧明了已曾供養无量千万億數諸佛於
諸佛所常脩梵行受持佛智開示衆生令入
其中汝等皆當數數親近而供養之所以者
何若聲聞辟支佛及諸菩薩能信是十六菩
薩所說經法受持不毀者是人皆當得阿耨
多羅三藐三菩提如來之慧佛告諸比丘是
十六菩薩常樂說是妙法蓮華經一一菩薩
所化六百萬億那由他恒河沙等衆生世世所
生與菩薩俱從其聞法悉皆信解以此因緣
得值四萬億諸佛世尊于今不盡諸比丘我
今語汝彼弟子十六沙弥今皆得阿耨多羅
三藐三菩提於十方國土現在說法有無
量百千萬億菩薩聲聞以爲眷屬其二沙
弥東方作佛一名阿閦在歡喜國二名須弥
頂東南方二佛一名師子音二名師子相南
方二佛一名虛空住二名常滅西南方二佛一
名帝相二名梵相西方二佛一名阿弥陁二
名度一切世間苦惱西北方二佛一名多摩
羅跋栴檀香神通二名須弥相北方二佛
一名雲自在二名雲自在王東北方佛名壞
一切世間怖畏第十六我釋迦牟尼佛於娑
婆國土成阿耨多羅三藐三菩提諸比丘我

羅跋栴檀香神通二名須弥相北方二佛
一名雲自在二名雲自在王東北方佛名壞
一切世間怖畏第十六我釋迦牟尼佛於娑
婆國土成阿耨多羅三藐三菩提諸比丘我
等爲沙弥時各各教化無量百千萬億恒河
沙等衆生從我聞法爲阿耨多羅三藐三菩
提此諸衆生于今有住聲聞地者我常教化
阿耨多羅三藐三菩提是諸人等應以是法
漸入佛道所以者何如來智慧難信難解尒
時所化無量恒河沙等衆生者汝等諸比丘
及我滅度後未來世中聲聞弟子是也我滅
度後復有弟子不聞是經不知不覺菩薩所
行自於所得功德生滅度想當入涅槃我於
餘國作佛更有異名是人雖生滅度之想入
於涅槃而於彼土求佛智慧得聞是經唯以
佛乘而得滅度更無餘乘除諸如來方便說法
諸比丘若如來自知涅槃時到衆又清淨信
解堅固了達空法深入禪定便集諸菩薩
及聲聞衆爲說是經世間無有二乘而得滅
度唯一佛乘得滅度耳比丘當知如來方便
深入衆生之性知其志樂小法深著五欲爲
是等故說於涅槃是人若聞則便信受譬如
五百由旬險難惡道曠絶無人怖畏之處若
有多衆欲過此道至珎寶處有一導師聰慧
明達善知險道通塞之相將導衆人欲過此
難所將人衆中路懈退白導師言我等疲極

是等故說於涅槃是人若聞則便信受譬如
五百由旬險難惡道曠絕無人怖畏之處若
有多眾欲過此道至珍寶處有一導師聰慧
明達善知險道通塞之相將導眾人欲過此
難所將人眾中路懈退白導師言我等疲極
而復怖畏不能復進前路猶遠今欲退還導師
多諸方便而作是念此等可愍云何捨大珍
寶而欲退還作是念已以方便力於險道中
過三百由旬化作一城告眾人言汝等勿怖
莫得退還今此大城可於中止隨意所作若
入是城快得安隱若能前至寶所亦可得
去是時疲極之眾心大歡喜歎未曾有我等
今者免斯惡道快得安隱於是眾人前入化
城生已度想生安隱想尒時導師知此人眾
既得止息無復疲倦即滅化城語眾人言汝
等去來寶處在近向者大城我所化作為止
息耳諸比丘如來亦復如是今為汝等作大
導師知諸生死煩惱惡道險難長遠應去應
度若眾生但聞一佛乘者則不欲見佛不欲
親近便作是念佛道長遠久受勤苦乃可得
成佛知是心怯弱下劣以方便力而於中道為
止息故說二涅槃若眾生住於二地如來尒
時即便為說汝等所作未辦汝所住地近於
佛慧當觀察籌量所得涅槃非真實也但
是如來方便之力於一佛乘分別說三如彼
導師為止息故化作大城既知息已而告之

BD13803號　妙法蓮華經卷三　（29–25）

時即便為說汝等所作未辦汝所住地近於
佛慧當觀察籌量所得涅槃非真實也但
是如來方便之力於一佛乘分別說三如彼
導師為止息故化作大城既知息已而告之
言寶處在近此城非實我化作耳尒時世尊
欲重宣此義而說偈言
大通智勝佛　十劫坐道場　佛法不現前　不得成佛道
諸天神龍王　阿脩羅眾等　常雨於天華　以供養彼佛
諸天擊天鼓　并作眾伎樂　香風吹萎華　更雨新好者
過十小劫已　乃得成佛道　諸天及世人　心皆懷踊躍
彼佛十六子　皆與其眷屬　千萬億圍繞　俱行至佛所
頭面禮佛足　而請轉法輪　聖師子法雨　充我及一切
世尊甚難值　久遠時一現　為覺悟群生　震動於一切
東方諸世界　五百萬億國　梵宮殿光曜　昔所未曾有
諸梵見此相　尋來至佛所　散華以供養　并奉上宮殿
請佛轉法輪　以偈而讚歎　佛知時未至　受請默然坐
三方及四維　上下亦復尒　散華奉宮殿　請佛轉法輪
世尊甚難值　願以大慈悲　廣開甘露門　轉無上法輪
無量慧世尊　受彼眾人請　為宣種種法　四諦十二緣
無明至老死　皆從生緣有　如是眾過患　汝等應當知
宣暢是法時　六百萬億姟　得盡諸苦際　皆成阿羅漢
第二說法時　千萬恒沙眾　於諸法不受　亦得阿羅漢
從是後得道　其數無有量　萬億劫筭數　不能得其邊
時十六王子　出家作沙彌　皆共請彼佛　演說大乘法
我等及營從　皆當成佛道　願得如世尊　慧眼第一淨
佛知童子心　宿世之所行　以無量因緣　種種諸譬喻

BD13803號　妙法蓮華經卷三　（29–26）

從是後得道　其數無有量　萬億劫筭數　不能得其邊
時十六王子　出家作沙弥　皆共請彼佛　演說大乘法
我等及營從　皆當成佛道　願得如世尊　慧眼第一淨
佛知童子心　宿世之所行　以無量因緣　種種諸譬喻
說六波羅蜜　及諸神通事　分別真實法　菩薩所行道
說是法華經　如恒河沙偈　彼佛說經已　靜室入禪定
一心一處坐　八萬四千劫　是諸沙弥等　知佛禪未出
為無量億衆　說佛無上慧　各各坐法座　說是大乘經
於佛宴寂後　宣揚助法化　一一沙弥等　所度諸衆生
有六百萬億　恒河沙等衆　彼佛滅度後　是諸聞法者
在在諸佛土　常與師俱生　是十六沙弥　具足行佛道
今現在十方　各得成正覺　尒時聞法者　各在諸佛所
其有住聲聞　漸教以佛道　我在十六數　曾亦為汝說
是故以方便　引汝趣佛慧　以是本因緣　今說法華經
令汝入佛道　慎勿懷驚懼　譬如險惡道　迥絕多毒獸
又復無水草　人所怖畏處　無數千萬衆　欲過此險道
其路甚曠遠　經五百由旬　時有一導師　强識有智慧
明了心決定　在險濟衆難　衆人皆疲倦　而白導師言
我等今頓乏　於此欲退還　導師作是念　此輩甚可愍
如何欲退還　而失大珎寶　尋時思方便　當設神通力
化作大城郭　莊嚴諸舍宅　周帀有園林　渠流及浴池
重門高樓閣　男女皆充滿　即作是化已　慰衆言勿懼
汝等入此城　各可隨所樂　諸人即入城　心皆大歡喜
皆生安隱想　自謂已得度　導師知息已　集衆而告言
汝等當前進　此是化城耳　我見汝疲極　中路欲退還
故以方便力　權化作此城　汝今勤精進　當共至寶所

BD13803號　妙法蓮華經卷三　（29–27）

是故以方便　引汝趣佛慧　以是本因緣　今說法華經
令汝入佛道　慎勿懷驚懼　譬如險惡道　迥絕多毒獸
又復無水草　人所怖畏處　無數千萬衆　欲過此險道
其路甚曠遠　經五百由旬　時有一導師　强識有智慧
明了心決定　在險濟衆難　衆人皆疲倦　而白導師言
我等今頓乏　於此欲退還　導師作是念　此輩甚可愍
如何欲退還　而失大珎寶　尋時思方便　當設神通力
化作大城郭　莊嚴諸舍宅　周帀有園林　渠流及浴池
重門高樓閣　男女皆充滿　即作是化已　慰衆言勿懼
汝等入此城　各可隨所樂　諸人即入城　心皆大歡喜
皆生安隱想　自謂已得度　導師知息已　集衆而告言
汝等當前進　此是化城耳　我見汝疲極　中路欲退還
故以方便力　權化作此城　汝今勤精進　當共至寶所
我亦復如是　為一切導師　見諸求道者　中路而懈廢
不能度生死　煩惱諸險道　故以方便力　為息說涅槃
言汝等苦滅　所作皆已辦　既知到涅槃　皆得阿羅漢
尒乃集大衆　為說真實法　諸佛方便力　分別說三乘
唯有一佛乘　息處故說二　今為汝說實　汝所得非滅
為佛一切智　當發大精進　汝證一切智　十力等佛法
具三十二相　乃是真實滅　諸佛之導師　為息說涅槃
既知是息已　引入於佛慧

妙法蓮華經卷第三

BD13803號　妙法蓮華經卷三　（29–28）

BD13803 號　妙法蓮華經卷三　（29–29）

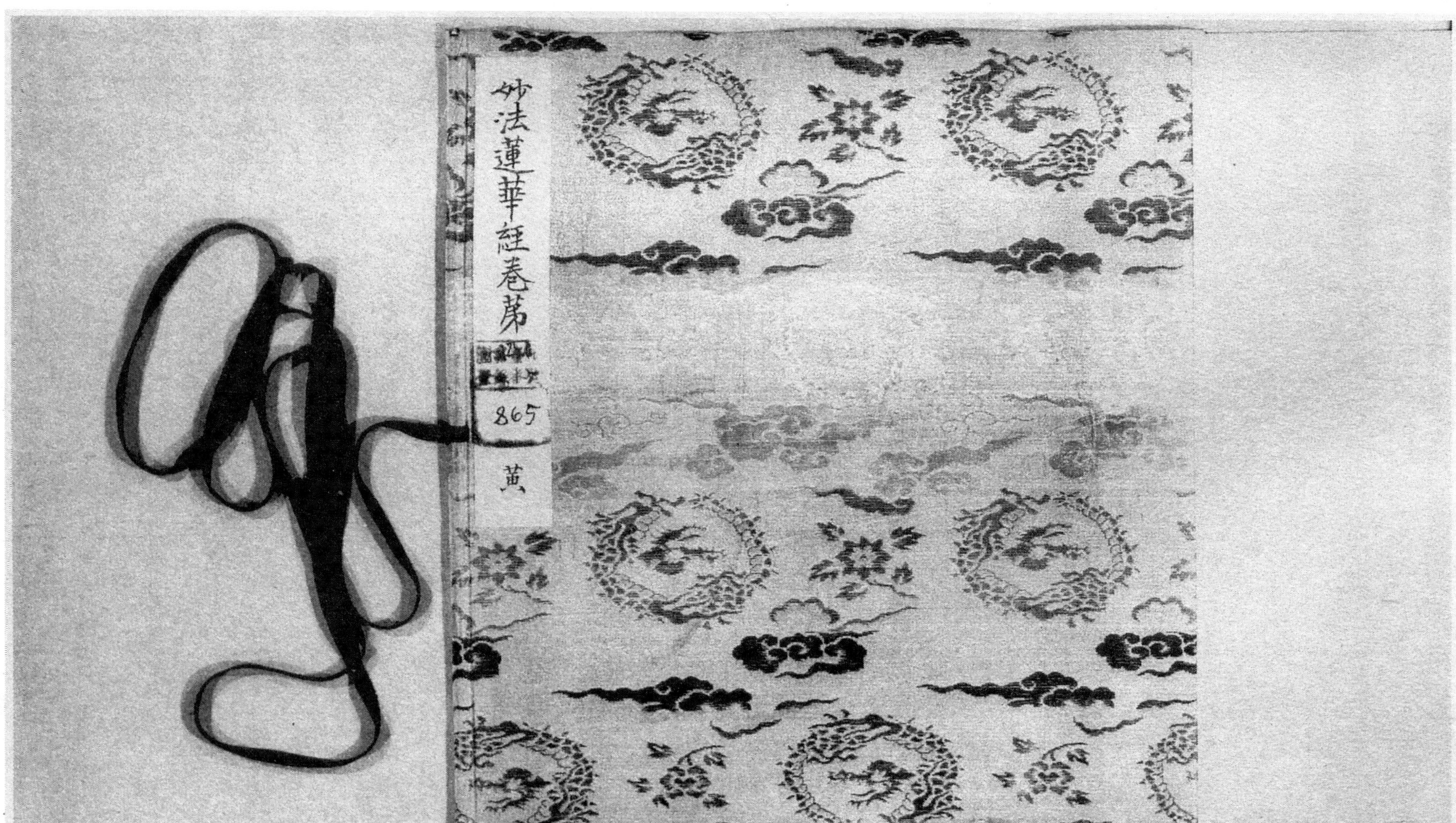

BD13804 號背　現代護首　（1–1）

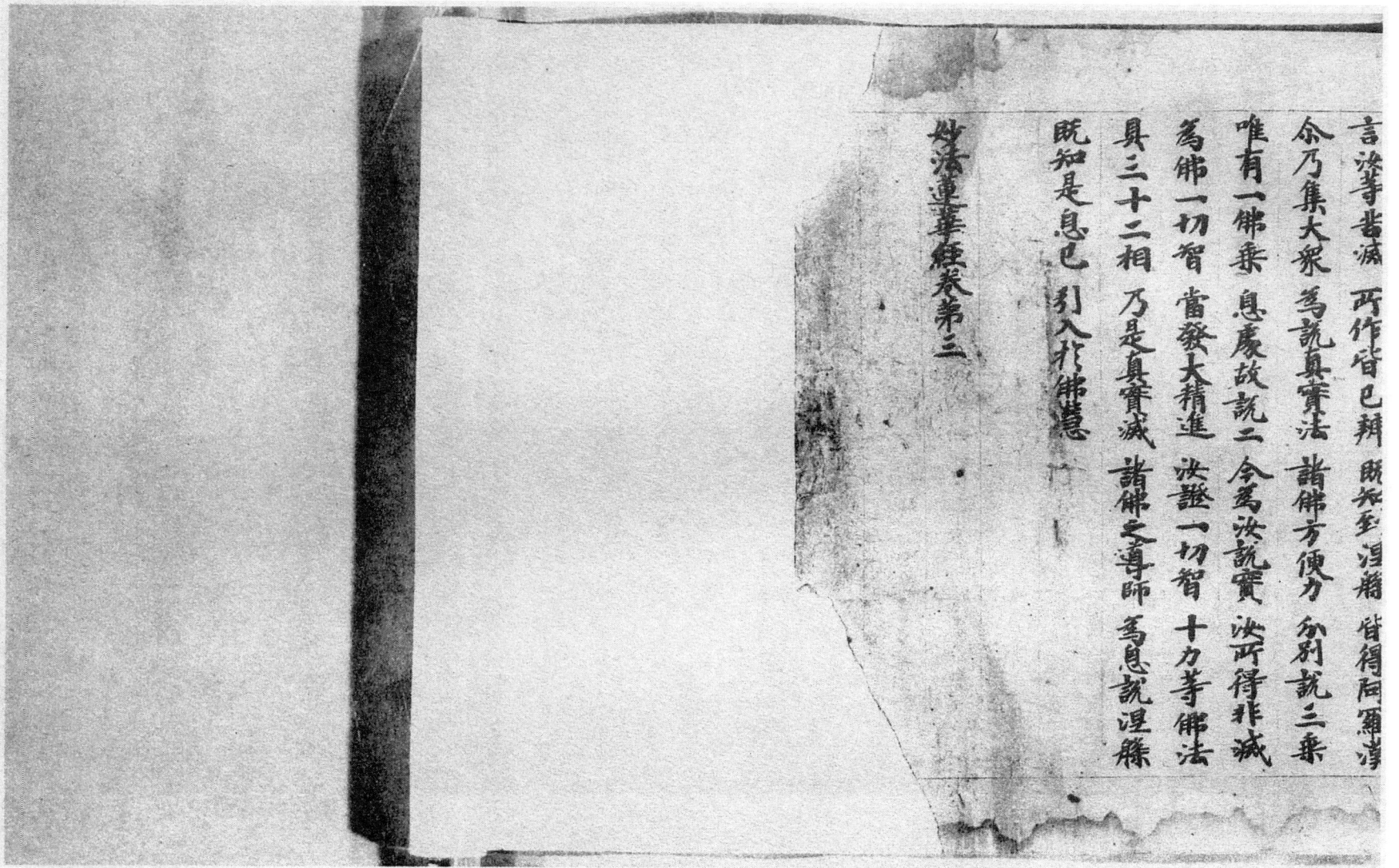

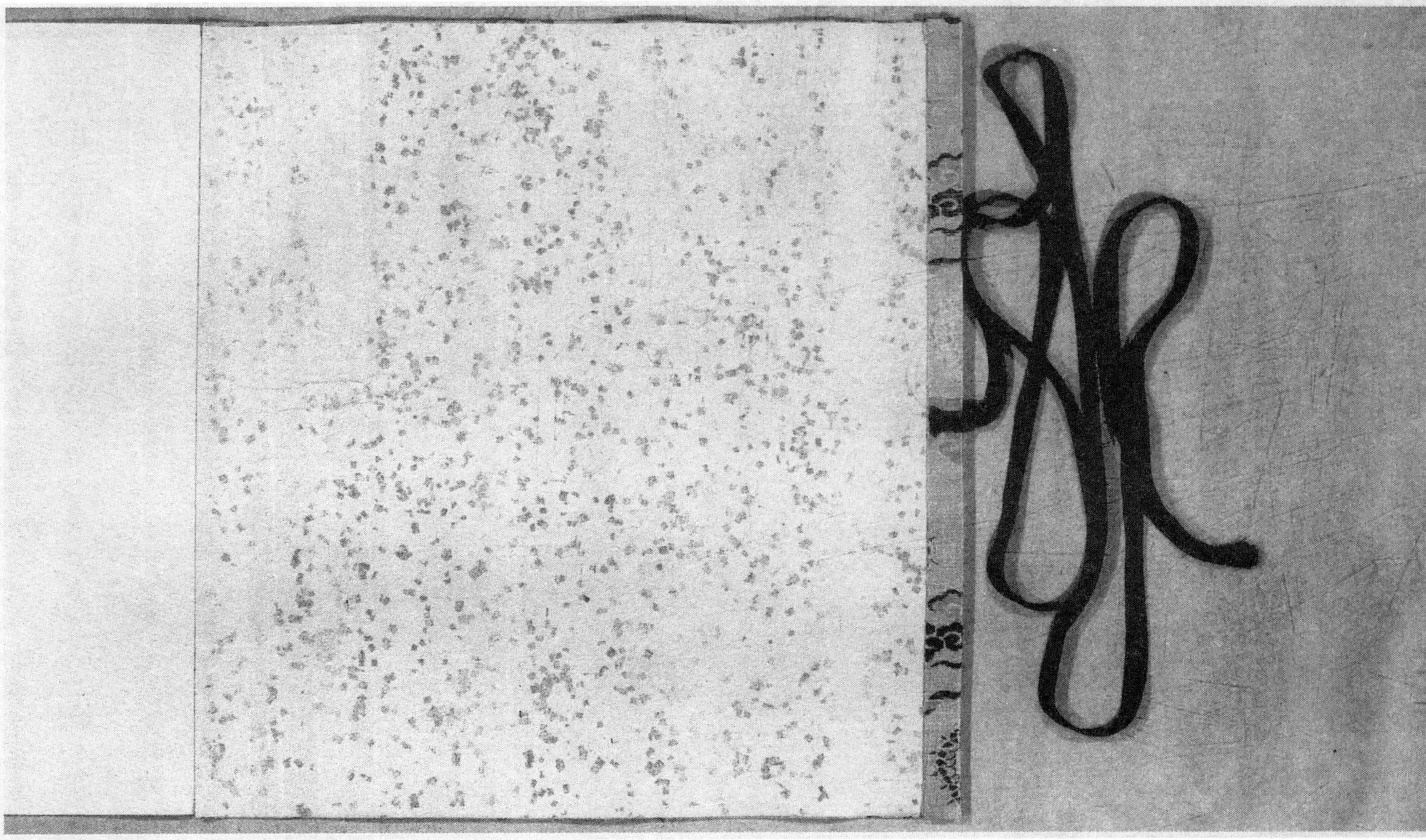

BD13804 號　妙法蓮華經卷四　　（35–1）

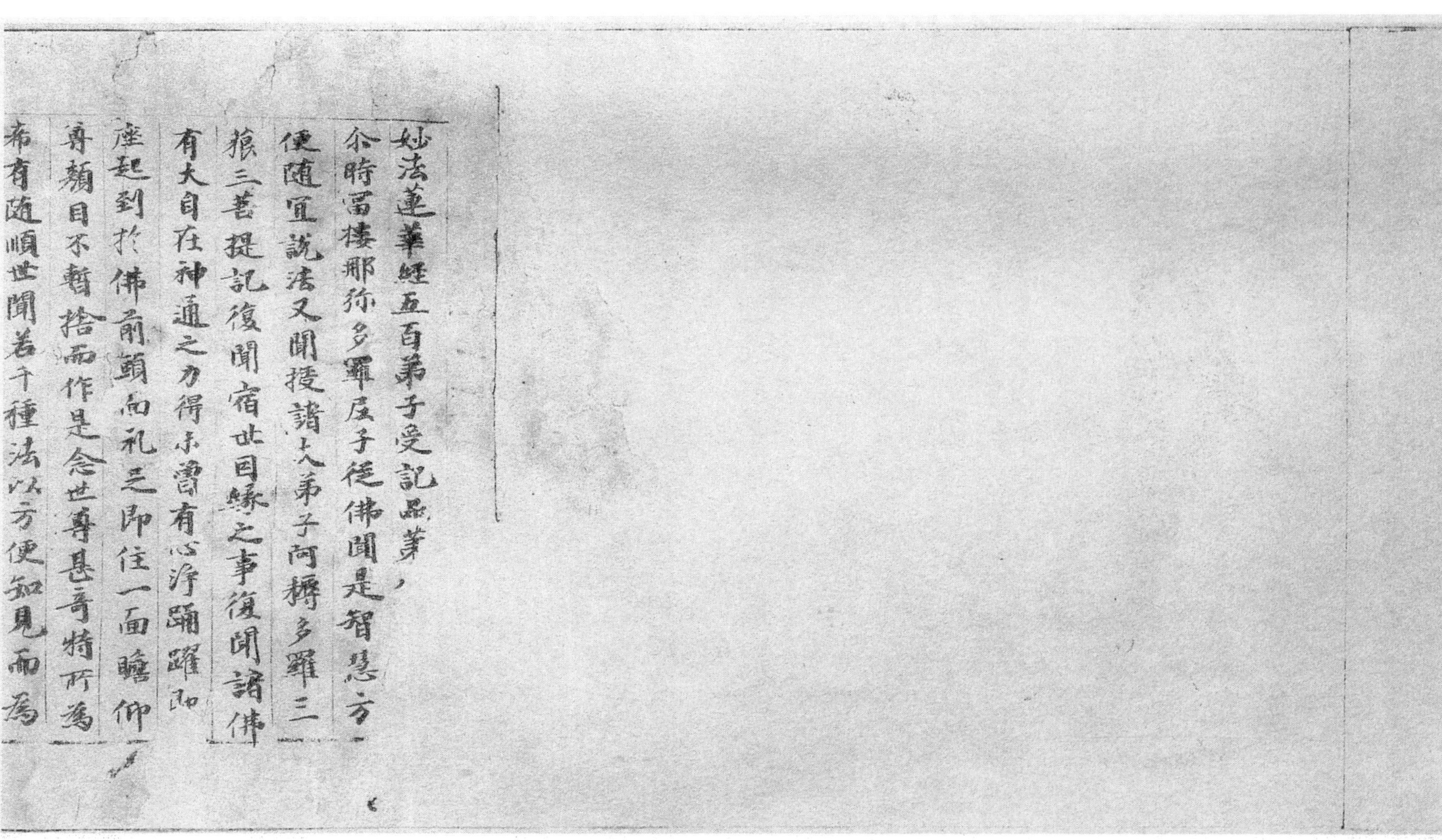

妙法蓮華經五百弟子受記品第八
尒時富樓那彌多羅足子從佛聞是智慧方
便隨宜說法又聞授諸大弟子阿耨多羅三
藐三菩提記復聞宿世因緣之事復聞諸佛
有大自在神通之力得未曾有心淨踊躍即
座起到於佛前頭面礼足却住一面瞻仰
尊顏目不暫捨而作是念世尊甚奇特所為
希有隨順世間若干種法以方便知見而為

BD13804 號　妙法蓮華經卷四　　（35–2）

藐三菩提記復聞宿世因緣之事復聞諸佛
有大自在神通之力得未曾有心淨踊躍即
座起到於佛前頭面礼足却住一面瞻仰
尊顏目不暫捨而作是念世尊甚奇特所為
希有隨順世間若干種法以方便知見而為
說法拔出衆生處處貪著我等於佛功德言
不能宣唯佛世尊能知我等深心本願尒時
佛告諸比丘汝等見是富樓那彌多羅尼子
不我常稱其於說法人中最為第一亦常歎
其種種功德精勤護持助宣我法能於四衆
示教利喜具足解釋佛之正法而大饒益同
梵行者自捨如來无能盡其言論之辯汝等
勿謂富樓那但能護持助宣我法亦於過去
九十億諸佛所護持助宣佛之正法於彼說
法人中亦最第一又於諸佛所說空法明了
通達得四无㝵智常能審諦清淨說法无有
疑惑具足菩薩神通之力隨其受命常脩梵
行彼佛世人咸皆謂之實是聲聞而富樓那
以斯方便饒益无量百千衆生又化无量阿僧
祇人令立阿耨多羅三藐三菩提為淨佛
土故常作佛事教化衆生諸比丘富樓那亦
於七佛說法人中而得第一今於我所說法
人中亦為第一於賢劫中當來諸佛說法人
中亦復第一而皆護持助宣佛法亦於未來
護持助宣无量无邊諸佛之法教化饒益无

BD13804 號　妙法蓮華經卷四　（35–3）

於七佛說法人中而得第一今於我所說法
人中亦為第一於賢劫中當來諸佛說法人
中亦復第一而皆護持助宣佛法亦於未來
護持助宣无量无邊諸佛之法教化饒益无
量衆生令立阿耨多羅三藐三菩提為淨佛
土故常勤精進教化衆生漸漸具足菩薩之
道過无量阿僧祇劫當於此土得阿耨多羅
三藐三菩提号曰法明如來應供正遍知明行
足善逝世間解无上士調御丈夫天人師佛
世尊其佛以恒河沙等三千大千世界為
一佛土七寶為地地平如掌无有山陵谿澗
溝壑七寶臺觀充滿其中諸天宮殿近處虛
空人天交接兩得相見无諸惡道亦无女人
一切衆生皆以化生无有婬欲得大神通身出
光明飛行自在志念堅固精進智慧普皆
金色三十二相而自莊嚴其國衆生常以二食
一者法喜食二者禪悅食有无量阿僧祇千
万億那由他諸菩薩衆得大神通四无礙智
善能教化衆生之類其聲聞衆筭數校計
所不能知皆得具足六通三明及八解脫其佛
國土有如是等无量功德莊嚴成就劫名
寶明國名善淨其佛壽命无量阿僧祇劫法
住甚久佛滅度後起七寶塔遍滿其國尒時
世尊欲重宣此義而說偈言
諸比丘諦聽　佛子所行道　善學方便故　不可得思議

BD13804 號　妙法蓮華經卷四　（35–4）

國土有如是等无量功德莊嚴成就劫名
寶明國名善淨其佛壽命无量阿僧祇劫法
住甚久佛滅度後起七寶塔遍滿其國尒時
世尊欲重宣此義而說偈言
諸比丘諦聽　佛子所行道　善學方便故　不可得思議
知衆樂小法　而畏於大智　是故諸菩薩　作聲聞緣覺
以无數方便　化諸衆生類　自說是聲聞　去佛道甚遠
度脫无量衆　皆悉得成就　雖小欲懈怠　漸當令作佛
內秘菩薩行　外現是聲聞　少欲厭生死　實自淨佛土
示衆有三毒　又現耶見相　我弟子如是　方便度衆生
若我具足說　種種現化事　衆生聞是者　心則懷疑惑
今此富樓那　於昔千億佛　勤脩所行道　宣護諸佛法
爲求无上慧　而於諸佛所　現居弟子上　多聞有智慧
所說無所畏　能令衆歡喜　未曾有疲惓　而以助佛事
已度大神通　具四无礙智　知衆根利鈍　常說清淨法
演暢如是義　教諸千億衆　令住大乘法　而自淨佛土
未來亦供養　无量无數佛　護助宣正法　亦自淨佛土
常以諸方便　說法无所畏　度不可計衆　成就一切智
供養諸如來　護持法寶藏　其後當作佛　号名曰法明
其國名善淨　七寶所合成　劫名爲寶明　菩薩衆甚多
其數无量億　皆度大神通　威德力具足　充滿其國土
聲聞亦无數　三明八解脫　得四无礙智　以是等爲僧
其國諸衆生　婬欲皆已斷　純一變化生　具相莊嚴身
法喜禪悅食　更无餘食想　无有諸女人　亦无諸惡道
富樓那比丘　功德悉成滿　當得斯淨土　賢聖衆甚多

BD13804號　妙法蓮華經卷四　（35-5）

其數无量億　皆度大神通　威德力具足　充滿其國土
聲聞亦无數　三明八解脫　得四无礙智　以是等爲僧
其國諸衆生　婬欲皆已斷　純一變化生　具相莊嚴身
法喜禪悅食　更无餘食想　无有諸女人　亦无諸惡道
富樓那比丘　功德悉成滿　當得斯淨土　賢聖衆甚多
如是无量事　我今但略說
尒時千二百阿羅漢心自在者作是念我等歡
喜得未曾有若世尊各見授記如餘大弟子
者不亦快乎佛知此等心之所念告摩訶迦
葉是千二百阿羅漢我今當現前次第與受
阿耨多羅三藐三菩提記於此衆中我大弟子
憍陳如比丘當供養六万二千億佛然後得
成爲佛号曰普明如來應供正遍知明行足
善逝世間解无上士調御丈夫天人師佛世尊
其五百阿羅漢優樓頻螺迦葉伽耶迦葉那提
迦葉迦留陀夷優陀夷阿㝹樓駄離婆多劫
賓那薄拘羅周陀莎伽陀等皆當得阿耨多
羅三藐三菩提盡同一号名曰普明尒時世尊欲
重宣此義而說偈言
憍陳如比丘　當見无量佛　過阿僧祇劫　乃成等正覺
常放大光明　具足諸神通　名聞遍十方　一切之所敬
常說无上道　故号爲普明　其國土清淨　菩薩皆勇猛
咸昇妙樓閣　遊諸十方國　以无上供具　奉獻於諸佛
作是供養已　心懷大歡喜　須臾還本國　有如是神力
佛壽六万劫　正法住倍壽　像法復倍是　法滅天人憂
其五百比丘　次第當作佛　同号曰普明　轉次而壽記

BD13804號　妙法蓮華經卷四　（35-6）

常說无上道 故号為普明 其國土清淨 菩薩皆勇猛
咸升妙樓閣 遊諸十方國 以无上供具 奉獻於諸佛
作是供養已 心懷大歡喜 須臾還本國 有如是神力
佛壽六万劫 正法住倍壽 像法復倍是 法滅天人憂
其五百比丘 次第當作佛 同号曰普明 轉次而受記
我滅度之後 其中當作佛 其所化世間 亦如我今日
國土之嚴淨 及諸神通力 菩薩聲聞眾 正法及像法
壽命劫多少 皆如上所說 迦葉汝已知 五百自在者
餘諸聲聞眾 亦當復如是 其不在此會 汝當為宣說
尒時五百阿羅漢於佛前得受記已歡喜踊躍
即從座起到於佛前頭面礼足悔過自責
世尊我等常作是念自謂已得究竟滅度今
乃知之如无智者所以者何我等應得如來智
慧而便自以小智為足世尊譬如有人至親友
家醉酒而卧是時親友官事當行以无價
寶珠繫其衣裏與之而去其人醉卧都不
覺知起已遊行到於他國為衣食故勤力求
索甚大艱難若少有所得便以為足於後親
友會遇見之而作是言咄哉丈夫何為衣食
乃至如是我昔欲令汝得安樂五欲自恣於
某年月日以无價寶珠繫汝衣裏今故現在
而汝不知勤苦憂惱以求自活甚為癡也汝今
可以此寶貿易所須常可如意无所乏短佛
亦如是為菩薩時教化我等令發一切智心
而尋廢忘不知不覺既得阿羅漢道自謂
滅度資生艱難得少為足一切智願猶在不失

BD13804號　妙法蓮華經卷四　（35–7）

某年月日以无價寶珠繫汝衣裏今故現在
而汝不知勤苦憂惱以求自活甚為癡也汝今
可以此寶貿易所須常可如意无所乏短佛
亦如是為菩薩時教化我等令發一切智心
而尋廢忘不知不覺既得阿羅漢道自謂
滅度資生艱難得少為足一切智願猶在不失
今者世尊覺悟我等作如是言諸比丘汝等
所得非究竟滅我久令汝等種佛善根以方
便故示涅槃相而汝謂為實得滅度世尊我
今乃知實是菩薩得受阿耨多羅三藐三菩
提記以是因緣甚大歡喜得未曾有尒時阿若
憍陳如等欲重宣此義而說偈言
我等聞无上 安隱受記聲 歡喜未曾有 礼无量智佛
今於世尊前 自悔諸過咎 於无量佛寶 得少涅槃分
如无智愚人 便自以為足 譬如貧窮人 往至親友家
其家甚大富 具設諸餚膳 以无價寶珠 繫著內衣裏
嘿與而捨去 時卧不覺知 是人既已起 遊行詣他國
求衣食自濟 資生甚艱難 得少便為足 更不願好者
不覺內衣裏 有无價寶珠 與珠之親友 後見此貧人
苦切責之已 示以所繫珠 貧人見此珠 其心大歡喜
富有諸財物 五欲而自恣 我等亦如是 世尊於長夜
常愍見教化 令種无上願 我等无智故 不覺亦不知
得少涅槃分 自足不求餘 今佛覺悟我 言非實滅度
得佛无上慧 尒乃為真滅 我今從佛聞 授記莊嚴事
及轉次受決 身心遍歡喜

妙法蓮華經授學无學人記品第九

BD13804號　妙法蓮華經卷四　（35–8）

得少涅槃分　自足不求餘　今佛覺悟我　言非實滅度
得佛无上慧　尒乃為真滅　我今從佛聞　授記莊嚴事
及轉次受決　身心遍歡喜

妙法蓮華經授學无學人記品第九

尒時阿難羅睺羅而作是念我等每自思惟
設得受記不亦快乎即從座起到於佛前頭
面礼足俱白佛言世尊我等於此亦應有分
唯有如來我等所歸又我等為一切世間天
人阿脩羅所見知識阿難常為侍者護持法
藏羅睺羅是佛之子若佛見授阿耨多羅三
藐三菩提記者我願既滿衆生亦足尒時學
无學聲聞弟子二千人皆從座起偏袒右肩
到於佛前一心合掌瞻仰世尊如阿難羅睺
羅所願住立一面尒時佛告阿難汝於來世
當得作佛号山海慧自在通王如來應供正
遍知明行足善逝世間解无上士調御丈夫
天人師佛世尊當供養六十二億諸佛護持
法藏然後得阿耨多羅三藐三菩提教化二
十千万億恒河沙諸菩薩等令成阿耨多羅
三藐三菩提國名常立勝幡其土清淨瑠璃
為地劫名妙音遍滿其佛壽命无量千万億
阿僧祇劫若人於千万億无量阿僧祇劫中
筭數挍計不能得知正法住世倍於壽命像
法住世復倍正法阿難是山海慧自在通王
佛為十方无量千万億恒河沙等諸佛如來

BD13804號　妙法蓮華經卷四　(35–9)

為地劫名妙音遍滿其佛壽命无量千万億
阿僧祇劫若人於千万億无量阿僧祇劫中
筭數挍計不能得知正法住世倍於壽命像
法住世復倍正法阿難是山海慧自在通王
佛為十方无量千万億恒河沙等諸佛如來
所共讚歎稱其功德尒時世尊欲重宣此義
而說偈言
我今僧中說　阿難持法者　當供養諸佛　然後成正覺
号曰山海慧　自在通王佛　其國土清淨　名常立勝幡
教化諸菩薩　其數如恒沙　佛有大威德　名聞滿十方
壽命无有量　以愍衆生故　正法倍壽命　像法復倍是
如恒河沙等　无數諸衆生　於此佛法中　種佛道因緣
尒時會中新發意菩薩八千人咸作是念我等
尚不聞諸大菩薩得如是記有何因緣而諸
聲聞得如是決尒時世尊知諸菩薩心之所
念而告之曰諸善男子我與阿難等於空王
佛所同時發阿耨多羅三藐三菩提心阿難常
樂多聞我常勤精進是故我已得成阿
耨多羅三藐三菩提而阿難護持我法亦護
將來諸佛法藏教化成就諸菩薩衆其本願
如是故獲斯記阿難面於佛前自聞授記及國
土莊嚴所願具足心大歡喜得未曾有即
時憶念過去无量千万億諸佛法藏通達无
礙如今所聞亦識本願尒時阿難而說偈言
世尊甚希有　令我念過去　无量諸佛法　如今日所聞

BD13804號　妙法蓮華經卷四　(35–10)

如是獲斯記阿難面於佛前自聞授記及國
士莊嚴所願具足心大歡喜得未曾有即
時憶念過去无量千万億諸佛法藏通達无
礙如是所聞亦識本願尒時阿難而說偈言
世尊甚希有　令我念過去　无量諸佛法　如今日所聞
我今无復疑　安住於佛道　方便爲侍者　護持諸佛法
尒時佛告羅睺羅汝於未世當得作佛号蹈
七寶華如來應供正遍知明行足善逝世間
解无上士調御丈夫天人師佛世尊當供養
十世界微塵等數諸佛如來常爲諸佛而作長
子猶如今也是蹈七寶華佛國土莊嚴壽命
劫數所化弟子正法像法亦如山海慧自在通
王如來无異亦爲此佛而作長子過是已後
當得阿耨多羅三藐三菩提尒時世尊欲重
宣此義而說偈言
我爲太子時　羅睺爲長子　我今成佛道　受法爲法子
於未來世中　見无量億佛　皆爲其長子　一心求佛道
羅睺羅密行　唯我能知之　現爲我長子　以示諸衆生
无量億千万　功德不可數　安住於佛法　以求无上道
尒時世尊見學无學二千人其意柔軟寂然
清淨一心觀佛佛告阿難汝見是學无學二千
人不唯然已見阿難是諸人等當供養五十
世界微塵數諸佛如來恭敬尊重護持法藏
末後同時於十方國土各得成佛皆同一号
名曰寶相如來應供正遍知明行足善逝世
間解无上士調御丈夫天人師世佛尊壽命

人不唯然已見阿難是諸人等當供養五十
世界微塵數諸佛如來恭敬尊重護持法藏
末後同時於十方國土各得成佛皆同一号
名曰寶相如來應供正遍知明行足善逝世
間解无上士調御丈夫天人師世佛尊壽命
一劫國土莊嚴聲聞菩薩正法像法皆悉同
等尒時世尊欲重宣此義而說偈言
是二千聲聞　今於我前住　悉皆與受記　未來當成佛
所供養諸佛　如上說塵數　護持其法藏　後當成正覺
各於十方國　悉同一名号　俱時坐道場　以證无上慧
皆名爲寶相　國土及弟子　正法與像法　悉等无有異
咸以諸神通　度十方衆生　名聞普周遍　漸入於涅槃
尒時學无學二千人聞佛授記歡喜踊躍而
說偈言
世尊慧燈明　我聞授記音　心歡喜充滿　如甘露見灌
妙法蓮華經法師品第十
尒時世尊因藥王菩薩告八万大士藥王汝
見是大衆中无量諸天龍王夜叉乾闥婆阿
脩羅迦樓羅緊那羅摩睺羅伽人與非人及
比丘比丘尼優婆塞優婆夷求聲聞者求辟
支佛者求佛道者如是等類咸於佛前聞妙
法華經一偈一句乃至一念隨喜者我皆與
授記當得阿耨多羅三藐三菩提佛告藥王
又如來滅度之後若有人聞妙法華經乃至一
偈一句一念隨喜者我亦與授阿耨多羅
三藐三菩提記若復有人[illegible]

授記當得阿耨多羅三藐三菩提佛告藥王
又如来滅度之後若有人聞妙法華經乃至一
偈一句一念隨喜者我亦與授阿耨多羅
三藐三菩提記若復有人受持讀誦解說書
寫妙法華經乃至一偈於此經卷敬視如佛
種種供養華香瓔珞末香塗香燒香繒蓋幢
幡衣服伎樂乃至合掌恭敬藥王當知是諸
人等已曾供養十万億佛於諸佛所成就大
願愍衆生故生此人間藥王若有人問何等衆
生於未来世當得作佛應示是諸人等於未
来世必得作佛何以故若善男子善女人於
法華經乃至一句受持讀誦解說書寫種種
供養經卷華香瓔珞末香塗香燒香繒蓋
幢幡衣服伎樂合掌恭敬是人一切世間所
應瞻奉應以如来供養而供養之當知此人
是大菩薩成就阿耨多羅三藐三菩提哀愍
衆生願生此間廣演分別妙法華經何況盡
能受持種種供養者藥王當知是人自捨清
淨業報於我滅度後愍衆生故生於惡世廣
演此經若是善男子善女人我滅度後能竊
為一人說法華經乃至一句當知是人則如
来使如来所遣行如来事何況於大衆中廣
為人說藥王若有惡人以不善心於一劫中
現於佛前常毀罵佛其罪尚輕若人以一惡
言毀訾在家出家讀誦法華經者其罪甚重
藥王其有讀誦法華經者當知是人以佛莊

来使如来所遣行如来事何況於大衆中廣
為人說藥王若有惡人以不善心於一劫中
現於佛前常毀罵佛其罪尚輕若人以一惡
言毀訾在家出家讀誦法華經者其罪甚重
藥王其有讀誦法華經者當知是人以佛莊
嚴而自莊嚴則為如来肩所荷擔其所至方
應隨向礼一心合掌恭敬供養尊重讚歎華
香瓔珞末香塗香燒香繒蓋幢幡衣服餚
饌作諸伎樂人中上供而供養之應持天寶而
以散之天上寶聚應以奉獻所以者何是人
歡喜說法須臾聞之即得究竟阿耨多羅三
藐三菩提故尒時世尊欲重宣此義而說
偈言
若欲住佛道　成就自然智　常當勤供養　受持法華者
其有欲疾得　一切種智慧　當受持是經　并供養持者
若有能受持　妙法華經者　當知佛所使　愍念諸衆生
諸有能受持　妙法華經者　捨於清淨土　愍衆生故此
當知如是人　自在所欲生　能於此惡世　廣說无上法
應以天華香　及天寶衣服　天上妙寶聚　供養說法者
吾滅後惡世　能持是經者　當合掌礼敬　如供養世尊
上饌衆甘美　及種種衣服　供養是佛子　兾得須臾聞
若能於後世　受持是經者　我遣在人中　行於如来事
若於一劫中　常懷不善心　作色而罵佛　獲无量重罪
其有讀誦持　是法華經者　須臾加惡言　其罪復過彼
有人求佛道　而於一劫中　合掌在我前　以无數偈讚
由是讚佛故　得无量功德　歎美持經者　其福復過彼

若能於後世　受持是經者　我遣在人中　行於如來事
若於一劫中　常懷不善心　作色而罵佛　獲无量重罪
其有讀誦持　是法華經者　須臾加惡言　其罪復過彼
有人求佛道　而於一劫中　合掌在我前　以无數偈讚
由是讚佛故　得无量功德　歎美持經者　其福復過彼
於八十億劫　以最妙色聲　及與香味觸　供養持經者
如是供養已　若得須臾聞　則應自欣慶　我今獲大利
藥王今告汝　我所說諸經　而於此經中　法華最第一
尒時佛復告藥王菩薩摩訶薩我所說經典无
量千万億已說今說當說而於其中此法華
經最為難信難解藥王此經是諸佛秘要之
藏不可分布妄授與人諸佛世尊之所守護
從昔已來未曾顯說而此經者如來現在猶
多怨嫉況滅度後藥王當知如來滅後其能書
持讀誦供養為他人說者如來則為以衣覆
之又為他方現在諸佛之所護念是人有大
信力及志願力諸善根力當知是人與如來
共宿則為如來手摩其頭藥王在在處處若
說若讀若誦若書若經卷所住之處皆應起
七寶塔極令高廣嚴飾不須復安舍利所以
者何此中已有如來全身此塔應以一切華香
瓔珞繒蓋幢幡伎樂歌頌供養恭敬尊重
讚歎若有人得見此塔礼拜供養當知是等
皆近阿耨多羅三藐三菩提藥王多有人在
家出家行菩薩道若不能得見聞讀誦書持
供養是法華經者當知是人未善行菩薩道

BD13804號　妙法蓮華經卷四　（35–15）

瓔珞繒蓋幢幡伎樂歌頌供養恭敬尊重
讚歎若有人得見此塔礼拜供養當知是等
皆近阿耨多羅三藐三菩提藥王多有人在
家出家行菩薩道若不能得見聞讀誦書持
供養是法華經者當知是人未善行菩薩道
若有得聞是經典者乃能善行菩薩之道其
有眾生求佛道者若見若聞是法華經聞已
信解受持者當知是人得近阿耨多羅三藐
三菩提藥王譬如有人渴乏須水於彼高原
穿鑿求之猶見乾土知水尚遠施功不已轉見
濕土遂漸至泥其心決定知水必近菩薩亦
復如是若未聞未解未能修習是法華經
當知是人去阿耨多羅三藐三菩提尚遠若
得聞解思惟修習必知得近阿耨多羅三藐
三菩提所以者何一切菩薩阿耨多羅三藐三
菩提皆屬此經此經開方便門示真實相是
法華經藏深固幽遠无人能到今佛教化成就
菩薩而為開示藥王若有菩薩聞是法華
經驚疑怖畏當知是為新發意菩薩若聲
聞人聞是經驚疑怖畏當知是為增上慢者
藥王若有善男子善女人如來滅後欲為四眾
說法是華經者云何應說是善男子善女
人入如來室著如來衣坐如來座尒乃應為
四眾廣說斯經如來室者一切眾生中大慈
悲心是如來衣者柔和忍辱心是如來座者
一切法空是安住是中然後以不懈怠心為

BD13804號　妙法蓮華經卷四　（35–16）

說法是華經者云何應說是善男子善女
人入如来室著如来衣坐如来座尒乃應為
四衆廣說斯經如来室者一切衆生中大慈
悲心是如来衣者柔和忍辱心是如来座者
一切法空是安住是中然後以不懈怠心為
諸菩薩及四衆廣說是法華經藥王我於
餘國遣化人為其集聽法衆亦遣化比丘比
丘尼優婆塞優婆夷聽其說法是諸化人聞法
信受隨順不逆若說法者在空閑處我時廣
遣天龍鬼神乾闥婆阿脩羅等聽其說法
我雖在異國時時令說法者得見我身若於此
經忘失句逗我還為說令得具足尒時世尊欲
重宣此義而說偈言
欲捨諸懈怠　應當聽此經　是經難得聞　信受者亦難
如人渴須水　穿鑿於高原　猶見乾燥土　知去水尚遠
漸見濕土泥　決定知近水　藥王汝當知　如是諸人等
不聞法華經　去佛智甚遠　若聞是深經　決了聲聞法
是諸經之王　聞已諦思惟　當知此人等　近於佛智慧
若人說此經　應入如来室　著於如来衣　而坐如来座
處衆无所畏　廣為分別說　大慈悲為室　柔和忍辱衣
諸法空為座　處此為說法　若說此經時　有人惡口罵
加刀杖瓦石　念佛故應忍　我千万億土　現淨堅固身
於无量億劫　為衆生說法　若我滅度後　能說此經者
我遣化四衆　比丘比丘尼　及諸信士女　供養於法師
引導諸衆生　集之令聽法　若人欲加惡　刀杖及瓦石
則遣變化人　為之作衛護　若說法之人　獨在空閑處

BD13804號　妙法蓮華經卷四　（35–17）

於无量億劫　為衆生說法　若我滅度後　能說此經者
我遣化四衆　比丘比丘尼　及諸信士女　供養於法師
引導諸衆生　集之令聽法　若人欲加惡　刀杖及瓦石
則遣變化人　為之作衛護　若說法之人　獨在空閑處
寂寞无人聲　讀誦此經典　我尒時為現　清淨光明身
若忘失章句　為說令通利　若人具是德　或為四衆說
空處讀誦經　皆得見我身　若人在空閑　我遣天龍王
夜叉鬼神等　為作聽法衆　是人樂說法　分別无罣礙
諸佛護念故　能令大衆喜　若親近法師　速得菩薩道
隨順是師學　得見恒沙佛

妙法蓮華經見寶塔品第十一

尒時佛前有七寶塔高五百由旬縱廣二百
五十由旬從地踊出住在空中種種寶物而莊
校之五千欄楯龕室千万无數幢幡以為嚴
飾垂寶瓔珞寶鈴万億而懸其上四面皆出
多摩羅跋栴檀之香充遍世界其諸幡蓋以
金銀瑠璃車𤦲馬瑙真珠玫瑰七寶合成
高至四天王宮三十三天雨天曼陁羅華供養
寶塔餘諸天龍夜叉乾闥婆阿脩羅迦樓羅
緊那羅摩睺羅伽人非人等千万億衆以一切
華香瓔珞幡蓋伎樂供養寶塔恭敬尊重
讚歎尒時寶塔中出大音聲歎言善哉善
哉釋迦牟尼世尊能以平等大慧教菩薩法
佛所護念妙法華經為大衆說如是如是釋
迦牟尼世尊如所說者皆是真實尒時四衆

BD13804號　妙法蓮華經卷四　（35–18）

讚歎尒時寶塔中出大音聲歎言善哉善
哉釋迦牟尼世尊能以平等大慧教菩薩法
佛所護念妙法華經為大眾說如是如是釋
迦牟尼世尊如所說者皆是真實尒時四眾
見大寶塔住在空中又聞塔中所出音聲皆
得法喜怪未曾有從座而起恭敬合掌却住一
面尒時有菩薩摩訶薩名大樂說知一切世
間天人阿脩羅等心之所疑而白佛言世尊
以何因緣有此寶塔從地踊出又於其中
發是音聲尒時佛告大樂說菩薩此寶塔中
有如來全身乃往過去東方无量千万億阿
僧祇世界國名寶淨彼中有佛号曰多寶其
佛本行菩薩道時作大誓願若我成佛滅度之
後於十方國土有說法華經處我之塔廟為
聽是經故踊現其前為作證明讚言善哉彼
佛成道已臨滅度時於天人大眾中告諸比
丘我滅度後欲供養我全身者應起一大塔
其佛以神通願力十方世界在在處處若有說
法華經者彼之寶塔皆踊出其前全身在於
塔中讚言善哉善哉大樂說今多寶如來塔
聞說法華經故從地踊出讚言善哉善哉是
時大樂說菩薩以如來神力故白佛言世尊
我等願欲見此佛身佛告大樂說菩薩摩訶
薩是多寶佛有深重願若我寶塔為聽法華
經故出於諸佛前時其有欲以我身示四眾者

BD13804號　妙法蓮華經卷四

（35-19）

聞說法華經故從地踊出讚言善哉善哉是
時大樂說菩薩以如來神力故白佛言世尊
我等願欲見此佛身佛告大樂說菩薩摩訶
薩是多寶佛有深重願若我寶塔為聽法華
經故出於諸佛前時其有欲以我身示四眾者
彼佛分身諸佛在於十方世界說法盡還集
一處然後我身乃出現耳大樂說我分身諸佛
在於十方世界說法者今應當集大樂說白
佛言世尊我等亦願欲見世尊分身諸佛禮
拜供養尒時佛放白毫一光即見東方五百
万億那由他恒河沙等國土諸佛彼諸國土皆
以頗梨為地寶樹寶衣以為莊嚴无數千万
億菩薩充滿其中遍張寶幔寶網羅上彼國
諸佛以大妙音而說諸法及見无量万億菩薩
遍滿諸國為眾說法南西北方四維上下白
毫相光所照之處亦復如是尒時十方諸佛
各告眾菩薩言善男子我今應往娑婆世
界釋迦牟尼佛所并供養多寶如來寶塔
時娑婆世界即變清淨琉璃為地寶樹莊嚴
黃金為繩以界八道无諸聚落村營城邑大海
江河山川林藪燒大寶香曼陀羅華遍布其
地以寶網幔羅覆其上懸諸寶鈴唯留此
會眾移諸天人置於他土是時諸佛各將
一大菩薩以為侍者至娑婆世界各到寶樹
下一一寶樹高五百由旬枝葉華菓次第莊
嚴諸寶樹下皆有師子之座高五由旬亦

BD13804號　妙法蓮華經卷四

（35-20）

會衆移諸天人置於他土是時諸佛各將
一大菩薩以為侍者至娑婆世界各到寶樹
下一一寶樹高五百由旬枝葉華菓次第莊
嚴諸寶樹下皆有師子之座高五由旬亦
以大寶而挍飾之尒時諸佛各於此座結加
趺坐如是展轉遍滿三千大千世界而於釋
迦牟尼佛一方所分之身猶故未盡時釋迦
牟尼佛欲容受所分身諸佛故八方各更變
二百万億那由他國皆令清淨无有地獄餓鬼
畜生及阿脩羅又移諸天人置於他土所化之
國亦以瑠璃為地寶樹莊嚴樹高五百由旬枝
葉華菓次第嚴飾樹下皆有寶師子座高
五由旬種種諸寶以為莊挍亦无大海江河
及目真隣陁山摩訶目真隣陁山鐵圍山
大鐵圍山須弥山等諸山王通為一佛國土
寶地平正寶交露幔遍覆其上懸諸幡蓋
燒大寶香諸天寶華遍布其地釋迦牟尼
佛為諸佛當來坐故復於八方各變二百万億
那由他國皆令清淨无有地獄餓鬼畜生及
阿脩羅又移諸天人置於他土所化之國亦
以瑠璃為地寶樹莊嚴樹高五百由旬枝葉
華菓次第莊嚴樹下皆有寶師子座五由
旬亦以大寶而挍飾之亦无大海江河及目
真隣陁山摩訶目真隣陁山鐵圍山大鐵圍
山須弥山等諸山王通為一佛國土寶地平
正寶交露幔遍覆其上懸諸幡蓋燒大寶香

BD13804 號　妙法蓮華經卷四　（35–21）

旬亦以大寶而挍飾之亦无大海江河及目
真隣陁山摩訶目真隣陁山鐵圍山大鐵圍
山須弥山等諸山王通為一佛國土寶地平
正寶交露幔遍覆其上懸諸幡蓋燒大寶香
諸天寶華遍布其地尒時東方釋迦牟尼佛
所分之身百千万億那由他恒河沙等國土中
諸佛各各說法來集於此如是次第十方諸
佛皆悉來集坐於八方尒時一一方四百万億
那由他國土諸佛如來遍滿其中是時諸佛
各在寶樹下坐師子座皆遣侍者問訊釋
迦牟尼佛各賫寶華滿掬而告之言善男子
汝往詣耆闍崛山釋迦牟尼佛所如我辭曰
少病少惱氣力安樂及菩薩聲聞衆悉安隱
不以此寶華散佛供養而作是言彼某甲佛
與欲開此寶塔諸佛遣使亦復如是尒時釋
迦牟尼佛見所分身諸佛悉已來集各各坐於
師子之座皆聞諸佛與欲同開寶塔即從座
起住虛空中一切四衆起立合掌一心觀佛
於是釋迦牟尼佛以右指開七寶塔戶出大
音聲如却關鑰開大城門即時一切衆會皆
見多寶如來於寶塔中坐師子座全身不散
如入禪定又聞其言善哉善哉釋迦牟尼佛
快說是法華經我為聽是經故而來至此尒
時四衆等見過去无量千万億劫滅度佛說
如是言歎未曾有以天寶華聚散多寶佛

BD13804 號　妙法蓮華經卷四　（35–22）

見多寶如來於寶塔中坐師子座全身不散
如入禪定又聞其言善哉善哉釋迦牟尼佛
快說是法華經我為聽是經故而來至此尒
時四衆等見過去无量千万億劫滅度佛說
如是言歎未曾有以天寶華聚散多寶佛
及釋迦牟尼佛上尒時多寶佛於寶塔中分
半座與釋迦牟尼佛而作是言釋迦牟尼佛可
就此座即時釋迦牟尼佛入其塔中坐其半座
結跏趺坐尒時大衆見二如來在七寶塔
中師子座上結跏趺坐各作是念佛座高遠
唯願如來以神通力令我等輩俱處虛空即
時釋迦牟尼佛以神通力接諸大衆皆在虛
空以大音聲普告四衆誰能於此娑婆國
土廣說妙法華經今正是時如來不久當
入涅槃佛欲以此妙法華經付囑有在尒時
世尊欲重宣此義而說偈言
聖主世尊　雖久滅度　在寶塔中　尚為法來
諸人云何　不勤為法　此佛滅度　无鞅數劫
處處聽法　以難遇故　彼佛本願　我滅度後
在在所往　常為聽法　又我分身　无量諸佛
如恒河等　來欲聽法　及見滅度　多寶如來
各捨妙土　及弟子衆　天人龍神　諸供養事
令法久住　故來至此　為坐諸佛　以神通力
移无量衆　令國清淨　諸佛各各　詣寶樹下
如清淨池　蓮華莊嚴　其寶樹下　諸師子座
佛坐其上　光明嚴飾　如夜暗中　燃大炬火

BD13804號　妙法蓮華經卷四　（35–23）

令法久住　故來至此　為坐諸佛　以神通力
移无量衆　令國清淨　諸佛各各　詣寶樹下
如清淨池　蓮華莊嚴　其寶樹下　諸師子座
佛坐其上　光明嚴飾　如夜暗中　燃大炬火
身出妙香　遍十方國　衆生蒙薰　喜不自勝
譬如大風　吹小樹枝　以是方便　令法久住
告諸大衆　我滅度後　誰能護持　讀說斯經
今於佛前　自說誓言　其多寶佛　雖久滅度
以大誓願　而師子吼　多寶如來　及與我身
所集化佛　當知此意　諸佛子等　誰能護法
當發大願　令得久住　其有能護　此經法者
則為供養　我及多寶　此多寶佛　處於寶塔
常遊十方　為是經故　亦復供養　諸來化佛
莊嚴光飾　諸世界者　若說此經　則為見我
多寶如來　及諸化佛　諸善男子　各諦思惟
此為難事　宜發大願　諸餘經典　數如恒沙
雖說此等　未足為難　若接須弥　擲置他方
无數佛土　亦未為難　若以足指　動大千界
遠擲他國　亦未為難　若立有頂　為衆演說
无量餘經　亦未為難　若佛滅後　於惡世中
能說此經　是則為難　假使有人　手把虛空
而以遊行　亦未為難　於我滅後　若自書持
若使人書　是則為難　若以大地　置足甲上
昇於梵天　亦未為難　佛滅度後　於惡世中
暫讀此經　是則為難　假使劫燒　擔負乾草

BD13804號　妙法蓮華經卷四　（35–24）

而以遊行 亦未為難 於我滅後 若自書持
若使人書 是則為難 若以大地 置足甲上
昇於梵天 亦未為難 佛滅度後 於惡世中
暫讀此經 是則為難 假使劫燒 擔負乾草
入中不燒 亦未為難 我滅度後 若持此經
為一人說 是則為難 若持八万 四千法藏
十二部經 為人演說 令諸聽者 得六神通
雖能如是 亦未為難 於我滅後 聽受此經
問其義趣 是則為難 若人說法 令千万億
无量无數 恒沙衆生 得阿羅漢 具六神通
雖有是益 亦未為難 於我滅後 若能奉持
如斯經典 是則為難 我為佛道 於无量土
從始至今 廣說諸經 而於其中 此經第一
若有能持 則持佛身 諸善男子 於我滅後
誰能誦持 讀誦此經 今於佛前 自說誓言
此經難持 若暫持者 我則歡喜 諸佛亦然
如是之人 諸佛所歎 是則勇猛 是則精進
是名持戒 行頭陀者 則為疾得 无上佛道
能於來世 讀持此經 是真佛子 住淳善地
佛滅度後 能解其義 是諸天人 世間之眼
於恐畏世 能須臾說 一切天人 皆應供養

妙法蓮華經提婆達多品第十二

尒時佛告諸菩薩及天人四衆吾於過去无
量劫中求法華經无有懈惓於多劫中常作
國王發願求於无上菩提心不退轉為欲滿
足六波羅蜜勤行布施心无悋惜象馬七珎

BD13804號　妙法蓮華經卷四　（35–25）

妙法蓮華經提婆達多品第十二

尒時佛告諸菩薩及天人四衆吾於過去无
量劫中求法華經无有懈惓於多劫中常作
國王發願求於无上菩提心不退轉為欲滿
足六波羅蜜勤行布施心无悋惜象馬七珎
國城妻子奴婢僕從頭目髓腦身肉手足不
惜軀命時世人民壽命无量為於法故捐捨國
位委政太子擊鼓宣令四方求法誰能為我說
大乘者吾當終身供給走使時有仙人來白王
言我有大乘名妙法蓮華經若不違我當為
宣說王聞仙言歡喜踊躍即隨仙人供給所須
採菓汲水拾薪設食乃至以身而為床座
身心无惓于時奉事經於千歲為於法故精
勤給侍令无所乏尒時世尊欲重宣此義而
說偈言
我念過去劫 為求大法故 雖作世國王 不貪五欲樂
搥鍾告四方 誰有大法者 若為我解說 身當為奴僕
時有阿私仙 來白於大王 我有微妙法 世間所希有
若能脩行者 吾當為汝說 時王聞仙言 心生大喜悅
即便隨仙人 供給於所須 採薪及菓蓏 隨時恭敬與
情存妙法故 身心无懈惓 普為諸衆生 勤求於大法
亦不為己身 及以五欲樂 故為大國王 勤求獲此法
遂致得成佛 今故為汝說
佛告諸比丘尒時王者則我身是時仙人者
今提婆達多是由提婆達多善知識故令我
具足六波羅蜜慈悲喜捨三十二相八十種

BD13804號　妙法蓮華經卷四　（35–26）

遂致得成佛　今故為汝説
佛告諸比丘介時王者則我身是時仙人者
今提婆達多是由提婆達多善知識故令我
具足六波羅蜜慈悲喜捨三十二相八十種
好紫磨金色十力四无所畏四攝法十八不共
神通道力成等正覺廣度衆生皆因提婆
達多善知識故告諸四衆提婆達多却後過
无量劫當得成佛号曰天王如来應供正遍
知明行足善逝世間解无上士調御丈夫天
人師佛世尊世界名天道時天王佛住世二十
中劫廣為衆生説於妙法恒河沙衆生得阿
羅漢果无量衆生發緣覺心恒河沙衆生發
无上道心得无生法忍至不退轉時天王佛般
涅槃後正法住世二十中劫全身舍利起七
寶塔高六十由旬縱廣四十由旬諸天人民
悉以雜華末香燒香塗香衣服瓔珞幢幡
寶蓋伎樂歌頌礼拜供養七寶妙塔无量衆
生得阿羅漢无量衆生悟辟支佛不可思議
衆生發菩提心至不退轉佛告諸比丘未来
世中若有善男子善女人聞妙法華經提婆達
多品淨心信敬不生疑惑者不墮地獄餓鬼
畜生生十方佛前所生之處常聞此經若生
人天中受勝妙樂若在佛前蓮華化生於時下
方多寶世尊所從菩薩名曰智積白多寶
佛當還本土釋迦牟尼佛告智積曰善男
子且待須臾此有菩薩名文殊師利可與相

BD13804號　妙法蓮華經卷四　（35–27）

畜生生十方佛前所生之處常聞此經若生
人天中受勝妙樂若在佛前蓮華化生於時下
方多寶世尊所從菩薩名曰智積白多寶
佛當還本土釋迦牟尼佛告智積曰善男
子且待須臾此有菩薩名文殊師利可與相
見論説妙法可還本土介時文殊師利坐千
葉蓮華大如車輪俱来菩薩亦坐寶蓮華
從於大海娑竭羅龍宫自然踊出住虚空中詣
靈鷲山從蓮華下至於佛所頭面敬礼二世尊
足脩敬已畢往智積所共相慰問却坐一面智
積菩薩問文殊師利仁往龍宫所化衆生其
數幾何文殊師利言其數无量不可稱計非
口所宣非心所測且待須臾自當有證所言未
竟无數菩薩坐寶蓮華從海踊出詣靈鷲
山住在虚空此諸菩薩皆是文殊師利之所
化度具菩薩行皆共論説六波羅蜜本聲聞
人在虚空中説聲聞行今皆脩行大乘空義
文殊師利謂智積曰於海教化其事如是介
時智積菩薩以偈讃曰
大智德勇健　化度无量衆　今此諸大會　及我皆已見
演暢實相義　開闡一乘法　廣度諸衆生　令速成菩提
文殊師利言我於海中唯常宣説妙法華經智
積問文殊師利言此經甚深微妙諸經中寶世
所希有頗有衆生勤加精進脩行此經速得
佛不文殊師利言有娑竭龍王女年始八歲

BD13804號　妙法蓮華經卷四　（35–28）

演暢實相義　開闡一乘法　廣度諸群生　令速成菩提
文殊師利言我於海中唯常宣說妙法華經智
積問文殊師利言此經甚深微妙諸經中寶世
所希有頗有衆生勤加精進脩行此經速得
佛不文殊師利言有娑竭龍王女年始八歲
智慧利根善知衆生諸根利鈍得陁羅尼
諸佛所說甚深秘藏悉能受持深入禪定
了達諸法於剎那頃發菩提心得不退轉辯
才无礙慈念衆生猶如赤子功德具足心念
口演微妙廣大慈悲仁讓志意和雅能至
菩提智積菩薩言我見釋迦如來於无量
難行苦行積功累德求菩薩道未曾止息
觀三千大千世界乃至无有如芥子許非是菩
薩捨身命處為衆生故然後乃得成菩提
道不信此女於須臾頃便成正覺言論未訖時
龍王女忽現於前頭面禮敬卻住一面以偈讚
曰
深達罪福相　遍照於十方　微妙淨法身　具相三十二
以八十種好　用莊嚴法身　天人所戴仰　龍神咸恭敬
一切衆生類　无不宗奉者　又聞成菩提　唯佛當證知
我闡大乘教　度脫苦衆生
時舍利弗語龍女言汝謂不久得无上道是事
難信所以者何女身垢穢非是法器云何能
得无上菩提佛道懸曠經无量劫勤苦積
行具脩諸度然後乃成又女人身猶有五
障一者不得作梵天王二者帝釋三者魔

BD13804號　妙法蓮華經卷四　（35–29）

時舍利弗語龍女言汝謂不久得无上道是事
難信所以者何女身垢穢非是法器云何能
得无上菩提佛道懸曠經无量劫勤苦積
行具脩諸度然後乃成又女人身猶有五
障一者不得作梵天王二者帝釋三者魔
王四者轉輪聖王五者佛身云何女身速得成
佛尒時龍女有一寶珠價直三千大千世界持
以上佛佛即受之龍女謂智積菩薩尊者
舍利弗言我獻寶珠世尊納受是事疾不荅
言甚疾女言以汝神力觀我成佛復速於此
當時衆會皆見龍女忽然之間變成男子具
菩薩行即往南方无垢世界坐寶蓮華成等正
覺三十二相八十種好普為十方一切衆生演
說妙法尒時娑婆世界菩薩聲聞天龍八
部人與非人皆遙見彼龍女成佛普為時會
人天說法心大歡喜悉遙敬禮无量衆生聞
法解悟得不退轉无量衆生得受道記无垢
世界六反震動娑婆世界三千衆生住不退
地三千衆生發菩提心而得受記智積菩薩
及舍利弗一切衆會嘿然信受

妙法蓮華經勸持品第十三

尒時藥王菩薩摩訶薩及大樂說菩薩摩訶
薩與二万菩薩眷屬俱皆於佛前作是誓言
唯願世尊不以為慮我等於佛滅後當奉持
讀誦說此經典後惡世衆生善根轉少多增
上慢貪利供養增不善根遠離解脫雖難

BD13804號　妙法蓮華經卷四　（35–30）

妙法蓮華經勸持品第十三
尒時藥王菩薩摩訶薩及大樂說菩薩摩訶
薩與二万菩薩眷屬俱皆於佛前作是誓言
唯願世尊不以爲慮我等於佛滅後當奉持
讀誦說此經典後惡世衆生善根轉少多增
上慢貪利供養增不善根遠離解脫雖難
可教化我等當起大忍力讀誦此經持說書
寫種種供養不惜身命尒時衆中五百阿羅
漢得受記者白佛言世尊我等亦自誓願於
異國土廣說此經復有學无學八千人得受記
者從座而起合掌向佛作是誓言世尊我等亦
當於他國土廣說此經所以者何是娑婆國
中人多弊惡懷增上慢功德淺薄瞋濁諂曲
心不實故尒時佛姨母摩訶波闍波提比丘
尼與學无學比丘尼六千人俱從座而起一
心合掌瞻仰尊顏目不暫捨於時世尊告
憍曇弥何故憂色而視如來汝心將无謂我
不說汝名得授阿耨多羅三藐三菩提記耶
憍曇弥我先惣說一切聲聞皆已授記今汝欲
知記者將來之世當於六万八千億諸佛法中
爲大法師及六千學无學比丘尼俱爲法師汝
如是漸漸具菩薩道當得作佛号一切衆
生憙見如來應供正遍知明行足善逝世間
解无上士調御丈夫天人師佛世尊憍曇弥
是一切衆生喜見佛及六千菩薩轉次授記

爲大法師及六千學无學比丘尼俱爲法師汝
如是漸漸具菩薩道當得作佛号一切衆
生憙見如來應供正遍知明行足善逝世間
解无上士調御丈夫天人師佛世尊憍曇弥
是一切衆生喜見佛及六千菩薩轉次授記
得阿耨多羅三藐三菩提尒時羅睺羅母耶
輸陁羅比丘尼作是念世尊於授記中獨不
說我名佛告耶輸陁羅汝於來世百千万億
諸佛法中脩菩薩行爲大法師漸具佛道
於善國中當得作佛号具足千万光相如來應
供正遍知明行足善逝世間解无上士調御丈
夫天人師佛世尊佛壽无量阿僧祇劫尒時
摩訶波闍波提比丘尼及耶輸陁羅比丘尼
并其眷屬皆大歡喜得未曾有即於佛
前而說偈言
世尊導師　安隱天人　我等聞記　心安具足
諸比丘尼說是偈已白佛言世尊我等亦能
於他方國土廣宣此經尒時世尊視八十万億
那由他諸菩薩摩訶薩是諸菩薩皆是阿
惟越致轉不退法輪得諸陁羅尼即從座起
至於佛前一心合掌而作是念若世尊告勑
我等持說此經者當如佛教廣宣斯法復作
是念佛今嘿然不見告勑我當云何時諸菩
薩敬順佛意并欲自滿本願便於佛前作
師子吼而發誓言世尊我等於如來滅後周
旋往反十方世界能令衆生書寫此經受持讀

至於佛前一心合掌而作是念若世尊告勅
我等持說此經者當如佛教廣宣斯法復作
是念佛今嘿然不見告勅我當云何時諸菩
薩敬順佛意并欲自滿本願便於佛前作
師子吼而發誓言世尊我等於如來滅後周
旋往反十方世界能令衆生書寫此經受持讀
誦解說其義如法脩行正憶念皆是佛之威
力唯願世尊在於他方遙見守護即時諸佛
菩薩俱同發聲而說偈言
唯願不為慮　於佛滅度後　恐怖惡世中　我等當廣說
有諸无智人　惡口罵詈等　及加刀杖者　我等皆當忍
惡世中比丘　耶智心諂曲　未得謂為得　我慢心充滿
或有阿練若　納衣在空閑　自謂行真道　輕賤人間者
貪著利養故　與白衣說法　為世所恭敬　如六通羅漢
是人懷惡心　常念世俗事　假名阿練若　好出我等過
而作如是言　此諸比丘等　為貪利養故　說外道論議
自作此經典　誑惑世間人　為求名聞故　分別於是經
常在大衆中　欲毀我等故　向國王大臣　婆羅門居士
及餘比丘衆　誹謗說我惡　謂是耶見人　說外道論議
我等敬佛故　悉忍是諸惡　為斯所輕言　汝等皆是佛
如此輕慢言　皆當忍受之　濁劫惡世中　多有諸恐怖
惡鬼入其身　罵詈毀辱我　我等敬信佛　當著忍辱鎧
為說是經故　忍此諸難事　我不愛身命　但惜无上道
我等於來世　護持佛所囑　世尊自當知　濁世惡比丘
不知佛方便　隨宜所說法　惡口而顰蹙　數數見擯出
遠離於塔寺　如是等衆惡　念佛告勅故　皆當忍是事

BD13804號　妙法蓮華經卷四　（35–33）

如此輕慢言　皆當忍受之　濁劫惡世中　多有諸恐怖
惡鬼入其身　罵詈毀辱我　我等敬信佛　當著忍辱鎧
為說是經故　忍此諸難事　我不愛身命　但惜无上道
我等於來世　護持佛所囑　世尊自當知　濁世惡比丘
不知佛方便　隨宜所說法　惡口而顰蹙　數數見擯出
遠離於塔寺　如是等衆惡　念佛告勅故　皆當忍是事
諸聚落城邑　其有求法者　我皆到其所　說佛所囑法
我是世尊使　處衆无所畏　我當善說法　願佛安隱住
我於世尊前　諸來十方佛　發如是誓言　佛自知我心

妙法蓮華經卷第四

BD13804號　妙法蓮華經卷四　（35–34）

我是世尊使　處衆无所畏　我當善說法　願佛安隱住
我於世尊前　諸來十方佛　發如是誓言　佛自知我心
妙法蓮華經卷第四

BD13804 號　妙法蓮華經卷四　　（35–35）

BD13805 號背　現代護首　　（1–1）

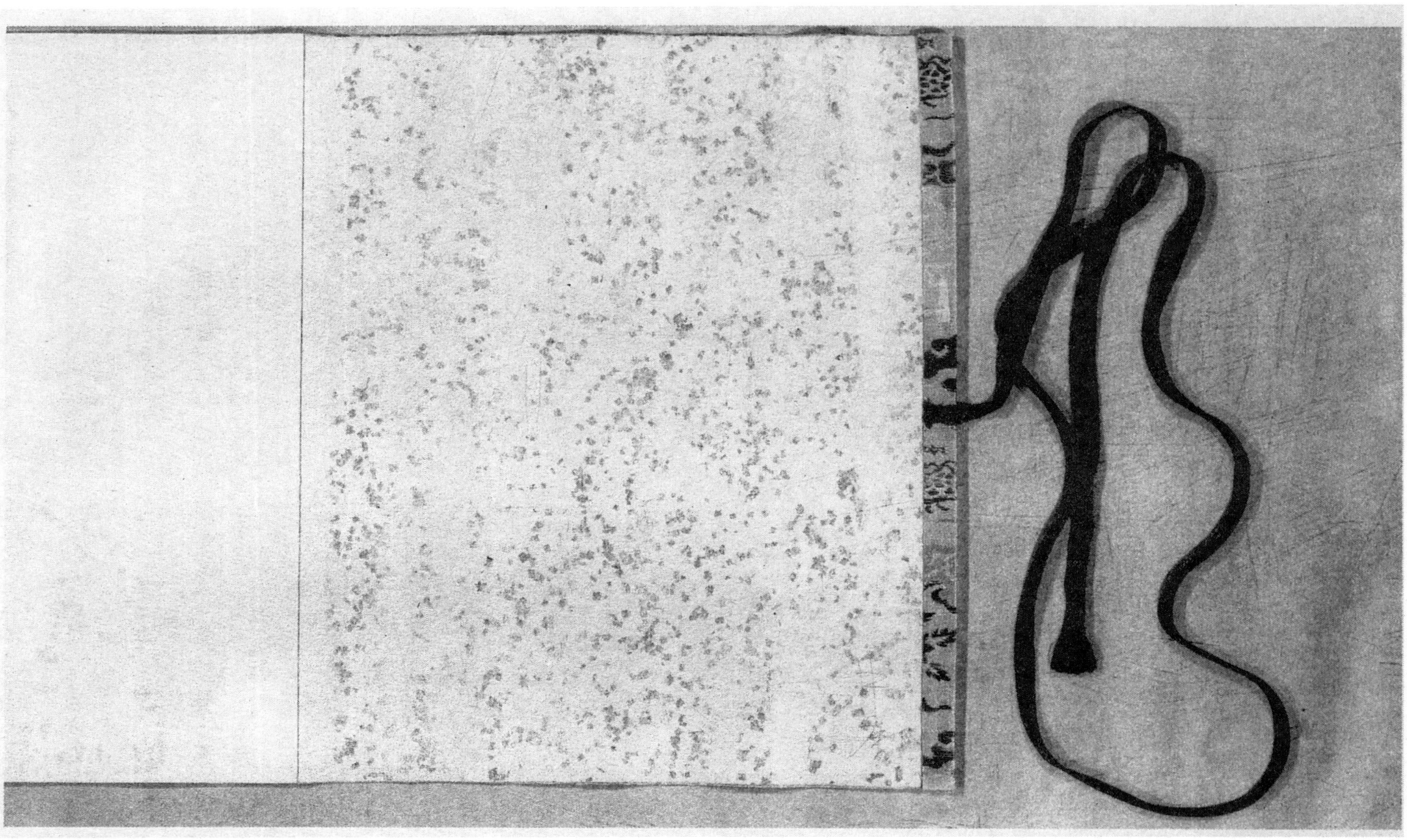

BD13805號　妙法蓮華經卷五　（29–1）

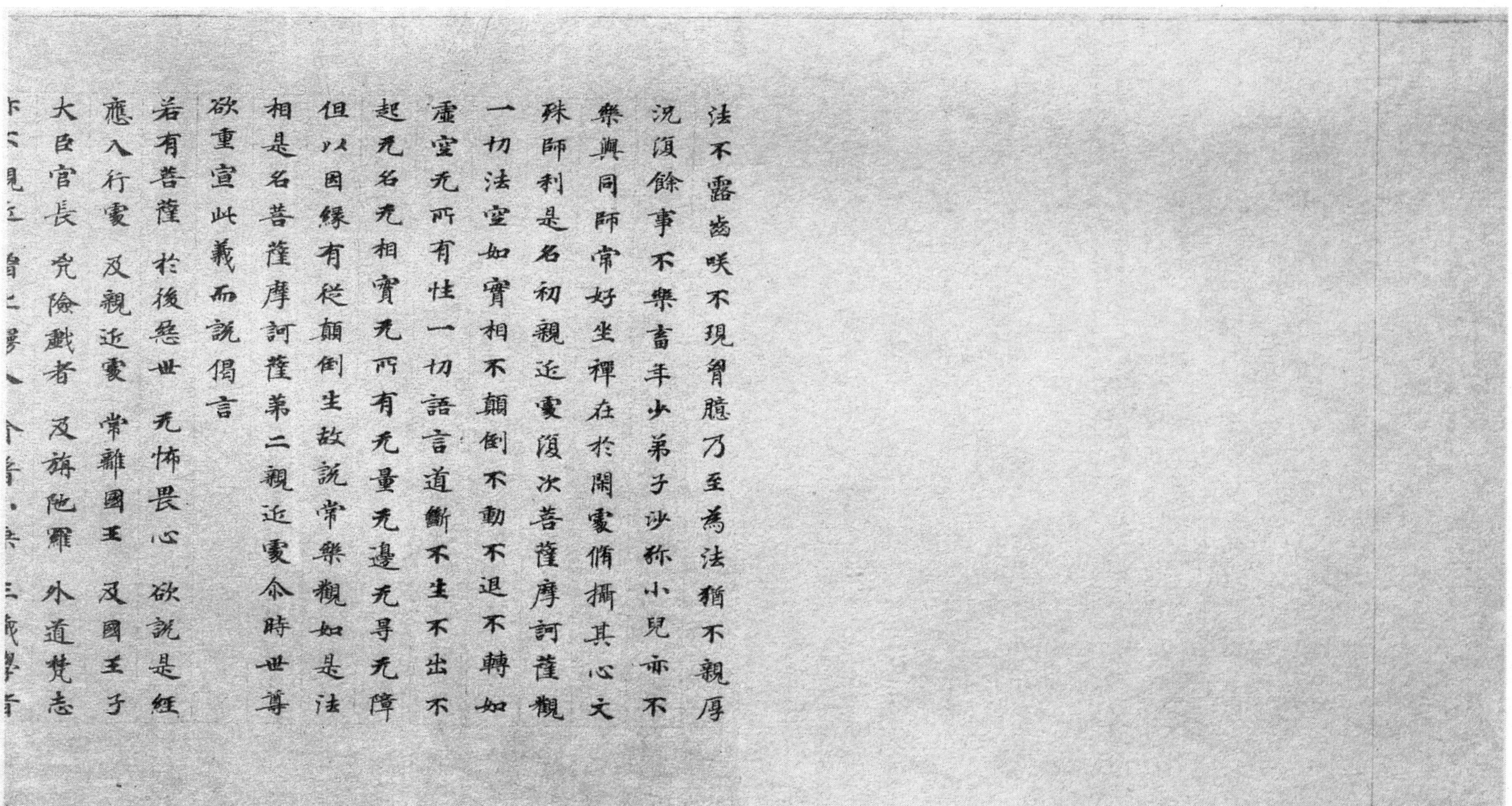

法不露齒咲不現胷臆乃至為法猶不親厚
況復餘事不樂畜年少弟子沙弥小兒亦不
樂與同師常好坐禪在於閑處脩攝其心文
殊師利是名初親近處復次菩薩摩訶薩觀
一切法空如實相不顛倒不動不退不轉如
虛空无所有性一切語言道斷不生不出不
起无名无相實无所有无量无邊无㝵无障
但以因緣有從顛倒生故說常樂觀如是法
相是名菩薩摩訶薩第二親近處尒時世尊
欲重宣此義而說偈言
若有菩薩　於後惡世　无怖畏心　欲說是經
應入行處　及親近處　常離國王　及國王子
大臣官長　兇險戲者　及旃陀羅　外道梵志

BD13805號　妙法蓮華經卷五　（29–2）

欲重宣此義而說偈言
若有菩薩 於後惡世 无怖畏心 欲說是經
應入行處 及親近處 常離國王 及國王子
大臣官長 兇險戲者 及旃陀羅 外道梵志
亦不親近 增上慢人 貪著小乘 三藏學者
破戒比丘 名字羅漢 及比丘尼 好戲咲者
深著五欲 求現滅度 諸優婆夷 皆勿親近
若是人等 以好心來 到菩薩所 為聞佛道
菩薩則以 无所畏心 不懷希望 而為說法
寡女處女 及諸不男 皆勿親近 以為親厚
亦莫親近 屠兒魁膾 畋獵魚捕 為利殺害
販肉自活 衒賣女色 如是之人 皆勿親近
兇險相撲 種種嬉戲 諸婬女等 盡勿親近
莫獨屏處 為女說法 若說法時 无得戲咲
入里乞食 將一比丘 若无比丘 一心念佛
是則名為 行處近處 以此二處 能安樂說
又復不行 上中下法 有為无為 實不實法
亦不分別 是男是女 不得諸法 不知不見
是則名為 菩薩行處 一切諸法 空无所有
无有常住 亦无起滅 是名智者 所親近處
顛倒分別 諸法有无 是實非實 是生非生
在於閑處 脩攝其心 安住不動 如須弥山
觀一切法 皆无所有 猶如虛空 无有堅固
不生不出 不動不退 常住一相 是名近處
若有比丘 於我滅後 入是行處 及親近處
說斯經時 无有怯弱 菩薩有時 入於靜室
以正憶念 隨義觀法 從禪定起 為諸國王
王子臣民 婆羅門等 開化演暢 說斯經典

BD13805號　妙法蓮華經卷五　（29–3）

不生不出 不動不退 常住一相 是名近處
若有比丘 於我滅後 入是行處 及親近處
說斯經時 无有怯弱 菩薩有時 入於靜室
以正憶念 隨義觀法 從禪定起 為諸國王
王子臣民 婆羅門等 開化演暢 說斯經典
其心安隱 无有怯弱 文殊師利 是名菩薩
安住初法 能於後世 說法華經
又文殊師利 如來滅後 於末法中 欲說是經
應住安樂行 若口宣說 若讀經時 不樂說人
及經典過 亦不輕慢 諸餘法師 不說他人好
惡長短 於聲聞人 亦不稱名 說其過惡 亦不
稱名讚歎其美 又亦不生怨嫌之心 善脩如
是安樂心故 諸有聽者 不逆其意 有所難問
不以小乘法荅 但以大乘而為解說 令得一
切種智 尒時世尊 欲重宣此義 而說偈言
菩薩常樂 安隱說法 於清淨地 而施床座
以油塗身 澡浴塵穢 著新淨衣 內外俱淨
安處法座 隨問為說 若有比丘 及比丘尼
諸優婆塞 及優婆夷 國王王子 群臣士民
以微妙義 和顏為說 若有難問 隨義而荅
因緣譬喻 敷演分別 以是方便 皆使發心
漸漸增益 入於佛道 除嬾墯意 及懈怠想
離諸憂惱 慈心說法 晝夜常說 无上道教
以諸因緣 无量譬喻 開示眾生 咸令歡喜
衣服卧具 飲食醫藥 而於其中 无所希望
但一心念 說法因緣 願成佛道 令眾亦尒
是則大利 安樂供養 我滅度後 若有比丘

BD13805號　妙法蓮華經卷五　（29–4）

離諸憂惱　慈心說法　晝夜常說　无上道教
以諸因緣　无量譬喻　開示衆生　咸令歡喜
衣服卧具　飲食醫藥　而於其中　无所希望
但一心念　說法因緣　願成佛道　令衆亦尒
是則大利　安樂供養　我滅度後　若有比丘
能演說斯　妙法華經　心无嫉恚　諸惱障㝵
亦无憂愁　及罵詈者　又无怖畏　加刀杖等
亦无擯出　安住忍故　智者如是　善脩其心
能住安樂　如我上說　其人功德　千万億劫
筭數譬喻　說不能盡
又文殊師利菩薩摩訶薩於後末世法欲滅
時受持讀誦斯經典者无懷嫉妬諂誑之心
亦勿輕罵學佛道者求其長短若比丘比丘
尼優婆塞優婆夷求聲聞者求辟支佛者求
菩薩道者无得惱之令其疑悔語其人言汝
等去道甚遠終不能得一切種智所以者何
汝是放逸之人於道懈怠故又亦不應戲論
諸法有所諍競當於一切衆生起大悲想於
諸如來起慈父想於諸菩薩起大師想於十
方諸大菩薩常應深心恭敬礼拜於一切衆
生平等說法以順法故不多不少乃至深愛
法者亦不為多說文殊師利是菩薩摩訶薩
於後末世法欲滅時有成就是第三安樂行
者說是法時无能惱亂得好同學共讀誦是
經亦得大衆而來聽受聽已能持持已能誦
誦已能說說已能書若使人書供養經卷恭
敬尊重讚歎尒時世尊欲重宣此義而說偈
言

BD13805號　妙法蓮華經卷五　（29–5）

經亦得大衆而來聽受聽已能持持已能誦
誦已能說說已能書若使人書供養經卷恭
敬尊重讚歎尒時世尊欲重宣此義而說偈
言
若欲說是經　當捨嫉恚慢　諂誑邪偽心　常脩質直行
不輕蔑於人　亦不戲論法　不令他疑悔　云汝不得佛
是佛子說法　常柔和能忍　慈悲於一切　不生懈怠心
十方大菩薩　愍衆故行道　應生恭敬心　是則我大師
於諸佛世尊　生无上父想　破於憍慢心　說法无障㝵
第三法如是　智者應守護　一心安樂行　无量衆所敬
又文殊師利菩薩摩訶薩於後末世法欲滅
時有持是法華經者於在家出家人中生大
慈心於非菩薩人中生大悲心應作是念如
是之人則為大失如來方便隨宜說法不聞
不知不覺不問不信不解其人雖不問不信
不解是經我得阿耨多羅三藐三菩提時隨
在何地以神通力智慧力引之令得住是法
中文殊師利是菩薩摩訶薩於如來滅後有
成就此第四法者說是法時无有過失常為
比丘比丘尼優婆塞優婆夷國王王子大臣
人民婆羅門居士等供養恭敬尊重讚歎虛
空諸天為聽法故亦常隨侍若在聚落城邑
空閑林中有人來欲難問者諸天晝夜常為
法故而衛護之能令聽者皆得歡喜所以者
何此經是一切過去未來現在諸佛神力所
護故文殊師利是法華經於无量國中乃至
名字不可得聞何況得見受持讀誦文殊師

BD13805號　妙法蓮華經卷五　（29–6）

法故而衛護之能令聽者皆得歡喜所以者
何此經是一切過去未來現在諸佛神力所
護故文殊師利是法華經於无量國中乃至
名字不可得聞何況得見受持讀誦文殊師
利譬如強力轉輪聖王欲以威勢降伏諸國
而諸小王不順其命時轉輪王起種種兵而
往討伐王見兵衆戰有功者即大歡喜隨功
賞賜或與田宅聚落城邑或與衣服嚴身之
具或與種種珎寶金銀琉璃車𤦲馬瑙珊瑚
虎珀象馬車乘奴婢人民唯髻中明珠不以
與之所以者何獨王頂上有此一珠若以與
之王諸眷屬必大驚恠文殊師利如來亦復
如是以禪定智慧力得法國土王於三界而
諸魔王不肯順伏如來賢聖諸將與之共戰
其有功者心亦歡喜於四衆中為說諸經令
其心悅賜以禪定解脫无漏根力諸法之財
又復賜與涅槃之城言得滅度引導其心令
皆歡喜而不為說是法華經文殊師利如轉
輪王見諸兵衆有大功者心甚歡喜以此難
信之珠久在髻中不妄與人而今與之如來
亦復如是於三界中為大法王以法教化一
切衆生見賢聖軍與五陰魔煩惱魔死魔共
戰有大功勳滅三毒出三界破魔網尒時如
來亦大歡喜此法華經能令衆生至一切智
一切世間多怨難信先所未說而今說之文
殊師利此法華經是諸如來第一之說於諸
說中最為甚深末後賜與如彼強力之王久

BD13805號　妙法蓮華經卷五　（29–7）

來亦大歡喜此法華經能令衆生至一切智
一切世間多怨難信先所未說而今說之文
殊師利此法華經是諸如來第一之說於諸
說中最為甚深末後賜與如彼強力之王久
護明珠今乃與之文殊師利此法華經諸佛
如來秘密之藏於諸經中最在其上長夜守
護不妄宣說始於今日乃與汝等而敷演之
尒時世尊欲重宣此義而說偈言
常行忍辱　哀愍一切　乃能演說　佛所讚經
後末世時　持此經者　於家出家　及非菩薩
應生慈悲　斯等不聞　不信是經　則為大失
我得佛道　以諸方便　為說此法　令住其中
譬如強力　轉輪之王　兵戰有功　賞賜諸物
象馬車乘　嚴身之具　及諸田宅　聚落城邑
或與衣服　種種珎寶　奴婢財物　歡喜賜與
如有勇健　能為難事　王解髻中　明珠賜之
如來亦尒　為諸法王　忍辱大力　智慧寶藏
以大慈悲　如法化世　見一切人　受諸苦惱
欲求解脫　與諸魔戰　為是衆生　說種種法
以大方便　說此諸經　既知衆生　得其力已
末後乃為　說是法華　如王解髻　明珠與之
此經為尊　衆經中上　我常守護　不妄開示
今正是時　為汝等說
我滅度後　求佛道者　欲得安隱　演說斯經
應當親近　如是四法　讀是經者　常无憂惱
又无病痛　顏色鮮白　不生貧窮　卑賤醜陋
衆生樂見　如慕賢聖　天諸童子　以為給使

BD13805號　妙法蓮華經卷五　（29–8）

今正是時　為汝等說
我滅度後　求佛道者　欲得安隱　演說斯經
應當親近　如是四法　讀是經者　常无憂惱
又无病痛　顏色鮮白　不生貧窮　卑賤醜陋
衆生樂見　如慕賢聖　天諸童子　以為給使
刀杖不加　毒不能害　若人惡罵　口則閉塞
遊行无畏　如師子王　智慧光明　如日之照
若於夢中　但見妙事　見諸如來　坐師子座
諸比丘衆　圍繞說法　又見龍神　阿脩羅等
數如恒沙　恭敬合掌　自見其身　而為說法
又見諸佛　身相金色　放无量光　照於一切
以梵音聲　演說諸法　佛為四衆　說无上法
見身處中　合掌讚佛　聞法歡喜　而為供養
得陀羅尼　證不退智　佛知其心　深入佛道
即為授記　成最正覺　汝善男子　當於來世
得无量智　佛之大道　國土嚴淨　廣大无比
亦有四衆　合掌聽法　又見自身　在山林中
脩習善法　證諸實相　深入禪定　見十方佛
諸佛身金色　百福相莊嚴　聞法為人說　常有是好夢
又夢作國王　捨宮殿眷屬　及上妙五欲　行詣於道場
在菩提樹下　而處師子座　求道過七日　得諸佛之智
成无上道已　起而轉法輪　為四衆說法　經千万億劫
說无漏妙法　度无量衆生　後當入涅槃　如烟盡燈滅
若後惡世中　說是第一法　是人得大利　如上諸功德

妙法蓮華經從地踊出品第十五

尒時他方國土諸來菩薩摩訶薩過八十恒河
沙數於大衆中起合掌作礼而白佛言世尊

BD13805號　妙法蓮華經卷五　（29–9）

說无漏妙法　度无量衆生　後當入涅槃　如烟盡燈滅
若後惡世中　說是第一法　是人得大利　如上諸功德
妙法蓮華經從地踊出品第十五
尒時他方國土諸來菩薩摩訶薩過八十恒河
沙數於大衆中起合掌作礼而白佛言世尊
若聽我等於佛滅後在此娑婆世界勤加精
進護持讀誦書寫供養是經典者當於此土
而廣說之尒時佛告諸菩薩摩訶薩衆止善
男子不須汝等護持此經所以者何我娑婆
世界自有六万恒河沙等菩薩摩訶薩一一
菩薩各有六万恒河沙眷屬是諸人等能於
我滅後護持讀誦廣說此經佛說是時娑婆
世界三千大千國土地皆震裂而於其中有
无量千万億菩薩摩訶薩同時踊出是諸菩
薩身皆金色三十二相无量光明先盡在此
娑婆世界之下此界虛空中住是諸菩薩聞
釋迦牟尼佛所說音聲從下發來一一菩薩
皆是大衆唱導之首各將六万恒河沙眷屬
況將五万四万三万二万一万恒河沙等眷
屬者況復乃至一恒河沙半恒河沙四分之
一乃至千万億那由他分之一況復千万億
那由他眷屬況復億万眷屬況復千万百万
乃至一万況復一千一百乃至一十況復將
五四三二一弟子者況復單己樂遠離行如
是等比无量无邊筭數譬喻所不能知是諸
菩薩從地出已各詣虛空七寶妙塔多寶如
來釋迦牟尼佛所到已向二世尊頭面礼足
及至諸寶樹下師子座上佛所亦皆作礼右

BD13805號　妙法蓮華經卷五　（29–10）

五四三二一弟子者況復單已樂遠離行如
是等比无量无邊筭數譬喻所不能知是諸
菩薩從地出已各詣虛空七寶妙塔多寶如
来釋迦牟尼佛所到已向二世尊頭面礼足
及至諸寶樹下師子座上佛所亦皆作礼右
繞三帀合掌恭敬以諸菩薩種種讚法而以
讚嘆住在一面欣樂瞻仰於二世尊是諸菩
薩摩訶薩從初踊出以諸菩薩種種讚法而
讚於佛如是時間經五十小劫是時釋迦牟
尼佛嘿然而坐及諸四衆亦皆嘿然五十小
劫佛神力故令諸大衆謂如半日尒時四衆
亦以佛神力故見諸菩薩遍滿无量百千万
億國土虛空是菩薩衆中有四導師一名上
行二名无邊行三名淨行四名安立行是四
菩薩於其衆中取為上首唱導之師在大衆
前各共合掌觀釋迦牟尼佛而問訊言世尊
少病少惱安樂行不所應度者受教易不不
令世尊生疲勞耶尒時四大菩薩而說偈言
世尊安樂　少病少惱　教化衆生　得无疲惓
又諸衆生　受化易不　不令世尊　生勞苦邪
尒時世尊於菩薩大衆中而作是言如是如
是諸善男子如来安樂少病少惱諸衆生等
易可化度无有疲勞所以者何是諸衆生世
世已来常受我化亦於過去諸佛供養尊重
種諸善根此諸衆生始見我身聞我所說即
皆信受入如来慧除先脩習學小乘者如是
之人我今亦令得聞是經入於佛慧尒時諸
大菩薩而說偈言

BD13805 號　妙法蓮華經卷五　（29–11）

易可化度无有疲勞所以者何是諸衆生世
世已来常受我化亦於過去諸佛供養尊重
種諸善根此諸衆生始見我身聞我所說即
皆信受入如来慧除先脩習學小乘者如是
之人我今亦令得聞是經入於佛慧尒時諸
大菩薩而說偈言
善哉善哉　大雄世尊　諸衆生等　易可化度
能問諸佛　甚深智慧　聞已信行　我等隨喜
於時世尊讚嘆上首諸大菩薩善哉善哉善
男子汝等能於如来發隨喜心尒時弥勒菩
薩及八千恒河沙諸菩薩衆皆作是念我等
從昔已来不見不聞如是大菩薩摩訶薩衆
從地踊出住世尊前合掌供養問訊如来時
弥勒菩薩摩訶薩知八千恒河沙諸菩薩等
心之所念并欲自決所疑合掌向佛以偈問曰
无量千万億　大衆諸菩薩　昔所未曾有　願兩足尊說
是從何所来　以何因緣集　巨身大神通　智慧叵思議
其志念堅固　有大忍辱力　衆生所樂見　為從何所来
一一諸菩薩　所將諸眷屬　其數无有量　如恒河沙等
或有大菩薩　將六万恒沙　如是諸大衆　一心求佛道
是諸大師等　六万恒河沙　俱来供養佛　及護持是經
將五万恒沙　其數過於是　四万及三万　二万至一万
一千一百等　乃至一恒沙　半及三四分　億万分之一
千万那由他　万億諸弟子　乃至於半億　其數復過上
百万至一万　一千及一百　五十與一十　乃至三二一
單已无眷屬　樂於獨處者　俱来至佛所　其數轉過上
如是諸大衆　若人行籌數　過於恒沙劫　猶不能盡知

BD13805 號　妙法蓮華經卷五　（29–12）

千万恒河沙　其數過於是　四万及三万　二万至一万
一千一百等　乃至一恒沙　半及三四分　億万分之一
千万那由他　万億諸弟子　乃至於半億　其數復過上
百万至一万　一千及一百　五十與一十　乃至三二一
單己无眷屬　樂於獨處者　俱来至佛所　其數轉過上
如是諸大衆　若人行籌數　過於恒沙劫　猶不能盡知
是諸大威德　精進菩薩衆　誰為其說法　教化而成就
從誰初發心　稱揚何佛法　受持行誰經　脩習何佛道
如是諸菩薩　神通大智力　四方地震裂　皆從中踊出
世尊我昔来　未曾見是事　願說其所從　國土之名号
我常遊諸國　未曾見是衆　我於此衆中　乃不識一人
忽然從地出　願說其因緣　今此之大會　无量百千億
是諸菩薩等　皆欲知此事　是諸菩薩衆　本末之因緣
无量德世尊　唯願決衆疑
尒時釋迦牟尼分身諸佛從无量千万億他
方國土来者在於八方諸寶樹下師子座上
結跏趺坐其佛侍者各各見是菩薩大衆於
三千大千世界四方從地踊出住於虛空各
白其佛言世尊此諸无量无邊阿僧祇菩薩
大衆從何所来尒時諸佛各告侍者諸善男
子且待須臾有菩薩摩訶薩名曰弥勒釋迦
牟尼佛之所授記次後作佛已問斯事佛今
荅之汝等自當因是得聞尒時釋迦牟尼佛
告弥勒菩薩善哉善哉阿逸多乃能問佛如
是大事汝等當共一心被精進鎧發堅固意
如来今欲顯發宣示諸佛智慧諸佛自在神
通之力諸佛師子奮迅之力諸佛威猛大勢
之力尒時世尊欲重宣此義而說偈言

告弥勒菩薩善哉善哉阿逸多乃能問佛如
是大事汝等當共一心被精進鎧發堅固意
如来今欲顯發宣示諸佛智慧諸佛自在神
通之力諸佛師子奮迅之力諸佛威猛大勢
之力尒時世尊欲重宣此義而說偈言
當精進一心　我欲說此事　勿得有疑悔　佛智叵思議
汝今出信力　住於忍善中　昔所未聞法　今皆當得聞
我今安慰汝　勿得懷疑懼　佛无不實語　智慧不可量
所得第一法　甚深叵分別　如是今當說　汝等一心聽
尒時世尊說此偈已告弥勒菩薩我今於此
大衆宣告汝等阿逸多是諸大菩薩摩訶薩
无量无數阿僧祇從地踊出汝等昔所未見
者我於是娑婆世界得阿耨多羅三藐三菩
提已教化示導是諸菩薩調伏其心令發道
意此諸菩薩皆於是娑婆世界之下此界虛
空中住於諸經典讀誦通利思惟分別正憶
念阿逸多是諸善男子等不樂在衆多有所
說常樂靜處勤行精進未曾休息亦不依止
人天而住常樂深智无有障㝵亦常樂於諸
佛之法一心精進求无上慧尒時世尊欲重
宣此義而說偈言
阿逸汝當知　是諸大菩薩　從无數劫来　脩習佛智慧
悉是我所化　令發大道心　此等是我子　依止是世界
常行頭陁事　志樂於靜處　捨大衆憒閙　不樂多所說
如是諸子等　學習我道法　晝夜常精進　為求佛道故
在娑婆世界　下方空中住　志念力堅固　常勤求智慧
說種種妙法　其心无所畏　我於伽耶城　菩提樹下坐
得成最正覺　轉无上法輪　尒乃教化之　令初發道心

常行頭陁事　志樂於靜處　捨大眾憒閙　不樂多所說
如是諸子等　學習我道法　晝夜常精進　為求佛道故
在娑婆世界　下方空中住　志念力堅固　常勤求智慧
說種種妙法　其心无所畏　我於伽耶城　菩提樹下坐
得成最正覺　轉无上法輪　尒乃教化之　令初發道心
今皆住不退　悉當得成佛　我今說實語　汝等一心信
我從久遠來　教化是等眾
尒時弥勒菩薩摩訶薩及无數諸菩薩等心
生疑惑怪未曾有而作是念云何世尊於少
時間教化如是无量无邊阿僧祇諸大菩薩
令住阿耨多羅三藐三菩提即白佛言世尊
如來為太子時出於釋宮去伽耶城不遠坐
於道場得成阿耨多羅三藐三菩提從是已
來始過四十餘年世尊云何於此少時大作
佛事以佛勢力以佛功德教化如是无量大
菩薩眾當成阿耨多羅三藐三菩提世尊此
大菩薩眾假使有人於千万億劫數不能盡
不得其邊斯等久遠已來於无量无邊諸佛
所殖諸善根成就菩薩道常脩梵行世尊如
此之事世所難信譬如有人色美髮黑年二
十五指百歲人言是我子其百歲人亦指年
少言是我父生育我等是事難信佛亦如是
得道已來其實未久而此大眾諸菩薩等已
於无量千万億劫為佛道故勤行精進善入
出住无量百千万億三昧得大神通久脩梵
行善能次第習諸善法巧於問荅人中之寶
一切世間甚為希有今日世尊方云得佛道
時初令發心教化示導令向阿耨多羅三藐

BD13805號　妙法蓮華經卷五　（29–15）

於无量千万億劫為佛道故勤行精進善入
出住无量百千万億三昧得大神通久脩梵
行善能次第習諸善法巧於問荅人中之寶
一切世間甚為希有今日世尊方云得佛道
時初令發心教化示導令向阿耨多羅三藐
三菩提世尊得佛未久乃能作此大功德事
我等雖復信佛隨宜所說佛所出言未曾虛
妄佛所知者皆悉通達然諸新發意菩薩於
佛滅後若聞是語或不信受而起破法罪業
因緣唯然世尊願為解說除我等疑及未來
世諸善男子聞此事已亦不生疑尒時弥勒
菩薩欲重宣此義而說偈言
佛昔從釋種　出家近伽耶　坐於菩提樹　尒來尚未久
此諸佛子等　其數不可量　久已行佛道　住於神通力
善學菩薩道　不染世間法　如蓮華在水　從地而踊出
皆起恭敬心　住於世尊前　是事難思議　云何而可信
佛得道甚近　所成就甚多　願為除眾疑　如實分別說
譬如少壯人　年始二十五　示人百歲子　髮白而面皺
是等我所生　子亦說是父　父少而子老　舉世所不信
世尊亦如是　得道來甚近　是諸菩薩等　志固无怯弱
從无量劫來　而行菩薩道　巧於難問荅　其心无所畏
忍辱心決定　端政有威德　十方佛所讚　善能分別說
不樂在人眾　常好在禪定　為求佛道故　於下空中住
我等從佛聞　於此事无疑　願佛為未來　演說令開解
若有於此經　生疑不信者　即當墮惡道　願今為解說
是无量菩薩　云何於少時　教化令發心　而住不退地
妙法蓮華經如來壽量品第十六

BD13805號　妙法蓮華經卷五　（29–16）

不樂在人衆　常好在禪定　為求佛道故　於下空中住
我等從佛聞　於此事无疑　願佛為未来　演說令開解
若有於此經　生疑不信者　即當墮惡道　願今為解說
是无量菩薩　云何於少時　教化令發心　而住不退地
妙法蓮華經如来壽量品第十六
尒時佛告諸菩薩及一切大衆諸善男子汝
等當信解如来誠諦之語復告大衆汝等當
信解如来誠諦之語又復告諸大衆汝等當
信解如来誠諦之語是時菩薩大衆弥勒為
首合掌白佛言世尊唯願說之我等當信受
佛語如是三白已復言唯願說之我等當信
受佛語尒時世尊知諸菩薩三請不止而告
之言汝等諦聽如来秘密神通之力一切世
間天人及阿脩羅皆謂今釋迦牟尼佛出釋
氏宮去伽耶城不遠坐於道場得阿耨多羅
三藐三菩提然善男子我實成佛已来无量
无邊百千万億那由他劫譬如五百千万億
那由他阿僧祇三千大千世界假使有人末
為微塵過於東方五百千万億那由他阿僧
祇國乃下一塵如是東行盡是微塵諸善男
子於意云何是諸世界可得思惟校計知其
數不弥勒菩薩等俱白佛言世尊是諸世界
无量无邊非筭數所知亦非心力所及一切
聲聞辟支佛以无漏智不能思惟知其限數
我等住阿惟越致地於是事中亦所不達世
尊如是諸世界无量无邊尒時佛告大菩薩
衆諸善男子今當分明宣語汝等是諸世界
若著微塵及不著者盡以為塵一塵一劫我

BD13805號　妙法蓮華經卷五　（29–17）

我等住阿惟越致地於是事中亦所不達世
尊如是諸世界无量无邊尒時佛告大菩薩
衆諸善男子今當分明宣語汝等是諸世界
若著微塵及不著者盡以為塵一塵一劫我
成佛已来復過於此百千万億那由他阿僧
祇劫自從是来我常在此娑婆世界說法教
化亦於餘處百千万億那由他阿僧祇國導
利衆生諸善男子於是中間我說然燈佛等
又復言其入於涅槃如是皆以方便分別諸
善男子若有衆生来至我所我以佛眼觀其
信等諸根利鈍隨所應度處處自說名字不
同年紀大小亦復現言當入涅槃又以種種
方便說微妙法能令衆生發歡喜心諸善男
子如来見諸衆生樂於小法德薄垢重者為
是人說我少出家得阿耨多羅三藐三菩提
然我實成佛已来久遠若斯但以方便教化
衆生令入佛道作如是說諸善男子如来所
演經典皆為度脫衆生或說己身或說他身
或示己身或示他身或示己事或示他事諸
所言說皆實不虛所以者何如来如實知見
三界之相无有生死若退若出亦无在世及
滅度者非實非虛非如非異不如三界見於
三界如斯之事如来明見无有錯謬以諸衆
生有種種性種種欲種種行種種憶想分別
故欲令生諸善根以若干因緣譬喻言辭種
種說法所作佛事未曾暫廢如是我成佛已
来甚大久遠壽命无量阿僧祇劫常住不滅

BD13805號　妙法蓮華經卷五　（29–18）

生有種種性種種欲種種行種種憶想分別
故欲令生諸善根以若干因緣譬喻言辭種
種說法所作佛事未曾暫廢如是我成佛已
來甚大久遠壽命无量阿僧祇劫常住不滅
諸善男子我本行菩薩道所成壽命今猶未
盡復倍上數然今非實滅度而便唱言當取
滅度如來以是方便教化衆生所以者何若
佛久住於世薄德之人不種善根貧窮下賤
貪著五欲入於憶想妄見網中若見如來常
在不滅便起憍恣而懷厭怠不能生難遭想
恭敬之心是故如來以方便說比丘當知諸
佛出世難可值遇所以者何諸薄德人過无
量百千万億劫或有見佛或不見者以此事
故我作是言諸比丘如來難可得見斯衆生
等聞如是語必當生於難遭之想心懷戀慕
渴仰於佛便種善根是故如來雖不實滅而
言滅度又善男子諸佛如來法皆如是為度
衆生皆實不虛譬如良醫智慧聦達明練方
藥善治衆病其人多諸子息若十二十乃至
百數以有事緣遠至餘國諸子於後飲他毒
藥藥發悶亂宛轉于地是時其父還來歸家
諸子飲毒或失本心或不失者遥見其父皆
大歡喜拜跪問訊善安隱歸我等愚癡誤服
毒藥願見救療更賜壽命父見子等苦惱如
是依諸經方求好藥草色香美味皆悉具足
擣篩和合與子令服而作是言此大良藥色
香美味皆悉具足汝等可服速除苦惱无復

BD13805號　妙法蓮華經卷五　(29–19)

諸子飲毒或失本心或不失者遥見其父皆
大歡喜拜跪問訊善安隱歸我等愚癡誤服
毒藥願見救療更賜壽命父見子等苦惱如
是依諸經方求好藥草色香美味皆悉具足
擣篩和合與子令服而作是言此大良藥色
香美味皆悉具足汝等可服速除苦惱无復
衆患其諸子中不失心者見此良藥色香俱
好即便服之病盡除愈餘失心者見其父來
雖亦歡喜問訊求索治病然與其藥而不肯
服所以者何毒氣深入失本心故於此好色
香藥而謂不美父作是念此子可愍為毒所
中心皆顛倒雖見我喜求索救療如是好藥
而不肯服我今當設方便令服此藥即作是
言汝等當知我今衰老死時已至是好良藥
今留在此汝可取服勿憂不差作是教已復
至他國遣使還告汝父已死是時諸子聞父
背喪心大憂惱而作是念若父在者慈愍我
等能見救護今者捨我遠喪他國自惟孤露
无復恃怙常懷悲感心遂醒悟乃知此藥色
味香美即取服之毒病皆愈其父聞子悉已
得差尋便來歸咸使見之諸善男子於意云
何頗有人能說此良醫虛妄罪不不也世尊
佛言我亦如是成佛已來无量无邊百千万
億那由他阿僧祇劫為衆生故以方便力言
當滅度亦无有能如法說我虛妄過者尒時
世尊欲重宣此義而說偈言
自我得佛來　所經諸劫數　无量百千万　億載阿僧祇
常說法教化　无數億衆生　令入於佛道　尒來无量劫

BD13805號　妙法蓮華經卷五　(29–20)

佛言我亦如是成佛已來无量无邊百千万
億那由他阿僧祇劫為衆生故以方便力言
當滅度亦无有能如法說我虛妄過者尒時
世尊欲重宣此義而說偈言
自我得佛來　所經諸劫數　无量百千万　億載阿僧祇
常說法教化　无數億衆生　令入於佛道　尒來无量劫
為度衆生故　方便現涅槃　而實不滅度　常住此說法
我常住於此　以諸神通力　令顛倒衆生　雖近而不見
衆見我滅度　廣供養舍利　咸皆懷戀慕　而生渴仰心
衆生既信伏　質直意柔軟　一心欲見佛　不自惜身命
時我及衆僧　俱出靈鷲山　我時語衆生　常在此不滅
以方便力故　現有滅不滅　餘國有衆生　恭敬信樂者
我復於彼中　為說无上法　汝等不聞此　但謂我滅度
我見諸衆生　沒在於苦惱　故不為現身　令其生渴仰
因其心戀慕　乃出為說法　神通力如是　於阿僧祇劫
常在靈鷲山　及餘諸住處　衆生見劫盡　大火所燒時
我此土安隱　天人常充滿　園林諸堂閣　種種寶莊嚴
寶樹多華菓　衆生所遊樂　諸天擊天鼓　常作衆伎樂
雨曼陁羅華　散佛及大衆　我淨土不毀　而衆見燒盡
憂怖諸苦惱　如是悉充滿　是諸罪衆生　以惡業因緣
過阿僧祇劫　不聞三寶名　諸有脩功德　柔和質直者
則皆見我身　在此而說法　或時為此衆　說佛壽无量
久乃見佛者　為說佛難值　我智力如是　慧光照无量
壽命无數劫　久脩業所得　汝等有智者　勿於此生疑
當斷令永盡　佛語實不虛　如醫善方便　為治狂子故
實在而言死　无能說虛妄　我亦為世父　救諸苦患者
為凡夫顛倒　實在而言滅　以常見我故　而生憍恣心
放逸著五欲　墮於惡道中　我常知衆生　行道不行道

久乃見佛者　為說佛難值　我智力如是　慧光照无量
壽命无數劫　久脩業所得　汝等有智者　勿於此生疑
當斷令永盡　佛語實不虛　如醫善方便　為治狂子故
實在而言死　无能說虛妄　我亦為世父　救諸苦患者
為凡夫顛倒　實在而言滅　以常見我故　而生憍恣心
放逸著五欲　墮於惡道中　我常知衆生　行道不行道
隨所應可度　為說種種法　每自作是意　以何令衆生
得入无上慧　速成就佛身
妙法蓮華經分別功德品第十七
尒時大會聞佛說壽命劫數長遠如是无量
无邊阿僧祇衆生得大饒益於時世尊告弥
勒菩薩摩訶薩阿逸多我說是如來壽命長
遠時六百八十万億那由他恒河沙衆生得
无生法忍復千倍菩薩摩訶薩得聞持陁羅
尼門復有一世界微塵數菩薩摩訶薩得樂
說无㝵辯才復有一世界微塵數菩薩摩訶
薩得百千万億无量旋陁羅尼復有三千大
千世界微塵數菩薩摩訶薩能轉不退法輪
復有二千中國土微塵數菩薩摩訶薩能轉
清淨法輪復有小千國土微塵數菩薩摩訶
薩八生當得阿耨多羅三藐三菩提復有四
四天下微塵數菩薩摩訶薩四生當得阿耨
多羅三藐三菩提復有三四天下微塵數菩
薩摩訶薩三生當得阿耨多羅三藐三菩提
復有二四天下微塵數菩薩摩訶薩二生當
得阿耨多羅三藐三菩提復有一四天下微
塵數菩薩摩訶薩一生當得阿耨多羅三藐
三菩提復有八世界微塵數衆生皆發阿耨

薩摩訶薩三生當得阿耨多羅三藐三菩提
復有二四天下微塵數菩薩摩訶薩二生當
得阿耨多羅三藐三菩提復有一四天下微
塵數菩薩摩訶薩一生當得阿耨多羅三藐
三菩提復有八世界微塵數衆生皆發阿耨
多羅三藐三菩提心佛說是諸菩薩摩訶薩
得大法利時於虛空中雨曼陀羅華摩訶曼
陀羅華以散无量百千万億寶樹下師子座
上諸佛并散七寶塔中師子座上釋迦牟尼
佛及久滅度多寶如來亦散一切諸大菩薩
及四部衆又雨細末栴檀沉水香等於虛空
中天鼓自鳴妙聲深遠又雨千種天衣垂諸
瓔珞真珠瓔珞摩尼珠瓔珞如意珠瓔珞遍
於九方衆寶香鑪燒无價香自然周至供養
大會一一佛上有諸菩薩執持幡蓋次第而
上至于梵天是諸菩薩以妙音聲歌无量頌
讚嘆諸佛尒時彌勒菩薩從座而起偏袒右
肩合掌向佛而說偈言
佛說希有法　昔所未曾聞　世尊有大力　壽命不可量
无數諸佛子　聞世尊分別　說得法利者　歡喜充遍身
或住不退地　或得陁羅尼　或无导樂說　万億旋揔持
或有大千界　微塵數菩薩　各各皆能轉　不退之法輪
復有中千界　微塵數菩薩　各各皆能轉　清淨之法輪
復有小千界　微塵數菩薩　餘各八生在　當得成佛道
復有四三二　如此四天下　微塵諸菩薩　隨數生成佛
或一四天下　微塵數菩薩　餘有一生在　當成一切智
如是等衆生　聞佛壽長遠　得无量无漏　清淨之果報

BD13805號　妙法蓮華經卷五　（29–23）

復有中千界　微塵數菩薩　各各皆能轉　清淨之法輪
復有小千界　微塵數菩薩　餘各八生在　當得成佛道
復有四三二　如此四天下　微塵諸菩薩　隨數生成佛
或一四天下　微塵數菩薩　餘有一生在　當成一切智
如是等衆生　聞佛壽長遠　得无量无漏　清淨之果報
復有八世界　微塵數衆生　聞佛說壽命　皆發无上心
世尊說无量　不可思議法　多有所饒益　如虛空无邊
雨天曼陁羅　摩訶曼陁羅　釋梵如恒沙　无數佛土來
雨栴檀沉香　繽紛而亂墜　如鳥飛空下　供散於諸佛
天鼓虛空中　自然出妙聲　天衣千万種　旋轉而來下
衆寶妙香鑪　燒无價之香　自然悉周遍　供養諸世尊
其大菩薩衆　執七寶幡蓋　高妙万億種　次第至梵天
一一諸佛前　寶幢懸勝幡　亦以千万偈　歌詠諸如來
如是種種事　昔所未曾有　聞佛壽无量　一切皆歡喜
佛名聞十方　廣饒益衆生　一切具善根　以助无上心
尒時佛告彌勒菩薩摩訶薩阿逸多其有衆
生聞佛壽命長遠如是乃至能生一念信解
所得功德无有限量若有善男子善女人爲
阿耨多羅三藐三菩提故於八十万億那由
他劫行五波羅蜜檀波羅蜜尸羅波羅蜜羼
提波羅蜜毗梨耶波羅蜜禪波羅蜜除般若
波羅蜜以是功德比前功德百分千分百千
万億分不及其一乃至筭數譬喻所不能知
若善男子有如是功德於阿耨多羅三藐三
菩提退者无有是處尒時世尊欲重宣此義
而說偈言
若人求佛慧　於八十万億　那由他劫數　行五波羅蜜
於是諸劫中　布施供養佛　及緣覺弟子　并諸菩薩衆

BD13805號　妙法蓮華經卷五　（29–24）

万億分不及其一乃至筭數譬喻所不能知
若善男子有如是功德於阿耨多羅三藐三
菩提退者无有是處尒時世尊欲重宣此義
而說偈言
若人求佛慧　於八十万億　那由他劫數　行五波羅蜜
於是諸劫中　布施供養佛　及緣覺弟子　并諸菩薩衆
珎異之飲食　上服與卧具　栴檀立精舍　以園林莊嚴
如是等布施　種種皆微妙　盡此諸劫數　以迴向佛道
若復持禁戒　清淨无缺漏　求於无上道　諸佛之所歎
若復行忍辱　住於調柔地　設衆惡來加　其心不傾動
諸有得法者　懷於增上慢　為此所輕惱　如是亦能忍
若復勤精進　志念常堅固　於无量億劫　一心不懈息
又於无數劫　住於空閑處　若坐若經行　除睡常攝心
以是因緣故　能生諸禪定　八十億万劫　安住心不亂
持此一心福　願求无上道　我得一切智　盡諸禪定際
是人於百千　万億劫數中　行此諸功德　如上之所說
有善男女等　聞我說壽命　乃至一念信　其福過於彼
若人悉无有　一切諸疑悔　深心須臾信　其福為如此
其有諸菩薩　无量劫行道　聞我說壽命　是則能信受
如是諸人等　頂受此經典　願我於未來　長壽度衆生
如今日世尊　諸釋中之王　道場師子吼　說法无所畏
我等未來世　一切所尊敬　坐於道場時　說壽亦如是
若有深心者　清淨而質直　多聞能摠持　隨義解佛語
如是之人等　於此无有疑
又阿逸多若有聞佛壽命長遠解其言趣是
人所得功德无有限量能起如來无上之慧
何況廣聞是經若教人聞若自持若教人持
若自書若教人書若以華香瓔珞幢幡繒蓋

BD13805號　妙法蓮華經卷五　（29–25）

若有深心者　清淨而質直　多聞能摠持　隨義解佛語
如是之人等　於此无有疑
又阿逸多若有聞佛壽命長遠解其言趣是
人所得功德无有限量能起如來无上之慧
何況廣聞是經若教人聞若自持若教人持
若自書若教人書若以華香瓔珞幢幡繒蓋
香油蘇燈供養經卷是人功德无量无邊能
生一切種智阿逸多若善男子善女人聞我
說壽命長遠深心信解則為見佛常在耆闍
崛山共大菩薩諸聲聞衆圍繞說法又見此
娑婆世界其地琉璃坦然平正閻浮檀金以
界八道寶樹行列諸臺樓觀皆悉寶成其菩
薩衆咸處其中若有能如是觀者當知是為
深信解相又復如來滅後若聞是經而不毀
呰起隨喜心當知已為深信解相何況讀誦
受持之者斯人則為頂戴如來阿逸多是善
男子善女人不須為我復起塔寺及作僧坊
以四事供養衆僧所以者何是善男子善女
人受持讀誦是經典者為已起塔造立僧坊
供養衆僧則為以佛舍利起七寶塔高廣漸
小至于梵天懸諸幡蓋及衆寶鈴華香瓔珞
末香塗香燒香衆鼓伎樂簫笛箜篌種種儛
戲以妙音聲歌唄讚頌則為於无量千万億
劫作是供養已阿逸多若我滅後聞是經典
有能受持若自書若教人書則為起立僧坊
以赤栴檀作諸殿堂三十有二高八多羅樹
高廣嚴好百千比丘於其中止園林浴池經
行禪窟衣服飲食牀褥湯藥一切樂具充滿

BD13805號　妙法蓮華經卷五　（29–26）

劫作是供養巳阿逸多若我滅後聞是經典
有能受持若自書若教人書則為起立僧坊
以赤栴檀作諸殿堂三十有二高八多羅樹
高廣嚴好百千比丘於其中止園林浴池經
行禪窟衣服飲食牀褥湯藥一切樂具充滿
其中如是僧坊堂閣若干百千万億其數无
量以此現前供養於我及比丘僧是故我說
如来滅後若有受持讀誦為他人說若自書
若教人書供養經卷不須復起塔寺及造僧
坊供養衆僧況復有人能持是經兼行布施
持戒忍辱精進一心智慧其德㝡勝无量无
邊譬如虗空東西南北四維上下无量无邊
是人功德亦復如是无量无邊疾至一切種
智若人讀誦受持是經為他人說若自書若
教人書復能起塔及造僧坊供養讚嘆聲聞
衆僧亦以百千万億讚嘆之法讚嘆菩薩功
德又為他人種種因緣隨義解說此法華經
復能清淨持戒與柔和者而共同止忍辱无
瞋志念堅固常貴坐禪得諸深定精進勇猛
攝諸善法利根智慧善荅問難阿逸多若我
滅後諸善男子善女人受持讀誦是經典者
復有如是諸善功德當知是人巳趣道場近
阿耨多羅三藐三菩提坐道樹下阿逸多是
善男子善女人若坐若立若行處此中便應
起塔一切天人皆應供養如佛之塔尒時世
尊欲重宣此義而說偈言
若我滅度後　能奉持此經　斯人福无量　如上之所說

BD13805號　妙法蓮華經卷五　（29–27）

復有如是諸善功德當知是人巳趣道場近
阿耨多羅三藐三菩提坐道樹下阿逸多是
善男子善女人若坐若立若行處此中便應
起塔一切天人皆應供養如佛之塔尒時世
尊欲重宣此義而說偈言
若我滅度後　能奉持此經　斯人福无量　如上之所說
是則為具足　一切諸供養　以舍利起塔　七寶而莊嚴
表刹甚高廣　漸小至梵天　寶鈴千万億　風動出妙音
又於无量劫　而供養此塔　華香諸瓔珞　天衣衆伎樂
然香油蘇燈　周帀常照明　惡世法末時　能持是經者
則為巳如上　具足諸供養　若能持此經　則如佛現在
以牛頭栴檀　起僧坊供養　堂有三十二　高八多羅樹
上饌妙衣服　牀卧皆具足　百千衆住處　園林諸流池
經行及禪窟　種種皆嚴好　若有信解心　受持讀誦書
若復教人書　及供養經卷　散華香末香　以須曼瞻蔔
阿提目多伽　熏油常然之　如是供養者　得无量功德
如虗空无邊　其福亦如是　況復持此經　兼布施持戒
忍辱樂禪定　不瞋不惡口　恭敬於塔廟　謙下諸比丘
遠離自高心　常思惟智慧　有問難不瞋　隨順為解說
若能行是行　功德不可量　若見此法師　成就如是德
應以天華散　天衣覆其身　頭面接足禮　生心如佛想
又應作是念　不久詣道樹　得无漏无為　廣利諸人天
其所住止處　經行若坐卧　乃至說一偈　是中應起塔
莊嚴令妙好　種種以供養　佛子住此地　則是佛受用
常在於其中　經行及坐卧

妙法蓮華經卷第五

BD13805號　妙法蓮華經卷五　（29–28）

又應作是念　不久詣道樹　得无漏无為　廣利諸人天
其所住止處　經行若坐卧　乃至說一偈　是中應起塔
莊嚴令妙好　種種以供養　佛子住此地　則是佛受用
常在於其中　經行及坐卧

妙法蓮華經卷第五

BD13805號　妙法蓮華經卷五　（29–29）

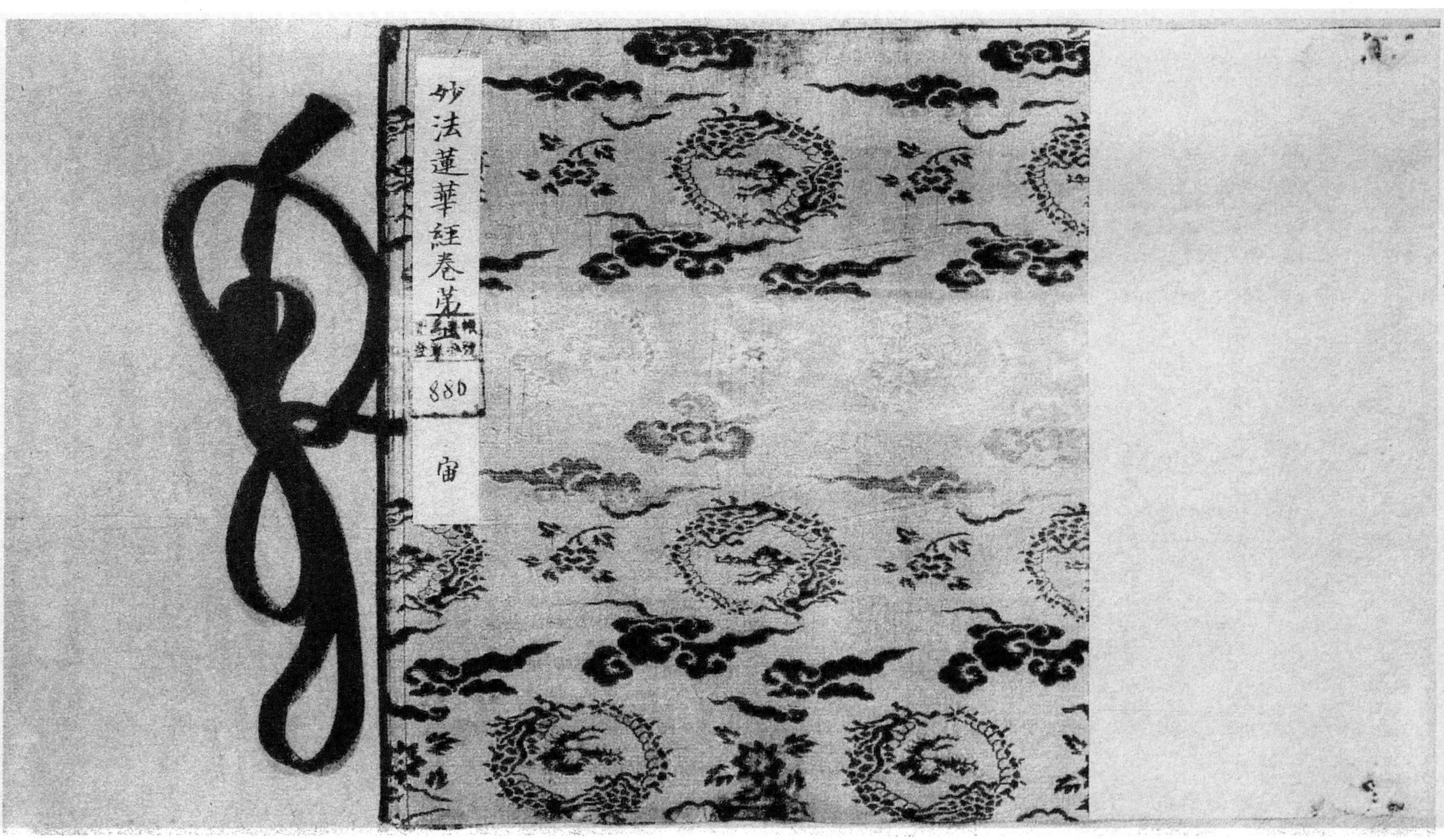

BD13806號背　現代護首　（1–1）

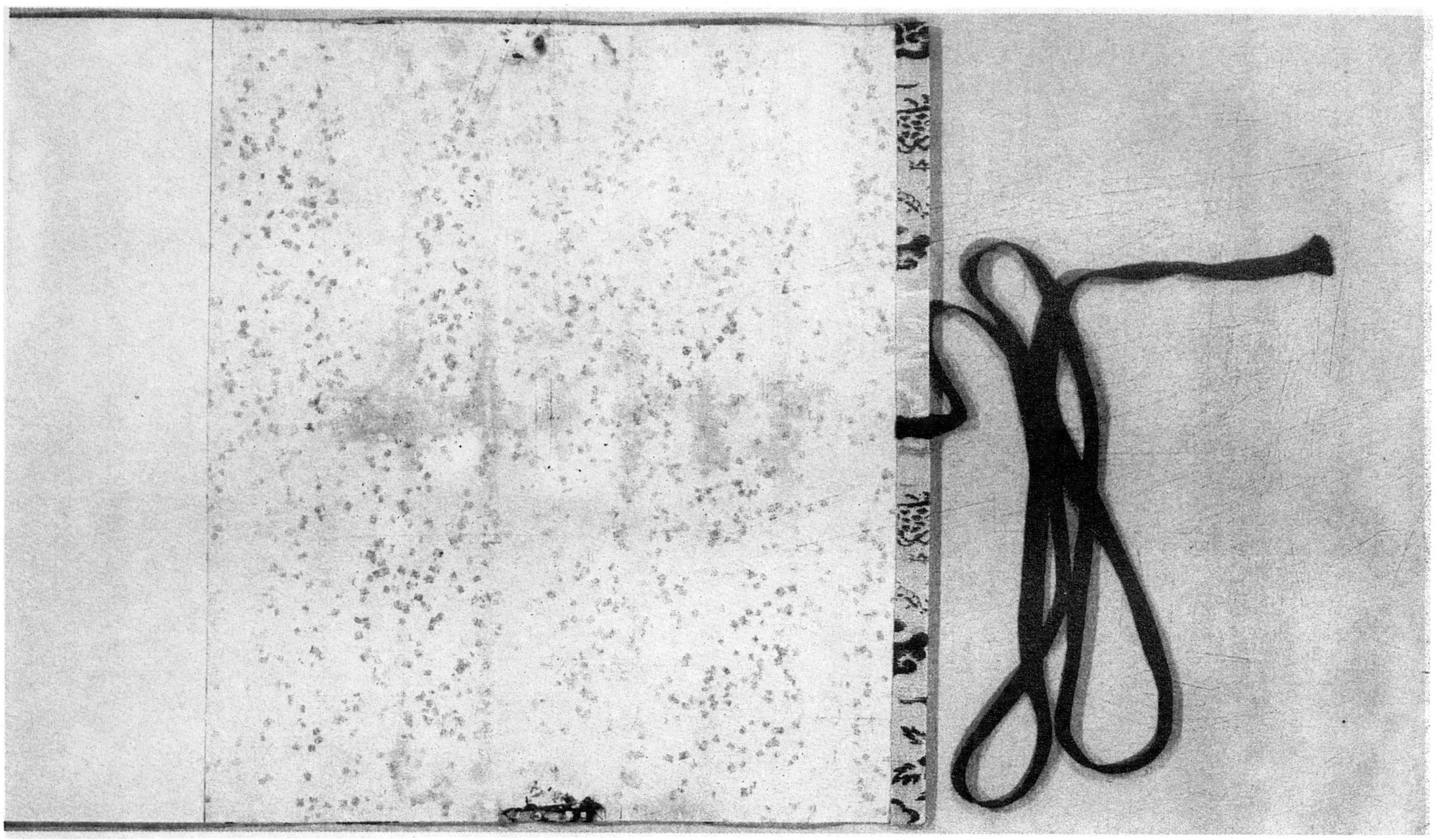

BD13806號　妙法蓮華經卷六　（29–1）

妙法蓮華經隨喜功德品第十八　六
尒時彌勒菩薩摩訶薩白佛言世尊若有善
男子善女人聞是法華經隨喜者得幾所福
而說偈言
世尊滅度後　其有聞是經　若能隨喜者　為得幾所福
尒時佛告彌勒菩薩摩訶薩阿逸多如來滅
度後若比丘比丘尼優婆塞優婆夷及餘智者

BD13806號　妙法蓮華經卷六　（29–2）

妙法蓮華經隨喜功德品第十八
尒時弥勒菩薩摩訶薩白佛言世尊若有善
男子善女人聞是法華經隨喜者得幾所福
而說偈言
世尊滅度後　其有聞是經　若能隨喜者　為得幾所福
尒時佛告弥勒菩薩摩訶薩阿逸多如來滅
後若比丘比丘尼優婆塞優婆夷及餘智者
若長若幼聞是經隨喜已從法會出至於餘
處若在僧坊若空閑地若城邑巷陌聚落田
里如其所聞為父母宗親善友知識隨力演
說是諸人等聞已隨喜復行轉教餘人聞已
亦隨喜轉教如是展轉至第五十阿逸多其
第五十善男子善女人隨喜功德我今說之
汝當善聽若四百万億阿僧祇世界六趣四
生衆生卵生胎生濕生化生若有形无形有
想无想非有想非无想无足二足四足多足
如是等在衆生數者有人求福隨其所欲娛
樂之具皆給與之一一衆生與滿閻浮提金
銀琉璃車𤦲馬瑙珊瑚琥珀諸妙珎寶及象
馬車乘七寶所成宮殿樓閣等是大施主如
是布施滿八十年已而作是念我已施衆生
娛樂之具隨意所欲然此衆生皆已衰老年
過八十髮白面皺將死不久我當以佛法而
訓導之即集此衆生宣布法化示教利喜一
時皆得須陁洹道斯陁含道阿那含道阿羅
漢道盡諸有漏於深禪定皆得自在具八解
脫於汝意云何是大施主所得功德寧為多
不弥勒白佛言世尊是人功德甚多无量无

BD13806 號　妙法蓮華經卷六　（29–3）

時皆得須陁洹道斯陁含道阿那含道阿羅
漢道盡諸有漏於深禪定皆得自在具八解
脫於汝意云何是大施主所得功德寧為多
不弥勒白佛言世尊是人功德甚多无量无
邊若是施主但施衆生一切樂具功德无量
何況令得阿羅漢果佛告弥勒我今分明語
汝是人以一切樂具施於四百万億阿僧祇
世界六趣衆生又令得阿羅漢果所得功德
不如是第五十人聞法華經一偈隨喜功德
百分千分百千万億分不及其一乃至筭數
譬喻所不能知阿逸多如是第五十人展轉
聞法華經隨喜功德尚无量无邊阿僧祇何
況最初於會中聞而隨喜者其福復勝无量
无邊阿僧祇不可得比又阿逸多若人為是
經故往詣僧坊若坐若立須臾聽受緣是功
德轉身所生得好上妙象馬車乘珎寶輦轝
及乘天宮若復有人於講法處坐更有人來
勸令坐聽若分座令坐是人功德轉身得帝
釋坐處若梵王坐處若轉輪聖王所坐之處
阿逸多若復有人語餘人言有經名法華可
共往聽即受其教乃至須臾間聞是人功德
轉身得與陁羅尼菩薩共生一處利根智慧
百千万世終不瘖瘂口氣不臭舌常无病口
亦无病齒不垢黑不黃不踈亦不缺落不差
不曲脣不下垂亦不褰縮不麁澁不瘡胗亦
不缺壞亦不喎斜不厚不大亦不黧黑无諸
可惡鼻不匾㔸亦不曲戾面色不黑亦不狹
長亦不窊曲无有一切不可喜相脣舌牙齒

BD13806 號　妙法蓮華經卷六　（29–4）

百千万世終不瘖瘂口氣不臭舌常无病口
亦无病齒不垢黑不黄不踈亦不缺落不差
不曲脣不下垂亦不褰縮不麁澀不瘡緊亦
不缺壞亦不喎斜不厚不大亦不黧黑无諸
可惡鼻不匾𠋀亦不曲戾面色不黑亦不狹
長亦不窊曲无有一切不可喜相脣舌牙齒
悉皆嚴好鼻脩高直面貌圓滿眉高而長額
廣平正人相具足世世所生見佛聞法信受
教誨阿逸多汝且觀是勸於一人令往聽法
功德如此何況一心聽說讀誦而於大眾為
人分別如說脩行尒時世尊欲重宣此義而
說偈言
若人於法會　得聞是經典　乃至於一偈　隨喜為他說
如是展轉教　至于第五十　冣後人獲福　今當分別之
見彼衰老相　髮白而面皺　齒踈形枯竭　念其死不久
我今應當教　令得於道果　即為方便說　涅槃真實法
世皆不牢固　如水沫泡焰　汝等咸應當　疾生厭離心
諸人聞是法　皆得阿羅漢　具足六神通　三明八解脫
冣後第五十　聞一偈隨喜　是人福勝彼　不可為譬喻
如是展轉聞　其福尚无量　何況於法會　初聞隨喜者
若有勸一人　將引聽法華　言此經深妙　千万劫難遇
即受教往聽　乃至須臾聞　斯人之福報　今當分別說
世世无口患　齒不踈黄黑　脣不厚褰缺　无有可惡相
舌不乾黑短　鼻高脩且直　額廣而平正　面目悉端嚴
為人所喜見　口氣无臭穢　優鉢華之香　常從其口出
若故詣僧坊　欲聽法華經　須臾聞歡喜　今當說其福
後生天人中　得妙象馬車　珎寶之輦轝　及乘天宮殿
若於講法處　勸人坐聽經　是福因緣得　釋梵轉輪座

BD13806號　妙法蓮華經卷六　　（29–5）

舌不乾黑短　鼻高脩且直　額廣而平正　面目悉端嚴
為人所喜見　口氣无臭穢　優鉢華之香　常從其口出
若故詣僧坊　欲聽法華經　須臾聞歡喜　今當說其福
後生天人中　得妙象馬車　珎寶之輦轝　及乘天宮殿
若於講法處　勸人坐聽經　是福因緣得　釋梵轉輪座
何況一心聽　解說其義趣　如說而脩行　其福不可量

妙法蓮華經法師功德品第十九

尒時佛告常精進菩薩摩訶薩若善男子善
女人受持是法華經若讀若誦若解說若書
寫是人當得八百眼功德千二百耳功德八
百鼻功德千二百舌功德八百身功德千二
百意功德以是功德莊嚴六根皆令清淨是
善男子善女人父母所生清淨肉眼見於三
千大千世界內外所有山林河海下至阿鼻
地獄上至有頂亦見其中一切眾生及業因
緣果報生處悉見悉知尒時世尊欲重宣此
義而說偈言
若於大眾中　以无所畏心　說是法華經　汝聽其功德
是人得八百　功德殊勝眼　以是莊嚴故　其目甚清淨
父母所生眼　悉見三千界　內外弥樓山　須弥及鐵圍
并諸餘山林　大海江河水　下至阿鼻獄　上至有頂處
其中諸眾生　一切皆悉見　雖未得天眼　肉眼力如是
復次常精進若善男子善女人受持此經若
讀若誦若解說若書寫得千二百耳功德以
是清淨耳聞三千大千世界下至阿鼻地獄
上至有頂其中內外種種語言音聲象聲馬
聲牛聲車聲啼哭聲愁歎聲螺聲鼓聲鍾聲

BD13806號　妙法蓮華經卷六　　（29–6）

復次常精進若善男子善女人受持此經若
讀若誦若解說若書寫得千二百耳功德以
是清淨耳聞三千大千世界下至阿鼻地獄
上至有頂其中內外種種語言音聲象聲馬
聲牛聲車聲啼哭聲愁歎聲螺聲鼓聲鍾聲
鈴聲笑聲語聲男聲女聲童子聲童女聲法
聲非法聲苦聲樂聲凡夫聲聖人聲喜聲不
喜聲天聲龍聲夜叉聲乾闥婆聲阿脩羅聲
迦樓羅聲緊那羅聲摩睺羅伽聲火聲水聲
風聲地獄聲畜生聲餓鬼聲比丘聲比丘尼
聲聲聞聲辟支佛聲菩薩聲佛聲以要言之
三千大千世界中一切內外所有諸聲雖未
得天耳以父母所生清淨常耳皆悉聞知如
是分別種種音聲而不壞耳根尒時世尊欲
重宣此義而說偈言
父母所生耳　清淨无濁穢　以此常耳聞　三千世界聲
象馬車牛聲　鍾鈴螺鼓聲　琴瑟箜篌聲　簫笛之音聲
清淨好歌聲　聽之而不著　无數種人聲　聞悉能解了
又聞諸天聲　微妙之歌音　及聞男女聲　童子童女聲
山川嶮谷中　迦陵頻伽聲　命命等諸鳥　悉聞其音聲
地獄眾苦痛　種種楚毒聲　餓鬼飢渴逼　求索飲食聲
諸阿脩羅等　居在大海邊　自共言語時　出于大音聲
如是說法者　安住於世間　遙聞是眾聲　而不壞耳根
十方世界中　禽獸鳴相呼　其說法之人　於此悉聞之
其諸梵天上　光音及遍淨　乃至有頂天　言語之音聲
法師住於此　悉皆得聞之　一切比丘眾　及諸比丘尼
若讀誦經典　若為他人說　法師住於此　悉皆得聞之

BD13806號　妙法蓮華經卷六　（29–7）

如是說法者　安住於世間　遙聞是眾聲　而不壞耳根
十方世界中　禽獸鳴相呼　其說法之人　於此悉聞之
其諸梵天上　光音及遍淨　乃至有頂天　言語之音聲
法師住於此　悉皆得聞之　一切比丘眾　及諸比丘尼
若讀誦經典　若為他人說　法師住於此　悉皆得聞之
復有諸菩薩　讀誦於經法　若為他人說　撰集解其義
如是諸音聲　悉皆得聞之　諸佛大聖尊　教化眾生者
於諸大會中　演說微妙法　持此法華者　悉皆得聞之
三千大千界　內外諸音聲　下至阿鼻獄　上至有頂天
皆聞其音聲　而不壞耳根　其耳聰利故　悉能分別之
持是法華者　雖未得天耳　但用所生耳　功德已如是
復次常精進若善男子善女人受持是經若
讀若誦若解說若書寫成就八百鼻功德以
是清淨鼻根聞於三千大千世界上下內外
種種諸香須曼那華香闍提華香末利華香
瞻蔔華香波羅羅華香赤蓮華香青蓮華香
白蓮華香華樹香菓樹香栴檀香沈水香多
摩羅跋香多伽羅香及千万種和香若末若
丸若塗香持是經者於此間住悉能分別又
復別知眾生之香象香馬香牛羊等香男香
女香童子香童女香及草木叢林香若近若
遠所有諸香悉皆得聞分別不錯持是經者
雖住於此亦聞天上諸天之香波利質多羅
拘鞞陀羅樹香及曼陀羅華香摩訶曼陀羅
華香曼殊沙華香摩訶曼殊沙華香栴檀沈
水種種末香諸雜華香如是等天香和合所
出之香无不聞知又聞諸天身香釋提桓因
在勝殿上五欲娛樂嬉戲時香若在妙法堂

BD13806號　妙法蓮華經卷六　（29–8）

遠所有諸香悉皆得聞分別不錯
雖住於此亦聞天上諸天之香波利質多羅
拘鞞陀羅樹香及曼陀羅華香摩訶曼陀羅
華香曼殊沙華香摩訶曼殊沙華香栴檀沉
水種種末香諸雜華香如是等天香和合所
出之香无不聞知又聞諸天身香釋提桓因
在勝殿上五欲娛樂嬉戲時香若在妙法堂
上為忉利諸天說法時香若於諸園遊戲時
香及餘天等男女身香皆悉遙聞如是展轉
乃至梵世上至有頂諸天身香亦皆聞之并
聞諸天所燒之香及聲聞香辟支佛香菩薩
香諸佛身香亦皆遙聞知其所在雖聞此香
然於鼻根不壞不錯若欲分別為他人說
念不謬 爾時世尊欲重宣此義而說偈言
是人鼻清淨 於此世界中 若香若臭物 種種悉聞知
須曼那闍提 多摩羅栴檀 沉水及桂香 種種華菓香
及知眾生香 男子女人香 說法者遠住 聞香知所在
大勢轉輪王 小轉輪及子 群臣諸宮人 聞香知所在
身所著珍寶 及地中寶藏 轉輪王寶女 聞香知所在
諸人嚴身具 衣服及瓔珞 種種所塗香 聞香知其身
諸天若行坐 遊戲及神變 持是法華經 聞香悉能知
諸樹華菓實 及蘇油香氣 持經者住此 悉知其所在
諸山深嶮處 栴檀樹華敷 眾生在中者 聞香皆能知
鐵圍山大海 地中諸眾生 持經者聞香 悉知其所在
阿脩羅男女 及其諸眷屬 鬪諍遊戲時 聞香皆能知
曠野險隘處 師子象虎狼 野牛水牛等 聞香知所在
若有懷妊者 未辯其男女 无根及非人 聞香悉能知
以聞香力故 知其初懷妊 成就不成就 安樂產福子

BD13806號 妙法蓮華經卷六 (29-9)

鐵圍山大海 地中諸眾生 持經者聞香 悉知其所在
阿脩羅男女 及其諸眷屬 鬪諍遊戲時 聞香皆能知
曠野險隘處 師子象虎狼 野牛水牛等 聞香知所在
若有懷妊者 未辯其男女 无根及非人 聞香悉能知
以聞香力故 知其初懷妊 成就不成就 安樂產福子
以聞香力故 知男女所念 染欲癡恚心 亦知脩善者
地中眾伏藏 金銀諸珍寶 銅器之所盛 聞香悉能知
種種諸瓔珞 无能識其價 聞香知貴賤 出處及所在
天上諸華等 曼陀曼殊沙 波利質多樹 聞香悉能知
天上諸宮殿 上中下差別 眾寶華莊嚴 聞香悉能知
天園林勝殿 諸觀妙法堂 在中而娛樂 聞香悉能知
諸天若聽法 或受五欲時 來往行坐臥 聞香悉能知
天女所著衣 好華香莊嚴 周旋遊戲時 聞香悉能知
如是展轉上 乃至於梵世 入禪出禪時 聞香悉能知
光音遍淨天 乃至于有頂 初生及退沒 聞香悉能知
諸比丘眾等 於法常精進 若坐若經行 及讀誦經法
或在林樹下 專精而坐禪 持經者聞香 悉知其所在
菩薩志堅固 坐禪若讀誦 或為人說法 聞香悉能知
在在方世尊 一切所恭敬 愍眾而說法 聞香悉能知
眾生在佛前 聞經皆歡喜 如法而脩行 聞香悉能知
雖未得菩薩 无漏法生鼻 而是持經者 先得此鼻相
復次常精進若善男子善女人受持是經若
讀若誦若解說若書寫得千二百舌功德若
好若醜若美不美及諸苦澀物在其舌根皆
變成上味如天甘露无不美者若以舌根於
大眾中有所演說出深妙聲入其心皆令
歡喜快樂又諸天子天女釋梵諸天聞是深
妙音聲有所演說言論次第皆悉來聽及諸

BD13806號 妙法蓮華經卷六 (29-10)

讀若誦若解說若書寫得千二百舌功德若
好若醜若美不美及諸苦澁物在其舌根皆
變成上味如天甘露无不美者若以舌根於
大眾中有所演說出深妙聲入其心皆令
歡喜快樂又諸天子天女釋梵諸天聞是深
妙音聲有所演說言論次第皆悉來聽及諸
龍龍女夜叉夜叉女乾闥婆乾闥婆女阿脩
羅阿脩羅女迦樓羅迦樓羅女緊那羅緊那
羅女摩睺羅伽摩睺羅伽女為聽法故皆來
親近恭敬供養及比丘比丘尼優婆塞優婆
夷國王王子群臣眷屬小轉輪王大轉輪王
七寶千子內外眷屬乘其宮殿俱來聽法以
是菩薩善說法故婆羅門居士國內人民盡
其形壽隨侍供養又諸聲聞辟支佛菩薩諸
佛常樂見之是人所在方面諸佛皆向其處
說法悉能受持一切佛法又能出於深妙法
音尒時世尊欲重宣此義而說偈言
是人舌根淨　終不受惡味　其有所食噉　悉皆成甘露
以深淨妙聲　於大眾說法　以諸因緣喻　引導眾生心
聞者皆歡喜　設諸上供養　諸天龍夜叉　及阿脩羅等
皆以恭敬心　而共來聽法　是說法之人　若欲以妙音
遍滿三千界　隨意即能至　大小轉輪王　及千子眷屬
合掌恭敬心　常來聽受法　諸天龍夜叉　羅剎毗舍闍
亦以歡喜心　常樂來供養　梵天王魔王　自在大自在
如是諸天眾　常來至其所　諸佛及弟子　聞其說法音
常念而守護　或時為現身
復次常精進若善男子善女人受持是經若
讀若誦若解說若書寫得八百身功德得清

BD13806號　妙法蓮華經卷六　（29–11）

亦以歡喜心　常樂來供養　梵天王魔王　自在大自在
如是諸天眾　常來至其所　諸佛及弟子　聞其說法音
常念而守護　或時為現身
復次常精進若善男子善女人受持是經若
讀若誦若解說若書寫得八百身功德得清
淨身如淨瑠璃眾生憙見其身淨故三千大
千世界眾生生時死時上下好醜生善處惡
處悉於中現及鐵圍大鐵圍弥樓山摩訶弥
樓山等諸山及其中眾生悉於中現下至阿
鼻地獄上至有頂所有及眾生悉於中現若
聲聞辟支佛菩薩諸佛說法皆於身中現
其色像尒時世尊欲重宣此義而說偈言
若持法華者　其身甚清淨　如彼淨瑠璃　眾生皆憙見
又如淨明鏡　悉見諸色像　菩薩於淨身　皆見世所有
唯獨自明了　餘人所不見　三千世界中　一切諸群萌
天人阿脩羅　地獄鬼畜生　如是諸色像　皆於身中現
諸天等宮殿　乃至於有頂　鐵圍及弥樓　摩訶弥樓山
諸大海水等　皆於身中現　諸佛及聲聞　佛子菩薩等
若獨若在眾　說法悉皆現　雖未得无漏　法性之妙身
以清淨常體　一切於中現
復次常精進若善男子善女人如來滅後受
持是經若讀若誦若解說若書寫得千二百
意功德以是清淨意根乃至聞一偈一句通
達无量无邊之義解是義已能演說一句一
偈至於一月四月乃至一歲諸所說法隨其
義趣皆與實相不相違背若說俗間經書治
世語言資生業等皆順正法三千大千世界
六趣眾生心之所行心所動作心所戲論皆

BD13806號　妙法蓮華經卷六　（29–12）

達无量无邊之義解是義已能演說一句一
偈至於一月四月乃至一歲諸所說法隨其
義趣皆與實相不相違背若說俗間經書治
世語言資生業等皆順正法三千大千世界
六趣衆生心之所行心所動作心所戲論皆
悉知之雖未得无漏智慧而其意根清淨如
此是人有所思惟籌量言說皆是佛法无不
真實亦是先佛經中所說尒時世尊欲重宣
是人意清淨　明利无穢濁　以此妙意根　知上中下法
乃至聞一偈　通達无量義　次第如法說　月四月至歲
是世界內外　一切諸衆生　若天龍及人　夜叉鬼神等
其在六趣中　所念若干種　持法華之報　一時皆悉知
十方无數佛　百福莊嚴相　為衆生說法　悉聞能受持
思惟无量義　說法亦无量　終始不忘錯　以持法華故
悉知諸法相　隨義識次第　達名字語言　如所知演說
此人有所說　皆是先佛法　以演此法故　於衆无所畏
持法華經者　意根淨若斯　雖未得无漏　先有如是相
是人持此經　安住希有事　為一切衆生　歡喜而愛敬
能以千万種　善巧之語言　分別而說法　持法華經者
妙法蓮華經常不輕菩薩品第廿
尒時佛告得大勢菩薩摩訶薩汝今當知若
比丘比丘尼優婆塞優婆夷持法華經者若
有惡口罵詈誹謗獲大罪報如前所說其所
得功德如向所說眼耳鼻舌身意清淨得大
勢乃往古昔過无量无邊不可思議阿僧祇
劫有佛名威音王如來應供正遍知明行足
善逝世間解无上士調御丈夫天人師佛世
尊劫名離衰國名大成其威音王佛於彼世

BD13806號　妙法蓮華經卷六　（29–13）

勢乃往古昔過无量无邊不可思議阿僧祇
劫有佛名威音王如來應供正遍知明行足
善逝世間解无上士調御丈夫天人師佛世
尊劫名離衰國名大成其威音王佛於彼世
中為天人阿脩羅說法為求聲聞者說應四
諦法度生老病死究竟涅槃為求辟支佛者
說應十二因緣法為諸菩薩因阿耨多羅三
藐三菩提說應六波羅蜜法究竟佛慧得大
勢是威音王佛壽四十万億那由他恒河沙
劫正法住世劫數如一閻浮提微塵像法住
世劫數如四天下微塵其佛饒益衆生已然
後滅度正法像法滅盡之後於此國土復有
佛出亦号威音王如來應供正遍知明行足
善逝世間解无上士調御丈夫天人師佛世
尊如是次第有二万億佛皆同一号最初威
音王如來既已滅度正法滅後於像法中增
上慢比丘有大勢力尒時有一菩薩比丘名
常不輕得大勢以何因緣名常不輕是比丘
凡有所見若比丘比丘尼優婆塞優婆夷皆
悉礼拜讚嘆而作是言我深敬汝等不敢輕
慢所以者何汝等皆行菩薩道當得作佛而
是比丘不專讀誦經典但行礼拜乃至遠見
四衆亦復故往礼拜讚嘆而作是言我不敢
輕於汝等汝等皆當作佛四衆之中有生瞋
恚心不淨者惡口罵詈言是无知比丘從何
所來自言我不輕汝而與我等授記當得作
佛我等不用如是虛妄授記如此逕歷多年
常被罵詈不生瞋恚常作是言汝當作佛說

BD13806號　妙法蓮華經卷六　（29–14）

輕於汝等汝等皆當作佛四衆之中有生瞋
恚心不淨者惡口罵詈言是无知比丘從何
所來自言我不輕汝而與我等授記當得作
佛我等不用如是虛妄授記如此經歷多年
常被罵詈不生瞋恚常作是言汝當作佛說
是語時衆人或以杖木瓦石而打擲之避走
遠住猶高聲唱言我不敢輕汝汝等皆當作
佛以其常作是語故增上慢比丘比丘尼優
婆塞優婆夷号之為常不輕是比丘臨欲
終時於虛空中具聞威音王佛先所說法華
經二十千万億偈悉能受持即得如上眼根
清淨耳鼻舌身意根清淨得是六根清淨
已更增壽命二百万億那由他歲廣為人說是
法華經於時增上慢四衆比丘比丘尼優婆
塞優婆夷輕賤是人為作不輕名者見其得
大神通力樂說辯力大善寂力聞其所說皆信
伏隨從是菩薩復化千万億衆令住阿耨多
羅三藐三菩提命終之後得值二千億佛皆
号日月燈明於其法中說是法華經以是因
緣復值二千億佛同号雲自在燈王於此諸
佛法中受持讀誦為諸四衆說此經典故得
是常眼清淨耳鼻舌身意諸根清淨於四衆
中說法心无所畏得大勢是常不輕菩薩摩
訶薩供養如是若干諸佛恭敬尊重讚歎種
諸善根於後復值千万億佛亦於諸佛法
中說是經典功德成就當得作佛得大勢於
意云何尒時常不輕菩薩豈異人乎則我身是
也若我於宿世不受持讀誦此經為他人說者

BD13806號　妙法蓮華經卷六　（29–15）

中說法心无所畏得大勢是常不輕菩薩摩
訶薩供養如是若干諸佛恭敬尊重讚歎種
諸善根於後復值千万億佛亦於諸佛法
中說是經典功德成就當得作佛得大勢於
意云何尒時常不輕菩薩豈異人乎則我身是
也若我於宿世不受持讀誦此經為他人說者
不能疾得阿耨多羅三藐三菩提我於先佛
所受持讀誦此經為人說故疾得阿耨多羅
三藐三菩提得大勢彼時四衆比丘比丘尼優
婆塞優婆夷以瞋恚意輕賤我故二百億劫
常不值佛不聞法不見僧千劫於阿鼻地獄
受大苦惱畢是罪已復遇常不輕菩薩教化
阿耨多羅三藐三菩提得大勢於汝意云何
尒時四衆常不輕菩薩者豈異人乎今此會
中跋陀婆羅等五百菩薩師子月等五百比
丘尼思佛等五百優婆塞皆於阿耨多羅三
藐三菩提不退轉者是得大勢當知是法華
經大饒益諸菩薩摩訶薩能令至於阿耨多
羅三藐三菩提是故諸菩薩摩訶薩於如來
滅後常應受持讀誦解說書寫是經尒時
世尊欲重宣此義而說偈言
過去有佛　号威音王　神智无量　將導一切
天人龍神　所共供養
是佛滅後　法欲盡時　有一菩薩　名常不輕
時諸四衆　計著於法　不輕菩薩　往到其所
而語之言　我不輕汝　汝等行道　皆當作佛
諸人聞已　輕毀罵詈　不輕菩薩　能忍受之
其罪畢已　臨命終時　得聞此經　六根清淨

BD13806號　妙法蓮華經卷六　（29–16）

時諸四衆計著於法不輕菩薩往到其所
而語之言我不輕汝汝等行道皆當作佛
諸人聞已輕毀罵詈不輕菩薩能忍受之
其罪畢已臨命終時得聞此經六根清淨
神通力故增益壽命復為諸人廣說是經
諸著法衆皆蒙菩薩教化成就令住佛道
不輕命終值无數佛說是經故得无量福
漸具功德疾成佛道彼時不輕則我身是
時四部衆著法之者聞不輕言汝當作佛
以是因緣值无數佛此會菩薩五百之衆
并及四部清信士女今於我前聽法者是
我於前世勸是諸人聽受斯經第一之法
開示教人令住涅槃世世受持如是經典
億億万劫至不可議時乃得聞是法華經
億億万劫至不可議諸佛世尊時說是經
是故行者於佛滅後聞如是經勿生疑惑
應當一心廣說此經世世值佛疾成佛道

妙法蓮華經如來神力品第廿一

尒時千世界微塵等菩薩摩訶薩從地踊出
者皆於佛前一心合掌瞻仰尊顏而白佛言
世尊我等於佛滅後世尊分身所在國土滅
度之處當廣說此經所以者何我等亦自欲
得是真淨大法受持讀誦解說書寫而供養
之尒時世尊於文殊師利等无量百千万億
舊住娑婆世界菩薩摩訶薩及諸比丘比丘
尼優婆塞優婆夷天龍夜叉乾闥婆阿脩羅
迦樓羅緊那羅摩睺羅伽人非人等一切衆
前現大神力出廣長舌上至梵世一切毛孔

BD13806號　妙法蓮華經卷六　（29–17）

得是真淨大法受持讀誦解說書寫而供養
之尒時世尊於文殊師利等无量百千万億
舊住娑婆世界菩薩摩訶薩及諸比丘比丘
尼優婆塞優婆夷天龍夜叉乾闥婆阿脩羅
迦樓羅緊那羅摩睺羅伽人非人等一切衆
前現大神力出廣長舌上至梵世一切毛孔
放於无量无數色光皆悉遍照十方世界衆
寶樹下師子座上諸佛亦復如是出廣長舌
放无量光釋迦牟尼佛及寶樹下諸佛現神
力時滿百千歲然後還攝舌相一時謦欬俱
共彈指是二音聲遍至十方諸佛世界地皆
六種震動其中衆生天龍夜叉乾闥婆阿脩
羅迦樓羅緊那羅摩睺羅伽人非人等以佛
神力故皆見此娑婆世界无量无邊百千万
億衆寶樹下師子座上諸佛及見釋迦牟尼
佛共多寶如來在寶塔中坐師子座又見无
量无邊百千万億菩薩摩訶薩及諸四衆恭
敬圍遶釋迦牟尼佛既見是已皆大歡喜得
未曾有即時諸天於虛空中高聲唱言過此
无量无邊百千万億阿僧祇世界有國名娑
婆是中有佛名釋迦牟尼今為諸菩薩摩訶
薩說大乘經名妙法蓮華教菩薩法佛所護
念汝等當深心隨喜亦當礼拜供養釋迦牟
尼佛彼諸衆生聞虛空中聲已合掌向娑婆
世界作如是言南无釋迦牟尼佛南无釋迦
牟尼佛以種種華香瓔珞幡蓋及諸嚴身之
具珎寶妙物皆共遙散娑婆世界所散諸物
從十方來譬如雲集變成寶帳遍覆此間諸

BD13806號　妙法蓮華經卷六　（29–18）

尼佛彼諸衆生聞虛空中聲已合掌向娑婆
世界作如是言南无釋迦牟尼佛南无釋迦
牟尼佛以種種華香瓔珞幡蓋及諸嚴身之
具珎寶妙物皆共遥散娑婆世界所散諸物
從十方来譬如雲集變成寶帳遍覆此間諸
佛之上于時十方世界通達无㝵如一佛土
尒時佛告上行等菩薩大衆諸佛神力如是
无量无邊不可思議若我以是神力於无量
无邊百千万億阿僧祇劫為囑累故說此經
功德猶不能盡以要言之如来一切所有之
法如来一切自在神力如来一切祕要之藏
如来一切甚深之事皆於此經宣示顯說是
故汝等於如来滅後應一心受持讀誦解說
書寫如說脩行所在國土若有受持讀誦解
說書寫如說脩行若經卷所住之處若於園
中若於林中若於樹下若於僧坊若白衣舍
若在殿堂若山谷曠野是中皆應起塔供養
所以者何當知是處即是道場諸佛於此得
阿耨多羅三藐三菩提諸佛於此轉于法輪
諸佛於此而般涅槃尒時世尊欲重宣此義
而說偈言
諸佛救世者　住於大神通　為悅衆生故　現无量神力
舌相至梵天　身放无數光　為求佛道者　現此希有事
諸佛謦欬聲　及彈指之聲　周聞十方國　地皆六種動
以佛滅度後　能持是經故　諸佛皆歡喜　現无量神力
囑累是經故　讃美受持者　於无量劫中　猶故不能盡
是人之功德　无邊无有窮　如十方虛空　不可得邊際
能持是經者　則為已見我　亦見多寶佛　及諸分身者

諸佛謦欬聲　及彈指之聲　周聞十方國　地皆六種動
以佛滅度後　能持是經故　諸佛皆歡喜　現无量神力
囑累是經故　讃美受持者　於无量劫中　猶故不能盡
是人之功德　无邊无有窮　如十方虛空　不可得邊際
能持是經者　則為已見我　亦見多寶佛　及諸分身者
又見我今日　教化諸菩薩
能持是經者　令我及分身　滅度多寶佛　一切皆歡喜
十方現在佛　并過去未来　亦見亦供養　亦令得歡喜
諸佛坐道場　所得祕要法　能持是經者　不久亦當得
能持是經者　於諸法之義　名字及言辭　樂說无窮盡
如風於空中　一切无障㝵
於如来滅後　知佛所說經　因緣及次第　隨義如實說
如日月光明　能除諸幽冥　斯人行世間　能滅衆生闇
教无量菩薩　畢竟住一乘　是故有智者　聞此功德利
於我滅度後　應受持斯經　是人於佛道　決定无有疑

妙法蓮華經囑累品第廿二

尒時釋迦牟尼佛從法座起現大神力以右
手摩无量菩薩摩訶薩頂而作是言我於无
量百千万億阿僧祇劫脩集是難得阿耨多
羅三藐三菩提法今以付囑汝等汝等當應
一心流布此法廣令增益如是三摩諸菩薩
摩訶薩頂而作是言我於无量百千万億阿
僧祇劫脩集是難得阿耨多羅三藐三菩提
法今以付囑汝等汝等當受持讀誦廣宣此
法令一切衆生普得聞知所以者何如来有
大慈悲无諸慳悋亦无所畏能與衆生佛之
智慧如来智慧自然智慧如来是一切衆生
之大施主汝等亦應隨學如来之法勿生慳

修習是難得阿耨多羅三藐三菩提
法今以付囑汝等汝等當受持讀誦廣宣此
法令一切衆生普得聞知所以者何如来有
大慈悲无諸慳悋亦无所畏能與衆生佛之
智慧如来智慧自然智慧如来是一切衆生
之大施主汝等亦應隨學如来之法勿生慳
悋於未来世若有善男子善女人信如来智
慧者當為演說此法華經使得聞知為令其
人得佛慧故若有衆生不信受者當於如来
餘深法中示教利喜汝等若能如是則為已
報諸佛之恩時諸菩薩摩訶薩聞佛作是說
已皆大歡喜遍滿其身益加恭敬曲躬低頭
合掌向佛俱發聲言如世尊勑當具奉行唯
然世尊願不有慮諸菩薩摩訶薩衆如是三
反俱發聲言如世尊勑當具奉行唯然世尊
願不有慮尒時釋迦牟尼佛令十方来諸分
身佛各還本土而作是言諸佛各隨所安多
寶佛塔還可如故說是語時十方无量分身
諸佛坐寶樹下師子座上者及多寶佛并上
行等无邊阿僧祇菩薩大衆舍利弗等聲聞
四衆及一切世間天人阿脩羅等聞佛所說
皆大歡喜

妙法蓮華經藥王菩薩本事品第廿三

尒時宿王華菩薩白佛言世尊藥王菩薩云
何遊於娑婆世界世尊是藥王菩薩有若干
百千万億那由他難行苦行善哉世尊願少
解說諸天龍神夜叉乾闥婆阿脩羅迦樓羅
緊那羅摩睺羅伽人非人等又他國土諸来
菩薩及此聲聞衆聞皆歡喜尒時佛告宿王

何遊於娑婆世界世尊是藥王菩薩有若干
百千万億那由他難行苦行善哉世尊願少
解說諸天龍神夜叉乾闥婆阿脩羅迦樓羅
緊那羅摩睺羅伽人非人等又他國土諸来
菩薩及此聲聞衆聞皆歡喜尒時佛告宿王
華菩薩乃往過去无量恒河沙劫有佛号日
月淨明德如来應供正遍知明行足善逝世
間解无上士調御丈夫天人師佛世尊其佛
有八十億大菩薩摩訶薩七十二恒河沙大
聲聞衆佛壽四万二千劫菩薩壽命亦等彼
國无有女人地獄餓鬼畜生阿脩羅等及以
諸難地平如掌琉璃所成寶樹莊嚴寶帳覆
上垂寶華幡寶瓶香爐周遍國界七寶為臺
一樹一臺其樹去臺盡一箭道此諸寶樹皆
有菩薩聲聞而坐其下諸寶臺上各有百億
諸天作天伎樂歌歎於佛以為供養尒時彼
佛為一切衆生喜見菩薩及衆菩薩諸聲聞
衆說法華經是一切衆生喜見菩薩樂集苦
行於日月淨明德佛法中精進經行一心求
佛滿万二千歲已得現一切色身三昧得此
三昧已心大歡喜即作念言我得現一切色
身三昧皆是得聞法華經力我今當供養日
月淨明德佛及法華經即時入是三昧於虛
空中雨曼陁羅華摩訶曼陁羅華細末堅黑
栴檀滿虛空中如雲而下又雨海此岸栴檀
之香此香六銖價直娑婆世界以供養佛作
是供養已從三昧起而自念言我雖以神力
供養於佛不如以身供養即服諸香栴檀薰

月淨明德佛及法華經即時入是三昧於虛
空中雨曼陀羅華摩訶曼陀羅華細末堅黑
栴檀滿虛空中如雲而下又雨海此岸栴檀
之香此香六銖價直娑婆世界以供養佛作
是供養已從三昧起而自念言我雖以神力
供養於佛不如以身供養即服諸香栴檀薰
陸兜樓婆畢力迦沉水膠香又飲瞻蔔諸華
香油滿千二百歲已香油塗身於日月淨明
德佛前以天寶衣而自纏身灌諸香油以神
通願力而自燃身光明遍照八十億恒河沙
世界其中諸佛同時讚言善哉善哉善男子
是真精進是名真法供養如來若以華香瓔
珞燒香末香塗香天繒幡蓋及海此岸栴檀
之香如是等種種諸物供養所不能及假使
國城妻子布施亦所不及善男子是名第一
之施於諸施中最尊最上以法供養諸如來
故作是語已而各嘿然其身火然千二百歲
過是已後其身乃盡一切衆生喜見菩薩作
如是法供養已命終之後復生日月淨明德
佛國中於淨德王家結跏趺坐忽然化生即
為其父而說偈言
大王今當知　我經行彼處　即時得一切　現諸身三昧
勤行大精進　捨所愛之身
說是偈已而白父言日月淨明德佛今故現
在我先供養佛已得解一切衆生語言陀羅
尼復聞是法華經八百千万億那由他甄迦
羅頻婆羅阿閦婆等偈大王我今當還供養
此佛白已即坐七寶之臺上昇虛空高七多羅

說是偈已而白父言日月淨明德佛今故現
在我先供養佛已得解一切衆生語言陀羅
尼復聞是法華經八百千万億那由他甄迦
羅頻婆羅阿閦婆等偈大王我今當還供養
此佛白已即坐七寶之臺上昇虛空高七多羅
樹往到佛所頭面禮足合十指爪以偈讚佛
容顏甚奇妙　光明照十方　我適曾供養　今復還親覲
尒時一切衆生喜見菩薩說是偈已而白佛
言世尊世尊猶故在世尒時日月淨明德佛
告一切衆生喜見菩薩善男子我涅槃時到
滅盡時至汝可安施牀座我於今夜當般涅
槃又勅一切衆生喜見菩薩善男子我以佛
法囑累於汝及諸菩薩大弟子并阿耨多羅
三藐三菩提法亦以三千大千七寶世界諸
寶樹寶臺及給侍諸天悉付於汝我滅度後
所有舍利亦付囑汝當令流布廣設供養應
起若干千塔如是日月淨明德佛勅一切衆
生喜見菩薩已於夜後分入於涅槃尒時一
切衆生喜見菩薩見佛滅度悲感懊惱戀慕
於佛即以海此岸栴檀為積供養佛身而以
燒之火滅已後收取舍利作八万四千寶瓶
以起八万四千塔高三世界表剎莊嚴垂諸
幡蓋懸衆寶鈴尒時一切衆生喜見菩薩復
自念言我雖作是供養心猶未足我今當更
供養舍利便語諸菩薩大弟子及天龍夜叉
等一切大衆汝等當一心念我今供養日月
淨明德佛舍利作是語已即於八万四千塔
前然百福莊嚴臂七万二千歲而以供養令
無數求聲聞衆無量阿僧祇人發

供養舍利便語諸菩薩大弟子及天龍夜叉
等一切大衆汝等當一心念我今供養日月
淨明德佛舍利作是語已即於八万四千塔
前然百福莊嚴臂七万二千歲而以供養令
无數求聲聞衆无量阿僧祇人發阿耨多羅
三藐三菩提心皆使得住現一色身三昧
尒時諸菩薩天人阿脩羅等見其无臂憂惱
悲哀而作是言此一切衆生喜見菩薩是我
等師教化我者而今燒臂身不具足于時一
切衆生喜見菩薩於大衆中立此誓言我捨
兩臂必當得佛金色之身若實不虛令我兩
臂還復如故作是誓已自然還復由斯菩薩
福德智慧淳厚所致當尒之時三千大千世
界六種震動天雨寶華一切人天得未曾有
佛告宿王華菩薩於汝意云何一切衆生喜
見菩薩豈異人乎今藥王菩薩是也其所捨
身布施如是无量百千万億那由他數宿王
華若有發心欲得阿耨多羅三藐三菩提者
能燃手指乃至足一指供養佛塔勝以國城
妻子及三千大千國土山林河池諸珎寶物
而供養者若復有人以七寶滿三千大千世
界供養於佛及大菩薩辟支佛阿羅漢是人
所得功德不如受持此法華經乃至一四句
偈其福最多宿王華譬如一切川流江河諸
水之中海為第一此法華經亦復如是於諸
如來所說經中最為深大又如土山黑山小
鐵圍山大鐵圍山及十寶山衆山之中須弥

BD13806號　妙法蓮華經卷六　（29–25）

偈其福最多宿王華譬如一切川流江河諸
水之中海為第一此法華經亦復如是於諸
如來所說經中最為深大又如土山黑山小
鐵圍山大鐵圍山及十寶山衆山之中須弥
山為第一此法華經亦復如是於諸經中最
為其上又如衆星之中月天子最為第一此
法華經亦復如是於千万億種諸經法中最
為照明又如日天子能除諸闇此經亦復如
是能破一切不善之闇又如諸小王中轉輪
聖王最為第一此經亦復如是於衆經中最
為其尊又如帝釋於三十三天中王此經亦
復如是諸經中王又如大梵天王一切衆生
之父此經亦復如是一切賢聖學无學及發
菩薩心者之父又如一切凡夫人中須陁洹
斯陁含阿那含阿羅漢辟支佛為第一此經
亦復如是一切如來所說若菩薩所說若聲
聞所說諸經法中最為第一有能受持是經
典者亦復如是於一切衆生中亦為第一一
切聲聞辟支佛中菩薩為第一此經亦復如
是於一切諸經法中最為第一如佛為諸法
王此經亦復如是諸經中王宿王華此經能
救一切衆生者此經能令一切衆生離諸苦
惱此經能大饒益一切衆生充滿其願如清
涼池能滿一切諸渴乏者如寒者得火如裸
者得衣如商人得主如子得母如渡得船如
病得醫如闇得燈如貧得寶如民得王如賈
客得海如炬除闇此法華經亦復如是能令

BD13806號　妙法蓮華經卷六　（29–26）

惱此經能大饒益一切衆生充滿其願如清
涼池能滿一切諸渴之者如寒者得火如裸
者得衣如商人得主如子得母如渡得船如
病得醫如闇得燈如貧得寶如民得王如賈
客得海如炬除闇此法華經亦復如是能令
衆生離一切苦一切病痛能解一切生死之
縛若人得聞此法華經若自書若使人書所
得功德以佛智慧籌量多少不得其邊若書
是經卷華香瓔珞燒香末香塗香幡蓋衣服
種種之燈蘇燈油燈諸香油燈瞻蔔油燈須
曼油燈波羅羅油燈婆利師迦油燈那婆摩
利油燈供養所得功德亦復无量宿王華若
有人聞是藥王菩薩本事品者亦得无量无
邊功德若有女人聞是藥王菩薩本事品能
受持者盡是女身後不復受若如來滅後後
五百歲中若有女人聞是經典如說脩行於
此命終即往安樂世界阿彌陀佛大菩薩衆
圍遶住處生蓮華中寶之上不復為貪欲
所惱亦復不為瞋恚愚癡所惱亦復不為憍
慢嫉妬諸垢所惱得菩薩神通无生法忍得
是忍已眼根清淨以是清淨眼根見七百万
二千億那由他恒河沙等諸佛如來是時諸
佛遙共讚言善哉善哉善男子汝能於釋
迦牟尼佛法中受持讀誦思惟是經為他人說
所得福德无量无邊火不能燒水不能漂汝
之功德千佛共說不能令盡汝今已能破諸
魔賊壞生死軍諸餘怨敵皆悉摧滅善男
百千諸佛以神通力共守護汝於一切世間

BD13806號　妙法蓮華經卷六　（29–27）

迦牟尼佛法中受持讀誦思惟是經為他人說
所得福德无量无邊火不能燒水不能漂汝
之功德千佛共說不能令盡汝今已能破諸
魔賊壞生死軍諸餘怨敵皆悉摧滅善男
百千諸佛以神通力共守護汝於一切世間
天人之中无如汝者唯除如來其諸聲聞辟
支佛乃至菩薩智慧禪定无有與汝等者宿王
華此菩薩成就如是功德智慧之力若有人
聞是藥王菩薩本事品能隨喜讚善者是人
現世口中常出青蓮華香身毛孔中常出牛
頭栴檀之香所得功德如上所說是故宿王
華以此藥王菩薩本事品囑累於汝我滅度
後後五百歲中廣宣流布於閻浮提无令斷
絕惡魔魔民諸天龍夜叉鳩槃茶等得其
也便宿王華汝當以神通之力守護是經所以
者何此經則為閻浮提人病之良藥若人有
病得聞是經病即消滅不老不死宿王華汝
若見有受持是經者應以青蓮華盛滿末香
供養其上散已作是念言此人不久必當取
草坐於道場破諸魔軍當吹法螺擊大法
鼓度脫一切衆生老病死海是故求佛道者見
有受持是經典人應當如是生恭敬心說是
藥王菩薩本事品時八万四千菩薩得解一
切衆生語言陀羅尼多寶如來於寶塔中
讚宿王華菩薩言善哉善哉宿王華汝成就
不可思議功德乃能問釋迦牟尼佛如此之
事利益无量一切衆生

BD13806號　妙法蓮華經卷六　（29–28）

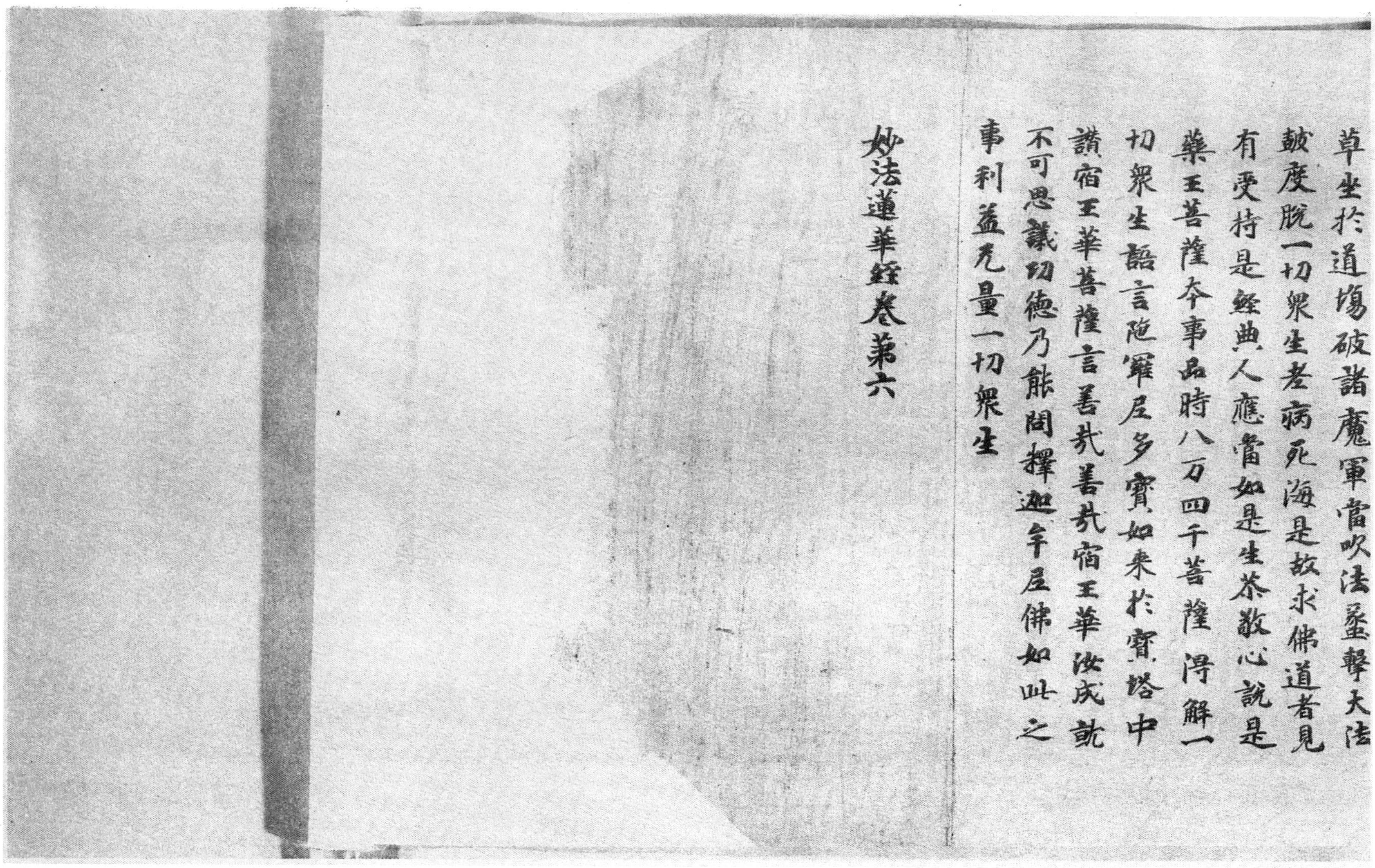
草坐於道塲破諸魔軍當吹法蠡擊大法
皷度脫一切衆生老病死海是故求佛道者見
有受持是經典人應當如是生恭敬心說是
藥王菩薩本事品時八万四千菩薩得解一
切衆生語言陁羅尼多寳如來於寳塔中
讃宿王華菩薩言善哉善哉宿王華汝成就
不可思議功德乃能問釋迦牟尼佛如此之
事利益无量一切衆生

妙法蓮華經卷第六

BD13806 號　妙法蓮華經卷六　(29–29)

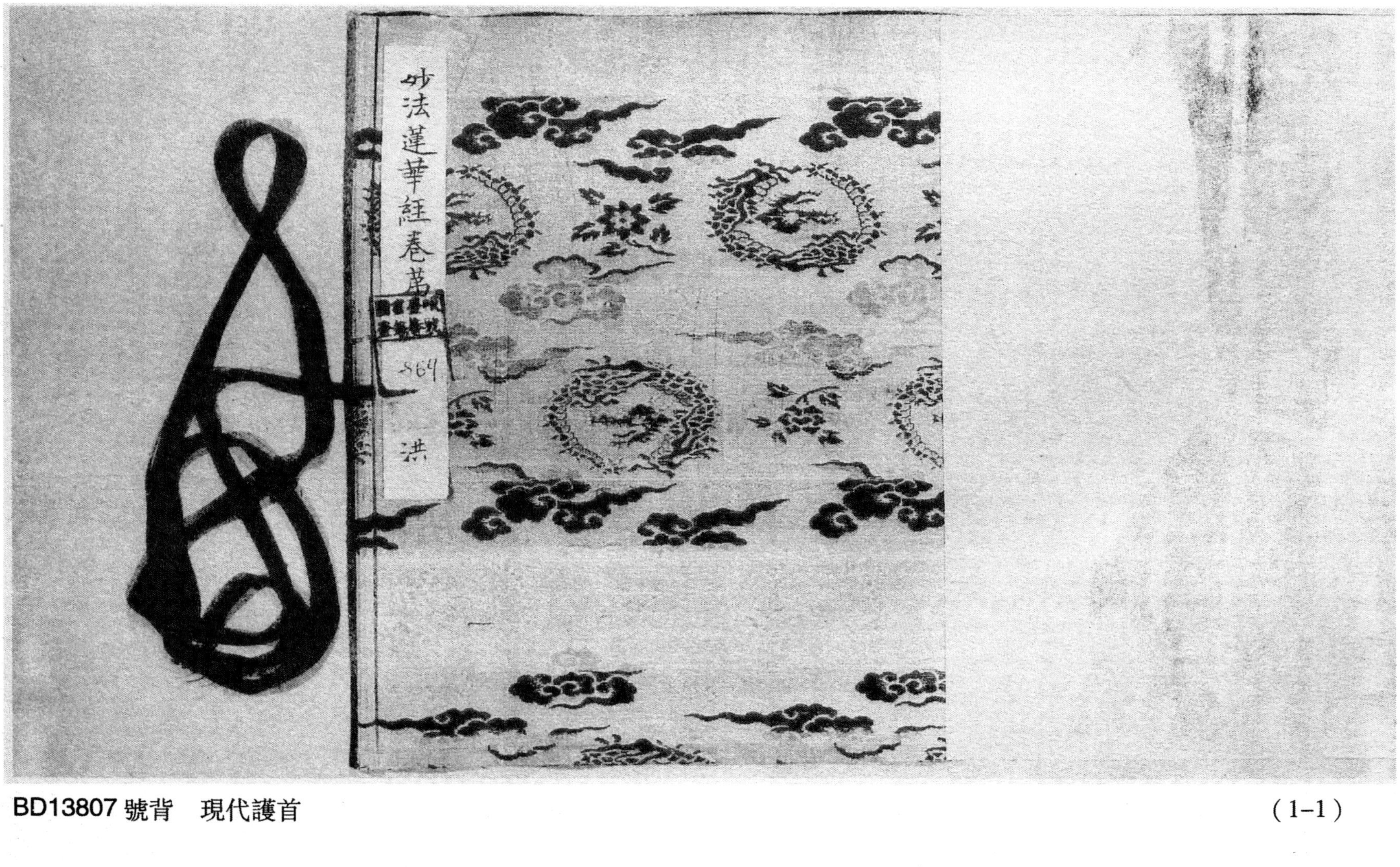

BD13807 號背　現代護首　(1–1)

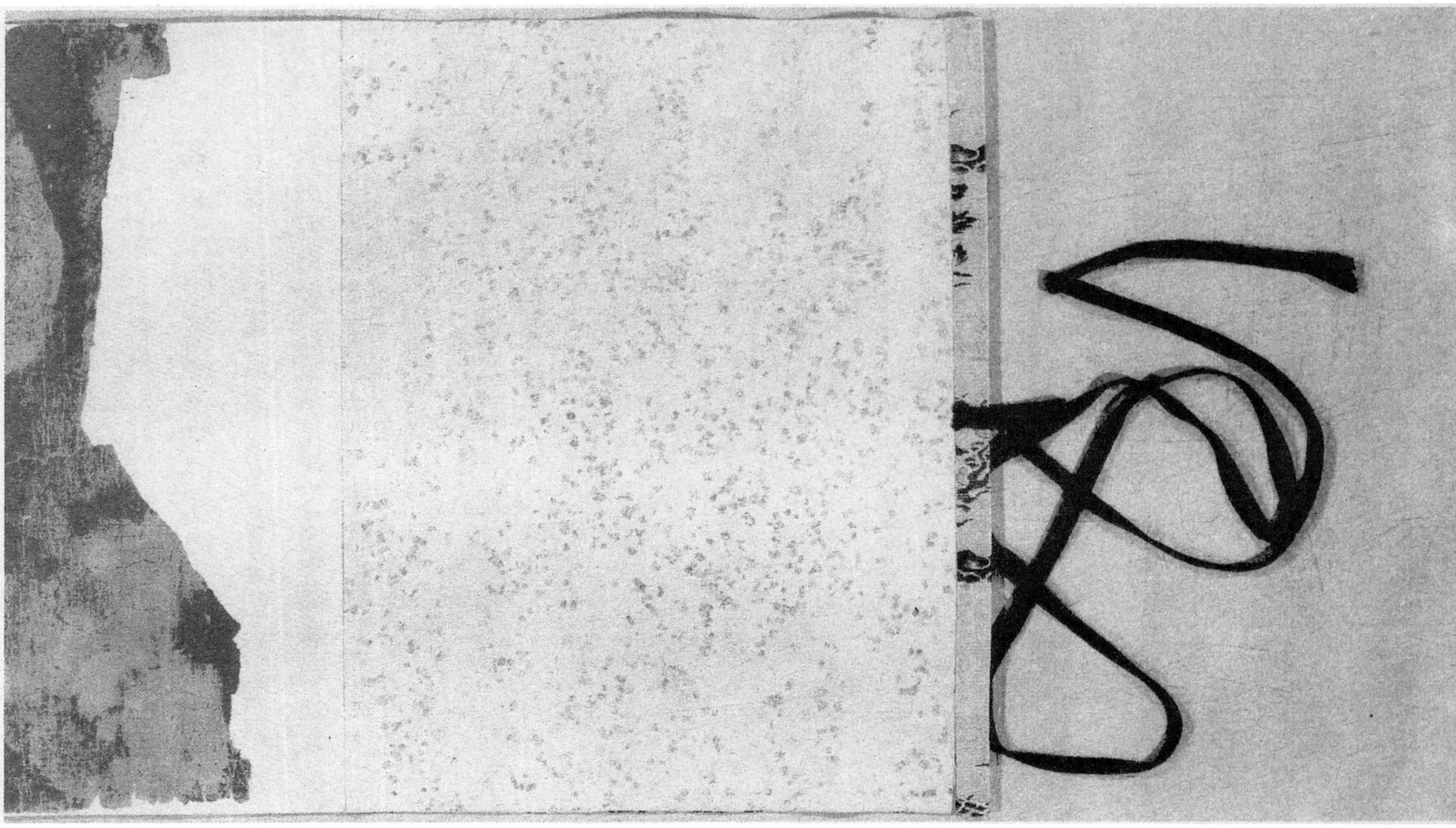

BD13807號　妙法蓮華經卷七　（28–1）

妙法蓮華經妙音菩薩品第廿四　卷七
尒時釋迦牟尼佛放大人相肉髻光明及放眉
間白豪相光遍照東方百八萬億那由他恒
河沙等諸佛世界過是數已有世界名淨光
莊嚴其國有佛号淨華宿王智如来應供正
遍知明行足善逝世間解无上士調御丈夫
天人師佛世尊為无量无邊菩薩大衆恭
敬圍繞而為說法釋迦牟尼佛白豪光明遍
照其國尒時一切淨光莊嚴國中有一菩薩
名曰妙音久已殖衆德本供養親近无量百
千萬億諸佛而悉成就甚深智慧得妙幢相
三昧法華三昧淨德三昧宿王戲三昧无緣三
昧智印三昧解一切衆生語言三昧集一切
功德三昧清淨三昧神通遊戲三昧慧炬三
昧莊嚴王三昧淨光明三昧淨藏三昧不共
三昧日旋三昧得如是等百千萬億恒河沙
等諸大三昧釋迦牟尼佛光照其身即白淨
華宿王智佛言世尊我當往詣娑婆世界礼
拜親近供養釋迦牟尼佛及見文殊師利法
王子菩薩藥王菩薩勇施菩薩宿王華菩薩

BD13807號　妙法蓮華經卷七　（28–2）

三昧日旋三昧得如是等百千萬億恒河沙
等諸大三昧釋迦牟尼佛光照其身即白淨
華宿王智佛言世尊我當往詣娑婆世界礼
拜親近供養釋迦牟尼佛及見文殊師利法
王子菩薩藥王菩薩勇施菩薩宿王華菩薩
上行意菩薩莊嚴王菩薩藥上菩薩尒時淨
華宿王智佛告妙音菩薩汝莫輕彼國生下
劣想善男子彼娑婆世界高下不平土石諸
山穢惡充滿佛身卑小諸菩薩衆其形亦小
而汝身四萬二千由旬我身六百八十萬由旬
汝身第一端正百千萬福光明殊妙是故汝
往莫輕彼國若佛菩薩及國土生下劣想
妙音菩薩白其佛言世尊我今詣娑婆世界
皆是如來之力如來神通遊戲如來功德智
慧莊嚴於是妙音菩薩不起于座身不動搖
而入三昧以三昧力於耆闍崛山去法座不遠
化作八萬四千衆寶蓮華閻浮檀金為莖白
銀為葉金剛為鬚甄叔迦寶以為其臺
尒時文殊師利法王子見是蓮華而白佛言世
尊是何因緣先現此瑞有若干千萬蓮華閻
浮檀金為莖白銀為葉金剛為鬚甄叔迦寶
以為其臺尒時釋迦牟尼佛告文殊師利是妙
音菩薩摩訶薩欲從淨華宿王智佛國與八
萬四千菩薩圍繞而來至此娑婆世界供養
親近礼拜於我亦欲供養聽法華經文殊師
利白佛言世尊是菩薩種何善本脩何功德

BD13807 號　妙法蓮華經卷七　（28–3）

音菩薩摩訶薩欲從淨華宿王智佛國與八
萬四千菩薩圍繞而來至此娑婆世界供養
親近礼拜於我亦欲供養聽法華經文殊師
利白佛言世尊是菩薩種何善本脩何功德
而能有是大神通力行何三昧願為我等說
是三昧名字我等亦欲勤脩行之行此三昧
乃能見是菩薩色相大小威儀進止唯願世
尊以神通力彼菩薩來令我得見尒時釋迦
牟尼佛告文殊師利此久滅度多寶如來當
為汝等而現其相時多寶佛告彼菩薩善男
子來文殊師利法王子欲見汝身于時妙音
菩薩於彼國沒與八萬四千菩薩俱共發來
所經諸國六種震動皆悉雨於七寶蓮華百
千天樂不鼓自鳴是菩薩目如廣大青蓮華
葉正使和合百千萬月其面貌端正復過於
此身真金色无量百千功德莊嚴威德熾盛
光明照曜諸相具足如那羅延堅固之身入七
寶臺上昇虛空去地七多羅樹諸菩薩衆
恭敬圍繞而來詣此娑婆世界耆闍崛山到
已下七寶臺以價直百千瓔珞持至釋迦牟
尼佛所頭面礼足奉上瓔珞而白佛言世尊淨
華宿王智佛問訊世尊少病少惱起居輕利安
樂行不四大調和不世事可忍不衆生易度不
无多貪欲瞋恚愚癡嫉妬慳慢无不孝父母
不敬沙門邪見不善心不攝五情不世尊衆生
能降伏諸魔怨不久滅度多寶如來在七寶

BD13807 號　妙法蓮華經卷七　（28–4）

樂行不四大調和不世事可忍不衆生易度不
无多貪欲瞋恚愚癡嫉妬慳慢无不孝父母
不敬沙門邪見不善心不攝五情不世尊衆生
能降伏諸魔怨不久滅度多寶如來在七寶
塔中來聽法不又問訊多寶如來安隱少惱
堪忍久住不世尊我今欲見多寶佛身唯願
世尊示我令見尒時釋迦牟尼佛語多寶佛
是妙音菩薩欲得相見時多寶佛告妙音言
善哉善哉汝能為供養釋迦牟尼佛及聽法
華經并見文殊師利等故來至此尒時華德
菩薩白佛言世尊是妙音菩薩種何善根脩
何功德有是神力佛告華德菩薩過去有佛
名雲雷音王多陁阿伽度阿羅訶三藐三佛
陁國名現一切世間劫名喜見妙音菩薩於
萬二千歲以十万種伎樂供養雲雷音王
佛并奉上八萬四千七寶鉢以是因緣果報
今生淨華宿王智佛國有是神力華德於汝
意云何尒時雲雷音王佛所妙音菩薩伎樂
供養奉上寶器者豈異人乎今此妙音菩薩
摩訶薩是華德是妙音菩薩已曾供養親近
无量諸佛久殖德本又值恒河沙等百千萬
億那由他佛華德汝但見妙音菩薩其身在
此而是菩薩現種種身處處為諸衆生說是
經典或現梵王身或現帝釋身或現自在天
身或現大自在天身或現天大將軍身或現
毗沙門天王身或現轉輪聖王身或現諸小

BD13807號　妙法蓮華經卷七　（28–5）

億那由他佛華德汝但見妙音菩薩其身在
此而是菩薩現種種身處處為諸衆生說是
經典或現梵王身或現帝釋身或現自在天
身或現大自在天身或現天大將軍身或現
毗沙門天王身或現轉輪聖王身或現諸小
王身或現長者身或現居士身或現宰官身
或現婆羅門身或現比丘比丘尼優婆塞優
婆夷身或現長者居士婦女身或現宰官婦
女身或現婆羅門婦女身或現童男童女身
或現天龍夜叉乾闥婆阿脩羅迦樓羅緊那
羅摩睺羅伽人非人等身而說是經諸有
地獄餓鬼畜生及衆難處皆能救濟乃至
於王後宮變為女身而說是經華德是妙音
菩薩能救護娑婆世界諸衆生者是妙音菩
薩如是種種變化現身在此娑婆國土為諸
衆生說是經典於神通變化智慧无所損減
是菩薩以若干智慧明照娑婆世界令一切衆
生各得所知於十方恒河沙世界中亦復如是若
應以聲聞形得度者現聲聞形而為說法應
以辟支佛形得度者現辟支佛形而為說法應
以菩薩形得度者現菩薩形而為說法應以佛
形得度者即現佛形而為說法如是種種隨所
應度而為現形乃至應以滅度而得度者示現
滅度華德妙音菩薩摩訶薩成就大神通智
慧之力其事如是尒時華德菩薩白佛言世
尊是妙音菩薩深種善根住何三昧而能如是

BD13807號　妙法蓮華經卷七　（28–6）

形得度者即現佛形而爲說法如是種種隨所
應度而爲現形乃至應以滅度而得度者示現
滅度華德妙音菩薩摩訶薩成就大神通智
慧之力其事如是尒時華德菩薩白佛言世
尊是妙音菩薩深種善根住何三昧而能如是
在所變現度脫衆生佛告華德菩薩善男子其
三昧名現一切色身妙音菩薩住是三昧中能
如是饒益无量衆生說是妙音菩薩品時與
妙音菩薩俱來者八萬四千人皆得現一切色
身三昧此娑婆世界无量菩薩亦得是三昧
及陁羅尼尒時妙音菩薩摩訶薩供養釋迦
牟尼佛及多寶佛塔已還歸本土所經諸國
六種震動雨寶蓮華作百千萬億種種伎樂
既到本國與八萬四千菩薩圍繞至淨華宿
王智佛所白佛言世尊我到娑婆世界饒益
衆生見釋迦牟尼佛及見多寶佛塔礼拜供
養又見文殊師利法王子菩薩及見藥王菩
薩得勤精進力菩薩勇施菩薩等亦令是八
萬四千菩薩得現一切色身三昧說是妙音菩
薩來往品時四萬二千天子得无生法忍華
德菩薩得法華三昧

妙法蓮華經觀世音菩薩普門品第廿五

尒時无盡意菩薩即從座起偏袒右肩合掌
向佛而作是言世尊觀世音菩薩以何因緣
名觀世音佛告无盡意菩薩善男子若有无
量百千萬億衆生受諸苦惱聞是觀世音菩

妙法蓮華經觀世音菩薩普門品第廿五
尒時无盡意菩薩即從座起偏袒右肩合掌
向佛而作是言世尊觀世音菩薩以何因緣
名觀世音佛告无盡意菩薩善男子若有无
量百千萬億衆生受諸苦惱聞是觀世音菩
薩一心稱名觀世音菩薩即時觀其音聲皆
得解脫若有持是觀世音菩薩名者設入大
火火不能燒由是菩薩威神力故若爲大水
所漂稱其名号即得淺處若有百千萬億衆
生爲求金銀瑠璃硨磲碼碯珊瑚虎珀真珠
等寶入於大海假使黑風吹其船舫漂墮羅
刹鬼國其中若有乃至一人稱觀世音菩薩
名者是諸人等皆得解脫羅刹之難以是因
緣名觀世音若復有人臨當被害稱觀世音
菩薩名者彼所執刀杖尋段段壞而得解脫
若三千大千國土滿中夜叉羅刹欲來惱人
聞其稱觀世音菩薩名者是諸惡鬼尚不能
以惡眼視之況復加害設復有人若有罪若
无罪杻械枷鎖檢繫其身稱觀世音菩薩名
者皆悉斷壞即得解脫若三千大千國土滿中
怨賊有一商主將諸商人賫持重寶經過險
路其中一人作是唱言諸善男子勿得恐怖
汝等應當一心稱觀世音菩薩名号是菩薩
能以无畏施於衆生汝等若稱名者於此怨
賊當得解脫衆商人聞俱發聲言南无觀世
音菩薩稱其名故即得解脫无盡意觀世音
菩薩摩訶薩威神之力巍巍如是若有衆生

汝等應當一心稱觀世音菩薩名号是菩薩
能以无畏施於衆生汝等若稱名者於此怨
賊當得解脫衆商人聞俱發聲言南无觀世
音菩薩稱其名故即得解脫无盡意觀世音
菩薩摩訶薩威神之力巍巍如是若有衆生
多於婬欲常念恭敬觀世音菩薩便得離欲
若多瞋恚常念恭敬觀世音菩薩便得離瞋
若多愚癡常念恭敬觀世音菩薩便得離癡
无盡意觀世音菩薩有如是等大威神力多
所饒益是故衆生常應心念若有女人設欲
求男礼拜供養觀世音菩薩便生福德智慧
之男設欲求女便生端正有相之女宿殖德本
衆人愛敬无盡意觀世音菩薩有如是力若
有衆生恭敬礼拜觀世音菩薩福不唐捐是
故衆生皆應受持觀世音菩薩名号
无盡意若有人受持六十二億恒河沙菩薩
名字復盡形供養飲食衣服卧具醫藥於汝
意云何是善男子善女人功德多不无盡意
言甚多世尊佛言若復有人受持觀世音菩
薩名号乃至一時礼拜供養是二人福正等
无異於百千萬億劫不可窮盡无盡意受持
觀世音菩薩名号得如是无量无邊福德之
利无盡意菩薩白佛言世尊觀世音菩薩云
何遊此娑婆世界云何而為衆生說法方便之
力其事云何佛告无盡意菩薩善男子若有
國土衆生應以佛身得度者觀世音菩薩即

何遊此娑婆世界云何而為衆生說法方便之
力其事云何佛告无盡意菩薩善男子若有
國土衆生應以佛身得度者觀世音菩薩即
現佛身而為說法應以辟支佛身得度者即
現辟支佛身而為說法應以聲聞身得度者
即現聲聞身而為說法應以梵王身得度者
即現梵王身而為說法應以帝釋身得度者
即現帝釋身而為說法應以自在天身得度
者即現自在天身而為說法應以大自在天
身得度者即現大自在天身而為說法應以
天大將軍身得度者即現天大將軍身而為
說法應以毗沙門身得度者即現毗沙門身
而為說法應以長者身得度者即現長者身
而為說法應以居士身得度者即現居士身
而為說法應以宰官身得度者即現宰官身
而為說法應以婆羅門身得度者即現婆羅
門身而為說法應以比丘比丘尼優婆塞優
婆夷身得度者即現比丘比丘尼優婆塞優
婆夷身而為說法應以長者居士宰官婆羅
門婦女身得度者即現婦女身而為說法應
以童男童女身得度者即現童男童女身而
為說法應以天龍夜叉乾闥婆阿脩羅迦樓
羅緊那羅摩睺羅伽人非人等身得度者即
皆現之而為說法應以執金剛神得度者即
現執金剛神而為說法无盡意是觀世音菩
薩成就如是功德以種種形遊諸國土度脫

以童男童女身得度者即現童男童女身而
為說法應以天龍夜叉乾闥婆阿脩羅迦樓
羅緊那羅摩睺羅伽人非人等身得度者即
皆現之而為說法應以執金剛神得度者即
現執金剛神而為說法无盡意是觀世音菩
薩成就如是功德以種種形遊諸國土度脫
衆生是故汝等應當一心供養觀世音菩薩
是觀世音菩薩摩訶薩於怖畏急難之中
能施无畏是故此娑婆世界皆号之為施
无畏者无盡意菩薩白佛言世尊我今當
供養觀世音菩薩即解頸衆寶珠瓔珞價直
百千兩金而以與之作是言仁者受此法施珎
寶瓔珞時觀世音菩薩不肯受之无盡意復
白觀世音菩薩言仁者愍我等故受此瓔珞
尒時佛告觀世音菩薩當愍此无盡意菩薩
及四衆天龍夜叉乾闥婆阿脩羅迦樓羅緊
那羅摩睺羅伽人非人等故受是瓔珞即時
觀世音菩薩愍諸四衆及於天龍人非人等
受其瓔珞分作二分一分奉釋迦牟尼佛
一分奉多寶佛塔无盡意觀世音菩薩有
如是自在神力遊於娑婆世界尒時无盡意
菩薩以偈問曰
世尊妙相具　我今重問彼　佛子何因緣　名為觀世音
具足妙相尊　偈荅无盡意　汝聽觀音行　善應諸方所
弘誓深如海　歷劫不思議　侍多千億佛　發大清淨願
我為汝略說　聞名及見身　心念不空過　能滅諸有苦

BD13807號　妙法蓮華經卷七　(28–11)

世尊妙相具　我今重問彼　佛子何因緣　名為觀世音
具足妙相尊　偈荅无盡意　汝聽觀音行　善應諸方所
弘誓深如海　歷劫不思議　侍多千億佛　發大清淨願
我為汝略說　聞名及見身　心念不空過　能滅諸有苦
假使興害意　推落大火坑　念彼觀音力　火坑變成池
或漂流巨海　龍魚諸鬼難　念彼觀音力　波浪不能沒
或在須弥峯　為人所推墮　念彼觀音力　如日虛空住
或被惡人逐　墮落金剛山　念彼觀音力　不能損一毛
或值怨賊繞　各執刀加害　念彼觀音力　咸即起慈心
或遭王難苦　臨刑欲壽終　念彼觀音力　刀尋段段壞
或囚禁枷鏁　手足被杻械　念彼觀音力　釋然得解脫
呪咀諸毒藥　所欲害身者　念彼觀音力　還著於本人
或遇惡羅刹　毒龍諸鬼等　念彼觀音力　時悉不敢害
若惡獸圍繞　利牙爪可怖　念彼觀音力　疾走无邊方
蚖蛇及蝮蝎　氣毒烟火然　念彼觀音力　尋聲自迴去
雲雷鼓掣電　降雹澍大雨　念彼觀音力　應時得消散
衆生被困厄　无量苦逼身　觀音妙智力　能救世間苦
具足神通力　廣修智方便　十方諸國土　无刹不現身
種種諸惡趣　地獄鬼畜生　生老病死苦　以漸悉令滅
真觀清淨觀　廣大智慧觀　悲觀及慈觀　常願常瞻仰
无垢清淨光　慧日破諸闇　能伏災風火　普明照世間
悲體戒雷震　慈意妙大雲　澍甘露法雨　滅除煩惱焰
諍訟經官處　怖畏軍陣中　念彼觀音力　衆怨悉退散
妙音觀世音　梵音海潮音　勝彼世間音　是故須常念
念念勿生疑　觀世音淨聖　於苦惱死厄　能為作依怙
具一切功德　慈眼視衆生　福聚海无量　是故應頂禮

BD13807號　妙法蓮華經卷七　(28–12)

諍訟經官處　怖畏軍陣中　念彼觀音力　衆怨悉退散
妙音觀世音　梵音海潮音　勝彼世間音　是故須常念
念念勿生疑　觀世音淨聖　於苦惱死厄　能為作依怙
具一切功德　慈眼視衆生　福聚海无量　是故應頂禮
尒時持地菩薩即從座起前白佛言世尊若
有衆生聞是觀世音菩薩品自在之業普門
示現神通力者當知是人功德不少佛說是普
門品時衆中八萬四千衆生皆發无等等阿
耨多羅三藐三菩提心

妙法蓮華經陁羅尼品第廿六

尒時藥王菩薩即從座起偏袒右肩合掌向
佛而白佛言世尊若善男子善女人有能受
持法華經者若讀誦通利若書寫經卷得幾
所福佛告藥王若有善男子善女人供養八
百萬億那由他恒河沙等諸佛於汝意云何
其所得福寧為多不甚多世尊佛言若善
男子善女人能於是經乃至受持一四句偈
讀誦解義如說修行功德甚多尒時藥王
菩薩白佛言世尊我今當與說法者陁羅
尼呪以守護之即說呪曰
安尒一　曼尒二　摩祢三　摩摩祢四　旨隸五　遮梨
第六　賒咩(羊鳴音)七　賒履(同雉反)多瑋八　羶(輸干反)帝九　目
帝十　目多履十一　娑履十二　阿瑋娑履十三　桑履十四
娑履十五　叉裔十六　阿叉裔十七　阿耆膩十八　羶帝十九
賒履二十　陁羅尼二十一　阿盧伽婆娑(蘇奈反)　簸蔗毗
叉膩二十二　祢毗剃二十三　阿便哆(都餓反)　邏祢履剃二十

BD13807號　妙法蓮華經卷七　（28–13）

第六　賒咩(羊鳴音)七　賒履(同雉反)多瑋八　羶(輸干反)帝九　目
帝十　目多履十一　娑履十二　阿瑋娑履十三　桑履十四
娑履十五　叉裔十六　阿叉裔十七　阿耆膩十八　羶帝十九
賒履二十　陁羅尼二十一　阿盧伽婆娑(蘇奈反)　簸蔗毗
叉膩二十二　祢毗剃二十三　阿便哆(都餓反)　邏祢履剃二十四
阿亶哆波隸輸地(途買反)二十五　漚究隸二十六　牟究隸二十七
阿羅隸二十八　波羅隸二十九　首迦差(初几反)三十　阿三磨三履
三十一　佛馱毗吉利袠帝三十二　達磨波利差(猜離反)
帝三十三　僧伽涅瞿沙祢三十四　婆舍婆舍輸地三十五
曼哆邏三十六　曼哆邏叉夜多三十七　郵樓哆三十八
郵樓哆憍舍略(來加反)三十九　惡叉邏四十　惡叉冶多冶
四十一　阿婆盧四十二　阿摩若(荏蔗反)那多夜四十三
世尊是陁羅尼神呪六十二億恒河沙等諸
佛所說若有侵毀此法師者則為侵毀是諸
佛已時釋迦牟尼佛讚藥王菩薩言善哉善
哉藥王汝愍念擁護此法師故說是陁羅尼
於諸衆生多所饒益尒時勇施菩薩白佛言
世尊我亦為擁護讀誦受持法華經者說陁
羅尼若此法師得是陁羅尼若夜叉若羅刹
若富單那若吉蔗若鳩槃荼若餓鬼等伺
求其短无能得便即於佛前而說呪曰
痤(誓螺反)隸一　摩訶痤隸二　郁枳三　目枳四　阿隸五
阿羅婆第六　涅隸第七　涅隸多婆第八　伊緻(猪履反)
柅九　韋緻柅十　旨緻柅十一　涅隸墀柅十二　涅犁墀婆
底十三
世尊是陁羅尼神呪恒河沙等諸佛所說亦

BD13807號　妙法蓮華經卷七　（28–14）

阿羅婆第六 涅隷第七 涅隷多婆第八 伊緻猪履反
柅九 韋緻柅十 旨緻柅十一 涅隷墀柅十二 涅犁墀婆
底十三
世尊是陀羅尼神呪恒河沙等諸佛所說亦
皆隨喜若有侵毀此法師者則為侵毀是諸
佛已尒時毗沙門天王護世者白佛言世尊我
亦為愍念衆生擁護此法師故說是陀羅尼
即說呪曰
阿梨一 那梨二 㝹那梨三 阿那盧四 那履五 拘
那履六
世尊以是神呪擁護法師我亦自當擁護
持是經者令百由旬内无諸衰患
尒時持國天王在此會中與千萬億那由他
乾闥婆衆恭敬圍繞前詣佛所合掌白佛
言世尊我亦以陀羅尼神呪擁護持法華經
者即說呪曰
阿伽祢一 伽祢二 瞿利三 乾陀利四 旃陀利五 摩
蹬耆六 常求利七 浮樓莎柅八 頞底九
世尊是陀羅尼神呪四十二億諸佛所說若
有侵毀此法師者則為侵毀是諸佛已
尒時有羅剎女等一名藍婆二名毗藍婆三
名曲齒四名華齒五名黒齒六名多髮七名
无猒足八名持瓔珞九名睪帝十名奪一切
衆生精氣是十羅剎女與鬼子母并其子及
眷屬俱詣佛所同聲白佛言世尊我等亦欲

BD13807號　妙法蓮華經卷七

（28–15）

名曲齒四名華齒五名黒齒六名多髮七名
无猒足八名持瓔珞九名睪帝十名奪一切
衆生精氣是十羅剎女與鬼子母并其子及
眷屬俱詣佛所同聲白佛言世尊我等亦欲
擁護讀誦受持法華經者除其衰患若有伺
求法師短者令不得便即於佛前而說呪曰
伊提履一 伊提泯二 伊提履三 阿提履四 伊提
履五 泥履六 泥履七 泥履八 泥履九 泥履十
樓醯十一 樓醯十二 樓醯十三 樓醯十四 多醯十五 多醯十六
多醯十七 兜醯十八 㝹醯十九
寧上我頭上莫悩於法師若夜叉若羅剎若
餓鬼若富單那若吉蔗若毗陀羅若犍馱若
烏摩勒伽若阿跋摩羅若夜叉吉蔗若人吉
蔗若熱病若一日若二日若三日若四日若至
七日若常熱病若男形若女形若童男形若
童女形乃至夢中亦復莫悩即於佛前而說偈
言
若不順我呪　悩亂說法者　頭破作七分　如阿梨樹枝
如煞父母罪　亦如壓油殃　斗秤欺誑人　調達破僧罪
犯此法師者　當獲如是殃
諸羅剎女說此偈已白佛言世尊我等亦當身
自擁護受持讀誦脩行是經者令得安隱離
諸衰患消衆毒藥佛告諸羅剎女善哉善哉
汝等但能擁護受持法華名者福不可量何
況擁護具足受持供養經卷華香瓔珞末香

BD13807號　妙法蓮華經卷七

（28–16）

諸羅剎女說此偈已白佛言世尊我等亦當身
自擁護受持讀誦脩行是經者令得安隱離
諸衰患消衆毒藥佛告諸羅剎女善哉善哉
汝等但能擁護受持法華名者福不可量何
況擁護具足受持供養經卷華香瓔珞末香
塗香燒香幡蓋伎樂然種種燈蘇燈油燈諸
香油燈蘇摩那華油燈瞻蔔華油燈婆師迦
華油燈優鉢羅華油燈如是等百千種供養
者睪帝汝等及眷屬應當擁護如是法師
說是陁羅尼品時六萬八千人得无生忍
妙法蓮華經妙莊嚴王本事品第廿七
尒時佛告諸大衆乃往古世過无量无邊不
可思議阿僧祇劫有佛名雲雷音宿王華智
多陁阿伽度阿羅訶三藐三佛陁國名光明
莊嚴劫名喜見彼佛法中有王名妙莊嚴其
王夫人名曰淨德有二子一名淨藏二名淨
眼是二子有大神力福德智慧久脩菩薩
行之道所謂檀波羅蜜尸波羅蜜羼提波羅
蜜毗梨耶波羅蜜禪波羅蜜般若波羅蜜方
便波羅蜜慈悲喜捨乃至三十七品助道之
法皆悉明了通達又得菩薩淨三昧日星
宿三昧淨光三昧淨色三昧淨照明三昧長
莊嚴三昧大威德藏三昧於此三昧亦悉通達
尒時彼佛欲引導妙莊嚴王及愍念衆生故
說是法華經時淨藏淨眼二子到其母所合

便波羅蜜慈悲喜捨乃至三十七品助道之
法皆悉明了通達又得菩薩淨三昧日星
宿三昧淨光三昧淨色三昧淨照明三昧長
莊嚴三昧大威德藏三昧於此三昧亦悉通達
尒時彼佛欲引導妙莊嚴王及愍念衆生故
說是法華經時淨藏淨眼二子到其母所合
十指爪掌白言願母往詣雲雷音宿王華智
佛所我等亦當侍從親近供養禮拜所以者
何此佛於一切天人衆中說法華經宜應聽
受母告子言汝父信受外道深著婆羅門法
汝等應往白父與共俱去淨藏淨眼合十指
爪掌白母我等是法王子而生此耶見家母
告子言汝等當憂念汝父為現神變若得見
者心必清淨或聽我等往至佛所於是二子
念其父故踊在虛空高七多羅樹現種種神
變於虛空中行住坐臥身上出水身下出火
身下出水身上出火或現大身滿虛空中而
復現小小復現大於空中滅忽然在地入地
如水履水如地現如是等種種神變令其父
王心淨信解時父見子神力如是心大歡喜
得未曾有合掌向子言汝等師為是誰誰之
弟子二子白言大王彼雲雷音宿王華智佛
今在七寶菩提樹下法座上坐於一切世間
天人衆中廣說法華經是我等師我是弟子
父語子言我今亦欲見汝等師可共俱往於
是二子從空中下到其母所合掌白母父王

令在七寶菩提樹下法座上坐於一切世間
天人衆中廣說法華經是我等師我是弟子
父語子言我今亦欲見汝等師可共俱往於
是二子從空中下到其母所合掌白母父王
今已信解堪任發阿耨多羅三藐三菩提心
我等爲父已作佛事願母見聽於彼佛所出
家脩道尒時二子欲重宣其意以偈白母
願母放我等　出家作沙門　諸佛甚難值　我等隨佛學
如優曇鉢華　值佛復難是　脫諸難亦難　願聽我出家
母即告言聽汝出家所以者何佛難值故於
是二子白父母言善哉父母願時往詣雲雷
音宿王華智佛所親近供養所以者何佛難
得值如優曇鉢羅華又如一眼之龜值浮木
孔而我等宿福深厚生值佛法是故父母當
聽我等令得出家所以者何諸佛難值時亦
難遇彼時妙莊嚴王後宮八萬四千人皆悉
堪任受持是法華經淨眼菩薩於法華三昧
久已通達淨藏菩薩已於无量百千萬億劫
通達離諸惡趣三昧欲令一切衆生離諸惡
趣故其王夫人得諸佛集三昧能知諸佛秘
密之藏二子如是以方便力善化其父令心
信解好樂佛法於是妙莊嚴王與羣臣眷屬
俱淨德夫人與後宮采女眷屬俱其王二子
與四万二千人俱一時共詣佛所到已頭面
礼足繞佛三帀却住一面尒時彼佛爲王說
法示教利喜王大歡悅尒時妙莊嚴王及其

BD13807號　妙法蓮華經卷七　（28-19）

俱淨德夫人與後宮采女眷屬俱其王二子
與四万二千人俱一時共詣佛所到已頭面
礼足繞佛三帀却住一面尒時彼佛爲王說
法示教利喜王大歡悅尒時妙莊嚴王及其
夫人解頸真珠瓔珞價直百千以散佛上於
虛空中化成四柱寶臺臺中有大寶牀敷百
千万天衣其上有佛結加趺坐放大光明尒
時妙莊嚴王作是念佛身希有端嚴殊特成
就第一微妙之色時雲雷音宿王華智佛告
四衆言汝等見是妙莊嚴王於我前合掌立
不此王於我法中作比丘精勤脩習助佛道法
當得作佛号娑羅樹王國名大光劫名大高
王其娑羅樹王佛有无量菩薩衆及无量
聲聞衆其國平正功德如是其王即時以國付
弟與夫人二子并諸眷屬於佛法中出家脩
道王出家已於八万四千歲常勤精進脩行妙
法華經過是已後得一切淨功德莊嚴三昧
即昇虛空高七多羅樹而白佛言世尊此我
二子已作佛事以神通變化轉我邪心令得
安住於佛法中得見世尊此二子者是我善
知識爲欲發起宿世善根饒益我故來生我
家尒時雲雷音宿王華智佛告妙莊嚴王言
如是如是如汝所言善男子善女人種善根
故世世得善知識其善知識能作佛事示
教利喜令入阿耨多羅三藐三菩提大王當
知善知識者是大因緣所謂化導令得見佛

BD13807號　妙法蓮華經卷七　（28-20）

識為欲發起宿世善根饒益我故來生我
家尒時雲雷音宿王華智佛告妙莊嚴王言
如是如是如汝所言善男子善女人種善根
故世世得善知識其善知識能作佛事示
教利喜令入阿耨多羅三藐三菩提大王當
知善知識者是大因緣所謂化導令得見佛
發阿耨多羅三藐三菩提心大王汝見此二
子不此二子已曾供養六十五百千万億那由
他恒河沙諸佛親近恭敬於諸佛所受持法
華經愍念邪見衆生令住正見妙莊嚴王即
從虚空中下而白佛言世尊如來甚希有以
功德智慧故頂上肉髻光明顯照其眼長廣
而紺青色眉間豪相白如珂月齒白齊密常
有光明脣色赤好如頻婆果尒時妙莊嚴王
讃歎佛如是等无量百千萬億功德已於如
來前一心合掌復白佛言世尊未曾有也如
來之法具足成就不可思議微妙功德教戒
所行安隱快善我從今日不復自隨心行不
生邪見憍慢瞋恚諸惡之心說是語已礼佛
而出佛告大衆於意云何妙莊嚴王豈異人
乎今華德菩薩是其淨德夫人今佛前光照
莊嚴相菩薩是哀愍妙莊嚴王及諸眷屬
故於彼中生其二子者今藥王菩薩藥上
菩薩是藥王藥上菩薩成就如此諸大功
德已於无量百千萬億諸佛殖衆得本成
就不可思議諸善功德若有人識是二菩薩

BD13807號　妙法蓮華經卷七　（28–21）

莊嚴相菩薩是哀愍妙莊嚴王及諸眷屬
故於彼中生其二子者今藥王菩薩藥上
菩薩是藥王藥上菩薩成就如此諸大功
德已於无量百千萬億諸佛殖衆得本成
就不可思議諸善功德若有人識是二菩薩
名字者一切世間諸天人民亦應礼拜佛說
是妙莊嚴王本事品時八萬四千人遠塵離
垢於諸法中得法眼淨

妙法蓮華經普賢菩薩勸發品第廿八

尒時普賢菩薩以自在神通力威德名聞與
大菩薩无量无邊不可稱數從東方來所經
諸國普皆震動雨寶蓮華作无量百千万億
種種伎樂又與无數諸天龍夜叉乾闥婆阿
脩羅迦樓羅緊那羅摩睺羅伽人非人等大
衆圍繞各現威德神通之力到娑婆世界耆
闍崛山中頭面礼釋迦牟尼佛右繞七帀白
佛言世尊我於寶威德上王佛國遥聞此娑
婆世界說法華經與无量无邊百千万億諸
菩薩衆共來聽受唯願世尊當為說之若善
男子善女人於如來滅後云何能得是法華
經佛告普賢菩薩若善男子善女人成就四
法於如來滅後當得是法華經一者為諸佛
護念二者殖衆德本三者入正定聚四者發
救一切衆生之心善男子善女人如是成就
四法於如來滅後必得是經尒時普賢菩薩
白佛言世尊於後五百歲濁惡世中其有受

BD13807號　妙法蓮華經卷七　（28–22）

法於如來滅後當得是法華經一者為諸佛
護念二者殖衆德本三者入正定聚四者發
救一切衆生之心善男子善女人如是成就
四法於如來滅後必得是經尒時普賢菩薩
白佛言世尊於後五百歲濁惡世中其有受
持是經典者我當守護除其衰患令得安隱
使无伺求得其便者若魔若魔子若魔女若
魔民若為魔所著者若夜叉若羅剎若鳩槃
荼若毗舍闍若吉蔗若富單那若韋陀羅等
諸惱人者皆不得便是人若行若立讀誦此
經我尒時乘六牙白象王與大菩薩衆俱詣
其所而自現身供養守護安慰其心亦為供
養法華經故是人若坐思惟此經尒時我復
乘白象王現其人前其人若於法華經有所
忘失一句一偈我當教之與共讀誦還令通
利尒時受持讀誦法華經者得見我身甚大
歡喜轉復精進以見我故即得三昧及陀羅
尼名為旋陀羅尼百千万億旋陀羅尼法音
方便陀羅尼得如是等陀羅尼世尊若後世
後五百歲濁惡世中比丘比丘尼優婆塞優
婆夷求索者受持者讀誦者書寫者欲得
習是法華經於三七日中應一心精進滿三七
日已我當乘六牙白象與无量菩薩而自圍
繞以一切衆生所喜見身現其人前而為說
法亦教利喜亦復與其陀羅尼呪得是陀羅
尼故无有非人能破壞者亦不為女人之所

BD13807號　妙法蓮華經卷七

（28–23）

習是法華經於三七日中應一心精進滿三七
日已我當乘六牙白象與无量菩薩而自圍
繞以一切衆生所喜見身現其人前而為說
法亦教利喜亦復與其陀羅尼呪得是陀羅
尼故无有非人能破壞者亦不為女人之所
惑亂我身亦自常護是人唯願世尊聽我
說此陀羅尼呪即於佛前而說呪曰
阿檀地（途賣反）一 檀陀婆地二 檀陀婆帝三 檀陀鳩
舍隸四 檀陀脩陀隸五 脩陀隸六 脩陀羅婆底七
佛馱波羶祢八 薩婆陀羅尼阿婆多尼九 薩婆
婆沙阿婆多尼十 脩阿婆多尼十一 僧伽婆履叉
尼十二 僧伽涅伽陀尼十三 阿僧祇十四 僧伽波伽地十五
帝隸阿惰僧伽兜略（盧遮反）阿羅帝波羅帝十六
薩婆僧伽三摩地伽蘭地十七 薩婆達磨脩波
利剎帝十八 薩婆薩埵樓馱憍舍略阿㝹伽地十九
辛阿毗吉利地帝二十
世尊若有菩薩得聞是陀羅尼者當知普賢
神通之力若法華經行閻浮提有受持者應
作此念皆是普賢威神之力若有受持讀誦
正憶念解其義趣如說修行當知是人行普
賢行於无量无邊諸佛所深種善根為諸如
來手摩其頭若但書寫是人命終當生忉利
天上是時八万四千天女作衆伎樂而來迎之
其人即著七寶冠於婇女中娛樂快樂何況
受持讀誦正憶念解其義趣如說修行若有
人受持讀誦解其義趣是人命終為千佛授

BD13807號　妙法蓮華經卷七

（28–24）

來手摩其頭若但書寫是人命終當生忉利
天上是時八万四千天女作衆伎樂而來迎之
其人即着七寶冠於婇女中娛樂快樂何况
受持讀誦正憶念解其義趣如說脩行若有
人受持讀誦解其義趣是人命終為千佛授
手令不恐怖不墮惡趣即往兜率天上弥勒
菩薩所弥勒菩薩有三十二相大菩薩衆所
共圍繞有百千萬億天女眷屬而於中生有
如是等功德利益是故智者應當一心自書
若使人書受持讀誦正憶念如說脩行世尊
我今以神通力故守護是經於如來滅後閻
浮提內廣令流布使不斷絕尒時釋迦牟尼
佛讃言善哉善哉普賢汝能護助是經令多
所衆生安樂利益汝已成就不可思議功德深
大慈悲從久遠來發阿耨多羅三藐三菩提
意而能作是神通之願守護是經我當以神
通力守護能受持普賢菩薩名者普賢若有
受持讀誦正憶念脩習書寫是法華經者當
知是人則見釋迦牟尼佛如從佛口聞此經典
當知是人供養釋迦牟尼佛當知是人佛讃
善哉當知是人為釋迦牟尼佛手摩其頭
當知是人為釋迦牟尼佛衣之所覆如是
之人不復貪着世樂不好外道經書手筆
亦復不喜親近其人及諸惡者若屠兒若畜
猪羊雞狗若獵師若衒賣女色是人心意質
直有正憶念有福德力是人不為三毒所惱

BD13807 號　妙法蓮華經卷七　（28–25）

當知是人為釋迦牟尼佛衣之所覆如是
之人不復貪着世樂不好外道經書手筆
亦復不喜親近其人及諸惡者若屠兒若畜
猪羊雞狗若獵師若衒賣女色是人心意質
直有正憶念有福德力是人不為三毒所惱
亦不為嫉妬我慢增上慢所惱是人少欲知
足能脩普賢之行普賢若如來滅後後五
百歲若有人見受持讀誦法華經者應作
是念此人不久當詣道場破諸魔衆得阿耨
多羅三藐三菩提轉法輪擊法皷吹法螺雨
法雨當坐天人大衆中師子法座上普賢若
於後世受持讀誦是經典者是人不復貪着
衣服臥具飲食資生之物所願不虛亦於現
世得其福報若有人輕毀之言汝狂人耳空
作是行終无所獲如是罪報當世世无眼若
有供養讃歎之者當於今世得現果報若復
見受持是經者出其過惡若實若不實此人現
世得白癩病若有輕笑之者當世世牙齒踈缺
醜脣平鼻手脚繚戾眼目角睞身體臭穢惡
瘡膿血水腹短氣諸惡重病是故普賢若
見受持是經典者當起遠迎當如敬佛說是
[illegible]恒河沙等无量无邊菩薩得
[illegible]萬億旋陀羅尼三[illegible]微塵等

BD13807 號　妙法蓮華經卷七　（28–26）

[illegible]
當知是人為釋迦牟尼佛衣之所覆如是
之人不復貪著世樂不好外道經書手筆
亦復不喜親近其人及諸惡者若屠兒若畜
猪羊雞狗若獵師若衒賣女色是人心意質
直有正憶念有福德力是人不為三毒所惱
亦不為嫉妬我慢邪慢增上慢所惱是人少欲知
足能脩普賢之行普賢若如來滅後後五
百歲若有人見受持讀誦法華經者應作
是念此人不久當詣道場破諸魔衆得阿耨
多羅三藐三菩提轉法輪擊法鼓吹法螺雨
法雨當坐天人大衆中師子法座上普賢若
於後世受持讀誦[illegible]經典者是人不復貪著
衣服臥具飲食資生之物所願不虛亦於現
世得其福報若有人輕毀之言汝狂人耳空
作是行終无所獲如是罪報當世世无眼若
有供養讚歎之者當於今世得現果報若復
見受持是經者出其過惡若實若不實此人現
世得白癩病若輕笑之者當世世牙齒踈缺
醜脣平鼻手脚繚戾眼目角睞身體臭穢惡
瘡膿血水腹短氣諸惡重病是故普賢若
見受持是經[illegible]當起遠迎當如敬佛說是
[illegible]恒河沙等无量无邊菩薩得
萬億旋陀羅尼三[illegible]微塵等

BD13807號　妙法蓮華經卷七　（28–27）

有供養讚歎之者當於今世得現果報若復
見受持是經者出其過惡若實若不實此人現
世得白癩病若輕笑之者當世世牙齒踈缺
醜脣平鼻手脚繚戾眼目角睞身體臭穢惡
瘡膿血水腹短氣諸惡重病是故普賢若
見受持是經[illegible]當起遠迎當如敬佛說是
[illegible]恒河沙等无量无邊菩薩得
萬億旋陀羅尼三[illegible]微塵等

BD13807號　妙法蓮華經卷七　（28–28）

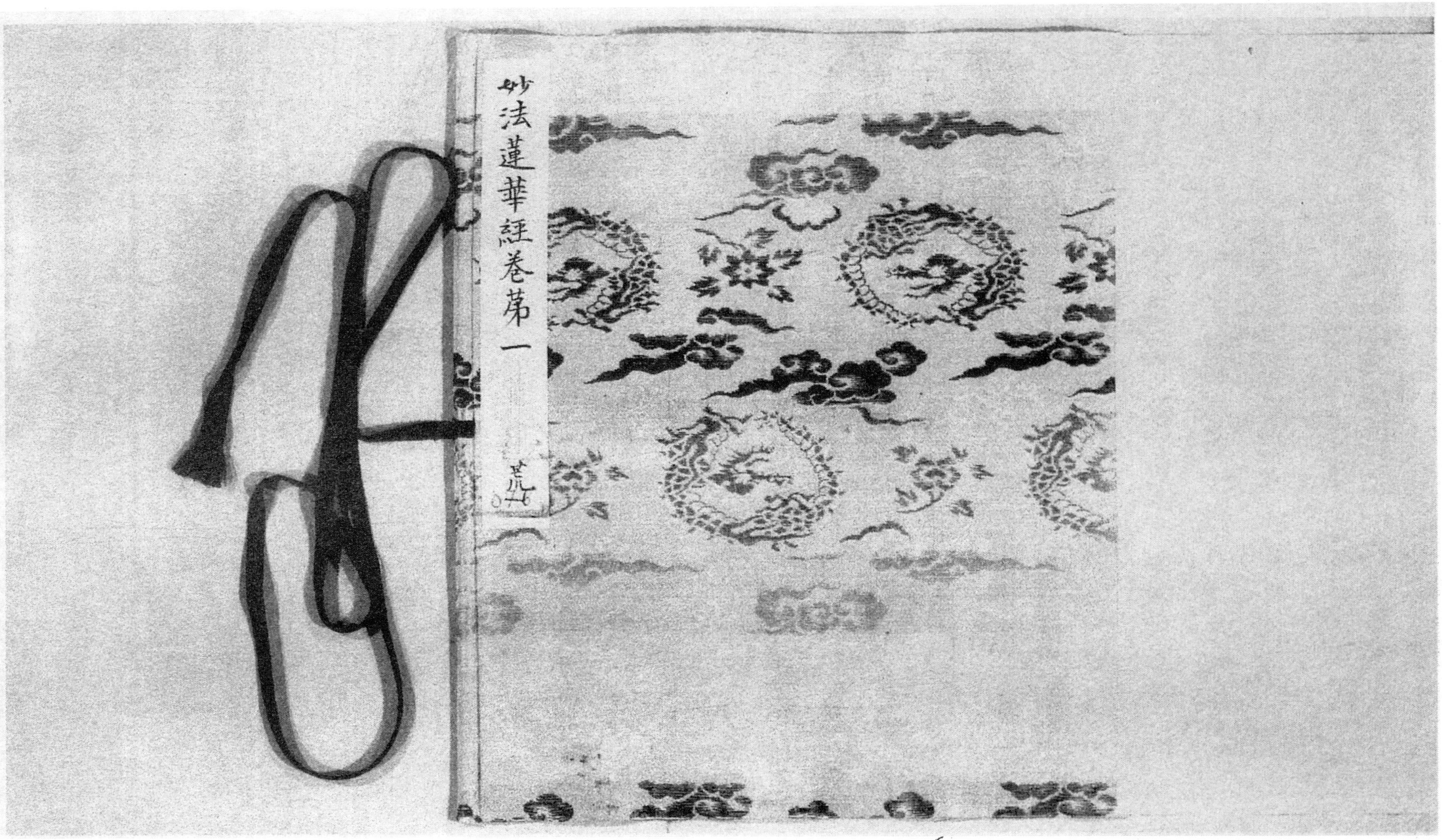

BD13808 號背　現代護首　　（1–1）

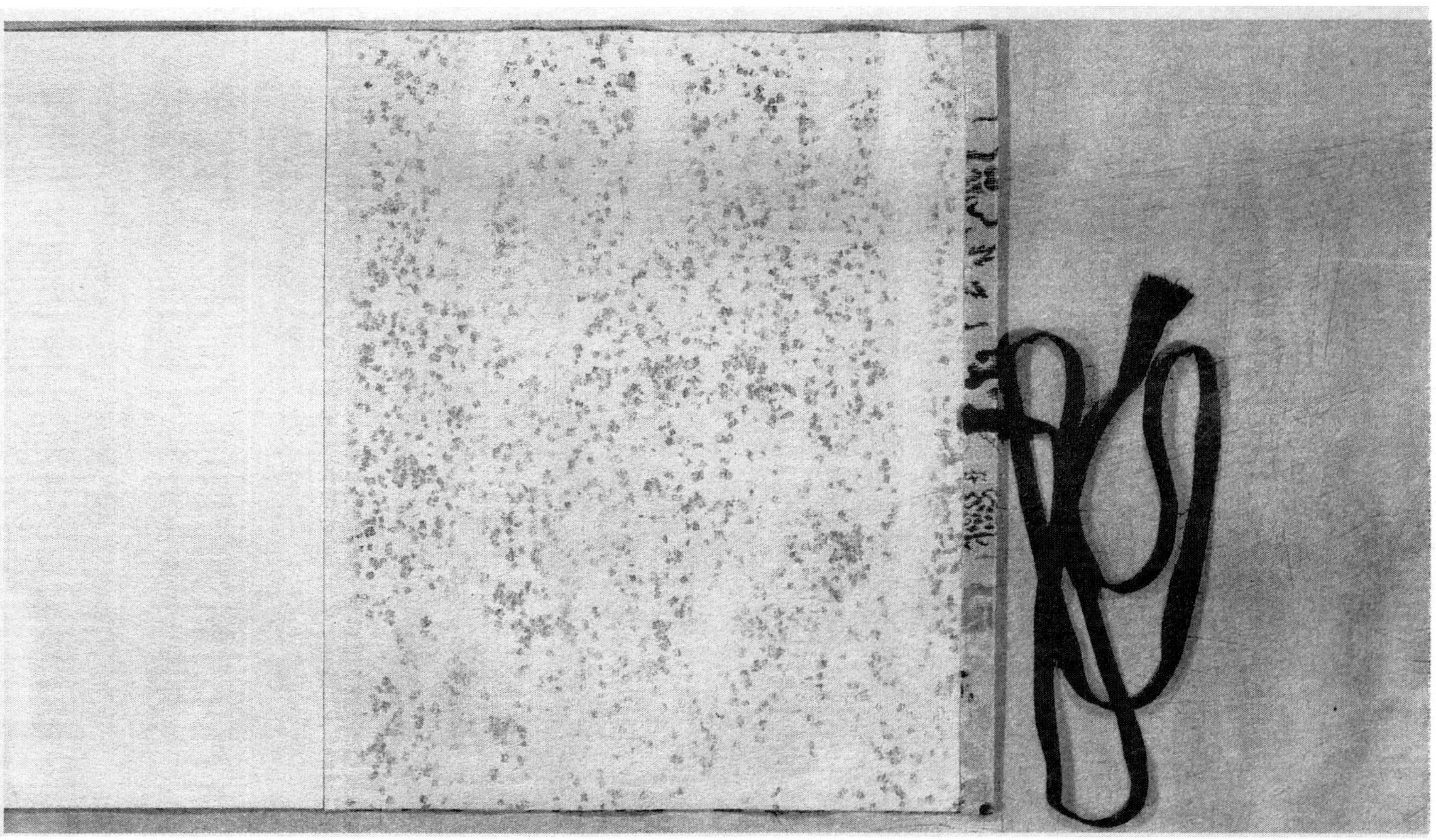

BD13808 號　妙法蓮華經卷一　　（13–1）

妙法蓮華經序品第一

如是我聞一時佛住王舍城耆闍崛山中與
大比丘衆万二千人俱皆是阿羅漢諸漏已
盡无復煩惱逮得已利盡諸有結心得自在
其名曰阿若憍陳如摩訶迦葉優樓頻螺迦
葉伽耶迦葉那提迦葉舍利弗大目揵連摩
訶迦栴延阿㝹樓馱劫賓那憍梵波提離波
多畢陵伽婆蹉薄拘羅摩訶拘絺羅難陀孫
陀羅難陀富樓那彌多羅尼子須菩提阿難
羅睺羅如是衆所知識大阿羅漢等復有學
无學二千人摩訶波闍波提比丘尼與眷屬
六千人俱羅睺羅母耶輸陁羅比丘尼亦與

BD13808號　妙法蓮華經卷一　（13–2）

訶迦栴延阿㝹樓馱劫賓那憍梵波提離波
多畢陵伽婆蹉薄拘羅摩訶拘絺羅難陀孫
陀羅難陀富樓那彌多羅尼子須菩提阿難
羅睺羅如是衆所知識大阿羅漢等復有學
无學二千人摩訶波闍波提比丘尼與眷屬
六千人俱羅睺羅母耶輸陁羅比丘尼亦與
眷屬俱菩薩摩訶薩八万人皆於阿耨多羅
三藐三菩提不退轉皆得陁羅尼樂說辯才
轉不退轉法輪供養无量百千諸佛於諸佛
所殖衆徳本常為諸佛之所稱歎以慈脩身
善入佛慧通達大智到於彼岸名稱普聞无
量世界能度无數百千衆生其名曰文殊師
利菩薩觀世音菩薩得大勢菩薩常精進菩
薩不休息菩薩寶掌菩薩藥王菩薩勇施菩
薩寶月菩薩月光菩薩滿月菩薩大力菩薩
无量力菩薩越三界菩薩跋陁婆羅菩薩彌
勒菩薩寶積菩薩導師菩薩如是等菩薩摩
訶薩八万人俱尒時釋提桓因與其眷屬二
万天子俱復有名月天子普香天子寶光天
子四大天王與其眷屬万天子俱自在天子
大自在天子與其眷屬三万天子俱娑婆世
界主梵天王尸棄大梵光明大梵等與其眷
屬万二千天子俱有八龍王難陁龍王跋難陁
龍王娑竭羅龍王和脩吉龍王徳叉迦龍
王阿那婆達多龍王摩那斯龍王優鉢羅龍
王等各與若干百千眷屬俱有四緊那羅王
法緊那羅王妙法緊那羅王大法緊那羅王

BD13808號　妙法蓮華經卷一　（13–3）

屬万二千天子俱有八龍王難陁龍王跋難陁
龍王娑竭羅龍王和脩吉龍王德叉迦龍
王阿那婆達多龍王摩那斯龍王優鉢羅龍
王等各與若干百千眷屬俱有四緊那羅王
法緊那羅王妙法緊那羅王大法緊那羅王
持法緊那羅王各與若干百千眷屬俱有四
乹闥婆王樂乹闥婆王樂音乹闥婆王美乹
闥婆王美音乹闥婆王各與若干百千眷屬
俱有四阿脩羅王婆稚阿脩羅王佉羅騫大
阿脩羅王毗摩質多羅阿脩羅王羅睺阿脩
羅王各與若干百千眷屬俱有四迦樓羅王
大威德迦樓羅王大身迦樓羅王大滿迦樓
羅王如意迦樓羅王各與若干百千眷屬俱
韋提希子阿闍世王與若干百千眷屬俱各
礼佛足退坐一面尒時世尊四衆圍繞供養
恭敬尊重讚歎為諸菩薩說大乘經名无量
義教菩薩法佛所護念佛說此經已結跏趺
坐入於无量義處三昧身心不動是時天雨
曼陁羅華摩訶曼陁羅華曼殊沙華摩訶曼
殊沙華而散佛上及諸大衆普佛世界六種
震動尒時會中比丘比丘尼優婆塞優婆夷
天龍夜叉乹闥婆阿脩羅迦樓羅緊那羅摩
睺羅伽人非人及諸小王轉輪聖王是諸大
衆得未曾有歡喜合掌一心觀佛尒時佛放
眉間白豪相光照東方万八千世界靡不周
遍下至阿鼻地獄上至阿迦尼吒天於此世

BD13808號　妙法蓮華經卷一　（13–4）

天龍夜叉乹闥婆阿脩羅迦樓羅緊那羅摩
睺羅伽人非人及諸小王轉輪聖王是諸大
衆得未曾有歡喜合掌一心觀佛尒時佛放
眉間白豪相光照東方万八千世界靡不周
遍下至阿鼻地獄上至阿迦尼吒天於此世
界盡見彼土六趣衆生又見彼土現在諸佛
及聞諸佛所說經法并見彼諸比丘比丘尼
優婆塞優婆夷諸脩行得道者復見諸菩薩
摩訶薩種種因緣種種信解種種相貌行菩
薩道復見諸佛般涅槃者復見諸佛般涅槃
後以佛舍利起七寶塔尒時弥勒菩薩作是
念今者世尊現神變相以何因緣而有此瑞
今佛世尊入于三昧是不可思議現希有事
當以問誰誰能荅者復作此念是文殊師利
法王之子已曾親近供養過去无量諸佛必
應見此希有之相我今當問尒時比丘比丘
尼優婆塞優婆夷及諸天龍鬼神等咸作此
念是佛光明神通之相今當問誰尒時弥勒
菩薩欲自決疑又觀四衆比丘比丘尼優婆
塞優婆夷及諸天龍鬼神等衆會之心而問
文殊師利言以何因緣而有此瑞神通之相放
大光明照于東方万八千土悉見彼佛國
界莊嚴於是弥勒菩薩欲重宣此義以偈問
曰
文殊師利　導師何故　眉間白豪　大光普照
雨曼陁羅　曼殊沙華　栴檀香風　悅可衆心

BD13808號　妙法蓮華經卷一　（13–5）

大光明照于東方万八千土悉見彼佛國
界莊嚴於是弥勒菩薩欲重宣此義以偈問
曰
文殊師利　導師何故　眉間白毫　大光普照
雨曼陁羅　曼殊沙華　栴檀香風　悅可衆心
以是因緣　地皆嚴淨　而此世界　六種震動
時四部衆　咸皆歡喜　身意快然　得未曾有
眉間光明　照于東方　万八千土　皆如金色
從阿鼻獄　上至有頂　諸世界中　六道衆生
生死所趣　善惡業緣　受報好醜　於此悉見
又覩諸佛　聖主師子　演說經典　微妙第一
其聲清淨　出柔軟音　教諸菩薩　无數億万
梵音深妙　令人樂聞　各於世界　講說正法
種種因緣　以无量喻　照明佛法　開悟衆生
若人遭苦　猒老病死　為說涅槃　盡諸苦際
若人有福　曾供養佛　志求勝法　為說緣覺
若有佛子　脩種種行　求无上慧　為說淨道
文殊師利　我住於此　見聞若斯　及千億事
如是衆多　今當略說　我見彼土　恒沙菩薩
種種因緣　而求佛道　或有行施　金銀珊瑚
真珠摩尼　車𤦲馬瑙　金剛諸珎　奴婢車乘
寶飾輦轝　歡喜布施　迴向佛道　願得是乘
三界第一　諸佛所歎　或有菩薩　駟馬寶車
欄楯華蓋　軒飾布施　復見菩薩　身肉手足
及妻子施　求无上道　又見菩薩　頭目身體
欣樂施與　求佛智慧　文殊師利　我見諸王

BD13808號　妙法蓮華經卷一　（13–6）

三界第一　諸佛所歎　或有菩薩　駟馬寶車
欄楯華蓋　軒飾布施　復見菩薩　身肉手足
及妻子施　求无上道　又見菩薩　頭目身體
欣樂施與　求佛智慧　文殊師利　我見諸王
往詣佛所　問无上道　便捨樂土　宮殿臣妾
剃除鬚髮　而被法服　或見菩薩　而作比丘
獨處閑靜　樂誦經典　又見菩薩　勇猛精進
入於深山　思惟佛道　又見離欲　常處空閑
深脩禪定　得五神通　又見菩薩　安禪合掌
以千万偈　讚諸法王　復見菩薩　智深志固
能問諸佛　聞悉受持　又見佛子　定慧具足
以无量喻　為衆講法　欣樂說法　化諸菩薩
破魔兵衆　而擊法鼓　又見菩薩　寂然宴嘿
天龍恭敬　不以為喜　又見菩薩　處林放光
濟地獄苦　令入佛道　又見佛子　未嘗睡眠
經行林中　懃求佛道　又見具戒　威儀无缺
淨如寶珠　以求佛道　又見佛子　住忍辱力
增上慢人　惡罵捶打　皆悉能忍　以求佛道
又見菩薩　離諸戲咲　及癡眷屬　親近智者
一心除亂　攝念山林　億千万歲　以求佛道
或見菩薩　餚饍飲食　百種湯藥　施佛及僧
名衣上服　價直千万　或无價衣　施佛及僧
千万億種　栴檀寶舍　衆妙臥具　施佛及僧
清淨園林　華菓茂盛　流泉浴池　施佛及僧
如是等施　種種微妙　歡喜无猒　求无上道
或有菩薩　說寂滅法　種種教詔　无數衆生

BD13808號　妙法蓮華經卷一　（13–7）

名衣上服　價直千万　或无價衣　施佛及僧
千万億種　栴檀寶舍　衆妙卧具　施佛及僧
清淨園林　華菓茂盛　流泉浴池　施佛及僧
如是等施　種種微妙　歡喜无猒　求无上道
或有菩薩　說寂滅法　種種教詔　无數衆生
或見菩薩　觀諸法性　无有二相　猶如虚空
又見佛子　心无所著　以此妙慧　求无上道
文殊師利　又有菩薩　佛滅度後　供養舍利
又見佛子　造諸塔廟　无數恒沙　嚴飾國界
寶塔高妙　五千由旬　縱廣正等　二千由旬
一一塔廟　各千幢幡　珠交露幔　寶鈴和鳴
諸天龍神　人及非人　香華伎樂　常以供養
文殊師利　諸佛子等　為供舍利　嚴飾塔廟
國界自然　殊特妙好　如天樹王　其華開敷
佛放一光　我及衆會　見此國界　種種殊妙
諸佛神力　智慧希有　放一淨光　照无量國
我等見此　得未曾有　佛子文殊　願決衆疑
四衆欣仰　瞻仁及我　世尊何故　放斯光明
佛子時答　決疑令喜　何所饒益　演斯光明
佛坐道場　所得妙法　為欲說此　為當授記
示諸佛土　衆寶嚴淨　及見諸佛　此非小緣
文殊當知　四衆龍神　瞻察仁者　為說何等
尒時文殊師利語弥勒菩薩摩訶薩及諸大
士善男子等如我惟忖今佛世尊欲說大法
雨大法雨吹大法螺擊大法鼓演大法義諸
善男子我於過去諸佛曾見此瑞放斯光已

BD13808號　妙法蓮華經卷一　（13–8）

尒時文殊師利語弥勒菩薩摩訶薩及諸大
士善男子等如我惟忖今佛世尊欲說大法
雨大法雨吹大法螺擊大法鼓演大法義諸
善男子我於過去諸佛曾見此瑞放斯光已
即說大法是故當知今佛現光亦復如是欲
令衆生咸得聞知一切世間難信之法故現
斯瑞諸善男子如過去无量无邊不可思議
阿僧祇劫尒時有佛号日月燈明如來應供
正遍知明行足善逝世間解无上士調御丈
夫天人師佛世尊演說正法初善中善後善
其義深遠其語巧妙純一无雜具足清白梵
行之相為求聲聞者說應四諦法度生老病
死究竟涅槃為求辟支佛者說應十二因緣
法為諸菩薩說應六波羅蜜令得阿耨多羅
三藐三菩提成一切種智次復有佛亦名日
月燈明次復有佛亦名日月燈明如是二万
佛皆同一字号日月燈明又同一姓姓頗羅
墮弥勒當知初佛後佛皆同一字名日月燈
明十号具足所可說法初中後善其最後佛
未出家時有八王子一名有意二名善意三
名无量意四名寶意五名增意六名除疑意
七名響意八名法意是八王子威德自在各
領四天下是諸王子聞父出家得阿耨多羅三
藐三菩提悉捨王位亦隨出家發大乘意常
脩梵行皆為法師已於千万佛所殖諸善本
是時日月燈明佛說大乘經名无量義教菩
薩法佛所護[illegible]

BD13808號　妙法蓮華經卷一　（13–9）

七名響意八名法意是八王子威德自在各
領四天下是諸王子聞父出家得阿耨多羅三
藐三菩提悉捨王位亦隨出家發大乘意常
脩梵行皆為法師已於千万佛所殖諸善本
是時日月燈明佛說大乘經名无量義教菩
薩法佛所護念說是經已即於大眾中結跏
趺坐入於无量義處三昧身心不動是時天
雨曼陁羅華摩訶曼陁羅華曼殊沙華摩訶
曼殊沙華而散佛上及諸大眾普佛世界六
種震動尒時會中比丘比丘尼優婆塞優婆夷
天龍夜叉乾闥婆阿脩羅迦樓羅緊那羅
摩睺羅伽人非人及諸小王轉輪聖王等是
諸大眾得未曾有歡喜合掌一心觀佛尒時
如来放眉間白豪相光照東方万八千佛土
靡不周遍如今所見是諸佛土弥勒當知尒
時會中有二十億菩薩樂欲聽法是諸菩薩
見此光明普照佛土得未曾有欲知此光所
為因緣時有菩薩名曰妙光有八百弟子是
時日月燈明佛從三昧起因妙光菩薩說大
乘經名妙法蓮華教菩薩法佛所護念六十
小劫不起于座時會聽者亦坐一處六十小
劫身心不動聽佛所說謂如食頃是時眾中
无有一人若身若心而生懈惓日月燈明佛
於六十小劫說是經已即於梵魔沙門婆羅
門及天人阿脩羅眾中而宣此言如来於今
日中夜當入无餘涅槃時有菩薩名曰德藏
日月燈明佛即授其記告諸比丘是德藏菩

BD13808號　妙法蓮華經卷一　（13–10）

无有一人若身若心而生懈惓日月燈明佛
於六十小劫說是經已即於梵魔沙門婆羅
門及天人阿脩羅眾中而宣此言如来於今
日中夜當入无餘涅槃時有菩薩名曰德藏
日月燈明佛即授其記告諸比丘是德藏菩
薩次當作佛号曰淨身多陁阿伽度阿羅訶
三藐三佛陁佛授記已便於中夜入无餘涅
槃佛滅度後妙光菩薩持妙法蓮華經滿八
十小劫為人演說日月燈明佛八子皆師妙
光妙光教化令其堅固阿耨多羅三藐三菩
提是諸王子供養无量百千万億佛已皆成
佛道其最後成佛者名曰然燈八百弟子中
有一人号曰求名貪著利養雖復讀誦眾經
而不通利多所忘失故号求名是人亦以種
諸善根因緣故得值无量百千万億諸佛供
養恭敬尊重讚歎弥勒當知尒時妙光菩薩
豈異人乎我身是也求名菩薩汝身是也今
見此瑞與本无異是故惟忖今日如来當說
大乘經名妙法蓮華教菩薩法佛所護念尒
時文殊師利於大眾中欲重宣此義而說偈
言

我念過去世　无量无數劫　有佛人中尊　号日月燈明
世尊演說法　度无量眾生　无數億菩薩　令入佛智慧
佛未出家時　所生八王子　見大聖出家　亦隨脩梵行
時佛說大乘　經名无量義　於諸大眾中　而為廣分別
佛說此經已　即於法座上　跏趺坐三昧　名无量義處
天雨曼陁華　天鼓自然鳴　諸天龍鬼神　供養人中尊

BD13808號　妙法蓮華經卷一　（13–11）

世尊演說法　度無量衆生　無數億菩薩　令入佛智慧
佛未出家時　所生八王子　見大聖出家　亦隨脩梵行
時佛說大乘　經名無量義　於諸大衆中　而為廣分別
佛說此經已　即於法座上　跏趺坐三昧　名無量義處
天雨曼陁華　天鼓自然鳴　諸天龍鬼神　供養人中尊
一切諸佛土　即時大震動　佛放眉間光　現諸希有事
此光照東方　万八千佛土　示一切衆生　生死業報處
有見諸佛土　以衆寶莊嚴　瑠璃頗梨色　斯由佛光照
及見諸天人　龍神夜叉衆　乾闥緊那羅　各供養其佛
又見諸如來　自然成佛道　身色如金山　端嚴甚微妙
如淨瑠璃中　內現真金像　世尊在大衆　敷演深法義
一一諸佛土　聲聞衆無數　因佛光所照　悉見彼大衆
或有諸比丘　在於山林中　精進持淨戒　猶如護明珠
又見諸菩薩　行施忍辱等　其數如恒沙　斯由佛光照
又見諸菩薩　深入諸禪定　身心寂不動　以求無上道
又見諸菩薩　知法寂滅相　各於其國土　說法求佛道
尒時四部衆　見日月燈佛　現大神通力　其心皆歡喜
各各自相問　是事何因緣　天人所奉尊　適從三昧起
讚妙光菩薩　汝為世間眼　一切所歸信　能奉持法藏
如我所說法　唯汝能證知　世尊既讚歎　令妙光歡喜
說是法華經　滿六十小劫　不起於此座　所說上妙法
是妙光法師　悉皆能受持　佛說是法華　令衆歡喜已
尋即於是日　告於天人衆　諸法實相義　已為汝等說
我今於中夜　當入於涅槃　汝一心精進　當離於放逸

BD13808 號　妙法蓮華經卷一　（13–12）

尒時四部衆　見日月燈佛　現大神通力　其心皆歡喜
各各自相問　是事何因緣　天人所奉尊　適從三昧起
讚妙光菩薩　汝為世間眼　一切所歸信　能奉持法藏
如我所說法　唯汝能證知　世尊既讚歎　令妙光歡喜
說是法華經　滿六十小劫　不起於此座　所說上妙法
是妙光法師　悉皆能受持　佛說是法華　令衆歡喜已
尋即於是日　告於天人衆　諸法實相義　已為汝等說
我今於中夜　當入於涅槃　汝一心精進　當離於放逸

BD13808 號　妙法蓮華經卷一　（13–13）

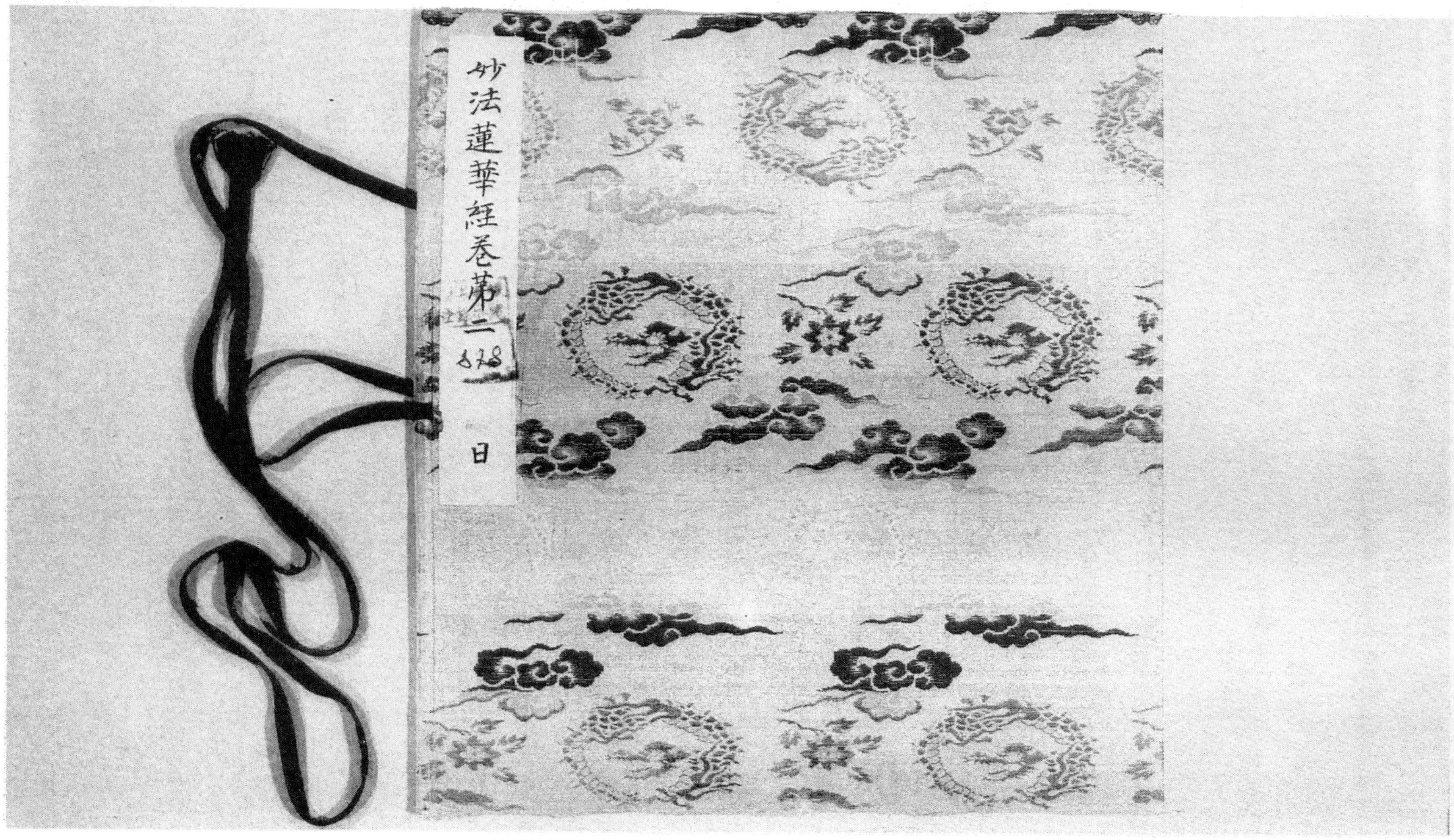

BD13809 號背　現代護首　　　　（1–1）

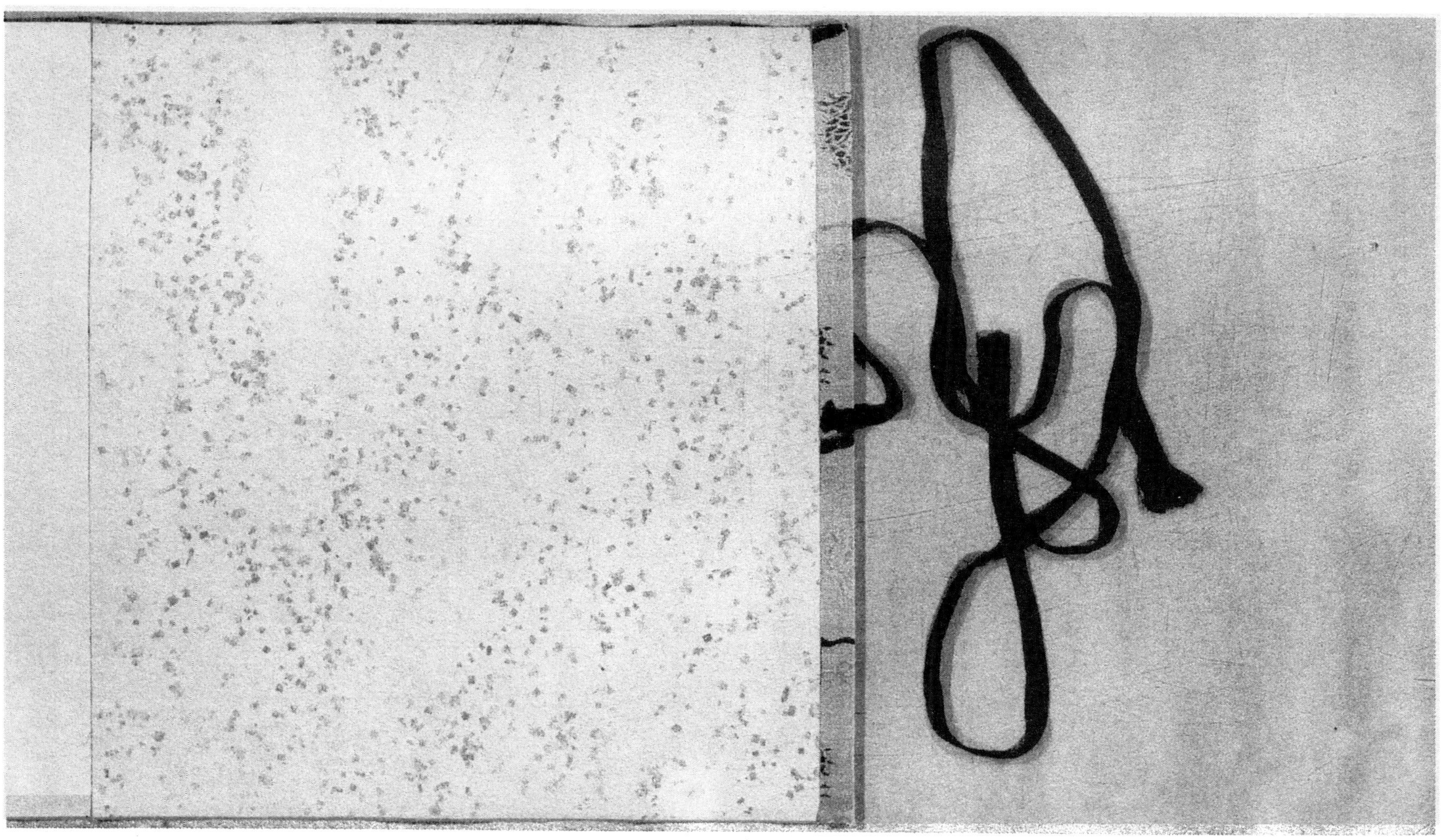

BD13809 號　妙法蓮華經卷二　　　　（31–1）

我獨經行時 見佛在大眾
自惟失此利 我爲自欺誑
我常於日夜 每思惟是事 欲以問世尊 爲失爲不失
我常見世尊 稱讚諸菩薩 以是於日夜 籌量如此事
今聞佛音聲 隨宜而說法 无漏難思議 令眾至道場
我本著邪見 爲諸梵志師 世尊知我心 拔邪說涅槃
我悉除邪見 於空法得證 爾時心自謂 得至於滅度
而今乃自覺 非是實滅度
若得作佛時 具三十二相 天人夜叉眾 龍神等恭敬
是時乃可謂 永盡滅无餘
佛於大眾中 說我當作佛 聞如是法音 疑悔悉已除
初聞佛所說 心中大驚疑 將非魔作佛 惱亂我心耶

BD13809號　妙法蓮華經卷二　（31–2）

我悉除邪見 於空法得證 爾時心自謂 得至於滅度
而今乃自覺 非是實滅度
若得作佛時 具三十二相 天人夜叉眾 龍神等恭敬
是時乃可謂 永盡滅无餘
佛於大眾中 說我當作佛 聞如是法音 疑悔悉已除
初聞佛所說 心中大驚疑 將非魔作佛 惱亂我心耶
佛以種種緣 譬喻巧言說 其心安如海 我聞疑網斷
佛說過去世 无量滅度佛 安住方便中 亦皆說是法
現在未來佛 其數无有量 亦以諸方便 演說如是法
如今者世尊 從生及出家 得道轉法輪 亦以方便說
世尊說實道 波旬无此事 以是我定知 非是魔作佛
我墮疑網故 謂是魔所爲
聞佛柔軟音 深遠甚微妙 演暢清淨法 我心大歡喜
疑悔永已盡 安住實智中
我定當作佛 爲天人所敬 轉无上法輪 教化諸菩薩
爾時佛告舍利弗 吾今於天人沙門婆羅門
等大眾中說 我昔曾於二萬億佛所 爲无上
道故 常教化汝 汝亦長夜隨我受學 我以方
便引導汝故 生我法中 舍利弗 我昔教汝志
願佛道 汝今悉忘 而便自謂已得滅度 我今
還欲令汝憶念本願所行道故 爲諸聲聞說
是大乘經 名妙法蓮華 教菩薩法 佛所護念
舍利弗 汝於未來世 過无量无邊不可思議
劫 供養若干千萬億佛 奉持正法 具足菩薩
所行之道 當得作佛 號曰華光如來應供正

BD13809號　妙法蓮華經卷二　（31–3）

還欲令汝憶念本願所行道故為諸聲聞說
是大乘經名妙法蓮華教菩薩法佛所護念
舍利弗汝於未來世過无量无邊不可思議
劫供養若干千万億佛奉持正法具足菩薩
所行之道當得作佛号曰華光如來應供正
遍知明行足善逝世間解无上士調御丈夫
天人師佛世尊國名離垢其土平正清淨嚴
飾安隱豐樂天人熾盛瑠璃為地有八交道黃
金為繩以界其側其傍各有七寶行樹常
有華菓華光如來亦以三乘教化衆生舍利
弗彼佛出時雖非惡世以本願故說三乘法
其劫名大寶莊嚴何故名曰大寶莊嚴其國
中以菩薩為大寶故彼諸菩薩无量无邊不
可思議筭數譬喻所不能及非佛智力无能
知者若欲行時寶華承足此諸菩薩非初發
意皆久殖德本於无量百千万億佛所淨脩
梵行恒為諸佛之所稱歎常脩佛慧具大神
通善知一切諸法之門質直无偽志念堅固
如是菩薩充滿其國舍利弗華光佛壽十二小
劫除為王子未作佛時其國人民壽八小劫
劫華光如來過十二小劫授堅滿菩薩阿耨
多羅三藐三菩提記告諸比丘是堅滿菩薩
次當作佛号曰華足安行多陁阿伽度阿羅
訶三藐三佛陁其佛國土亦復如是舍利弗

BD13809號　妙法蓮華經卷二　（31–4）

劫華光如來過十二小劫授堅滿菩薩阿耨
多羅三藐三菩提記告諸比丘是堅滿菩薩
次當作佛号曰華足安行多陁阿伽度阿羅
訶三藐三佛陁其佛國土亦復如是舍利弗
是華光佛滅度之後正法住世三十二小劫
像法住世亦三十二小劫尒時世尊欲重宣
此義而說偈言
舍利弗來世　成佛普智尊　号名曰華光　當度无量衆
供養无數佛　具足菩薩行　十力等功德　證於无上道
過无量劫已　劫名大寶嚴　世界名離垢　清淨无瑕穢
以瑠璃為地　金繩界其道　七寶雜色樹　常有華菓實
彼國諸菩薩　志念常堅固　神通波羅蜜　皆已悉具足
於无數佛所　善學菩薩道　如是等大士　華光佛所化
佛為王子時　棄國捨世榮　於最末後身　出家成佛道
華光佛住世　壽十二小劫　其國人民衆　壽命八小劫
佛滅度之後　正法住於世　三十二小劫　廣度諸衆生
正法滅盡已　像法三十二
舍利廣流布　天人普供養　華光佛所為　其事皆如是
其兩足聖尊　最勝无倫匹　彼即是汝身　宜應自欣慶
尒時四部衆比丘比丘尼優婆塞優婆夷天
龍夜叉乾闥婆阿脩羅迦樓羅緊那羅摩睺
羅伽等大衆見舍利弗於佛前受阿耨多羅
三藐三菩提記心大歡喜踊躍无量各各脫
身所著上衣供養佛釋提桓因梵天王等
與无數天子亦以天妙衣天曼陁羅華摩訶

BD13809號　妙法蓮華經卷二　（31–5）

龍夜叉乾闥婆阿脩羅迦樓羅緊那羅摩睺
羅伽等大衆見舍利弗於佛前受阿耨多羅
三藐三菩提記心大歡喜踊躍无量各各脫
身所著上衣供養佛釋提桓因梵天王等
與无數天子亦以天妙衣天曼陁羅華摩訶
曼陁羅華等供養於佛所散天衣住虛空中
而自迴轉諸天伎樂百千万種於虛空中一
時俱作雨衆天華而作是言佛昔於波羅柰
初轉法輪今乃復轉无上最大法輪尒時諸
天子欲重宣此義而說偈言
昔於波羅柰　轉四諦法輪　分別說諸法　五衆之生滅
今復轉最妙　无上大法輪　是法甚深奧　少有能信者
我等從昔來　數聞世尊說　未曾聞如是　深妙之上法
世尊說是法　我等皆隨喜　大智舍利弗　今得受尊記
我等亦如是　必當得作佛　於一切世間　最尊无有上
佛道叵思議　方便隨宜說　我所有福業　今世若過世
及見佛功德　盡迴向佛道
尒時舍利弗白佛言世尊我今无復疑悔親
於佛前得受阿耨多羅三藐三菩提記是諸
千二百心自在者昔住學地佛常教化言我
各自以離我見及有无見等謂得涅槃而今
於世尊前聞所未聞皆墮疑惑善哉世尊願
為四衆說其因緣令離疑悔尒時佛告舍利
弗我先不言諸佛世尊以種種因緣譬喻言
辭方便說法皆為阿耨多羅三藐三菩提耶

BD13809號　妙法蓮華經卷二　（31–6）

千二百心自在者昔住學地佛常教化言我
各自以離我見及有无見等謂得涅槃而今
於世尊前聞所未聞皆墮疑惑善哉世尊願
為四衆說其因緣令離疑悔尒時佛告舍利
弗我先不言諸佛世尊以種種因緣譬喻言
辭方便說法皆為阿耨多羅三藐三菩提耶
是諸所說皆為化菩薩故然舍利弗今當復
以譬喻更明此義諸有智者以譬喻得解舍
利弗若國邑聚落有大長者其年衰邁財富
无量多有田宅及諸僮僕其家廣大唯有一
門多諸人衆一百二百乃至五百人止住其
中堂閣朽故墻壁頹落柱根腐敗梁棟傾危
周帀俱時欻然火起焚燒舍宅長者諸子若
十二十或至三十在此宅中長者見是大火
從四面起即大驚怖而作是念我雖能於此
所燒之門安隱得出而諸子等於火宅內樂
著嬉戲不覺不知不驚不怖火來逼身苦痛
切己心不猒患无求出意舍利弗是長者作是
思惟我身手有力當以衣裓若以机案從
舍出之復更思惟是舍唯有一門而復狹小
諸子幼稚未有所識戀著戲處或當墮落為
火所燒我當為說怖畏之事此舍已燒宜時疾
出无令為火之所燒害作是念已如所思惟
具告諸子汝等速出父雖憐愍善言誘喻
而諸子等樂著嬉戲不肯信受不驚不畏了
无出心亦復不知何者是火何者為舍云何

BD13809號　妙法蓮華經卷二　（31–7）

出无令爲火之所燒害作是念已如所思惟
具告諸子汝等速出父雖憐愍善言誘喻
而諸子等樂著嬉戲不肯信受不驚不畏了
无出心亦復不知何者是火何者爲舍云何
爲失但東西走戲視父而已尒時長者即作
是念此舍已爲大火所燒我及諸子若不時
出必爲所焚我今當設方便令諸子等得免
斯害父知諸子先心各有所好種種珎玩奇
異之物情必樂著而告之言汝等所可玩好希
有難得汝若不取後必憂悔如此種種羊
車鹿車牛車今在門外可以遊戲汝等於此
火宅宜速出來隨汝所欲皆當與汝尒時諸
子聞父所說珎玩之物適其願故心各勇鋭
互相推排競共馳走爭出火宅是時長者見
諸子等安隱得出皆於四衢道中露地而坐
无復鄣礙其心泰然歡喜踊躍時諸子等各
白父言父先所許玩好之具羊車鹿車牛車
願時賜與舍利弗尒時長者各賜諸子等一
大車其車高廣衆寶莊校周帀欄楯四面懸
鈴又於其上張設軒蓋亦以珎奇雜寶而嚴
飾之寶繩絞絡垂諸華瓔重敷綩綖安置丹枕
駕以白牛膚色充潔形體姝好有大筋力
行步平正其疾如風又多僕從而侍衛之所
以者何是大長者財富无量種種諸藏悉皆

BD13809號　妙法蓮華經卷二　（31–8）

鈴又於其上張設軒蓋亦以珎奇雜寶而嚴
飾之寶繩絞絡垂諸華瓔重敷綩綖安置丹枕
駕以白牛膚色充潔形體姝好有大筋力
行步平正其疾如風又多僕從而侍衛之所
以者何是大長者財富无量種種諸藏悉皆
充溢而作是念我財物无極不應以下劣小
車與諸子等今此幼童皆是吾子愛无偏黨
我有如是七寶大車其數无量應當等心各
各與之不宜差別所以者何以我此物周給一
國猶尚不匱何況諸子是時諸子各乘大
車得未曾有非本所望舍利弗於汝意云何
是長者等與諸子珎寶大車寧有虛妄不舍
利弗言不也世尊是長者但令諸子得免火
難全其軀命非爲虛妄何以故若全身命便
爲已得玩好之具況復方便於彼火宅而拔
濟之世尊若是長者乃至不與最小一車猶
不虛妄何以故是長者先作是意我以方便
令子得出以是因緣无虛妄也何況長者自
知財富无量欲饒益諸子等與大車佛告舍
利弗善哉善哉如汝所言舍利弗如來亦復
如是則爲一切世間之父於諸怖畏衰惱憂
患无明闇蔽永盡无餘而悉成就无量知見
力无所畏有大神力及智慧力具足方便智
慧波羅蜜大慈大悲常无懈惓恒求善事利
益一切而生三界朽故火宅爲度衆生生老病

BD13809號　妙法蓮華經卷二　（31–9）

如是則為一切世間之父於諸怖畏衰惱憂
患无明闇蔽永盡无餘而悉成就无量知見
力无所畏有大神力及智慧力具足方便智
慧波羅蜜大慈大悲常无懈惓恒求善事利
益一切而生三界朽故火宅為度衆生生老病
死憂悲苦惱愚癡闇蔽三毒之火教化令得
阿耨多羅三藐三菩提見諸衆生為生老病
死憂悲苦惱之所燒煮亦以五欲財利故受
種種苦又以貪著追求故現受衆苦後受
地獄畜生餓鬼之苦若生天上及在人間貧
窮困苦愛別離苦怨憎會苦如是等種種諸
苦衆生沒在其中歡喜遊戲不覺不知不驚
不怖亦不生厭不求解脫於此三界火宅東
西馳走雖遭大苦不以為患舍利弗佛見此
已便作是念我為衆生之父應拔其苦難與
无量无邊佛智慧樂令其遊戲舍利弗如來
復作是念若我但以神力及智慧力捨於方
便為諸衆生讚如來知見力无所畏者衆生
不能以是得度所以者何是諸衆生未免生
老病死憂悲苦惱而為三界火宅所燒何由
能解佛之智慧舍利弗如彼長者雖復身手
有力而不用之但以慇懃方便免濟諸子火
宅之難然後各與珎寶大車如來亦復如是
雖有力无所畏而不用之但以智慧方便於

BD13809號　妙法蓮華經卷二　（31–10）

能解佛之智慧舍利弗如彼長者雖復身手
有力而不用之但以慇懃方便免濟諸子火
宅之難然後各與珎寶大車如來亦復如是
雖有力无所畏而不用之但以智慧方便於
三界火宅拔濟衆生為說三乘聲聞辟支佛
佛乘而作是言汝等莫得樂住三界火宅勿
貪麁弊色聲香味觸也若貪著生愛則為所
燒汝速出三界當得三乘聲聞辟支佛佛乘
我今為汝保任此事終不虛也汝等但當勤
脩精進如來以是方便誘進衆生復作是言
汝等當知此三乘法皆是聖所稱歎自在无
繫无所依求乘是三乘以无漏根力覺道禪
定解脫三昧等而自娛樂便得无量安隱快
樂舍利弗若有衆生內有智性從佛世尊聞
法信受殷勤精進欲速出三界自求涅槃是
名聲聞乘如彼諸子為求羊車出於火宅若
有衆生從佛世尊聞法信受殷勤精進求自
然慧樂獨善寂深知諸法因緣是名辟支佛
乘如彼諸子為求鹿車出於火宅若有衆生
從佛世尊聞法信受勤脩精進求一切智佛智
自然智无師智如來知見力无所畏愍念
安樂无量衆生利益天人度脫一切是名大
乘菩薩求此乘故名為摩訶薩如彼諸子為
求牛車出於火宅舍利弗如彼長者見諸子
等安隱得出火宅到无畏處自惟財富无量

BD13809號　妙法蓮華經卷二　（31–11）

安樂无量衆生利益天人度脫一切是名大
乘菩薩求此乘故名為摩訶薩如彼諸子為
求牛車出於火宅舍利弗如彼長者見諸子
等安隱得出火宅到无畏處自惟財富无量
等以大車而賜諸子如來亦復如是為一切
衆生之父若見无量億千衆生以佛教門出
三界苦怖畏險道得涅槃樂如來尒時便作
是念我有无量无邊智慧力无畏等諸佛法
藏是諸衆生皆是我子等與大乘不令有人
獨得滅度皆以如來滅度而滅度之是諸衆
生脫三界者悉與諸佛禪定解脫等娛樂之
具皆是一相一種聖所稱歎能生淨妙第一
之樂舍利弗如彼長者初以三車誘引諸子
然後但與大車寶物莊嚴安隱第一然彼長
者无虛妄之咎如來亦復如是无有虛妄初
說三乘引導衆生然後但以大乘而度脫之
何以故如來有无量智慧力无所畏諸法之
藏能與一切衆生大乘之法但不盡能受舍
利弗以是因緣當知諸佛方便力故於一佛
乘分別說三佛欲重宣此義而說偈言
譬如長者　有一大宅　其宅久故　而復頓弊
堂舍高危　柱根摧朽　梁棟傾斜　基陛頹毀
牆壁圮坼　泥塗褫落　覆苫亂墜　椽梠差脫
周障屈曲　雜穢充遍　有五百人　止住其中

堂舍高危　柱根摧朽　梁棟傾斜　基陛頹毀
牆壁圮坼　泥塗褫落　覆苫亂墜　椽梠差脫
周障屈曲　雜穢充遍　有五百人　止住其中
鵄梟鵰鷲　烏鵲鳩鴿　蚖蛇蝮蠍　蜈蚣蚰蜒
守宮百足　狖狸鼷鼠　諸惡虫輩　交橫馳走
屎尿臭處　不淨流溢　蜣蜋諸虫　而集其上
狐狼野干　咀嚼踐蹋　嚌齧死屍　骨肉狼藉
由是群狗　競來搏撮　飢羸慞惶　處處求食
鬪諍齟掣　啀喍嘷吠　其舍恐怖　變狀如是
處處皆有　魑魅魍魎　夜叉惡鬼　食噉人肉
毒虫之屬　諸惡禽獸　孚乳產生　各自藏護
夜叉競來　爭取食之　食之既飽　惡心轉熾
鬪諍之聲　甚可怖畏　鳩槃荼鬼　蹲踞土埵
或時離地　一尺二尺　往返遊行　縱逸嬉戲
捉狗兩足　撲令失聲　以腳加頸　怖狗自樂
復有諸鬼　其身長大　裸形黑瘦　常住其中
發大惡聲　叫呼求食　復有諸鬼　其咽如針
復有諸鬼　首如牛頭　或食人肉　或復噉狗
頭髮蓬亂　殘害兇險　飢渴所逼　叫喚馳走
夜叉餓鬼　諸惡鳥獸　飢急四向　窺看窻牖
如是諸難　恐畏无量　是朽故宅　屬于一人
其人近出　未久之間　於後宅舍　欻然火起
四面一時　其焰俱熾　棟梁椽柱　爆聲震裂
摧折墮落　牆壁崩倒　諸鬼神等　揚聲大叫

夜叉餓鬼 諸惡鳥獸 飢急四向 窺看窓牖
如是諸難 恐畏無量 是朽故宅 屬于一人
其人近出 未久之間 於後宅舍 欻然火起
四面一時 其焰俱熾 棟梁椽柱 爆聲震裂
摧折墮落 墻壁崩倒 諸鬼神等 揚聲大叫
鵰鷲諸鳥 鳩槃荼等 周章惶怖 不能自出
惡獸毒虫 藏竄孔穴 毗舍闍鬼 亦住其中
薄福德故 為火所逼 共相殘害 飲血噉肉
野干之屬 並已前死 諸大惡獸 競來食噉
臭烟熢㶿 四面充塞 蜈蚣蚰蜒 毒蛇之類
為火所燒 爭走出穴 鳩槃荼鬼 隨取而食
又諸餓鬼 頭上火然 飢渴熱惱 周章悶走
其宅如是 甚可怖畏 毒害火災 眾難非一
是時宅主 在門外立 聞有人言 汝諸子等
先因遊戲 來入此宅 稚小無知 歡娛樂著
長者聞已 驚入火宅 方宜救濟 令無燒害
告喻諸子 說眾患難 惡鬼毒虫 災火蔓莚
眾苦次第 相續不絕 毒蛇蚖蝮 及諸夜叉
鳩槃荼鬼 野干狐狗 鵰鷲鵄梟 百足之屬
飢渴惱急 甚可怖畏 此苦難處 況復大火
諸子無知 雖聞父誨 猶故樂著 嬉戲不已
是時長者 而作是念 諸子如此 益我愁惱
今此舍宅 無一可樂 而諸子等 耽湎嬉戲
不受我教 將為火害 即便思惟 設諸方便
告諸子等 我有種種 珍玩之具 妙寶好車
羊車鹿車 大牛之車 今在門外 汝等出來

BD13809 號　妙法蓮華經卷二　（31–14）

是時長者 而作是念 諸子如此 益我愁惱
今此舍宅 無一可樂 而諸子等 耽湎嬉戲
不受我教 將為火害 即便思惟 設諸方便
告諸子等 我有種種 珍玩之具 妙寶好車
羊車鹿車 大牛之車 今在門外 汝等出來
吾為汝等 造作此車 隨意所樂 可以遊戲
諸子聞說 如此諸車 即時奔競 馳走而出
到於空地 離諸苦難 長者見子 得出火宅
住於四衢 坐師子座 而自慶言 我今快樂
此諸子等 生育甚難 愚小無知 而入險宅
多諸毒虫 魑魅可畏 大火猛焰 四面俱起
而此諸子 貪樂嬉戲 我已救之 令得脫難
是故諸人 我今快樂
爾時諸子 知父安坐 皆詣父所 而白父言
願賜我等 三種寶車 如前所許 諸子出來
當以三車 隨汝所欲 今正是時 唯垂給與
長者大富 庫藏眾多 金銀琉璃 車𤦲馬瑙
以眾寶物 造諸大車 裝校嚴飾 周帀欄楯
四面懸鈴 金繩交絡 真珠羅網 張施其上
金華諸瓔 處處垂下 眾綵雜飾 周帀圍繞
柔軟繒纊 以為茵蓐 上妙細疊 價直千億
鮮白淨潔 以覆其上 有大白牛 肥壯多力
形體姝好 以駕寶車 多諸儐從 而侍衛之
以是妙車 等賜諸子 諸子是時 歡喜踴躍

BD13809 號　妙法蓮華經卷二　（31–15）

金華諸瓔處處垂下眾綵雜飾周匝圍繞
柔軟繒纊 以為茵蓐 上妙細疊 價直千億
鮮白淨潔 以覆其上 有大白牛 肥壯多力
形體姝好 以駕寶車 多諸儐從 而侍衛之
以是妙車 等賜諸子 諸子是時 歡喜踊躍
乘是寶車 遊於四方 嬉戲快樂 自在无礙
告舍利弗 我亦如是 眾聖中尊 世間之父
一切眾生 皆是吾子 深著世樂 无有慧心
三界无安 猶如火宅 眾苦充滿 甚可怖畏
常有生老 病死憂患 如是等火 熾然不息
如來已離 三界火宅 寂然閑居 安處林野
今此三界 皆是我有 其中眾生 悉是吾子
而今此處 多諸患難 唯我一人 能為救護
雖復教詔 而不信受 於諸欲染 貪著深故
是以方便 為說三乘 令諸眾生 知三界苦
開示演說 出世間道 是諸子等 若心決定
具足三明 及六神通 有得緣覺 不退菩薩
汝舍利弗 我為眾生 以此譬喻 說一佛乘
汝等若能 信受是語 一切皆當 成得佛道
是乘微妙 清淨第一 於諸世間 為无有上
佛所悅可 一切眾生 所應稱讚 供養禮拜
无量億千 諸力解脫 禪定智慧 及佛餘法
得如是乘 令諸子等 日夜劫數 常得遊戲
與諸菩薩 及聲聞眾 乘此寶乘 直至道場
以是因緣 十方諦求 更无餘乘 除佛方便
告舍利弗 汝諸人等 皆是吾子 我則是父

BD13809號 妙法蓮華經卷二 (31-16)

无量億千 諸力解脫 禪定智慧 及佛餘法
得如是乘 令諸子等 日夜劫數 常得遊戲
與諸菩薩 及聲聞眾 乘此寶乘 直至道場
以是因緣 十方諦求 更无餘乘 除佛方便
告舍利弗 汝諸人等 皆是吾子 我則是父
汝等累劫 眾苦所燒 我皆濟拔 令出三界
我雖先說 汝等滅度 但盡生死 而實不滅
今所應作 唯佛智慧
若有菩薩 於是眾中 能一心聽 諸佛實法
諸佛世尊 雖以方便 所化眾生 皆是菩薩
若人小智 深著愛欲 為此等故 說於苦諦
眾生心喜 得未曾有 佛說苦諦 真實无異
若有眾生 不知苦本 深著苦因 不能暫捨
為是等故 方便說道 諸苦所因 貪欲為本
若滅貪欲 无所依止 滅盡諸苦 名第三諦
為滅諦故 修行於道 離諸苦縛 名得解脫
是人於何 而得解脫 但離虛妄 名為解脫
其實未得 一切解脫 佛說是人 未實滅度
斯人未得 无上道故 我意不欲 令至滅度
我為法王 於法自在 安隱眾生 故現於世
汝舍利弗 我此法印 為欲利益 世間故說
在所遊方 勿妄宣傳
若有聞者 隨喜頂受 當知是人 阿鞞跋致
若有信受 此經法者 是人已曾 見過去佛
恭敬供養 亦聞是法 若人有能 信汝所說

BD13809號 妙法蓮華經卷二 (31-17)

汝舍利弗　我此法印　為欲利益　世間故說
在所遊方　勿妄宣傳
若有聞者　隨喜頂受　當知是人　阿鞞跋致
若有信受　此經法者　是人已曾　見過去佛
恭敬供養　亦聞是法　若人有能　信汝所說
則為見我　亦見於汝　及比丘僧　并諸菩薩
斯法華經　為深智說　淺識聞之　迷惑不解
一切聲聞　及辟支佛　於此經中　力所不及
汝舍利弗　尚於此經　以信得入　況餘聲聞
其餘聲聞　信佛語故　隨順此經　非己智分
又舍利弗　憍慢懈怠　計我見者　莫說此經
凡夫淺識　深著五欲　聞不能解　亦勿為說
若人不信　毀謗此經　則斷一切　世間佛種
或復顰蹙　而懷疑惑　汝當聽說　此人罪報
若佛在世　若滅度後　其有誹謗　如斯經典
見有讀誦　書持經者　輕賤憎嫉　而懷結恨
此人罪報　汝今復聽
其人命終　入阿鼻獄　具足一劫　劫盡更生
如是展轉　至无數劫　從地獄出　當墮畜生
若狗野干　其形頷瘦　黧黮疥癩　人所觸嬈
又復為人　之所惡賤　常困飢渴　骨肉枯竭
生受楚毒　死被瓦石　斷佛種故　受斯罪報
若作駱駝　或生驢中　身常負重　加諸杖捶
但念水草　餘无所知　謗斯經故　獲罪如是
有作野干　來入聚落　身體疥癩　又无一目

BD13809號　妙法蓮華經卷二　（31–18）

生受楚毒　死被瓦石　斷佛種故　受斯罪報
若作駱駝　或生驢中　身常負重　加諸杖捶
但念水草　餘无所知　謗斯經故　獲罪如是
有作野干　來入聚落　身體疥癩　又无一目
為諸童子　之所打擲　受諸苦痛　或時致死
於此死已　更受蟒身　其形長大　五百由旬
聾騃无足　宛轉腹行　為諸小蟲　之所唼食
晝夜受苦　无有休息　謗斯經故　獲罪如是
若得為人　諸根闇鈍　矬陋攣躄　盲聾背傴
有所言說　人不信受　口氣常臭　鬼魅所著
貧窮下賤　為人所使　多病痟瘦　无所依怙
雖親附人　人不在意　若有所得　尋復忘失
若脩醫道　順方治病　更增他疾　或復致死
若自有病　无人救療　設服良藥　而復增劇
若他反逆　抄劫竊盜　如是等罪　橫羅其殃
如斯罪人　永不見佛　衆聖中王　說法教化
如斯罪人　常生難處　狂聾心亂　永不聞法
於无數劫　如恒河沙　生輒聾瘂　諸根不具
常處地獄　如遊園觀　在餘惡道　如己舍宅
駝驢猪狗　是其行處　謗斯經故　獲罪如是
若得為人　聾盲瘖瘂　貧窮諸衰　以自莊嚴
水腫乾消　疥癩癰疽　如是等病　以為衣服
身常臭處　垢穢不淨　深著我見　增益瞋恚
婬欲熾盛　不擇禽獸　謗斯經故　獲罪如是
告舍利弗　謗斯經者　若說其罪　窮劫不盡

BD13809號　妙法蓮華經卷二　（31–19）

若得為人　聾盲瘖瘂　貧窮諸衰　以自莊嚴
水腫乾痟　疥癩癰疽　如是等病　以為衣服
身常臭處　垢穢不淨　深著我見　增益瞋恚
婬欲熾盛　不擇禽獸　謗斯經故　獲罪如是
告舍利弗　謗斯經者　若說其罪　窮劫不盡
以是因緣　我故語汝　无智人中　莫說此經
若有利根　智慧明了　多聞強識　求佛道者
如是之人　乃可為說
若人曾見　億百千佛　殖諸善本　深心堅固
如是之人　乃可為說
若人精進　常脩慈心　不惜身命　乃可為說
若人恭敬　无有異心　離諸凡愚　獨處山澤
如是之人　乃可為說
又舍利弗　若見有人　捨惡知識　親近善友
如是之人　乃可為說
若見佛子　持戒清潔　如淨明珠　求大乘經
如是之人　乃可為說
若人无瞋　質直柔軟　常愍一切　恭敬諸佛
如是之人　乃可為說
復有佛子　於大眾中　以清淨心　種種因緣
譬喻言辭　說法无礙　如是之人　乃可為說
若有比丘　為一切智　四方求法　合掌頂受
但樂受持　大乘經典　乃至不受　餘經一偈
如是之人　乃可為說

BD13809號　妙法蓮華經卷二　（31–20）

復有佛子　於大眾中　以清淨心　種種因緣
譬喻言辭　說法无礙　如是之人　乃可為說
若有比丘　為一切智　四方求法　合掌頂受
但樂受持　大乘經典　乃至不受　餘經一偈
如是之人　乃可為說
如人至心　求佛舍利　如是求經　得已頂受
其人不復　志求餘經　亦未曾念　外道典籍
如是之人　乃可為說
告舍利弗　我說是相　求佛道者　窮劫不盡
如是等人　則能信解　汝當為說　妙法華經

妙法蓮華經信解品第四

尒時慧命須菩提摩訶迦旃延摩訶迦葉摩
訶目揵連從佛所聞未曾有法世尊授舍利
弗阿耨多羅三藐三菩提記發希有心歡喜
踊躍即從座起整衣服偏袒右肩右膝著地
一心合掌曲躬恭敬瞻仰尊顏而白佛言我
等居僧之首年並朽邁自謂已得涅槃无所
堪任不復進求阿耨多羅三藐三菩提世尊
往昔說法既久我時在座身體疲懈但念空
无相无作於菩薩法遊戲神通淨佛國土成
就眾生心不憙樂所以者何世尊令我等出
於三界得涅槃證又今我等年已朽邁於佛
教化菩薩阿耨多羅三藐三菩提不生一念
好樂之心我等今於佛前聞授聲聞阿耨多
羅三藐三菩提記心甚歡喜得未曾有不謂

BD13809號　妙法蓮華經卷二　（31–21）

於三界得涅槃證又今我等年已朽邁於佛
教化菩薩阿耨多羅三藐三菩提不生一念
好樂之心我等今於佛前聞授聲聞阿耨多
羅三藐三菩提記心甚歡喜得未曾有不謂
於今忽然得聞希有之法深自慶幸獲大善
利无量珎寶不求自得世尊我等今者樂說
譬喻以明斯義譬若有人年既幼稚捨父逃
逝久住他國或十二十至五十歲年既長大
加復窮困馳騁四方以求衣食漸漸遊行遇
向本國其父先來求子不得中止一城其家
大富財寶无量金銀琉璃珊瑚虎珀頗梨珠
等其諸倉庫悉皆盈溢多有僮僕臣佐吏民
象馬車乘牛羊无數出入息利乃遍他國商
估賈客亦甚衆多時貧窮子遊諸聚落經歷
國邑遂到其父所止之城父每念子與子離
別五十餘年而未曾向人說如此事但自思
惟心懷悔恨自念老朽多有財物金銀珎寶
倉庫盈溢无有子息一旦終沒財物散失无
所委付是以慇懃每憶其子復作是念我若
得子委付財物坦然快樂无復憂慮世尊尒
時窮子傭賃展轉遇到父舍住立門側遥見
其父踞師子牀寶机承足諸婆羅門剎利居士
皆恭敬圍繞以真珠瓔珞價直千万莊嚴

得子委付財物坦然快樂无復憂慮世尊尒
時窮子傭賃展轉遇到父舍住立門側遥見
其父踞師子牀寶机承足諸婆羅門剎利居士
皆恭敬圍繞以真珠瓔珞價直千万莊嚴
其身吏民僮僕手執白拂侍立左右覆以寶
帳垂諸華幡香水灑地散衆名華羅列寶物
出内取與有如是等種種嚴飾威德特尊窮
子見父有大勢力即懷恐怖悔來至此竊作
是念此或是王或是王等非我傭力得物之
處不如往至貧里肆力有地衣食易得若久
住此或見逼迫強使我作作是念已疾走而
去時富長者於師子座見子便識心大歡喜
即作是念我財物庫藏今有所付我常思念
此子無由見之而忽自來甚適我願我雖年
朽猶故貪惜即遣傍人急追將還尒時使者
疾走往捉窮子驚愕稱怨大喚我不相犯何
為見捉使者執之逾急強牽將還于時窮
子自念無罪而被囚執此必定死轉更惶怖悶
絶躄地父遥見之而語使言不須此人勿強將
來以冷水灑面令得醒悟莫復與語所以者
何父知其子志意下劣自知豪貴為子所難
審知是子而以方便不語他人云是我子使者
語之我今放汝隨意所趣窮子歡喜得未
曾有從地而起往至貧里以求衣食尒時長
者將欲誘引其子而設方便密遣二人形色

審知是子而以方便不語他人云是我子使者
語之我今放汝隨意所趣窮子歡喜得未
曾有從地而起往至貧里以求衣食尒時長
者將欲誘引其子而設方便密遣二人形色
顦顇無威德者汝可詣彼徐語窮子此有
作處倍與汝直窮子若許將來使作若言欲
何所作便可語之雇汝除糞我等二人亦共
汝作時二使人即求窮子既已得之具陳上
事尒時窮子先取其價尋與除糞其父見子
愍而恠之又以他日於窓牖中遙見子身羸
瘦顦顇糞土塵坌汙穢不淨即脫瓔珞細軟
上服嚴飾之具更著麁弊垢膩之衣塵土坌
身右手執持除糞之器狀有所畏語諸作人
汝等勤作勿得懈息以方便故得近其子後
復告言咄男子汝常此作勿復餘去當加汝
價諸有所須盆器米麵鹽酢之屬莫自疑難
亦有老弊使人須者相給好自安意我如汝
父勿復憂慮所以者何我年老大而汝少壯
汝常作時無有欺怠瞋恨怨言都不見汝有
此諸惡如餘作人自今已後如所生子即時長
者更與作字名之為兒尒時窮子雖欣此遇
猶故自謂客作賤人由是之故於二十年中常
令除糞過是已後心相體信入出無難然
其所止猶在本處世尊尒時長者有疾自
知將死不久語窮子言我今多有金銀珎寶
倉庫盈溢其中多少所應取與汝悉知之我

BD13809號　妙法蓮華經卷二　（31–24）

其所止猶在本處世尊尒時長者有疾自
知將死不久語窮子言我今多有金銀珎寶
倉庫盈溢其中多少所應取與汝悉知之我
心如是當體此意所以者何今我與汝便為
不異宜加用心無令漏失尒時窮子即受教
勅領知衆物金銀珎寶及諸庫藏而無悕
取一飡之意然其所止故在本處下劣之心亦
未能捨復經少時父知子意漸以通泰成就
大志自鄙先心臨欲終時而命其子并會親
族國王大臣剎利居士皆悉已集即自宣言
諸君當知此是我子我之所生於某城中捨
吾逃走跉跰辛苦五十餘年其本字某我名
某甲昔在本城懷憂推覓忽於此間遇會得
之此實我子我實其父今我所有一切財物皆
是子有先所出內是子所知世尊是時窮子
聞父此言即大歡喜得未曾有而作是念
我本無心有所希求今此寶藏自然而至世
尊大富長者則是如來我等皆似佛子如來
常說我等為子世尊我等以三苦故於生死
中受諸熱惱迷惑無知樂著小法今日世尊
令我等思惟蠲除諸法戲論之糞我等於中
勤加精進得至涅槃一日之價既得此已心大
歡喜自以為足便自謂言於佛法中勤精進
故所得弘多然世尊先知我等心著弊欲
樂於小法便見縱捨不為分別汝等當有如

BD13809號　妙法蓮華經卷二　（31–25）

勤加精進得至涅槃一日之價既得此已心大
歡喜自以為足便自謂言於佛法中勤精進
故所得弘多然世尊先知我等心著弊欲
樂於小法便見縱捨不為分別汝等當有如
來知見寶藏之分世尊以方便力說如來智
慧我等從佛得涅槃一日之價以為大得於
此大乘無有志求我等又因如來智慧為諸
菩薩開示演說而自於此無有志願所以者何
佛知我等心樂小法以方便力隨我等說而
我等不知真是佛子今我等方知世尊於佛
智慧無所悋惜所以者何我等昔來真是
佛子而但樂小法若我等有樂大之心佛則
為我說大乘法於此經中唯說一乘而昔於
菩薩前毀呰聲聞樂小法者然佛實以大乘
教化是故我等說本無心有所希求今法王
大寶自然而至如佛子所應得者皆已得之
尒時摩訶迦葉欲重宣此義而說偈言
我等今日　聞佛音教　歡喜踊躍　得未曾有
佛說聲聞　當得作佛　無上寶聚　不求自得
譬如童子　幼稚無識　捨父逃逝　遠到他土
周流諸國　五十餘年　其父憂念　四方推求
求之既疲　頓止一城　造立舍宅　五欲自娛
其家巨富　多諸金銀　硨磲碼瑙　真珠瑠璃
為馬牛羊　輦輿車乘　田業僮僕　人民眾多
出入息利　乃遍他國　商估賈人　無處不有

求之既疲　頓止一城　造立舍宅　五欲自娛
其家巨富　多諸金銀　硨磲碼瑙　真珠瑠璃
為馬牛羊　輦輿車乘　田業僮僕　人民眾多
出入息利　乃遍他國　商估賈人　無處不有
千萬億眾　圍繞恭敬　常為王者　之所愛念
群臣豪族　皆共宗重　以諸緣故　往來者眾
豪富如是　有大力勢　而年朽邁　益憂念子
夙夜惟念　死時將至　癡子捨我　五十餘年
庫藏諸物　當如之何　尒時窮子　求索衣食
從邑至邑　從國至國　或有所得　或無所得
飢餓羸瘦　體生瘡癬　漸次經歷　到父住城
傭賃展轉　遂至父舍　尒時長者　於其門內
施大寶帳　處師子座　眷屬圍繞　諸人侍衛
或有計筭　金銀寶物　出內財產　注記券疏
窮子見父　豪貴尊嚴　謂是國王　若國王等
驚怖自怪　何故至此　覆自念言　我若久住
或見逼迫　強驅使作　思惟是已　馳走而去
借問貧里　欲往傭作　長者是時　在師子座
遙見其子　默而識之　即勑使者　追捉將來
窮子驚喚　迷悶躃地　是人執我　必當見殺
何用衣食　使我至此　長者知子　愚癡狹劣
不信我言　不信是父　即以方便　更遣餘人
眇目矬陋　無威德者　汝可語之　云當相雇
除諸糞穢　倍與汝價　窮子聞之　歡喜隨來
為除糞穢　淨諸房舍　長者於牖　常見其子
念子愚劣　樂為鄙事　於是長者　著弊垢衣

不信我言 不信是父 即以方便 更遣餘人
眇目矬陋 無威德者 汝可語之 云當相雇
除諸糞穢 倍與汝價 窮子聞之 歡喜隨來
為除糞穢 淨諸房舍 長者扵牖 常見其子
念子愚劣 樂為鄙事 扵是長者 著弊垢衣
執除糞器 往到子所 方便附近 語令勤作
既益汝價 并塗足油 飲食充足 薦席厚暖
如是苦言 汝當勤作 又以軟語 若如我子
長者有智 漸令入出 經二十年 執作家事
示其金銀 真珠頗梨 諸物出入 皆使令知
猶處門外 止宿草庵 自念貧事 我無此物
父知子心 漸已曠大 欲與財物 即聚親族
國王大臣 刹利居士 扵此大眾 說是我子
捨我他行 經五十歲 自見子來 已二十年
昔扵某城 而失是子 周行求索 遂來至此
凡我所有 舍宅人民 悉以付之 恣其所用
子念昔貧 志意下劣 今扵父所 大獲珍寶
并及舍宅 一切財物 甚大歡喜 得未曾有
佛亦如是 知我樂小 未曾說言 汝等作佛
而說我等 得諸無漏 成就小乘 聲聞弟子
佛勅我等 說最上道 修習此者 當得成佛
我承佛教 為大菩薩 以諸因緣 種種譬喻
若干言辭 說無上道 諸佛子等 從我聞法
日夜思惟 精勤修習 是時諸佛 即授其記
汝扵來世 當得作佛 一切諸佛 秘藏之法
但為菩薩 演其實事 而不為我 說斯真要

BD13809號　妙法蓮華經卷二　（31–28）

我承佛教 為大菩薩 以諸因緣 種種譬喻
若干言辭 說無上道 諸佛子等 從我聞法
日夜思惟 精勤修習 是時諸佛 即授其記
汝扵來世 當得作佛 一切諸佛 秘藏之法
但為菩薩 演其實事 而不為我 說斯真要
如彼窮子 得近其父 雖知諸物 心不希取
我等雖說 佛法寶藏 自無志願 亦復如是
我等內滅 自謂為足 唯了此事 更無餘事
我等若聞 淨佛國土 教化眾生 都無欣樂
所以者何 一切諸法 皆悉空寂 無生無滅
無大無小 無漏無為 如是思惟 不生喜樂
我等長夜 扵佛智慧 無貪無著 無復志願
而自扵法 謂是究竟 我等長夜 修習空法
得脫三界 苦惱之患 住最後身 有餘涅槃
佛所教化 得道不虛 則為已得 報佛之恩
我等雖為 諸佛子等 說菩薩法 以求佛道
而扵是法 永無願樂 導師見捨 觀我心故
初不勸進 說有實利 如富長者 知子志劣
以方便力 柔伏其心 然後乃付 一切財物
佛亦如是 現希有事 知樂小者 以方便力
調伏其心 乃教大智 我等今日 得未曾有
非先所望 而今自得 如彼窮子 得無量寶
世尊我今 得道得果 扵無漏法 得清淨眼
我等長夜 持佛淨戒 始扵今日 得其果報
法王法中 久脩梵行 今得無漏 無上大果
我等今者 真是聲聞 以佛道聲 令一切聞

BD13809號　妙法蓮華經卷二　（31–29）

我等長夜 持佛淨戒 始於今日 得其果報
法王法中 久脩梵行 今得無漏 無上大果
我等今者 真是聲聞 以佛道聲 令一切聞
我等今者 真阿羅漢 於諸世間 天人魔梵
普於其中 應受供養 世尊大恩 以希有事
憐愍教化 利益我等 無量億劫 誰能報者
手足供給 頭頂禮敬 一切供養 皆不能報
若以頂戴 兩肩荷負 於恒沙劫 盡心恭敬
又以美饍 無量寶衣 及諸卧具 種種湯藥
牛頭栴檀 及諸珍寶 以起塔廟 寶衣布施
如斯等事 以用供養 於恒沙劫 亦不能報
諸佛希有 無量無邊 不可思議 大神通力
無漏無為 諸法之王 能為下劣 忍于斯事
取相凡夫 隨宜而說 諸佛於法 得最自在
知諸衆生 種種欲樂 及其志力 隨所堪任
以無量喻 而為說法 隨諸衆生 宿世善根
又知成熟 未成熟者 種種籌量 分別知已
於一乘道 隨宜說三

妙法蓮華經卷第二

BD13809號　妙法蓮華經卷二　（31–30）

於一乘道 隨宜說三

妙法蓮華經卷第二

BD13809號　妙法蓮華經卷二　（31–31）

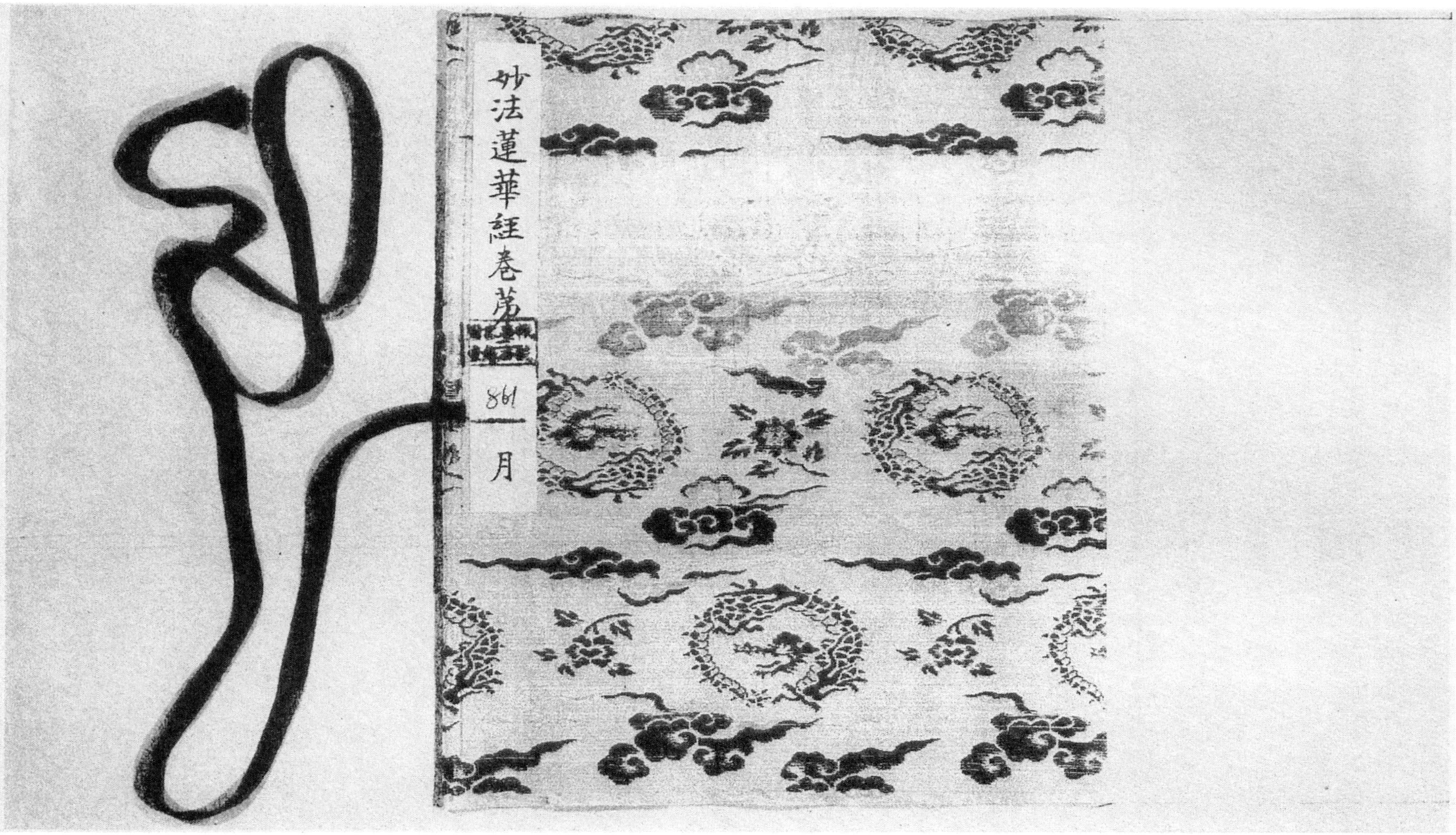

BD13810 號背　現代護首　　　　（1–1）

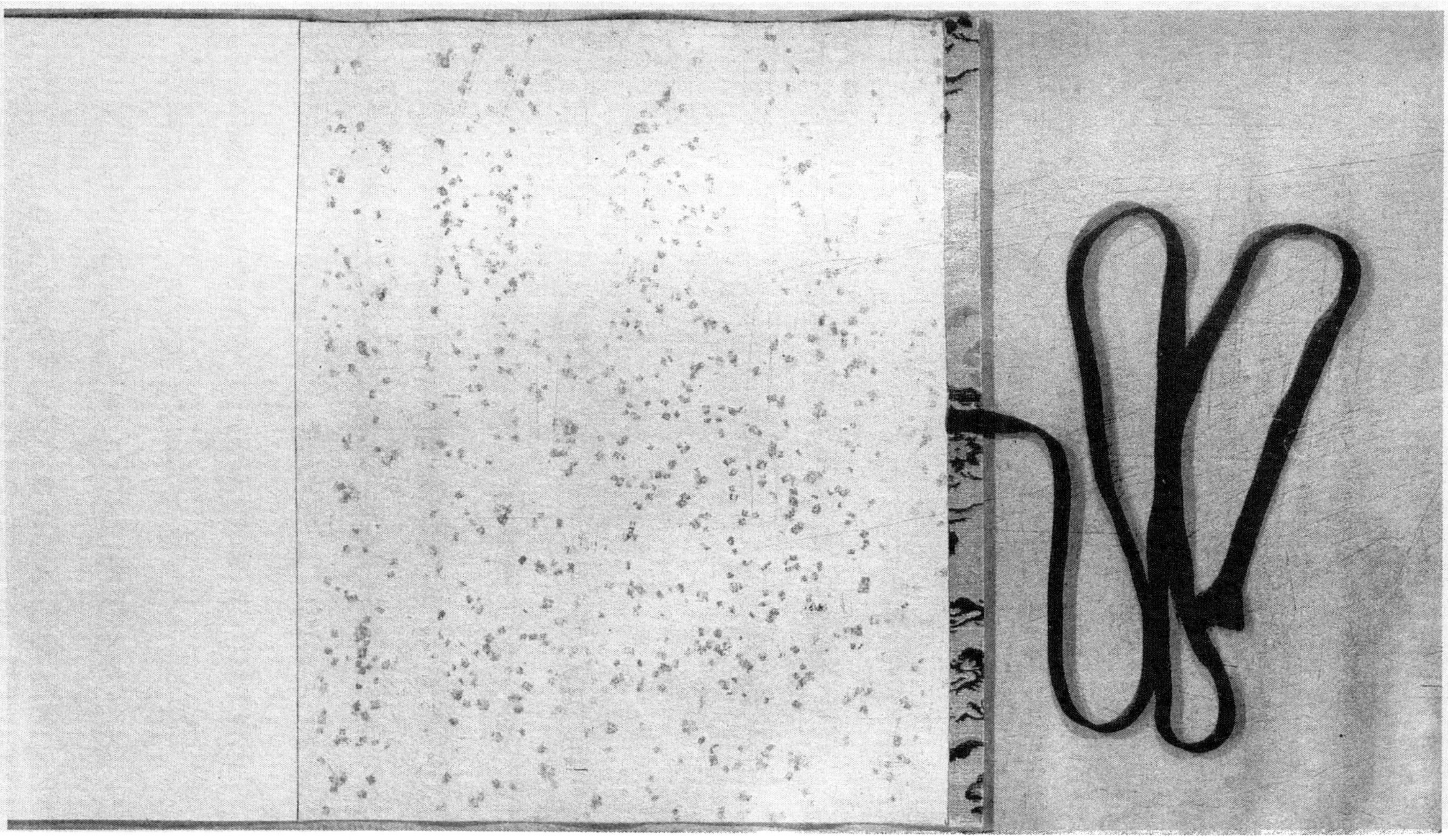

BD13810 號　妙法蓮華經卷三　　　　（36–1）

大雲遍覆三千大千國土於大衆
言我是如來應供正遍知明行足
解无上士調御丈夫天人師佛世尊
令度未解者令解未安者令安未涅槃者令
得涅槃今世後世如實知之我是一切知者
一切見者知道者開道者說道者汝等天人
阿脩羅衆皆應到此為聽法故尒時无數千万
億種衆生來至佛所而聽法如來于時觀
是衆生諸根利鈍精進懈怠隨其所堪而為
說法種種无量皆令歡喜快得善利是諸衆

BD13810 號　妙法蓮華經卷三　（36–2）

一切見者知道者開道者說道者汝等天人
阿脩羅衆皆應到此為聽法故尒時无數千万
億種衆生來至佛所而聽法如來于時觀
是衆生諸根利鈍精進懈怠隨其所堪而為
說法種種无量皆令歡喜快得善利是諸衆
生聞是法已現世安隱後生善處以道受樂
亦得聞法既聞法已離諸障礙於諸法中任
力所能漸得入道如彼大雲雨於一切卉木
藂林及諸藥草如其種性具足蒙潤各得生
長如來說法一相一味所謂解脫相離相滅
相究竟至於一切種智其有衆生聞如來法
若持讀誦如說脩行所得功德不自覺知所
以者何唯有如來知此衆生種相體性念何
事思何事脩何事云何念云何思云何脩以
何法念以何法思以何法脩以何法得何法
衆生住於種種之地唯有如來如實見之明
了无礙如彼卉木藂林諸藥草等而不自知
上中下性如來知是一相一味之法所謂解
脫相離相滅相究竟涅槃常寂滅相終歸於
空佛知是已觀衆生心欲而將護之是故不
即為說一切種智汝等迦葉甚為希有能知
如來隨宜說法能信能受所以者何諸佛世

BD13810 號　妙法蓮華經卷三　（36–3）

脱相離相滅相究竟涅槃常寂滅相終歸於
空佛知是已觀衆生心欲而將護之是故不
即為說一切種智汝等迦葉甚為希有能知
如來隨宜說法能信能受所以者何諸佛世
尊隨宜說法難解難知尒時世尊欲重宣此
義而說偈言
破有法王　出現世間　隨衆生欲　種種說法
如來尊重　智慧深遠　久嘿斯要　不務速說
有智若聞　則能信解　无智疑悔　則為永失
是故迦葉　隨力為說　以種種緣　令得正見
迦葉當知　譬如大雲　起於世間　遍覆一切
慧雲含潤　電光晃曜　雷聲遠震　令衆悅豫
日光掩蔽　地上清涼　靉靆垂布　如可承攬
其雨普等　四方俱下　流澍无量　率土充洽
山川險谷　幽邃所生　卉木藥草　大小諸樹
百穀苗稼　甘蔗蒲桃　雨之所潤　无不豐足
乾地普洽　藥木並茂　其雲所出　一味之水
草木叢林　隨分受潤　一切諸樹　上中下等
稱其大小　各得生長　根莖枝葉　華菓光色
一雨所及　皆得鮮澤　如其體相　性分大小
所潤是一　而各滋茂　佛亦如是　出現於世

BD13810號　妙法蓮華經卷三　（36–4）

草木叢林　隨分受潤　一切諸樹　上中下等
稱其大小　各得生長　根莖枝葉　華菓光色
一雨所及　皆得鮮澤　如其體相　性分大小
所潤是一　而各滋茂　佛亦如是　出現於世
譬如大雲　普覆一切　既出于世　為諸衆生
分別演說　諸法之實　大聖世尊　於諸天人
一切衆中　而宣是言　我為如來　兩足之尊
出于世間　猶如大雲　充潤一切　枯槁衆生
皆令離苦　得安隱樂　世間之樂　及涅槃樂
諸天人衆　一心善聽　皆應到此　覲无上尊
我為世尊　无能及者　安隱衆生　故現於世
為大衆說　甘露淨法　其法一味　解脫涅槃
以一妙音　演暢斯義　常為大乘　而作因緣
我觀一切　普皆平等　无有彼此　愛憎之心
我无貪著　亦无限礙　恒為一切　平等說法
如為一人　衆多亦然　常演說法　曾无他事
去來坐立　終不疲猒　充足世間　如雨普潤
貴賤上下　持戒毀戒　威儀具足　及不具足
正見耶見　利根鈍根　等雨法雨　而无懈惓
一切衆生　聞我法者　隨力所受　住於諸地
或處人天　轉輪聖王　釋梵諸王　是小藥草
知无漏法　能得涅槃　起六神通　及得三明

BD13810號　妙法蓮華經卷三　（36–5）

一切衆生 聞我法者 隨力所受 住於諸地
或處人天 轉輪聖王 釋梵諸王 是小藥草
知无漏法 能得涅槃 起六神通 及得三明
獨處山林 常行禪定 得緣覺證 是中藥草
求世尊處 我當作佛 行精進定 是上藥草
又諸佛子 專心佛道 常行慈悲 自知作佛
決定无疑 是名小樹 安住神通 轉不退輪
度无量億 百千衆生 如是菩薩 名為大樹
佛平等說 如一味雨 隨衆生性 所受不同
如彼草木 所稟各異 佛以此喻 方便開示
種種言辭 演說一法 於佛智慧 如海一渧
我雨法雨 充滿世間 一味之法 隨力脩行
如彼叢林 藥草諸樹 隨其大小 漸增茂好
諸佛之法 常以一味 令諸世間 普得具足
漸次脩行 皆得道果 聲聞緣覺 處於山林
住寂後身 聞法得果 是名藥草 各得增長
若諸菩薩 智慧堅固 了達三界 求寂上乘
是名小樹 而得增長 復有住禪 得神通力
聞諸法空 心大歡喜 放无數光 度諸衆生
是名大樹 而得增長 如是迦葉 佛所說法
譬如大雲 以一味雨 潤於人華 各得成實

聞諸法空 心大歡喜 放无數光 度諸衆生
是名大樹 而得增長 如是迦葉 佛所說法
譬如大雲 以一味雨 潤於人華 各得成實
迦葉當知 以諸因緣 種種譬喻 開示佛道
是我方便 諸佛亦然 今為汝等 說寂實事
諸聲聞衆 皆非滅度 汝等所行 是菩薩道
漸漸脩學 悉當成佛

妙法蓮華經授記品第六

尒時世尊說是偈已告諸大衆唱如是言我
此弟子摩訶迦葉於未來世當得奉覲三百
万億諸佛世尊供養恭敬尊重讚歎廣宣諸
佛无量大法於寂後身得成為佛名曰光明如
來應供正遍知明行足善逝世間解无上
士調御丈夫天人師佛世尊國名光德劫名
大莊嚴佛壽十二小劫正法住世二十小劫像
法亦住二十小劫國界嚴飾无諸穢惡瓦礫
荊棘便利不淨其土平正无有高下坑坎堆
埠瑠璃為地寶樹行列黃金為繩以界道
側散諸寶華周遍清淨其國菩薩无量千億
諸聲聞衆亦復无數无有魔事雖有魔及魔
民皆護佛法尒時世尊欲重宣此義而說偈言

埠瑠璃為地寶樹行列黃金為繩以界道
側散諸寶華周遍清淨其國菩薩无量千億
諸聲聞衆亦復无數无有魔事雖有魔及魔
民皆護佛法尒時世尊欲重宣此義而說偈言
告諸比丘　我以佛眼　見是迦葉　於未來世
過无數劫　當得作佛　而於來世　供養奉覲
三百万億　諸佛世尊　為佛智慧　淨脩梵行
供養冣上　二足尊已　脩習一切　无上之慧
於冣後身　得成為佛　其土清淨　瑠璃為地
多諸寶樹　行列道側　金繩界道　見者歡喜
常出好香　散衆名華　種種奇妙　以為莊嚴
其地平正　无有丘坑　諸菩薩衆　不可稱計
其心調柔　逮大神通　奉持諸佛　大乘經典
諸聲聞衆　无漏後身　法王之子　亦不可計
乃以天眼　不能數知　其佛當壽　十二小劫
正法住世　二十小劫　像法亦住　二十小劫
光明世尊　其事如是
尒時大目揵連須菩提摩訶迦旃延等皆悉
悚慄一心合掌瞻仰世尊目不暫捨即共同
聲而說偈言
大雄猛世尊　諸釋之法王

BD13810號　妙法蓮華經卷三　（36–8）

尒時大目揵連須菩提摩訶迦旃延等皆悉
悚慄一心合掌瞻仰世尊目不暫捨即共同
聲而說偈言
大雄猛世尊　諸釋之法王　哀愍我等故　而賜佛音聲
若知我深心　見為授記者　如以甘露灑　除熱得清涼
如從飢國來　忽遇大王饍　心猶懷疑懼　未敢即便食
若復得王教　然後乃敢食　我等亦如是　每惟小乘過
不知當云何　得佛无上慧　雖聞佛音聲　言我等作佛
心尚懷憂懼　如未敢便食　若蒙佛授記　尒乃快安樂
大雄猛世尊　常欲安世間　願賜我等記　如飢須教食
尒時世尊知諸大弟子心之所念告諸比丘
是須菩提於當來世奉覲三百万億那由他
佛供養恭敬尊重讚歎常脩梵行具菩薩
道於冣後身得成為佛号曰名相如來應供正
遍知明行足善逝世間解无上士調御丈夫
天人師佛世尊劫名有寶國名寶生其土平
正頗梨為地寶樹莊嚴无諸丘坑沙礫荊棘
便利之穢寶華覆地周遍清淨其土人民皆
處寶臺珎妙樓閣聲聞弟子无量无邊筭
數譬喻所不能知諸菩薩衆无數千万億

BD13810號　妙法蓮華經卷三　（36–9）

便利之穢寶華覆地周遍清淨其土人民皆
處寶臺珍妙樓閣聲聞弟子无量无邊筭
數譬喻所不能知諸菩薩衆无數千万億那
由他佛壽十二小劫正法住世二十小劫像法
亦住二十小劫其佛常處虛空爲衆說法度
脫无量菩薩及聲聞衆尒時世尊欲重宣此
義而說偈言
諸比丘衆　今告汝等　皆當一心　聽我所說
我大弟子　須菩提者　當得作佛　号曰名相
當供无數　万億諸佛　隨佛所行　漸具大道
最後身得　三十二相　端正姝妙　猶如寶山
其佛國土　嚴淨第一　衆生見者　无不愛樂
佛於其中　度无量衆　其佛法中　多諸菩薩
皆悉利根　轉不退輪　彼國常以　菩薩莊嚴
諸聲聞衆　不可稱數　皆得三明　具六神通
住八解脫　有大威德　其佛說法　現於无量
神通變化　不可思議　諸天人民　數如恒沙
皆共合掌　聽受佛語　其佛當壽　十二小劫
正法住世　二十小劫　像法亦住　二十小劫
尒時世尊復告諸比丘衆我今語汝是大迦

神通變化　不可思議　諸天人民　數如恒沙
皆共合掌　聽受佛語　其佛當壽　十二小劫
正法住世　二十小劫　像法亦住　二十小劫
尒時世尊復告諸比丘衆我今語汝是大迦
栴延於當來世以諸供具供養奉事八千億
佛恭敬尊重諸佛滅後各起塔廟高千由旬
縱廣正等五百由旬以金銀瑠璃車𤦲馬瑙
真珠玫瑰七寶合成衆華瓔珞塗香末香燒
香繒蓋幢幡供養塔廟過是已後當復供養
二万億佛亦復如是供養是諸佛已具菩薩
道當得作佛号曰閻浮那提金光如來應供
正遍知明行足善逝世間解无上士調御丈
夫天人師佛世尊其土平正頗梨爲地寶樹
莊嚴黃金爲繩以界道側妙華覆地周遍清
淨見者歡喜无四惡道地獄餓鬼畜生阿脩
羅道多有天人諸聲聞衆及諸菩薩无量万
億莊嚴其國佛壽十二小劫正法住世二十小
劫像法亦住二十小劫尒時世尊欲重宣此
義而說偈言
諸比丘衆　皆一心聽　如我所說　真實无異

劫像法亦住二十小劫尒時世尊欲重宣此
義而說偈言
諸比丘衆 皆一心聽 如我所說 真實无異
是迦旃延 當以種種 妙好供具 供養諸佛
諸佛滅後 起七寶塔 亦以華香 供養舍利
其冣後身 得佛智慧 成等正覺 國土清淨
度脫无量 万億衆生 皆為十方 之所供養
佛之光明 无能勝者 其佛号曰 閻浮金光
菩薩聲聞 斷一切有 无量无數 莊嚴其國
尒時世尊復告大衆我今語汝是大目揵連
當以種種供具供養八千諸佛恭敬尊重諸
佛滅後各起塔廟高千由旬縱廣正等五百
由旬以金銀琉璃車𤦲馬瑙真珠玫瑰七寶
合成衆華瓔珞塗香末香燒香繒蓋幢幡以
用供養過是已後當復供養二百万億諸佛
亦復如是當得成佛号曰多摩羅跋栴檀香
如來應供正遍知明行足善逝世間解无上
士調御丈夫天人師佛世尊劫名喜滿國名
意樂其土平正頗梨為地寶樹莊嚴散真珠
華周遍清淨見者歡喜多諸天人菩薩聲聞

BD13810號　妙法蓮華經卷三　（36–12）

士調御丈夫天人師佛世尊劫名喜滿國名
意樂其土平正頗梨為地寶樹莊嚴散真珠
華周遍清淨見者歡喜多諸天人菩薩聲聞
其數无量佛壽二十四小劫正法住世四十
小劫像法亦住四十小劫尒時世尊欲重宣此
義而說偈言
我此弟子 大目揵連 捨是身已 得見八千
二百万億 諸佛世尊 為佛道故 供養恭敬
於諸佛所 常脩梵行 於无量劫 奉持佛法
諸佛滅後 起七寶塔 長表金刹 華香伎樂
而以供養 諸佛塔廟 漸漸具足 菩薩道已
於意樂國 而得作佛 号多摩羅 栴檀之香
其佛壽命 二十四劫 常為天人 演說佛道
聲聞无量 如恒河沙 三明六通 有大威德
菩薩无數 志固精進 於佛智慧 皆不退轉
佛滅度後 正法當住 四十小劫 像法亦尒
我諸弟子 威德具足 其數五百 皆當授記
於未來世 咸得成佛 我及汝等 宿世因緣
吾今當說 汝等善聽

BD13810號　妙法蓮華經卷三　（36–13）

於未來世　咸得成佛　我及汝等　宿世因緣
吾今當說　汝等善聽

妙法蓮華經化城喻品第七

佛告諸比丘乃往過去无量无邊不可思議
阿僧祇劫尒時有佛名大通智勝如來應供
正遍知明行足善逝世間解无上士調御丈夫
天人師佛世尊其國名好成劫名大相諸
比丘彼佛滅度已來甚大久遠譬如三千大
千世界所有地種假使有人磨以為墨過於
東方千國土乃下一點大如微塵又過千國
土復下一點如是展轉盡地種墨於汝等意
云何是諸國土若算師若算師弟子能得邊
際知其數不不也世尊諸比丘是人所經國
土若點不點盡末為塵一塵一劫彼佛滅度
已來復過是數无量无邊百千万億阿僧祇
劫我以如來知見力故觀彼久遠猶若今日尒
時世尊欲重宣此義而說偈言
我念過去世　无量无邊劫　有佛兩足尊　名大通智勝
如人以力磨　三千大千土　盡此諸地種　皆悉以為墨

BD13810號　妙法蓮華經卷三　（36–14）

時世尊欲重宣此義而說偈言
我念過去世　无量无邊劫　有佛兩足尊　名大通智勝
如人以力磨　三千大千土　盡此諸地種　皆悉以為墨
過於千國土　乃下一塵點　如是展轉點　盡此諸塵墨
如是諸國土　點與不點等　復盡末為塵　一塵為一劫
此諸微塵數　其劫復過是　彼佛滅度來　如是无量劫
如來无礙智　知彼佛滅度　及聲聞菩薩　如見今滅度
諸比丘當知　佛智淨微妙　无漏无所礙　通達无量劫
佛告諸比丘大通智勝佛壽五百四十万億那
由他劫其佛本坐道場破魔軍已垂得阿
耨多羅三藐三菩提而諸佛法不現在前如
是一小劫乃至十小劫結加趺坐身心不動
而諸佛法猶不在前尒時忉利諸天先為彼
佛於菩提樹下敷師子座高一由旬佛於此
座當得阿耨多羅三藐三菩提適坐此座時
諸梵天王雨衆天華面百由旬香風時來吹
去萎華更雨新者如是不絕滿十小劫供養
於佛乃至滅度常雨此華四王諸天為供養
佛常擊天皷其餘諸天作天伎樂滿十小劫

BD13810號　妙法蓮華經卷三　（36–15）

諸梵天王雨衆天華面百由旬香風時來吹
去萎華更雨新者如是不絶滿十小劫供養
於佛乃至滅度常雨此華四王諸天爲供養
佛常擊天鼓其餘諸天作天伎樂滿十小劫
至于滅度亦復如是諸比丘大通智勝佛過
十小劫諸佛之法乃現在前成阿耨多羅三
藐三菩提其佛未出家時有十六子其第一者
名曰智積諸子各有種種珍異玩好之具聞
父得成阿耨多羅三藐三菩提皆捨所珍往
詣佛所諸母涕泣而隨送之其祖轉輪聖
王與一百大臣及餘百千万億人民皆共圍
繞隨至道場咸欲親近大通智勝如來供養
恭敬尊重讚歎到已頭面礼足繞佛畢一心
合掌瞻仰世尊以偈頌曰
大威德世尊　爲度衆生故　於无量億歲　尒乃得成佛
諸願已具足　善哉吉无上　世尊甚希有　一坐十小劫
身體及手足　靜然安不動　其心常惔怕　未曾有散亂
究竟永寂滅　安住无漏法　今者見世尊　安隱成佛道
我等得善利　稱慶大歡喜　衆生常苦惱　盲瞑无道師
不識苦盡道　不知求解脫　長夜增惡趣　減損諸天衆

BD13810號　妙法蓮華經卷三　（36–16）

身體及手足　靜然安不動　其心常惔怕　未曾有散亂
究竟永寂滅　安住无漏法　今者見世尊　安隱成佛道
我等得善利　稱慶大歡喜　衆生常苦惱　盲瞑无道師
不識苦盡道　不知求解脫　長夜增惡趣　減損諸天衆
從瞑入於瞑　永不聞佛名　今佛得最上　安隱无漏法
我等及天人　爲得最大利　是故咸稽首　歸命无上尊
尒時十六王子偈讚佛已勸請世尊轉於法
輪咸作是言世尊說法多所安隱憐愍饒益
諸天人民重說偈言
世雄无等倫　百福自莊嚴　得无上智慧　願爲世間說
度脫於我等　及諸衆生類　爲分別顯示　令得是智慧
若我等得佛　衆生亦復然　世尊知衆生　深心之所念
亦知所行道　又知智慧力　欲樂及脩福　宿命所行業
世尊悉知已　當轉无上輪
佛告諸比丘大通智勝佛得阿耨多羅三藐
三菩提時十方各五百万億諸佛世界六種
震動其國中間幽瞑之處日月威光所不能
照而皆大明其中衆生各得相見咸作是言
此中云何忽生衆生又其國界諸天宮殿乃
至梵宮六種震動大光普照遍滿世界勝諸

BD13810號　妙法蓮華經卷三　（36–17）

照而皆大明其中衆生各得相見咸作是言
此中云何忽生衆生又其國界諸天宮殿乃
至梵宮六種震動大光普照遍滿世界勝諸
天光尒時東方五百万億諸國土中梵天宮
殿光明照曜倍於常明諸梵天王各作是念
今者宮殿光明昔所未有以何因緣而現此
相是時諸梵天王即各相詣共議此事而彼
衆中有一大梵天王名救一切為諸梵衆而
說偈言
我等諸宮殿　光明昔未有　此是何因緣　宜各共求之
為大德天生　為佛出世間　而此大光明　遍照於十方
尒時五百万億國土諸梵天王與宮殿俱各
以衣裓盛諸天華共詣西方推尋是相見大
通智勝如來處于道場菩提樹下坐師子座
諸天龍王乾闥婆緊那羅摩睺羅伽人非人
等恭敬圍繞及見十六王子請佛轉法輪即
時諸梵天王頭面礼佛繞百千帀即以天華
而散佛上其所散華如須弥山并以供養佛
菩提樹其菩提樹高十由旬華供養已各以
宮殿奉上彼佛而作是言唯見哀愍饒益我

BD13810 號　妙法蓮華經卷三　（36–18）

時諸梵天王頭面礼佛繞百千帀即以天華
而散佛上其所散華如須弥山并以供養佛
菩提樹其菩提樹高十由旬華供養已各以
宮殿奉上彼佛而作是言唯見哀愍饒益我
等所獻宮殿願垂納處時諸梵天王即於佛
前一心同聲以偈頌曰
世尊甚希有　難可得值遇　具无量功德　能救護一切
天人之大師　哀愍於世間　十方諸衆生　普皆蒙饒益
我等所從来　五百万億國　捨深禪定樂　為供養佛故
我等先世福　宮殿甚嚴飾　今以奉世尊　唯願哀納受
尒時諸梵天王偈讚佛已各作是言唯願世尊
轉於法輪度脫衆生開涅槃道時諸梵天王
一心同聲而說偈言
世雄兩足尊　唯願演說法　以大慈悲力　度苦惱衆生
尒時大通智勝如來嘿然許之又諸比丘東
南方五百万億國土諸大梵王各自見宮殿
光明照曜昔所未有歡喜踊躍生希有心即
各相詣共議此事而彼衆中有一大梵天王
名曰大悲為諸梵衆而說偈言
是事何因緣　而現如此相　我等諸宮殿　光明昔未有

BD13810 號　妙法蓮華經卷三　（36–19）

光明照曜昔所未有歡喜踊躍生希有心即
各相詣共議此事而彼衆中有一大梵天王
名曰大悲為諸梵衆而說偈言
是事何因緣　而現如此相　我等諸宮殿　光明昔未有
為大德天生　為佛出世間　未曾見此相　當共一心求
過千万億土　尋光共推之　多是佛出世　度脫苦衆生
尒時五百万億諸梵天王與宮殿俱各以衣
祴盛諸天華共詣西北方推尋是相見大通
智勝如來處于道場菩提樹下坐師子座諸
天龍王乾闥婆緊那羅摩睺羅伽人非人等
恭敬圍繞及見十六王子請佛轉法輪時諸
梵天王頭面礼佛繞百千帀即以天華而散
佛上所散之華如須弥山并以供養佛菩提
樹華供養已各以宮殿奉上彼佛而作是言
唯見哀愍饒益我等所獻宮殿願垂納處尒
時諸梵天王即於佛前一心同聲以偈頌曰
聖主天中王　迦陵頻伽聲　哀愍衆生者　我等今敬礼
世尊甚希有　久遠乃一現　一百八十劫　空過无有佛
三惡道充滿　諸天衆減少　今佛出於世　為衆生作眼
世間所歸趣　救護於一切　為衆生之父　哀愍饒益者

BD13810號　妙法蓮華經卷三　（36–20）

聖主天中王　迦陵頻伽聲　哀愍衆生者　我等今敬礼
世尊甚希有　久遠乃一現　一百八十劫　空過无有佛
三惡道充滿　諸天衆減少　今佛出於世　為衆生作眼
世間所歸趣　救護於一切　為衆生之父　哀愍饒益者
我等宿福慶　今得值世尊
尒時諸梵天王偈讚佛已各作是言唯願世
尊哀愍一切轉於法輪度脫衆生時諸梵天
王一心同聲而說偈言
大聖轉法輪　顯示諸法相　度苦惱衆生　令得大歡喜
衆生聞此法　得道若生天　諸惡道減少　忍善者增益
尒時大通智勝如來嘿然許之又諸比丘西南
方五百万億國土諸大梵王各自見宮殿光
明照曜昔所未有歡喜踊躍生希有心即各
相詣共議此事以何因緣我等宮殿有此光
曜而彼衆中有一大梵天王名曰妙法為諸
梵衆而說偈言
我等諸宮殿　光明甚威曜　此非无因緣　是相宜求之
過於百千劫　未曾見是相　為大德天生　為佛出世間
尒時五百万億諸梵天王與宮殿俱各以衣祴
盛諸天華共詣北方推尋是相見大通智勝

BD13810號　妙法蓮華經卷三　（36–21）

尒時五百万億諸梵天王與宮殿俱各以衣裓
盛諸天華共詣北方推尋是相見大通智勝
如来處于道場菩提樹下坐師子座諸天龍
王乹闥婆緊那羅摩睺羅伽人非人等恭敬
圍繞及見十六王子請佛轉法輪時諸梵天
王頭面礼佛繞百千帀即以天華而散佛上
所散之華如須弥山并以供養佛菩提樹華
供養已各以宮殿奉上彼佛而作是言唯見
哀愍饒益我等所獻宮殿願垂納處尒時諸
梵天王即於佛前一心同聲以偈頌曰
世尊甚難見　破諸煩惱者　過百三十劫　今乃得一見
諸飢渴衆生　以法雨充滿　昔所未曾覩　无量智慧者
如優曇波羅　今日乃值遇　我等諸宮殿　蒙光故嚴飾
世尊大慈愍　唯願垂納受
尒時諸梵天王偈讚佛已各作是言唯願世尊
轉於法輪令一切世間諸天魔梵沙門婆羅
門皆獲安隱而得度脱時諸梵天王一心同
聲以偈頌曰
唯願天人尊　轉无上法輪　擊于大法鼓　而吹大法螺
普雨大法雨　度无量衆生　我等咸歸請　當演深遠音

BD13810號　妙法蓮華經卷三　（36–22）

門皆獲安隱而得度脱時諸梵天王一心同
聲以偈頌曰
唯願天人尊　轉无上法輪　擊于大法鼓　而吹大法螺
普雨大法雨　度无量衆生　我等咸歸請　當演深遠音
尒時大通智勝如来嘿然許之西南方乃至
下方亦復如是尒時上方五百万億國土諸
大梵王皆悉自覩所止宮殿光明威曜昔所
未有歡喜踊躍生希有心即各相詣共議此
事以何因緣我等宮殿有斯光明而彼衆中
有一大梵天王名曰尸棄為諸梵衆而說偈
言
今以何因緣　我等諸宮殿　威德光明曜　嚴飾未曾有
如是之妙相　昔所未聞見　為大德天生　為佛出世間
尒時五百万億諸梵天王與宮殿俱各以衣
裓盛諸天華共詣下方推尋是相見大通智
勝如来處于道場菩提樹下坐師子座諸天
龍王乹闥婆緊那羅摩睺羅伽人非人等恭
敬圍繞及見十六王子請佛轉法輪時諸梵
天王頭面礼佛繞百千帀即以天華而散佛
上所散之華如須弥山并以供養佛菩提樹

BD13810號　妙法蓮華經卷三　（36–23）

敬圍繞及見十六王子請佛轉法輪時諸梵
天王頭面礼佛繞百千帀即以天華而散佛
上所散之華如須弥山并以供養佛菩提樹
華供養已各以宮殿奉上彼佛而作言唯見
哀愍饒益我等所獻宮殿願垂納處時諸梵
天王即於佛前一心同聲以偈頌曰
善哉見諸佛　救世之聖尊　能於三界獄　勉出諸衆生
普智天人尊　愍哀群萠類　能開甘露門　廣度於一切
於昔无量劫　空過无有佛　世尊未出時　十方常闇瞑
三悪道增長　阿脩羅亦盛　諸天衆轉減　死多墮悪道
不從佛聞法　常行不善事　色力及智慧　斯等皆減少
罪業因緣故　失樂及樂想　住於邪見法　不識善儀則
不蒙佛所化　常墮於悪道　佛為世間眼　久遠時乃出
哀愍諸衆生　故現於世間　超出成正覺　我等甚欣慶
及餘一切衆　喜歎未曾有　我等諸宮殿　蒙光故嚴飾
今以奉世尊　唯垂哀納受　願以此功德　普及於一切
我等與衆生　皆共成佛道
尒時五百万億諸梵天王偈讃佛已各白佛
言唯願世尊轉於法輪多所安隱多所度脫
時諸梵天王而說偈言

BD13810號　妙法蓮華經卷三　（36–24）

我等與衆生　皆共成佛道
尒時五百万億諸梵天王偈讃佛已各白佛
言唯願世尊轉於法輪多所安隱多所度脫
時諸梵天王而說偈言
世尊轉法輪　擊甘露法鼓　度苦惱衆生　開示涅槃道
唯願受我請　以大微妙音　哀愍而敷演　无量劫習法
尒時大通智勝如來受十方諸梵天王及十
六王子請即時三轉十二行法輪若沙門婆
羅門若天魔梵及餘世間所不能轉謂是苦
是苦集是苦滅是苦滅道及廣說十二因緣
法无明緣行行緣識識緣名色名色緣六入
六入緣觸觸緣受受緣愛愛緣取取緣有有
緣生生緣老死憂悲苦惱无明滅則行滅行滅
則識滅識滅則名色滅名色滅則六入滅六
入滅則觸滅觸滅則受滅受滅則愛滅愛滅
則取滅取滅則有滅有滅則生滅生滅則老死
憂悲苦惱滅佛於天人大衆之中說是法
時六百万億那由他人以不受一切法故而
於諸漏心得解脫皆得深妙禪定三明六通
具八解脫第二第三第四說法時千万億恒

BD13810號　妙法蓮華經卷三　（36–25）

時六百万億那由他人以不受一切法故而
於諸漏心得解脱皆得深妙禪定三明六通
具八解脱第二第三第四説法時千万億恒
河沙那由他等衆生亦以不受一切法故而
於諸漏心得解脱從是已後諸聲聞衆无量
无邊不可稱數尒時十六王子皆以童子出
家而為沙弥諸根通利智慧明了已曽
供養百千万億諸佛淨脩梵行求阿耨多
羅三藐三菩提倶白佛言世尊是諸无量千万
億大德聲聞皆已成就世尊亦當為我等説
阿耨多羅三藐三菩提法我等聞已皆共脩學
世尊我等志願如來知見深心所念佛自證
知尒時轉輪聖王所將衆中八万億人見十
六王子出家亦求出家王即聽許尒時彼佛
受沙弥請過二万劫已乃於四衆之中説是
大乘經名妙法蓮華教菩薩法佛所護念説
是經已十六沙弥為阿耨多羅三藐三菩提
故皆共受持諷誦通利説是經時十六菩薩沙
弥皆悉信受聲聞衆中亦有信解其餘衆
生千万億種皆生疑惑佛説是經於八千劫

BD13810 號　妙法蓮華經卷三　（36–26）

是經已十六沙弥為阿耨多羅三藐三菩提
故皆共受持諷誦通利説是經時十六菩薩沙
弥皆悉信受聲聞衆中亦有信解其餘衆
生千万億種皆生疑惑佛説是經於八千劫
未曽休廢説此經已即入靜室住於禪定八
万四千劫是時十六菩薩沙弥知佛入室寂
然禪定各昇法座亦於八万四千劫為四部衆
廣説分別妙法華經一一皆度六百万億
那由他恒河沙等衆生示教利喜令發阿耨
多羅三藐三菩提心大通智勝佛過八万四
千劫已從三昧起往詣法座安詳而坐普告
大衆是十六菩薩沙弥甚為希有諸根通利
智慧明了已曽供養无量千万億數諸佛於
諸佛所常脩梵行受持佛智開示衆生令入
其中汝等皆當數數親近而供養之所以者
何若聲聞辟支佛及諸菩薩能信是十六菩
薩所説經法受持不毀者是人皆當得阿耨
多羅三藐三菩提如來之慧佛告諸比丘是
十六菩薩常樂説是妙法蓮華經一一菩薩
所化六百万億那由他恒河沙等衆生世世

BD13810 號　妙法蓮華經卷三　（36–27）

多羅三藐三菩提如来之慧佛告諸比丘是
十六菩薩常樂説是妙法蓮華經一一菩薩
所化六百万億那由他恒河沙等衆生世世
所生與菩薩倶從其聞法悉皆信解以此因
縁得値四万億諸佛世尊于今不盡諸比丘
我今語汝彼佛弟子十六沙弥今皆得阿耨
多羅三藐三菩提於十方國土現在説法有
无量百千万億菩薩聲聞以為眷屬其二沙
弥東方作佛一名阿閦在歡喜國二名須弥
頂東南方二佛一名師子音二名師子相南
方二佛一名虚空住二名常滅西南方二佛
一名帝相二名梵相西方二佛一名阿弥陁
二名度一切世間苦惱西北方二佛一名多
摩羅跋栴檀香神通二名須弥相北方二佛
一名雲自在二名雲自在王東北方佛名壊
一切世間怖畏第十六我釋迦牟尼佛於娑
婆國土成阿耨多羅三藐三菩提諸比丘我
等為沙弥時各各教化无量百千万億恒河沙
等衆生從我聞法為阿耨多羅三藐三菩提
此諸衆生于今有住聲聞地者我常教化阿

BD13810號　妙法蓮華經卷三　（36–28）

一切世間怖畏第十六我釋迦牟尼佛於娑
婆國土成阿耨多羅三藐三菩提諸比丘我
等為沙弥時各各教化无量百千万億恒河沙
等衆生從我聞法為阿耨多羅三藐三菩提
此諸衆生于今有住聲聞地者我常教化阿
耨多羅三藐三菩提是諸人等應以是法漸
入佛道所以者何如来智慧難信難解尒時
所化无量恒河沙等衆生者汝等諸比丘及
我滅度後未来世中聲聞弟子是也我滅度
後復有弟子不聞是經不知不覺菩薩所行
自於所得功德生滅度想當入涅槃我於餘
國作佛更有異名是人雖生滅度之想入於
涅槃而於彼土求佛智慧得聞是經唯以佛
乘而得滅度更无餘乘除諸如来方便説法
諸比丘若如来自知涅槃時到衆又清淨
信解堅固了達空法深入禪定便集諸菩薩
及聲聞衆為説是經世間无有二乘而得滅
度唯一佛乘得滅度耳比丘當知如来方便
深入衆生之性知其志樂小法深著五欲為
是等故説於涅槃是人若聞則便信受譬如

BD13810號　妙法蓮華經卷三　（36–29）

處唯一佛乘得滅度耳比丘當知如來方便
深入衆生之性知其志樂小法深著五欲為
是等故說於涅槃是人若聞則便信受譬如
五百由旬險難惡道曠絕無人怖畏之處若
有多衆欲過此道至珍寶處有一道師聰慧
明達善知險道通塞之相將導衆人欲過此
難所將人衆中路懈退白道師言我等疲極
而復怖畏不能復進前路猶遠今欲退還導
師多諸方便而作是念此等可愍云何捨大
珍寶而欲退還作是念已以方便力於險道
中過三百由旬化作一城告衆人言汝等勿
怖莫得退還今此大城可於中止隨意所作
若入是城快得安隱若能前至寶所亦可得
去是時疲極之衆心大歡喜歎未曾有我等
今者免斯惡道快得安隱於是衆人前入化
城生已度想生安隱想尒時導師知此人衆
既得止息無復疲惓即滅化城語衆人言汝
等去來寶處在近向者大城我所化作為止
息耳諸比丘如來亦復如是今為汝等作大
導師知諸生死煩惱惡導險難長遠應去應

BD13810 號　妙法蓮華經卷三　（36–30）

既得止息無復疲惓即滅化城語衆人言汝
等去來寶處在近向者大城我所化作為止
息耳諸比丘如來亦復如是今為汝等作大
導師知諸生死煩惱惡導險難長遠應去應
度若衆生但聞一佛乘者則不欲見佛不欲親
近便作是念佛道長遠久受懃苦乃可得成
佛知是心怯弱下劣以方便力而於中道為
止息故說二涅槃若衆生住於二地如來尒
時即便為說汝等所作未辦汝所住地近於
佛慧當觀察籌量所得涅槃非真實也但
是如來方便之力於一佛乘分別說三如彼
導師為止息故化作大城既知息已而告之
言寶處在近此城非實我化作耳尒時世尊
欲重宣此義而說偈言
大通智勝佛　十劫坐道場　佛法不現前　不得成佛道
諸天神龍王　阿脩羅衆等　常雨於天華　以供養彼佛
諸天擊天鼓　并作衆伎樂　香風吹萎華　更雨新好香
過十小劫已　乃得成佛道　諸天及世人　心皆懷踊躍
彼佛十六子　皆與其眷屬　千万億圍繞　俱行至佛所
頭面礼佛足　而請轉法輪　聖師子法雨　充我及一切

BD13810 號　妙法蓮華經卷三　（36–31）

諸天擊天鼓　并作衆伎樂　香風吹萎華　更雨新好者
過十小劫已　乃得成佛道　諸天及世人　心皆懷踊躍
彼佛十六子　皆與其眷屬　千万億圍繞　俱行至佛所
頭面礼佛足　而請轉法輪　聖師子法雨　充我及一切
世尊甚難值　久遠時一現　為覺悟群生　震動於一切
東方諸世界　五百万億國　梵宮殿光曜　昔所未曾有
諸梵見此相　尋來至佛所　散華以供養　并奉上宮殿
請佛轉法輪　以偈而讚歎　佛知時未至　受請嘿然坐
三方及四維　上下亦復尒　散華奉宮殿　請佛轉法輪
世尊甚難值　願以大慈悲　廣開甘露門　轉无上法輪
无量慧世尊　受彼衆人請　為宣種種法　四諦十二緣
无明至老死　皆從生緣有　如是衆過患　汝等應當知
宣暢是法時　六百万億姟　得盡諸苦際　皆成阿羅漢
第二說法時　千万恒沙衆　於諸法不受　亦得阿羅漢
從是後得道　其數无有量　万億劫算數　不能得其邊
時十六王子　出家作沙弥　皆共請彼佛　演說大乘法
我等及營從　皆當成佛道　願得如世尊　慧眼第一淨
佛知童子心　宿世之所行　以无量因緣　種種諸譬喻
說六波羅蜜　及諸神通事　分別真實法　菩薩所行道
說是法華經　如恒河沙偈　彼佛說經已　靜室入禪定

BD13810 號　妙法蓮華經卷三　（36–32）

我等及營從　皆當成佛道　願得如世尊　慧眼第一淨
佛知童子心　宿世之所行　以无量因緣　種種諸譬喻
說六波羅蜜　及諸神通事　分別真實法　菩薩所行道
說是法華經　如恒河沙偈　彼佛說經已　靜室入禪定
一心一處坐　八万四千劫　是諸沙弥等　知佛禪未出
為无量億衆　說佛无上慧　各各坐法座　說是大乘經
於佛宴寂後　宣揚助法化　一一沙弥等　所度諸衆生
有六百万億　恒河沙等衆　彼佛滅度後　是諸聞法者
在在諸佛土　常與師俱生　是十六沙弥　具足行佛道
今現在十方　各得成正覺　尒時聞法者　各在諸佛所
其有住聲聞　漸教以佛道　我在十六數　曾亦為汝說
是故以方便　引汝趣佛慧　以是本因緣　今說法華經
令汝入佛道　慎勿懷驚懼　譬如險惡道　迥絕多毒獸
又復无水草　人所怖畏處　无數千万衆　欲過此險道
其路甚曠遠　經五百由旬　時有一道師　強識有智慧
明了心決定　在險濟衆難　衆人皆疲惓　而白導師言
我等今頓乏　於此欲退還　導師作是念　此輩甚可愍
如何欲退還　而失大珍寶　尋時思方便　當設神通力
化作大城郭　莊嚴諸舍宅　周帀有園林　渠流及浴池
重門高樓閣　男女皆充滿　即作是化已　慰衆言勿懼

BD13810 號　妙法蓮華經卷三　（36–33）

我等今頓乏　於此欲退還　導師作是念　此輩甚可愍
如何欲退還　而失大珎寶　尋時思方便　當設神通力
化作大城郭　莊嚴諸舍宅　周帀有園林　渠流及浴池
重門高樓閣　男女皆充滿　即作是化已　慰衆言勿懼
汝等入此城　各可隨所樂　諸人既入城　心皆大歡喜
皆生安隱想　自謂已得度　導師知息已　集衆而告言
汝等當前進　此是化城耳　我見汝疲極　中路欲退還
故以方便力　權化作此城　汝今勤精進　當共至寶所
我亦復如是　為一切導師　見諸求道者　中路而懈廢
不能度生死　煩惱諸險道　故以方便力　為息說涅槃
言汝等苦滅　所作皆已辦　既知到涅槃　皆得阿羅漢
尒乃集大衆　為說真實法　諸佛方便力　分別說三乘
唯有一佛乘　息處故說二　今為汝說實　汝所得非滅
為佛一切智　當發大精進　汝證一切智　十力等佛法
具三十二相　乃是真實滅　諸佛之導師　為息說涅槃
既知是息已　引入於佛慧

妙法蓮華經卷第三

BD13810號　妙法蓮華經卷三　（36–34）

言汝等苦滅　所作皆已辦　既知到涅槃　皆得阿羅漢
尒乃集大衆　為說真實法　諸佛方便力　分別說三乘
唯有一佛乘　息處故說二　今為汝說實　汝所得非滅
為佛一切智　當發大精進　汝證一切智　十力等佛法
具三十二相　乃是真實滅　諸佛之導師　為息說涅槃
既知是息已　引入於佛慧

妙法蓮華經卷第三

BD13810號　妙法蓮華經卷三　（36–35）

BD13810 號　妙法蓮華經卷三　　（36–36）

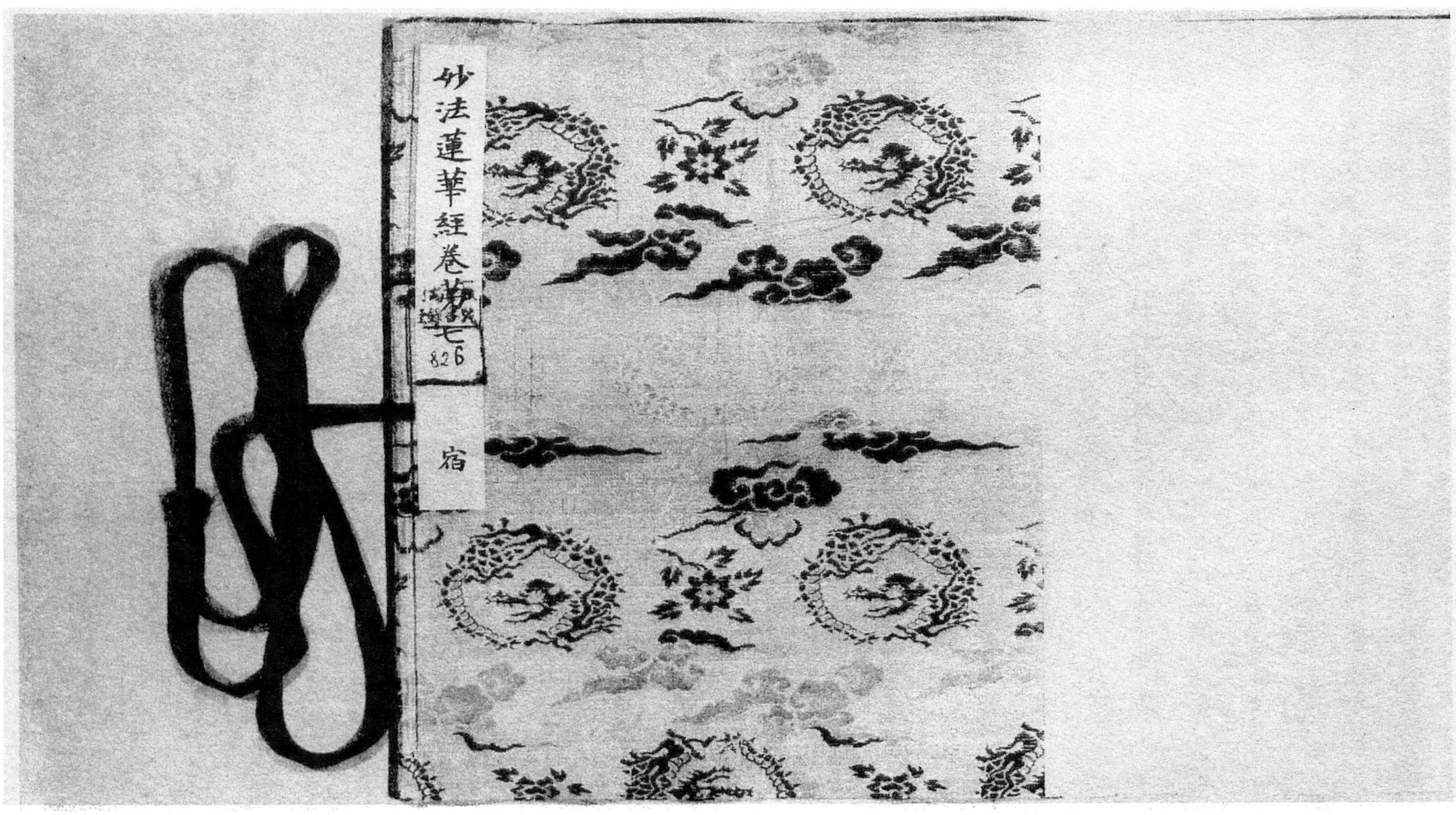

BD13811 號背　現代護首　　（1–1）

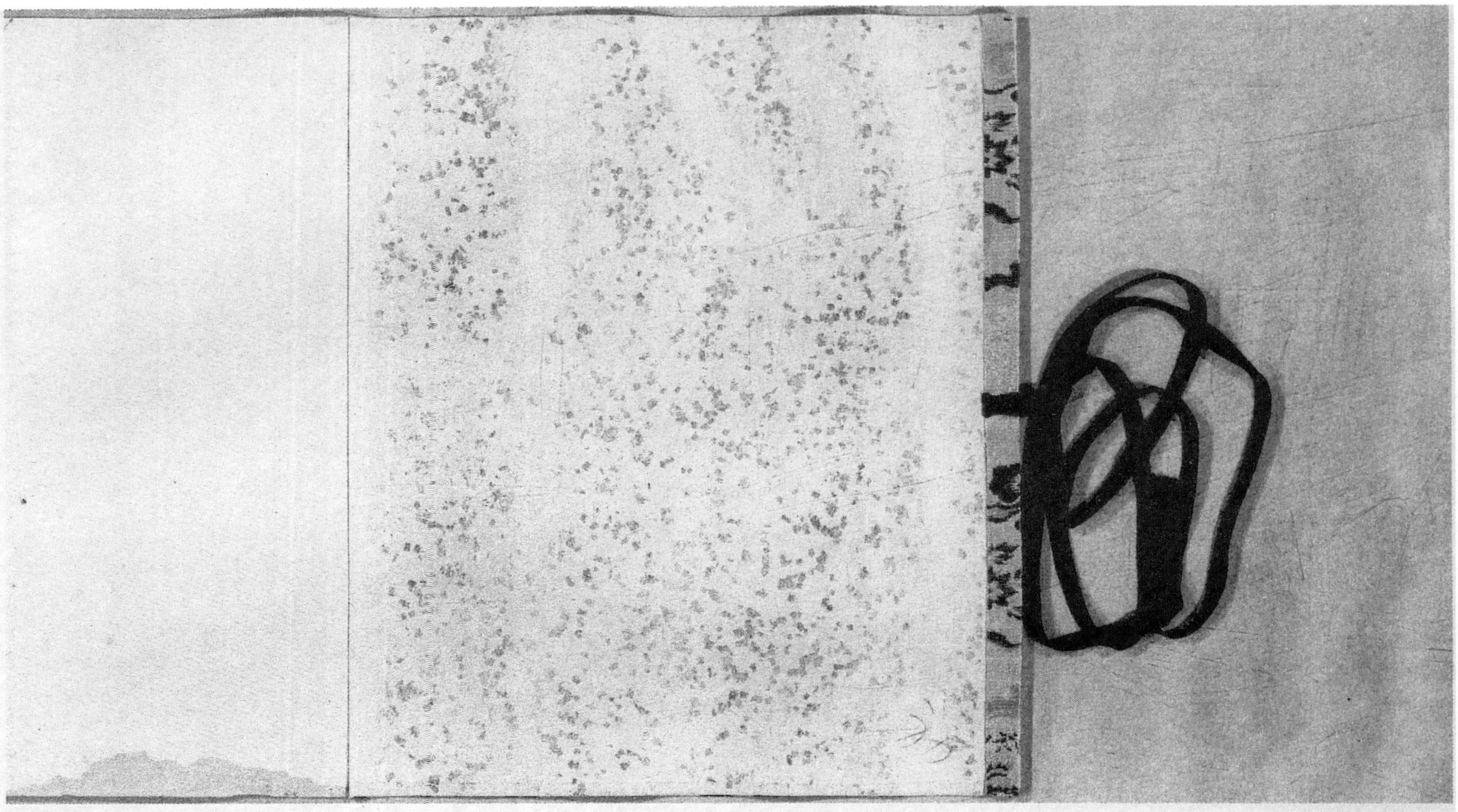

BD13811號　妙法蓮華經卷七　（25–1）

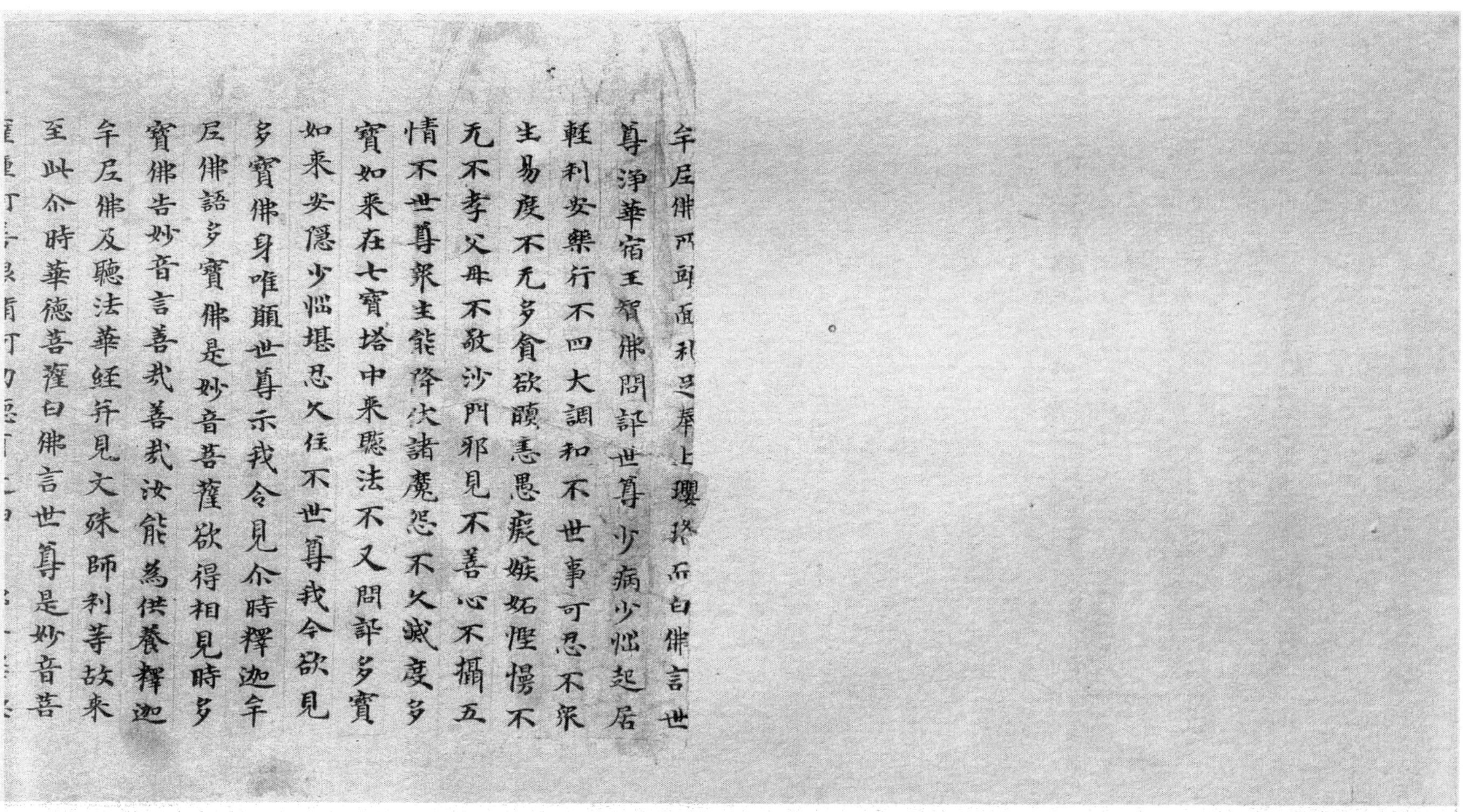

牟尼佛而頭面禮足奉上瓔珞而白佛言世
尊淨華宿王智佛問訊世尊少病少惱起居
輕利安樂行不四大調和不世事可忍不衆
生易度不无多貪欲瞋恚愚癡嫉妬慳慢不
无不孝父母不敬沙門邪見不善心不攝五
情不世尊衆生能降伏諸魔怨不久滅度多
寶如來在七寶塔中來聽法不又問訊多寶
如來安隱少惱堪忍久住不世尊我今欲見
多寶佛身唯願世尊示我令見尒時釋迦牟
尼佛語多寶佛是妙音菩薩欲得相見時多
寶佛告妙音言善哉善哉汝能為供養釋迦
牟尼佛及聽法華經并見文殊師利等故來
至此尒時華德菩薩白佛言世尊是妙音菩

BD13811號　妙法蓮華經卷七　（25–2）

多寶佛身唯願世尊示我令見尒時釋迦牟
尼佛語多寶佛是妙音菩薩欲得相見時多
寶佛告妙音言善哉善哉汝能為供養釋迦
牟尼佛及聽法華經并見文殊師利等故來
至此尒時華德菩薩白佛言世尊是妙音菩
薩種何善根脩何功德有是神力佛告華德
菩薩過去有佛名雲雷音王多陁阿伽度阿
羅訶三藐三佛陁國名現一切世間劫名喜
見妙音菩薩於万二千歲以十万種伎樂供
養雲雷音王佛并奉上八万四千七寶鉢以
是因緣果報今生淨華宿王智佛所有是神
力華德於汝意云何尒時雲雷音王佛所妙
音菩薩伎樂供養奉上寶器者豈異人乎今
此妙音菩薩摩訶薩是華德是妙音菩薩已
曾供養親近无量諸佛久殖德本又值恒河
沙等百千万億那由他佛華德汝但見妙音菩
薩其身在此而是菩薩現種種身處處為諸
衆生說是經典或現梵王身或現帝釋身或
現自在天身或現大自在天身或現天大
將軍身或現毗沙門天王身或現轉輪聖王
身或現諸小王身或現長者身或現居士身
或現宰官身或現婆羅門身或現比丘比丘
尼優婆塞優婆夷身或現長者居士婦女身
或現宰官婦女身或現婆羅門婦女身或現
童男童女身或現天龍夜叉乹闥婆阿脩羅
迦樓羅緊那羅摩睺羅伽人非人等身而說

BD13811 號　妙法蓮華經卷七　　　　（25–3）

或現宰官身或現婆羅門身或現比丘比丘
尼優婆塞優婆夷身或現長者居士婦女身
或現宰官婦女身或現婆羅門婦女身或現
童男童女身或現天龍夜叉乹闥婆阿脩羅
迦樓羅緊那羅摩睺羅伽人非人等身而說
是經諸有地獄餓鬼畜生及衆難處皆能
救濟乃至於王後宮變為女身而說是經華德
是妙音菩薩能救護娑婆世界諸衆生者是
妙音菩薩如是種種變化現身在此娑婆國土
為諸衆生說是經典於神通變化智慧无
所損減是菩薩以若干智慧明照娑婆世界
令一切衆生各得所知於十方恒河沙世界
中亦復如是若應以聲聞形得度者現聲聞
形而為說法應以辟支佛形得度者現辟支
佛形而為說法應以菩薩形得度者現菩薩
形而為說法應以佛形得度者即現佛形而
為說法如是種種隨所應度而為現形乃
至應以滅度而得度者亦現滅度華德妙音
菩薩摩訶薩成就大神通智慧之力其事如
是尒時華德菩薩白佛言世尊是妙音菩薩
深種善根世尊是菩薩住何三昧而能如是
在所變現度脫衆生佛告華德菩薩善男子
其三昧名現一切色身妙音菩薩住是三昧中
能如是饒益无量衆生說是妙音菩薩品
時與妙音菩薩俱來者八万四千人皆得現
一切色身三昧此娑婆世界无量菩薩亦得

BD13811 號　妙法蓮華經卷七　　　　（25–4）

在所變現度脫衆生佛告華德菩薩善男子
其三昧名現一切色身妙音菩薩住是三昧中
能如是饒益无量衆生說是妙音菩薩品
時與妙音菩薩俱来者八万四千人皆得現
一切色身三昧此娑婆世界无量菩薩亦得
是三昧及陁羅尼
尒時妙音菩薩摩訶薩供養釋迦牟尼佛及
多寶佛塔已還歸本土所經諸國六種震動
雨寶蓮華作百千万億種種伎樂既到本國
與八万四千菩薩圍遶至淨華宿王智佛所
白佛言世尊我等到娑婆世界饒益衆生見
釋迦牟尼佛及見多寶佛塔礼拜供養又見
文殊師利法王子及見藥王菩薩得勤精進
力菩薩勇施菩薩等亦令是八万四千菩薩
得現一切色身三昧說是妙音菩薩来往品
時四万二千天子得无生法忍華德菩薩得法
華三昧
妙法蓮華經觀世音菩薩普門品第廿五
尒時无盡意菩薩即從座起偏袒右肩合掌
向佛而作是言世尊觀世音菩薩以何因緣名
觀世音佛告无盡意菩薩善男子若有无
量百千万億衆生受諸苦惱聞是觀世音菩
薩一心稱名觀世音菩薩即時觀其音聲皆
得解脫
若有持是觀世音菩薩名者設入大火不能

BD13811號　妙法蓮華經卷七　（25–5）

量百千万億衆生受諸苦惱聞是觀世音菩
薩一心稱名觀世音菩薩即時觀其音聲皆
得解脫
若有持是觀世音菩薩名者設入大火不能
燒由是菩薩威神力故若為大水所漂稱
其名号即得淺處若有百千万億衆生為求
金銀瑠璃車𤦲馬瑙珊瑚虎珀真珠等寶入
於大海假使黑風吹其船舫漂墮羅剎鬼國
其中若有乃至一人稱觀世音菩薩名者是
諸人等皆得解脫羅剎之難以是因緣名觀
世音
若復有人臨當被害稱觀世音菩薩名者彼
所執刀杖尋段段壞而得解脫若三千大千
國土滿中夜叉羅剎欲来惱人聞其稱觀世
音菩薩名者是諸惡鬼尚不能以惡眼視之
況復加害
設復有人若有罪若无罪杻械枷鎖檢繫其
身稱觀世音菩薩名者皆悉斷壞即得解脫
若三千大千國土滿中怨賊有一商主將諸
商人賫持重寶經過嶮路其中一人作是唱
言諸善男子勿得恐怖汝等應當一心稱觀
世音菩薩名号是菩薩能以无畏施於衆生
汝等若稱名者於此怨賊當得解脫衆商人
聞俱發聲言南无觀世音菩薩稱其名故即
得解脫无盡意觀世音菩薩摩訶薩威神之

BD13811號　妙法蓮華經卷七　（25–6）

言諸善男子勿得恐怖汝等應當一心稱觀
世音菩薩名号是菩薩能以无畏施於衆生
汝等若稱名者於此怨賊當得解脫衆商人
聞俱發聲言南无觀世音菩薩稱其名故即
得解脫无盡意觀世音菩薩摩訶薩威神之
力魏魏如是
若有衆生多於婬欲常念恭敬觀世音菩薩
便得離欲若多瞋恚常念恭敬觀世音菩薩
便得離瞋若多愚癡常念恭敬觀世音菩薩
便得離癡无盡意觀世音菩薩有如是等大
威神力多所饒益是故衆生常應心念
若有女人設欲求男礼拜供養觀世音菩薩
便生福德智慧之男設欲求女便生端政有
相之女宿殖德本衆人愛敬无盡意觀世音
菩薩有如是力若有衆生恭敬礼拜觀世音
菩薩福不唐捐是故衆生皆應受持觀世音
菩薩名号无盡意若有人受持六十二億恒
河沙菩薩名字復盡形供養飲食衣服卧具
醫藥於汝意云何是善男子善女人功德多
不无盡意言甚多世尊佛言若復有人受持
觀世音菩薩名号乃至一時礼拜供養是二
人福正等无異於百千万億劫不可窮盡无
盡意受持觀世音菩薩名号得如是无量无
邊福德之利
无盡意菩薩白佛言世尊觀世音菩薩云何
遊此娑婆世界云何而為衆生說法方便之

BD13811 號　妙法蓮華經卷七　　（25–7）

人福正等无異於百千万億劫不可窮盡无
盡意受持觀世音菩薩名号得如是无量无
邊福德之利
无盡意菩薩白佛言世尊觀世音菩薩云何
遊此娑婆世界云何而為衆生說法方便之
力其事云何佛告无盡意菩薩善男子若有
國土衆生應以佛身得度者觀世音菩薩即
現佛身而為說法應以辟支佛身得度者即
現辟支佛身而為說法應以聲聞身得度者
即現聲聞身而為說法應以梵王身得度者
即現梵王身而為說法應以帝釋身得度者
即現帝釋身而為說法應以自在天身得度
者即現自在天身而為說法應以大自在天
身得度者即現大自在天身而為說法應以
天大將軍身得度者即現天大將軍身而為
說法應以毗沙門身得度者即現毗沙門身
而為說法應以小王身得度者即現小王身
而為說法應以長者身得度者即現長者身
而為說法應以居士身得度者即現居士身
而為說法應以宰官身得度者即現宰官身
而為說法應以婆羅門身得度者即現婆羅
門身而為說法應以比丘比丘尼優婆塞優
婆夷身得度者即現比丘比丘尼優婆塞優
婆夷身而為說法應以長者居士宰官婆羅
門婦女身得度者即現婦女身而為說法應
以童男童女身得度者即現童男童女身而

BD13811 號　妙法蓮華經卷七　　（25–8）

婆夷身得度者即現比丘比丘尼優婆塞優
婆夷身而為說法應以長者居士宰官婆羅
門婦女身得度者即現婦女身而為說法應
以童男童女身得度者即現童男童女身而
為說法應以天龍夜叉乾闥婆阿脩羅迦樓
羅緊那羅摩睺羅伽人非人等身得度者即
皆現之而為說法應以執金剛神得度者即
現金剛神而為說法无盡意是觀世音菩薩
成就如是功德以種種形遊諸國土度脫衆
生是故汝等應當一心供養觀世音菩薩是
觀世音菩薩摩訶薩於怖畏急難之中能施
无畏是故此娑婆世界皆号之為施无畏者
无盡意菩薩白佛言世尊我今當供養觀
世音菩薩即解頸衆寶珠瓔珞價直百千兩金
而以與之作是言仁者受此法施珎寶瓔珞
時觀世音菩薩不肯受之无盡意復白觀世
音菩薩言仁者愍我等故受此瓔珞
尒時佛告觀世音菩薩當愍此无盡意菩
薩及四衆天龍夜叉乾闥婆阿脩羅迦樓羅
緊那羅摩睺羅伽人非人等故受是瓔珞即時
觀世音菩薩愍諸四衆及於天龍人非人等
受其瓔珞分作二分一分奉釋迦牟尼佛一
分奉多寶佛塔无盡意觀世音菩薩有如
是自在神力遊於娑婆世界
尒時无盡意菩薩以偈問曰

BD13811 號　妙法蓮華經卷七　（25-9）

受其瓔珞分作二分一分奉釋迦牟尼佛一
分奉多寶佛塔无盡意觀世音菩薩有如
是自在神力遊於娑婆世界
尒時无盡意菩薩以偈問曰
世尊妙相具　我今重問彼　佛子何因緣　名為觀世音
具足妙相尊　偈荅无盡意　汝聽觀音行　善應諸方所
弘誓深如海　歷劫不思議　侍多千億佛　發大清淨願
我為汝略說　聞名及見身　心念不空過　能滅諸有苦
假使興害意　推落大火坑　念彼觀音力　火坑變成池
或漂流巨海　龍魚諸鬼難　念彼觀音力　波浪不能沒
或在須弥峯　為人所推墮　念彼觀音力　如日虛空住
或被惡人逐　墮落金剛山　念彼觀音力　不能損一毛
或值怨賊遶　各執刀加害　念彼觀音力　咸即起慈心
或遭王難苦　臨刑欲壽終　念彼觀音力　刀尋段段壞
或囚禁枷鎖　手足被杻械　念彼觀音力　釋然得解脫
呪咀諸毒藥　所欲害身者　念彼觀音力
或遇惡羅刹　毒龍諸鬼等　念彼觀音力　時悉不敢害
若惡獸圍繞　利牙爪可怖　念彼觀音力　疾走无邊方
蚖蛇及蝮蝎　氣毒煙火燃　念彼觀音力　尋聲自迴去
雲雷鼓掣電　降雹澍大雨　念彼觀音力　應時得消散
衆生被困厄　无量苦逼身　觀音妙智力　能救世間苦
具足神通力　廣脩智方便　十方諸國土　无剎不現身
種種諸惡趣　地獄鬼畜生　生老病死苦　以漸悉令滅
真觀清淨觀　廣大智慧觀　悲觀及慈觀　常願常瞻仰
无垢清淨光　慧日破諸闇　能伏灾風火　普明照世間

BD13811 號　妙法蓮華經卷七　（25-10）

具足神通力　廣脩智方便　十方諸國土　无剎不現身
種種諸惡趣　地獄鬼畜生　生老病死苦　以漸悉令滅
真觀清淨觀　廣大智慧觀　悲觀及慈觀　常願常瞻仰
无垢清淨光　慧日破諸闇　能伏災風火　普明照世間
悲體戒雷震　慈意妙大雲　澍甘露法雨　滅除煩惱炎
諍訟經官處　怖畏軍陣中　念彼觀音力　衆怨悉退散
妙音觀世音　梵音海潮音　勝彼世間音　是故須常念
念念勿生疑　觀世音淨聖　於苦惱死厄　能為作依怙
具一切功德　慈眼視衆生　福聚海无量　是故應頂礼
尒時持地菩薩即從坐起前白佛言世尊若
有衆生聞是觀世音菩薩品自在之業普門
示現神通力者當知是人功德不少佛說是
普門品時衆中八万四千衆生皆發无等等
阿耨多羅三藐三菩提心

妙法蓮華經陁羅尼品第廿六

尒時藥王菩薩即從座起偏袒右肩合掌向
佛而白佛言世尊若善男子善女人有能受
持法華經者若讀誦通利若有書寫經卷得
幾所福佛告藥王若有善男子善女人供養
八百万億那由他恒河沙等諸佛於汝意云何
其所得福寧為多不甚多世尊佛言若善男
子善女人能於是經乃至受持一四句偈讀
誦解義如說脩行功德甚多尒時藥王菩薩
白佛言世尊我今當與說法者陁羅尼呪以
守護之即說呪曰

其所得福寧為多不甚多世尊佛言若善男
子善女人能於是經乃至受持一四句偈讀
誦解義如說脩行功德甚多尒時藥王菩薩
白佛言世尊我今當與說法者陁羅尼呪以
守護之即說呪曰
安尒一 曼尒二 摩祢三 摩摩四 旨隸五 遮梨第六
賒咩羊鳴音七 賒履因雅反 多瑋八 羶輸千反帝九 目帝十
目多履十一 娑履十二 阿瑋娑履十三 桑履十四 娑履十五
叉裔十六 阿叉裔十七 阿耆膩十八 羶帝十九 賒履廿 陁羅
尼廿一 阿盧伽婆娑蔱柰反簸蔗毗叉膩廿二 祢毗剃廿三 阿
便哆都餓反邏祢履剃廿四 阿亶哆波隸輸地廿五 漚究
隸廿六 牟究隸廿七 阿羅隸廿八 波羅隸廿九 首迦差初机反卅
阿三磨三履卅一 佛䭾毗吉利袠帝卅二 達磨波
利差精離反帝卅三 僧伽涅瞿沙祢卅四 婆舍婆舍輸
地卅五 曼哆邏卅六 曼哆邏叉夜多卅七 郵樓哆郵樓哆
卅八 憍舍略盧遮反卅九 惡叉邏卌 惡叉邏卌 惡叉冶多冶卌一
阿婆盧卌二 阿摩若荏蔗反那多夜卌三
世尊是陁羅尼神呪六十二億恒河沙等諸
佛所說若有侵毀此法師者則為侵毀
是諸佛已時釋迦牟尼佛讚藥王菩薩言善
哉善哉藥王汝愍念擁護此法師故說是陁羅
尼於諸衆生多所饒益
尒時勇施菩薩白佛言世尊我亦為擁護讀
誦受持法華經者說陁羅尼若此法師得是
陁羅尼若夜叉若羅剎若富單那若吉蔗若

[illegible]
尒時勇施菩薩白佛言世尊我亦為擁護讀
誦受持法華經者說陁羅尼若此法師得是
陁羅尼若夜叉若羅剎若富單那若吉蔗若
鳩槃茶若餓鬼等伺求其短无能得便即於
佛前而說呪曰
痤誓重反隸一 摩訶痤隸二 郁枳三 目枳四 阿隸五 阿羅
婆苐六 涅隸苐七 涅隸多婆苐八 伊緻猪履反柅九 韋
緻柅十 旨緻柅十一 涅隸墀柅十二 涅犁墀婆底十三
世尊是陁羅尼神呪恒河沙等諸佛所說亦
皆隨喜若有侵毀此法師者則為侵毀是
諸佛已
尒時毗沙門天王護世者白佛言世尊我亦
為愍念衆生擁護此法師故說是陁羅尼即
說呪曰
阿犁一 那犁二 㝹那犁三 阿那盧四 那履五 拘那履六
世尊以是神呪擁護法師我亦自當擁護持
是經者令百由旬内无諸衰患
尒時持國天王在此會中與千万億那由他
乾闥婆衆恭敬圍遶前詣佛所合掌白佛言
世尊我亦以陁羅尼神呪擁護持法華經者
即說呪曰
阿伽祢一 伽祢二 瞿利三 乾陁利四 旃陁利五 摩蹬耆六
常求利七 浮樓莎柅八 頞底九
世尊是陁羅尼神呪四十二億諸佛所說若有
侵毀此法師者則為侵毀是諸佛已

BD13811 號　妙法蓮華經卷七　（25–13）

即說呪曰
阿伽祢一 伽祢二 瞿利三 乾陁利四 旃陁利五 摩蹬耆六
常求利七 浮樓莎柅八 頞底九
世尊是陁羅尼神呪四十二億諸佛所說若有
侵毀此法師者則為侵毀是諸佛已
尒時有羅剎女等一名藍婆二名毗藍婆三名
曲齒四名華齒五名黑齒六名多髮七名无
猒足八名持瓔珞九名睪諦十名奪一切衆
生精氣是十羅剎女與鬼子母并其子及
眷屬俱詣佛所同聲白佛言世尊我等亦欲
擁護讀誦受持法華經者除其衰患若有伺
求法師短者令不得便即於佛前而說呪曰
伊提履一 伊提泯二 伊提履三 阿提履四 伊提履五
泥履六 泥履七 泥履八 泥履九 泥履十 樓醯十一 樓醯
十二 樓醯十三 樓醯十四 多醯十五 多醯十六 多醯十七 兜醯十八 㝹
醯十九
寧上我頭上莫惱於法師若夜叉若羅剎若
餓鬼若富單那若吉蔗若毗陁羅若揵馱若
烏摩勒伽若阿跋摩羅若夜叉吉蔗若人吉
蔗若熱病若一日若二日若三日若四日若
至七日若常熱病若男形若女形若童男形
若童女形乃至夢中亦復莫惱即於佛前而
說偈言
若不順我呪　惱亂說法者　頭破作七分　如阿梨樹枝
如煞父母罪　亦如押油殃　斗秤欺誑人　調達破僧罪
犯此法師者　當獲如是殃

BD13811 號　妙法蓮華經卷七　（25–14）

若童女形乃至夢中亦復莫惱即於佛前而
說偈言
若不順我呪　惱亂說法者　頭破作七分　如阿梨樹枝
如煞父母罪　亦如押油殃　斗秤欺誑人　調達破僧罪
犯此法師者　當獲如是殃
諸羅刹女說此偈已白佛言世尊我等亦當
身自擁護受持讀誦脩行是經者令得安隱
離諸衰患消衆毒藥佛告諸羅刹女善哉善
哉汝等但能擁護受持法華名者福不可量
何況擁護具足受持供養經卷華香瓔珞末
香塗香燒香幡蓋伎樂然種種燈蘇燈油燈
諸香油燈蘇摩那華油燈瞻蔔華油燈婆師
迦華油燈優鉢羅華油燈如是等百千種供
養者睪諦汝等及眷屬應當擁護如是法
師說此陁羅尼品時六万八千人得无生法忍
妙法蓮華經妙莊嚴王本事品第廿七
尒時佛告諸大衆乃往古世過无量无邊不
可思議阿僧祇劫有佛名雲雷音宿王華智
佛多陁阿伽度阿羅訶三藐三佛陁國名光
明庄嚴劫名喜見彼佛法中有王名妙庄嚴
其王夫人名曰淨德有二子一名淨藏二名
淨眼是二子有大神力福德智慧久脩菩薩
所行之道所謂檀波羅蜜尸羅波羅蜜羼提
波羅蜜毗梨耶波羅蜜禪波羅蜜般若波羅
蜜方便波羅蜜慈悲喜捨乃至三十七助道

BD13811號　妙法蓮華經卷七　（25-15）

淨眼是二子有大神力福德智慧久脩菩薩
所行之道所謂檀波羅蜜尸羅波羅蜜羼提
波羅蜜毗梨耶波羅蜜禪波羅蜜般若波羅
蜜方便波羅蜜慈悲喜捨乃至三十七助道
法皆悉明了通達又得菩薩淨三昧日星宿
三昧淨光三昧淨色三昧淨照明三昧長庄嚴
三昧大威德藏三昧於此三昧亦悉通達尒
時彼佛欲引導妙庄嚴王及愍念衆生故
說是法華經時淨藏淨眼二子到其母所合
十指抓掌白言願母往詣雲雷音宿王華智
佛所我等亦當侍從親覲供養礼拜所以者
何此佛於一切天人衆中說法華經宜應聽
受母告子言汝父信受外道深著婆羅門法
汝等應往白父與共俱去淨藏淨眼合十指
抓掌白母我等是法王子而生此邪見家母
告子言汝等當憂念汝父為現神變若得見
者心必清淨或聽我等往至佛所於是二子
念其父故踊在虛空高七多羅樹現種種
神變於虛空中行住坐卧身上出水身下出火
身下出水身上出火或現大身滿虛空中而
復現小小復現大於空中滅忽然在地入地
如水履水如地現如是等種種神變令其父
王心淨信解時父見子神力如是心大歡喜
得未曾有合掌向子言汝等師為是誰誰之
弟子二子白言大王彼雷音宿王華智佛

BD13811號　妙法蓮華經卷七　（25-16）

如水履水如地現如是等種種神變令其父
王心淨信解時父見子神力如是心大歡喜
得未曾有合掌向子言汝等師為是誰誰之
弟子二子白言大王彼雲雷音宿王華智佛
今在七寶菩提樹下法座上坐於一切世間
天人眾中廣說法華經是我等師我是弟子
父語子言我今欲見汝等師可共俱往於是
二子從空中下到其母所合掌白母父王今
已信解堪任發阿耨多羅三藐三菩提心
我等為父已作佛事願母見聽於彼佛所出
家修道尒時二子欲重宣此意以偈白母言
願母放我等　出家作沙門　諸佛甚難值　我等隨佛學
如優曇波羅　值佛復難是　脫諸難亦難　願聽我出家
是二子白父母言善哉父母願時往詣雲雷
音宿王華智佛所親覲供養所以者何佛難
得值如優曇波羅華又如一眼之龜值浮木
孔而我等宿福深厚生值佛法是故父母當
難遇彼時妙莊嚴王後宮八万四千人皆悉
堪任受持是法華經淨眼菩薩於法華三
昧久已通達淨藏菩薩已於无量百千万億劫
通達離諸惡趣三昧欲令一切眾生離諸惡
趣故其王夫人得諸佛集三昧能知諸佛秘
密之藏二子如是以方便力善化其父令心
信解好樂佛法於是妙莊嚴王與群臣
眷屬俱淨德夫人與後宮婇女眷屬俱其王

BD13811 號　妙法蓮華經卷七

（25–17）

通達離諸惡趣三昧欲令一切眾生離諸惡
趣故其王夫人得諸佛集三昧能知諸佛秘
密之藏二子如是以方便力善化其父令心
信解好樂佛法於是妙莊嚴王與群臣
眷屬俱淨德夫人與後宮婇女眷屬俱其王
二子與四万二千人俱一時共詣佛所到已頭面
礼足遶佛三匝却住一面尒時彼佛為王說
法示教利喜王大歡悅尒時妙莊嚴王及
其夫人解頸真珠瓔珞價直百千以散佛上於
虛空中化成四柱寶臺臺中有大寶林敷百
千万天衣其上有佛結跏趺坐放大光明尒
時妙莊嚴王作是念佛身希有端嚴殊特
成就第一微妙之色時雲雷音宿王華智佛告
四眾言汝等見是妙莊嚴王於我前合掌立
不此王於我法中作比丘精勤修習助佛道
法當得作佛号娑羅樹王國名大光劫名大
高王其娑羅樹王佛有无量菩薩眾及无量
聲聞其國平正功德如是其王即時以國付
弟王與夫人二子并諸眷屬於佛法中出家
修道王出家已於八万四千歲常勤精進修
行妙法華經過是已後得一切淨功德莊嚴
三昧即昇虛空高七多羅樹而白佛言世尊
此我二子已作佛事以神通變化轉我邪心令
得安住於佛法中得見世尊此二子者是
我善知識為欲發起宿世善根饒益我故

BD13811 號　妙法蓮華經卷七

（25–18）

[illegible]
三昧即昇虛空高七多羅樹而白佛言世尊
此我二子已作佛事以神通變化轉我邪心令
得安住於佛法中得見世尊此二子者是
我善知識為欲發起宿世善根饒益我故
来生我家尒時雲雷音宿王華智佛告妙庄嚴
王言如是如是如汝所言若善男子善女人種
善根故世世得善知識其善知識能作佛
事示教利喜令入阿耨多羅三藐三菩提大
王當知善知識者是大因緣所謂化導令得
見佛發阿耨多羅三藐三菩提心大王汝見
此二子不此二子已曾供養六十五百千万億
那由他恒河沙諸佛親覲恭敬於諸佛所
受持法華經愍念邪見衆生令住正見妙庄
嚴王即從虛空中下而白佛言世尊如来甚
希有以功德智慧故頂上肉髻光明顯照其
眼長廣而紺青色眉間豪相白如軻月齒白
齊密常有光明脣色赤好如頻婆菓尒時妙
庄嚴王讃歎佛如是等无量百千万億功德
已於如来前一心合掌復白佛言世尊未曾
有也如来之法具足成就不可思議微妙功
德教戒所行安隱快善我從今日不復自隨
心行不生邪見憍慢瞋恚諸惡之心說是語已
礼佛而出佛告大衆於意云何妙庄嚴王
豈異人乎今華德菩薩是其淨德夫人今佛
前光照庄嚴相菩薩是哀愍妙庄嚴王及諸

德教戒所行安隱快善我從今日不復自隨
心行不生邪見憍慢瞋恚諸惡之心說是語已
礼佛而出佛告大衆於意云何妙庄嚴王
豈異人乎今華德菩薩是其淨德夫人今佛
前光照庄嚴相菩薩是哀愍妙庄嚴王及諸
眷屬故於彼中生其二子者今藥王菩薩藥
上菩薩是是藥王藥上菩薩成就如此諸大
功德已於无量百千万億諸佛所殖衆德本
成就不可思議諸善功德若有人識是二菩
薩名字者一切世間諸天人民亦應礼拜佛說
是妙庄嚴王本事品時八万四千人遠塵離
垢於諸法中得法眼淨
妙法蓮華經普賢菩薩勸發品第廿八
尒時普賢菩薩以自在神通威德名聞與大
菩薩无量无邊不可稱數從東方来所經諸
國普皆震動雨寶蓮華作无量百千万億種
種伎樂又與无數諸天龍夜叉乾闥婆阿脩
羅迦樓羅緊那羅摩睺羅伽人非人等大衆
圍遶各現威德神通之力到娑婆世界耆闍
崛山中頭面礼釋迦牟尼佛右遶七匝白佛言
世尊我於寶威德上王佛國遥聞此娑婆
世界說法華經與无量无邊百千万億諸菩
薩衆共来聽受唯願世尊當為說之若善
男子善女人於如来滅後云何能得是法華經
佛告普賢菩薩若善男子善女人能成就四

世界說法華經與无量无邊百千万億諸菩
薩衆共来聽受唯願世尊當為說之若善
男子善女人於如来滅後云何能得是法華經
佛告普賢菩薩若善男子善女人能成就四
法於如来滅後當得是法華經一者為諸佛
護念二者殖衆德本三者入正定聚四者發
救一切衆生之心善男子善女人如是成就四
法於如来滅後必得是經尒時普賢菩薩
白佛言世尊於後五百歲濁惡世中其有受
持是經典者我當守護除其衰患令安隱
使无伺求得其便者若魔若魔子若魔女若
魔民若為魔所著者若夜叉若羅刹若鳩槃
荼若毗舍闍若吉蔗若冨單那若韋陁羅等
諸惱人者皆不得便是人若行若立讀誦此
經我尒時乘六牙白象王與大菩薩衆俱詣
其所而自現身供養守護安慰其心亦欲供
養法華經故是人若坐思惟此經尒時我復
乘白象王現其人前其人若於法華經有所
忘失一句一偈我當教之與共讀誦還令通
利尒時受持讀誦法華經者得見我身甚大
歡喜轉復精進以見我故即得三昧及陁羅
尼名為旋陁羅尼百千万億旋陁羅尼法音
方便陁羅尼得如是等陁羅尼世尊若後世
後五百歲濁惡世中比丘比丘尼優婆塞優婆
夷求索者受持者讀誦者書寫者欲脩習是

歡喜轉復精進以見我故即得三昧及陁羅
尼名為旋陁羅尼百千万億旋陁羅尼法音
方便陁羅尼得如是等陁羅尼世尊若後世
後五百歲濁惡世中比丘比丘尼優婆塞優婆
夷求索者受持者讀誦者書寫者欲脩習是
法華經於三七日中應一心精進滿三七日已
我當乘六牙白象與无量菩薩而自圍遶
以一切衆生所喜見身現其人前而為說法
示教利喜亦復與其陁羅尼呪得是陁羅尼
故无有非人能破壞者亦不為女人之所惑
亂我身亦自常護是人唯願世尊聽我說此
陁羅尼呪即於佛前而說呪曰
阿檀地途賣反一檀陁婆地二檀陁婆帝三檀陁鳩舍隸四檀
陁脩陁隸五脩陁隸六脩陁羅婆底七佛䭾波羶祢八薩
婆陁羅尼阿婆多尼九薩婆婆沙阿婆多尼十脩阿
婆多尼十一僧伽波履叉尼十二僧伽涅伽陁尼十三阿僧祇十四
僧伽波伽地十五帝隸阿惰僧伽兜略盧遮反婆羅帝十六薩
婆僧伽三摩地伽蘭地十七薩婆達磨脩波利刹
帝十八薩婆薩埵樓䭾憍舍略阿㝹伽地十九辛阿
毗吉利地帝廿
世尊若有菩薩得聞是陁羅尼者當知普賢
神通之力若法華經行閻浮提有受持者應
作此念皆是普賢威神之力若有受持讀誦
正憶念解其義趣如說脩行當知是人行普
賢行於无量无邊諸佛所深種善根為諸如
来手摩其頭若但書寫是人命終當生忉利

誦
作此念皆是普賢威神之力若有受持讀
正憶念解其義趣如說脩行當知是人行普
賢行於无量无邊諸佛所深種善根為諸如
來手摩其頭若但書寫是人命終當生忉利
天上是時八万四千天女作衆伎樂而來迎之
其人即著七寶冠於婇女中娛樂快樂何况
受持讀誦正憶念解其義趣如說脩行若
有人受持讀誦解其義趣是人命終為千佛
授手令不恐怖不墮惡趣即往兜率天上弥
勒菩薩所弥勒菩薩有卅二相大菩薩衆所
共圍遶有百千万億天女眷屬而於中生有
如是等功德利益是故智者應當一心自書
若使人書受持讀誦正憶念如說脩行世尊
我今以神通力守護是經於如來滅後閻浮提
內廣令流布使不斷絶尒時釋迦牟尼佛讚
言善哉善哉普賢汝能護助是經令多所衆
生安樂利益汝已成就不可思議功德深大
慈悲從久遠來發阿耨多羅三藐三菩提意
而能作是神通之願守護是經我當以神通力
守護能受持普賢菩薩名者普賢若有
受持讀誦正憶念脩習書寫是法華經者當
知是人則見釋迦牟尼佛如從佛口聞此經典
當知是人供養釋迦牟尼佛當知是人佛讚
善哉當知是人為釋迦牟尼佛手摩其頭
當知是人為釋迦牟尼佛衣之所覆如是之

BD13811號　妙法蓮華經卷七　（25–23）

知是人則見釋迦牟尼佛如從佛口聞此經典
當知是人供養釋迦牟尼佛當知是人佛讚
善哉當知是人為釋迦牟尼佛手摩其頭
當知是人為釋迦牟尼佛衣之所覆如是之
人不復貪著世樂不好外道經書手筆亦復
不喜親近其人及諸惡者若屠兒若畜猪羊
雞狗若獵師若衒賣女色是人心意質直有
正憶念有福德力是人不為三毒所惱亦不
為嫉妬我慢邪慢增上慢所惱是人少欲知
足能脩普賢之行普賢若如來滅後後五百
歲若有人見受持讀誦法華經者應作是念
此人不久當詣道場破諸魔衆得阿耨多羅
三藐三菩提轉法輪擊法鼓吹法蠡雨法雨
當坐天人大衆中師子法坐上普賢若於後
世受持讀誦是經典者是人不復貪著衣服
卧具飲食資生之物所願不虛亦於現世得
其福報若有人輕毀之言汝狂人耳空作是
行終无所獲如是罪報當世世无眼若有供養
讚歎之者當於今世得現果報若復見受
持是經典者出其過惡若實若不實此人現
世得白癩病若有輕咲之者當世世牙齒踈
缺醜脣平鼻手脚繚戾眼目角睞身體臭
穢惡瘡膿血水腹短氣諸惡重病是故普賢
若見受持是經典者當起遠迎當如敬佛
說是普賢勸發品時恒河沙等无量无邊菩
薩得百千万億旋陁羅尼三千大千世界微塵

BD13811號　妙法蓮華經卷七　（25–24）

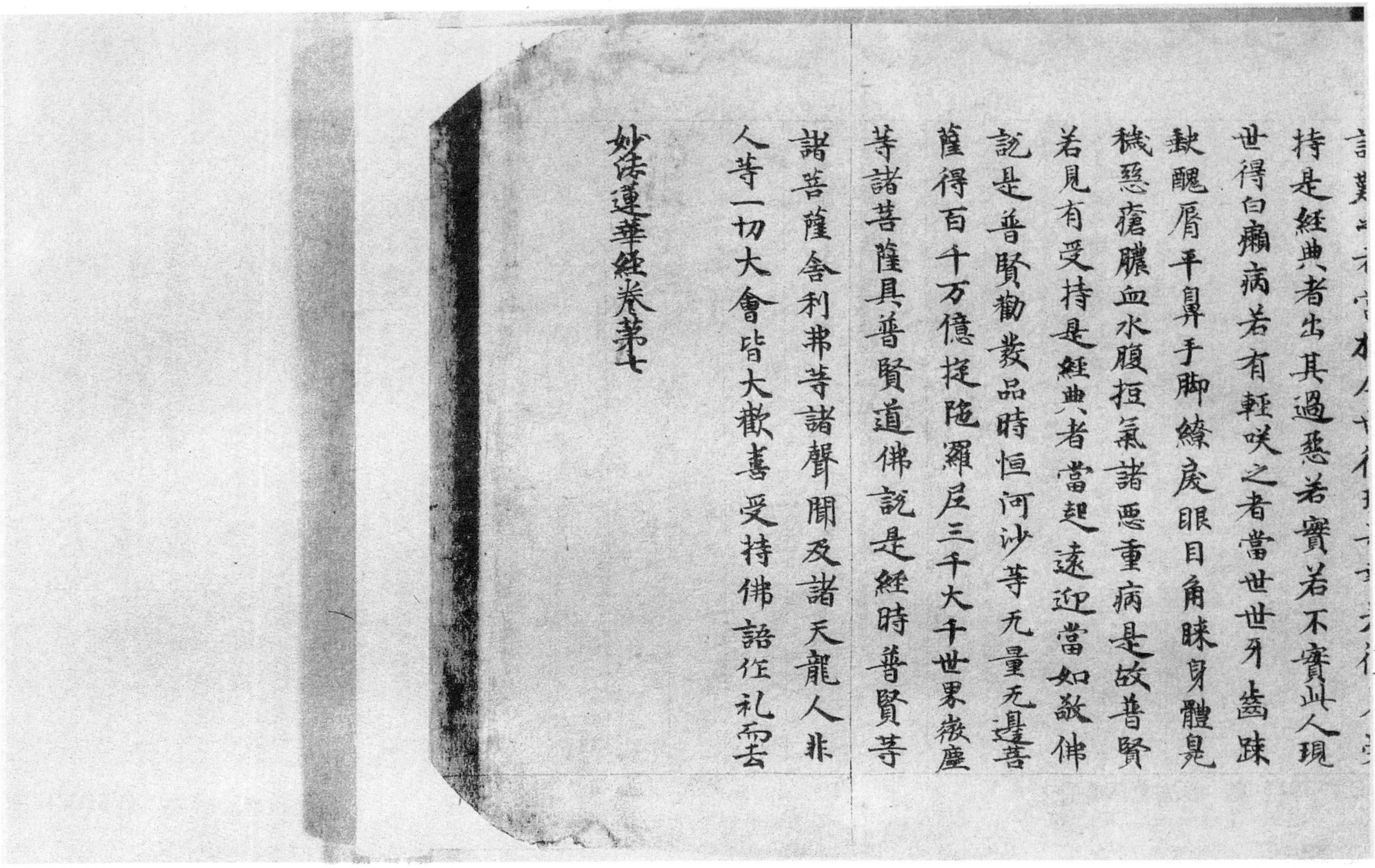
持是經典者出其過惡若實若不實此人現
世得白癩病若有輕咲之者當世世牙齒踈
缺醜脣平鼻手脚繚戾眼目角睞身體臭
穢惡瘡膿血水腹短氣諸惡重病是故普賢
若見有受持是經典者當起遠迎當如敬佛
說是普賢勸發品時恒河沙等无量无邊菩
薩得百千万億旋陁羅尼三千大千世界微塵
等諸菩薩具普賢道佛說是經時普賢等
諸菩薩舍利弗等諸聲聞及諸天龍人非
人等一切大會皆大歡喜受持佛語作禮而去
妙法蓮華經卷第七

BD13811 號　妙法蓮華經卷七　　（25–25）

BD13812 號背　現代護首　　（1–1）

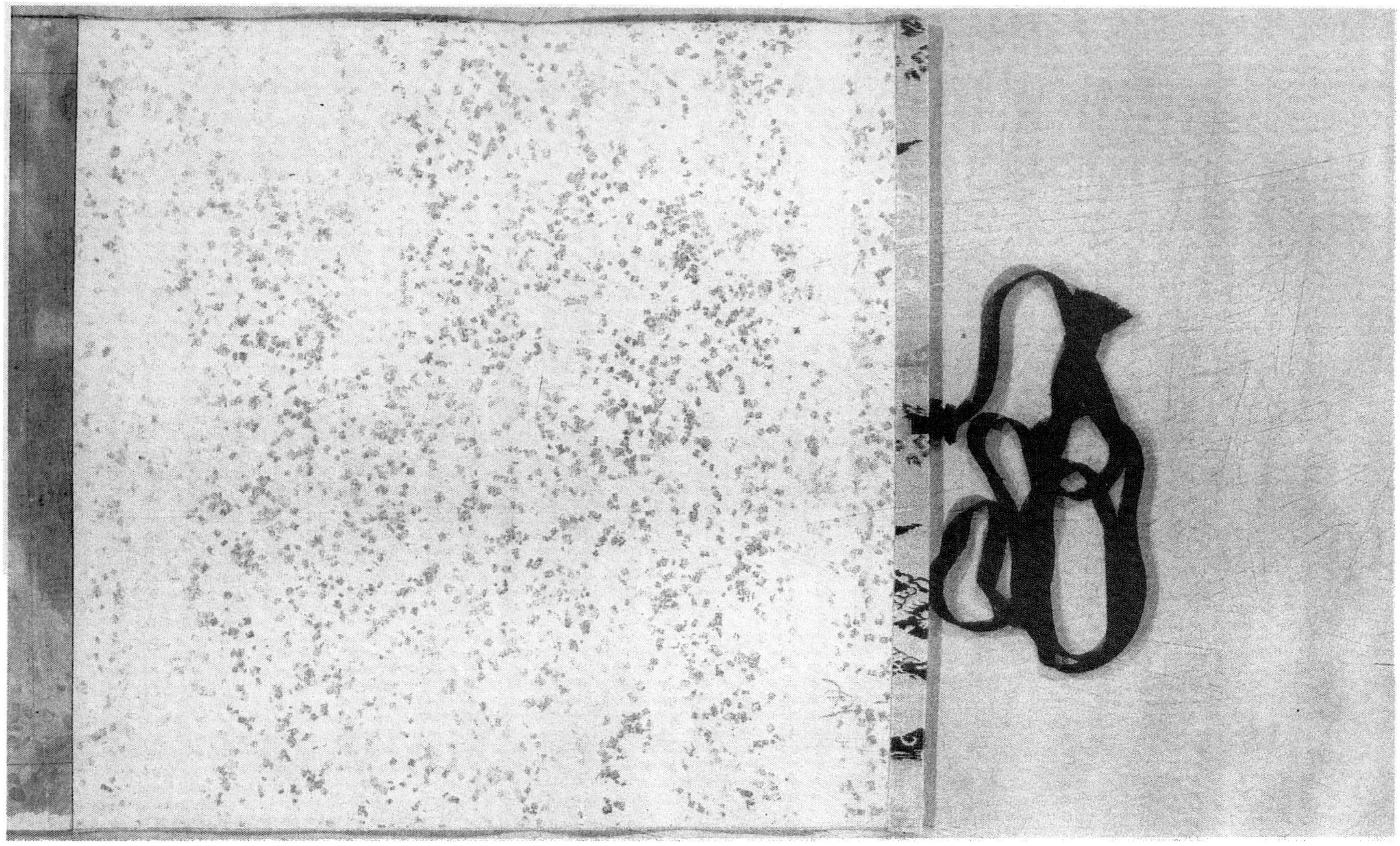

BD13812號　妙法蓮華經卷一至卷四　（48–1）

妙法蓮華經序品第一
如是我聞一時佛住王舍城耆闍崛山中與大比丘衆万二千人俱皆是阿羅漢諸漏
已盡无復煩惱逮得己利盡諸有結心得自在其名曰阿若憍陳如摩訶迦葉優
樓頻螺迦葉那提迦葉舍利弗大目揵連摩訶迦旃延阿㝹樓馱劫賓那憍
梵波提離婆多畢陵伽婆蹉薄拘羅摩訶拘絺羅難陀孫陀羅難陀富樓彌
多羅尼子須菩提阿難羅睺羅如是衆知識大阿羅漢等復有學二千人摩訶波
闍波提比丘尼與眷屬六千人俱羅睺羅母耶輸陀羅比丘尼亦與眷屬俱菩薩摩訶
薩八万人皆於阿耨多羅三藐三菩提不退轉皆得陀羅尼樂說辯才轉不退

BD13812號　妙法蓮華經卷一至卷四　（48–2）

樓頻螺迦葉那提迦葉舍利弗大目揵連摩訶迦旃延阿㝹樓馱劫賓那憍
梵波提離婆多畢陵伽婆蹉薄拘羅摩訶拘絺羅難陀孫陀羅難陀富樓那彌
多羅尼子須菩提阿難羅睺羅如是衆所知識大阿羅漢等復有學无學二千人摩訶波
闍波提比丘尼與眷屬六千人俱羅睺羅母耶輸陀羅比丘尼亦與眷屬俱菩薩摩訶
薩八万人皆於阿耨多羅三藐三菩提不退轉皆得陀羅尼樂說辯才轉不退
轉法輪供養无量百千諸佛於諸佛所殖衆德本常為諸佛之所稱歎以慈脩
身善入佛慧通達大智到於彼岸名稱普聞无量世界能度无數百千衆生其
名曰文殊師利菩薩觀世音菩薩得大勢菩薩常精進菩薩不休息菩薩寶
掌菩薩藥王菩薩　寶月菩薩月光菩薩滿月菩薩大力菩薩
无量力菩薩越三界菩薩跋陀婆羅菩薩弥勒菩薩寶積菩薩導師菩薩如
是等菩薩摩訶薩八万人俱尒時釋提桓因與其眷屬二万天子俱復有名
月天子普香天子寶光天子四大天王與其眷屬万天子大自在天子與其眷屬三万
天子俱自在天子大自在天子與其眷屬三万天子俱娑婆世界梵天王尸棄大梵光明大梵
等與其眷屬万二千天子俱有八龍王難陀龍王跋難陀龍王娑伽羅龍王和
脩吉龍王德叉迦龍王阿那婆達多龍王摩那斯龍王優鉢羅龍王等各
與若干百千眷屬俱有四緊那羅王法緊那羅王持法緊那羅王各與若干百千
眷屬俱有四乾闥婆王樂乾闥婆王樂音乾闥婆王美乾闥婆王美音乾闥婆王各
與若干百千眷屬俱有四阿脩羅王婆稚阿脩羅王佉羅騫馱阿脩羅王毗
摩質多羅阿脩羅王羅睺阿脩羅王各與若干百千眷屬俱有四迦樓羅王大
威德迦樓羅王大身迦樓羅王大滿迦樓羅王如意迦樓羅王各與若干百千眷屬俱
韋提希子阿闍世王與若干百千眷屬俱各禮佛足退坐一面尒時世尊四衆圍繞供養恭
敬尊重讚歎為諸菩薩說大乘經名无量義教菩薩法佛所護念佛說此經
已結跏趺坐入於无量義處三昧身心不動是時天雨曼陀羅華摩訶曼陀羅
華曼殊沙華摩訶曼殊沙華而散佛上及諸大衆普佛世界六種震動尒時
會中比丘比丘尼優婆塞優婆夷天龍夜叉乾闥婆阿脩羅迦樓羅緊那羅摩睺
羅伽人非人等及諸小王轉輪聖王是諸大衆得未曾有歡喜合掌一心觀佛尒時佛
放眉間白豪相光照于東方万八千世界靡不周遍下至阿鼻地獄上至阿迦尼吒天於此
世界盡見彼土六趣衆生又見彼土現在諸佛及聞諸佛所說經法并見彼諸比丘比丘
尼優婆塞優婆夷諸脩行得道者復見諸菩薩摩訶薩種種因緣種種信解
種種相貌行菩薩道復見諸佛般涅槃者復見諸佛般涅槃後以佛舍利起七
寶塔尒時弥勒菩薩作是念今者世尊現神變相以何因緣而有此瑞今佛世尊
入于三昧是不可思議現希有事當以問誰誰能荅者復
入于三昧是不可思議現希有事當以問誰誰能荅者復作此念是文殊師利法王之子
已曾親近供養過去无量諸佛必應見此希有之相我今當問尒時比丘比丘尼優婆

BD13812 號　妙法蓮華經卷一至卷四　（48-3）

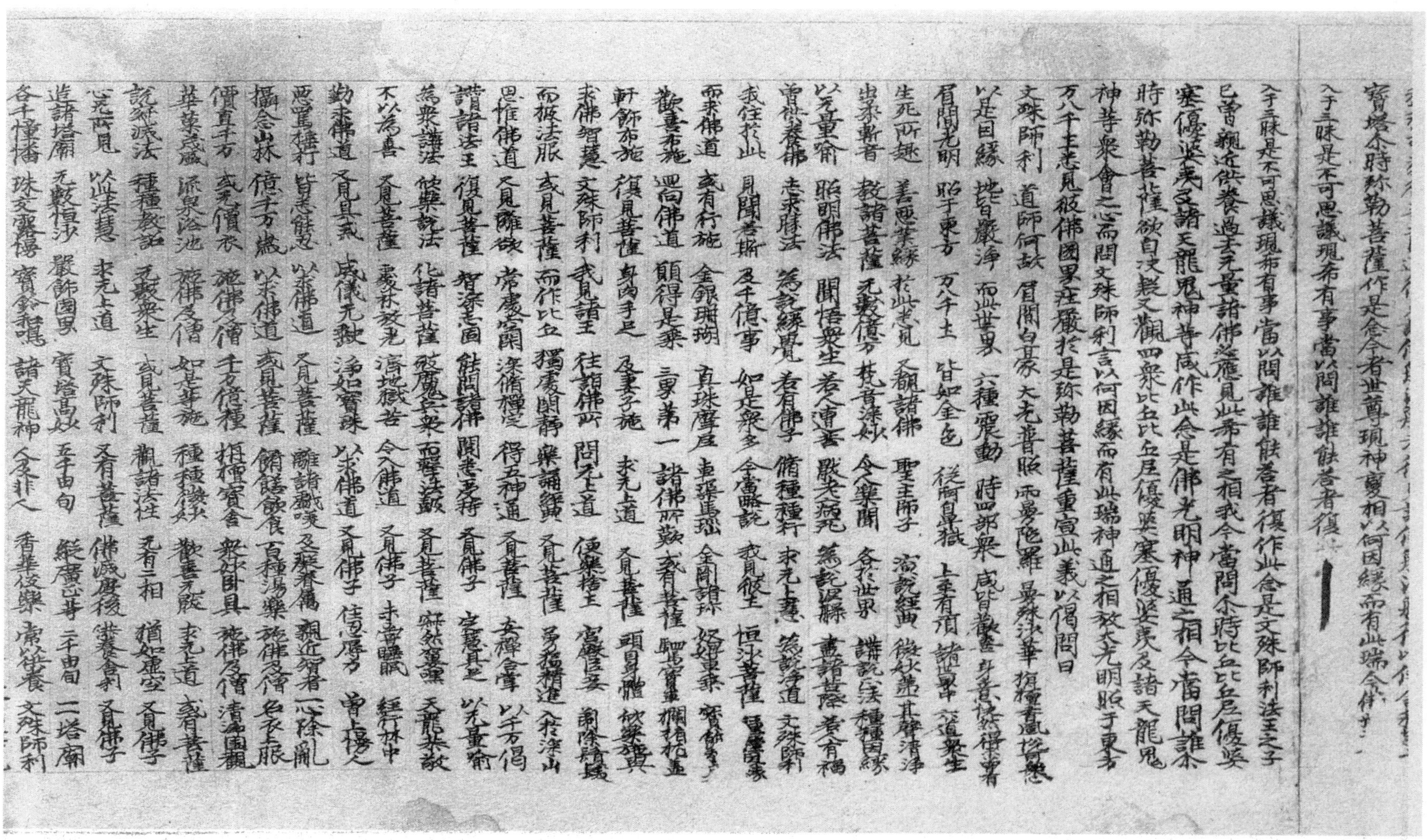

寶塔尒時弥勒菩薩作是念今者世尊現神變相以何因緣而有此瑞今佛世尊
入于三昧是不可思議現希有事當以問誰誰能荅者復
入于三昧是不可思議現希有事當以問誰誰能荅者復作此念是文殊師利法王之子
已曾親近供養過去无量諸佛必應見此希有之相我今當問尒時比丘比丘尼優婆
塞優婆夷及諸天龍鬼神等咸作此念是佛光明神通之相今當問誰尒
時弥勒菩薩欲自決疑又觀四衆比丘比丘尼優婆塞優婆夷及諸天龍鬼
神等衆會之心而問文殊師利言以何因緣而有此瑞神通之相放大光明照于東方
万八千土悉見彼佛國界莊嚴於是弥勒菩薩欲重宣此義以偈問曰
文殊師利　導師何故　眉間白豪　大光普照　雨曼陀羅　曼殊沙華　栴檀香風　悅可衆心
以是因緣　地皆嚴淨　而此世界　六種震動　時四部衆　咸皆歡喜　身意快然　得未曾有
眉間光明　照于東方　万八千土　皆如金色　從阿鼻獄　上至有頂　諸世界中　六道衆生
生死所趣　善惡業緣　於此悉見　又覩諸佛　聖主師子　演說經典　微妙第一　其聲清淨
出柔軟音　教諸菩薩　无數億万　梵音深妙　令人樂聞　各於世界　講說正法　種種因緣
以无量喻　照明佛法　開悟衆生　若人遭苦　厭老病死　為說涅槃　盡諸苦際　若人有福
曾供養佛　志求勝法　為說緣覺　若有佛子　脩種種行　求无上慧　為說淨道　文殊師利
我住於此　見聞若斯　及千億事　如是衆多　今當略說　我見彼土　恒沙菩薩　種種因緣
而求佛道　或有行施　金銀珊瑚　真珠摩尼　車𤦲馬瑙　金剛諸珍　奴婢車乘　寶飾輦輿
歡喜布施　迴向佛道　願得是乘　三界第一　諸佛所歎　或有菩薩　駟馬寶車　欄楯華蓋
軒飾布施　復見菩薩　身肉手足　及妻子施　求无上道　又見菩薩　頭目身體　欣樂施與
求佛智慧　文殊師利　我見諸王　往詣佛所　問无上道　便捨樂土　宮殿臣妾　剃除鬚髮
而被法服　或見菩薩　而作比丘　獨處閑靜　樂誦經典　又見菩薩　勇猛精進　入於深山
思惟佛道　又見離欲　常處空閑　深脩禪定　得五神通　又見菩薩　安禪合掌　以千万偈
讚諸法王　復見菩薩　智深志固　能問諸佛　聞悉受持　又見佛子　定慧具足　以无量喻
為衆講法　欣樂說法　化諸菩薩　破魔兵衆　而擊法鼓　又見菩薩　寂然宴默　天龍恭敬
不以為喜　又見菩薩　處林放光　濟地獄苦　令入佛道　又見佛子　未嘗睡眠　經行林中
勤求佛道　又見具戒　威儀无缺　淨如寶珠　以求佛道　又見佛子　住忍辱力　增上慢人
惡罵捶打　皆悉能忍　以求佛道　又見菩薩　離諸戲笑　及癡眷屬　親近智者　一心除亂
攝念山林　億千万歲　以求佛道　或見菩薩　餚饍飲食　百種湯藥　施佛及僧　名衣上服
價直千万　或无價衣　施佛及僧　千万億種　栴檀寶舍　衆妙臥具　施佛及僧　清淨園林
華菓茂盛　流泉浴池　施佛及僧　如是等施　種種微妙　歡喜无厭　求无上道　或有菩薩
說寂滅法　種種教詔　无數衆生　或見菩薩　觀諸法性　无有二相　猶如虛空　又見佛子
心无所著　以此妙慧　求无上道　文殊師利　又有菩薩　佛滅度後　供養舍利　又見佛子
造諸塔廟　无數恒沙　嚴飾國界　寶塔高妙　五千由旬　縱廣正等　二千由旬　一一塔廟
各千幢幡　珠交露幔　寶鈴和鳴　諸天龍神　人及非人　香華伎樂　常以供養　文殊師利

BD13812 號　妙法蓮華經卷一至卷四　（48-4）

華菓茂盛 流泉浴池 施佛及僧 如是等施 種種微妙 歡喜无厭 求无上道 或有菩薩
說寂滅法 種種教詔 无數衆生 或見菩薩 觀諸法性 无有二相 猶如虛空 又見佛子
心无所著 以此妙慧 求无上道 文殊師利 又有菩薩 佛滅度後 供養舍利 又見佛子
造諸塔廟 无數恒沙 嚴飾國界 寶塔高妙 五千由旬 縱廣正等 二千由旬 一一塔廟
各千幢幡 珠交露幔 寶鈴和鳴 諸天龍神 人及非人 香華伎樂 常以供養 文殊師利
諸佛子等 為供舍利 嚴飾塔廟 國界自然 殊特妙好 如天樹王 其花開敷 佛放一光
我及衆會 見此國界 種種殊妙 諸佛神力 智慧希有 放一淨光 照无量國 我等見此
得未曾有 佛子文殊 願決衆疑 四衆欣仰 瞻仁及我 世尊何故 放斯光明 佛子時答
決疑令喜 何所饒益 演斯光明 佛坐道場 所得妙法 為欲說此 為當授記 示諸佛土
衆寶嚴淨 及見諸佛 此非小緣 文殊當知 四衆龍神 瞻察仁者 為說何等
尒時文殊師利語弥勒菩薩摩訶薩及諸大士善男子等如我惟忖今佛世尊欲
說大法雨大法雨吹大法螺擊大法鼓演大法義諸善男子我於過去諸佛曾見此瑞
放斯光已即說大法是故當知今佛現光亦復如是欲令衆生咸得聞知一切世間
難信之法故現斯瑞諸善男子如過去无量无邊不可思議阿僧祇劫尒時有佛
号日月燈明如來應供正遍知明行足善逝世間解无上調御丈夫天人師佛世尊
演說正法初善中善後善其義深遠其語巧妙純一无雜具足清白梵行之相
為求聲聞者說應四諦法度生老病死究竟涅槃為求辟支佛者說應十二
因緣法為諸菩薩說應六波羅蜜令得阿耨多羅三藐三菩提成一切種智
次復有佛亦名日月燈明次復有佛亦名日月燈明如是二万佛皆同一字号日月燈
明又同一姓姓頗羅墮弥勒當知初佛後佛皆同一字名日月燈明十号具足
所可說法初中後善其最後佛未出家時有八王子一名有意二名善意三
名无量意四名寶意五名增意六名除疑意七名響意八名法意是
八王子威德自在各領四天下是諸王子聞父出家得阿耨多羅三藐三
菩提悉捨王位亦隨出家發大乘意常修梵行皆為法師已於千万佛所殖
諸善本是時日月燈明佛說大乘經名无量義教菩薩法佛所護念說是
經已即於大衆中結加趺坐入於无量義處三昧身心不動是時天雨曼陀
羅華摩訶曼陀羅華曼殊沙華摩訶曼殊沙華而散佛上及諸大衆普
佛世界六種震動尒時會中比丘比丘尼優婆塞優婆夷天龍夜叉乾闥婆
阿脩羅迦樓羅緊那羅摩睺羅伽人非人及諸小王轉輪聖王等是諸大衆得
未曾有歡喜合掌一心觀佛尒時如來放眉間白毫相光照東方万八千佛土
靡不周遍如今所見諸佛土弥勒當知尒時會中有二十億菩薩樂欲聽法是諸菩
薩見此光明普照佛土得未曾有欲知此光所為因緣時有菩薩名曰妙光有
八百弟子是時日月燈明佛從三昧起因妙光菩薩說大乘經名妙法蓮華教菩
薩法佛所護念六十小劫不起于座時會聽者亦坐一處六十小劫身心不動聽佛所
說謂如食頃是時衆中无有一人若身若心而生懈惓日月燈明佛於六十小劫說

未曾有歡喜合掌一心觀佛尒時如來放眉間白毫相光照東方万八千佛土
靡不周遍如今所見諸佛土弥勒當知尒時會中有二十億菩薩樂欲聽法是諸菩
薩見此光明普照佛土得未曾有欲知此光所為因緣時有菩薩名曰妙光有
八百弟子是時日月燈明佛從三昧起因妙光菩薩說大乘經名妙法蓮華教菩
薩法佛所護念六十小劫不起于座時會聽者亦坐一處六十小劫身心不動聽佛所
說謂如食頃是時衆中无有一人若身若心而生懈惓日月燈明佛於六十小劫說
是經已即於梵魔沙門婆羅門及天人阿脩羅衆中而宣此言如來於今
日中夜當入无餘涅槃時有菩薩名曰德藏日月燈明佛即授其記告諸比丘
是德藏菩薩次當作佛号曰淨身多陀阿伽度阿羅訶三藐三佛陀佛授記
便於中夜入无餘涅槃佛滅度後妙光菩薩持妙法華經滿八十小劫為人演
說日月燈明佛八子皆師妙光妙光教化令其堅固阿耨多羅三藐三菩提是諸王子供
養无量百千万億佛已皆成佛道其最後成佛者名曰然燈八百弟子中有一人
号曰求名貪著利養雖復讀誦衆經而不通利多所忘失故号求名是人亦以
種諸善根因緣故得值无量百千万億諸佛供養恭敬尊重讚歎弥勒當知
尒時妙光菩薩豈異人乎我身是也求名菩薩汝身是也今見此瑞與本无
異是故惟忖今日如來當說大乘經名妙法蓮華教菩薩法佛所護念尒時文殊
師利於大衆中欲重宣此義而說偈言
我念過去 无量无數 有佛人中尊 号日月燈明 世尊演說法 度无量衆生
无數億菩薩 令入佛智慧 佛未出家時 所生八王子 見大聖出家 亦隨修梵行
時佛說大乘 經名无量義 於諸大衆中 而為廣分別 佛說此經已 即於法座上
跏趺坐三昧 名无量義處 天雨曼陀花 天鼓自然鳴 諸天龍鬼神 供養人中尊
一切諸佛土 即時大震動 佛放眉間光 現諸希有事 此光照東方 万八千佛土
示一切衆生 生死業報處 有見諸佛土 以衆寶莊嚴 瑠璃頗梨色 斯由佛光照
及見諸天人 龍神夜叉衆 乾闥緊那羅 各供養其佛 又見諸如來 自然成佛道
身色如金山 端嚴甚微妙 如淨瑠璃中 內現真金像 世尊在大衆 敷演深法義
一一諸佛土 聲聞衆无數 因佛光所照 悉見彼大衆 或有諸比丘 在於山林中
精進持淨戒 猶如護明珠 又見諸菩薩 行施忍辱等 其數如恒沙 斯由佛光照
又見諸菩薩 深入諸禪定 身心寂不動 以求无上道 又見諸菩薩 知法寂滅相
各於其國土 說法求佛道 尒時四部衆 見日月燈佛 現大神通力 其心皆歡喜
各各自相問 是事何因緣 天人所奉尊 適從三昧起 讚妙光菩薩 汝為世間眼
一切所歸信 能奉持法藏 如我所說法 唯汝能證知 世尊既讚歎 令妙光歡喜
說是法華經 滿六十小劫 不起於此座 所說上妙法 是妙光法師 悉皆能受持
佛說是法花 令衆歡喜已 尋即於是日 告於天人衆 諸法實相義 已為汝等說
我今於中夜 當入於涅槃 汝一心精進 當離於放逸 諸佛甚難值 億劫時一遇
世尊諸子等 聞佛入涅槃 各各懷悲惱 佛滅一何速 聖主法之王 安慰无量衆

一切所歸信　能奉持法藏　如我所說法　唯汝能證知　世尊既讚歎　令妙光歡喜
說是法華經　滿六十小劫　不起於此座　所說上妙法　是妙光法師　悉皆能受持
佛說是法華　令衆歡喜已　尋即於是日　告於天人衆　諸法實相義　已為汝等說
我今於中夜　當入於涅槃　汝一心精進　當離於放逸　諸佛甚難值　億劫時一遇
世尊諸子等　聞佛入涅槃　各各懷悲惱　佛滅一何速　聖主法之王　安慰无量衆
我若滅度時　汝等勿憂怖　是德藏菩薩　於无漏實相　心已得通達　其次當作佛
号曰為淨身　亦度无量衆　佛此夜滅度　如薪盡火滅　分布諸舍利　而起无量塔
比丘比丘尼　其數如恒沙　倍復加精進　以求无上道　是妙光法師　奉持佛法藏
八十小劫中　廣宣法華經　是諸八王子　妙光所開化　堅固无上道　當見无數佛
供養諸佛已　隨順行大道　相繼得成佛　轉次而授記　最後天中天　号曰然燈佛
諸仙之導師　度脫无量衆　是妙光法師　時有一弟子　心常懷懈怠　貪著於名利
求名利无厭　多遊族姓家　棄捨所習誦　廢忘不通利　以是因緣故　号之為求名
亦行衆善業　得見无數佛　供養於諸佛　隨順行大道　具六波羅蜜　今見釋師子
其後當作佛　号名曰彌勒　廣度諸衆生　其數无有量　彼佛滅度後　懈怠者汝是
妙光法師者　今則我身是　我見燈明佛　本光瑞如此　以是知今佛　欲說法華經
今相如本瑞　是諸佛方便　今佛放光明　助發實相義　諸人今當知　合掌一心待
佛當雨法雨　充足求道者　諸求三乘人　若有疑悔者　佛當為除斷　令盡无有餘

妙法蓮華經方便品第二

尒時世尊從三昧安詳而起告舍利弗諸佛智慧甚深无量其智慧門難解難入一切聲聞辟支佛所不能知所以者何佛曾親近百千萬億无數諸佛盡行諸佛无量道法勇猛精進名稱普聞成就甚深未曾有法隨宜所說意趣難解舍利弗吾從成佛已來種種因緣種種譬喻廣演言教无數方便引導衆生令離諸著所以者何如來方便知見波羅蜜皆已具足舍利弗如來知見廣大深遠无量无礙力无所畏禪定解脫三昧深入无際成就一切未曾有法舍利弗如來能種種分別巧說諸法言辭柔軟悅可衆心舍利弗取要言之无量无邊未曾有法佛悉成就止舍利弗不須復說所以者何佛所成就第一希有難解之法唯佛與佛乃能究盡諸法實相所謂諸法如是相如是性如是體如是力如是作如是因如是緣如是果如是報如是本末究竟等尒時世尊欲重宣此義而說偈言

世雄不可量　諸天及世人　一切衆生類　无能知佛者　佛力无所畏　解脫諸三昧
及佛諸餘法　无能測量者　本從无數佛　具足行諸道　甚深微妙法　難見難可了
於无量億劫　行此諸道已　道場得成果　我已悉知見　如是大果報　種種性相義
我及十方佛　乃能知是事　是法不可示　言辭相寂滅　諸餘衆生類　无有能得解
除諸菩薩衆　信力堅固者　諸佛弟子衆　曾供養諸佛　一切漏已盡　其力所不堪

世雄不可量　諸天及世人　一切衆生類　无能知佛者　佛力无所畏　解脫諸三昧
及佛諸餘法　无能測量者　本從无數佛　具足行諸道　甚深微妙法　難見難可了
於无量億劫　行此諸道已　道場得成果　我已悉知見　如是大果報　種種性相義
我及十方佛　乃能知是事　是法不可示　言辭相寂滅　諸餘衆生類　无有能得解
除諸菩薩衆　信力堅固者　諸佛弟子衆　曾供養諸佛　一切漏已盡　其力所不堪
假使滿世間　皆如舍利弗　盡思共度量　不能測佛智　正使滿十方　皆如舍利弗
及餘諸弟子　亦滿十方剎　盡思共度量　亦復不能知　辟支佛利智　无漏最後身
亦滿十方界　其數如竹林　斯等共一心　於億无量劫　欲思佛實智　莫能知少分
新發意菩薩　供養无數佛　了達諸義趣　又能善說法　如稻麻竹葦　充滿十方剎
一心以妙智　於恒河沙劫　咸皆共思量　不能知佛智　不退諸菩薩　其數如恒沙
一心共思求　亦復不能知　又告舍利弗　无漏不思議　甚深微妙法　我今已具得
唯我知是相　十方佛亦然　舍利弗當知　諸佛語无異　於佛所說法　當生大信力
世尊法久後　要當說真實　告諸聲聞衆　及求緣覺乘　我令脫苦縛　逮得涅槃者
佛以方便力　示以三乘教　衆生處處著　引之令得出

尒時大衆中有諸聲聞漏盡阿羅漢阿若憍陳如等千二百人及發聲聞辟支佛心比丘比丘尼優婆塞優婆夷各作是念今者世尊何故慇懃稱歎方便而作是言佛所得法甚深難解有所言說意趣難知一切聲聞辟支佛所不能及佛說一解脫義我等亦得此法到於涅槃而今不知是義所趣尒時舍利弗知四衆心疑自亦未了而白佛言世尊何因何緣慇懃稱歎諸佛第一方便甚深微妙難解之法我自昔來未曾從佛聞如是說今者四衆咸皆有疑唯願世尊敷演斯事世尊何故慇懃稱歎甚深微妙難解之法尒時舍利弗欲重宣此義而說偈言

慧日大聖尊　久乃說是法　自說得如是　力无畏三昧　禪定解脫等　不可思議法
道場所得法　无能發問者　我意難可測　亦无能問者　无問而自說　稱歎所行道
智慧甚微妙　諸佛之所得　无漏諸羅漢　及求涅槃者　今皆墮疑網　佛何故說是
其求緣覺者　比丘比丘尼　諸天龍鬼神　及乾闥婆等　相視懷猶豫　瞻仰兩足尊
是事為云何　願佛為解說　於諸聲聞衆　佛說我第一　我今自於智　疑惑不能了
為是究竟法　為是所行道　佛口所生子　合掌瞻仰待　願出微妙音　時為如實說
諸天龍神等　其數如恒沙　求佛諸菩薩　大數有八萬　又諸萬億國　轉輪聖王至
合掌以敬心　欲聞具足道

尒時佛告舍利弗止止不須復說若說是事一切世間諸天及人皆當驚疑舍利弗重白佛言世尊唯願說之唯願說之所以者何是會无數百千萬億阿僧祇衆生曾見諸佛諸根猛利智慧明了聞佛所說則能敬信尒時舍利弗欲重宣此義而說偈言

法王无上尊　唯說願勿慮　是會无量衆　有能敬信者

佛復止舍利弗若說是事一切世間天人阿脩羅皆當驚疑增上慢比丘
將墜於大坑尒時世尊重說偈言

尒時佛告舍利弗止止不須復說是事一切世間諸天及皆當驚疑舍利弗重
白佛言世尊唯願說之唯願說之所以者何是會无數百千万億阿僧祇衆
生曾見諸佛諸根猛利智慧明了聞佛所說則能敬信尒時舍利弗欲重宣此義
而說偈言
法王无上尊　唯說願勿慮　是會无量衆　有能敬信者
佛復止舍利弗若說是事一切世間天人阿脩羅皆當驚疑增上慢比丘
將墜於大坑尒時世尊重說偈言
止止不須說　我法妙難思　諸增上慢者　聞必不敬信　尒時舍利弗
重白佛言世尊唯願說之唯願說之今此會中如我等比百千万億世世已曾
從佛受化如此人等必能敬信長夜安隱多所饒益尒時舍利弗欲重宣
此義而說偈言
无上兩足尊　願說第一法　我為長子　唯垂分別說　是會无量衆　能敬信此法
佛已曾世世　教化如是等　皆一心合掌　欲聽受佛語　我等千二百　及餘求佛者
願為此衆故　唯垂分別說　是等聞此法　則生大歡喜　尒時世尊告舍利弗
汝已慇懃三請豈得不說汝今諦聽善思念之吾當為汝分別解說說此語時
會中有比丘比丘尼優婆塞優婆夷五千人等即從座起禮佛而退所以者何
此輩罪根深重及增上慢未得謂得未證謂證有如此失是以不住世尊
嘿然而不制止尒時佛告舍利弗我今此衆无復枝葉純有貞實舍利弗如
是增上慢人退亦佳矣汝今善聽當為汝說舍利弗言唯然世尊願樂欲
聞佛告舍利弗如是妙法諸佛如來時乃說之如優曇鉢華時一現耳舍
利弗汝等當信佛之所說言不虛妄舍利弗諸佛隨冝說法意趣難解所
以者何我以无數方便種種因緣譬喻言辞演說諸法是法非思量分
別之所能解唯有諸佛乃能知之所以者何諸佛世尊唯以一大事因緣
故出現於世舍利弗云何名諸佛世尊唯以一大事因緣故出現於世諸佛
世尊欲令衆生開佛知見使得清淨故出現於世欲示衆生佛之知見故出
現於世欲令衆生入佛知見道故出現於世舍利弗是為諸佛以一大事因
緣故出現於世佛告舍利弗諸佛如來但教化菩薩諸有所作常為一
事唯以佛之知見示悟衆生舍利弗如來但以一佛乘故為衆生說法无
有餘乘若二若三舍利弗一切十方諸佛法亦如是舍利弗過去諸佛以
无量无數方便種種因緣譬喻言辞而為衆生演說諸法是法皆為
一佛乘故是諸衆生從諸佛聞法究竟皆得一切種智舍利弗未來諸
佛當出於世亦以无量无數方便種種因緣譬喻言辞而為衆生演
說諸法是法皆為一佛乘故是諸衆生從佛聞法究竟皆得一切種智舍利
弗現在十方无量百千万億佛土中諸佛世尊多所饒益安樂衆生是
諸佛亦以无量无數方便種種因緣譬喻言辞而為衆生演說諸法是

一佛乘故是諸衆生從諸佛聞法究竟皆得一切種智舍利弗未來諸
佛當出於世亦以无量无數方便種種因緣譬喻言辞而為衆生演
說諸法是法皆為一佛乘故是諸衆生從佛聞法究竟皆得一切種智舍利
弗現在十方无量百千万億佛土中諸佛世尊多所饒益安樂衆生是
諸佛亦以无量无數方便種種因緣譬喻言辞而為衆生演說諸法是
法皆為一乘故是諸衆生從佛聞法究竟皆得一切種智舍利弗是諸
佛但教化菩薩欲以佛之知見示衆生故欲以佛之知見悟衆生故欲令衆
生入佛之知見故舍利弗我今亦復如是知諸衆生有種種欲深心所著
隨其本性以種種因緣譬喻言辞方便力故而為說法舍利弗如此皆為
得一佛乘一切種智故舍利弗十方世界中尚无二乘何況有三舍利弗諸佛
出於五濁惡世
所謂劫濁煩惱濁衆生濁見濁命濁如是舍利弗劫濁亂時衆垢重
慳貪嫉妬成就諸不善根故諸佛以方便力於一佛乘分別說三舍利
弗若我弟子自謂阿羅漢辟支佛者不聞不知佛如來但教化菩
薩事此非佛弟子非阿羅漢非辟支佛又舍利弗是諸比丘比丘尼
自謂已得阿羅漢是最後身究竟涅槃便不復志求阿耨多羅三藐
三菩提當知此輩皆是增上慢人所以者何若有比丘實得阿羅漢若不
信此法无有是處除佛滅度後現前无佛所以者何佛滅度後如是等經
受持讀誦解義者是人難得若遇餘佛於此法中便得決了舍
利弗汝等當一心信解受持佛語諸佛如來言无虛妄无有餘乘
唯一佛乘尒時世尊欲重宣此義而說偈言
比丘比丘尼　有懷增上慢　優婆塞我慢　優婆夷不信　如是四衆等　其數有五千
不自見其過　於戒有缺漏　護惜其瑕疵　是小智已出　衆中之糟糠　佛威德故去
斯人尠福德　不堪受是法　此衆无枝葉　唯有諸貞實　舍利弗善聽　諸佛所得法
无量方便力　而為衆生說　衆生心所念　種種所行道　若干諸欲性　先世善惡業
佛悉知是已　以諸緣譬喻　言辞方便力　令一切歡喜　或說脩多羅　伽陀及本事
本生未曾有　亦說於因緣　譬喻并祇夜　優婆提舍經　鈍根樂小法　貪著於生死
於諸无量佛　不行深妙道　衆苦所惱亂　為是說涅槃　我設是方便　令得入佛慧
未曾說汝等　當得成佛道　所以未曾說　說時未至故　今正是其時　決定說大乘
我此九部法　隨順衆生說　入大乘為本　以故說是經　有佛子心淨　柔軟亦利根
无量諸佛所　而行深妙道　為此諸佛子　說是大乘經　我記如是人　來世成佛道
以深心念佛　脩持淨戒故　此等聞得佛　大喜充遍身　佛知彼心行　故為說大乘
聲聞若菩薩　聞我所說法　乃至於一偈　皆成佛无疑　十方佛土中　唯有一乘法
无二亦无三　除佛方便說　但以假名字　引導於衆生　說佛智慧故　諸佛出於世

未曾說汝等 當得成佛道 所以未曾說 說時未至故 今正是其時 決定說大乘
我此九部法 隨順眾生說 入大乘為本 以故說是經 有佛子心淨 柔軟亦利根
無量諸佛所 而行深妙道 為此諸佛子 說是大乘經 我記如是人 來世成佛道
以深心念佛 修持淨戒故 此等聞得佛 大喜充遍身 佛知彼心行 故為說大乘
聲聞若菩薩 聞我所說法 乃至於一偈 皆成佛無疑 十方佛土中 唯有一乘法
無二亦無三 除佛方便說 但以假名字 引導於眾生 說佛智慧故 諸佛出於世
唯此一事實 餘二則非真 終不以小乘 濟度於眾生 佛自住大乘 如其所得法
定慧力莊嚴 以此度眾生 自證無上道 大乘平等法 若以小乘化 乃至於一人
故佛於十方 而獨無所畏 我以相嚴身 光明照世間 無量眾所尊 為說實相印
舍利弗當知 我本立誓願 欲令一切眾 如我等無異 如我昔所願 今者已滿足
化一切眾生 皆令入佛道 若我遇眾生 盡教以佛道 無智者錯亂 迷惑不受教
我知此眾生 未曾修善本 堅著於五欲 癡愛故生惱 以諸欲因緣 墜墮三惡道
輪迴六趣中 備受諸苦毒 受胎之微形 世世常增長 薄德少福人 眾苦所逼迫
入邪見稠林 若有若無等 依止此諸見 具足六十二 深著虛妄法 堅受不可捨
我慢自矜高 諂曲心不實 於千萬億劫 不聞佛名字

我則墮慳貪 此事為不可 若人信歸佛 如來不欺誑 亦無貪嫉意 斷諸法中惡
故佛於十方 而獨無所畏 我以相嚴身 光明照世間 無量眾所尊 為說實相印
舍利弗當知 我本立誓願 欲令一切眾 如我等無異 如我昔所願 今者已滿足
化一切眾生 皆令入佛道 若我遇眾生 盡教以佛道 無智者錯亂 迷惑不受教
我知此眾生 未曾修善本 堅著於五欲 癡愛故生惱 以諸欲因緣 墜墮三惡道
輪迴六趣中 備受諸苦毒 受胎之微形 世世常增長 薄德少福人 眾苦所逼迫
入邪見稠林 若有若無等 依止此諸見 具足六十二 深著虛妄法 堅受不可捨
我慢自矜高 諂曲心不實 於千萬億劫 不聞佛名字 亦不聞正法 如是人難度
是故舍利弗 我為設方便 說諸盡苦道 示之以涅槃 我雖說涅槃 是亦非真滅
諸法從本來 常自寂滅相 佛子行道已 來世得作佛 我有方便力 開示三乘法
一切諸世尊 皆說一乘道 今此諸大眾 皆應除疑惑 諸佛語無異 唯一無二乘
過去無數劫 無量滅度佛 百千萬億種 其數不可量 如是諸世尊 種種緣譬喻
無數方便力 演說諸法相 是諸世尊等 皆說一乘法 化無量眾生 令入於佛道
又諸大聖主 知一切世間 天人群生類 深心之所欲 更以異方便 助顯第一義

BD13812號　妙法蓮華經卷一至卷四　（48–11）

是故舍利弗 我為設方便 說諸盡苦道 示之以涅槃 我雖說涅槃 是亦非真滅
諸法從本來 常自寂滅相 佛子行道已 來世得作佛 我有方便力 開示三乘法
一切諸世尊 皆說一乘道 今此諸大眾 皆應除疑惑 諸佛語無異 唯一無二乘
過去無數劫 無量滅度佛 百千萬億種 其數不可量 如是諸世尊 種種緣譬喻
無數方便力 演說諸法相 是諸世尊等 皆說一乘法 化無量眾生 令入於佛道
又諸大聖主 知一切世間 天人群生類 深心之所欲 更以異方便 助顯第一義
若有眾生類 值諸過去佛 若聞法布施 或持戒忍辱 精進禪智等 種種修福慧
如是諸人等 皆已成佛道 諸佛滅度已 若人善軟心 如是諸眾生 皆已成佛道
諸佛滅度已 供養舍利者 起萬億種塔 金銀及頗梨 車磲與馬瑙 玫瑰琉璃珠
清淨廣嚴飾 莊校於諸塔 或有起石廟 栴檀及沉水 木櫁并餘材 塼瓦泥土等
若於曠野中 積土成佛廟 乃至童子戲 聚沙為佛塔 如是諸人等 皆已成佛道
若人為佛故 建立諸形像 刻雕成眾相 皆已成佛道 或以七寶成 鍮石赤白銅
白鑞及鉛錫 鐵木及與泥 或以膠漆布 嚴飾作佛像 如是諸人等 皆已成佛道
綵畫作佛像 百福莊嚴相 自作若使人 皆已成佛道 乃至童子戲 若草木及筆
或以指爪甲 而畫作佛像 如是諸人等 漸漸積功德 具足大悲心 皆已成佛道
但化諸菩薩 度脫無量眾 若人於塔廟 寶像及畫像 以華香幡蓋 敬心而供養
若使人作樂 擊鼓吹角貝 簫笛琴箜篌 琵琶鐃銅鈸 如是眾妙音 盡持以供養
或以歡喜心 歌唄頌佛德 乃至一小音 皆已成佛道 若人散亂心 乃至以一華
供養於畫像 漸見無數佛 或有人禮拜 或復但合掌 乃至舉一手 或復小低頭
以此供養像 漸見無量佛 自成無上道 廣度無數眾 入無餘涅槃 如薪盡火滅
若人散亂心 入於塔廟中 一稱南無佛 皆已成佛道 於諸過去佛 在世或滅後
若有聞是法 皆已成佛道 未來諸世尊 其數無有量 是諸如來等 亦方便說法
一切諸如來 以無量方便 度脫諸眾生 入佛無漏智 若有聞法者 無一不成佛
諸佛本誓願 我所行佛道 普欲令眾生 亦同得此道 未來世諸佛 雖說百千億
無數諸法門 其實為一乘 諸佛兩足尊 知法常無性 佛種從緣起 是故說一乘
是法住法位 世間相常住 於道場知已 導師方便說 天人所供養 現在十方佛
其數如恒沙 出現於世間 安隱眾生故 亦說如是法 知第一寂滅 以方便力故
雖示種種道 其實為佛乘 知眾生諸行 深心之所念 過去所習業 欲性精進力
及諸根利鈍 以種種因緣 譬喻亦言辭 隨應方便說 今我亦如是 安隱眾生故
以種種法門 宣示於佛道 我以智慧力 知眾生性欲 方便說諸法 皆令得歡喜
舍利弗當知 我以佛眼觀 見六道眾生 貧窮無福慧 入生死險道 相續苦不斷
深著於五欲 如犛牛愛尾 以貪愛自蔽 盲瞑無所見 不求大勢佛 及與斷苦法
深入諸邪見 以苦欲捨苦 為是眾生故 而起大悲心 我始坐道場 觀樹亦經行
於三七日中 思惟如是事 我所得智慧 微妙最第一 眾生諸根鈍 著樂癡所盲
如斯之等類 云何而可度 爾時諸梵王 及諸天帝釋 護世四天王 及大自在天

BD13812號　妙法蓮華經卷一至卷四　（48–12）

以種種法門 宣示於佛道 我以智慧力 知眾生性欲 方便說諸法 皆令得歡喜
舍利弗當知 我以佛眼觀 見六道眾生 貧窮無福慧 入生死險道 相續苦不斷
深著於五欲 如犛牛愛尾 以貪愛自蔽 盲瞑無所見 不求大勢佛 及與斷苦法
深入諸邪見 以苦欲捨苦 為是眾生故 而起大悲心 我始坐道場 觀樹亦經行
於三七日中 思惟如是事 我所得智慧 微妙最第一 眾生諸根鈍 著樂癡所盲
如斯之等類 云何而可度 爾時諸梵王 及諸天帝釋 護世四天王 及大自在天
并餘諸天眾 眷屬百千萬 恭敬合掌禮 請我轉法輪 我即自思惟 若但讚佛乘
眾生沒在苦 不能信是法 破法不信故 墜於三惡道 我寧不說法 疾入於涅槃
尋念過去佛 所行方便力 我今所得道 亦應說三乘 作是思惟時 十方佛皆現
梵音慰喻我 善哉釋迦文 第一之導師 得是無上法 隨諸一切佛 而用方便力
我等亦皆得 最妙第一法 為諸眾生類 分別說三乘 少智樂小法 不自信作佛
是故以方便 分別說諸果 雖復說三乘 但為教菩薩 舍利弗當知 我聞聖師子
深淨微妙音 喜稱南無佛 復作如是念 我出濁惡世 如諸佛所說 我亦隨順行
思惟是事已 即趣波羅奈 諸法寂滅相 不可以言宣 以方便力故 為五比丘說
是名轉法輪 便有涅槃音 及以阿羅漢 法僧差別名 從久遠劫來 讚示涅槃法
生死苦永盡 我常如是說 舍利弗當知 我見佛子等 志求佛道者 無量千萬億
咸以恭敬心 皆來至佛所 曾從諸佛聞 方便所說法 我即作是念 如來所以出
為說佛慧故 今正是其時 舍利弗當知 鈍根小智人 著相憍慢者 不能信是法
今我喜無畏 於諸菩薩中 正直捨方便 但說無上道 菩薩聞是法 疑網皆已除
千二百羅漢 悉亦當作佛 如三世諸佛 說法之儀式 我今亦如是 說無分別法
諸佛興出世 懸遠值遇難 正使出于世 說是法復難 無量無數劫 聞是法亦難
能聽是法者 斯人亦復難 譬如優曇花 一切皆愛樂 天人所希有 時時乃一出
聞法歡喜讚 乃至發一言 則為已供養 一切三世佛 是人甚希有 過於優曇花
汝等勿有疑 我為諸法王 普告諸大眾 但以一乘道 教化諸菩薩 無聲聞弟子
汝等舍利弗 聲聞及菩薩 當知是妙法 諸佛之祕要 以五濁惡世 但樂著諸欲
如是等眾生 終不求佛道 當來世惡人 聞佛說一乘 迷惑不信受 破法墮惡道
有慚愧清淨 志求佛道者 當為如是等 廣讚一乘道 舍利弗當知 諸佛法如是
以萬億方便 隨宜而說法 其不習學者 不能曉了此 汝等既已知 諸佛世之師
隨宜方便事 無復諸疑惑 心生大歡喜 自知當作佛

妙法蓮華經卷第一

妙法蓮華經卷第二

爾時舍利弗踊躍歡喜即起合掌瞻仰尊顏而白佛言今從世尊聞此
法音心懷踊躍得未曾有所以者何我昔從佛聞如是法見諸菩薩受
記作佛而我等不預斯事甚自感傷失於如來無量知見世尊我常
獨處山林樹下若坐若行每作是念我等同入法性云何如來以小乘法而見濟

BD13812號　妙法蓮華經卷一至卷四　（48–13）

妙法蓮華經卷第二
爾時舍利弗踊躍歡喜即起合掌瞻仰尊顏而白佛言今從世尊聞此
法音心懷踊躍得未曾有所以者何我昔從佛聞如是法見諸菩薩受
記作佛而我等不預斯事甚自感傷失於如來無量知見世尊我常
獨處山林樹下若坐若行每作是念我等同入法性云何如來以小乘法而見濟
度是我等咎非世尊也所以者何若我等待說所因成就阿耨多羅三藐三
菩提者必以大乘而得度脫然我等不解方便隨宜所說初聞佛法遇便信
受思惟取證世尊我從昔來終日竟夜每自剋責而今從佛聞所未聞
未曾有法斷諸疑悔身意泰然快得安隱今日乃知真是佛子從佛
口生從法化生得佛法分爾時舍利弗欲重宣此義而說偈言
我聞是法音 得所未曾有 心懷大歡喜 疑網皆已除 昔來蒙佛教 不失於大乘
佛音甚希有 能除眾生惱 我已得漏盡 聞亦除憂惱 我處於山谷 或在林樹下
若坐若經行 常思惟是事 嗚呼深自責 云何而自欺 我等亦佛子 同入無漏法
不能於未來 演說無上道 金色三十二 十力諸解脫 同共一法中 而不得此事
八十種妙好 十八不共法 如是等功德 而我皆已失 我獨經行時 見佛在大眾
名聞滿十方 廣饒益眾生 自惟失此利 我為自欺誑 我常於日夜 每思惟是事
欲以問世尊 為失為不失 我常見世尊 稱讚諸菩薩 以是於日夜 籌量如是事
今聞佛音聲 隨宜而說法 無漏難思議 令眾至道場 我本著邪見 為諸梵志師
世尊知我心 拔邪說涅槃 我悉除邪見 於空法得證 爾時心自謂 得至於滅度
而今乃自覺 非是實滅度 若得作佛時 具三十二相 天人夜叉眾 龍神等恭敬
是時乃可謂 永盡滅無餘 佛於大眾中 說我當作佛 聞如是法音 疑悔悉已除
初聞佛所說 心中大驚疑 將非魔作佛 惱亂我心耶 佛以種種緣 譬喻巧言說
其心安如海 我聞疑網斷 佛說過去世 無量滅度佛 安住方便中 亦皆說是法
現在未來佛 其數無有量 亦以諸方便 演說如是法 如今者世尊 從生及出家
得道轉法輪 亦以方便說 世尊說實道 波旬無此事 以是我定知 非是魔作佛
我墮疑網故 謂是魔所為 聞佛柔軟音 深遠甚微妙 演暢清淨法 我心大歡喜
疑悔永已盡 安住實智中 我定當作佛 為天人所敬 轉無上法輪 教化諸菩薩
爾時佛告舍利弗吾今於天人沙門婆羅門等大眾中說我昔曾於二
萬億佛所為無上道故常教化汝汝亦長夜隨我受學我以方便引導汝

BD13812號　妙法蓮華經卷一至卷四　（48–14）

其心安如海 我聞疑網斷 佛說過去世 无量滅度佛 安住方便中 亦皆說是法
現在未來佛 其數无有量 亦以諸方便 演說如是法 如今者世尊 從生及出家
得道轉法輪 亦以方便說 世尊說實道 波旬无此事 以是我定知 非是魔作佛
我墮疑網故 謂是魔所為 聞佛柔軟音 深遠甚微妙 演暢清淨法 我心大歡喜
疑悔永已盡 安住實智中 我定當作佛 為天人所敬 轉无上法輪 教化諸菩薩
尒時佛告舍利弗 吾今於天人沙門婆羅門等大眾中說 我昔曾於二
万億佛所 為无上道故 常教化汝 汝亦長夜隨我受學 我以方便引導汝
故生我法中 舍利弗 我昔教汝志願佛道 汝今悉忘 而便自謂已得滅度
我今還欲令汝憶念本願所行道故 為諸聲聞說是大乘經 名妙法蓮
華教菩薩法佛所護念 舍利弗 汝於未來世過无量无邊不可思議
劫 供養若干千万億佛 奉持正法 具足菩薩所行之道 當得作佛
号曰華光如來應供正遍知明行足善逝世間解无上士調御丈夫天人師
佛世尊 國名離垢 其土平正 清淨嚴飾 安隱豐樂 天人熾盛 琉璃為
地 有八交道 黃金為繩 以界其側 其傍各有七寶行樹 常有華菓 華光
如來亦以三乘教化眾生 舍利弗 彼佛出時 雖非惡世 以本願故說三乘
法 其劫名大寶莊嚴 何故名曰大寶莊嚴 其國中以菩薩為大寶故 彼諸菩
薩无量无邊不可思議 筭數譬喻所不能及 非佛智力无能知者 若
欲行時 寶華承足 此諸菩薩非初發意 皆久殖德本 於无量百千万億
佛所淨脩梵行 恒為諸佛之所稱歎 常脩佛慧 具大神通 善知一切諸法
之門 質直无偽 志念堅固 如是菩薩充滿其國 舍利弗 華光
佛壽十二小劫 除為王子未作佛時 其國人民壽八小劫 華光如來過十二
小劫 授堅滿菩薩阿耨多羅三藐三菩提記 告諸比丘 是堅滿菩薩
次當作佛 号曰華足安行多陀阿伽度阿羅訶三藐三佛陀 其佛
國土亦復如是 舍利弗 是華光佛滅度之後 正法住世三十二小劫 像法住世亦
三十二小劫 尒時世尊欲重宣此義而說偈言
舍利弗來世 成佛普智尊 号名曰華光 當度无量眾 供養无數佛 具足菩薩行
十力等功德 證於无上道 過无量劫已 劫名大寶嚴 世界名離垢 清淨无瑕穢
以琉璃為地 金繩界其道 七寶雜色樹 常有華菓實 彼國諸菩薩 志念常堅固
神通波羅蜜 皆已悉具足 於无數佛所 善學菩薩道 如是等大士 華光佛所化
佛為王子時 棄國捨世榮 於最末後身 出家成佛道 華光佛住世 壽十二小劫
其國人民眾 壽命八小劫 佛滅度之後 正法住於世 三十二小劫 廣度諸眾生
正法滅盡已 像法三十二 舍利廣流布 天人普供養 華光佛所為 其事皆如是
其兩足聖尊 最勝无倫匹 彼即是汝身 宜應自欣慶
尒時四部眾比丘比丘尼優婆塞優婆夷天龍夜叉乾闥婆阿修羅迦樓羅
緊那羅摩睺羅伽等大眾 見舍利弗於佛前受阿耨多羅三藐三菩提記 心

BD13812號　妙法蓮華經卷一至卷四　（48–15）

佛為王子時 棄國捨世榮 於最末後身 出家成佛道 華光佛住世 壽十二小劫
其國人民眾 壽命八小劫 佛滅度之後 正法住於世 三十二小劫 廣度諸眾生
正法滅盡已 像法三十二 舍利廣流布 天人普供養 華光佛所為 其事皆如是
其兩足聖尊 最勝无倫匹 彼即是汝身 宜應自欣慶
尒時四部眾比丘比丘尼優婆塞優婆夷天龍夜叉乾闥婆阿修羅迦樓羅
緊那羅摩睺羅伽等大眾 見舍利弗於佛前受阿耨多羅三藐三菩提記 心
大歡喜 踊躍无量 各各脫身所著上衣 以供養佛 釋提桓因 梵天王等 與
无數天子 亦以天妙衣 天曼陀羅華 摩訶曼陀羅華等 供養於佛 所散
天衣 住虛空中 而自迴轉 諸天伎樂百千万種 於虛空中一時俱作 雨眾天華
而作是言 佛昔於波羅奈初轉法輪 今乃復轉无上最大法輪 尒時諸
天子欲重宣此義而說偈言
昔於波羅奈 轉四諦法輪 分別說諸法 五眾之生滅 今復轉最妙 无上大法輪
是法甚深奧 少有能信者 我等從昔來 數聞世尊說 未曾聞如是 深妙之上法
世尊說是法 我等皆隨喜 大智舍利弗 今得受尊記 我等亦如是 必當得作佛
於一切世間 最尊无有上 佛道叵思議 方便隨宜說 我所有福業 今世若過世
及見佛功德 盡迴向佛道
尒時舍利弗白佛言 世尊 我今无復疑
悔 親於佛前得受阿耨多羅三藐三菩提記 是諸千二百心自在者 昔
住學地 佛常教化言 我法能離生老病死 究竟涅槃 是學无學人 亦
各自以離我見及有无見等 謂得涅槃 而今於世尊前聞所未聞 皆墮
疑惑 善哉世尊 願為四眾說其因緣 令離疑悔 尒時佛告舍利弗
我先不言諸佛世尊以種種因緣譬喻言辭方便說法 皆為阿耨多羅
三藐三菩提耶 是諸所說 皆為化菩薩故 然舍利弗 今當復以譬喻
更明此義 諸有智者 以譬喻得解 舍利弗 若國邑聚落有大長者 其年
衰邁 財富无量 多有田宅及諸僮僕 其家廣大 唯有一門 多諸人眾 一百二
百乃至五百人 止住其中 堂閣朽故 牆壁頹落 柱根腐敗 梁棟傾危
周帀俱時欻然火起 焚燒舍宅 長者諸子 若十二十或至三十 在此宅中 長者見是大火從四面起 即
大驚怖 而作是念 我雖能於此所燒之門安隱得出 而諸子等 於火宅內樂著
嬉戲 不覺不知 不驚不怖 火來逼身 苦痛切己 心不厭患 无求出意 舍
利弗 是長者作是思惟 我身手有力 當以衣祴 若以几案 從舍出之 復更
思惟 是舍唯有一門 而復狹小 諸子幼稚 未有所識 戀著戲處 或當墮落 為火所燒
我當為說怖畏之事 此舍已燒 宜時疾出 无令為火之所燒害 作是念已 如所思惟 具告諸子 汝等速出 父雖憐愍 善言誘喻 而諸子等
樂著嬉戲 不肯信受 不驚不畏 了无出心 亦復不知何者是火 何者為舍 云何為失 但東西走戲 視父而已 尒時長者即作是念 此舍已為大火所燒 我及
諸子若不時出 必為所焚 我今當設方便 令諸子等得免斯害 父知子等

BD13812號　妙法蓮華經卷一至卷四　（48–16）

害作是念已如所思惟具告諸子汝等速出父雖憐愍善言誘喻而諸子等
樂著嬉戲不肯信受不驚不畏了无出心亦復不知何者是火何者為舍云
何為失但東西走戲視父而已尒時長者即作是念此舍已為大火所燒我及
諸子若不時出必為所焚我今當設方便令諸子等
得免斯害父知諸子先心各有所好種種珍玩奇異之物情必樂著而告
之言汝等所可玩好希有難得汝若不取後必憂悔如此種種羊車鹿
車牛車今在門外可以遊戲汝等於此火宅宜速出來隨汝所欲皆當與汝尒時
諸子聞父所說珍玩之物適其願故心各勇銳互相推排競共馳走爭出火
宅是時長者見諸子等安隱得出皆於四衢道中露地而坐无復障礙
其心泰然歡喜踊躍時諸子等各白父言父先所許玩好之具羊車鹿車牛車
願時賜與舍利弗尒時長者各賜諸子等一大車其車高廣衆寶莊校周
帀欄楯四面懸鈴又於其上張設幰蓋亦以珍奇雜寶而嚴飾之寶繩
交絡垂諸華瓔重敷綩綖安置丹枕駕以白牛膚色充潔形體姝
好有大筋力行步平正其疾如風又多僕從而侍衛之所以者何是大
長者財富无量種種諸藏悉皆充溢而作是念我財物无
極不應以下劣小車與諸子等今此幼童皆是吾子愛無偏黨我有如
是七寶大車其數无量應當等心各各與之不宜差別所以者何以我此
物周給一國猶尚不匱何況諸子是時諸子各乘大車得未曾有非本所望舍
利弗於汝意云何是長者等與諸子珍寶大車寧有虛妄不舍利弗
言不也世尊是長者但令諸子得免火難全其軀命非為虛妄何以故
若全身命便為已得玩好之具況復方便於彼火宅而拔濟之世尊若
是長者乃至不與最小一車猶不虛妄何以故是長者先作是意我以方便
令子得出以是因緣無虛妄也何況長者自有財富无量欲饒益諸子等
與大車佛告舍利弗善哉善哉如汝所言舍利弗如來亦復如是則為一切世間之
父於諸怖畏衰惱憂患无明闇蔽永盡无餘而悉成就无量知見力无
所畏有大神力及智慧力具足方便智慧波羅蜜大慈大悲常无懈惓
恒求善事利益一切而生三界朽故火宅為度衆生生老病死憂悲苦惱愚
癡闇蔽三毒之火教化令得阿耨多羅三藐三菩提見諸衆生為生老
病死憂悲苦惱之所燒煑亦以五欲財利故受種種苦又以貪著追求
故現受衆苦後受地獄畜生餓鬼之苦若生天上及在人間貧窮困苦
愛別離苦怨憎會苦如是等種種諸苦衆生沒在其中歡喜遊戲不
覺不知不驚不怖亦不生厭不求解脫於此三界火宅東西馳走雖遭大苦
不以為患舍利弗佛見此已便作是念我為衆生之父應拔其苦難與
无量无邊佛智慧樂令其遊戲舍利弗如來復作是念若我但以
神力及智慧力捨於方便為諸衆生讚如來知見力无所畏者衆生不能

BD13812號　妙法蓮華經卷一至卷四　（48–17）

愛別離苦怨憎會苦如是等種種諸苦衆生沒在其中歡喜遊戲不
覺不知不驚不怖亦不生厭不求解脫於此三界火宅東西馳走雖遭大苦
不以為患舍利弗佛見此已便作是念我為衆生之父應拔其苦難與
无量无邊佛智慧樂令其遊戲舍利弗如來復作是念若我但以
神力及智慧力捨於方便為諸衆生讚如來知見力无所畏者衆生不能
以是得度所以者何是諸衆生未免生老病死憂悲苦惱而為三界火
宅所燒何由能解佛之智慧舍利弗如彼長者雖復身手有力而不
用之但以慇懃方便勉濟諸子火宅之難然後各與珍寶大車如來亦復如
是雖有力无所畏而不用之但以智慧方便於三界火宅拔濟衆生為說三乘
聲聞辟支佛佛乘而作是言汝等莫得樂住三界火宅勿貪麤弊色聲
香味觸也若貪著生愛則為所燒汝等速出三界當得三乘聲聞辟
支佛佛乘我今為汝保任此事終不虛也汝等但當勤修精進如來以
是方便誘進衆生復作是言汝等當知此三乘法皆是聖所稱歎自在
无繫无所依求乘是三乘以无漏根力覺道禪定解脫三昧等而自娛樂便得
无量安隱快樂舍利弗若有衆生內有智性從佛世尊聞法信受慇
懃精進欲速出三界自求涅槃是名聲聞乘如彼諸子為求羊車出
於火宅若有衆生從佛世尊聞法信受慇懃精進求自然慧樂獨
善寂深知諸法因緣是名辟支佛乘如彼諸子為求鹿車出於
火宅若有衆生從佛世尊聞法信受勤修精進求一切智佛智自
然智无師智如來知見力无所畏愍念安樂无量衆生利益天人度
脫一切是名大乘菩薩求此乘故名為摩訶薩如彼諸子為求牛
車出於火宅舍利弗如彼長者見諸子等安隱得出火宅到无畏
處自惟財富无量等以大車而賜諸子如來亦復如是為一切衆生之父
若見无量億千衆生以佛教門出三界苦怖畏險道得涅槃樂如來
尒時便作是念我有无量无邊智慧力无畏等諸佛法藏是諸衆生
皆是我子等與大乘不令有人獨得滅度皆以如來滅度而滅度之是諸
衆生脫三界者悉與諸佛禪定解脫等娛樂之具皆是一相一種聖所
歎能生淨妙第一之樂舍利弗如彼長者初以三車誘引諸子然後但
與大車寶物莊嚴安隱第一然彼長者无虛妄之咎如來亦復如是
无有虛妄初說三乘引導衆生然後但以大乘而度脫之何以故如來
有无量智慧力无所畏諸法之藏能與一切衆生大乘之法但不盡能
受舍利弗方便力故於一佛乘分別說三佛欲重此義而說偈言
辟如長者　有大宅　其宅久故　而復頓弊　堂舍高危　柱根摧朽　梁棟傾斜
基陛頹毀　牆壁圮坼　泥塗褫落　覆苫亂墜　椽梠差脫　周障屈曲　雜穢充遍
[illegible]

BD13812號　妙法蓮華經卷一至卷四　（48–18）

无有虛妄初說三乘引導衆生然後但以大乘而度脫之何以故如來
有无量智慧力无所畏諸法之藏能與一切衆生大乘之法但不盡能
受舍利弗方便力故於一佛乘分別說三佛欲重宣此義而說偈言
譬如長者　有大宅　其宅久故　而復頓弊　堂舍高危　柱根摧朽　梁棟傾斜
基陛頹毀　牆壁圮坼　泥塗褫落　覆苫亂墜　椽梠差脫　周障屈曲　雜穢充遍
有五百人　止住其中　鵄梟鵰鷲　烏鵲鳩鴿　蚖蛇蝮蠍　蜈蚣蚰蜒　守宮百足
狖狸鼷鼠　諸惡蟲輩　交橫馳走　屎尿臭處　不淨流溢　蜣蜋諸蟲　而集其上
狐狼野干　咀嚼踐蹋　嚌齧死屍　骨肉狼藉　由是群狗　競來搏撮　飢羸慞惶
處處求食　鬪諍齟掣　啀喍嗥吠　其舍恐怖　變狀如是　處處皆有　魑魅魍魎
夜叉惡鬼　食噉人肉　毒蟲之屬　諸惡禽獸　孚乳產生　各自藏護　夜叉競來
爭取食之　食之既飽　惡心轉熾　鬪諍之聲　甚可怖畏　鳩槃荼鬼　蹲踞土埵
或時離地　一尺二尺　往返遊行　縱逸嬉戲　捉狗兩足　撲令失聲　以腳加頸
怖狗自樂　復有諸鬼　其身長大　裸形黑瘦　常住其中　發大惡聲　叫呼求食
復有諸鬼　其咽如針　復有諸鬼　首如牛頭　或食人肉　或復噉狗　頭髮蓬亂
殘害兇險　飢渴所逼　叫喚馳走　夜叉餓鬼　諸惡鳥獸　飢急四向　窺看窗牖
如是諸難　恐畏无量　是朽故宅　屬于一人　其人近出　未久之間　於後宅舍
欻然火起　四面一時　其焰俱熾　棟梁椽柱　爆聲震裂　摧折墮落　牆壁崩倒
諸鬼神等　揚聲大叫　鵰鷲諸鳥　鳩槃荼等　周慞惶怖　不能自出　惡獸毒蟲
藏竄孔穴　毘舍闍鬼　亦住其中　薄福德故　為火所逼　共相殘害　飲血噉肉
野干之屬　並已前死　諸大惡獸　競來食噉　臭煙熢㶿　四面充塞　蜈蚣蚰蜒
毒蛇之類　為火所燒　爭走出穴　鳩槃荼鬼　隨取而食　又諸餓鬼　頭上火然
飢渴熱惱　周慞悶走　其宅如是　甚可怖畏　毒害火災　衆難非一　是時宅主
在門外立　聞有人言　汝諸子等　先因遊戲　來入此宅　稚小无知　歡娛樂著
長者聞已　驚入火宅　方宜救濟　令无燒害　告喻諸子　說衆患難　惡鬼毒蟲
災火蔓莚　衆苦次第　相續不絕　毒蛇蚖蝮　及諸夜叉　鳩槃荼鬼　野干狐狗
鵰鷲鵄梟　百足之屬　飢渴惱急　甚可怖畏　此苦難處　況復大火　諸子无知
雖聞父誨　猶故樂著　嬉戲不已　是時長者　而作是念　諸子如此　益我愁惱
今此舍宅　无一可樂　而諸子等　耽湎嬉戲　不受我教　將為火害　即便思惟
設諸方便　告諸子等　我有種種　珍玩之具　妙寶好車　羊車鹿車　大牛之車
今在門外　汝等出來　吾為汝等　造作此車　隨意所樂　可以遊戲　諸子聞說
如此諸車　即時奔競　馳走而出　到於空地　離諸苦難　長者見子　得出火宅
住於四衢　坐師子座　而自慶言　我今快樂　此諸子等　生育甚難　愚小无知
而入險宅　多諸毒蟲　魑魅可畏　大火猛焰　四面俱起　而此諸子　貪樂嬉戲
我已救之　令得脫難　是故諸人　我今快樂　爾時諸子　知父安坐　皆詣父所
而白父言　願賜我等　三種寶車　如前所許　諸子出來　當以三車　隨汝所欲

BD13812號　妙法蓮華經卷一至卷四　（48–19）

設諸方便　告諸子等　我有種種　珍玩之具　妙寶好車　羊車鹿車　大牛之車
今在門外　汝等出來　吾為汝等　造作此車　隨意所樂　可以遊戲　諸子聞說
如此諸車　即時奔競　馳走而出　到於空地　離諸苦難　長者見子　得出火宅
住於四衢　坐師子座　而自慶言　我今快樂　此諸子等　生育甚難　愚小无知
而入險宅　多諸毒蟲　魑魅可畏　大火猛焰　四面俱起　而此諸子　貪樂嬉戲
我已救之　令得脫難　是故諸人　我今快樂　爾時諸子　知父安坐　皆詣父所
而白父言　願賜我等　三種寶車　如前所許　諸子出來　當以三車　隨汝所欲
今正是時　唯垂給與　長者大富　庫藏衆多　金銀琉璃　車璖馬瑙　以衆寶物
造諸大車　莊校嚴飾　周帀欄楯　四面懸鈴　金繩交絡　真珠羅網　張施其上
金華諸瓔　處處垂下　衆綵雜飾　周帀圍繞　柔軟繒纊　以為茵蓐　上妙細㲲
價直千億　鮮白淨潔　以覆其上　有大白牛　肥壯多力　形體姝好　以駕寶車
多諸儐從　而侍衛之　以是妙車　等賜諸子　諸子是時　歡喜踊躍　乘是寶車
遊於四方　嬉戲快樂　自在无礙　告舍利弗　我亦如是　衆聖中尊　世間之父
一切衆生　皆是吾子　深著世樂　无有慧心　三界无安　猶如火宅　衆苦充滿
甚可怖畏　常有生老　病死憂患　如是等火　熾然不息　如來已離　三界火宅
寂然閑居　安處林野　今此三界　皆是我有　其中衆生　悉是吾子　而今此處
多諸患難　唯我一人　能為救護　雖復教詔　而不信受　於諸欲染　貪著深故
是以方便　為說三乘　令諸衆生　知三界苦　開示演說　出世間道　是諸子等
若心決定　具足三明　及六神通　有得緣覺　不退菩薩　汝舍利弗　我為衆生
以此譬喻　說一佛乘　汝等若能　信受是語　一切皆當　得成佛道　是乘微妙
清淨第一　於諸世間　為无有上　佛所悅可　一切衆生　所應稱讚　供養禮拜
无量億千　諸力解脫　禪定智慧　及佛餘法　得如是乘　令諸子等　日夜劫數
常得遊戲　與諸菩薩　及聲聞衆　乘此寶乘　直至道場　以是因緣　十方諦求
更無餘乘　除佛方便　告舍利弗　汝諸人等　皆是吾子　我則是父　汝等累劫
衆苦所燒　我皆濟拔　令出三界　我雖先說　汝等滅度　但盡生死　而實不滅
今所應作　唯佛智慧　若有菩薩　於是衆中　能一心聽　諸佛實法　諸佛世尊
雖以方便　所化衆生　皆是菩薩　若人小智　深著愛欲　為此等故
說於苦諦　衆生心喜　得未曾有　佛說苦諦　真實无異　若有衆生　不知苦本
深著苦因　不能暫捨　為是等故　方便說道　諸苦所因　貪欲為本　若滅貪欲
无所依止　滅盡諸苦　名第三諦　為滅諦故　修行於道　離諸苦縛　名得解脫
是人於何　而得解脫　但離虛妄　名為解脫　其實未得　一切解脫　佛說是人
未實滅度　斯人未得　无上道故　我意不欲　令至滅度　我為法王　於法自在
安隱衆生　故現於世　汝舍利弗　我此法印　為欲利益　世間故說　在所遊方
勿妄宣傳　若有聞者　隨喜頂受　當知是人　阿鞞跋致　若有信受　此經法者
是人已曾　見過去佛　恭敬供養　亦聞是法　若人有能　信汝所說　則為見我
亦見於汝　及比丘僧　并諸菩薩　斯法華經　為深智說　淺識聞之　迷惑不解

BD13812號　妙法蓮華經卷一至卷四　（48–20）

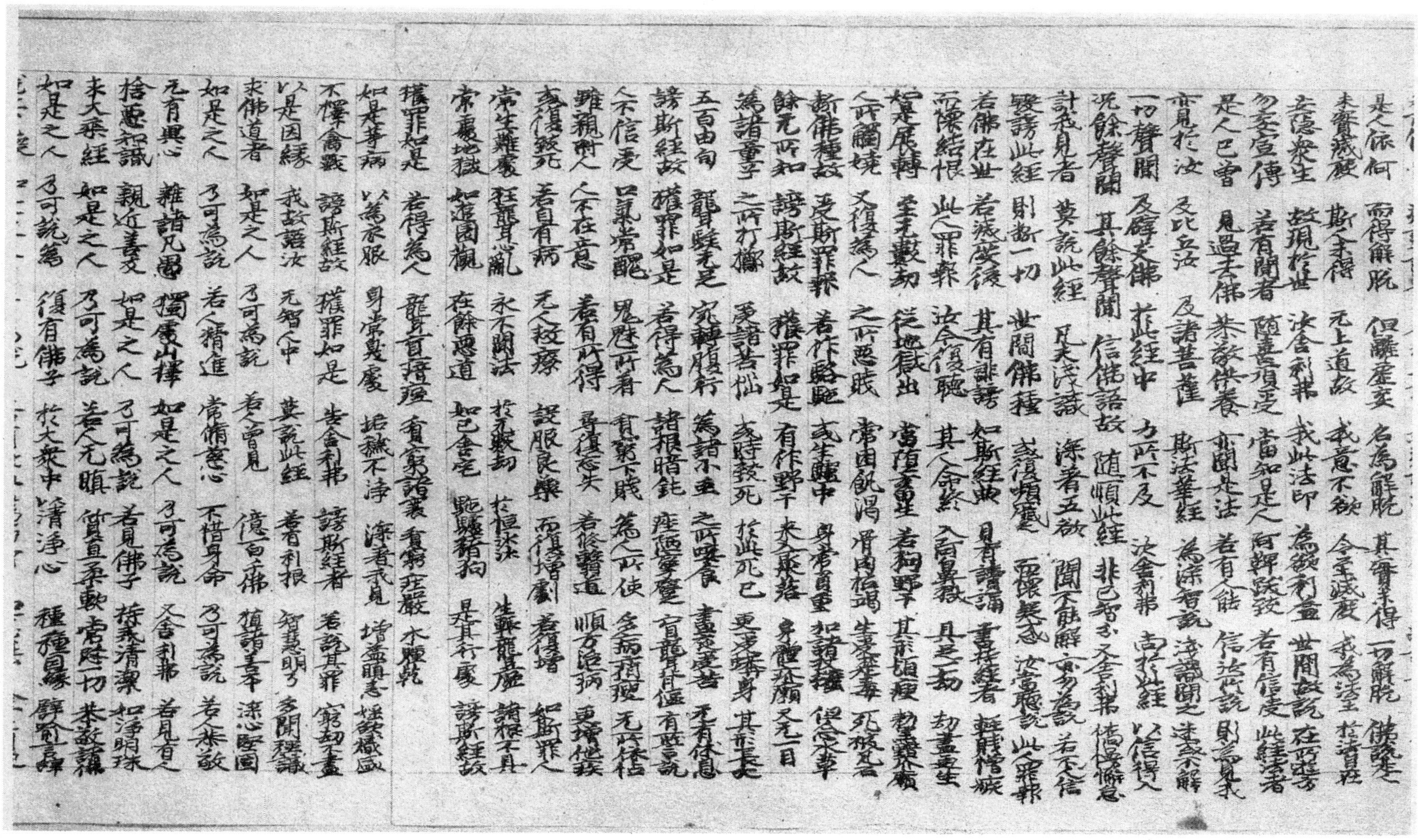

是人依何 而得解脫 但離虛妄 名為解脫 其實未得 一切解脫 佛說是
未實滅度 斯人未得 無上道故 我意不欲 令至滅度 我為法王 於法自在
安隱眾生 故現於世 汝舍利弗 我此法印 為欲利益 世間故說 在所遊方
勿妄宣傳 若有聞者 隨喜頂受 當知是人 阿鞞跋致 若有信受 此經法者
是人已曾 見過去佛 恭敬供養 亦聞是法 若有人能 信汝所說 則為見我
亦見於汝 及比丘僧 及諸菩薩 斯法華經 為深智說 淺識聞之 迷惑不解
一切聲聞 及辟支佛 於此經中 力所不及 汝舍利弗 尚於此經 以信得入
況餘聲聞 其餘聲聞 信佛語故 隨順此經 非己智分 又舍利弗 憍慢懈怠
計我見者 莫說此經 凡夫淺識 深著五欲 聞不能解 亦勿為說 若人不信
毀謗此經 則斷一切 世間佛種 或復顰蹙 而懷疑惑 汝當聽說 此人罪報
若佛在世 若滅度後 其有誹謗 如斯經典 見有讀誦 書持經者 輕賤憎嫉
而懷結恨 此人罪報 汝今復聽 其人命終 入阿鼻獄 具足一劫 劫盡更生
如是展轉 至無數劫 從地獄出 當墮畜生 若狗野干 其形頟瘦 黧黮疥癩
人所觸嬈 又復為人 之所惡賤 常困飢渴 骨肉枯竭 生受楚毒 死被瓦石
斷佛種故 受斯罪報 若作駱駝 或生驢中 身常負重 加諸杖捶 但念水草
餘無所知 謗斯經故 獲罪如是 有作野干 來入聚落 身體疥癩 又無一目
為諸童子 之所打擲 受諸苦痛 或時致死 於此死已 更受蟒身 其形長大
五百由旬 聾騃無足 蜿轉腹行 為諸小蟲 之所唼食 晝夜受苦 無有休息
謗斯經故 獲罪如是 若得為人 諸根闇鈍 矬陋攣躄 盲聾背傴 有所言說
人不信受 口氣常臭 鬼魅所著 貧窮下賤 為人所使 多病痟瘦 無所依怙
雖親附人 人不在意 若有所得 尋復忘失 若修醫道 順方治病 更增他疾
或復致死 若自有病 無人救療 設服良藥 而復增劇 若復增 如斯罪人
常生難處 狂聾心亂 永不聞法 於無數劫 如恒河沙 生輒聾瘂 諸根不具
常處地獄 如遊園觀 在餘惡道 如己舍宅 駝驢猪狗 是其行處 謗斯經故
獲罪如是 若得為人 聾盲瘖瘂 貧窮諸衰 以自莊嚴 水腫乾痟
如是等病 以為衣服 身常臭處 垢穢不淨 深著我見 增益瞋恚 婬欲熾盛
不擇禽獸 謗斯經故 獲罪如是 告舍利弗 謗斯經者 若說其罪 窮劫不盡
以是因緣 我故語汝 無智人中 莫說此經 若有利根 智慧明了 多聞強識
求佛道者 如是之人 乃可為說 若人曾見 億百千佛 殖諸善本 深心堅固
如是之人 乃可為說 若人精進 常修慈心 不惜身命 乃可為說 若人恭敬
無有異心 離諸凡愚 獨處山澤 如是之人 乃可為說 又舍利弗 若見有人
捨惡知識 親近善友 如是之人 乃可為說 若見佛子 持戒清潔 如淨明珠
求大乘經 如是之人 乃可為說 若人無瞋 質直柔軟 常愍一切 恭敬諸佛
如是之人 乃可說為 復有佛子 於大眾中 以清淨心 種種因緣 譬喻言辭

BD13812號　妙法蓮華經卷一至卷四　（48–21）

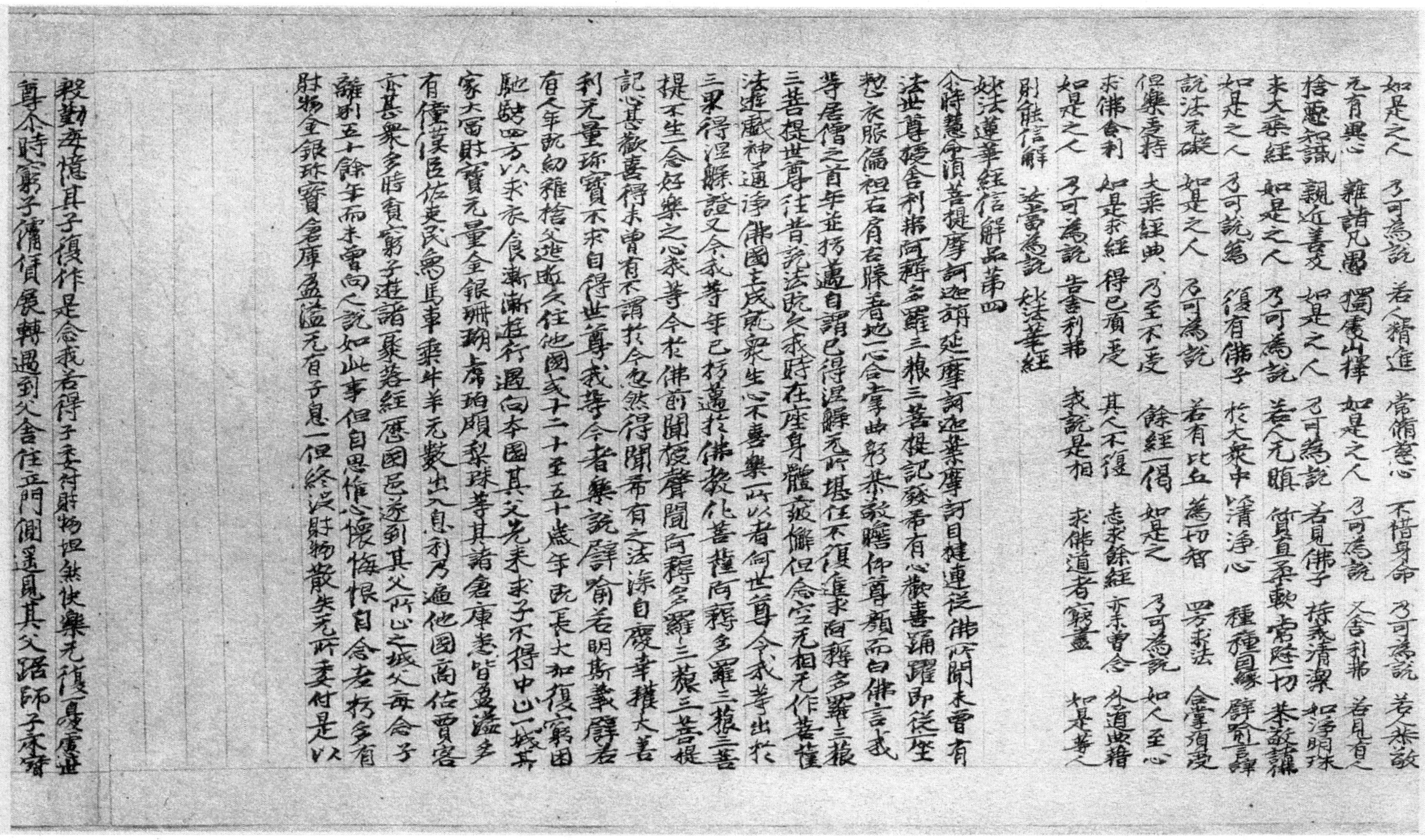

如是之人 乃可為說 若人精進 常修慈心 不惜身命 乃可為說 若人恭敬
無有異心 離諸凡愚 獨處山澤 如是之人 乃可為說 又舍利弗 若見有人
捨惡知識 親近善友 如是之人 乃可為說 若見佛子 持戒清潔 如淨明珠
求大乘經 如是之人 乃可為說 若人無瞋 質直柔軟 常愍一切 恭敬諸佛
如是之人 乃可說為 復有佛子 於大眾中 以清淨心 種種因緣 譬喻言辭
說法無礙 如是之人 乃可為說 若有比丘 為一切智 四方求法 合掌頂受
但樂受持 大乘經典 乃至不受 餘經一偈 如是之人 乃可為說 如人至心
求佛舍利 如是求經 得已頂受 其人不復 志求餘經 亦未曾念 外道典籍
如是之人 乃可為說 告舍利弗 我說是相 求佛道者 窮劫不盡 如是等人
則能信解 汝當為說 妙法華經

妙法蓮華經信解品第四

尒時慧命須菩提摩訶迦旃延摩訶迦葉摩訶目揵連從佛所聞未曾有
法世尊授舍利弗阿耨多羅三藐三菩提記發希有心歡喜踊躍即從座
起整衣服偏袒右肩右膝著地一心合掌曲躬恭敬瞻仰尊顏而白佛言我
等居僧之首年並朽邁自謂已得涅槃無所堪任不復進求阿耨多羅三藐
三菩提世尊往昔說法既久我時在座身體疲懈但念空無相無作於菩薩
法遊戲神通淨佛國土成就眾生心不喜樂所以者何世尊令我等出於
三界得涅槃證又今我等年已朽邁於佛教化菩薩阿耨多羅三藐三菩
提不生一念好樂之心我等今於佛前聞授聲聞阿耨多羅三藐三菩提
記心甚歡喜得未曾有不謂於今忽然得聞希有之法深自慶幸獲大善
利無量珍寶不求自得世尊我等今者樂說譬喻以明斯義譬若
有人年既幼稚捨父逃逝久住他國或十二十至五十歲年既長大加復窮困
馳騁四方以求衣食漸漸遊行遇向本國其父先來求子不得中止一城其
家大富財寶無量金銀琉璃珊瑚虎珀頗梨珠等其諸倉庫悉皆盈溢多
有僮僕臣佐吏民象馬車乘牛羊無數出入息利乃遍他國商估賈客
亦甚眾多時貧窮子遊諸聚落經歷國邑遂到其父所止之城父每念子
離別五十餘年而未曾向人說如此事但自思惟心懷悔恨自念老朽多有
財物金銀珍寶倉庫盈溢無有子息一旦終沒財物散失無所委付是以
慇懃每憶其子復作是念我若得子委付財物坦然快樂無復憂慮世
尊爾時窮子傭賃展轉遇到父舍住立門側遙見其父踞師子床寶

BD13812號　妙法蓮華經卷一至卷四　（48–22）

殷勤每憶其子復作是念我若得子委付財物坦然快樂無復憂慮世
尊尒時窮子傭賃展轉遇到父舍住立門側遙見其父踞師子床寶
几承足諸婆羅門剎利居士皆恭敬圍繞以真珠瓔珞價直千萬莊嚴其
身吏民僮僕手執白拂侍立左右覆以寶帳垂諸華幡香水灑地散眾名
華羅列寶物出內取與有如是等種種嚴飾威德特尊窮子見父有大力
勢即懷恐怖悔來至此竊作是念此或是王或是王等非我傭力得物之處不如
往至貧里肆力有地衣食易得若久住此或見逼迫強使我作作是念已疾走而
去時富長者於師子座見子便識心大歡喜即作是念我財物庫藏今有
所付我常思念此子無由見之而忽自來甚適我願我雖年朽猶故貪
惜常思念此子即遣傍人急追將還尒時使者疾走往捉窮子驚愕
稱怨大喚我不相犯何為見捉使者執之逾急強牽將還于時窮子自念無罪而
被囚執此必定死轉更惶怖悶絕躄地父遙見之而語使言不須此人勿強
將來以冷水灑面令得醒悟莫復與語所以者何父知其子志意下劣自
知豪貴為子所難審知是子而以方便不語他人云是我子使者語之我今
放汝隨意所趣窮子歡喜得未曾有從地而起往至貧里以求衣食尒
時長者將欲誘引其子而設方便密遣二人形色憔悴無威德者汝可
詣彼徐語窮子此有作處倍與汝直窮子若許將來使作若言欲何
所作便可語之雇汝除糞我等二人亦共汝作時二使人即求窮子既已得
之具陳上事尒時窮子先取其價尋與除糞其父見子愍而怪之又以他日於窗
牖中遙見子身羸瘦憔悴糞土塵坌污穢不淨即脫瓔珞細軟上服嚴
飾之具更著麤弊垢膩之衣塵土坌身右手執持除糞之器狀有所畏語諸
作人汝等勤作勿得懈息以方便故得近其子後復告言咄男子汝常此作
勿復餘去當加汝價諸有所須瓮器米麵鹽醋之屬莫自疑難亦有老弊使
人須者相給好自安意我如汝父勿復憂慮所以者何我年老大而汝少壯汝常
作時無有欺怠瞋恨怨言都不見汝有此諸惡如餘作人自今已後如所生子即時
長者更與作字名之為兒尒時窮子雖欣此遇猶故自謂客作賤人由是之故於二
十年中常令除糞過是已後心相體信入出無難然其所止猶在本處世尊
尒時長者有疾自知將死不久語窮子言我今多有金銀珍寶倉庫盈溢
其中多少所應取與汝悉知之我心如是當體此意所以者何今我與汝便為不
異宜加用心無令漏失尒時窮子即受教勅領知眾物金銀珍寶及諸庫藏

長者更與作字名之為兒尒時窮子雖欣此遇猶故自謂客作賤人由是之故於二
十年中常令除糞過是已後心相體信入出無難然其所止猶在本處世尊
尒時長者有疾自知將死不久語窮子言我今多有金銀珍寶倉庫盈溢
其中多少所應取與汝悉知之我心如是當體此意所以者何今我與汝便為不
異宜加用心無令漏失尒時窮子即受教勅領知眾物金銀珍寶及諸庫藏
而無悕取一飡之意然其所止故在本處下劣之心亦未能捨復經少時父知子意
漸已通泰成就大志自鄙先心臨欲終時而命其子并會親族國王大臣剎利
居士皆悉已集即自宣言諸君當知此是我子我之所生於某城中捨吾逃走跉
跰辛苦五十餘年其本字某我名某甲昔在本城懷憂推覓忽於此間遇會
得之此實我子我實其父今我所有一切財物皆是子有先所出內是子所知世尊
是時窮子聞父此言即大歡喜得未曾有而作是念我本無心有所悕求今此寶藏
自然而至世尊大富長者則是如來我等皆似佛子如來常說我等為子世尊

演暢如是義　教諸千億眾　令住大乘法　而自淨佛土　未來亦供養　無量無數佛
護助宣正法　亦自淨佛土　常以諸方便　說法無所畏　度不可計眾　成就一切智
供養諸如來　護持法寶藏　其後得成佛　號名曰法明　其國名善淨　七寶所合成
劫名為寶明　菩薩眾甚多　其數無量億　皆度大神通　威德力具足　充滿其國土
聲聞亦無數　三明八解脫　得四無礙智　以是等僧為　其國諸眾生　具相莊嚴身
法喜禪悅食　更無餘食想　無有諸女人　亦無諸惡道　富樓那比丘　賢聖眾甚多
如是無量事　我今但略說
尒時千二百阿羅漢心自在者作是念我等歡喜得未曾有若世尊各
見授記如餘大弟子者不亦快乎佛知此等心之所念告摩訶迦葉是千二
百阿羅漢我今當現前次第與授阿耨多羅三藐三菩提記於此
眾中我大弟子憍陳如比丘當供養六萬二千億佛然後得成為佛號
曰普明如來應供正遍知明行足善逝世間解無上士調御丈夫天人師佛
世尊其五百阿羅漢優樓頻螺迦葉伽耶迦葉那提迦葉迦留陀夷
優陀夷阿㝹樓馱離婆多劫賓那薄拘羅周陀莎伽陀等皆當得阿耨多
羅三藐三菩提盡同一號名曰普明尒時世尊欲重宣此義而說偈言
憍陳如比丘　當見無量佛　過阿僧祇劫　乃成等正覺　常放大光明　具足諸神通
名聞遍十方　一切之所敬　常說無上道　故號為普明　其國土清淨　菩薩皆勇猛
咸昇妙樓閣　遊諸十方國　以無上供具　奉獻於諸佛　作是供養已　心懷大歡喜
須臾還本國　有如是神力　佛壽六萬劫　正法住倍壽　像法復倍是　法滅天人憂
其五百比丘　次第當作佛　同號曰普明　轉次而授記　我滅度之後　某甲當作佛
其所化世間　亦如我今日　國土之嚴淨　及諸神通力　菩薩聲聞眾　正法及像法
壽命劫多少　皆如上所說
迦葉汝已知　五百自在者　餘諸聲聞眾　亦當復如是　其不在此會　汝當為宣說

咸昇妙樓閣　遊諸十方國　以无上供具　奉獻於諸佛　作是供養已　心懷大歡喜
須臾還本國　有如是神力　佛壽六万劫　正法住倍壽　像法復倍是　法滅天人憂
其五百比丘　次第當作佛　同号曰普明　轉次而授記　我滅度之後　某甲當作佛
其所化世間　亦如我今日　國土之嚴淨　及諸神通力　菩薩聲聞眾　正法及像法
壽命劫多少　皆如上所說
迦葉汝已知　五百自在者　餘諸聲聞眾　亦當復如是　其不在此會　汝當為宣說
尒時五百阿羅漢於佛前得受記已歡喜踊躍即從座起到於佛前頭面
礼足悔過自責世尊我等常作是念自謂已得究竟滅度今乃知之如无
智者所以者何我等應得如來智慧而便自以小智為足世尊譬如有人至
親友家醉酒而臥是時親友官事當行以无價寶珠繫其衣裏與之而去
其人醉臥都不覺知起已遊行到於他國為衣食故勤力求索甚大艱難
若少有所得便以為足於後親友會遇見之而作是言咄哉丈夫何為衣食
乃至如是我昔欲令汝得安樂五欲自恣於某年日月以無價寶珠繫汝
衣裏今故現在而汝不知勤苦憂惱以求自活甚為癡也汝今可以此寶
貿易所須常可如意無所乏短佛亦如是為菩薩時教化我等令發
一切智心而尋廢忘不知不覺既得阿羅漢道自謂滅度資生艱難得
少為足一切智願猶在不失今者世尊覺悟我等作是如言諸比丘汝等
所得非究竟滅我久令汝等種佛善根以方便故示涅槃相而汝謂為
實得滅度世尊我今乃知實是菩薩得受阿耨多羅三藐三菩提記
以是因緣甚大歡喜得未曾有尒時阿若憍陳如等欲重宣此義而說偈言
譬如貧窮人　往至親友家　其家甚大富　具設諸餚饍　以无價寶珠　繫著內衣裏
嘿與而捨去　時臥不覺知　是人既已起　遊行詣他國　求衣食自濟　資生甚艱難
得少便為足　更不願好者　不覺內衣裏　有无價寶珠　與珠之親友　後見此貧人
苦切責之已　示以所繫珠　貧人見此珠　其心大歡喜　富有諸財物　五欲而自恣
我等亦如是　世尊於長夜　常愍見教化　令種无上願　我等无智故　不覺亦不知
得少涅槃分　自足不求餘　今佛覺悟我　言非實滅度　得佛无上慧　尒乃為真滅
我今從佛聞　受記莊嚴事　及轉次受決　身心遍歡喜
妙法蓮華經授學无學人記品第九
尒時阿難羅睺羅而作是念我等每自思惟設得受記不亦快乎即從座
起到於佛前頭面礼足俱白佛言世尊我等於此亦應有分唯有如來我等
所歸又我等為一切世間天人阿脩羅所見知識阿難常為侍者護持法藏
羅睺羅是佛之子若佛見授阿耨多羅三藐三菩提記者我願既滿
眾望亦足尒時學无學聲聞弟子二千人皆從座起偏袒右肩到
於佛前一心合掌瞻仰世尊如阿難羅睺羅所願住立一面尒時佛

到於佛前頭面礼足俱白佛言世尊我等於此亦應有分唯有如來我等
所歸又我等為一切世間天人阿脩羅所見知識阿難常為侍者護持法藏
羅睺羅是佛之子若佛見授阿耨多羅三藐三菩提記者我願既滿
眾望亦足尒時學无學聲聞弟子二千人皆從座起偏袒右肩到
於佛前一心合掌瞻仰世尊如阿難羅睺羅所願住立一面尒時佛
告阿難汝於來世當得作佛号山海慧自在通王如來應供正
遍知明行足善逝世間解无上士調御丈夫天人師佛世尊當供養
六十二億諸佛護持法藏然後得阿耨多羅三藐三菩提教化
二十千万億恒河沙諸菩薩等令成阿耨多羅三藐三菩提國名
常立勝幡其土清淨瑠璃為地劫名妙音遍滿其佛壽命无量千
万億阿僧祇劫若人於千万億无量阿僧祇劫中筭數計挍不能得
知正法住世倍於壽命像法住世復倍正法阿難是山海慧自在通王
佛為十方无量千万億恒河沙等諸佛如來所共讚嘆稱其功德尒時
世尊欲重宣此義而說偈言
我今僧中說　阿難持法者　當供養諸佛　然後成正覺　号曰山海慧　自在通王佛
其國土清淨　名常立勝幡　教化諸菩薩　其數如恒沙　佛有大威德　名聞滿十方
壽命无有量　以愍眾生故　正法倍壽命　像法復倍是　如恒河沙等　无數諸眾生
於此佛法中　種佛道因緣　尒時會中新發意菩薩八千人咸作是念
我等尚不聞諸大菩薩得如是記有何因緣而諸聲聞得如是決尒時世尊
知諸菩薩心之所念而告之曰諸善男子我與阿難等於空王佛所同時發阿
耨多羅三藐三菩提心阿難常樂多聞我常勤精進是故我已得成阿耨
多羅三藐三菩提而阿難護持我法亦護將來諸佛法藏教化
成就諸菩薩眾其本願如是故獲斯記阿難面於佛前自
聞受記及國土莊嚴所願具足心大歡喜得未曾有即時憶念
過去无量千万億諸佛法藏通達无礙如今所聞亦識本願尒時阿
難而說偈言
世尊甚希有　令我念過去　无量諸佛法　如今日所聞
我今无復疑　安住於佛道　方便為侍者　護持諸佛法
尒時佛告羅睺羅汝於來世當得作佛号蹈七寶華如來應供
正遍知明行足善逝世間解无上士調御丈夫天人師佛世尊當供養十世
界微塵等數諸佛如來常為諸佛而作長子猶如今也是蹈七寶華
佛國土莊嚴壽命劫數所化弟子正法像法亦如山海慧自在通王如
來无異亦為此佛而作長子過是已後當得阿耨多羅三藐三菩
提尒時世尊欲重宣此義而說偈言
我為太子時　羅睺為長子　我今成佛道　受法為法子　於未來世中　見无量億佛

正遍知明行足善逝世間解无上士調御丈夫天人師佛世尊當供養十世
界微塵等數諸佛如來常為諸佛而作長子猶如今也是蹈七寶華
佛國土莊嚴壽命劫數所化弟子正法像法亦如山海慧自在通王如
來无異亦為此佛而作長子過是已後當得阿耨多羅三藐三菩
提尒時世尊欲重宣此義而說偈言
我為太子時　羅睺為長子　我今成佛道　受法為法子　於未來世中　見无量億佛
皆為其長子　一心求佛道　羅睺羅密行　唯我能知之　現為我長子　以示諸衆生
无量億千万　功德不可數　安住於佛法　以求无上道
尒時世尊見學无學二千人其意柔軟寂然清淨一心觀佛佛告阿難汝
見是學无學二千人不唯然已見阿難是諸人等當供養五十世界微塵
數諸佛如來恭敬尊重護持法藏末後同時於十方國各得成佛
皆同一号名曰寶相如來應供正遍知明行足善逝世間解无上士調
御丈夫天人師佛世尊壽命一劫國土莊嚴聲聞菩薩正法像法
皆悉同等尒時世尊欲重宣此義而說偈言
是二千聲聞　今於我前住　悉皆與授記　未來當成佛　所供養諸佛　如上說塵數
護持其法藏　後當成正覺　各於十方國　悉同一名号　俱時坐道場　以證无上慧
皆名為寶相　國土及弟子　正法與像法　悉等无有異　咸以諸神通　度十方衆生
名聞普周遍　漸入於涅槃
尒時學无學二千人聞佛授記歡喜踊躍而說偈言
世尊慧燈明　我聞授記音　心歡喜充滿　如甘露見灌
妙法蓮華經法師品第十
尒時世尊因藥王菩薩告八万大士藥王汝見是大衆中无量諸天龍王夜叉
乾闥婆阿脩羅迦樓羅緊那羅摩睺羅伽人與非人及比丘比丘尼優婆塞
優婆夷求聲聞者求辟支佛者求佛道者如是等類咸於佛前聞妙法華
經一偈一句乃至一念隨喜者我皆與授記當得阿耨多羅三藐三菩提佛
告藥王又如來滅度之後若有人聞妙法華經乃至一偈一句一念隨喜者我
亦與授阿耨多羅三藐三菩提記若復有人受持讀誦解說書寫妙法
華經乃至一偈於此經卷敬視如佛種種供養華香瓔珞末香塗香燒香繒
蓋幢幡衣服伎樂乃至合掌恭敬藥王當知是諸人等已曾供養
十万億佛於諸佛所成就大願愍衆生故生此人間藥王若有人問何等衆生
於未來世當得作佛應示是諸人等於未來世必得作佛何以故若
善男子善女人於法華經乃至一句受持讀誦解說書寫種種供養經
卷華香瓔珞末香塗香燒香繒蓋幢幡衣服伎樂合掌恭敬是人
一切世間所應奉應以來供養而供養之當知此人是大菩薩成就阿耨
多羅三藐三菩提哀愍衆生願生此間廣演分別妙法華經何況盡能

於未來世當得作佛何以故若
善男子善女人於法華經乃至一句受持讀誦解說書寫種種供養經
卷華香瓔珞末香塗香燒香繒蓋幢幡衣服伎樂合掌恭敬是人
一切世間所應奉應以來供養而供養之當知此人是大菩薩成就阿耨
多羅三藐三菩提哀愍衆生願生此間廣演分別妙法華經何況盡能
受持種種供養者藥王當知是人自捨清淨業報於我滅度後愍衆
生故生於惡世廣演此經若是善男子善女人我滅度後能竊為一人
所受不同　如彼草木　所稟各異　佛以此喻　方便開示　種種言辭　演說一法
於佛智慧　如海一渧　我雨法雨　充滿世間　一味之法　隨力脩行　如彼叢林
藥草諸樹　隨其大小　漸增茂好　諸佛之法　常以一味　令諸世間　普得具足
漸次脩行　皆得道果　聲聞緣覺　處於山林　住最後身　聞法得果　是名藥草
各得增長　若諸菩薩　智慧堅固　了達三界　求最上乘　是名小樹　而得增長
復有住禪　得神通力　聞諸法空　心大歡喜　放無數光　度諸衆生　是名大樹
而得增長　如是迦葉　佛所說法　譬如大雲　以一味雨　潤於人華　各得成實
迦葉當知　以諸因緣　種種譬喻　開示佛道　是我方便　諸佛亦然　今為汝等
說最實事　諸聲聞衆　皆非滅道　汝等所行　是菩薩道　漸漸脩學　悉當成佛
妙法蓮華經授記品第六
尒時世尊說是偈已告諸大衆唱如是言我此弟子摩訶迦葉於未來世當得奉
覲三百萬億諸佛世尊供養恭敬尊重讚歎廣宣諸佛無量大法於最後
身得成為佛名曰光明如來應供正遍知明行足善逝世間解無上士調御丈夫天
人師佛世尊國名光德劫名大莊嚴佛壽十二小劫正法住世二十小劫像法亦住二十小劫
國界嚴飾無諸穢惡瓦礫荊棘便不淨其土平正無有高下坑坎堆阜琉璃為
地寶樹行列黃金為繩以界道側散諸寶華周遍清淨其國菩薩無量千億
諸聲聞衆亦復無數無有魔事雖有魔及魔民皆護佛法尒時世尊欲
重宣此義而說偈言
告諸比丘　我以佛眼　見是迦葉　於未來世　過無數劫　當得作佛　而於來世
供養奉覲　三百萬億　諸佛世尊　為佛智慧　淨脩梵行　供養最上　二足尊已
脩習一切　無上之慧　於最後身　得成為佛　其土清淨　琉璃為地　多諸寶樹
行列道側　金繩界道　見者歡喜　常出好香　散衆名華　種種奇妙　以為莊嚴
其地平正　無有丘坑　諸菩薩衆　不可稱計　其心調柔　逮大神通　奉持諸佛
大乘經典　諸聲聞衆　無漏後身　法王之子　亦不可計　乃以天眼　不能數知
其佛當壽　十二小劫　正法住世　二十小劫　像法亦住　二十小劫　光明世尊
其事如是
　尒時大目揵連須菩提摩訶迦旃延等皆悉悚慄一心合掌
瞻仰尊顏目不暫捨即共同聲而說偈言　大
大雄猛世尊　諸釋之法王　哀愍我等故　而賜佛音聲　若知我深心　見為授記者

其地平正　無有丘坑　諸菩薩衆　不可稱計　其心調柔　逮大神通　奉持諸佛
大乘經典　諸聲聞衆　無漏後身　法王之子　亦不可計　乃以天眼　不能數知
其佛當壽　十二小劫　正法住世　二十小劫　像法亦住　二十小劫　光明世尊
其事如是
爾時大目揵連須菩提摩訶迦旃延等皆悉悚慄一心合掌
瞻仰尊顏目不暫捨即共同聲而說偈言
大雄猛世尊　諸釋之法王　哀愍我等故　而賜佛音聲　若知我深心　見爲授記者
如以甘露灑　除熱得清涼　如從飢國來　忽遇大王膳　心猶懷疑懼　未敢即便食
若復得王教　然後乃敢食　我等亦如是　每惟小乘過　不知當云何　得佛無上慧
雖聞佛音聲　言我等作佛　心尚懷憂懼　如未敢便食　若蒙佛授記　爾乃快安樂
大雄猛世尊　常欲安世間　願賜我等記　如飢須教食
爾時世尊知諸大弟子心之所念告諸比丘是須菩提於當來世奉覲三百萬億
那由他佛供養恭敬尊重讚歎常修梵行具菩薩道於最後身得成爲
佛号曰名相如來應供正遍知明行足善逝世間解無上士調御丈夫天人師佛世
尊劫名有寶國名寶生其土平正頗梨爲地寶樹莊嚴無諸丘坑沙礫荊
棘便利之穢寶華覆地周遍清淨其土人民皆處寶臺珍妙樓閣聲
聞弟子無量無邊筭數譬喻所不能知諸菩薩衆無數千萬億那
由他佛壽十二小劫正法住世二十小劫像法亦住二十小劫其佛常處虛空爲衆說法
度脫無量菩薩及聲聞衆爾時世尊欲重宣此義而說偈言
諸比丘衆　今告汝等　皆當一心　聽我所說　我大弟子　須菩提者　當得作佛
号曰名相　當供無數　萬億諸佛　隨佛所行　漸具大道　最後身得　三十二相
端正姝妙　猶如寶山　其佛國土　嚴淨第一　衆生見者　無不愛樂　佛於其中
度無量衆　其佛法中　多諸菩薩　皆悉利根　轉不退輪　彼國常以　菩薩莊嚴
諸聲聞衆　不可稱數　皆得三明　具六神通　住八解脫　有大威德　其佛說法
現於無量　神通變化　不可思議　諸天人民　數如恒沙　皆共合掌　聽受佛語
其佛當壽　十二小劫　正法住世　二十小劫　像法亦住　二十小劫
爾時世尊復告諸比丘衆我今語汝是大迦旃延於當來世以諸供具供養奉
事八千億佛恭敬尊重諸佛滅後各起塔廟高千由旬縱廣正等五百由旬
皆以金銀琉璃車渠馬瑙真珠玫瑰七寶合成衆華瓔珞塗香末香燒香繒蓋幢
幡供養塔廟過是已後當復供養二萬億佛亦復如是供養是諸佛已具菩薩道當得作佛
号曰閻浮那提金光如來應供正遍知明行足善逝世間解無上士調御丈夫天人師
佛世尊其土平正頗梨爲地寶樹莊嚴黃金爲繩以界道側妙華覆地周遍清淨
見者歡喜無四惡道地獄餓鬼畜生阿脩羅道多有天人諸聲聞衆及諸
菩薩無量萬億莊嚴其國佛壽十二小劫正法住世二十小劫像法亦住
世二十小劫像法亦住二十小劫爾時世尊欲重宣此義而說偈言

得作佛号曰閻浮那提金光如來應供正遍知明行足善逝世間解無上士調御丈夫天人師
佛世尊其土平正頗梨爲地寶樹莊嚴黃金爲繩以界道側妙華覆地周遍清淨
見者歡喜無四惡道地獄餓鬼畜生阿脩羅道多有天人諸聲聞衆及諸
菩薩無量萬億莊嚴其國佛壽十二小劫正法住世二十小劫像法亦住
世二十小劫爾時世尊欲重宣此義而說偈言
諸比丘衆　皆一心聽　如我所說　真實無異　是迦旃延　當以種種　妙好供具
供養諸佛　諸佛滅後　起七寶塔　亦以華香　供養舍利　其最後身　得佛智慧
成等正覺　國土清淨　度脫無量　萬億衆生　皆爲十方　之所供養　佛之光明
無能勝者　其佛号曰　閻浮金光　菩薩聲聞　斷一切有　無量無數　莊嚴其國
爾時世尊復告大衆我今語汝是大目揵連當以種種供具供養八千諸佛恭敬
尊重諸佛滅後各起塔廟高千由旬縱廣正等五百由旬皆以金銀琉璃車渠馬瑙
真珠玫瑰七寶合成衆華瓔珞塗香末香燒香繒蓋幢幡以用供養過是
已後當復供養二百萬億諸佛亦復如是當得成佛号曰多摩羅跋栴檀
香如來應供正遍知明行足善逝世間解無上士調御丈夫天人師佛世尊
劫名喜滿國名意樂其土平正頗梨爲地寶樹莊嚴散真珠華周遍清
淨見者歡喜多諸天人菩薩聲聞其數無量佛壽二十四小劫正法住世四
十小劫像法亦住四十小劫爾時世尊欲重宣此義而說偈言
我此弟子　大目揵連　捨是身已　得見八千　二百萬億　諸佛世尊　爲佛道故
供養恭敬　於諸佛所　常修梵行　於無量劫　奉持佛法　諸佛滅後　起七寶塔
長表金剎　華香伎樂　而以供養　諸佛塔廟　漸漸具足　菩薩道已　於意樂國
而得作佛　号多摩羅　栴檀之香　其佛壽命　二十四劫　常爲天人　演說佛道
聲聞無量　如恒河沙　三明六通　有大威德　菩薩無數　志固精進　於佛智慧
皆不退轉　佛滅度後　正法當住　四十小劫　像法亦爾　我諸弟子　威德具足
其數五百　皆當授記　於未來世　咸得成佛　我及汝等　宿世因緣　吾今當說
汝等善聽
妙法蓮華經化城喻品第七
佛告諸比丘乃往過去無量無邊不可思議阿僧祇劫爾時有佛名大通智
勝如來應供正遍知明行足善逝世間解無上士調御丈夫天人師佛世尊其
國名好成劫名大相諸比丘彼佛滅度已來甚大久遠譬如三千大千世界所有地
種假使有人磨以爲墨過於東方千國土乃下一點大如微塵又過千國土復下一
點如是展轉盡地種墨於汝等意云何是諸國土若筭師若筭師弟子能得邊際知其數不不也
世尊諸比丘是人所經國土若點不點盡末爲塵一塵一劫彼佛滅度已來
復過是數無量無邊百千萬億阿僧祇劫我以如來知見力故觀彼久
遠猶若今日爾時世尊欲重宣此義而說偈言

種假使有人磨以為墨過於東方千國土乃下一點如是展轉盡地種墨
於汝等意云何是諸國土若算師若算師弟子能得邊際知其數不不也
世尊諸比丘是人所經國土若點不點盡末為塵一塵一劫彼佛滅度已來
復過是數无量无邊百千萬億阿僧祇劫我以如來知見力故觀彼
久遠猶若今日尒時世尊欲重宣此義而說偈言
我念過去世 无量无邊劫 有佛兩足尊 名大通智勝 如人以力磨 三千大千土
盡此諸地種 皆悉以為墨 過於千國土 乃下一塵點 如是展轉點 盡此諸塵墨
如是諸國土 點與不點等 復盡末為塵 一塵為一劫 此諸微塵數 其劫復過是
彼佛滅度來 如是无量劫 如來无礙智 知彼佛滅度 及聲聞菩薩 如見今滅度
諸比丘當知 佛智淨微妙 無漏無所礙 通達无量劫
佛告諸比丘大通智勝佛壽五百四十萬億那由他劫其佛本坐道場破魔
軍已垂得阿耨多羅三藐三菩提而諸佛法不現在前如是一小劫乃至十
小劫結加趺坐身心不動而諸佛法猶不在前尒時忉利諸天先為彼佛於菩
提樹下敷師子座高一由旬佛於此座當得阿耨多羅三藐三菩提適坐
此座時諸梵天王雨衆天華面百由旬香風時來吹去萎華更雨新者如
是不絕滿十小劫供養於佛乃至滅度常雨此華四天王諸天為供養佛常
擊天鼓其餘諸天作天伎樂滿十小劫至于滅度亦復如是諸比丘大通智勝
佛過十小劫諸佛之法乃現在前成阿耨多羅三藐三菩提其佛未出家時有
十六子其第一者名曰智積諸子各有種種珍異玩好之具聞父得成阿耨
多羅三藐三菩提皆捨所珍往詣佛所諸母涕泣而隨送之其祖轉輪聖
王與一百大臣及餘百千萬億人民皆共圍繞隨至道場咸欲親近大通智
勝如來供養恭敬尊重讚歎到已頭面礼足繞佛畢已一心合掌瞻仰
世尊以偈頌曰
大威德世尊 為度衆生故 於無量億歲 尒乃得成佛 諸願已具足 善哉吉無上
世尊甚希有 一坐十小劫 身體及手足 靜然安不動 其心常惔怕 未曾有散亂
究竟永寂滅 安住无漏法 今者見世尊 安隱成佛道 我等得善利 稱慶大歡喜
衆生常苦惱 盲瞑無導師 不識苦盡道 不知求解脫 長夜增惡趣 減損諸天衆
從冥入於冥 永不聞佛名 今佛得最上 安隱无漏道 我等及天人 為得最大利
是故咸稽首 歸命無上尊 尒時十六王子偈讚佛已勸請世尊轉
於法輪咸作是言世尊說法多所安隱憐愍饒益諸天人民重說偈言
世雄無等倫 百福自莊嚴 得無上智慧 願為世間說 度脫於我等 及諸衆生類
為分別顯示 令得是智慧 若我等得佛 衆生亦復然 世尊知衆生 深心之所念
亦知所行道 又知智慧力 欲樂及修福 宿命所行業 世尊悉知已 當轉无上輪
佛告諸比丘大通智勝佛得阿耨多羅三藐三菩提時十方各五百萬億諸佛世
界六種震動其國中間幽冥之處日月威光所不能照而皆大明其中衆生

於法輪咸作是言世尊說法多所安隱憐愍饒益諸天人民重說偈言
世雄無等倫 百福自莊嚴 得無上智慧 願為世間說 度脫於我等 及諸衆生類
為分別顯示 令得是智慧 若我等得佛 衆生亦復然 世尊知衆生 深心之所念
亦知所行道 又知智慧力 欲樂及修福 宿命所行業 世尊悉知已 當轉无上輪
佛告諸比丘大通智勝佛得阿耨多羅三藐三菩提時十方各五百萬億諸佛世
界六種震動其國中間幽冥之處日月威光所不能照而皆大明其中衆生
各得相見咸作是言此中云何忽生衆生又其國界諸天宮殿乃至梵宮
六種震動大光普照遍滿世界勝諸天光尒時東方五百萬億諸國土中梵天
宮殿光明照曜倍於常明諸梵天王各作是念今者宮殿光明昔所未有以
何因緣而現此相是時諸梵天王即各相詣共議此事時彼衆中有一大梵天
王名救一切為諸梵衆而說偈言
我等諸宮殿 光明昔未有 此是何因緣 宜各共求之 為大德天生 為佛出世間
而此大光明 遍照於十方 尒時五百萬億國土諸梵天王與宮殿俱各以衣裓
盛諸天華共詣西方推尋是相見大通智勝如來處于道場菩提樹下坐師子座
諸天龍王乾闥婆緊那羅摩睺羅伽人非人等恭敬圍繞及見十六王子請佛
轉法輪即時諸梵天王頭面礼佛繞百千帀即以天華而散佛上其所散華
如須彌山并以供養佛菩提樹其菩提樹高十由旬華供養已各以宮殿奉
上彼佛而作是言唯見哀愍饒益我等所獻宮殿願垂納處時諸梵天王
即於佛前一心同聲以偈頌曰
世尊甚希有 難可得值遇 具無量功德 能救護一切 天人之大師 哀愍於世間
十方諸衆生 普皆蒙饒益 我等所從來 五百萬億國 捨深禪定樂 為供養佛故
我等先世福 宮殿甚嚴飾 今以奉世尊 唯願哀納受
尒時諸梵天王偈讚佛已各作是言唯願世尊轉於法輪度脫衆生開涅槃
道時諸梵天王一心同聲而說偈言 世雄兩足尊 唯願演說法 以大慈悲力
度苦惱衆生 尒時大通智勝如來默然許之又諸比丘東南方五百萬億國
土諸大梵王各自見宮殿光明照曜昔所未有歡喜踊躍生希有心即各相詣共
議此事時彼衆中有一大梵天王名曰大悲為諸梵衆而說偈言
是事何因緣 而現如此相 我等諸宮殿 光明昔未有 為大德天生 為佛出世間
未曾見此相 當共一心求 過千萬億土 尋光共推之 多是佛出世 度脫苦衆生
尒時五百萬億諸梵天王與宮殿俱各以衣裓盛諸天華共詣西北方推尋是相見
大通智勝如來處于道場菩提樹下坐師子座諸天龍王乾闥婆緊那羅
伽人非人等恭敬圍繞及見十六王子請佛轉法輪時諸梵天王頭面礼佛繞
百千帀即以天華而散佛上所散之華如須彌山并以供養佛菩提樹華供養已
各以宮殿奉上彼佛而作是言唯見哀愍饒益我等所獻宮殿願垂納
處尒時諸梵天王即於佛前一心同聲以偈頌曰

尒時五百萬億諸梵天王與宮殿俱各以衣裓盛諸天華共詣西北方推尋是相見
大通智勝如來處于道場菩提樹下坐師子座諸天龍王乾闥婆緊那羅
伽人非人等恭敬圍繞及見十六王子請佛轉法輪時諸梵天王頭面礼佛繞
百千帀即以天華而散佛上所散之華如須弥山并以供養佛菩提樹華供養已
各以宮殿奉上彼佛而作是言唯見哀愍饒益我等所獻宮殿願垂納
受尒時諸梵天王即於佛前一心同聲以偈頌曰
聖主天中王　迦陵頻伽聲　哀愍衆生者　我等今敬礼　世尊甚希有　久遠乃一現
一百八十劫　空過无有佛　三惡道充滿　諸天衆減少　今佛出於世　為衆生作眼
世間所歸趣　救護於一切　為衆生之父　哀愍饒益者　我等宿福慶　今得值世尊
尒時諸梵天王偈讚佛已各作是言唯願世尊哀愍一切轉於法輪度脫衆
生時諸梵天王一心同聲而說偈言
大聖轉法輪　顯示諸法相　度苦惱衆生　令得大歡喜　衆生聞此法　得道若生天
諸惡道減少　忍善者增益　尒時大通智勝如來默然許之諸比丘南方五
百萬億國土諸大梵王各自見宮殿光明照曜昔所未有歡喜踊躍生希有
心即各相詣共議此事以何因緣我等宮殿有此光曜而彼衆中有一大梵
天王名曰妙法為諸梵衆而說偈言　我等諸宮殿　光明甚威曜　此非無因緣
是相宜求之　過於百千劫　未曾見是相　為大德天生　為佛出世間
尒時五百万億諸梵天王與宮殿俱各以衣裓盛諸天華共詣北方推尋是
相見大通智勝如來處于道場菩提樹下坐師子座諸天龍王乾闥婆緊那
羅摩睺羅伽人非人等恭敬圍繞見十六王子請佛轉法輪時諸梵天王
頭面礼佛繞百千帀即以天華而散佛上所散之華如須弥山并以供養
佛菩提樹華供養已各以宮殿奉上彼佛而作是言唯見哀愍饒益我
等所獻宮殿願垂納受尒時諸梵天王即於佛前一心同聲以偈頌曰
世尊甚難見　破諸煩惱者　過百三十劫　今乃得一見　諸飢渴衆生　以法雨充滿
昔所未曾覩　無量智慧者　如優曇鉢羅　今日乃值遇　我等諸宮殿　蒙光故嚴飾
世尊大慈愍　唯願垂納受　尒時諸梵天王偈讚佛已各作是唯願世尊轉於
法輪令一切世間諸天魔梵沙門婆羅門皆獲安隱而得度脫時諸梵天王一心同聲
以偈頌曰　唯願天人尊　轉無上法輪　擊于大法鼓　而吹大法螺　普雨大法雨　度無量衆生
我等咸歸請　當演深遠音　尒時大通智勝如來默然許之西南方乃至下方亦復
如是尒時上方五百萬億國土諸大梵王皆悉自覩所止宮殿光明威曜昔所未有歡
喜踊躍生希有心即各相詣共議此事以何因緣我等宮殿有斯光明時彼衆中有
一大梵天王名曰尸棄為諸梵衆而說偈言　今以何因緣　我等諸宮殿　威德光明曜
嚴飾未曾有　如是之妙相　昔所未聞見　為大德天生　為佛出世間
尒時五百萬億諸梵天王與宮殿俱各以衣裓盛諸天華共詣下方推尋是相見大
通智勝如來處于道場菩提樹下坐諸天龍王乾闥婆緊那羅摩睺羅伽人非

BD13812號　妙法蓮華經卷一至卷四　（48–33）

如是尒時上方五百萬億國土諸大梵王皆悉自覩所止宮殿光明威曜昔所未有歡
喜踊躍生希有心即各相詣共議此事以何因緣我等宮殿有斯光明時彼衆中有
一大梵天王名曰尸棄為諸梵衆而說偈言　今以何因緣　我等諸宮殿　威德光明曜
嚴飾未曾有　如是之妙相　昔所未聞見　為大德天生　為佛出世間
尒時五百萬億諸梵天王與宮殿俱各以衣裓盛諸天華共詣下方推尋是相見大
通智勝如來處于道場菩提樹下坐諸天龍王乾闥婆緊那羅摩睺羅伽人非
人等恭敬圍繞及見十六王子請佛轉法輪時諸梵天王頭面礼佛繞百千帀即以天
華而散之華如須弥山并以供養佛菩提樹華供養已各以宮殿奉上彼佛而作是言唯
見哀愍饒益我等所獻宮殿願垂納受時諸梵天王即於佛前一心同聲以偈頌曰
善哉見諸佛　救世之聖尊　能於三界獄　勉出諸衆生　普智天人尊　哀愍群萌類　能開甘露門
廣度於一切　於昔无量劫　空過无有佛　世尊未出時　十方常闇暝　三惡道增長　阿脩羅亦盛
諸天衆轉減　死多墮惡道　不從佛聞法　常行不善事　色力及智慧　斯等皆減少　罪業因緣故
失樂及樂想　住於邪見法　不識善儀則　不蒙佛所化　常墮於惡道　佛為世間眼　久遠時乃出
哀愍諸衆生　故現於世間　超出成正覺　我等甚欣慶　及餘一切衆　喜歎未曾有
我等諸宮殿　蒙光故嚴飾　今以奉世尊　唯垂哀納受　願以此功德　普及於一切
我等與衆生　皆共成佛道　尒時五百萬億諸梵天王偈讚佛已各白佛言
唯願世尊轉於法輪多所安隱多所度脫時諸梵天王而說偈言
世尊轉法輪　擊甘露法鼓　度苦惱衆生　開示涅槃道　唯願受我請　以大微妙音
哀愍而敷演　無量劫習法　尒時大通智勝如來受十方諸梵天王及十六王子請即
時三轉十二行法輪若沙門婆羅門若天魔梵及餘世間所不能轉謂是苦是苦集是
苦滅是苦滅道及廣說十二因緣法無明緣行行緣識識緣名色名色緣六
入六入緣觸觸緣受受緣愛愛緣取取緣有有緣生生緣老死憂悲苦惱
无明滅則行滅行滅則識滅識滅則名色滅名色滅則六入滅六入滅則觸滅觸滅則受滅受滅則愛滅愛
滅則取滅取滅則有滅有滅則生滅生滅則老死憂悲苦惱滅佛於天人大衆
之中說是法時六百萬億那由他人以不受一切法故而於諸漏心得解脫皆得深
妙禪定三明六通具八解脫第二第三第四說法時千萬億恒河沙那由他衆
生亦以不受一切法故而於諸漏心得解脫從是已後諸聲聞衆无量无邊不可
稱數尒時十六王子皆以童子出家而為沙弥諸根通利智慧明了已曾供養
百千萬億諸佛淨脩梵行求阿耨多羅三藐三菩提俱白佛言世尊是諸
無量千萬億大德聲聞皆已成就世尊亦當為我等說阿耨多羅三藐三
菩提法我等聞已皆共脩學世尊我等志願如來知見深心所念佛自證
知尒時轉輪聖王所將衆中八萬億人見十六王子出家王即聽許尒時彼佛
受沙弥請過二万劫已乃於四衆之中說是大乘經名妙法蓮華教菩薩
法佛所護念說是經已十六沙弥為阿耨多羅三藐三菩提故皆共受持
諷誦通利說是經時十六菩薩沙弥皆悉信受聲聞衆中亦有信解

BD13812號　妙法蓮華經卷一至卷四　（48–34）

菩提法我等聞已皆共修學世尊我等志願如來知見深心所念佛自證
知爾時轉輪聖王所將衆中八萬億人見十六王子出家亦求出家王即聽許爾時彼佛
受沙弥請過二万億劫已乃於四衆之中說是大乘經名妙法蓮華教菩薩
法佛所護念說是經已十六沙弥爲阿耨多羅三藐三菩提故皆共受持
諷誦通利說是經時十六菩薩沙弥皆悉信受聲聞衆中亦有信解
其餘衆生千万億種皆生疑惑佛說是經於八千劫未曾休廢說此經已即
入靜室住於禪定八万四千劫是時十六菩薩沙弥知佛入室寂然禪定各昇法
座亦於八万四千劫爲四部衆廣說分別妙法華經一一皆度六百万億那由他恒河
沙等衆生示教利喜令發阿耨多羅三藐三菩提心大通智勝佛過八万四千
劫已從三昧起往詣法座安詳而坐普告大衆是十六菩薩沙弥甚爲希有諸根
通利智慧明了已曾供養無量千万億數諸佛於諸佛所常修梵行受持佛智開示衆生
令入其中汝等皆當數數親近而供養之所以者何若聲聞辟支佛及諸菩薩能信
是十六菩薩所說經法受持不毀者是人皆當得阿耨多羅三藐三菩提如來之慧
佛告諸比丘是十六菩薩常樂說是妙法蓮華經一一菩薩所化六百万億那由他
恒河沙等衆生世世所生與菩薩俱從其聞法悉皆信解以此因緣得值四万億佛
諸世尊于今不盡諸比丘我今語汝彼佛弟子十六沙弥今皆得阿耨多羅三藐三菩提
於十方國土現在說法有無量百千萬億菩薩聲聞以爲眷屬其二沙弥東方作佛
一名阿閦在歡喜國二名須弥頂東南方二佛一名師子音二名師子相南方二佛一名虛
空住二名常滅西南方二佛一名帝相二名梵相西方二佛一名阿弥陀二名度一切世間苦惱
方二佛一名多摩羅跋栴檀香神通二名須弥相北方二佛一名雲自在二名雲自在王東北方
佛名壞一切世間怖畏第十六我釋迦牟尼佛於娑婆國土成阿耨多羅三藐三菩提
諸比丘我等爲沙弥時各各教化無量百千萬億恒河沙等衆生從我聞法爲阿
耨多羅三藐三菩提此諸衆生于今有住聲聞地者我常教化阿耨多羅三藐三
菩提是諸人等應以是法漸入佛道所以者何如來智慧難信難解爾時
所化無量恒河沙等衆生者汝等諸比丘及我滅度後未來世中聲聞弟子是
也我滅度後復有弟子不聞是經不知不覺菩薩所行自於所得功德
生滅度想當入涅槃而於彼土求佛智慧得聞是經唯以佛乘而得
滅度更無餘乘除諸如來方便說法諸比丘若如來自知涅槃時到衆又清
淨信解堅固了達空法深入禪定便集諸菩薩及聲聞衆爲
說是經世間無有二乘而得滅度唯一佛乘得滅度耳比丘當知如來方
便深入衆生之性知其志樂小法深著五欲爲是等故說於涅槃是人若
聞則便信受譬如五百由旬險難惡道曠絕無人怖畏之處若有多衆
欲過此道至珍寶處有一導師聰慧明達善知險道通塞之相時導
衆人欲過此難所將人衆中路懈退白導師言我等疲極而復怖畏不能
進前路猶遠今欲退還導師多諸方便而作是念此等可愍云何捨大珍寶

BD13812號　妙法蓮華經卷一至卷四

(48-35)

便深入衆生之性知其志樂小法深著五欲爲是等故說於涅槃是人若
聞則便信受譬如五百由旬險難惡道曠絕無人怖畏之處若有多衆
欲過此道至珍寶處有一導師聰慧明達善知險道通塞之相時導
衆人欲過此難所將人衆中路懈退白導師言我等疲極而復怖畏不能
進前路猶遠今欲退還導師多諸方便而作是念此等可愍云何捨大珍寶
而欲退還作是念已以方便力於險道中過三百由旬化作一城告衆人言汝等
勿怖莫得退還今此大城可於中止隨意所作若入是城快得安隱若能前
至寶所亦可得去是時疲極之衆心大歡喜歎未曾有我等今者免斯惡道
快得安隱於是衆人前入化城生已度想生安隱想爾時導師知此人衆既
得止息無復疲惓即滅化城語衆人言汝等去來寶處在近向者大城我所化作
爲止息耳諸比丘如來亦復如是今爲汝等作大導師知諸生死煩惱惡道
險難長遠應去應度若衆生但聞一佛乘者則不欲見佛不欲親近便作
是念佛道長遠久受勤苦乃可得成知是心怯弱下劣以方便力而於中道爲
止息故說二涅槃若衆生住於二地如來爾時即便爲說汝等所作未辦汝
等所住地近於佛慧當觀察籌量所得涅槃非真實也但是如來方
便之力於一佛乘分別說三如彼導師爲止息故化作大城既知息已而告之言
寶處在近此城非實我化作耳爾時世尊欲重宣此義而說偈言
大通智勝佛　十劫坐道場　佛法不現前　不得成佛道
諸天神龍王　阿脩羅衆等　常雨於天花　以供養彼佛
諸天擊天鼓　并作衆伎樂　香風吹萎花　更雨新好者
過十小劫已　乃得成佛道　諸天及世人　心皆懷踊躍
彼佛十六子　皆與其眷屬　千万億圍繞　俱行至佛所
頭面禮佛足　而請轉法輪　聖師子法雨　充我及一切
世尊甚難值　久遠時一現　爲覺悟群生　震動於一切
東方諸世界　五百万億國　梵宮殿光曜　昔所未曾有
諸梵見此相　尋來至佛所　散花以供養　并奉上宮殿
請佛轉法輪　以偈而讚歎　佛知時未至　受請嘿然坐
三方及四維　上下亦復爾　散花奉宮殿　請佛轉法輪
世尊甚難值　願以大慈悲　廣開甘露門　轉无上法輪
無量慧世尊　受彼衆人請　爲宣種種法　四諦十二緣
無明至老死　皆從生緣有　如是衆過患　汝等應當知
宣暢是法時　六百萬億姟　得盡諸苦際　皆成阿羅漢
第二說法時　千万恒沙衆　於諸法不受　亦得阿羅漢
從是後得道　其數無有量　万億劫算數　不能得其邊
時十六王子　出家作沙弥　皆共請彼佛　演說大乘法
我等及營從　皆當成佛道　願得如世尊　慧眼第一淨
佛知童子心　宿世之所行　以無量因緣　種種諸譬喻
說六波羅蜜　及諸神通事　分別真實法　菩薩所行道
說是法花經　如恒河沙偈　彼佛說經已　靜室入禪定
一心一處坐　八萬四千劫　是諸沙弥等　知佛禪未出
爲無量億衆　說佛無上慧　各各坐法座　說是大乘經
於佛宴寂後　宣揚助法化　一一沙弥等　所度諸衆生
有六百萬億　恒河沙等衆
彼佛滅度後　是諸聞法者　在在諸佛土　常與師俱生　是十六沙弥　具足行佛道

BD13812號　妙法蓮華經卷一至卷四

(48-36)

我等及營從　皆當成佛道　願得如世尊　慧眼第一淨　佛知童子心　宿世之所行
以無量因緣　種種諸譬喻　說六波羅蜜　及諸神通事　分別真實法　菩薩所行道
說是法華經　如恒河沙偈　彼佛說經已　靜室入禪定　一心一處坐　八萬四千劫
是諸沙彌等　知佛禪未出　為無量億眾　說佛無上慧　各各坐法座　說是大乘經
於佛宴寂後　宣揚助法化　一一沙彌等　所度諸眾生　有六百萬億　恒河沙等眾
彼佛滅度後　是諸聞法者　在在諸佛土　常與師俱生　是十六沙彌　具足行佛道
今現在十方　各得成正覺　爾時聞法者　各在諸佛所　其有住聲聞　漸教以佛道
我在十六數　曾亦為汝說　是故以方便　引汝趣佛慧　以是本因緣　今說法華經
令汝入佛道　慎勿懷驚懼　譬如險惡道　迥絕多毒獸　又復無水草　人所怖畏處
無數千萬眾　欲過此險道　其路甚曠遠　經五百由旬　時有一導師　強識有智慧
明了心決定　在險濟眾難　眾人皆疲倦　而白導師言　我等今頓乏　於此欲退還
導師作是念　此輩甚可愍　如何欲退還　而失大珍寶　尋時思方便　當設神通力
化作大城郭　莊嚴諸舍宅　周匝有園林　渠流及浴池　重門高樓閣　男女皆充滿
即作是化已　慰眾言勿懼　汝等入此城　各可隨所樂　諸人既入城　心皆大歡喜
諸人既入城　心皆大歡喜　皆生安隱想　自謂已得度　導師知息已　集眾而告言
汝等當前進　此是化城耳　我見汝疲極　中路欲退還　故以方便力　權化作此城
汝今勤精進　當共至寶所　我亦復如是　為一切導師　見諸求道者　中路而懈廢
不能度生死　煩惱諸險道　故以方便力　為息說涅槃　言汝等苦滅　所作皆已辦
既知到涅槃　皆得阿羅漢　爾乃集大眾　為說真實法　諸佛方便力　分別說三乘
唯有一乘法　息處故說二　今為汝說實　汝所得非滅　為佛一切智　當發大精進
汝證一切智　十力等佛法　具三十二相　乃是真實滅　諸佛之導師　為息說涅槃
既知是息已　引入於佛已

妙法蓮華經卷第三

妙法蓮華經五百弟子受記品第八　四

爾時富樓那彌多羅尼子從佛聞是智慧方便隨宜說法又聞授諸大弟子
阿耨多羅三藐三菩提記復聞宿世因緣之事復聞諸佛有大自在神通之力得
未曾有心淨踊躍即從座起到於佛前頭面禮足却住一面瞻仰世尊甚奇特所
為希有隨順世間若干種性以方便知見而為說法拔出眾生處處貪着我
等於佛功德言不能宣唯佛世尊能知我等深心本願爾時佛告諸比丘汝
等見是富樓那彌多羅尼子不我常稱其於說法人中最為第一亦常歎
其種種功德精勤護持助宣我法能於四眾示教利喜具足解釋佛之正法而
大饒益同梵行者自捨如來無能盡其言論之辯汝等勿謂富樓那但能護
持助宣我法亦於過去九十億諸佛所護持助宣佛之正法於彼說法人中亦最
第一又於諸佛所說空法明了通達得四無礙智常能審諦清淨說法無有
疑惑具足菩薩神通之力隨其壽命常修梵行彼佛世人咸皆謂之實是
聲聞而富樓那以斯方便饒益無量百千眾生又化無量阿僧祇人令立阿
耨多羅三藐三菩提為淨佛土故常作佛事教化眾生諸比丘富樓那亦
於七佛說法人中而得第一今於我所說法人中亦為第一於賢劫中當來諸佛說法
人中亦復第一而皆護持助宣佛法亦於未來護持助宣無量無邊諸佛之法教化
饒益無量眾生令立阿耨多羅三藐三菩提為淨佛土故常勤精進教化眾生
漸漸具足菩薩之道過無量阿僧祇劫當於此土得阿耨多羅三藐三菩
提號曰法明如來應供正遍知明行足善逝世間解無上士調御丈夫天人師佛世
尊其佛以恒河沙等三千大千世界為一佛土七寶為地地平如掌無有山陵谿澗
溝壑七寶臺觀充滿其中諸天宮殿近處虛空人天交接兩得相見無諸惡
道亦無女人一切眾生皆以化生無有婬欲得大神通身出光明飛行自在志念堅固精進智慧普

饒益無量眾生 令立阿耨多羅三藐三菩提 為淨佛土故 常勤精進教化眾生
漸漸具足菩薩之道 過無量阿僧祇劫 當於此土得阿耨多羅三藐三菩
提 号曰法明如來應供正遍知明行足善逝世間解无上士調御丈夫天人師佛世
尊 其佛以恒河沙等三千大千世界為一佛土 七寶為地 地平如掌 无有山陵谿澗
溝壑 七寶臺觀充滿其中 諸天宮殿近處虛空 人天交接 兩得相見 无諸惡
道 亦无女人 一切眾生无有婬欲 得大神通 身出光明 飛行自在 志念堅固 精進智慧 普
皆金色 三十二相而自莊嚴 其國眾生常以二食 一者法喜食 二者禪悅食 有无量阿
僧祇千万億那由他諸菩薩眾 得大神通四无礙智 善能教化眾生之類 其聲
聞眾 筭數校計所不能知 皆得具足六通三明及八解脫 其佛國土有如是等
无量功德莊嚴成就 劫名寶明 國名善淨 其佛壽命无量阿僧祇劫 法住
甚久 佛滅度後 起七寶塔遍滿其國 尒時世尊欲重宣此義 而說偈言
諸比丘諦聽 佛子所行道 善學方便故 不可得思議 知眾樂小法 而畏於大智
是故諸菩薩 作聲聞緣覺 以无數方便 化諸眾生類 自說是聲聞 去佛道甚遠
度脫无量眾 皆悉得成就 雖小欲懈怠 漸當令作佛 內祕菩薩行 外現是聲聞
少欲厭生死 實自淨佛土 示眾有三毒 又現邪見相 我弟子如是 方便度眾生
若我具足說 種種現化事 眾生聞是者 心則懷疑惑 今此富樓那 於昔千億佛
勤修所行道 宣護諸佛法 為求无上慧 而於諸佛所 現居弟子上 多聞有智慧
所說无所畏 能令眾歡喜 未曾有疲惓 而以助佛事 已度大神通 具四无礙智
知諸根利鈍 常說清淨法 教

我等以三苦故 於生死中受諸熱惱 迷惑无知 樂著小法 今日世尊令我等思惟
蠲除諸法戲論之糞 我等於中勤加精進 得至涅槃一日之價 既得此已 心大歡
喜 自以為足 而便自謂 於佛法中勤精進故 所得弘多 然世尊先知我等心著
弊欲 樂於小法 便見縱捨 不為分別 汝等當有如來知見寶藏之分 世尊以
方便力說如來智慧 我等從佛得涅槃一日之價 以為大得 於此大乘无有志
求 我等又因如來智慧 為諸菩薩開示演說 而自於此无有志願 所以者何
佛知我等心樂小法 以方便力隨我等說 而我等不知真是佛子 今我等方知
世尊於佛智慧无有悋惜 所以者何 我等昔來真是佛子 而但樂小法 若
我等有樂大之心 佛則為我說大乘法 於此經中唯說一乘 而昔於菩薩
前毀呰聲聞樂小法者 然佛實以大乘教化 是故我等說本无心有所悕
求 今法王大寶自然而至 如佛子所應得者 皆已得之 尒時摩訶迦葉欲重
宣此義 而說偈言
我等今日 聞佛音教 歡喜踊躍 得未曾有 佛說聲聞 當得作佛 无上寶聚
不求自得 譬如童子 幼稚无識 捨父逃逝 遠到他土 周流諸國 五十餘年
其父憂念 四方推求 求之既疲 頓止一城 造立舍宅 五欲自娛 其家巨富

前毀呰聲聞樂小法者 然佛實以大乘教化 是故我等說本无心有所悕
求 今法王大寶自然而至 如佛子所應得者 皆已得之 尒時摩訶迦葉欲重
宣此義 而說偈言
我等今日 聞佛音教 歡喜踊躍 得未曾有 佛說聲聞 當得作佛 无上寶聚
不求自得 譬如童子 幼稚无識 捨父逃逝 遠到他土 周流諸國 五十餘年
其父憂念 四方推求 求之既疲 頓止一城 造立舍宅 五欲自娛 其家巨富
多諸金銀 車璖馬瑙 真珠琉璃 象馬牛羊 輦輿車乘 田業僮僕 人民眾多
出入息利 乃遍他國 商估賈人 无處不有 千万億眾 圍遶恭敬 常為王者
之所愛念 群臣豪族 皆共宗重 以諸緣故 往來者眾 豪富如是 有大力勢
而年朽邁 益憂念子 夙夜惟念 死時將至 癡子捨我 五十餘年 庫藏諸物
當如之何 尒時窮子 求索衣食 從邑至邑 從國至國 或有所得 或无所得
飢餓羸瘦 體生瘡癬 漸次經歷 到父住城 傭賃展轉 遂至父舍 尒時長者
於其門內 施大寶帳 處師子座 眷屬圍遶 諸人侍衛 或有計筭 金銀寶物
出內財產 注記券疏 窮子見父 豪貴尊嚴 謂是國王 若是王等 驚怖自怪
何故至此 覆自念言 我若久住 或見逼迫 強驅使作 思惟是已 馳走而去
借問貧里 欲往傭作 長者是時 在師子座 遙見其子 默而識之 即勅使者
追捉將來 窮子驚喚 迷悶躄地 是人執我 必當見殺 何用衣食 使我至此
長者知子 愚癡狹劣 不信是父 即 即以方便 更遣餘人 眇目座陋
无威德者 汝可語之 云當相雇 除諸糞穢 倍與汝價 窮子聞之 歡喜隨來
為除糞穢 淨諸房舍 長者於牖 常見其子 念子愚劣 樂為鄙事 於是長者
著弊垢衣 執除糞器 往到子所 方便附近 語令勤作 既益汝價 并塗足油
飲食充足 薦席厚暖 如是苦言 汝當勤作 又以軟語 若如我子 長者有智
漸令入出 經二十年 執作家事 示其金銀 真珠頗梨 諸物出入 皆使令知
猶處門外 止宿草庵 自念貧事 我无此物 父知子心 漸已曠大 欲與財物
即聚親族 國王大臣 剎利居士 於此大眾 說是我子 捨我他行 經五十歲
自見子來 已二十年 昔於某城 而失是子 周行求索 遂來至此 凡我所有
舍宅人民 悉以付之 恣其所用 子念昔貧 志意下劣 今於父所 大獲珍寶
并及舍宅 一切財物 甚大歡喜 得未曾有 佛亦如是 知我樂小 未曾說言
汝等作佛 而說我等 得諸无漏 成就小乘 聲聞弟子 佛勅我等 說最上道
修習此者 當得成佛 我承佛教 為大菩薩 以諸因緣 種種譬喻 若干言辭
說无上道 諸佛子等 從我聞法 日夜思惟 精勤修習 是時諸佛 即授其記
汝於來世 當得作佛 一切諸佛 祕藏之法 但為菩薩 演其實事 而不為我
說斯真要 如彼窮子 得近其父 雖知諸物 心不希取 我等雖說 佛法寶藏
自无志願 亦復如是 我等內滅 自謂為足 唯了此事 更无餘事 我等若聞

汝等作佛 而說我等 得諸无漏 成就小乘 聲聞弟子 佛勅我等 說最上道
修習此者 當得成佛 我承佛教 為大菩薩 以諸因緣 種種譬喻 若干言辭
說无上道 諸佛子等 從我聞法 日夜思惟 精勤修習 是時諸佛 即授其記
汝於來世 當得作佛 一切諸佛 祕藏之法 但為菩薩 演其實事 而不為我
說斯真要 如彼窮子 得近其父 雖知諸物 心不希取 我等雖說 佛法寶藏
自无志願 亦復如是 我等內滅 自謂為足 唯了此事 更无餘事 我等若聞
淨佛國土 教化眾生 都无欣樂 所以者何 一切諸法 皆悉空寂 无生无滅
无大无小 无漏无為 如是思惟 不生喜樂 我等長夜 於佛智慧 无貪无著
无復志願 而自於法 謂是究竟 我等長夜 修習空法 得脫三界 苦惱之患
住最後身 有餘涅槃 佛所教化 得道不虛 則為已得 報佛之恩 我等雖為
諸佛子等 說菩薩法 以求佛道 而於是法 永无願樂 導師見捨 觀我心故
初不勸進 說有實利 如富長者 知子志劣 以方便力 柔伏其心 然後乃付
一切財物 佛亦如是 現希有事 知樂小者 以方便力 調伏其心 乃教大智
我等今日 得未曾有 非先所望 而今自得 如彼窮子 得无量寶 世尊我今
得道得果 於无漏法 得清淨眼 我等長夜 持佛淨戒 始於今日 得其果報
法王法中 久修梵行 今得无漏 无上大果 我等今者 真是聲聞 以佛道聲
令一切聞 我等今者 真阿羅漢 於諸世間 天人魔梵 普於其中 應受供養
世尊大恩 以希有事 憐愍教化 利益我等 无量億劫 誰能報者 手足供給
頭頂禮敬 一切供養 皆不能報 若以頂戴 兩肩荷負 於恒沙劫 盡心恭敬
又以美膳 无量寶衣 及諸臥具 種種湯藥 牛頭栴檀 及諸珍寶 以起塔廟
寶衣布地 如斯等事 以用供養 於恒沙劫 亦不能報 諸佛希有 无量无邊
不可思議 大神通力 无漏无為 諸法之王 能為下劣 忍于斯事 取相凡夫
隨宜為說 諸佛於法 得最自在 知諸眾生 種種欲樂 及其志力 隨所堪任
以无量喻 而為說法 隨諸眾生 宿世善根 又知成熟 未成熟者 種種籌量
分別知已 於一乘道 隨宜說三

妙法蓮華經卷第二

妙法蓮華經卷第三

尒時世尊告摩訶迦葉及諸大弟子善哉善哉迦葉善說如來真實功
德誠如所言如來復有无量无邊阿僧祇功德汝等若於无量億劫說
不能盡迦葉當知如來是諸法之王若有所說皆不虛也於一切法以智方便
而演說之其所說法皆悉到於一切智地如來觀知一切諸法之所歸趣亦知一切眾生
深心所行通達无礙又於諸法究盡明了示諸眾生一切智慧迦葉譬如三千大千
世界山川谿谷土地所生卉木叢林及諸藥草種類若干名色各異密雲弥布遍
覆三千大千世界一時等澍其澤普洽卉木叢林及諸藥草小根小莖小枝小葉中
根中莖中枝中葉大根大莖大枝大葉諸樹大小隨上中下各有所受一雲所雨稱其
種性而得生長華菓敷實雖一地所生一雨所潤而諸草木各有差別迦葉

BD13812號　妙法蓮華經卷一至卷四　（48–41）

不能盡迦葉當知如來是諸法之王若有所說皆不虛也於一切法以智方便
而演說之其所說法皆悉到於一切智地如來觀知一切諸法之所歸趣亦知一切眾生
深心所行通達无礙又於諸法究盡明了示諸眾生一切智慧迦葉譬如三千大千
世界山川谿谷土地所生卉木叢林及諸藥草種類若干名色各異密雲弥布遍
覆三千大千世界一時等澍其澤普洽卉木叢林及諸藥草小根小莖小枝小葉中
根中莖中枝中葉大根大莖大枝大葉諸樹大小隨上中下各有所受一雲所雨稱其
種性而得生長華菓敷實雖一地所生一雨所潤而諸草木各有差別迦葉
當知如來亦復如是出現於世如大雲起以大音聲普遍世界天人阿修羅如彼大雲
遍覆三千大千國土於大眾中而唱是言我是如來應供正遍知明行足善逝世間
解无上士調御丈夫天人師佛世尊未度者令度未解者令解未安者令安未涅槃
今世後世如實知之我是一切知者一切見者知道者說道者汝等天人阿修羅眾
皆應到此為聽法故尒時無數千萬億種眾生來至佛所而聽法如來于時觀
是眾生諸根利鈍精進懈怠隨其所堪而為說法種種无量皆令歡喜快得
善利是諸眾生聞是法已現世安隱後生善處以道受樂亦得聞法既聞
法已離諸障礙於諸法中任力所能漸得入道如彼大雲雨於一切卉木叢林及諸藥
草如其種性具足蒙潤各得生長如來說法一相一味所謂解脫相離相滅相究竟
至於一切種智其有眾生聞如來法若持讀誦如說修行所得功德不自覺知
所以者何唯有如來知此眾生種相體性念何事思何事修何事云何念云何思
云何修以何法念以何法思以何法修以何法得何法眾生住於種種之地唯有如來如實見之明了
无礙如彼卉木叢林諸藥草等而不自知上中下性如來知是一相一味之法所謂解脫
相離相滅相究竟涅槃常寂滅相終歸於空佛知是已觀眾生心欲而將護之是
故不即為說一切種智汝等迦葉甚為希有能知如來隨宜說法能信能受所以
者何諸佛世尊隨宜說法難解難知尒時世尊欲重宣此義而說偈言
破有法王 出現世間 隨眾生欲 種種說法 如來尊重 智慧深遠 久默斯要
不務速說 有智若聞 則能信解 无智疑悔 則為永失 是故迦葉 隨力為說
以種種緣 令得正見 迦葉當知 譬如大雲 起於世間 遍覆一切 慧雲含潤
電光晃曜 雷聲遠震 令眾悅豫 日光掩蔽 地上清涼 靉靆垂布 如可承攬
其雨普等 四方俱下 流澍无量 率土充洽 山川險谷 幽邃所生 卉木藥草
大小諸樹 百穀苗稼 甘蔗蒲萄 雨之所潤 無不豐足 乾地普洽 藥木並茂
其雲所出 一味之水 草木叢林 隨分受潤 一切諸樹 上中下等 稱其大小
各得生長 根莖枝葉 華菓光色 一雨所及 皆得鮮澤 如其體相 性分大小
所潤是一 而各滋茂 佛亦如是 出現於世 譬如大雲 普覆一切 既出于世
為諸眾生 分別演說 諸法之實 大聖世尊 於諸天人 一切眾中 而宣是言
我為如來 兩足之尊 出于世間 猶如大雲 充潤一切 枯槁眾生 皆令離苦
得安隱樂 世間之樂 諸天人眾 一心善聽 皆應到此 覲无上尊 我為世尊

BD13812號　妙法蓮華經卷一至卷四　（48–42）

其雲所出　一味之水　草木叢林　隨分受潤　一切諸樹　上中下等　稱其大小
各得生長　根莖枝葉　華菓光色　一雨所及　皆得鮮澤　如其體相　性分大小
所潤是一　而各滋茂　佛亦如是　出現於世　譬如大雲　普覆一切　既出于世
為諸衆生　分別演說　諸法之實　大聖世尊　於諸天人　一切衆中　而宣是言
我為如來　兩足之尊　出于世間　猶如大雲　充潤一切　枯槁衆生　皆令離苦
得安隱樂　世間之樂　及涅槃樂　諸天人衆　一心善聽　皆應到此　覲無上尊　我為世尊
無能及者　安隱衆生　故現於世　為大衆說　甘露淨法　其法一味　解脫涅槃
以一妙音　演暢斯義　常為大乘　而作因緣　我觀一切　普皆平等　無有彼此
愛憎之心　我無貪著　亦無限礙　恒為一切　平等說法　如為一人　衆多亦然
常演說法　曾無他事　去來坐立　終不疲厭　充足世間　如雨普潤　貴賤上下
持戒毀戒　威儀具足　及不具足　正見邪見　利根鈍根　等雨法雨　而無懈惓
一切衆生　聞我法者　隨力所受　住於諸地　或處人天　轉輪聖王　釋梵諸王
是小藥草　知無漏法　能得涅槃　起六神通　及得三明　獨處山林　常行禪定
得緣覺證　是中藥草　求世尊處　我當作佛　行精進定　是上藥草　又諸佛子
專心佛道　常行慈悲　自知作佛　決定無疑　是名小樹　安住神通　轉不退輪
度無量億　百千衆生　如是菩薩　名為大樹　佛平等說　如一味雨　隨衆生性

說法華經乃至一句當知是人則如來使如來所遣行如來事何況於大衆中
廣為人說藥王若有惡人以不善心於一劫中現於佛前常毀罵佛其罪
尚輕若人以一惡言毀呰在家出家讀誦法華經者其罪甚重藥王其有
讀誦法華經者當知是人以佛莊嚴而自莊嚴則為如來肩所荷擔其所至
方應隨向礼一心合掌恭敬供養尊重讚歎華香瓔珞末香塗香燒
香繒蓋幢幡衣服餚饌作諸伎樂人中上供而供養之應持天寶而以散
之天上寶聚應以奉獻所以者何是人歡喜說法須臾聞之即得究竟阿耨
多羅三藐三菩提故爾時世尊欲重宣此義而說偈言
若欲住佛道　成就自然智　常當勤供養　受持法華者　其有欲疾得
一切種智慧　當受持是經　并供養持者　若有能受持　妙法華經者
當知佛所使　愍念諸衆生　捨於清淨土　愍衆故生此　當知如是人
自在所欲生　能於此惡世　廣說無上法　應以天華香　及天寶衣服
天上妙寶聚　供養說法者　吾滅後惡世　能持是經者
當合掌礼敬　如供養世尊　上饌衆甘美　及種種衣服　供養是佛子
冀得須臾聞　若能於後世　受持是經者　我遣在人中　行於如來事
若於一劫中　常懷不善意　作色而罵佛　獲無量重罪　其有讀誦持
是法華經者　須臾加惡言　其罪復過彼　有人求佛道　而於一劫中
合掌在我前　以無數偈讚　由是讚佛故　得無量功德　歎美持經者
其福復過彼　於八十億劫　以最妙色聲　及與香味觸　供養持經者

BD13812 號　妙法蓮華經卷一至卷四　（48-43）

當合掌礼敬　如供養世尊　上饌衆甘美　及種種衣服　供養是佛子
冀得須臾聞　若能於後世　受持是經者　我遣在人中　行於如來事
若於一劫中　常懷不善意　作色而罵佛　獲無量重罪　其有讀誦持
是法華經者　須臾加惡言　其罪復過彼　有人求佛道　而於一劫中
合掌在我前　以無數偈讚　由是讚佛故　得無量功德　歎美持經者
其福復過彼　於八十億劫　以最妙色聲　及與香味觸　供養持經者
如是供養已　若得須臾聞　則應自欣慶　我今獲大利　藥王今告汝
我所說諸經　而於此經中　法華最第一
爾時佛復告藥王菩薩摩訶薩我所說經典無量千萬億已說當說
而於其中此法華經最為難信難解藥王此經是諸佛秘要之藏不可分布
妄授與人諸佛世尊之所守護從昔已來未曾顯說而此經者如來現
在猶多怨嫉況滅度後藥王當知如來滅後其能書持讀誦供養為
他人說者如來則為以衣覆之又為他方現在諸佛之所護念是人有大信
力及志願力諸善根力當知是人與如來共宿則為如來手摩其頭藥王
在在處處若說若讀若誦若書若經卷所住處皆應起七寶塔極令高廣嚴
餝不須復安舍利所以者何此中已有如來全身此塔應以一切華香瓔珞繒蓋
幢幡伎樂歌頌供養恭敬尊重讚歎若有人得見此塔礼拜供養當知
是等皆近阿耨多羅三藐三菩提藥王多有人在家出家行菩薩道若不能得
見聞讀誦書持供養是法華經者當知是人未善行菩薩道若有得聞是
經典者乃能善行菩薩之道其有衆生求佛道者若見若聞是法華經聞
已信解受持者當知是人得近阿耨多羅三藐三菩提藥王譬如有人渴乏
須水於彼高原穿鑿求之猶見乾土知水尚遠施功不已轉見濕土遂漸
至泥其心決定知水必近菩薩亦復如是若未聞未解未能修習是法華經當
知是人去阿耨多羅三藐三菩提尚遠若得聞解思惟修習必知得近阿耨多
羅三藐三菩提所以者何一切菩薩阿耨多羅三藐三菩提皆屬此經此經開方
便門示真實相是法華經藏深固幽遠無人能到今佛教化成就菩薩
而為開示藥王若有菩薩聞是法華經驚疑怖畏當知是為新
發意菩薩若聲聞人聞是經驚疑怖畏當知是為增上慢者藥王若
有善男子善女人如來滅後欲為四衆說是法華經者云何應說是善男子
善女人入如來室著如來衣坐如來座爾乃應為四衆廣說斯經如來室
者一切衆生中大慈悲心是如來衣者柔和忍辱心是如來座者一切法空是
安住是中然後以不懈怠心為諸菩薩及四衆廣說是法華經藥王我於
餘國遣化人為其集聽法衆亦遣化比丘比丘尼優婆塞優婆夷聽
其說法是諸化人聞法信受隨順不逆若說法者在空閑處我時廣遣
天龍鬼神揵闥婆阿脩羅等聽其說法我雖在異國時時令說法者得

BD13812 號　妙法蓮華經卷一至卷四　（48-44）

善女人如來室著如來衣坐如來座尒乃應為四眾廣說斯經如來室
者一切眾生中大慈悲心是如來衣者柔和忍辱心是如來座者一切法空是
安住是中然後以不懈怠心為諸菩薩及四眾廣說是法華經藥王我於
餘國遣化人為其集聽法眾亦遣化比丘比丘尼優婆塞優婆夷聽
其說法是諸化人聞法信受隨順不逆若說法者在空閑處我時廣遣
天龍鬼神乾闥婆阿脩羅等聽其說法我雖在異國時時令說法者得
見我身若於此經忘失句逗我還為說令得具足尒時世尊欲重宣此義
而說偈言
　欲捨諸懈怠　應當聽此經　是經難得聞　信受者亦難
如人渴須水　穿鑿於高原　猶見乾燥土　知去水尚遠　漸見濕土泥
決定知近水
藥王汝當知　如是諸人等　不聞法華經　去佛智甚遠　若聞是深經
當知此人等　近於佛智慧
若人說此經　應入如來室　著於如來衣　而坐如來座　處眾無所畏
廣為分別說
大慈悲為室　柔和忍辱衣　諸法空為座　處此為說法　若說此經時　有人惡口罵
加刀杖瓦石　念佛故應忍　我千萬億土　現淨堅固身　於無量億劫　為眾生說法
若我滅度後　能說此經者　我遣化四眾　比丘比丘尼　及清信士女　供養於法師
引導諸眾生　集之令聽法　若人欲加惡　刀杖及瓦石　則遣變化人　為之作衛護
若說法之人　獨在空閑處　寂寞無人聲　讀誦此經典　我尒時為現　清淨光明身
若忘失章句　為說令通利　若人具是德　或為四眾說　空處讀誦經　皆得見我身
若人在空閑　我遣天龍王　夜叉鬼神等　為作聽法眾　是人樂說法　分別無罣礙
諸佛護念故　能令大眾喜　若親近法師　速得菩薩道　隨順是師學　得見恒沙佛
妙法蓮華經見寶塔品第十一
尒時佛前有七寶塔高五百由旬縱廣二百五十由旬從地踊出住在空中種種寶物
而莊校之五千欄楯龕室千萬無數幢幡以為嚴飾垂寶瓔珞寶鈴
万億而懸其上四面皆出多摩羅跋栴檀之香充遍世界其諸幡蓋以金銀
琉璃車𤦲馬瑙真珠玫瑰七寶合成高至四天王宮三十三天雨天曼陀羅
華供養寶塔餘諸天龍夜叉乾闥婆阿脩羅迦樓羅緊那羅摩睺羅伽人
非人等千万億眾以一切華香瓔珞幡蓋伎樂供養寶塔恭敬尊重讚歎尒
時寶塔中出大音聲歎言善哉善哉釋迦牟尼世尊能以平等大慧教
菩薩法佛所護念妙法華經為大眾說如是如是釋迦牟尼世尊如所說者
是真實尒時四眾見大寶塔住在空中又聞塔中所出音聲皆得法喜怪未
未曾有從座而起恭敬合掌却住一面尒時有菩薩名大樂說知一切世間
天人阿脩羅等心之所疑而白佛言世尊以何因緣有此寶塔從地踊出又於
其中發是音聲尒時佛告大樂說菩薩此寶塔中有如來全身乃往過

BD13812號　妙法蓮華經卷一至卷四　（48-45）

時寶塔中出大音聲歎言善哉善哉釋迦牟尼世尊能以平等大慧教
菩薩法佛所護念妙法華經為大眾說如是如是釋迦牟尼世尊如所說者
是真實尒時四眾見大寶塔住在空中又聞塔中所出音聲皆得法喜怪未
未曾有從座而起恭敬合掌却住一面尒時有菩薩名大樂說知一切世間
天人阿脩羅等心之所疑而白佛言世尊以何因緣有此寶塔從地踊出又於
其中發是音聲尒時佛告大樂說菩薩此寶塔中有如來全身乃往過
去東方無量千萬億阿僧祇世界國名寶淨彼中有佛號曰多寶其佛行菩薩
道時作大誓願若我成佛滅度之後於十方國土有說法華經處我之塔廟為
聽是經故踊現其前為作證明讚言善哉彼佛成道已臨滅度時於天人大眾
中告諸比丘我滅度後欲供養我全身者應起一大塔其佛以神通願力十方
世界在在處處若有說法華經者彼之寶塔皆踊出其前全身在於塔中
讚言善哉善哉大樂說今多寶如來塔聞說法華經故從地踊出讚言
善哉善哉是時大樂說菩薩以如來神力故白佛言世尊我等願欲見此佛身佛
告大樂說菩薩摩訶薩是多寶佛有深重願若我寶塔為聽法華經故
出於諸佛前時有其欲以我身示四眾者彼佛分身諸佛在於十方世界說法盡
還集一處然後我身乃出現耳大樂說我分身諸佛在於十方世界說法者
今應當集大樂說白佛言世尊我等亦願欲見世尊分身諸佛禮拜供
養尒時佛放白毫一光即見東方五百万億那由他恒河沙等國土諸佛彼諸
國土皆以頗梨為地寶樹寶衣以為莊嚴無數千万億菩薩充滿其中遍
張寶幔寶網羅上彼國諸佛以大妙音而說諸法及見無量千万億菩薩遍滿諸國
為眾說法南西北方四維上下白毫相光所照之處亦復如是尒時十方諸佛各
告眾菩薩言善男子我今應往娑婆世界釋迦牟尼佛所并供養多寶如來
寶塔時娑婆世界即變清淨琉璃為地寶樹莊嚴黃金為繩以界八道无
諸聚落村營城邑大海江河山川林藪燒大寶香曼陀羅華遍布其地以
寶網幔羅覆其上懸諸寶鈴唯留此會眾移諸天人置於他土是時諸
佛各將一大菩薩以為侍者至娑婆世界各到寶樹下一一寶樹高五百由旬
枝葉華菓次第莊嚴諸寶樹下皆有師子之座高五由旬亦以大寶而校
飾之尒時諸佛各於此座結加趺坐如是展轉遍滿三千大千世界而於釋
迦牟尼佛一方所分之身猶故未盡時釋迦牟尼佛欲容受所分身諸佛故八方各
更變二百万億那由他國皆令清淨无有地獄餓鬼畜生及阿脩羅又移諸天人
置於他土所化之國亦以琉璃為地寶樹莊嚴樹高五百由旬枝葉華菓次
第莊嚴樹下皆有寶師子座高五由旬種種諸寶以為莊校亦无大海
江河及目真隣陀山摩訶目真隣陀山鐵圍山大鐵圍山須弥山等諸山
王通為一佛國土寶地平正寶交露幔遍覆其上懸諸幡蓋燒大寶香
諸天寶華遍布其地釋迦牟尼佛為諸佛當來坐故復於八方各更變二百

BD13812號　妙法蓮華經卷一至卷四　（48-46）

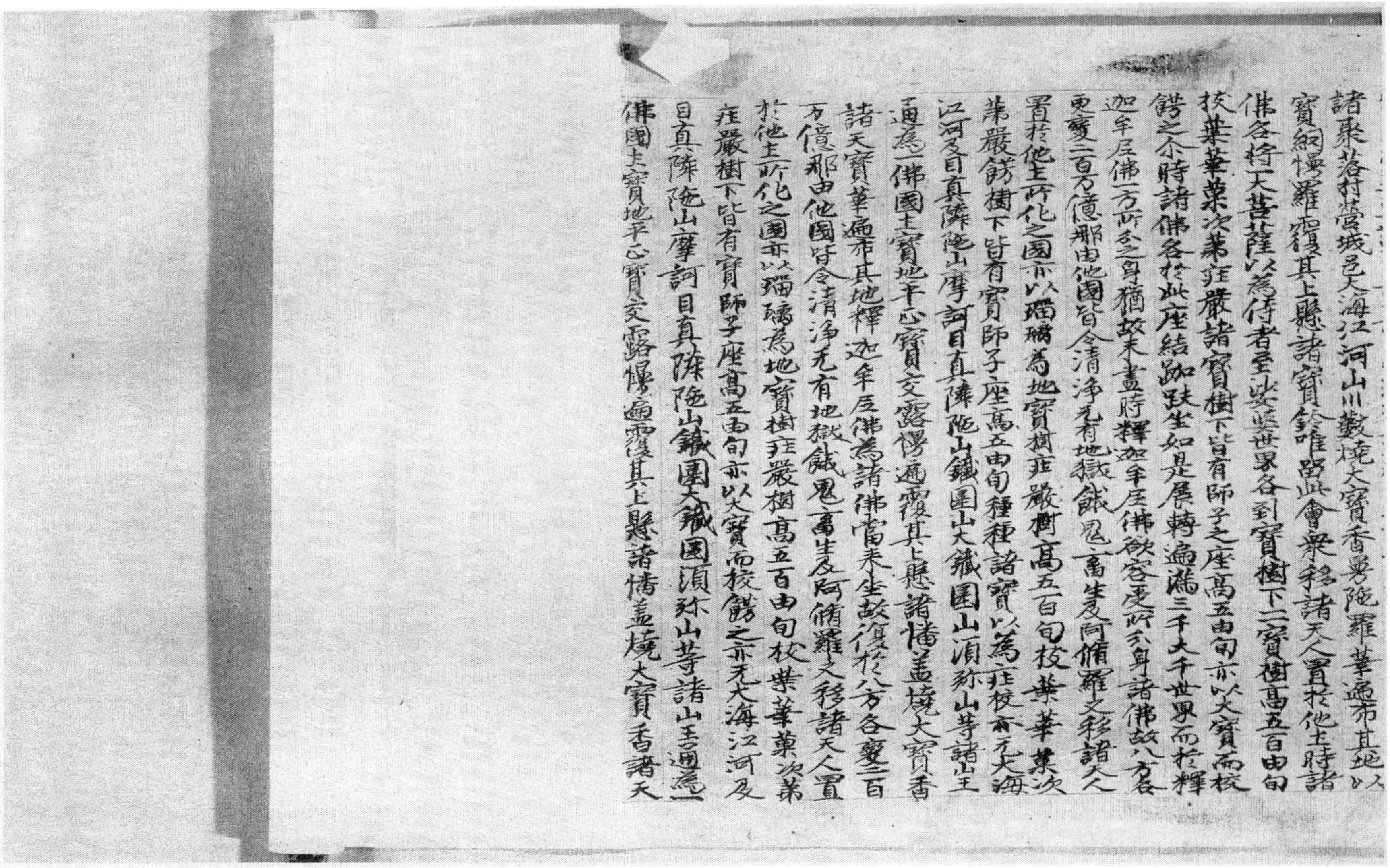
諸聚落村營城邑大海江河山川藪燒大寶香曼陀羅華遍布其地以
寶網幔羅覆其上懸諸寶鈴唯留此會衆移諸天人置於他土時諸
佛各將一大菩薩以為侍者至娑婆世界各到寶樹下一一寶樹高五百由旬
枝葉華菓次第莊嚴諸寶樹下皆有師子之座高五由旬亦以大寶而校
餝之尒時諸佛各於此座結跏趺坐如是展轉遍滿三千大千世界而於釋
迦牟尼佛一方所分之身猶故未盡時釋迦牟尼佛欲容受所分身諸佛故八方各
更變二百万億那由他國皆令清淨无有地獄餓鬼畜生及阿脩羅又移諸天人
置於他土所化之國亦以瑠璃為地寶樹莊嚴樹高五百由旬枝葉華菓次
第嚴餝樹下皆有寶師子座高五由旬種種諸寶以為莊校亦无大海
江河及目真隣陀山摩訶目真隣陀山鐵圍山大鐵圍山須弥山等諸山王
通為一佛國土寶地平正寶交露幔遍覆其上懸諸幡蓋燒大寶香
諸天寶華遍布其地釋迦牟尼佛為諸佛當來坐故復於八方各變二百
万億那由他國皆令清淨无有地獄餓鬼畜生及阿脩羅又移諸天人置
於他土所化之國亦以瑠璃為地寶樹莊嚴樹高五百由旬枝葉華菓次第
莊嚴樹下皆有寶師子座高五由旬亦以大寶而校餝之亦无大海江河及
目真隣陀山摩訶目真隣陀山鐵圍山大鐵圍山須弥山等諸山王通為一
佛國土寶地平正寶交露幔遍覆其上懸諸幡蓋燒大寶香諸天

BD13812 號　妙法蓮華經卷一至卷四　　（48–47）

寶塔時娑婆世界即變清淨瑠璃為地寶樹莊嚴黃金為繩以界八道无
諸聚落村營城邑大海江河山川藪燒大寶香曼陀羅華遍布其地以
寶網幔羅覆其上懸諸寶鈴唯留此會衆移諸天人置於他土時諸
佛各將一大菩薩以為侍者至娑婆世界各到寶樹下一一寶樹高五百由旬
枝葉華菓次第莊嚴諸寶樹下皆有師子之座高五由旬亦以大寶而校
餝之尒時諸佛各於此座結跏趺坐如是展轉遍滿三千大千世界而於釋
迦牟尼佛一方所分之身猶故未盡時釋迦牟尼佛欲容受所分身諸佛故八方各
更變二百万億那由他國皆令清淨无有地獄餓鬼畜生及阿脩羅又移諸天人
置於他土所化之國亦以瑠璃為地寶樹莊嚴樹高五百由旬枝葉華菓次
第嚴餝樹下皆有寶師子座高五由旬種種諸寶以為莊校亦无大海
江河及目真隣陀山摩訶目真隣陀山鐵圍山大鐵圍山須弥山等諸山王
通為一佛國土寶地平正寶交露幔遍覆其上懸諸幡蓋燒大寶香
諸天寶華遍布其地釋迦牟尼佛為諸佛當來坐故復於八方各變二百
万億那由他國皆令清淨无有地獄餓鬼畜生及阿脩羅又移諸天人置
於他土所化之國亦以瑠璃為地寶樹莊嚴樹高五百由旬枝葉華菓次第
莊嚴樹下皆有寶師子座高五由旬亦以大寶而校餝之亦无大海江河及
目真隣陀山摩訶目真隣陀山鐵圍山大鐵圍山須弥山等諸山王通為一
佛國土寶地平正寶交露幔遍覆其上懸諸幡蓋燒大寶香諸天

BD13812 號　妙法蓮華經卷一至卷四　　（48–48）

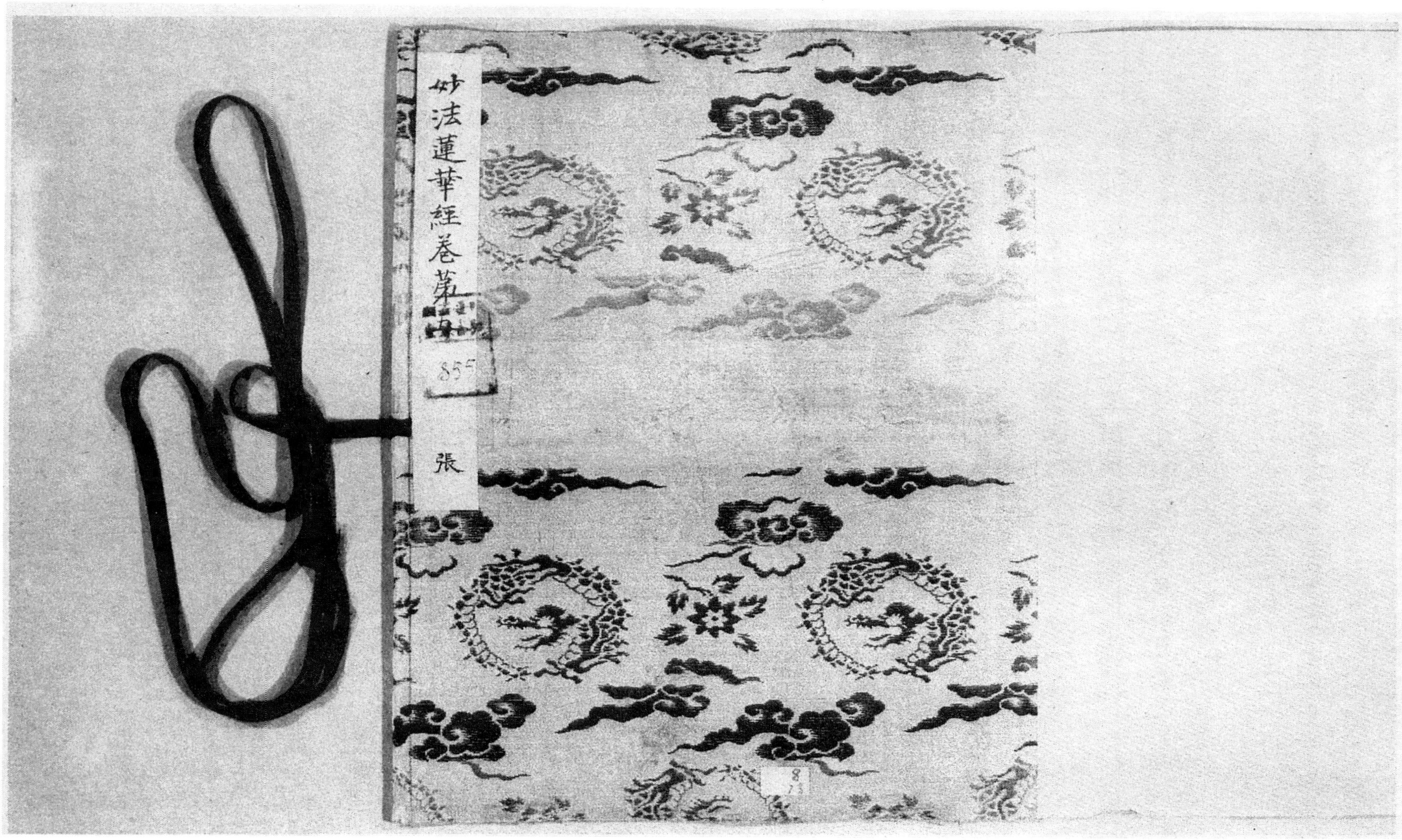

BD13813 號背　現代護首　　（1–1）

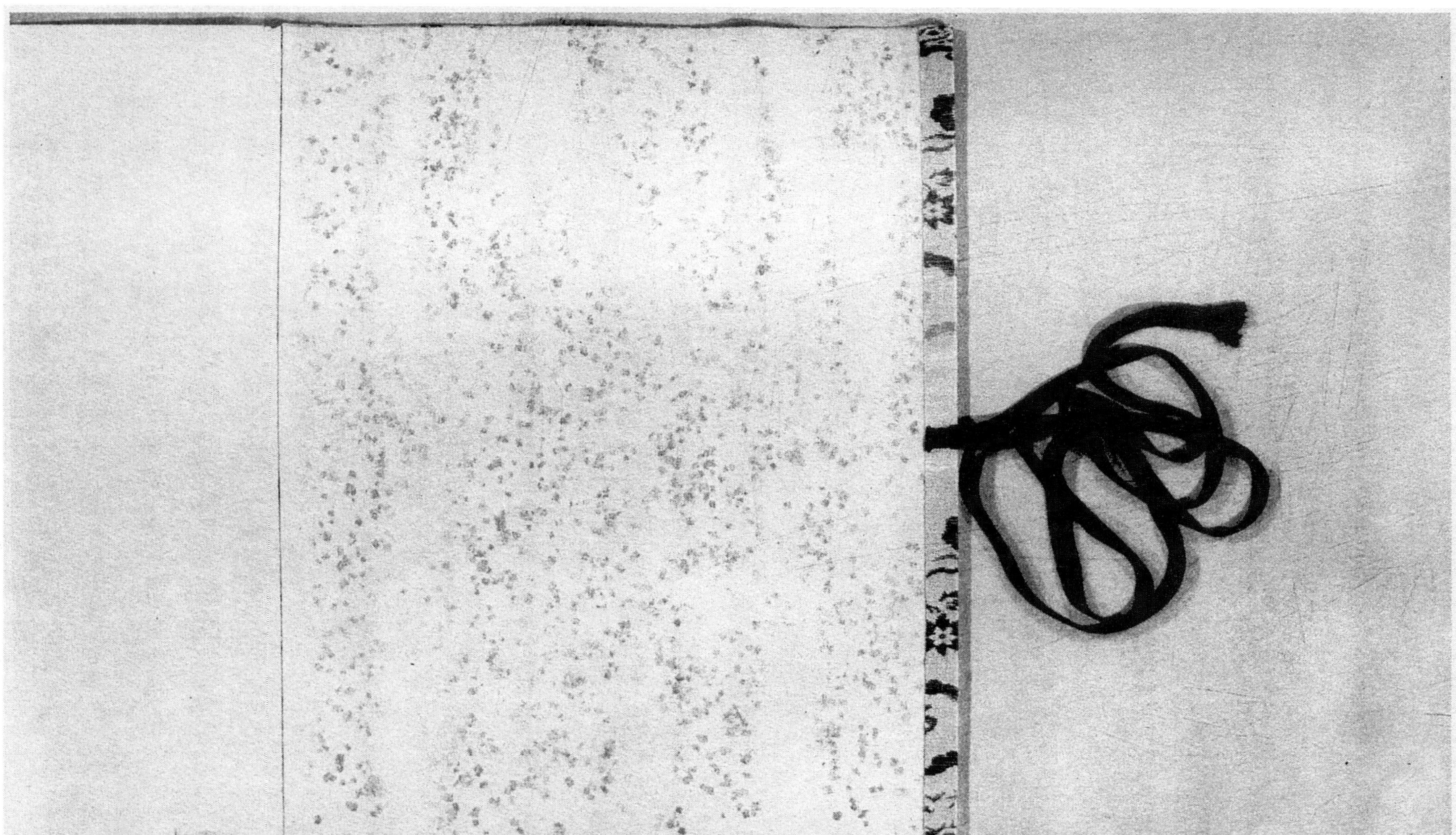

BD13813 號　妙法蓮華經卷五　　（30–1）

人身取能生欲想相而為說法亦不樂見若
入他家不與小女處女寡女等共語亦復不
近五種不男之人以為親厚不獨入他家若有
因緣須獨入時但一心念佛若為女人說法
不露齒笑不現胸臆乃至為法猶不親厚
況復餘事不樂畜年少弟子沙弥小兒亦不
樂與同師常好坐禪在於閑處修攝其心文
殊師利是名初親近處復次菩薩摩訶薩
觀一切法空如實相不顛倒不動不退不轉如
虛空无所有性一切語言道斷不生不出不
起无名无相實无所有无量无邊无礙无障
但以因緣有從顛倒生故說常樂觀如是法
相是名菩薩摩訶薩第二親近處尒時世尊
欲重宣此義而說偈言

BD13813號　妙法蓮華經卷五　（30–2）

觀一切法空如實相不顛倒不動不退不轉如
虛空无所有性一切語言道斷不生不出不
起无名无相實无所有无量无邊无礙无障
但以因緣有從顛倒生故說常樂觀如是法
相是名菩薩摩訶薩第二親近處尒時世尊
欲重宣此義而說偈言
若有菩薩　於後惡世　无怖畏心　欲說是經
應入行處　及親近處　常離國王　及國王子
大臣官長　凶險戲者　及旃陀羅　外道梵志
亦不親近　增上慢人　貪著小乘　三藏學者
破戒比丘　名字羅漢　及比丘尼　好戲笑者
深著五欲　求現滅度　諸優婆夷　皆勿親近
若是人等　以好心來　到菩薩所　為聞佛道
菩薩則以　无所畏心　不懷悕望　而為說法
寡女處女　及諸不男　皆勿親近　以為親厚
亦莫親近　屠兒魁膾　畋獵魚捕　為利殺害
販肉自活　衒賣女色　如是之人　皆勿親近
凶險相撲　種種嬉戲　諸婬女等　盡勿親近
莫獨屏處　為女說法　若說法時　无得戲笑
入里乞食　將一比丘　若无比丘　一心念佛
是則名為　行處近處　以此二處　能安樂說
又復不行　上中下法　有為无為　實不實法
亦不分別　是男是女　不得諸法　不知不見
是則名為　菩薩行處　一切諸法　空无所有
无有常住　亦无起滅　是名智者　所親近處
顛倒分別　諸法有无　是實非實　是生非生

BD13813號　妙法蓮華經卷五　（30–3）

又復不行上中下法有爲无爲實不實法
亦不分別是男是女不得諸法不知不見
是則名爲菩薩行處一切諸法空无所有
无有常住亦无起滅是名智者所親近處
顛倒分別諸法有无是實非實是生非生
在於閑處脩攝其心安住不動如須彌山
觀一切法皆无所有猶如虛空无有堅固
不生不出不動不退常住一相是名近處
若有比丘於我滅後入是行處及親近處
說斯經時无有怯弱菩薩有時入於靜室
以正憶念隨義觀法從禪定起爲諸國王
王子臣民婆羅門等開化演暢說斯經典
其心安隱无有怯弱文殊師利是名菩薩
安住初法能於後世說法華經
又文殊師利如來滅後於末法中欲說是經
應住安樂行若口宣說若讀經時不樂說人
及經典過亦不輕慢諸餘法師不說他人好
惡長短於聲聞人亦不稱名說其過惡亦不
稱名讚歎其美又亦不生怨嫌之心善脩如
是安樂心故諸有聽者不逆其意有所難問
不以小乘法答但以大乘而爲解說令得一切
種智尒時世尊欲重宣此義而說偈言
菩薩常樂安隱說法於清淨地而施牀座
以油塗身澡浴塵穢著新淨衣內外俱淨
安處法座隨問爲說若有比丘及比丘尼
諸優婆塞及優婆夷國王王子群臣士民
以微妙義和顏爲說若有難問隨義而答

BD13813號　妙法蓮華經卷五　（30-4）

種智尒時世尊欲重宣此義而說偈言
菩薩常樂安隱說法於清淨地而施牀座
以油塗身澡浴塵穢著新淨衣內外俱淨
安處法座隨問爲說若有比丘及比丘尼
諸優婆塞及優婆夷國王王子群臣士民
以微妙義和顏爲說若有難問隨義而答
因緣譬喻敷演分別以是方便皆使發心
漸漸增益入於佛道除嬾惰意及懈怠想
離諸憂惱慈心說法晝夜常說无上道教
以諸因緣无量譬喻開示衆生咸令歡喜
衣服卧具飲食醫藥而於其中无所悕望
但一心念說法因緣願成佛道令衆亦尒
是則大利安樂供養我滅度後若有比丘
能演說斯妙法華經心无嫉恚諸惱障礙
亦无憂愁及罵詈者又无怖畏加刀杖等
亦无擯出安住忍故智者如是善脩其心
能住安樂如我上說其人功德千万億劫
筭數譬喻說不能盡
又文殊師利菩薩摩訶薩於後末世法欲滅
時受持讀誦斯經典者无懷嫉妬諂誑之心
亦勿輕罵學佛道者求其長短若比丘比丘
尼優婆塞優婆夷求聲聞者求辟支佛者求
菩薩道者无得惱之令其疑悔語其人言汝
等去道甚遠終不能得一切種智所以者何
汝是放逸之人於道懈怠故又亦不應戲論
諸法有所諍競當於一切衆生起大悲想於

BD13813號　妙法蓮華經卷五　（30-5）

菩薩道者无得惱之令其疑悔語其人言汝
等去道甚遠終不能得一切種智所以者何
汝是放逸之人於道懈怠故又亦不應戲論
諸法有所諍競當於一切衆生起大悲想於
諸如來起慈父想於諸菩薩起大師想於
十方諸大菩薩常應深心恭敬礼拜於一切衆
生平等說法以順法故不多不少乃至深愛
法者亦不為多說文殊師利是菩薩摩訶薩
於後末世法欲滅時有成就是第三安樂
行者說是法時无能惱亂得好同學共讀
誦是經亦得大衆而來聽受聽已能持持已
能誦誦已能說說已能書若使人書供養經卷恭
敬尊重讚歎尒時世尊欲重宣此義而說偈言
若欲說是經　當捨嫉恚慢　諂誑耶偽心　常脩質直行
不輕蔑於人　亦不戲論法　不令他疑悔　云汝不得佛
是佛子說法　常柔和能忍　慈悲於一切　不生懈怠心
十方大菩薩　愍衆故行道　應生恭敬心　是則我大師
於諸佛世尊　生无上父想　破於憍慢心　說法无障礙
第三法如是　智者應守護　一心安樂行　无量衆所敬
又文殊師利菩薩摩訶薩於後末世法欲滅
時有持法華經者於在家出家人中生大慈
心於非菩薩人中生大悲心應作是念如是
之人則為大失如來方便隨宜說法不聞不
知不覺不問不信不解其人雖不問不信不
解是經我得阿耨多羅三藐三菩提時隨
在何地以神通力智慧力引之令得住是法中

BD13813號　妙法蓮華經卷五　（30–6）

之人則為大失如來方便隨宜說法不聞不
知不覺不問不信不解其人雖不問不信不
解是經我得阿耨多羅三藐三菩提時隨
在何地以神通力智慧力引之令得住是法中
文殊師利是菩薩摩訶薩於如來滅後有成
就此第四法者說是法時无有過失常為比
丘比丘尼優婆塞優婆夷國王王子大臣人
民婆羅門居士等供養恭敬尊重讚歎虛
空諸天為聽法故亦常隨侍若在聚落城邑
空閑林中有人來欲難問者諸天晝夜常為
法故而衛護之能令聽者皆得歡喜所以者何
此經是一切過去未來現在諸佛神力所護
故文殊師利是法華經於无量國中乃至名
字不可得聞何況得見受持讀誦文殊師利
譬如強力轉輪聖王欲以威勢降伏諸國而
諸小王不順其命時轉輪王起種種兵而往
討伐王見兵衆戰有功者即大歡喜隨功賞
賜或與田宅聚落城邑或與衣服嚴身之具
或與種種珍寶金銀琉璃車𤦲馬瑙珊瑚虎
珀象馬車乘奴婢人民唯髻中明珠不以與
之所以者何獨王頂上有此一珠若以與之王
諸眷屬必大驚恠文殊師利如來亦復如
是以禪定智慧力得法國土王於三界而諸
魔王不肯順伏如來賢聖諸將與之共戰其
有功者心亦歡喜於四衆中為說諸經令其
心悅賜以禪定解脫无漏根力諸法之財又

BD13813號　妙法蓮華經卷五　（30–7）

諸眷屬必大驚怪文殊師利如來亦復如
是以禪定智慧力得法國土王於三界而諸
魔王不肯順伏如來賢聖諸將與之共戰其
有功者心亦歡喜於四衆中爲說諸經令其
心悅賜以禪定解脫无漏根力諸法之財又
復賜與涅槃之城言得滅度引導其心令皆
歡喜而不爲說是法華經文殊師利如轉輪
王見諸兵衆有大功者心甚歡喜以此難信
之珠久在髻中不妄與人而今與之如來亦
復如是於三界中爲大法王以法教化一切
衆生見賢聖軍與五陰魔煩惱魔死魔共
戰有大功勳滅三毒出三界破魔網尒時如來
亦大歡喜此法華經能令衆生至一切智一
切世間多怨難信先所未說而今說之文殊
師利此法華經是諸如來第一之說於諸說
中最爲甚深末後賜與如彼強力之王久護
明珠今乃與之文殊師利此法華經諸佛如
來秘密之藏於諸經中最在其上長夜守護
不妄宣說始於今日乃與汝等而敷演之尒
時世尊欲重宣此義而說偈言
常行忍辱　哀愍一切　乃能演說　佛所讚經
後末世時　持此經者　於家出家　及非菩薩
應生慈悲　斯等不聞　不信是經　則爲大失
我得佛道　以諸方便　爲說此法　令住其中
譬如強力　轉輪之王　兵戰有功　賞賜諸物
象馬車乘　嚴身之具　及諸田宅　聚落城邑
或與衣服　種種珍寶　奴婢財物　歡喜賜與

BD13813號　妙法蓮華經卷五　（30–8）

應生慈悲　斯等不聞　不信是經　則爲大失
我得佛道　以諸方便　爲說此法　令住其中
譬如強力　轉輪之王　兵戰有功　賞賜諸物
象馬車乘　嚴身之具　及諸田宅　聚落城邑
或與衣服　種種珍寶　奴婢財物　歡喜賜與
如有勇健　能爲難事　王解髻中　明珠賜之
如來亦尒　爲諸法王　忍辱大力　智慧寶藏
以大慈悲　如法化世　見一切人　受諸苦惱
欲求解脫　與諸魔戰　爲是衆生　說種種法
以大方便　說此諸經　既知衆生　得其力已
末後乃爲　說是法華　如王解髻　明珠與之
此經爲尊　衆經中上　我常守護　不妄開示
今正是時　爲汝等說　我滅度後　求佛道者
欲得安隱　演說斯經　應當親近　如是四法
讀是經者　常无憂惱　又无病痛　顏色鮮白
不生貧窮　卑賤醜陋　衆生樂見　如慕賢聖
天諸童子　以爲給使　刀杖不加　毒不能害
若人惡罵　口則閉塞　遊行无畏　如師子王
智慧光明　如日之照　若於夢中　但見妙事
見諸如來　坐師子座　諸比丘衆　圍繞說法
又見龍神　阿脩羅等　數如恒沙　恭敬合掌
自見其身　而爲說法　又見諸佛　身相金色
放无量光　照於一切　以梵音聲　演說諸法
佛爲四衆　說无上法　見身處中　合掌讚佛
聞法歡喜　而爲供養　得陁羅尼　證不退智
佛知其心　深入佛道　即爲授記　成最正覺

BD13813號　妙法蓮華經卷五　（30–9）

放无量光　照於一切　以梵音聲　演說諸法
佛為四衆　說无上法　見身處中　合掌讚佛
聞法歡喜　而為供養　得陁羅尼　證不退智
佛知其心　深入佛道　即為授記　成最正覺
汝善男子　當於來世　得无量智　佛之大道
國土嚴淨　廣大无比　亦有四衆　合掌聽法
又見自身　在山林中　脩習善法　證諸實相
深入禪定　見十方佛
諸佛身金色　百福相莊嚴　聞法為人說　常有是好夢
又夢作國王　捨宮殿眷屬　及上妙五欲　行詣於道場
在菩提樹下　而處師子座　求道過七日　得諸佛之智
成无上道已　起而轉法輪　為四衆說法　經千万億劫
說无漏妙法　度无量衆生　後當入涅槃　如烟盡燈滅
若後惡世中　說是第一法　是人得大利　如上諸功德

妙法蓮華經從地踊出品第十五

尒時他方國土諸來菩薩摩訶薩過八恒河
沙數於大衆中起合掌作礼而白佛言世尊
若聽我等於佛滅後在此娑婆世界勤加精
進護持讀誦書寫供養是經典者當於此土
而廣說之尒時佛告諸菩薩摩訶薩衆止善
男子不須汝等護持此經所以者何我娑婆
世界自有六萬恒河沙等菩薩摩訶薩一一
菩薩各有六萬恒河沙眷屬是諸人等能於
我滅後護持讀誦廣說此經佛說是時娑婆
世界三千大千國土地皆震裂而於其中有
无量千万億菩薩摩訶薩同時踊出是諸菩
薩身皆金色三十二相无量光明先盡在此

BD13813號　妙法蓮華經卷五　（30–10）

世界自有六萬恒河沙等菩薩摩訶薩一一
菩薩各有六萬恒河沙眷屬是諸人等能於
我滅後護持讀誦廣說此經佛說是時娑婆
世界三千大千國土地皆震裂而於其中有
无量千万億菩薩摩訶薩同時踊出是諸菩
薩身皆金色三十二相无量光明先盡在此
娑婆世界之下此界虛空中住是諸菩薩聞
釋迦牟尼佛所說音聲從下發來一一菩薩
皆是大衆唱導之首各將六万恒河沙眷屬
況將五万四万三万二万一万恒河沙等眷屬者
況復乃至一恒河沙半恒河沙四分之一乃
至千万億那由他分之一況復千萬億那由
他眷屬況復億万眷屬況復千萬百萬乃
至一万況復一千一百乃至一十況復將五
四三二一弟子者況復單己樂遠離行如
是等比无量无邊筭數譬喻所不能知是諸
菩薩從地出已各詣虛空七寶妙塔多寶如
來釋迦牟尼佛所到已向二世尊頭面礼足及
至諸寶樹下師子座上佛所亦皆作礼右繞
三帀合掌恭敬以諸菩薩種種讚法而以讚
歎住在一面欣樂瞻仰於二世尊是諸菩薩
摩訶薩從初踊出以諸菩薩種種讚法而讚
於佛如是時間經五十小劫是時釋迦牟尼佛
嘿然而坐及諸四衆亦皆嘿然五十小劫佛神
力故令諸大衆謂如半日尒時四衆亦以佛
神力故見諸菩薩遍滿无量百千万億國
土虛空是菩薩衆中有四導師一名上行

BD13813號　妙法蓮華經卷五　（30–11）

於佛如是時間經五十小劫是時釋迦牟尼佛
嘿然而坐及諸四衆亦皆嘿然五十小劫佛神
力故令諸大衆謂如半日尒時四衆亦以佛
神力故見諸菩薩遍滿无量百千万億國
土虛空是菩薩衆中有四導師一名上行
二名无邊行三名淨行四名安立行是四菩
薩於其衆中最為上首唱導之師在大衆
前各共合掌觀釋迦牟尼佛而問訊言世尊
少病少惱安樂行不所應度者受教易不不
令世尊生疲勞耶尒時四大菩薩而說偈言
世尊安樂 少病少惱 教化衆生 得无疲惓
又諸衆生 受化易不 不令世尊 生疲勞耶
尒時世尊於菩薩大衆中而作是言如是如
是諸善男子如來安樂少病少惱諸衆生等
易可化度无有疲勞所以者何是諸衆生世
世已來常受我化亦於過去諸佛供養尊重
種諸善根此諸衆生始見我身聞我所說即
皆信受入如來慧除先修習學小乘者如是
之人我今亦令得聞是經入於佛慧尒時諸大
菩薩而說偈言
善哉善哉 大雄世尊 諸衆生等 易可化度
能問諸佛 甚深智慧 聞已信行 我等隨喜
於時世尊讚歎上首諸大菩薩善哉善哉善
男子汝等能於如來發隨喜心尒時弥勒菩
薩及八千恒河沙諸菩薩衆皆作是念我等
從昔已來不見不聞如是大菩薩摩訶薩
衆從地踊出住世尊前合掌供養問訊如來時

BD13813號　妙法蓮華經卷五　（30–12）

男子汝等能於如來發隨喜心尒時弥勒菩
薩及八千恒河沙諸菩薩衆皆作是念我等
從昔已來不見不聞如是大菩薩摩訶薩
衆從地踊出住世尊前合掌供養問訊如來時
弥勒菩薩摩訶薩知八千恒河沙諸菩薩等
心之所念并欲自決所疑合掌向佛以偈問曰
无量千万億 大衆諸菩薩 昔所未曾見 願兩足尊說
是從何所來 以何因緣集 巨身大神通 智慧叵思議
其志念堅固 有大忍辱力 衆生所樂見 為從何所來
一一諸菩薩 所將諸眷屬 其數无有量 如恒河沙等
或有大菩薩 將六万恒沙 如是諸大衆 一心求佛道
是諸大師等 六萬恒河沙 俱來供養佛 及護持此經
將五万恒沙 其數過於是 四万及三万 二万至一万
一千一百等 乃至一恒沙 半及三四分 億万分之一
千万那由他 万億諸弟子 乃至於半億 其數復過上
百万至一萬 一千及一百 五十與一十 乃至三二一
單己无眷属 樂於獨處者 俱來至佛所 其數轉過上
如是諸大衆 若人行籌數 過於恒沙劫 猶不能盡知
是諸大威德 精進菩薩衆 誰為其說法 教化而成就
從誰初發心 稱揚何佛法 受持行誰經 修習何佛道
如是諸菩薩 神通大智力 四方地震裂 皆從中踊出
世尊我昔來 未曾見是事 願說其所從 國土之名号
我常遊諸國 未曾見是衆 我於此衆中 乃不識一人
忽然從地出 願說其因緣 今此之大會 无量百千億
是諸菩薩等 皆欲知此事 如是諸菩薩 本末之因緣
无量德世尊 唯願決衆疑

BD13813號　妙法蓮華經卷五　（30–13）

世尊我昔來　未曾見是事　願說其所從　國土之名號
我常遊諸國　未曾見是眾　我於此眾中　乃不識一人
忽然從地出　願說其因緣　今此之大會　无量百千億
是諸菩薩等　皆欲知此事　衆是諸菩薩　本末之因緣
无量德世尊　唯願決眾疑
尒時釋迦牟尼佛分身諸佛從无量千万億
他方國土來者在於八方諸寶樹下師子座
上結跏趺坐其佛侍者各各見是菩薩大眾
於三千大千世界四方從地踊出住於虛空各
白其佛言世尊此諸无量无邊阿僧祇菩薩
大眾從何所來尒時諸佛各告侍者諸善男
子且待須臾有菩薩摩訶薩名彌勒釋迦
牟尼佛之所授記次後作佛已問斯事佛今
荅之汝等自當因是得聞尒時釋迦牟尼佛
告彌勒菩薩善哉善哉阿逸多乃能問佛如
是大事汝等當共一心被精進鎧發堅固意
如來今欲顯發宣示諸佛智慧諸佛自在神
通之力諸佛師子奮迅之力諸佛威猛大勢
之力尒時世尊欲重宣此義而說偈言
當精進一心　我欲說此事　勿得有疑悔　佛智叵思議
汝今出信力　住於忍善中　昔所未聞法　今皆當得聞
我今安慰汝　勿得懷疑懼　佛无不實語　智慧不可量
所得第一法　甚深叵分別　如是今當說　汝等一心聽
尒時世尊說此偈已告彌勒菩薩我今於此
大眾宣告汝等阿逸多是諸大菩薩摩訶薩
无量无數阿僧祇從地踊出汝等昔所未見者
我於是娑婆世界得阿耨多羅三藐三菩

所得第一法　甚深叵分別　如是今當說　汝等一心聽
尒時世尊說此偈已告彌勒菩薩我今於此
大眾宣告汝等阿逸多是諸大菩薩摩訶薩
无量无數阿僧祇從地踊出汝等昔所未見者
我於是娑婆世界得阿耨多羅三藐三菩
提已教化示導是諸菩薩調伏其心令發道
意此諸菩薩皆於是娑婆世界之下此界
虛空中住於諸經典讀誦通利思惟分別正憶
念阿逸多是諸善男子等不樂在眾多有所
說常樂靜處勤行精進未曾休息亦不依止
人天而住常樂深智无有障礙亦常樂於諸佛
之法一心精進求无上慧尒時世尊欲重宣
此義而說偈言
阿逸汝當知　是諸大菩薩　從无數劫來　脩習佛智慧
悉是我所化　令發大道心　此等是我子　依止是世界
常行頭陀事　志樂於靜處　捨大眾憒鬧　不樂多所說
如是諸子等　學習我道法　晝夜常精進　為求佛道故
在娑婆世界　下方空中住　志念力堅固　常懃求智慧
說種種妙法　其心无所畏　我於伽耶城　菩提樹下坐
得成最正覺　轉无上法輪　尒乃教化之　令初發道心
今皆住不退　悉當得成佛　我今說實語　汝等一心信
我從久遠來　教化是等眾
尒時彌勒菩薩摩訶薩及无數諸菩薩等心
生疑惑怪未曾有而作是念云何世尊於少
時間教化如是无量无邊阿僧祇諸大菩薩
令住阿耨多羅三藐三菩提即白佛言世尊
如來為太子時出於釋氏宮去伽耶城不遠坐

[illegible]
生疑惑怪未曾有而作是念云何世尊於少
時間教化如是无量无邊阿僧祇諸大菩薩
令住阿耨多羅三藐三菩提即白佛言世尊
如來為太子時出於釋氏宮去伽耶城不遠坐
於道場得成阿耨多羅三藐三菩提從是已
來始過四十餘年世尊云何於此少時大作佛
事以佛勢力以佛功德教化如是无量大菩
薩衆當成阿耨多羅三藐三菩提世尊此大
菩薩衆假使有人於千万億劫數不能盡
不得其邊斯等久遠已來於无量无邊諸
佛所植諸善根成就菩薩道常脩梵行世尊
如此之事世所難信譬如有人色美髮黑年
二十五指百歲人言是我子其百歲人亦指年
少言是我父生育我等是事難信佛亦如
是得道已來其實未久而此大衆諸菩薩
等已於无量千万億劫為佛道故勤行精進善入
出住无量百千万億三昧得大神通久脩梵
行善能次第習諸善法巧於問荅人中之寶
一切世間甚為希有今日世尊方云得佛道
時初令發心教化示導令向阿耨多羅三藐
三菩提世尊得佛未久乃能作此大功德事
我等雖復信佛隨宜所說佛所出言未曾虛
妄佛所知者皆悉通達然諸新發意菩薩於
佛滅後若聞是語或不信受而起破法罪業
因緣唯然世尊願為解說除我等疑及未來
世諸善男子聞此事已亦不生疑尒時彌勒菩

我等雖復信佛隨宜所說佛所出言未曾虛
妄佛所知者皆悉通達然諸新發意菩薩於
佛滅後若聞是語或不信受而起破法罪業
因緣唯然世尊願為解說除我等疑及未來
世諸善男子聞此事已亦不生疑尒時彌勒菩
薩欲重宣此義而說偈言
佛昔從釋種　出家近伽耶　坐於菩提樹　尒來尚未久
此諸佛子等　其數不可量　久已行佛道　住於神通力
善學菩薩道　不染世間法　如蓮華在水　從地而踊出
皆起恭敬心　住於世尊前　是事難思議　云何而可信
佛得道甚近　所成就甚多　願為除衆疑　如實分別說
譬如少壯人　年始二十五　示人百歲子　髮白而面皺
是等我所生　子亦說是父　父少而子老　舉世所不信
世尊亦如是　得道來甚近　是諸菩薩等　志固无怯弱
從无量劫來　而行菩薩道　巧於難問荅　其心无所畏
忍辱心決定　端正有威德　十方佛所讚　善能分別說
不樂在人衆　常好在禪定　為求佛道故　於下空中住
我等從佛聞　於此事无疑　願佛為未來　演說令開解
若有於此經　生疑不信者　即當墮惡道　願今為解說
是无量菩薩　云何於少時　教化令發心　而住不退地
妙法蓮華經如來壽量品第十六
尒時佛告諸菩薩及一切大衆諸善男子汝
等當信解如來誠諦之語復告大衆汝等當
信解如來誠諦之語又復告諸大衆汝等當
信解如來誠諦之語是時菩薩大衆彌勒為
首合掌白佛言世尊唯願說之我等當信受
佛語如是三白已復言唯願說之我等當信

等當信解如來誠諦之語復告大衆汝等當
信解如來誠諦之語又復告諸大衆汝等當
信解如來誠諦之語是時菩薩大衆弥勒為
首合掌白佛言世尊唯願說之我等當信受
佛語如是三白已復言唯願說之我等當信
受佛語尒時世尊知諸菩薩三請不止而告
之言汝等諦聽如來秘密神通之力一切世
間天人及阿脩羅皆謂今釋迦牟尼佛出釋
氏宮去伽耶城不遠坐於道場得阿耨多羅
三藐三菩提然善男子我實成佛已來无量
无邊百千万億那由他劫譬如五百千万億
那由他阿僧祇三千大千世界假使有人末為
微塵過於東方五百千萬億那由他阿僧祇
國乃下一塵如是東行盡是微塵諸善男
子於意云何是諸世界可得思惟校計知其
數不弥勒菩薩等俱白佛言世尊是諸世界
无量无邊非筭數所知亦非心力所及一切聲
聞辟支佛以无漏智不能思惟知其限數我
等住阿惟越致地於是事中亦所不達世
尊如是諸世界无量无邊尒時佛告大菩薩
衆諸善男子今當分明宣語汝等是諸世界若
著微塵及不著者盡以為塵一塵一劫我成
佛已來復過於此百千万億那由他阿僧祇
劫自從是來我常在此娑婆世界說法教化
亦於餘處百千万億那由他阿僧祇國導
利衆生諸善男子於是中間我說然燈佛
等又復言其入於涅槃如是皆以方便分別諸

BD13813號　妙法蓮華經卷五　（30–18）

劫自從是來我常在此娑婆世界說法教化
亦於餘處百千万億那由他阿僧祇國導
利衆生諸善男子於是中間我說然燈佛
等又復言其入於涅槃如是皆以方便分別諸
善男子若有衆生來至我所我以佛眼觀其
信等諸根利鈍隨所應度處處自說名字不
同年紀大小亦復現言當入涅槃又以種種方
便說微妙法能令衆生發歡喜心諸善男子
如來見諸衆生樂於小法德薄垢重者為是
人等說我少出家得阿耨多羅三藐三菩提
然我實成佛已來久遠若斯但以方便教化
衆生令入佛道作如是說諸善男子如來所
演經典皆為度脫衆生或說己身或說他身
或示己身或示他身或示己事或示他事諸
所言說皆實不虛所以者何如來如實知見
三界之相无有生死若退若出亦无在世及
滅度者非實非虛非如非異不如三界見於
三界如斯之事如來明見无有錯謬以諸衆
生有種種性種種欲種種行種種憶想分別
故欲令生諸善根以若干因緣譬喻言辭種
種說法所作佛事未曾暫廢如是我成佛已
來甚大久遠壽命无量阿僧祇劫常住不滅
諸善男子我本行菩薩道所成壽命今猶未
盡復倍上數然今非實滅度而便唱言當取
滅度如來以是方便教化衆生所以者何若
佛久住於世薄德之人不種善根貧窮下賤

BD13813號　妙法蓮華經卷五　（30–19）

諸善男子我本行菩薩道所成壽命今猶未
盡復倍上數然今非實滅度而便唱言當取
滅度如來以是方便教化衆生所以者何若
佛久住於世薄德之人不種善根貧窮下賤
貪著五欲入於憶想妄見網中若見如來常
在不滅便起憍恣而懷厭怠不能生難遭
之想恭敬之心是故如來以方便說比丘當知
諸佛出世難可值遇所以者何諸薄德人過
无量百千万億劫或有見佛或不見者以此
事故我作是言諸比丘如來難可得見斯衆
生等聞如是語必當生於難遭之想心懷戀
慕渴仰於佛便種善根是故如來雖不實滅
而言滅度又善男子諸佛如來法皆如是爲度
衆生皆實不虛譬如良醫智慧聰達明鍊
方藥善治衆病其人多諸子息若十二十乃
至百數以有事緣遠至餘國諸子於後飲他
毒藥藥發悶亂宛轉于地是時其父還來歸
家諸子飲毒或失本心或不失者遙見其父
皆大歡喜拜跪問訊善安隱歸我等愚癡誤
服毒藥願見救療更賜壽命父見子等苦惱
如是依諸經方求好藥草色香美味皆悉具
足擣篩和合與子令服而作是言此大良藥
色香美味皆悉具足汝等可服速除苦惱无
復衆患其諸子中不失心者見此良藥色香
俱好即便服之病盡除愈餘失心者見其父
來雖亦歡喜問訊求索治病然與其藥而不

BD13813 號　妙法蓮華經卷五　（30–20）

足擣篩和合與子令服而作是言此大良
色香美味皆悉具足汝等可服速除苦惱无
復衆患其諸子中不失心者見此良藥色香
俱好即便服之病盡除愈餘失心者見其父
來雖亦歡喜問訊求索治病然與其藥而不
肯服所以者何毒氣深入失本心故於此好
色香藥而謂不美父作是念此子可愍爲毒
所中心皆顛倒雖見我喜求索救療如是好
藥而不肯服我今當設方便令服此藥即作
是言汝等當知我今衰老死時已至是好良
藥今留在此汝可取服勿憂不差作是教已
復至他國遣使還告汝父已死是時諸子聞
父背喪心大憂惱而作是念若父在者慈愍
我等能見救護今者捨我遠喪他國自惟孤
露无復恃怙常懷悲感心遂醒悟乃知此藥
色味香美即取服之毒病皆愈其父聞子悉
已得差尋便來歸咸使見之諸善男子於意
云何頗有人能說此良醫虛妄罪不不也世
尊佛言我亦如是成佛已來无量无邊百千
万億那由他阿僧祇劫爲衆生故以方便力
言當滅度亦无有能如法說我虛妄過者尒
時世尊欲重宣此義而說偈言
自我得佛來　所經諸劫數　无量百千万　億載阿僧祇
常說法教化　无數億衆生　令入於佛道　尒來无量劫
爲度衆生故　方便現涅槃　而實不滅度　常住此說法
我常住於此　以諸神通力　令顛倒衆生　雖近而不見
衆見我滅度　廣供養舍利　咸皆懷戀慕　而生渴仰心

BD13813 號　妙法蓮華經卷五　（30–21）

自我得佛來　所經諸劫數　无量百千万　億載阿僧祇
常說法教化　无數億衆生　令入於佛道　尒來无量劫
為度衆生故　方便現涅槃　而實不滅度　常住此說法
我常住於此　以諸神通力　令顛倒衆生　雖近而不見
衆見我滅度　廣供養舍利　咸皆懷戀慕　而生渴仰心
衆生既信伏　質直意柔軟　一心欲見佛　不自惜身命
時我及衆僧　俱出靈鷲山　我時語衆生　常在此不滅
以方便力故　現有滅不滅　餘國有衆生　恭敬信樂者
我復於彼中　為說无上法　汝等不聞此　但謂我滅度
我見諸衆生　沒在於苦惱　故不為現身　令其生渴仰
因其心戀慕　乃出為說法　神通力如是　於阿僧祇劫
常在靈鷲山　及餘諸住處　衆生見劫盡　大火所燒時
我此土安隱　天人常充滿　園林諸堂閣　種種寶莊嚴
寶樹多華菓　衆生所遊樂　諸天擊天鼓　常作衆伎樂
雨曼陁羅華　散佛及大衆　我淨土不毀　而衆見燒盡
憂怖諸苦惱　如是悉充滿　是諸罪衆生　以惡業因緣
過阿僧祇劫　不聞三寶名　諸有修功德　柔和質直者
則皆見我身　在此而說法　或時為此衆　說佛壽无量
久乃見佛者　為說佛難值　我智力如是　慧光照无量
壽命无數劫　久修業所得　汝等有智者　勿於此生疑
當斷令永盡　佛語實不虛　如醫善方便　為治狂子故
實在而言死　无能說虛妄　我亦為世父　救諸苦患者
為凡夫顛倒　實在而言滅　以常見我故　而生憍恣心
放逸著五欲　墮於惡道中　我常知衆生　行道不行道
隨應所可度　為說種種法　每自作是意　以何令衆生
得入无上道　速成就佛身
妙法蓮華經分別功德品第十七

BD13813號　妙法蓮華經卷五　（30–22）

放逸著五欲　墮於惡道中　我常知衆生　行道不行道
隨應所可度　為說種種法　每自作是意　以何令衆生
得入无上道　速成就佛身
妙法蓮華經分別功德品第十七
尒時大會聞佛說壽命劫數長遠如是无量
无邊阿僧祇衆生得大饒益於時世尊告弥
勒菩薩摩訶薩阿逸多我說是如來壽命長
遠時六百八十万億那由他恒河沙衆生得
无生法忍復千倍菩薩摩訶薩得聞持陁羅
尼門復有一世界微塵數菩薩摩訶薩得樂
說无礙辯才復有一世界微塵數菩薩摩訶
薩得百千万億无量旋陁羅尼復有三千大
世界微塵數菩薩摩訶薩能轉不退法輪復
有二千中國土微塵數菩薩摩訶薩能轉清
淨法輪復有小千國土微塵數菩薩摩訶薩
八生當得阿耨多羅三藐三菩提復有四四
天下微塵數菩薩摩訶薩四生當得阿耨多
羅三藐三菩提復有三四天下微塵數菩薩
摩訶薩三生當得阿耨多羅三藐三菩提復
有二四天下微塵數菩薩摩訶薩二生當得
阿耨多羅三藐三菩提復有一四天下微塵
數菩薩摩訶薩一生當得阿耨多羅三藐
三菩提復有八世界微塵數衆生皆發阿耨
多羅三藐三菩提心佛說是諸菩薩摩訶薩
得大法利時於虛空中雨曼陁羅華摩訶
曼陁羅華以散无量百千万億寶樹下師子座

BD13813號　妙法蓮華經卷五　（30–23）

三菩提復有八世界微塵數衆生皆發阿耨
多羅三藐三菩提心佛說是諸菩薩摩訶
得大法利時於虛空中雨曼陁羅華摩訶
曼陁羅華以散无量百千万億寶樹下師子座
上諸佛并散七寶塔中師子座上釋迦牟尼
佛及久滅度多寶如來亦散一切諸大菩薩
及四部衆又雨細末栴檀沉水香等於虛空
中天鼓自鳴妙聲深遠又雨千種天衣垂諸瓔
珞真珠瓔珞摩尼珠瓔珞如意珠瓔珞遍
於九方衆寶香鑪燒无價香自然周至供養
大會一一佛上有諸菩薩執持幡蓋次第而
上至于梵天是諸菩薩以妙音聲歌无量頌
讚歎諸佛尒時弥勒菩薩從座而起偏袒右
肩合掌向佛而說偈言
佛說希有法　昔所未曾聞　世尊有大力　壽命不可量
无數諸佛子　聞世尊分別　說得法利者　歡喜充遍身
或住不退地　或得陁羅尼　或无礙樂說　万億旋捴持
或有大千界　微塵數菩薩　各各皆能轉　不退之法輪
或有中千界　微塵數菩薩　各各皆能轉　清淨之法輪
復有小千界　微塵數菩薩　餘各八生在　當得成佛道
復有四三二　如是四天下　微塵諸菩薩　隨數生成佛
或一四天下　微塵數菩薩　餘有一生在　當成一切智
如是等衆生　聞佛壽長遠　得无量无漏　清淨之果報
復有八世界　微塵數衆生　聞佛說壽命　皆發无上心
世尊說无量　不可思議法　多有所饒益　如虛空无邊
雨天曼陁羅　摩訶曼陁羅　釋梵如恒沙　无數佛土來
雨栴檀沉水　繽紛而亂墜　如鳥飛空下　供散於諸佛

BD13813 號　妙法蓮華經卷五　（30–24）

復有八世界　微塵數衆生　聞佛說壽命　皆發无上心
世尊說无量　不可思議法　多有所饒益　如虛空无邊
雨天曼陁羅　摩訶曼陁羅　釋梵如恒沙　无數佛土來
雨栴檀沉水　繽紛而亂墜　如鳥飛空下　供散於諸佛
天鼓虛空中　自然出妙聲　天衣千萬種　旋轉而來下
衆寶妙香鑪　燒无價之香　自然悉周遍　供養諸世尊
其大菩薩衆　執七寶幡蓋　高妙万億種　次第至梵天
一一諸佛前　寶幢懸勝幡　亦以千万偈　歌詠諸如來
如是種種事　昔所未曾有　聞佛壽无量　一切皆歡喜
佛名聞十方　廣饒益衆生　一切具善根　以助无上心
尒時佛告弥勒菩薩摩訶薩阿逸多其有衆
生聞佛壽命長遠如是乃至能生一念信解
所得功德无有限量若有善男子善女人爲阿
耨多羅三藐三菩提於八十萬億那由他劫
行五波羅蜜檀波羅蜜尸波羅蜜羼提波
羅蜜毗梨耶波羅蜜禪波羅蜜除般若波
羅蜜以是功德比前功德百分千分百千万億
分不及其一乃至筭數譬喻所不能知若善
男子有如是功德於阿耨多羅三藐三菩
提退者无有是處尒時世尊欲重宣此義而
說偈言
若人求佛慧　於八十万億　那由他劫數　行五波羅蜜
於是諸劫中　布施供養佛　及緣覺弟子　并諸菩薩衆
珍異之飲食　上服與卧具　栴檀立精舍　以園林莊嚴
如是等布施　種種皆微妙　盡此諸劫數　以迴向佛道
若復持禁戒　清淨无缺漏　求於无上道　諸佛之所歎

BD13813 號　妙法蓮華經卷五　（30–25）

若人求佛慧　於八十万億　那由他劫數　行五波羅蜜
於是諸劫中　布施供養佛　及緣覺弟子　并諸菩薩衆
珎異之飲食　上服與卧具　栴檀立精舍　以園林莊嚴
如是等布施　種種皆微妙　盡此諸劫數　以迴向佛道
若復持禁戒　清淨无缺漏　求於无上道　諸佛之所歎
若復行忍辱　住於調柔地　設衆惡來加　其心不傾動
諸有得法者　懷於增上慢　爲此所輕惱　如是亦能忍
若復勤精進　志念常堅固　於无量億劫　一心不懈息
又於无數劫　住於空閑處　若坐若經行　除睡常攝心
以是因緣故　能生諸禪定　八十億万劫　安住心不亂
持此一心福　願求无上道　我得一切智　盡諸禪定際
是人於百千　万億劫數中　行此諸功德　如上之所說
有善男女等　聞我說壽命　乃至一念信　其福過於彼
若人悉无有　一切諸疑悔　深心須臾信　其福爲如此
其有諸菩薩　无量劫行道　聞我說壽命　是則能信受
如是諸人等　頂受此經典　願我於未來　長壽度衆生
如今日世尊　諸釋中之王　道場師子吼　說法无所畏
我等未來世　一切所尊敬　坐於道場時　說壽亦如是
若有深心者　清淨而質直　多聞能總持　隨義解佛語
如是諸人等　於此无有疑
又阿逸多若有聞佛壽命長遠解其言趣是人
所得功德无有限量能起如來无上之慧何
況廣聞是經若教人聞自持若教人持若
自書若教人書若以華香瓔珞幢幡繒蓋
香油蘇燈供養經卷是人功德无量无邊能
生一切種智阿逸多若善男子善女人聞我
說壽命長遠深心信解則爲見佛常在耆闍

況廣聞是經若教人聞自持若教人持若
自書若教人書若以華香瓔珞幢幡繒蓋
香油蘇燈供養經卷是人功德无量无邊能
生一切種智阿逸多若善男子善女人聞我
說壽命長遠深心信解則爲見佛常在耆闍
崛山共大菩薩諸聲聞衆圍繞說法又見此
娑婆世界其地瑠璃坦然平正閻浮檀金以界
八道寶樹行列諸臺樓觀皆悉寶成其菩薩
衆咸處其中若有能如是觀者當知是爲
深信解相又復如來滅後若聞是經而不毀
呰起隨喜心當知已爲深信解相何況讀誦
受持之者斯人則爲頂戴如來阿逸多是善
男子善女人不須爲我復起塔寺及作僧坊
以四事供養衆僧所以者何是善男子善女
人受持讀誦是經典者爲已起塔造立僧坊
供養衆僧則爲以佛舍利起七寶塔高廣漸小
至于梵天懸諸幡蓋及衆寶鈴華香瓔珞末
香塗香燒香衆鼓伎樂簫笛箜篌種種儛
戲以妙音聲歌唄讚頌則爲於无量千万億
劫作是供養已阿逸多若我滅後聞是經
典有能受持若自書若教人書則爲起立僧
坊以赤栴檀作諸殿堂二十有二高八多羅樹
高廣嚴好百千比丘於其中止園林浴池經
行禪窟衣服飲食牀褥湯藥一切樂具充滿
其中如是僧坊堂閣若干百千万億其數无
量以此現前供養於我及比丘僧是故我說

高廣嚴好百千比丘於其中止園林浴池經
行禪窟衣服飲食牀褥湯藥一切樂具充滿
其中如是僧坊堂閣若干百千万億其數无
量以此現前供養於我及比丘僧是故我說
如來滅後若有受持讀誦爲他人說若自書
若教人書供養經卷不須復起塔寺及造僧
坊供養衆僧況復有人能持是經兼行布
施持戒忍辱精進一心智慧其德最勝无量无
邊譬如虚空東西南北四維上下无量无邊
是人功德亦復如是无量无邊疾至一切種
智若人讀誦受持是經爲他人說若自書若
教人書復能起塔及造僧坊供養讚歎聲聞
衆僧亦以百千萬億讚歎之法讚歎菩薩功
德又爲他人種種因緣隨義解說此法華經
復能清淨持戒與柔和者而共同止忍辱无
瞋志念堅固常貴坐禪得諸深定精進勇猛
攝諸善法利根智慧善答問難阿逸多若
我滅後諸善男子善女人受持讀誦是經典者
復有如是諸善功德當知是人已趣道場近
阿耨多羅三藐三菩提坐道樹下阿逸多是
善男子若坐若立若行處此中便應起塔一
切天人皆應供養如佛之塔尒時世尊欲重
宣此義而說偈言

若我滅度後　能奉持此經　斯人福无量　如上之所說
是則爲具足　一切諸供養　以舍利起塔　七寶而莊嚴
表刹甚高廣　漸小至梵天　寶鈴千万億　風動出妙音

宣此義而說偈言
若我滅度後　能奉持此經　斯人福无量　如上之所說
是則爲具足　一切諸供養　以舍利起塔　七寶而莊嚴
表刹甚高廣　漸小至梵天　寶鈴千万億　風動出妙音
又於无量劫　而供養此塔　華香諸瓔珞　天衣衆伎樂
然香油蘇燈　周帀常照明　惡世法末時　能持是經者
則爲已如上　具足諸供養　若能持此經　則如佛現在
以牛頭栴檀　起僧坊供養　堂有三十二　高八多羅樹
上饌妙衣服　牀臥皆具足　百千衆住處　園林諸浴池
經行及禪窟　種種皆嚴好　若有信解心　受持讀誦書
若復教人書　及供養經卷　散華香末香　以須曼瞻蔔
阿提目多伽　薰油常然之　如是供養者　得无量功德
如虚空无邊　其福亦如是　況復持此經　兼布施持戒
忍辱樂禪定　不瞋不惡口　恭敬於塔廟　謙下諸比丘
遠離自高心　常思惟智慧　有問難不瞋　隨順爲解說
若能行是行　功德不可量　若見此法師　成就如是德
應以天華散　天衣覆其身　頭面接足禮　生心如佛想
又應作是念　不久詣道樹　得无漏无爲　廣利諸人天
其所住止處　經行若坐臥　乃至說一偈　是中應起塔
莊嚴令妙好　種種以供養　佛子住此地　則是佛受用
常在於其中　經行及坐臥

妙法蓮華經卷第五

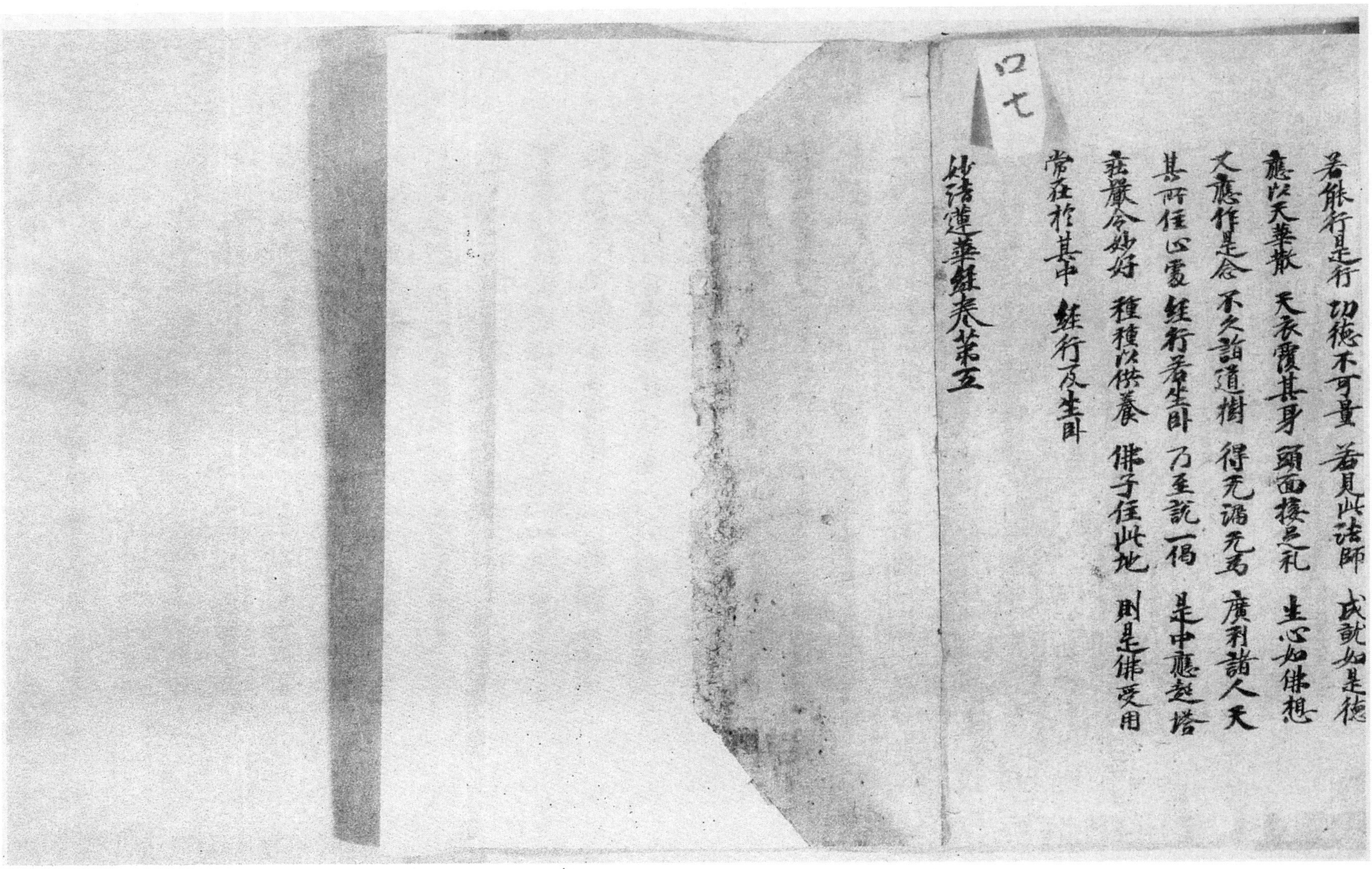

BD13813 號　妙法蓮華經卷五　　（30–30）

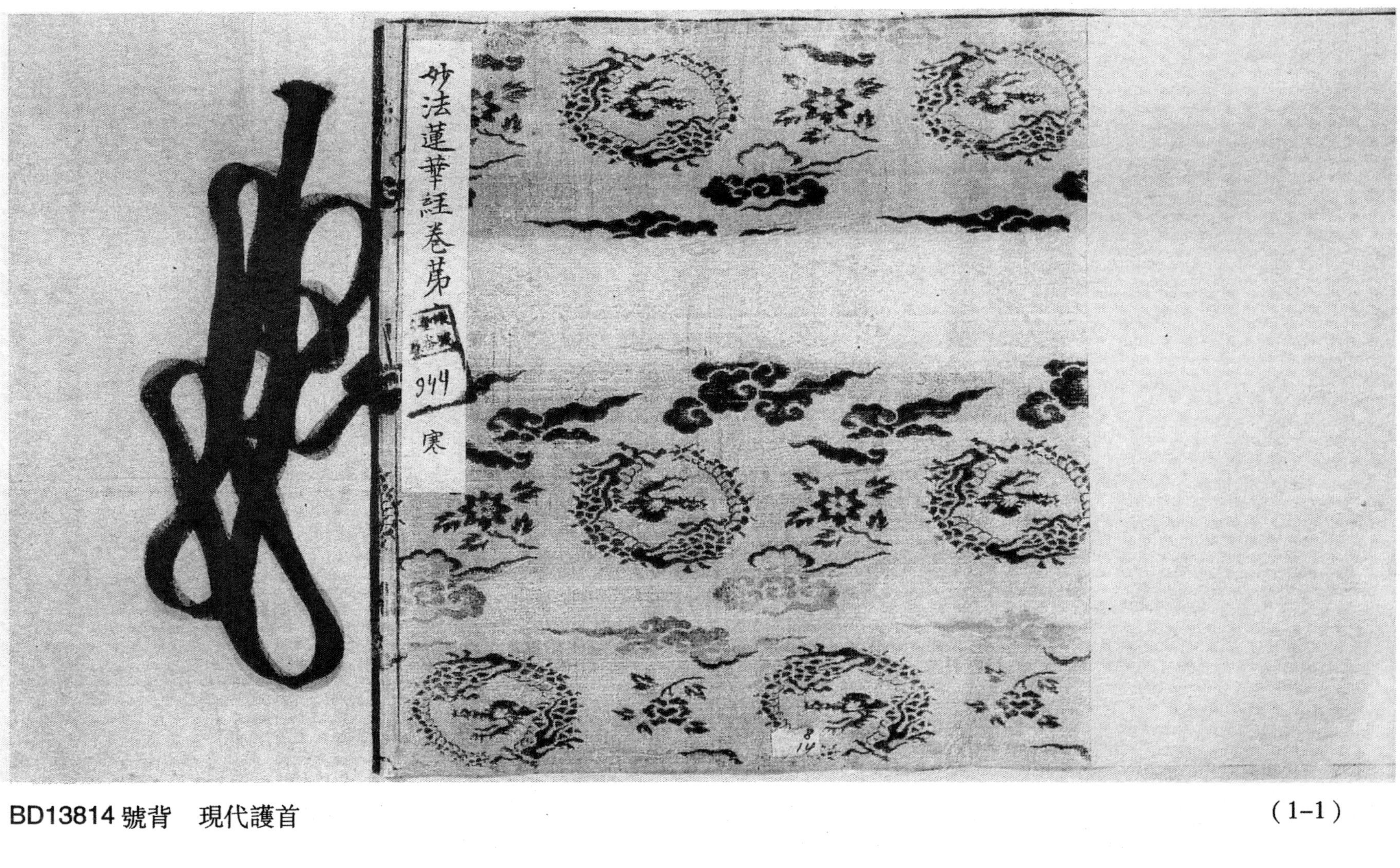

BD13814 號背　現代護首　　（1–1）

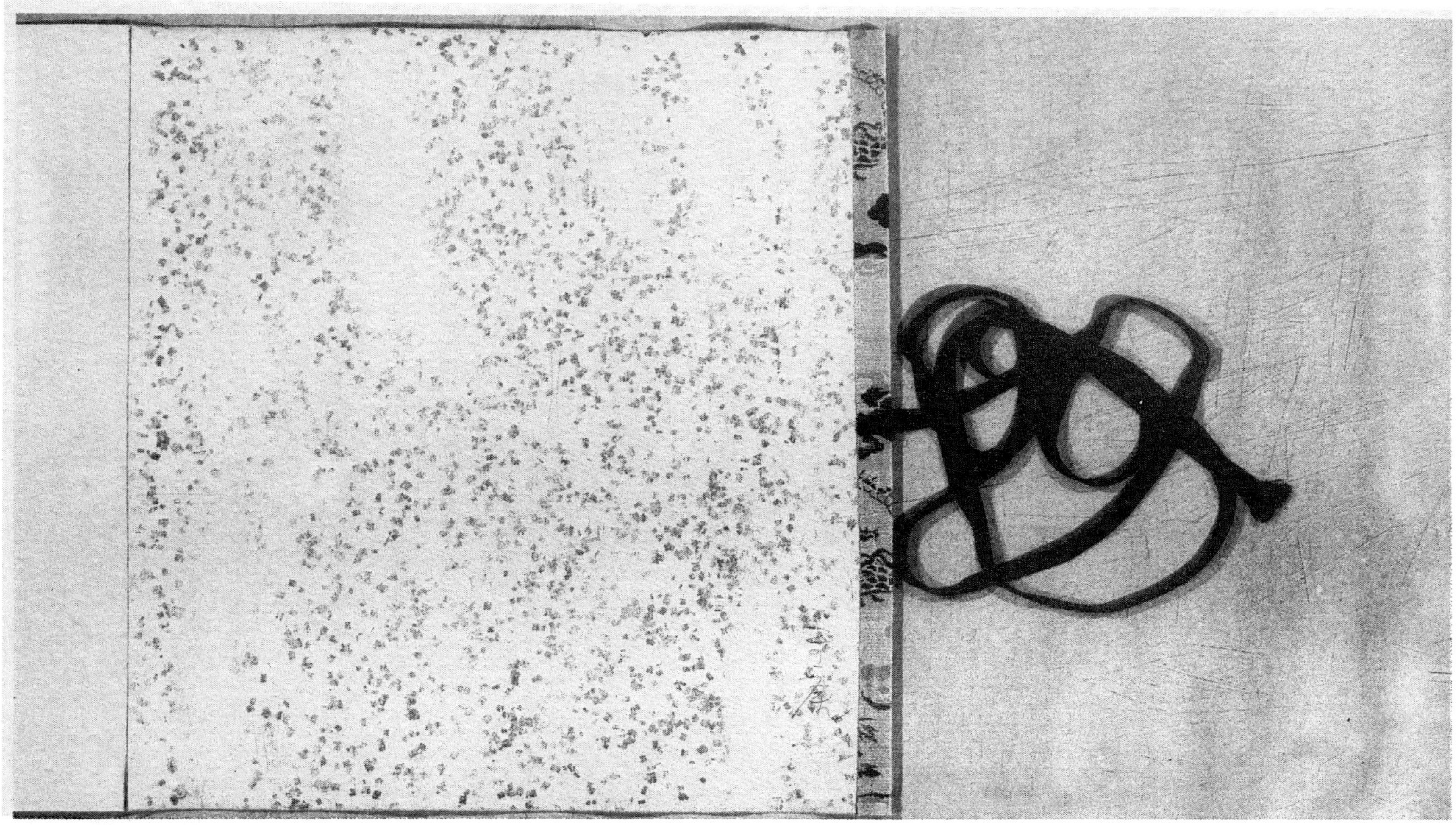

BD13814 號　妙法蓮華經卷六　（29–1）

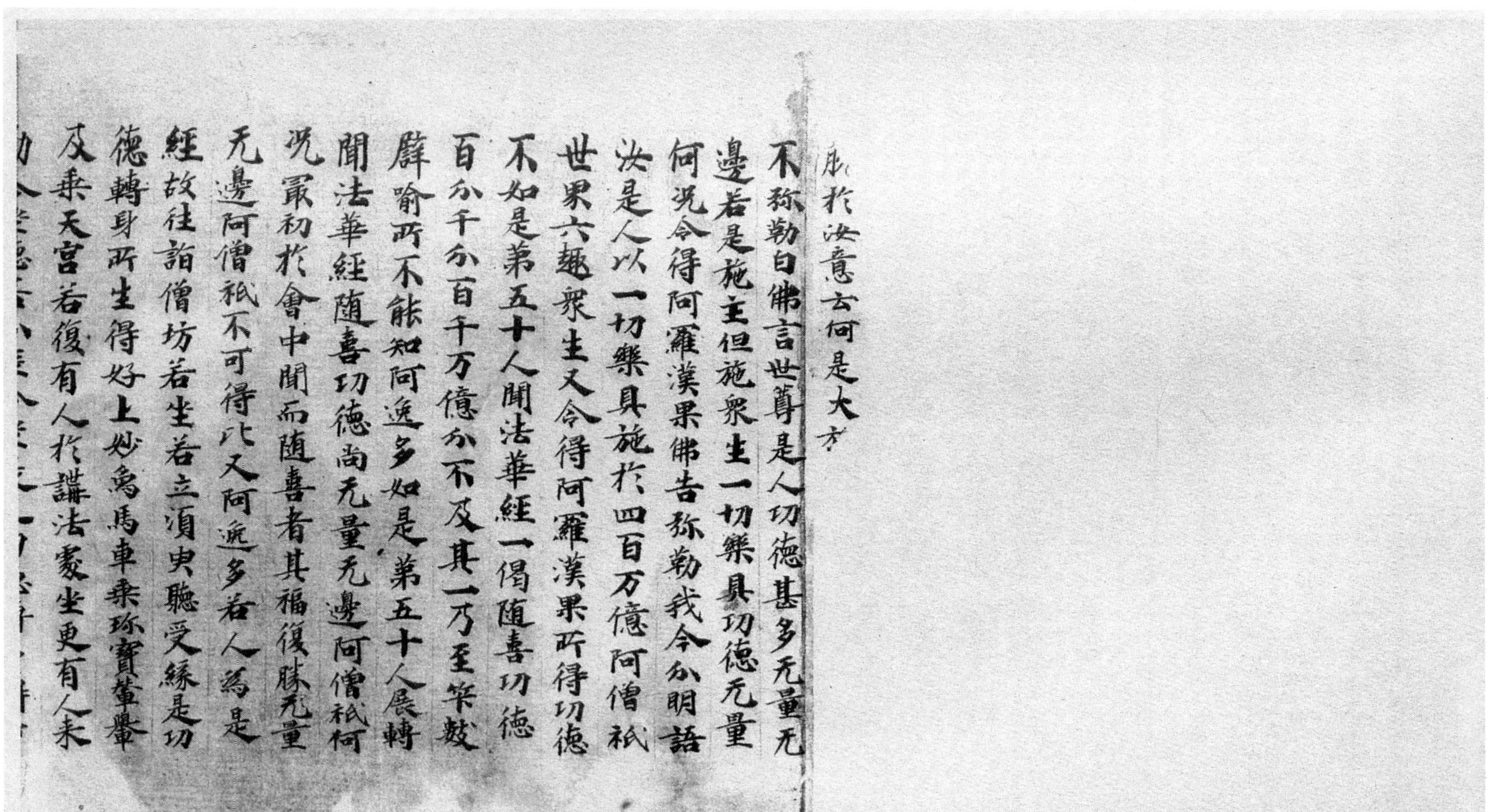

[illegible]於汝意云何是大方
不弥勒白佛言世尊是人功德甚多无量无
邊若是施主但施衆生一切樂具功德无量
何況令得阿羅漢果佛告弥勒我今分明語
汝是人以一切樂具施於四百万億阿僧祇
世界六趣衆生又令得阿羅漢果所得功德
不如是第五十人聞法華經一偈隨喜功德
百分千分百千万億分不及其一乃至筭數
譬喻所不能知阿逸多如是第五十人展轉
聞法華經隨喜功德尚无量无邊阿僧祇何
況最初於會中聞而隨喜者其福復勝无量
无邊阿僧祇不可得比又阿逸多若人為是
經故往詣僧坊若坐若立須臾聽受緣是功
德轉身所生得好上妙象馬車乘珎寶輦轝
及乘天宮若復有人於講法處坐更有人来

BD13814 號　妙法蓮華經卷六　（29–2）

於會中聞而隨喜者其福復勝无量
无邊阿僧祇不可得比又阿逸多若人為是
經故往詣僧坊若坐若立須臾聽受緣是功
德轉身所生得好上妙象馬車乘珎寶輦轝
及乘天宮若復有人於講法處坐更有人來
勸令坐聽若分座令坐是人功德轉身得帝
釋坐處若梵王坐處若轉輪聖王所坐之處
阿逸多若復有人語餘人言有經名法華可
共往聽即受其教乃至須臾間聞是人功德
轉身得與陀羅尼菩薩共生一處利根智慧
百千万世終不瘖瘂口氣不臭舌常無病口
亦无病齒不垢黑不黃不踈亦不缺落不差
不曲脣不下垂亦不褰縮不麁澀不瘡緊亦
不缺壞亦不喎斜不厚不大亦不黧黑无諸
可惡鼻不匾㔸亦不曲戾面色不黑亦不狹
長亦不窪曲无有一切不可喜相脣舌牙齒
悉皆嚴好鼻脩高直面貌圓滿眉高而長額
廣平正人相具足世世所生見佛聞法信受
教誨阿逸多汝且觀是勸於一人令往聽法
功德如此何況一心聽說讀誦而於大眾為人
分別如說脩行尒時世尊欲重宣此義而
說偈言
若人於法會　得聞是經典　乃至於一偈　隨喜為他說
如是展轉教　至于第五十　最後人獲福　今當分別之
如有大施主　供給无量眾　具滿八十歲　隨意之所欲
見彼衰老相　髮白而面皺　齒踈形枯竭　念其死不久

BD13814 號　妙法蓮華經卷六　（29–3）

分別如說脩行尒時世尊欲重宣此義而
說偈言
若人於法會　得聞是經典　乃至於一偈　隨喜為他說
如是展轉教　至于第五十　最後人獲福　今當分別之
如有大施主　供給无量眾　具滿八十歲　隨意之所欲
見彼衰老相　髮白而面皺　齒踈形枯竭　念其死不久
我今應當教　令得於道果　即為方便說　涅槃真實法
世皆不牢固　如水沫泡焰　汝等咸應當　疾生猒離心
諸人聞是法　皆得阿羅漢　具足六神通　三明八解脫
最後第五十　聞一偈隨喜　是人福勝彼　不可為譬喻
如是展轉聞　其福尚无量　何況於法會　初聞隨喜者
若有勸一人　將引聽法華　言此經深妙　千万劫難遇
即受教往聽　乃至須臾聞　斯人之福報　今當分別說
世世无口患　齒不踈黃黑　脣不厚褰缺　无有可惡相
舌不乾黑短　鼻高脩且直　額廣而平正　面目悉端嚴
為人所喜見　口氣无臭穢　優鉢華之香　常從其口出
若故詣僧坊　欲聽法華經　須臾聞歡喜　今當說其福
後生天人中　得妙象馬車　珎寶之輦轝　及乘天宮殿
若於講法處　勸人坐聽法　是福因緣得　釋梵轉輪座
何況一心聽　解說其義趣　如說而脩行　其福不可限
妙法蓮華經法師功德品第十九
尒時佛告常精進菩薩摩訶薩若善男子善
女人受持是法華經若讀若誦若解說若書
寫是人當得八百眼功德千二百耳功德八
百鼻功德千二百舌功德八百身功德千二
百意功德以是功德莊嚴六根皆令清淨是
善男子善女人父母所生清淨肉眼見於三千

BD13814 號　妙法蓮華經卷六　（29–4）

女人受持是法華經若讀若誦若解說若書
寫是人當得八百眼功德千二百耳功德八
百鼻功德千二百舌功德八百身功德千二
百意功德以是功德莊嚴六根皆令清淨是
善男子善女人父母所生清淨肉眼見於三千
大千世界內外所有山林河海下至阿鼻地
獄上至有頂亦見其中一切衆生及業因
緣果報生處悉見悉知尒時世尊欲重宣此
義而說偈言
若於大衆中　以无所畏心　說是法華經　汝聽其功德
是人得八百　功德殊勝眼　以是莊嚴故　其目甚清淨
父母所生眼　悉見三千界　內外彌樓山　須彌及鐵圍
幷諸餘山林　大海江河水　下至阿鼻獄　上至有頂處
其中諸衆生　一切皆悉見　雖未得天眼　肉眼力如是
復次常精進若善男子善女人受持此經若
讀若誦若解說若書寫得千二百耳功德以
是清淨耳聞三千大千世界下至阿鼻地獄
上至有頂其中內外種種語言音聲象聲馬
聲牛聲車聲啼哭聲愁歎聲螺聲鼓聲鍾
聲鈴聲咲聲語聲男聲女聲童子聲童女聲
法聲非法聲苦聲樂聲凡夫聲聖人聲喜聲不
喜聲天聲龍聲夜叉聲乾闥婆聲阿脩羅聲
迦樓羅聲緊那羅聲摩睺羅伽聲火聲水聲
風聲地獄聲畜生聲餓鬼聲比丘聲比丘尼
聲聲聞聲辟支佛聲菩薩聲佛聲以要言
之三千大千世界中一切內外所有諸聲雖

BD13814號　妙法蓮華經卷六　（29–5）

喜聲天聲龍聲夜叉聲乾闥婆聲阿脩羅聲
迦樓羅聲緊那羅聲摩睺羅伽聲火聲水聲
風聲地獄聲畜生聲餓鬼聲比丘聲比丘尼
聲聲聞聲辟支佛聲菩薩聲佛聲以要言
之三千大千世界中一切內外所有諸聲雖
未得天耳以父母所生清淨常耳皆悉聞知
如是分別種種音聲而不壞耳根尒時世尊
欲重宣此義而說偈言
父母所生耳　清淨无濁穢　以此常耳聞　三千世界聲
象馬車牛聲　鍾鈴螺鼓聲　琴瑟箜篌聲　簫笛之音聲
清淨好歌聲　聽之而不著　无數種人聲　聞悉能解了
又聞諸天聲　微妙之歌音　及聞男女聲　童男童女聲
山川嶮谷中　迦陵頻伽聲　命命等諸鳥　悉聞其音聲
地獄衆苦痛　種種楚毒聲　餓鬼飢渴逼　求索飲食聲
諸阿脩羅等　居在大海邊　自共語言時　出于大音聲
如是說法者　安住於此間　遙聞是衆聲　而不壞耳根
十方世界中　禽獸鳴相呼　其說法之人　於此悉聞之
其諸梵天上　光音及遍淨　乃至有頂天　言語之音聲
法師住於此　悉皆得聞之　一切比丘衆　及諸比丘尼
若讀誦經典　若為他人說　法師住於此　悉皆得聞之
復有諸菩薩　讀誦於經法　若為他人說　撰集解其義
如是諸音聲　悉皆得聞之　諸佛大聖尊　教化衆生者
於諸大衆中　演說微妙法　持此法華者　悉皆得聞之
三千大千界　內外諸音聲　下至阿鼻獄　上至有頂天
皆聞其音聲　而不壞耳根　其耳聰利故　悉能分別知
持是法華者　雖未得天耳　但用所生耳　功德已如是
復次常精進若善男子

BD13814號　妙法蓮華經卷六　（29–6）

[illegible]聞之　諸佛大聖尊　教化衆生者
於諸大衆中　演說微妙法　持此法華者　悉皆得聞之
三千大千界　内外諸音聲　下至阿鼻獄　上至有頂天
皆聞其音聲　而不壞耳根　其耳聰利故　悉能分別知
持是法華者　雖未得天耳　但用所生耳　功德已如是
復次常精進若善男子善女人受持是經若讀
若誦若解說若書冩成就八百鼻功德以是
清淨鼻根聞於三千大千世界上下内外種
種諸香須曼那華香闍提華香末利華香瞻
蔔華香波羅羅華香赤蓮華香青蓮華香
白蓮華香華樹香菓樹香栴檀香沉水香多
摩羅跋香多伽羅香及千万種和香若末若
丸若塗香持是經者於此閒住悉能分別又
復別知衆生之香烏香馬香牛羊等香男香
女香童子香童女香及草木叢林香若近若
遠所有諸香悉皆得聞分別不錯持是經者
雖住於此亦聞天上諸天之香波利質多羅
拘鞞陁羅樹香及曼陁羅華香摩訶曼陁羅
華香曼殊沙華香摩訶曼殊沙華香栴檀沉
水種種末香諸雜華香如是等天香和合所
出之香无不聞知又聞諸天身香釋提桓因在
勝殿上五欲娛樂嬉戲時香若在妙法堂上
爲忉利諸天說法時香若於諸園遊戲時
香及餘天等男女身香皆悉遥聞如是展轉
乃至梵世上至有頂諸天身香亦皆聞之并
聞諸天所燒之香及聲聞香辟支佛香菩薩
香諸佛身香亦皆遥聞知其所在雖聞此香

爲忉利諸天說法時香若於諸園遊戲時
香及餘天等男女身香皆悉遥聞如是展轉
乃至梵世上至有頂諸天身香亦皆聞之并
聞諸天所燒之香及聲聞香辟支佛香菩薩
香諸佛身香亦皆遥聞知其所在雖聞此香
然於鼻根不壞不錯若欲分別爲他人說憶念
不謬尒時世尊欲重宣此義而說偈言
是人鼻清淨　於此世界中　若香若臭物　種種悉聞知
須曼那闍提　多摩羅栴檀　沉水及桂香　種種華菓香
及知衆生香　男子女人香　說法者遠住　聞香知所在
大勢轉輪王　小轉輪及子　羣臣諸宫人　聞香知所在
身所著珎寶　及地中寶藏　轉輪王寶女　聞香知所在
諸人嚴身具　衣服及瓔珞　種種所塗香　聞則知其身
諸天若行坐　遊戲及神變　持是法華者　聞香悉能知
諸樹華菓實　及蘇油香氣　持經者住此　悉知其所在
諸山深險處　栴檀樹華敷　衆生在中者　聞香皆能知
鐵圍山大海　地中諸衆生　持經者聞香　悉知其所在
阿脩羅男女　及其諸眷屬　鬪諍遊戲時　聞香皆能知
曠野險隘處　師子象虎狼　野牛水牛等　聞香知所在
若有懷妊者　未辯其男女　无根及非人　聞香悉能知
以聞香力故　知其初懷妊　成就不成就　安樂産福子
以聞香力故　知男女所念　染欲癡恚心　亦知脩善者
地中衆伏藏　金銀諸珎寶　銅器之所盛　聞香悉能知
種種諸瓔珞　无能識其價　聞香知貴賤　出處及所在
天上諸華等　曼陁曼殊沙　波利質多樹　聞香悉能知
天上諸宫殿　上中下差別　衆寶華莊嚴　聞香悉能知
天園林勝殿　諸觀妙法堂　在中而娛樂　聞香悉能知

種種諸瓔珞　无能識其價　聞香知貴賤　出處及所在
天上諸華等　曼陀曼殊沙　波利質多樹　聞香悉能知
天上諸宮殿　上中下差別　衆寶華莊嚴　聞香悉能知
天園林勝殿　諸觀妙法堂　在中而娛樂　聞香悉能知
諸天若聽法　或受五欲時　来往行坐卧　聞香悉能知
天女所著衣　好華香莊嚴　周旋遊戲時　聞香悉能知
如是展轉上　乃至於梵世　入禪出禪者　聞香悉能知
光音遍淨天　乃至于有頂　初生及退沒　聞香悉能知
諸比丘衆等　於法常精進　若坐若經行　及讀誦經法
或在林樹下　專精而坐禪　持經者聞香　悉知其所在
菩薩志堅固　坐禪若讀誦　或為人說法　聞香悉能知
在在方世尊　一切所恭敬　愍衆而說法　聞香悉能知
衆生在佛前　聞經皆歡喜　如法而脩行　聞香悉能知
雖未得菩薩　无漏法生鼻　而是持經者　先得此鼻相
復次常精進　若善男子善女人受持是經　若
讀若誦若解說若書寫　得千二百舌功德　若
好若醜　若美不美　及諸苦澀物　在其舌根　皆變
成上味　如天甘露　无不美者　若以舌根於大衆
中有所演說　出深妙聲　能入其心　皆令歡喜
快樂　又諸天子天女　釋梵諸天　聞是深妙
音聲　有所演說言論次第　皆悉来聽　及諸龍
龍女　夜叉夜叉女　乾闥婆乾闥婆女　阿脩羅阿
脩羅女　迦樓羅迦樓羅女　緊那羅緊那羅
女　摩睺羅伽摩睺羅伽女　為聽法故　皆来親
近恭敬供養　及比丘比丘尼優婆塞優婆夷　國
王王子群臣眷屬　小轉輪王　大轉輪王　七寶

BD13814 號　妙法蓮華經卷六　（29–9）

龍女　夜叉夜叉女　乾闥婆乾闥婆女　阿脩羅阿
脩羅女　迦樓羅迦樓羅女　緊那羅緊那羅
女　摩睺羅伽摩睺羅伽女　為聽法故　皆来親
近恭敬供養　及比丘比丘尼優婆塞優婆夷　國
王王子群臣眷屬　小轉輪王　大轉輪王　七寶
千子內外眷屬　乘其宮殿　俱来聽法　以是
菩薩善說法故　婆羅門居士　國內人民　盡其
形壽　隨侍供養　又諸聲聞辟支佛菩薩諸
佛　常樂見之　是人所在方面　諸佛皆向其處
說法　悉能受持一切佛法　又能出於深妙法
音　尒時世尊欲重宣此義而說偈言
是人舌根淨　終不受惡味　其有所食噉　悉皆成甘露
以深淨妙音　於大衆說法　以諸因緣喻　引導衆生心
聞者皆歡喜　設諸上供養　諸天龍夜叉　及阿脩羅等
皆以恭敬心　而共来聽法　是說法之人　若欲以妙音
遍滿三千界　隨意即能至　大小轉輪王　及千子眷屬
合掌恭敬心　常来聽受法　諸天龍夜叉　羅剎毗舍闍
亦以歡喜心　常樂来供養　梵天王魔王　自在大自在
如是諸天衆　常来至其所　諸佛及弟子　聞其說法者
常念而守護　或時為現身
復次常精進　若善男子善女人受持是經　若
讀若誦若解說若書寫　得八百身功德　得清
淨身　如淨琉璃　衆生喜見　其身淨故　三千大
千世界衆生　生時死時　上下好醜　生善處惡
處　悉於中現　及鐵圍山　大鐵圍山　弥樓山　摩訶
弥樓山等諸山　及其中衆生　悉於中現　下至

BD13814 號　妙法蓮華經卷六　（29–10）

淨身如淨琉璃衆生喜見其身淨故三千大
千世界衆生生時死時上下好醜生善處惡
處悉於中現及鐵圍山大鐵圍山弥樓山摩訶
弥樓山等諸山及其中衆生悉於中現下至
阿鼻地獄上至有頂所有及衆生悉於中現
若聲聞辟支佛菩薩諸佛說法皆於身中
現其色像尒時世尊欲重宣此義而說偈言
若持法華者　其身甚清淨　如彼淨琉璃　衆生皆喜見
又如淨明鏡　悉見諸色像　菩薩於淨身　皆見世所有
唯獨自明了　餘人所不見　三千世界中　一切諸羣萌
天人阿脩羅　地獄鬼畜生　如是諸色像　皆於身中現
諸天等宮殿　乃至於有頂　鐵圍及弥樓　摩訶弥樓山
諸大海水等　皆於身中現　諸佛及聲聞　佛子菩薩等
若獨若在衆　說法悉皆現　雖未得无漏　法性之妙身
以清淨常體　一切於中現
復次常精進若善男子善女人如來滅後受持
是經若讀若誦若解說若書寫得千二百
意功德以是清淨意根乃至聞一偈一句通
達无量无邊之義解是義已能演說一句一
偈至於一月四月乃至一歲諸所說法隨其
義趣皆與實相不相違背若說俗間經書治
世語言資生業等皆順正法三千大千世界
六趣衆生心之所行心所動作心所戲論皆悉
知之雖未得无漏智慧而其意根清淨如
此是人有所思惟籌量言說皆是佛法无不
真實亦是先佛經中所說尒時世尊欲重宣

BD13814號　妙法蓮華經卷六　（29–11）

世語言資生業等皆順正法三千大千世界
六趣衆生心之所行心所動作心所戲論皆悉
知之雖未得无漏智慧而其意根清淨如
此是人有所思惟籌量言說皆是佛法无不
真實亦是先佛經中所說尒時世尊欲重宣
此義而說偈言
是人意清淨　明利无穢濁　以此妙意根　知上中下法
乃至聞一偈　通達无量義　次第如法說　月四月至歲
是世界內外　一切諸衆生　若天龍及人　夜叉鬼神等
其在六趣中　所念若干種　持法華之報　一時皆悉知
十方无數佛　百福莊嚴相　爲衆生說法　悉聞能受持
思惟无量義　說法亦无量　終始不忘錯　以持法華故
悉知諸法相　隨義識次第　達名字語言　如所知演說
此人有所說　皆是先佛法　以演此法故　於衆无所畏
持法華經者　意根淨若斯　雖未得无漏　先有如是相
是人持此經　安住希有地　爲一切衆生　歡喜而愛敬
能以千萬種　善巧之語言　分別而說法　持法華經故
妙法蓮華經常不輕菩薩品第二十
尒時佛告得大勢菩薩摩訶薩汝今當知若
比丘比丘尼優婆塞優婆夷持法華經者若
有惡口罵詈誹謗獲大罪報如前所說其所
得功德如向所說眼耳鼻舌身意清淨得大
勢乃往古昔過无量无邊不可思議阿僧祇
劫有佛名威音王如來應供正遍知明行足
善逝世間解无上士調御丈夫天人師佛世
尊劫名離衰國名大成其威音王佛於彼世

BD13814號　妙法蓮華經卷六　（29–12）

勢乃往古昔過无量无邊不可思議阿僧祇
劫有佛名威音王如来應供正遍知明行足
善逝世間解无上士調御丈夫天人師佛世
尊劫名離衰國名大成其威音王佛於彼世
中爲天人阿脩羅說法爲求聲聞者說應四
諦法度生老病死究竟涅槃爲求辟支佛者
說應十二因緣法爲諸菩薩因阿耨多羅三
藐三菩提說應六波羅蜜法究竟佛慧得大
勢是威音王佛壽四十万億那由他恒河沙
劫正法住世劫數如一閻浮提微塵像法住
世劫數如四天下微塵其佛饒益衆生已然
後滅度正法像法滅盡之後於此國土復有
佛出亦号威音王如来應供正遍知明行足
善逝世間解无上士調御丈夫天人師佛世
尊如是次第有二万億佛皆同一号冣初威
音王如来既已滅度正法滅後於像法中增
上慢比丘有大勢力尒時有一菩薩比丘名
常不輕得大勢以何因緣名常不輕是比丘
凡有所見若比丘比丘尼優婆塞優婆夷皆
悉礼拜讚歎而作是言我深敬汝等不敢輕
慢所以者何汝等皆行菩薩道當得作佛而
是比丘不專讀誦經典但行礼拜乃至遠見
四衆亦復故往礼拜讚歎而作是言我不敢
輕於汝等汝等皆當作佛故四衆之中有生
瞋恚心不淨者惡口罵詈言是无智比丘從
何所来自言我不輕汝而與我等受記當得

BD13814號　妙法蓮華經卷六　　　(29–13)

四衆亦復故往礼拜讚歎而作是言我不敢
輕於汝等汝等皆當作佛故四衆之中有生
瞋恚心不淨者惡口罵詈言是无智比丘從
何所来自言我不輕汝而與我等受記當得
作佛我等不用如是虛妄受記如此經歷多
年常被罵詈不生瞋恚常作是言汝當作佛
說是語時衆人或以杖木瓦石而打擲之避
走遠住猶高聲唱言我不敢輕於汝等汝等
皆當作佛以其常作是語故增上慢比丘比丘
尼優婆塞優婆夷号之爲常不輕是比丘臨
欲終時於虛空中具聞威音王佛先所說法
華經二十千万億偈悉能受持即得如上眼
根清淨耳鼻舌身意根清淨得是六根清淨
已更增壽命二百万億那由他歲廣爲人說
是法華經於時增上慢四衆比丘比丘尼優
婆塞優婆婆夷輕賤是人爲作不輕名者見
其得大神通力樂說辯力大善寂力聞其所說
皆信伏隨從是菩薩復化千万億衆令住
阿耨多羅三藐三菩提命終之後得值二千
億佛皆号日月燈明於其法中說是法華經以
是因緣復值二千億佛同号雲自在燈王於
此諸佛法中受持讀誦爲諸四衆說此經典
故得是常眼清淨耳鼻舌身意諸根清淨於
四衆中說法心无所畏得大勢是常不輕菩
薩摩訶薩供養如是若干諸佛恭敬尊重讚
歎種諸善根於後復值千万億佛亦於諸佛

BD13814號　妙法蓮華經卷六　　　(29–14)

此諸佛法中受持讀誦爲諸四衆說此經典
故得是常眼清淨耳鼻舌身意諸根清淨於
四衆中說法心无所畏得大勢是常不輕菩
薩摩訶薩供養如是若干諸佛恭敬尊重讚
歎種諸善根於後復值千万億佛亦於諸佛
法中說是經典功德成就當得作佛得大勢
於意云何尒時常不輕菩薩豈異人乎則我
身是若我於宿世不受持讀誦此經爲他人
說者不能疾得阿耨多羅三藐三菩提我於
先佛所受持讀誦此經爲人說故疾得阿耨
多羅三藐三菩提得大勢彼時四衆比丘比丘
尼優婆塞優婆夷以瞋恚意輕賤我故二
万億劫常不值佛不聞法不見僧千劫於阿
鼻地獄受大苦惱畢是罪已復遇常不輕菩
薩教化阿耨多羅三藐三菩提得大勢於汝
意云何尒時四衆常輕是菩薩者豈異人乎
今此會中跋陀婆羅等五百菩薩師子月等
五百比丘尼思佛等五百優婆塞皆於阿耨
多羅三藐三菩提不退轉者是得大勢當
知是法華經大饒益諸菩薩摩訶薩能令至
於阿耨多羅三藐三菩提是故諸菩薩摩訶
薩於如來滅後常應受持讀誦解說書寫
是經尒時世尊欲重宣此義而說偈言
過去有佛 號威音王 神智无量 將導一切
天人龍神 所共供養 是佛滅後 法欲盡時
有一菩薩 名常不輕 時諸四衆 計着於法

BD13814 號　妙法蓮華經卷六　（29–15）

[illegible]
是經尒時世尊欲重宣此義而說偈言
過去有佛 號威音王 神智无量 將導一切
天人龍神 所共供養 是佛滅後 法欲盡時
有一菩薩 名常不輕 時諸四衆 計着於法
不輕菩薩 往到其所 而語之言 我不輕汝
汝等行道 皆當作佛 諸人聞已 輕毀罵詈
不輕菩薩 能忍受之 其罪畢已 臨命終時
得聞此經 六根清淨 神通力故 增益壽命
復爲諸人 廣說是經 諸着法衆 皆蒙菩薩
教化成就 令住佛道 不輕命終 值无數佛
說是經故 得无量福 漸具功德 疾成佛道
彼時不輕 則我身是 時四部衆 着法之者
聞不輕言 汝當作佛 以是因緣 值无數佛
此會菩薩 五百之衆 并及四部 清信士女
今於我前 聽法者是 我於前世 勸是諸人
聽受斯經 第一之法 開示教人 令住涅槃
世世受持 如是經典 億億万劫 至不可議
時乃得聞 是法華經 億億万劫 至不可議
諸佛世尊 時說是經 是故行者 於佛滅後
聞如是經 勿生疑惑 應當一心 廣說此經
世世值佛 疾成佛道

妙法蓮華經如來神力品第二十一

尒時千世界微塵等菩薩摩訶薩從地踊出
者皆於佛前一心合掌瞻仰尊顏而白佛言
世尊我等於佛滅後世尊分身所在國土滅
[illegible]當廣說此經所以者何我等亦自欲

BD13814 號　妙法蓮華經卷六　（29–16）

妙法蓮華經如來神力品第二十一
尒時千世界微塵等菩薩摩訶薩從地踊出
者皆於佛前一心合掌瞻仰尊顔而白佛言
世尊我等於佛滅後世尊分身所在國土滅
度之處當廣說此經所以者何我等亦自欲
得是真淨大法受持讀誦解說書寫而供養
之尒時世尊於文殊師利等无量百千万億
舊住娑婆世界菩薩摩訶薩及諸比丘比丘
尼優婆塞優婆夷天龍夜叉乾闥婆阿脩羅
迦樓羅緊那羅摩睺羅伽人非人等一切衆
前現大神力出廣長舌上至梵世一切毛孔
放於无量无數色光皆悉遍照十方世界衆
寶樹下師子座上諸佛亦復如是出廣長舌
放无量光釋迦牟尼佛及寶樹下諸佛現神
力時滿百千歲然後還攝舌相一時謦欬倶
共彈指是二音聲遍至十方諸佛世界地皆
六種震動其中衆生天龍夜叉乾闥婆阿脩
羅迦樓羅緊那羅摩睺羅伽人非人等以佛
神力故皆見此娑婆世界无量无邊百千萬
億衆寶樹下師子座上諸佛及見釋迦牟尼
佛共多寶如來在寶塔中坐師子座又見无
量无邊百千万億菩薩摩訶薩及諸四衆恭
敬圍繞釋迦牟尼佛既見是已皆大歡喜得
未曾有即時諸天於虛空中高聲唱言過此
无量无邊百千万億阿僧祇世界有國名娑
婆是中有佛名釋迦牟尼今為諸菩薩摩訶

BD13814號　妙法蓮華經卷六　（29–17）

敬圍繞釋迦牟尼佛既見是已皆大歡喜得
未曾有即時諸天於虛空中高聲唱言過此
无量无邊百千万億阿僧祇世界有國名娑
婆是中有佛名釋迦牟尼今為諸菩薩摩訶
薩說大乘經名妙法蓮華教菩薩法佛所護
念汝等當深心隨喜亦當礼拜供養釋迦牟
尼佛彼諸衆生聞虛空中聲已合掌向娑婆
世界作如是言南无釋迦牟尼佛南无釋迦
牟尼佛以種種華香瓔珞幡蓋及諸嚴身之
具珎寶妙物皆共遙散娑婆世界所散諸物
從十方來譬如雲集變成寶帳遍覆此間
諸佛之上于時十方世界通達无㝵如一佛土
尒時佛告上行等菩薩大衆諸佛神力如是
无量无邊不可思議若我以是神力於无量
无邊百千万億阿僧祇劫為囑累故說此經
功德猶不能盡以要言之如來一切所有之
法如來一切自在神力如來一切秘要之藏
如來一切甚深之事皆於此經宣示顯說是
故汝等於如來滅後應一心受持讀誦解說
書寫如說脩行所在國土若有受持讀誦解
說書寫如說脩行若經卷所住之處若於園
中若於林中若於樹下若於僧坊若白衣舍
若在殿堂若山谷曠野是中皆應起塔供養
所以者何當知是處即是道場諸佛於此得
阿耨多羅三藐三菩提諸佛於此轉于法輪
諸佛於此而般涅槃尒時世尊欲重宣此義

BD13814號　妙法蓮華經卷六　（29–18）

中若於林中若於樹下若於僧坊若白衣
若在殿堂若山谷曠野是中皆應起塔供養
所以者何當知是處即是道場諸佛於此得
阿耨多羅三藐三菩提諸佛於此轉于法輪
諸佛於此而般涅槃尒時世尊欲重宣此義
而説偈言

諸佛救世者　住於大神通　為悅衆生故　現无量神力
舌相至梵天　身放无數光　為求佛道者　現此希有事
諸佛謦欬聲　及彈指之聲　周聞十方國　地皆六種動
以佛滅度後　能持是經故　諸佛皆歡喜　現无量神力
囑累是經故　讃美受持者　於无量劫中　猶故不能盡
是人之功德　无邊无有窮　如十方虛空　不可得邊際
能持是經者　則為已見我　亦見多寶佛　及諸分身者
又見我今日　教化諸菩薩　能持是經者　令我及分身
滅度多寶佛　一切皆歡喜　十方現在佛　并過去未來
亦見亦供養　亦令得歡喜　諸佛坐道場　所得秘要法
能持是經者　不久亦當得　能持是經者　於諸法之義
名字及言辭　樂說无窮盡　如風於空中　一切无障礙
於如來滅後　知佛所說經　因緣及次第　隨義如實說
如日月光明　能除諸幽冥　斯人行世間　能滅衆生闇
教无量菩薩　畢竟住一乘　是故有智者　聞此功德利
於我滅度後　應受持斯經　是人於佛道　決定无有疑

妙法蓮華經囑累品第二十二
尒時釋迦牟尼佛從法座起現大神力以右手
摩无量菩薩摩訶薩頂而作是言我於无
量百千万億阿僧祇劫脩習是難得阿耨多
羅三藐三菩提法今以付囑汝等汝等應當

BD13814號　妙法蓮華經卷六　（29-19）

妙法蓮華經囑累品第二十二
尒時釋迦牟尼佛從法座起現大神力以右手
摩无量菩薩摩訶薩頂而作是言我於无
量百千万億阿僧祇劫脩習是難得阿耨多
羅三藐三菩提法今以付囑汝等汝等應當
一心流布此法廣令增益如是三摩諸菩薩
摩訶薩頂而作是言我於无量百千万億
阿僧祇劫脩習是難得阿耨多羅三藐三菩
提法今以付囑汝等汝等當受持讀誦廣宣
此法令一切衆生普得聞知所以者何如來有
大慈悲无諸慳悋亦无所畏能與衆生佛之
智慧如來智慧自然智慧如來是一切衆生
之大施主汝等亦應隨學如來之法勿生慳
悋於未來世若有善男子善女人信如來智
慧者當為演說此法華經使得聞知為令其
人得佛慧故若有衆生不信受者當於如來
餘深法中示教利喜汝等若能如是則為已
報諸佛之恩時諸菩薩摩訶薩聞佛作是說
已皆大歡喜遍滿其身益加恭敬曲躬低頭
合掌向佛俱發聲言如世尊勅當具奉行唯
然世尊願不有慮諸菩薩摩訶薩衆如是三
反俱發聲言如世尊勅當具奉行唯然世尊
願不有慮尒時釋迦牟尼佛令十方來諸分
身佛各還本土而作是言諸佛各隨所安多
寶佛塔還可如故說是語時十方无量分身
諸佛坐寶樹下師子座上者及多寶佛并上
行等无邊阿僧祇菩薩大衆舍利弗等聲

BD13814號　妙法蓮華經卷六　（29-20）

願不有處尒時釋迦牟尼佛令十方來諸分
身佛各還本土而作是言諸佛各隨所安多
寶佛塔還可如故說是語時十方无量分身
諸佛坐寶樹下師子座上者及多寶佛并上
行等无邊阿僧祇菩薩大衆舍利弗等聲
聞四衆及一切世間天人阿脩羅等聞佛所
說皆大歡喜
妙法蓮華經藥王菩薩本事品第二十三
尒時宿王華菩薩白佛言世尊藥王菩薩云
何遊於娑婆世界世尊是藥王菩薩有若干
百千万億那由他難行苦行善哉世尊願少
解說諸天龍神夜叉乹闥婆阿脩羅迦樓羅
緊那羅摩睺羅伽人非人等又他國土諸來
菩薩及此聲聞衆聞皆歡喜尒時佛告宿
王華菩薩乃往過去无量恒河沙劫有佛号曰
月淨明德如來應供正遍知明行足善逝世
間解无上士調御丈夫天人師佛世尊其佛
有八十億大菩薩摩訶薩七十二恒河沙大
聲聞衆佛壽四万二千劫菩薩壽命亦等彼
國无有女人地獄餓鬼畜生阿脩羅等及以
諸難地平如掌琉璃所成寶樹莊嚴寶帳
覆上垂寶華幡寶瓶香爐周遍國界七寶為
臺一樹一臺其樹去臺盡一箭道此諸寶樹
皆有菩薩聲聞而坐其下諸寶臺上各有
百億諸天作天伎樂歌歎於佛以為供養尒時
彼佛為一切衆生憙見菩薩及衆菩薩諸聲

BD13814號　妙法蓮華經卷六　（29–21）

臺一樹一臺其樹去臺盡一箭道此諸寶樹
皆有菩薩聲聞而坐其下諸寶臺上各有
百億諸天作天伎樂歌歎於佛以為供養尒時
彼佛為一切衆生憙見菩薩及衆菩薩諸聲
聞衆說法華經是一切衆生憙見菩薩樂習
苦行於日月淨明德佛法中精進經行一心求
佛滿万二千歲已得現一切色身三昧得此
三昧已心大歡喜即作念言我得現一切色
身三昧皆是得聞法華經力我今當供養日
月淨明德佛及法華經即時入是三昧於虛
空中雨曼陀羅華摩訶曼陀羅華細末堅黑
栴檀滿虛空中如雲而下又雨海此岸栴檀
之香此香六銖價直娑婆世界以供養佛作
是供養已從三昧起而自念言我雖以神力
供養於佛不如以身供養即服諸香栴檀薰
陸兜樓婆畢力迦沈水膠香又飲瞻蔔諸華
香油滿千二百歲已香油塗身於日月淨明
德佛前以天寶衣而自纏身灌諸香油以神
通力願而自然身光明遍照八十億恒河沙
世界其中諸佛同時讚言善哉善哉善男子
是真精進是名真法供養如來若以華香瓔
珞燒香末香塗香天繒幡蓋及海此岸栴檀
之香如是等種種諸物供養所不能及假使
國城妻子布施亦所不及善男子是名第一
之施於諸施中最尊最上以法供養諸如來
故作是語已而各嘿然其身火燃千二百歲

BD13814號　妙法蓮華經卷六　（29–22）

之香如是等種種諸物供養所不能及假使
國城妻子布施亦所不及善男子是名第一
之施於諸施中最尊最上以法供養諸如來
故作是語已而各嘿然其身火燃千二百歲
過是已後其身乃盡一切衆生憙見菩薩作
如是法供養已命終之後復生日月淨明德
佛國中於淨德王家結跏趺坐忽然化生即
為其父而說偈言
大王今當知　我經行彼處　即時得一切　現諸身三昧
勤行大精進　捨所愛之身
說是偈已而白父言日月淨明德佛今故現
在我先供養佛已得解一切衆生語言陁羅
尼復聞是法華經八百千万億那由他甄迦
羅頻婆羅阿閦婆等偈大王我今當還供
養此佛白已即坐七寶之臺上昇虛空高七
多羅樹往到佛所頭面礼足合十指爪以偈
讚佛
容顏甚奇妙　光明照十方　我適曾供養　今復還親近
尒時一切衆生憙見菩薩說是偈已而白佛
言世尊世尊猶故在世尒時日月淨明德佛
告一切衆生憙見菩薩善男子我涅槃時到
滅盡時至汝可安施床座我於今夜當般涅
槃又勑一切衆生憙見菩薩善男子我以佛
法囑累於汝及諸菩薩大弟子并阿耨多羅
三藐三菩提法亦以三千大千七寶世界諸
寶樹寶臺及給侍諸天悉付於汝我滅度後

BD13814號　妙法蓮華經卷六　（29–23）

滅盡時至汝可安施床座我於今夜當般涅
槃又勑一切衆生憙見菩薩善男子我以佛
法囑累於汝及諸菩薩大弟子并阿耨多羅
三藐三菩提法亦以三千大千七寶世界諸
寶樹寶臺及給侍諸天悉付於汝我滅度後
所有舍利亦付囑汝當令流布廣設供養應
起若干千塔如是日月淨明德佛勑一切衆
生憙見菩薩已於夜後分入於涅槃尒時一
切衆生喜見菩薩見佛滅度悲感懊惱戀慕
於佛即以海此岸栴檀為積供養佛身而以
燒之火滅已後收取舍利作八万四千寶瓶
以起八万四千塔高三世界表刹莊嚴垂諸
幡蓋懸衆寶鈴尒時一切衆生喜見菩薩復
自念言我雖作是供養心猶未足我今當更
供養舍利便語諸菩薩大弟子及天龍夜叉
等一切大衆汝等當一心念我今供養日月
淨明德佛舍利作是語已即於八万四千塔
前然百福莊嚴臂七万二千歲而以供養令
无數求聲聞衆无量阿僧祇人發阿耨多羅
三藐三菩提心皆使得住現一切色身三昧
尒時諸菩薩天人阿脩羅等見其无臂憂惱
悲哀而作是言此一切衆生憙見菩薩是我
等師教化我者而今燒臂身不具足于時一
切衆生憙見菩薩於大衆中立此誓言我捨
兩臂必當得佛金色之身若實不虛令我兩
臂還復如故作是誓已自然還復由斯菩薩

BD13814號　妙法蓮華經卷六　（29–24）

等師教化我者而今燒臂身不具足于時一
切衆生憙見菩薩於大衆中立此誓言我捨
兩臂必當得佛金色之身若實不虛令我兩
臂還復如故作是誓已自然還復由斯菩薩
福德智慧淳厚所致當尒之時三千大千世
界六種震動天雨寶華一切人天得未曾有
佛告宿王華菩薩於汝意云何一切衆生憙
見菩薩豈異人乎今藥王菩薩是也其所捨
身布施如是无量百千万億那由他數宿王
華若有發心欲得阿耨多羅三藐三菩提者
能然手指乃至足一指供養佛塔勝以國城
妻子及三千大千國土山林河池諸珎寶物
而供養者若復有人以七寶滿三千大千世
界供養於佛及大菩薩辟支佛阿羅漢是人
所得功德不如受持此法華經乃至一四句
偈其福最多宿王華譬如一切川流江河諸
水之中海為第一此法華經亦復如是於諸
如來所說經中最為深大又如土山黑山小
鐵圍山大鐵圍山及十寶山衆山之中須弥
山為第一此法華經亦復如是於諸經中最
為其上又如衆星之中月天子最為第一此
法華經亦復如是於千万億種諸經法中最
為照明又如日天子能除諸闇此經亦復如
是能破一切不善之闇又如諸小王中轉輪
聖王最為第一此經亦復如是於衆經中最
為其尊又如帝釋於三十三天中王此經亦

BD13814號　妙法蓮華經卷六　(29–25)

法華經亦復如是於千万億種諸經法中最
為照明又如日天子能除諸闇此經亦復如
是能破一切不善之闇又如諸小王中轉輪
聖王最為第一此經亦復如是於衆經中最
為其尊又如帝釋於三十三天中王此經亦
復如是諸經中王又如大梵天王一切衆生
之父此經亦復如是一切賢聖學无學及發
菩薩心者之父又如一切凡夫人中須陁洹
斯陁含阿那含阿羅漢辟支佛為第一此經
亦復如是一切如來所說若菩薩所說若聲
聞所說諸經法中最為第一有能受持是經
典者亦復如是於一切衆生中亦為第一一
切聲聞辟支佛中菩薩為第一此經亦復如
是於一切諸經法中最為第一如佛為諸法
王此經亦復如是諸經中王宿王華此經能
救一切衆生者此經能令一切衆生離諸苦
惱此經能大饒益一切衆生充滿其願如清
涼池能滿一切諸渴乏者如寒者得火如裸
者得衣如商人得主如子得母如渡得船如
病得醫如暗得燈如貧得寶如民得王如賈
客得海如炬除暗此法華經亦復如是能令
衆生離一切苦一切病痛能解一切生死之
縛若人得聞此法華經若自書若使人書所
得功德以佛智慧籌量多少不得其邊若
書是經卷華香瓔珞燒香末香塗香幡蓋衣
服種種之燈蘇燈油燈諸香油燈瞻蔔油燈須
曼那油燈波羅羅油燈婆利師迦油燈那婆摩

BD13814號　妙法蓮華經卷六　(29–26)

得功德以佛智慧籌量多少不得其邊若
書是經卷華香瓔珞燒香末香塗香幡蓋衣
服種種之燈蘇燈油燈諸香油燈瞻蔔油燈須
曼油燈波羅羅油燈婆利師迦油燈那婆摩
利油燈供養所得功德亦復无量宿王華若
有人聞是藥王菩薩本事品者亦得无量无
邊功德若有女人聞是藥王菩薩本事品能
受持者盡是女身後不復受若如來滅後後
五百歲中若有女人聞是經典如說脩行於
此命終即往安樂世界阿弥陁佛大菩薩衆
圍繞住處生蓮華中寶座之上不復為貪欲
所惱亦復不為瞋恚愚癡所惱亦復不為憍
慢嫉妬諸垢所惱得菩薩神通无生法忍得
是忍已眼根清淨以是清淨眼根見七百万二
千億那由他恒河沙等諸佛如來是時諸
佛遥共讚言善哉善哉善男子汝能於釋
迦牟尼佛法中受持讀誦思惟是經為他人說
所得福德无量无邊火不能燒水不能漂汝
之功德千佛共說不能令盡汝今已能破諸
魔賊壞生死軍諸餘怨敵皆悉摧滅善男子
百千諸佛以神通力共守護汝於一切世間
天人之中无如汝者唯除如來其諸聲聞辟
支佛乃至菩薩智慧禪定无有與汝等者
宿王華此菩薩成就如是功德智慧之力若
有人聞是藥王菩薩本事品能隨喜讚善者

BD13814 號　妙法蓮華經卷六　（29–27）

天人之中无如汝者唯除如來其諸聲聞辟
支佛乃至菩薩智慧禪定无有與汝等者
宿王華此菩薩成就如是功德智慧之力若
有人聞是藥王菩薩本事品能隨喜讚善者
是人現世口中常出青蓮華香身毛孔中常
出牛頭栴檀香所得功德如上所說是故宿王
華以此藥王菩薩本事品囑累於汝我滅度
後後五百歲中廣宣流布於閻浮提无令斷
絶惡魔魔民諸天龍夜叉鳩槃茶等得其
便也宿王華汝當以神通之力守護是經所以
者何此經則為閻浮提人病之良藥若人有
病得聞是經病即消滅不老不死宿王華汝
若見有受持是經者應以青蓮華盛滿末香
供散其上散已作是念言此人不久必當取
草坐於道場破諸魔軍當吹法螺擊大法
鼓度脫一切衆生老病死海是故求佛道者見
有受持是經典人應當如是生恭敬心說是
藥王菩薩本事品時八万四千菩薩得解一
切衆生語言陁羅尼多寶如來於寶塔中讚
宿王華菩薩言善哉善哉宿王華汝成就不
可思議功德乃能問釋迦牟尼佛如此之事
利益无量一切衆生

妙法蓮華經卷第六

BD13814 號　妙法蓮華經卷六　（29–28）

切衆生語言陁羅尼多寶如來於寶塔中讚
宿王華菩薩言善哉善哉宿王華汝成就不
可思議功德乃能問釋迦牟尼佛如此之事
利益无量一切衆生

妙法蓮華經卷第六

BD13814 號　妙法蓮華經卷六　（29–29）

BD13815 號背　現代護首　（1–1）

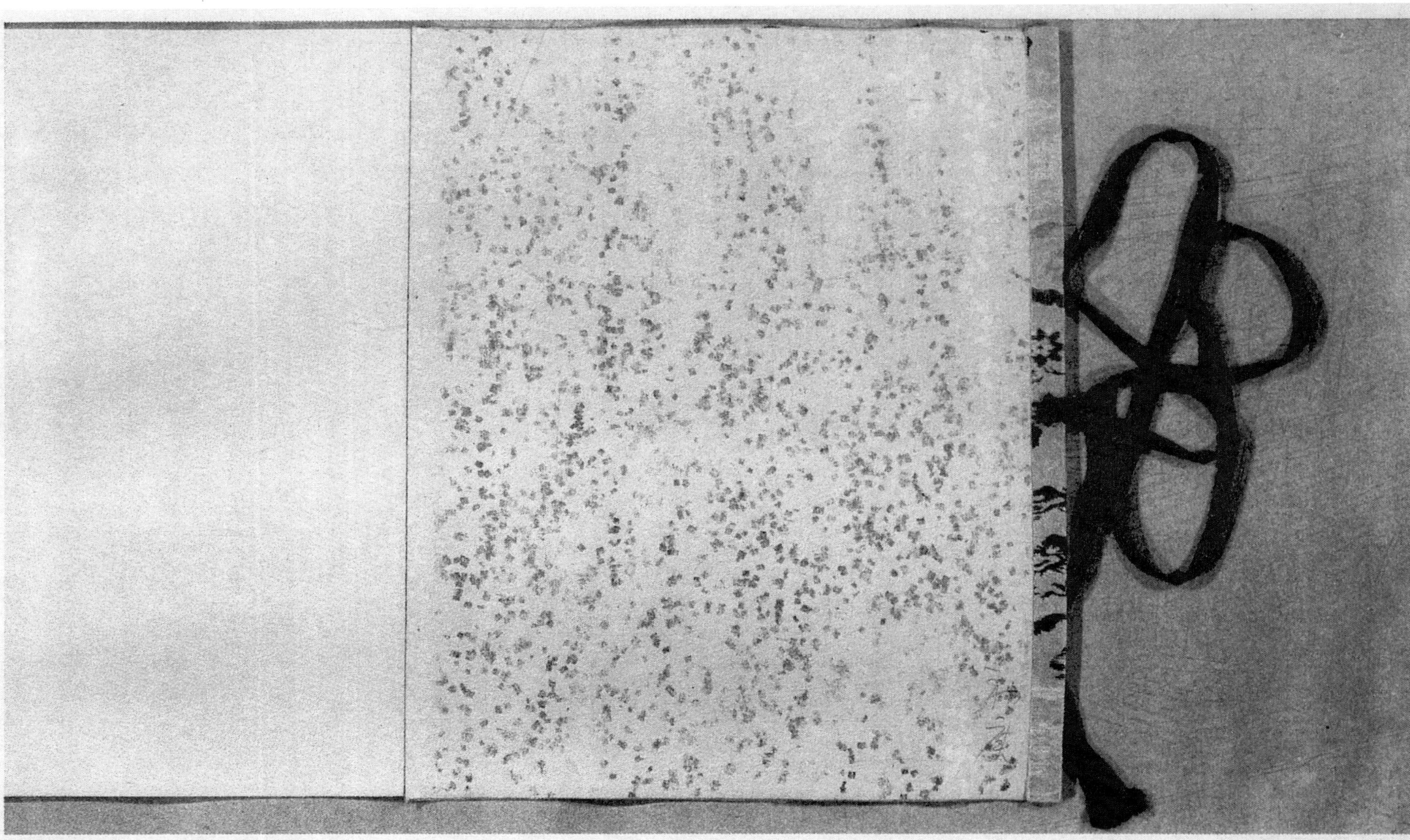

BD13815號　妙法蓮華經卷七　（16–1）

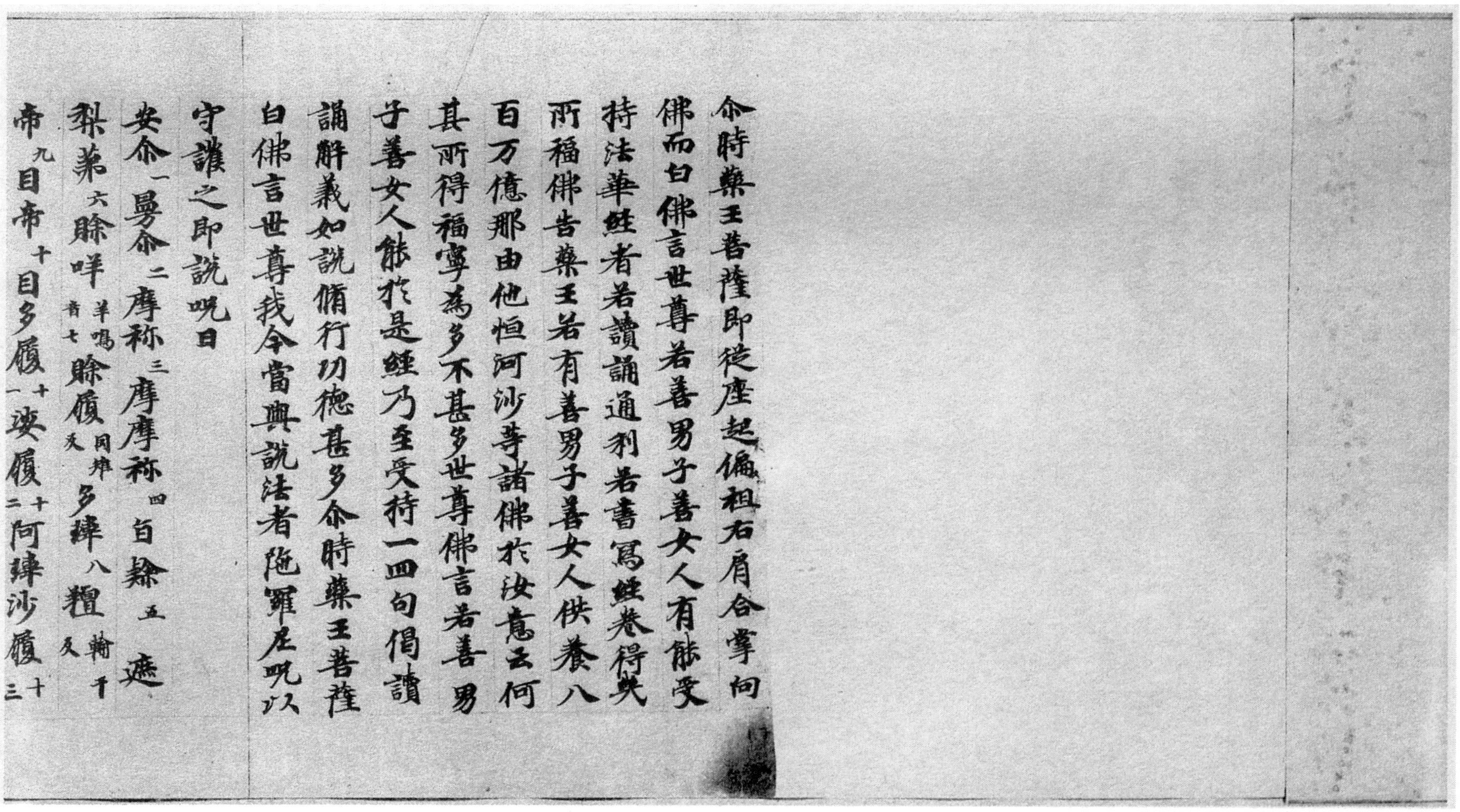

尒時藥王菩薩即從座起偏袒右肩合掌向
佛而白佛言世尊若善男子善女人有能受
持法華經者若讀誦通利若書寫經卷得幾
所福佛告藥王若有善男子善女人供養八
百万億那由他恒河沙等諸佛於汝意云何
其所得福寧為多不甚多世尊佛言若善男
子善女人能於是經乃至受持一四句偈讀
誦解義如說脩行功德甚多尒時藥王菩薩
白佛言世尊我今當與說法者陁羅尼呪以
守護之即說呪曰
安尒一 曼尒二 摩祢三 摩摩祢四 旨隷五 遮
梨第六 賒咩羊鳴音七 賒履冈雉反 多瑋八 羶輸千反
帝九 目帝十 目多履十一 娑履十二 阿瑋娑履十三

BD13815號　妙法蓮華經卷七　（16–2）

守護之即說呪曰
安介一 曼介二 摩祢三 摩摩祢四 旨隸五 遮
梨第六 賒咩羊鳴音七 賒履因棑反 多瑋八 羶輸千反
帝九 目帝十 目多履十一 娑履十二 阿瑋沙履十三
桒履十四 娑履十五 叉裔十六 阿叉裔十七 阿耆膩十八
羶帝十九 賒履二十 陀羅尼二十一 阿盧伽婆娑蘇奈反
瑳蔗毗叉膩二十二 祢毗剃二十三 阿便哆都餓反
邏祢履剃二十四 阿亶哆波隸輸地途賣反二十五 漚
究隸二十六 牟究隸二十七 阿羅隸二十八 波羅隸
首迦差初几反二十九 阿三磨三履三十一 佛馱毗
吉利袠帝三十二 達磨波利差猜離反帝三十三 僧
伽涅瞿沙祢三十四 婆舍婆舍輸地三十五 曼哆
邏三十六 曼哆邏叉夜多三十七 郵樓哆三十八 郵
樓哆憍舍略三十九 惡叉邏四十 惡叉冶多冶四十一
阿婆盧四十二 阿摩若荏蔗反 那多夜四十三
世尊是陀羅尼神呪六十二億恒河沙等諸
佛所說若有侵毀此法師者則為侵毀是諸
佛已時釋迦牟尼佛讃藥王菩薩言善哉善
哉藥王汝愍念擁護此法師故說是陀羅尼
於諸衆生多所饒益介時勇施菩薩白佛言
世尊我亦為擁護讀誦受持法華經者說陀
羅尼若此法師得是陀羅尼若夜叉若羅剎
若富單那若吉蔗若鳩槃荼若餓鬼等伺
求其短无能得便即於佛前而說呪曰
痤檐蝶反隸一 摩訶痤隸二 郁枳三 目枳四 阿隸

BD13815號　妙法蓮華經卷七　（16–3）

羅尼若此法師得是陀羅尼若夜叉若羅剎
若富單那若吉蔗若鳩槃荼若餓鬼等伺
求其短无能得便即於佛前而說呪曰
痤檐蝶反隸一 摩訶痤隸二 郁枳三 目枳四 阿隸
五 阿羅婆第六 涅隸第七 涅隸多婆第八 伊
緻猜履反柅九 韋緻柅十 旨緻柅十一 涅隸墀柅
十二 涅梨墀婆底十三
世尊是陀羅尼神呪恒河沙等諸佛所說亦
皆隨喜若有侵毀此法師者則為侵毀是諸
佛已介時毗沙門天王護世者白佛言世尊
我亦為愍念衆生擁護此法師故說是陀羅
尼即說呪曰
阿梨一 那梨二 㝹那梨三 阿那盧四 那履五
拘那履六
世尊以是神呪擁護法師我亦自當擁護持
是經者令百由旬內无諸衰患介時持國天
王在此會中與千万億那由他乾闥婆衆恭
敬圍繞前詣佛所合掌白佛言世尊我亦以
陀羅尼神呪擁護持法華經者即說呪曰
阿伽祢一 伽祢二 瞿利三 乾陀利四 栴陀利
五 摩蹬耆六 常求利七 浮樓莎柅八 頞底九
世尊是陀羅尼神呪四十二億諸佛所說若
有侵毀此法師者則為侵毀是諸佛已介時
有羅剎女等一名藍婆二名毗藍婆三名曲

BD13815號　妙法蓮華經卷七　（16–4）

世尊是陁羅尼神呪四十二億諸佛所說若
有侵毀此法師者則為侵毀是諸佛已尒時
有羅刹女等一名藍婆二名毗藍婆三名曲
齒四名華齒五名黑齒六名多髮七名无猒
足八名持瓔珞九名睪帝十名奪一切衆生
精氣是十羅刹女與鬼子母并其子及眷屬
俱詣佛所同聲白佛言世尊我等亦欲擁護
讀誦受持法華經者除其衰患若有伺求法
師短者令不得便即於佛前而說呪曰
伊提履一 伊提泯二 伊提履三 阿提履四 伊
提履五 泥履六 泥履七 泥履八 泥履九 涅
履十 樓醯十一 樓醯十二 樓醯十三 樓醯十四 多
醯十五 多醯十六 多醯十七 兜醯十八 菟醯十九
寧上我頭上莫惱於法師若夜叉若羅刹若
餓鬼若富單那若吉蔗若毗陁羅若揵䭾
若烏摩勒伽若阿跋摩羅若夜叉吉蔗若人吉
蔗若熱病若一日若二日若三日若四日若至
七日若常熱病若男形若女形若童男形
若童女形乃至夢中亦復莫惱即於佛前
而說偈言
若不順我呪　惱亂說法者　頭破作七分　如阿梨樹枝
如殺父母罪　亦如壓油殃　斗秤欺誑人　調達破僧罪
犯此法師者　當獲如是殃
諸羅刹女說此偈已白佛言世尊我等亦當
身自擁護受持讀誦脩行是經者令得安隱

如殺父母罪　亦如壓油殃　斗秤欺誑人　調達破僧罪
犯此法師者　當獲如是殃
諸羅刹女說此偈已白佛言世尊我等亦當
身自擁護受持讀誦脩行是經者令得安隱
離諸衰患消衆毒藥佛告諸羅刹女善哉善
哉汝等但能擁護受持法華名者福不可量
何況擁護具足受持供養經卷華香瓔珞末
香塗香燒香幡蓋伎樂燃種種燈蘇燈油燈
諸香油燈蘇摩那華油燈瞻蔔華油燈婆師
迦華油燈優鉢羅華油燈如是等百千種供
養者睪帝汝等及眷屬應當擁護如是法師
說是陁羅尼品時六万八千人得无生法忍
妙法蓮華經妙莊嚴王本事品第二十七
尒時佛告諸大衆乃往古世過无量无邊不
可思議阿僧祇劫有佛名雲雷音宿王華智
多陁阿伽度阿羅呵三藐三佛陁國名光明
莊嚴劫名憙見彼佛法中有王名妙莊嚴其
王夫人名曰淨德有二子一名淨藏二名淨
眼是二子有大神力福德智慧久脩菩薩所
行之道所謂檀波羅蜜尸羅波羅蜜羼提波
羅蜜毗梨耶波羅蜜禪波羅蜜般若波羅蜜
方便波羅蜜慈悲憙捨乃至三十七助道法
皆悉明了通達又得菩薩淨三昧日星宿三
昧淨光三昧淨色三昧淨照明三昧長莊嚴
三昧大威德藏三昧於此三昧亦悉通達尒

方便波羅蜜慈悲喜捨乃至三十七助道法
皆悉明了通達又得菩薩淨三昧日星宿三
昧淨光三昧淨色三昧淨照明三昧長莊嚴
三昧大威德藏三昧於此三昧亦悉通達尒
時彼佛欲引導妙莊嚴王及愍念衆生故說
是法華經時淨藏淨眼二子到其母所合十
指爪掌白言願母往詣雲雷音宿王華智佛
所我等亦當侍從親近供養礼拜所以者何
此佛於一切天人衆中說法華經宜應聽受
母告子言汝父信受外道深著婆羅門法汝
等應往白父與共俱去淨藏淨眼合十爪指
掌白母我等是法王子而生此邪見家母告
子言汝等當憂念汝父為現神變若得見者
心必清淨或聽我等往至佛所於是二子念
其父故踊在虛空高七多羅樹現種種神變
於虛空中行住坐卧身上出水身下出火身
下出水身上出火或現大身滿虛空中而復
現小小復現大於空中滅忽然在地入地如
水履水如地現如是等種種神變令其父王
心淨信解時父見子神力如是心大歡喜得
未曾有合掌向子言汝等師為是誰誰之弟
子二子白言大王彼雲雷音宿王華智佛今
在七寶菩提樹下法座上坐於一切世間天
人衆中廣說法華經是我等師我是弟子父
語子言我今亦欲見汝等師可共俱往於是
二子從空中下到其母所合掌白母父王今

BD13815號　妙法蓮華經卷七　（16–7）

在七寶菩提樹下法座上坐於一切世間天
人衆中廣說法華經是我等師我是弟子父
語子言我今亦欲見汝等師可共俱往於是
二子從空中下到其母所合掌白母父王今
已信解堪任發阿耨多羅三藐三菩提心我
等為父已作佛事願母見聽於彼佛所出家
修道尒時二子欲重宣其意以偈白母
願母放我等　出家作沙門　諸佛甚難值　我等隨佛學
如優曇波羅　值佛復難是　脫諸難亦難　願聽我出家
母即告言聽汝出家所以者何佛難值故於
是二子白父母言善哉父母願時往詣雲雷
音宿王華智佛所親近供養所以者何佛難
得值如優曇波羅華又如一眼之龜值浮木
孔而我等宿福深厚生值佛法是故父母當
聽我等令得出家所以者何諸佛難值時亦
難遇彼時妙莊嚴王後宮八万四千人皆悉
堪任受持是法華經淨眼菩薩於法華三昧
久已通達淨藏菩薩已於无量百千万億劫
通達離諸惡趣三昧欲令一切衆生離諸惡
趣故其王夫人得諸佛集三昧能知諸佛秘
密之藏二子如是以方便力善化其父令心
信解好樂佛法於是妙莊嚴王與群臣眷屬
俱淨德夫人與後宮婇女眷屬俱其王二子
與四万二千人俱一時共詣佛所到已頭面
礼足繞佛三帀却住一面尒時彼佛為王說

BD13815號　妙法蓮華經卷七　（16–8）

信解好樂佛法於是妙莊嚴王與羣臣眷屬
俱淨德夫人與後宮采女眷屬俱其王二子
與四万二千人俱一時共詣佛所到已頭面
礼足繞佛三帀却住一面尒時彼佛為王說
法示教利喜王大歡悅尒時妙莊嚴王及其
夫人解頸真珠瓔珞價直百千以散佛上於
虛空中化成四柱寶臺臺中有大寶床敷
百千万天衣其上有佛結加趺坐放大光明尒
時妙莊嚴王作是念佛身希有端嚴殊特成
就第一微妙之色時雲雷音宿王華智佛告
四衆言汝等見是妙莊嚴王於我前合掌立
不此王於我法中作比丘精勤脩習助佛道
法當得作佛号娑羅樹王國名大光劫名大
高王其娑羅樹王佛有无量菩薩衆及无量
聲聞其國平正功德如是其王即時以國付
弟與夫人二子并諸眷屬於佛法中出家脩
道王出家已於八万四千歲常勤精進脩行
妙法華經過是已後得一切淨功德莊嚴三
昧即昇虛空高七多羅樹而白佛言世尊此
我二子已作佛事以神通變化轉我邪心令
得安住於佛法中得見世尊此二子者是我
善知識為欲發起宿世善根饒益我故來生
我家尒時雲雷音宿王華智佛告妙莊嚴王
言如是如是如汝所言若善男子善女人種
善根故世世得善知識其善知識能作佛事

BD13815號　妙法蓮華經卷七　（16–9）

善知識為欲發起宿世善根饒益我故來生
我家尒時雲雷音宿王華智佛告妙莊嚴王
言如是如是如汝所言若善男子善女人種
善根故世世得善知識其善知識能作佛事
示教利喜令入阿耨多羅三藐三菩提大王
當知善知識者是大因緣所謂化導令得見
佛發阿耨多羅三藐三菩提心大王汝見此
二子不此二子已曾供養六十五百千万億
那由他恒河沙諸佛親近恭敬於諸佛所受
持法華經愍念邪見衆生令住正見妙莊嚴
王即從虛空中下而白佛言世尊如來甚希
有以功德智慧故頂上肉髻光明顯照其眼
長廣而紺青色眉間毫相白如珂月齒白齊
密常有光明脣色赤好如頻婆菓尒時妙莊
嚴王讚歎佛如是等无量百千万億功德已
於如來前一心合掌復白佛言世尊未曾有
也如來之法具足成就不可思議微妙功德
教戒所行安隱快善我從今日不復自隨心
行不生邪見憍慢瞋恚諸惡之心說是語已
礼佛而出佛告大衆於意云何妙莊嚴王
豈異人乎今華德菩薩是其淨德夫人今佛前
光照莊嚴相菩薩是哀愍妙莊嚴王及諸眷
屬故於彼中生其二子者今藥王菩薩藥上
菩薩是是藥王藥上菩薩成就如此諸大功
德已於无量百千万億諸佛所殖衆德本成

BD13815號　妙法蓮華經卷七　（16–10）

豈異人乎今華德菩薩是其淨德夫人今佛前
光照莊嚴相菩薩是哀愍妙莊嚴王及諸眷
屬故於彼中生其二子者今藥王菩薩藥上
菩薩是是藥王藥上菩薩成就如此諸大功
德已於无量百千万億諸佛所殖衆德本成
就不可思議諸善功德若有人識是二菩薩
名字者一切世間諸天人民亦應礼拜佛說
是妙莊嚴王本事品時八万四千人遠塵離
垢於諸法中得法眼淨
妙法蓮華經普賢菩薩勸發品第二十八
尒時普賢菩薩以自在神通威德名聞與大
菩薩无量无邊不可稱數從東方來所經諸
國普皆震動雨寶蓮華作无量百千万億種
種伎樂又與无數諸天龍夜叉乾闥婆阿脩
羅迦樓羅緊那羅摩睺羅伽人非人等大衆
圍繞各現威德神通之力到娑婆世界耆闍
崛山中頭面礼釋迦牟尼佛右繞七帀白佛
言世尊我於寶威德上王佛國遥聞此娑婆
世界說法華經與无量无邊百千万億諸菩
薩衆共來聽受唯願世尊當為說之若善男
子善女人於如來滅後云何能得是法華經
佛告普賢菩薩若善男子善女人成就四法
於如來滅後當得是法華經一者為諸佛護
念二者殖衆德本三者入正定聚四者發救
一切衆生之心善男子善女人如是成就四
法於如來滅後必得是經尒時普賢菩薩

BD13815號　妙法蓮華經卷七　(16–11)

佛告普賢菩薩若善男子善女人成就四法
於如來滅後當得是法華經一者為諸佛護
念二者殖衆德本三者入正定聚四者發救
一切衆生之心善男子善女人如是成就四
法於如來滅後必得是經尒時普賢菩薩
白佛言世尊於後五百歲濁惡世中其有受持
是經典者我當守護除其衰患令得安隱使
无伺求得其便者若魔若魔子若魔女若魔
民若為魔所著者若夜叉若羅刹若鳩槃荼
若毗舍闍若吉蔗若冨單那若韋陁羅等諸
惱人者皆不得便是人若行若立讀誦此經
我尒時乘六牙白象王與大菩薩衆俱詣其
所而自現身供養守護安慰其心亦為供養
法華經故是人若坐思惟此經尒時我復乘
白象王現其人前其人若於法華經有所忘
失一句一偈我當教之與共讀誦還令通利
尒時受持讀誦法華經者得見我身甚大
歡喜轉復精進以見我故即得三昧及陁羅尼
名為旋陁羅尼百千万億旋陁羅尼法音方
便陁羅尼得如是等陁羅尼世尊若後世後
五百歲濁惡世中比丘比丘尼優婆塞優婆
夷求索者受持者讀誦者書寫者欲脩習
是法華經於三七日中應一心精進滿三七日已
我當乘六牙白象與无量菩薩而自圍繞
以一切衆生所憙見身現其人前而為說法
示教利喜亦復與其陁羅尼呪得是陁羅

BD13815號　妙法蓮華經卷七　(16–12)

有求索者受持者讀誦者書寫者欲脩習
是法華經於三七日中應一心精進滿三七日已
我當乘六牙白象與无量菩薩而自圍繞
以一切衆生所憙見身現其人前而為說法
示教利喜亦復與其陁羅尼呪得是陁羅
尼故无有非人能破壞者亦不為女人之所惑
亂我身亦自常護是人唯願世尊聽我說此
陁羅尼即於佛前而說呪曰
阿檀地途賣反一 檀陁婆地二 檀陁婆帝三 檀陁
鳩舍隸四 檀陁脩陁隸五 脩陁隸六 脩陁羅
婆底七 佛䭾波羶祢八 薩婆陁羅尼阿婆多
尼九 薩婆婆沙阿婆多尼十 脩阿婆多尼十一
僧伽婆履叉尼十二 僧伽涅伽陁尼十三 阿僧祇
十四 僧伽波伽地十五 帝隸阿惰僧伽兜略盧遮反
波羅帝十六 薩婆僧伽三摩地伽蘭地十七 薩婆
達磨脩波利剎帝十八 薩婆薩埵樓䭾憍舍
略阿㝹伽地十九 辛阿毗吉利地帝二十
世尊若有菩薩得聞是陁羅尼者當知普賢
神通之力若法華經行閻浮提有受持者應
作此念皆是普賢威神之力若有受持讀誦
正憶念解其義趣如說脩行當知是人行普
賢行於无量无邊諸佛所深種善根為諸如
來手摩其頭若但書寫是人命終當生忉利
天上是時八万四千天女作衆伎樂而來迎
之其人即著七寶冠於婇女中娛樂快樂何

BD13815號　妙法蓮華經卷七　（16–13）

賢行於无量无邊諸佛所深種善根為諸如
來手摩其頭若但書寫是人命終當生忉利
天上是時八万四千天女作衆伎樂而來迎
之其人即著七寶冠於婇女中娛樂快樂何
況受持讀誦正憶念解其義趣如說脩行若
有人受持讀誦解其義趣是人命終為千佛
授手令不恐怖不墮惡趣即往兜率天上彌
勒菩薩所彌勒菩薩有三十二相大菩薩衆
所共圍繞有百千万億天女眷屬而於中生
有如是等功德利益是故智者應當一心自
書若使人書受持讀誦正憶念如說脩行世
尊我今以神通力守護是經於如來滅後閻
浮提內廣令流布使不斷絕尒時釋迦牟尼
佛讚言善哉善哉普賢汝能護助是經令多
所衆生安樂利益汝已成就不可思議功德
深大慈悲從久遠來發阿耨多羅三藐三菩
提意而能作是神通之願守護是經我當以
神通力守護能受持普賢菩薩名者普賢
若有受持讀誦正憶念脩習書寫是法華經者
當知是人則見釋迦牟尼佛如從佛口聞此
經典當知是人供養釋迦牟尼佛當知是人
佛讚善哉當知是人為釋迦牟尼佛手摩其
頭當知是人為釋迦牟尼佛衣之所覆如是
之人不復貪著世樂不好外道經書手筆亦
復不憙親近其人及諸惡者若屠兒若畜猪

BD13815號　妙法蓮華經卷七　（16–14）

經典當知是人供養釋迦牟尼佛當知是人
佛讚善哉當知是人為釋迦牟尼佛手摩其
頭當知是人為釋迦牟尼佛衣之所覆如是
之人不復貪著世樂不好外道經書手筆亦
復不憙親近其人及諸惡者若屠兒若畜猪
羊雞狗若獵師若衒賣女色是人心意質直
有正憶念有福德力是人不為三毒所惱亦
不為嫉妬我慢邪慢增上慢所惱是人少欲
知足能脩普賢之行普賢若如來滅後後五
百歲若有人見受持讀誦法華經者應作是
念此人不久當詣道場破諸魔衆得阿耨多
羅三藐三菩提轉法輪擊法鼓吹法螺雨法
雨當坐天人大衆中師子法座上普賢若於
後世受持讀誦是經典者是人不復貪著衣
服卧具飲食資生之物所願不虛亦於現世
得其福報若有人輕毀之言汝狂人耳空作
是行終无所獲如是罪報當世世无眼若有
供養讚歎之者當於今世得現果報若復見
受持是經者出其過惡若實若不實此人現
世得白癩病若輕咲之者當世世牙齒踈缺
醜脣平鼻手脚繚戾眼目角睞身體臭穢惡
瘡膿血水腹短氣諸惡重病是故普賢若見
受持是經典者當起遠迎當如敬佛說是普
賢勸發品時恒河沙等无量无邊菩薩得百
千億旋陁羅尼三千大千世界微塵等諸菩
薩具普賢道佛說是經時普賢等諸菩薩

BD13815號　妙法蓮華經卷七　（16–15）

世得白癩病若輕咲之者當世世牙齒踈缺
醜脣平鼻手脚繚戾眼目角睞身體臭穢惡
瘡膿血水腹短氣諸惡重病是故普賢若見
受持是經典者當起遠迎當如敬佛說是普
賢勸發品時恒河沙等无量无邊菩薩得百
千億旋陁羅尼三千大千世界微塵等諸菩
薩具普賢道佛說是經時普賢等諸菩薩
舍利弗等諸聲聞及諸天龍人非人等一切大
會皆大歡喜受持佛語作礼而去

妙法蓮華經卷第七

BD13815號　妙法蓮華經卷七　（16–16）

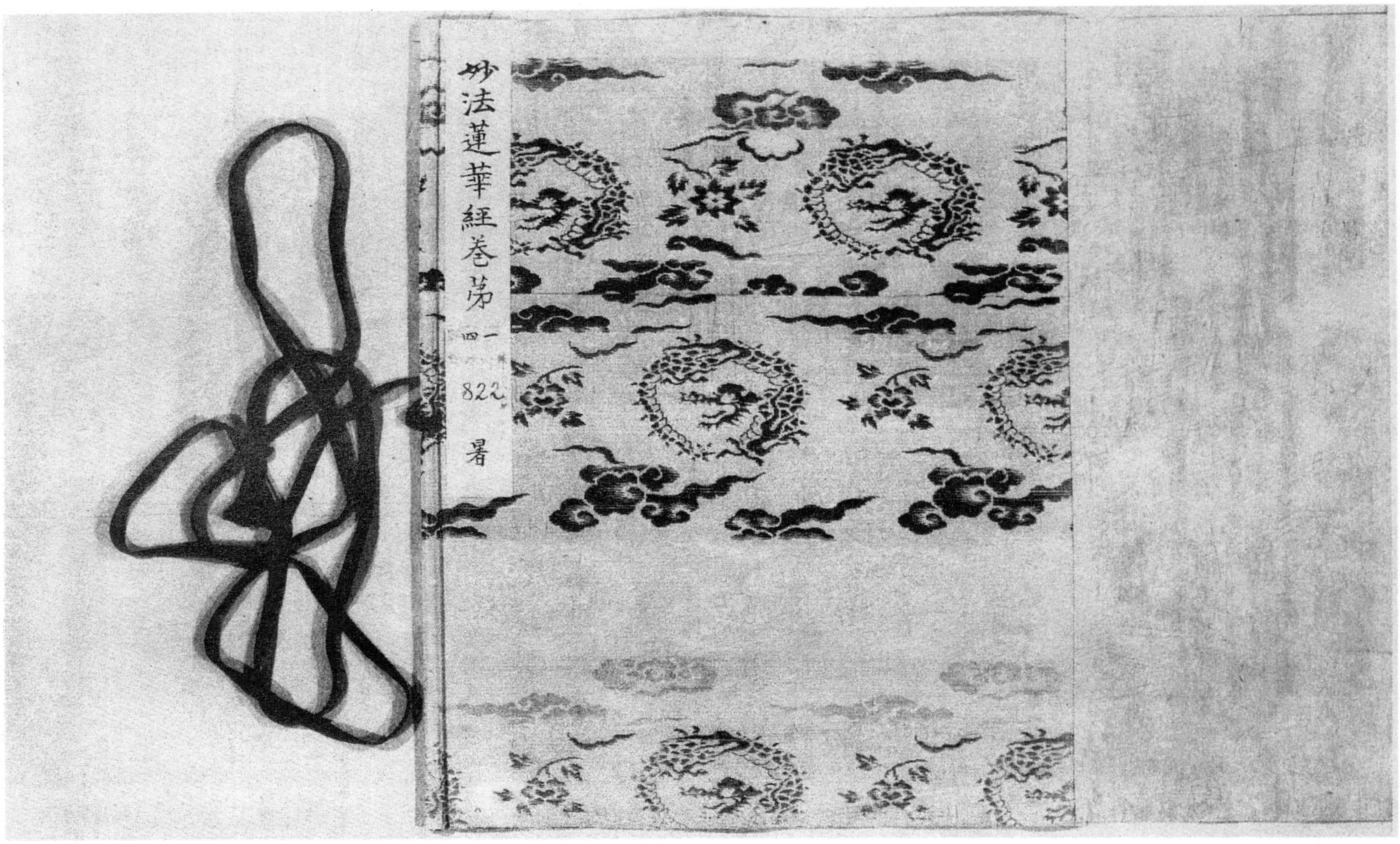

BD13816 號背　現代護首　　（1–1）

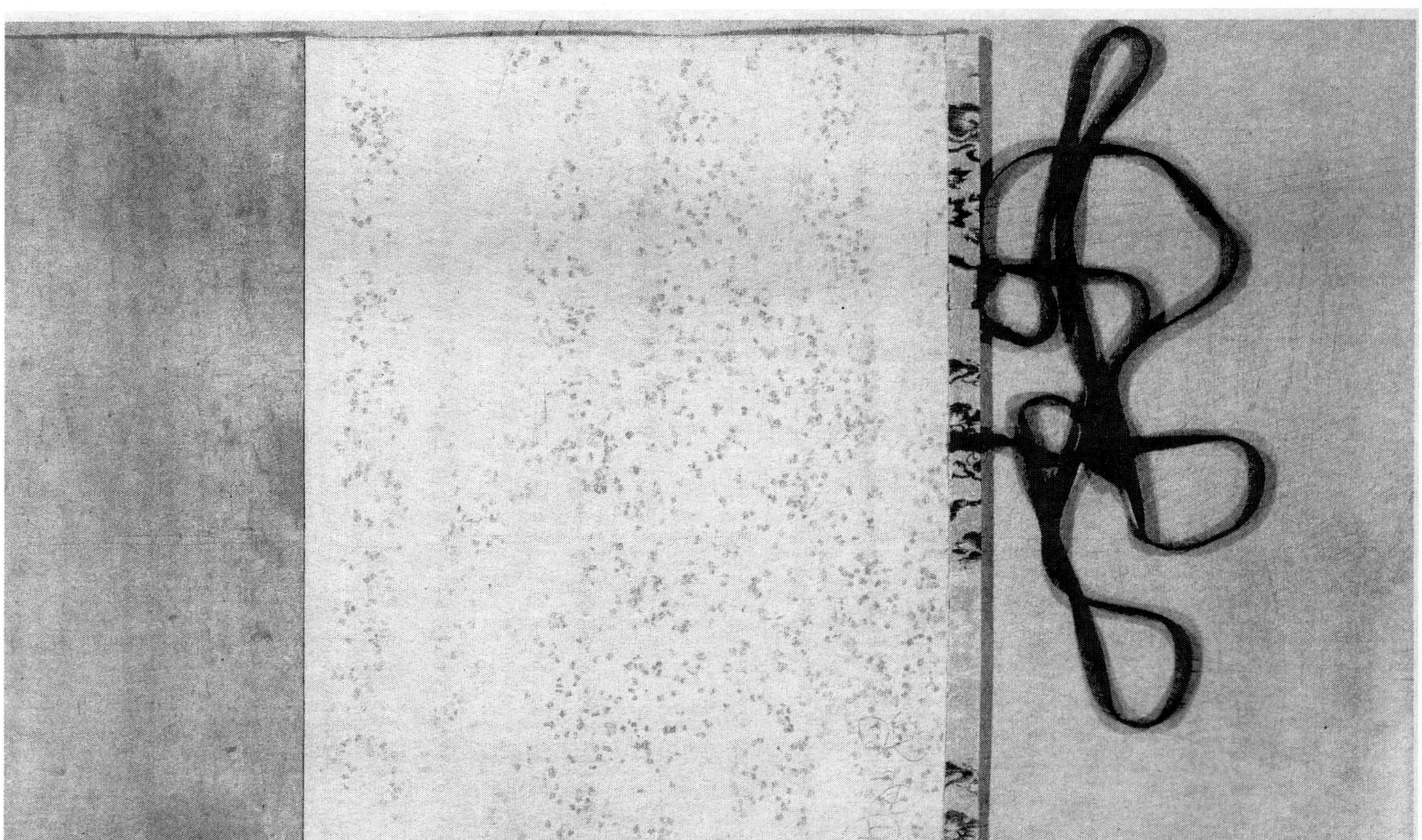

BD13816 號 1　妙法蓮華經卷一　　（30–1）

妙法蓮華經序品第一
如是我聞一時佛住王舍城耆闍崛山中與大比丘衆万二千人俱皆是阿羅漢諸漏已盡无
復煩惱逮得己利盡諸有結心得自在其名曰阿若憍陳如摩訶迦葉優樓頻螺迦葉伽耶迦
葉那提迦葉舍利弗大目揵連摩訶迦旃延阿㝹樓馱劫賓那憍梵波提離波多畢陵伽婆
蹉薄拘羅摩訶拘絺羅難陁孫陁羅難陁富樓那弥多羅尼子須菩提阿難羅睺羅如
是衆所知識大阿羅漢等復有學无學二千人摩訶波闍波提比丘尼與眷屬六千人俱
羅睺羅母耶輸陁羅比丘尼亦與眷屬俱菩薩摩訶薩八万人皆於阿耨多羅三藐三
菩提不退轉皆得陁羅尼樂說辯才轉不退轉法輪供養无量百千諸佛於諸佛所殖
衆德本常為諸佛之所稱歎以慈脩身善入佛慧通達大智到於彼岸名稱普聞无量世
界能度无數百千衆生其名曰文殊師利菩薩觀世音菩薩得大勢菩薩常精進菩薩
不休息菩薩寶掌菩薩藥王菩薩勇施菩薩寶月菩薩月光菩薩滿月菩薩大力菩
薩无量力菩薩越三界菩薩跋陁婆羅菩薩弥勒菩薩寶積菩薩導師菩薩如是等菩
薩摩訶薩八万人俱尒時釋提桓因與其眷屬二万天子俱復有名月天子普香天子寶
光天子四大天王與其眷屬万天子俱自在天子大自在天子與其眷屬三万天子俱娑婆
世界主梵天王尸棄大梵光明大梵等與其眷屬万二千天子俱有八龍王難陁龍王跋難
陁龍王娑伽羅龍王和脩吉龍王德叉迦龍王阿那婆達多龍王摩那斯龍王優鉢羅龍
王等各與若干百千眷屬俱有四緊那羅王法緊那羅王妙法緊那羅王大法緊那
羅王持法緊那羅王各與若干百千眷屬俱有四乾闥婆王樂乾闥婆王樂音乾闥
婆王美乾闥婆王美音乾闥婆王各與若干百千眷屬俱有四阿脩羅王婆稚阿脩羅

BD13816 號 1　妙法蓮華經卷一　（30–2）

薩摩訶薩八万人俱尒時釋提桓因與其眷屬二万天子俱復有名月天子普香天子寶
光天子四大天王與其眷屬万天子俱自在天子大自在天子與其眷屬三万天子俱娑婆
世界主梵天王尸棄大梵光明大梵等與其眷屬万二千天子俱有八龍王難陁龍王跋難
陁龍王娑伽羅龍王和脩吉龍王德叉迦龍王阿那婆達多龍王摩那斯龍王優鉢羅龍
王等各與若干百千眷屬俱有四緊那羅王法緊那羅王妙法緊那羅王大法緊那
羅王持法緊那羅王各與若干百千眷屬俱有四乾闥婆王樂乾闥婆王樂音乾闥
婆王美乾闥婆王美音乾闥婆王各與若干百千眷屬俱有四阿脩羅王婆稚阿脩羅
王佉羅騫馱阿脩羅王毗摩質多羅阿脩羅王羅睺阿脩羅王各與若干百千眷
屬俱有四迦樓羅王大威德迦樓羅王大身迦樓羅王大滿迦樓羅王如意迦樓羅王各與
若干百千眷屬俱韋提希子阿闍世王與若干百千眷屬俱各礼佛足退坐一面尒時
世尊四衆圍繞供養恭敬尊重讚歎為諸菩薩說大乘經名无量義教菩薩法佛所
護念佛說此經已結加趺坐入於无量義處三昧身心不動是時天雨曼陁羅華摩
訶曼陁羅華曼殊沙華摩訶曼殊沙華而散佛上及諸大衆普佛世界六種震動
尒時會中比丘比丘尼優婆塞優婆夷天龍夜叉乾闥婆阿脩羅迦樓羅緊那羅摩
睺羅伽人非人及諸小王轉輪聖王是諸大衆得未曾有歡喜合掌一心觀佛尒時佛
放眉間白豪相光照東方万八千世界靡不周遍下至阿鼻地獄上至阿迦尼吒天於
此世界盡見彼土六趣衆生又見彼土現在諸佛及聞諸佛所說經法并見彼諸比丘
比丘尼優婆塞優婆夷諸脩行得道者復見諸菩薩摩訶薩種種因緣種種信解種
種相貌行菩薩道復見諸佛般涅槃者復見諸佛般涅槃後以佛舍利起七寶塔尒
時弥勒菩薩作是念今者世尊現神變相以何因緣而有此瑞今佛世尊入于三昧是不
可思議現希有事當以問誰誰能荅者復作此念是文殊師利法王之子已曾親近供養
過去无量諸佛必應見此希有之相我今當問尒時比丘比丘尼優婆塞優婆夷及諸
天龍鬼神等咸作此念是佛光明神通之相今當問誰尒時弥勒菩薩欲自決疑又觀四
衆比丘比丘尼優婆塞優婆夷及諸天龍鬼神等衆會之心而問文殊師利言以何因
緣而有此瑞神通之相放大光明照于東方万八千土悉見彼佛國界莊嚴於是弥勒
菩薩欲重宣此義以偈問曰　文殊師利　導師何故　眉間白豪　大光普照　雨曼陁羅　曼殊沙華
栴檀香風　悅可衆心　以是因緣　地皆嚴淨　而此世界　六種震動　時四部衆　咸皆歡喜　身意快然
得未曾有　眉間光明　照于東方　万八千土　皆如金色　從阿鼻獄　上至有頂　諸世界中　六道衆生
生死所趣　善惡業緣　受報好醜　於此悉見　又覩諸佛　聖主師子　演說經典　微妙第一　其聲清淨
出柔軟音　教諸菩薩　无數億万　梵音深妙　令人樂聞　各於世界　講說正法　種種因緣　以无量喻
照明佛法　開悟衆生　若人遭苦　猒老病死　為說涅槃　盡諸苦際　若人有福　曾供養佛　志求勝法
為說緣覺　若有佛子　脩種種行　求无上慧　為說淨道　文殊師利　我住於此　見聞若斯　及千億事
如是衆多　今當略說　我見彼土　恒沙菩薩　種種因緣　而求佛道　或有行施　金銀珊瑚　真珠摩尼
車𤦲馬瑙　金剛諸珍　奴婢車乘　寶飾輦輿　歡喜布施　迴向佛道　願得是乘　三界第一　諸佛所歎
或有菩薩　駟馬寶車　欄楯華蓋　軒飾布施　復見菩薩　身肉手足　及妻子施　求无上道　又見菩薩
頭目身體　欣樂施與　求佛智慧　文殊師利　我見諸王　往詣佛所　問无上道　便捨樂土　宮殿臣妾
剃除鬚髮　而被法服　或見菩薩　而作比丘　獨處閑靜　樂誦經典　又見菩薩　勇猛精進　入於深山
思惟佛道　又見離欲　常處空閑　深脩禪定　得五神通　又見菩薩　安禪合掌　以千万偈　讚諸法王
復見菩薩　智深志固　能問諸佛　聞悉受持　又見佛子　定慧具足　以无量喻　為衆講法　欣樂說法
化諸菩薩　破魔兵衆　而擊法鼓　又見菩薩　寂然宴默　天龍恭敬　不以為喜　又見菩薩　處林放光
濟地獄苦　令入佛道　又見佛子　未甞睡眠　經行林中　勤求佛道　又見具戒　威儀无缺　淨如寶珠

BD13816 號 1　妙法蓮華經卷一　（30–3）

車乘馬瑙 金剛諸珎 奴婢車乘 寶飾輦轝 歡喜布施 迴向佛道 願得是乘 三界第一 諸佛所歎
或有菩薩 駟馬寶車 欄楯華蓋 軒飾布施 復見菩薩 身肉手足 及妻子施 求无上道 又見菩薩
頭目身體 欣樂施與 求佛智慧 文殊師利 我見諸王 往詣佛所 問无上道 便捨樂土 宮殿臣妾
剃除鬚髮 而被法服 或見菩薩 而作比丘 獨處閑靜 樂誦經典 又見菩薩 勇猛精進 入於深山
思惟佛道 又見離欲 常處空閑 深脩禪定 得五神通 又見菩薩 安禪合掌 以千万偈 讚諸法王
復見菩薩 智深志固 能問諸佛 聞悉受持 又見佛子 定慧具足 以无量喻 為衆講法 欣樂說法
化諸菩薩 破魔兵衆 而擊法鼓 又見菩薩 寂然宴默 天龍恭敬 不以為喜 又見菩薩 處林放光
濟地獄苦 令入佛道 又見佛子 未嘗睡眠 經行林中 勤求佛道 又見具戒 威儀无缺 淨如寶珠
以求佛道 又見佛子 住忍辱力 增上慢人 惡罵捶打 皆悉能忍 以求佛道 又見菩薩 離諸戲笑
及痴眷屬 親近智者 一心除亂 攝念山林 億千万歲 以求佛道 或見菩薩 餚饍飲食 百種湯藥
施佛及僧 名衣上服 價直千万 或无價衣 施佛及僧 千万億種 栴檀寶舍 衆妙卧具 施佛及僧
清淨園林 華菓茂盛 流泉浴池 施佛及僧 如是等施 種種微妙 歡喜无猒 求无上道 或有菩薩
說寂滅法 種種教詔 无數衆生 或見菩薩 觀諸法性 无有二相 猶如虛空 又見佛子 心无所著
以此妙慧 求无上道 文殊師利 又有菩薩 佛滅度後 供養舍利 又見佛子 造諸塔廟 无數恒沙
嚴飾國界 寶塔高妙 五千由旬 縱廣正等 二千由旬 一一塔廟 各千幢幡 珠交露幔 寶鈴和鳴
諸天龍神 人及非人 香華伎樂 常以供養 文殊師利 諸佛子等 為供舍利 嚴飾塔廟 國界自然
殊特妙好 如天樹王 其華開敷 佛放一光 我及衆會 見此國界 種種殊妙 諸佛神力 智慧希有
放一淨光 照无量國 我等見此 得未曾有 佛子文殊 願決衆疑 四衆欣仰 瞻仁及我 世尊何故
放斯光明 佛子時答 決疑令喜 何所饒益 演斯光明 佛坐道場 所得妙法 為欲說此 為當授記
示諸佛土 衆寶嚴淨 及見諸佛 此非小緣 文殊當知 四衆龍神 瞻察仁者 為說何等
尒時文殊師利語弥勒菩薩摩訶薩及諸大士善男子等如我惟忖今佛世尊
欲說大法雨大法雨吹大法螺擊大法鼓演大法義諸善男子我於過去諸佛
曾見此瑞放斯光已即說大法是故當知今佛現光亦復如是欲令衆生咸得聞
知一切世間難信之法故現斯瑞諸善男子如過去无量无邊不可思議阿僧祇劫
尒時有佛号日月燈明如來應供正遍知明行足善逝世間解无上士調御丈
夫天人師佛世尊演說正法初善中善後善其義深遠其語巧妙純一无
雜具足清白梵行之相為求聲聞者說應四諦法度生老病死究竟涅槃
為求辟支佛者說應十二因緣法為諸菩薩說應六波羅蜜令得阿耨多
羅三藐三菩提成一切種智次復有佛亦名日月燈明次復有佛亦名日月
燈明如是二万佛皆同一字号日月燈明又同一姓
姓頗羅墮弥勒當知初佛後佛皆同一字名日月燈明十号具足所可說法
初中後善其最後佛未出家時有八王子一名有意二名善意三名无量意四
名寶意五名增意六名除疑意七名嚮意八名法意是八王子威德自在各
領四天下是諸王子聞父出家得阿耨多羅三藐三菩提悉捨王位亦隨出
家發大乘意常脩梵行皆為法師已於千万佛所殖諸善本是時日月燈明
佛說大乘經名无量義教菩薩法佛所護念說是經已即於大衆中結跏趺
坐入於无量義處三昧身心不動是時天雨曼陁羅華摩訶曼陁羅華曼殊
沙華摩訶曼殊沙華而散佛上及諸大衆普佛世界六種震動尒時會中比
丘比丘尼優婆塞優婆夷天龍夜叉乾闥婆阿脩羅迦樓羅緊那羅摩睺
羅伽人非人及諸小王轉輪聖王等是諸大衆得未曾有歡喜合掌一心觀佛
尒時如來放眉間白毫相光照東方万八千佛土靡不周遍如今所見是諸
佛土弥勒當知尒時會中有二十億菩薩樂欲聽法是諸菩薩見此光明
普照佛土得未曾有欲知此光所為因緣時有菩薩名曰妙光有八百弟子
是時日月燈明佛從三昧起因妙光菩薩說大乘經名妙法蓮華教菩薩

BD13816號1　妙法蓮華經卷一

（30–4）

羅伽人非人及諸小王轉輪聖王等是諸大衆得未曾有歡喜合掌一心觀佛
尒時如來放眉間白毫相光照東方万八千佛土靡不周遍如今所見是諸
佛土弥勒當知尒時會中有二十億菩薩樂欲聽法是諸菩薩見此光明
普照佛土得未曾有欲知此光所為因緣時有菩薩名曰妙光有八百弟子
是時日月燈明佛從三昧起因妙光菩薩說大乘經名妙法蓮華教菩薩
法佛所護念六十小劫不起于座時會聽者亦坐一處六十小劫身心不動聽佛所
說謂如食頃是時衆中无有一人若身若心而生懈惓日月燈明佛於六十小劫說是
經已即於梵魔沙門婆羅門及天人阿脩羅衆中而宣此言如來於今日中夜當
入无餘涅槃時有菩薩名曰德藏日月燈明佛即授其記告諸比丘是德藏菩
薩次當作佛号曰淨身多陁阿伽度阿羅訶三藐三佛陁佛授記已便於中夜
入无餘涅槃佛滅度後妙光菩薩持妙法蓮華經滿八十小劫為人演說日月
燈明佛八子皆師妙光妙光教化令其堅固阿耨多羅三藐三菩提是諸王子供
養无量百千万億佛已皆成佛道其最後成佛者名曰然燈八百弟子中有一
人号曰求名貪著利養雖復讀誦衆經而不通利多所忘失故号求名是人亦以
種諸善根因緣故得值无量百千万億諸佛供養恭敬尊重讚歎弥勒當知尒
時妙光菩薩豈異人乎我身是也求名菩薩汝身是也今見此瑞與本无異是故惟
忖今日如來當說大乘經名妙法蓮華教菩薩法佛所護念尒時文殊師利於
大衆中欲重宣此義而說偈言
我念過去世 无量无數劫 有佛人中尊 号日月燈明 世尊演說法 度无量衆生 无數億菩薩
令入佛智慧 佛未出家時 所生八王子 見大聖出家 亦隨脩梵行 時佛說大乘 經名无量義
於諸大衆中 而為廣分別 佛說此經已 即於法座上 跏趺坐三昧 名无量義處 天雨曼陁華
天鼓自然鳴 諸天龍鬼神 供養人中尊 一切諸佛土 即時大震動 佛放眉間光 現諸希有事
此光照東方 万八千佛土 示一切衆生 生死業報處 有見諸佛土 以衆寶莊嚴 琉璃頗梨色
斯由佛光照 及見諸天人 龍神夜叉衆 乾闥緊那羅 各供養其佛 又見諸如來 自然成佛道
身色如金山 端嚴甚微妙 如淨琉璃中 內現真金像 世尊在大衆 敷演深法義 一一諸佛土
聲聞衆无數 因佛光所照 悉見彼大衆 或有諸比丘 在於山林中 精進持淨戒 猶如護明珠
又見諸菩薩 行施忍辱等 其數如恒沙 斯由佛光照 又見諸菩薩 深入諸禪定 身心寂不動
以求无上道 又見諸菩薩 知法寂滅相 各於其國土 說法求佛道 尒時四部衆 見日月燈明
現大神通力 其心皆歡喜 各各自相問 是事何因緣 天人所奉尊 適從三昧起 讚妙光菩薩
汝為世間眼 一切所歸信 能奉持法藏 如我所說法 唯汝能證知 世尊既讚歎 令妙光歡喜
說是法華經 滿六十小劫 不起於此座 所說上妙法 是妙光法師 悉皆能受持 佛說是法華
令衆歡喜已 尋即於是日 告於天人衆 諸法實相義 已為汝等說 我今於中夜 當入於涅槃
汝一心精進 當離於放逸 諸佛甚難值 億劫時一遇 世尊諸子等 聞佛入涅槃 各各懷悲惱
佛滅一何速 聖主法之王 安慰无量衆 我若滅度時 汝等勿憂怖 是德藏菩薩 於无漏實相
心已得通達 其次當作佛 号曰為淨身 亦度无量衆 佛此夜滅度 如薪盡火滅 分布諸舍利
而起无量塔 比丘比丘尼 其數如恒沙 倍復加精進 以求无上道 是妙光法師 奉持佛法藏
八十小劫中 廣宣法華經 是諸八王子 妙光所開化 堅固无上道 當見无數佛 供養諸佛已
隨順行大道 相繼得成佛 轉次而授記 最後天中天 号曰然燈佛 諸仙之導師 度脫无量衆
是妙光法師 時有一弟子 心常懷懈怠 貪著於名利 求名利无猒 多遊族姓家 棄捨所習誦
廢忘不通利 以是因緣故 号之為求名 [illegible]

BD13816號1　妙法蓮華經卷一

（30–5）

佛滅一何速　聖主法之王　安慰无量衆　我若滅度時　汝等勿憂怖　是德藏菩薩　於无漏實相
心已得通達　其次當作佛　号曰為淨身　亦度无量衆　佛此夜滅度　如薪盡火滅　分布諸舍利
而起无量塔　比丘比丘尼　其數如恒沙　倍復加精進　以求无上道　是妙光法師　奉持佛法藏
八十小劫中　廣宣法華經　是諸八王子　妙光所開化　堅固无上道　當見无數佛　供養諸佛已
隨順行大道　相繼得成佛　轉次而授記　最後天中天　号曰燃燈佛　諸仙之導師　度脫无量衆
是妙光法師　時有一弟子　心常懷懈怠　貪著於名利　求名利无猒　多遊族姓家　棄捨所習誦
癈忘不通利　以是因緣故　号之為求名　亦行衆善業　得見无數佛　供養於諸佛　隨順行大道
具六波羅蜜　今見釋師子　其後當作佛　号名曰彌勒　廣度諸衆生　其數无有量　彼佛滅度後
懈怠者汝是　妙光法師者　今則我身是　我見燈明佛　本光瑞如此　以是知今佛　欲說法華經
今相如本瑞　是諸佛方便　今佛放光明　助發實相義　諸人今當知　合掌一心待　佛當雨法雨
充足求道者　諸求三乘人　若有疑悔者　佛當為除斷　令盡无有餘

妙法蓮華經方便品第二

尒時世尊從三昧安詳而起告舍利弗諸佛智慧甚深
无量其智慧門難解難入一切聲聞辟支佛所不能知所以者何佛曾親近百千
万億无數諸佛盡行諸佛无量道法勇猛精進名稱普聞成就甚深未曾有
法隨宜所說意趣難解舍利弗吾從成佛已來種種因緣種種譬喻廣演言教无數
方便引導衆生令離諸著所以者何如來方便知見波羅蜜皆已具足舍利弗如來
知見廣大深遠无量无礙力无所畏禪定解脫三昧深入无際成就一切未曾有法舍
利弗如來能種種分別巧說諸法言辭柔軟悅可衆心舍利弗取要言之无量无邊
未曾有法佛悉成就止舍利弗不須復說所以者何佛所成就第一希有難解之法
唯佛與佛乃能究盡諸法實相所謂諸法如是相如是性如是體如是力如是作如是因
如是緣如是果如是報如是本末究竟等尒時世尊欲重宣此義而說偈言
世雄不可量　諸天及世人　一切衆生類　无能知佛者　佛力无所畏　解脫諸三昧　及佛諸餘法
无能測量者　本從无數佛　具足行諸道　甚深微妙法　難見難可了　於无量億劫　行此諸道已
道場得成果　我已悉知見　如是大果報　種種性相義　我及十方佛　乃能知是事　是法不可示
言辭相寂滅　諸餘衆生類　无有能得解　除諸菩薩衆　信力堅固者　諸佛弟子衆　曾供養諸佛
一切漏已盡　住是最後身　如是諸人等　其力所不堪　假使滿世間　皆如舍利弗　盡思共度量
不能測佛智　正使滿十方　皆如舍利弗　及餘諸弟子　亦滿十方剎　盡思共度量　亦復不能知
辟支佛利智　无漏最後身　亦滿十方界　其數如竹林　斯等共一心　於億无量劫　欲思佛實智
莫能知少分　新發意菩薩　供養无數佛　了達諸義趣　又能善說法　如稻麻竹葦　充滿十方剎
一心以妙智　於恒河沙劫　咸皆共思量　不能知佛智　不退諸菩薩　其數如恒沙　一心共思求
亦復不能知　又告舍利弗　无漏不思議　甚深微妙法　我今已具得　唯我知是相　十方佛亦然
舍利弗當知　諸佛語无異　於佛所說法　當生大信力　世尊法久後　要當說真實　告諸聲聞衆
及求緣覺乘　我令脫苦縛　逮得涅槃者　佛以方便力　示以三乘教　衆生處處著　引之令得出
尒時大衆中有諸聲聞漏盡阿羅漢阿若憍陳如等千二百人及發聲聞辟支佛心
比丘比丘尼優婆塞優婆夷各作是念今者世尊何故慇懃稱歎方便而作是
言佛所得法甚深難解有所言說意趣難知一切聲聞辟支佛所不能及佛
說一解脫義我等亦得此法到於涅槃而今不知是義所趣尒時舍利弗知
四衆心疑自亦未了而白佛言世尊何因何緣慇懃稱歎諸佛第一方便甚深
微妙難解之法我自昔來未曾從佛聞如是說今者四衆咸皆有疑唯願世尊敷

比丘比丘尼優婆塞優婆夷各作是念今者世尊何故慇懃稱歎方便而作是
言佛所得法甚深難解有所言說意趣難知一切聲聞辟支佛所不能及佛
說一解脫義我等亦得此法到於涅槃而今不知是義所趣尒時舍利弗知
四衆心疑自亦未了而白佛言世尊何因何緣慇懃稱歎諸佛第一方便甚深
微妙難解之法我自昔來未曾從佛聞如是說今者四衆咸皆有疑唯願世尊敷
演斯事何故慇懃稱歎甚深微妙難解之法尒時舍利弗欲重宣此義而說偈言
慧日大聖尊　久乃說是法　自說得如是　力无畏三昧　禪定解脫等　不可思議法　道場所得法
无能發問者　我意難可測　亦无能問者　无問而自說　稱歎所行道　智慧甚微妙　諸佛之所得
无漏諸羅漢　及求涅槃者　今皆墮疑網　佛何故說是　其求緣覺者　比丘比丘尼　諸天龍鬼神
及乾闥婆等　相視懷猶豫　瞻仰兩足尊　是事為云何　願佛為解說　於諸聲聞衆　佛說我第一
我今自於智　疑惑不能了　為是究竟法　為是所行道　佛口所生子　合掌瞻仰待　願出微妙音
時為如實說　諸天龍神等　其數如恒沙　求佛諸菩薩　大數有八万　又諸万億國　轉輪聖王至
合掌以敬心　欲聞具足道　尒時佛告舍利弗止止不須復說若說是事一切世間
諸天及人皆當驚疑舍利弗重白佛言世尊唯願說之唯願說之所以者何是會
无數百千万億阿僧祇衆生曾見諸佛諸根猛利智慧明了聞佛所說則能敬
信尒時舍利弗欲重宣此義而說偈言　法王无上尊　唯說願勿慮　是會无量衆
有能敬信者　佛復止舍利弗若說是事一切世間天人阿脩羅皆當驚疑增
上慢比丘將墜於大坑尒時世尊重說偈言　止止不須說　我法妙難思　諸增上慢者
聞必不敬信　尒時舍利弗重白佛言世尊唯願說之唯願說之今此會中如
我等比百千万億世世已曾從佛受化如此人等必能敬信長夜安隱多所饒
益尒時舍利弗欲重宣此義而說偈言　无上兩足尊　願說第一法　我為佛長子
唯垂分別說　是會无量衆　能敬信此法　佛已曾世世　教化如是等　皆一心合掌　欲聽受佛語
我等千二百　及餘求佛者　願為此衆故　唯垂分別說　是等聞此法　則生大歡喜　尒時世尊告
舍利弗汝已慇懃三請豈得不說汝今諦聽善思念之吾當為汝分別解說說
此語時會中有比丘比丘尼優婆塞優婆夷五千人等即從座起禮佛而退所以
者何此輩罪根深重及增上慢未得謂得未證謂證有如此失是以不住世尊默
然而不制止尒時佛告舍利弗我今此衆无復枝葉純有貞實舍利弗如是增上慢
人退亦佳矣汝今善聽當為汝說舍利弗言唯然世尊願樂欲聞佛告舍利弗如是
妙法諸佛如來時乃說之如優曇鉢華時一現耳舍利弗汝等當信佛之所說言
不虛妄舍利弗諸佛隨宜說法意趣難解所以者何我以无數方便種種因
緣譬喻言辭演說諸法是法非思量分別之所能解唯有諸佛乃能知之所以者
何諸佛世尊唯以一大事因緣故出現於世舍利弗云何名諸佛世尊唯以一大
事因緣故出現於世諸佛世尊欲令衆生開佛知見使得清淨故出現於世欲示
衆生佛之知見故出現於世欲令衆生悟佛知見故出現於世欲令衆生入佛知
見道故出現於世舍利弗是為諸佛以一大事因緣故出現於世佛告舍利弗
諸佛如來但教化菩薩諸有所作常為一事唯以佛之知見示悟衆生舍利弗
如來但以一佛乘故為衆生說法无有餘乘若二若三舍利弗一切十方諸佛法亦
如是舍利弗過去諸佛以无量无數方便種種因緣譬喻言辭而為衆生演說諸法

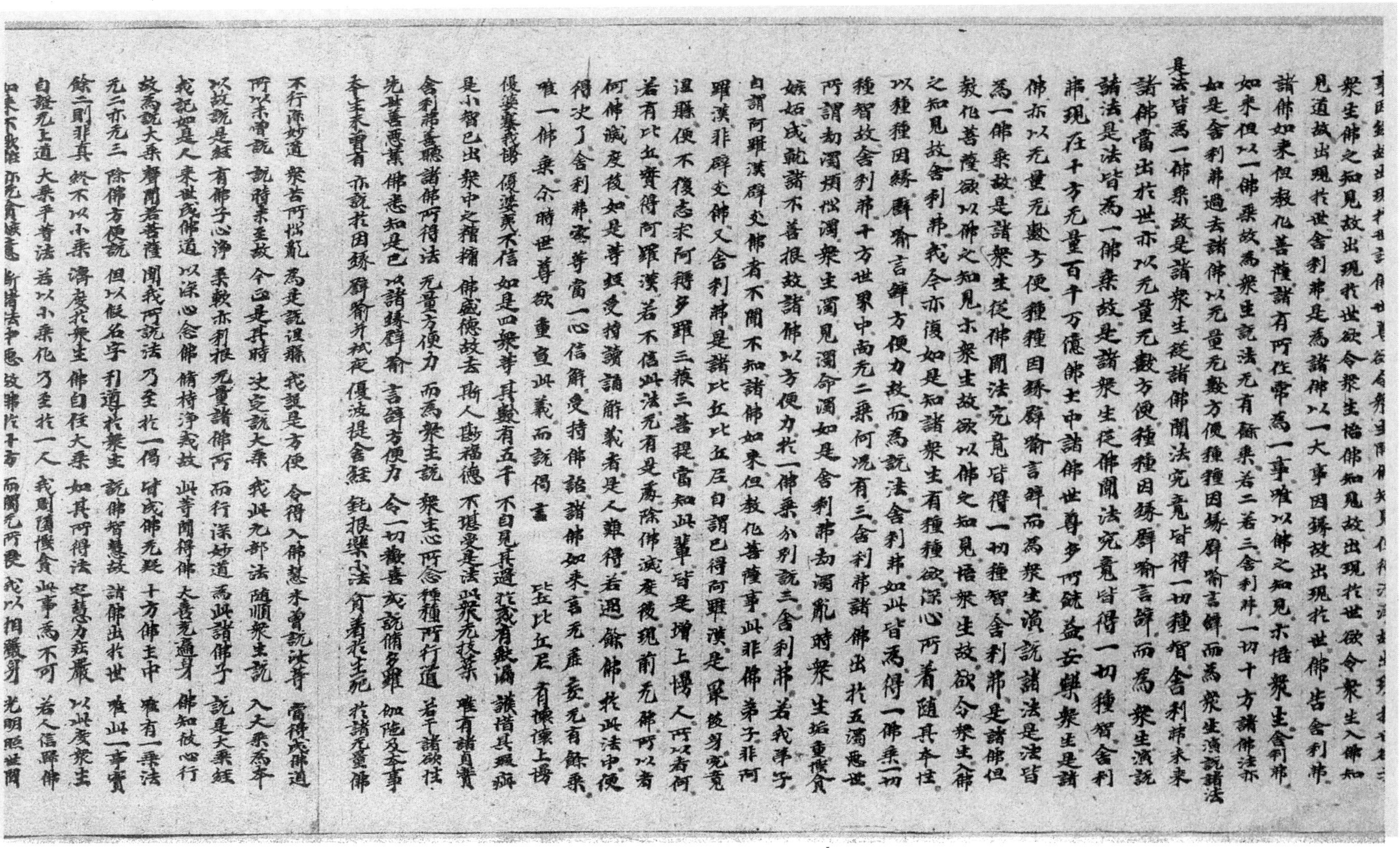
衆生佛之知見故出現於世欲令衆生悟佛知見故出現於世欲令衆生入佛知
見道故出現於世舍利弗是爲諸佛以一大事因緣故出現於世佛告舍利弗
諸佛如來但教化菩薩諸有所作常爲一事唯以佛之知見示悟衆生舍利弗
如來但以一佛乘故爲衆生說法无有餘乘若二若三舍利弗一切十方諸佛法亦
如是舍利弗過去諸佛以无量无數方便種種因緣譬喻言辭而爲衆生演說諸法
是法皆爲一佛乘故是諸衆生從諸佛聞法究竟皆得一切種智舍利弗未來
諸佛當出於世亦以无量无數方便種種因緣譬喻言辭而爲衆生演說
諸法是法皆爲一佛乘故是諸衆生從佛聞法究竟皆得一切種智舍利
弗現在十方无量百千万億佛土中諸佛世尊多所饒益安樂衆生是諸
佛亦以无量无數方便種種因緣譬喻言辭而爲衆生演說諸法是法皆
爲一佛乘故是諸衆生從佛聞法究竟皆得一切種智舍利弗是諸佛但
教化菩薩欲以佛之知見示衆生故欲以佛之知見悟衆生故欲令衆生入佛
之知見故舍利弗我今亦復如是知諸衆生有種種欲深心所著隨其本性
以種種因緣譬喻言辭方便力故而爲說法舍利弗如此皆爲得一佛乘一切
種智故舍利弗十方世界中尚无二乘何况有三舍利弗諸佛出於五濁惡世
所謂劫濁煩惱濁衆生濁見濁命濁如是舍利弗劫濁亂時衆生垢重慳貪
嫉妬成就諸不善根故諸佛以方便力於一佛乘分別說三舍利弗若我弟子
自謂阿羅漢辟支佛者不聞不知諸佛如來但教化菩薩事此非佛弟子非阿
羅漢非辟支佛又舍利弗是諸比丘比丘尼自謂已得阿羅漢是最後身究竟
涅槃便不復志求阿耨多羅三藐三菩提當知此輩皆是增上慢人所以者何
若有比丘實得阿羅漢若不信此法无有是處除佛滅度後現前无佛所以者
何佛滅度後如是等經受持讀誦解義者是人難得若遇餘佛於此法中便
得決了舍利弗汝等當一心信解受持佛語諸佛如來言无虛妄无有餘乘
唯一佛乘尒時世尊欲重宣此義而說偈言　比丘比丘尼　有懷增上慢
優婆塞我慢　優婆夷不信　如是四衆等　其數有五千　不自見其過　於戒有缺漏　護惜其瑕疵
是小智已出　衆中之糟糠　佛威德故去　斯人尠福德　不堪受是法　此衆无枝葉　唯有諸貞實
舍利弗善聽　諸佛所得法　无量方便力　而爲衆生說　衆生心所念　種種所行道　若干諸欲性
先世善惡業　佛悉知是已　以諸緣譬喻　言辭方便力　令一切歡喜　或說脩多羅　伽陀及本事
本生未曾有　亦說於因緣　譬喻并祇夜　優波提舍經　鈍根樂小法　貪著於生死　於諸无量佛
不行深妙道　衆苦所惱亂　爲是說涅槃　我設是方便　令得入佛慧　未曾說汝等　當得成佛道
所以未曾說　說時未至故　今正是其時　決定說大乘　我此九部法　隨順衆生說　入大乘爲本
以故說是經　有佛子心淨　柔軟亦利根　无量諸佛所　而行深妙道　爲此諸佛子　說是大乘經
我記如是人　來世成佛道　以深心念佛　脩持淨戒故　此等聞得佛　大喜充遍身　佛知彼心行
故爲說大乘　聲聞若菩薩　聞我所說法　乃至於一偈　皆成佛无疑　十方佛土中　唯有一乘法
无二亦无三　除佛方便說　但以假名字　引導於衆生　說佛智慧故　諸佛出於世　唯此一事實
餘二則非真　終不以小乘　濟度於衆生　佛自住大乘　如其所得法　定慧力莊嚴　以此度衆生
自證无上道　大乘平等法　若以小乘化　乃至於一人　我則墮慳貪　此事爲不可　若人信歸佛
如來不欺誑　亦无貪嫉意　斷諸法中惡　故佛於十方　而獨无所畏　我以相嚴身　光明照世間

BD13816號1　妙法蓮華經卷一　（30–8）

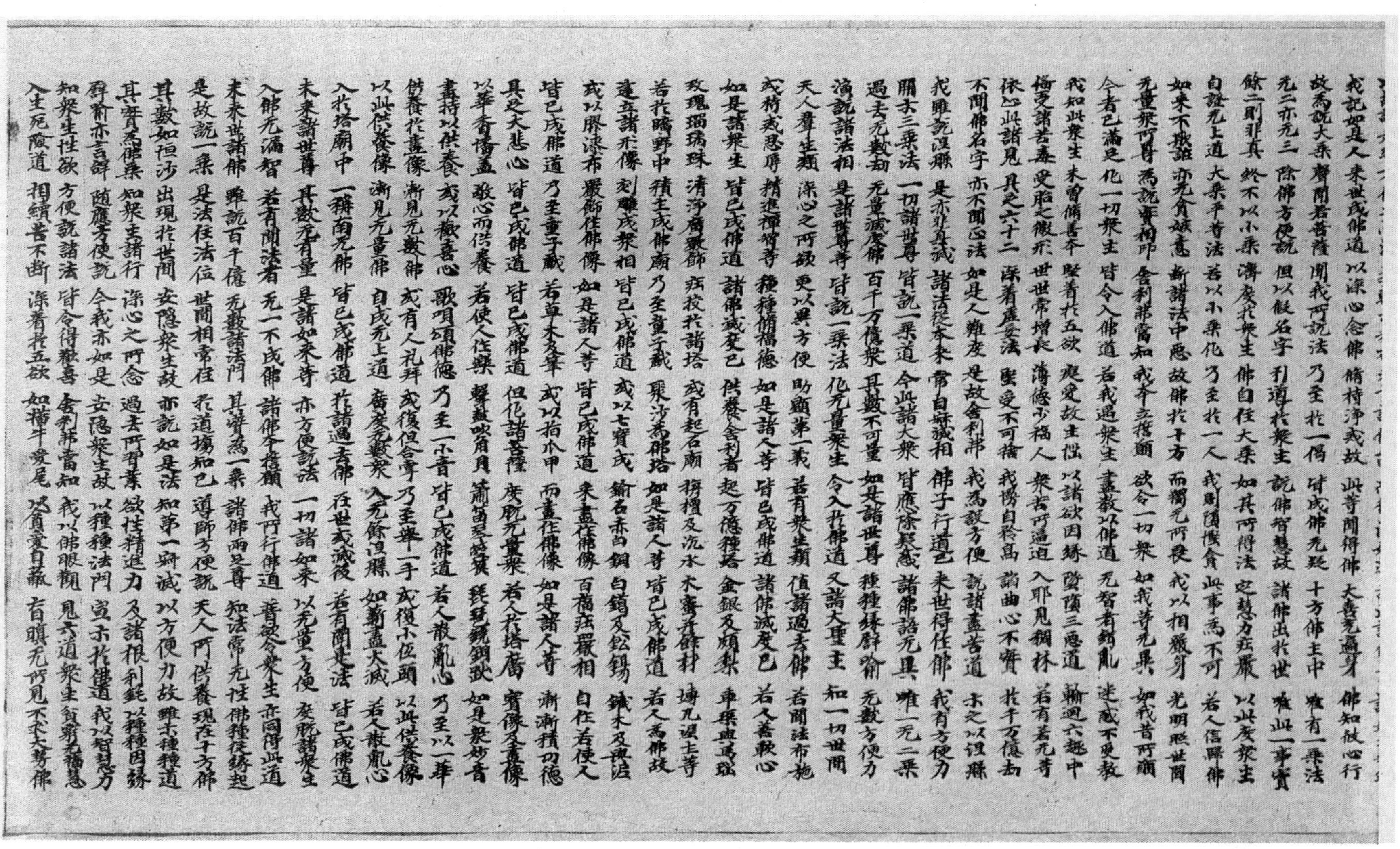
我記如是人　來世成佛道　以深心念佛　脩持淨戒故　此等聞得佛　大喜充遍身　佛知彼心行
故爲說大乘　聲聞若菩薩　聞我所說法　乃至於一偈　皆成佛无疑　十方佛土中　唯有一乘法
无二亦无三　除佛方便說　但以假名字　引導於衆生　說佛智慧故　諸佛出於世　唯此一事實
餘二則非真　終不以小乘　濟度於衆生　佛自住大乘　如其所得法　定慧力莊嚴　以此度衆生
自證无上道　大乘平等法　若以小乘化　乃至於一人　我則墮慳貪　此事爲不可　若人信歸佛
如來不欺誑　亦无貪嫉意　斷諸法中惡　故佛於十方　而獨无所畏　我以相嚴身　光明照世間
无量衆所尊　爲說實相印　舍利弗當知　我本立誓願　欲令一切衆　如我等无異　如我昔所願
今者已滿足　化一切衆生　皆令入佛道　若我遇衆生　盡教以佛道　无智者錯亂　迷惑不受教
我知此衆生　未曾脩善本　堅著於五欲　癡愛故生惱　以諸欲因緣　墜墮三惡道　輪迴六趣中
備受諸苦毒　受胎之微形　世世常增長　薄德少福人　衆苦所逼迫　入邪見稠林　若有若无等
依止此諸見　具足六十二　深著虛妄法　堅受不可捨　我慢自矜高　諂曲心不實　於千万億劫
不聞佛名字　亦不聞正法　如是人難度　是故舍利弗　我爲設方便　說諸盡苦道　示之以涅槃
我雖說涅槃　是亦非真滅　諸法從本來　常自寂滅相　佛子行道已　來世得作佛　我有方便力
開示三乘法　一切諸世尊　皆說一乘道　今此諸大衆　皆應除疑惑　諸佛語无異　唯一无二乘
過去无數劫　无量滅度佛　百千万億種　其數不可量　如是諸世尊　種種緣譬喻　无數方便力
演說諸法相　是諸世尊等　皆說一乘法　化无量衆生　令入於佛道　又諸大聖主　知一切世間
天人羣生類　深心之所欲　更以異方便　助顯第一義　若有衆生類　值諸過去佛　若聞法布施
或持戒忍辱　精進禪智等　種種脩福德　如是諸人等　皆已成佛道　諸佛滅度已　若人善軟心
如是諸衆生　皆已成佛道　諸佛滅度已　供養舍利者　起万億種塔　金銀及頗梨　車𤦲與馬瑙
玫瑰瑠璃珠　清淨廣嚴飾　莊校於諸塔　或有起石廟　栴檀及沈水　木櫁并餘材　甎瓦泥土等
若於曠野中　積土成佛廟　乃至童子戲　聚沙爲佛塔　如是諸人等　皆已成佛道　若人爲佛故
建立諸形像　刻雕成衆相　皆已成佛道　或以七寶成　鍮石赤白銅　白鑞及鉛錫　鐵木及與泥
或以膠漆布　嚴飾作佛像　如是諸人等　皆已成佛道　綵畫作佛像　百福莊嚴相　自作若使人
皆已成佛道　乃至童子戲　若草木及筆　或以指爪甲　而畫作佛像　如是諸人等　漸漸積功德
具足大悲心　皆已成佛道　但化諸菩薩　度脫无量衆　若人於塔廟　寶像及畫像
以華香幡蓋　敬心而供養　若使人作樂　擊鼓吹角貝　簫笛琴箜篌　琵琶鐃銅鈸　如是衆妙音
盡持以供養　或以歡喜心　歌唄頌佛德　乃至一小音　皆已成佛道　若人散亂心　乃至以一華
供養於畫像　漸見无數佛　或有人禮拜　或復但合掌　乃至舉一手　或復小低頭　以此供養像
以此供養像　漸見无量佛　自成无上道　廣度无數衆　入无餘涅槃　如薪盡火滅　若人散亂心
入於塔廟中　一稱南无佛　皆已成佛道　於諸過去佛　在世或滅後　若有聞是法　皆已成佛道
未來諸世尊　其數无有量　是諸如來等　亦方便說法　一切諸如來　以无量方便　度脫諸衆生
入佛无漏智　若有聞法者　无一不成佛　諸佛本誓願　我所行佛道　普欲令衆生　亦同得此道
未來世諸佛　雖說百千億　无數諸法門　其實爲一乘　諸佛兩足尊　知法常无性　佛種從緣起
是故說一乘　是法住法位　世間相常住　於道場知已　導師方便說　天人所供養　現在十方佛
其數如恒沙　出現於世間　安隱衆生故　亦說如是法　知第一寂滅　以方便力故　雖示種種道
其實爲佛乘　知衆生諸行　深心之所念　過去所習業　欲性精進力　及諸根利鈍　以種種因緣
譬喻亦言辭　隨應方便說　今我亦如是　安隱衆生故　以種種法門　宣示於佛道　我以智慧力
知衆生性欲　方便說諸法　皆令得歡喜　舍利弗當知　我以佛眼觀　見六道衆生　貧窮无福慧
入生死險道　相續苦不斷　深著於五欲　如犛牛愛尾　以貪愛自蔽　盲瞑无所見　不求大勢佛

BD13816號1　妙法蓮華經卷一　（30–9）

是故說一乘 是法住法位 世間相常住 於道場知已 導師方便說 天人所供養 現在十方佛
其數如恒沙 出現於世間 安隱眾生故 亦說如是法 知第一寂滅 以方便力故 雖示種種道
其實為佛乘 知眾生諸行 深心之所念 過去所習業 欲性精進力 及諸根利鈍 以種種因緣
譬喻亦言辭 隨應方便說 今我亦如是 安隱眾生故 以種種法門 宣示於佛道 我以智慧力
知眾生性欲 方便說諸法 皆令得歡喜 舍利弗當知 我以佛眼觀 見六道眾生 貧窮无福慧
入生死險道 相續苦不斷 深著於五欲 如犛牛愛尾 以貪愛自蔽 盲瞑无所見 不求大勢佛
及與斷苦法 深入諸邪見 以苦欲捨苦 為是眾生故 而起大悲心 我始坐道場 觀樹亦經行
於三七日中 思惟如是事 我所得智慧 微妙最第一 眾生諸根鈍 著樂癡所盲 如斯之等類
云何而可度 尒時諸梵王 及諸天帝釋 護世四天王 及大自在天 并餘諸天眾 眷屬百千万
恭敬合掌礼 請我轉法輪 我即自思惟 若但讚佛乘 眾生沒在苦 不能信是法 破法不信故
墜於三惡道 我寧不說法 疾入於涅槃 尋念過去佛 所行方便力 我今所得道 亦應說三乘
作是思惟時 十方佛皆現 梵音慰喻我 善哉釋迦文 第一之導師 得是无上法 隨諸一切佛
而用方便力 我等亦皆得 最妙第一法 為諸眾生類 分別說三乘 少智樂小法 不自信作佛
是故以方便 分別說諸果 雖復說三乘 但為教菩薩 舍利弗當知 我聞聖師子 深淨微妙音
喜稱南无佛 復作如是念 我出濁惡世 如諸佛所說 我亦隨順行 思惟是事已 即趣波羅奈
諸法寂滅相 不可以言宣 以方便力故 為五比丘說 是名轉法輪 便有涅槃音 及以阿羅漢
法僧差別名 從久遠劫來 讚示涅槃法 生死苦永盡 我常如是說 舍利弗當知 我見佛子等
志求佛道者 无量千万億 咸以恭敬心 皆來至佛所 曾從諸佛聞 方便所說法 我即作是念
所以出於世 為說佛慧故 今正是其時 舍利弗當知 鈍根小智人 著相憍慢者 不能信是法
今我喜无畏 於諸菩薩中 正直捨方便 但說无上道 菩薩聞是法 疑網皆已除 千二百羅漢
悉亦當作佛 如三世諸佛 說法之儀式 我今亦如是 說无分別法 諸佛興出世 懸遠值遇難
正使出于世 說是法復難 无量无數劫 聞是法亦難 能聽是法者 斯人亦復難 譬如優曇華
一切皆愛樂 天人所希有 時時乃一出 聞法歡喜讚 乃至發一言 則為已供養 一切三世佛
是人甚希有 過於優曇華 汝等勿有疑 我為諸法王 普告諸大眾 但以一乘道 教化諸菩薩
无聲聞弟子 汝等舍利弗 聲聞及菩薩 當知是妙法 諸佛之秘要 以五濁惡世 但樂著諸欲
如是等眾生 終不求佛道 當來世惡人 聞佛說一乘 迷惑不信受 破法墮惡道 有慚愧清淨
志求佛道者 當為如是等 廣讚一乘道 舍利弗當知 諸佛法如是 以万億方便 隨宜而說法
其不習學者 不能曉了此 汝等既已知 諸佛世之師 隨宜方便事 无復諸疑惑 心生大歡喜
自知當作佛

妙法蓮華經卷第一

尒時舍利弗踊躍歡喜即起合掌瞻仰尊顏而白佛

妙法蓮華經譬喻品第三 卷二

言今從世尊聞此法音心懷踊躍得未曾有所以者何我昔從佛聞如是法見諸菩
薩受記作佛而我等不預斯事甚自感傷失於如來无量知見世尊我常獨處山林
樹下若坐若行每作是念我等同入法性云何如來以小乘法而見濟度是我咎
非世尊也所以者何若我等待說所因成就阿耨多羅三藐三菩提者必以大乘而
得度脫然我等不解方便隨宜所說初聞佛法遇便信受思惟取證世尊我從
昔來終日竟夜每自剋責而今從佛聞所未聞未曾有法斷諸疑悔身意泰
然快得安隱今日乃知真是佛子從佛口生從法化生得佛法分尒時舍利弗
欲重宣此義而說偈言
我聞是法音 得所未曾有 心懷大歡喜 疑網皆已除

BD13816號1　妙法蓮華經卷一　（30–10）
BD13816號2　妙法蓮華經卷二

非世尊也所以者何若我等待說所因成就阿耨多羅三藐三菩提者必以大乘而
得度脫然我等不解方便隨宜所說初聞佛法遇便信受思惟取證世尊我從
昔來終日竟夜每自剋責而今從佛聞所未聞未曾有法斷諸疑悔身意泰
然快得安隱今日乃知真是佛子從佛口生從法化生得佛法分尒時舍利弗
欲重宣此義而說偈言
我聞是法音 得所未曾有 心懷大歡喜 疑網皆已除
昔來蒙佛教 不失於大乘 佛音甚希有 能除眾生惱 我已得漏盡 聞亦除憂惱 我處於山谷
或在林樹下 若坐若經行 常思惟是事 嗚呼深自責 云何而自欺 我等亦佛子 同入无漏法
不能於未來 演說无上道 金色三十二 十力諸解脫 同共一法中 而不得此事 八十種妙好 十八不共法
如是等功德 而我皆已失 我獨經行時 見佛在大眾 名聞滿十方 廣饒益眾生 自惟失此利
我為自欺誑 我常於日夜 每思惟是事 欲以問世尊 為失為不失 我常見世尊 稱讚諸菩薩
以是於日夜 籌量如此事 今聞佛音聲 隨宜而說法 无漏難思議 令眾至道場 我本著邪見
為諸梵志師 世尊知我心 拔邪說涅槃 我悉除邪見 於空法得證 尒時心自謂 得至於滅度
而今乃自覺 非是實滅度 若得作佛時 具三十二相 天人夜叉眾 龍神等恭敬 是時乃可得
永盡滅无餘 佛於大眾中 說我當作佛 聞如是法音 疑悔悉已除 初聞佛所說 心中大驚疑
將非魔作佛 惱亂我心耶 佛以種種緣 譬喻巧言說 其心安如海 我聞疑網斷 佛說過去世
无量滅度佛 安住方便中 亦皆說是法 現在未來佛 其數无有量 亦以諸方便 演說如是法
如今者世尊 從生及出家 得道轉法輪 亦以方便說 世尊說實道 波旬无此事 以是我定知
非是魔作佛 我墮疑網故 謂是魔所為 聞佛柔軟音 深遠甚微妙 演暢清淨法 我心大歡喜
疑悔永已盡 安住實智中 我定當作佛 為天人所敬 轉无上法輪 教化諸菩薩 尒時佛告舍
利弗吾今於天人沙門婆羅門等大眾中說我昔曾於二万億佛所為无上道故常教
化汝汝亦長夜隨我受學我以方便引導汝故生我法中舍利弗我昔教汝志願佛道
汝今悉忘而便自謂已得滅度我今還欲令汝憶念本願所行道故為諸聲聞說是大
乘經名妙法蓮華教菩薩法佛所護念舍利弗汝於未來世過无量无邊不可思議
劫供養若干千万億佛奉持正法具足菩薩所行之道當得作佛號曰華光如來應
供正遍知明行足善逝世間解无上士調御丈夫天人師佛世尊國名離垢其土平正清淨
嚴飾安隱豐樂天人熾盛琉璃為地有八交道黃金為繩以界其側其傍各有七寶行樹
常有華菓華光如來亦以三乘教化眾生舍利弗彼佛出時雖非惡世以本願故說三乘法
其劫名大寶莊嚴何故名曰大寶莊嚴其國中以菩薩為大寶故彼諸菩薩无量无邊不可
思議算數譬喻所不能及非佛智力无能知者若欲行時寶華承足此諸菩薩非初發
意皆久殖德本於无量百千万億佛所淨脩梵行恒為諸佛之所稱歎常脩佛慧具大
神通善知一切諸法之門質直无偽志念堅固如是菩薩充滿其國舍利弗華光佛壽
十二小劫除為王子未作佛時其國人民壽八小劫華光如來過十二小劫授堅滿菩薩
阿耨多羅三藐三菩提記告諸比丘是堅滿菩薩次當作佛號曰華足安行多陁阿伽
度阿羅訶三藐三佛陁其佛國土亦復如是舍利弗是華光佛滅度之後正法住世三十
二小劫像法住世亦三十二小劫尒時世尊欲重宣此義而說偈言 舍利弗來世 成佛普智尊
號名曰華光 當度无量眾 供養无數佛 具足菩薩行 十力等功德 證於无上道 過无量劫已
劫名大寶嚴 世界名離垢 清淨无瑕穢 以琉璃為地 金繩界其道 七寶雜色樹 常有華菓實

BD13816號2　妙法蓮華經卷二　（30–11）

阿耨多羅三藐三菩提記[illegible]
度阿羅訶三藐三佛陀其佛國土亦復如是舍利弗是華光佛滅度之後正法住世三十
二小劫像法住世亦三十二小劫尒時世尊欲重宣此義而說偈言舍利弗來世成佛普智尊
号名曰華光當度無量眾供養無數佛具足菩薩行十力等功德證於無上道過無量劫已
劫名大寶嚴世界名離垢清淨無瑕穢以琉璃為地金繩界其道七寶雜色樹常有華菓實
彼國諸菩薩志念常堅固神通波羅蜜皆已悉具足於無數佛所善學菩薩道如是等大士
華光佛所化佛為王子時棄國捨世榮於最末後身出家成佛道華光佛住世壽十二小劫
其國人民眾壽命八小劫佛滅度之後正法住於世三十二小劫廣度諸眾生正法滅盡已
像法三十二舍利廣流布天人普供養華光佛所為其事皆如是其兩足聖尊最勝無倫匹
彼即是汝身宜應自欣慶 尒時四部眾比丘比丘尼優婆塞優婆夷天龍夜叉乹闥婆阿
脩羅迦樓羅緊那羅摩睺羅伽等大眾見舍利弗於佛前受阿耨多羅三藐三菩提
記心大歡喜踊躍無量各各脫身所着上衣以供養佛釋提桓因梵天王等與無數
天子亦以天妙衣天曼陁羅華摩訶曼陁羅華等供養於佛所散天衣住虛空中
而自迴轉諸天伎樂百千万種於虛空中一時俱作雨眾天華而作是言佛昔於波羅奈初
轉法輪今乃復轉無上最大法輪尒時諸天子欲重宣此義而說偈言 昔於波羅奈
轉四諦法輪分別說諸法五眾之生滅今復轉最妙無上大法輪是法甚深奧少有能信者
我等從昔來數聞世尊說未曾聞如是深妙之上法世尊說是法我等皆隨喜大智舍利弗
今得受尊記我等亦如是必當得作佛於一切世間最尊無有上佛道叵思議方便隨宜說
我所有福業今世若過世及見佛功德盡迴向佛道 尒時舍利弗白佛言世尊我今無復疑
悔親於佛前得受阿耨多羅三藐三菩提記是諸千二百心自在者昔住學地佛
常教化言我法能離生老病死究竟涅槃是學無學人亦各自以離我見及有無見
等謂得涅槃而今於世尊前聞所未聞皆墮疑惑善哉世尊願為四眾說其因緣
令離疑悔尒時佛告舍利弗我先不言諸佛世尊以種種因緣譬喻言辭方便說法
皆為阿耨多羅三藐三菩提耶是諸所說皆為化菩薩故然舍利弗今當復以譬
喻更明此義諸有智者以譬喻得解舍利弗若國邑聚落有大長者其年衰邁財
富無量多有田宅及諸僮僕其家廣大唯有一門多諸人眾一百二百乃至五百人
止住其中堂閣朽故墻壁頹落柱根腐敗梁棟傾危周帀俱時欻然火起焚燒舍宅
長者諸子若十二十或至三十在此宅中長者見是大火從四面起即大驚怖而作是
念我雖能於此所燒之門安隱得出而諸子等於火宅內樂着嬉戲不覺不知不驚
不怖火來逼身苦痛切已心不猒患無求出意舍利弗是長者作是思惟我身手有
力當以衣祴若以几案從舍出之復更思惟是舍唯有一門而復狹小諸子幼稚未有
所識戀着戲處或當墮落為火所燒我當為說怖畏之事此舍已燒宜時疾出無
令為火之所燒害作是念已如所思惟具告諸子汝等速出父雖憐愍善言誘喻而諸
子等樂着嬉戲不肯信受不驚不畏了無出心亦復不知何者是火何者為舍云何
為失但東西走戲視父而已尒時長者即作是念此舍已為大火所燒我及諸子若不
時出必為所焚我今當設方便令諸子等得免斯害父知諸子先心各有所好種種珍玩奇異
之物情必樂着而告之言汝等所可玩好希有難得汝若不取後必憂悔如此種種羊車
[illegible]尒時諸

子等樂着嬉戲不肯信受不驚不畏了無出心亦復不知何者是火何者為舍云何
為失但東西走戲視父而已尒時長者即作是念此舍已為大火所燒我及諸子若不
時出必為所焚我今當設方便令諸子等得免斯害父知諸子先心各有所好種種珍玩奇異
之物情必樂着而告之言汝等所可玩好希有難得汝若不取後必憂悔如此種種羊車
鹿車牛車今在門外可以遊戲汝等於此火宅宜速出來隨汝所欲皆當與汝尒時諸
子聞父所說珍玩之物適其願故心各勇銳互相推排競共馳走爭出火宅是時
長者見諸子等安隱得出皆於四衢道中露地而坐無復障礙其心泰然歡喜踊
躍時諸子等各白父言父先所許玩好之具羊車鹿車牛車願時賜與舍利弗尒時
長者各賜諸子等一大車其車高廣眾寶莊校周帀欄楯四面懸鈴又於其上張設
幰蓋亦以珍奇雜寶而嚴飾之寶繩交絡垂諸華瓔重敷綩綖安置丹枕駕以白牛膚
色充潔形體姝好有大筋力行步平正其疾如風又多僕從而侍衛之所以者何是大長
者財富無量種種諸藏悉皆充溢而作是念我財物無極不應以下劣小車與諸子等今
此幼童皆是吾子愛無偏黨我有如是七寶大車其數無量應當等心各各與之不宜差
別所以者何以我此物周給一國猶尚不匱何況諸子是時諸子各乘大車得未曾有非本所
望舍利弗於汝意云何是長者等與諸子珍寶大車寧有虛妄不舍利弗言不也世尊是
長者但令諸子得免火難全其軀命非為虛妄何以故若全身命便為已得玩好之具況
復方便於彼火宅而拔濟之世尊若是長者乃至不與最小一車猶不虛妄何以故是長者先
作是意我以方便令子得出以是因緣無虛妄也何況長者自知財富無量欲饒益諸子等與
大車佛告舍利弗善哉善哉如汝所言舍利弗如來亦復如是則為一切世間之父於諸
怖畏衰惱憂患無明闇蔽永盡無餘而悉成就無量知見力無所畏有大神力及智力具足
方便智慧波羅蜜大慈大悲常無懈惓恒求善事利益一切而生三界朽故火宅為度眾生生老病死
憂悲苦惱愚癡闇蔽三毒之火教化令得阿耨多羅三藐三菩提見諸眾生為生老病死憂
悲苦惱之所燒煑亦以五欲財利故受種種苦又以貪着追求故現受眾苦後受地獄畜生餓
鬼之苦若生天上及在人間貧窮困苦愛別離苦怨憎會苦如是等種種諸苦眾生沒在
其中歡喜遊戲不覺不知不驚不怖亦不生猒不求解脫於此三界火宅東西馳走雖遭
大苦不以為患舍利弗佛見此已便作是念我為眾生之父應拔其苦難與無量無邊
佛智慧樂令其遊戲舍利弗如來復作是念若我但以神力及智慧力捨於方便為諸眾生讚
如來知見力無所畏者眾生不能以是得度所以者何是諸眾生未免生老病死憂悲苦惱
而為三界火宅所燒何由能解佛之智慧舍利弗如彼長者雖復身手有力而不用之
但以慇懃方便勉濟諸子火宅之難然後各與珍寶大車如來亦復如是雖有力無所畏
而不用之但以智慧方便於三界火宅拔濟眾生為說三乘聲聞辟支佛佛乘而作是言
汝等莫得樂住三界火宅勿貪麁弊色聲香味觸也若貪着生愛則為所燒汝等速出三
界當得三乘聲聞辟支佛佛乘我今為汝保任此事終不虛也汝等但當勤修精進如
來以是方便誘進眾生復作是言汝等當知此三乘法皆是聖所稱歎自在無繫無所依
求乘是三乘以無漏根力覺道禪定解脫三昧等而自娛樂便得無量安隱快樂舍利
弗若有眾生內有智性從佛世尊聞法信受慇懃精進欲速出三界自求涅槃是名聲
聞乘如彼諸子為求羊車出於火宅若有眾生從佛世尊聞法信受慇懃精進求自然

界當得三乘聲聞辟支佛佛乘我今為汝保任此事終不虛也汝等但當勤脩精進如
來以是方便誘進衆生復作是言汝等當知此三乘法皆是聖所稱歎自在无繫无所依
求乘是三乘以无漏根力覺道禪定解脫三昧等而自娛樂便得无量安隱快樂舍利
弗若有衆生内有智性從佛世尊聞法信受慇懃精進欲速出三界自求涅槃是名聲
聞乘如彼諸子為求羊車出於火宅若有衆生從佛世尊聞法信受慇懃精進求自然
慧樂獨善寂深知諸法因緣是名辟支佛乘如彼諸子為求鹿車出於火宅若有衆
生從佛世尊聞法信受勤脩精進求一切智佛智自然智无師智如來知見力无所畏
愍念安樂无量衆生利益天人度脫一切是名大乘菩薩求此乘故名為摩訶薩如彼
諸子為求牛車出於火宅舍利弗如彼長者見諸子等安隱得出火宅到无畏處自惟
財富无量等以大車而賜諸子如來亦復如是為一切衆生之父若見无量億千衆生
以佛教門出三界苦怖畏險道得涅槃樂如來尒時便作是念我有无量无邊智慧力
无畏等諸佛法藏是諸衆生皆是我子等與大乘不令有人獨得滅度皆以如來滅度
而滅度之是諸衆生脫三界者悉與諸佛禪定解脫等娛樂之具皆是一相一
種聖所稱歎能生淨妙第一之樂舍利弗如彼長者初以三車誘引諸子然後
但與大車寶物莊嚴安隱第一然彼長者无虛妄之咎如來亦復如是无有虛
妄初說三乘引導衆生然後但以大乘而度脫之何以故如來有无量智慧
力无所畏諸法之藏能與一切衆生大乘之法但不盡能受舍利弗以是因
緣當知諸佛方便力故於一佛乘分別說三佛欲重宣此義而說偈言
譬如長者 有一大宅 其宅久故 而復頓弊 堂舍高危 柱根摧朽 梁棟傾斜 基陛頹毀
墻壁圮坼 泥塗褫落 覆苫亂墜 椽梠差脫 周障屈曲 雜穢充遍 有五百人 止住其中
鵄梟鵰鷲 烏鵲鳩鴿 蚖虵蝮蝎 蜈蚣蚰蜒 守宮百足 狖狸鼷鼠 諸惡蟲輩 交橫馳走 屎尿臭處
不淨流溢 蜣蜋諸蟲 而集其上 狐狼野干 咀嚼踐蹋 嚌齧死屍 骨肉狼藉 由是群狗
競來搏撮 飢羸慞惶 處處求食 鬪諍攎掣 啀喍嘷吠 其舍恐怖 變狀如是 處處皆有
魑魅魍魎 夜叉惡鬼 食噉人肉 毒蟲之屬 諸惡禽獸 孚乳產生 各自藏護 夜叉競來
爭取食之 食之既飽 惡心轉熾 鬪諍之聲 甚可怖畏 鳩槃荼鬼 蹲踞土埵 或時離地
一尺二尺 往返遊行 縱逸嬉戲 捉狗兩足 撲令失聲 以脚加頸 怖狗自樂 復有諸鬼
其身長大 裸形黑瘦 常住其中 發大惡聲 叫呼求食 復有諸鬼 其咽如針 復有諸鬼
首如牛頭 或食人肉 或復噉狗 頭髮蓬亂 殘害凶險 飢渴所逼 叫喚馳走 夜叉餓鬼
諸惡鳥獸 飢急四向 窺看窓牖 如是諸難 恐畏无量 是朽故宅 屬于一人 其人近出
未久之間 於後舍宅 欻然火起 四面一時 其焰俱熾 棟梁椽柱 爆聲震裂 摧折墮落
墻壁崩倒 諸鬼神等 揚聲大叫 鵰鷲諸鳥 鳩槃荼等 周障惶怖 不能自出 惡獸毒蟲
藏竄孔穴 毗舍闍鬼 亦住其中 薄福德故 為火所逼 共相殘害 飲血噉肉 野干之屬
並已前死 諸大惡獸 競來食噉 臭烟熢㶿 四面充塞 蜈蚣蚰蜒 毒虵之類 為火所燒
爭走出穴 鳩槃荼鬼 隨取而食 又諸餓鬼 頭上火然 飢渴熱惱 周障悶走 其宅如是
甚可怖畏 毒害火災 衆難非一 是時宅主 在門外立 聞有人言 汝諸子等 先因遊戲
來入此宅 稚小无知 歡娛樂著 長者聞已 驚入火宅 方宜救濟 令无燒害 告喻諸子
說衆患難 惡鬼毒蟲 災火蔓莚 衆苦次第 相續不絕 毒虵蚖蝮 及諸夜叉 鳩槃荼鬼

並已前死 諸大惡獸 競來食噉 臭烟熢㶿 四面充塞 蜈蚣蚰蜒 毒虵之類 為火所燒
爭走出穴 鳩槃荼鬼 隨取而食 又諸餓鬼 頭上火然 飢渴熱惱 周障悶走 其宅如是
甚可怖畏 毒害火災 衆難非一 是時宅主 在門外立 聞有人言 汝諸子等 先因遊戲
來入此宅 稚小无知 歡娛樂著 長者聞已 驚入火宅 方宜救濟 令无燒害 告喻諸子
說衆患難 惡鬼毒蟲 災火蔓莚 衆苦次第 相續不絕 毒虵蚖蝮 及諸夜叉 鳩槃荼鬼
野干狐狗 鵰鷲鵄梟 百足之屬 飢渴惱急 甚可怖畏 此苦難處 況復大火 諸子无知
雖聞父誨 猶故樂著 嬉戲不已 是時長者 而作是念 諸子如此 益我愁惱 今此舍宅
无一可樂 而諸子等 耽湎嬉戲 不受我教 將為火害 即便思惟 設諸方便 告諸子等
我有種種 珍玩之具 妙寶好車 羊車鹿車 大牛之車 今在門外 汝等出來 吾為汝等
造作此車 隨意所樂 可以遊戲 諸子聞說 如此諸車 即時奔競 馳走而出 到於空地
離諸苦難 長者見子 得出火宅 住於四衢 坐師子座 而自慶言 我今快樂 此諸子等
生育甚難 愚小无知 而入險宅 多諸毒蟲 魑魅可畏 大火猛焰 四面俱起 而此諸子
貪樂嬉戲 我已救之 令得脫難 是故諸人 我今快樂 尒時諸子 知父安坐 皆詣父所
而白父言 願賜我等 三種寶車 如前所許 諸子出來 當以三車 隨汝所欲 今正是時
唯垂給與 長者大富 庫藏衆多 金銀琉璃 車𤦲馬瑙 以衆寶物 造諸大車 莊校嚴飾
周帀欄楯 四面懸鈴 金繩交絡 真珠羅網 張施其上 金華諸瓔 處處垂下 衆綵雜飾
周帀圍繞 柔耎繒纊 以為茵蓐 上妙細㲲 價直千億 鮮白淨潔 以覆其上 有大白牛
肥壯多力 形體姝好 以駕寶車 多諸儐從 而侍衛之 以是妙車 等賜諸子 諸子是時
歡喜踊躍 乘是寶車 遊於四方 嬉戲快樂 自在无礙 告舍利弗 我亦如是 衆聖中尊
世間之父 一切衆生 皆是吾子 深著世樂 无有慧心 三界无安 猶如火宅 衆苦充滿
甚可怖畏 常有生老 病死憂患 如是等火 熾然不息 如來已離 三界火宅 寂然閑居
安處林野 今此三界 皆是我有 其中衆生 悉是吾子 而今此處 多諸患難 唯我一人
能為救護 雖復教詔 而不信受 於諸欲染 貪著深故 是以方便 為說三乘 令諸衆生
知三界苦 開示演說 出世間道 是諸子等 若心決定 具足三明 及六神通 有得緣覺
不退菩薩 汝舍利弗 我為衆生 以此譬喻 說一佛乘 汝等若能 信受是語 一切皆當
得成佛道 是乘微妙 清淨第一 於諸世間 為无有上 佛所悅可 一切衆生 所應稱讚
供養禮拜 无量億千 諸力解脫 禪定智慧 及佛餘法 得如是乘 令諸子等 日夜劫數
常得遊戲 與諸菩薩 及聲聞衆 乘此寶乘 直至道場 以是因緣 十方諦求 更无餘乘
除佛方便 告舍利弗 汝諸人等 皆是吾子 我則是父 汝等累劫 衆苦所燒 我皆濟拔
令出三界 我雖先說 汝等滅度 但盡生死 而實不滅 今所應作 唯佛智慧 若有菩薩
於是衆中 能一心聽 諸佛實法 諸佛世尊 雖以方便 所化衆生 皆是菩薩 若人小智
深著愛欲 為此等故 說於苦諦 衆生心喜 得未曾有 佛說苦諦 真實无異 若有衆生
不知苦本 深著苦因 不能暫捨 為是等故 方便說道 諸苦所因 貪欲為本 若滅貪欲
无所依止 滅盡諸苦 名第三諦 為滅諦故 脩行於道 離諸苦縛 名得解脫 是人於何
而得解脫 但離虛妄 名為解脫 其實未得 一切解脫 佛說是人 未實滅度 斯人未得
无上道故 我意不欲 令至滅度 我為法王 於法自在 安隱衆生 故現於世 汝舍利弗
我此法印 為欲利益 世間故說 在所遊方 勿妄宣傳 若有聞者 隨喜頂受 當知是人

不知苦本　深著苦因　不能暫捨　為是等故　說於道諦　諸苦所因　貪欲為本　若滅貪欲
无所依止　滅盡諸苦　名第三諦　為滅諦故　脩行於道　離諸苦縛　名得解脫　是人於何
而得解脫　但離虛妄　名為解脫　其實未得　一切解脫　佛說是人　未實滅度　斯人未得
无上道故　我意不欲　令至滅度　我為法王　於法自在　安隱眾生　故現於世　汝舍利弗
我此法印　為欲利益　世間故說　在所遊方　勿妄宣傳　若有聞者　隨喜頂受　當知是人
阿鞞跋致　若有信受　此經法者　是人已曾　見過去佛　恭敬供養　亦聞是法　若人有能
信汝所說　則為見我　亦見於汝　及比丘僧　并諸菩薩　斯法華經　為深智說　淺識聞之
迷惑不解　一切聲聞　及辟支佛　於此經中　力所不及　汝舍利弗　尚於此經　以信得入
況餘聲聞　其餘聲聞　信佛語故　隨順此經　非己智分　又舍利弗　憍慢懈怠　計我見者
莫說此經　凡夫淺識　深著五欲　聞不能解　亦勿為說　若人不信　毀謗此經　則斷一切
世間佛種　或復顰蹙　而懷疑惑　汝當聽說　此人罪報　若佛在世　若滅度後　其有誹謗
如斯經典　見有讀誦　書持經者　輕賤憎嫉　而懷結恨　此人罪報　汝今復聽　其人命終
入阿鼻獄　具足一劫　劫盡更生　如是展轉　至无數劫　從地獄出　當墮畜生　若狗野干
其形頋瘦　黧黮疥癩　人所觸嬈　又復為人　之所惡賤　常困飢渴　骨肉枯竭　生受楚毒
死被瓦石　斷佛種故　受斯罪報　若作駱駝　或生驢中　身常負重　加諸杖捶　但念水草
餘无所知　謗斯經故　獲罪如是　有作野干　來入聚落　身體疥癩　又无一目　為諸童子
之所打擲　受諸苦痛　或時致死　於此死已　更受蟒身　其形長大　五百由旬　聾騃無足
宛轉腹行　為諸小虫　之所唼食　晝夜受苦　无有休息　謗斯經故　獲罪如是　若得為人
諸根闇鈍　矬陋攣躄　盲聾背傴　有所言說　人不信受　口氣常臭　鬼魅所著　貧窮下賤
為人所使　多病痟瘦　无所依怙　雖親附人　人不在意　若有所得　尋復忘失　若脩醫道
順方治病　更增他疾　或復致死　若自有病　无人救療　設服良藥　而復增劇　若他反逆
抄劫竊盜　如是等罪　橫羅其殃　如斯罪人　永不見佛　眾聖之王　說法教化　如斯罪人
常生難處　狂聾心亂　永不聞法　於无數劫　如恒河沙　生輒聾瘂　諸根不具　常處地獄
如遊園觀　在餘惡道　如己舍宅　駝驢猪狗　是其行處　謗斯經故　獲罪如是　若得為人
聾盲瘖瘂　貧窮諸衰　以自莊嚴　水腫乾痟　疥癩癰疽　如是等病　以為衣服　身常臭處
垢穢不淨　深著我見　增益瞋恚　婬欲熾盛　不擇禽獸　謗斯經故　獲罪如是　告舍利弗
謗斯經者　若說其罪　窮劫不盡　以是因緣　我故語汝　无智人中　莫說此經　若有利根
智慧明了　多聞強識　求佛道者　如是之人　乃可為說　若人曾見　億百千佛　殖諸善本
深心堅固　如是之人　乃可為說　若人精進　常脩慈心　不惜身命　乃可為說　若人恭敬
无有異心　離諸凡愚　獨處山澤　如是之人　乃可為說　又舍利弗　若見有人　捨惡知識
親近善友　如是之人　乃可為說　若見佛子　持戒清潔　如淨明珠　求大乘經　如是之人
乃可為說　若人无瞋　質直柔軟　常愍一切　恭敬諸佛　如是之人　乃可為說　復有佛子
於大眾中　以清淨心　種種因緣　譬喻言辭　說法无礙　如是之人　乃可為說　若有比丘
為一切智　四方求法　合掌頂受　但樂受持　大乘經典　乃至不受　餘經一偈　如是之人
乃可為說　如人至心　求佛舍利　如是求經　得已頂受　其人不復　志求餘經　亦未曾念
外道典籍　如是之人　乃可為說　告舍利弗　我說是相　求佛道者　窮劫不盡　如是等人
則能信解　汝當為說　妙法華經

妙法蓮華經信解品第四

BD13816 號 2　妙法蓮華經卷二　（30–16）

於大眾中　以清淨心　種種因緣　譬喻言辭　說法无礙　如是之人　乃可為說　若有比丘
為一切智　四方求法　合掌頂受　但樂受持　大乘經典　乃至不受　餘經一偈　如是之人
乃可為說　如人至心　求佛舍利　如是求經　得已頂受　其人不復　志求餘經　亦未曾念
外道典籍　如是之人　乃可為說　告舍利弗　我說是相　求佛道者　窮劫不盡　如是等人
則能信解　汝當為說　妙法華經

妙法蓮華經信解品第四

尒時慧命須菩提摩訶迦旃延摩訶迦葉摩訶目揵連從佛所聞未曾有法世
尊授舍利弗阿耨多羅三藐三菩提記發希有心歡喜踊躍即從座起整衣服偏
袒右肩右膝著地一心合掌曲躬恭敬瞻仰尊顏而白佛言我等居僧之首年並朽
邁自謂已得涅槃无所堪任不復進求阿耨多羅三藐三菩提世尊往昔說法
既久我時在座身體疲懈但念空无相无作於菩薩法遊戲神通淨佛國土成就
眾生心不喜樂所以者何世尊令我等出於三界得涅槃證又今我等年已朽邁於
佛教化菩薩阿耨多羅三藐三菩提不生一念好樂之心我等今於佛前聞授聲
聞阿耨多羅三藐三菩提記心甚歡喜得未曾有不謂於今忽然得聞希有之法
深自慶幸獲大善利无量珎寶不求自得世尊我等今者樂說譬喻以明斯義譬
若有人年既幼稚捨父逃逝久住他國或十二十至五十歲年既長大加復窮困馳騁四方以
求衣食漸漸遊行遇向本國其父先來求子不得中止一城其家大富財寶无量金銀琉
璃珊瑚虎珀頗梨珠等其諸倉庫悉皆盈溢多有僮僕臣佐吏民象馬車乘牛羊无
數出入息利乃遍他國商估賈客亦甚眾多時貧窮子遊諸聚落經歷國邑遂到其父所
止之城父每念子與子離別五十餘年而未曾向人說如此事但自思惟心懷悔恨自念老朽
多有財物金銀珎寶倉庫盈溢无有子息一旦終沒財物散失无所委付是以慇懃每憶其
子復作是念我若得子委付財物怛然快樂无復憂慮世尊尒時窮子傭賃展轉遇到父
舍住立門側遙見其父踞師子床寶几承足諸婆羅門剎利居士皆恭敬圍繞以真珠瓔
珞價直千万莊嚴其身吏民僮僕手執白拂侍立左右覆以寶帳垂諸華幡香水灑地散眾
名華羅列寶物出內取與有如是等種種嚴飾威德特尊窮子見父有大力勢即懷恐怖
悔來至此竊作是念此或是王或是王等非是我傭力得物之處不如往至貧里肆力有地衣
食易得若久住此或見逼迫強使我作作是念已疾走而去時富長者於師子座見子便
識心大歡喜即作是念我財物庫藏今有所付我常思念此子无由見之而忽自來甚適
我願我雖年朽猶故貪惜即遣傍人急追將還尒時使者疾走往捉窮子驚愕稱怨大喚
我不相犯何為見捉使者執之逾急強牽將還于時窮子自念无罪而被囚執此必定死
轉更惶怖悶絕躄地父遙見之而語使言不須此人勿強將來以冷水灑面令得醒悟莫復
與語所以者何父知其子志意下劣自知豪貴為子所難審知是子而以方便不語他人云
是我子使者語之我今放汝隨意所趣窮子歡喜得未曾有從地而起往至貧里以求衣
食尒時長者將欲誘引其子而設方便密遣二人形色憔悴无威德者汝可詣彼徐語
窮子此有作處倍與汝直窮子若許將來使作若言欲何所作便可語之雇汝除糞我等
二人亦共汝作時二使人即求窮子既已得之具陳上事尒時窮子先取其價尋與除糞
其父見子愍而怪之又以他日於窗牖中遙見子身羸瘦憔悴糞土塵坌汙穢不淨即脫
瓔珞細軟上服嚴飾之具更著麤弊垢膩之衣塵土坌身右手執持除糞之器狀有所

BD13816 號 2　妙法蓮華經卷二　（30–17）

是我子使者語之我今放汝隨意所趣窮子歡喜得未曾有從地而起往至貧里以求衣
食尒時長者將欲誘引其子而設方便密遣二人形色憔悴无威德者汝可詣彼徐語
窮子此有作處倍与汝直窮子若許將來使作若言欲何所作便可語之雇汝除糞我等
二人亦共汝作時二使人即求窮子既已得之具陳上事尒時窮子先取其價尋与除糞
其父見子愍而怪之又以他日於窓牖中遙見子身羸瘦憔悴糞土塵坌汙穢不淨即脫
瓔珞細軟上服嚴飾之具更著麁弊垢膩之衣塵土坌身右手執持除糞之器狀有所
畏語諸作人汝等勤作勿得懈息以方便故得近其子後復告言咄男子汝常此作勿
復餘去當加汝價諸有所須瓫器米麵塩酢之屬莫自疑難亦有老弊使人須者相
給好自安意我如汝父勿復憂慮所以者何我年老大而汝少壯汝常作時无有欺怠
瞋恨怨言都不見汝有此諸惡如餘作人自今已後如所生子即時長者更為作字
名之為兒尒時窮子雖欣此遇猶故自謂客作賤人由是之故於二十年中常令除糞
過是已後心相體信入出无難然其所止猶在本處世尊尒時長者有疾自知將死不
久語窮子言我今多有金銀珎寶倉庫盈溢其中多少所應取与汝悉知之我心如是
當體此意所以者何今我与汝便為不異宜加用心无令漏失尒時窮子即受教勅領
知衆物金銀珎寶及諸庫藏而无悕取一飡之意然其所止故在本處下劣之心
亦未能捨復經少時父知子意漸已通泰成就大志自鄙先心臨欲終時而命其子
并會親族國王大臣剎利居士皆悉已集即自宣言諸君當知此是我子我之所生於
某城中捨吾逃走竛竮辛苦五十餘年其本字某我名某甲昔在本城懷憂推覓忽
於此間遇會得之此實我子我實其父今我所有一切財物皆是子有先所出內是子所
知世尊是時窮子聞父此言即大歡喜得未曾有而作是念我本无心有所希求今此
寶藏自然而至世尊大富長者則是如來我等皆似佛子如來常說我等為子世尊我
等以三苦故於生死中受諸熱惱迷惑无知樂著小法今日世尊令我等思惟蠲除
諸法戲論之糞我等於中勤加精進得至涅槃一日之價既得此已心大歡喜自以為足
而便自謂於佛法中勤精進故所得弘多然世尊先知我等心著弊欲樂於小法便見縱
捨不為分別汝等當有如來知見寶藏之分世尊以方便力說如來智慧我等從佛得涅槃一
日之價以為大得於此大乘无有志求我等又因如來智慧為諸菩薩開示演說而自於此
无有志願所以者何佛知我等心樂小法以方便力隨我等說而我等不知真是佛子今我
等方知世尊於佛智慧无所悋惜所以者何我等昔來真是佛子而但樂小法若我等有樂
大之心佛則為我說大乘法於此經中唯說一乘而昔於菩薩前毀呰聲聞樂小法者然佛
實以大乘教化是故我等說本无心有所悕求今法王大寶自然而至如佛子所應得者皆
已得之尒時摩訶迦葉欲重宣此義而說偈言 我等今日 聞佛音教 歡喜踊躍 得未曾有
佛說聲聞 當得作佛 无上寶聚 不求自得 譬如童子 幼稚无識 捨父逃逝 遠到他土 周流諸國
五十餘年 其父憂念 四方推求 求之既疲 頓止一城 造立舍宅 五欲自娛 其家巨富 多諸金銀
車𤦲馬瑙 真珠琉璃 象馬牛羊 輦輿車乘 田業僮僕 人民衆多 出入息利 乃遍他國 商估賈人
无處不有 千万億衆 圍繞恭敬 常為王者 之所愛念 群臣豪族 皆共宗重 以諸緣故 往來者衆
豪富如是 有大力勢 而年朽邁 益憂念子 夙夜惟念 死時將至 癡子捨我 五十餘年 庫藏諸物
當如之何 尒時窮子 求索衣食 從邑至邑 從國至國 或有所得 或无所得 飢餓羸瘦 體生瘡癬

BD13816號2　妙法蓮華經卷二　（30–18）

五十餘年 其父憂念 四方推求 求之既疲 頓止一城 造立舍宅 五欲自娛 其家巨富 多諸金銀
車𤦲馬瑙 真珠琉璃 象馬牛羊 輦輿車乘 田業僮僕 人民衆多 出入息利 乃遍他國 商估賈人
无處不有 千万億衆 圍繞恭敬 常為王者 之所愛念 群臣豪族 皆共宗重 以諸緣故 往來者衆
豪富如是 有大力勢 而年朽邁 益憂念子 夙夜惟念 死時將至 癡子捨我 五十餘年 庫藏諸物
當如之何 尒時窮子 求索衣食 從邑至邑 從國至國 或有所得 或无所得 飢餓羸瘦 體生瘡癬
漸次經歷 到父住城 傭賃展轉 遂至父舍 尒時長者 於其門內 施大寶帳 處師子座 眷屬圍繞
諸人侍衛 或有計算 金銀寶物 出內財產 注記券疏 窮子見父 豪貴尊嚴 謂是國王 若是王等
驚怖自怪 何故至此 覆自念言 我若久住 或見逼迫 強驅使作 思惟是已 馳走而去 借問貧里
欲往傭作 長者是時 在師子座 遙見其子 默而識之 即勅使者 追捉將來 窮子驚喚 迷悶躄地
是人執我 必當見殺 何用衣食 使我至此 長者知子 愚癡狹劣 不信我言 不信是父 即以方便
更遣餘人 眇目矬陋 无威德者 汝可語之 云當相雇 除諸糞穢 倍与汝價 窮子聞之 歡喜隨來
為除糞穢 淨諸房舍 長者於牖 常見其子 念子愚劣 樂為鄙事 於是長者 著弊垢衣 執除糞器
往到子所 方便附近 語令勤作 既益汝價 并塗足油 飲食充足 薦席厚暖 如是苦言 汝當勤作
又以軟語 若如我子 長者有智 漸令入出 經二十年 執作家事 示其金銀 真珠頗梨 諸物出入
皆使令知 猶處門外 止宿草菴 自念貧事 我无此物 父知子心 漸已廣大 欲与財物 即聚親族
國王大臣 剎利居士 於此大衆 說是我子 捨我他行 經五十歲 自見子來 已二十年 昔於某城
而失是子 周行求索 遂來至此 凡我所有 舍宅人民 悉以付之 恣其所用 子念昔貧 志意下劣
今於父所 大獲珍寶 并及舍宅 一切財物 甚大歡喜 得未曾有 佛亦如是 知我樂小 未曾說言
汝等作佛 而說我等 得諸无漏 成就小乘 聲聞弟子 佛勅我等 說最上道 修習此者 當得成佛 我承佛教
為大菩薩 以諸因緣 種種譬喻 若干言辭 說无上道 諸佛子等 從我聞法 日夜思惟 精勤修習
是時諸佛 即授其記 汝於來世 當得作佛 一切諸佛 祕藏之法 但為菩薩 演其實事 而不為我
說斯真要 如彼窮子 得近其父 雖知諸物 心不希取 我等雖說 佛法寶藏 自无志願 亦復如是
我等內滅 自謂為足 唯了此事 更无餘事 我等若聞 淨佛國土 教化衆生 都无欣樂 所以者何
一切諸法 皆悉空寂 无生无滅 无大无小 无漏无為 如是思惟 不生喜樂 我等長夜 於佛智慧 无貪无著
无復志願 而自於法 謂是究竟 我等長夜 修習空法 得脫三界 苦惱之患 住最後身 有餘涅槃
佛所教化 得道不虛 則為已得 報佛之恩 我等雖為 諸佛子等 說菩薩法 以求佛道
而於是法 永无願樂 導師見捨 觀我心故 初不勸進 說有實利 如富長者 知子志劣 以方便力
柔伏其心 然後乃付 一切財物 佛亦如是 現希有事 知樂小者 以方便力 調伏其心 乃教大智
我等今日 得未曾有 非先所望 而今自得 如彼窮子 得无量寶 世尊我今 得道得果 於无漏法
得清淨眼 我等長夜 持佛淨戒 始於今日 得其果報 法王法中 久修梵行 今得无漏 无上大果
我等今者 真是聲聞 以佛道聲 令一切聞 我等今者 真阿羅漢 於諸世間 天人魔梵 普於其中
應受供養 世尊大恩 以希有事 憐愍教化 利益我等 无量億劫 誰能報者 手足供給 頭頂禮敬
一切供養 皆不能報 若以頂戴 兩肩荷負 於恒沙劫 盡心恭敬 又以美膳 无量寶衣 及諸臥具
種種湯藥 牛頭栴檀 及諸珍寶 以起塔廟 寶衣布地 如斯等事 以用供養 於恒沙劫 亦不能報
諸佛希有 无量无邊 不可思議 大神通力 无漏无為 諸法之王 能為下劣 忍于斯事 取相凡夫
隨宜為說 諸佛於法 得最自在 知諸衆生 種種欲樂 及其志力 隨所堪任 以无量喻 而為說法
隨諸衆生 宿世善根 又知成熟 未成熟者 種種籌量 分別知已 於一乘道 隨宜說三 卷第二

BD13816號2　妙法蓮華經卷二　（30–19）

應受供養　世尊大恩　以希有事　憐愍教化　利益我等　无量億劫　誰能報者　手足供給　頭頂禮敬
一切供養　皆不能報　若以頂戴　兩肩荷負　於恒沙劫　盡心恭敬　又以美膳　无量寶衣　及諸臥具
種種湯藥　牛頭栴檀　及諸珍寶　以起塔廟　寶衣布地　如斯等事　以用供養　於恒沙劫　亦不能報
諸佛希有　无量无邊　不可思議　大神通力　无漏无為　諸法之王　能為下劣　忍于斯事　取相凡夫
隨宜為說　諸佛於法　得最自在　知諸眾生　種種欲樂　及其志力　隨所堪任　以无量喻　而為說法
隨諸眾生　宿世善根　又知成熟　未成熟者　種種籌量　分別知已　於一乘道　隨宜說三　卷第二

妙法蓮華經藥草喻品第五　卷三　尒時世尊告摩訶迦葉及諸大弟子善哉善哉迦葉善說如來
真實功德誠如所言如來復有无量无邊阿僧祇功德汝等若於无量億劫說不能盡迦葉
當知如來是諸法之王若有所說皆不虛也於一切法以智方便而演說之其所說法皆悉
到於一切智地如來觀知一切諸法之所歸趣亦知一切眾生深心所行通達无礙又於諸法
究盡明了示諸眾生一切智慧迦葉譬如三千大千世界山川谿谷土地所生卉木叢林及諸
藥草種類若干名色各異密雲彌布遍覆三千大千世界一時等澍其澤普洽卉木叢林及
諸藥草小根小莖小枝小葉中根中莖中枝中葉大根大莖大枝大葉諸樹大小隨上中下各
有所受一雲所雨稱其種性而得生長華菓敷實雖一地所生一雨所潤而諸草木各有
差別迦葉當知如來亦復如是出現於世如大雲起以大音聲普遍世界天人阿修羅
如彼大雲遍覆三千大千國土於大眾中而唱是言我是如來應供正遍知明行足善
逝世間解无上士調御丈夫天人師佛世尊未度者令度未解者令解未安者令安未
涅槃者令得涅槃今世後世如實知之我是一切知者一切見者知道者開道者說道者
汝等天人阿修羅眾皆應到此為聽法故尒時无數千万億種眾生來至佛所而聽法
如來于時觀是眾生諸根利鈍精進懈怠隨其所堪而為說法種種无量皆令歡喜快
得善利是諸眾生聞是法已現世安隱後生善處以道受樂亦得聞法既聞法已離諸障
礙於諸法中任力所能漸得入道如彼大雲雨於一切卉木叢林及諸藥草如其種性具足
蒙潤各得生長如來說法一相一味所謂解脫相離相滅相究竟至於一切種智其有
眾生聞如來法若持讀誦如說脩行所得功德不自覺知所以者何唯有如來知此眾生
種相體性念何事思何事脩何事云何念云何思云何脩以何法念以何法思以何法脩以
何法得何法眾生住於種種之地唯有如來如實見之明了无礙如彼卉木叢林諸藥草
等而不自知上中下性如來知是一相一味之法所謂解脫相離相滅相究竟涅槃常寂
滅相終歸於空佛知是已觀眾生心欲而將護之是故不即為說一切種智汝等迦葉
甚為希有能知如來隨宜說法能信能受所以者何諸佛世尊隨宜說法難解難知尒
時世尊欲重宣此義而說偈言
破有法王　出現世間　隨眾生欲　種種說法
如來尊重　智慧深遠　久默斯要　不務速說　有智若聞　則能信解　无智疑悔　則為永失
是故迦葉　隨力為說　以種種緣　令得正見　迦葉當知　譬如大雲　起於世間　遍覆一切
慧雲含潤　電光晃曜　雷聲遠震　令眾悅豫　日光掩蔽　地上清涼　靉靆垂布　如可承攬
其雨普等　四方俱下　流澍无量　率土充洽　山川險谷　幽邃所生　卉木藥草　大小諸樹
百穀苗稼　甘蔗蒲萄　雨之所潤　无不豐足　乾地普洽　藥木並茂　其雲所出　一味之水
草木叢林　隨分受潤　一切諸樹　上中下等　稱其大小　各得生長　根莖枝葉　華菓光色
一雨所及　皆得鮮澤　如其體相　性分大小　所潤是一　而各滋茂　佛亦如是　出現於世

BD13816 號 2　妙法蓮華經卷二　　（30–20）
BD13816 號 3　妙法蓮華經卷三

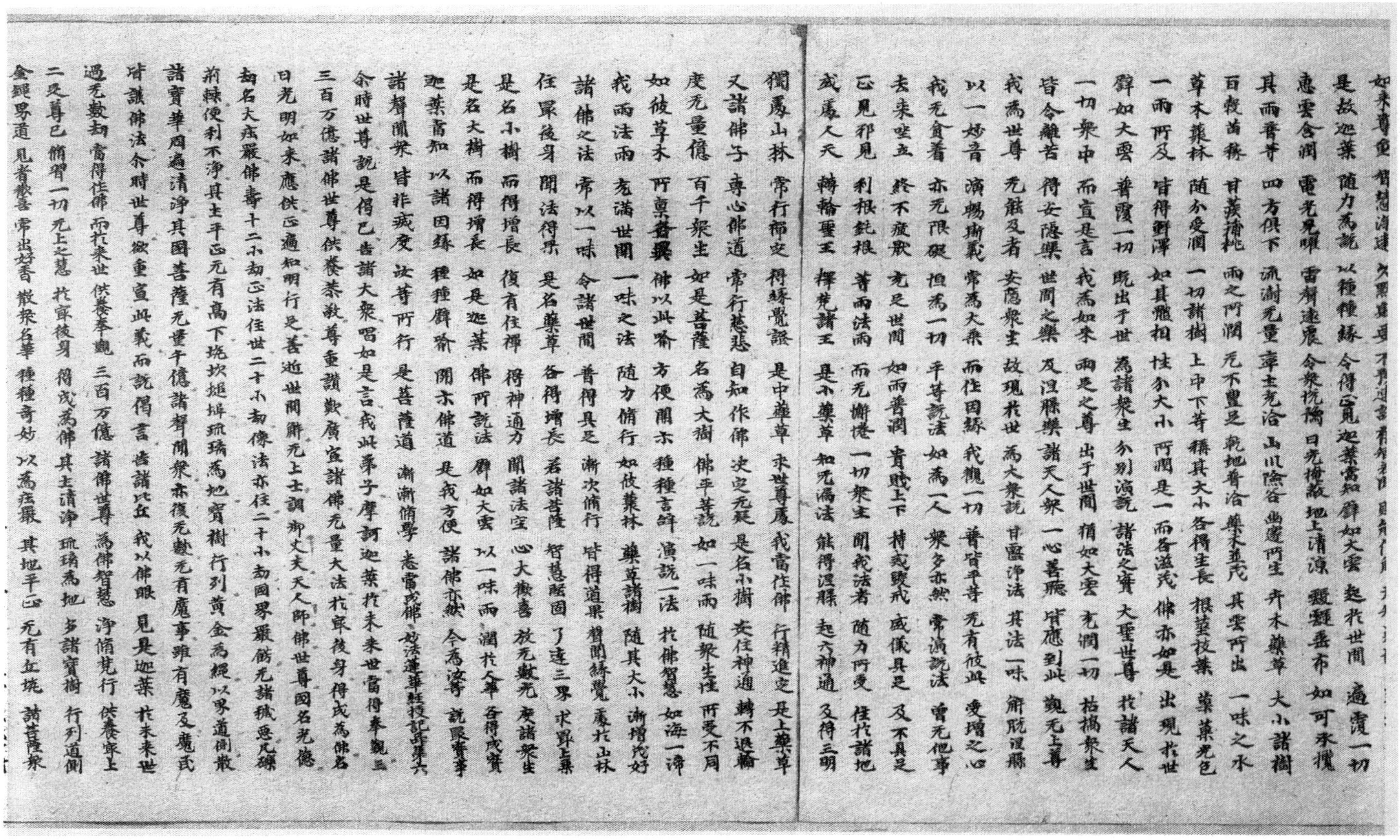

如來尊重　智慧深遠　久默斯要　不務速說　有智若聞　則能信解　无智疑悔　則為永失
是故迦葉　隨力為說　以種種緣　令得正見　迦葉當知　譬如大雲　起於世間　遍覆一切
慧雲含潤　電光晃曜　雷聲遠震　令眾悅豫　日光掩蔽　地上清涼　靉靆垂布　如可承攬
其雨普等　四方俱下　流澍无量　率土充洽　山川險谷　幽邃所生　卉木藥草　大小諸樹
百穀苗稼　甘蔗蒲萄　雨之所潤　无不豐足　乾地普洽　藥木並茂　其雲所出　一味之水
草木叢林　隨分受潤　一切諸樹　上中下等　稱其大小　各得生長　根莖枝葉　華菓光色
一雨所及　皆得鮮澤　如其體相　性分大小　所潤是一　而各滋茂　佛亦如是　出現於世
譬如大雲　普覆一切　既出于世　為諸眾生　分別演說　諸法之實　大聖世尊　於諸天人
一切眾中　而宣是言　我為如來　兩足之尊　出于世間　猶如大雲　充潤一切　枯槁眾生
皆令離苦　得安隱樂　世間之樂　及涅槃樂　諸天人眾　一心善聽　皆應到此　覲无上尊
我為世尊　无能及者　安隱眾生　故現於世　為大眾說　甘露淨法　其法一味　解脫涅槃
以一妙音　演暢斯義　常為大乘　而作因緣　我觀一切　普皆平等　无有彼此　愛憎之心
我无貪著　亦无限礙　恒為一切　平等說法　如為一人　眾多亦然　常演說法　曾无他事
去來坐立　終不疲厭　充足世間　如雨普潤　貴賤上下　持戒毀戒　威儀具足　及不具足
正見邪見　利根鈍根　等雨法雨　而无懈倦　一切眾生　聞我法者　隨力所受　住於諸地
或處人天　轉輪聖王　釋梵諸王　是小藥草　知无漏法　能得涅槃　起六神通　及得三明
獨處山林　常行禪定　得緣覺證　是中藥草　求世尊處　我當作佛　行精進定　是上藥草
又諸佛子　專心佛道　常行慈悲　自知作佛　決定无疑　是名小樹　安住神通　轉不退輪
度无量億　百千眾生　如是菩薩　名為大樹　佛平等說　如一味雨　隨眾生性　所受不同
如彼草木　所稟各異　佛以此喻　方便開示　種種言辭　演說一法　於佛智慧　如海一渧
我雨法雨　充滿世間　一味之法　隨力脩行　如彼叢林　藥草諸樹　隨其大小　漸增茂好
諸佛之法　常以一味　令諸世間　普得具足　漸次脩行　皆得道果　聲聞緣覺　處於山林
住最後身　聞法得果　是名藥草　各得增長　若諸菩薩　智慧堅固　了達三界　求最上乘
是名小樹　而得增長　復有住禪　得神通力　聞諸法空　心大歡喜　放无數光　度諸眾生
是名大樹　而得增長　如是迦葉　佛所說法　譬如大雲　以一味雨　潤於人華　各得成實
迦葉當知　以諸因緣　種種譬喻　開示佛道　是我方便　諸佛亦然　今為汝等　說最實事
諸聲聞眾　皆非滅度　汝等所行　是菩薩道　漸漸脩學　悉當成佛　妙法蓮華經授記品第六
尒時世尊說是偈已告諸大眾唱如是言我此弟子摩訶迦葉於未來世當得奉覲三
百万億諸佛世尊供養恭敬尊重讚歎廣宣諸佛无量大法於最後身得成為佛名
曰光明如來應供正遍知明行足善逝世間解无上士調御丈夫天人師佛世尊國名光德
劫名大莊嚴佛壽十二小劫正法住世二十小劫像法亦住二十小劫國界嚴飾无諸穢惡瓦礫
荊棘便利不淨其土平正无有高下坑坎堆阜琉璃為地寶樹行列黃金為繩以界道側散
諸寶華周遍清淨其國菩薩无量千億諸聲聞眾亦復无數无有魔事雖有魔及魔民
皆護佛法尒時世尊欲重宣此義而說偈言　告諸比丘　我以佛眼　見是迦葉　於未來世
過无數劫　當得作佛　而於來世　供養奉覲　三百万億　諸佛世尊　為佛智慧　淨脩梵行　供養最上
二足尊已　脩習一切　无上之慧　於最後身　得成為佛　其土清淨　琉璃為地　多諸寶樹　行列道側
金繩界道　見者歡喜　常出好香　散眾名華　種種奇妙　以為莊嚴　其地平正　无有丘坑　諸菩薩眾

BD13816 號 3　妙法蓮華經卷三　　（30–21）

劫名大莊嚴佛壽十二小劫正法住世二十小劫像法亦住二十小劫國界嚴飾无諸穢惡瓦礫
荊棘便利不淨其土平正无有高下坑坎堆阜琉璃為地寶樹行列黃金為繩以界道側散
諸寶華周遍清淨其國菩薩无量千億諸聲聞眾亦復无數无有魔事雖有魔及魔民
皆護佛法爾時世尊欲重宣此義而說偈言 告諸比丘 我以佛眼 見是迦葉 於未來世
過无數劫 當得作佛 而於來世 供養奉覲 三百万億 諸佛世尊 為佛智慧 淨修梵行 供養最上
二足尊已 修習一切 无上之慧 於最後身 得成為佛 其土清淨 琉璃為地 多諸寶樹 行列道側
金繩界道 見者歡喜 常出好香 散眾名華 種種奇妙 以為莊嚴 其地平正 无有丘坑 諸菩薩眾
不可稱計 其心調柔 逮大神通 奉持諸佛 大乘經典 諸聲聞眾 无漏後身 法王之子 亦不可計
乃以天眼 不能數知 其佛當壽 十二小劫 正法住世 二十小劫 像法亦住 二十小劫 光明世尊
其事如是 爾時大目揵連須菩提摩訶迦旃延等皆悉悚慄一心合掌瞻仰世尊目
不蹔捨即共同聲而說偈言 大雄猛世尊 諸釋之法王 哀愍我等故 而賜佛音聲 若知我深心
見為授記者 如以甘露灑 除熱得清涼 如從飢國來 忽遇大王饍 心猶懷疑懼 未敢即便食 若復得王教
然後乃敢食 我等亦如是 每惟小乘過 不知當云何 得佛无上慧 雖聞佛音聲 言我等作佛 心尚懷憂懼
如未敢便食 若蒙佛授記 爾乃快安樂 大雄猛世尊 常欲安世間 願賜我等記 如飢須教食 爾時世尊知
諸大弟子心之所念告諸比丘是須菩提於當來世奉覲三百万億那由他佛供養恭
敬尊重讚歎常修梵行具菩薩道於最後身得成為佛號曰名相如來應供正遍知
明行足善逝世間解无上士調御丈夫天人師佛世尊劫名有寶國名寶生其土平正頗梨
為地寶樹莊嚴无諸丘坑沙礫荊棘便利之穢寶華覆地周遍清淨其土人民皆
處寶臺珍妙樓閣聲聞弟子无量无邊筭數譬喻所不能知諸菩薩眾无數千万億
那由他佛壽十二小劫正法住世二十小劫像法亦住二十小劫其佛常處虛空為眾
說法度脫无量菩薩及聲聞眾爾時世尊欲重宣此義而說偈言 諸比丘眾
今告汝等 皆當一心 聽我所說 我大弟子 須菩提者 當得作佛 號曰名相
當供无數 万億諸佛 隨佛所行 漸具大道 最後身得 三十二相 端正殊妙 猶如寶山 其佛國土
嚴淨第一 眾生見者 无不愛樂 佛於其中 度无量眾 其佛法中 多諸菩薩 皆悉利根 轉不退輪
彼國常以 菩薩莊嚴 諸聲聞眾 不可稱數 皆得三明 具六神通 住八解脫 有大威德 其佛說法
現於无量 神通變化 不可思議 諸天人民 數如恒沙 皆共合掌 聽受佛語 其佛當壽 十二小劫
正法住世 二十小劫 像法亦住 二十小劫 爾時世尊復告諸比丘眾我今語汝是大迦旃
延於當來世以諸供具供養奉事八千億佛恭敬尊重諸佛滅後各起塔廟高千由旬縱
廣正等五百由旬以金銀琉璃車磲碼瑙真珠玫瑰七寶合成眾華瓔珞塗香末香燒
香繒蓋幢幡供養塔廟過是已後當復供養二万億佛亦復如是供養是諸佛已具菩薩
道當得作佛號曰閻浮那提金光如來應供正遍知明行足善逝世間解无上士調御丈
夫天人師佛世尊其土平正頗梨為地寶樹莊嚴黃金為繩以界道側妙華覆地周遍清
淨見者歡喜无四惡道地獄餓鬼畜生阿修羅道多有天人諸聲聞眾及諸菩薩无
量万億莊嚴其國佛壽十二小劫正法住世二十小劫像法亦住二十小劫爾時世尊欲重
宣此義而說偈言 諸比丘眾 皆一心聽 如我所說 真實无異 是迦旃延 當以種種 妙好供具
供養諸佛 諸佛滅後 起七寶塔 亦以華香 供養舍利 其最後身 得佛智慧 成等正覺 國土清淨
度脫无量 万億眾生 皆為十方 之所供養 佛之光明 无能勝者 其佛號曰 閻浮金光 菩薩聲聞
斷一切有 无量无數 莊嚴其國 爾時世尊復告大眾我今語汝是大目揵連當以種種供具

BD13816 號 3　妙法蓮華經卷三　（30–22）

夫天人師佛世尊其土平正頗梨為地寶樹莊嚴黃金為繩以界道側妙華覆地周遍清
淨見者歡喜无四惡道地獄餓鬼畜生阿修羅道多有天人諸聲聞眾及諸菩薩无
量万億莊嚴其國佛壽十二小劫正法住世二十小劫像法亦住二十小劫爾時世尊欲重
宣此義而說偈言 諸比丘眾 皆一心聽 如我所說 真實无異 是迦旃延 當以種種 妙好供具
供養諸佛 諸佛滅後 起七寶塔 亦以華香 供養舍利 其最後身 得佛智慧 成等正覺 國土清淨
度脫无量 万億眾生 皆為十方 之所供養 佛之光明 无能勝者 其佛號曰 閻浮金光 菩薩聲聞
斷一切有 无量无數 莊嚴其國 爾時世尊復告大眾我今語汝是大目揵連當以種種供具
供養八千諸佛恭敬尊重諸佛滅後各起塔廟高千由旬縱廣正等五百由旬以金銀琉
璃車磲碼瑙真珠玫瑰七寶合成眾華瓔珞塗香末香燒香繒蓋幢幡以用供養過是已
後當復供養二百万億諸佛亦復如是當得成佛號曰多摩羅跋栴檀香如來應供正遍
知明行足善逝世間解无上士調御丈夫天人師佛世尊劫名喜滿國名意樂其土平正頗梨
為地寶樹莊嚴散真珠華周遍清淨見者歡喜多諸天人菩薩聲聞其數无量佛壽二
十四小劫正法住世四十小劫像法亦住四十小劫爾時世尊欲重宣此義而說偈言 我此弟子
大目揵連 捨是身已 得見八千 二百万億 諸佛世尊 為佛道故 供養恭敬 於諸佛所 常修梵行 於无量劫
奉持佛法 諸佛滅後 起七寶塔 長表金刹 華香伎樂 而以供養 諸佛塔廟 漸漸具足 菩薩道已 於意樂國
而得作佛 號多摩羅 栴檀之香 其佛壽命 二十四劫 常為天人 演說佛道 聲聞无量 如恒河沙 三明六通
有大威德 菩薩无數 志固精進 於佛智慧 皆不退轉 佛滅度後 正法當住 四十小劫 像法亦尔 我諸弟子
威德具足 其數五百 皆當授記 於未來世 咸得成佛 我及汝等 宿世因緣 吾今當說 汝等善聽
妙法蓮華經化城喻品第七　　佛告諸比丘乃往過去无量无邊不可思議阿僧祇劫爾時有
佛名大通智勝如來應供正遍知明行足善逝世間解无上士調御丈夫天人師佛世尊其
國名好成劫名大相諸比丘彼佛滅度已來甚大久遠譬如三千大千世界所有地種假使有
人磨以為墨過於東方千國土乃下一點大如微塵又過千國土復下一點如是展轉盡地
種墨於汝等意云何是諸國土若筭師若筭師弟子能得邊際知其數不不也世尊
諸比丘是人所經國土若點不點盡末為塵一塵一劫彼佛滅度已來復過是數无量
无邊百千万億阿僧祇劫我以如來知見力故觀彼久遠猶若今日爾時世尊欲重宣此
義而說偈言 我念過去世 无量无邊劫 有佛兩足尊 名大通智勝 如人以力磨 三千大千土
盡此諸地種 皆悉以為墨 過於千國土 乃下一塵點 如是展轉點 盡此諸塵墨 如是諸國土
點與不點等 復盡末為塵 一塵為一劫 此諸微塵數 其劫復過是 彼佛滅度來 如是无量劫
如來无礙智 知彼佛滅度 及聲聞菩薩 如見今滅度 諸比丘當知 佛智淨微妙 无漏无所礙
通達无量劫 佛告諸比丘大通智勝佛壽五百四十万億那由他劫其佛本坐道
場破魔軍已垂得阿耨多羅三藐三菩提而諸佛法不現在前如是一小劫乃至
十小劫結加趺坐身心不動而諸佛法猶不在前爾時忉利諸天先為彼佛於菩
提樹下敷師子座高一由旬佛於此座當得阿耨多羅三藐三菩提適坐此座時諸
梵天王雨眾天華面百由旬香風時來吹去萎華更雨新者如是不絕滿十小劫供
養於佛乃至滅度常雨此華四王諸天為供養佛常擊天鼓其餘諸天作天伎樂
滿十小劫至于滅度亦復如是諸比丘大通智勝佛過十小劫已諸佛之法乃現
在前成阿耨多羅三藐三菩提其佛未出家時有十六王子其第一者名曰積

BD13816 號 3　妙法蓮華經卷三　（30–23）

場破魔軍已垂得阿耨多羅三藐三菩提而諸佛法不現在前如是一小劫乃至
十小劫結加趺坐身心不動而諸佛法猶不在前尒時忉利諸天先為彼佛於菩
提樹下敷師子座高一由旬佛於此座當得阿耨多羅三藐三菩提適坐此座時諸
梵天王雨衆天華面百由旬香風時來吹去萎華更雨新者如是不絶滿十小劫供
養於佛乃至滅度常雨此華四王諸天為供養佛常擊天鼓其餘諸天作天伎樂
滿十小劫至于滅度亦復如是諸比丘大通智勝佛過十小劫諸佛之法乃現
在前成阿耨多羅三藐三菩提其佛未出家時有十六王子其第一者名曰積
諸子各有種種珎異玩好之具聞父得成阿耨多羅三藐三菩提皆捨所珎往詣
佛所諸母涕泣而隨送之其祖轉輪聖王與一百大臣及餘百千万億人民皆共
圍遶隨至道場咸欲親近大通智勝如來供養恭敬尊重讚歎到已頭面礼足
遶佛畢已一心合掌瞻仰世尊以偈頌曰　大威德世尊　為度衆生故　於无量億歲
尒乃得成佛　諸願已具足　善哉吉无上　世尊甚希有　一坐十小劫　身體及手足　靜然安不動
其心常惔怕　未曾有散亂　究竟永寂滅　安住无漏法　今者見世尊　安隱成佛道　我等得善利
稱慶大歡喜　衆生常苦惱　盲瞑无導師　不識苦盡道　不知求解脫　長夜增惡趣　減損諸天衆
從冥入於冥　永不聞佛名　今佛得最上　安隱无漏道　我等及天人　為得最大利　是故咸稽首
歸命无上尊　尒時十六王子偈讚佛已勸請世尊轉於法輪咸作是言世尊說
法多所安隱憐愍饒益諸天人民重說偈言　世雄无等倫　百福自莊嚴　得无上智慧
願為世間說　度脫於我等　及諸衆生類　為分別顯示　令得是智慧　若我等得佛　衆生亦復然
世尊知衆生　深心之所念　亦知所行道　又知智慧力　欲樂及脩福　宿命所行業　世尊悉知已
當轉无上輪　佛告諸比丘大通智勝佛得阿耨多羅三藐三菩提時十方各五
百万億諸佛世界六種震動其國中間幽冥之處日月威光所不能照而皆大明其
中衆生各得相見咸作是言此中云何忽生衆生又其國界諸天宮殿乃至梵
宮六種震動大光普照遍滿世界勝諸天光尒時東方五百万億諸國土中梵天
宮殿光明照曜倍於常明諸梵天王各作是念今者宮殿光明昔所未有以何因緣
而現此相是時諸梵天王即各相詣共議此事而彼衆中有一大梵天王名救一切
為諸梵衆而說偈言　我等諸宮殿　光明昔未有　此是何因緣　宜各共求之　為大德天生
為佛出世間　而此大光明　遍照於十方　尒時五百万億國土諸梵天王與宮殿俱各
以衣裓盛諸天華共詣西方推尋是相見大通智勝如來處于道場菩提樹下
坐師子座諸天龍王乾闥婆緊那羅摩睺羅伽人非人等恭敬圍遶及見十六王子
請佛轉法輪即時諸梵天王頭面礼佛遶百千匝即以天華而散佛上其所散華
如須彌山并以供養佛菩提樹其菩提樹高十由旬華供養已各以宮殿奉上彼佛
而作是言唯見哀愍饒益我等所獻宮殿願垂納處時諸梵天王即於佛前一心
同聲以偈頌曰　世尊甚希有　難可得值遇　具无量功德　能救護一切　天人之大師　哀愍於世間
十方諸衆生　普皆蒙饒益　我等所從來　五百万億國　捨深禪定樂　為供養佛故　我等先世福
宮殿甚嚴飾　今以奉世尊　唯願哀納受　尒時諸梵天王偈讚佛已各作是言唯
願世尊轉於法輪度脫衆生開涅槃道時諸梵天王一心同聲而說偈言
世雄兩足尊　唯願演說法　以大慈悲力　度苦惱衆生　尒時大通智勝如來嘿然
許之又諸比丘東南方五百万億國土諸大梵王各自見宮殿光明照曜昔所未

BD13816 號 3　妙法蓮華經卷三　(30–24)

同聲以偈頌曰　世尊甚希有　難可得值遇　具无量功德　能救護一切　天人之大師　哀愍於世間
十方諸衆生　普皆蒙饒益　我等所從來　五百万億國　捨深禪定樂　為供養佛故　我等先世福
宮殿甚嚴飾　今以奉世尊　唯願哀納受　尒時諸梵天王偈讚佛已各作是言唯
願世尊轉於法輪度脫衆生開涅槃道時諸梵天王一心同聲而說偈言
世雄兩足尊　唯願演說法　以大慈悲力　度苦惱衆生　尒時大通智勝如來嘿然
許之又諸比丘東南方五百万億國土諸大梵王各自見宮殿光明照曜昔所未
有歡喜踊躍生希有心即各相詣共議此事而彼衆中有一大梵天王名曰大
悲為諸梵衆而說偈言　是事何因緣　而現如此相　我等諸宮殿　光明昔未有　為大德天生
為佛出世間　未曾見此相　當共一心求　過千万億土　尋光共推之　多是佛出世　度脫苦衆生
尒時五百万億諸梵天王與宮殿俱各以衣裓盛諸天華共詣西北方推尋是相
見大通智勝如來處于道場菩提樹下坐師子座諸天龍王乾闥婆緊那
羅摩睺羅伽人非人等恭敬圍遶及見十六王子請佛轉法輪時諸梵天王頭面
礼佛遶百千匝即以天華而散佛上所散之華如須彌山并以供養佛菩提樹華
供養已各以宮殿奉上彼佛而作是言唯見哀愍饒益我等所獻宮殿願垂納
處尒時諸梵天王即於佛前一心同聲以偈頌曰　聖主天中天　迦陵頻伽聲
哀愍衆生者　我等今敬礼　世尊甚希有　久遠乃一現　一百八十劫　空過无有佛　三惡道充滿
諸天衆減少　今佛出於世　為衆生作眼　世間所歸趣　救護於一切　為衆生之父　哀愍饒益者
我等宿福慶　今得值世尊　尒時諸梵天王偈讚佛已各作是言唯願世尊哀愍一切
轉於法輪度脫衆生時諸梵天王一心同聲而說偈言　大聖轉法輪　顯示諸法相
度苦惱衆生　令得大歡喜　衆生聞是法　得道若生天　諸惡道減少　忍善者增益　尒時大通智
勝如來嘿然許之又諸比丘南方五百万億國土諸大梵王各自見宮殿光明照曜昔
所未有歡喜踊躍生希有心即各相詣共議此事以何因緣我等宮殿有此光曜而彼
衆中有一大梵天王名曰妙法為諸梵衆而說偈言　我等諸宮殿　光明甚威曜　此非无因緣
是相宜求之　過於百千劫　未曾見此相　為大德天生　為佛出世間　尒時五百万億諸梵天王與
宮殿俱各以衣裓盛諸天華共詣北方推尋是相見大通智勝如來處于道場菩
提樹下坐師子座諸天龍王乾闥婆緊那羅摩睺羅伽人非人等恭敬圍遶及見
十六王子請佛轉法輪時諸梵天王頭面礼佛遶百千匝即以天華而散佛上所散
之華如須彌山并以供養佛菩提樹華供養已各以宮殿奉上彼佛而作是言唯見
哀愍饒益我等所獻宮殿願垂納受尒時諸梵天王即於佛前一心同聲以偈頌曰
世尊甚難見　破諸煩惱者　過百三十劫　今乃得一見　諸飢渴衆生　以法雨充滿　昔所未曾見
無量智慧者　如優曇鉢羅　今日乃值遇　我等諸宮殿　蒙光故嚴飾　世尊大慈愍　唯願垂納受
尒時諸梵天王偈讚佛已各作是言唯願世尊轉於法輪令一切世間諸天魔梵
沙門婆羅門皆獲安隱而得度脫時諸梵天王一心同聲以偈頌曰　唯願天人尊
轉無上法輪　擊于大法鼓　而吹大法螺　普雨大法雨　度無量衆生　我等咸歸請　當演深遠音
尒時大通智勝如來默然許之西南方乃至下方亦復如是尒時上方五百萬億
國土諸大梵王皆悉自覩所止宮殿光明威曜昔所未有歡喜踊躍生希有心即各
相詣共議此事以何因緣我等宮殿有斯光明時彼衆中有一大梵天王名曰尸棄為
諸梵衆而說偈言　今以何因緣　我等諸宮殿　威德光明曜　嚴飾未曾有　如是之妙相

BD13816 號 3　妙法蓮華經卷三　(30–25)

沙門婆羅門皆獲安隱而得度脫時諸梵天王一心同聲以偈頌曰 唯願天人尊
轉無上法輪 擊于大法鼓 而吹大法螺 普雨大法雨 度無量衆生 我等咸歸請 當演深遠音
尒時大通智勝如來默然許之西南方乃至下方亦復如是尒時上方五百萬億
國土諸大梵王皆悉自覩所止宮殿光明威曜昔所未有歡喜踊躍生希有心即各
相詣共議此事以何因緣我等宮殿有斯光明時彼衆中有一大梵天王名曰尸棄為
諸梵衆而說偈言 今以何因緣 我等諸宮殿 威德光明曜 嚴飾未曾有 如是之妙相
昔所未聞見 為大德天生 為佛出世間 尒時五百萬億諸梵天王與宮殿俱各以衣裓盛諸天
華共詣下方推尋是相見大通智勝如來處于道場菩提樹下坐師子座諸天龍王
乹闥婆緊那羅摩睺羅伽人非人等恭敬圍繞及見十六王子請佛轉法輪時諸
梵天王頭面禮佛繞百千帀即以天華而散佛上所散之華如須弥山并以供養佛
菩提樹華供養已各以宮殿奉上彼佛而作是言唯見哀愍饒益我等所獻
宮殿願垂納受時諸梵天王即於佛前一心同聲以偈頌曰 善哉見諸佛
救世之聖尊 能於三界獄 勉出諸衆生 普智天人尊 哀愍群萌類 能開甘露門 廣度於一切
於昔無量劫 空過無有佛 世尊未出時 十方常闇暝 三惡道增長 阿脩羅亦盛 諸天衆轉減
死多墮惡道 不從佛聞法 常行不善事 色力及智慧 斯等皆減少 罪業因緣故 失樂及樂想
住於邪見法 不識善儀則 不蒙佛所化 常墮於惡道 佛為世間眼 久遠時乃出 哀愍諸衆生
故現於世間 超出成正覺 我等甚欣慶 及餘一切衆 喜歎未曾有 我等諸宮殿 蒙光故嚴飾
今以奉世尊 唯垂哀納受 願以此功德 普及於一切 我等與衆生 皆共成佛道 尒時五百萬
億諸梵天王偈讚佛已各白佛言唯願世尊轉於法輪多所安隱多所度脫時諸梵
天王而說偈言 世尊轉法輪 擊甘露法鼓 度苦惱衆生 開示涅槃道 唯願受我請
以大微妙音 哀愍而敷演 無量劫習法 尒時大通智勝如來受十方諸梵天王及十六王子
請即時三轉十二行法輪若沙門婆羅門若天魔梵及餘世間所不能轉謂是苦是
苦集是苦滅是苦滅道及廣說十二因緣法無明緣行行緣識識緣名色名色緣
六入六入緣觸觸緣受受緣愛愛緣取取緣有有緣生生緣老死憂悲苦惱無
明滅則行滅行滅則識滅識滅則名色滅名色滅則六入滅六入滅則觸滅觸滅則
受滅受滅則愛滅愛滅則取滅取滅則有滅有滅則生滅生滅則老死憂悲苦惱
滅佛於天人大衆之中說是法時六百萬億那由他人以不受一切法故而於諸漏心
得解脫皆得深妙禪定三明六通具八解脫第二第三第四說法時千萬億恒河
沙那由他等衆生亦以不受一切法故而於諸漏心得解脫從是已後諸聲聞衆無
量無邊不可稱數尒時十六王子皆以童子出家而為沙弥諸根通利智慧明了已曾
供養百千萬億諸佛淨脩梵行求阿耨多羅三藐三菩提俱白佛言世尊是諸無量
千萬億大德聲聞皆已成就世尊亦當為我等說阿耨多羅三藐三菩提法我等
聞已皆共脩學世尊我等志願如來知見深心所念佛自證知尒時轉輪聖王所將
衆中八萬億人見十六王子出家亦求出家王即聽許尒時彼佛受沙弥請過二萬劫
已乃於四衆之中說是大乘經名妙法蓮華教菩薩法佛所護念說是經已十六沙弥
為阿耨多羅三藐三菩提故皆共受持諷誦通利說是經時十六菩薩沙弥皆悉信
受聲聞衆中亦有信解其餘衆生千萬億種皆生疑惑佛說是經於八千劫未曾

BD13816 號 3　妙法蓮華經卷三　（30–26）

供養百千萬億諸佛淨脩梵行求阿耨多羅三藐三菩提俱白佛言世尊是諸無量
千萬億大德聲聞皆已成就世尊亦當為我等說阿耨多羅三藐三菩提法我等
聞已皆共脩學世尊我等志願如來知見深心所念佛自證知尒時轉輪聖王所將
衆中八萬億人見十六王子出家亦求出家王即聽許尒時彼佛受沙弥請過二萬劫
已乃於四衆之中說是大乘經名妙法蓮華教菩薩法佛所護念說是經已十六沙弥
為阿耨多羅三藐三菩提故皆共受持諷誦通利說是經時十六菩薩沙弥皆悉信
受聲聞衆中亦有信解其餘衆生千萬億種皆生疑惑佛說是經於八千劫未曾
休廢說此經已即入靜室住於禪定八萬四千劫是時十六菩薩沙弥知佛入室
寂然禪定各昇法座亦於八萬四千劫為四部衆廣說分別妙法華經一一皆度
六百萬億那由他恒河沙等衆生示教利喜令發阿耨多羅三藐三菩提心大
通智勝佛過八萬四千劫已從三昧起往詣法座安詳而坐普告大衆是十六菩
薩沙弥甚為希有諸根通利智慧明了已曾供養無量千萬億數諸佛
於諸佛所常脩梵行受持佛智開示衆生令入其中汝等皆當數數親近而供
養之所以者何若聲聞辟支佛及諸菩薩能信是十六菩薩所說經法受持不
毀者是人皆當得阿耨多羅三藐三菩提如來之慧佛告諸比丘是十六菩薩
常樂說是妙法蓮華經一一菩薩所化六百萬億那由他恒河沙等衆生世世所
生與菩薩俱從其聞法悉皆信解以此因緣得值四萬億諸佛世尊于今不盡
諸比丘我今語汝彼佛弟子十六沙弥今皆得阿耨多羅三藐三菩提於十方國
土現在說法有無量百千萬億菩薩聲聞以為眷屬其二沙弥東方作佛一名
阿閦在歡喜國二名須弥頂東南方二佛一名師子音二名師子相南方二佛一名虛
空住二名常滅西南方二佛一名帝相二名梵相西方二佛一名阿弥陀二名度一切世
間苦惱西北方二佛一名多摩羅跋栴檀香神通二名須弥相北方二佛一名雲自在
二名雲自在王東北方佛名壞一切世間怖畏第十六我釋迦牟尼佛於娑婆國土
成阿耨多羅三藐三菩提諸比丘我等為沙弥時各各教化無量百千萬億恒河
沙等衆生從我聞法為阿耨多羅三藐三菩提此諸衆生于今有住聲聞地者我
常教化阿耨多羅三藐三菩提是諸人等應以是法漸入佛道所以者何如來智慧
難信難解尒時所化無量恒河沙等衆生者汝等諸比丘及我滅度後未來世中聲
聞弟子是也我滅度後復有弟子不聞是經不知不覺菩薩所行自於所得功德生滅
度想當入涅槃我於餘國作佛更有異名是人雖生滅度之想入於涅槃而於彼土求
佛智慧得聞是經唯以佛乘而得滅度更無餘乘除諸如來方便說法諸比丘若如
來自知涅槃時到衆又清淨信解堅固了達空法深入禪定便集諸菩薩及聲聞
衆為說是經世間無有二乘而得滅度唯一佛乘得滅度耳比丘當知如來方便深入
禪定便集諸菩薩及聲聞衆為說是經世間無有二乘而得滅度唯一佛乘得滅度耳
比丘當知如來方便深入衆生之性知其志樂深著五欲為是等故說於涅槃是人若聞
則便信受譬如五百由旬險難惡道曠絕無人怖畏之處若有多衆欲過此道至珎寶處
有一導師聰慧明達善知險道通塞之相將導衆人欲過此難所將人衆中路懈退白
導師言我等疲極而復怖畏不能復進前路猶遠今欲退還導師多諸方便而作是念
此等可愍云何捨大珎寶而欲退還作是念已以方便力於險道中過三百由旬化作一城

BD13816 號 3　妙法蓮華經卷三　（30–27）

衆為說是經世間無有二乘而得滅度唯一佛乘得滅度耳比丘當知如來方便深入
禪定便集諸菩薩及聲聞衆為說是經世間無有二乘而得滅度唯一佛乘得滅度耳
比丘當知如來方便深入衆生之性知其志樂深着五欲為是等故說於涅槃是人若聞
則便信受譬如五百由旬險難惡道曠絶無人怖畏之處若有多衆欲過此道至珎寶處
有一導師聰慧明達善知險道通塞之相將導衆人欲過此難所將人衆中路懈退白
導師言我等疲極而復怖畏不能復進前路猶遠今欲退還導師多諸方便而作是念
此等可愍云何捨大珎寶而欲退還作是念已以方便力於險道中過三百由旬化作一城
告衆人言汝等勿怖莫得退還今此大城可於中止隨意所作若入是城快得安隱若能
前至寶所亦可得去是時疲極之衆心大歡喜歎未曾有我等今者免斯惡道快得安
隱於是衆人前入化城生已度想生安隱想尒時導師知此人衆既得止息無復疲
倦即滅化城語衆人言汝等去來寶處在近向者大城我所化作為止息耳諸比
丘如來亦復如是今為汝等作大導師知諸生死煩惱惡道險難長遠應去應度
若衆生但聞一佛乘者則不欲見佛不欲親近便作是念佛道長遠久受懃苦乃可
得成佛知是心怯弱下劣以方便力而於中路為止息故說二涅槃若衆生住於二地如來
尒時即便為說汝等所作未辦汝所住地近於佛慧當觀察籌量所得涅槃非真實
也但是如來方便之力於一佛乘分別說三如彼導師為止息故化作大城既知息已而告
之言寶處在近此城非實我化作耳尒時世尊欲重宣此義而說偈言　大通智勝佛
十劫坐道場　佛法不現前　不得成佛道　諸天神龍王　阿脩羅衆等　常雨於天華　以供養彼佛
諸天擊天鼓　并作衆伎樂　香風吹萎華　更雨新好者　過十小劫已　乃得成佛道　諸天及世人
心皆懷踊躍　彼佛十六子　皆與其眷屬　千萬億圍繞　俱行至佛所　頭面禮佛足　而請轉法輪
聖師子法雨　充我及一切　世尊甚難值　久遠時一現　為覺悟群生　震動於一切　東方諸世界
五百萬億國　梵宮殿光曜　昔所未曾有　諸梵見此相　尋來至佛所　散華以供養　并奉上宮殿
請佛轉法輪　以偈而讚歎　佛知時未至　受請默然坐　三方及四維　上下亦復尒　散華奉宮殿
請佛轉法輪　世尊甚難值　願以大慈悲　廣開甘露門　轉無上法輪　無量慧世尊　受彼衆人請
為宣種種法　四諦十二緣　無明至老死　皆從生緣有　如是衆過患　汝等應當知　宣暢是法時
六百萬億姟　得盡諸苦際　皆成阿羅漢　第二說法時　千萬恒沙衆　於諸法不受　亦得阿羅漢
從是後得道　其數無有量　萬億劫筭數　不能得其邊　時十六王子　出家作沙弥　皆共請彼佛
演說大乘法　我等及營從　皆當成佛道　願得如世尊　慧眼第一淨　佛知童子心　宿世之所行
以無量因緣　種種諸譬喻　說六波羅蜜　及諸神通事　分別真實法　菩薩所行道　說是法華經
如恒河沙偈　彼佛說經已　靜室入禪定　一心一處坐　八萬四千劫　是諸沙弥等　知佛禪未出
為無量億衆　說佛無上慧　各各坐法座　說是大乘經　於佛宴寂後　宣揚助法化　一一沙弥等
所度諸衆生　有六百萬億　恒河沙等衆　彼佛滅度後　是諸聞法者　在在諸佛土　常與師俱生
是十六沙弥　具足行佛道　今現在十方　各得成正覺　尒時聞法者　各在諸佛所　其有住聲聞
漸教以佛道　我在十六數　曾亦為汝說　是故以方便　引汝趣佛慧　以是本因緣　今說法華經
令汝入佛道　慎勿懷驚懼　譬如險惡道　迥絶多毒獸　又復無水草　人所怖畏處　無數千萬衆
欲過此險道　其路甚曠遠　經五百由旬　時有一導師　強識有智慧　明了心決定　在險濟衆難
衆人皆疲惓　而白導師言　我等今頓乏　於此欲退還　導師作是念　此輩甚可愍　如何欲退還
而失大珎寶　尋時思方便　當設神通力　化作大城郭　莊嚴諸舍宅　周帀有園林　渠流及浴池

BD13816 號 3　妙法蓮華經卷三

是十六沙弥　具足行佛道　今現在十方　各得成正覺　尒時聞法者　各在諸佛所　其有住聲聞
漸教以佛道　我在十六數　曾亦為汝說　是故以方便　引汝趣佛慧　以是本因緣　今說法華經
令汝入佛道　慎勿懷驚懼　譬如險惡道　迥絶多毒獸　又復無水草　人所怖畏處　無數千萬衆
欲過此險道　其路甚曠遠　經五百由旬　時有一導師　強識有智慧　明了心決定　在險濟衆難
衆人皆疲惓　而白導師言　我等今頓乏　於此欲退還　導師作是念　此輩甚可愍　如何欲退還
而失大珎寶　尋時思方便　當設神通力　化作大城郭　莊嚴諸舍宅　周帀有園林　渠流及浴池
重門高樓閣　男女皆充滿　即作是化已　慰衆言勿懼　汝等入此城　各可隨所樂　諸人既入城
心皆大歡喜　皆生安隱想　自謂已得度　導師知息已　集衆而告言　汝等當前進　此是化城耳
我見汝疲極　中路欲退還　故以方便力　權化作此城　汝今勤精進　當共至寶所　我亦復如是
為一切導師　見諸求道者　中路而懈廢　不能度生死　煩惱諸險道　故以方便力　為息說涅槃
言汝等苦滅　所作皆已辦　既知到涅槃　皆得阿羅漢　尒乃集大衆　為說真實法　諸佛方便力
分別說三乘　唯有一佛乘　息處故說二　今為汝說實　汝所得非滅　為佛一切智　當發大精進
汝證一切智　十力等佛法　具三十二相　乃是真實滅　諸佛之導師　為息說涅槃　既知是息已
引入於佛慧
妙法蓮華經卷第三

妙法蓮華經五百弟子授記品第八　卷四

尒時富樓那彌多羅尼子從佛聞是智慧方便隨
宜說法又聞授諸大弟子阿耨多羅三藐三菩提記復聞宿世因緣之事復聞諸佛有大
自在神通之力得未曾有心淨踊躍即從座起到於佛前頭面禮足却住一面瞻仰尊顏
目不暫捨而作是念世尊甚奇特所為希有隨順世間若干種性以方便知見而為說
法拔出衆生處處貪着我等於佛功德言不能宣唯佛世尊能知我等深心本願尒
時佛告諸比丘汝等見是富樓那彌多羅尼子不我常稱其於說法人中最為第一亦
常歎其種種功德精勤護持助宣我法能於四衆示教利喜具足解釋佛之正法而大
饒益同梵行者自捨如來无能盡其言論之辯汝等勿謂富樓那但能護持助宣我法
亦於過去九十億諸佛所護持助宣佛之正法於彼說法人中亦最第一又於諸佛所說
空法明了通達得四无礙智常能審諦清淨說法无有疑惑具足菩薩神通之力隨
其壽命常修梵行彼佛世人咸皆謂之實是聲聞而富樓那以斯方便饒益无量百
千衆生又化无量阿僧祇人令立阿耨多羅三藐三菩提為淨佛土故常作佛事教
化衆生諸比丘富樓那亦於七佛說法人中而得第一今於我所說法人中亦為第一於
賢劫中當來諸佛說法人中亦復第一而皆護持助宣佛法亦於未來護持助宣无
量无邊諸佛之法教化饒益无量衆生令立阿耨多羅三藐三菩提為淨佛土故常
勤精進教化衆生漸漸具足菩薩之道過无量阿僧祇劫當於此土得阿耨多羅三
藐三菩提號曰法明如來應供正遍知明行足善逝世間解无上士調御丈夫天人師
佛世尊其佛以恒河沙等三千大千世界為一佛土七寶為地地平如掌无有山陵
谿澗溝壑七寶臺觀充滿其中諸天宮殿近處虛空人天交接兩得相見无諸惡道
亦无女人一切衆生皆以化生无有婬欲得大神通身出光明飛行自在志念堅固精進
智慧普皆金色三十二相而自莊嚴其國衆生常以二食一者法喜食二者禪悅食
有无量阿僧祇千萬億那由他諸菩薩衆得大神通四无礙智善能教化衆生之類
其聲聞衆筭數校計所不能知皆得具足六通三明及八解脫其佛國土有如是等
无量功德莊嚴成就劫名寶明國名善淨其佛壽命无量阿僧祇劫法住甚久佛

BD13816 號 3　妙法蓮華經卷三
BD13816 號 4　妙法蓮華經卷四

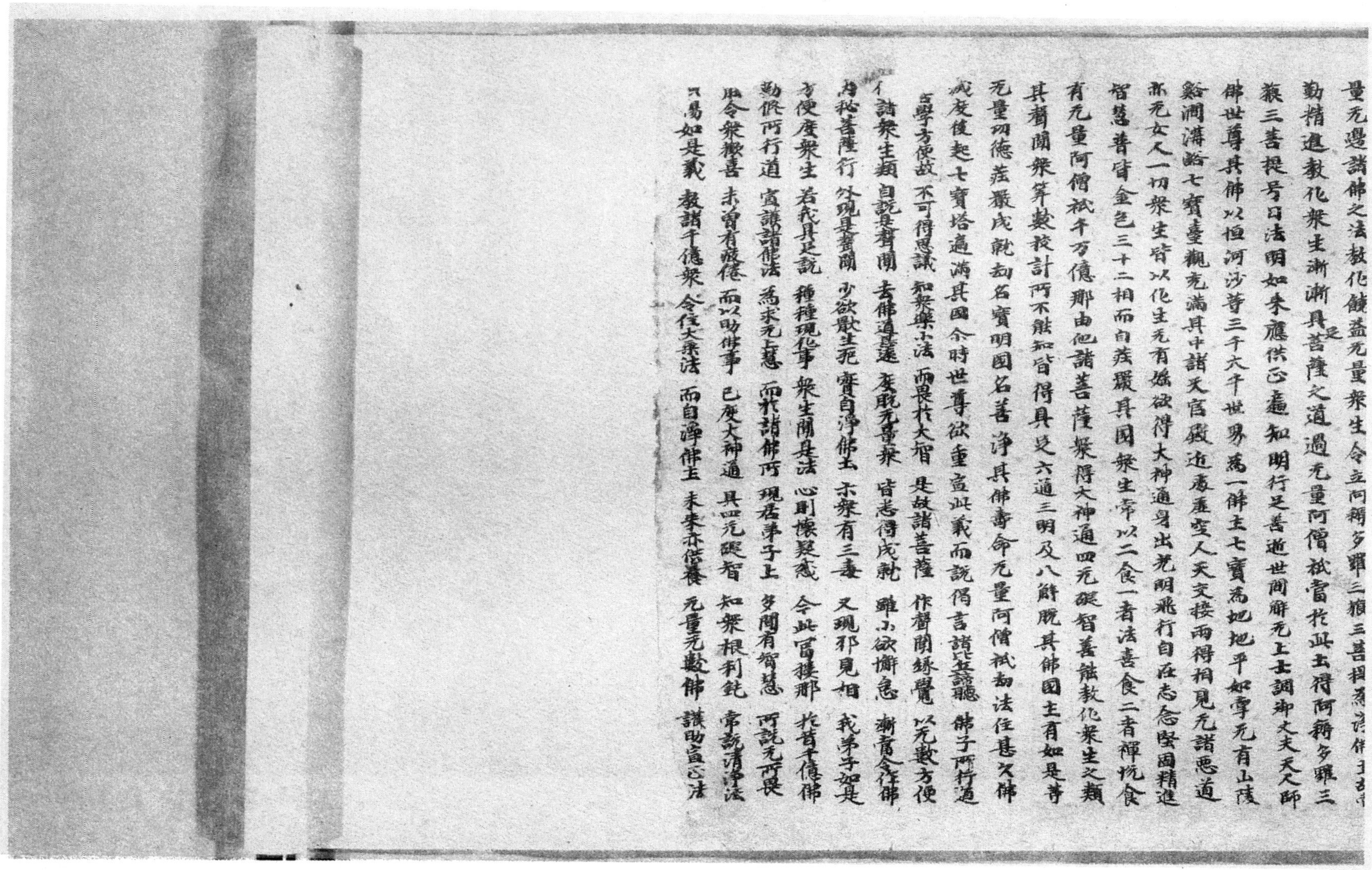

量无邊諸佛之法教化饒益无量衆生令立阿耨多羅三藐三菩提爲淨佛土故常
勤精進教化衆生漸漸具足菩薩之道過无量阿僧祇劫當於此土得阿耨多羅三
藐三菩提號曰法明如來應供正遍知明行足善逝世間解无上士調御丈夫天人師
佛世尊其佛以恒河沙等三千大千世界爲一佛土七寶爲地地平如掌无有山陵
谿澗溝壑七寶臺觀充滿其中諸天宮殿近處虛空人天交接兩得相見无諸惡道
亦无女人一切衆生皆以化生无有婬欲得大神通身出光明飛行自在志念堅固精進
智慧普皆金色三十二相而自莊嚴其國衆生常以二食一者法喜食二者禪悅食
有无量阿僧祇千万億那由他諸菩薩衆得大神通四无礙智善能教化衆生之類
其聲聞衆筭數校計所不能知皆得具足六通三明及八解脫其佛國土有如是等
无量功德莊嚴成就劫名寶明國名善淨其佛壽命无量阿僧祇劫法住甚久佛
滅度後起七寶塔遍滿其國尒時世尊欲重宣此義而說偈言 諸比丘諦聽 佛子所行道
善學方便故 不可得思議 知衆樂小法 而畏於大智 是故諸菩薩 作聲聞緣覺 以无數方便
化諸衆生類 自說是聲聞 去佛道甚遠 度脫无量衆 皆悉得成就 雖小欲懈怠 漸當令作佛
內祕菩薩行 外現是聲聞 少欲厭生死 實自淨佛土 示衆有三毒 又現邪見相 我弟子如是
方便度衆生 若我具足說 種種現化事 衆生聞是法 心則懷疑惑 今此富樓那 於昔千億佛
勤修所行道 宣護諸佛法 爲求无上慧 而於諸佛所 現居弟子上 多聞有智慧 所說无所畏
能令衆歡喜 未曾有疲倦 而以助佛事 已度大神通 具四无礙智 知衆根利鈍 常說清淨法
演暢如是義 教諸千億衆 令住大乘法 而自淨佛土 未來亦供養 无量无數佛 護助宣正法

BD13816 號 4　妙法蓮華經卷四　（30–30）

BD13817 號背　現代護首　（1–1）

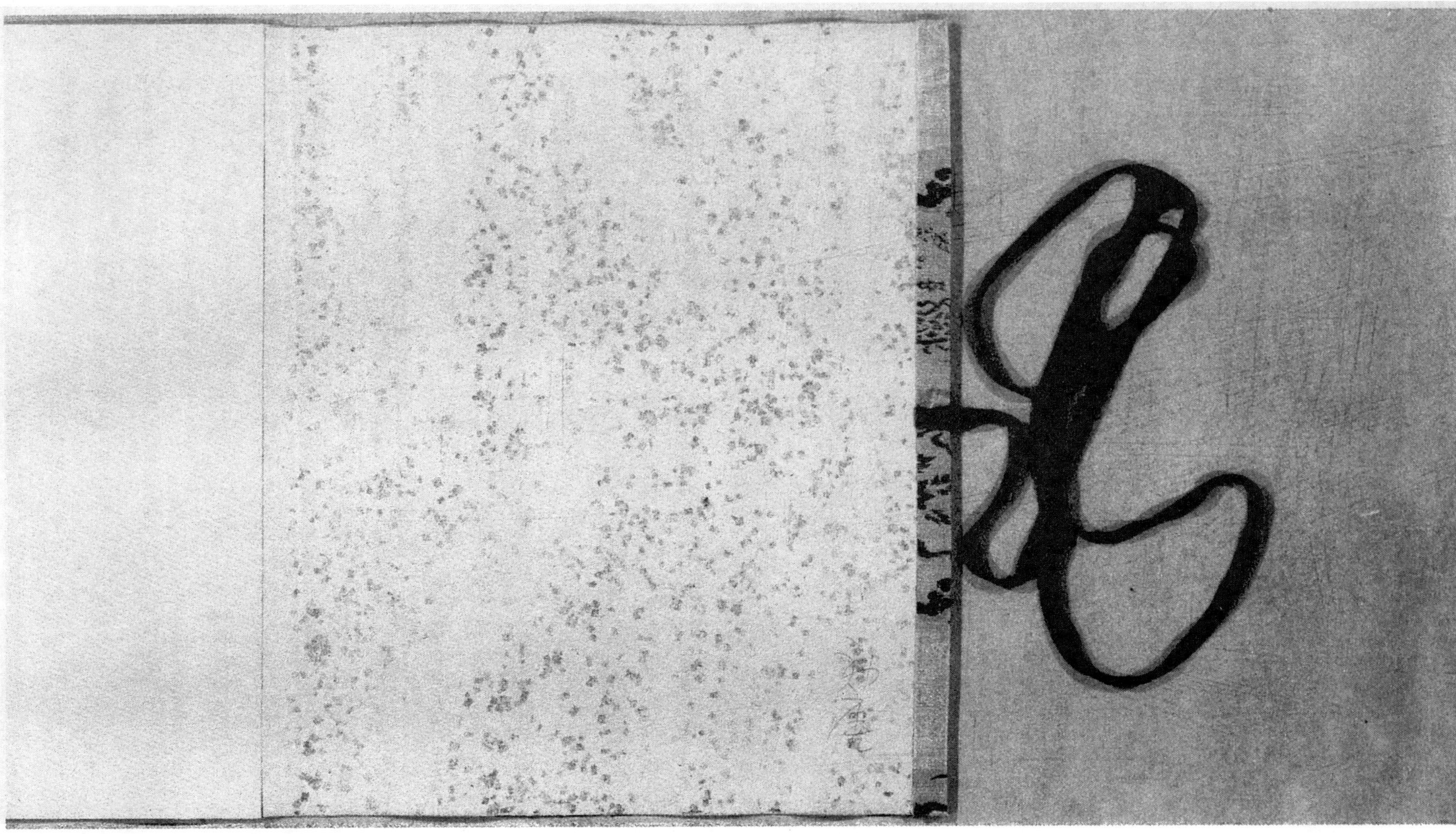

BD13817號　妙法蓮華經卷五　（29–1）

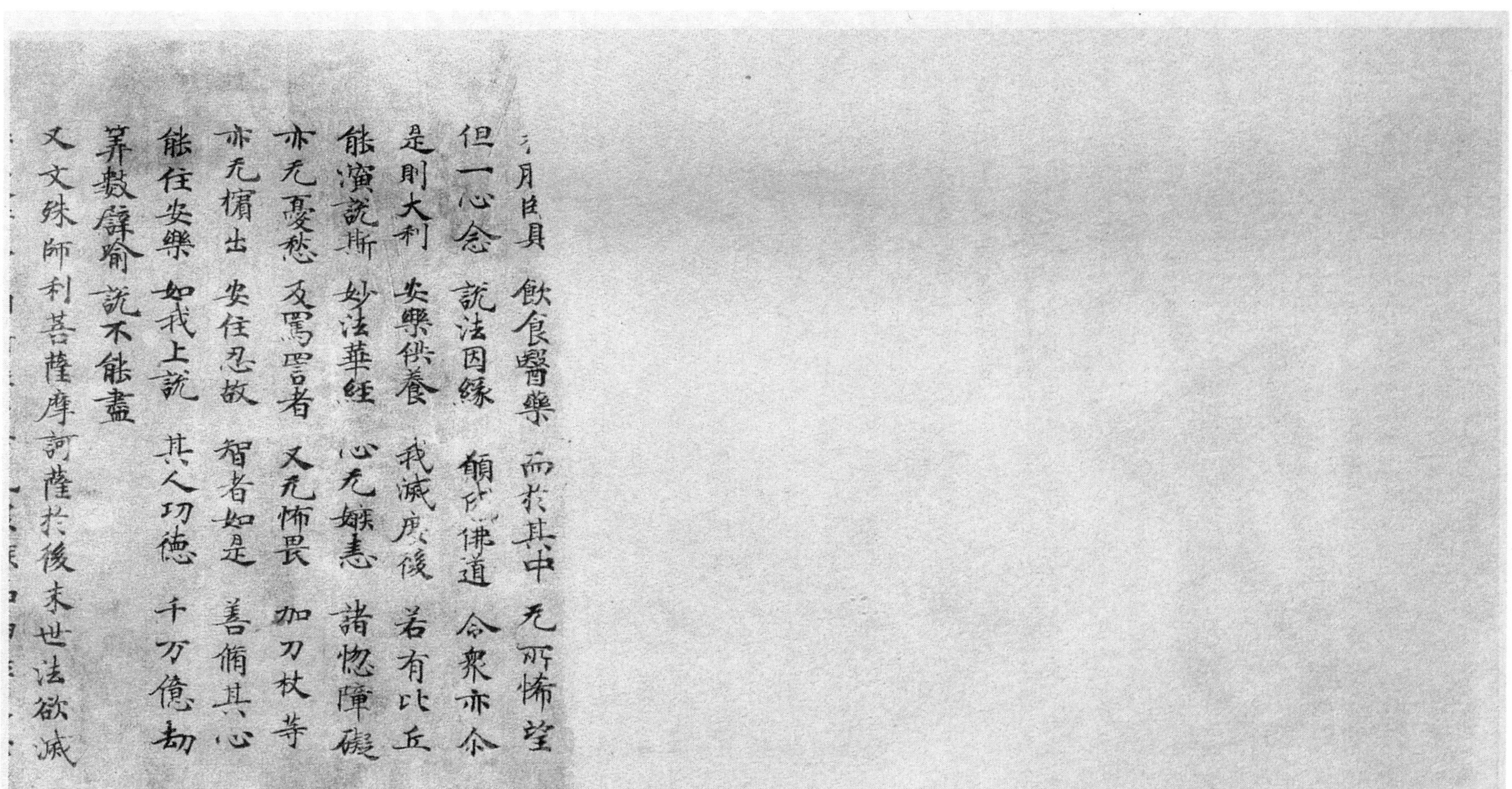

衣服臥具　飲食醫藥　而於其中　无所悕望
但一心念　說法因緣　願成佛道　令衆亦尒
是則大利　安樂供養　我滅度後　若有比丘
能演說斯　妙法華經　心无嫉恚　諸惱障礙
亦无憂愁　及罵詈者　又无怖畏　加刀杖等
亦无擯出　安住忍故　智者如是　善脩其心
能住安樂　如我上說　其人功德　千万億劫
筭數譬喻　說不能盡
又文殊師利菩薩摩訶薩於後末世法欲滅

BD13817號　妙法蓮華經卷五　（29–2）

亦无擯出　安住忍故　智者如是　善脩其心
能住安樂　如我上説　其人功德　千万億劫
筭數譬喻　説不能盡
又文殊師利菩薩摩訶薩於後末世法欲滅
時受持讀誦斯經典者无懷嫉妬諂誑之心
亦勿輕罵學佛道者求其長短若比丘比丘
尼優婆塞優婆夷求聲聞者求辟支佛者求
菩薩道者无得惱之令其疑悔語其人言汝
等去道甚遠終不能得一切種智所以者何
汝是放逸之人於道懈怠故又亦不應戲論
諸法有所諍競當於一切衆生起大悲想於
諸如來起慈父想於諸菩薩起大師想於十
方諸大菩薩常應深心恭敬礼拜於一切衆
生平等説法以順法故不多不少乃至深愛
法者亦不為多説文殊師利是菩薩摩訶薩
於後末世法欲滅時有成就是第三安樂行
者説是法時无能惱亂得好同學共讀誦是
經亦得大衆而来聽受聽已能持持已能誦
誦已能説説已能書若使人書供養經卷恭
敬尊重讚歎尒時世尊欲重宣此義而説偈
言
若欲説是經　當捨嫉恚慢　諂誑邪偽心　常脩質直行
不輕蔑於人　亦不戲論法　不令他疑悔　云汝不得佛
是佛子説法　常柔和能忍　慈悲於一切　不生懈怠心
十方大菩薩　愍衆故行道　應生恭敬心　是則我大師

BD13817號　妙法蓮華經卷五　（29–3）

言
若欲説是經　當捨嫉恚慢　諂誑邪偽心　常脩質直行
不輕蔑於人　亦不戲論法　不令他疑悔　云汝不得佛
是佛子説法　常柔和能忍　慈悲於一切　不生懈怠心
十方大菩薩　愍衆故行道　應生恭敬心　是則我大師
於諸佛世尊　生无上父想　破於憍慢心　説法无障礙
第三法如是　智者應守護　一心安樂行　无量衆所敬
又文殊師利菩薩摩訶薩於後末世法欲滅
時有持法華經者於在家出家人中生大慈
心於非菩薩人中生大悲心應作是念如是
之人則為大失如来方便隨宜説法不聞不
知不覺不問不信不解其人雖不問不信不
解是經我得阿耨多羅三藐三菩提時隨在
何地以神通力智慧力引之令得住是法中
文殊師利是菩薩摩訶薩於如来滅後有成
就此第四法者説是法時无有過失常為比
丘比丘尼優婆塞優婆夷國王王子大臣人
民婆羅門居士等供養恭敬尊重讃歎虚空
諸天為聽法故亦常隨侍若在聚落城邑空
閑林中有人来欲難問者諸天晝夜常為法
故而衛護之能令聽者皆得歡喜所以者何
此經是一切過去未来現在諸佛神力所護
故文殊師利是法華經於无量國中乃至名
字不可得聞何況得見受持讀誦文殊師利
譬如强力轉輪聖王欲以威勢降伏諸國而

BD13817號　妙法蓮華經卷五　（29–4）

故而衛護之能令聽者皆得歡喜所以者
此經是一切過去未来現在諸佛神力所護
故文殊師利是法華經於无量國中乃至名
字不可得聞何况得見受持讀誦文殊師利
譬如強力轉輪聖王欲以威勢降伏諸國而
諸小王不順其命時轉輪王起種種兵而往
討伐王見兵衆戰有功者即大歡喜隨功賞
賜或與田宅聚落城邑或與衣服嚴身之具
或與種種珍寶金銀琉璃車𤦲馬瑙珊瑚虎
珀象馬車乘奴婢人民唯髻中明珠不以與
之所以者何獨王頂上有此一珠若以與之
王諸眷屬必大驚怪文殊師利如來亦復如
是以禪定智慧力得法國土王於三界而諸
魔王不肯順伏如來賢聖諸將與之共戰其
有功者心亦歡喜於四衆中為說諸經令其
心悅賜以禪定解脫无漏根力諸法之財又
復賜與涅槃之城言得滅度引導其心令皆
歡喜而不為說是法華經文殊師利如轉輪
王見諸兵衆有大功者心甚歡喜以此難信
之珠久在髻中不妄與人而今與之如來亦
復如是於三界中為大法王以法教化一切
衆生見賢聖軍與五陰魔煩惱魔死魔共戰
有大功勳滅三毒出三界破魔網尒時如来
亦大歡喜此法華經能令衆生至一切智一
切世間多怨難信先所未說而今說之文殊

BD13817號 妙法蓮華經卷五 (29-5)

衆生見賢聖軍與五陰魔煩惱魔死魔共戰
有大功勳滅三毒出三界破魔網尒時如来
亦大歡喜此法華經能令衆生至一切智一
切世間多怨難信先所未說而今說之文殊
師利此法華經是諸如來第一之說於諸說
中最為甚深末後賜與如彼強力之王久護
明珠今乃與之文殊師利此法華經諸佛如
來秘密之藏於諸經中最在其上長夜守護
不妄宣說始於今日乃與汝等而敷演之尒
時世尊欲重宣此義而說偈言

常行忍辱 哀愍一切 乃能演說 佛所讚經
後末世時 持此經者 於家出家 及非菩薩
應生慈悲 斯等不聞 不信是經 則為大失
我得佛道 以諸方便 為說此經 令住其中
譬如強力 轉輪之王 兵戰有功 賞賜諸物
象馬車乘 嚴身之具 及諸田宅 聚落城邑
或與衣服 種種珍寶 奴婢財物 歡喜賜與
如有勇健 能為難事 王解髻中 明珠賜之
如來亦尒 為諸法王 忍辱大力 智慧寶藏
以大慈悲 如法化世 見一切人 受諸苦惱
欲求解脫 與諸魔戰 為是衆生 說種種法
以大方便 說此諸經 既知衆生 得其力已
末後乃為 說是法華 如王解髻 明珠與之
此經為尊 衆經中上 我常守護 不妄開示
今正是時 為汝等說 我滅度後 求佛道者

BD13817號 妙法蓮華經卷五 (29-6)

欲求解脫　與諸魔戰　為是眾生　說種種法
以大方便　說此諸經　既知眾生　得其力已
末後乃為　說是法華　如王解髻　明珠與之
此經為尊　眾經中上　我常守護　不妄開宗
今正是時　為汝等說　我滅度後　求佛道者
欲得安隱　演說斯經　應當親近　如是四法
讀是經者　常无憂惱　又无病痛　顏色鮮白
不生貧窮　卑賤醜陋　眾生樂見　如慕賢聖
天諸童子　以為給使　刀杖不加　毒不能害
若人惡罵　口則閉塞　遊行无畏　如師子王
智慧光明　如日之照　若於夢中　但見妙事
見諸如来　坐師子座　諸比丘眾　圍繞說法
又見龍神　阿修羅等　數如恒沙　恭敬合掌
自見其身　而為說法　又見諸佛　身相金色
放无量光　照於一切　以梵音聲　演說諸法
佛為四眾　說无上法　見身處中　合掌讃佛
聞法歡喜　而為供養　得陀羅尼　證不退智
佛知其心　深入佛道　即為授記　成最正覺
汝善男子　當於来世　得无量智　佛之大道
國土嚴淨　廣大无比　亦有四眾　合掌聽法
又見自身　在山林中　修習善法　證諸實相
深入禪定　見十方佛
諸佛身金色　百福相莊嚴　聞法為人說　常有是好夢
又夢作國王　捨宮殿眷屬　及上妙五欲　行詣於道場
在菩提樹下　而處師子座　求道過七日　得諸佛之智

BD13817 號　妙法蓮華經卷五　（29–7）

深入禪定　見十方佛
諸佛身金色　百福相莊嚴　聞法為人說　常有是好夢
又夢作國王　捨宮殿眷屬　及上妙五欲　行詣於道場
在菩提樹下　而處師子座　求道過七日　得諸佛之智
成无上道已　起而轉法輪　為四眾說法　經千万億劫
說无漏妙法　度无量眾生　後當入涅槃　如烟盡燈滅
若後惡世中　說是第一法　是人得大利　如上諸功德

妙法蓮華經從地踊出品第十五

尒時他方國土諸來菩薩摩訶薩過八恒河
沙數於大眾中起合掌作礼而白佛言世尊
若聽我等於佛滅後在此娑婆世界勤加精
進護持讀誦書寫供養是經典者當於此土
而廣說之尒時佛告諸菩薩摩訶薩眾止善
男子不須汝等護持此經所以者何我娑婆
世界自有六万恒河沙等菩薩摩訶薩一一
菩薩各有六万恒河沙眷屬是諸人等能於
我滅後護持讀誦廣說此經佛說是時娑婆
世界三千大千國土地皆震裂而於其中有
无量千万億菩薩摩訶薩同時踊出是諸菩
薩身皆金色三十二相无量光明先盡在此
娑婆世界之下此界虛空中住是諸菩薩聞
釋迦牟尼佛所說音聲從下發來一一菩薩
皆是大眾唱導之首各將六万恒河沙眷屬
況將五万四万三万二万一万恒河沙等眷
屬者況復乃至一恒河沙半恒河沙四分之

BD13817 號　妙法蓮華經卷五　（29–8）

釋迦牟尼佛所說音聲從下發来一一菩薩
皆是大衆唱導之首各將六万恒河沙眷屬
況將五万四万三万二万一万恒河沙等眷
屬者況復乃至一恒河沙半恒河沙四分之
一乃至千万億那由他分之一況復千万億
那由他眷屬況復億万眷屬況復千万百万
乃至一万況復一千一百乃至一十況復將
五四三二一弟子者況復單己樂遠離行如
是等比无量无邊筭數譬喻所不能知是諸
菩薩從地出已各詣虛空七寶妙塔多寶如
来釋迦牟尼佛所到已向二世尊頭面礼足
及至諸寶樹下師子座上佛所亦皆作礼右

阿逸多當知　是諸大菩薩　從无數劫来　脩習佛智慧
悉是我所化　令發大道心　此等是我子　依止是世界
常行頭陀事　志樂於靜處　捨大衆憒閙　不樂多所說
如是諸子等　學習我道法　晝夜常精進　為求佛道故
在娑婆世界　下方空中住　志念力堅固　常勤求智慧
說種種妙法　其心无所畏　我於伽耶城　菩提樹下坐
得成最正覺　轉无上法輪　尒乃教化之　令初發道心
令皆住不退　悉當得成佛　我今說實語　汝等一心信
我從久遠来　教化是等衆

尒時弥勒菩薩摩訶薩及无數諸菩薩等心
生疑惑怪未曾有而作是念云何世尊於少
時間教化如是无量无邊阿僧祇諸大菩薩
令住阿耨多羅三藐三菩提即白佛言世尊

我從久遠来　教化是等衆

尒時弥勒菩薩摩訶薩及无數諸菩薩等心
生疑惑怪未曾有而作是念云何世尊於少
時間教化如是无量无邊阿僧祇諸大菩薩
令住阿耨多羅三藐三菩提即白佛言世尊
如来為太子時出於釋宮去伽耶城不遠坐
於道場得成阿耨多羅三藐三菩提從是已
来始過四十餘年世尊云何於此少時大作
佛事以佛勢力以佛功德教化如是无量大
菩薩衆當成阿耨多羅三藐三菩提世尊此
大菩薩衆假使有人於千万億劫數不能盡
不得其邊斯等久遠已来於无量无邊諸佛
所植諸善根成就菩薩道常脩梵行世尊如
此之事世所難信譬如有人色美髮黑年二
十五指百歲人言是我子其百歲人亦指年
少言是我父生育我等是事難信佛亦如是
得道已来其實未久而此大衆諸菩薩等已
於无量千万億劫為佛道故勤行精進善入
出住无量百千万億三昧得大神通久脩梵
行善能次第習諸善法巧於問荅人中之寶
一切世間甚為希有今日世尊方云得佛道
時初令發心教化示導令向阿耨多羅三藐
三菩提世尊得佛未久乃能作此大功德事
我等雖復信佛隨宜所說佛所出言未曾虛
妄佛所知者皆悉通達然諸新發意菩薩於

時初令發心教化示導令向阿耨多羅三藐
三菩提世尊得佛未久乃能作此大功德事
我等雖復信佛隨宜所說佛所出言未曾虛
妄佛所知者皆悉通達然諸新發意菩薩於
佛滅後若聞是語或不信受而起破法罪業
因緣唯然世尊願為解說除我等疑及未來
世諸善男子聞此事已亦不生疑尒時彌勒
菩薩欲重宣此義而說偈言
佛昔從釋種　出家近伽耶　坐於菩提樹　尒來尚未久
此諸佛子等　其數不可量　久已行佛道　住神通智力
善學菩薩道　不染世間法　如蓮華在水　從地而踊出
皆起恭敬心　住於世尊前　是事難思議　云何而可信
佛得道甚近　所成就甚多　願為除衆疑　如實分別說
譬如少壯人　年始二十五　示人百歲子　髮白而面皺
是等我所生　子亦說是父　父少而子老　舉世所不信
世尊亦如是　得道來甚近　是諸菩薩等　志固无怯弱
從无量劫來　而行菩薩道　巧於難問荅　其心无所畏
忍辱心決定　端正有威德　十方佛所讚　善能分別說
不樂在人衆　常好在禪定　為求佛道故　於下空中住
我等從佛聞　於此事无疑　願佛為未來　演說令開解
若有於此經　生疑不信者　即當墮惡道　願今為解說
是无量菩薩　云何於少時　教化令發心　而住不退地
妙法蓮華經如來壽量品第十六
尒時佛告諸菩薩及一切大衆諸善男子汝
等當信解如來誠諦之語復告大衆汝等當

BD13817號　妙法蓮華經卷五　　（29–11）

若有於此經　生疑不信者　即當墮惡道　願今為解說
是无量菩薩　云何於少時　教化令發心　而住不退地
妙法蓮華經如來壽量品第十六
尒時佛告諸菩薩及一切大衆諸善男子汝
等當信解如來誠諦之語復告大衆汝等當
信解如來誠諦之語又復告諸大衆汝等當
信解如來誠諦之語是時菩薩大衆彌勒為
首合掌白佛言世尊唯願說之我等當信受
佛語如是三白已復言唯願說之我等當信
受佛語尒時世尊知諸菩薩三請不止而告
之言汝等諦聽如來秘密神通之力一切世
間天人及阿脩羅皆謂今釋迦牟尼佛出釋
氏宮去伽耶城不遠坐於道場得阿耨多羅
三藐三菩提然善男子我實成佛已來无量
无邊百千万億那由他劫譬如五百千万億
那由他阿僧祇三千大千世界假使有人末
為微塵過於東方五百千万億那由他阿僧
祇國乃下一塵如是東行盡是微塵諸善男
子於意云何是諸世界可得思惟校計知其
數不彌勒菩薩等俱白佛言世尊是諸世界
无量无邊非筭數所知亦非心力所及一切
聲聞辟支佛以无漏智不能思惟知其限數
我等住阿惟越致地於是事中亦所不達世
尊如是諸世界无量无邊尒時佛告大菩薩
衆諸善男子今當分明宣語汝等是諸世界

BD13817號　妙法蓮華經卷五　　（29–12）

我等住阿惟越致地於是事中亦所不達世
尊如是諸世界无量无邊尒時佛告大菩薩
衆諸善男子今當分明宣語汝等是諸世界
若著微塵及不著者盡以為塵一塵一劫我
成佛已来復過於此百千万億那由他阿僧
祇劫自從是来我常在此娑婆世界說法教
化亦於餘處百千万億那由他阿僧祇國導
利衆生諸善男子於是中間我說然燈佛等
又復言其入於涅槃如是皆以方便分別諸
善男子若有衆生来至我所我以佛眼觀其
信等諸根利鈍隨所應度處處自說名字不
同年紀大小亦復現言當入涅槃又以種種
方便說微妙法能令衆生發歡喜心諸善男
子如来見諸衆生樂於小法德薄垢重者為
是人說我少出家得阿耨多羅三藐三菩提
然我實成佛已来久遠若斯但以方便教化
衆生令入佛道作如是說諸善男子如来所
演經典皆為度脫衆生或說己身或說他身
或示己身或示他身或示己事或示他事諸
所言說皆實不虛所以者何如来如實知見
三界之相无有生死若退若出亦无在世及
滅度者非實非虛非如非異不如三界見於
三界如斯之事如来明見无有錯謬以諸衆
生有種種性種種欲種種行種種憶想分別

BD13817號　妙法蓮華經卷五　（29–13）

滅度者非實非虛非如非異不如三界見於
三界如斯之事如来明見无有錯謬以諸衆
生有種種性種種欲種種行種種憶想分別
故欲令生諸善根以若干因緣譬喻言辭種
種說法所作佛事未曾暫廢如是我成佛已
来甚大久遠壽命无量阿僧祇劫常住不滅
諸善男子我本行菩薩道所成壽命今猶未
盡復倍上數然今非實滅度而便唱言當取
滅度如来以是方便教化衆生所以者何若
佛久住於世薄德之人不種善根貧窮下賤
貪著五欲入於憶想妄見網中若見如来常
在不滅便起憍恣而懷厭怠不能生難遭之
想恭敬之心是故如来以方便說比丘當知
諸佛出世難可值遇所以者何諸薄德人過
无量百千万億劫或有見佛或不見者以此
事故我作是言諸比丘如来難可得見斯衆
生等聞如是語必當生於難遭之想心懷戀
慕渴仰於佛便種善根是故如来雖不實滅
而言滅度又善男子諸佛如来法皆如是為
度衆生皆實不虛譬如良醫智慧聰達明練
方藥善治衆病其人多諸子息若十二十乃
至百數以有事緣遠至餘國諸子於後飲他
毒藥藥發悶亂宛轉于地是時其父還来歸
家諸子飲毒或失本心或不失者遙見其父

BD13817號　妙法蓮華經卷五　（29–14）

方藥善治衆病其人多諸子息若十二十乃
至百數以有事緣遠至餘國諸子於後飲他
毒藥藥發悶亂宛轉于地是時其父還來歸
家諸子飲毒或失本心或不失者遥見其父
皆大歡喜拜跪問訊善安隱歸我等愚癡誤
服毒藥願見救療更賜壽命父見子等苦惱
如是依諸經方求好藥草色香美味皆悉具
足擣簁和合與子令服而作是言此大良藥
色香美味皆悉具足汝等可服速除苦惱无
復衆患其諸子中不失心者見此良藥色香
俱好即便服之病盡除愈餘失心者見其父
來雖亦歡喜問訊求索治病然與其藥而不
肯服所以者何毒氣深入失本心故於此好
色香藥而謂不美父作是念此子可愍爲毒
所中心皆顛倒雖見我喜求索救療如是好
藥而不肯服我今當設方便令服此藥即作
是言汝等當知我今衰老死時已至是好良
藥今留在此汝可取服勿憂不差作是教已
復至他國遣使還告汝父已死是時諸子聞
父背喪心大憂惱而作是念若父在者慈愍
我等能見救護今者捨我遠喪他國自惟孤
露无復恃怙常懷悲感心遂醒悟乃知此藥
色味香美即取服之毒病皆愈其父聞子悉
已得差尋便來歸咸使見之諸善男子於意

BD13817號　妙法蓮華經卷五　（29-15）

父背喪心大憂惱而作是念若父在者慈愍
我等能見救護今者捨我遠喪他國自惟孤
露无復恃怙常懷悲感心遂醒悟乃知此藥
色味香美即取服之毒病皆愈其父聞子悉
已得差尋便來歸咸使見之諸善男子於意
云何頗有人能說此良醫虛妄罪不不也世
尊佛言我亦如是成佛已來无量无邊百千
万億那由他阿僧祇劫爲衆生故以方便力
言當滅度亦无有能如法說我虛妄過者尒
時世尊欲重宣此義而說偈言
自我得佛來　所經諸劫數　无量百千万　億載阿僧祇
常說法教化　无數億衆生　令入於佛道　尒來无量劫
爲度衆生故　方便現涅槃　而實不滅度　常住此說法
我常住於此　以諸神通力　令顛倒衆生　雖近而不見
衆見我滅度　廣供養舍利　咸皆懷戀慕　而生渴仰心
衆生既信伏　質直意柔軟　一心欲見佛　不自惜身命
時我及衆僧　俱出靈鷲山　我時語衆生　常在此不滅
以方便力故　現有滅不滅　餘國有衆生　恭敬信樂者
我復於彼中　爲說无上法　汝等不聞此　但謂我滅度
我見諸衆生　沒在於苦惱　故不爲現身　令其生渴仰
因其心戀慕　乃出爲說法　神通力如是　於阿僧祇劫
常在靈鷲山　及餘諸住處　衆生見劫盡　大火所燒時
我此土安隱　天人常充滿　園林諸堂閣　種種寶莊嚴
寶樹多華菓　衆生所遊樂　諸天擊天鼓　常作衆伎樂
雨曼陁羅華　散佛及大衆　我淨土不毀　而衆見燒盡

BD13817號　妙法蓮華經卷五　（29-16）

因其心戀慕　乃出為說法　神通力如是　於阿僧祇劫
常在靈鷲山　及餘諸住處　衆生見劫盡　大火所燒時
我此土安隱　天人常充滿　園林諸堂閣　種種寶莊嚴
寶樹多華菓　衆生所遊樂　諸天擊天鼓　常作衆伎樂
雨曼陁羅華　散佛及大衆　我淨土不毀　而衆見燒盡
憂怖諸苦惱　如是悉充滿　是諸罪衆生　以惡業因緣
過阿僧祇劫　不聞三寶名　諸有脩功德　柔和質直者
則皆見我身　在此而說法　或時為此衆　說佛壽无量
久乃見佛者　為說佛難值　我智力如是　慧光照无量
壽命无數劫　久脩業所得　汝等有智者　勿於此生疑
當斷令永盡　佛語實不虛　如醫善方便　為治狂子故
實在而言死　无能說虛妄　我亦為世父　救諸苦患者
為凡夫顛倒　實在而言滅　以常見我故　而生憍恣心
放逸著五欲　墮於惡道中　我常知衆生　行道不行道
隨應所可度　為說種種法　每自作是念　以何令衆生
得入无上道　速成就佛身

妙法蓮華經分別功德品第十七

繞三匝合掌恭敬以諸菩薩種種讚法而以
讚歎住在一面欣樂瞻仰於二世尊是諸菩
薩摩訶薩從初踊出以諸菩薩種種讚法而
讚於佛如是時間經五十小劫是時釋迦牟
尼佛嘿然而坐及諸四衆亦皆嘿然五十小
劫佛神力故令諸大衆謂如半日尒時四衆
亦以佛神力故見諸菩薩遍滿无量百千万
億國土虛空是菩薩衆中有四導師一名上

BD13817 號　妙法蓮華經卷五　（29–17）

尼佛嘿然而坐及諸四衆亦皆嘿然五十小
劫佛神力故令諸大衆謂如半日尒時四衆
亦以佛神力故見諸菩薩遍滿无量百千万
億國土虛空是菩薩衆中有四導師一名上
行二名无邊行三名淨行四名安立行是四
菩薩於其衆中最為上首唱導之師在大衆
前各共合掌觀釋迦牟尼佛而問訊言世尊
少病少惱安樂行不所應度者受教易不不
令世尊生疲勞耶尒時四大菩薩而說偈言
世尊安樂　少病少惱　教化衆生　得无疲惓
又諸衆生　受化易不　不令世尊　生疲勞耶
尒時世尊於菩薩大衆中而作是言如是如
是諸善男子如来安樂少病少惱諸衆生等
易可化度无有疲勞所以者何是諸衆生世
世已来常受我化亦於過去諸佛供養尊重
種諸善根此諸衆生始見我身聞我所說即
皆信受入如来慧除先脩習學小乘者如是
之人我今亦令得聞是經入於佛慧尒時諸
大菩薩而說偈言
善哉善哉　大雄世尊　諸衆生等　易可化度
能問諸佛　甚深智慧　聞已信行　我等隨喜
於時世尊讚歎上首諸大菩薩善哉善哉善
男子汝等能於如来發喜
薩及八十恒河沙諸菩薩衆皆作是念我等
從昔已来不見不聞如是大菩薩摩訶薩衆

BD13817 號　妙法蓮華經卷五　（29–18）

尒時世尊讚歎上首諸大菩薩善哉善哉善
男子汝等能於如来發喜
薩及八千恒河沙諸菩薩衆皆作是念我等
從昔已来不見不聞如是大菩薩摩訶薩衆
從地踊出住世尊前合掌供養問訊如来時
弥勒菩薩摩訶薩知八千恒河沙諸菩薩等
心之所念并欲自決所疑合掌向佛以偈問
曰
无量千万億　大衆諸菩薩　昔所未曾見　願兩足尊說
是從何所来　以何因緣集　巨身大神通　智慧叵思議
其志念堅固　有大忍辱力　衆生所樂見　為從何所来
一一諸菩薩　所將諸眷属　其數无有量　如恒河沙等
或有大菩薩　將六万恒沙　如是諸大衆　一心求佛道
是諸大師等　六万恒河沙　俱来供養佛　及護持此經
將五万恒沙　其數過於是　四万及三万　二万至一万
一千一百等　乃至一恒沙　半及三四分　億万分之一
千万那由他　万億諸弟子　乃至於半億　其數復過上
百万至一万　一千及一百　五十與一十　乃至三二一
單己无眷属　樂於獨處者　俱来至佛所　其數轉過上
如是諸大衆　若人行籌數　過於恒沙劫　猶不能盡知
是諸大威德　精進菩薩衆　誰為其說法　教化而成就
從誰初發心　稱揚何佛法　受持行誰經　脩習何佛道
如是諸菩薩　神通大智力　四方地震動　皆從中踊出
世尊我昔来　未曾見是事　願說其所從　國土之名号
我常遊諸國　未曾見是衆　我於此衆中　乃不識一人

BD13817號　妙法蓮華經卷五　（29–19）

是諸大威德　精進菩薩衆　誰為其說法　教化而成就
從誰初發心　稱揚何佛法　受持行誰經　脩習何佛道
如是諸菩薩　神通大智力　四方地震動　皆從中踊出
世尊我昔来　未曾見是事　願說其所從　國土之名号
我常遊諸國　未曾見是衆　我於此衆中　乃不識一人
忽然從地出　願說其因緣　今此之大會　无量百千億
是諸菩薩等　皆欲知此事　是諸菩薩衆　本末之因緣
无量德世尊　唯願决衆疑
尒時釋迦牟尼佛分身諸佛從无量千万億
他方國土来者在於八方諸寶樹下師子座
上結跏趺坐其佛侍者各各見是菩薩大衆
於三千大千世界四方從地踊出住於虛空
各白其佛言世尊此諸无量无邊阿僧祇菩
薩大衆從何所来尒時諸佛各告侍者諸善
男子且待須臾有菩薩摩訶薩名弥勒釋迦
牟尼佛之所授記次後作佛已問斯事佛今
荅之汝等自當因是得聞尒時釋迦牟尼佛
告弥勒菩薩善哉善哉阿逸多乃能問佛如
是大事汝等當共一心被精進鎧發堅固意
如来今欲顯發宣示諸佛智慧諸佛自在神
通之力諸佛師子奮迅之力諸佛威猛大勢
之力尒時世尊欲重宣此義而說偈言
當精進一心　我欲說此事　勿得有疑悔　佛智叵思議
汝今出信力　住於忍善中　昔所未聞法　今皆當得聞
我今安慰汝　勿得懷疑懼　佛无不實語　智慧不可量

BD13817號　妙法蓮華經卷五　（29–20）

之力尒時世尊欲重宣此義而說偈言
當精進一心　我欲說此事　勿得有疑悔　佛智叵思議
汝今出信力　住於忍善中　昔所未聞法　今皆當得聞
我今安慰汝　勿得懷疑懼　佛无不實語　智慧不可量
所得第一法　甚深叵分別　如是今當說　汝等一心聽
尒時世尊說此偈已告弥勒菩薩我今於此
大衆宣告汝等阿逸多是諸大菩薩摩訶薩
无量无數阿僧祇從地踊出汝等昔所未見
者我於是娑婆世界得阿耨多羅三藐三菩
提已教化示導是諸菩薩調伏其心令發道
意此諸菩薩皆於是娑婆世界之下此界虛
空中住於諸經典讀誦通利思惟分別正憶
念阿逸多是諸善男子等不樂在衆多有所
說常樂靜處勤行精進未曾休息亦不依止
人天而住常樂深智无有障礙亦常樂於諸
佛之法一心精進求无上慧尒時世尊欲重
宣此義而說偈言
尒時大會聞佛說壽命劫數長遠如是无量
无邊阿僧祇衆生得大饒益於時世尊告弥
勒菩薩摩訶薩阿逸多我說是如來壽命長
遠時六百八十万億那由他恒河沙衆生得
无生法忍復千倍菩薩摩訶薩得聞持陀羅
尼門復有一世界微塵數菩薩摩訶薩得樂
說无礙辯才復有一世界微塵數菩薩摩訶
薩得百万億无量旋陀羅尼復有三千大千

BD13817 號　妙法蓮華經卷五　（29–21）

无生法忍復千倍菩薩摩訶薩得聞持陀羅
尼門復有一世界微塵數菩薩摩訶薩得樂
說无礙辯才復有一世界微塵數菩薩摩訶
薩得百万億无量旋陀羅尼復有三千大千
世界微塵數菩薩摩訶薩能轉不退法輪復
有二千中國土微塵數菩薩摩訶薩能轉清
淨法輪復有小千國土微塵數菩薩摩訶薩
八生當得阿耨多羅三藐三菩提復有四四
天下微塵數菩薩摩訶薩四生當得阿耨多
羅三藐三菩提復有三四天下微塵數菩薩
摩訶薩三生當得阿耨多羅三藐三菩提復
有二四天下微塵數菩薩摩訶薩二生當得
阿耨多羅三藐三菩提復有一四天下微塵
數菩薩摩訶薩一生當得阿耨多羅三藐三
菩提復有八世界微塵數衆生皆發阿耨多
羅三藐三菩提心佛說是諸菩薩摩訶薩得
大法利時於虛空中雨曼陀羅華摩訶曼陀
羅華以散无量百千万億寶樹下師子座上
諸佛并散七寶塔中師子座上釋迦牟尼佛
及久滅度多寶如來亦散一切諸大菩薩及
四部衆又雨細末栴檀沈水香等於虛空中
天鼓自鳴妙聲深遠又雨千種天衣垂諸瓔
珞真珠瓔珞摩尼珠瓔珞如意珠瓔珞遍於
九方衆寶香爐燒无價香自然周至供養大
會一一佛上有諸菩薩執持幡蓋次第而上

BD13817 號　妙法蓮華經卷五　（29–22）

天鼓自鳴妙聲深遠又雨千種天衣垂諸瓔
珞真珠瓔珞摩尼珠瓔珞如意珠瓔珞遍於
九方衆寶香爐燒无價香自然周至供養大
會一一佛上有諸菩薩執持幡蓋次第而上
至于梵天是諸菩薩以妙音聲歌无量頌讚
歎諸佛尒時弥勒菩薩從座而起偏袒右肩
合掌向佛而說偈言
佛說希有法　昔所未曾聞　世尊有大力　壽命不可量
无數諸佛子　聞世尊分別　說得法利者　歡喜充遍身
或住不退地　或得陀羅尼　或无礙樂說　万億旋揔持
或有大千界　微塵數菩薩　各各皆能轉　不退之法輪
或有中千界　微塵數菩薩　各各皆能轉　清淨之法輪
復有小千界　微塵數菩薩　餘各八生在　當得成佛道
復有四三二　如是四天下　微塵諸菩薩　隨數生成佛
或一四天下　微塵數菩薩　餘有一生在　當成一切智
如是等衆生　聞佛壽長遠　得无量无漏　清淨之果報
復有八世界　微塵數衆生　聞佛說壽命　皆發无上心
世尊說无量　不可思議法　多有所饒益　如虛空无邊
雨天曼陁羅　摩訶曼陁羅　釋梵如恒沙　无數佛土來
雨栴檀沉水　繽紛而亂墜　如鳥飛空下　供養於諸佛
天鼓虛空中　自然出妙聲　天衣千万種　旋轉而來下
衆寶妙香爐　燒无價之香　自然悉周遍　供養諸世尊
其大菩薩衆　執七寶幡蓋　高妙万億種　次第至梵天
一一諸佛前　寶幢懸勝幡　亦以千万偈　歌詠諸如來
如是種種事　昔所未曾有　聞佛壽无量　一切皆歡喜

BD13817 號　妙法蓮華經卷五　(29–23)

天鼓虛空中　自然出妙聲　天衣千万種　旋轉而來下
衆寶妙香爐　燒无價之香　自然悉周遍　供養諸世尊
其大菩薩衆　執七寶幡蓋　高妙万億種　次第至梵天
一一諸佛前　寶幢懸勝幡　亦以千万偈　歌詠諸如來
如是種種事　昔所未曾有　聞佛壽无量　一切皆歡喜
佛名聞十方　廣饒益衆生　一切具善根　以助无上心
尒時佛告弥勒菩薩摩訶薩阿逸多其有衆
生聞佛壽命長遠如是乃至能生一念信解
所得功德无有限量若有善男子善女人為
阿耨多羅三藐三菩提於八十万億那由他
劫行五波羅蜜檀波羅蜜尸羅波羅蜜羼提
波羅蜜毗梨耶波羅蜜禪波羅蜜除般若波
羅蜜以是功德比前功德百分千分百千万
億分不及其一乃至筭數譬喻所不能知若
善男子有如是功德於阿耨多羅三藐三菩
提退者无有是處尒時世尊欲重宣此義而
說偈言
若人求佛慧　於八十万億　那由他劫數　行五波羅蜜
於是諸劫中　布施供養佛　及緣覺弟子　并諸菩薩衆
珍異之飲食　上服與臥具　栴檀立精舍　以園林莊嚴
如是等布施　種種皆微妙　盡此諸劫數　以迴向佛道
若復持禁戒　清淨无缺漏　求於无上道　諸佛之所歎
若復行忍辱　住於調柔地　設衆惡來加　其心不傾動
諸有得法者　懷於增上慢　為此所輕惱　如是亦能忍
若復勤精進　志念常堅固　於无量億劫　一心不懈息

BD13817 號　妙法蓮華經卷五　(29–24)

若須行忍辱　住於調柔地　設衆惡來加　其心不傾動
諸有得法者　懷於增上慢　為此所輕惱　如是亦能忍
若復勤精進　志念常堅固　於无量億劫　一心不懈息
又於无數劫　住於空閑處　若坐若經行　除睡常攝心
以是因緣故　能生諸禪定　八十億万劫　安住心不亂
持此一心福　願求无上道　我得一切智　盡諸禪定際
是人於百千　万億劫數中　行此諸功德　如上之所說
有善男女等　聞我說壽命　乃至一念信　其福過於彼
若人悉无有　一切諸疑悔　深心須臾信　其福為如此
其有諸菩薩　无量劫行道　聞我說壽命　是則能信受
如是諸人等　頂受此經典　願我於未來　長壽度衆生
如今日世尊　諸釋中之王　道場師子吼　說法无所畏
我等未來世　一切所尊敬　坐於道場時　說壽亦如是
若有深心者　清淨而質直　多聞能惣持　隨義解佛語
如是諸人等　於此无有疑
又阿逸多若有聞佛壽命長遠解其言趣是
人所得功德无有限量能起如來无上之慧
何況廣聞是經若教人聞若自持若教人持
若自書若教人書若以華香瓔珞幢幡繒蓋
香油蘇燈供養經卷是人功德无量无邊能
生一切種智阿逸多若善男子善女人聞我
說壽命長遠深心信解則為見佛常在耆闍
崛山共大菩薩諸聲聞衆圍繞說法又見此
娑婆世界其地瑠璃坦然平正閻浮檀金以
界八道寶樹行列諸臺樓觀皆悉寶成其菩

BD13817號　妙法蓮華經卷五　（29–25）

說壽命長遠深心信解則為見佛常在耆闍
崛山共大菩薩諸聲聞衆圍繞說法又見此
娑婆世界其地瑠璃坦然平正閻浮檀金以
界八道寶樹行列諸臺樓觀皆悉寶成其菩
薩衆咸處其中若有能如是觀者當知是為
深信解相又復如來滅後若聞是經而不毀
呰起隨喜心當知已為深信解相何況讀誦
受持之者斯人則為頂戴如來阿逸多是善
男子善女人不須為我復起塔寺及作僧坊
以四事供養衆僧所以者何是善男子善女
人受持讀誦是經典者為已起塔造立僧坊
供養衆僧則為以佛舍利起七寶塔高廣漸
小至于梵天懸諸幡蓋及衆寶鈴華香瓔珞
末香塗香燒香衆鼓伎樂簫笛箜篌種種儛
戲以妙音聲歌唄讚頌則為於无量千万億
劫作是供養已阿逸多若我滅後聞是經典
有能受持若自書若教人書則為起立僧坊
以赤栴檀作諸殿堂三十有二高八多羅樹
高廣嚴好百千比丘於其中止園林流池經
行禪窟衣服飲食床蓐湯藥一切樂具充滿
其中如是僧坊堂閣若干百千万億其數无
量以此現前供養於我及比丘僧是故我說
如來滅後若有受持讀誦為他人說若自書
若教人書供養經卷不須復起塔寺及造僧
坊供養衆僧況復有人能持是經兼行布施

BD13817號　妙法蓮華經卷五　（29–26）

其中如是僧坊堂閣若干百千万億其數无
量以此現前供養於我及比丘僧是故我說
如来滅後若有受持讀誦為他人說若自書
若教人書供養經卷不須復起塔寺及造僧
坊供養衆僧況復有人能持是經兼行布施
持戒忍辱精進一心智慧其德最勝无量无
邊譬如虛空東西南北四維上下无量无邊
是人功德亦復如是无量无邊疾至一切種
智若人讀誦受持是經為他人說若自書若
教人書復能起塔及造僧坊供養讚歎聲聞
衆僧亦以百千万億讚歎之法讚歎菩薩功
德又為他人種種因緣隨義解說此法華經
復能清淨持戒與柔和者而共同止忍辱无
瞋志念堅固常貴坐禪得諸深定精進勇猛
攝諸善法利根智慧善荅問難阿逸多若我
滅後諸善男子善女人受持讀誦是經典者
復有如是諸善功德當知是人已趣道場近
阿耨多羅三藐三菩提坐道樹下阿逸多是
善男子若坐若立若行處此中便應起塔一
切天人皆應供養如佛之塔尒時世尊欲重
宣此義而說偈言
若我滅度後　能奉持此經　斯人福无量　如上之所說
是則為具足　一切諸供養　以舍利起塔　七寶而莊嚴
表刹甚高廣　漸小至梵天　寶鈴千万億　風動出妙音
又於无量劫　而供養此塔　華香諸瓔珞　天衣衆伎樂
[illegible]

BD13817 號　妙法蓮華經卷五　（29–27）

表刹甚高廣　漸小至梵天　寶鈴千万億　風動出妙音
又於无量劫　而供養此塔　華香諸瓔珞　天衣衆伎樂
燃香油蘇燈　周帀常照明　惡世法末時　能持是經者
則為已如上　具足諸供養　若能持此經　則如佛現在
以牛頭栴檀　起僧坊供養　堂有三十二　高八多羅樹
上饌妙衣服　床卧皆具足　百千衆住處　園林諸流池
經行及禪窟　種種皆嚴好　若有信解心　受持讀誦書
若復教人書　及供養經卷　散華香末香　以須曼瞻蔔
阿提目多伽　薰油常燃之　如是供養者　得无量功德
如虛空无邊　其福亦如是　況復持此經　兼布施持戒
忍辱樂禪定　不瞋不惡口　恭敬於塔廟　謙下諸比丘
遠離自高心　常思惟智慧　有問難不瞋　隨順為解說
若能行是行　功德不可量　若見此法師　成就如是德
應以天華散　天衣覆其身　頭面接足礼　生心如佛想
又應作是念　不久詣道樹　得无漏无為　廣利諸人天
其所住止處　經行若坐卧　乃至說一偈　是中應起塔
莊嚴令妙好　種種以供養　佛子住此地　則是佛受用
常在於其中　經行及坐卧

妙法蓮華經卷第五

BD13817 號　妙法蓮華經卷五　（29–28）

若能行是行　功德不可量　若見此法師　成就如是德
應以天華散　天衣覆其身　頭面接足礼　生心如佛想
又應作是念　不久詣道樹　得无漏无為　廣利諸人天
其所住止處　經行若坐臥　乃至說一偈　是中應起塔
莊嚴令妙好　種種以供養　佛子住此地　則是佛受用
常在於其中　經行及坐臥
妙法蓮華經卷第五

BD13817 號　妙法蓮華經卷五　（29–29）

BD13818 號背　現代護首　（1–1）

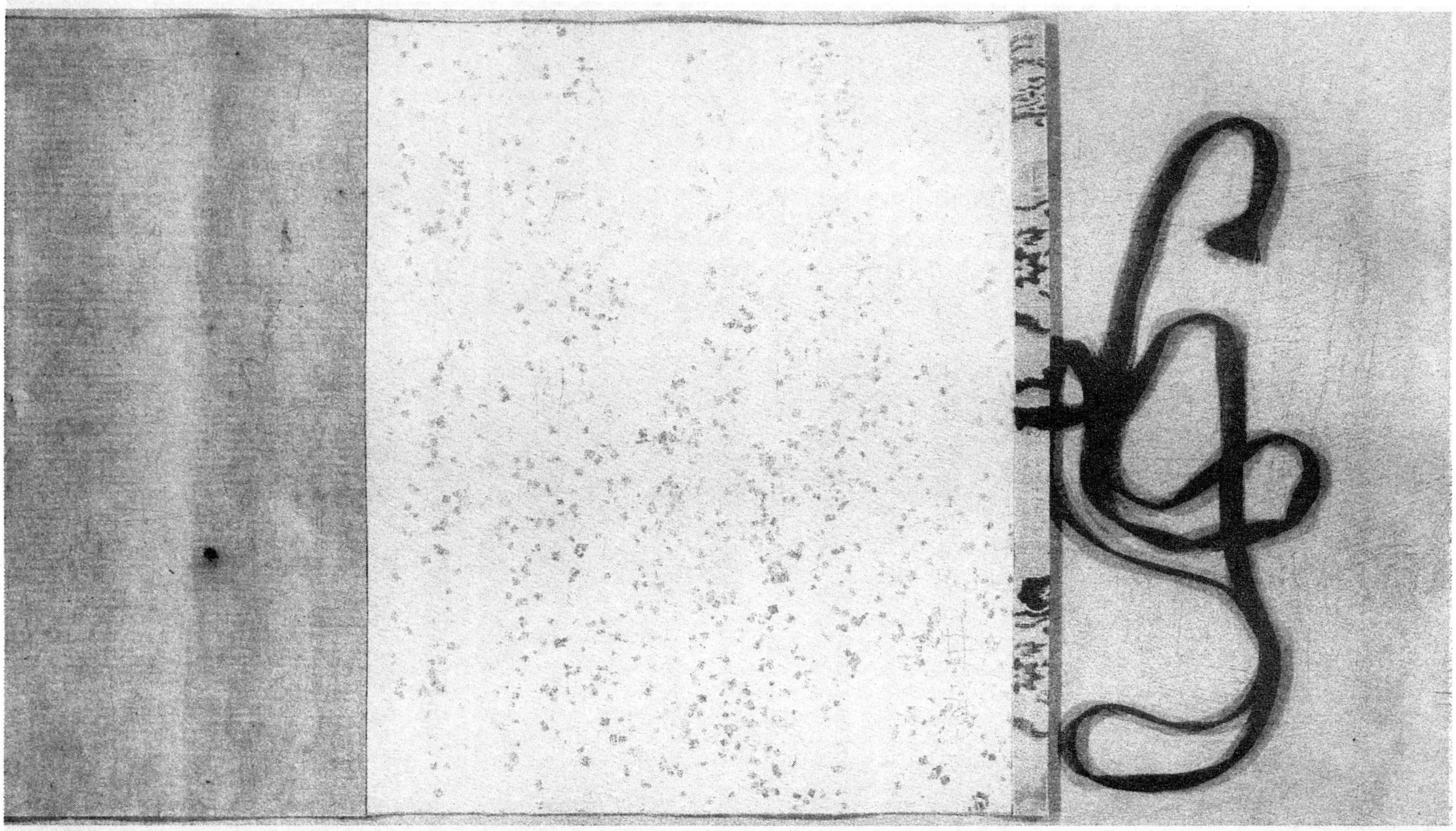

BD13818號　妙法蓮華經卷六　　（30–1）

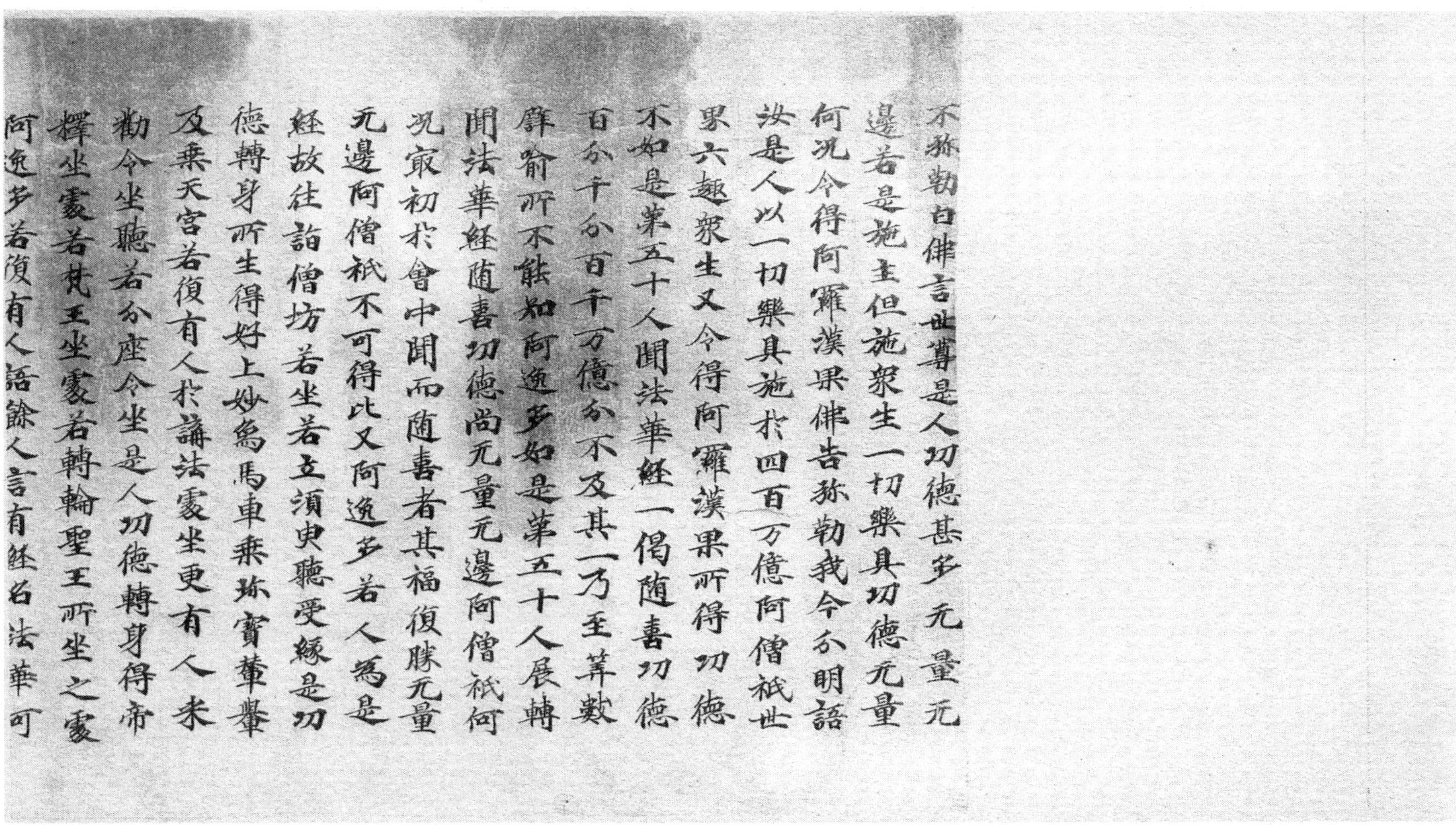

不弥勒白仏言世尊是人功德甚多无量无
邊若是施主但施衆生一切樂具功德无量
何况令得阿羅漢果仏告弥勒我今分明語
汝是人以一切樂具施於四百万億阿僧祇世
界六趣衆生又令得阿羅漢果所得功德
不如是第五十人聞法華經一偈随喜功德
百分千分百千万億分不及其一乃至筭數
辟喩所不能知阿逸多如是第五十人展轉
聞法華經随喜功德尚无量无邊阿僧祇何
况最初於會中聞而随喜者其福復勝无量
无邊阿僧祇不可得比又阿逸多若人為是
經故往詣僧坊若坐若立須臾聽受緣是功
德轉身所生得好上妙象馬車乘珎寶輦轝
及乘天宮若復有人於講法處坐更有人来
勸令坐聽若分座令坐是人功德轉身得帝
釋坐處若梵王坐處若轉輪聖王所坐之處
阿逸多若復有人語餘人言有經名法華可

BD13818號　妙法蓮華經卷六　　（30–2）

經故往詣僧坊若坐若立須臾聽受緣是功
德轉身所生得好上妙象馬車乘珎寶輦轝
及乘天宮若復有人於講法處坐更有人來
勸令坐聽若分座令坐是人功德轉身得帝
釋坐處若梵王坐處若轉輪聖王所坐之處
阿逸多若復有人語餘人言有經名法華可
共往聽即受其教乃至須臾間聞是人功德
轉身得與陁羅尼菩薩共生一處利根智慧
百千万世終不瘖瘂口氣不臭舌常无病口
亦无病齒不垢黑不黃不踈亦不缺落不差
不曲脣不下垂亦不褰縮不麁澁不瘡緊亦
不缺壞亦不喎斜不厚不大亦不梨黑无諸
可惡鼻不匾𥏶亦不曲戾面色不黑亦不狹
長亦不窊曲无有一切不可憙相脣舌牙齒
悉皆嚴好鼻脩高直面貌圓滿眉高而長額
廣平正人相具足世世所生見佛聞法信受
教誨阿逸多汝且觀是勸於一人令往聽法
功德如此何況一心聽說讀誦而於大衆為
人分別如說脩行尒時世尊欲重宣此義而
說偈言
若人於法會　得聞是經典　乃至於一偈　隨喜為他說
如是展轉教　至于第五十　最後人獲福　今當分別之
如有大施主　供給无量衆　具滿八十歲　隨意之所欲
見彼衰老相　髮白而面皺　齒踈形枯竭　念其死不久
我今應當教　令得於道果　即為方便說　涅槃真實法

BD13818號　妙法蓮華經卷六　（30–3）

若人於法會　得聞是經典　乃至於一偈　隨喜為他說
如是展轉教　至于第五十　最後人獲福　今當分別之
如有大施主　供給无量衆　具滿八十歲　隨意之所欲
見彼衰老相　髮白而面皺　齒踈形枯竭　念其死不久
我今應當教　令得於道果　即為方便說　涅槃真實法
世皆不牢固　如水沫泡焰　汝等咸應當　疾生猒離心
諸人聞是法　皆得阿羅漢　具足六神通　三明八解脫
最後第五十　聞一偈隨喜　是人福勝彼　不可為譬喻
如是展轉聞　其福尚无量　何況於法會　初聞隨喜者
若有勸一人　將引聽法華　言此經深妙　千万劫難遇
即受教往聽　乃至須臾聞　斯人之福報　今當分別說
世世无口患　齒不踈黃黑　脣不厚褰缺　无有可惡相
舌不乾黑短　鼻高脩且直　額廣而平正　面目悉端嚴
為人所憙見　口氣无臭穢　優鉢華之香　常從其口出
若故詣僧坊　欲聽法華經　須臾聞歡喜　今當說其福
後生天人中　得妙象馬車　珎寶之輦轝　及乘天宮殿
若於講法處　勸人坐聽經　是福因緣得　釋梵轉輪座
何況一心聽　解說其義趣　如說而脩行　其福不可限
妙法蓮華經法師功德品第十九
尒時佛告常精進菩薩摩訶薩若善男子善
女人受持是法華經若讀若誦若解說若書
寫是人當得八百眼功德千二百耳功德八百
鼻功德千二百舌功德八百身功德千二百
意功德以是功德莊嚴六根皆令清淨是善
男子善女人父母所生清淨肉眼見於三

BD13818號　妙法蓮華經卷六　（30–4）

寫是人當得八百眼功德千二百耳功德八百
鼻功德千二百舌功德八百身功德千二百
意功德以是功德莊嚴六根皆令清淨是善
男子善女人父母所生清淨肉眼見於三
千大千世界内外所有山林河海下至阿鼻
地獄上至有頂亦見其中一切衆生及業因
緣果報生處悉見悉知尒時世尊欲重宣
此義而說偈言
若於大衆中　以无所畏心　說是法華經　汝聽其功德
是人得八百　功德殊勝眼　以是莊嚴故　其目甚清淨
父母所生眼　悉見三千界　内外弥樓山　須弥及鐵圍
并諸餘山林　大海江河水　下至阿鼻獄　上至有頂處
其中諸衆生　一切皆悉見　雖未得天眼　肉眼力如是
復次常精進若善男子善女人受持此經若
讀若誦若解說若書寫得千二百耳功德以
是清淨耳聞三千大千世界下至阿鼻地獄
上至有頂其中内外種種語言音聲象聲馬
聲牛聲車聲啼聲哭聲愁歎聲螺聲皷聲
鍾聲鈴聲笑聲語聲男聲女聲童子聲童女
聲法聲非法聲苦聲樂聲凡夫聲聖人聲喜
聲不喜聲天聲龍聲夜叉聲乹闥婆聲阿脩
羅聲迦樓羅聲緊那羅聲摩睺羅伽聲火聲水
聲風聲地獄聲畜生聲餓鬼聲比丘聲比丘尼
聲聲聞聲辟支佛聲菩薩聲佛聲以要言之
三千大千世界中一切内外所有諸聲雖未

BD13818號　妙法蓮華經卷六　（30–5）

羅聲迦樓羅聲緊那羅聲摩睺羅伽聲火聲水
聲風聲地獄聲畜生聲餓鬼聲比丘聲比丘尼
聲聲聞聲辟支佛聲菩薩聲佛聲以要言之
三千大千世界中一切内外所有諸聲雖未
得天耳以父母所生清淨常耳皆悉聞知如
是分別種種音聲而不壞耳根尒時世尊欲
重宣此義而說偈言
父母所生耳　清淨无濁穢　以此常耳聞　三千世界聲
象馬車牛聲　鍾鈴螺皷聲　琴瑟箜篌聲　簫笛之音聲
清淨好歌聲　聽之而不著　无數種人聲　聞悉能解了
又聞諸天聲　微妙之歌音　及聞男女聲　童男童女聲
山川嶮谷中　迦陵頻伽聲　命命等諸鳥　悉聞其音聲
地獄衆苦痛　種種楚毒聲　餓鬼飢渴逼　求索飲食聲
諸阿脩羅等　居在大海邊　自共語言時　出于大音聲
如是說法者　安住於此間　遥聞是衆聲　而不壞耳根
十方世界中　禽獸鳴相呼　其說法之人　於此悉聞之
其諸梵天上　光音及遍淨　乃至有頂天　言語之音聲
法師住於此　悉皆得聞之　一切比丘衆　及諸比丘尼
若讀誦經典　若爲他人說　法師住於此　悉皆得聞之
復有諸菩薩　讀誦於經法　若爲他人說　撰集解其義
如是諸音聲　悉皆得聞之　諸佛大聖尊　教化衆生者
於諸大衆中　演說微妙法　持此法華者　悉皆得聞之
三千大千界　内外諸音聲　下至阿鼻獄　上至有頂天
皆聞其音聲　而不壞耳根　其耳聰利故　悉能分別知
持是法華者　雖未得天耳　但用所生耳　功德已如是
復次常精進若善男子善女人……若讀若誦

BD13818號　妙法蓮華經卷六　（30–6）

於諸大衆中　演說微妙法　持此法華者　悉皆得聞之
三千大千界　內外諸音聲　下至阿鼻獄　上至有頂天
皆聞其音聲　而不壞耳根　其耳聰利故　悉能分別知
持是法華者　雖未得天耳　但用所生耳　功德已如是
復次常精進若善男子善女人受持是經若
讀若誦若解說若書寫成就八百鼻功德以
是清淨鼻根聞於三千大千世界上下內外
種種諸香須曼那華香闍提華香末利華香
瞻蔔華香波羅羅華香赤蓮華香青蓮華
香白蓮華香華樹香果樹香栴檀香沉水香多
摩羅跋香多伽羅香及千万種和香若末若
丸若塗香持是經者於此間住悉能分別又復
別知衆生之香為香馬香牛羊等香男香女
香童子香童女香及草木叢林香若近若
遠所有諸香悉皆得聞分別不錯持是經者
雖住於此亦聞天上諸天之香波利質多羅拘
鞞陁羅樹香及曼陁羅華香摩訶曼陁羅
華香曼殊沙華香摩訶曼殊沙華香栴檀沉
水種種末香諸雜華香如是等天香和合所
出之香不聞知又聞諸天身香釋提桓因在
勝殿上五欲娛樂嬉戲時香若在妙法堂上
為忉利諸天說法時香若於諸園遊戲時香
及餘天等男女身香皆悉遥聞如是展轉
乃至梵世上至有頂諸天身香亦皆聞之并
聞諸天所燒之香及聲聞香辟支佛香菩薩

為忉利諸天說法時香若於諸園遊戲時香
及餘天等男女身香皆悉遥聞如是展轉
乃至梵世上至有頂諸天身香亦皆聞之并
聞諸天所燒之香及聲聞香辟支佛香菩薩
香諸佛身香亦皆遥聞知其所在雖聞此香
然於鼻根不壞不錯若欲分別為他人說憶
念不謬尒時世尊欲重宣此義而說偈言
是人鼻清淨　於此世界中　若香若臭物　種種悉聞知
須曼那闍提　多摩羅栴檀　沉水及桂香　種種華果香
及知衆生香　男子女人香　說法者遠住　聞香知所在
大勢轉輪王　小轉輪及子　群臣諸宮人　聞香知所在
身所著珎寶　及地中寶藏　轉輪王寶女　聞香知所在
諸人嚴身具　衣服及瓔珞　種種所塗香　聞則知其身
諸天若行坐　遊戲及神變　持是法華者　聞香悉能知
諸樹華果實　及穌油香氣　持經者住此　悉知其所在
諸山深嶮處　栴檀樹華敷　衆生在中者　聞香皆能知
鐵圍山大海　地中諸衆生　持經者聞香　悉知其所在
阿脩羅男女　及其諸眷屬　鬪諍遊戲時　聞香皆能知
曠野嶮隘處　師子為虎狼　野牛水牛等　聞香知所在
若有懷妊者　未辯其男女　无根及非人　聞香悉能知
以聞香力故　知其初懷妊　成就不成就　安樂產福子
以聞香力故　知男女所念　染欲癡恚心　亦知脩善者
地中衆伏藏　金銀諸珎寶　銅器之所盛　聞香悉能知
種種諸瓔珞　无能識其價　聞香知貴賤　出處及所在
天上諸華等　曼陁曼殊沙　波利質多樹　聞香悉能知

以聞香力故　知男女所念　染欲癡恚心　亦知脩善者
地中衆伏藏　金銀諸珎寶　銅器之所盛　聞香悉能知
種種諸瓔珞　无能識其價　聞香知貴賤　出處及所在
天上諸華等　曼陁曼殊沙　波利質多樹　聞香悉能知
天上諸宮殿　上中下差別　衆寶華莊嚴　聞香悉能知
天園林勝殿　諸觀妙法堂　在中而娛樂　聞香悉能知
諸天若聽法　或受五欲時　來往行坐卧　聞香悉能知
天女所著衣　好華香莊嚴　周旋遊戲時　聞香悉能知
如是展轉上　乃至於梵世　入禪出禪者　聞香悉能知
光音遍淨天　乃至于有頂　初生及退沒　聞香悉能知
諸比丘衆等　於法常精進　若坐若經行　及讀誦經法
或在林樹下　專精而坐禪　持經者聞香　悉知其所在
菩薩志堅固　坐禪若讀誦　或為人說法　聞香悉能知
在在方世尊　一切所恭敬　愍衆而說法　聞香悉能知
衆生在佛前　聞經皆歡喜　如法而脩行　聞香悉能知
雖未得菩薩　无漏法生鼻　而是持經者　先得此鼻相
復次常精進　若善男子善女人受持是經　若
讀若誦若解說若書寫　得千二百舌功德　若
好若醜若美不美及諸苦澁物在其舌根　皆
變成上味　如天甘露　无不美者　若以舌根於大
衆中有所演說　出深妙聲　能入其心　皆令歡
喜快樂　又諸天子天女釋梵諸天聞是深妙
音聲有所演說言論次第　皆悉來聽　及諸
龍龍女夜叉夜叉女乾闥婆乾闥婆女阿脩
羅阿脩羅女迦樓羅迦樓羅女緊那羅緊

BD13818 號　妙法蓮華經卷六　（30–9）

喜快樂又諸天子天女釋梵諸天聞是深妙
音聲有所演說言論次第皆悉來聽及諸
龍龍女夜叉夜叉女乾闥婆乾闥婆女阿脩
羅阿脩羅女迦樓羅迦樓羅女緊那羅緊
那羅女摩睺羅伽摩睺羅伽女為聽法故皆
來親近恭敬供養　及比丘比丘尼優婆塞優婆
夷國王王子群臣眷屬小轉輪王大轉輪王
七寶千子內外眷屬乘其宮殿俱來聽法　以
是菩薩善說法故　婆羅門居士國內人民盡
其形壽隨侍供養　又諸聲聞辟支佛菩薩
諸佛常樂見之　是人所在方面　諸佛皆向其處
說法　悉能受持一切佛法　又能出於深妙法
音　尒時世尊欲重宣此義而說偈言
是人舌根淨　終不受惡味　其有所食噉　悉皆成甘露
以深淨妙音　於大衆說法　以諸因緣喻　引導衆生心
聞者皆歡喜　設諸上供養　諸天龍夜叉　及阿脩羅等
皆以恭敬心　而共來聽法　是說法之人　若欲以妙音
遍滿三千界　隨意即能至　大小轉輪王　及千子眷屬
合掌恭敬心　常來聽受法　諸天龍夜叉　羅刹毗舍闍
亦以歡喜心　常樂來供養　梵天王魔王　自在大自在
如是諸天衆　常來至其所　諸佛及弟子　聞其說法音
常念而守護　或時為現身
復次常精進　若善男子善女人受持是經　若
讀若誦若解說若書寫　得八百身功德　得清
淨身　如淨瑠璃　衆生喜見　其身淨故　三千大

BD13818 號　妙法蓮華經卷六　（30–10）

常念而守護 或時為現身
復次常精進若善男子善女人受持是經若
讀若誦若解說若書寫得八百身功德得清
淨身如淨琉璃衆生喜見其身淨故三千大
千世界衆生生時死時上下好醜生善處惡
處悉於中現及鐵圍山大鐵圍山彌樓山摩
訶彌樓山等諸山及其中衆生悉於中現下
至阿鼻地獄上至有頂所有及衆生悉於中
現若聲聞辟支佛菩薩諸佛說法皆於身中
現其色像尒時世尊欲重宣此義而說偈言
若持法華者 其身甚清淨 如彼淨琉璃 衆生皆憙見
又如淨明鏡 悉見諸色像 菩薩於淨身 皆見世所有
唯獨自明了 餘人所不見 三千世界中 一切諸群萌
天人阿脩羅 地獄鬼畜生 如是諸色像 皆於身中現
諸天等宮殿 乃至於有頂 鐵圍及彌樓 摩訶彌樓山
諸大海水等 皆於身中現 諸佛及聲聞 佛子菩薩等
若獨若在衆 說法悉皆現 雖未得无漏 法性之妙身
以清淨常體 一切於中現
復次常精進若善男子善女人如來滅後受
持是經若讀若誦若解說若書寫得千二百
意功德以是清淨意根乃至聞一偈一句通
達无量无邊之義解是義已能演說一句一
偈至於一月四月乃至一歲諸所說法隨其
義趣皆與實相不相違背若說俗閒經書治
世語言資生業等皆順正法三千大千世界

BD13818號　妙法蓮華經卷六　(30–11)

達无量无邊之義解是義已能演說一句一
偈至於一月四月乃至一歲諸所說法隨其
義趣皆與實相不相違背若說俗閒經書治
世語言資生業等皆順正法三千大千世界
六趣衆生心之所行心所動作心所戲論皆悉
知之雖未得无漏智慧而其意根清淨如此
是人有所思惟籌量言說皆是佛法无不
真實亦是先佛經中所說尒時世尊欲重宣
此義而說偈言
是人意清淨 明利无穢濁 以此妙音根 知上中下法
乃至聞一偈 通達无量義 次第如法說 月四月至歲
是世界內外 一切諸衆生 若天龍及人 夜叉鬼神等
其在六趣中 所念若干種 持法華之報 一時皆悉知
十方无數佛 百福莊嚴相 為衆生說法 悉聞能受持
思惟无量義 說法亦无量 終始不忘錯 以持法華故
悉知諸法相 隨義識次第 達名字語言 如所知演說
此人有所說 皆是先佛法 以演此法故 於衆无所畏
持法華經者 意根淨若斯 雖未得无漏 先有如是相
是人持此經 安住希有地 為一切衆生 歡喜而愛敬
能以千万種 善巧之語言 分別而說法 持法華經故
妙法蓮華經常不輕菩薩品第二十
尒時佛告得大勢菩薩摩訶薩汝今當知若
比丘比丘尼優婆塞優婆夷持法華經者若
有惡口罵詈誹謗獲大罪報如前所說其所
得功德如向所說眼耳鼻舌身意清淨得大

BD13818號　妙法蓮華經卷六　(30–12)

尒時佛告得大勢菩薩摩訶薩汝今當知若
比丘比丘尼優婆塞優婆夷持法華經者若
有惡口罵詈誹謗獲大罪報如前所說其所
得功德如向所說眼耳鼻舌身意清淨得大
勢乃往古昔過无量无邊不可思議阿僧祇劫
有佛名威音王如來應供正遍知明行足善逝
世間解无上士調御丈夫天人師佛世尊劫名
離衰國名大成其威音王佛於彼世中為
天人阿脩羅說法為求聲聞者說應四諦
法度生老病死究竟涅槃為求辟支佛者說
應十二因緣法為諸菩薩因阿耨多羅
三藐三菩提說應六波羅蜜法究竟佛慧得
大勢是威音王佛壽四十万億那由他恒河沙
劫正法住世劫數如一閻浮提微塵像法住世
劫數如四天下微塵其佛饒益眾生已然後
滅度正法像法滅盡之後於此國土復有
佛出亦号威音王如來應供正遍知明行足
善逝世間解无上士調御丈夫天人師佛世
尊如是次第有二万億佛皆同一号最初威
音王如來既已滅度正法滅後於像法中增
上慢比丘有大勢力尒時有一菩薩比丘名常
不輕得大勢以何因緣名常不輕是比丘凡
有所見若比丘比丘尼優婆塞優婆夷皆
悉礼拜讚歎而作是言我深敬汝等不敢輕
慢所以者何汝等皆行菩薩道當得作佛而
是比丘不專讀誦經典但行礼拜乃至

BD13818號　妙法蓮華經卷六　（30–13）

不輕得大勢以何因緣名常不輕是比丘凡
有所見若比丘比丘尼優婆塞優婆夷皆
悉礼拜讚歎而作是言我深敬汝等不敢輕
慢所以者何汝等皆行菩薩道當得作佛而
是比丘不專讀誦經典但行礼拜乃至遠見
四眾亦復故往礼拜讚歎而作是言我不敢
輕於汝等汝等皆當作佛故四眾之中有生
瞋恚心不淨者惡口罵詈言是无智比丘從
何所來自言我不輕汝而與我等受記當得
作佛我等不用如是虛妄受記如此經歷多
年常被罵詈不生瞋恚常作是言汝當作佛
說是語時眾人或以杖木瓦石而打擲之避走
遠住猶高聲唱言我不敢輕於汝等 汝等
皆當作佛以其常作是語故增上慢比丘比
丘尼優婆塞優婆夷号之為常不輕是比丘
臨欲終時於虛空中具聞威音王佛先所說
法華經二十千万億偈悉能受持即得如上
眼根清淨耳鼻舌身意根清淨得是六根清
淨已更增壽命二百万億那由他歲廣為人說
是法華經於時增上慢四眾比丘比丘尼優
婆塞優婆夷輕賤是人為作不輕名者見其
得大神通力樂說辯力大善寂力聞其所說
皆信伏隨從是菩薩復化千万億眾令住
阿耨多羅三藐三菩提命終之後得值二千
億佛皆号日月燈明於其法中說是法華經

BD13818號　妙法蓮華經卷六　（30–14）

得大神通力樂說辯力大善寂力聞其所說
皆信伏隨從是菩薩復化千万億衆令住
阿耨多羅三藐三菩提命終之後得值二千
億佛皆号日月燈明於其法中說是法華經
以是因緣復值二千億佛同号雲自在燈王
於此諸佛法中受持讀誦爲諸四衆說此經
典故得是常眼清淨耳鼻舌身意諸根清
淨於四衆中說法心无所畏得大勢是常不輕
菩薩摩訶薩供養如是若干諸佛恭敬尊重
讚歎種諸善根於後復值千万億佛亦於諸
佛法中說是經典功德成就當得作佛得大
勢於意云何尒時常不輕菩薩豈異人乎則
我身是若我於宿世不受持讀誦此經爲他
人說者不能疾得阿耨多羅三藐三菩提我
於先佛所受持讀誦此經爲人說故疾得阿
耨多羅三藐三菩提得大勢彼時四衆比丘比
丘尼優婆塞優婆夷以瞋恚意輕賤我故二
百億劫常不值佛不聞法不見僧千劫於
阿鼻地獄受大苦惱畢是罪已復遇常不輕
菩薩教化阿耨多羅三藐三菩提得大勢於
汝意云何尒時四衆常不輕是菩薩者豈異人
乎今此會中跋陀婆羅等五百菩薩師子月
等五百比丘尼思佛等五百優婆塞皆於阿
耨多羅三藐三菩提不退轉者是得大勢當知
是法華經大饒益諸菩薩摩訶薩能令至

BD13818號　妙法蓮華經卷六　（30–15）

乎今此會中跋陀婆羅等五百菩薩師子月
等五百比丘尼思佛等五百優婆塞皆於阿
耨多羅三藐三菩提不退轉者是得大勢當知
是法華經大饒益諸菩薩摩訶薩能令至
於阿耨多羅三藐三菩提是故諸菩薩摩訶薩
於如來滅後常應受持讀誦解說書寫是經
尒時世尊欲重宣此義而說偈言
過去有佛　号威音王　神智无量　將導一切
天人龍神　所共供養　是佛滅後　法欲盡時
有一菩薩　名常不輕　時諸四衆　計著於法
不輕菩薩　往到其所　而語之言　我不輕汝
汝等行道　皆當作佛　諸人聞已　輕毀罵詈
不輕菩薩　能忍受之　其罪畢已　臨命終時
得聞此經　六根清淨　神通力故　增益壽命
復爲諸人　廣說是經　諸著法衆　皆蒙菩薩
教化成就　令住佛道　不輕命終　值无數佛
說是經故　得无量福　漸具功德　疾成佛道
彼時不輕　則我身是　時四部衆　著法之者
聞不輕言　汝當作佛　以是因緣　值无數佛
此會菩薩　五百之衆　并及四部　清信士女
今於我前　聽法者是　我於前世　勸是諸人
聽受斯經　第一之法　開示教人　令住涅槃
世世受持　如是經典　億億万劫　至不可議
時乃得聞　是法華經　億億万劫　至不可議
諸佛世尊　時說是經　是故行者　於佛滅後

BD13818號　妙法蓮華經卷六　（30–16）

今於我前 聽法者是 我於前世 勸是諸人
聽受斯經 第一之法 開示教人 令住涅槃
世世受持 如是經典 億億万劫 至不可議
時乃得聞 是法華經 億億万劫 至不可議
諸佛世尊 時說是經 是故行者 於佛滅後
聞如是經 勿生疑惑 應當一心 廣說此經
世世值佛 疾成佛道
妙法蓮華經如來神力品第二十一
尒時千世界微塵等菩薩摩訶薩從地踊出
者皆於佛前一心合掌瞻仰尊顏而白佛言
世尊我等於佛滅後世尊分身所在國土滅
度之處當廣說此經所以者何我等亦自欲
得是真淨大法受持讀誦解說書寫而供養
之尒時世尊於文殊師利等无量百千万億
舊住娑婆世界菩薩摩訶薩及諸比丘比丘
尼優婆塞優婆夷天龍夜叉乾闥婆阿脩羅
迦樓羅緊那羅摩睺羅伽人非人等一切眾
前現大神力出廣長舌上至梵世一切毛孔放
於无量无數色光皆悉遍照十方世界眾寶
樹下師子座上諸佛亦復如是出廣長舌放
无量光釋迦牟尼佛及寶樹下諸佛現神
力時滿百千歲然後還攝舌相一時謦欬俱
共彈指是二音聲遍至十方諸佛世界地皆
六種震動其中眾生天龍夜叉乾闥婆阿脩
羅迦樓羅緊那羅摩睺羅伽人非人等以佛
神力故皆見此娑婆世界无量无邊百千万

共彈指是二音聲遍至十方諸佛世界地皆
六種震動其中眾生天龍夜叉乾闥婆阿脩
羅迦樓羅緊那羅摩睺羅伽人非人等以佛
神力故皆見此娑婆世界无量无邊百千万
億眾寶樹下師子座上諸佛及見釋迦牟尼
佛共多寶如來在寶塔中坐師子座又見无
量无邊百千万億菩薩摩訶薩及諸四眾恭
敬圍繞釋迦牟尼佛既見是已皆大歡喜得
未曾有即時諸天於虛空中高唱聲言過此无
量无邊百千万億阿僧祇世界有國名娑婆
是中有佛名釋迦牟尼今為諸菩薩摩訶
薩說大乘經名妙法蓮華教菩薩法佛所護
念汝等當深心隨喜亦當禮拜供養釋迦牟
尼佛彼諸眾生聞虛空中聲已合掌向娑婆
世界作如是言南无釋迦牟尼佛南无釋迦
牟尼佛以種種華香瓔珞幡蓋及諸嚴身之
具珎寶妙物皆共遙散娑婆世界所散諸物
從十方來譬如雲集變成寶帳遍覆此間
諸佛之上于時十方世界通達无礙如一佛土
尒時佛告上行等菩薩大眾諸佛神力如是
无量无邊不可思議若我以是神力於无量
无邊百千万億阿僧祇劫為囑累故說此經
功德猶不能盡以要言之如來一切所有之法
如來一切自在神力如來一切秘要之藏
如來一切甚深之事皆於此經宣示顯說是

无邊百千万億阿僧祇劫為囑累故說此經
功德猶不能盡以要言之如来一切所有之法
如来一切自在神力如来一切秘要之藏
如来一切甚深之事皆於此經宣示顯說是
故汝等於如来滅後應一心受持讀誦解說
書寫如說脩行所在國土若有受持讀誦解
說書寫如說脩行若經卷所住之處若於園
中若於林中若於樹下若於僧坊若白衣舍
若在殿堂若山谷曠野是中皆應起塔供養
所以者何當知是處即是道場諸佛於此得
阿耨多羅三藐三菩提諸佛於此轉于法輪
諸佛於此而般涅槃尒時世尊欲重宣此義
而說偈言
諸佛救世者　住於大神通　為悅眾生故　現无量神力
舌相至梵天　身放无數光　為求佛道者　現此希有事
諸佛謦欬聲　及彈指之聲　周聞十方國　地皆六種動
以佛滅度後　能持是經故　諸佛皆歡喜　現无量神力
囑累是經故　讚美受持者　於无量劫中　猶故不能盡
是人之功德　无邊无有窮　如十方虛空　不可得邊際
能持是經者　則為已見我　亦見多寶佛　及諸分身者
又見我今日　教化諸菩薩　能持是經者　令我及分身
滅度多寶佛　一切皆歡喜　十方現在佛　并過去未来
亦見亦供養　亦令得歡喜　諸佛坐道場　所得秘要法
能持是經者　不久亦當得　能持是經者　於諸法之義
名字及言辭　樂說无窮盡　如風於空中　一切无障礙

又見我今日　教化諸菩薩　能持是經者　令我及分身
滅度多寶佛　一切皆歡喜　十方現在佛　并過去未来
亦見亦供養　亦令得歡喜　諸佛坐道場　所得秘要法
能持是經者　不久亦當得　能持是經者　於諸法之義
名字及言辭　樂說无窮盡　如風於空中　一切无障礙
於如来滅後　知佛所說經　因緣及次第　隨義如實說
如日月光明　能除諸幽冥　斯人行世間　能滅眾生闇
教无量菩薩　畢竟住一乘　是故有智者　聞此功德利
於我滅度後　應受持斯經　是人於佛道　決定无有疑

妙法蓮華經囑累品第二十二

尒時釋迦牟尼佛從法座起現大神力以右
手摩无量菩薩摩訶薩頂而作是言我於无
量百千万億阿僧祇劫脩習是難得阿耨多
羅三藐三菩提法今以付囑汝等汝等應當
一心流布此法廣令增益如是三摩諸菩薩
摩訶薩頂而作是言我於无量百千万億阿
僧祇劫脩習是難得阿耨多羅三藐三菩
提法今以付囑汝等汝等當受持讀誦廣宣此
法令一切眾生普得聞知所以者何如来有大
慈悲无諸慳悋亦无所畏能與眾生佛之
智慧如来智慧自然智慧如来是一切眾生
之大施主汝等亦應隨學如来之法勿生慳
悋於未来世若有善男子善女人信如来智
慧者當為演說此法華經使得聞知為令其
人得佛慧故若有眾生不信受者當於如来
餘深法中示教利喜汝等若能如是則為已

之大施主汝等亦應隨學如來之法勿生慳
恡於未來世若有善男子善女人信如來智
慧者當為演說此法華經使得聞知為令其
人得佛慧故若有眾生不信受者當於如來
餘深法中示教利喜汝等若能如是則為已
報諸佛之恩時諸菩薩摩訶薩聞佛作是說
已皆大歡喜遍滿其身益加恭敬曲躬低頭
合掌向佛俱發聲言如世尊勅當具奉行唯
然世尊願不有慮諸菩薩摩訶薩眾如是三
反俱發聲言如世尊勅當具奉行唯然世尊
願不有慮尒時釋迦牟尼佛令十方來諸分
身佛各還本土而作是言諸佛各隨所安多
寶佛塔還可如故說是語時十方无量分身
諸佛坐寶樹下師子座上者及多寶佛并上
行等无邊阿僧祇菩薩大眾舍利弗等聲聞
四眾及一切世間天人阿脩羅等聞佛所說
皆大歡喜

妙法蓮華經藥王菩薩本事品第二十三

尒時宿王華菩薩白佛言世尊藥王菩薩云何
遊於娑婆世界世尊是藥王菩薩有若干百
千万億那由他難行苦行善哉世尊願少解
說諸天龍神夜叉乾闥婆阿脩羅迦樓羅緊
那羅摩睺羅伽人非人等又他國土諸來菩
薩及此聲聞眾聞皆歡喜尒時佛告宿王
華菩薩乃往過去无量恒河沙劫有佛號曰
月淨明德如來應供正遍知明行足善逝世

BD13818號　妙法蓮華經卷六　（30–21）

說諸天龍神夜叉乾闥婆阿脩羅迦樓羅緊
那羅摩睺羅伽人非人等又他國土諸來菩
薩及此聲聞眾聞皆歡喜尒時佛告宿王
華菩薩乃往過去无量恒河沙劫有佛號曰
月淨明德如來應供正遍知明行足善逝世
間解无上士調御丈夫天人師佛世尊其佛
有八十億大菩薩摩訶薩七十二恒河沙大
聲聞眾佛壽四万二千劫菩薩壽命亦等彼
國无有女人地獄餓鬼畜生阿脩羅等及以諸
難地平如掌琉璃所成寶樹莊嚴寶帳覆
上垂寶華幡寶瓶香爐周遍國界七寶為臺
一樹一臺其樹去臺盡一箭道此諸寶樹皆
有菩薩聲聞而坐其下諸寶臺上各有百億
諸天作天伎樂歌歎於佛以為供養尒時彼
佛為一切眾生憙見菩薩及眾菩薩諸聲聞
眾說法華經是一切眾生憙見菩薩樂習苦
行於日月淨明德佛法中精進經行一心求
佛滿万二千歲已得現一切色身三昧得此
三昧已心大歡喜即作念言我得現一切色
身三昧皆是得聞法華經力我今當供養日
月淨明德佛及法華經即時入是三昧於虛
空中雨曼陁羅華摩訶曼陁羅華細末堅黑
栴檀滿虛空中如雲而下又雨海此岸栴檀
之香此香六銖價直娑婆世界以供養佛作
是供養已從三昧起而自念言我雖以神力

BD13818號　妙法蓮華經卷六　（30–22）

空中雨曼陁羅華摩訶曼陁羅華細末堅黑
栴檀滿虛空中如雲而下又雨海此岸栴檀
之香此香六銖價直娑婆世界以供養佛作
是供養已從三昧起而自念言我雖以神力
供養於佛不如以身供養即服諸香栴檀薰
陸兜樓婆畢力迦沉水膠香又飲瞻蔔諸華
香油滿千二百歲已香油塗身於日月淨明
德佛前以天寶衣而自纏身灌諸香油以神
通力願而自然身光明遍照八十億恒河沙
世界其中諸佛同時讚言善哉善哉善男子
是真精進是名真法供養如來若以華香瓔珞
燒香末香塗香天繒幡蓋及海此岸栴檀之
香如是等種種諸物供養所不能及假使國
城妻子布施亦所不及善男子是名第一之
施於諸施中最尊最上以法供養諸如來
故作是語已而各嘿然其身火然千二百歲
過是已後其身乃盡一切眾生憙見菩薩
作如是法供養已命終之後復生日月淨明德
佛國中於淨德王家結加趺坐忽然化生即
為其父而說偈言
大王今當知　我經行彼處　即時得一切　現諸身三昧
懃行大精進　捨所愛之身
說是偈已而白父言日月淨明德佛今故現
在我先供養佛已得解一切眾生語言陁羅
尼復聞是法華經八百千万億那由他甄迦

大王今當知　我經行彼處　即時得一切　現諸身三昧
懃行大精進　捨所愛之身
說是偈已而白父言日月淨明德佛今故現
在我先供養佛已得解一切眾生語言陁羅
尼復聞是法華經八百千万億那由他甄迦
羅頻婆羅阿閦婆等偈大王我今當還供養
此佛白已即坐七寶之臺上昇虛空高七多
羅樹往到佛所頭面禮足合十指爪以偈讚佛
容顏甚奇妙　光明照十方　我適曾供養　今復還親近
尓時一切眾生憙見菩薩說是偈已而白佛
言世尊世尊猶故在世尓時日月淨明德佛
告一切眾生憙見菩薩善男子我涅槃時到
滅盡時至汝可安施床座我於今夜當般涅
槃又勅一切眾生憙見菩薩善男子我以佛
法囑累於汝及諸菩薩大弟子并阿耨多羅
三藐三菩提法亦以三千大千七寶世界諸寶
樹寶臺及給侍諸天悉付於汝我滅度後
所有舍利亦付囑汝當令流布廣設供養應
起若干千塔如是日月淨明德佛勅一切眾
生憙見菩薩已於夜後分入於涅槃尓時一切
眾生憙見菩薩見佛滅度悲感懊惱戀慕
於佛即以海此岸栴檀為𧂐供養佛身而以
燒之火滅已後收取舍利作八万四千寶瓶以
起八万四千塔高三世界表剎莊嚴垂諸幡
蓋懸眾寶鈴尓時一切眾生憙見菩薩復

衆生憙見菩薩見佛滅度悲感懊惱戀慕
於佛即以海此岸栴檀為𧂐供養佛身而以
燒之火滅已後收取舍利作八万四千寶瓶以
起八万四千塔高三世界表刹莊嚴垂諸幡
蓋懸衆寶鈴尒時一切衆生憙見菩薩復
自念言我雖作是供養心猶未足我今當更
供養舍利便語諸菩薩大弟子及天龍夜叉
等一切大衆汝等當一心念我今供養日月淨
明德佛舍利作是語已即於八万四千塔前
然百福莊嚴臂七万二千歲而以供養令无
數求聲聞衆无量阿僧祇人發阿耨多羅三
藐三菩提心皆使得住現一切色身三昧尒
時諸菩薩天人阿脩羅等見其无臂憂惱
悲哀而作是言此一切衆生憙見菩薩是我
等師教化我者而今燒臂身不具足于時一
切衆生憙見菩薩於大衆中立此誓言我捨
兩臂必當得佛金色之身若實不虛令我兩
臂還復如故作是誓已自然還復由斯菩薩
福德智慧淳厚所致當尒之時三千大千世
界六種震動天雨寶華一切人天得未曾有
佛告宿王華菩薩於汝意云何一切衆生憙
見菩薩豈異人乎今藥王菩薩是也其所捨
身布施如是无量百千万億那由他數宿王
華若有發心欲得阿耨多羅三藐三菩提者
能然手指乃至足一指供養佛塔勝以國城
妻子及三千大千國土山林河池諸珎寶物

BD13818號　妙法蓮華經卷六　（30–25）

見菩薩豈異人乎今藥王菩薩是也其所捨
身布施如是无量百千万億那由他數宿王
華若有發心欲得阿耨多羅三藐三菩提者
能然手指乃至足一指供養佛塔勝以國城
妻子及三千大千國土山林河池諸珎寶物
而供養者若復有人以七寶滿三千大千世
界供養於佛及大菩薩辟支佛阿羅漢是
人所得功德不如受持此法華經乃至一四句
偈其福最多宿王華譬如一切川流江河諸
水之中海為第一此法華經亦復如是於諸
如來所說經中最為深大又如土山黑山小
鐵圍山大鐵圍山及十寶山衆山之中須彌
山為第一此法華經亦復如是於諸經中最
為其上又如衆星之中月天子最為第一此
法華經亦復如是於千万億種諸經法中最
為照明又如日天子能除諸闇此經亦復如
是能破一切不善之闇又如諸小王中轉輪
聖王最為第一此經亦復如是於衆經中最
為其尊又如帝釋於三十三天中王此經亦
復如是諸經中王又如大梵天王一切衆生
之父此經亦復如是一切賢聖學无學及發
菩薩心者之父又如一切凡夫人中須陁洹斯
陁含阿那含阿羅漢辟支佛為第一此經
亦復如是一切如來所說若菩薩所說若聲
聞所說諸經法中最為第一有能受持是經

BD13818號　妙法蓮華經卷六　（30–26）

菩薩心者之父又如一切凡夫人中須陁洹斯
陁含阿那含阿羅漢辟支佛爲第一此經
亦復如是一切如來所說若菩薩所說若聲
聞所說諸經法中最爲第一有能受持是經
典者亦復如是於一切衆生中亦爲第一一
切聲聞辟支佛中菩薩爲第一此經亦復如
是於一切諸經法中最爲第一如佛爲諸法
王此經亦復如是諸經中王宿王華此經能
救一切衆生者此經能令一切衆生離諸苦
惱此經能大饒益一切衆生充滿其願如清
涼池能滿一切諸渴乏者如寒者得火如裸
者得衣如商人得主如子得母如度得船如
病得醫如暗得燈如貧得寶如民得王如賈
客得海如炬除暗此法華經亦復如是能令
衆生離一切苦一切病痛能解一切生死之
縛若人得聞此法華經若自書若使人書所
得功德以佛智慧籌量多少不得其邊若書
是經卷華香瓔珞燒香末香塗香幡蓋衣服
種種之燈蘇燈油燈諸香油燈瞻蔔油燈須
曼油燈波羅羅油燈婆利師迦油燈那婆摩
利油燈供養所得功德亦復无量宿王華若
有人聞是藥王菩薩本事品者亦得无量无
邊功德若有女人聞是藥王菩薩本事品能
受持者盡是女身後不復受若如來滅後後
五百歲中若有女人聞是經典如說脩行於

BD13818號　妙法蓮華經卷六　（30–27）

有人聞是藥王菩薩本事品者亦得无量无
邊功德若有女人聞是藥王菩薩本事品能
受持者盡是女身後不復受若如來滅後後
五百歲中若有女人聞是經典如說脩行於
此命終即往安樂世界阿弥陁佛大菩薩衆
圍繞住處生蓮華中寶座之上不復爲貪欲
所惱亦復不爲瞋恚愚癡所惱亦復不爲憍
慢嫉妬諸垢所惱得菩薩神通无生法忍得
是忍已眼根清淨以是清淨眼根見七百万
二千億那由他恒河沙等諸佛如來是時諸
佛遥共讚言善哉善哉善男子汝能於釋迦
牟尼佛法中受持讀誦思惟是經爲他人說
所得福德无量无邊火不能燒水不能漂汝之
功德千佛共說不能令盡汝今已能破諸魔
賊壞生死軍諸餘怨敵皆悉摧滅善男子
百千諸佛以神通力共守護汝於一切世間
天人之中无如汝者唯除如來其諸聲聞辟
支佛乃至菩薩智慧禪定无有與汝等者宿
王華此菩薩成就如是功德智慧之力若有
人聞是藥王菩薩本事品能隨喜讚善者是
人現世口中常出青蓮華香身毛孔中常出
牛頭栴檀香所得功德如上所說是故宿王
華以此藥王菩薩本事品囑累於汝我滅度
後後五百歲中廣宣流布於閻浮提无令斷
絶惡魔魔民諸天龍夜叉鳩槃荼等得其

BD13818號　妙法蓮華經卷六　（30–28）

王華此菩薩成就如是功德智慧之力若有
人聞是藥王菩薩本事品能隨喜讚善者是
人現世口中常出青蓮華香身毛孔中常出
牛頭栴檀香所得功德如上所說是故宿王
華以此藥王菩薩本事品囑累於汝我滅度
後後五百歲中廣宣流布於閻浮提无令斷
絶惡魔魔民諸天龍夜叉鳩槃荼等得其
便也宿王華汝當以神通之力守護是經所
以者何此經則為閻浮提人病之良藥若人有
病得聞是經病即消滅不老不死宿王華汝
若見有受持是經者應以青蓮華盛滿末
香供散其上散已作是念言此人不久必當取
草坐於道場破諸魔軍當吹法螺擊大法鼓
度脫一切衆生老病死海是故求佛道者見
有受持是經典人應當如是生恭敬心說是
藥王菩薩本事品時八万四千菩薩得解一
切衆生語言陀羅尼多寶如來於寶塔中
讚宿王華菩薩言善哉善哉宿王華汝成就
不可思議功德乃能問釋迦牟尼佛如此之事
利益无量一切衆生

妙法蓮華經卷第六

BD13818號　妙法蓮華經卷六　（30–29）

草坐於道場破諸魔軍當吹法螺擊大法鼓
度脫一切衆生老病死海是故求佛道者見
有受持是經典人應當如是生恭敬心說是
藥王菩薩本事品時八万四千菩薩得解一
切衆生語言陀羅尼多寶如來於寶塔中
讚宿王華菩薩言善哉善哉宿王華汝成就
不可思議功德乃能問釋迦牟尼佛如此之事
利益无量一切衆生

妙法蓮華經卷第六

BD13818號　妙法蓮華經卷六　（30–30）

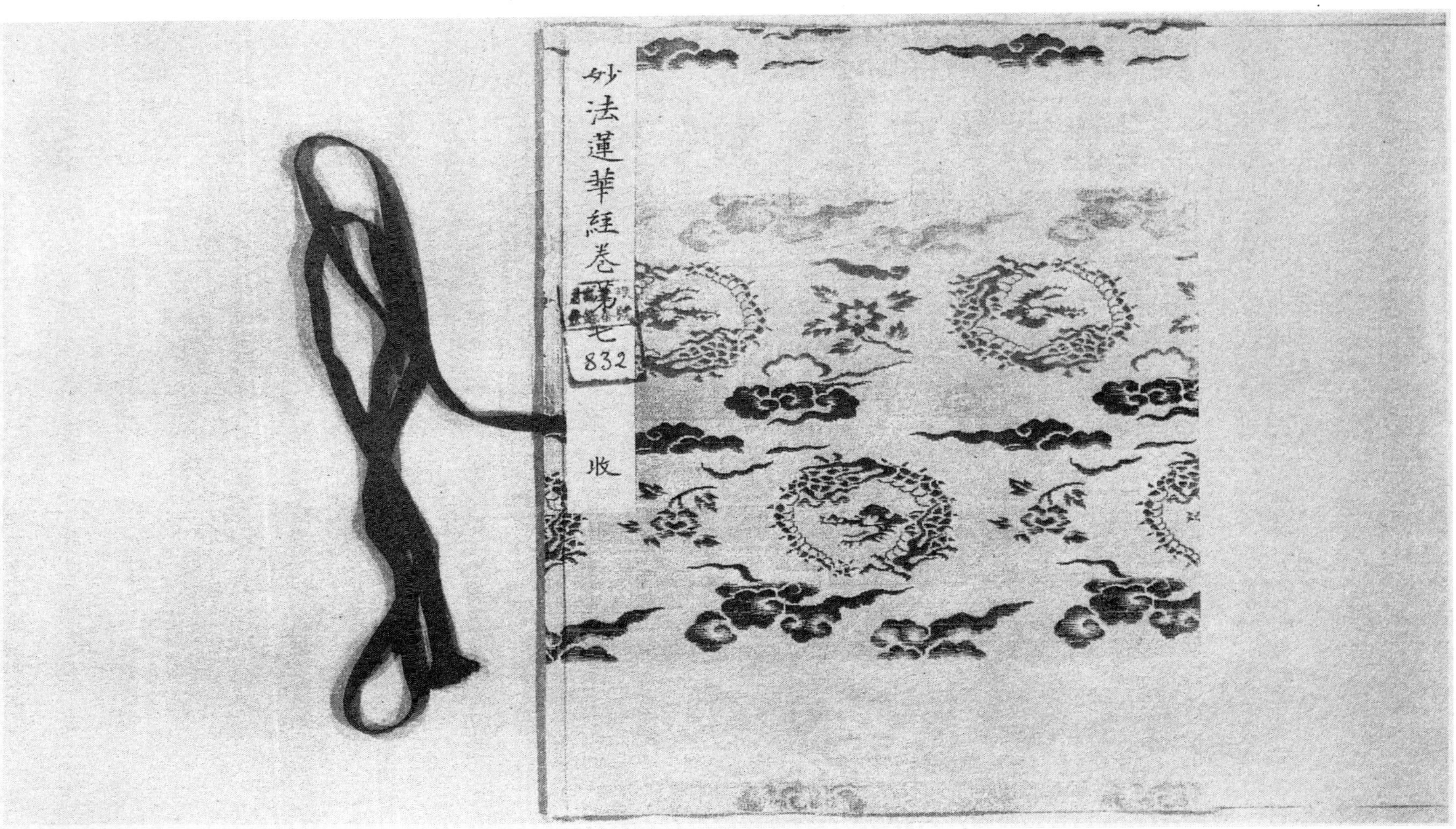

BD13819 號背　現代護首　　（1–1）

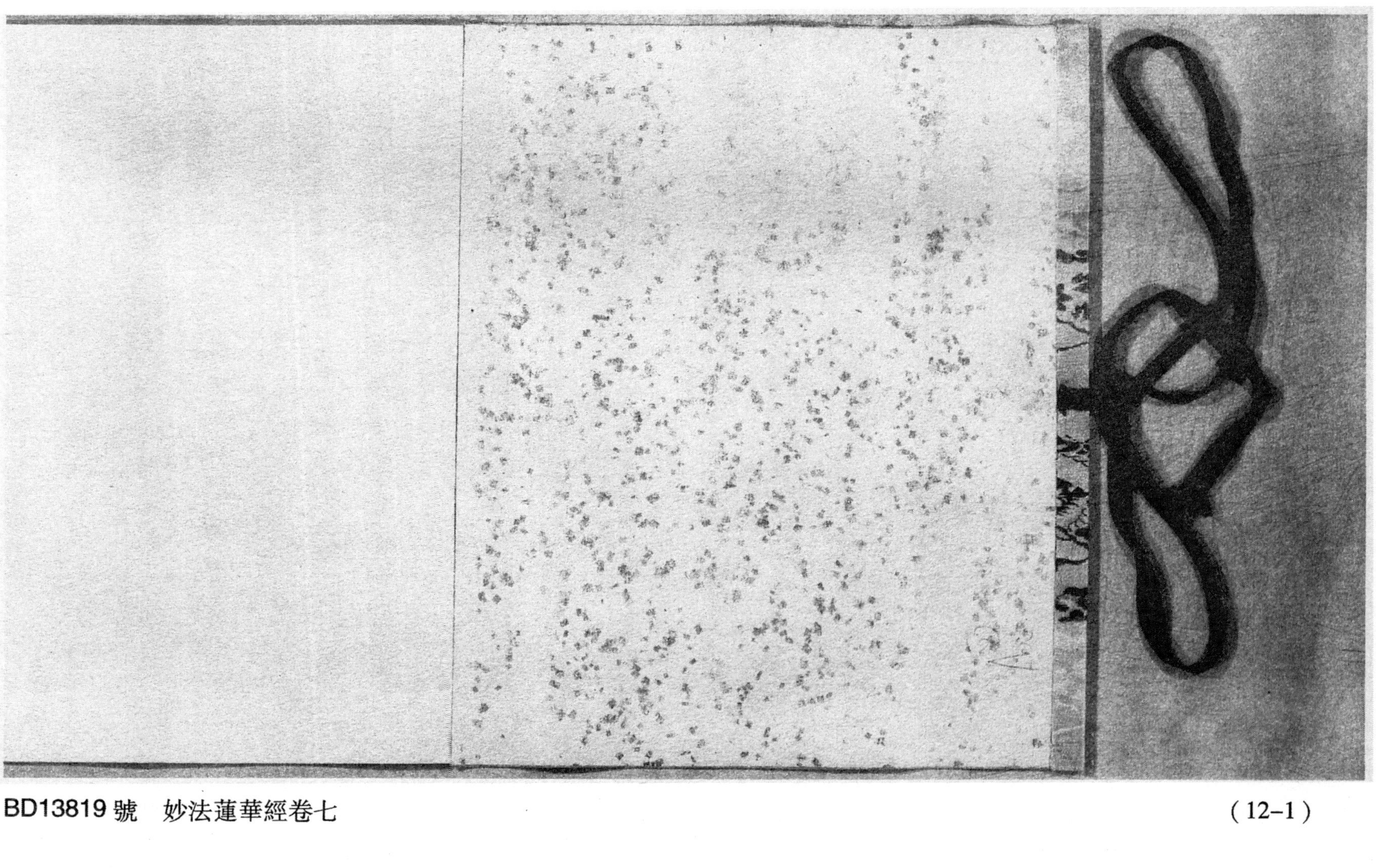

BD13819 號　妙法蓮華經卷七　　（12–1）

妙法蓮華經妙音菩薩品第二十四　七
尒時釋迦牟尼佛放大人相肉髻光明及
放眉間白毫相光遍照東方百八万億那由他

BD13819號　妙法蓮華經卷七　（12–2）

妙法蓮華經妙音菩薩品第二十四　七
尒時釋迦牟尼佛放大人相肉髻光明及
放眉間白毫相光遍照東方百八万億那由他
恒河沙等諸佛世界過是數已有世界名
淨光莊嚴其國有佛号淨華宿王智如來
應供正遍知明行足善逝世間解无上士調
御丈夫天人師佛世尊為无量无邊菩薩大
衆恭敬圍繞而為說法釋迦牟尼佛白毫光明
遍照其國尒時一切淨光莊嚴國中有一菩薩
名曰妙音久已殖衆德本供養親近无量
百千万億諸佛而悉成就甚深智慧得妙幢
相三昧法華三昧淨德三昧宿王戲三昧无
緣三昧智印三昧解一切衆生語言三昧集一
切功德三昧清淨三昧神通遊戲三昧慧炬三
昧莊嚴王三昧淨光明三昧淨藏三昧不共三
昧日旋三昧得如是百千万億恒河沙等諸大
三昧釋迦牟尼佛光照其身即白淨華宿王
智佛言世尊我當往詣娑婆世界礼拜親近
供養釋迦牟尼佛及見文殊師利法王子菩
薩藥王菩薩勇施菩薩宿王華菩薩上行
意菩薩莊嚴王菩薩藥上菩薩尒時淨華宿
王智佛告妙音菩薩汝莫輕彼國生下劣相善
男子彼娑婆世界高下不平土石諸山穢惡充滿
佛身卑小諸菩薩衆其形亦小而汝身四万二
千由旬我身六百八十万由旬汝身第一端

BD13819號　妙法蓮華經卷七　（12–3）

意菩薩莊嚴王菩薩藥上菩薩尒時淨華宿
王智佛告妙音菩薩汝莫輕彼國生下劣想善
男子彼娑婆世界高下不平土石諸山穢惡充滿
佛身卑小諸菩薩眾其形亦小而汝身四万二
千由旬我身六百八十万由旬汝身苐一端
正百千万福光明殊妙是故汝往莫輕彼國若佛
菩薩及國土生下劣想妙音菩薩白其佛言
世尊我今詣娑婆世界皆是如來之力如來
神通遊戲如來功德智慧莊嚴於是妙音
菩薩不起于座身不動搖而入三昧以三昧力
於耆闍崛山去法座不遠化作八万四千眾寶
蓮華閻浮檀金為莖白銀為葉金剛為鬚
甄叔迦寶以為其臺尒時文殊師利法王子見
是蓮華而白佛言世尊是何因緣先現此瑞
有若干千万蓮華閻浮檀金為莖白銀為
葉金剛為鬚甄叔迦寶以為其臺尒時釋迦
牟尼佛告文殊師利是妙音菩薩摩訶薩欲
從淨華宿王智佛國與八万四千菩薩圍繞而
來至此娑婆世界供養親近礼拜於我亦欲供
養聽法華經文殊師利白佛言世尊是菩薩
種何善根脩何功德而能有是大神通力行
何三昧願為我等說是三昧名字我等亦欲
勤脩行之行此三昧乃能見是菩薩色相大小
威儀進止唯願世尊以神通力彼菩薩來令
我得見尒時釋迦牟尼佛告文殊師利此久滅度
多寶如來當為汝等而現其相時多寶佛告

何三昧願為我等說是三昧名字我等亦欲
勤脩行之行此三昧乃能見是菩薩色相大小
威儀進止唯願世尊以神通力彼菩薩來令
我得見尒時釋迦牟尼佛告文殊師利此久滅度
多寶如來當為汝等而現其相時多寶佛告
彼菩薩善男子來文殊師利法王子欲見汝身
于時妙音菩薩於彼國沒與八万四千菩薩俱共
發來所經諸國六種震動皆悉雨於七寶蓮
華百千天樂不鼓自鳴是菩薩目如廣大青蓮
華葉正使和合百千万月其面貌端正復過於
此身真金色无量百千功德莊嚴威德熾盛光
明照曜諸相具足如那羅延堅固之身入七寶
臺上昇虛空去地七多羅樹諸菩薩眾恭敬
圍繞而來詣此娑婆世界耆闍崛山到已下七
寶臺以價直百千瓔珞持至釋迦牟尼佛所
頭面礼足奉上瓔珞而白佛言世尊淨華宿王
智佛問訊世尊少病少惱起居輕利安樂行不
四大調和不世事可忍不眾生易度不无多貪
欲瞋恚愚癡嫉妬慳慢不无不孝父母不敬沙
門邪見不善心不攝五情不世尊眾生能降
伏諸魔怨不久滅度多寶如來在七寶塔
中來聽法不又問訊多寶如來安隱少惱堪
忍久住不世尊我今欲見多寶佛身唯願
世尊示我令見尒時釋迦牟尼佛語多寶佛
是妙音菩薩欲得相見時多寶佛告妙音言
善哉善哉汝能為供養釋迦牟尼佛及聽

中來聽法不又問訊多寶如來安隱少惱堪
忍久住不世尊我今欲見多寶佛身唯願
世尊示我令見尒時釋迦牟尼佛語多寶佛
是妙音菩薩欲得相見時多寶佛告妙音言
善哉善哉汝能爲供養釋迦牟尼佛及聽
法華經并見文殊師利等故來至此尒時華
德菩薩白佛言世尊是妙音菩薩種何善根脩
何功德有是神力佛告華德菩薩過去有佛
名雲雷音王多陀阿伽度阿羅訶三藐三佛陁
國名現一切世間劫名喜見妙音菩薩於万二
千歲以十万種伎樂供養雲雷音王佛并奉上
八万四千寶鉢以是因緣果報今生淨華宿王
智佛國有是神力華德於汝意云何尒時雲
雷音王佛所妙音菩薩伎樂供養奉上寶器
者豈異人乎今此妙音菩薩摩訶薩是華德
是妙音菩薩已曾供養親近无量諸佛久殖
德本又值恒河沙等百千万億那由他佛華德
汝但見妙音菩薩其身在此而是菩薩現
種種身處處爲諸衆生說是經典或現梵王
身或現帝釋身或現自在天身或現大自在
天身或現天大將軍身或現毗沙門天王身
或現轉輪聖王身或現諸小王身或現長者
身或現居士身或現宰官身或現婆羅門
身或現比丘比丘尼優婆塞優婆夷身或現
長者居士婦女身或現宰官婦女身或現婆
羅門婦女身或現童男童女身或現天龍夜

BD13819號　妙法蓮華經卷七　（12–6）

天身或現天大將軍身或現毗沙門天王身
或現轉輪聖王身或現諸小王身或現長者
身或現居士身或現宰官身或現婆羅門
身或現比丘比丘尼優婆塞優婆夷身或現
長者居士婦女身或現宰官婦女身或現婆
羅門婦女身或現童男童女身或現天龍夜
叉乾闥婆阿脩羅迦樓羅緊那羅摩睺羅伽
人非人等身而說是經諸有地獄餓鬼畜生
及衆難處皆能救濟乃至於王後宮變爲女身
而說是經華德是妙音菩薩能救護娑婆世
界諸衆生者是妙音菩薩如是種種變化現
身在娑婆國土爲諸衆生說是經典於神通變
化智慧无所損減是菩薩以若干智慧明照娑
婆世界令一切衆生各得所知於十方恒河沙
世界中亦復如是若應以聲聞形得度者現
聲聞形而爲說法應以辟支佛形得度者現
辟支佛形而爲說法應以菩薩形得度者現
菩薩形而爲說法應以佛形得度者即現佛
形而爲說法如是種種隨所應度而爲現形乃
至應以滅度而得度者示現滅度華德妙
音菩薩摩訶薩成就大神通智慧之力其事如
是尒時華德菩薩白佛言世尊是妙音菩薩
深種善根世尊是菩薩住何三昧而能如是在
所變現度脫衆生佛告華德菩薩善男子其三昧名
現一切色身妙音菩薩住是三昧中能如是饒
益无量衆生說是妙音菩薩品時與妙音菩
薩俱來者八万四千人皆得現一切色身三昧此

BD13819號　妙法蓮華經卷七　（12–7）

是尒時華德菩薩白佛言世尊是妙音菩薩
深種善根世尊是菩薩住何三昧而能如是在
所變現度脫衆生佛告華德善男子其三昧名
現一切色身妙音菩薩住是三昧中能如是饒
益无量衆生說是妙音菩薩品時與妙音菩
薩俱來者八万四千人皆得現一切色身三昧此
娑婆世界无量菩薩亦得是三昧及陁羅尼
尒時妙音菩薩摩訶薩供養釋迦牟尼佛及
寶佛塔已還歸本土所經諸國六種震動雨寶蓮
華作百千万億種種伎樂既到本國與八万
四千菩薩圍遶至淨華宿王智佛所白佛言世
尊我到娑婆世界饒益衆生見釋迦牟尼佛
及見多寶佛塔礼拜供養又見文殊師利法王
子菩薩及見藥王菩薩得勤精進力菩薩勇
施菩薩等亦令八万四千菩薩得現一切色身三
昧說是妙音菩薩來往品時四万二千天子得
无生法忍華德菩薩得法華三昧
妙法蓮華經觀世音菩薩普門品第二十五
尒時无盡意菩薩即從座起偏袒右肩合掌
向佛而作是言世尊觀世音菩薩以何因緣名
觀世音佛告无盡意菩薩善男子若有无量
百千万億衆生受諸苦惱聞是觀世音菩薩
一心稱名觀世音菩薩即時觀其音聲皆得解
脫若有持是觀世音菩薩名者設入大火火不
能燒由是菩薩威神力故若爲大水所漂稱其
名号即得淺處若有百千万億衆生爲求金

百千万億衆生受諸苦惱聞是觀世音菩薩
一心稱名觀世音菩薩即時觀其音聲皆得解
脫若有持是觀世音菩薩名者設入大火火不
能燒由是菩薩威神力故若爲大水所漂稱其
名号即得淺處若有百千万億衆生爲求金
銀琉璃車𤦲馬瑙珊瑚虎珀真珠等寶入於
大海假使黑風吹其舩舫漂墮羅剎鬼國其中若
有乃至一人稱觀世音菩薩名者是諸人等皆
得解脫羅剎之難以是因緣名觀世音若復
有人臨當被害稱觀世音菩薩名者彼所執
刀杖尋段段壞而得解脫若三千大千國土滿中
夜叉羅剎欲來惱人聞其稱觀世音菩薩名者
是諸惡鬼尚不能以惡眼視之況復加害設復
有人若有罪若无罪杻械枷鎖檢繫其身稱
觀世音菩薩名者皆悉斷壞即得解脫若三千
大千國土滿中怨賊有一商主將諸商人賫持重寶
逕過嶮路其中一人作是唱言諸善男子勿得
恐怖汝等應當一心稱觀世音菩薩名号是菩
薩能以无畏施於衆生汝等若稱名者於此
怨賊當得解脫衆商人聞俱發聲言南无觀
世音菩薩稱其名故即得解脫无盡意觀世
音菩薩摩訶薩威神之力巍巍如是若有衆
生多於婬欲常念恭敬觀世音菩薩便得離
欲若多瞋恚常念恭敬觀世音菩薩便得離瞋
若多愚癡常念恭敬觀世音菩薩便得離癡
无盡意觀世音菩薩有如是等大威神力

音菩薩摩訶薩威神之力巍巍如是若有衆
生多於婬欲常念恭敬觀世音菩薩便得離
欲若多瞋恚常念恭敬觀世音菩薩便得離瞋
若多愚癡常念恭敬觀世音菩薩便得離癡
无盡意觀世音菩薩有如是等大威神力
多所饒益是故衆生常應心念若有女人設
欲求男礼拜供養觀世音菩薩便生福德智
慧之男設欲求女便生端正有相之女宿殖德
本衆人愛敬无盡意觀世音菩薩有如是力
若有衆生恭敬礼拜觀世音菩薩福不唐捐
是故衆生皆應受持觀世音菩薩名号无
盡意若有人受持六十二億恒河沙菩薩
名字復盡形供養飲食衣服卧具醫藥
於汝意云何是善男子善女人功德多不无盡意
言甚多世尊佛言若復有人受持觀世音
菩薩名号乃至一時礼拜供養是二人福
正等无異於百千万億劫不可窮盡无盡意
受持觀世音菩薩名号得如是无量无邊福
德之利无盡意菩薩白佛言世尊觀世音
菩薩云何遊此娑婆世界云何而為衆生說
法方便之力其事云何佛告无盡意菩薩善
男子若有國土衆生應以佛身得度者觀世
音菩薩即現佛身而為說法應以辟支佛身
得度者即現辟支佛身而為說法應以聲聞
身得度者即現聲聞身而為說法應以梵
王身得度者即現梵王身而為說法應以

BD13819號　妙法蓮華經卷七　（12–10）

音菩薩即現佛身而為說法應以辟支佛身
得度者即現辟支佛身而為說法應以聲聞
身得度者即現聲聞身而為說法應以梵
王身得度者即現梵王身而為說法應以
帝釋身得度者即現帝釋身而為說法應
以自在天身得度者即現自在天身而為說
法應以大自在天身得度者即現大自在天身
而為說法應以天大將軍身得度者即
現天大將軍身而為說法應以毗沙門身得
度者即現毗沙門身而為說法應以小王身得
度者即現小王身而為說法應以長者身得
度者即現長者身而為說法應以居士身得
度者即現居士身而為說法應以宰官身得
度者即現宰官身而為說法應以婆羅門身得
度者即現婆羅門身而為說法應以比丘比丘尼優
婆塞優婆夷身得度者即現比丘比丘尼優婆
塞優婆夷身而為說法應以長者居士宰官
婆羅門婦女身得度者即現婦女身而為
說法應以童男童女身得度者即現童男童
女身而為說法應以天龍夜叉乾闥婆阿脩羅
迦樓羅緊那羅摩睺羅伽人非人等身得
度者即皆現之而為說法應以執金剛神得度
者即現執金剛神而為說法无盡意是觀世
音菩薩成就如是功德以種種形遊諸國土度
衆生是故汝等應當一心供養觀世音菩

BD13819號　妙法蓮華經卷七　（12–11）

婆門羅婦女身得度者即現婦女身而為
說法應以童男童女身得度者即現童男童
女身而為說法應以天龍夜叉乾闥婆阿脩羅
迦樓羅緊那羅摩睺羅伽人非人等身得
度者即皆現之而為說法應以執金剛神得度
者即現執金剛神而為說法无盡意是觀世
音菩薩成就如是功德以種種形遊諸國土度
脫衆生是故汝等應當一心供養觀世音菩
薩是觀世音菩薩摩訶薩於怖畏急難之中
能施无畏是故此娑婆世界皆号之為施无畏
无盡意菩薩白佛言世尊我今當供養觀

BD13819 號　妙法蓮華經卷七　（12–12）

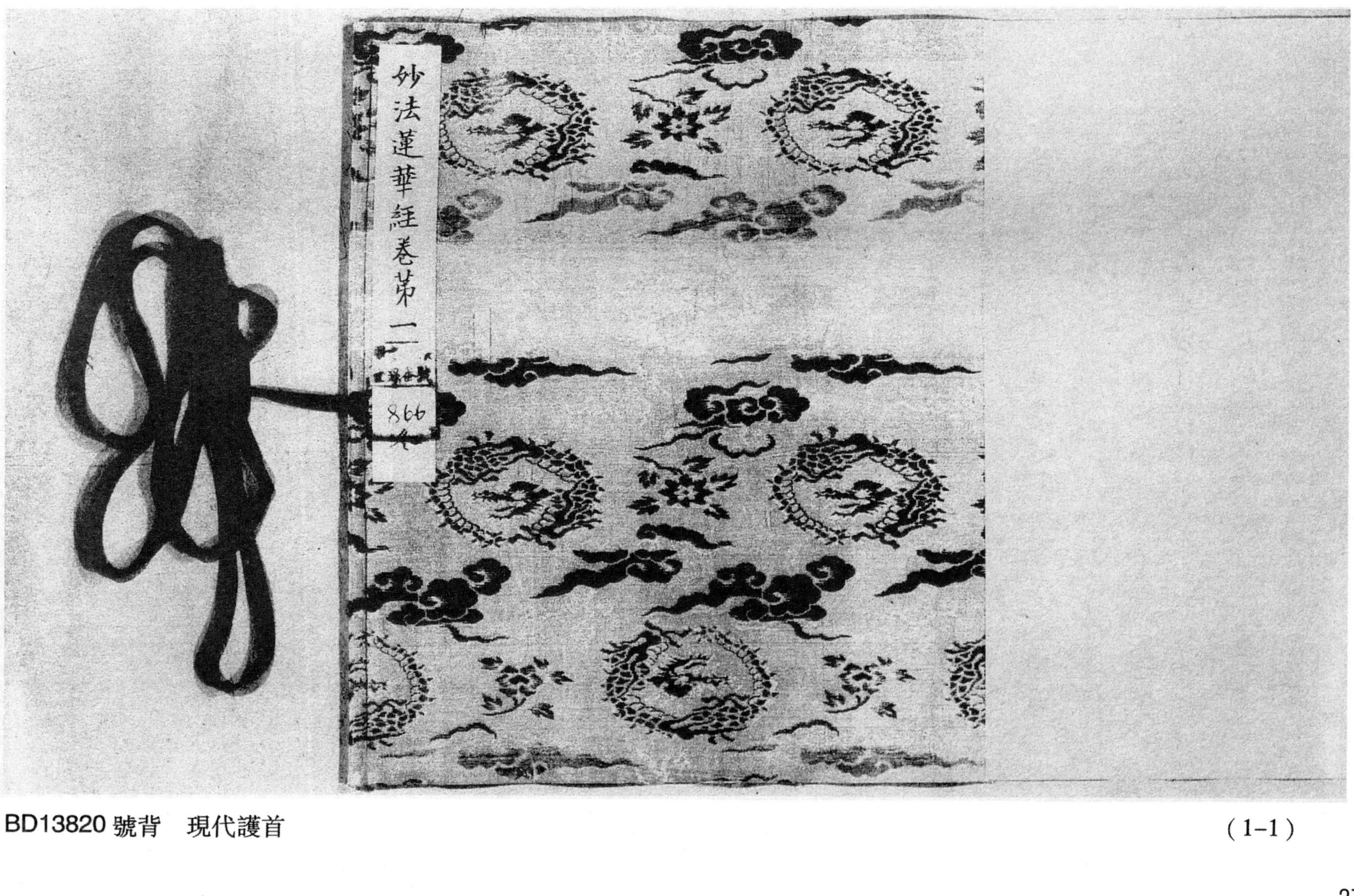

BD13820 號背　現代護首　（1–1）

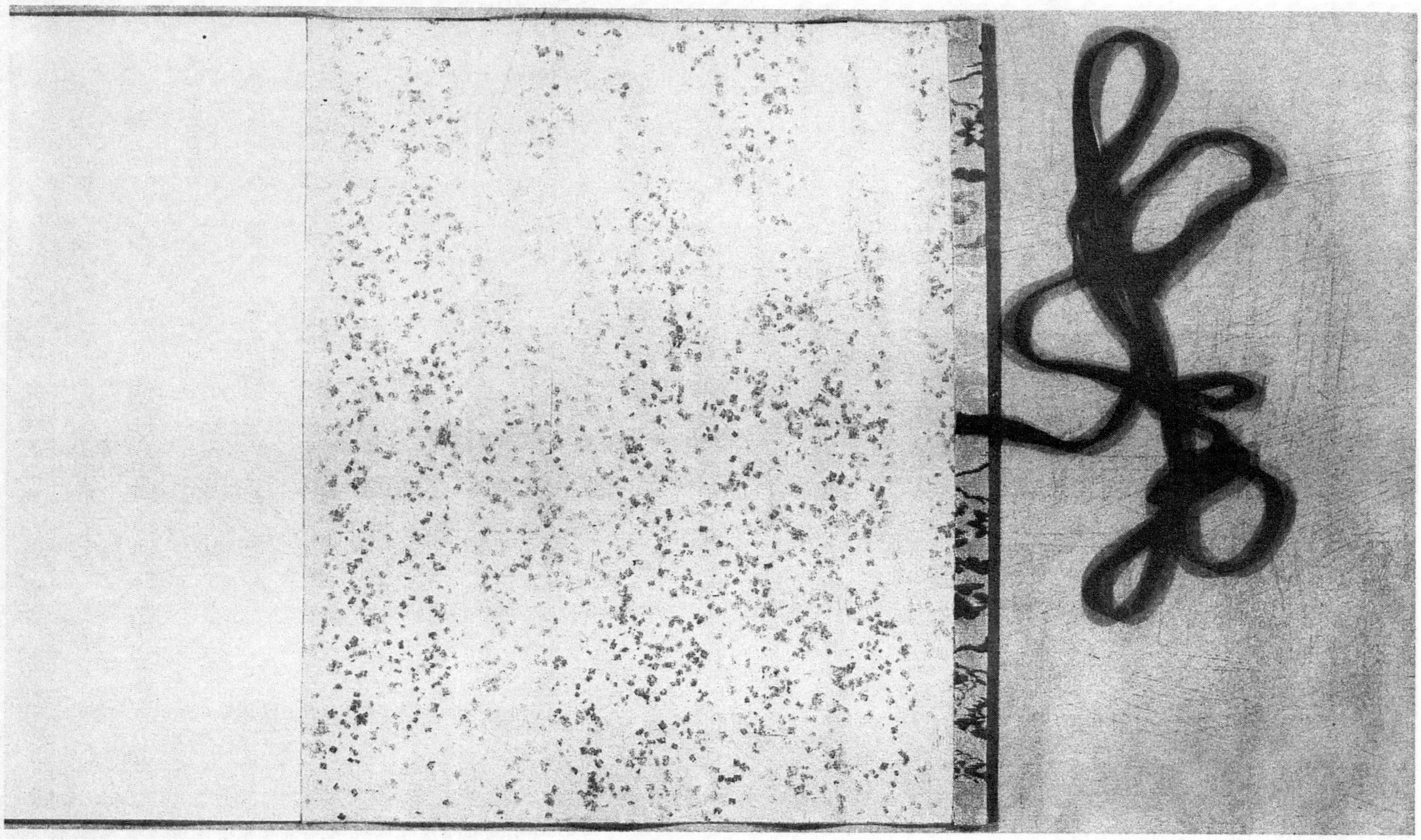

BD13820 號　妙法蓮華經卷一　　（15–1）

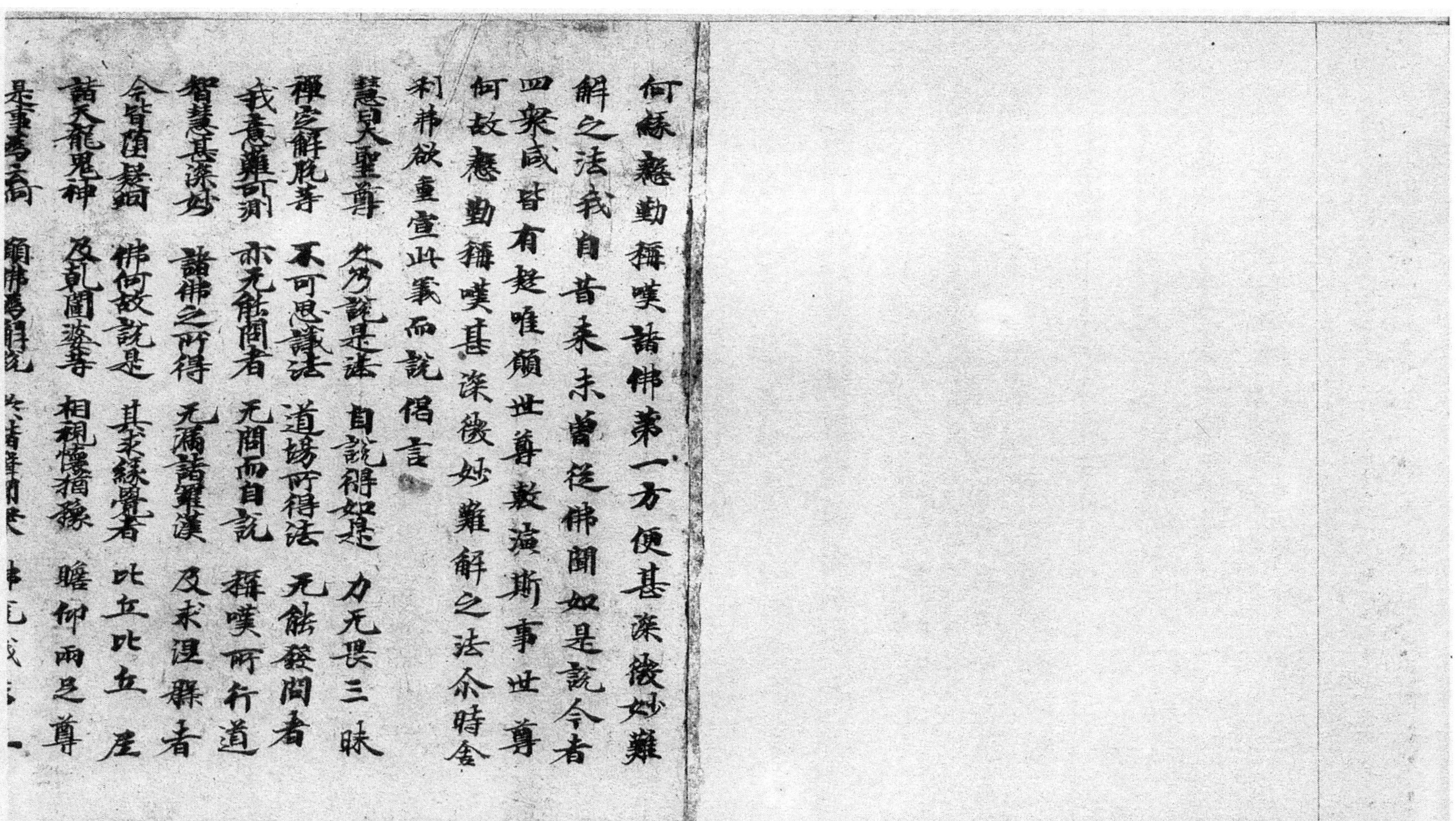

何緣慇懃稱嘆諸佛第一方便甚深微妙難
解之法我自昔來未曾從佛聞如是說今者
四衆咸皆有疑唯願世尊敷演斯事世尊
何故慇懃稱嘆甚深微妙難解之法尒時舍
利弗欲重宣此義而說偈言
慧日大聖尊　久乃說是法　自說得如是　力无畏三昧
禪定解脫等　不可思議法　道場所得法　无能發問者
我意難可測　亦无能問者　无問而自說　稱嘆所行道
智慧甚深妙　諸佛之所得　无漏諸羅漢　及求涅槃者
今皆墮疑網　佛何故說是　其求緣覺者　比丘比丘尼
諸天龍鬼神　及乾闥婆等　相視懷猶豫　瞻仰兩足尊
是事為云何　願佛為解說　於諸聲聞衆　佛說我第一

BD13820 號　妙法蓮華經卷一　　（15–2）

智慧甚深妙　諸佛之所得　无漏諸羅漢　及求涅槃者
今皆墮疑網　佛何故說是　其求緣覺者　比丘比丘尼
諸天龍鬼神　及乾闥婆等　相視懷猶豫　瞻仰兩足尊
是事為云何　願佛為解說　於諸聲聞眾　佛說我第一
我今自於智　疑惑不能了　為是究竟法　為是所行道
佛口所生子　合掌瞻仰待　願出微妙音　時為如實說
諸天龍神等　其數如恒沙　求佛諸菩薩　大數有八万
又諸万億國　轉輪聖王至　合掌以敬心　欲聞具足道
尒時佛告舍利弗止止不須復說若說是事
一切世間諸天及人皆當驚疑舍利弗重白
佛言世尊唯願說之唯願說之所以者何是
會无數百千万億阿僧祇眾生曾見諸佛諸
根猛利智慧明了聞佛所說則能敬信尒時
舍利弗欲重宣此義而說偈言
法王无上尊　唯說願勿慮　是會无量眾　有能敬信者
佛復止舍利弗若說是事一切世間天人阿
脩羅皆當驚疑增上慢比丘將墜於大坑尒
時世尊重說偈言
止止不須說　我法妙難思　諸增上慢者　聞必不敬信
尒時舍利弗重白佛言世尊唯願說之唯願
說之今此會中如我等比百千万億世世已
曾從佛受化如此人等必能敬信長夜安隱
多所饒益尒時舍利弗欲重宣此義而說偈
言
无上兩足尊　願說第一法　我為佛長子　唯垂分別說

說之今此會中如我等比百千万億世世已
曾從佛受化如此人等必能敬信長夜安隱
多所饒益尒時舍利弗欲重宣此義而說偈
言
无上兩足尊　願說第一法　我為佛長子　唯垂分別說
是會无量眾　能敬信此法　佛已曾世世　教化如是等
皆一心合掌　欲聽受佛語　我等千二百　及餘求佛者
願為此眾故　唯垂分別說　是等聞此法　則生大歡喜
尒時世尊告舍利弗汝已慇懃三請豈得不
說汝今諦聽善思念之吾當為汝分別解說
說此語時會中有比丘比丘尼優婆塞優婆
夷五千人等即從坐起禮佛而退所以者何此
輩罪根深重及增上慢未得謂得未證謂
證有如此失是以不住世尊默然而不制止尒
時佛告舍利弗我今此眾无復枝葉純有貞
實舍利弗如是增上慢人退亦佳矣汝今善聽
當為汝說舍利弗言唯然世尊願樂欲聞
佛告舍利弗如是妙法諸佛如來時乃說之如
優曇鉢華時一現耳舍利弗汝等當信佛之
所說言不虛妄舍利弗諸佛隨宜說法意趣
難解所以者何我以无數方便種種因緣譬
喻言辭演說諸法是法非思量分別之所
能解唯有諸佛乃能知之所以者何諸佛世
尊唯以一大事因緣故出現於世

言不虛妄舍利弗諸佛隨宜說法意趣
難解所以者何我以无數方便種種因緣譬
喻言辭演說諸法是法非思量分別之所
能解唯有諸佛乃能知之所以者何諸佛世
尊唯以一大事因緣故出現於世舍利弗云
何名諸世尊唯以一大事因緣故出現於世
諸佛世尊欲令衆生開佛知見使得清淨
故出現於世欲示衆生佛知見故出現於
世欲令衆生悟佛知見故出現於世欲令衆
生入佛知見道故出現於世舍利弗是為諸佛
以一大事因緣故出現於世
佛告舍利弗諸佛如來但教化菩薩諸有所作
常為一事唯以佛之知見示悟衆生舍利弗
如來但以一佛乘故為衆生說法无有餘乘
若二若三舍利弗一切十方諸佛法亦如
是舍利弗過去諸佛以无量无數方便種種
因緣譬喻言辭而為衆生演說諸法是法皆
為一佛乘故是諸衆生從諸佛聞法究竟皆
得一切種智舍利弗未來諸佛當出於世
亦以无量无數方便種種因緣譬喻言辭而為
衆生演說諸法是法皆為一佛乘故是諸衆
生從佛聞法究竟皆得一切種智舍利弗現
在十方无量百千万億佛土中諸佛世尊多
所饒益安樂衆生是諸佛亦以无量无數方
便種種因緣譬喻言辭而為衆生演說諸法

BD13820號　妙法蓮華經卷一　（15-5）

生從佛聞法究竟皆得一切種智舍利弗現
在十方无量百千万億佛土中諸佛世尊多
所饒益安樂衆生是諸佛亦以无量无數方
便種種因緣譬喻言辭而為衆生演說諸法
是法皆為一佛乘故是諸衆生從佛聞法究
竟皆得一切種智舍利弗是諸佛但教化菩薩
欲以佛之知見示衆生故欲以佛之知見悟衆
生故欲令衆生入佛知見故舍利弗我今亦復
如是知諸衆生有種種欲深心所著隨其
本性以種種因緣譬喻言辭方便力故而為
說法舍利弗如此皆為得一佛乘一切種智
故舍利弗十方世界中尚无二乘何況有三
舍利弗諸佛出於五濁惡世所謂劫濁煩惱
濁衆生濁見濁命濁如是舍利弗劫濁亂
時衆生垢重慳貪嫉妬成就諸不善根故諸佛
以方便力於一佛乘分別說三舍利弗若我
弟子自謂阿羅漢辟支佛者不聞不知諸
佛如來但教化菩薩事此非佛弟子非阿羅漢
非辟支佛又舍利弗是諸比丘比丘尼自謂
已得阿羅漢是最後身究竟涅槃便不復
志求阿耨多羅三藐三菩提當知此輩皆是
增上慢人所以者何若有比丘實得阿羅漢
若不信此法无有是處除佛滅度後現前无

BD13820號　妙法蓮華經卷一　（15-6）

已得阿羅漢是最後身究竟涅槃便不復
志求阿耨多羅三藐三菩提當知此輩皆是
增上慢人所以者何若有比丘實得阿羅漢
若不信此法无有是處除佛滅度後現前无
佛所以者何佛滅度後如是等經受持讀誦
解義者是人難得若遇餘佛於此法中便得
決了舍利弗汝等當一心信解受持佛語諸
佛如來言无虛妄无有餘乘唯一佛乘介
時世尊欲重宣此義而說偈言
比丘比丘尼 有懷增上慢 優婆塞我慢 優婆夷不信
如是四衆等 其數有五千 不自見其過 於戒有缺漏
護惜其瑕疵 是小智已出 衆中之糟糠 佛威德故去
斯人尠福德 不堪受是法 此衆无枝葉 唯有諸貞實
舍利弗善聽 諸佛所得法 无量方便力 而為衆生說
衆生心所念 種種所行道 若干諸欲性 先世善惡業
佛悉知是已 以諸緣譬喻 言辭方便力 令一切歡喜
或說脩多羅 伽陁及本事 本生未曾有 亦說於因緣
譬喻并祇夜 優波提舍經 鈍根樂小法 貪著於生死
於諸无量佛 不行深妙道 衆苦所惱亂 為是說涅槃
我設是方便 令得入佛慧 未曾說汝等 當得成佛道
所以未曾說 說時未至故 今正是其時 決定說大乘

未曾說汝等 當得成佛道
所以未曾說 說時未至故 今正是其時 決定說大乘
我此九部法 隨順衆生說 入大乘為本 以故說是經
有佛子心淨 柔軟亦利根 无量諸佛所 而行深妙道
為此諸佛子 說是大乘經
我記如是人 來世成佛道 以深心念佛 脩持淨戒故
此等聞得佛 大喜充遍身 佛知彼心行 故為說大乘
聲聞若菩薩 聞我所說法 乃至於一偈 皆成佛无疑
十方佛土中 唯有一乘法 无二亦无三 除佛方便說
但以假名字 引導於衆生 說佛智慧故 諸佛出於世
唯此一事實 餘二則非真 終不以小乘 濟度於衆生
佛自住大乘 如其所得法 定慧力莊嚴 以此度衆生
自證无上道 大乘平等法 若以小乘化 乃至於一人
我則墮慳貪 此事為不可 若人信歸佛 如來不欺誑
亦无貪嫉意 斷諸法中惡 故佛於十方 而獨无所畏
我以相嚴身 光明照世間 无量衆所尊 為說實相印
舍利弗當知 我本立誓願 欲令一切衆 如我等无異
如我昔所願 今者已滿足 化一切衆生 皆令入佛道
若我遇衆生 盡教以佛道 无智者錯亂 迷惑不受教
我知此衆生 未曾脩善本 堅著於五欲 癡愛故生惱
以諸欲因緣 墜墮三惡道 輪迴六趣中 備受諸苦毒
受胎之微形 世世常增長 薄德少福人 衆苦所逼迫

若我遇衆生 盡教以佛道 无智者錯亂 迷惑不受教
我知此衆生 未曾脩善本 堅著於五欲 癡愛故生惱
以諸欲因緣 墜墮三惡道 輪迴六趣中 備受諸苦毒
受胎之微形 世世常增長 薄德少福人 衆苦所逼迫
入邪見稠林 若有若无等 依止此諸見 具足六十二
深著虛妄法 堅受不可捨 我慢自矜高 諂曲心不實
於千万億劫 不聞佛名字 亦不聞正法 如是人難度
是故舍利弗 我為設方便 說諸盡苦道 示之以涅槃
我雖說涅槃 是亦非真滅 諸法從本來 常自寂滅相
佛子行道已 來世得作佛
我有方便力 開示三乘法 一切諸世尊 皆說一乘道
今此諸大衆 皆應除疑惑 諸佛語无異 唯一无二乘
過去无數劫 无量滅度佛 百千万億種 其數不可量
如是諸世尊 種種緣譬喻 无數方便力 演說諸法相
是諸世尊等 皆說一乘法 化无量衆生 令入於佛道
又諸大聖主 知一切世間 天人群生類 深心之所欲
更以異方便 助顯第一義 若有衆生類 值諸過去佛
若聞法布施 或持戒忍辱 精進禪智等 種種脩福德
如是諸人等 皆已成佛道 諸佛滅度已 若人善耎心
如是諸衆生 皆已成佛道 諸佛滅度已 供養舍利者
起万億種塔 金銀及頗梨 車渠与馬惱 玫瑰琉璃珠

BD13820號 妙法蓮華經卷一 （15–9）

若聞法布施 或持戒忍辱 精進禪智等 種種脩福德
如是諸人等 皆已成佛道 諸佛滅度已 若人善耎心
如是諸衆生 皆已成佛道 諸佛滅度已 供養舍利者
起万億種塔 金銀及頗梨 車渠与馬惱 玫瑰琉璃珠
清淨廣嚴飾 莊挍於諸塔 或有起石廟 栴檀及沉水
木櫁并餘材 塼瓦泥土等 若於曠野中 積土成佛廟
乃至童子戲 聚沙為佛塔 如是諸人等 皆已成佛道
若人為佛故 建立諸形像 刻彫成衆相 皆已成佛道
或以七寶成 鍮石赤白銅 白鑞及鉛錫 鐵木及與泥
或以膠漆布 嚴飾作佛像 如是諸人等 皆已成佛道
綵畫作佛像 百福莊嚴相 自作若使人 皆已成佛道
乃至童子戲 若草木及筆 或以指爪甲 而畫作佛像
如是諸人等 漸漸積功德 具足大悲心 皆已成佛道
但化諸菩薩 度脫无量衆 若人於塔廟 寶像及畫像
以華香幡蓋 敬心而供養 若使人作樂 擊鼓吹角貝
簫笛琴箜篌 琵琶鐃銅鈸 如是衆妙音 盡持以供養
或以歡喜心 歌唄頌佛德 乃至一小音 皆已成佛道
若人散亂心 乃至以一華 供養於畫像 漸見无數佛
或有人禮拜 或復但合掌 乃至舉一手 或復小低頭
以此供養像 漸見无量佛 自成无上道 廣度无數衆
入无餘涅槃 如薪盡火滅
若人散亂心 入於塔廟中 一稱南无佛 皆已成佛道
於諸過去佛 現在或滅後 若有聞是法 皆已成佛道
未來諸世尊 其數无有量 是諸如來等 亦方便說法

BD13820號 妙法蓮華經卷一 （15–10）

或有人禮拜 或復但合掌 乃至舉一手 或復小低頭
以此供養像 漸見无量佛 自成无上道 廣度无數衆
入无餘涅槃 如薪盡火滅
若人散亂心 入於塔廟中 一稱南无佛 皆已成佛道
於諸過去佛 現在或滅後 若有聞是法 皆已成佛道
未來諸世尊 其數无有量 是諸如來等 亦方便說法
一切諸如來 以无量方便 度脫諸衆生 入佛无漏智
若有聞法者 无一不成佛 諸佛本誓願 我所行佛道
普欲令衆生 亦同得此道 未來世諸佛 雖說百千億
无數諸法門 其實為一乘 諸佛兩足尊 知法常无性
佛種從緣起 是故說一乘 是法住法位 世間相常住
於道場知已 導師方便說 天人所供養 現在十方佛
其數如恒沙 出現於世間 安隱衆生故 亦說如是法
知第一寂滅 以方便力故 雖示種種道 其實為佛乘
知衆生諸行 深心之所念 過去所習業 欲性精進力
及諸根利鈍 以種種因緣 譬喻亦言辭 隨應方便說
今我亦如是 安隱衆生故 以種種法門 宣示於佛道
我以智慧力 知衆生性欲 方便說諸法 皆令得歡喜
舍利弗當知 我以佛眼觀 見六道衆生 貧窮无福慧
入生死險道 相續苦不斷 深著於五欲 如犛牛愛尾
以貪愛自蔽 盲瞑无所見 不求大勢佛 及与斷苦法
深入諸邪見 以苦欲捨苦 為是衆生故 而起大悲心
我始坐道場 觀樹亦經行 於三七日中 思惟如是事
我所得智慧 微妙最第一 衆生諸根鈍 著樂癡所盲

舍利弗當知 我以佛眼觀 見六道衆生 貧窮无福慧
入生死險道 相續苦不斷 深著於五欲 如犛牛愛尾
以貪愛自蔽 盲瞑无所見 不求大勢佛 及与斷苦法
深入諸邪見 以苦欲捨苦 為是衆生故 而起大悲心
我始坐道場 觀樹亦經行 於三七日中 思惟如是事
我所得智慧 微妙最第一 衆生諸根鈍 著樂癡所盲
如斯之等類 云何而可度
尒時諸梵王 及諸天帝釋 護世四天王 及大自在天
并餘諸天衆 眷屬百千万 恭敬合掌禮 請我轉法輪
我即自思惟 若但讚佛乘 衆生沒在苦 不能信是法
破法不信故 墜於三惡道 我寧不說法 疾入於涅槃
尋念過去佛 所行方便力 我今所得道 亦應說三乘
作是思惟時 十方佛皆現 梵音慰喻我 善哉釋迦文
第一之道師 得是无上法 隨諸一切佛 而用方便力
我等亦皆得 最妙第一法 為諸衆生類 分別說三乘
少智樂小法 不自信作佛 是故以方便 分別說諸果
雖復說三乘 但為教菩薩
舍利弗當知 我聞聖師子 深淨微妙音 稱南无諸佛
復作如是念 我出濁惡世 如諸佛所說 我亦隨順行
思惟是事已 即趣波羅㮈 諸法寂滅相 不可以言宣
以方便力故 為五比丘說 是名轉法輪 便有涅槃音
及以阿羅漢 法僧差別名 從久遠劫來 讚示涅槃法
生死苦永盡 我常如是說 舍利弗當知 我見佛子等
志求佛道者 无量千万億 咸以恭敬心 皆來至佛所

以方便力故 為五比丘說 是名轉法輪 便有涅槃音
及以阿羅漢 法僧差別名 從久遠劫來 讚示涅槃法
生死苦永盡 我常如是說 舍利弗當知 我見佛子等
志求佛道者 无量千万億 咸以恭敬心 皆來至佛所
曾從諸佛聞 方便所說法 我即作是念 如來所以出
為說佛慧故 今正是其時 舍利弗當知 鈍根小智人
著相憍慢者 不能信是法 今我喜无畏 於諸菩薩中
正直捨方便 但說无上道 菩薩聞是法 疑網皆已除
千二百羅漢 悉亦當作佛 如三世諸佛 說法之儀式
我今亦如是 說无分別法 諸佛興出世 懸遠值遇難
正使出于世 說是法復難 无量无數劫 聞是法亦難
能聽是法者 斯人亦復難
譬如優曇華 一切皆愛樂 天人所希有 時時乃一出
聞法歡喜讚 乃至發一言 則為已供養 一切三世佛
是人甚希有 過於優曇華 汝等勿有疑 我為諸法王
普告諸大眾 但以一乘道 教化諸菩薩 无聲聞弟子
汝等舍利弗 聲聞及菩薩 當知是妙法 諸佛之秘要
以五濁惡世 但樂著諸欲 如是等衆生 終不求佛道
當來世惡人 聞佛說一乘 迷惑不信受 破法墮惡道
有慚愧清淨 志求佛道者 當為如是等 廣讚一乘道

BD13820號 妙法蓮華經卷一 （15–13）

……天人所希有 時時乃一出
聞法歡喜讚 乃至發一言 則為已供養 一切三世佛
是人甚希有 過於優曇華 汝等勿有疑 我為諸法王
普告諸大眾 但以一乘道 教化諸菩薩 无聲聞弟子
汝等舍利弗 聲聞及菩薩 當知是妙法 諸佛之秘要
以五濁惡世 但樂著諸欲 如是等衆生 終不求佛道
當來世惡人 聞佛說一乘 迷惑不信受 破法墮惡道
有慚愧清淨 志求佛道者 當為如是等 廣讚一乘道
舍利弗當知 諸佛法如是 以万億方便 隨宜而說法
其不習學者 不能曉了此 汝等既已知 諸佛世之師
隨宜方便事 无復諸疑惑 心生大歡喜 自知當作佛

妙法蓮華經卷第一

BD13820號 妙法蓮華經卷一 （15–14）

BD13820 號　妙法蓮華經卷一　（15–15）

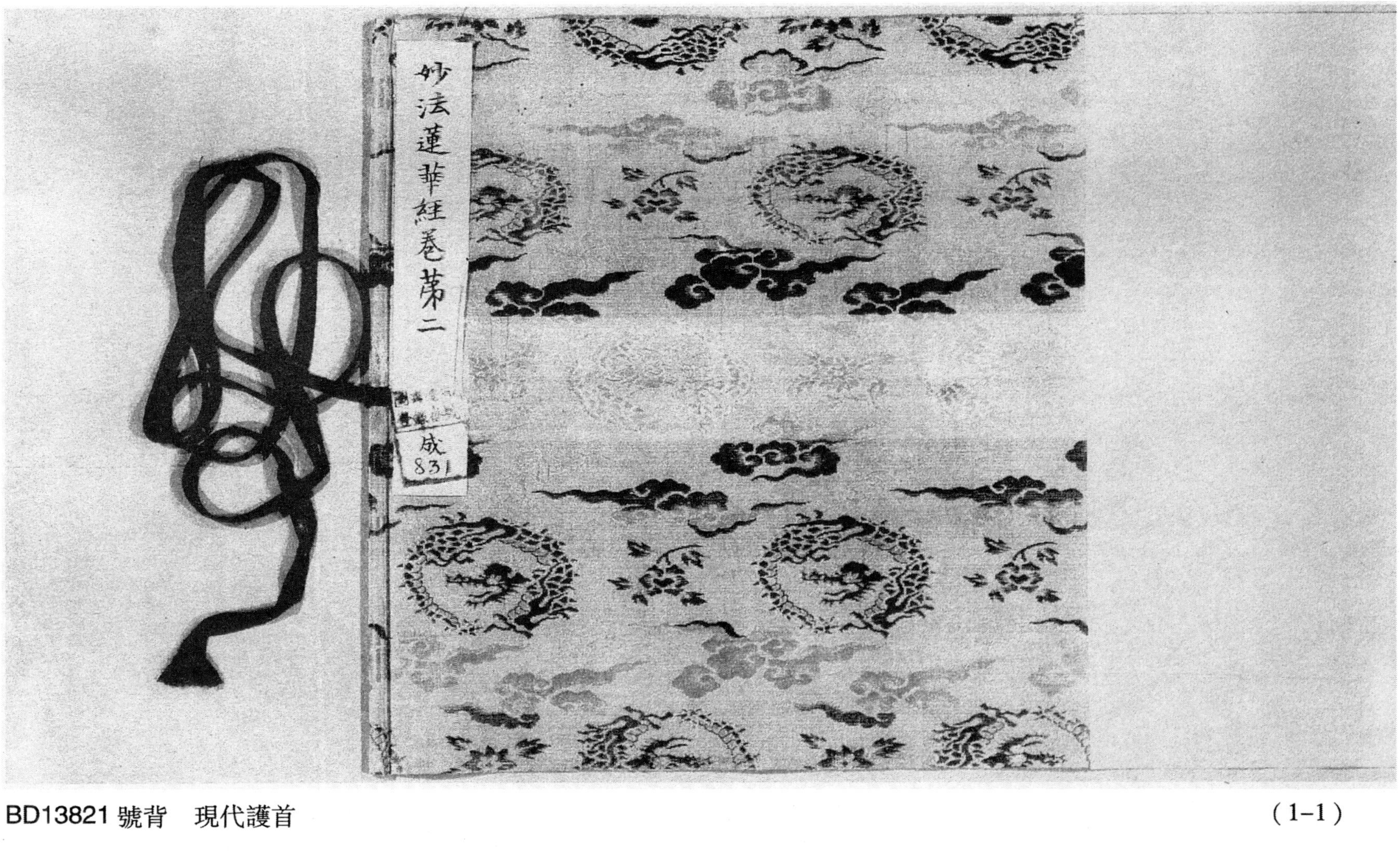

BD13821 號背　現代護首　（1–1）

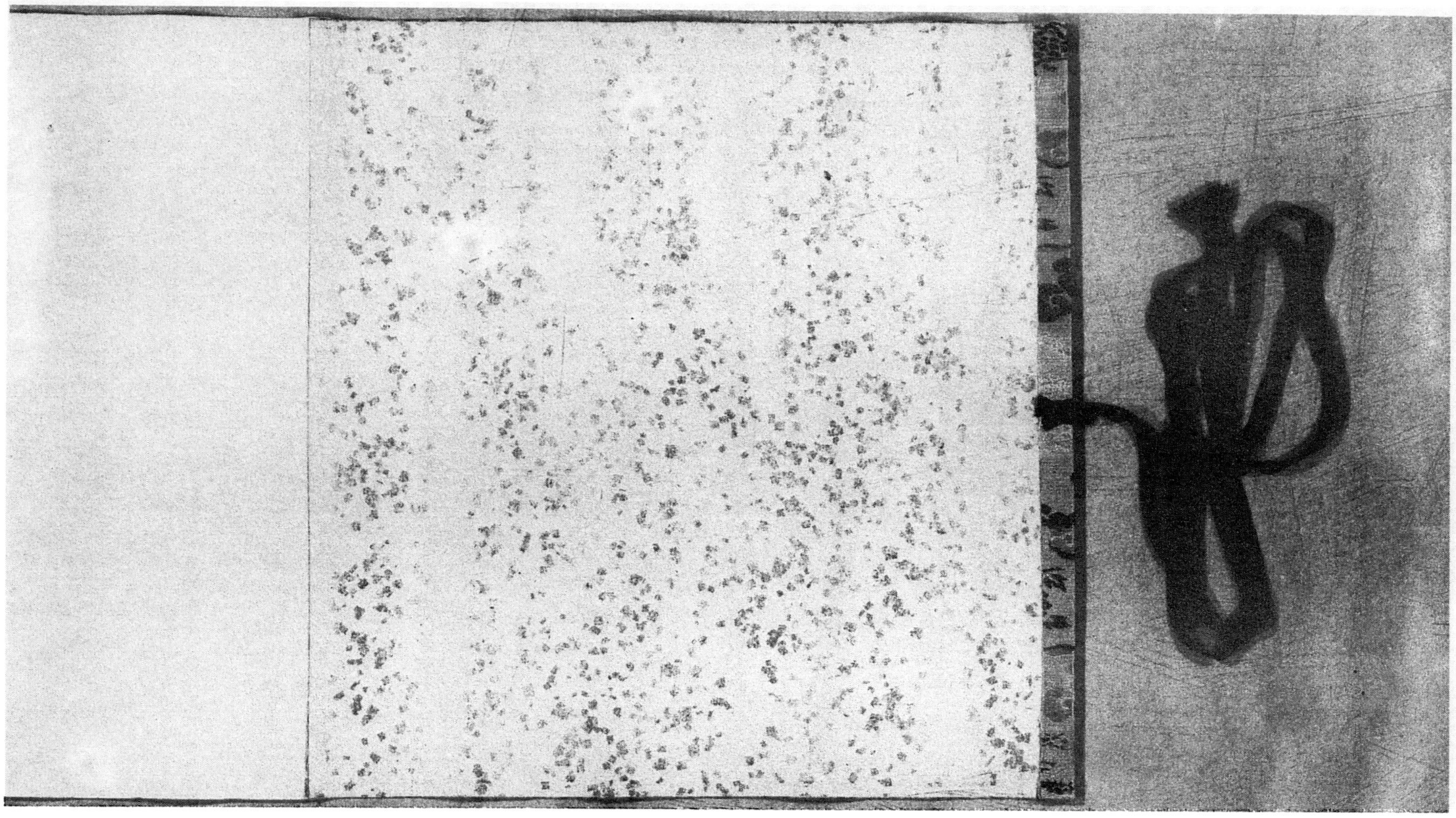

BD13821 號　妙法蓮華經卷二　　（29–1）

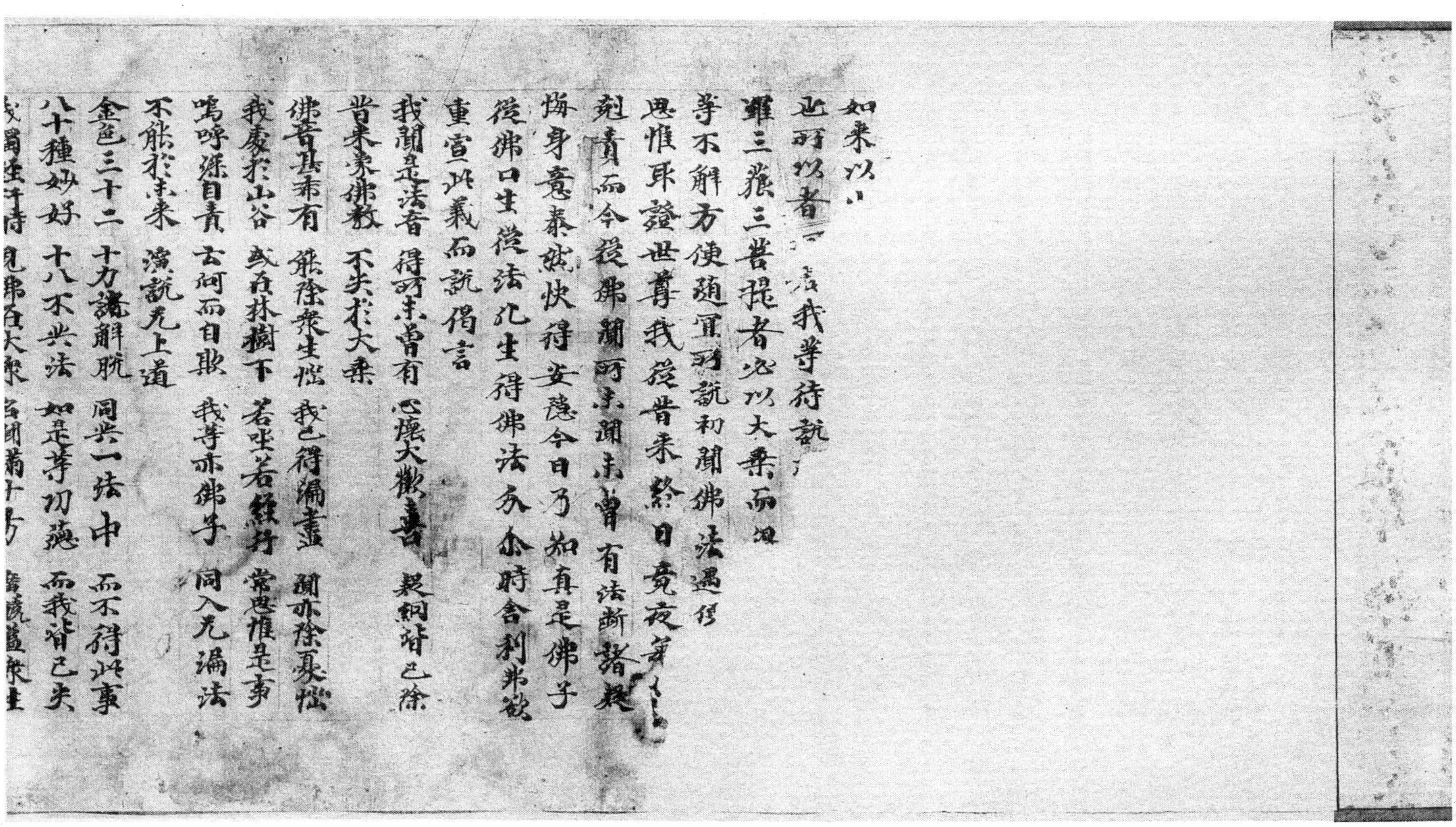

如來以□
此所以者□□我等待說
羅三藐三菩提者必以大乘而得
等不解方便隨宜所說初聞佛法遇便
思惟取證世尊我從昔來終日竟夜每自
剋責而今從佛聞所未聞未曾有法斷諸疑
悔身意泰然快得安隱今日乃知真是佛子
從佛口生從法化生得佛法分尒時舍利弗欲
重宣此義而說偈言
我聞是法音　得所未曾有　心懷大歡喜　疑網皆已除
昔來蒙佛教　不失於大乘
佛音甚希有　能除眾生惱　我已得漏盡　聞亦除憂惱
我處於山谷　或在林樹下　若坐若經行　常思惟是事
嗚呼深自責　云何而自欺　我等亦佛子　同入无漏法
不能於未來　演說无上道
金色三十二　十力諸解脫　同共一法中　而不得此事
八十種妙好　十八不共法　如是等功德　而我皆已失
我獨經行時　見佛在大眾　名聞滿十方　廣饒益眾生

BD13821 號　妙法蓮華經卷二　　（29–2）

我處於山谷 或在林樹下 若坐若經行 常思惟是事
嗚呼深自責 云何而自欺 我等亦佛子 同入无漏法
不能於未來 演說无上道
金色三十二 十力諸解脫 同共一法中 而不得此事
八十種妙好 十八不共法 如是等功德 而我皆已失
我獨經行時 見佛在大眾 名聞滿十方 廣饒益眾生
自惟失此利 我為自欺誑
我常於日夜 每思惟是事 欲以問世尊 為失為不失
我常見世尊 稱讚諸菩薩 以是於日夜 籌量如此事
今聞佛音聲 隨宜而說法 无漏難思議 令眾至道場
我本著邪見 為諸梵志師 世尊知我心 拔邪說涅槃
我悉除邪見 於空法得證 爾時心自謂 得至於滅度
而今乃自覺 非是實滅度
若得作佛時 具三十二相 天人夜叉眾 龍神等恭敬
是時乃可謂 永盡滅无餘
佛於大眾中 說我當作佛 聞如是法音 疑悔悉已除
初聞佛所說 心中大驚疑 將非魔作佛 惱亂我心耶
佛以種種緣 譬喻巧言說 其心安如海 我聞疑網斷
佛說過去世 无量滅度佛 安住方便中 亦皆說是法
現在未來佛 其數无有量 亦以諸方便 演說如是法
如今者世尊 從生及出家 得道轉法輪 亦以方便說
世尊說實道 波旬无此事 以是我定知 非是魔作佛
我墮疑網故 謂是魔所為
聞佛柔軟音 深遠甚微妙 演暢清淨法 我心大歡喜
疑悔永已盡 安住實智中
我定當作佛 為天人所敬 轉无上法輪 教化諸菩薩
爾時佛告舍利弗 吾今於天人沙門婆羅門
等大眾中說 我昔曾於二万億佛所 為无上

BD13821號　妙法蓮華經卷二　（29–3）

我墮疑網故 謂是魔所為
聞佛柔軟音 深遠甚微妙 演暢清淨法 我心大歡喜
疑悔永已盡 安住實智中
我定當作佛 為天人所敬 轉无上法輪 教化諸菩薩
爾時佛告舍利弗 吾今於天人沙門婆羅門
等大眾中說 我昔曾於二万億佛所 為无上
道故常教化汝 汝亦長夜隨我受學 我以方
便引導汝故 生我法中 舍利弗 我昔教汝志
願佛道 汝今悉忘 而便自謂已得滅度 我今
還欲令汝憶念本願所行道故 為諸聲聞說
是大乘經 名妙法蓮華 教菩薩法 佛所護念
舍利弗 汝於未來世 過无量无邊不可思議
劫 供養若干千万億佛 奉持正法 具足菩薩
所行之道 當得作佛 號曰華光如來 應供 正
遍知 明行足 善逝 世間解 无上士 調御丈夫
天人師 佛 世尊 國名離垢 其土平正 清淨嚴
飾 安隱豐樂 天人熾盛 瑠璃為地 有八交道
黃金為繩 以界其側 其傍各有七寶行樹 常
有華菓 華光如來亦以三乘教化眾生 舍利
弗 彼佛出時 雖非惡世 以本願故 說三乘法
其劫名大寶莊嚴 何故名曰大寶莊嚴 其國
中以菩薩為大寶故 彼諸菩薩 无量无邊 不
可思議 算數譬喻所不能及 非佛智力 无能
知者 若欲行時 寶華承足 此諸菩薩 非初發
意 皆久殖德本 於无量百千万億佛所 淨修
梵行 恒為諸佛之所稱歎 常修佛慧 具大神
通 善知一切諸法之門 質直无偽 志念堅固
如是菩薩 充滿其國 舍利弗 華光佛壽十二
小劫 除為王子未作佛時 其國人民壽八小

BD13821號　妙法蓮華經卷二　（29–4）

梵行恒為諸佛之所稱歎常脩佛慧具大神
通善知一切諸法之門質直无偽志念堅固
如是菩薩充滿其國舍利弗華光佛壽十二
小劫除為王子未作佛時其國人民壽八小
劫華光如來過十二小劫授堅滿菩薩阿耨
多羅三藐三菩提記告諸比丘是堅滿菩薩
次當作佛号曰華足安行多陁阿伽度阿羅
訶三藐三佛陁其佛國土亦復如是舍利弗
是華光佛滅度之後正法住世三十二小劫
像法住世亦三十二小劫尒時世尊欲重宣
此義而說偈言
舍利弗來世　成佛普智尊　号名曰華光　當度无量眾
供養无數佛　具足菩薩行　十力等功德　證於无上道
過无量劫已　劫名大寶嚴　世界名離垢　清淨无瑕穢
以瑠璃為地　金繩界其道　七寶雜色樹　常有華果實
彼國諸菩薩　志念常堅固　神通波羅蜜　皆已悉具足
於无數佛所　善學菩薩道　如是等大士　華光佛所化
佛為王子時　棄國捨世榮　於最末後身　出家成佛道
華光佛住世　壽十二小劫　其國人民眾　壽命八小劫
佛滅度之後　正法住於世　三十二小劫　廣度諸眾生
正法滅盡已　像法三十二
舍利廣流布　天人普供養　華光佛所為　其事皆如是
其兩足聖尊　最勝无倫匹　彼即是汝身　宜應自欣慶
尒時四部眾比丘比丘尼優婆塞優婆夷天龍
夜叉乾闥婆阿修羅迦樓羅緊那羅摩睺
羅伽等大眾見舍利弗於佛前受阿耨多羅
三藐三菩提記心大歡喜踊躍无量各各脫
身所著上衣以供養佛釋提桓因梵天王等

夜叉乾闥婆阿修羅迦樓羅緊那羅摩睺
羅伽等大眾見舍利弗於佛前受阿耨多羅
三藐三菩提記心大歡喜踊躍无量各各脫
身所著上衣以供養佛釋提桓因梵天王等
与无數天子亦以天妙衣天曼陁羅華摩訶
曼陁羅華等供養於佛所散天衣住虛空
中而自迴轉諸天伎樂百千万種於虛空中一
時俱作雨眾天華而作是言佛昔於波羅㮈
初轉法輪今乃復轉无上最大法輪尒時諸
天子欲重宣此義而說偈言
昔於波羅㮈　轉四諦法輪　分別說諸法　五眾之生滅
今復轉最妙　无上大法輪　是法甚深奧　少有能信者
我等從昔來　數聞世尊說　未曾聞如是　深妙之上法
世尊說是法　我等皆隨喜　大智舍利弗　今得受尊記
我等亦如是　必當得作佛　於一切世間　最尊无有上
佛道叵思議　方便隨宜說
我所有福業　今世若過世　及見佛功德　盡迴向佛道
尒時舍利弗白佛言世尊我今无復疑悔親
於佛前得受阿耨多羅三藐三菩提記是諸
千二百心自在者昔住學地佛常教化言我
法能離生老病死究竟涅槃是學无學人亦
各自以離我見及有无見等謂得涅槃而今
於世尊前聞所未聞皆墮疑惑善哉世尊
願為四眾說其因緣令離疑悔尒時佛告舍
利弗我先不言諸佛世尊以種種因緣譬喻
言辭方便說法皆為阿耨多羅三藐三菩提
耶是諸所說皆為化菩薩故然舍利弗今當

願為四衆說其因緣令離疑悔尒時佛告舍
利弗我先不言諸佛世尊以種種因緣譬喻
言辭方便說法皆為阿耨多羅三藐三菩提
耶是諸所說皆為化菩薩故然舍利弗今當
復以譬喻更明此義諸有智者以譬喻得解
舍利弗若國邑聚落有大長者其年衰邁財
富無量多有田宅及諸僮僕其家廣大唯有一
門多諸人衆一百二百乃至五百人止住其中
堂閣朽故牆壁頹落柱根腐敗梁棟傾危周
匝俱時欻然火起焚燒舍宅長者諸子若
十二十或至三十在此宅中長者見是大火
從四面起即大驚怖而作是念我雖能於此
所燒之門安隱得出而諸子等於火宅內樂
著嬉戲不覺不知不驚不怖火來逼身苦痛
切己心不厭患无求出意舍利弗是長者作
是思惟我身手有力當以衣祴若以机案從
舍出之復更思惟是舍唯有一門而復狹小
諸子幼稚未有所識戀著戲處或當墮落為
火所燒我當為說怖畏之事此舍已燒宜時
疾出无令為火之所燒害作是念已如所思
惟具告諸子汝等速出父雖憐愍善言誘
喻而諸子等樂著嬉戲不肯信受不驚不畏
了无出心亦復不知何者是火何者為舍云何
為失但東西走戲視父而已尒時長者即作
是念此舍已為大火所燒我及諸子若不時
出必為所焚我今當設方便令諸子等得免
斯害父知諸子先心各有所好種種珍玩奇

BD13821號　妙法蓮華經卷二　　(29–7)

為失但東西走戲視父而已尒時長者即作
是念此舍已為大火所燒我及諸子若不時
出必為所焚我今當設方便令諸子等得免
斯害父知諸子先心各有所好種種珍玩奇
異之物情必樂著而告之言汝等所可玩好
希有難得汝若不取後必憂悔如此種種羊
車鹿車牛車今在門外可以遊戲汝等於此
火宅宜速出來隨汝所欲皆當與汝尒時諸
子聞父所說珍玩之物適其願故心各勇銳
互相推排競共馳走爭出火宅是時長者見
諸子等安隱得出皆於四衢道中露地而坐
無復障礙其心泰然歡喜踊躍時諸子等
各白父言父先所許玩好之具羊車鹿車牛車
願時賜與舍利弗尒時長者各賜諸子等一
大車其車高廣衆寶莊校周匝欄楯四面懸
鈴又於其上張設幰蓋亦以珍奇雜寶而嚴
飾之寶繩交絡垂諸華纓重敷綩綖安置丹
枕駕以白牛膚色充潔形體姝好有大筋力
行步平正其疾如風又多僕從而侍衛之所
以者何是大長者財富無量種種諸藏悉
皆充溢而作是念我財物無極不應以下劣小
車與諸子等今此幼童皆是吾子愛无偏黨
我有如是七寶大車其數无量應當等心各
各與之不宜差別所以者何以我此物周給一
國猶尚不匱何況諸子是時諸子各乘大車
得未曾有非本所望舍利弗於汝意云何是
長者等與諸子珍寶大車寧有虛妄不舍利

BD13821號　妙法蓮華經卷二　　(29–8)

各与之不宜差別所以者何以我此物周給一
國猶尚不匱何况諸子是時諸子各乘大車
得未曾有非本所望舍利弗於汝意云何是
長者等与諸子珎寶大車寧有虛妄不舍利
弗言不也世尊是長者但令諸子得免火難
全其軀命非為虛妄何以故若全身命便為
已得玩好之具况復方便於彼火宅而拔濟
之世尊若是長者乃至不与最小一車猶不
虛妄何以故是長者先作是意我以方便令
子得出以是因緣无虛妄也何况長者自知
財富无量欲饒益諸子等与大車佛告舍
利弗善哉善哉如汝所言舍利弗如來亦復如
是則為一切世間之父於諸怖畏衰惱憂患
无明闇蔽永盡无餘而悉成就无量知見力
无所畏有大神力及智慧力具足方便智慧
波羅蜜大慈大悲常无懈惓恒求善事利
益一切而生三界朽故火宅為度衆生生老病
死憂悲苦惱愚癡闇蔽三毒之火教化令得
阿耨多羅三藐三菩提見諸衆生為生老病
死憂悲苦惱之所燒煮亦以五欲財利故受
種種苦又以貪著追求故現受衆苦後受地
獄畜生餓鬼之苦若生天上及在人間貧窮
困苦愛別離苦怨憎會苦如是等種種諸苦
衆生沒在其中歡喜遊戲不覺不知不驚不
怖亦不生猒不求解脫於此三界火宅東西馳
走雖遭大苦不以為患舍利弗佛見此已
便作是念我為衆生之父應拔其苦難與无

BD13821號　妙法蓮華經卷二　（29–9）

衆生沒在其中歡喜遊戲不覺不知不驚不
怖亦不生猒不求解脫於此三界火宅東西馳
走雖遭大苦不以為患舍利弗佛見此已
便作是念我為衆生之父應拔其苦難與无
量无邊佛智慧樂令其遊戲舍利弗如來
復作是念若我但以神力及智慧力捨於方便
為諸衆生讚如來知見力无所畏者衆生不
能以是得度所以者何是諸衆生未免生老
病死憂悲苦惱而為三界火宅所燒何由能
解佛之智慧舍利弗如彼長者雖復身手有
力而不用之但以慇懃方便免濟諸子火宅
之難然後各與珎寶大車如來亦復如是雖
有力无所畏而不用之但以智慧方便於三
界火宅拔濟衆生為說三乘聲聞辟支佛佛
乘而作是言汝等莫得樂住三界火宅勿貪
麁弊色聲香味觸也若貪著生愛則為所
燒汝等速出三界當得三乘聲聞辟支佛佛
乘而作是言汝等莫得樂住三界火宅勿
貪麁弊色聲香味觸也若貪著生愛則為
所燒汝等速出三界當得三乘聲聞辟支佛佛
乘我今為汝保任此事終不虛也汝等但當勤
脩精進如來以是方便誘進衆生復作是言
汝等當知此三乘法皆是聖所稱嘆自在无
繫无所依求乘是三乘以无漏根力覺道禪
定解脫三昧等而自娛樂便得无量安隱快
樂舍利弗若有衆生內有智性從佛世尊聞

BD13821號　妙法蓮華經卷二　（29–10）

修精進如來以是方便誘進衆生復作是言
汝等當知此三乘法皆是聖所稱歎自在无
繫无所依求乘是三乘以无漏根力覺道禪
定解脫三昧等而自娛樂便得无量安隱快
樂舍利弗若有衆生內有智性從佛世尊聞
法信受殷勤精進欲速出三界自求涅槃是
名聲聞乘如彼諸子為求羊車出於火宅若
有衆生從佛世尊聞法信受殷勤精進求自
然慧樂獨善寂深知諸法因緣是名辟支佛
乘如彼諸子為求鹿車出於火宅若有衆生
從佛世尊聞法信受勤修精進求一切智佛
智自然智无師智如來知見力无所畏愍念安
樂无量衆生利益天人度脫一切是名大乘
菩薩求此乘故名為摩訶薩如彼諸子為求
牛車出於火宅舍利弗如彼長者見諸子等
安隱得出火宅到无畏處自惟財富无量
等以大車而賜諸子如來亦復如是為一切衆
生之父若見无量億千衆生以佛教門出三
界苦怖畏險道得涅槃樂如來尒時便作是
念我有无量无邊智慧力无畏等諸佛法藏
是諸衆生皆是我子等與大乘不令有人獨
得滅度皆以如來滅度而滅度之是諸衆生
脫三界者悉與諸佛禪定解脫等娛樂之具
皆是一相一種聖所稱歎能生淨妙第一之
樂舍利弗如彼長者初以三車誘引諸子然後
但與大車寶物莊嚴安隱第一然彼長者无
虛妄之咎如來亦復如是无有虛妄初說三

BD13821 號　妙法蓮華經卷二　（29-11）

皆是一相一種聖所稱歎能生淨妙第一之
樂舍利弗如彼長者初以三車誘引諸子然後
但與大車寶物莊嚴安隱第一然彼長者无
虛妄之咎如來亦復如是无有虛妄初說三
乘引導衆生然後但以大乘而度脫之何以
故如來有无量智慧力无所畏諸法之藏能
與一切衆生大乘之法但不盡能受舍利弗
以是因緣當知諸佛方便力故於一佛乘分
別說三佛欲重宣此義而說偈言
譬如長者　有一大宅　其宅久故　而復頓弊
堂舍高危　柱根摧朽　梁棟傾斜　基陛頹毀
牆壁圮坼　泥塗褫落　覆苫亂墜　椽梠差脫
周障屈曲　雜穢充遍　有五百人　止住其中
鵄梟鵰鷲　烏鵲鳩鴿　蚖蛇蝮蠍　蜈蚣蚰蜒
守宮百足　狖狸鼷鼠　諸惡蟲輩　交橫馳走
屎尿臭處　不淨流溢　蜣蜋諸蟲　而集其上
狐狼野干　咀嚼踐蹋　嚌齧死屍　骨肉狼藉
由是群狗　競來搏撮　飢羸慞惶　處處求食
鬪諍摣掣　啀喍嗥吠　其舍恐怖　變狀如是
處處皆有　魑魅魍魎　夜叉惡鬼　食噉人肉
毒蟲之屬　諸惡禽獸　孚乳產生　各自藏護
夜叉競來　爭取食之　食之既飽　惡心轉熾
鬪諍之聲　甚可怖畏　鳩槃荼鬼　蹲踞土埵
或時離地　一尺二尺　往返遊行　縱逸嬉戲
捉狗兩足　撲令失聲　以腳加頸　怖狗自樂
復有諸鬼　其身長大　裸形黑瘦　常住其中
發大惡聲　叫呼求食　復有諸鬼　其咽如針

BD13821 號　妙法蓮華經卷二　（29-12）

或時離地　一尺二尺　往返遊行　縱逸嬉戲
捉狗兩足　撲令失聲　以脚加頸　怖狗自樂
復有諸鬼　其身長大　裸形黑瘦　常住其中
發大惡聲　叫呼求食　復有諸鬼　其咽如針
復有諸鬼　首如牛頭　或食人肉　或復噉狗
頭髮蓬亂　殘害兇險　飢渴所逼　叫喚馳走
夜叉餓鬼　諸惡鳥獸　飢急四向　窺看窓牖
如是諸難　恐畏無量　是朽故宅　屬于一人
其人近出　未久之間　於後宅舍　忽然火起
四面一時　其焰俱熾　棟梁椽柱　爆聲震裂
摧折墮落　牆壁崩倒　諸鬼神等　揚聲大叫
鵰鷲諸鳥　鳩槃荼等　周章惶怖　不能自出
惡獸毒虫　藏竄孔穴　毗舍闍鬼　亦住其中
薄福德故　為火所逼　共相殘害　飲血噉肉
野干之屬　並已前死　諸大惡獸　競來食噉
臭烟熢㶿　四面充塞　蜈蚣蚰蜒　毒蛇之類
為火所燒　爭走出穴　鳩槃荼鬼　隨取而食
又諸餓鬼　頭上火然　飢渴熱惱　周章悶走
其宅如是　甚可怖畏　毒害火災　眾難非一
是時宅主　在門外立　聞有人言　汝諸子等
先因遊戲　來入此宅　稚小無知　歡娛樂著
長者聞已　驚入火宅　方宜救濟　令無燒害
告喻諸子　說眾患難　惡鬼毒虫　災火蔓莚
眾苦次第　相續不絕　毒蛇蚖蝮　及諸夜叉
鳩槃荼鬼　野干狐狗　鵰鷲鵄梟　百足之屬
飢渴惱急　甚可怖畏　此苦難處　況復大火
[illegible]

BD13821號　妙法蓮華經卷二　（29–13）

告喻諸子　說眾患難　惡鬼毒虫　災火蔓莚
眾苦次第　相續不絕　毒蛇蚖蝮　及諸夜叉
鳩槃荼鬼　野干狐狗　鵰鷲鵄梟　百足之屬
飢渴惱急　甚可怖畏　此苦難處　況復大火
諸子無知　雖聞父誨　猶故樂著　嬉戲不已
是時長者　而作是念　諸子如此　益我愁惱
今此舍宅　無一可樂　而諸子等　耽湎嬉戲
不受我教　將為火害　即便思惟　設諸方便
告諸子等　我有種種　珍玩之具　妙寶好車
羊車鹿車　大牛之車　今在門外　汝等出來
吾為汝等　造作此車　隨意所樂　可以遊戲
諸子聞說　如此諸車　即時奔競　馳走而出
到於空地　離諸苦難　長者見子　得出火宅
住於四衢　坐師子座　而自慶言　我今快樂
此諸子等　生育甚難　愚小無知　而入險宅
多諸毒虫　魑魅可畏　大火猛焰　四面俱起
如此諸子　貪樂嬉戲　我已救之　令得脫難
是故諸人　我今快樂
爾時諸子　知父安坐　皆詣父所　而白父言
願賜我等　三種寶車　如前所許　諸子出來
當以三車　隨汝所欲　今正是時　惟垂給與
長者大富　庫藏眾多　金銀琉璃　車𤦲馬瑙
以眾寶物　造諸大車　莊校嚴飾　周匝欄楯
四面懸鈴　金繩交絡　真珠羅網　張施其上
金華諸瓔　處處垂下　眾綵雜飾　周匝圍繞
柔軟繒纊　以為茵蓐　上妙細㲲　價直千億
鮮白淨潔　以覆其上　有大白牛　肥壯多力

BD13821號　妙法蓮華經卷二　（29–14）

四面懸鈴　金繩交絡　真珠羅網　張施其上
金華諸瓔　處處垂下　衆綵雜飾　周匝圍繞
柔軟繒纊　以為茵蓐　上妙細㲲　價直千億
鮮白淨潔　以覆其上　有大白牛　肥壯多力
形體姝好　以駕寶車　多諸儐從　而侍衛之
以是妙車　等賜諸子　諸子是時　歡喜踊躍
乘是寶車　遊於四方　嬉戲快樂　自在无导
告舍利弗　我亦如是　衆聖中尊　世間之父
一切衆生　皆是吾子　深著世樂　无有慧心
三界无安　猶如火宅　衆苦充滿　甚可怖畏
常有生老　病死憂患　如是等火　熾然不息
如來已離　三界火宅　寂然閑居　安處林野
今此三界　皆是我有　其中衆生　悉是吾子
而今此處　多諸患難　唯我一人　能為救護
雖復教詔　而不信受　於諸欲染　貪著深故
是以方便　為說三乘　令諸衆生　知三界苦
開示演說　出世間道　是諸子等　若心決定
具足三明　及六神通　有得緣覺　不退菩薩
汝舍利弗　我為衆生　以此譬喻　說一佛乘
汝等若能　信受是語　一切皆當　得成佛道
是乘微妙　清淨第一　於諸世間　為无有上
佛所悅可　一切衆生　所應稱讚　供養禮拜
无量億千　諸力解脫　禪定智慧　及佛餘法
得如是乘　令諸子等　日夜劫數　常得遊戲
與諸菩薩　及聲聞衆　乘此寶乘　直至道場
以是因緣　十方諦求　更无餘乘　除佛方便

BD13821號　妙法蓮華經卷二　（29-15）

佛所悅可　一切衆生　所應稱讚　供養禮拜
无量億千　諸力解脫　禪定智慧　及佛餘法
得如是乘　令諸子等　日夜劫數　常得遊戲
與諸菩薩　及聲聞衆　乘此寶乘　直至道場
以是因緣　十方諦求　更无餘乘　除佛方便
告舍利弗　汝諸人等　皆是吾子　我則是父
汝等累劫　衆苦所燒　我皆濟拔　令出三界
我雖先說　汝等滅度　但盡生死　而實不滅
今所應作　唯佛智慧
若有菩薩　於是衆中　能一心聽　諸佛實法
諸佛世尊　雖以方便　所化衆生　皆是菩薩
若人小智　深著愛欲　為此等故　說於苦諦
衆生心喜　得未曾有　佛說苦諦　真實无異
若有衆生　不知苦本　深著苦因　不能暫捨
為是等故　方便說道　諸苦所因　貪欲為本
若滅貪欲　无所依止　滅盡諸苦　名第三諦
為滅諦故　修行於道　離諸苦縛　名得解脫
是人於何　而得解脫　但離虛妄　名為解脫
其實未得　一切解脫　佛說是人　未實滅度
斯人未得　无上道故　我意不欲　令至滅度
我為法王　於法自在　安隱衆生　故現於世
汝舍利弗　我此法印　為欲利益　世間故說
在所遊方　勿妄宣傳　若有聞者　隨喜頂受
當知是人　阿鞞跋致　若有信受　此經法者
是人已曾　見過去佛　恭敬供養　亦聞是法
若人有能　信汝所說　則為見我　亦見於汝

BD13821號　妙法蓮華經卷二　（29-16）

在所遊方　勿妄宣傳　若有聞者　隨喜頂受
當知是人　阿鞞跋致　若有信受　此經法者
是人已曾　見過去佛　恭敬供養　亦聞是法
若人有能　信汝所說　則為見我　亦見於汝
及比丘僧　并諸菩薩
斯法華經　為深智說　淺識聞之　迷惑不解
一切聲聞　及辟支佛　於此經中　力所不及
汝舍利弗　尚於此經　以信得入　況餘聲聞
其餘聲聞　信佛語故　隨順此經　非己智分
又舍利弗　憍慢懈怠　計我見者　莫說此經
凡夫淺識　深著五欲　聞不能解　亦勿為說
若人不信　毀謗此經　則斷一切　世間佛種
或復顰蹙　而懷疑惑　汝當聽說　此人罪報
若佛在世　若滅度後　其有誹謗　如斯經典
見有讀誦　書持經者　輕賤憎嫉　而懷結恨
此人罪報　汝今復聽
其人命終　入阿鼻獄　具足一劫　劫盡更生
如是展轉　至無數劫　從地獄出　當墮畜生
若狗野干　其形頹瘦　黧黮疥癩　人所觸嬈
又復為人　之所惡賤　常困飢渴　骨肉枯竭
生受楚毒　死被瓦石　斷佛種故　受斯罪報
若作駱駝　或生驢中　身常負重　加諸杖捶
但念水草　餘無所知　謗斯經故　獲罪如是
有作野干　來入聚落　身體疥癩　又無一目
為諸童子　之所打擲　受諸苦痛　或時致死
於此死已　更受蟒身　其形長大　五百由旬

BD13821號　妙法蓮華經卷二　　　　(29–17)

為諸童子　之所打擲　受諸苦痛　或時致死
於此死已　更受蟒身　其形長大　五百由旬
聾騃無足　宛轉腹行　為諸小蟲　之所唼食
晝夜受苦　無有休息　謗斯經故　獲罪如是
若得為人　諸根闇鈍　矬陋攣躄　盲聾背傴
有所言說　人不信受　口氣常臭　鬼魅所著
貧窮下賤　為人所使　多病痟瘦　無所依怙
雖親附人　人不在意　若有所得　尋復忘失
若修醫道　順方治病　更增他疾　或復致死
若自有病　無人救療　設服良藥　而復增劇
若他反逆　抄劫竊盜　如是等罪　橫羅其殃
如斯罪人　永不見佛　眾聖之王　說法教化
如斯罪人　常生難處　狂聾心亂　永不聞法
於無數劫　如恒河沙　生輒聾瘂　諸根不具
常處地獄　如遊園觀　在餘惡道　如己舍宅
駝驢豬狗　是其行處　謗斯經故　獲罪如是
若得為人　聾盲瘖瘂　貧窮諸衰　以自莊嚴
水腫乾痟　疥癩癰疽　如是等病　以為衣服
身常臭處　垢穢不淨
深著我見　增益瞋恚　婬欲熾盛　不擇禽獸
謗斯經故　獲罪如是
告舍利弗　謗斯經者　若說其罪　窮劫不盡
以是因緣　我故語汝　無智人中　莫說此經
若有利根　智慧明了　多聞強識　求佛道者
如是之人　乃可為說
若人曾見　億百千佛　殖諸善本　深心堅固

BD13821號　妙法蓮華經卷二　　　　(29–18)

若有利根　智慧明了　多聞強識　求佛道者
如是之人　乃可為說
若人曾見　億百千佛　殖諸善本　深心堅固
如是之人　乃可為說
若人精進　常脩慈心　不惜身命　乃可為說
若人恭敬　无有異心　離諸凡愚　獨處山澤
如是之人　乃可為說
又舍利弗　若見有人　捨惡知識　親近善友
如是之人　乃可為說
若見佛子　持戒清潔　如淨明珠　求大乘經
如是之人　乃可為說
若人无瞋　質直柔軟　常愍一切　恭敬諸佛
如是之人　乃可為說
復有佛子　於大眾中　以清淨心　種種因緣
譬喻言辭　說法无㝵　如是之人　乃可為說
若有比丘　為一切智　四方求法　合掌頂受
但樂受持　大乘經典　乃至不受　餘經一偈
如是之人　乃可為說
如人至心　求佛舍利　如是求經　得已頂受
其人不復　志求餘經　亦未曾念　外道典籍
如是之人　乃可為說
告舍利弗　我說是相　求佛道者　窮劫不盡
如是等人　則能信解　汝當為說　妙法華經

妙法蓮華經信解品第四

尒時慧命須菩提　摩訶迦旃延　摩訶迦葉
摩訶目揵連　從佛所聞未曾有法　世尊授舍

BD13821 號　妙法蓮華經卷二　（29–19）

妙法蓮華經信解品第四

尒時慧命須菩提摩訶迦旃延摩訶迦葉
摩訶目揵連從佛所聞未曾有法世尊授舍
利弗阿耨多羅三藐三菩提記發希有心歡
喜踊躍即從座起整衣服偏袒右肩右膝
著地一心合掌曲躬恭敬瞻仰尊顏而白佛
言我等居僧之首年並朽邁自謂已得涅
槃无所堪任不復進求阿耨多羅三藐三菩
提世尊往昔說法既久我時在座身體疲
懈但念空无相无作於菩薩法遊戲神通淨
佛國土成就眾生心不喜樂所以者何世尊令
我等出於三界得涅槃證又今我等年已朽邁
於佛教化菩薩阿耨多羅三藐三菩提不生一
念好樂之心我等今於佛前聞授聲聞阿耨
多羅三藐三菩提記心甚歡喜得未曾有不
謂於今忽然得聞希有之法深自慶幸獲大
善利无量珍寶不求自得世尊我等今者樂
說譬喻以明斯義譬若有人年既幼稚捨父
逃逝久住他國或十二十至五十歲年既長大
加復窮困馳騁四方以求衣食漸漸遊行遇向
本國其父先來求子不得中止一城其家大富
財寶无量金銀琉璃珊瑚虎珀頗梨珠等其
諸倉庫悉皆盈溢多有僮僕臣佐吏民象馬
車乘牛羊无數出入息利乃遍他國商估賈
客亦甚眾多時貧窮子遊諸聚落經歷國邑
遂到其父所止之城父每念子與子離別五

BD13821 號　妙法蓮華經卷二　（29–20）

諸倉庫悉皆盈溢多有僮僕臣佐吏民象馬
車乘牛羊无數出入息利乃遍他國商估賈
客亦甚衆多時貧窮子遊諸聚落經歷國邑
遂到其父所止之城父每念子與子離別五
十餘年而未曾向人說如此事但自思惟心
懷悔恨自念老朽多有財物金銀珍寶倉庫
盈溢无有子息一旦終歿財物散失无所委
付是以慇懃每憶其子復作是念我若得子
委付財物坦然快樂无復憂慮世尊尒時窮
子傭賃展轉遇到父舍住立門側遥見其父
踞師子床寶机承足諸婆羅門剎利居士皆
恭敬圍遶以真珠瓔珞價直千万莊嚴其身
吏民僮僕手執白拂侍立左右覆以寶帳垂
諸華幡香水灑地散衆名華羅列寶物出內
取與有如是等種種嚴飾威德特尊窮子見
父有大力勢即懷恐怖悔來至此竊作是念
此或是王或是王等非我傭力得物之處不
如往至貧里肆力有地衣食易得若久住此
或見逼迫強使我作作是念已疾走而去時
富長者於師子座見子便識心大歡喜即作
是念我財物庫藏今有所付我常思念此子
无由見之而忽自來甚適我願我雖年朽猶
故貪惜即遣傍人急追將還尒時使者疾走
往捉窮子驚愕稱怨大喚我不相犯何為見
捉使者執之愈急強牽將還于時窮子自
念无罪而被囚執此必定死轉更惶怖悶絕

BD13821號　妙法蓮華經卷二　（29–21）

无由見之而忽自來甚適我願我雖年朽猶
故貪惜即遣傍人急追將還尒時使者疾走
往捉窮子驚愕稱怨大喚我不相犯何為見
捉使者執之愈急強牽將還于時窮子自
念无罪而被囚執此必定死轉更惶怖悶絕
躃地父遥見之而語使言不須此人勿強將
來以冷水灑面令得醒悟莫復與語所以者
何父知其子志意下劣自知豪貴為子所難
審知是子而以方便不語他人云是我子使
者語之我今放汝隨意所趣窮子歡喜得
未曾有從地而起往至貧里以求衣食尒時
長者將欲誘引其子而設方便密遣二人形色
憔悴无威德者汝可詣彼徐語窮子此有作
處倍與汝直窮子若許將來使作若言欲何
所作便可語之雇汝除糞我等二人亦共汝作
時二使人即求窮子既已得之具陳上事尒
時窮子先取其價尋與除糞其父見子愍而
怪之又以他日於窓牖中遥見子身羸瘦憔
悴糞土塵坌污穢不淨即脫瓔珞細軟上服
嚴飾之具更著麤弊垢膩之衣塵土坌身
右手執持除糞之器狀有所畏語諸作人汝
等勤作勿得懈息以方便故得近其子後復告
言咄男子汝常此作勿復餘去當加汝價諸
有所須瓫器米麵鹽酢之屬莫自疑難亦有
老弊使人須者相給好自安意我如汝父勿
復憂慮所以者何我年老大而汝少壯汝常
作時无有欺怠瞋恨怨言都不見汝有此諸

BD13821號　妙法蓮華經卷二　（29–22）

有所須瓫器米麵塩醋莫自疑難亦有
老弊使人須者相給好自安意我如汝父勿
復憂慮所以者何我年老大而汝少壯汝常
作時无有欺怠瞋恨怨言都不見汝有此諸
惡如餘作人自今已後如所生子即時長者
更與作字名之為兒尒時窮子雖欣此遇猶
故自謂客作賤人由是之故於二十年中常
令除糞過是已後心相體信入出无難然其
所止猶在本處世尊尒時長者有疾自知將
死不久語窮子言我今多有金銀珎寶倉庫
盈溢其中多少所應取與汝悉知之我心如
是當體此意所以者何今我與汝便為不異
宜加用心無令漏失尒時窮子即受教勅領
知衆物金銀珎寶及諸庫藏而無悕取一飡
之意然其所止故在本處下劣之心亦未能
捨復經少時父知子意漸已通泰成就大志
自鄙先心臨欲終時而命其子并會親族國王
大臣剎利居士皆悉已集即自宣言諸君當
知此是我子我之所生於某城中捨吾逃走
跉跰辛苦五十餘年其本字某我名某甲昔
在本城懷憂推覓忽於是間遇會得之此
實我子我實其父今吾所有一切財物皆是
子有先所出內是子所知世尊是時窮子聞
父此言即大歡喜得未曾有而作是念我本
无心有所悕求今此寶藏自然而至世尊大
富長者則是如來我等皆似佛子如來常
說我等為子世尊我等以三苦故於生死

BD13821號　妙法蓮華經卷二　（29–23）

父此言即大歡喜得未曾有而作是念我本
无心有所悕求今此寶藏自然而至世尊大
富長者則是如來我等皆似佛子如來常
說我等為子世尊我等以三苦故於生死
中受諸熱惱迷惑无知樂著小法今日世尊令
我等思惟蠲除諸法戲論之糞我於中勤
加精進得至涅槃一日之價既得此已心大歡
喜自以為足便自謂言於佛法中勤精進故所
得弥多然世尊先知我等心著弊欲樂於小
法便見縱捨不為分別汝等當有如來知見
寶藏之分世尊以方便力說如來智慧我等
從佛得涅槃一日之價以為大得於此大乘
無有志求我等又因如來智慧為諸菩薩
開示演說而自於此无有志願所以者何佛
知我等心樂小法以方便力隨我等說而我
等不知真是佛子今我等方知世尊於佛智
慧无所悋惜所以者何我等昔來真是佛子
而但樂小法若我等有樂大之心佛則為我
說大乘法於此經中唯說一乘而昔於菩薩前
毀呰聲聞樂小法者然佛實以大乘教化是
故我等說本无心有所悕求今法王大寶自
然而至如佛子所應得者皆已得之尒時摩訶
迦葉欲重宣此義而說偈言
我等今日　聞佛音教　歡喜踊躍　得未曾有
佛說聲聞　當得作佛　无上寶聚　不求自得
譬如童子　幼稚无識　捨父逃逝　遠到他土
周流諸國　五十餘年　其父憂念　四方推求

BD13821號　妙法蓮華經卷二　（29–24）

佛說聲聞　當得作佛　无上寶聚　不求自得
譬如童子　幼稚无識　捨父逃逝　遠到他土
周流諸國　五十餘年　其父憂念　四方推求
求之既疲　頓止一城　造立舍宅　五欲自娛
其家巨富　多諸金銀　車𤦲馬瑙　真珠琉璃
象馬牛羊　輦輿車乘　田業僮僕　人民眾多
出入息利　乃遍他國　商估賈人　无處不有
千万億眾　圍繞恭敬　常為王者　之所愛念
群臣豪族　皆共宗重　以諸緣故　往來者眾
豪富如是　有大力勢　而年朽邁　益憂念子
夙夜惟念　死時將至　癡子捨我　五十餘年
庫藏諸物　當如之何
尒時窮子　求索衣食　從邑至邑　從國至國
或有所得　或无所得　飢餓羸瘦　體生瘡癬
漸次經歷　到父住城　傭賃展轉　遂至父舍
尒時長者　於其門內　施大寶帳　處師子座
眷屬圍繞　諸人侍衛
或有計算　金銀寶物　出內財產　注記券疏
窮子見父　豪貴尊嚴　謂是國王　若是王等
驚怖自怪　何故至此
覆自念言　我若久住　或見逼迫　強驅使作
思惟是已　馳走而去　借問貧里　欲往傭作
長者是時　在師子座　遙見其子　默而識之
即勅使者　追捉將來　窮子驚喚　迷悶躄地
是人執我　必當見殺　何用衣食　使我至此
長者知子　愚癡狹劣　不信我言　不信是父

BD13821號　妙法蓮華經卷二　（29–25）

長者是時　在師子座　遙見其子　默而識之
即勅使者　追捉將來　窮子驚喚　迷悶躄地
是人執我　必當見殺　何用衣食　使我至此
長者知子　愚癡狹劣　不信我言　不信是父
即以方便　更遣餘人　眇目矬陋　无威德者
汝可語之　云當相雇　除諸糞穢　倍與汝價
窮子聞之　歡喜隨來　為除糞穢　淨諸房舍
長者於牖　常見其子　念子愚劣　樂為鄙事
於是長者　著弊垢衣　執除糞器　往至子所
方便附近　語令勤作
既益汝價　并塗足油　飲食充足　薦席厚暖
如是苦言　汝當勤作　又以軟語　若如我子
長者有智　漸令入出　經二十年　執作家事
示其金銀　真珠頗梨　諸物出入　皆使令知
猶處門外　止宿草庵　自念貧事　我无此物
父知子心　漸已曠大　欲與財物　即聚親族
國王大臣　剎利居士　於此大眾　說是我子
捨我他行　經五十歲　自見子來　已二十年
昔於某城　而失是子　周行求索　遂來至此
凡我所有　舍宅人民　悉以付之　恣其所用
子念昔貧　志意下劣　今於父所　大獲珍寶
并及舍宅　一切財物　甚大歡喜　得未曾有
佛亦如是　知我樂小　未曾說言　汝等作佛
而說我等　得諸无漏　成就小乘　聲聞弟子
佛勅我等　說最上道　修習此者　當得成佛
我承佛教　為大菩薩　以諸因緣　種種譬喻

BD13821號　妙法蓮華經卷二　（29–26）

佛亦如是　知我樂小　未曾說言　汝等作佛
而說我等　得諸无漏　成就小乘　聲聞弟子
佛勑我等　說㝡上道　修習此者　當得成佛
我承佛教　為大菩薩　以諸因緣　種種譬喻
若干言辭　說无上道
諸佛子等　從我聞法　日夜思惟　精勤修習
是時諸佛　即授其記　汝於來世　當得作佛
一切諸佛　祕藏之法　但為菩薩　演其實事
而不為我　說斯真要
如彼窮子　得近其父　雖知諸物　心不悕取
我等雖說　佛法寶藏　自无志願　亦復如是
我等內滅　自謂為足　唯了此事　更无餘事
我等若聞　淨佛國土　教化眾生　都无欣樂
所以者何　一切諸法　皆悉空寂　无生无滅
无大无小　无漏无為　如是思惟　不生喜樂
我等長夜　於佛智慧　无貪无著　不復志願
而自於法　謂是究竟
我等長夜　修習空法　得脫三界　苦惱之患
住㝡後身　有餘涅槃　佛所教化　得道不虛
則為已得　報佛之恩
我等雖為　諸佛子等　說菩薩法　以求佛道
而於是法　永无願樂
導師見捨　觀我心故　初不勸進　說有實利
如富長者　知子志劣　以方便力　柔伏其心
然後乃付　一切財寶
佛亦如是　現希有事　知樂小者　以方便力

BD13821號　妙法蓮華經卷二　　（29–27）

導師見捨　觀我心故　初不勸進　說有實利
如富長者　知子志劣　以方便力　柔伏其心
然後乃付　一切財寶
佛亦如是　現希有事　知樂小者　以方便力
調伏其心　乃教大智
我等今日　得未曾有　非先所望　而今自得
如彼窮子　得无量寶
世尊我今　得道得果　於无漏法　得清淨眼
我等長夜　持佛淨戒　始於今日　得其果報
法王法中　久修梵行　今得无漏　无上大果
我等今者　真是聲聞　以佛道聲　令一切聞
我等今者　真阿羅漢　於諸世間　天人魔梵
普於其中　應受供養
世尊大恩　以希有事　憐愍教化　利益我等
无量億劫　誰能報者
手足供給　頭頂禮敬　一切供養　皆不能報
若以頂戴　兩肩荷負　於恒沙劫　盡心恭敬
又以美膳　无量寶衣　及諸臥具　種種湯藥
牛頭栴檀　及諸珍寶　以起塔廟　寶衣布地
如斯等事　以用供養　於恒沙劫　亦不能報
諸佛希有　无量无邊　不可思議　大神通力
无漏无為　諸法之王　能為下劣　忍於斯事
取相凡夫　隨宜為說
諸佛於法　得㝡自在
知諸眾生　種種欲樂　及其志力　隨所堪任
以无量喻　而為說法
隨諸眾生　宿世善根　又知成熟　未成熟者

BD13821號　妙法蓮華經卷二　　（29–28）

諸佛希有 無量無邊 不可思議 大神通力
無漏無爲 諸法之王 能爲下劣 忍於斯事
取相凡夫 隨宜爲說 諸佛於法 得最自在
知諸衆生 種種欲樂 及其志力 隨所堪任
以无量喻 而爲說法
隨諸衆生 宿世善根 又知成熟 未成熟者
種種籌量 分別知已 於一乘道 隨宜說三

妙法蓮華經卷第二

BD13821 號　妙法蓮華經卷二　（29–29）

BD13822 號背　現代護首　（1–1）

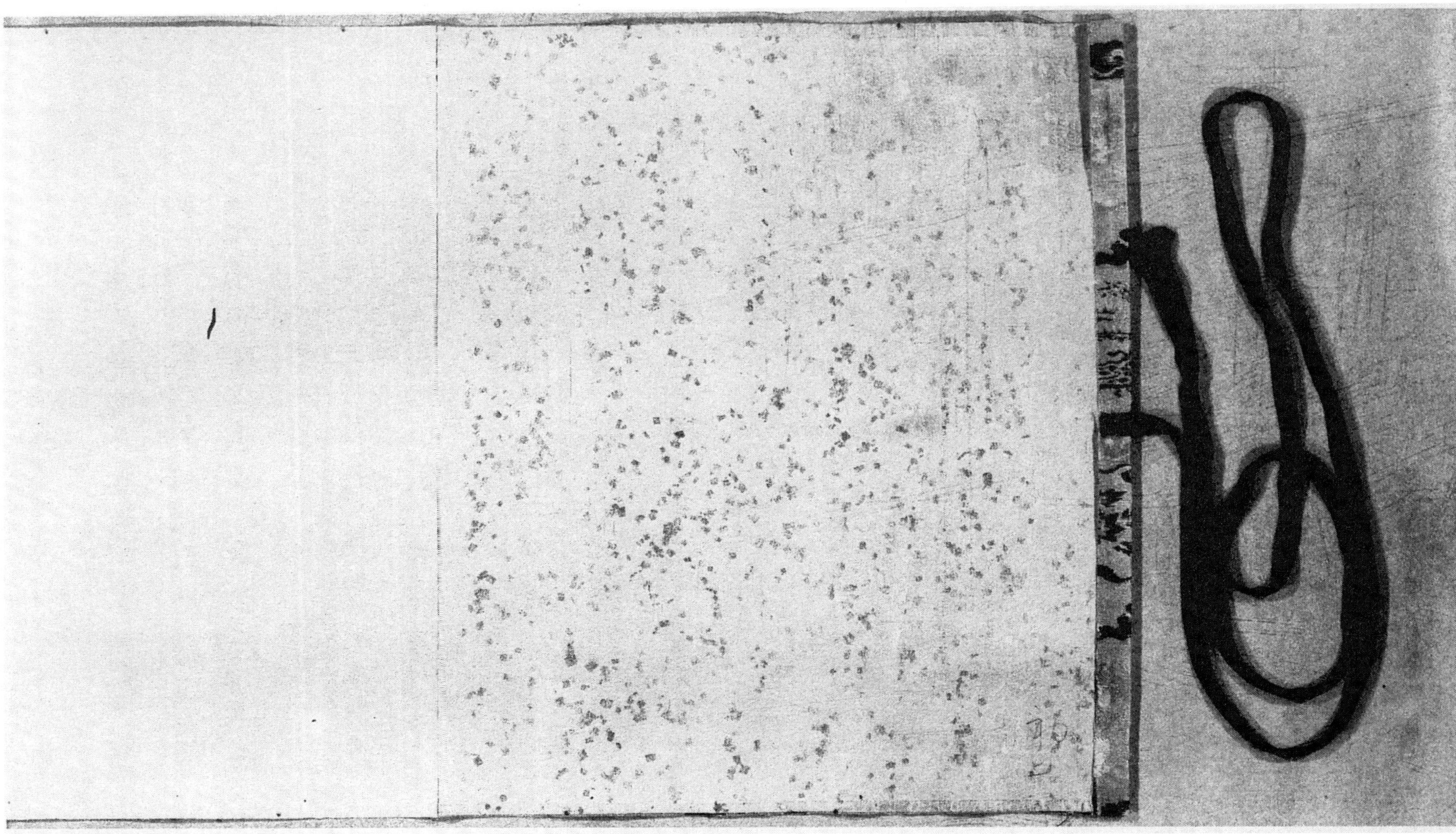

BD13822 號　妙法蓮華經卷二　（27–1）

[illegible]於日夜　籌量如此事　今聞佛音聲　隨宜而說法
无漏難思議　令衆至道場　我本著耶見　為諸梵志師
世尊知我心　拔耶說涅槃　我悉除耶見　於空法得證
尒時心自謂　得至於滅度　而今乃自覺　非是實滅度
若得作佛時　具三十二相　天人夜叉衆　龍神等恭敬
是時乃可謂　永盡滅无餘
佛於大衆中　說我當作佛　聞如是法音　疑悔悉已除
初聞佛所說　心中大驚疑　將非魔作佛　惱亂我心耶
佛以種種緣　譬喻巧言說　其心安如海　我聞疑網斷
佛說過去世　无量滅度佛　安住方便中　亦皆說是法
現在未來佛　其數无有量　亦以諸方便　演說如是法
如今者世尊　從生及出家　得道轉法輪　亦以方便說
世尊說實道　波旬无此事　以是我定知　非是魔作佛
我墮疑網故　謂是魔所為　聞佛柔濡音　深遠甚微妙
演暢清淨法　我心大歡喜　疑悔永已盡　安住實智中
我定當作佛　為天人所敬　轉无上法輪　教化諸菩薩
尒時佛告舍利弗　吾今於天人沙門婆羅門

BD13822 號　妙法蓮華經卷二　（27–2）

如今者世尊　從生及出家　得道轉法輪　亦以方便說
世尊說實道　波旬无此事　以是我定知　非是魔作佛
我墮疑網故　謂是魔所為　聞佛柔濡音　深遠甚微妙
演暢清淨法　我心大歡喜　疑悔永已盡　安住實智中
我定當作佛　為天人所敬　轉无上法輪　教化諸菩薩
尒時佛告舍利弗吾今於天人沙門婆羅門
等大衆中說我昔曾於二万億佛所為无上
道故常教化汝汝亦長夜隨我受學我以方
便引導汝故生我法中舍利弗我昔教汝志
願佛道汝今悉忘而便自謂已得滅度我今
還欲令汝憶念本願所行道故為諸聲聞說
是大乘經名妙法蓮華教菩薩法佛所護念
舍利弗汝於未來世過无量无邊不可思議
劫供養若干千万億佛奉持正法具足菩薩
所行之道當得作佛号曰華光如來應供正
遍知明行足善逝世間解无上士調御丈夫
天人師佛世尊國名離垢其土平正清淨嚴
飾安隱豐樂天人熾盛瑠璃為地有八交道
黃金為繩以界其側其傍各有七寶行樹常
有華菓華光如來亦以三乘教化衆生
舍利弗彼佛出時雖非惡世以本願故說三
乘法其劫名大寶莊嚴何故名曰大寶莊嚴
其國中以菩薩為大寶故彼諸菩薩无量无
邊不可思議筭數譬喻所不能及非佛智力
无能知者若欲行時寶華承足此諸菩薩非
初發意皆久殖德本於无量百千万億佛所
淨脩梵行恒為諸佛之所稱歎常脩佛慧具

其國中以菩薩為大寶故彼諸菩薩无量无
邊不可思議筭數譬喻所不能及非佛智力
无能知者若欲行時寶華承足此諸菩薩非
初發意皆久殖德本於无量百千万億佛所
淨脩梵行恒為諸佛之所稱歎常脩佛慧具
大神通善知一切諸法之門質直无偽志念
堅固如是菩薩充滿其國舍利弗華光佛壽
十二小劫除為王子未作佛時其國人民壽
八小劫華光如來過十二小劫授堅滿菩薩
阿耨多羅三藐三菩提記告諸比丘是堅滿
菩薩次當作佛号曰華足安行多陁阿伽度
阿羅訶三藐三佛陁其佛國土亦復如是舍
利弗是華光佛滅度之後正法住世三十二小
劫像法住世亦三十二小劫尒時世尊欲重
宣此義而說偈言
舍利弗來世　成佛普智尊　号名曰華光　當度无量衆
供養无數佛　具足菩薩行　十力等功德　證於无上道
過无量劫已　劫名大寶嚴　世界名離垢　清淨无瑕穢
以瑠璃為地　金繩界其道　七寶雜色樹　常有華菓實
彼國諸菩薩　志念常堅固　神通波羅蜜　皆已悉具足
於无數佛所　善學菩薩道　如是等大士　華光佛所化
佛為王子時　棄國捨世榮　於最末後身　出家成佛道
華光佛住世　壽十二小劫　其國人民衆　壽命八小劫
佛滅度之後　正法住於世　三十二小劫　廣度諸衆生
正法滅盡已　像法三十二
舍利廣流布　天人普供養　華光佛所為　其事皆如是
其兩足世尊　最勝无倫匹　彼即是汝身　宜應自欣慶

佛滅度之後　正法住於世　三十二小劫　廣度諸衆生
正法滅盡已　像法三十二
舍利廣流布　天人普供養　華光佛所爲　其事皆如是
其兩足世尊　最勝无倫匹　彼即是汝身　宜應自欣慶
尒時四部衆比丘比丘尼優婆塞優婆夷天
龍夜叉乾闥婆阿脩羅迦樓羅緊那羅摩睺
羅伽等大衆見舍利弗於佛前受阿耨多
羅三藐三菩提記心大歡喜踊躍无量各各
脫身所著上衣以供養佛釋提桓因梵天王
等與无數天子亦以天妙衣天曼陁羅華摩
訶曼陁羅華等供養於佛所散天衣住虛空
中而自迴轉諸天伎樂百千万種於虛空中一
時俱作雨衆天華而作是言佛昔於波羅捺
初轉法輪今乃復轉无上最大法輪尒時諸
天子欲重宣此義而說偈言
昔於波羅捺　轉四諦法輪　分別說諸法　五衆之生滅
今復轉最妙　无上大法輪　是法甚深奧　少有能信者
我等從昔來　數聞世尊說　未曾聞如是　深妙之上法
世尊說是法　我等皆隨喜　大智舍利弗　今得受尊記
我等亦如是　必當得作佛　於一切世間　最尊无有上
佛道叵思議　方便隨宜說
我所有福業　今世若過世　及見佛功德　盡迴向佛道
尒時舍利弗白佛言世尊我今无復疑悔親
於佛前得受阿耨多羅三藐三菩提記是諸
千二百心自在者昔住學地佛常教化言我
法能離生老病死究竟涅槃是學无學人亦
各自以離我見及有无見等謂得涅槃而今

尒時舍利弗白佛言世尊我今无復疑悔親
於佛前得受阿耨多羅三藐三菩提記是諸
千二百心自在者昔住學地佛常教化言我
法能離生老病死究竟涅槃是學无學人亦
各自以離我見及有无見等謂得涅槃而今
於世尊前聞所未聞皆墮疑惑善哉世尊願
爲四衆說其因緣令離疑悔尒時佛告舍利
弗我先不言諸佛世尊以種種因緣譬喻言
辭方便說法皆爲阿耨多羅三藐三菩提耶
是諸所說皆爲化菩薩故然舍利弗今當復
以譬喻更明此義諸有智者以譬喻得解舍
利弗若國邑聚落有大長者其年衰邁財
富无量多有田宅及諸僮僕其家廣大唯有
一門多諸人衆一百二百乃至五百人止住
其中堂閣朽故墻壁頹落柱根腐敗梁棟傾
危周匝俱時欻然火起焚燒舍宅長者諸子
若十二十或至三十在此宅中長者見是大
火從四面起即大驚怖而作是念我雖能於此
所燒之門安隱得出而諸子等於火宅內樂
著嬉戲不覺不知不驚不怖火來逼身苦痛
切己心不猒患无求出意
舍利弗是長者作是思惟我身手有力當以
衣裓若以机案從舍出之復更思惟是舍唯
有一門而復狹小諸子幼稚未有所識戀著
戲處或當墮落爲火所燒我當爲說怖畏之
事此舍已燒宜時疾出无令爲火之所燒害
作是念已如所思惟具告諸子汝等速出父
雖憐愍善言誘喻而諸子等樂著嬉戲不肯

有一門而復狹小諸子幼稚未有所識戀著
戲處或當墮落爲火所燒我當爲說怖畏之
事此舍已燒宜時疾出无令爲火之所燒害
作是念已如所思惟具告諸子汝等速出父
雖憐愍善言誘喻而諸子等樂著嬉戲不肯
信受不驚不畏了无出心亦復不知何者是
火何者爲舍云何爲失但東西走戲視父而
已尒時長者即作是念此舍已爲大火所燒
我及諸子若不時出必爲所焚我今當設方
便令諸子等得免斯害父知諸子先心各有
所好種種珎玩奇異之物情必樂著而告之
言汝等所可玩好希有難得汝若不取後必
憂悔如此種種羊車鹿車牛車今在門外可
以遊戲汝等於此火宅宜速出來隨汝所欲
皆當與汝尒時諸子聞父所說珎玩之物適
其願故心各勇鋭互相推排競共馳走諍出
大宅是時長者見諸子等安隱得出皆於四
衢道中露地而坐无復鄣閡其心泰然歡喜
踊躍時諸子等各白父言父先所許玩好之
具羊車鹿車牛車願時賜與
舍利弗尒時長者各賜諸子等一大車其車
高廣衆寶莊挍周匝欄楯四面懸鈴又於其
上張設軒蓋亦以珎奇雜寶而嚴飾之寶繩
絞絡垂諸華瓔重敷綩綖安置丹枕駕以白
牛膚色充潔形體姝好有大筋力行步平
正其疾如風又多僕從而侍衛之所以者何
是大長者財富无量種種諸藏悉皆充溢而

BD13822 號　妙法蓮華經卷二　（27–7）

上張設軒蓋亦以珎奇雜寶而嚴飾之寶繩
絞絡垂諸華瓔重敷綩綖安置丹枕駕以白
牛膚色充潔形體姝好有大筋力行步平
正其疾如風又多僕從而侍衛之所以者何
是大長者財富无量種種諸藏悉皆充溢而
作是念我財物无極不應以下劣小車與諸
子等今此幼童皆是吾子愛无偏黨我有如
是七寶大車其數无量應當等心各各與之
不宜差別所以者何以我此物周給一國猶尚
不匱何況諸子是時諸子各乘大車得未曾
有非本所望舍利弗於汝意云何是長者等
與諸子珎寶大車寧有虛妄不舍利弗言不
也世尊是長者但令諸子得免火難全其軀
命非爲虛妄何以故若全身命便爲已得玩
好之具況復方便於彼火宅而拔濟之世尊
若是長者乃至不與最小一車猶不虛妄何
以故是長者先作是意我以方便令子得出
以是因緣无虛妄也何況長者自知財富无
量欲饒益諸子等與大車
佛告舍利弗善哉善哉如汝所言舍利弗如
來亦復如是則爲一切世間之父於諸怖畏
衰惱憂患无明闇蔽永盡无餘而悉成就无
量知見力无所畏有大神力及智慧力具足
方便智慧波羅蜜大慈大悲常无懈惓恒求
善事利益一切而生三界朽故火宅爲度衆
生生老病死憂悲苦惱愚癡闇蔽三毒之火
教化令得阿耨多羅三藐三菩提見諸衆生
爲生老病死憂悲苦惱之所燒煮亦以五欲

BD13822 號　妙法蓮華經卷二　（27–8）

便智慧波羅蜜大慈大悲常无懈惓恒求
善事利益一切而生三界朽故火宅為度衆
生生老病死憂悲苦惱愚癡闇蔽三毒之火
教化令得阿耨多羅三藐三菩提見諸衆生
為生老病死憂悲苦惱之所燒煮亦以五欲
財利故受種種苦又以貪著追求故現受衆
苦後受地獄畜生餓鬼之苦若生天上及在
人間貧窮困苦愛別離苦怨憎會苦如是等
種種諸苦衆生沒在其中歡喜遊戲不覺不
知不驚不怖亦不生猒不求解脫於此三界
火宅東西馳走雖遭大苦不以為患舍利弗
佛見此已便作是念我為衆生之父應拔其
苦難與无量无邊佛智慧樂令其遊戲
舍利弗如來復作是念若我但以神力及智
慧力捨於方便為諸衆生讚如來知見力无
所畏者衆生不能以是得度所以者何是諸
衆生未免生老病死憂悲苦惱而為三界火
宅所燒何由能解佛之智慧舍利弗如彼長
者雖復身手有力而不用之但以慇懃方便
免濟諸子火宅之難然後各與珍寶大車如
來亦復如是雖有力无所畏而不用之但以
智慧方便於三界火宅拔濟衆生為說三
乘聲聞辟支佛佛乘而作是言汝等莫得樂
住三界火宅勿貪麁弊色聲香味觸也若貪
著生愛則為所燒汝等速出三界當得三乘
聲聞辟支佛佛乘我今為汝保任此事終不
虛也汝等但當懃修精進如來以是方便誘
進衆生復作是言汝等當知此三乘法皆是

BD13822號　妙法蓮華經卷二　(27–9)

任三界火宅勿貪麁弊色聲香味觸也若貪
著生愛則為所燒汝等速出三界當得三乘
聲聞辟支佛佛乘我今為汝保任此事終不
虛也汝等但當懃修精進如來以是方便誘
進衆生復作是言汝等當知此三乘法皆是
聖所稱歎自在无繫无所依求乘是三乘以
无漏根力覺道禪定解脫三昧等而自娛樂
便得无量安隱快樂
舍利弗若有衆生內有智性從佛世尊聞法
信受慇懃精進欲速出三界自求涅槃是名
聲聞乘如彼諸子為求羊車出於火宅若有
衆生從佛世尊聞法信受慇懃精進求自然
慧樂獨善寂深知諸法因緣是名辟支佛乘
如彼諸子為求鹿車出於火宅若有衆生從
佛世尊聞法信受懃修精進求一切智佛智
自然智无師智如來知見力无所畏愍念安
樂无量衆生利益天人度脫一切是名大乘
菩薩求此乘故名為摩訶薩如彼諸子為求
牛車出於火宅舍利弗如彼長者見諸子等
安隱得出火宅到无畏處自惟財富无量等
以大車而賜諸子如來亦復如是為一切衆
生之父若見无量億千衆生以佛教門出三
界苦怖畏險道得涅槃樂如來尒時便作是
念我有无量无邊智慧力无畏等諸佛法藏
是諸衆生皆是我子等與大乘不令有人獨
得滅度皆以如來滅度而滅度之是諸衆生
脫三界者悉與諸佛禪定解脫等娛樂之具
皆是一相一種聖所稱歎能生淨妙第一之

BD13822號　妙法蓮華經卷二　(27–10)

念我有无量无邊智慧力无畏等諸佛法藏
是諸衆生皆是我子等與大乘不令有人獨
得滅度皆以如来滅度而滅度之是諸衆生
脫三界者悉與諸佛禪定解脫等娛樂之具
皆是一相一種聖所稱歎能生淨妙第一之
樂舍利弗如彼長者初以三車誘引諸子然
後但與大車寶物莊嚴安隱第一然彼長者
无虛妄之咎如来亦復如是无有虛妄初說
三乘引導衆生然後但以大乘而度脫之何
以故如来有无量智慧力无所畏諸法之藏
能與一切衆生大乘之法但不盡能受舍利
弗以是因緣當知諸佛方便力故於一佛乘
分別說三佛欲重宣此義而說偈言
譬如長者　有一大宅　其宅久故　而復頓弊
堂舍高危　柱根摧朽　梁棟傾斜　基陛頹毀
墻壁圮坼　泥塗褫落　覆苫亂墜　椽梠差脫
周障屈曲　雜穢充遍　有五百人　止住其中
鵄梟鵰鷲　烏鵲鳩鴿　蚖蛇蝮蝎　蜈蚣蚰蜒
守宮百足　狖狸鼷鼠　諸惡蟲輩　交橫馳走
屎尿臭處　不淨流溢　蜣蜋諸蟲　而集其上
狐狼野干　咀嚼踐蹋　嚌齧死屍　骨肉狼藉
由是羣狗　競來搏撮　飢羸慞惶　處處求食
鬪諍齟掣　嘊喍嘷吠　其舍恐怖　變狀如是
處處皆有　魑魅魍魎　夜叉惡鬼　食噉人肉
毒蟲之屬　諸惡禽獸　孚乳產生　各自藏護
夜叉競来　爭取食之　食之既飽　惡心轉熾
鬪諍之聲　甚可怖畏　鳩槃荼鬼　蹲踞土埵
或時離地　一尺二尺　往反遊行　縱逸嬉戲

BD13822號　妙法蓮華經卷二　（27–11）

毒蟲之屬　諸惡禽獸　孚乳產生　各自藏護
夜叉競来　爭取食之　食之既飽　惡心轉熾
鬪諍之聲　甚可怖畏　鳩槃荼鬼　蹲踞土埵
或時離地　一尺二尺　往反遊行　縱逸嬉戲
捉狗兩足　撲令失聲　以腳加頸　怖狗自樂
復有諸鬼　其身長大　裸形黑瘦　常住其中
發大惡聲　叫呼求食　復有諸鬼　其咽如針
復有諸鬼　首如牛頭　或食人肉　或復噉狗
頭髮蓬亂　殘害凶險　飢渴所逼　叫喚馳走
夜叉餓鬼　諸惡鳥獸　飢急四向　窺看窓牖
如是諸難　恐畏无量
是朽故宅　屬于一人　其人近出　未久之間
於後舍宅　忽然火起　四面一時　其炎俱熾
棟梁椽柱　爆聲震裂　摧折墮落　墻壁崩倒
諸鬼神等　揚聲大叫　鵰鷲諸鳥　鳩槃荼等
周慞惶怖　不能自出　惡獸毒蟲　藏竄孔穴
毗舍闍鬼　亦住其中　薄福德故　為火所逼
共相殘害　飲血噉肉　野干之屬　並已前死
諸大惡獸　競來食噉　臭烟熢㶿　四面充塞
蜈蚣蚰蜒　毒蛇之類　為火所燒　爭走出穴
鳩槃荼鬼　隨取而食　又諸餓鬼　頭上火燃
飢渴熱惱　周慞悶走　其宅如是　甚可怖畏
毒害火災　衆難非一　是時宅主　在門外立
聞有人言　汝諸子等　先因遊戲　來入此宅
稚小无知　歡娛樂著　長者聞已　驚入火宅
方宜救濟　令无燒害　告喻諸子　說衆患難
惡鬼毒蟲　災火蔓莚　衆苦次第　相續不絕

BD13822號　妙法蓮華經卷二　（27–12）

毒害火災 衆難非一 是時宅主 在門外立
聞有人言 汝諸子等 先因遊戲 來入此宅
稚小无知 歡娛樂著 長者聞已 驚入火宅
方宜救濟 令无燒害 告喻諸子 說衆患難
惡鬼毒虫 災火蔓延 衆苦次第 相續不絕
毒蛇蚖蝮 及諸夜叉 鳩槃荼鬼 野干狐狗
鵰鷲鵄梟 百足之屬 飢渴惱急 甚可怖畏
此苦難處 況復大火 諸子无知 雖聞父誨
猶故樂著 嬉戲不已 是時長者 而作是念
諸子如是 益我愁惱 今此舍宅 无一可樂
而諸子等 耽湎嬉戲 不受我教 將為火害
即便思惟 設諸方便 告諸子等 我有種種
珎玩之具 妙寶好車 羊車鹿車 大牛之車
今在門外 汝等出來 吾為汝等 造作此車
隨意所樂 可以遊戲 諸子聞說 如此諸車
即時奔競 馳走而出 到於空地 離諸苦難
長者見子 得出火宅 住於四衢 坐師子座
而自慶言 我今快樂 此諸子等 生育甚難
愚小无知 而入險宅 多諸毒虫 魑魅可畏
大火猛炎 四面俱起 而此諸子 貪樂嬉戲
我已救之 令得脫難 是故諸人 我今快樂
尒時諸子 知父安坐 皆詣父所 而白父言
願賜我等 三種寶車 如前所許 諸子出來
當以三車 隨汝所欲 今正是時 唯垂給與
長者大富 庫藏衆多 金銀琉璃 車𤦲馬瑙
以衆寶物 造諸大車 莊校嚴飾 周帀欄楯
四面懸鈴 金繩交絡 真珠羅網 張施其上
金華珠瓔 處處垂下 衆綵雜飾 周帀圍繞

BD13822號　妙法蓮華經卷二　（27–13）

當以三車 隨汝所欲 今正是時 唯垂給與
長者大富 庫藏衆多 金銀琉璃 車𤦲馬瑙
以衆寶物 造諸大車 莊校嚴飾 周帀欄楯
四面懸鈴 金繩交絡 真珠羅網 張施其上
金華珠瓔 處處垂下 衆綵雜飾 周帀圍繞
柔濡繒纊 以為茵蓐 上妙細疊 價直千億
鮮白淨潔 以覆其上 有大白牛 肥壯多力
形體姝好 以駕寶車 多諸儐從 而侍衛之
以是妙車 等賜諸子 諸子是時 歡喜踊躍
乘是寶車 遊於四方 嬉戲快樂 自在无閡
告舍利弗 我亦如是 衆聖中尊 世間之父
一切衆生 皆是吾子 深著世樂 无有慧心
三界无安 猶如火宅 衆苦充滿 甚可怖畏
常有生老 病死憂患 如是等火 熾然不息
如來已離 三界火宅 寂然閑居 安處林野
今此三界 皆是我有 其中衆生 悉是吾子
而今此處 多諸患難 唯我一人 能為救護
雖復教詔 而不信受 於諸欲染 貪著深故
是以方便 為說三乘 令諸衆生 知三界苦
開示演說 出世間道 是諸子等 若心決定
具足三明 及六神通 有得緣覺 不退菩薩
汝舍利弗 我為衆生 以此譬喻 說一佛乘
汝等若能 信受是語 一切皆當 成得佛道
是乘微妙 清淨第一 於諸世間 為无有上
佛所悅可 一切衆生 所應稱讚 供養禮拜
无量億千 諸力解脫 禪定智慧 及佛餘法
得如是乘 令諸子等 日夜劫數 常得遊戲
與諸菩薩 及聲聞衆 乘此寶車 直至道場

BD13822號　妙法蓮華經卷二　（27–14）

佛所悅可　一切衆生　所應稱讚　供養礼拜
无量億千　諸力解脫　禪定智慧　及佛餘法
得如是乘　令諸子等　日夜劫數　常得遊戲
與諸菩薩　及聲聞衆　乘此寶車　直至道場
以是因緣　十方諦求　更无餘乘　除佛方便
告舍利弗　汝諸人等　皆是吾子　我則是父
汝等累劫　衆苦所燒　我皆濟拔　令出三界
我雖先說　汝等滅度　但盡生死　而實不滅
今所應作　唯佛智慧
若有菩薩　於是衆中　能一心聽　諸佛實法
諸佛世尊　雖以方便　所化衆生　皆是菩薩
若人小智　深著愛欲　為此等故　說於苦諦
衆生心喜　得未曾有　佛說苦諦　真實无異
若有衆生　不知苦本　深著苦因　不能暫捨
為是等故　方便說道　諸苦所因　貪欲為本
若滅貪欲　无所依止　滅盡諸苦　名第三諦
若滅諦故　脩行於道　離諸苦縛　名得解脫
是人於何　而得解脫　但離虛妄　名為解脫
其實未得　一切解脫　佛說是人　未實滅度
斯人未得　无上道故　我意不欲　令至滅度
我為法王　於法自在　安隱衆生　故現於世
汝舍利弗　我此法印　為欲利益　世間故說
在所遊方　勿妄宣傳　若有聞者　隨喜頂受
當知是人　阿鞞跋致　若有信受　此經法者
是人已曾　見過去佛　恭敬供養　亦聞是法
若人有能　信汝所說　則為見我　亦見於汝
及比丘僧　并諸菩薩
斯法華經　為深智說　淺識聞之　迷惑不解

BD13822號　妙法蓮華經卷二　（27–15）

當知是人　阿鞞跋致　若有信受　此經法者
是人已曾　見過去佛　恭敬供養　亦聞是法
若人有能　信汝所說　則為見我　亦見於汝
及比丘僧　并諸菩薩
斯法華經　為深智說　淺識聞之　迷惑不解
一切聲聞　及辟支佛　於此經中　力所不及
汝舍利弗　尚於此經　以信得入　況餘聲聞
其餘聲聞　信佛語故　隨順此經　非己智分
又舍利弗　憍慢懈怠　計我見者　莫說此經
凡夫淺識　深著五欲　聞不能解　亦勿為說
若人不信　毀謗此經　則斷一切　世間佛種
或復頻蹙　而懷疑惑　汝當聽說　此人罪報
若佛在世　若滅度後　其有誹謗　如斯經典
見有讀誦　書持經者　輕賤憎嫉　而懷結恨
此人罪報　汝今復聽
其人命終　入阿鼻獄　具足一劫　劫盡更生
如是展轉　至无數劫　從地獄出　當墮畜生
若狗野干　其形頋瘦　梨黮疥癩　人所觸嬈
又復為人　之所惡賤　常困飢渴　骨肉枯竭
生受楚毒　死被瓦石　斷佛種故　受斯罪報
若作駱駝　或生驢中　身常負重　加諸杖捶
但念水草　餘无所知　謗斯經故　獲罪如是
有作野干　來入聚落　身體疥癩　又无一目
為諸童子　之所打擲　受諸苦痛　或時致死
於此死已　更受蟒身　其形長大　五百由旬
聾騃无足　宛轉腹行　為諸小虫　之所咂食
晝夜受罪　无有休息　謗斯經故　獲罪如是
若得為人　諸根闇鈍　矬陋攣躄　盲聾背傴

BD13822號　妙法蓮華經卷二　（27–16）

為諸童子 之所打擲 受諸苦痛 或時致死
於此死已 更受蟒身 其形長大 五百由旬
聾騃无足 宛轉腹行 為諸小虫 之所唼食
晝夜受罪 无有休息 謗斯經故 獲罪如是
若得為人 諸根闇鈍 矬陋攣躄 盲聾背傴
有所言說 人不信受 口氣常臭 鬼魅所著
貧窮下賤 為人所使 多病痟瘦 无所依怙
雖親附人 人不在意 若有所得 尋復忘失
若脩醫道 順方治病 更增他疾 或復致死
若自有病 无人救療 設服良藥 而復增劇
若他反逆 抄劫竊盜 如是等罪 橫羅其殃
如斯罪人 永不見佛 衆聖之王 說法教化
如斯罪人 常生難處 狂聾心亂 永不聞法
於无數劫 如恒河沙 生輒聾瘂 諸根不具
常處地獄 如遊園觀 在餘惡道 如己舍宅
駝驢猪狗 是其行處 謗斯經故 獲罪如是
若得為人 聾盲瘖瘂 貧窮諸衰 以自莊嚴
水腫乾消 疥癩癰疽 如是等病 以為衣服
身常臭處 垢穢不淨 深著我見 增益瞋恚
婬欲熾盛 不擇禽獸 謗斯經故 獲罪如是
告舍利弗 謗斯經者 若說其罪 窮劫不盡
以是因緣 我故語汝 无智人中 莫說此經
若有利根 智慧明了 多聞強識 求佛道者
如是之人 乃可為說 若人曾見 億百千佛
殖諸善本 深心堅固 如是之人 乃可為說
若人精進 常脩慈心 不惜身命 乃可為說
若人恭敬 无有異心 離諸凡愚 獨處山澤

BD13822號　妙法蓮華經卷二　（27–17）

若有利根 智慧明了 多聞強識 求佛道者
如是之人 乃可為說 若人曾見 億百千佛
殖諸善本 深心堅固 如是之人 乃可為說
若人精進 常脩慈心 不惜身命 乃可為說
若人恭敬 无有異心 離諸凡愚 獨處山澤
如是之人 乃可為說 又舍利弗 若見有人
捨惡知識 親近善友 如是之人 乃可為說
若見佛子 持戒清潔 如淨明珠 求大乘經
如是之人 乃可為說 若人无瞋 質直柔濡
常愍一切 恭敬諸佛 如是之人 乃可為說
復有佛子 於大衆中 以清淨心 種種因緣
譬喻言辭 說法无閡 如是之人 乃可為說
若有比丘 為一切智 四方求法 合掌頂受
但樂受持 大乘經典 乃至不受 餘經一偈
如是之人 乃可為說 如人至心 求佛舍利
如是求經 得已頂受 其人不復 志求餘經
亦未曾念 外道典籍 如是之人 乃可為說
告舍利弗 我說是相 求佛道者 窮劫不盡
如是等人 則能信解 汝當為說 妙法華經

妙法蓮華經信解品第四

尒時慧命須菩提摩訶迦栴延摩訶迦葉摩
訶目揵連從佛所聞未曾有法世尊授舍利
弗阿耨多羅三藐三菩提記發希有心歡喜
踊躍即從坐起整衣服偏袒右肩右膝著地
一心合掌曲躬恭敬瞻仰尊顏而白佛言我
等居僧之首年並朽邁自謂已得涅槃无所
堪任不復進求阿耨多羅三藐三菩提世尊
往昔說法既久我時在坐身體疲懈但念空

BD13822號　妙法蓮華經卷二　（27–18）

一心合掌曲躬恭敬瞻仰尊顏而白佛言我
等居僧之首年並朽邁自謂已得涅槃无所
堪任不復進求阿耨多羅三藐三菩提世尊
往昔說法既久我時在坐身體疲懈但念空
无相无作於菩薩法遊戲神通淨佛國土成
就衆生心不喜樂所以者何世尊令我等出
於三界得涅槃證又今我等年已朽邁於佛
教化菩薩阿耨多羅三藐三菩提不生一念
好樂之心我等今於佛前聞授聲聞阿耨多
羅三藐三菩提記心甚歡喜得未曾有不謂
於今忽然得聞希有之法深自慶幸獲大善
利无量珎寶不求自得
世尊我等今者樂說譬喻以明斯義譬若有
人年既幼稚捨父逃逝久住他國或十二十
至五十歲年既長大加復窮困馳騁四方以
求衣食漸漸遊行遇向本國其父先來求子
不得中止一城其家大富財寶无量金銀琉
璃珊瑚虎珀頗梨珠等其諸倉庫悉皆盈溢
多有僮僕臣佐吏民象馬車乘牛羊无數出
入息利乃遍他國商估賈客亦甚衆多時貧
窮子遊諸聚落經歷國邑遂到其父所止之
城父每念子與子離別五十餘年而未曾向
人說如此事但自思惟心懷悔恨自念老朽
多有財物金銀珎寶倉庫盈溢无有子息一
旦終沒財物散失无所委付是以慇懃每憶
其子復作是念我若得子委付財物坦然快
樂无復憂慮世尊尒時窮子傭賃展轉遇到
父舍住立門側遙見其父踞師子牀寶机承

BD13822號　妙法蓮華經卷二　(27–19)

多有財物金銀珎寶倉庫盈溢无有子息一
旦終沒財物散失无所委付是以慇懃每憶
其子復作是念我若得子委付財物坦然快
樂无復憂慮世尊尒時窮子傭賃展轉遇到
父舍住立門側遙見其父踞師子牀寶机承
足諸婆羅門剎利居士皆恭敬圍繞以真珠
瓔珞價直千万莊嚴其身吏民僮僕手執白
拂侍立左右覆以寶帳垂諸華幡香水灑地
散衆名華羅列寶物出內取與有如是等種
種嚴飾威德特尊窮子見父有大力勢即懷
恐怖悔來至此竊作是念此或是王或是王
等非我傭力得物之處不如往至貧里肆力
有地衣食易得若久住此或見逼迫強使我
作作是念已疾走而去時富長者於師子座
見子便識心大歡喜即作是念我財物庫藏
今有所付我常思念此子无由見之而忽自
來甚適我願我雖年朽猶故貪惜即遣傍人
急追將還
尒時使者疾走往捉窮子驚愕稱怨大喚我
不相犯何為見捉使者執之逾急強牽將還
于時窮子自念无罪而被囚執此必定死轉
更惶怖悶絕躃地父遙見之而語使言不須
此人勿強將來以冷水灑面令得醒悟莫復
與語所以者何父知其子志意下劣自知豪
貴為子所難審知是子而以方便不語他人
云是我子使者語之我今放汝隨意所趣窮
子歡喜得未曾有從地而起往至貧里以求
衣食尒時長者將欲誘引其子而設方便密

BD13822號　妙法蓮華經卷二　(27–20)

與語所以者何父知其子志意下劣自知豪
貴為子所難審知是子而以方便不語他人
云是我子使者語之我今放汝隨意所趣窮
子歡喜得未曾有從地而起往至貧里以求
衣食尒時長者將欲誘引其子而設方便密
遣二人形色憔悴无威德者汝可詣彼徐語
窮子此有作處倍與汝直窮子若許將來使
作若言欲何所作便可語之雇汝除糞我等
二人亦共汝作時二使人即求窮子既已得
之具陳上事尒時窮子先取其價尋與除糞
其父見子愍而怪之又以他日於窓牖中遙
見子身羸瘦顦顇糞土塵坌汙穢不淨即脫
瓔珞細濡上服嚴飾之具更著麁弊垢膩之
衣塵土坌身右手執持除糞之器狀有所畏
語諸作人汝等懃作勿得懈息以方便故得
近其子後復告言咄男子汝常此作勿復餘
去當加汝價諸有所須瓫器米麪塩酢之屬
莫自疑難亦有老弊使人須者相給好自安
意我如汝父勿復憂慮所以者何我年老大
而汝少壯汝常作時无有欺怠瞋恨怨言都
不見汝有此諸惡如餘作人自今已後如所
生子即時長者更與作字名之為兒
尒時窮子雖欣此遇猶故自謂客作賤人由
是之故於二十年中常令除糞過是已後心
相體信入出无難然其所止猶在本處世尊
尒時長者有疾自知將死不久語窮子言我
今多有金銀珍寶倉庫盈溢其中多少所應
取與汝悉知之我心如是當體此意所以者

BD13822號　妙法蓮華經卷二　（27–21）

是之故於二十年中常令除糞過是已後心
相體信入出无難然其所止猶在本處世尊
尒時長者有疾自知將死不久語窮子言我
今多有金銀珍寶倉庫盈溢其中多少所應
取與汝悉知之我心如是當體此意所以者
何今我與汝便為不異宜加用心无令漏失
尒時窮子即受教勅領知衆物金銀珍寶及
諸庫藏而无悕取一飡之意然其所止故在
本處下劣之心亦未能捨復經少時父知子
意漸已通泰成就大志自鄙先心臨欲終時
而命其子并會親族國王大臣剎利居士皆
悉已集即自宣言諸君當知此是我子我之
所生於某城中捨吾逃走跉跰辛苦五十餘
年其本字某我名某甲昔在本城懷憂推覓
忽於此間遇會得之此實我子我實其父今
吾所有一切財物皆是子有先所出內是子
所知世尊是時窮子聞父此言即大歡喜得
未曾有而作是念我本无心有所悕求今此
寶藏自然而至
世尊大富長者則是如來我等皆似佛子如
來常說我等為子世尊我等以三苦故於生
死中受諸熱惱迷惑无知樂著小法今日世
尊令我等思惟蠲除諸法戲論之糞我等於
中懃加精進得至涅槃一日之價既得此已
心大歡喜自以為足而便自謂於佛法中懃精
進故所得弘多然世尊先知我等心著弊欲
樂於小法便見縱捨不為分別汝等當有如
來知見寶藏之分世尊以方便力說如來智

BD13822號　妙法蓮華經卷二　（27–22）

心大歡喜自以為足而便自謂於佛法中勤精
進故所得弘多然世尊先知我等心著弊欲
樂於小法便見縱捨不為分別汝等當有如
来知見寶藏之分世尊以方便力說如来智
慧我等從佛得涅槃一日之價以為大得於
此大乘无有志求我等又因如来智慧為諸
菩薩開示演說而自於此无有志願所以者
何佛知我等心樂小法以方便力隨我等說
而我等不知真是佛子今我等方知世尊於
佛智慧无所悋惜所以者何我等昔来真是
佛子而但樂小法若我等有樂大之心佛則
為我說大乘法於此經中唯說一乘而昔於
菩薩前毀呰聲聞樂小法者然佛實以大乘
教化是故我等說本无心有所悕求今法王
大寶自然而至如佛子所應得者皆已得之
尒時摩訶迦葉欲重宣此義而說偈言
我等今日 聞佛音教 歡喜踊躍 得未曾有
佛說聲聞 當得作佛 无上寶聚 不求自得
譬如童子 幼稚无識 捨父逃逝 遠到他土
周流諸國 五十餘年 其父憂念 四方推求
求之既疲 頓止一城 造立舍宅 五欲自娛
其家巨富 多諸金銀 車渠馬瑙 真珠瑠璃
象馬牛羊 輦轝車乘 田業僮僕 人民衆多
出入息利 乃遍他國 商估賈人 无處不有
千万億衆 圍繞恭敬 常為王者 之所愛念
群臣豪族 皆共宗重 以諸緣故 往来者衆
豪富如是 有大力勢 而年朽邁 益憂念子
夙夜惟念 死時將至 癡子捨我 五十餘年

BD13822號 妙法蓮華經卷二 (27–23)

出入息利 乃遍他國 商估賈人 无處不有
千万億衆 圍繞恭敬 常為王者 之所愛念
群臣豪族 皆共宗重 以諸緣故 往来者衆
豪富如是 有大力勢 而年朽邁 益憂念子
夙夜惟念 死時將至 癡子捨我 五十餘年
庫藏諸物 當如之何 尒時窮子 求索衣食
從邑至邑 從國至國 或有所得 或无所得
飢餓羸瘦 體生瘡癬 漸次經歷 到父住城
傭賃展轉 遂至父舍 尒時長者 於其門內
施大寶帳 處師子座 眷屬圍繞 諸人侍衛
或有計筭 金銀寶物 出內財產 注記券疏
窮子見父 豪貴尊嚴 謂是國王 若是王等
驚怖自怪 何故至此
覆自念言 我若久住 或見逼迫 強駈使作
思惟是已 馳走而去 借問貧里 欲往傭作
長者是時 在師子座 遥見其子 嘿而識之
即勅使者 追捉將来 窮子驚喚 迷悶躃地
是人執我 必當見殺 何用衣食 使我至此
長者知子 愚癡狹劣 不信我言 不信是父
即以方便 更遣餘人 眇目矬陋 无威德者
汝可語之 云當相雇 除諸糞穢 倍與汝價
窮子聞之 歡喜隨来 為除糞穢 淨諸房舍
長者於牖 常見其子 念子愚劣 樂為鄙事
於是長者 著弊垢衣 執除糞器 往到子所
方便附近 語令懃作
既益汝價 并塗足油 飲食充足 薦席厚煖
如是苦言 汝當懃作 又以濡語 若如我子
長者有智 漸令出入 經二十年 執作家事

BD13822號 妙法蓮華經卷二 (27–24)

[illegible]
方便附近 語令懃作
既益汝價 并塗足油 飲食充足 薦席厚煗
如是苦言 汝當懃作 又以濡語 若如我子
長者有智 漸令出入 經二十年 執作家事
示其金銀 真珠頗梨 諸物出入 皆使令知
猶處門外 止宿草菴 自念貧事 我无此物
父知子心 漸以曠大 欲與財物 即聚親族
國王大臣 剎利居士 於此大衆 說是我子
捨我他行 經五十歲 自見子來 已二十年
昔於某城 而失是子 周行求索 遂來至此
凡我所有 舍宅人民 悉以付之 恣其所用
子念昔貧 志意下劣 今於父所 大獲珎寶
并及舍宅 一切財物 甚大歡喜 得未曾有
佛亦如是 知我樂小 未曾說言 汝等作佛
而說我等 得諸无漏 成就小乘 聲聞弟子
佛勅我等 說最上道 脩習此者 當得成佛
我承佛教 為大菩薩 以諸因緣 種種譬喻
若干言辭 說无上道
諸佛子等 從我聞法 日夜思惟 精懃脩習
是時諸佛 即授其記 汝於來世 當得作佛
一切諸佛 祕藏之法 但為菩薩 演其實事
而不為我 說斯真要 如彼窮子 得近其父
雖知諸物 心不怖取 我等雖說 佛法寶藏
自无志願 亦復如是 我等內滅 自謂為足
唯了此事 更无餘事 我等若聞 淨佛國土
成就衆生 都无欣樂 所以者何 一切諸法
皆悉空寂 无生无滅 无大无小 无漏无為

BD13822號 妙法蓮華經卷二 (27–25)

雖知諸物 心不怖取 我等雖說 佛法寶藏
自无志願 亦復如是 我等內滅 自謂為足
唯了此事 更无餘事 我等若聞 淨佛國土
成就衆生 都无欣樂 所以者何 一切諸法
皆悉空寂 无生无滅 无大无小 无漏无為
如是思惟 不生喜樂 我等長夜 於佛智慧
无貪无著 无復志願 而自於法 謂是究竟
我等長夜 脩習空法 得脫三界 苦惱之患
住最後身 有餘涅槃 佛所教化 得道不虛
則為已得 報佛之恩 我等雖為 諸佛子等
說菩薩法 以求佛道 而於是法 永不願樂
導師見捨 觀我心故 初不勸進 說有實利
如富長者 知子志劣 以方便力 柔伏其心
然後乃付 一切財寶
佛亦如是 現希有事 知樂小法 以方便力
調伏其心 乃教大智 我等今日 得未曾有
非先所望 而今自得 如彼窮子 得无量寶
世尊我今 得道得果 於无漏法 得清淨眼
我等長夜 持佛淨戒 如於今日 得其果報
法王法中 久脩梵行 今得无漏 无上大果
我等今者 真是聲聞 以佛道聲 令一切聞
我等今者 真阿羅漢 於諸世間 天人魔梵
普於其中 應受供養 世尊大恩 以希有事
憐愍教化 利益我等 无量億劫 誰能報者
手足供給 頭頂礼敬 一切供養 皆不能報
若以頂戴 兩肩荷負 於恒沙劫 盡心恭敬
又以美饍 无量寶衣 及諸臥具 種種湯藥
牛頭栴檀 及諸珎寶 以起塔廟 寶衣布地

BD13822號 妙法蓮華經卷二 (27–26)

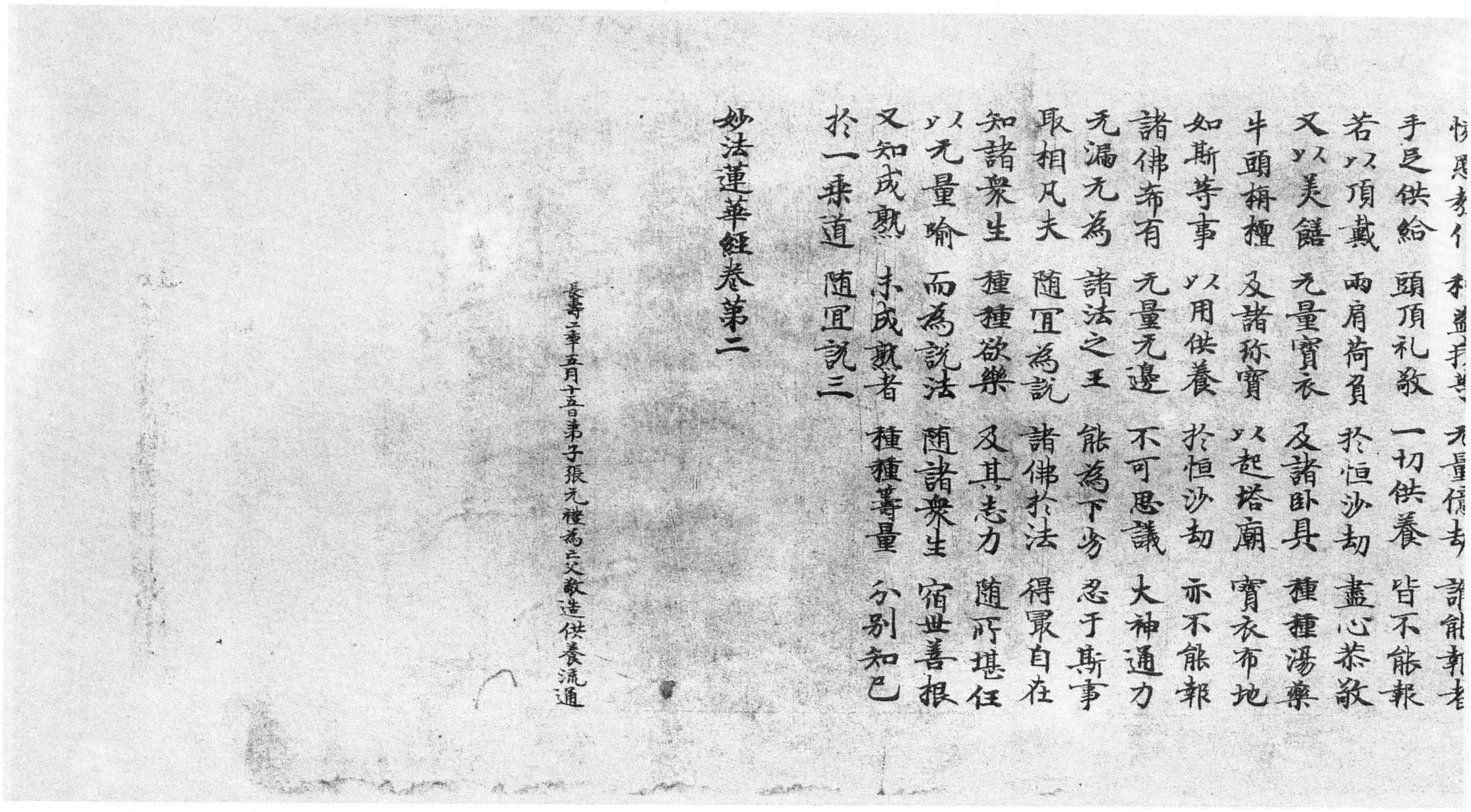

憐愍教化 利益我等 无量億劫 誰能報者
手足供給 頭頂礼敬 一切供養 皆不能報
若以頂戴 兩肩荷負 於恒沙劫 盡心恭敬
又以美饍 无量寶衣 及諸卧具 種種湯藥
牛頭栴檀 及諸珎寶 以起塔廟 寶衣布地
如斯等事 以用供養 於恒沙劫 亦不能報
諸佛希有 无量无邊 不可思議 大神通力
无漏无為 諸法之王 能為下劣 忍于斯事
取相凡夫 隨宜為說 諸佛於法 得最自在
知諸眾生 種種欲樂 及其志力 隨所堪任
以无量喻 而為說法 隨諸眾生 宿世善根
又知成熟 未成熟者 種種籌量 分別知已
於一乘道 隨宜說三

妙法蓮華經卷第二

長壽二年五月十五日弟子張元禮為亡父敬造供養流通

BD13822號　妙法蓮華經卷二　（27–27）

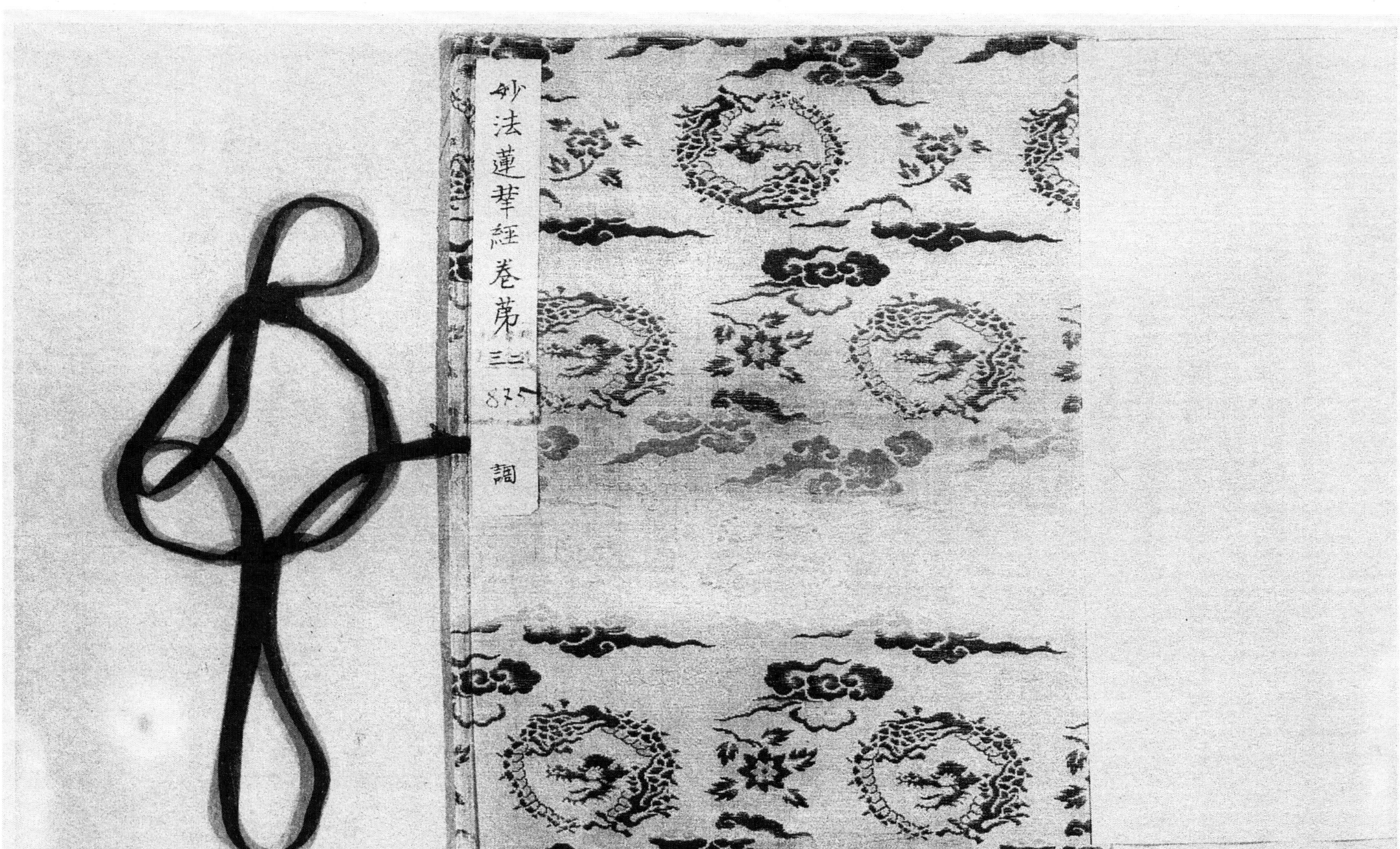

BD13823號背　現代護首　（1–1）

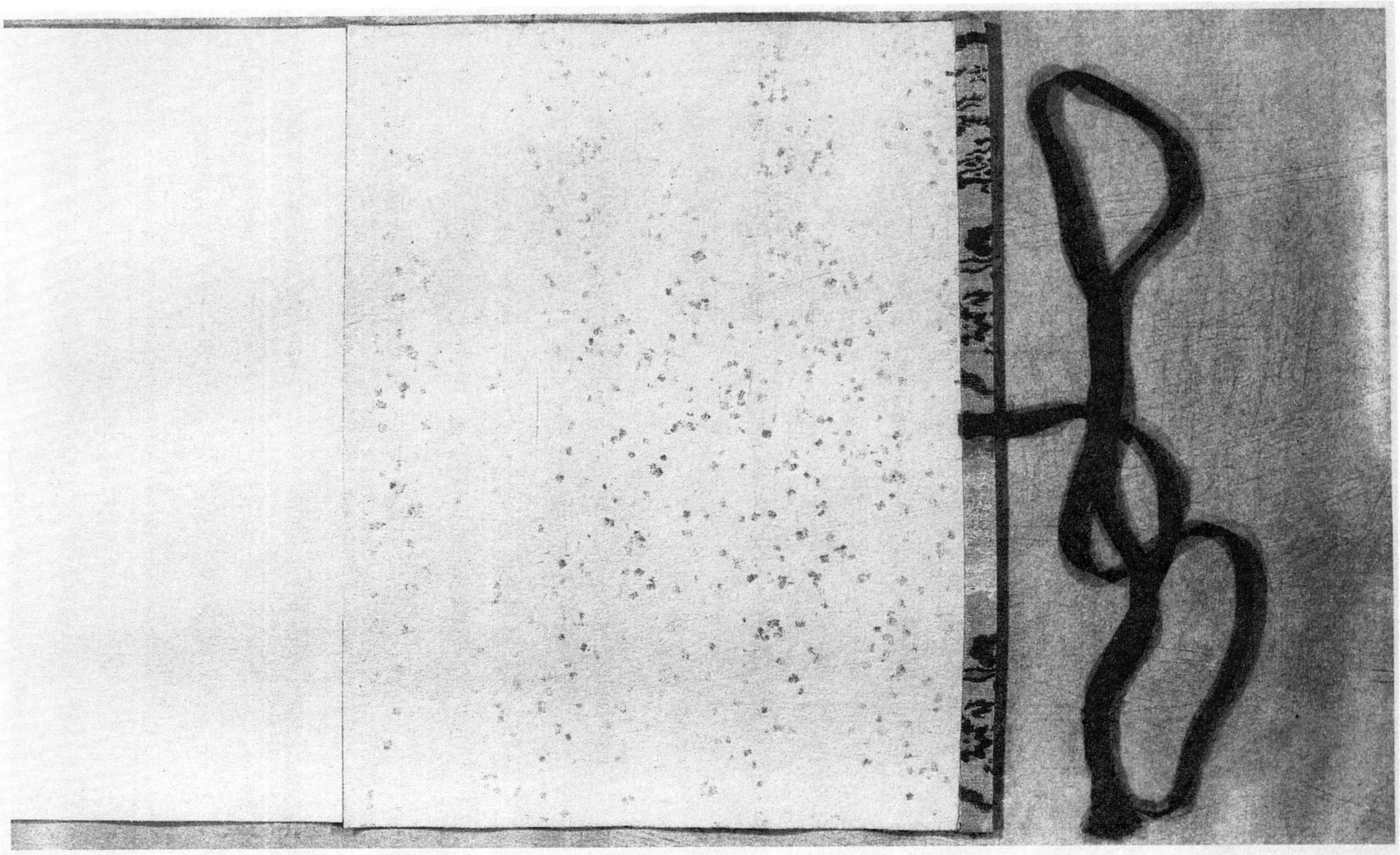

BD13823 號　妙法蓮華經（小字兩卷本）卷一　　（17–1）

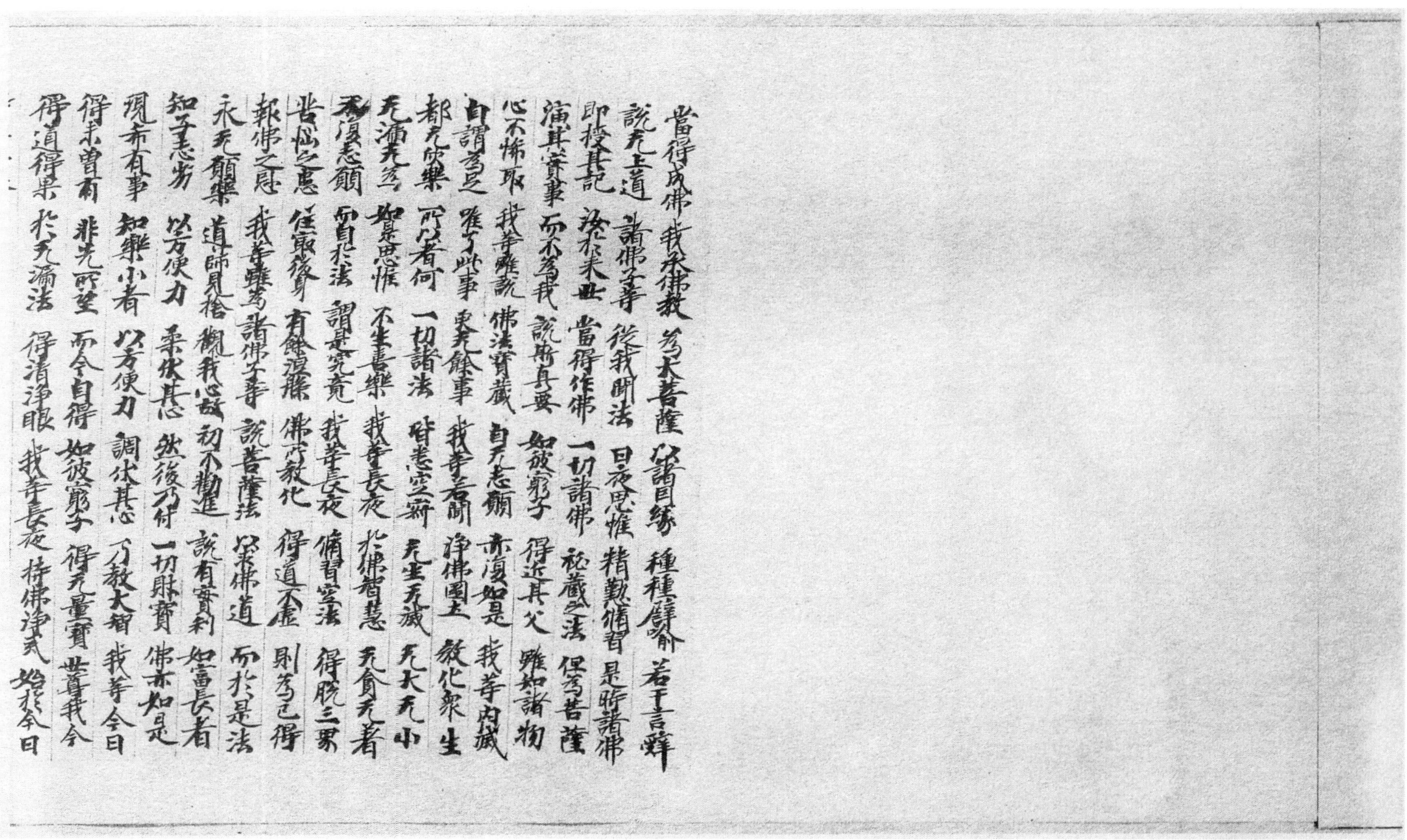
當得成佛 我承佛教 為大菩薩 以諸因緣 種種譬喻 若干言辭
說无上道 諸佛子等 從我聞法 日夜思惟 精勤修習 是時諸佛
即授其記 汝於來世 當得作佛 一切諸佛 祕藏之法 但為菩薩
演其實事 而不為我 說斯真要 如彼窮子 得近其父 雖知諸物
心不希取 我等雖說 佛法寶藏 自无志願 亦復如是 我等內滅
自謂為足 唯了此事 更无餘事 我等若聞 淨佛國土 教化眾生
都无欣樂 所以者何 一切諸法 皆悉空寂 无生无滅 无大无小
无漏无為 如是思惟 不生喜樂 我等長夜 於佛智慧 无貪无著
无復志願 而自於法 謂是究竟 我等長夜 修習空法 得脫三界
苦惱之患 住最後身 有餘涅槃 佛所教化 得道不虛 則為已得
報佛之恩 我等雖為 諸佛子等 說菩薩法 以求佛道 而於是法
永无願樂 導師見捨 觀我心故 初不勸進 說有實利 如富長者
知子志劣 以方便力 柔伏其心 然後乃付 一切財寶 佛亦如是
現希有事 知樂小者 以方便力 調伏其心 乃教大智 我等今日
得未曾有 非先所望 而今自得 如彼窮子 得无量寶 世尊我今
得道得果 於无漏法 得清淨眼 我等長夜 持佛淨戒 始於今日

BD13823 號　妙法蓮華經（小字兩卷本）卷一　　（17–2）

報佛之恩　我等雖為　諸佛子等　說菩薩法　以求佛道　而於是法
永無願樂　導師見捨　觀我心故　初不勸進　說有實利　如富長者
知子志劣　以方便力　柔伏其心　然後乃付　一切財物　佛亦如是
現希有事　知樂小者　以方便力　調伏其心　乃教大智　我等今日
得未曾有　非先所望　而今自得　如彼窮子　得無量寶　世尊我今
得道得果　於無漏法　得清淨眼　我等長夜　持佛淨戒　始於今日
得其果報　法王法中　久修梵行　今得無漏　無上大果　我等今者
真是聲聞　以佛道聲　令一切聞　我等今者　真阿羅漢　於諸世間
天人魔梵　普於其中　應受供養　世尊大恩　以希有事　憐愍教化
利益我等　無量億劫　誰能報者　手足供給　頭頂禮敬　一切供養
皆不能報　若以頂戴　兩肩荷負　於恒沙劫　盡心恭敬　又以美膳
無量寶衣　及諸臥具　種種湯藥　牛頭栴檀　及諸珍寶　以起塔廟
寶衣布地　如斯等事　以用供養　於恒沙劫　亦不能報　諸佛希有
無量無邊　不可思議　大神通力　無漏無為　諸法之王　能為下劣
忍于斯事　取相凡夫　隨宜為說　諸佛於法　得最自在　知諸眾生
種種欲樂　及其志力　隨所堪任　以無量喻　而為說法　隨諸眾生
宿世善根　又知成熟　未成熟者　種種籌量　分別知已　於一乘道
隨宜說三

妙法蓮華經藥草喻品第五

爾時世尊告摩訶迦葉及諸大弟子善哉善哉迦葉善說如來
真實功德誠如所言如來復有無量無邊阿僧祇功德汝等若於無
量億劫說不能盡迦葉當知如來是諸法之王若有所說皆不虛也於
一切法以智方便而演說之其所說法皆悉到於一切智地如來觀知
一切諸法之所歸趣亦知一切眾生深心所行通達無礙又於諸法究盡
明了示諸眾生一切智慧迦葉譬如三千大千世界山川谿谷土地所生卉
木叢林及諸藥草種類若干名色各異密雲彌布遍覆三千大
千世界一時等澍其澤普洽卉木叢林及諸藥草小根小莖小枝
小葉中根中莖中枝中葉大根大莖大枝大葉諸樹大小隨上
中下各有所受一雲所雨稱其種性而得生長華菓敷實雖一地
所生一雨所潤而諸草木各有差別迦葉當知如來亦復如是出現
於世如大雲起以大音聲普遍世界天人阿修羅如彼大雲遍覆三
千大千國土於大眾中而唱是言我是如來應供正遍知明行足
善逝世間解無上士調御丈夫天人師佛世尊未度者令度未解者
令解未安者令安未涅槃者令得涅槃今世後世如實知之我是一
切知者一切見者知道者開道者說道者

BD13823號　妙法蓮華經（小字兩卷本）卷一　（17–3）

小葉中根中莖中枝中葉大根大莖大枝大葉諸樹大小隨上
中下各有所受一雲所雨稱其種性而得生長華菓敷實雖一地
所生一雨所潤而諸草木各有差別迦葉當知如來亦復如是出現
於世如大雲起以大音聲普遍世界天人阿修羅如彼大雲遍覆三
千大千國土於大眾中而唱是言我是如來應供正遍知明行足
善逝世間解無上士調御丈夫天人師佛世尊未度者令度未解者
令解未安者令安未涅槃者令得涅槃今世後世如實知之我是一
切知者一切見者知道者開道者說道者汝等天人阿修羅眾皆
應到此為聽法故爾時無數千萬億種眾生來至佛所而聽法如
來于時觀是眾生諸根利鈍精進懈怠隨其所堪而為說法
種種無量皆令歡喜快得善利是諸眾生聞是法已現世安隱
後生善處以道受樂亦得聞法既聞法已離諸障礙於諸法中任
力所能漸得入道如彼大雲雨於一切卉木叢林及諸藥草如其
種性具足蒙潤各得生長如來說法一相一味所謂解脫相離滅
相究竟至於一切種智其有眾生聞如來法若持讀誦如說脩行
所得功德不自覺知所以者何唯有如來知此眾生種相體性念何
事思何事修何事云何念云何思云何脩以何法念以何法思以何法得
何法眾生住於種種之地唯有如來如實見之明了無礙如彼卉木叢林
諸藥草等而不自知上中下性如來知是一相一味之法所謂解脫
相離相滅相究竟涅槃常寂滅相終歸於空佛知是已觀眾生心欲
而將護之是故不即為說一切種智汝等迦葉甚為希有能知如來
隨宜說法能信能受所以者何諸佛世尊隨宜說法難解難知爾
時世尊欲重宣此義而說偈言　破有法王　出現世間
隨眾生欲　種種說法　如來尊重　智慧深遠　久默斯要　不務速說
有智若聞　則能信解　無智疑悔　則為永失　是故迦葉　隨力為說
以種種緣　令得正見　迦葉當知　譬如大雲　起於世間　遍覆一切
慧雲含潤　電光晃曜　雷聲遠震　令眾悅豫　日光掩蔽　地上清涼
靉靆垂布　如可承攬　其雨普等　四方俱下　流澍無量　率土充洽
山川險谷　幽邃所生　卉木藥草　大小諸樹　百穀苗稼　甘蔗蒲萄
雨之所潤　無不豐足　乾地普洽　藥木並茂　其雲所出　一味之水
草木叢林　隨分受潤　一切諸樹　上中下等　稱其大小　各得生長
根莖枝葉　華菓光色　一雨所及　皆得鮮澤　如其體相　性分大小
所潤是一　而各滋茂　佛亦如是　出現於世　譬如大雲　普覆一切

BD13823號　妙法蓮華經（小字兩卷本）卷一　（17–4）

靉靆垂布 如可承攬 其雨普等 四方俱下 流澍无量 率土充洽
山川險谷 幽邃所生 卉木藥草 大小諸樹 百穀苗稼 甘蔗蒲桃
雨之所潤 无不豐足 乾地普洽 藥木並茂 其雲所出 一味之水
草木叢林 隨分受潤 一切諸樹 上中下等 稱其大小 各得生長
根莖枝葉 華菓光色 一雨所及 皆得鮮澤 如其體相 性分大小
所潤是一 而各滋茂 佛亦如是 出現於世 譬如大雲 普覆一切
既出于世 為諸眾生 分別演說 諸法之實 大聖世尊 於諸天人
一切眾中 而宣是言 我為如來 兩足之尊 出于世間 猶如大雲
充潤一切 枯槁眾生 皆令離苦 得安隱樂 世間之樂 及涅槃樂
諸天人眾 一心善聽 皆應到此 覲无上尊 我為世尊 无能及者
安隱眾生 故現於世 為大眾說 甘露淨法 其法一味 解脫涅槃
以一妙音 演暢斯義 常為大乘 而作因緣 我觀一切 普皆平等
无有彼此 愛憎之心 我无貪著 亦无限礙 恒為一切 平等說法
如為一人 眾多亦然 常演說法 曾无他事 去來坐立 終不疲猒
充足世間 如雨普潤 貴賤上下 持戒毀戒 威儀具足 及不具足
正見邪見 利根鈍根 等雨法雨 而无懈惓 一切眾生 聞我法者
隨力所受 住於諸地 或處人天 轉輪聖王 釋梵諸王 是小藥草
知无漏法 能得涅槃 起六神通 及得三明 獨處山林 常行禪定
得緣覺證 是中藥草 求世尊處 我當作佛 行精進定 是上藥草
又諸佛子 專心佛道 常行慈悲 自知作佛 決定无疑 是名小樹
安住神通 轉不退輪 度无量億 百千眾生 如是菩薩 名為大樹
佛平等說 如一味雨 隨眾生性 所受不同 如彼草木 所稟各異
佛以此喻 方便開示 種種言辭 演說一法 於佛智慧 如海一渧
我雨法雨 充滿世間 一味之法 隨力修行 如彼叢林 藥草諸樹
隨其大小 漸增茂好 諸佛之法 常以一味 令諸世間 普得具足
漸次修行 皆得道果 聲聞緣覺 處於山林 住最後身 聞法得果
是名藥草 各得增長 若諸菩薩 智慧堅固 了達三界 求最上乘
是名小樹 而得增長 復有住禪 得神通力 聞諸法空 心大歡喜
放无數光 度諸眾生 是名大樹 而得增長 如是迦葉 佛所說法
譬如大雲 以一味雨 潤於人華 各得成實 迦葉當知 以諸因緣
種種譬喻 開示佛道 是我方便 諸佛亦然 今為汝等 說最實事
諸聲聞眾 皆非滅度 汝等所行 是菩薩道 漸漸修學 悉當成佛
妙法蓮華經授記品第六
尒時世尊說是偈已 告諸大眾唱如

BD13823號 妙法蓮華經（小字兩卷本）卷一 （17–5）

是名小樹 而得增長 復有住禪 得神通力 聞諸法空 心大歡喜
放无數光 度諸眾生 是名大樹 而得增長 如是迦葉 佛所說法
譬如大雲 以一味雨 潤於人華 各得成實 迦葉當知 以諸因緣
種種譬喻 開示佛道 是我方便 諸佛亦然 今為汝等 說最實事
諸聲聞眾 皆非滅度 汝等所行 是菩薩道 漸漸修學 悉當成佛
妙法蓮華經授記品第六
尒時世尊說是偈已 告諸大眾唱如
是言 我此弟子摩訶迦葉 於未來世 當得奉覲三百万億諸佛世
尊 供養恭敬 尊重讚歎 廣宣諸佛无量大法 於最後身 得成為佛
名曰光明如來 應供 正遍知 明行足 善逝 世間解 无上士 調御丈夫 天人
師 佛世尊 國名光德 劫名大莊嚴 佛壽十二小劫 正法住世二十小劫
像法亦住二十小劫 國界嚴飾 无諸穢惡 瓦礫荊棘 便利不淨 其
土平正 无有高下 坑坎堆阜 琉璃為地 寶樹行列 黃金為繩 以界
道側 散諸寶華 周遍清淨 其國菩薩 无量千億 諸聲聞眾
亦復无數 无有魔事 雖有魔及魔民 皆護佛法 尒時世尊欲
重宣此義 而說偈言 告諸比丘 我以佛眼 見是迦葉 於未來世
過无數劫 當得作佛 而於來世 供養奉覲 三百万億 諸佛世尊
為佛智慧 淨修梵行 供養最上 二足尊已 修習一切 无上之法
於最後身 得成為佛 其土清淨 琉璃為地 多諸寶樹 行列道側
金繩界道 見者歡喜 常出好香 散眾名華 種種奇妙 以為莊嚴
其地平正 无有丘坑 諸菩薩眾 不可稱計 其心調柔 逮大神通
奉持諸佛 大乘經典 諸聲聞眾 无漏後身 法王之子 亦不可計
乃以天眼 不能數知 其佛當壽 十二小劫 正法住世 二十小劫
像法亦住 二十小劫 光明世尊 其事如是
尒時大目揵連 須菩提 摩訶迦旃延等 皆悉悚慄 一心合掌 瞻仰世
尊目不暫捨 即共同聲 而說偈言 大雄猛世尊 諸釋之法王 哀愍我等故
而賜佛音聲 若知我深心 見為授記者 如以甘露灑 除熱得清涼
如從飢國來 忽遇大王膳 心猶懷疑懼 未敢即便食 若復得王教
然後乃敢食 我等亦如是 每惟小乘過 不知當云何 得佛无上慧
雖聞佛音聲 言我等作佛 心尚懷憂懼 如未敢便食 若蒙佛授記
大雄猛世尊 常欲安世間 願賜我等記 如飢須教食 尒時世尊知
諸大弟子心之所念 告諸比丘 是須菩提 於當來世 奉覲三百万億那
由他佛 供養恭敬 尊重讚歎 常修梵行 具菩薩道 於最後身 得
成為佛 號曰名相如來 應供 正遍知 明行足 善逝 世間解 无上士 調御

BD13823號 妙法蓮華經（小字兩卷本）卷一 （17–6）

然後乃敢食　我等亦如是　每惟小乘過　不知當云何　得佛无上慧
雖聞佛音聲　言我等作佛　心尚懷憂懼　如未敢便食　若蒙佛授記
大雄猛世尊　常欲安世間　願賜我等記　如飢須教食　尒時世尊知
諸大弟子心之所念告諸比丘是須菩提於當來世奉覲三百万億那
由他佛供養恭敬尊重讚歎常脩梵行具菩薩道於最後身得
成為佛号曰名相如來應供正遍知明行足善逝世間解无上士調御
丈夫天人師佛世尊劫名有寶國名寶生其土平正頗梨為地寶
樹莊嚴无諸丘坑沙礫荊棘便利之穢寶華覆地周遍清淨其土人
民皆處寶臺珎妙樓閣聲聞弟子无量无邊筭數譬喻所不能知
諸菩薩眾无數千万億那由他佛壽十二小劫正法住世二十小劫像法亦
住二十小劫其佛常處虛空為眾說法度脫无量菩薩及聲聞眾尒
時世尊欲重宣此義而說偈言　諸比丘眾　今告汝等　皆當一心
聽我所說　我大弟子　須菩提者　當得作佛　号曰名相　當供无數
万億諸佛　隨佛所行　漸具大道　最後身得　三十二相　端正姝妙
猶如寶山　其佛國土　嚴淨第一　眾生見者　无不愛樂　佛於其中
度无量眾　其佛法中　多諸菩薩　皆悉利根　轉不退輪　彼國常以
菩薩莊嚴　諸聲聞眾　不可稱數　皆得三明　具六神通　住八解脫
有大威德　其佛說法　現於无量　神通變化　不可思議　諸天人民
數如恒沙　皆共合掌　聽受佛語　其佛當壽　十二小劫　正法住世
二十小劫　像法亦住　二十小劫　尒時世尊復告諸比丘眾我今語
汝是大迦旃延於當來世以諸供具供養奉事八千億佛恭敬尊重諸
佛滅後各起塔廟高千由旬縱廣正等五百由旬以金銀琉璃車璖馬瑙真
珠玫瑰七寶合成眾華瓔珞塗香末香燒香繒蓋幢幡供養塔廟過
是已後當復供養二万億佛亦復如是供養是諸佛已具菩薩道當
得作佛号曰閻浮那提金光如來應供正遍知明行足善逝世間解无上
士調御丈夫天人師佛世尊其土平正頗梨為地寶樹莊嚴黃金為
繩以界道側妙華覆地周遍清淨見者歡喜无四惡道地獄餓鬼畜
生阿脩羅道多有天人諸聲聞眾及諸菩薩无量万億莊嚴其國佛
壽十二小劫正法住世二十小劫像法亦住二十小劫尒時世尊重宣此義而說偈
言諸比丘眾　皆一心聽　如我所說　真實无異　是迦旃延　妙好供具
供養諸佛　諸佛滅後　起七寶塔　亦以華香　供養舍利　其最後身
得佛智慧　成等正覺　國土清淨　度脫无量　万億眾生　皆為十方
之所供養　佛之光明　无能勝者　其佛号曰　閻浮金光　菩薩聲聞
斷一切有　无量无數　莊嚴其國　尒時世尊復告大眾我今語汝

生阿脩羅道多有天人諸聲聞眾及諸菩薩无量万億莊嚴其國佛
壽十二小劫正法住世二十小劫像法亦住二十小劫尒時世尊重宣此義而說偈
言諸比丘眾　皆一心聽　如我所說　真實无異　是迦旃延　妙好供具
供養諸佛　諸佛滅後　起七寶塔　亦以華香　供養舍利　其最後身
得佛智慧　成等正覺　國土清淨　度脫无量　万億眾生　皆為十方
之所供養　佛之光明　无能勝者　其佛号曰　閻浮金光　菩薩聲聞
斷一切有　无量无數　莊嚴其國　尒時世尊復告大眾我今語汝
是大目揵連當以種種供具供養八千諸佛恭敬尊重諸佛滅後各
起塔廟高千由旬縱廣正等五百由旬以金銀琉璃車璖馬瑙真珠玫瑰
七寶合成眾華瓔珞塗香末香燒香繒蓋幢幡以用供養過是已後當
復供養二百万億諸佛亦復如是當得成佛号曰多摩羅跋栴檀香如來
應供正遍知明行足善逝世間解无上士調御丈夫天人師佛世尊劫名
喜滿國名意樂其土平正頗梨為地寶樹莊嚴散真珠華周遍清淨
見者歡喜多諸天人菩薩聲聞其數无量佛壽二十四小劫正法住世四十
小劫像法亦住四十小劫尒時世尊欲重宣此義而說偈言
我此弟子　大目揵連　捨是身已　得見八千　二百万億　諸佛世尊
為佛道故　供養恭敬　於諸佛所　常脩梵行　於无量劫　奉持佛法
諸佛滅後　起七寶塔　長表金剎　華香伎樂　而以供養　諸佛塔廟
漸漸具足　菩薩道已　於意樂國　而得作佛　号多摩羅　栴檀之香
其佛壽命　二十四劫　常為天人　演說佛道　聲聞无量　如恒河沙
三明六通　有大威德　菩薩无數　志固精進　於佛智慧　皆不退轉
佛滅度後　正法當住　四十小劫　像法亦尒　我諸弟子　威德具足
其數五百　皆當授記　於未來世　咸得成佛　我及汝等　宿世因緣
吾今當說　汝等善聽　妙法蓮華經化城喻品第七　佛告諸比丘
乃往過去无量无邊不可思議阿僧祇劫尒時有佛名大通智勝如
來應供正遍知明行足善逝世間解无上士調御丈夫天人師佛世尊
其國名好成劫名大相諸比丘彼佛滅度已來甚大久遠譬如三千
大千世界所有地種假使有人磨以為墨過於東方千國土乃下一點
大如微塵又過千國土復下一點如是展轉盡地種墨於汝等意云
何是諸國土若筭師若筭師弟子能得邊際知其數不不也世尊
諸比丘是人所經國土若點不點盡末為塵一塵一劫彼佛滅度已來
復過是數无量无邊百千万億阿僧祇劫我以如來知見力故觀
彼久遠猶若今日尒時世尊欲重宣此義而說偈言
我念過去世　无量无邊劫　有佛兩足尊　名大通智勝　如人以力磨

我以如來知見力故觀
彼久遠猶若今日尒時世尊欲重宣此義而說偈言
我念過去世　无量无邊劫　有佛兩足尊　名大通智勝　如人以力磨
三千大千土　盡此諸地種　皆悉以為墨　過於千國土　乃下一塵點
如是諸國土　點與不點等　復盡末為塵　一塵為一劫　此諸微塵數
其劫復過是　彼佛滅度來　如是无量劫　如來无礙智　知彼佛滅度
諸比丘當知　佛智淨微妙　无漏无所礙　通達无量劫　佛告諸比丘
大通智勝佛壽五百四十萬億那由他劫其佛本坐道場破魔軍
已垂得阿耨多羅三藐三菩提而諸佛法不現在前如是一小劫乃
至十小劫結跏趺坐身心不動而諸佛法猶不在前尒時忉利諸天先為彼
佛於菩提樹下敷師子座高一由旬佛於此座當得阿耨多羅三藐
三菩提適坐此座時諸梵天王雨眾天華面百由旬香風時來吹去
萎華更雨新者如是不絕滿十小劫供養於佛乃至滅度常雨此華四王
諸天為供養佛常擊天鼓其餘諸天作天伎樂滿十小劫至于滅度亦復
如是諸比丘大通智勝佛過十小劫諸佛之法乃現在前成阿耨多羅三
藐三菩提其佛未出家時有十六子其第一者名曰智積諸子各有
種種珍異玩好之具聞父得成阿耨多羅三藐三菩提皆捨所珍往
詣佛所諸母涕泣而隨送之其祖轉輪聖王與一百大臣及餘百千萬億人
民皆共圍繞隨至道場咸欲親近大通智勝如來供養恭敬尊重讚
歎到已頭面禮足繞佛畢已一心合掌瞻仰世尊以偈頌曰　大威德世尊
為度眾生故　於無量億歲　尒乃得成佛　諸願已具足　善哉吉無上
世尊甚希有　一坐十小劫　身體及手足　靜然安不動　其心常惔怕
未曾有散亂　究竟永寂滅　安住無漏法　今者見世尊　安隱成佛道
我等得善利　稱慶大歡喜　眾生常苦惱　盲瞑無導師　不識苦盡道
不知求解脫　長夜增惡趣　減損諸天眾　從冥入於冥　永不聞佛名
今佛得最上　安隱無漏道　我等及天人　為得最大利　是故咸稽首
歸命無上尊　尒時十六王子偈讚佛已勸請世尊轉於法輪咸作是
言世尊說法多所安隱憐愍饒益諸天人民重說偈言　世雄無等倫
百福自莊嚴　得無上智慧　願為世間說　度脫於我等　及諸眾生類
為分別顯示　令得是智慧　若我等得佛　眾生亦復然　世尊知眾生
深心之所念　亦知所行道　又知智慧力　欲樂及修福　宿命所行業
世尊悉知已　當轉無上輪　佛告諸比丘大通智勝佛得阿耨多羅
三藐三菩提時十方各五百萬億諸佛世界六種震動其國中間幽冥
之處日月威光所不能照而皆大明其中眾生各得相見咸作是言

為分別顯示　令得是智慧　若我等得佛　眾生亦復然　世尊知眾生
深心之所念　亦知所行道　又知智慧力　欲樂及修福　宿命所行業
世尊悉知已　當轉無上輪　佛告諸比丘大通智勝佛得阿耨多羅
三藐三菩提時十方各五百萬億諸佛世界六種震動其國中間幽冥
之處日月威光所不能照而皆大明其中眾生各得相見咸作是言
此中云何忽生眾生又其國界諸天宮殿乃至梵宮六種震動大光普照
遍滿世界勝諸天光尒時東方五百萬億諸國土中梵天宮殿光明照
曜倍於常明諸梵天王各作是念今者宮殿光明昔所未有以何因
緣而現此相是時諸梵天王即各相詣共議此事時彼眾中有一大梵
天王名救一切為諸梵眾而說偈言　我等諸宮殿　光明昔未有
此是何因緣　宜各共求之　為大德天生　為佛出世間　而此大光明
遍照於十方　尒時五百萬億國土諸梵天王與宮殿俱各以衣裓盛諸天
華共詣西方推尋是相見大通智勝如來處于道場菩提樹下坐
師子座諸天龍王乾闥婆緊那羅摩睺羅伽人非人等恭敬圍繞
及見十六王子請佛轉法輪即時諸梵天王頭面禮佛繞百千帀即以
天華而散佛上其所散華如須彌山并以供養佛菩提樹其菩提樹高
十由旬華供養已各以宮殿奉上彼佛而作是言唯見哀愍饒益我等
所獻宮殿願垂納處時諸梵天王即於佛前一心同聲以偈頌曰
世尊甚希有　難可得值遇　具無量功德　能救護一切　天人之大師
哀愍於世間　十方諸眾生　普皆蒙饒益　我等所從來　五百萬億國
捨深禪定樂　為供養佛故　我等先世福　宮殿甚嚴飾　今以奉世尊
唯願哀納受　尒時諸梵天王偈讚佛已各作是言唯願世尊轉於
法輪度脫眾生開涅槃道時諸梵天王一心同聲而說偈言
世雄兩足尊　唯願演說法　以大慈悲力　度苦惱眾生
尒時大通智勝如來默然許之又諸比丘東南方五百萬億國土諸大
梵王各自見宮殿光明照曜昔所未有歡喜踊躍生希有心即各相詣
共議此事時彼眾中有一大梵天王名曰大悲為諸梵眾而說偈言
是事何因緣　而現如此相　我等諸宮殿　光明昔未有　為大德天生
為佛出世間　未曾見此相　當共一心求　過千萬億土　尋光共推之
多是佛出世　度脫苦眾生　尒時五百萬億諸梵天王與宮殿俱各以衣
裓盛諸天華共詣西北方推尋是相見大通智勝如來處于道場菩
提樹下坐師子座諸天龍王乾闥婆緊那羅摩睺羅伽人非人等恭
敬圍繞及見十六王子請佛轉法輪時諸梵天王頭面禮佛繞百千帀

為佛出世間 未曾見此相 當共一心求 過千万億土 尋光共推之
多是佛出世 度脫苦衆生 尒時五百万億諸梵天王與宮殿俱各以衣
裓盛諸天華共詣西北方推尋是相見大通智勝如來處于道場菩
提樹下坐師子座諸天龍王乾闥婆緊那羅摩睺羅伽人非人等恭
敬圍繞及見十六王子請佛轉法輪時諸梵天王頭面禮佛繞百千帀
即以天華而散佛上所散之華如須弥山并以供養佛菩提樹華供養
已各以宮殿奉上彼佛而作是言唯見哀愍饒益我等所獻宮殿願垂
納受尒時諸梵天王即於佛前一心同聲以偈頌曰 聖主天中王
迦陵頻伽聲 哀愍衆生者 我等今敬禮 世尊甚希有 久遠乃一現
一百八十劫 空過無有佛 三惡道充滿 諸天衆減少 今佛出於世
為衆生作眼 世間所歸趣 救護於一切 為衆生之父 哀愍饒益者
我等宿福慶 今得值世尊 尒時諸梵天王偈讚佛已各作是言唯願
世尊哀愍一切轉於法輪度脫衆生時諸梵天王一心同聲而說偈言
大聖轉法輪 顯示諸法相 度苦惱衆生 令得大歡喜 衆生聞此法
得道若生天 諸惡道減少 忍善者增益 尒時大通智勝如來默然許之
又諸比丘南方五百万億國土諸大梵王各自見宮殿光明照曜昔所
未有歡喜踊躍生希有心即各相詣共議此事以何因緣我等宮殿
有此光曜而彼衆中有一大梵天王名曰妙法為諸梵衆而說偈言
我等諸宮殿 光明甚威曜 此非無因緣 是相宜求之 過於百千劫
未曾見是相 為大德天生 為佛出世間 尒時五百万億諸梵天王與宮殿
俱各以衣裓盛諸天華共詣北方推尋是相見大通智勝如來處于
道場菩提樹下坐師子座諸天龍王乾闥婆緊那羅摩睺羅伽人非
人等恭敬圍繞及見十六王子請佛轉法輪時諸梵天王頭面禮佛繞百
千帀即以天華而散佛上所散之華如須弥山并以供養佛菩提樹華
供養已各以宮殿奉上彼佛而作是言唯見哀愍饒益我等所獻宮殿願垂納
受尒時諸梵天王即於佛前一心同聲以偈頌曰 世尊甚難見 破諸煩惱者
過百三十劫 今乃得一見 諸飢渴衆生 以法雨充滿 昔所未曾見 無量智慧者
如優曇波羅 今日乃值遇 我等諸宮殿 蒙光故嚴飾 世尊大慈愍
唯願垂納受 尒時諸梵天王偈讚佛已各作是言唯願世尊轉於法輪令
一切世間諸天魔梵沙門婆羅門皆獲安隱而得度脫時諸梵天王一心同
聲以偈頌曰 唯願天人尊 轉無上法輪 擊于大法鼓 而吹大法螺
普雨大法雨 度无量衆生 我等咸歸請 當演深遠音 尒時大通智
勝如來默然許之西南方乃至下方亦復如是尒時上方五百万億國主

BD13823號　妙法蓮華經（小字兩卷本）卷一　（17–11）

唯願垂納受 尒時諸梵天王偈讚佛已各作是言唯願世尊轉於法輪令
一切世間諸天魔梵沙門婆羅門皆獲安隱而得度脫時諸梵天王一心同
聲以偈頌曰 唯願天人尊 轉無上法輪 擊于大法鼓 而吹大法螺
普雨大法雨 度无量衆生 我等咸歸請 當演深遠音 尒時大通智
勝如來默然許之西南方乃至下方亦復如是尒時上方五百万億國主
諸大梵王皆悉自覩所止宮殿光明威曜昔所未有歡喜踊躍生希
有心即各相詣共議此事以何因緣我等宮殿有斯光明時彼衆中
有一大梵天王名曰尸棄為諸梵衆而說偈言 今以何因緣
我等諸宮殿 威德光明曜 嚴飾未曾有 如是之妙相 昔所未聞見
為大德天生 為佛出世間 尒時五百万億諸梵天王與宮殿俱各以
衣裓盛諸天華共詣下方推尋是相見大通智勝如來處于道場菩
提樹下坐師子座諸天龍王乾闥婆緊那羅摩睺羅伽人非人等恭
敬圍繞及見十六王子請佛轉法輪時諸梵天王頭面禮佛繞百千帀
即以天華而散佛上所散之華如須弥山并以供養佛菩提樹華供養
已各以宮殿奉上彼佛而作是言唯見哀愍饒益我等所獻宮殿願垂納
受尒時諸梵天王即於佛前一心同聲以偈頌曰 善哉見諸佛 救世之聖尊
能於三界獄 勉出諸衆生 普智天人尊 哀愍群萌類 能開甘露門
廣度於一切 於昔無量劫 空過無有佛 世尊未出時 十方常暗暝
三惡道增長 阿修羅亦盛 諸天衆轉減 死多墮惡道 不從佛聞法
常行不善事 色力及智慧 斯等皆減少 罪業因緣故 失樂及樂想
住於邪見法 不識善儀則 不蒙佛所化 常墮於惡道 佛為世間眼
久遠時乃出 哀愍諸衆生 故現於世間 超出成正覺 我等甚欣慶
及餘一切衆 喜歎未曾有 我等諸宮殿 蒙光故嚴飾 今以奉世尊
唯垂哀納受 願以此功德 普及於一切 我等與衆生 皆共成佛道
尒時五百万億諸梵天王偈讚佛已各白佛言唯願世尊轉於法輪
多所安隱多所度脫時諸梵天王而說偈言 世尊轉法輪
擊甘露法鼓 度苦惱衆生 開示涅槃道 唯願受我請 以大微妙音
哀愍而敷演 无量劫習法 尒時大通智勝如來受十方諸梵天王及十
六王子請即時三轉十二行法輪若沙門婆羅門若天魔梵及餘世
間所不能轉謂是苦是苦集是苦滅是苦滅道及廣說十二因緣法
無明緣行行緣識識緣名色名色緣六入六入緣觸觸緣受受緣愛
愛緣取取緣有有緣生生緣老死憂悲苦惱無明滅則行滅行滅
則識滅識滅則名色滅名色滅則六入滅六入滅則觸滅觸滅則受滅受

BD13823號　妙法蓮華經（小字兩卷本）卷一　（17–12）

六王子請，即時三轉十二行法輪，若沙門婆羅門，若天魔梵及餘世間所不能轉，謂是苦，是苦集，是苦滅，是苦滅道；及廣說十二因緣法：无明緣行，行緣識，識緣名色，名色緣六入，六入緣觸，觸緣受，受緣愛，愛緣取，取緣有，有緣生，生緣老死憂悲苦惱；无明滅則行滅，行滅則識滅，識滅則名色滅，名色滅則六入滅，六入滅則觸滅，觸滅則受滅，受滅則愛滅，愛滅則取滅，取滅則有滅，有滅則生滅，生滅則老死憂悲苦惱滅。佛於天人大眾之中說是法時，六百万億那由他人，以不受一切法故，而於諸漏心得解脫，皆得深妙禪定、三明、六通，具八解脫。第二、第三、第四說法時，千万億恒河沙那由他等眾生，亦以不受一切法故，而於諸漏心得解脫。從是已後，諸聲聞眾无量无邊，不可稱數。尒時十六王子皆以童子出家而為沙弥，諸根通利，智慧明了，已曾供養百千万億諸佛，淨脩梵行，求阿耨多羅三藐三菩提，俱白佛言：世尊，是諸无量千万億大德聲聞皆已成就。世尊亦當為我等說阿耨多羅三藐三菩提法，我等聞已，皆共脩學。世尊，我等志願如來知見，深心所念，佛自證知。尒時轉輪聖王所將眾中八万億人，見十六王子出家，亦求出家，王即聽許。尒時彼佛受沙弥請，過二万劫已，乃於四眾之中說是大乘經，名妙法蓮華，教菩薩法，佛所護念。說是經已，十六沙弥為阿耨多羅三藐三菩提故，皆共受持，諷誦通利。說是經時，十六菩薩沙弥皆悉信受，聲聞眾中亦有信解，其餘眾生千万億種皆生疑惑。佛說是經於八千劫未曾休廢。說此經已，即入靜室，住於禪定八万四千劫。是時十六菩薩沙弥知佛入室寂然禪定，各昇法座，亦於八万四千劫為四部眾廣說分別妙法華經，一一皆度六百万億那由他恒河沙等眾生，示教利喜，令發阿耨多羅三藐三菩提心。大通智勝佛過八万四千劫已，從三昧起，往詣法座，安詳而坐，普告大眾：是十六菩薩沙弥甚為希有，諸根通利，智慧明了，已曾供養无量千万億數諸佛，於諸佛所常脩梵行，受持佛智，開示眾生，令入其中。汝等皆當數數親近而供養之。所以者何？若聲聞辟支佛及諸菩薩能信是十六菩薩所說經法，受持不毀者，是人皆當得阿耨多羅三藐三菩提如來之慧。佛告諸比丘：是十六菩薩常樂說是妙法蓮華經，一一菩薩所化六百万億那由他恒河沙等眾生，世世所生與菩薩俱，從其聞法，悉皆信解。以此因緣，得值四万億諸佛世尊，于今不盡。諸比丘，我今語汝：彼佛弟子十六沙弥，今皆得阿耨多羅三藐三菩提，於十方國土現在說法，有无量百千万億菩薩聲聞以為眷屬。其二沙

一一菩薩所化六百万億那由他恒河沙等眾生，世世所生與菩薩俱，從其聞法，悉皆信解。以此因緣，得值四万億諸佛世尊，于今不盡。諸比丘，我今語汝：彼佛弟子十六沙弥，今皆得阿耨多羅三藐三菩提，於十方國土現在說法，有无量百千万億菩薩聲聞以為眷屬。其二沙弥東方作佛，一名阿閦，在歡喜國；二名須弥頂。東南方二佛，一名師子音，二名師子相。南方二佛，一名虛空住，二名常滅。西南方二佛，一名帝相，二名梵相。西方二佛，一名阿弥陀，二名度一切世間苦惱。西北方二佛，一名多摩羅跋栴檀香神通，二名須弥相。北方二佛，一名雲自在，二名雲自在王。東北方佛，名壞一切世間怖畏。第十六，我釋迦牟尼佛，於娑婆國土成阿耨多羅三藐三菩提。諸比丘，我等為沙弥時，各各教化无量百千万億恒河沙等眾生，從我聞法，為阿耨多羅三藐三菩提。此諸眾生，于今有住聲聞地者，我常教化阿耨多羅三藐三菩提。是諸人等，應以是法漸入佛道。所以者何？如來智慧難信難解。尒時所化无量恒河沙等眾生者，汝等諸比丘，及我滅度後未來世中聲聞弟子是也。我滅度後，復有弟子不聞是經，不知不覺菩薩所行，自於所得功德生滅度想，當入涅槃。我於餘國作佛，更有異名。是人雖生滅度之想，入於涅槃，而於彼土求佛智慧，得聞是經，唯以佛乘而得滅度，更無餘乘，除諸如來方便說法。諸比丘，若如來自知涅槃時到，眾又清淨，信解堅固，了達空法，深入禪定，便集諸菩薩及聲聞眾，為說是經。世間無有二乘而得滅度，唯一佛乘得滅度耳。比丘當知，如來方便深入眾生之性，知其志樂小法，深著五欲，為是等故說於涅槃，是人若聞，則便信受。譬如五百由旬險難惡道，曠絕无人怖畏之處，若有多眾欲過此道，至珍寶處。有一導師，聰慧明達，善知險道通塞之相，將導眾人欲過此難。所將人眾中路懈退，白導師言：我等疲極而復怖畏，不能復進，前路猶遠，今欲退還。導師多諸方便而作是念：此等可愍，云何捨大珍寶而欲退還？作是念已，以方便力，於險道中過三百由旬，化作一城，告眾人言：汝等勿怖，莫得退還。今此大城，可於中止，隨意所作。若入是城，快得安隱；若能前至寶所，亦可得去。是時疲極之眾心大歡喜，歎未曾有：我等今者免斯惡道，快得安隱。於是眾人前入化城，生已度想，生安隱想。尒時導師知此人眾既得止息，無復疲惓，即滅化城，語眾人言：汝等去來，寶處在近，向者大城，我所化作，為止息耳。諸比丘，如來亦復如是，今為汝汝等作大導師，知諸生死煩惱惡道險難長遠，應去應度。若眾生但

至寶所亦可得去是時疲極之衆心大歡喜歎未曾有我等今者
免斯惡道快得安隱於是衆人前入化城生已度想生安隱想尒時導
師知此人衆既得止息無復疲惓即滅化城語衆人言汝等去來寶
處在近向者大城我所化作爲止息耳諸比丘如來亦復如是今爲汝
等作大導師知諸生死煩惱惡道險難長遠應去應度若衆生但
聞一佛乘者則不欲見佛不欲親近便作是念佛道長遠久受懃苦
乃可得成佛知是心怯弱下劣以方便力而於中道爲止息故說二涅
槃若衆生住於二地如來尒時即便爲說汝等所作未辦汝所住地
近於佛慧當觀察籌量所得涅槃非真實也但是如來方便之力於
一佛乘分別說三如彼導師爲止息故化作大城既知息已而告之言寶
處在近此城非實我化作耳尒時世尊欲重宣此義而說偈言
大通智勝佛 十劫坐道場 佛法不現前 不得成佛道 諸天神龍王
阿脩羅衆等 常雨於天華 以供養彼佛 諸天擊天鼓 并作衆伎樂
香風吹萎華 更雨新好者 過十小劫已 乃得成佛道 諸天及世人
心皆懷踊躍 彼佛十六子 皆與其眷屬 千万億圍繞 俱行至佛所
頭面禮佛足 而請轉法輪 聖師子法雨 充我及一切 世尊甚難值
久遠時一現 爲覺悟群生 震動於一切 東方諸世界 五百万億國
梵宮殿光曜 昔所未曾有 諸梵見此相 尋來至佛所 散華以供養
并奉上宮殿 請佛轉法輪 以偈而讚歎 佛知時未至 受請默然坐
三方及四維 上下亦復尒 散華奉宮殿 請佛轉法輪 世尊甚難值
願以大慈悲 廣開甘露門 轉無上法輪 無量慧世尊 受彼衆人請
爲宣種種法 四諦十二緣 無明至老死 皆從生緣有 如是衆過患
汝等應當知 宣暢是法時 六百万億姟 得盡諸苦際 皆成阿羅漢
第二說法時 千万恒沙衆 於諸法不受 亦得阿羅漢 從是後得道
其數無有量 万億劫筭數 不能得其邊 時十六王子 出家作沙弥
皆共請彼佛 演說大乘法 我等及營從 皆當成佛道 願得如世尊
慧眼第一淨 佛知童子心 宿世之所行 以無量因緣 種種諸譬喻
說六波羅蜜 及諸神通事 分別真實法 菩薩所行道 說是法華經
如恒河沙偈 彼佛說經已 靜室入禪定 一心一處坐 八万四千劫
是諸沙弥等 知佛禪未出 爲無量億衆 說佛無上慧 各各坐法座
說是大乘經 於佛宴寂後 宣揚助法化 一一沙弥等 所度諸衆生
有六百万億 恒河沙等衆 彼佛滅度後 是諸聞法者 在在諸佛土
常與師俱生 是十六沙弥 具足行佛道 今現在十方 各得成正覺

爲宣種種法 四諦十二緣 無明至老死 皆從生緣有 如是衆過患
汝等應當知 宣暢是法時 六百万億姟 得盡諸苦際 皆成阿羅漢
第二說法時 千万恒沙衆 於諸法不受 亦得阿羅漢 從是後得道
其數無有量 万億劫筭數 不能得其邊 時十六王子 出家作沙弥
皆共請彼佛 演說大乘法 我等及營從 皆當成佛道 願得如世尊
慧眼第一淨 佛知童子心 宿世之所行 以無量因緣 種種諸譬喻
說六波羅蜜 及諸神通事 分別真實法 菩薩所行道 說是法華經
如恒河沙偈 彼佛說經已 靜室入禪定 一心一處坐 八万四千劫
是諸沙弥等 知佛禪未出 爲無量億衆 說佛無上慧 各各坐法座
說是大乘經 於佛宴寂後 宣揚助法化 一一沙弥等 所度諸衆生
有六百万億 恒河沙等衆 彼佛滅度後 是諸聞法者 在在諸佛土
常與師俱生 是十六沙弥 具足行佛道 今現在十方 各得成正覺
尒時聞法者 各在諸佛所 其有住聲聞 漸教以佛道 我在十六數
曾亦爲汝說 是故以方便 引汝趣佛慧 以是本因緣 今說法華經
令汝入佛道 慎勿懷驚懼 譬如險惡道 迥絕多毒獸 又復無水草
人所怖畏處 無數千万衆 欲過此險道 其路甚曠遠 經五百由旬
時有一導師 強識有智慧 明了心決定 在險濟衆難 衆人皆疲惓
而白導師言 我等今頓乏 於此欲退還 導師作是念 此輩甚可愍
如何欲退還 而失大珍寶 尋時思方便 當設神通力 化作大城郭
莊嚴諸舍宅 周帀有園林 渠流及浴池 重門高樓閣 男女皆充滿
即作是化已 慰衆言勿懼 汝等入此城 各可隨所樂 諸人既入城
心皆大歡喜 皆生安隱想 自謂已得度 導師知息已 集衆而告言
汝等當前進 此是化城耳 我見汝疲極 中路欲退還 故以方便力
權化作此城 汝今勤精進 當共至寶所 我亦復如是 爲一切導師
見諸求道者 中路而懈廢 不能度生死 煩惱諸險道 故以方便力
爲息說涅槃 言汝等苦滅 所作皆已辦 既知到涅槃 皆得阿羅漢
尒乃集大衆 爲說真實法 諸佛方便力 分別說三乘 唯有一佛乘
息處故說二 今爲汝說實 汝所得非滅 爲佛一切智 當發大精進
汝證一切智 十力等佛法 具三十二相 乃是真實滅 諸佛之導師

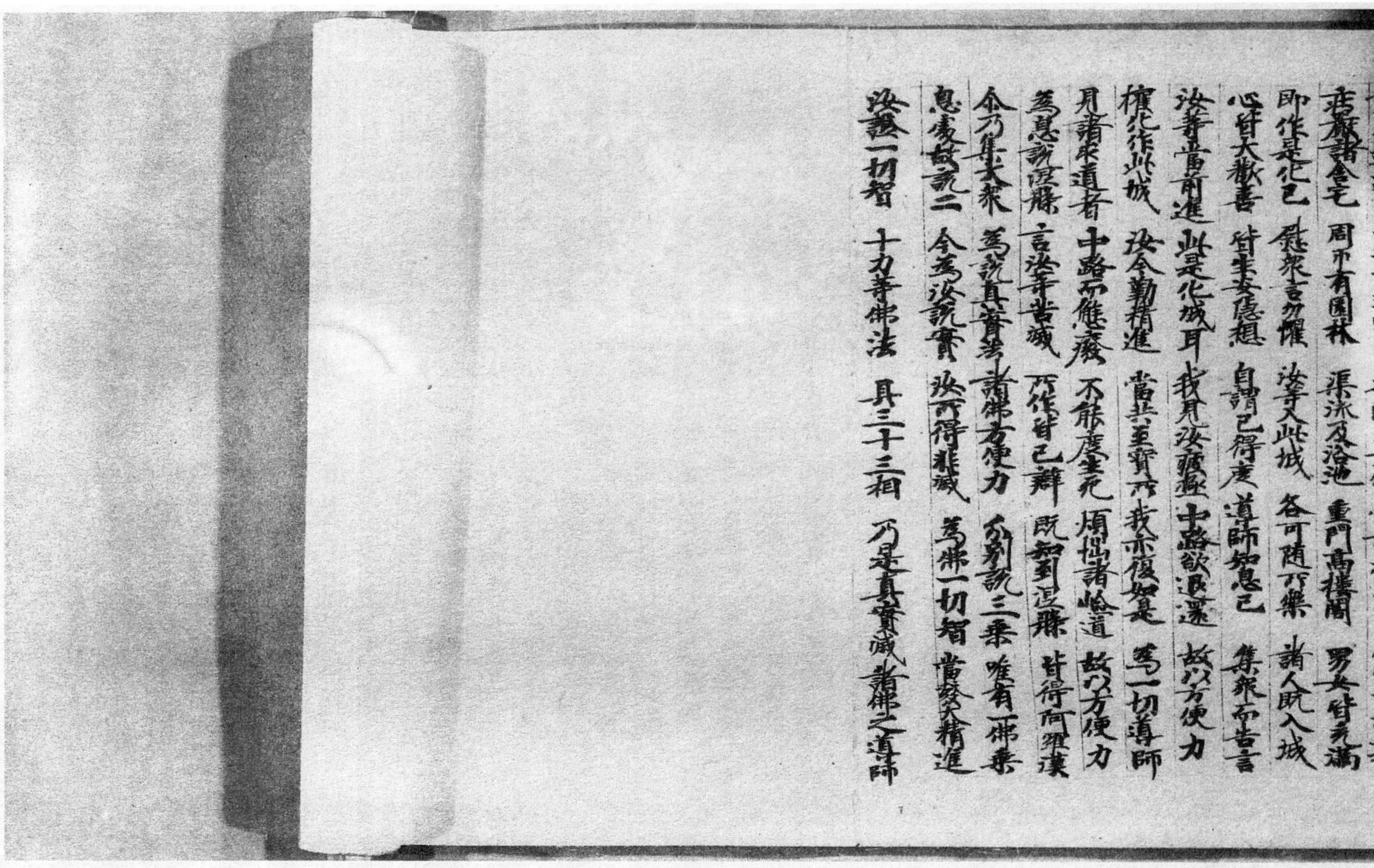
莊嚴諸舍宅　周帀有園林　渠流及浴池　重門高樓閣　男女皆充滿
即作是化已　慰衆言勿懼　汝等入此城　各可隨所樂　諸人既入城
心皆大歡喜　皆生安隱想　自謂已得度　導師知息已　集衆而告言
汝等當前進　此是化城耳　我見汝疲極　中路欲退還　故以方便力
權化作此城　汝今勤精進　當共至寶所　我亦復如是　為一切導師
見諸求道者　中路而懈廢　不能度生死　煩惱諸險道　故以方便力
為息說涅槃　言汝等苦滅　所作皆已辦　既知到涅槃　皆得阿羅漢
爾乃集大衆　為說真實法　諸佛方便力　分別說三乘　唯有一佛乘
息處故說二　今為汝說實　汝所得非滅　為佛一切智　當發大精進
汝證一切智　十力等佛法　具三十二相　乃是真實滅　諸佛之導師

BD13823 號　妙法蓮華經（小字兩卷本）卷一　　（17–17）

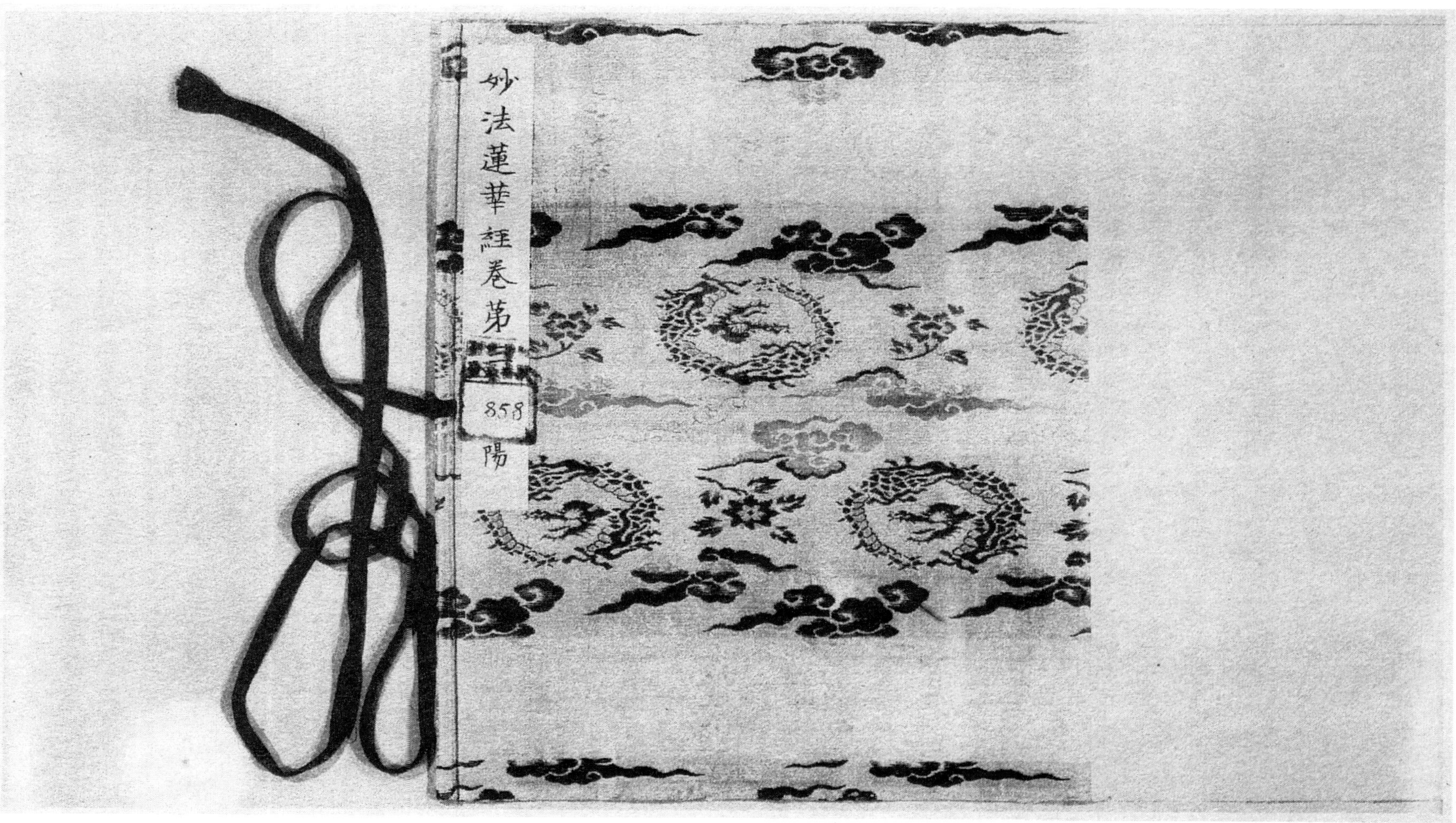

BD13824 號背　現代護首　　（1–1）

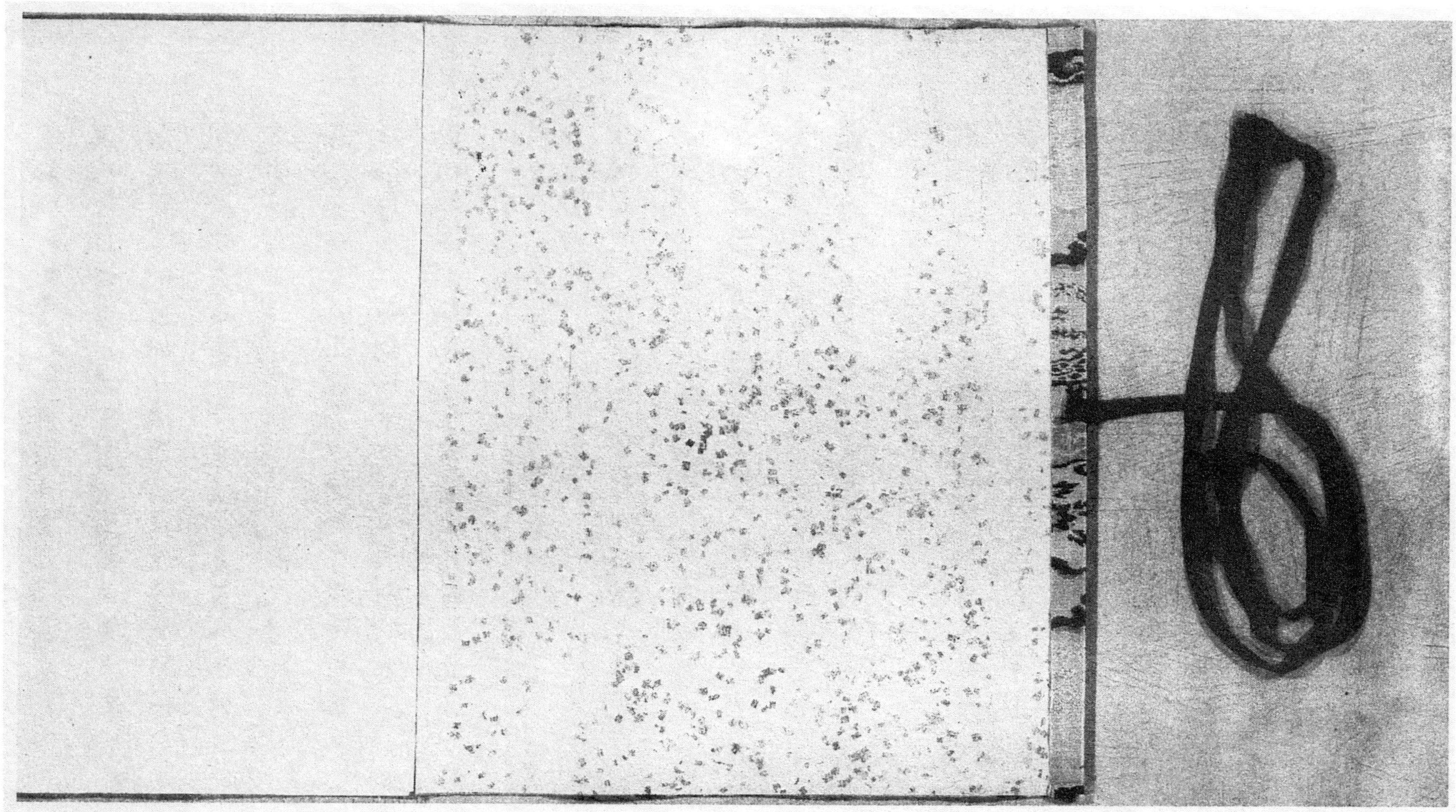

BD13824號　妙法蓮華經卷三　（23–1）

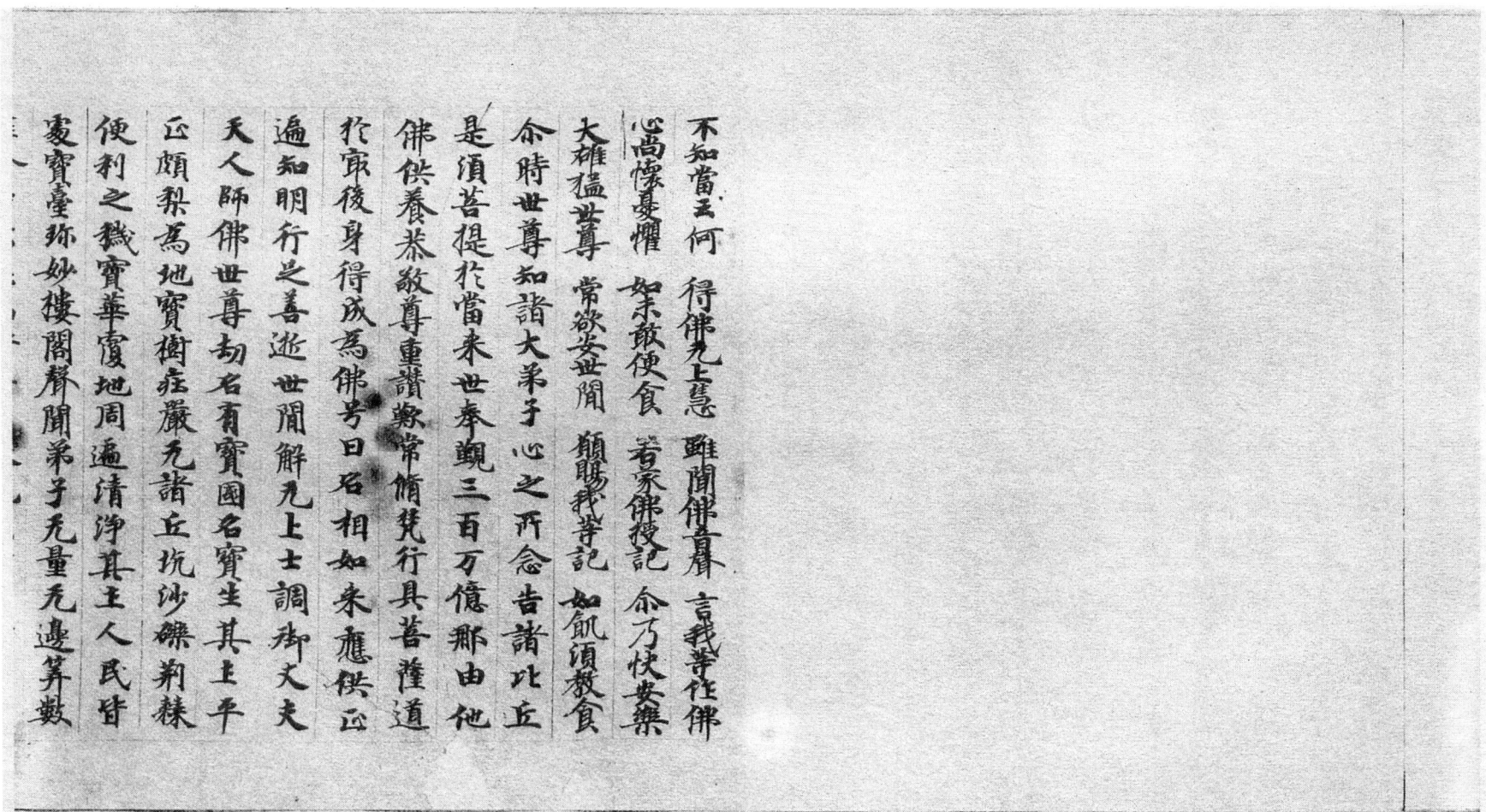

不知當云何　得佛无上慧　雖聞佛音聲　言我等作佛
心尚懷憂懼　如未敢便食　若蒙佛授記　尒乃快安樂
大雄猛世尊　常欲安世間　願賜我等記　如飢須教食
尒時世尊知諸大弟子心之所念告諸比丘
是須菩提於當來世奉覲三百万億那由他
佛供養恭敬尊重讚歎常脩梵行具菩薩道
於最後身得成為佛号曰名相如來應供正
遍知明行足善逝世間解无上士調御丈夫
天人師佛世尊劫名有寶國名寶生其土平
正頗梨為地寶樹莊嚴无諸丘坑沙礫荊棘
便利之穢寶華覆地周遍清淨其土人民皆
處寶臺珍妙樓閣聲聞弟子无量无邊算數

BD13824號　妙法蓮華經卷三　（23–2）

遍知明行足善逝世間解无上士調御丈夫
天人師佛世尊劫名有寶國名寶生其土平
正頗梨為地寶樹莊嚴无諸丘坑沙礫荊棘
便利之穢寶華覆地周遍清淨其土人民皆
處寶臺珎妙樓閣聲聞弟子无量无邊筭數
譬喻所不能知諸菩薩衆无數千万億那由
他佛壽十二小劫正法住世二十小劫像法
亦住二十小劫其佛常處虛空為衆說法度
脫无量菩薩及聲聞衆尒時世尊欲重宣此
義而說偈言
諸比丘衆 今告汝等 皆當一心 聽我所說
我大弟子 須菩提者 當得作佛 号曰名相
當供无數 万億諸佛 隨佛所行 漸具大道
㝡後身得 三十二相 端正殊妙 猶如寶山
其佛國土 嚴淨第一 衆生見者 无不愛樂
佛於其中 度无量衆 其佛法中 多諸菩薩
皆悉利根 轉不退輪 彼國常以 菩薩莊嚴
諸聲聞衆 不可稱數 皆得三明 具六神通
住八解脫 有大威德 其佛說法 現於无量
神通變化 不可思議 諸天人民 數如恒沙
皆共合掌 聽受佛語 其佛當壽 十二小劫
正法住世 二十小劫 像法亦住 二十小劫
尒時世尊復告諸比丘衆我今語汝是大迦
旃延於當來世以諸供具供養奉事八千億
佛恭敬尊重諸佛滅後各起塔廟高千由旬

BD13824號　妙法蓮華經卷三　（23-3）

皆共合掌 聽受佛語 其佛當壽 十二小劫
正法住世 二十小劫 像法亦住 二十小劫
尒時世尊復告諸比丘衆我今語汝是大迦
旃延於當來世以諸供具供養奉事八千億
佛恭敬尊重諸佛滅後各起塔廟高千由旬
縱廣正等五百由旬以金銀琉璃車𤦲馬瑙
真珠玫瑰七寶合成衆華瓔珞塗香末香燒
香繒蓋幢幡供養塔廟過是已後當復供養
二万億佛亦復如是供養是諸佛已具菩薩
道當得作佛号曰閻浮那提金光如來應供
正遍知明行足善逝世間解无上士調御丈
夫天人師佛世尊其土平正頗梨為地寶樹
莊嚴黃金為繩以界道側妙華覆地周遍清
淨見者歡喜无四惡道地獄餓鬼畜生阿脩
羅道多有天人諸聲聞衆及諸菩薩无量万
億莊嚴其國佛壽十二小劫正法住世二十
小劫像法亦住二十小劫尒時世尊欲重宣
此義而說偈言
諸比丘衆 皆一心聽 如我所說 真實无異
是迦旃延 當以種種 妙好供具 供養諸佛
諸佛滅後 起七寶塔 亦以華香 供養舍利
其㝡後身 得佛智慧 成等正覺 國土清淨
度脫无量 万億衆生 皆為十方 之所供養
佛之光明 无能勝者 其佛号曰 閻浮金光
菩薩聲聞 斷一切有 无量无數 莊嚴其國

BD13824號　妙法蓮華經卷三　（23-4）

其最後身　得佛智慧　成等正覺　國土清淨
度脫无量　万億衆生　皆爲十方　之所供養
佛之光明　无能勝者　其佛号曰　閻浮金光
菩薩聲聞　斷一切有　无量无數　莊嚴其國
尒時世尊復告大衆我今語汝是大目揵連
當以種種供具供養八千諸佛恭敬尊重諸
佛滅後各起塔廟高千由旬縱廣正等五百
由旬以金銀瑠璃車𤦲馬碯真珠玫瑰七寶
合成衆華瓔珞塗香末香燒香繒蓋幢幡以
用供養過是已後當復供養二百万億諸佛
亦復如是當得成佛号曰多摩羅跋栴檀香
如來應供正遍知明行足善逝世間解无上
士調御丈夫天人師佛世尊劫名喜滿國名
意樂其土平正頗梨爲地寶樹莊嚴散真珠
華周遍清淨見者歡喜多諸天人菩薩聲聞
其數无量佛壽二十四小劫正法住世四十
小劫像法亦住四十小劫尒時世尊欲重宣
此義而說偈言
我此弟子　大目揵連　捨是身已　得見八千
二百万億　諸佛世尊　爲佛道故　供養恭敬
於諸佛所　常脩梵行　於无量劫　奉持佛法
諸佛滅後　起七寶塔　長表金刹　華香伎樂
而以供養　諸佛塔廟　漸漸具足　菩薩道已
於意樂國　而得作佛　号多摩羅　栴檀之香
其佛壽命　二十四劫　常爲天人　演說佛道

於諸佛所　常脩梵行　於无量劫　奉持佛法
諸佛滅後　起七寶塔　長表金刹　華香伎樂
而以供養　諸佛塔廟　漸漸具足　菩薩道已
於意樂國　而得作佛　号多摩羅　栴檀之香
其佛壽命　二十四劫　常爲天人　演說佛道
聲聞无量　如恒河沙　三明六通　有大威德
菩薩无數　志固精進　於佛智慧　皆不退轉
佛滅度後　正法當住　四十小劫　像法亦尒
我諸弟子　威德具足　其數五百　皆當授記
於未來世　咸得成佛　我及汝等　宿世因緣
吾今當說　汝等善聽

妙法蓮華經化城喻品第七

佛告諸比丘乃往過去无量无邊不可思議
阿僧祇劫尒時有佛名大通智勝如來應供
正遍知明行足善逝世間解无上士調御丈
夫天人師佛世尊其國名好成劫名大相諸
比丘彼佛滅度已來甚大久遠譬如三千大
千世界所有地種假使有人磨以爲墨過於
東方千國土乃下一點大如微塵又過千國
土復下一點如是展轉盡地種墨於汝等意
云何是諸國土若筭師若筭師弟子能得邊
際知其數不不也世尊諸比丘是人所經國
土若點不點盡末爲塵一塵一劫彼佛滅度
已來復過是數无量无邊百千万億阿僧祇
劫我以如來知見力故觀彼久遠猶若今日
尒時世尊欲重宣此義而說偈言

際知其數不不也世尊諸比丘是人所經國
土若點不點盡末為塵一塵一劫彼佛滅度
已來復過是數无量无邊百千万億阿僧祇
劫我以如來知見力故觀彼久遠猶若今日
尒時世尊欲重宣此義而說偈言
我念過去世　无量无邊劫　有佛兩足尊　名大通智勝
如人以力磨　三千大千土　盡此諸地種　皆悉以為墨
過於千國土　乃下一塵點　如是展轉點　盡此諸塵墨
如是諸國土　點與不點等　復盡末為塵　一塵為一劫
此諸微塵數　其劫復過是　彼佛滅度來　如是无量劫
如來无礙智　知彼佛滅度　及聲聞菩薩　如見今滅度
諸比丘當知　佛智淨微妙　无漏无所礙　通達无量劫
佛告諸比丘大通智勝佛壽五百四十万億
那由他劫其佛本坐道場破魔軍已垂得阿
耨多羅三藐三菩提而諸佛法不現在前如
是一小劫乃至十小劫結加趺坐身心不動
而諸佛法猶不在前尒時忉利諸天先為彼
佛於菩提樹下敷師子座高一由旬佛於此
座當得阿耨多羅三藐三菩提適坐此座時
諸梵天王雨衆天華面百由旬香風時來吹
去萎華更雨新者如是不絕滿十小劫供養
於佛乃至滅度常雨此華四王諸天為供養
佛常擊天鼓其餘諸天作天伎樂滿十小劫
至于滅度亦復如是諸比丘大通智勝佛過
十小劫諸佛之法乃現在前成阿耨多羅三

佛常擊天鼓其餘諸天作天伎樂滿十小劫
至于滅度亦復如是諸比丘大通智勝佛過
十小劫諸佛之法乃現在前成阿耨多羅三
藐三菩提其佛未出家時有十六子其第一
者名曰智積諸子各有種種珍異玩好之具
聞父得成阿耨多羅三藐三菩提皆捨所珍
往詣佛所諸母涕泣而隨送之其祖轉輪聖
王與一百大臣及餘百千万億人民皆共圍
繞隨至道場咸欲親近大通智勝如來供養
恭敬尊重讚歎到已頭面礼足繞佛畢已一
心合掌瞻仰世尊以偈頌曰
大威德世尊　為度衆生故　於无量億歲　尒乃得成佛
諸願已具足　善哉吉无上　世尊甚希有　一坐十小劫
身體及手足　靜然安不動　其心常惔怕　未曾有散亂
究竟永寂滅　安住无漏法　今者見世尊　安隱成佛道
我等得善利　稱慶大歡喜　衆生常苦惱　盲瞑无導師
不識苦盡道　不知求解脫　長夜增惡趣　減損諸天衆
從冥入於冥　永不聞佛名　今佛得最上　安隱无漏法
我等及天人　為得最大利　是故咸稽首　歸命无上尊
尒時十六王子偈讚佛已勸請世尊轉於法
輪咸作是言世尊說法多所安隱憐愍饒益
諸天人民重說偈言
世雄无等倫　百福自莊嚴　得无上智慧　願為世間說
度脫於我等　及諸衆生類　為分別顯示　令得是智慧
若我等得佛　衆生亦復然　世尊知衆生　深心之所念

輪咸作是言世尊說法多所安隱憐愍饒益
諸天人民重說偈言
世雄无等倫　百福自莊嚴　得无上智慧　願為世間說
度脫於我等　及諸衆生類　為分別顯示　令得是智慧
若我等得佛　衆生亦復然　世尊知衆生　深心之所念
亦知所行道　又知智慧力　欲樂及修福　宿命所行業
世尊悉知已　當轉无上輪
佛告諸比丘大通智勝佛得阿耨多羅三藐
三菩提時十方各五百万億諸佛世界六種
震動其國中間幽冥之處日月威光所不能
照而皆大明其中衆生各得相見咸作是言
此中云何忽生衆生又其國界諸天宮殿乃
至梵宮六種震動大光普照遍滿世界勝諸
天光尒時東方五百万億諸國土中梵天宮
殿光明照曜倍於常明諸梵天王各作是念
今者宮殿光明昔所未有以何因緣而現此
相是時諸梵天王即各相詣共議此事而彼
衆中有一大梵天王名救一切為諸梵衆而
說偈言
我等諸宮殿　光明昔未有　此是何因緣　宜各共求之
為大德天生　為佛出世間　而此大光明　遍照於十方
尒時五百万億國土諸梵天王與宮殿俱各
以衣裓盛諸天華共詣西方推尋是相見大
通智勝如來處于道場菩提樹下坐師子座
諸天龍王乾闥婆緊那羅摩睺羅伽人非人

BD13824號　妙法蓮華經卷三　（23–9）

尒時五百万億國土諸梵天王與宮殿俱各
以衣裓盛諸天華共詣西方推尋是相見大
通智勝如來處于道場菩提樹下坐師子座
諸天龍王乾闥婆緊那羅摩睺羅伽人非人
等恭敬圍繞及見十六王子請佛轉法輪即
時諸梵天王頭面礼佛繞百千帀即以天華
而散佛上其所散華如須弥山并以供養佛
菩提樹其菩提樹高十由旬華供養已各以
宮殿奉上彼佛而作是言唯見哀愍饒益我
等所獻宮殿願垂納處時諸梵天王即於佛
前一心同聲以偈頌曰
世尊甚希有　難可得值遇　具无量功德　能救護一切
天人之大師　哀愍於世間　十方諸衆生　普皆蒙饒益
我等所從來　五百万億國　捨深禪定樂　為供養佛故
我等先世福　宮殿甚嚴飾　今以奉世尊　唯願哀納受
尒時諸梵天王偈讚佛已各作是言唯願世
尊轉於法輪度脫衆生開涅槃道時諸梵天
王一心同聲而說偈言
世雄兩足尊　唯願演說法　以大慈悲力　度苦惱衆生
尒時大通智勝如來默然許之又諸比丘東
南方五百万億國土諸大梵王各自見宮殿
光明照曜昔所未有歡喜踊躍生希有心即
各相詣共議此事而彼衆中有一大梵天王
名曰大悲為諸梵衆而說偈言
是事何因緣　而現如此相　我等諸宮殿　光明昔未有
為大德天生　為佛出世間　未曾見此相　當共一心求

BD13824號　妙法蓮華經卷三　（23–10）

光明昭曜昔所未有歡喜踊躍生希有心即
各相詣共議此事而彼衆中有一大梵天王
名曰大悲爲諸梵衆而説偈言
是事何因緣　而現如此相　我等諸宮殿　光明昔未有
爲大德天生　爲佛出世間　未曾見此相　當共一心求
過千万億土　尋光共推之　多是佛出世　度脱苦衆生
尒時五百万億諸梵天王與宮殿俱各以衣
裓盛諸天華共詣西北方推尋是相見大通
智勝如来處于道場菩提樹下坐師子座諸
天龍王乾闥婆緊那羅摩睺羅伽人非人等
恭敬圍繞及見十六王子請佛轉法輪時諸
梵天王頭面礼佛繞百千帀即以天華而散
佛上所散之華如須弥山并以供養佛菩提
樹華供養已各以宮殿奉上彼佛而作是言
唯見哀愍饒益我等所獻宮殿願垂納處尒
時諸梵天王即於佛前一心同聲以偈頌曰
聖主天中王　迦陵頻伽聲　哀愍衆生者　我等今敬礼
世尊甚希有　久遠乃一現　一百八十劫　空過无有佛
三惡道充滿　諸天衆減少　今佛出於世　爲衆生作眼
世間所歸趣　救護於一切　爲衆生之父　哀愍饒益者
我等宿福慶　今得值世尊
尒時諸梵天王偈讃佛已各作是言唯願世
尊哀愍一切轉於法輪度脱衆生時諸梵天
王一心同聲而説偈言
大聖轉法輪　顯示諸法相　度苦惱衆生　令得大歡喜
衆生聞此法　得道若生天　諸惡道減少　忍善者增益

尊哀愍一切轉於法輪度脱衆生時諸梵天
王一心同聲而説偈言
大聖轉法輪　顯示諸法相　度苦惱衆生　令得大歡喜
衆生聞此法　得道若生天　諸惡道減少　忍善者增益
尒時大通智勝如来嘿然許之又諸北五南
方五百万億國土諸大梵王各自見宮殿光
明照曜昔所未有歡喜踊躍生希有心即各
相詣共議此事以何因緣我等宮殿有此光
曜而彼衆中有一大梵天王名曰妙法爲諸
梵衆而説偈言
我等諸宮殿　光明甚威曜　此非无因緣　是相冝求之
過於百千劫　未曾見是相　爲大德天生　爲佛出世間
尒時五百万億諸梵天王與宮殿俱各以衣
裓盛諸天華共詣北方推尋是相見大通智
勝如来處于道場菩提樹下坐師子座諸天
龍王乾闥婆緊那羅摩睺羅伽人非人等恭
敬圍繞及見十六王子請佛轉法輪時諸梵
天王頭面礼佛繞百千帀即以天華而散佛
上所散之華如須弥山并以供養佛菩提樹
華供養已各以宮殿奉上彼佛而作是言唯
見哀愍饒益我等所獻宮殿願垂納處尒時
諸梵天王即於佛前一心同聲以偈頌曰
世尊甚難見　破諸煩惱者　過百三十劫　今乃得一見
諸飢渴衆生　以法雨充滿　昔所未曾覩　无量智慧者
如優曇波羅　今日乃值遇　我等諸宮殿　蒙光故嚴飾

諸梵天王即於佛前一心同聲以偈頌曰
世尊甚難見 破諸煩惱者 過百三十劫 今乃得一見
諸飢渴衆生 以法雨充滿 昔所未曾覩 无量智慧者
如優曇波羅 今日乃值遇 我等諸宮殿 蒙光故嚴飾
世尊大慈愍 唯願垂納受
尒時諸梵天王偈讚佛已各作是言唯願世
尊轉於法輪令一切世間諸天魔梵沙門婆
羅門皆獲安隱而得度脫時諸梵天王一心
同聲以偈頌曰
唯願天人尊 轉无上法輪 擊于大法鼓 而吹大法螺
普雨大法雨 度无量衆生 我等咸歸請 當演深遠音
尒時大通智勝如來嘿然許之西南方乃至
下方亦復如是尒時上方五百万億國土諸
大梵王皆悉自覩所止宮殿光明威曜昔所
未有歡喜踊躍生希有心即各相詣共議此
事以何因緣我等宮殿有斯光明而彼衆中
有一大梵天王名曰尸棄爲諸梵衆而說偈
言
今以何因緣 我等諸宮殿 威德光明曜 嚴飾未曾有
如是之妙相 昔所未聞見 爲大德天生 爲佛出世間
尒時五百万億諸梵天王與宮殿俱各以衣
裓盛諸天華共詣下方推尋是相見大通智
勝如來處于道場菩提樹下坐師子座諸天
龍王乾闥婆緊那羅摩睺羅伽人非人等恭
敬圍繞及見十六王子請佛轉法輪時諸梵
天王頭面礼佛繞百千帀即以天華而散佛

BD13824號　妙法蓮華經卷三　　（23–13）

裓盛諸天華共詣下方推尋是相見大通智
勝如來處于道場菩提樹下坐師子座諸天
龍王乾闥婆緊那羅摩睺羅伽人非人等恭
敬圍繞及見十六王子請佛轉法輪時諸梵
天王頭面礼佛繞百千帀即以天華而散佛
上所散之華如須弥山并以供養佛菩提樹
華供養已各以宮殿奉上彼佛而作是言唯
見哀愍饒益我等所獻宮殿願垂納受時諸
梵天王即於佛前一心同聲以偈頌曰
善哉見諸佛 救世之聖尊 能於三界獄 勉出諸衆生
普智天人尊 哀愍群萌類 能開甘露門 廣度於一切
於昔无量劫 空過无有佛 世尊未出時 十方常闇冥
三惡道增長 阿修羅亦盛 諸天衆轉減 死多墮惡道
不從佛聞法 常行不善事 色力及智慧 斯等皆減少
罪業因緣故 失樂及樂想 住於邪見法 不識善儀則
不蒙佛所化 常墮於惡道 佛爲世間眼 久遠時乃出
哀愍諸衆生 故現於世間 超出成正覺 我等甚欣慶
及餘一切衆 喜歎未曾有 我等諸宮殿 蒙光故嚴飾
今以奉世尊 唯垂哀納受 願以此功德 普及於一切
我等與衆生 皆共成佛道
尒時五百万億諸梵天王偈讚佛已各白佛
言唯願世尊轉於法輪多所安隱多所度脫
時諸梵天王而說偈言
世尊轉法輪 擊甘露法鼓 度苦惱衆生 開示涅槃道
唯願受我請 以大微妙音 哀愍而敷演 无量劫習法
尒時大通智勝如來受十方諸梵天王及十

BD13824號　妙法蓮華經卷三　　（23–14）

言唯願世尊轉於法輪多所安隱多所度脫
時諸梵天王而說偈言
世尊轉法輪　擊甘露法鼓　度苦惱衆生　開示涅槃道
唯願受我請　以大微妙音　哀愍而敷演　无量劫習法
尒時大通智勝如來受十方諸梵天王及十
六王子請即時三轉十二行法輪若沙門婆
羅門若天魔梵及餘世間所不能轉謂是苦
是苦集是苦滅是苦滅道及廣說十二因緣
法无明緣行行緣識識緣名色名色緣六入
六入緣觸觸緣受受緣愛愛緣取取緣有有
緣生生緣老死憂悲苦惱无明滅則行滅行
滅則識滅識滅則名色滅名色滅則六入滅
六入滅則觸滅觸滅則受滅受滅則愛滅愛
滅則取滅取滅則有滅有滅則生滅生滅則
老死憂悲苦惱滅佛於天人大衆之中說是
法時六百万億那由他人以不受一切法故
而於諸漏心得解脫皆得深妙禪定三明六
通具八解脫第二第三第四說法時千万億
恒河沙那由他等衆生亦以不受一切法故
而於諸漏心得解脫從是已後諸聲聞衆无
量无邊不可稱數尒時十六王子皆以童子
出家而為沙弥諸根通利智慧明了已曾供
養百千万億諸佛淨脩梵行求阿耨多羅三
藐三菩提俱白佛言世尊是諸无量千万億
大德聲聞皆已成就世尊亦當為我等說阿

BD13824號　妙法蓮華經卷三　（23-15）

出家而為沙弥諸根通利智慧明了已曾供
養百千万億諸佛淨脩梵行求阿耨多羅三
藐三菩提俱白佛言世尊是諸无量千万億
大德聲聞皆已成就世尊亦當為我等說阿
耨多羅三藐三菩提法我等聞已皆共脩學
世尊我等志願如來知見深心所念佛自證
知尒時轉輪聖王所將衆中八万億人見十
六王子出家亦求出家王即聽許尒時彼佛
受沙弥請過二万劫已乃於四衆之中說是
大乘經名妙法蓮華教菩薩法佛所護念說
是經已十六沙弥為阿耨多羅三藐三菩提
故皆共受持諷誦通利說是經時十六菩薩
沙弥皆悉信受聲聞衆中亦有信解其餘衆
生千万億種皆生疑惑佛說是經於八千劫
未曾休廢說此經已即入靜室住於禪定八
万四千劫是時十六菩薩沙弥知佛入室寂
然禪定各昇法座亦於八万四千劫為四部
衆廣說分別妙法華經一一皆度六百万億
那由他恒河沙等衆生示教利喜令發阿耨
多羅三藐三菩提心大通智勝佛過八万四
千劫已從三昧起往詣法座安詳而坐普告
大衆是十六菩薩沙弥甚為希有諸根通利
智慧明了已曾供養无量千万億數諸佛於諸
佛所常脩梵行受持佛智開示衆生令入其
中汝等皆當數數親近而供養之所以者何

BD13824號　妙法蓮華經卷三　（23-16）

千劫已從三昧起往詣法座安詳而坐普告
大衆是十六菩薩沙弥甚爲希有諸根通利
智慧明了已曾供養无量千万億數諸佛於諸
佛所常脩梵行受持佛智開示衆生令入其
中汝等皆當數數親近而供養之所以者何
若聲聞辟支佛及諸菩薩能信是十六菩
薩所說經法受持不毀者是人皆當得阿耨
多羅三藐三菩提如來之慧佛告諸比丘是
十六菩薩常樂說是妙法蓮華經一一菩薩
所化六百万億那由他恒河沙等衆生世世
所生與菩薩俱從其聞法悉皆信解以此因
緣得值四万億諸佛世尊于今不盡諸比丘
我今語汝彼佛弟子十六沙弥今皆得阿耨
多羅三藐三菩提於十方國土現在說法有
无量百千万億菩薩聲聞以爲眷屬其二沙
弥東方作佛一名阿閦在歡喜國二名須弥
頂東南方二佛一名師子音二名師子相南
方二佛一名虛空住二名常滅西南方二佛
一名帝相二名梵相西方二佛一名阿弥陀
二名度一切世間苦惱西北方二佛一名多
摩羅跋栴檀香神通二名須弥相北方二佛
一名雲自在二名雲自在王東北方佛名壞
一切世間怖畏第十六我釋迦牟尼佛於娑
婆國土成阿耨多羅三藐三菩提諸比丘我
等爲沙弥時各各教化无量百千万億恒河
沙等衆生從我聞法爲阿耨多羅三藐三菩

BD13824號　妙法蓮華經卷三　（23–17）

一切世間怖畏第十六我釋迦牟尼佛於娑
婆國土成阿耨多羅三藐三菩提諸比丘我
等爲沙弥時各各教化无量百千万億恒河
沙等衆生從我聞法爲阿耨多羅三藐三菩
提此諸衆生于今有住聲聞地者我常教化
阿耨多羅三藐三菩提是諸人等應以是法
漸入佛道所以者何如來智慧難信難解尒
時所化无量恒河沙等衆生者汝等諸比丘
及我滅度後未來世中聲聞弟子是也我滅
度後復有弟子不聞是經不知不覺菩薩所
行自於所得功德生滅度想當入涅槃我於
餘國作佛更有異名是人雖生滅度之想入
於涅槃而於彼土求佛智慧得聞是經唯以
佛乘而得滅度更无餘乘除諸如來方便說
法諸比丘若如來自知涅槃時到衆又清淨
信解堅固了達空法深入禪定便集諸菩薩
及聲聞衆爲說是經世間无有二乘而得滅
度唯一佛乘得滅度耳比丘當知如來方便
深入衆生之性知其志樂小法深著五欲爲
是等故說於涅槃是人若聞則便信受譬如
五百由旬險難惡道曠絕无人怖畏之處若
有多衆欲過此道至珍寶處有一導師聰慧
明達善知險道通塞之相將導衆人欲過此
難所將人衆中路懈退白導師言我等疲極
而復怖畏不能復進前路猶遠今欲退還導

BD13824號　妙法蓮華經卷三　（23–18）

有多衆欲過此道至珎寶處有一導師聰慧
明達善知險道通塞之相將導衆人欲過此
難所將人衆中路懈退白導師言我等疲極
而復怖畏不能復進前路猶遠今欲退還導
師多諸方便而作是念此等可愍云何捨大
珎寶而欲退還作是念已以方便力於險道
中過三百由旬化作一城告衆人言汝等勿
怖莫得退還今此大城可於中止隨意所作
若入是城快得安隱若能前至寶所亦可得
去是時疲極之衆心大歡喜歎未曾有我等
今者免斯惡道快得安隱於是衆人前入化
城生已度想生安隱想尒時導師知此人衆
既得止息无復疲惓即滅化城語衆人言汝
等去來寶處在近向者大城我所化作為止
息耳諸比丘如來亦復如是今為汝等作大
導師知諸生死煩惱惡道險難長遠應去應
度若衆生但聞一佛乘者則不欲見佛不欲
親近便作是念佛道長遠久受勤苦乃可得
成佛知是心怯弱下劣以方便力而於中道
為止息故說二涅槃若衆生住於二地如來
尒時即便為說汝等所作未辦汝所住地近
於佛慧當觀察籌量所得涅槃非真實也但
是如來方便之力於一佛乘分別說三如彼
導師為止息故化作大城既知息已而告之
言寶處在近此城非實我化作耳尒時世尊

於佛慧當觀察籌量所得涅槃非真實也但
是如來方便之力於一佛乘分別說三如彼
導師為止息故化作大城既知息已而告之
言寶處在近此城非實我化作耳尒時世尊
欲重宣此義而說偈言
大通智勝佛　十劫坐道場　佛法不現前　不得成佛道
諸天神龍王　阿脩羅衆等　常雨於天華　以供養彼佛
諸天擊天鼓　并作衆伎樂　香風吹萎華　更雨新好者
過十小劫已　乃得成佛道　諸天及世人　心皆懷踊躍
彼佛十六子　皆與其眷屬　千万億圍繞　俱行至佛所
頭面礼佛足　而請轉法輪　聖師子法雨　充我及一切
世尊甚難值　久遠時一現　為覺悟群生　震動於一切
東方諸世界　五百万億國　梵宮殿光曜　昔所未曾有
諸梵見此相　尋來至佛所　散華以供養　并奉上宮殿
請佛轉法輪　以偈而讚歎　佛知時未至　受請嘿然坐
三方及四維　上下亦復尒　散華奉宮殿　請佛轉法輪
世尊甚難值　願以大慈悲　廣開甘露門　轉无上法輪
无量慧世尊　受彼衆人請　為宣種種法　四諦十二緣
无明至老死　皆從生緣有　如是衆過患　汝等應當知
宣暢是法時　六百万億姟　得盡諸苦際　皆成阿羅漢
第二說法時　千万恒沙衆　於諸法不受　亦得阿羅漢
從是後得道　其數无有量　万億劫筭數　不能得其邊
時十六王子　出家作沙弥　皆共請彼佛　演說大乘法
我等及營從　皆當成佛道　願得如世尊　慧眼第一淨
佛知童子心　宿世之所行　以无量因緣　種種諸譬喻
說六波羅蜜　及諸神通事　分別真實法　菩薩所行道

從是後得道　其數无有量　万億劫筭數　不能得其邊
時十六王子　出家作沙弥　皆共請彼佛　演說大乘法
我等及營從　皆當成佛道　願得如世尊　慧眼第一淨
佛知童子心　宿世之所行　以无量因緣　種種諸譬喻
說六波羅蜜　及諸神通事　分別真實法　菩薩所行道
說是法華經　如恒河沙偈　彼佛說經已　靜室入禪定
一心一處坐　八万四千劫　是諸沙弥等　知佛禪未出
為无量億眾　說佛无上慧　各各坐法座　說是大乘經
於佛宴寂後　宣揚助法化　一一沙弥等　所度諸眾生
有六百万億　恒河沙等眾　彼佛滅度後　是諸聞法者
在在諸佛土　常與師俱生　是十六沙弥　具足行佛道
今現在十方　各得成正覺　尒時聞法者　各在諸佛所
其有住聲聞　漸教以佛道　我在十六數　曾亦為汝說
是故以方便　引汝趣佛慧　以是本因緣　今說法華經
令汝入佛道　慎勿懷驚懼　譬如險惡道　迥絕多毒獸
又復无水草　人所怖畏處　无數千万眾　欲過此險道
其路甚曠遠　經五百由旬　時有一導師　強識有智慧
明了心決定　在險濟眾難　眾人皆疲惓　而白導師言
我等今頓乏　於此欲退還　導師作是念　此輩甚可愍
如何欲退還　而失大珍寶　尋時思方便　當設神通力
化作大城郭　莊嚴諸舍宅　周帀有園林　渠流及浴池
重門高樓閣　男女皆充滿　即作是化已　慰眾言勿懼
汝等入此城　各可隨所樂　諸人既入城　心皆大歡喜
皆生安隱想　自謂已得度　導師知息已　集眾而告言
汝等當前進　此是化城耳　我見汝疲極　中路欲退還

其路甚曠遠　經五百由旬　時有一導師　強識有智慧
明了心決定　在險濟眾難　眾人皆疲惓　而白導師言
我等今頓乏　於此欲退還　導師作是念　此輩甚可愍
如何欲退還　而失大珍寶　尋時思方便　當設神通力
化作大城郭　莊嚴諸舍宅　周帀有園林　渠流及浴池
重門高樓閣　男女皆充滿　即作是化已　慰眾言勿懼
汝等入此城　各可隨所樂　諸人既入城　心皆大歡喜
皆生安隱想　自謂已得度　導師知息已　集眾而告言
汝等當前進　此是化城耳　我見汝疲極　中路欲退還
故以方便力　權化作此城　汝今勤精進　當共至寶所
我亦復如是　為一切導師　見諸求道者　中路而懈廢
不能度生死　煩惱諸險道　故以方便力　為息說涅槃
言汝等苦滅　所作皆已辦　既知到涅槃　皆得阿羅漢
尒乃集大眾　為說真實法　諸佛方便力　分別說三乘
唯有一佛乘　息處故說二　今為汝說實　汝所得非滅
為佛一切智　當發大精進　汝證一切智　十力等佛法
具三十二相　乃是真實滅　諸佛之導師　為息說涅槃
既知是息已　引入於佛慧

尒乃集大衆　為說真實法　諸佛方便力　分別說三乘
唯有一佛乘　息處故說二　今為汝說實　汝所得非滅
為佛一切智　當發大精進　汝證一切智　十力等佛法
具三十二相　乃是真實滅　諸佛之導師　為息說涅槃
既知是息已　引入於佛慧

BD13824 號　妙法蓮華經卷三　　　　（23–23）

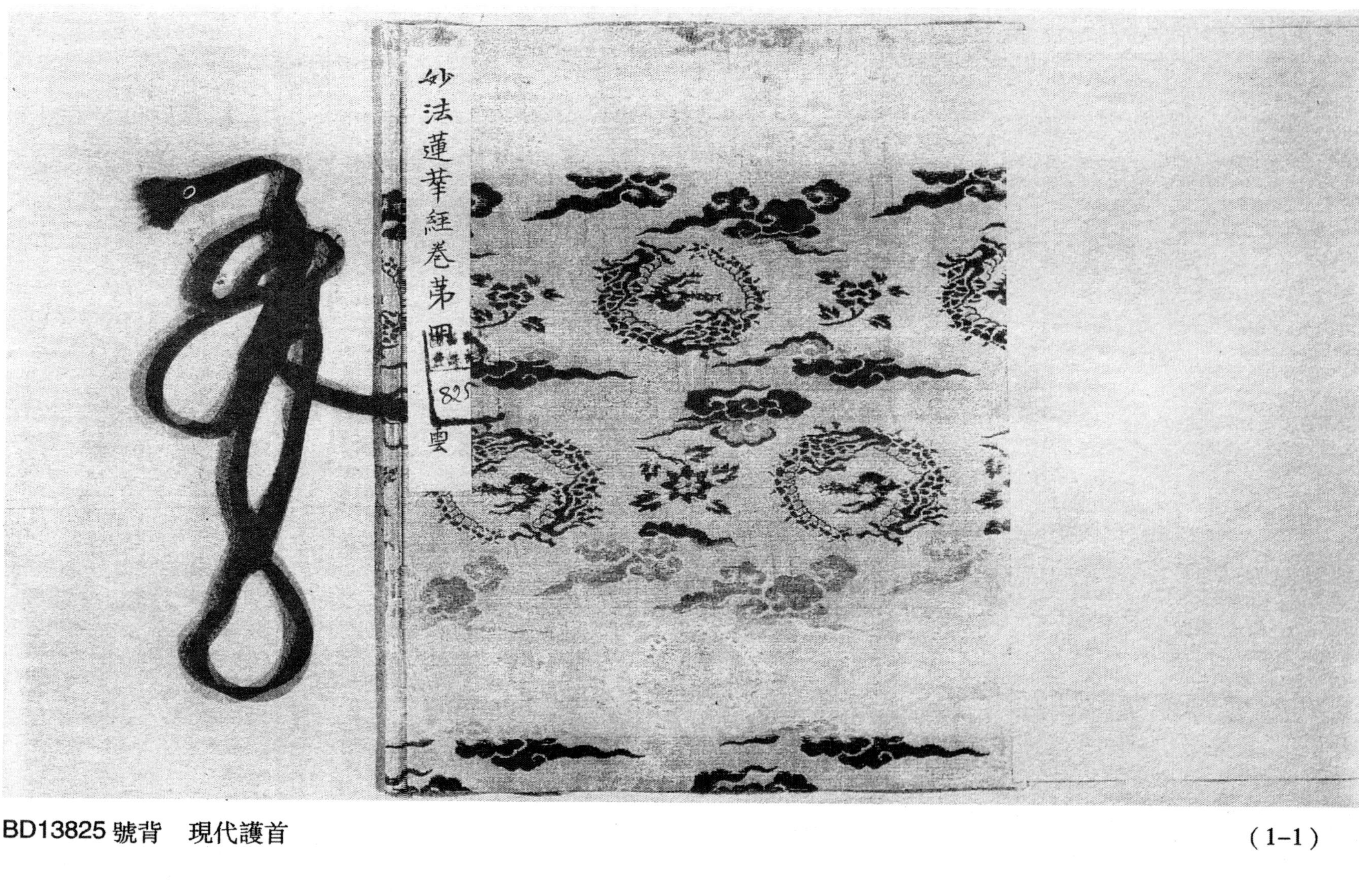

BD13825 號背　現代護首　　　　（1–1）

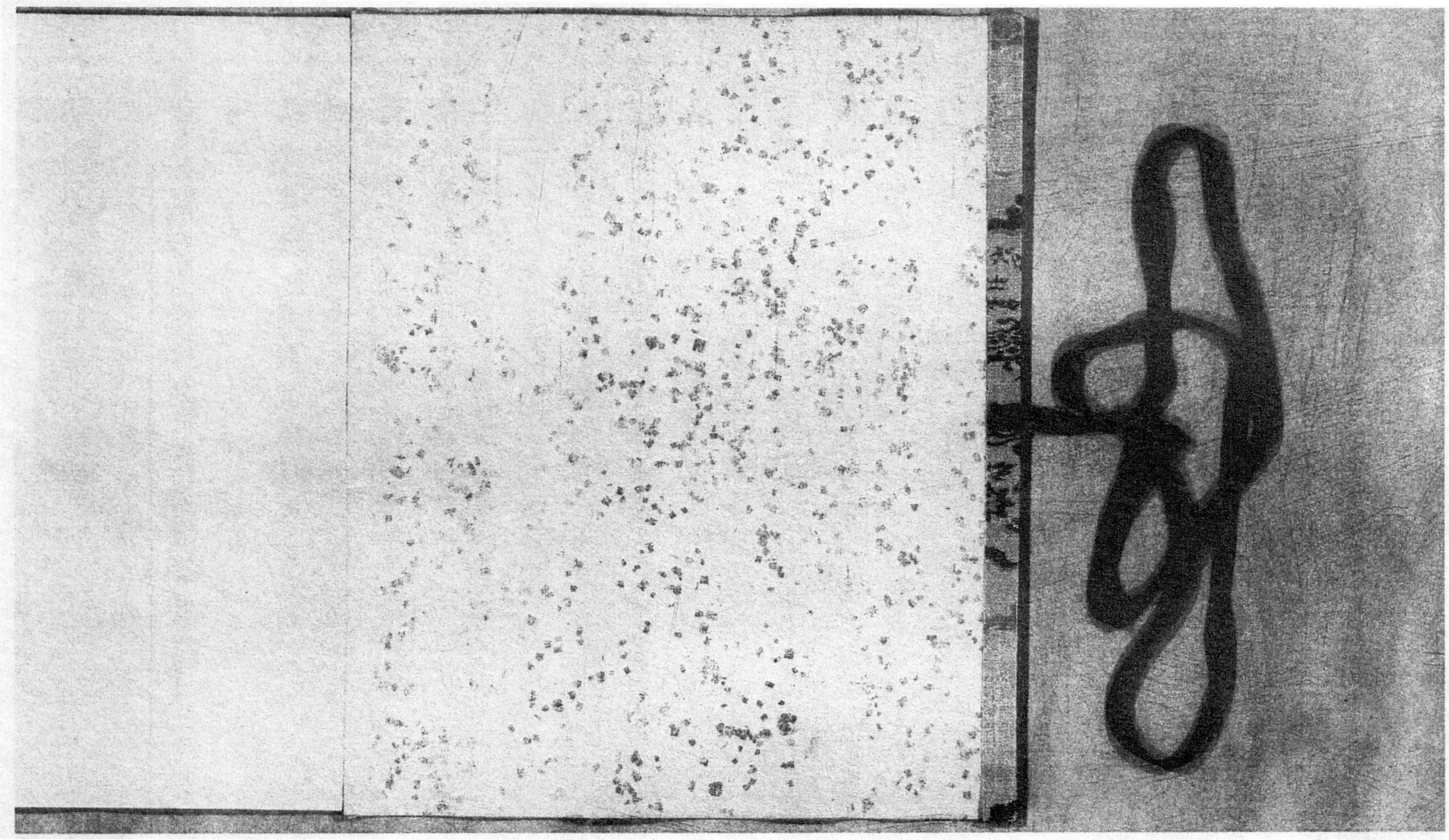

BD13825號　妙法蓮華經卷四　　（26–1）

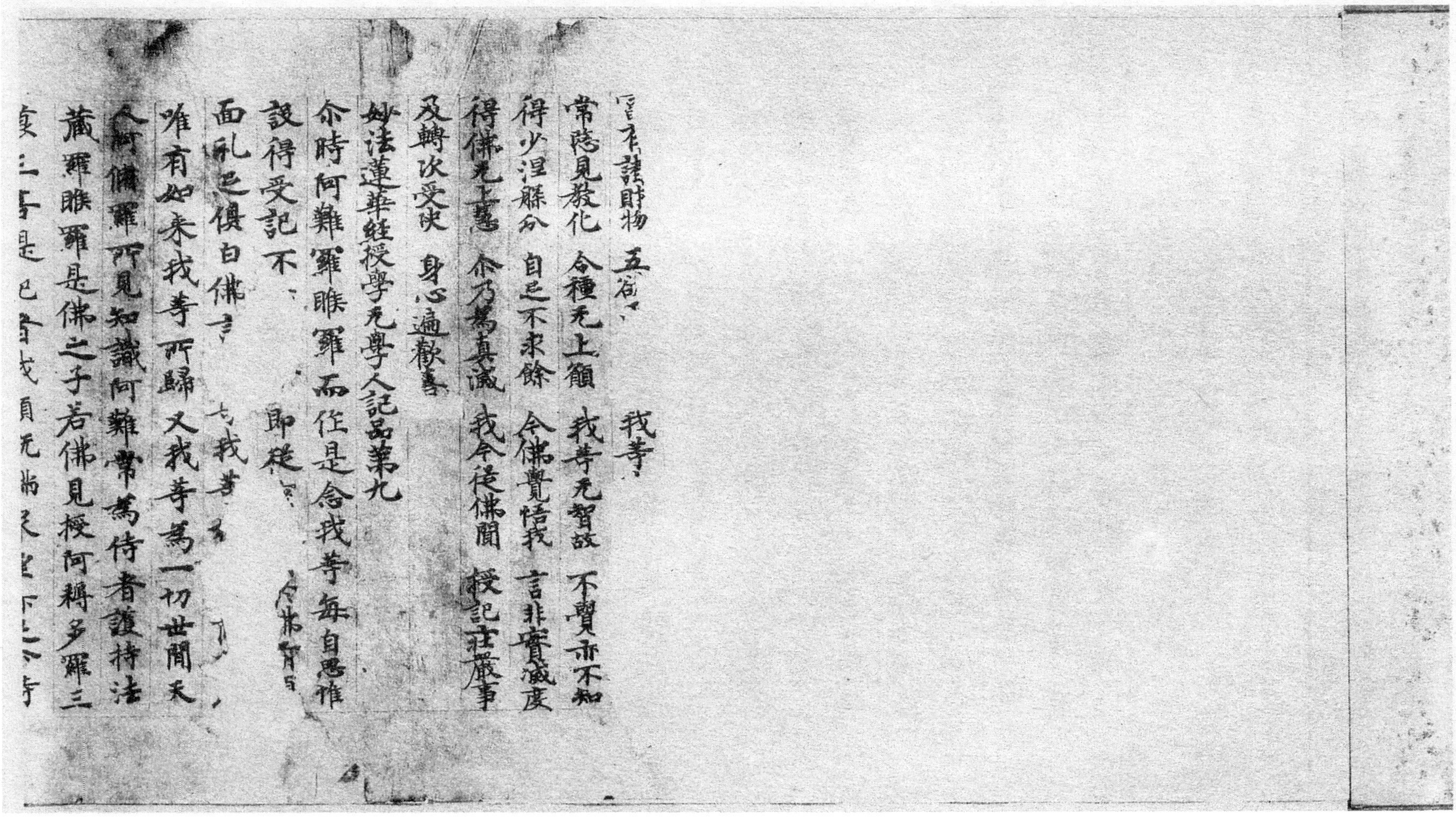

富有諸財物　五欲〻〻　我等
常愍見教化　令種無上願　我等無智故　不覺亦不知
得少涅槃分　自足不求餘　今佛覺悟我　言非實滅度
得佛無上慧　尒乃為真滅　我今從佛聞　授記莊嚴事
及轉次受決　身心遍歡喜
妙法蓮華經授學無學人記品第九
尒時阿難羅睺羅而作是念我等每自思惟
設得受記不〻　即從座〻　令佛前〻
面礼足俱白佛言　〻我等〻　〻
唯有如來我等所歸　又我等為一切世間天
人阿脩羅所見知識阿難常為侍者護持法
藏羅睺羅是佛之子若佛見授阿耨多羅三
藐三菩是已者我願既滿衆生下〻〻等

BD13825號　妙法蓮華經卷四　　（26–2）

即從　　佛前
設得受記不
面礼足俱白佛言　　我等
唯有如來我等所歸又我等為一切世間天
人阿脩羅所見知識阿難常為侍者護持法
藏羅睺羅是佛之子若佛見授阿耨多羅三
藐三菩提記者我願既滿眾望亦足尒時
學无學聲聞弟子二千人皆從座起偏袒右肩
到於佛前一心合掌瞻仰世尊如阿難羅睺
羅所願住立一　　時佛告
當得作佛号山海慧自在通王如來應供正
遍知明行足善逝世間解无上士調御丈夫
天人師佛世尊當供養六十二億諸佛護持
法藏然後得阿耨多羅三藐三菩提教化二
十千万億恒河沙諸菩薩等令成阿耨多羅
三藐三菩提國名常立勝幡其土清淨瑠璃
為地劫名妙音　　其佛壽　　量千万億
阿僧祇劫若人　　万億
筭數挍計不能得知正法住世倍於壽命像
法住世復倍正法阿難是山海慧自在通王
佛為十方无量千万億恒河沙等諸佛如來
所共讚歎稱其功德尒時世尊欲重宣此義
而說偈言
我今僧中說　阿難持法者　當供養諸佛　然後成正覺
号曰山海慧　自　　其國
教化諸菩薩　其數如恒沙　佛有大威德　名聞滿十方
壽命无有量　以愍眾生故　正法倍壽命　像法復倍是
如恒河沙等　无數諸眾生　於此佛法中　種佛道因緣
尒時會中新發意菩薩八千人咸作是念我

号曰山海慧　自　　其國
教化諸菩薩　其數如恒沙　佛有大威德　名聞滿十方
壽命无有量　以愍眾生故　正法倍壽命　像法復倍是
如恒河沙等　无數諸眾生　於此佛法中　種佛道因緣
尒時會中新發意菩薩八千人咸作是念我
等尚不聞諸大菩薩得如是記有何因緣而
諸聲聞得如是決尒時世尊知諸菩薩心之
所念而告之曰　　子我與阿難等於空
王佛所同時發　　多羅三
難常樂多聞我常勤精進是故我已得成阿
耨多羅三藐三菩提而阿難護持我法亦護
將來諸佛法藏教化成就諸菩薩眾其本願
如是故獲斯記阿難面於佛前自聞授記及
國土莊嚴所願具足心大歡喜得未曾有即
時憶念過去无量千万億諸佛法藏通達无
礙如今所聞亦　　願尒時
世尊甚希有　令我念過去　无量諸佛法　如今日所聞
我今无復疑　安住於佛道　方便為侍者　護持諸佛法
尒時佛告羅睺羅汝於來世當得作佛号蹈
七寶華如來應供正遍知明行足善逝世間
解无上士調御丈夫天人師佛世尊當供養
十世界微塵等諸佛如來常為諸佛而作
長子猶如今　　七寶華佛
命劫數所化弟子正法像法亦　　慧自
在通王如來无異亦為此佛而作長子過是
已後當得阿耨多羅三藐三菩提尒時世尊
欲重宣此義而說偈言
我為太子時　羅睺為長子　我今成佛道　受法為法子

命劫數所化弟子正法像法亦…慧自
在通王如來无異亦為此佛而作長子過是
已後當得阿耨多羅三藐三菩提尒時世尊
欲重宣此義而說偈言
我為太子時　羅睺為長子　我今成佛道　受法為法子
於未來世中　見无量億佛　皆為其長子　一心求佛道
羅睺羅密行　唯我能知之　現為我長子　以示諸衆生
无量億千万　功德不…　安住於佛…　…道
尒時世尊見學无學二千人其意柔軟寂然
清淨一心觀佛佛告阿難汝見是學无學二
千人不唯然已見阿難是諸人等當供養五
十世界微塵數諸佛如來恭敬尊重護持法
藏末後同時於十方國各得成佛皆同一号
名曰寶相如來應供正遍知明行足善逝世
間解无上士調…　…夫天人師…
一劫國土莊嚴聲聞菩薩正法像法皆悉同
等尒時世尊欲重宣此義而說偈言
是二千聲聞　今於我前住　悉皆與受記　未來當成佛
所供養諸佛　如上說塵數　護持其法藏　後當成正覺
各於十方國　悉同一名号　俱時坐道場　以證无上慧
皆名為寶相　國土及弟子　正法與像法　悉等无有異
咸以諸神通　度十…生　名聞普周…　…入
尒時學无學二千人聞佛授記歡喜踊躍
而說偈言
世尊慧燈明　我聞授記音　心歡喜充滿　如甘露見灌
妙法蓮華經法師品第十
尒時世尊因藥王菩薩告八万大士藥王汝
見是大衆中无量諸天龍王夜叉乾闥婆阿

BD13825號　妙法蓮華經卷四　（26–5）

而說偈言
世尊慧燈明　我聞授記音　心歡喜充滿　如甘露見灌
妙法蓮華經法師品第十
尒時世尊因藥王菩薩告八万大士藥王汝
見是大衆中无量諸天龍王夜叉乾闥婆阿
脩羅迦樓羅緊…那摩睺羅…非人及
比丘比丘尼優婆塞優婆夷求聲聞者求辟
支佛者求佛道者如是等類咸於佛前聞妙
法華經一偈一句乃至一念隨喜者我皆與
受記當得阿耨多羅三藐三菩提佛告藥王
又如來滅度之後若有人聞妙法華經乃至
一偈一句一念隨喜者我亦與受阿耨多羅
三藐三菩提記　假有人受…誦解說書
寫妙法華經乃至一偈於此經卷敬視如佛
種種供養華香瓔珞末香塗香燒香繒蓋
幢幡衣服伎樂乃至合掌恭敬藥王當知是諸
人等已曾供養十万億佛於諸佛所成就大
願愍衆生故生此人間藥王若有人問何等
衆生於未來世當得作佛應示是諸人等於
未來世必得作佛何以故若善…善人
於法華經乃至一句受持讀誦解說書寫種
種供養經卷華香瓔珞末香塗香燒香繒
蓋幢幡衣服伎樂合掌恭敬是人一切世間
所應瞻奉應以如來供養而供養之當知此人
是大菩薩成就阿耨多羅三藐三菩提哀愍
衆生願生此間廣演分別妙法華經何況盡
能受持種種供養者藥王當知…人自捨清

BD13825號　妙法蓮華經卷四　（26–6）

蓋幢幡衣服伎樂合掌恭敬是人一切世間
所應瞻奉應以如來供養而供養之當知此人
是大菩薩成就阿耨多羅三藐三菩提哀愍
衆生願生此間廣演分別妙法華經何況盡
能受持種種供養者藥王當知是人自捨清
淨業報於我滅度後愍衆生故生於惡世廣
演此經若是善男子善女人我滅度後能竊
爲一人說法華經乃至一句當知是人則如來
使如來所遣行如來事何況於大衆中廣
爲人說藥王若有惡人以不善心於一劫中
現於佛前常毀罵佛其罪尚輕若人以一惡
言毀呰在家出家讀誦法華經者其罪甚重
藥王其有讀誦法華經者當知是人以佛莊嚴
而自莊嚴則爲如來肩所荷擔其所至方應
隨向礼一心合掌恭敬供養尊重讚歎華香
瓔珞末香塗香燒香繒蓋幢幡衣服餚饌
作諸伎樂人中上供而供養之應持天寶而
以散之天上寶聚應以奉獻所以者何是人
歡喜說法須臾聞之即得究竟阿耨多羅三
藐三菩提故尒時世尊欲重宣此義而說偈
言

若欲住佛道　成就自然智　常當勤供養　受持法華者
其有欲疾得　一切種智慧　當受持是經　并供養持者
若有能受持　妙法華經者　當知佛所使　愍念諸衆生
諸有能受持　妙法華經者　捨於清淨土　愍衆故生此
當知如是人　自在所欲生　能於此惡世　廣說无上法
應以天華香　及天寶衣服　天上妙寶聚　供養說法者
吾滅後惡世　能持是經者　當合掌礼敬　如供養世尊

BD13825號　妙法蓮華經卷四　（26–7）

若有能受持　妙法華經者　當知佛所使　愍念諸衆生
諸有能受持　妙法華經者　捨於清淨土　愍衆故生此
當知如是人　自在所欲生　能於此惡世　廣說无上法
應以天華香　及天寶衣服　天上妙寶聚　供養說法者
吾滅後惡世　能持是經者　當合掌礼敬　如供養世尊
上饌衆甘美　及種種衣服　供養是佛子　冀得須臾聞
若能於後世　受持是經者　我遣在人中　行於如來事
若於一劫中　常懷不善心　作色而罵佛　獲无量重罪
其有讀誦持　是法華經者　須臾加惡言　其罪復過彼
有人求佛道　而於一劫中　合掌在我前　以无數偈讚
由是讚佛故　得无量功德　歎美持經者　其福復過彼
於八十億劫　以最妙色聲　及與香味觸　供養持經者
如是供養已　若得須臾聞　則應自欣慶　我今獲大利
藥王今告汝　我所說諸經　而於此經中　法華最第一
尒時佛復告藥王菩薩摩訶薩我所說經典
无量千億已說今說當說而於其中此法華
經最爲難信難解藥王此經是諸佛祕要之
藏不可分布妄授與人諸佛世尊之所守護
從昔已來未曾顯說而此經者如來現在猶
多怨嫉況滅度後藥王當知如來滅後其能
書持讀誦供養爲他人說者如來則爲以衣
覆之又爲他方現在諸佛之所護念是人有大
信力及志願力諸善根力當知是人與如來
共宿則爲如來手摩其頭藥王在在處處若
說若讀若誦若書若經卷所住處皆應起七
寶塔極令高廣嚴飾不須復安舍利所以者
何此中已有如來全身此塔應以一切華香
瓔珞繒蓋幢幡伎樂歌頌供養恭敬尊重

BD13825號　妙法蓮華經卷四　（26–8）

說若讀若誦若書若經卷所住處皆應起七
寶塔極令高廣嚴飾不須復安舍利所以者
何此中已有如來全身此塔應以一切華香
瓔珞繒蓋幢幡伎樂歌頌供養恭敬尊重
讚歎若有人得見此塔礼拜供養當知是等
皆近阿耨多羅三藐三菩提藥王多有人在家
出家行菩薩道若不能得見聞讀誦書持
供養是法華經者當知是人未善行菩薩道
若有得聞是經典者乃能善行菩薩之道其
有衆生求佛道者若見若聞是法華經聞已
信解受持者當知是人得近阿耨多羅三藐
三菩提藥王譬如有人渴乏須水於彼高原
穿鑿求之猶見乾土知水尚遠施功不已轉
見濕土遂漸至泥其心決定知水必近菩薩
亦復如是若未聞未解未能修習是法華經
當知是人去阿耨多羅三藐三菩提尚遠若
得聞解思惟修習必知得近阿耨多羅三藐
三菩提所以者何一切菩薩阿耨多羅三藐
三菩提皆屬此經此經開方便門示真實相
是法華經藏深固幽遠无人能到今佛教化
成就菩薩而為開示藥王若有菩薩聞是法
華經驚疑怖畏當知是為新發意菩薩若聲
聞人聞是經驚疑怖畏當知是為增上慢者
藥王若有善男子善女人如來滅後欲為四
衆說是法華經者云何應說是善男子善女
人入如來室著如來衣坐如來座尒乃應為四
衆廣說斯經如來室者一切衆生中大慈悲
心是如來衣者柔和忍辱心是如來座者一切

聞人聞是經驚疑怖畏當知是為增上慢者
藥王若有善男子善女人如來滅後欲為四
衆說是法華經者云何應說是善男子善女
人入如來室著如來衣坐如來座尒乃應為四
衆廣說斯經如來室者一切衆生中大慈悲
心是如來衣者柔和忍辱心是如來座者一切
法空是安住是中然後以不懈怠心為諸
菩薩及四衆廣說是法華經藥王我於餘
國遣化人為其集聽法衆亦遣化比丘比丘
尼優婆塞優婆夷聽其說法是諸化人聞法
信受隨順不逆若說法者在空閑處我時廣
遣天龍鬼神乾闥婆阿脩羅等聽其說法我
雖在異國時時令說法者得見我身若於此
經忘失句逗我還為說令得具足尒時世尊
欲重宣此義而說偈言

欲捨諸懈怠　應當聽此經　是經難得聞　信受者亦難
如人渴須水　穿鑿於高原　猶見乾燥土　知去水尚遠
漸見濕土泥　決定知近水　藥王汝當知　如是諸人等
不聞法華經　去佛智甚遠　若聞是深經　決了聲聞法
是諸經之王　聞已諦思惟　當知此人等　近於佛智慧
若人說此經　應入如來室　著於如來衣　而坐如來座
處衆无所畏　廣為分別說　大慈悲為室　柔和忍辱衣
諸法空為座　處此為說法　若說此經時　有人惡口罵
加刀杖瓦石　念佛故應忍　我千万億土　現淨堅固身
於无量億劫　為衆生說法　若我滅度後　能說此經者
我遣化四衆　比丘比丘尼　及清信士女　供養於法師
引導諸衆生　集之令聽法　若人欲加惡　刀杖及瓦石
則遣變化人　為之作衛護　若說法之人　獨在空閑處

於无量億劫　為衆生說法　若我滅度後　能說此經者
我遣化四衆　比丘比丘尼　及清信士女　供養於法師
引導諸衆生　集之令聽法　若人欲加惡　刀杖及瓦石
則遣變化人　為之作衛護　若說法之人　獨在空閑處
寂寞无人聲　誦讀此經典　我尒時為現　清淨光明身
若忘失章句　為說令通利　若人具是德　或為四衆說
空處讀誦經　皆得見我身　若人在空閑　我遣天龍王
夜叉鬼神等　為作聽法衆　是人樂說法　分別无罣礙
諸佛護念故　能令大衆喜　若親近法師　速得菩薩道
隨順是師學　得見恒沙佛

妙法蓮華經見寶塔品第十一

尒時佛前有七寶塔高五百由旬縱廣二百
五十由旬從地踊出住在空中種種寶物而莊
校之五千欄楯龕室千万无數幢幡以為嚴
飾垂寶瓔珞寶鈴万億而懸其上四面皆
出多摩羅跋栴檀之香充遍世界其諸幡蓋
以金銀琉璃車𤦲馬瑙真珠玫瑰七寶合成
高至四天王宮三十三天雨天曼陀羅華供
養寶塔餘諸天龍夜叉乾闥婆阿脩羅迦樓
羅緊那羅摩睺羅伽人非人等千万億衆以一
切華香瓔珞幡蓋伎樂供養寶塔恭敬尊
重讚歎尒時寶塔中出大音聲歎言善哉善
哉釋迦牟尼世尊能以平等大慧教菩薩法
佛所護念妙法華經為大衆說如是如是釋
迦牟尼世尊如所說者皆是真實尒時四衆
見大寶塔住在空中又聞塔中所出音聲皆
得法喜怪未曾有從座而起恭敬合掌却住
一面尒時有菩薩摩訶薩名大樂說知一切

BD13825號　妙法蓮華經卷四　（26–11）

哉釋迦牟尼世尊能以平等大慧教菩薩法
佛所護念妙法華經為大衆說如是如是釋
迦牟尼世尊如所說者皆是真實尒時四衆
見大寶塔住在空中又聞塔中所出音聲皆
得法喜怪未曾有從座而起恭敬合掌却住
一面尒時有菩薩摩訶薩名大樂說知一切
世間天人阿脩羅等心之所疑而白佛言世
尊以何因緣有此寶塔從地踊出又於其中
發是音聲尒時佛告大樂說菩薩此寶塔中
有如來全身乃往過去東方无量千万億阿
僧祇世界國名寶淨彼中有佛号曰多寶其
佛行菩薩道時作大誓願若我成佛滅度之
後於十方國土有說法華經處我之塔廟為
聽是經故踊現其前為作證明讚言善哉彼
佛成道已臨滅度時於天人大衆中告諸比丘
我滅度後欲供養我全身者應起一大塔其
佛神通願力十方世界在在處處若有說法
華經者彼之寶塔皆踊出其前全身在於
塔中讚言善哉善哉大樂說今多寶如來塔
聞說法華經故從地踊出讚言善哉善哉是
時大樂說菩薩以如來神力故白佛言世尊
我等願欲見此佛身佛告大樂說菩薩摩訶
薩是多寶佛有深重願若我寶塔為聽法
華經故出於諸佛前時其有欲以我身示四衆
者彼佛分身諸佛在於十方世界說法盡還
集一處然後我身乃出現耳大樂說我分身
諸佛在於十方世界說法者今應當集大樂
說白佛言世尊我等亦願欲見世尊分身諸

BD13825號　妙法蓮華經卷四　（26–12）

者彼佛分身諸佛在於十方世界說法盡還
集一處然後我身乃出現耳大樂說我分身
諸佛在於十方世界說法者今應當集大樂
說白佛言世尊我等亦願欲見世尊分身諸
佛礼拜供養尒時佛放白豪一光即見東方
五百万億那由他恒河沙等國土諸佛彼諸
國土皆以頗梨為地寶樹寶衣以為莊嚴无
數千万億菩薩充滿其中遍張寶幔寶網羅
上彼國諸佛以大妙音而說諸法及見无量
万億菩薩遍滿諸國為衆說法南西北方四
維上下白豪相光所照之處亦復如是尒時
十方諸佛各告衆菩薩言善男子我今應往
娑婆世界釋迦牟尼佛所并供養多寶如來
寶塔時娑婆世界即變清淨瑠璃為地寶樹
莊嚴黃金為繩以界八道无諸聚落村營城
邑大海江河山川林藪燒大寶香曼陁羅華
遍布其地以寶網幔羅覆其上懸諸寶鈴唯
留此會衆移諸天人置於他土是時諸佛各
將一大菩薩以為侍者至娑婆世界各到寶
樹下一一寶樹高五百由旬枝葉華菓次第
莊嚴諸寶樹下皆有師子之座高五由旬亦
以大寶而挍飾之尒時諸佛各於此座結跏
趺坐如是展轉遍滿三千大千世界而於釋
迦牟尼佛一方所分之身猶故未盡時釋迦
牟尼佛欲容受所分身諸佛故八方各更變
二百万億那由他國皆令清淨无有地獄餓
鬼畜生及阿脩羅又移諸天人置於他土所

BD13825號　妙法蓮華經卷四　（26–13）

迦牟尼佛一方所分之身猶故未盡時釋迦
牟尼佛欲容受所分身諸佛故八方各更變
二百万億那由他國皆令清淨无有地獄餓
鬼畜生及阿脩羅又移諸天人置於他土所
化之國亦以瑠璃為地寶樹莊嚴樹高五百
由旬枝葉華菓次第嚴飾樹下皆有寶師子
座高五由旬種種諸寶以為莊挍亦无大海
江河及目真隣陁山摩訶目真隣陁山鐵圍
山大鐵圍山須弥山等諸山王通為一佛國
土寶地平正寶交露幔遍覆其上懸諸幡盖
燒大寶香諸天寶華遍布其地釋迦牟尼佛
為諸佛當來坐故復於八方各變二百万億
那由他國皆令清淨无有地獄餓鬼畜生及
阿脩羅又移諸天人置於他土所化之國亦
以瑠璃為地寶樹莊嚴樹高五百由旬枝葉
華菓次第莊嚴樹下皆有寶師子座高五由
旬亦以大寶而挍飾之亦无大海江河及目
真隣陁山摩訶目真隣陁山鐵圍山大鐵圍
山須弥山等諸山王通為一佛國土寶地平
正寶交露幔遍覆其上懸諸幡盖燒大寶香
諸天寶華遍布其地尒時東方釋迦牟尼所
分之身百千万億那由他恒河沙等國土中
諸佛各各說法來集於此如是次第十方諸
佛皆悉來集坐於八方尒時一一方四百万
億那由他國土諸佛如來遍滿其中是時諸
佛各在寶樹下坐師子座皆遣侍者問訊釋
迦牟尼佛各齎寶華滿掬而告之言善男子
汝往詣耆闍崛山釋迦牟尼佛所如我辭曰

BD13825號　妙法蓮華經卷四　（26–14）

佛皆悉來集坐於八方尒時一一方四百万
億那由他國土諸佛如來遍滿其中是時諸
佛各在寶樹下坐師子座皆遣侍者問訊釋
迦牟尼佛各賷寶華滿掬而告之言善男子
汝往詣耆闍崛山釋迦牟尼佛所如我辭曰
少病少惱氣力安樂及菩薩聲聞衆悉安隱
不以此寶華散佛供養而作是言彼某甲佛
與欲開此寶塔諸佛遣使亦復如是尒時釋
迦牟尼佛見所分身佛悉已來集各各坐於
師子之座皆聞諸佛與欲同開寶塔即從座
起住虛空中一切四衆起立合掌一心觀佛
於是釋迦牟尼佛以右指開七寶塔戶出大
音聲如却關鑰開大城門即時一切衆會皆
見多寶如來於寶塔中坐師子座全身不散
如入禪定又聞其言善哉善哉釋迦牟尼佛
快說是法華經我爲聽是經故而來至此尒
時四衆等見過去无量千万億劫滅度佛說
如是言歎未曾有以天寶華聚散多寶佛及
釋迦牟尼佛上尒時多寶佛於寶塔中分半
座與釋迦牟尼佛而作是言釋迦牟尼佛可
就此座即時釋迦牟尼佛入其塔中坐其半
座結跏趺坐尒時大衆見二如來在七寶塔中
師子座上結跏趺坐各作是念佛座高遠唯
願如來以神通力令我等輩俱處虛空即時
釋迦牟尼佛以神通力接諸大衆皆在虛
空以大音聲普告四衆誰能於此娑婆國土
廣說妙法華經今正是時如來不久當入涅
槃佛欲以此妙法華經付囑有在尒時世尊欲

釋迦牟尼佛以神通力接諸大衆皆在虛
空以大音聲普告四衆誰能於此娑婆國土
廣說妙法華經今正是時如來不久當入涅
槃佛欲以此妙法華經付囑有在尒時世尊欲
重宣此義而說偈言
聖主世尊　雖久滅度　在寶塔中　尚爲法來
諸人云何　不勤爲法　此佛滅度　无央數劫
處處聽法　以難遇故　彼佛本願　我滅度後
在在所往　常爲聽法　又我分身　无量諸佛
如恒沙等　來欲聽法　及見滅度　多寶如來
各捨妙土　及弟子衆　天人龍神　諸供養事
令法久住　故來至此　爲坐諸佛　以神通力
移无量衆　令國清淨　諸佛各各　詣寶樹下
如清涼池　蓮華莊嚴　其寶樹下　諸師子座
佛坐其上　光明嚴飾　如夜闇中　燃大炬火
身出妙香　遍十方國　衆生蒙熏　喜不自勝
譬如大風　吹小樹枝　以是方便　令法久住
告諸大衆　我滅度後　誰能護持　讀說斯經
今於佛前　自說誓言　其多寶佛　雖久滅度
以大誓願　而師子吼　多寶如來　及與我身
所集化佛　當知此意　諸佛子等　誰能護法
當發大願　令得久住　其有能護　此經法者
則爲供養　我及多寶　此多寶佛　處於寶塔
常遊十方　爲是經故　亦復供養　諸來化佛
莊嚴光飾　諸世界者　若說此經　則爲見我
多寶如來　及諸化佛　諸善男子　各諦思惟
此爲難事　宜發大願　諸餘經典　數如恒沙
雖說此等　未足爲難　若接須弥　擲置他方

常遊十方　為是經故　亦復供養　諸來化佛
莊嚴光飾　諸世界者　若說此經　則為見我
多寶如來　及諸化佛　諸善男子　各諦思惟
此為難事　宜發大願　諸餘經典　數如恒沙
雖說此等　未足為難　若接須彌　擲置他方
无數佛土　亦未為難　若以足指　動大千界
遠擲他國　亦未為難　若立有頂　為衆演說
无量餘經　亦未為難　若佛滅後　於惡世中
能說此經　是則為難　假使有人　手把虛空
而以遊行　亦未為難　於我滅後　若自書持
若使人書　是則為難　若以大地　置足甲上
昇於梵天　亦未為難　佛滅度後　於惡世中
輙讀此經　是則為難　假使劫燒　擔負乾草
入中不燒　亦未為難　我滅度後　若持此經
為一人說　是則為難　若持八万　四千法藏
十二部經　為人演說　令諸聽者　得六神通
雖能如是　亦未為難　於我滅後　聽受此經
問其義趣　是則為難　若人說法　令千万億
无量无數　恒沙衆生　得阿羅漢　具六神通
雖有是益　亦未為難　於我滅後　若能奉持
如斯經典　是則為難　我為佛道　於无量土
從始至今　廣說諸經　而於其中　此經第一
若有能持　則持佛身　諸善男子　於我滅後
誰能護持　讀誦此經　今於佛前　自說誓言
此經難持　若輙持者　我則歡喜　諸佛亦然
如是之人　諸佛所歎　是則勇猛　是則精進
是名持戒　行頭陀者　則為疾得　无上佛道
能於來世　讀持此經　是真佛子　住淳善地

此經難持　若輙持者　我則歡喜　諸佛亦然
如是之人　諸佛所歎　是則勇猛　是則精進
是名持戒　行頭陀者　則為疾得　无上佛道
能於來世　讀持此經　是真佛子　住淳善地
佛滅度後　能解其義　是諸天人　世間之眼
於恐畏世　能須臾說　一切天人　皆應供養

妙法蓮華經提婆達多品第十二

尒時佛告諸菩薩及天人四衆吾於過去无量劫中求法華經无有懈惓於多劫中常作國王發願求於无上菩提心不退轉為欲滿足六波羅蜜勤行布施心无悋惜象馬七珍國城妻子奴婢僕從頭目髓腦身肉手足不惜軀命時世人民壽命无量為於法故捐捨國位委政太子擊鼓宣令四方求法誰能為我說大乘者吾當終身供給走使時有仙人來白王言我有大乘名妙法華若不違我當為宣說王聞仙言歡喜踊躍即隨仙人供給所須採菓汲水拾薪設食乃至以身而為床座身心无惓于時奉事經於千歲為於法故精勤給侍令无所乏尒時世尊欲重宣此義而說偈言

我念過去劫　為求大法故　雖作世國王　不貪五欲樂
搥鍾告四方　誰有大法者　若為我解說　身當為奴僕
時有阿私仙　來白於大王　我有微妙法　世間所希有
若能脩行者　吾當為汝說　時王聞仙言　心生大喜悅
即便隨仙人　供給於所須　採薪及菓蓏　隨時恭敬與
情存妙法故　身心无懈惓　普為諸衆生　勤求於大法
亦不為己身　及以五欲樂　故為大國王　勤求獲此法

時有阿私仙　來白於大王　我有微妙法　世間所希有
若能脩行者　吾當為汝說　時王聞仙言　心生大喜悅
即便隨仙人　供給於所須　採薪及菓蓏　隨時恭敬與
情存妙法故　身心无懈惓　普為諸眾生　勤求於大法
亦不為己身　及以五欲樂　故為大國王　勤求獲此法
遂致得成佛　今故為汝說
佛告諸比丘尒時王者則我身是時仙人者
今提婆達多是由提婆達多善知識故令我
具足六波羅蜜慈悲喜捨三十二相八十種
好紫磨金色十力四无所畏四攝法十八不共
神通道力成等正覺廣度眾生皆因提婆達
多善知識故告諸四眾提婆達多却後過无
量劫當得成佛号曰天王如來應供正遍知
明行足善逝世間解无上士調御丈夫天人
師佛世尊世界名天道時天王佛住世二十
中劫廣為眾生說於妙法恒河沙眾生得
阿羅漢果无量眾生發緣覺心恒河沙眾生
發无上道心得无生忍至不退轉時天王佛
般涅槃後正法住世二十中劫全身舍利起
七寶塔高六十由旬縱廣四十由旬諸天人
民悉以雜華末香燒香塗香衣服瓔珞幢幡
寶蓋伎樂歌頌禮拜供養七寶妙塔无量眾
生得阿羅漢无量眾生悟辟支佛不可思議
眾生發菩提心至不退轉佛告諸比丘未來
世中若有善男子善女人聞妙法華經提婆
達多品淨心信敬不生疑惑者不墮地獄餓
鬼畜生生十方佛前所生之處常聞此經若
生人天中受勝妙樂若在佛前蓮華化生於

BD13825 號　妙法蓮華經卷四　（26–19）

世中若有善男子善女人聞妙法華經提婆
達多品淨心信敬不生疑惑者不墮地獄餓
鬼畜生生十方佛前所生之處常聞此經若
生人天中受勝妙樂若在佛前蓮華化生於
時下方多寶世尊所從菩薩名曰智積白多
寶佛當還本土釋迦牟尼佛告智積曰善男
子且待須臾此有菩薩名文殊師利可與相
見論說妙法可還本土尒時文殊師利坐千
葉蓮華大如車輪俱來菩薩亦坐寶華從於
大海娑竭龍宮自然踊出住虛空中詣靈鷲
山從蓮華下至於佛所頭面敬禮二世尊足脩
敬已畢往智積所共相慰問却坐一面智積
菩薩問文殊師利仁往龍宮所化眾生其數
幾何文殊師利言其數无量不可稱計非
口所宣非心所測且待須臾自當有證所言
未竟无數菩薩坐寶蓮華從海踊出詣靈鷲
山住在虛空此諸菩薩皆是文殊師利之所化
度具菩薩行皆共論說六波羅蜜本聲聞
人在虛空中說聲聞行今皆脩行大乘空義
文殊師利謂智積曰於海教化其事如是尒
時智積菩薩以偈讚曰
大智德勇健　化度无量眾　今此諸大會　及我皆已見
演暢實相義　開闡一乘法　廣度諸群生　令速成菩提
文殊師利言我於海中唯常宣說妙法華經
智積問文殊師利言此經甚深微妙諸經中
寶世所希有頗有眾生勤加精進脩行此經
速得佛不文殊師利言有娑竭羅龍王女年
始八歲智慧利根善知眾生諸根行業得陁

BD13825 號　妙法蓮華經卷四　（26–20）

文殊師利言我於海中唯常宣說妙法華經
智積問文殊師利言此經甚深微妙諸經中
寶世所希有頗有眾生勤加精進脩行此經
速得佛不文殊師利言有娑竭羅龍王女年
始八歲智慧利根善知眾生諸根行業得陁
羅尼諸佛所說甚深秘藏悉能受持深入禪
定了達諸法於剎那頃發菩提心得不退轉
辯才无礙慈念眾生猶如赤子功德具足心
念口演微妙廣大慈悲仁讓志意和雅能至
菩提智積菩薩言我見釋迦如來於无量劫
難行苦行積功累德求菩薩道未曾止息觀
三千大千世界乃至无有如芥子許非是菩
薩捨身命處為眾生故然後乃得成菩提道
不信此女於須臾頃便成正覺言論未訖時
龍王女忽現於前頭面礼敬却住一面以偈
讚曰
深達罪福相　遍照於十方　微妙淨法身　具相三十二
以八十種好　用莊嚴法身　天人所戴仰　龍神咸恭敬
一切眾生類　无不宗奉者　又聞成菩提　唯佛當證知
我闡大乘教　度脫苦眾生
時舍利弗語龍女言汝謂不久得无上道是
事難信所以者何女身垢穢非是法器云何
能得无上菩提佛道懸曠經无量劫勤苦積
行具脩諸度然後乃成又女人身猶有五障
一者不得作梵天王二者帝釋三者魔王四
者轉輪聖王五者佛身云何女身速得成佛
尒時龍女有一寶珠價直三千大千世界持
以上佛佛即受之龍女謂智積菩薩尊者舍

行具脩諸度然後乃成又女人身猶有五障
一者不得作梵天王二者帝釋三者魔王四
者轉輪聖王五者佛身云何女身速得成佛
尒時龍女有一寶珠價直三千大千世界持
以上佛佛即受之龍女謂智積菩薩尊者舍
利弗言我獻寶珠世尊納受是事疾不荅言
甚疾女言以汝神力觀我成佛復速於此當
時眾會皆見龍女忽然之間變成男子具菩
薩行即往南方无垢世界坐寶蓮華成等正
覺三十二相八十種好普為十方一切眾生
演說妙法尒時娑婆世界菩薩聲聞天龍八
部人與非人皆遙見彼龍女成佛普為時會
人天說法心大歡喜悉遙敬礼无量眾生聞
法解悟得不退轉无量眾生得受道記无垢
世界六反震動娑婆世界三千眾生住不退
地三千眾生發菩提心而得受記智積菩
薩及舍利弗一切眾會嘿然信受
妙法蓮華經持品第十三
尒時藥王菩薩摩訶薩及大樂說菩薩摩訶
薩與二万菩薩眷屬俱皆於佛前作是誓言
唯願世尊不以為慮我等於佛滅後當奉持
讀誦說此經典後惡世眾生善根轉少多增
上慢貪利供養增不善根遠離解脫雖難可
教化我等當起大忍力讀誦此經持說書寫
種種供養不惜身命尒時眾中五百阿羅漢
得受記者白佛言世尊我等亦自誓願於異
國土廣說此經復有學无學八千人得受記
者從座而起合掌向佛作是誓言世尊我等

敎化我等當起大忍力讀誦此經持說書寫
種種供養不惜身命尒時衆中五百阿羅漢
得受記者白佛言世尊我等亦自誓願於異
國土廣說此經復有學无學八千人得受記
者從座而起合掌向佛作是誓言世尊我等
亦當於他國土廣說此經所以者何是娑婆
國中人多弊惡懷增上慢功德淺薄瞋濁諂
曲心不實故尒時佛姨母摩訶波闍波提比
丘尼與學无學比丘尼六千人俱從座而起
一心合掌瞻仰尊顏目不暫捨於時世尊告
憍曇弥何故憂色而視如來汝心將无謂我
不說汝名授阿耨多羅三藐三菩提記耶憍
曇弥我先惣說一切聲聞皆已授記今汝欲
知記者將來之世當於六万八千億諸佛法中
為大法師及六千學无學比丘尼俱為法師
汝如是漸漸具菩薩道當得作佛号一切
衆生憙見如來應供正遍知明行足善逝世
間解无上士調御丈夫天人師佛世尊憍曇
弥是一切衆生憙見佛及六千菩薩轉次授
記得阿耨多羅三藐三菩提尒時羅睺羅母
耶輸陁羅比丘尼作是念世尊於授記中獨
不說我名佛告耶輸陁羅汝於來世百千万億
諸佛法中脩菩薩行為大法師漸具佛道於
善國中當得作佛号具足千万光相如來應
供正遍知明行足善逝世間解无上士調御
丈夫天人師佛世尊佛壽无量阿僧祇劫尒
時摩訶波闍波提比丘尼及耶輸陁羅比丘尼
并其眷屬皆大歡喜得未曾有即於佛前

善國中當得作佛号具足千万光相如來應
供正遍知明行足善逝世間解无上士調御
丈夫天人師佛世尊佛壽无量阿僧祇劫尒
時摩訶波闍波提比丘尼及耶輸陁羅比丘尼
并其眷屬皆大歡喜得未曾有即於佛前
而說偈言
世尊導師　安隱天人　我等聞記　心安具足
諸比丘尼說是偈已白佛言世尊我等亦能
於他方國土廣宣此經尒時世尊視八十万億
那由他諸菩薩摩訶薩是諸菩薩皆是阿
惟越致轉不退法輪得諸陁羅尼即從座起
至於佛前一心合掌而作是念若世尊告勑
我等持說此經者當如佛教廣宣斯法復作
是念佛今嘿然不見告勑我當云何時諸菩
薩敬順佛意并欲自滿本願便於佛前作師
子吼而發誓言世尊我等於如來滅後周旋
往返十方世界能令衆生書寫此經受持讀
誦解說其義如法脩行正憶念皆是佛之威
力唯願世尊在於他方遥見守護即時諸菩
薩俱同發聲而說偈言
唯願不為慮　於佛滅度後　恐怖惡世中　我等當廣說
有諸无智人　惡口罵詈等　及加刀杖者　我等皆當忍
惡世中比丘　耶智心諂曲　未得謂為得　我慢心充滿
或有阿練若　納衣在空閑　自謂行真道　輕賤人間者
貪著利養故　與白衣說法　為世所恭敬　如六通羅漢
是人懷惡心　常念世俗事　假名阿練若　好出我等過
而作如是言　此諸比丘等　為貪利養故　說外道論議
自作此經典　誑惑世間人　為求名聞故　分別於是經

或有阿練若　納衣在空閑　自謂行真道　輕賤人間者
貪著利養故　與白衣說法　為世所恭敬　如六通羅漢
是人懷惡心　常念世俗事　假名阿練若　好出我等過
而作如是言　此諸比丘等　為貪利養故　說外道論議
自作此經典　誑惑世間人　為求名聞故　分別於是經
常在大衆中　欲毀我等故　向國王大臣　婆羅門居士
及餘比丘衆　誹謗說我惡　謂是邪見人　說外道論議
我等敬佛故　悉忍是諸惡　為斯所輕言　汝等皆是佛
如此輕慢言　皆當忍受之　濁劫惡世中　多有諸恐怖
惡鬼入其身　罵詈毀辱我　我等敬信佛　當著忍辱鎧
為說是經故　忍此諸難事　我不愛身命　但惜无上道
我等於來世　護持佛所囑　世尊自當知　濁世惡比丘
不知佛方便　隨宜所說法　惡口而顰蹙　數數見擯出
遠離於塔寺　如是等衆惡　念佛告勅故　皆當忍是事
諸聚落城邑　其有求法者　我皆到其所　說佛所囑法
我是世尊使　處衆无所畏　我當善說法　願佛安隱住
我於世尊前　諸來十方佛　發如是誓言　佛自知我心

妙法蓮華經卷第四

BD13825號　妙法蓮華經卷四　（26–25）

我於世尊前　諸來十方佛　發如是誓言　佛自知我心

妙法蓮華經卷第四

BD13825號　妙法蓮華經卷四　（26–26）

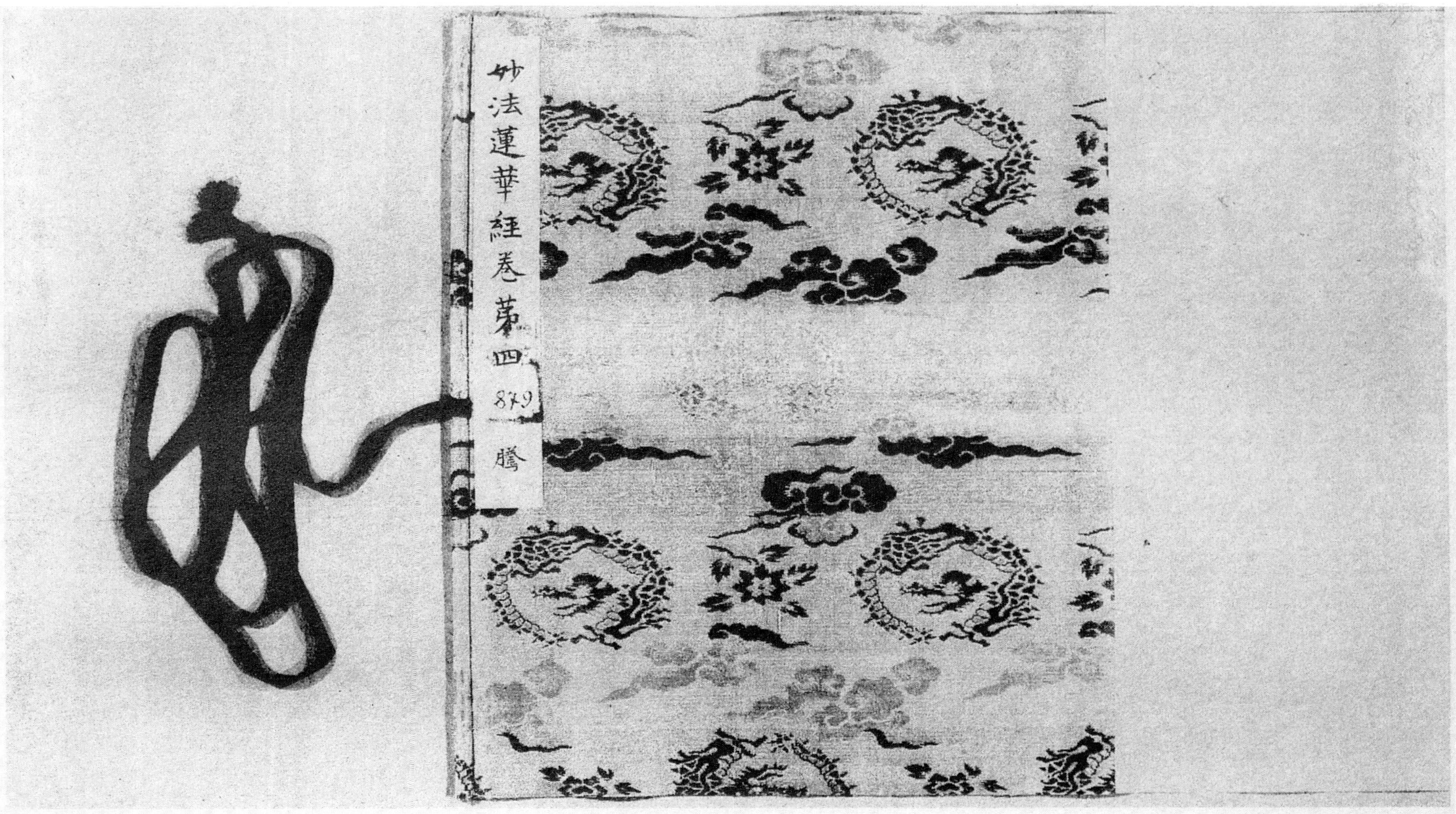

BD13826 號背　現代護首　　（1–1）

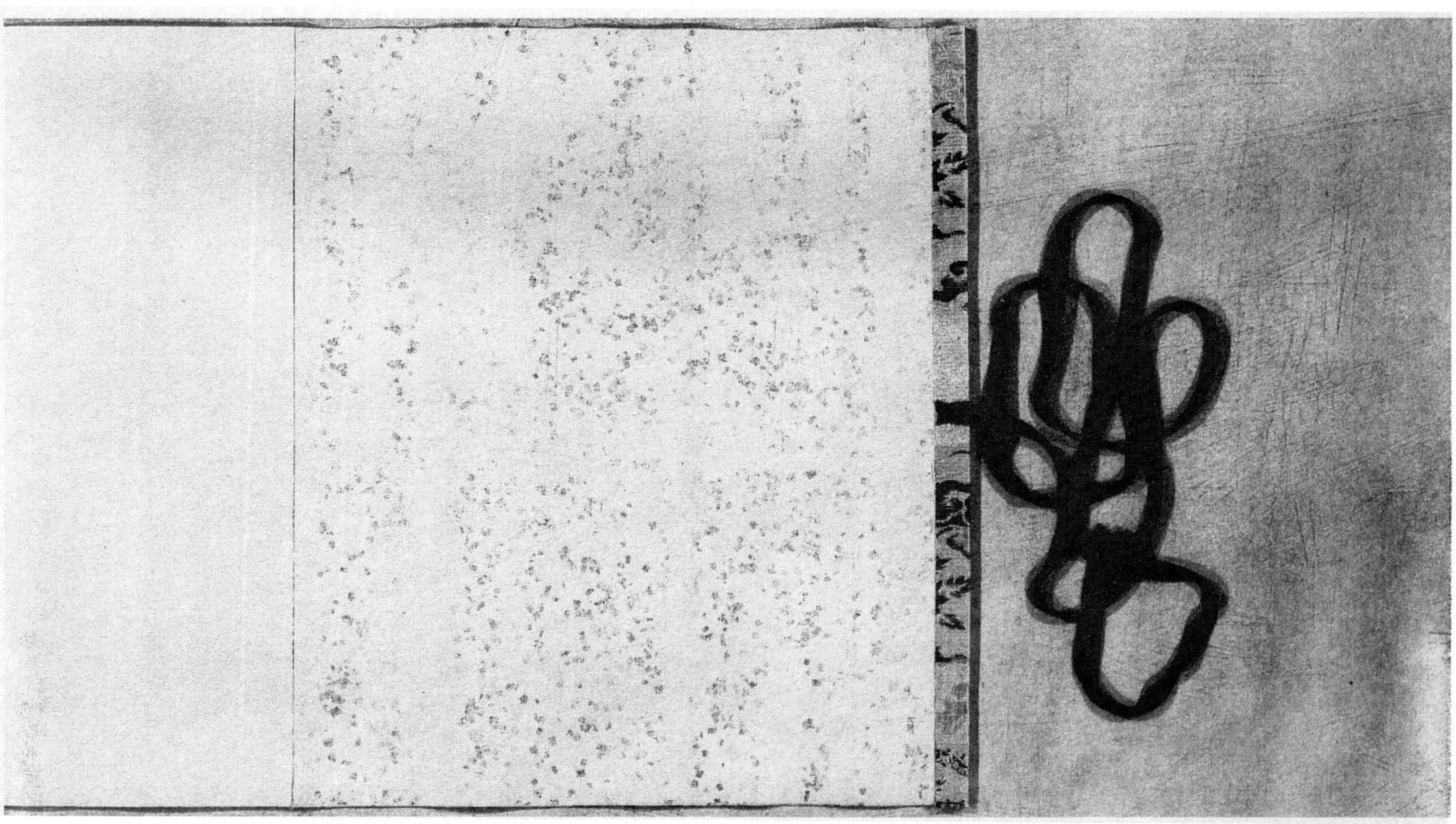

BD13826 號　妙法蓮華經卷四　　（30–1）

中亦復第一而皆護持助宣佛法亦於未来
護持助宣无量无邊諸佛之法教化饒益无
量衆生令立阿耨多羅三藐三菩提為淨佛
土故常懃精進教化衆生漸漸具足菩薩之
道過无量阿僧祇劫當於此土得阿耨多羅
三藐三菩提号曰法明如来應供正遍知明
行足善逝世間解无上士調御丈夫天人師
佛世尊其佛以恒河沙等三千大千世界為
一佛土七寶為地地平如掌无有山陵谿澗
溝壑七寶臺觀充滿其中諸天宮殿近處虛
空人天交接兩得相見无諸惡道亦无女人
一切衆生皆以化生无有婬欲得大神通身
出光明飛行自在志念堅固精進智慧普皆
金色三十二相而自莊嚴其國衆生常以二

BD13826號　妙法蓮華經卷四　（30–2）

一佛土七寶為地地平如掌无有山陵谿澗
溝壑七寶臺觀充滿其中諸天宮殿近處虛
空人天交接兩得相見无諸惡道亦无女人
一切衆生皆以化生无有婬欲得大神通身
出光明飛行自在志念堅固精進智慧普皆
金色三十二相而自莊嚴其國衆生常以二
食一者法喜食二者禪悦食有无量阿僧祇
千万億那由他諸菩薩衆得大神通四无礙
智善能教化衆生之類其聲聞衆筭數校計
所不能知皆得具足六通三明及八解脫其
佛國土有如是等无量功德莊嚴成就劫名
寶明國名善淨其佛壽命无量阿僧祇劫法
住甚久佛滅度後起七寶塔遍滿其國尒時
世尊欲重宣此義而說偈言
諸比丘諦聽　佛子所行道　善學方便故　不可得思議
知衆樂小法　而畏於大智　是故諸菩薩　作聲聞緣覺
以无數方便　化諸衆生類　自說是聲聞　去佛道甚遠
度脫无量衆　皆悉得成就　雖小欲懈怠　漸當令作佛
內秘菩薩行　外現是聲聞　少欲猒生死　實自淨佛土
示衆有三毒　又現邪見相　我弟子如是　方便度衆生
若我具足說　種種現化事　衆生聞是者　心則懷疑惑
今此富樓那　於昔千億佛　勤修所行道　宣護諸佛法
為求无上慧　而於諸佛所　現居弟子上　多聞有智慧
所說无所畏　能令衆歡喜　未曾有疲惓　而以助佛事
已度大神通　具四无礙慧　知衆根利鈍　常說清淨法
演暢如是義　教諸千億衆　令住大乘法　而自淨佛土
未来亦供養　无量无數佛　護助宣正法　亦自淨佛土

BD13826號　妙法蓮華經卷四　（30–3）

爲求无上慧 而於諸佛所 現居弟子上 多聞有智慧
所說无所畏 能令衆歡喜 未曾有疲惓 而以助佛事
已度大神通 具四无礙慧 知衆根利鈍 常說清淨法
演暢如是義 教諸千億衆 令住大乘法 而自淨佛土
未來亦供養 无量无數佛 護助宣正法 亦自淨佛土
常以諸方便 說法无所畏 度不可計衆 成就一切智
供養諸如來 護持法寶藏 其後得成佛 号曰名法明
其國名善淨 七寶所合成 劫名爲寶明 菩薩衆甚多
其數无量億 皆度大神通 威德力具足 充滿其國土
聲聞亦无數 三明八解脫 得四无导智 以是等爲僧
其國諸衆生 婬欲皆已斷 純一變化生 具相莊嚴身
法喜禪悅食 更无餘食想 无有諸女人 亦无諸惡道
富樓那比丘 功德悉成滿 當得斯淨土 賢聖甚衆多
如是无量事 我今但略說
尒時千二百阿羅漢心自在者作是念我等
歡喜得未曾有若世尊各見授記如餘大弟
子者不亦快乎佛知此等心之所念告摩訶
迦葉是千二百阿羅漢我今當現前次第與
受阿耨多羅三藐三菩提記於此衆中我大
弟子憍陳如比丘當供養六万二千億佛然
後得成爲佛号曰普明如來應供正遍知明
行足善逝世間解无上士調御丈夫天人師
佛世尊其五百阿羅漢優樓頻螺迦葉伽耶
迦葉那提迦葉迦留陁夷優陁夷阿㝹樓馱
離婆多劫賓那薄拘羅周陁莎伽陁等皆當
得阿耨多羅三藐三菩提盡同一号名曰普
明尒時世尊欲重宣此義而說偈言
憍陳如比丘 當見无量佛 過阿僧祇劫 乃成等正覺

離婆多劫賓那薄拘羅周陁莎伽陁等皆當
得阿耨多羅三藐三菩提盡同一号名曰普
明尒時世尊欲重宣此義而說偈言
憍陳如比丘 當見无量佛 過阿僧祇劫 乃成等正覺
常放大光明 具足諸神通 名聞遍十方 一切之所敬
常說无上道 故号爲普明 其國土清淨 菩薩皆勇猛
咸昇妙樓閣 遊諸十方國 以无上供具 奉獻於諸佛
作是供養已 心懷大歡喜 須臾還本國 如有是神力
佛壽六万劫 正法住倍壽 像法復倍是 法滅天人憂
其五百比丘 次第當作佛 同号曰普明 轉次而授記
我滅度之後 某甲當作佛 其所化世間 亦如我今日
國土之嚴淨 及諸神通力 菩薩聲聞衆 正法及像法
壽命劫多少 皆如上所說 迦葉汝已知 五百自在者
餘諸聲聞衆 亦當復如是 其不在此會 汝當爲宣說
尒時五百阿羅漢於佛前得受記已歡喜踊
躍即從座起到於佛前頭面礼足悔過自責
世尊我等常作是念自謂已得究竟滅度今
乃知之如无智者所以者何我等應得如來
智慧而便自以小智爲足世尊譬如有人至
親友家醉酒而卧是時親友官事當行以无
價寶珠繫其衣裏与之而去其人醉卧都不
覺知起已遊行到於他國爲衣食故懃力求
索甚大艱難若少有所得便以爲足於後親
友會遇見之而作是言咄哉丈夫何爲衣食
乃至如是我昔欲令汝得安樂五欲自恣於
某年日月以无價寶珠繫汝衣裏今故現在
而汝不知勤苦憂惱以求自活甚爲癡也汝

友會遇見之而作是言咄哉丈夫何為衣食
乃至如是我昔欲令汝得安樂五欲自恣於
某年日月以无價寶珠繫汝衣裏今故現在
而汝不知勤苦憂惱以求自活甚為癡也汝
今可以此寶貿易所須常可如意无所乏短
佛亦如是為菩薩時教化我等令發一切智
心而尋癈妄不知不覺既得阿羅漢道自謂
滅度資生艱難得少為足一切智願猶在不
失今者世尊覺悟我等作如是言諸比丘汝
等所得非究竟滅我久令汝等種佛善根以
方便故示涅槃相而汝謂為實得滅度世尊
我今乃知實是菩薩得受阿耨多羅三藐三
菩提記以是因緣甚大歡喜得未曾有尒時
阿若憍陳如等欲重宣此義而說偈言
我等聞无上　安隱授記聲　歡喜未曾有　礼无量智佛
今於世尊前　自悔諸過谷　於无量佛寶　得少涅槃分
如无智愚人　便自以為足　譬如貧窮人　往至親友家
其家甚大富　具設諸餚饍　以无價寶珠　繫著內衣裏
嘿與而捨去　時卧不覺知　是人既已起　遊行詣他國
求衣食自濟　資生甚艱難　得少便為足　更不願好者
不覺內衣裏　有无價寶珠　與珠之親友　後見此貧人
苦切責之已　示以所繫珠　貧人見此珠　其心大歡喜
富有諸財物　五欲而自恣　我等亦如是　世尊於長夜
常愍見教化　令種无上願　我等无智故　不覺亦不知
得少涅槃分　自足不求餘　今佛覺悟我　言非實滅度
得佛无上慧　尒乃為真滅　我今從佛聞　受記莊嚴事
乃轉次受決　身遍心歡喜
[illegible]

BD13826號　妙法蓮華經卷四　（30–6）

常愍見教化　令種无上願　我等无智故　不覺亦不知
得少涅槃分　自足不求餘　今佛覺悟我　言非實滅度
得佛无上慧　尒乃為真滅　我今從佛聞　受記莊嚴事
乃轉次受決　身遍心歡喜
妙法蓮華經授學无學人記品第九
尒時阿難羅睺羅而作是念我等每自思惟
設得受記不亦快乎即從座起到於佛前頭
面礼足俱白佛言世尊我等於此亦應有分
唯有如来我等所歸又我等為一切世間天
人阿修羅所見知識阿難常為侍者護持法
藏羅睺羅是佛之子若佛見授阿耨多羅三
藐三菩提記者我願既滿衆望亦足尒時學
无學聲聞弟子二千人皆從座起偏袒右肩
到於佛前一心合掌瞻仰世尊如阿難羅睺
羅所願住立一面尒時佛告阿難汝於来世
當得作佛号山海慧自在通王如来應供正
遍知明行足善逝世間解无上士調御丈夫
天人師佛世尊當供養六十二億諸佛護持
法藏然後得阿耨多羅三藐三菩提教化二
十千万億恒河沙諸菩薩等令成阿耨多羅
三藐三菩提國名常立勝幡其土清淨琉璃
為地劫名妙音遍滿其佛壽命无量千万億
阿僧祇劫若人於千万億无量阿僧祇劫中
算數挍計不能得知正法住世倍於壽命像
法住世復倍正法阿難是山海慧自在通王
佛為十方无量千万億恒河沙等諸佛如来
所共讚嘆稱其功德尒時世尊欲重宣此義
而說偈言

BD13826號　妙法蓮華經卷四　（30–7）

法住世復倍正法阿難是山海慧自在通王
佛為十方无量千万億恒河沙等諸佛如来
所共讚嘆稱其功德尒時世尊欲重宣此義
而說偈言
我今僧中說 阿難持法者 當供養諸佛 然後成正覺
号曰山海慧 自在通王佛 其國土清淨 名常立勝幡
教化諸菩薩 其數如恒沙 佛有大威德 名聞滿十方
壽命无有量 以愍衆生故 正法倍壽命 像法復倍是
如恒河沙等 无數諸衆生 於此佛法中 種佛道因緣
尒時會中新發意菩薩八千人咸作是念我
等尚不聞諸大菩薩得如是記有何因緣而
諸聲聞得如是決尒時世尊知諸菩薩心之
所念而告之曰諸善男子我與阿難等於空
王佛所同時發阿耨多羅三藐三菩提心阿
難常樂多聞我常懃精進是故我已得成阿
耨多羅三藐三菩提而阿難護持我法亦護
將來諸佛法藏教化成就諸菩薩衆其本願
如是故獲斯記阿難面於佛前自聞受記及
國土莊嚴所願具足心大歡喜得未曾有即
時憶念過去无量千万億諸佛法藏通達无
礙如今所聞亦識本願尒時阿難而說偈言
世尊甚希有 令我念過去 无量諸佛法 如今日所聞
我今无復疑 安住於佛道 方便為侍者 護持諸佛法
尒時佛告羅睺羅汝於来世當得作佛号蹈
七寶華如来應供正遍知明行足善逝世間
解无上士調御丈夫天人師佛世尊當供養
十世界微塵等數諸佛如来常為諸佛而作

BD13826號　妙法蓮華經卷四　（30–8）

尒時佛告羅睺羅汝於来世當得作佛号蹈
七寶華如来應供正遍知明行足善逝世間
解无上士調御丈夫天人師佛世尊當供養
十世界微塵等數諸佛如来常為諸佛而作
長子猶如今也是蹈七寶華佛國土莊嚴壽
命劫數所化弟子正法像法亦如山海慧自
在通王如来无異亦為此佛而作長子過是
已後當得阿耨多羅三藐三菩提尒時世尊
欲重宣此義而說偈言
我為太子時 羅睺為長子 我今成佛道 受法為法子
於未来世中 見无量億佛 皆為其長子 一心求佛道
羅睺羅密行 唯我能知之 現為我長子 以示諸衆生
无量億千万 功德不可數 安住於佛法 以求无上道
尒時世尊見學无學二千人其意柔軟寂然
清淨一心觀佛佛告阿難汝見是學无學二
千人不唯然已見阿難是諸人等當供養五
十世界微塵數諸佛如来恭敬尊重護持法
藏末後同時於十方國各得成佛皆同一号
名曰寶相如来應供正遍知明行足善逝世
間解无上士調御丈夫天人師佛世尊壽命
一劫國土莊嚴聲聞菩薩正法像法皆悉同
等尒時世尊欲重宣此義而說偈言
是二千聲聞 今於我前住 悉皆與受記 未来當成佛
所供養諸佛 如上說塵數 護持其法藏 後當成正覺
各於十方國 悉同一名号 俱時坐道場 以證无上慧
皆名為寶相 國土及弟子 正法與像法 悉等无有異
咸以諸神通 度十方衆生 名聞普周遍 漸入於涅槃
尒時學无學 二千人聞佛授記歡喜踊躍而

BD13826號　妙法蓮華經卷四　（30–9）

各於十方國　悉同一名号　俱時坐道場　以證无上慧
皆名爲寶相　國土及弟子　正法與像法　悉等无有異
咸以諸神通　度十方衆生　名聞普周遍　漸入於涅槃
尒時學无學二千人聞佛授記歡喜踊躍而
說偈言
世尊慧燈明　我聞授記音　心歡喜充滿　如甘露見灌

妙法蓮華經法師品第十

尒時世尊因藥王菩薩告八万大士藥王汝
見是大衆中无量諸天龍王夜叉乾闥婆阿
脩羅迦樓羅緊那羅摩睺羅伽人與非人及
比丘比丘尼優婆塞優婆夷求聲聞者求辟
支佛者求佛道者如是等類咸於佛前聞妙
法華經一偈一句乃至一念隨喜者我皆與受
記當得阿耨多羅三藐三菩提佛告藥王又
如来滅度之後若有人聞妙法華經乃至一
偈一句一念隨喜者我亦與受阿耨多羅三
藐三菩提記若復有人受持讀誦解說書寫
妙法華經乃至一偈於此經卷敬視如佛種
種供養華香瓔珞末香塗香燒香繒蓋幢幡
衣服伎樂乃至合掌恭敬藥王當知是諸人
等已曾供養十万億佛於諸佛所成就大願
愍衆生故生此人間藥王若有人問何等衆
生於未来世當得作佛應示是諸人等於未
来世必得作佛何以故若善男子善女人於
法華經乃至一句受持讀誦解說書寫種種
供養經卷華香瓔珞末香塗香燒香繒蓋幢
幡衣服伎樂合掌恭敬是人一切世間所應

BD13826 號　妙法蓮華經卷四

(30–10)

来世必得作佛何以故若善男子善女人於
法華經乃至一句受持讀誦解說書寫種種
供養經卷華香瓔珞末香塗香燒香繒蓋幢
幡衣服伎樂合掌恭敬是人一切世間所應
瞻奉應以如来供養而供養之當知此人是
大菩薩成就阿耨多羅三藐三菩提哀愍衆
生願生此間廣演分別妙法華經何況盡能
受持種種供養者藥王當知是人自捨清淨
業報於我滅度後愍衆生故生於惡世廣演
此經若是善男子善女人我滅度後能竊爲
一人說法華經乃至一句當知是人則如来
使如来所遣行如来事何況於大衆中廣爲
人說藥王若有惡人以不善心於一劫中現
於佛前常毀罵佛其罪尚輕若人以一惡言
毀呰在家出家讀誦法華經者其罪甚重藥
王其有讀誦法華經者當知是人以佛莊嚴
而自莊嚴則爲如来肩所荷擔其所至方應
隨向礼一心合掌恭敬供養尊重讚歎華香
瓔珞末香塗香燒香繒蓋幢幡衣服餚饌作
諸伎樂人中上供而供養之應持天寶而以
散之天上寶聚應以奉獻所以者何是人歡
喜說法須臾聞之即得究竟阿耨多羅三藐
三菩提故尒時世尊欲重宣此義而說偈言
若欲住佛道　成就自然智　常當勤供養　受持法華者
其有欲疾得　一切種智慧　當受持是經　并供養持者
若有能受持　妙法華經者　當知佛所使　愍念諸衆生
諸有能受持　妙法華經者　捨於清淨土　愍衆故生此

BD13826 號　妙法蓮華經卷四

(30–11)

若欲住佛道　成就自然智　常當勤供養　受持法華者
其有欲疾得　一切種智慧　當受持是經　并供養持者
若有能受持　妙法華經者　當知佛所使　愍念諸衆生
諸有能受持　妙法華經者　捨於清淨土　愍衆故生此
當知如是人　自在所欲生　能於此惡世　廣說无上法
應以天華香　及天寶衣服　天上妙寶聚　供養說法者
吾滅後惡世　能持是經者　當合掌礼敬　如供養世尊
上饌衆甘美　及種種衣服　供養是佛子　兾得須臾聞
若能於後世　受持是經者　我遣在人中　行於如來事
若於一劫中　常懷不善心　作色而罵佛　獲无量重罪
其有讀誦持　是法華經者　須臾加惡言　其罪復過彼
有人求佛道　而於一劫中　合掌在我前　以无數偈讚
由是讚佛故　得无量功德　歎美持經者　其福復過彼
於八十億劫　以最妙色聲　及與香味觸　供養持經者
如是供養已　若得須臾聞　則應自欣慶　我今獲大利
藥王今告汝　我所說諸經　而於此經中　法華最第一
尒時佛復告藥王菩薩摩訶薩我所說經典
无量千億已說今說當說而於其中此法華
經最為難信難解藥王此經是諸佛秘要之
藏不可分布妄授與人諸佛世尊之所守護
從昔已來未曾顯說而此經者如來現在猶
多怨嫉況滅度後藥王當知如來滅後其能
書持讀誦供養為他人說者如來則為以衣
覆之又為他方現在諸佛之所護念是人有
大信力及志願力諸善根力當知是人與如
來共宿則為如來手摩其頭藥王在在處處
若說若讀若誦若書若經卷所住處皆應起

覆之又為他方現在諸佛之所護念是人有
大信力及志願力諸善根力當知是人與如
來共宿則為如來手摩其頭藥王在在處處
若說若讀若誦若書若經卷所住處皆應起
七寶塔極令高廣嚴飾不須復安舍利所以
者何此中已有如來全身此塔應以一切華
香瓔珞繒蓋幡幢伎樂歌頌供養恭敬尊重
讚歎若有人得見此塔礼拜供養當知是等
皆近阿耨多羅三藐三菩提藥王多有人在
家出家行菩薩道若不能得見聞讀誦書持
供養是法華經者當知是人未善行菩薩道
若有得聞是經典者乃能善行菩薩之道其
有衆生求佛道者若見若聞是法華經聞已
信解受持者當知是人得近阿耨多羅三藐
三菩提藥王譬如有人渴乏須水於彼高原
穿鑿求之猶見乾土知水尚遠施功不已轉
見濕土遂漸至泥其心決定知水必近菩薩
亦復如是若未聞未解未能修習是法華經
當知是人去阿耨多羅三藐三菩提尚遠若
得聞解思惟修習必知得近阿耨多羅三藐
三菩提所以者何一切菩薩阿耨多羅三藐
三菩提皆屬此經此經開方便門示真實相
是法華經藏深固幽遠无人能到今佛教化
成就菩薩而為開示藥王若有菩薩聞是法
華經驚疑怖畏當知是為新發意菩薩若聲
聞人聞是經驚疑怖畏當知是為增上慢者
藥王若有善男子善女人如來滅後欲為四

是法華經藏深固幽遠无人能到今佛教化
成就菩薩而為開示藥王若有菩薩聞是法
華經驚疑怖畏當知是為新發意菩薩若聲
聞人聞是經驚疑怖畏當知是為增上慢者
藥王若有善男子善女人如來滅後欲為四
衆說是法華經者云何應說是善男子善女
人入如來室著如來衣坐如來座尒乃應為
四衆廣說斯經如來室者一切衆生中大慈
悲心是如來衣者柔和忍辱心是如來座者
一切法空是安住是中然後以不懈怠心為
諸菩薩及四衆廣說是法華經藥王我於餘
國遣化人為其集聽法衆亦遣化比丘比丘
尼優婆塞優婆夷聽其說法是諸化人聞法
信受隨順不逆若說法者在空閑處我時廣
遣天龍鬼神乾闥婆阿脩羅等聽其說法我
雖在異國時時令說法者得見我身若於此
經忘失句逗我還為說令得具足尒時世尊
欲重宣此義而說偈言

欲捨諸懈怠 應當聽此經 是經難得聞 信受者亦難
如人渴須水 穿鑿於高原 猶見乾燥土 知去水尚遠
漸見濕土泥 決定知近水 藥王汝當知 如是諸人等
不聞法華經 去佛智甚遠 若聞是深經 決了聲聞法
是諸經之王 聞已諦思惟 當知此人等 近於佛智慧
若人說此經 應入如來室 著於如來衣 而坐如來座
處衆无所畏 廣為分別說 大慈悲為室 柔和忍辱衣
諸法空為座 處此為說法 若說此經時 有人惡口罵
加刀杖瓦石 念佛故應忍 我千万億土 現淨堅固身
於无量億劫 為衆生說法 若我滅度後 能說此經者

BD13826號 妙法蓮華經卷四 (30–14)

處衆无所畏 廣為分別說 大慈悲為室 柔和忍辱衣
諸法空為座 處此為說法 若說此經時 有人惡口罵
加刀杖瓦石 念佛故應忍 我千万億土 現淨堅固身
於无量億劫 為衆生說法 若我滅度後 能說此經者
我遣化四衆 比丘比丘尼 及清信士女 供養於法師
引導諸衆生 集之令聽法 若人欲加惡 刀杖及瓦石
則遣變化人 為之作衛護 若說法之人 獨在空閑處
寂寞无人聲 讀誦此經典 我尒時為現 清淨光明身
若忘失章句 為說令通利 若人具是德 或為四衆說
空處讀誦經 皆得見我身 若人在空閑 我遣天龍王
夜叉鬼神等 為作聽法衆 是人樂說法 分別无罣礙
諸佛護念故 能令大衆喜 若親近法師 速得菩薩道
隨順是師學 得見恒沙佛

妙法蓮華經見寶塔品第十一

尒時佛前有七寶塔高五百由旬縱廣二百
五十由旬從地踊出住在空中種種寶物而
莊校之五千欄楯龕室千万无數幢幡以為
嚴飾垂寶瓔珞寶鈴万億而懸其上四面皆
出多摩羅跋栴檀之香充遍世界其諸幡蓋
以金銀琉璃車𤦲馬瑙真珠玫瑰七寶合成
高至四天王宮三十三天雨天曼陁羅華供
養寶塔餘諸天龍夜叉乾闥婆阿脩羅迦樓
羅緊那羅摩睺羅伽人非人等千万億衆以
一切華香瓔珞幡蓋伎樂供養寶塔恭敬尊
重讚歎尒時寶塔中出大音聲歎言善哉善
哉釋迦牟尼世尊能以平等大慧教菩薩法
佛所護念妙法華經為大衆說如是如是釋

BD13826號 妙法蓮華經卷四 (30–15)

羅緊那羅摩睺羅伽人非人等千万億衆以
一切華香瓔珞幡蓋伎樂供養寶塔恭敬尊
重讃歎尒時寶塔中出大音聲歎言善哉善
哉釋迦牟尼世尊能以平等大慧教菩薩法
佛所護念妙法華經為大衆說如是如是釋
迦牟尼世尊如所說者皆是真實尒時四衆
見大寶塔住在空中又聞塔中所出音聲皆
得法喜怪未曽有從座而起恭敬合掌却住
一面尒時有菩薩摩訶薩名大樂說知一切
世間天人阿脩羅等心之所疑而白佛言世
尊以何因緣有此寶塔從地踊出又於其中發
是音聲尒時佛告大樂說菩薩此寶塔中有
如來全身乃往過去東方无量千万億阿僧
祇世界國名寶淨彼中有佛号曰多寶其佛
本行菩薩道時作大誓願若我成佛滅度之
後於十方國土有說法華經處我之塔廟為
聽是經故踊現其前為作證明讃言善哉彼
佛成道已臨滅度時於天人大衆中告諸比
丘我滅度後欲供養我全身者應起一大塔
其佛神通願力十方世界在在處處若有說
法華經者彼之寶塔皆踊出其前全身在於
塔中讃言善哉善哉大樂說今多寶如來塔
聞說法華經故從地踊出讃言善哉善哉是
時大樂說菩薩以如來神力故白佛言世尊
我等願欲見此佛身佛告大樂說菩薩摩訶
薩是多寶佛有深重願若我寶塔為聽法華
經故出於諸佛前時其有欲以我身示四衆
者彼佛分身諸佛在於十方世界說法盡還

BD13826號　妙法蓮華經卷四　（30–16）

我等願欲見此佛身佛告大樂說菩薩摩訶
薩是多寶佛有深重願若我寶塔為聽法華
經故出於諸佛前時其有欲以我身示四衆
者彼佛分身諸佛在於十方世界說法盡還
集一處然後我身乃出現耳大樂說我分身
諸佛在於十方世界說法者今應當集大樂
說白佛言世尊我等亦願欲見世尊分身諸
佛礼拜供養尒時佛放白毫一光即見東方
五百万億那由他恒河沙等國土諸佛彼諸
國土皆以頗梨為地寶樹寶衣以為莊嚴无
數千万億菩薩充滿其中遍張寶幔寶網羅
上彼國諸佛以大妙音而說諸法及見无量
万億菩薩遍滿諸國為衆說法南西北方四
維上下白毫相光所照之處亦復如是尒時
十方諸佛各告衆菩薩言善男子我今應往
娑婆世界釋迦牟尼佛所并供養多寶如來
寶塔時娑婆世界即變清淨琉璃為地寶樹
莊嚴黄金為繩以界八道无諸聚落村營城
邑大海江河山川林藪燒大寶香曼陁羅華
遍布其地以寶網幔羅覆其上懸諸寶鈴唯
留此會衆移諸天人置於他土是時諸佛各
将一大菩薩以為侍者至娑婆世界各到寶
樹下一一寶樹高五百由旬枝葉華菓次第
莊嚴諸寶樹下皆有師子之座高五由旬亦
以大寶而挍飾之尒時諸佛各於此座結跏
趺坐如是展轉遍滿三千大千世界而於釋
迦牟尼佛一方所分之身猶故未盡時釋迦
牟尼佛欲容受所分身諸佛故八方各更變

BD13826號　妙法蓮華經卷四　（30–17）

以大寶而挍飾之尒時諸佛各於此座結跏
趺坐如是展轉遍滿三千大千世界而於釋
迦牟尼佛一方所分之身猶故未盡時釋迦
牟尼佛欲容受所分身諸佛故八方各更變
二百万億那由他國皆令清淨无有地獄餓
鬼畜生及阿修羅又移諸天人置於他土所
化之國亦以琉璃為地寶樹莊嚴樹高五百
由旬枝葉華菓次苐嚴飾樹下皆有寶師子
座高五由旬種種諸寶以為莊挍亦无大海
江河及目真隣陁山摩訶目真隣陁山鐵圍
山大鐵圍山須弥山等諸山王通為一佛國
土寶地平正寶交露幔遍覆其上懸諸幡蓋
燒大寶香諸天寶華遍布其地釋迦牟尼佛
為諸佛當來坐故復於八方各變二百万億
那由他國皆令清淨无有地獄餓鬼畜生及
阿修羅又移諸天人置於他土所化之國亦
以琉璃為地寶樹莊嚴樹高五百由旬枝葉
華菓次苐莊嚴樹下皆有寶師子座高五由
旬亦以大寶而挍飾之亦无大海江河及目
真隣陁山摩訶目真隣陁山鐵圍山大鐵圍
山須弥山等諸山王通為一佛國土寶地平
正寶交露幔遍覆其上懸諸幡蓋燒大寶香
諸天寶華遍布其地尒時東方釋迦牟尼所
分之身百千万億那由他恒河沙等國土中
諸佛各各說法來集於此如是次苐十方諸
佛皆悉來集坐於八方尒時一一方四百万
億那由他國土諸佛如來遍滿其中是時諸
佛各在寶樹下坐師子座皆遣侍者問訊釋

BD13826號　妙法蓮華經卷四　（30–18）

諸天寶華遍布其地尒時東方釋迦牟尼所
分之身百千万億那由他恒河沙等國土中
諸佛各各說法來集於此如是次苐十方諸
佛皆悉來集坐於八方尒時一一方四百万
億那由他國土諸佛如來遍滿其中是時諸
佛各在寶樹下坐師子座皆遣侍者問訊釋
迦牟尼佛各賫寶華滿掬而告之言善男子
汝往詣耆闍崛山釋迦牟尼佛所如我辭曰
少病少惱氣力安樂及菩薩聲聞衆悉安隱
不以此寶華散佛供養而作是言彼某甲佛
與欲開此寶塔諸佛遣使亦復如是尒時釋
迦牟尼佛見所分身佛悉已來集各各坐於
師子之座皆聞諸佛與欲同開寶塔即從座
起住虛空中一切四衆起立合掌一心觀佛
於是釋迦牟尼佛以右指開七寶塔戶出大
音聲如却關鑰開大城門即時一切衆會皆
見多寶如來於寶塔中坐師子座全身不散
如入禪定又聞其言善哉善哉釋迦牟尼佛
快說是法華經我為聽是經故而來至此尒
時四衆等見過去无量千万億劫滅度佛說
如是言歎未曾有以天寶華聚散多寶佛及
釋迦牟尼佛上尒時多寶佛於寶塔中分半
座與釋迦牟尼佛而作是言釋迦牟尼佛可
就此座即時釋迦牟尼佛入其塔中坐其半
座結跏趺坐尒時大衆見二如來在七寶塔
中師子座上結跏趺坐各作是念佛座高遠
唯願如來以神通力令我等輩俱處虛空即

BD13826號　妙法蓮華經卷四　（30–19）

就此座即時釋迦牟尼佛入其塔中坐其半
座結跏趺坐尒時大衆見二如来在七寶塔
中師子座上結跏趺坐各作是念佛座高遠
唯願如来以神通力令我等輩俱處虚空即
時釋迦牟尼佛以神通力接諸大衆皆在虚
空以大音聲普告四衆誰能於此娑婆國土
廣說妙法華經今正是時如来不久當入涅
槃佛欲以此妙法華經付囑有在尒時世尊
欲重宣此義而說偈言
聖主世尊　雖久滅度　在寶塔中　尚為法来
諸人云何　不勤為法　此佛滅度　无央數劫
處處聽法　以難遇故　彼佛本願　我滅度後
在在所往　常為聽法　又我分身　无量諸佛
如恒沙等　来欲聽法　及見滅度　多寶如来
各捨妙土　及弟子衆　天人龍神　諸供養事
令法久住　故来至此　為坐諸佛　以神通力
移无量衆　令國清淨　諸佛各各　詣寶樹下
如清淨池　蓮華莊嚴　其寶樹下　諸師子座
佛坐其上　光明嚴飾　如夜闇中　然大炬火
身出妙香　遍十方國　衆生蒙薰　喜不自勝
譬如大風　吹小樹枝　以是方便　令法久住
告諸大衆　我滅度後　誰能護持　讀說斯經
今於佛前　自說誓言　其多寶佛　雖久滅度
以大誓願　而師子吼　多寶如来　及與我身
所集化佛　當知此意　諸佛子等　誰能護法
當發大願　令得久住　其有能護　此經法者
則為供養　我及多寶　此多寶佛　處於寶塔
常遊十方　為是經故　亦復供養　諸来化佛

BD13826號　妙法蓮華經卷四　（30–20）

以大誓願　而師子吼　多寶如来　及與我身
所集化佛　當知此意　諸佛子等　誰能護法
當發大願　令得久住　其有能護　此經法者
則為供養　我及多寶　此多寶佛　處於寶塔
常遊十方　為是經故　亦復供養　諸来化佛
莊嚴光飾　諸世界者　若說此經　則為見我
多寶如来　及諸化佛　諸善男子　各諦思惟
此為難事　宜發大願　諸餘經典　數如恒河
雖說此等　未足為難　若接須弥　擲置他方
无數佛土　亦未為難　若以足指　動大千界
遠擲他方　亦未為難　若立有頂　為衆演說
无量餘經　亦未為難　若佛滅後　於惡世中
能說此經　是則為難　假使有人　手把虚空
而以遊行　亦未為難　於我滅後　若自書持
若使人書　是則為難　若以大地　置足甲上
昇於梵天　亦未為難　佛滅度後　於惡世中
暫讀此經　是則為難　假使劫燒　擔負乾草
入中不燒　亦未為難　我滅度後　若持此經
為一人說　是則為難　若持八万　四千法藏
十二部經　為人演說　令諸聽者　得六神通
雖能如是　亦未為難　於我滅後　聽受此經
問其義趣　是則為難　若人說法　令千万億
无量无數　恒沙衆生　得阿羅漢　具六神通
雖有是益　亦未為難　於我滅後　若能奉持
如斯經典　是則為難　我為佛道　於无量土
從始至今　廣說諸經　而於其中　此經第一
若有能持　則持佛身　諸善男子　於我滅後
誰能護持　讀誦此經　今於佛前　自說誓言

BD13826號　妙法蓮華經卷四　（30–21）

如斯經典　是則為難　我為佛道　於无量土
從始至今　廣說諸經　而於其中　此經第一
若有能持　則持佛身　諸善男子　於我滅後
誰能護持　讀誦此經　今於佛前　自說誓言
此經難持　若暫持者　我則歡喜　諸佛亦然
如是之人　諸佛所歎　是則勇猛　是則精進
是名持戒　行頭陀者　則為疾得　无上佛道
能於來世　讀持此經　是真佛子　住淳善地
佛滅度後　能解其義　是諸天人　世間之眼
於恐畏世　能須臾說　一切天人　皆應供養
妙法蓮華經提婆達多品第十二
尒時佛告諸菩薩及天人四衆吾於過去无
量劫中求法華經无有懈惓於多劫中常作
國王發願求於无上菩提心不退轉為欲滿
足六波羅蜜勤行布施心无悋惜象馬七珎
國城妻子奴婢僕從頭目髓腦身肉手足不
惜軀命時世人民壽命无量為於法故捐捨
國位委政太子擊鼓宣令四方求法誰能為
我說大乘者吾當終身供給走使時有仙人
來白王言我有大乘名妙法蓮華若不違我
當為宣說王聞仙言歡喜踊躍即隨仙人供
給所須採菓汲水拾薪設食乃至以身而為
床座身心无惓于時奉事經於千歲為於法
故精勤給侍令无所乏尒時世尊欲重宣此
義而說偈言
我念過去劫　為求大法故　雖作世國王　不貪五欲樂
搥鍾告四方　誰有大法者　若為我解說　身當為奴僕
時有阿私仙　來白於大王　我有微妙法　世間所希有

故精勤給侍令无所乏尒時世尊欲重宣此
義而說偈言
我念過去劫　為求大法故　雖作世國王　不貪五欲樂
搥鍾告四方　誰有大法者　若為我解說　身當為奴僕
時有阿私仙　來白於大王　我有微妙法　世間所希有
若能脩行者　吾當為汝說　時王聞仙言　心生大喜悅
即便隨仙人　供給於所須　採薪及菓蓏　隨時恭敬與
情存妙法故　身心无懈惓　普為諸衆生　勤求於大法
亦不為己身　及以五欲樂　故為大國王　勤求獲此法
遂致得成佛　今故為汝說
佛告諸比丘尒時王者則我身是時仙人者
今提婆達多是由提婆達多善知識故令我
具足六波羅蜜慈悲喜捨三十二相八十種
好紫磨金色十力四无所畏四攝法十八不
共神通道力成等正覺廣度衆生皆因提婆
達多善知識故告諸四衆提婆達多却後過
无量劫當得成佛号曰天王如來應供正遍
知明行足善逝世間解无上士調御丈夫天
人師佛世尊世界名天道時天王佛住世二
十中劫廣為衆生說於妙法恒河沙衆生得
阿羅漢果无量衆生發緣覺心恒河沙衆生
發无上道心得无生忍至不退轉時天王佛
般涅槃後正法住世二十中劫全身舍利起
七寶塔高六十由旬縱廣四十由旬諸天人
民悉以雜華末香燒香塗香衣服瓔珞幢幡
寶蓋伎樂歌頌礼拜供養七寶妙塔无量衆
生得阿羅漢果无量衆生悟辟支佛不可思
議衆生發菩提心至不退轉佛告諸比丘未

七寶塔高六十由旬縱廣四十由旬諸天人
民悉以雜華末香燒香塗香衣服瓔珞幢幡
寶蓋伎樂歌頌礼拜供養七寶妙塔无量衆
生得阿羅漢果无量衆生悟辟支佛不可思
議衆生發菩提心至不退轉佛告諸比丘未
来世中若有善男子善女人聞妙法華經提
婆達多品淨心信敬不生疑或者不墮地獄
餓鬼畜生生十方佛前所生之處常聞此經
若生人天中受勝妙樂若在佛前蓮華化生
於時下方多寶世尊所從菩薩名曰智積白
多寶佛當還本土釋迦牟尼佛告智積曰善
男子且待須臾此有菩薩名文殊師利可與
相見論說妙法可還本土尒時文殊師利坐
千葉蓮華大如車輪俱来菩薩亦坐寶華從
於大海娑竭羅龍宮自然踊出住虛空中詣
靈鷲山從蓮華下至於佛所頭面敬礼二世
尊足修敬已畢往智積所共相慰問却坐一
面智積菩薩問文殊師利仁往龍宮所化衆
生其數幾何文殊師利言其數无量不可稱
計非口所宣非心所測且待須臾自當有證
所言未竟无數菩薩坐寶蓮華從海踊出詣
靈鷲山住在虛空此諸菩薩皆是文殊師利
之所化度具菩薩行皆共論說六波羅蜜本
聲聞人在虛空中說聲聞行今皆修行大乘
空義文殊師利謂智積曰於海教化其事如
是尒時智積菩薩以偈讚曰
大智德勇健　化度无量衆　今此諸大會　及我皆已見
演暢實相義　開闡一乘法　廣導諸群生　令速成菩提

空義文殊師利謂智積曰於海教化其事如
是尒時智積菩薩以偈讚曰
大智德勇健　化度无量衆　今此諸大會　及我皆已見
演暢實相義　開闡一乘法　廣導諸群生　令速成菩提
文殊師利言我於海中唯常宣說妙法華經
智積問文殊師利言此經甚深微妙諸經中
寶世所希有頗有衆生勤加精進修行此經
速得佛不文殊師利言有娑竭羅龍王女年
始八歲智慧利根善知衆生諸根行業得陁
羅尼諸佛所說甚深秘藏悉能受持深入禪
定了達諸法於剎那頃發菩提心得不退轉
辯才无礙慈念衆生猶如赤子功德具足心
念口演微妙廣大慈悲仁讓志意和雅能至
菩提智積菩薩言我見釋迦如来於无量劫
難行苦行積功累德求菩薩道未曾止息觀
三千大千世界乃至无有如芥子許非是菩
薩捨身命處為衆生故然後乃得成菩提道
不信此女於須臾頃便成正覺言論未訖時
龍王女忽現於前頭面礼敬却住一面以偈
讚曰
深達罪福相　遍照於十方　微妙淨法身　具相三十二
以八十種好　用莊嚴法身　天人所戴仰　龍神咸恭敬
一切衆生類　无不宗奉者　又聞成菩提　唯佛當證知
我闡大乘教　度脫苦衆生
時舍利弗語龍女言汝謂不久得无上道是
事難信所以者何女身垢穢非是法器云何
能得无上菩提佛道懸曠經无量劫勤苦積

一切衆生類　无不宗奉者　又聞成菩提　唯佛當證知
我闡大乘教　度脫苦衆生
時舍利弗語龍女言汝謂不久得无上道是
事難信所以者何女身垢穢非是法器云何
能得无上菩提佛道懸曠經无量劫勤苦積
行具修諸度然後乃成又女人身猶有五障
一者不得作梵天王二者帝釋三者魔王四
者轉輪聖王五者佛身云何女身速得成佛
尒時龍女有一寶珠價直三千大千世界持
以上佛佛即受之龍女謂智積菩薩尊者舍
利弗言我獻寶珠世尊納受是事疾不荅言
甚疾女言以汝神力觀我成佛復速於此當
時衆會皆見龍女忽然之間變成男子具菩
薩行即往南方无垢世界坐寶蓮華成等正
覺三十二相八十種好普為十方一切衆生
演說妙法尒時娑婆世界菩薩聲聞天龍八
部人與非人皆遙見彼龍女成佛普為時會
人天說法心大歡喜悉遙敬礼无量衆生聞
法解悟得不退轉无量衆生得受道記无垢
世界六反震動娑婆世界三千衆生住不退
地三千衆生發菩提心而得受記智積菩薩
及舍利弗一切衆會嘿然信受

妙法蓮華經勸持品第十三

尒時藥王菩薩摩訶薩及大樂說菩薩摩訶
薩與二万菩薩眷屬俱皆於佛前作是誓言
唯願世尊不以為慮我等於佛滅後當奉持
讀誦說此經典後惡世衆生善根轉少多增
上慢貪利供養增不善根遠離解脫難可

妙法蓮華經勸持品第十三

尒時藥王菩薩摩訶薩及大樂說菩薩摩訶
薩與二万菩薩眷屬俱皆於佛前作是誓言
唯願世尊不以為慮我等於佛滅後當奉持
讀誦說此經典後惡世衆生善根轉少多增
上慢貪利供養增不善根遠離解脫難可
教化我等當起大忍力讀誦此經持說書寫
種種供養不惜身命尒時衆中五百阿羅漢
得受記者白佛言世尊我等亦自誓願於異
國土廣說此經復有學无學八千人得受記
者從座而起合掌向佛作是誓言世尊我等
亦當於他國土廣說此經所以者何是娑婆
國中人多弊惡懷增上慢功德淺薄瞋濁諂
曲心不實故尒時佛姨母摩訶波闍波提比
丘尼與學无學比丘尼六千人俱從座而起
一心合掌瞻仰尊顏目不暫捨於時世尊告
憍曇弥何故憂色而視如來汝心將无謂我
不說汝名授阿耨多羅三藐三菩提記耶憍
曇弥我先揔說一切聲聞皆已授記今汝欲
知記者將来之世當於六万八千億諸佛法
中為大法師及六千學无學比丘尼俱為法
師汝如是漸漸具菩薩道當得作佛号一切
衆生喜見如来應供正遍知明行足善逝世
間解无上士調御丈夫天人師佛世尊憍曇
弥是一切衆生喜見佛及六千菩薩轉次授
記得阿耨多羅三藐三菩提尒時羅睺羅母
耶輸陁羅比丘尼作是念世尊於授記中獨
不說我名佛告耶輸陁羅汝於来世百千万

弥是一切衆生喜見佛及六千菩薩轉次授
記得阿耨多羅三藐三菩提尒時羅睺羅母
耶輸陁羅比丘尼作是念世尊於授記中獨
不說我名佛告耶輸陁羅汝於来世百千万
億諸佛法中脩菩薩行為大法師漸具佛道
於善國中當得作佛号具足千万光相如来
應供正遍知明行足善逝世間解无上士調
御丈夫天人師佛世尊佛壽无量阿僧祇劫
尒時摩訶波闍波提比丘尼及耶輸陁羅比
丘尼并其眷屬皆大歡喜得未曾有即於佛
前而說偈言
世尊導師　安隱天人　我等聞記　心安具足
諸比丘尼說是偈已白佛言世尊我等亦能
於他方國土廣宣此經尒時世尊視八十万
億那由他諸菩薩摩訶薩是諸菩薩皆是阿
惟越致轉不退法輪得諸陁羅尼即從座起
至於佛前一心合掌而作是念若世尊告勑
我等持說此經者當知佛教廣宣斯法復作
是念佛今嘿然不見告勑我當云何時諸菩
薩敬順佛意并欲自滿本願便於佛前作師
子吼而發誓言世尊我等於如来滅後周旋
往反十方世界能令衆生書寫此經受持讀
誦解說其義如法脩行正憶念皆是佛之威
力唯願世尊在於他方遥見守護即時諸菩
薩俱同發聲而說偈言
唯願不為慮　於佛滅度後　恐怖惡世中　我等當廣說
有諸无智人　惡口罵詈等　及加刀杖者　我等皆當忍

BD13826號　妙法蓮華經卷四　（30–28）

力唯願世尊在於他方遥見守護即時諸菩
薩俱同發聲而說偈言
唯願不為慮　於佛滅度後　恐怖惡世中　我等當廣說
有諸无智人　惡口罵詈等　及加刀杖者　我等皆當忍
惡世中比丘　耶智心諂曲　未得謂為得　我慢心充滿
或有阿練若　納衣在空閑　自謂行真道　輕賤人間者
貪著利養故　與白衣說法　為世所恭敬　如六通羅漢
是人懷惡心　常念世俗事　假名阿練若　好出我等過
而作如是言　此諸比丘等　為貪利養故　說外道論議
自作此經典　誑惑世間人　為求名聞故　分別於是經
常在大衆中　欲毀我等故　向國王大臣　婆羅門居士
及餘比丘衆　誹謗說我惡　謂是耶見人　說外道論議
我等敬佛故　悉忍是諸惡　為斯所輕言　汝等皆是佛
如此輕慢言　皆當忍受之　濁劫惡世中　多有諸恐怖
惡鬼入其身　罵詈毀辱我　我等敬信佛　當著忍辱鎧
為說是經故　忍此諸難事　我不愛身命　但惜无上道
我等於来世　護持佛所囑　世尊自當知　濁世惡比丘
不知佛方便　隨宜所說法　惡口而顰蹙　數數見擯出
遠離於塔寺　如是等衆惡　念佛告勑故　皆當忍是事
諸聚落城邑　其有求法者　我皆到其所　說佛所囑法
我是世尊使　處衆无所畏　我當善說法　願佛安隱住
我於世尊前　諸来十方佛　發如是誓言　佛自知我心

妙法蓮華經卷第四

BD13826號　妙法蓮華經卷四　（30–29）

遠離於塔寺　如是等衆惡　念佛告勑故　皆當忍是事
諸聚落城邑　其有求法者　我皆到其所　說佛所囑法
我是世尊使　處衆无所畏　我當善說法　願佛安隱住
我於世尊前　諸來十方佛　發如是誓言　佛自知我心

妙法蓮華經卷第四

BD13826 號　妙法蓮華經卷四　　（30–30）

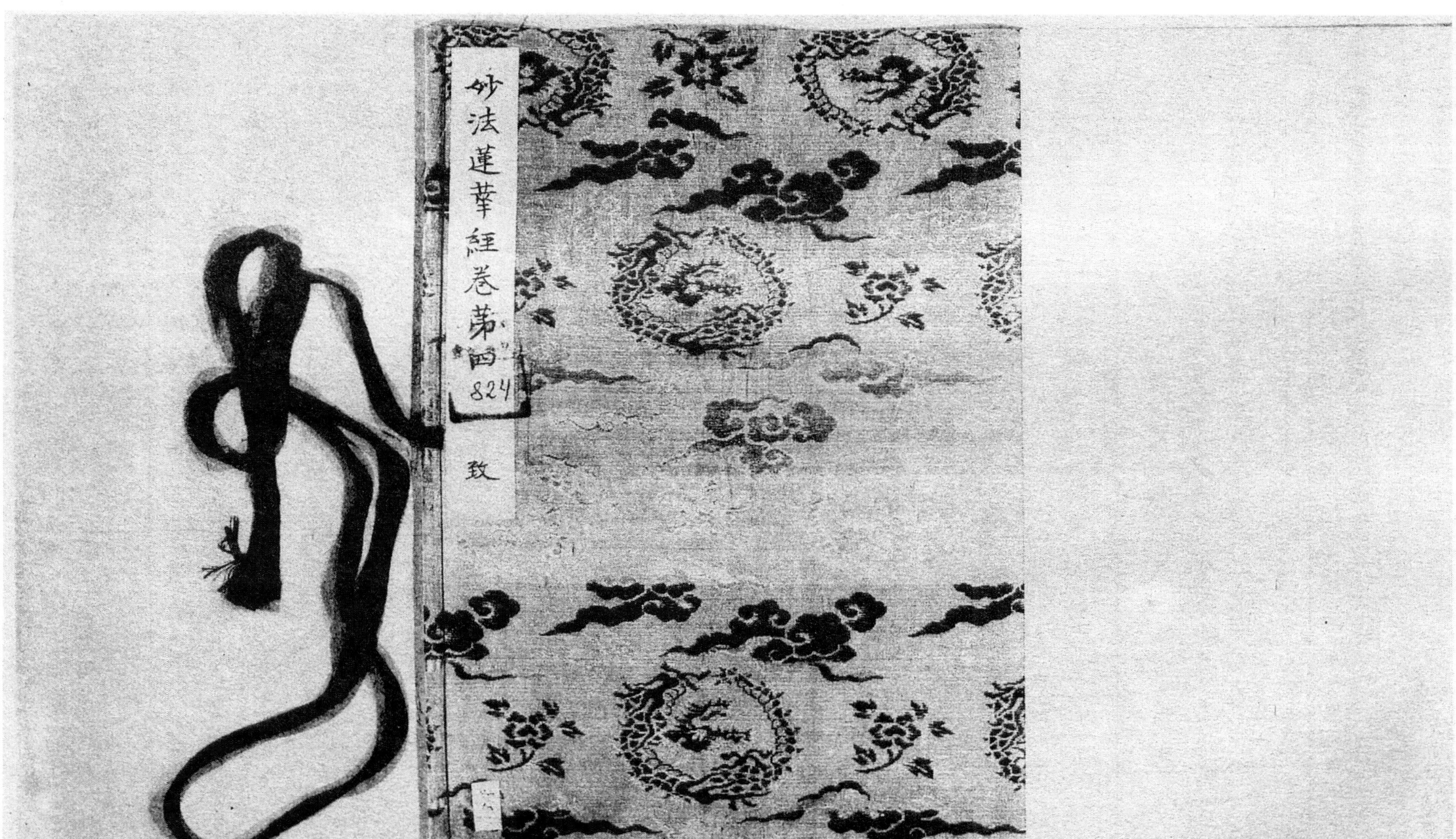

BD13827 號背　現代護首　　（1–1）

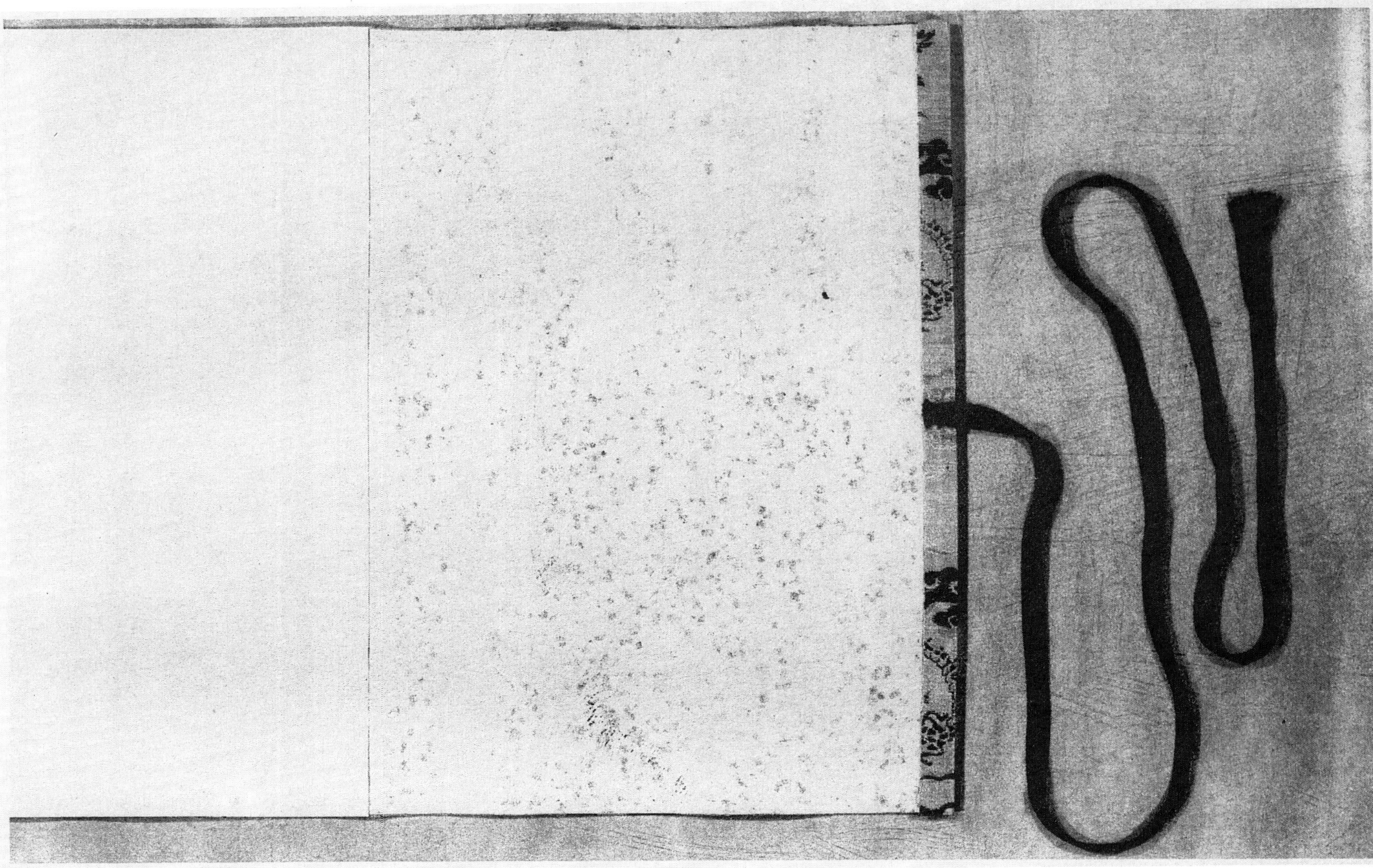

BD13827 號　妙法蓮華經（小字兩卷本）卷一　（15–1）

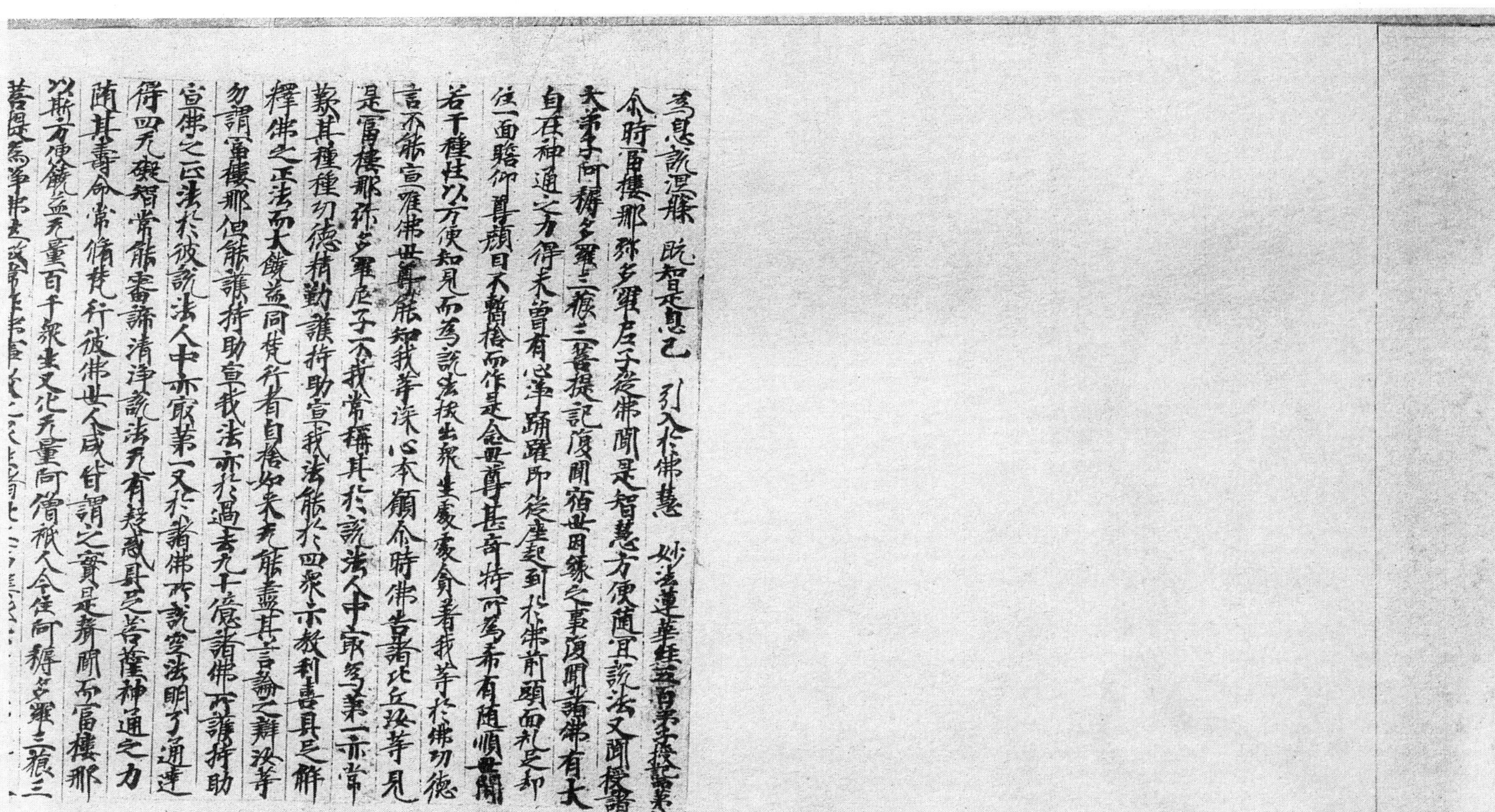

為息說涅槃　既知是息已　引入於佛慧　妙法蓮華經五百弟子授記品第八
尒時富樓那彌多羅尼子從佛聞是智慧方便隨宜說法又聞授諸
大弟子阿耨多羅三藐三菩提記復聞宿世因緣之事復聞諸佛有大
自在神通之力得未曾有心淨踊躍即從座起到於佛前頭面礼足却
住一面瞻仰尊顏目不暫捨而作是念世尊甚奇特所為希有隨順世間
若干種性以方便知見而為說法拔出眾生處處貪著我等於佛功德
言不能宣唯佛世尊能知我等深心本願尒時佛告諸比丘汝等見
是富樓那彌多羅尼子不我常稱其於說法人中最為第一亦常
歎其種種功德精勤護持助宣我法能於四眾示教利喜具足解
釋佛之正法而大饒益同梵行者自捨如來无能盡其言論之辯汝等
勿謂富樓那但能護持助宣我法亦於過去九十億諸佛所護持助
宣佛之正法於彼說法人中亦最第一又於諸佛所說空法明了通達
得四无礙智常能審諦清淨說法无有疑惑具足菩薩神通之力
隨其壽命常脩梵行彼佛世人咸皆謂之實是聲聞而富樓那
以斯方便饒益无量百千眾生又化无量阿僧祇人令立阿耨多羅三藐三
菩提為淨佛土故常作佛事教化眾生諸比丘富樓那亦於七佛說法人中

BD13827 號　妙法蓮華經（小字兩卷本）卷一　（15–2）

勿謂富樓那但能護持助宣我法亦於過去九十億諸佛所護持助
宣佛之正法於彼說法人中亦最第一又於諸佛所說空法明了通達
得四无礙智常能審諦清淨說法无有疑惑具足菩薩神通之力
隨其壽命常修梵行彼佛世人咸皆謂之實是聲聞而富樓那
以斯方便饒益无量百千眾生又化无量阿僧祇人令立阿耨多羅三藐三
菩提為淨佛土故常作佛事教化眾生諸比丘富樓那亦於七佛說法人
中而得第一今於我所說法人中亦為第一於賢劫中當來諸佛說
法人中亦復第一而皆護持助宣佛法亦於未來護持助宣无量无
邊諸佛之法教化饒益无量眾生令立阿耨多羅三藐三菩提為淨佛
土故常勤精進教化眾生漸漸具足菩薩之道過无量阿僧祇劫當
於此土得阿耨多羅三藐三菩提號曰法明如來應供正遍知明行足善
逝世間解无上士調御丈夫天人師佛世尊其佛以恒河沙等三千大千
世界為一佛土七寶為地地平如掌无有山陵谿澗溝壑七寶臺觀充滿
其中諸天宮殿近處虛空人天交接兩得相見无諸惡道亦无女人一切
眾生皆以化生无有婬欲得大神通身出光明飛行自在志念堅固精
進智慧普皆金色三十二相而自莊嚴其國眾生常以二食一者法喜
食二者禪悅食有无量阿僧祇千萬億那由他諸菩薩眾得大神通
四无礙智善能教化眾生之類其聲聞眾算數校計所不能知皆得具
足六通三明及八解脫其佛國土有如是等无量功德莊嚴成就劫名
寶明國名善淨其佛壽命无量阿僧祇劫法住甚久佛滅度後起七寶
塔遍滿其國爾時世尊欲重宣此義而說偈言 諸比丘諦聽
佛子所行道 善學方便故 不可得思議 知眾樂小法 而畏於大智 是故諸菩薩
作聲聞緣覺 以无數方便 化諸眾生類 自說是聲聞 去佛道甚遠
度脫无量眾 皆悉得成就 雖小欲懈怠 漸當令作佛 內祕菩薩行
外現是聲聞 少欲厭生死 實自淨佛土 示眾有三毒 又現邪見相
我弟子如是 方便度眾生 若我具足說 種種現化事 眾生聞是者
心則懷疑惑 今此富樓那 於昔千億佛 勤修所行道 宣護諸佛法
為求无上慧 而於諸佛所 現居弟子上 多聞有智慧 所說无所畏
能令眾歡喜 未曾有疲惓 而以助佛事 已度大神通 具四无礙智
智眾根利鈍 常說清淨法 演暢如是義 教諸千億眾 令住大乘法
而自淨佛土 未來亦供養 无量无數佛 護助宣正法 亦自淨佛土
常以諸方便 說法无所畏 度不可計眾 成就一切智 供養諸如來
護持法寶藏 其後當作佛 號名曰法明 其國名善淨 七寶所合成

BD13827 號　妙法蓮華經（小字兩卷本）卷一　（15–3）

為求无上慧 而於諸佛所 現居弟子上 多聞有智慧 所說无所畏
能令眾歡喜 未曾有疲惓 而以助佛事 已度大神通 具四无礙智
智眾根利鈍 常說清淨法 演暢如是義 教諸千億眾 令住大乘法
而自淨佛土 未來亦供養 无量无數佛 護助宣正法 亦自淨佛土
常以諸方便 說法无所畏 度不可計眾 成就一切智 供養諸如來
護持法寶藏 其後當作佛 號名曰法明 其國名善淨 七寶所合成
劫名為寶明 菩薩眾甚多 其數无量億 皆度大神通 威德力具足
充滿其國土 聲聞亦无數 三明八解脫 得四无礙智 以是等為僧
其國諸眾生 婬欲皆已斷 純一變化生 具相莊嚴身 法喜禪悅食
更无餘食想 无有諸女人 亦无諸惡道 富樓那比丘 功德悉成滿
當得斯淨土 賢聖眾甚多 如是无量事 我今但略說
爾時千二百阿羅漢心自在者作是念我等歡喜得未曾有若世尊
各見授記如餘大弟子者不亦快乎佛知此等心之所念告摩訶迦葉
是千二百阿羅漢我今當現前次第與授阿耨多羅三藐三菩提記於此眾
中我大弟子憍陳如比丘當供養六萬二千億佛然後得成為佛號曰普
明如來應供正遍知明行足善逝世間解无上士調御丈夫天人師佛世
尊其五百阿羅漢優樓頻螺迦葉伽耶迦葉那提迦葉迦留陀夷優陀
夷阿㝹樓馱離婆多劫賓那薄拘羅周陀莎伽陀等皆當得阿耨多
羅三藐三菩提盡同一號名曰普明爾時世尊欲重宣此義而說偈言
憍陳如比丘 當見无量佛 過阿僧祇劫 乃成等正覺 常放大光明
具足諸神通 名聞遍十方 一切之所敬 常說无上道 故號為普明
其國土清淨 菩薩皆勇猛 咸昇妙樓閣 遊諸十方國 以无上供具
奉獻於諸佛 作是供養已 心懷大歡喜 須臾還本國 有如是神力
佛壽六萬劫 正法住倍壽 像法復倍是 法滅天人憂 其五百比丘
次第當作佛 同號曰普明 轉次而授記 我滅度之後 某甲當作佛
其所化世間 亦如我今日 國土之嚴淨 及諸神通力 菩薩聲聞眾
正法及像法 壽命劫多少 皆如上所說 迦葉汝已知 五百自在者
餘諸聲聞眾 亦當復如是 其不在此會 汝當為宣說 爾時五百阿
羅漢於佛前得受記已歡喜踊躍即從座起到於佛前頭面禮足悔過自
責世尊我等常作是念自謂已得究竟滅度今乃知之如无智者所
以者何我等應得如來智慧而便自以小智為足世尊譬如有人至親友家
醉酒而臥是時親友官事當行以无價寶珠繫其衣裏與之而去其
人醉臥都不覺知起已遊行到於他國為衣食故勤力求索甚大艱難
若少有所得便以為足於後親友會遇見之而作是言咄哉丈夫何

BD13827 號　妙法蓮華經（小字兩卷本）卷一　（15–4）

餘諸聲聞衆　亦當復如是　其不在此會　汝當爲宣說　尒時五百阿
羅漢於佛前得受記已歡喜踊躍即從座起到於佛前頭面禮足悔過自
責世尊我等常作是念自謂已得究竟滅度今乃知之如无智者所
以者何我等應得如來智慧而便自以小智爲足世尊譬如有人至親友家
醉酒而臥是時親友官事當行以无價寶珠繫其衣裏與之而去其
人醉臥都不覺知起已遊行到於他國爲衣食故勤力求索甚大艱難
若少有所得便以爲足於後親友會遇見之而作是言咄哉丈夫何
爲衣食乃至如是我昔欲令汝得安樂五欲自恣於某年日月
以无價寶珠繫汝衣裏今故現在而汝不知勤苦憂惱以求自活甚爲
癡也汝今可以此寶貿易所須常可如意无所乏短佛亦如是爲菩薩
時教化我等令發一切智心而尋廢忘不知不覺既得阿羅漢道自謂
滅度資生艱難得少爲足一切智願猶在不失今者世尊覺悟我等
作如是言諸比丘汝等所得非究竟滅我久令汝等種佛善根以方便故
示涅槃相而汝謂爲實得滅度世尊我今乃知實是菩薩得受阿耨多
羅三藐三菩提記以是因緣甚大歡喜得未曾有尒時阿若憍陳如等
欲重宣此義而說偈言　我等聞无上　安隱授記聲　歡喜未曾有
禮无量智佛　今於世尊前　自悔諸過咎　於无量佛寶　得少涅槃分
如无智愚人　便自以爲足　譬如貧窮人　往至親友家　其家甚大富
具設諸餚饍　以无價寶珠　繫著內衣裏　嘿與而捨去　時臥不覺知
是人既已起　遊行詣他國　求衣食自濟　資生甚艱難　得少便爲足
更不願好者　不覺內衣裏　有无價寶珠　與珠之親友　後見此貧人
苦切責之已　示以所繫珠　貧人見此珠　其心大歡喜　富有諸財物
五欲而自恣　我等亦如是　世尊於長夜　常愍見教化　令種无上願
我等无智人　不覺亦不知　得少涅槃分　自足不求餘　今佛覺悟我
言非實滅度　得佛无上慧　尒乃爲真滅　我今從佛聞　授記莊嚴事
及轉次受決　身心遍歡喜

妙法蓮華經授學无學人記品第九

尒時阿難羅睺羅而作是念我等每自思惟設得受記不亦快乎即
從座起到於佛前頭面禮足俱白佛言世尊我等於此亦應有分
唯有如來我等所歸又我等爲一切世間天人阿脩羅所見知識阿
難常爲侍者護持法藏羅睺羅是佛之子若佛見授阿耨多羅三
藐三菩提記者我願既滿衆望亦足尒時學无學聲聞弟子二千
人皆從座起偏袒右肩到於佛前一心合掌瞻仰世尊如阿難羅睺
羅所願住立一面尒時佛告阿難汝於來世當得作佛号山海慧自
在通王如來應供正遍知明行足善逝世間解无上士調御丈夫天人

難常爲侍者護持法藏羅睺羅是佛之子若佛見授阿耨多羅三
藐三菩提記者我願既滿衆望亦足尒時學无學聲聞弟子二千
人皆從座起偏袒右肩到於佛前一心合掌瞻仰世尊如阿難羅睺
羅所願住立一面尒時佛告阿難汝於來世當得作佛号山海慧自
在通王如來應供正遍知明行足善逝世間解无上士調御丈夫天人
師佛世尊當供養六十二億諸佛護持法藏然後得阿耨多羅三藐三
菩提教化二十千万億恒河沙諸菩薩等令成阿耨多羅三藐三菩提
國名常立勝幡其土清淨琉璃爲地劫名妙音遍滿其佛壽命无量千万億
阿僧祇劫若人於千万億无量阿僧祇劫中算數校計不能得知正法
住世倍於壽命像法住世復倍正法阿難是山海慧自在通王佛爲十方无
量千万億恒河沙等諸佛如來所共讚歎稱其功德尒時世尊欲重宣
此義而說偈言　我今僧中說　阿難持法者　當供養諸佛　然後成正覺
号曰山海慧　自在通王佛　其國土清淨　名常立勝幡　教化諸菩薩
其數如恒沙　佛有大威德　名聞滿十方　壽命无有量　以愍衆生故
正法倍壽命　像法復倍是　如恒河沙等　无數諸衆生　於此佛法中
爲之作衛護　若說法之人　獨在空閑處　寂漠无人聲　讀誦此經典
我尒時爲現　清淨光明身　若忘失章句　爲說令通利　若人具是德
或爲四衆說　空處讀誦經　皆得見我身　若人在空閑　我遣天龍王
夜叉鬼神等　爲作聽法衆　是人樂說法　分別无罣礙　諸佛護念故
能令大衆喜　若親近法師　速得菩薩道　隨順是師學　得見恒沙佛

妙法蓮華經見寶塔品第十一

尒時佛前有七寶塔高
五百由旬縱廣二百五十由旬從地踊出住在空中種種寶物而莊校之
五千欄楯龕室千万无數幢幡以爲嚴飾垂寶瓔珞寶鈴万億而懸
其上四面皆出多摩羅䟦栴檀之香充遍世界其諸幡蓋以金銀琉
璃車𤦲馬瑙真珠玫瑰七寶合成高至四天王宮三十三天雨天曼陀羅
華供養寶塔餘諸天龍夜叉乾闥婆阿脩羅迦樓羅緊那羅摩睺
羅伽人非人等千万億衆以一切華香瓔珞幡蓋伎樂供養寶塔恭
敬尊重讚歎尒時寶塔中出大音聲歎言善哉善哉釋迦牟尼
世尊能以平等大慧教菩薩法佛所護念妙法華經爲大衆說如是
如是釋迦牟尼世尊如所說者皆是真實尒時四衆見大寶塔住
在空中又聞塔中所出音聲皆得法喜怪未曾有從座而起恭敬合
掌却住一面尒時有菩薩摩訶薩名大樂說知一切世間天人阿脩
羅等心之所疑而白佛言世尊以何因緣有此寶塔從地踊出又於其
中發是音聲尒時佛告大樂說菩薩此寶塔中有如來全身乃往

世尊能以平等大慧教菩薩法佛所護念妙法華經爲大衆說如是
如是釋迦牟尼世尊如所說者皆是真實尒時四衆見大寶塔住
在空中又聞塔中所出音聲皆得法喜怪未曾有從座而起恭敬合
掌却住一面尒時有菩薩摩訶薩名大樂說知一切世間天人阿脩
羅等心之所疑而白佛言世尊以何因緣有此寶塔從地踊出又於其
中發是音聲尒時佛告大樂說菩薩此寶塔中有如來全身乃往
過去東方無量千万億阿僧祇世界國名寶淨彼中有佛号曰多寶
其佛本行菩薩道時作大誓願若我成佛滅度之後於十方國土
有說法華經處我之塔廟爲聽是經故踊現其前爲作證明讃言
善哉彼佛成道已臨滅度時於天人大衆中告諸比丘我滅度後欲
供養我全身者應起一大塔其佛以神通願力十方世界在在處處若
有說法華經者彼之寶塔皆踊出其前全身在於塔中讃言善哉善
哉大樂說今多寶如來塔聞說法華經故從地踊出讃言善哉善哉
是時大樂說菩薩以如來神力故白佛言世尊我等願欲見此佛
身佛告大樂說菩薩摩訶薩是多寶佛有深重願若我寶塔
爲聽法華經故出於諸佛前時其有欲以我身示四衆者彼佛分
身諸佛在於十方世界說法盡還集一處然後我身乃出現耳大
樂說我分身諸佛在於十方世界說法者今應當集大樂說白佛
言世尊我等亦願欲見世尊分身諸佛禮拜供養尒時佛放白
毫一光即見東方五百万億那由他恒河沙等國土諸佛彼諸國
土皆以頗梨爲地寶樹寶衣以爲莊嚴無數千万億菩薩充滿
其中遍張寶幔寶網羅上彼國諸佛以大妙音而說諸法及見無
量千万億菩薩遍滿諸國爲衆說法南西北方四維上下白毫
相光所照之處亦復如是尒時十方諸佛各告衆菩薩言善男子我今
應往娑婆世界釋迦牟尼佛所并供養多寶如來寶塔時娑婆世界即
變清淨琉璃爲地寶樹莊嚴黃金爲繩以界八道無諸聚落村營城
邑大海江河山川林藪燒大寶香曼陀羅華遍布其地以寶網幔
羅覆其上懸諸寶鈴唯留此會衆移諸天人置於他土是時諸佛
各將一大菩薩以爲侍者至娑婆世界各到寶樹下一一寶樹高五百
由旬枝葉華菓次第莊嚴諸寶樹下皆有師子之座高五由旬亦
以大寶而校飾之尒時諸佛各於此座結加趺坐如是展轉遍滿三千
大千世界而於釋迦牟尼佛一方所分之身猶故未盡時釋迦牟尼
佛欲容受所分身諸佛故八方各更變二百万億那由他國皆令
清淨無有地獄餓鬼畜生及阿脩羅又移諸天人置於他土所化之國

BD13827號　妙法蓮華經（小字兩卷本）卷一　（15–7）

由旬枝葉華菓次第莊嚴諸寶樹下皆有師子之座高五由旬亦
以大寶而校飾之尒時諸佛各於此座結加趺坐如是展轉遍滿三千
大千世界而於釋迦牟尼佛一方所分之身猶故未盡時釋迦牟尼
佛欲容受所分身諸佛故八方各更變二百万億那由他國皆令
清淨無有地獄餓鬼畜生及阿脩羅又移諸天人置於他土所化之國
亦以琉璃爲地寶樹莊嚴樹高五百由旬枝葉華菓次第嚴飾樹下
皆有寶師子座高五由旬種種諸寶以爲莊校亦無大海江河及目
真隣陀山摩訶目真隣陀山鐵圍山大鐵圍山須弥山等諸山王通爲
一佛國土寶地平正寶交露幔遍覆其上懸諸幡蓋燒大寶香諸
天寶華遍布其地釋迦牟尼佛爲諸佛當來坐故復於八方各更變二百
万億那由他國皆令清淨無有地獄餓鬼畜生及阿脩羅又移諸天
人置於他土所化之國亦以琉璃爲地寶樹莊嚴樹高五百由旬枝葉
華菓次第莊嚴樹下皆有寶師子座高五由旬亦以大寶而校飾之
亦無大海江河及目真隣陀山摩訶目真隣陀山鐵圍山大鐵圍山須
弥山等諸山王通爲一佛國土寶地平正寶交露幔遍覆其上懸諸
幡蓋燒大寶香諸天寶華遍布其地尒時東方釋迦牟尼佛所分之身
百千万億那由他恒河沙等國土中諸佛各各說法來集於此如是
次第十方諸佛皆悉來集坐於八方尒時一一方四百万億那由他
國土諸佛如來遍滿其中是時諸佛各在寶樹下坐師子座皆遣侍者
問訊釋迦牟尼佛各賷寶華滿掬而告之言善男子汝往詣耆
闍崛山釋迦牟尼佛所如我辭曰少病少惱氣力安樂及菩薩聲聞
衆悉安隱不以此寶華散佛供養而作是言彼某甲佛與欲開
此寶塔諸佛遣使亦復如是尒時釋迦牟尼佛見所分身佛悉已
來集各各坐於師子之座皆聞諸佛與欲同開寶塔即從座起住
虛空中一切四衆起立合掌一心觀佛於是釋迦牟尼佛以右指開
種佛道因緣　尒時會中新發意菩薩八千人咸作是念我等尚不聞
諸大菩薩得如是記有何因緣而諸聲聞得如是決尒時世尊知諸菩
薩心之所念而告之曰諸善男子我與阿難等於空王佛所同時發阿
耨多羅三藐三菩提心阿難常樂多聞我常勤精進是故我已得成阿
耨多羅三藐三菩提而阿難護持我法亦護將來諸佛法藏教化成
就諸菩薩衆其本願如是故獲斯記阿難面於佛前自聞授記及
國土莊嚴所願具足心大歡喜得未曾有即時憶念過去無量千
万億諸佛法藏通達無导如今所聞亦識本願尒時阿難而說偈言
世尊甚希有　令我念過去　無量諸佛法　如今日所聞　我今無復疑

BD13827號　妙法蓮華經（小字兩卷本）卷一　（15–8）

耨多羅三藐三菩提心阿難常樂多聞我常勤精進是故我已得成阿
耨多羅三藐三菩提而阿難護持我法亦護將來諸佛法藏教化成
就諸菩薩衆其本願如是故獲斯記阿難面於佛前自聞授記及
國土莊嚴所願具足心大歡喜得未曾有即時憶念過去無量千
万億諸佛法藏通達無㝵如今所聞亦識本願尒時阿難而說偈言
世尊甚希有　令我念過去　無量諸佛法　如今日所聞
我今無復疑　安住於佛道　方便為侍者　護持諸佛法
尒時佛告羅睺羅汝於來世當
得作佛号蹈七寶華如來應供正遍知明行足善逝世間解無上士調御
丈夫天人師佛世尊當供養十世界微塵等數諸佛如來常為諸佛而作
長子猶如今也是蹈七寶華佛國土莊嚴壽命劫數所化弟子正法像法
亦如山海慧自在通王如來無異亦為此佛而作長子過是已後當得阿
耨多羅三藐三菩提尒時世尊欲重宣此義而說偈言
我為太子時　羅睺為長子　我今成佛道　受法為法子
於未來世中　見無量億佛　皆為其長子　一心求佛道
羅睺羅密行　唯我能知之　現為我長子　以示諸衆生
無量億千万　功德不可數　安住於佛法　以求無上道
尒時世尊見學無學二千人其意柔軟寂然清淨一心觀佛佛告阿
難汝見是學無學二千人不唯然已見阿難是諸人等當供養五十世
界微塵數諸佛如來恭敬尊重護持法藏末後同時於十方國各得
成佛皆同一号名曰寶相如來應正遍知明行足善逝世間解無上士
調御丈夫天人師佛世尊壽命一劫國土莊嚴聲聞菩薩正法像法皆
悉同等尒時世尊欲重宣此義而說偈言
是二千聲聞　今於我前住　悉皆與受記　未來當成佛
所供養諸佛　如上說塵數　護持其法藏　後當成正覺
各於十方國　悉同一名号　俱時坐道場　以證無上慧
皆名為寶相　國土及弟子　正法與像法　悉等無有異
咸以諸神通　度十方衆生　名聞普周遍　漸入於涅槃
尒時學無學二千人聞佛授
記歡喜踊躍而說偈言
世尊慧燈明　我聞授記音　心歡喜充滿
如甘露見灌
妙法蓮華經法師品第十
尒時世尊因藥王菩
薩告八万大士藥王汝見是大衆中無量諸天龍王夜叉乾闥婆阿
脩羅迦樓羅緊那羅摩睺羅伽人與非人及比丘比丘尼優婆塞優
婆夷求聲聞者求辟支佛者求佛道者如是等類咸於佛前聞妙
法華經一偈一句乃至一念隨喜者我皆與授記當得阿耨多羅三藐
三菩提佛告藥王又如來滅度之後若有人聞妙法華經乃至一偈一
句一念隨喜者我亦與受阿耨多羅三藐三菩提記若復有人受持

薩告八万大士藥王汝見是大衆中無量諸天龍王夜叉乾闥婆阿
脩羅迦樓羅緊那羅摩睺羅伽人與非人及比丘比丘尼優婆塞優
婆夷求聲聞者求辟支佛者求佛道者如是等類咸於佛前聞妙
法華經一偈一句乃至一念隨喜者我皆與授記當得阿耨多羅三藐
三菩提佛告藥王又如來滅度之後若有人聞妙法華經乃至一偈一
句一念隨喜者我亦與受阿耨多羅三藐三菩提記若復有人受持
讀誦解說書寫妙法華經乃至一偈於此經卷敬視如佛種種供養華
香瓔珞末香塗香燒香繒蓋幢幡衣服伎樂乃至合掌恭敬藥王當
知是諸人等已曾供養十万億佛於諸佛所成就大願愍衆生故生此
人間藥王若有人問何等衆生於未來世當得作佛應示是諸人等於未
來世必得作佛何以故若善男子善女人於法華經乃至一句受持讀誦
解說書寫種種供養經卷華香瓔珞末香塗香燒香繒蓋幢幡衣服伎
樂合掌恭敬是人一切世間所應瞻奉應以如來供養而供養之當知
此人是大菩薩成就阿耨多羅三藐三菩提哀愍衆生願生此間廣演
分別妙法華經何況盡能受持種種供養者藥王當知是人自捨清淨
業報於我滅度後愍衆生故生於惡世廣演此經若是善男子善女
人我滅度後能竊為一人說法華經乃至一句當知是人則如來使如來所
遣行如來事何況於大衆中廣為人說藥王若有惡人以不善心於一
劫中現於佛前常毀罵佛其罪尚輕若人以一惡言毀呰在家出家讀
誦法華經者其罪甚重藥王其有讀誦法華經者當知是人以佛莊嚴
而自莊嚴則為如來肩所荷擔其所至方應隨向礼一心合掌恭敬供養
尊重讚歎華香瓔珞末香塗香燒香繒蓋幢幡衣服餚饍作諸伎樂人中
上供而供養之應持天寶而以散之天上寶聚應以奉獻所以者何是
人歡喜說法須臾聞之即得究竟阿耨多羅三藐三菩提故尒時世尊
欲重宣此義而說偈言
若欲住佛道　成就自然智　常當勤供養
受持法華者　其有欲疾得　一切種智慧　當受持是經　并供養持者
若有能受持　妙法華經者　當知佛所使　愍念諸衆生　諸有能受持
妙法華經者　捨於清淨土　愍衆故生此　當知如是人　自在所欲生
能於此惡世　廣說無上法　應以天華香　及天寶衣服　天上妙寶聚
供養說法者　吾滅後惡世　能持是經者　當合掌禮敬　如供養世尊
上饌衆甘美　及種種衣服　供養是佛子　兾得須臾聞　若能於後世
受持是經者　我遣在人中　行於如來事　若於一劫中　常懷不善心
作色而罵佛　獲無量重罪　其有讀誦持　是法華經者　須臾加惡言
其罪復過彼　有人求佛道　而於一劫中　合掌在我前　以無數偈讚

能於此惡世　廣說無上法　應以天華香　及衣服飲食　天上妙寶聚
供養說法者　吾滅後惡世　能持是經者　當合掌禮敬　如供養世尊
上饌眾甘露　及種種衣服　供養是佛子　冀得須臾聞　若能於後世
受持是經者　我遣在人中　行於如來事　若於一劫中　常懷不善心
作色而罵佛　獲無量重罪　其有讀誦持　是法華經者　須臾加惡言
其罪復過彼　有人求佛道　而於一劫中　合掌在我前　以無數偈讚
由是讚佛故　得無量功德　歎美持經者　其福復過彼　於八十億劫
以最妙色聲　及與香味觸　供養持經者　如是供養已　若得須臾聞
則應自欣慶　我今獲大利　藥王今告汝　我所說諸經　而於此經中
法華最第一　爾時佛復告藥王菩薩摩訶薩我所說經典無量
千萬億已說今說當說而於其中此法華經最為難信難解藥王
此經是諸佛祕要之藏不可分布妄授與人諸佛世尊之所守護
從昔已來未曾顯說而此經者如來現在猶多怨嫉況滅度後藥
王當知如來滅後其能書持讀誦供養為他人說者如來則為以
衣覆之又為他方現在諸佛之所護念是人有大信力及志願力諸
善根力當知是人與如來共宿則為如來手摩其頭藥王在在處處
若說若讀若誦若書若經卷所住處皆應起七寶塔極令高廣嚴
飾不須復安舍利所以者何此中已有如來全身此塔應以一切華香
瓔珞繒蓋幢幡伎樂歌頌供養恭敬尊重讚歎若有人得見此塔
禮拜供養當知是等皆近阿耨多羅三藐三菩提藥王多有人在家
出家行菩薩道若不能得見聞讀誦書持供養是法華經者當知是
人未善行菩薩道若有得聞是經典者乃能善行菩薩之道其有眾
生求佛道者若見若聞是法華經聞已信解受持者當知是人得近阿
耨多羅三藐三菩提藥王譬如有人渴乏須水於彼高原穿鑿求之猶
見乾土知水尚遠施功不已轉見濕土遂漸至泥其心決定知水必近菩薩
亦復如是若未聞未解未能修習是法華經當知是人去阿耨多羅三藐
三菩提尚遠若得聞解思惟修習必知得近阿耨多羅三藐三菩提所
以者何一切菩薩阿耨多羅三藐三菩提皆屬此經此經開方便門示真
實相是法華經藏深固幽遠無人能到今佛教化成就菩薩而為開示
藥王若有菩薩聞是法華經驚疑怖畏當知是為新發意菩薩若
聲聞人聞是經驚疑怖畏當知是為增上慢者藥王若有善男子
善女人如來滅後欲為四眾說是法華經者云何應說是善男子善女人
入如來室著如來衣坐如來座爾乃應為四眾廣說斯經如來室者一切
眾生中大慈悲心是如來衣者柔和忍辱心是如來座者一切法空

藥王若有菩薩聞是法華經驚疑怖畏當知是為新發意菩薩若
聲聞人聞是經驚疑怖畏當知是為增上慢者藥王若有善男子
善女人如來滅後欲為四眾說是法華經者云何應說是善男子善女人
入如來室著如來衣坐如來座爾乃應為四眾廣說斯經如來室者一切
眾生中大慈悲心是如來衣者柔和忍辱心是如來座者一切法空
是安住是中然後以不懈怠心為諸菩薩及四眾廣說是法華經藥
王我於餘國遣化人為其集聽法眾亦遣化比丘比丘尼優婆塞優婆
夷聽其說法是諸化人聞法信受隨順不逆若說法者在空閑處我時廣
遣天龍鬼神乾闥婆阿修羅等聽其說法我雖在異國時時令說法者
得見我身若於此經忘失句逗我還為說令得具足爾時世尊欲重宣此
義而說偈言　欲捨諸懈怠　應當聽此經　是經難得聞　信受者亦難
如人渴須水　穿鑿於高原　猶見乾燥土　知去水尚遠　漸見濕土泥
決定知近水　藥王汝當知　如是諸人等　不聞法華經　去佛智甚遠
若聞是深經　決了聲聞法　是諸經之王　聞已諦思惟　當知此人等
近於佛智慧　若人說此經　應入如來室　著於如來衣　而坐如來座
處眾無所畏　廣為分別說　大慈悲為室　柔和忍辱衣　諸法空為座
處此為說法　若說此經時　有人惡口罵　加刀杖瓦石　念佛故應忍
我千萬億土　現淨堅固身　於無量億劫　為眾生說法　若我滅度後
能說此經者　我遣化四眾　比丘比丘尼　及清信士女　供養於法師
引導諸眾生　集之令聽法　若人欲加惡　刀杖及瓦石　則遣變化人
寶塔戶出大音聲如卻關鑰開大城門即時一切眾會皆見多寶
如來於寶塔中坐師子座全身不散如入禪定又聞其言善哉善
哉釋迦牟尼佛快說是法華經我為聽是經故而來至此爾時四
眾等見過去無量千萬億劫滅度佛說如是言歎未曾有以天
寶華聚散多寶佛及釋迦牟尼佛上爾時多寶佛於寶塔中分半
座與釋迦牟尼佛而作是言釋迦牟尼佛可就此座即時釋迦牟尼
佛入其塔中坐其半座結加趺坐爾時大眾見二如來在七寶塔中
師子座上結加趺坐各作是念佛座高遠唯願如來以神通力令
我等輩俱處虛空即時釋迦牟尼佛以神通力接諸大眾皆
在虛空以大音聲普告四眾誰能於此娑婆國土廣說妙法華經
今正是時如來不久當入涅槃佛欲以此妙法華經付囑有在爾
時世尊欲重宣此義而說偈言　聖主世尊　雖久滅度
在寶塔中　尚為法來　諸人云何　不勤為法　此佛滅度　無央數劫

在虛空以大音聲普告四衆誰能於此娑婆國土廣說妙法華經
今正是時如來不久當入涅槃佛欲以此妙法華經付屬有在
時世尊欲重宣此義而說偈言　聖主世尊　雖久滅度
在寶塔中　尚為法來　諸人云何　不勤為法　此佛滅度　无央數劫
處處聽法　以難遇故　彼佛本願　我滅度後　在在所往　常為聽法
又我分身　无量諸佛　如恒沙等　來欲聽法　及見滅度　多寶如來
各捨妙土　及弟子衆　天人龍神　諸供養事　令法久住　故來至此
為坐諸佛　以神通力　移无量衆　令國清淨　諸佛各各　詣寶樹下
如清淨池　蓮華莊嚴　其寶樹下　諸師子座　佛坐其上　光明嚴飾
如夜闇中　然大炬火　身出妙香　遍十方國　衆生蒙熏　喜不自勝
譬如大風　吹小樹枝　以是方便　令法久住　告諸大衆　我滅度後
誰能護持　讀誦斯經　今於佛前　自說誓言　其多寶佛　雖久滅度
以大誓願　而師子吼　多寶如來　及與我身　所集化佛　當知此意
諸佛子等　誰能護法　當發大願　令得久住　其有能護　此經法者
則為供養　我及多寶　處於寶塔　常遊十方　為是經故　亦復供養
諸來化佛　莊嚴光飾　諸世界者　若說此經　則為見我　多寶如來
及諸化佛　諸善男子　各諦思惟　此為難事　宜發大願　諸餘經典
數如恒沙　雖說此等　未足為難　若接須彌　擲置他方　无數佛土
亦未為難　若以足指　動大千界　遠擲他國　亦未為難　若立有頂
為衆演說　无量餘經　亦未為難　若佛滅後　於惡世中　能說此經
是則為難　假使有人　手把虛空　而以遊行　亦未為難　於我滅後
若自書持　若使人書　是則為難　若以大地　置足甲上　昇於梵天
亦未為難　佛滅度後　於惡世中　暫讀此經　是則為難　假使劫燒
擔負乾草　入中不燒　亦未為難　我滅度後　若持此經　為一人說
是則為難　若持八万　四千法藏　十二部經　為人演說　令諸聽者
得六神通　雖能如是　亦未為難　於我滅後　聽受此經　問其義趣
是則為難　若人說法　令千万億　无量无數　恒沙衆生　得阿羅漢
具六神通　雖有是益　亦未為難　於我滅後　若能奉持　如斯經典
是則為難　我為佛道　於无量土　從始至今　廣說諸經　而於其中
此經第一　若有能持　則持佛身　諸善男子　於我滅後　誰能受持
讀誦此經　今於佛前　自說誓言　此經難持　若暫持者　我則歡喜
諸佛亦然　如是之人　諸佛所歎　是則勇猛　是則精進　是名持戒
行頭陀者　則為疾得　无上佛道　能於來世　讀持此經　是真佛子

BD13827號　妙法蓮華經（小字兩卷本）卷一　（15-13）

亦未為難　佛滅度後　於惡世中　暫讀此經　是則為難　假使劫燒
擔負乾草　入中不燒　亦未為難　我滅度後　若持此經　為一人說
是則為難　若持八万　四千法藏　十二部經　為人演說　令諸聽者
得六神通　雖能如是　亦未為難　於我滅後　聽受此經　問其義趣
是則為難　若人說法　令千万億　无量无數　恒沙衆生　得阿羅漢
具六神通　雖有是益　亦未為難　於我滅後　若能奉持　如斯經典
是則為難　我為佛道　於无量土　從始至今　廣說諸經　而於其中
此經第一　若有能持　則持佛身　諸善男子　於我滅後　誰能受持
讀誦此經　今於佛前　自說誓言　此經難持　若暫持者　我則歡喜
諸佛亦然　如是之人　諸佛所歎　是則勇猛　是則精進　是名持戒
行頭陀者　則為疾得　无上佛道　能於來世　讀持此經　是真佛子
住淳善地　佛滅度後　能解其義　是諸天人　世間之眼　於恐畏世
能須臾說　一切天人　皆應供養

BD13827號　妙法蓮華經（小字兩卷本）卷一　（15-14）

BD13827 號　妙法蓮華經（小字兩卷本）卷一　　（15–15）

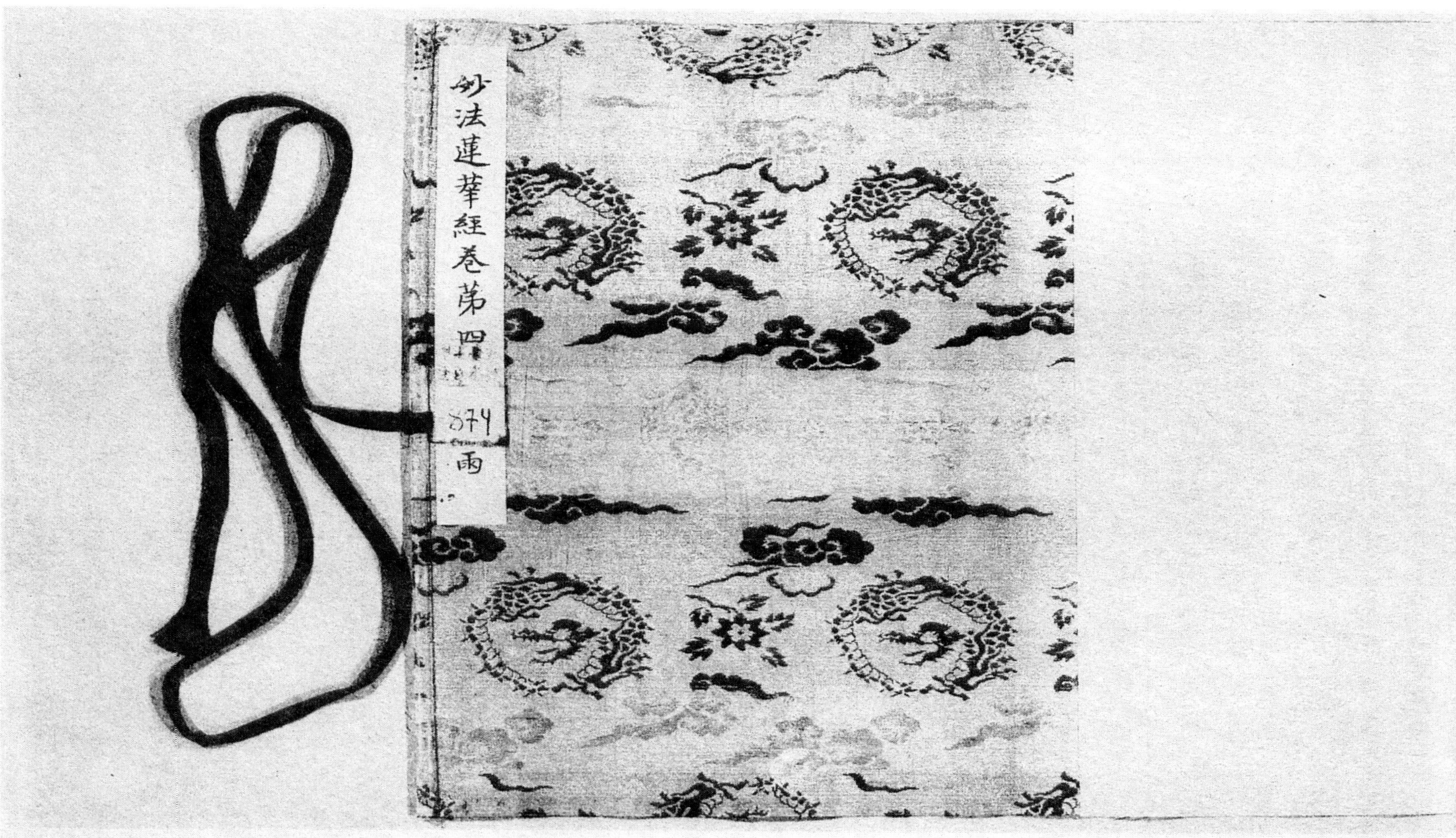

BD13828 號背　現代護首　　（1–1）

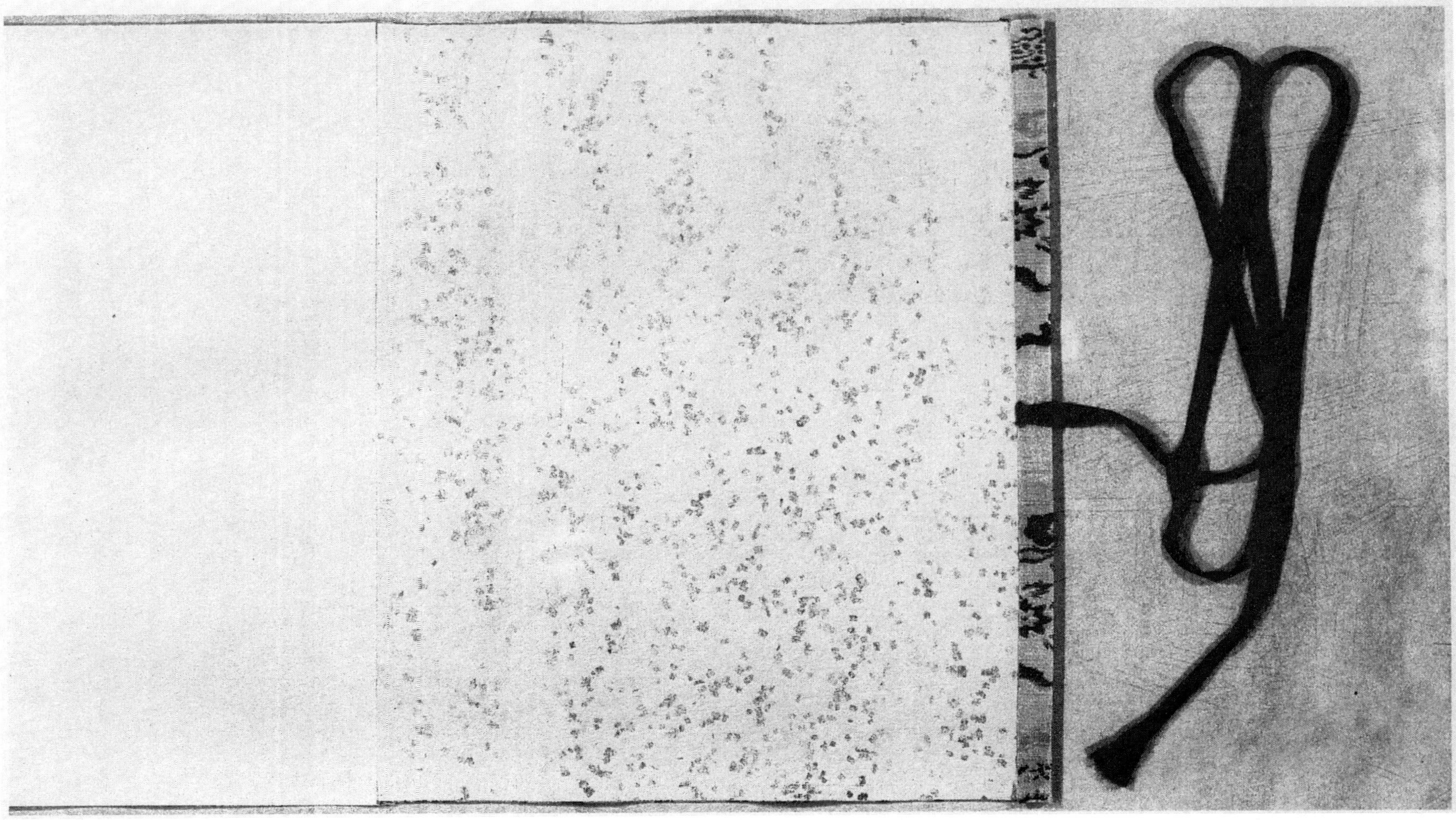

BD13828號　妙法蓮華經卷四　　（23–1）

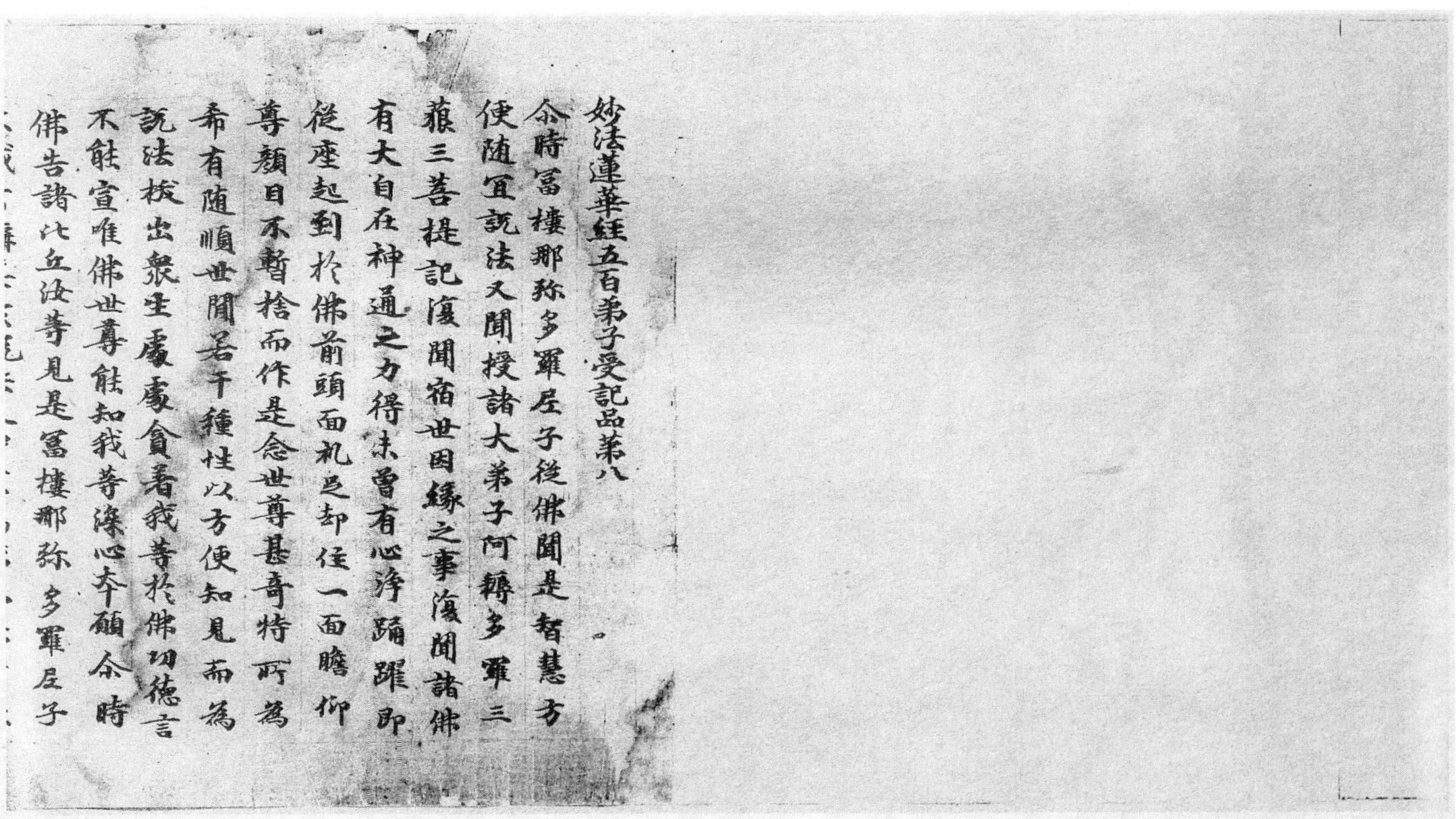

妙法蓮華經五百弟子受記品第八
尒時富樓那弥多羅尼子從佛聞是智慧方
便隨宜說法又聞授諸大弟子阿耨多羅三
藐三菩提記復聞宿世因緣之事復聞諸佛
有大自在神通之力得未曾有心淨踊躍即
從座起到於佛前頭面礼足却住一面瞻仰
尊顏目不暫捨而作是念世尊甚奇特所為
希有隨順世間若干種性以方便知見而為
說法拔出衆生處處貪著我等於佛功德言
不能宣唯佛世尊能知我等深心本願尒時
佛告諸比丘汝等見是富樓那弥多羅尼子

BD13828號　妙法蓮華經卷四　　（23–2）

希有隨順世間若干種性以方便知見而為
說法拔出眾生處處貪著我等於佛功德言
不能宣唯佛世尊能知我等深心本願尒時
佛告諸比丘汝等見是富樓那彌多羅尼子
不我常稱其於說法人中最為第一亦常歎
其種種功德精勤護持助宣我法能於四眾
示教利喜具足解釋佛之正法而大饒益同
梵行者自捨如來无能盡其言論之辯汝等
勿謂富樓那但能護持助宣我法亦於過去
九十億諸佛所護持助宣佛之正法於彼說
法人中亦最第一又於諸佛所說空法明了
通達得四无礙智常能審諦清淨說法无有
疑惑具足菩薩神通之力隨其壽命常脩梵
行彼佛世人咸皆謂之實是聲聞而富樓那
以斯方便饒益无量百千眾生又化无量阿
僧祇人令立阿耨多羅三藐三菩提為淨佛
土故常作佛事教化眾生諸比丘富樓那亦
於七佛說法人中而得第一今於我所說法人
中亦為第一於賢劫中當來諸佛說法人
中亦復第一而皆護持助宣佛法亦於未來
護持助宣无量无邊諸佛之法教化饒益无
量眾生令立阿耨多羅三藐三菩提為淨佛
土故常勤精進教化眾生漸漸具足菩薩之
道過无量阿僧祇劫當於此土得阿耨多羅
三藐三菩提号曰法明如來應供正遍知明行
足善逝世間解无上士調御丈夫天人師

[illegible]阿耨多羅三藐三菩提為淨佛
土故常勤精進教化眾生漸漸具足菩薩之
道過无量阿僧祇劫當於此土得阿耨多羅
三藐三菩提号曰法明如來應供正遍知明行
足善逝世間解无上士調御丈夫天人師
佛世尊其佛以恒河沙等三千大千世界為
一佛土七寶為地地平如掌无有山陵谿澗
溝壑七寶臺觀充滿其中諸天宮殿近處虛
空人天交接兩得相見无諸惡道亦无女人
一切眾生皆以化生无有婬欲得大神通身
出光明飛行自在志念堅固精進智慧普皆
金色三十二相而自莊嚴其國眾生常以二食
一者法喜食二者禪悅食有无量阿僧祇
千万億那由他諸菩薩眾得大神通四无礙
智善能教化眾生之類其聲聞眾算數校
計所不能知皆得具足六通三明及八解脫其
佛國土有如是等无量功德莊嚴成就劫名
寶明國名善淨其佛壽命无量阿僧祇劫法
住甚久佛滅度後起七寶塔遍滿其國尒時
世尊欲重宣此義而說偈言
諸比丘諦聽　佛子所行道　善學方便故　不可得思議
知眾樂小法　而畏於大智　是故諸菩薩　作聲聞緣覺
以无數方便　化諸眾生類　自說是聲聞　去佛道甚遠
度脫无量眾　皆悉得成就　雖小欲懈怠　漸當令作佛
內秘菩薩行　外現是聲聞　少欲猒生死　實自淨佛土
示眾有三毒　又現邪見相　我弟子如是　方便度眾生

知衆樂小法 而畏於大智 是故諸菩薩 作聲聞緣覺
以无數方便 化諸衆生類 自說是聲聞 去佛道甚遠
度脫无量衆 皆悉得成就 雖小欲懈怠 漸當令作佛
內秘菩薩行 外現是聲聞 少欲猒生死 實自淨佛土
示衆有三毒 又現邪見相 我弟子如是 方便度衆生
若我具足說 種種現化事 衆生聞是者 心則懷疑惑
今此富樓那 於昔千億佛 勤脩所行道 宣護諸佛法
為求无上慧 而於諸佛所 現居弟子上 多聞有智慧
所說无所畏 能令衆歡喜 未曾有疲惓 而以助佛事
已度大神通 具四无礙智 知衆根利鈍 常說清淨法
演暢如是義 教諸千億衆 令住大乘法 而自淨佛土
未來亦供養 无量无數佛 護助宣正法 亦自淨佛土
常以諸方便 說法无所畏 度不可計衆 成就一切智
供養諸如來 護持法寶藏 其後當作佛 号名曰法明
其國名善淨 七寶所合成 劫名為寶明 菩薩衆甚多
其數无量億 皆度大神通 威德力具足 充滿其國土
聲聞亦无數 三明八解脫 得四无礙智 以是等為僧
其國諸衆生 婬欲皆已斷 純一變化生 具相莊嚴身
法喜禪悅食 更无餘食想 无有諸女人 亦无諸惡道
富樓那比丘 功德悉成滿 當得斯淨土 賢聖衆甚多
如是无量事 我今但略說
尒時千二百阿羅漢心自在者作是念 我等
歡喜得未曾有 若世尊各見授記如餘大弟
子者不亦快乎 佛知此等心之所念 告摩訶
迦葉 是千二百阿羅漢 我今當現前次第與
受阿耨多羅三藐三菩提記 於此衆中我大

BD13828 號　妙法蓮華經卷四

（23–5）

歡喜得未曾有 若世尊各見授記如餘大弟
子者不亦快乎 佛知此等心之所念 告摩訶
迦葉 是千二百阿羅漢 我今當現前次第與
受阿耨多羅三藐三菩提記 於此衆中我大
弟子憍陳如比丘 當供養六万二千億佛 然
後得成為佛 号曰普明如來 應供 正遍知 明
行足 善逝 世間解 无上士 調御丈夫 天人師
佛 世尊 其五百阿羅漢 優樓頻螺迦葉 伽耶
迦葉 那提迦葉 迦留陁夷 優陁夷 阿㝹樓馱
離婆多 劫賓那 薄拘羅 周陁 莎伽陁等 皆當
得阿耨多羅三藐三菩提 盡同一号 名曰普
明 尒時世尊欲重宣此義 而說偈言
憍陳如比丘 當見无量佛 過阿僧祇劫 乃成等正覺
常放大光明 具足諸神通 名聞遍十方 一切之所敬
常說无上道 故号為普明 其國土清淨 菩薩皆勇猛
咸昇妙樓閣 遊諸十方國 以无上供具 奉獻於諸佛
作是供養已 心懷大歡喜 須臾還本國 有如是神力
佛壽六万劫 正法住倍壽 像法復倍是 法滅天人憂
其五百比丘 次第當作佛 同号曰普明 轉次而授記
我滅度之後 某甲當作佛 其所化世間 亦如我今日
國土之嚴淨 及諸神通力 菩薩聲聞衆 正法及像法
壽命劫多少 皆如上所說 迦葉汝已知 五百自在者
餘諸聲聞衆 亦當復如是 其不在此會 汝當為宣說
尒時五百阿羅漢於佛前得受記已 歡喜踊
躍 即從座起 到於佛前 頭面禮足 悔過自責
世尊 我等常作是念 自謂已得究竟滅度 今

BD13828 號　妙法蓮華經卷四

（23–6）

壽命劫多少　皆如上所說　迦葉汝已知　五百自在者
餘諸聲聞衆　亦當復如是　其不在此會　汝當爲宣說
尒時五百阿羅漢於佛前得受記已歡喜踊
躍即從座起到於佛前頭面禮足悔過自責
世尊我等常作是念自謂已得究竟滅度今
乃知之如无智者所以者何我等應得如來
智慧而便自以小智爲足世尊譬如有人至
親友家醉酒而卧是時親友官事當行以无
價寶珠繫其衣裏與之而去其人醉卧都不
覺知起已遊行到於他國爲衣食故勤力求
索甚大艱難若少有所得便以爲足於後親
友會遇見之而作是言咄哉丈夫何爲衣食
乃至如是我昔欲令汝得安樂五欲自恣於
某年日月以无價寶珠繫汝衣裏今故現在
而汝不知勤苦憂惱以求自活甚爲癡也汝
今可以此寶貿易所須常可如意无所乏短
佛亦如是爲菩薩時教化我等令發一切智
心而尋廢忘不知不覺既得阿羅漢道自謂
滅度資生艱難得少爲足一切智願猶在不
失今者世尊覺悟我等作如是言諸比丘汝等
所得非究竟滅我久令汝等種佛善根以方便
故示涅槃相而汝謂爲實得滅度世尊我今
乃知實是菩薩得受阿耨多羅三藐三菩
提記以是因緣甚大歡喜得未曾有尒時阿
若憍陳如等欲重宣此義而說偈言

BD13828 號　妙法蓮華經卷四　（23–7）

故示涅槃相而汝謂爲實得滅度世尊我今
乃知實是菩薩得受阿耨多羅三藐三菩
提記以是因緣甚大歡喜得未曾有尒時阿
若憍陳如等欲重宣此義而說偈言
我等聞无上　安隱授記聲　歡喜未曾有　禮无量智佛
今於世尊前　自悔諸過咎　於无量佛寶　得少涅槃分
如无智愚人　便自以爲足　譬如貧窮人　往至親友家
其家甚大富　具設諸餚饍　以无價寶珠　繫著内衣裏
嘿與而捨去　時卧不覺知　是人既已起　遊行詣他國
求衣食自濟　資生甚艱難　得少便爲足　更不願好者
不覺内衣裏　有无價寶珠　與珠之親友　後見此貧人
苦切責之已　示以所繫珠　貧人見此珠　其心大歡喜
富有諸財物　五欲而自恣　我等亦如是　世尊於長夜
常愍見教化　令種无上願　我等无智故　不覺亦不知
得少涅槃分　自足不求餘　今佛覺悟我　言非實滅度
得佛无上慧　尒乃爲真滅　我今從佛聞　授記莊嚴事
及轉次受決　身心遍歡喜
妙法蓮華經授學无學人記品第九
尒時阿難羅睺羅而作是念我等每自思惟
設得受記不亦快乎即從座起到於佛前頭
面禮足俱白佛言世尊我等於此亦應有分
唯有如來我等所歸又我等爲一切世間天
人阿脩羅所見知識阿難常爲侍者護持法
藏羅睺羅是佛之子若佛見授阿耨多羅三
藐三菩提記者我願既滿衆望亦足尒時學

BD13828 號　妙法蓮華經卷四　（23–8）

人阿脩羅所見知識阿難常為侍者護持法
藏羅睺羅是佛之子若佛見授阿耨多羅三
藐三菩提記者我願既滿衆望亦足尒時學
无學聲聞弟子二千人皆從座起偏袒右肩
到於佛前一心合掌瞻仰世尊如阿難羅睺羅
所願住立一面尒時佛告阿難汝於来世當
得作佛号山海慧自在通王如来應供正遍
知明行足善逝世間解无上士調御丈夫天
人師佛世尊供養六十二億諸佛護持法
藏然後得阿耨多羅三藐三菩提教化二
十千万億恒河沙諸菩薩等令成阿耨多羅
三藐三菩提國名常立勝幡其土清淨瑠璃
為地劫名妙音遍滿其佛壽命无量千万億
阿僧祇劫若人於千万億无量阿僧祇劫中
筭數挍計不能得知正法住世倍於壽命像
法住世復倍正法阿難是山海慧自在通王
佛為十方无量千万億恒河沙等諸佛如来
所共讚歎稱其功德尒時世尊欲重宣此義
而說偈言
我今僧中說　阿難持法者　當供養諸佛　然後成正覺
号曰山海慧　自在通王佛　其國土清淨　名常立勝幡
教化諸菩薩　其數如恒沙　佛有大威德　名聞滿十方
壽命无有量　以愍衆生故　正法倍壽命　像法復倍是
如恒河沙等　无數諸衆生　於此佛法中　種種道因緣
尒時會中新發意菩薩八千人咸作是念我
等尚不聞諸大菩薩得如是記有何因緣而

BD13828號　妙法蓮華經卷四　（23-9）

壽命无有量　以愍衆生故　正法倍壽命　像法復倍是
如恒河沙等　无數諸衆生　於此佛法中　種種道因緣
尒時會中新發意菩薩八千人咸作是念我
等尚不聞諸大菩薩得如是記有何因緣而
諸聲聞得如是決尒時世尊知諸菩薩心之
所念而告之曰諸善男子我與阿難等於空
王佛所同時發阿耨多羅三藐三菩提心阿
難常樂多聞我常勤精進是故我已得成阿
耨多羅三藐三菩提而阿難護持我法亦護
將来諸佛法藏教化成就諸菩薩衆其本願
如是故獲斯記阿難面於佛前自聞授記及
國土莊嚴所願具足心大歡喜得未曾有即
時憶念過去无量千万億諸佛法藏通達无
礙如今所聞亦識本願尒時阿難而說偈言
世尊甚希有　令我念過去　无量諸佛法　如今日所聞
我今无復疑　安住於佛道　方便為侍者　護持諸佛法
尒時佛告羅睺羅汝於来世當得作佛号蹈
七寶華如来應供正遍知明行足善逝世間
解无上士調御丈夫天人師佛世尊當供養
十世界微塵等數諸佛如来常為諸佛而作
長子猶如今也是蹈七寶華佛國土莊嚴壽
命劫數所化弟子正法像法亦如山海慧自
在通王如来无異亦為此佛而作長子過是
已後當得阿耨多羅三藐三菩提尒時世尊
欲重宣此義而說偈言

BD13828號　妙法蓮華經卷四　（23-10）

命劫數所化弟子正法像法亦如山海慧自
在通王如来无異亦爲此佛而作長子過是
已後當得阿耨多羅三藐三菩提尒時世尊
欲重宣此義而說偈言
我爲太子時　羅睺爲長子　我今成佛道　受法爲法子
於未來世中　見无量億佛　皆爲其長子　一心求佛道
羅睺羅密行　唯我能知之　現爲我長子　以示諸衆生
无量億千万　功德不可數　安住於佛法　以求无上道
尒時世尊見學无學二千人其意柔軟寂然
清淨一心觀佛佛告阿難汝見是學无學二
千人不唯然已見阿難是諸人等當供養五
十世界微塵數諸佛如来恭敬尊重護持法
藏末後同時於十方國各得成佛皆同一号
名曰寶相如来應供正遍知明行足善逝世
間解无上士調御丈夫天人師佛世尊壽命
一劫國土莊嚴聲聞菩薩正法像法皆悉同
等尒時世尊欲重宣此義而說偈言
是二千聲聞　今於我前住　悉皆與受記　未来當成佛
所供養諸佛　如上說塵數　護持其法藏　後當成正覺
各於十方國　悉同一名号　俱時坐道場　以證无上慧
皆名爲寶相　國土及弟子　正法與像法　悉等无有異
咸以諸神通　度十方衆生　名聞普周遍　漸入於涅槃
尒時學无學二千人聞佛授記歡喜踊躍而
說偈言
世尊慧燈明　我聞授記音　心歡喜充滿　如甘露見灌
妙法蓮華經法師品第十

BD13828號　妙法蓮華經卷四　（23–11）

尒時學无學二千人聞佛授記歡喜踊躍而
說偈言
世尊慧燈明　我聞授記音　心歡喜充滿　如甘露見灌
妙法蓮華經法師品第十
尒時世尊因藥王菩薩告八万大士藥王汝
見是大衆中无量諸天龍王夜叉乾闥婆阿
脩羅迦樓羅緊那羅摩睺羅伽人與非人及
比丘比丘尼優婆塞優婆夷求聲聞者求辟
支佛者求佛道者如是等類咸於佛前聞妙
法華經一偈一句乃至一念隨喜者我皆與授
記當得阿耨多羅三藐三菩提佛告藥王
又如来滅度之後若有人聞妙法華經乃至
一偈一句一念隨喜者我亦與受阿耨多羅
三藐三菩提記若復有人受持讀誦解說書
寫妙法華經乃至一偈於此經卷敬視如佛
種種供養華香瓔珞末香塗香燒香繒蓋
幢幡衣服伎樂乃至合掌恭敬藥王當知是諸
人等已曾供養十方億佛於諸佛所成就大
願愍衆生故生此人間藥王若有人問何等
衆生於未来世當得作佛應示是諸人等於
未来世必得作佛何以故若善男子善女人
於法華經乃至一句受持讀誦解說書寫種
種供養經卷華香瓔珞末香塗香燒香繒蓋
幢幡衣服伎樂合掌恭敬是人一切世間所
應瞻奉應以如来供養而供養之當知此人
是大菩薩成就阿耨多羅三藐三菩提哀愍

BD13828號　妙法蓮華經卷四　（23–12）

於法華經乃至一句受持讀誦解說書寫種
種供養經卷華香瓔珞末香塗香燒香繒蓋
幢幡衣服伎樂合掌恭敬是人一切世間所
應瞻奉應以如來供養而供養之當知此人
是大菩薩成就阿耨多羅三藐三菩提哀愍
衆生願生此間廣演分别妙法華經何況盡
能受持種種供養者藥王當知是人自捨清
淨業報於我滅度後愍衆生故生於惡世廣
演此經若是善男子善女人我滅度後能竊
為一人說法華經乃至一句當知是人則如來
使如來所遣行如來事何況於大衆中廣
為人說藥王若有惡人以不善心於一劫中
現於佛前常毁罵佛其罪尚輕若人以一惡
言毁呰在家出家讀誦法華經者其罪甚
重藥王其有讀誦法華經者當知是人以佛莊
嚴而自莊嚴則為如來肩所荷擔其所至方
應隨向礼一心合掌恭敬供養尊重讚歎華
香瓔珞末香塗香燒香繒蓋幢幡衣服餚饌
作諸伎樂人中上供而供養之應持天寶而
以散之天上寶聚應以奉獻所以者何是人
歡喜說法須臾之聞即得究竟阿耨多羅三
藐三菩提故尒時世尊欲重宣此義而說言
若欲住佛道 成就自然智 常當勤供養 受持法華者
其有欲疾得 一切種智慧 當受持是經 并供養持者
若有能受持 妙法華經者 當知佛所使 愍念諸衆生
諸有能受持 妙法華經者 捨於清淨土 愍衆故生此

若欲住佛道 成就自然智 常當勤供養 受持法華者
其有欲疾得 一切種智慧 當受持是經 并供養持者
若有能受持 妙法華經者 當知佛所使 愍念諸衆生
諸有能受持 妙法華經者 捨於清淨土 愍衆故生此
當知如是人 自在所欲生 能於此惡世 廣說无上法
應以天華香 及天寶衣服 天上妙寶聚 供養說法者
吾滅後惡世 能持是經者 當合掌礼敬 如供養世尊
上饌衆甘美 及種種衣服 供養是佛子 兾得須臾聞
若能於後世 受持是經者 我遣在人中 行於如來事
若於一劫中 常懷不善心 作色而罵佛 獲无量重罪
其有讀誦持 是法華經者 須臾加惡言 其罪復過彼
有人求佛道 而於一劫中 合掌在我前 以无數偈讚
由是讚佛故 得无量功德 歎美持經者 其福復過彼
於十八億劫 以最妙色聲 及與香味觸 供養持經者
如是供養已 若得須臾聞 則應自欣慶 我今獲大利
藥王今告汝 我所說諸經 而於此經中 法華最第一
尒時佛復告藥王菩薩摩訶薩我所說經典
无量千億已說今說當說而於其中此法華經
最為難信難解藥王此經是諸佛秘要之
藏不可分布妄授與人諸佛世尊之所守護
從昔已來未曾顯說而此經者如來現在猶
多怨嫉況滅度後藥王當知如來滅後其能
書持讀誦供養為他人說者如來則為以衣
覆之又為他方現在諸佛之所護念是人有
大信力及志願力諸善根力當知是人與如
來共宿則為如來手摩其頭藥王在在處處

書持讀誦供養爲他人說者如來則爲以衣
覆之又爲他方現在諸佛之所護念是人有
大信力及志願力諸善根力當知是人與如
來共宿則爲如來手摩其頭藥王在在處處
若說若讀若誦若書若經卷所住處皆應
起七寶塔極令高廣嚴飾不須復安舍利所
以者何此中已有如來全身此塔應以一切華
香瓔珞繒蓋幢幡伎樂歌頌供養恭敬尊重
讚歎若有人得見此塔禮拜供養當知是等
皆近阿耨多羅三藐三菩提藥王多有人在
家出家行菩薩道若不能得見聞讀誦書
持供養是法華經者當知是人未善行菩薩道
若有得聞是經典者乃能善行菩薩之道其
有衆生求佛道者若見若聞是法華經聞已
信解受持者當知是人得近阿耨多羅三藐
三菩提藥王譬如有人渴乏須水於彼高原
穿鑿求之猶見乾土知水尚遠施功不已轉
見濕土遂漸至泥其心決定知水必近菩薩
亦復如是若未聞未解未能修習是法華經
當知是人去阿耨多羅三藐三菩提尚遠若
得聞解思惟修習必知得近阿耨多羅三藐
三菩提所以者何一切菩薩阿耨多羅三藐
三菩提皆屬此經此經開方便門示真實相
是法華經藏深固幽遠无人能到今佛教化
成就菩薩而爲開示藥王若有菩薩聞是法

BD13828 號　妙法蓮華經卷四　（23–15）

三菩提皆屬此經此經開方便門示真實相
是法華經藏深固幽遠无人能到今佛教化
成就菩薩而爲開示藥王若有菩薩聞是法
華經驚疑怖畏當知是爲新發意菩薩若聲
聞人聞是經驚疑怖畏當知是爲增上慢者藥
王若有善男子善女人如來滅後欲爲四衆說
是法華經者云何應說是善男子善女人入
如來室著如來衣坐如來座尒乃應爲四
衆廣說斯經如來室者一切衆生中大慈
悲心是如來衣者柔和忍辱心是如來座者
一切法空是安住是中然後以不懈怠心爲
諸菩薩及四衆廣說是法華經藥王我於餘
國遣化人爲其集聽法衆亦遣化比丘比丘
尼優婆塞優婆夷聽其說法是諸化人聞法
信受隨順不逆若說法者在空閑處我時廣
遣天龍鬼神乾闥婆阿脩羅等聽其說法
我雖在異國時時令說法者得見我身若於此
經忘失句逗我還爲說令得具足尒時世尊
欲重宣此義而說偈言
欲捨諸懈怠　應當聽此經　是經難得聞　信受者亦難
如人渴須水　穿鑿於高原　猶見乾燥土　知去水尚遠
漸見濕土泥　決定知水近　藥王汝當知　如是諸人等
不聞法華經　去佛智甚遠　若聞是深經　決了聲聞法
是諸經之王　聞已諦思惟　當知此人等　近於佛智慧
若人說此經　應入如來室　著於如來衣　而坐如來座
處衆无所畏　廣爲分別說　大慈悲爲室　柔和忍辱衣

BD13828 號　妙法蓮華經卷四　（23–16）

不聞法華經　去佛智甚遠　若聞是深經　決了聲聞法
是諸經之王　聞已諦思惟　當知此人等　近於佛智慧
若人說此經　應入如來室　著於如來衣　而坐如來座
處衆无所畏　廣爲分別說　大慈悲爲室　柔和忍辱衣
諸法空爲座　處此爲說法　若說此經時　有人惡口罵
加刀杖瓦石　念佛故應忍　我千万億土　現淨堅固身
於无量億劫　爲衆生說法　若我滅度後　能說此經者
我遣化四衆　比丘比丘尼　及清信士女　供養於法師
引導諸衆生　集之令聽法　若人欲加惡　刀杖及瓦石
則遣變化人　爲之作衛護　若說法之人　獨在空閑處
寂漠无人聲　讀誦此經典　我尒時爲現　清淨光明身
若忘失章句　爲說令通利　若人具是德　或爲四衆說
空處讀誦經　皆得見我身　若人在空閑　我遣天龍王
夜叉鬼神等　爲作聽法衆　是人樂說法　分別无罣礙
諸佛護念故　能令大衆喜　若親近法師　速得菩薩道
隨順是師學　得見恒沙佛

妙法蓮華經見寶塔品第十一

尒時佛前有七寶塔高五百由旬縱廣二百
五十由旬從地踊出住在空中種種寶物而
莊校之五千欄楯龕室千万无數幢幡以爲
嚴飾垂寶瓔珞寶鈴万億而懸其上四面皆
出多摩羅跋栴檀之香充遍世界其諸幡蓋
以金銀琉璃車𤦲馬瑙真珠玫瑰七寶合成
高至四天王宮三十三天雨天曼陁羅華供
養寶塔餘諸天龍夜叉乾闥婆阿脩羅迦樓

出多摩羅跋栴檀之香充遍世界其諸幡蓋
以金銀琉璃車𤦲馬瑙真珠玫瑰七寶合成
高至四天王宮三十三天雨天曼陁羅華供
養寶塔餘諸天龍夜叉乾闥婆阿脩羅迦樓
羅緊那羅摩睺羅伽人非人等千万億衆以
一切華香瓔珞幡蓋伎樂供養寶塔恭敬尊
重讚歎尒時寶塔中出大音聲歎言善哉善
哉釋迦牟尼世尊能以平等大慧教菩薩法
佛所護念妙法華經爲大衆說如是如是釋
迦牟尼世尊如所說者皆是真實尒時四衆
見大寶塔住在空中又聞塔中所出音聲皆
得法喜怪未曾有從座而起恭敬合掌却住
一面尒時有菩薩摩訶薩名大樂說知一切世
間天人阿脩羅等心之所疑而白佛言世尊
以何因緣有此寶塔從地踊出又於其中
發是音聲尒時佛告大樂說菩薩此寶塔中
有如來全身乃往過去東方无量千万億阿
僧祇世界國名寶淨彼中有佛号曰多寶其
佛行菩薩道時作大誓願若我成佛滅度之
後於十方國土有說法華經處我之塔廟爲
聽是經故踊現其前爲作證明讚言善哉彼
佛成道已臨滅度時於天人大衆中告諸比
丘我滅度後欲供養我全身者應起一大塔
其佛神通願力十方世界在在處處若有說
法華經者彼之寶塔皆踊出其前全身在於
塔中讚言善哉善哉大樂說今多寶[illegible]

丘我滅度後欲供養我全身者應起一大塔
其佛神通願力十方世界在在處處若有說
法華經者彼之寶塔皆踊出其前全身在於
塔中讚言善哉善哉大樂說今多寶如來塔
聞說法華經故從地踊出讚言善哉善哉是
時大樂說菩薩以如來神力故白佛言世尊
我等願欲見此佛身佛告大樂說菩薩摩訶
薩是多寶佛有深重願若我寶塔為聽法華
經故出於諸佛前時其有欲以我身示四衆
者彼佛分身諸佛在於十方世界說法盡還
集一處然後我身乃出現耳大樂說我分身
諸佛在於十方世界說法者今應當集大樂
說白佛言世尊我等亦願欲見世尊分身諸
佛禮拜供養尒時佛放白毫一光即見東方
五百万億那由他恒河沙等國土諸佛彼諸
國土皆以頗梨為地寶樹寶衣以為莊嚴无
數千万億菩薩充滿其中遍張寶幔寶網羅
上彼國諸佛以大妙音而說諸法乃見无量
万億菩薩遍滿諸國為衆說法南西北方四
維上下白毫相光所照之處亦復如是尒時十
方諸佛各告衆菩薩言善男子我今應往
娑婆世界釋迦牟尼佛所并供養多寶如來
寶塔時娑婆世界即變清淨瑠璃為地寶樹
莊嚴黃金為繩以界八道无諸聚落村營城
邑大海江河山川林藪燒大寶香曼陀羅華

BD13828號　妙法蓮華經卷四　（23–19）

寶塔時娑婆世界即變清淨瑠璃為地寶樹
莊嚴黃金為繩以界八道无諸聚落村營城
邑大海江河山川林藪燒大寶香曼陀羅華
遍布其地以寶網幔羅覆其上懸諸寶鈴唯
留此會衆移諸天人置於他土是時諸佛各將
一大菩薩以為侍者至娑婆世界各到寶樹
下一一寶樹高五百由旬枝葉華果次第
莊嚴諸寶樹下皆有師子之座高五百由旬
亦以大寶而挍飾之尒時諸佛各於此座結加
趺坐如是展轉遍滿三千大千世界而於釋
迦牟尼佛一方所分之身猶故未盡時釋迦
牟尼佛欲容受所分之身諸佛故八方各更變
二百万億那由他國皆令清淨无有地獄餓
鬼畜生及阿脩羅又移諸天人置於他土所
化之國亦以瑠璃為地寶樹莊嚴樹高五百
由旬枝葉華菓次第嚴飾樹下皆有寶師子
座高五百由旬種種寶以為莊挍亦亦无大海
江河及目真隣陀山摩訶目真隣陀山鐵圍
山大鐵圍山須弥山等諸山王通為一佛國土
寶地平正寶交露幔遍覆其上懸諸幡蓋
燒大寶香諸天寶華遍布其地釋迦牟尼佛
為諸佛當來坐故復於八方各更變二百万億
那由他國皆令清淨无有地獄餓鬼畜生及
阿脩羅又移諸天人置於他土所化之國亦
以瑠璃為地寶樹莊嚴樹高五百由旬枝葉
華菓次第莊嚴樹下皆有寶師子座高五由

BD13828號　妙法蓮華經卷四　（23–20）

那由他國皆令清淨无有地獄餓鬼畜生及
阿脩羅又移諸天人置於他土所化之國亦
以瑠璃為地寶樹莊嚴樹高五百由旬枝葉
華菓次第莊嚴樹下皆有寶師子座高五由
旬亦以大寶而校飾之亦无大海江河及目
真隣陁山摩訶目真隣陁山鐵圍山大鐵圍
山須弥山等諸山王通為一佛國土寶地平正
寶交露幔遍覆其上懸諸幡蓋燒大寶香
諸天寶華遍布其地尒時東方釋迦牟尼佛所
分之身百千万億那由他恒河沙等國土中
諸佛各各說法來集於此如是次第十方諸
佛皆悉來集坐於八方尒時一一方四百万
億那由他國土諸佛如來遍滿其中是時諸
佛各在寶樹下坐師子座皆遣侍者問訊釋
迦牟尼佛各賫寶華滿掬而告之言善男
子汝往詣耆闍崛山釋迦牟尼佛所如我辭曰
少病少惱氣力安樂及菩薩聲聞衆悉安隱
不以此寶華散佛供養而作是言彼某甲佛
與欲開此寶塔諸佛遣使亦復如是尒時釋
迦牟尼佛見所分身佛悉已來集各各坐於
師子之座皆聞諸佛與欲同開寶塔即從座
起住虛空中一切四衆起立合掌一心觀佛於
是釋迦牟尼佛以右指開七寶塔戶出大音
聲如却關鑰開大城門即時一切衆會皆
見多寶如來於寶塔中坐師子座全身不散
如入禪定又聞其言善哉善哉釋迦牟尼佛

BD13828號　妙法蓮華經卷四　（23–21）

是釋迦牟尼佛以右指開七寶塔戶出大音
聲如却關鑰開大城門即時一切衆會皆
見多寶如來於寶塔中坐師子座全身不散
如入禪定又聞其言善哉善哉釋迦牟尼佛
快說是法華經我為聽是經故而來至此尒
時四衆等見過去无量千万億劫滅度佛說
如是言歎未曾有以天寶華聚散多寶佛及
釋迦牟尼佛上尒時多寶佛於寶塔中分半
座與釋迦牟尼佛而作是言釋迦牟尼佛可
就此座即時釋迦牟尼佛入其塔中坐其半
座結跏趺坐尒時大衆見二如來在七寶塔
中師子座上結跏趺坐各作是念佛座高遠
唯願如來以神通力令我等輩俱處虛空即
時釋迦牟尼佛以神通力接諸大衆皆在虛
空以大音聲普告四衆誰能於此娑婆國土
廣說妙法華經今正是時如來不久當入涅槃
佛欲以此妙法華經付囑有在尒時世尊欲
重宣此義而說偈言
聖主世尊　雖久滅度　在寶塔中　尚為法來
諸人云何　不勤為法　此佛滅度　无央數劫
處處聽法　以難遇故　彼佛本願　我滅度後
在在所往　常為聽法　又我分身　无量諸佛
如恒沙等　來欲聽法　及見滅度　多寶如來
各捨妙土　及弟子衆　天人龍神　諸供養事
令法久住　故來至此　為坐諸佛　以神通力
移无量衆　令國清淨　諸佛各各　詣寶樹下

BD13828號　妙法蓮華經卷四　（23–22）

BD13828 號　妙法蓮華經卷四　（23–23）

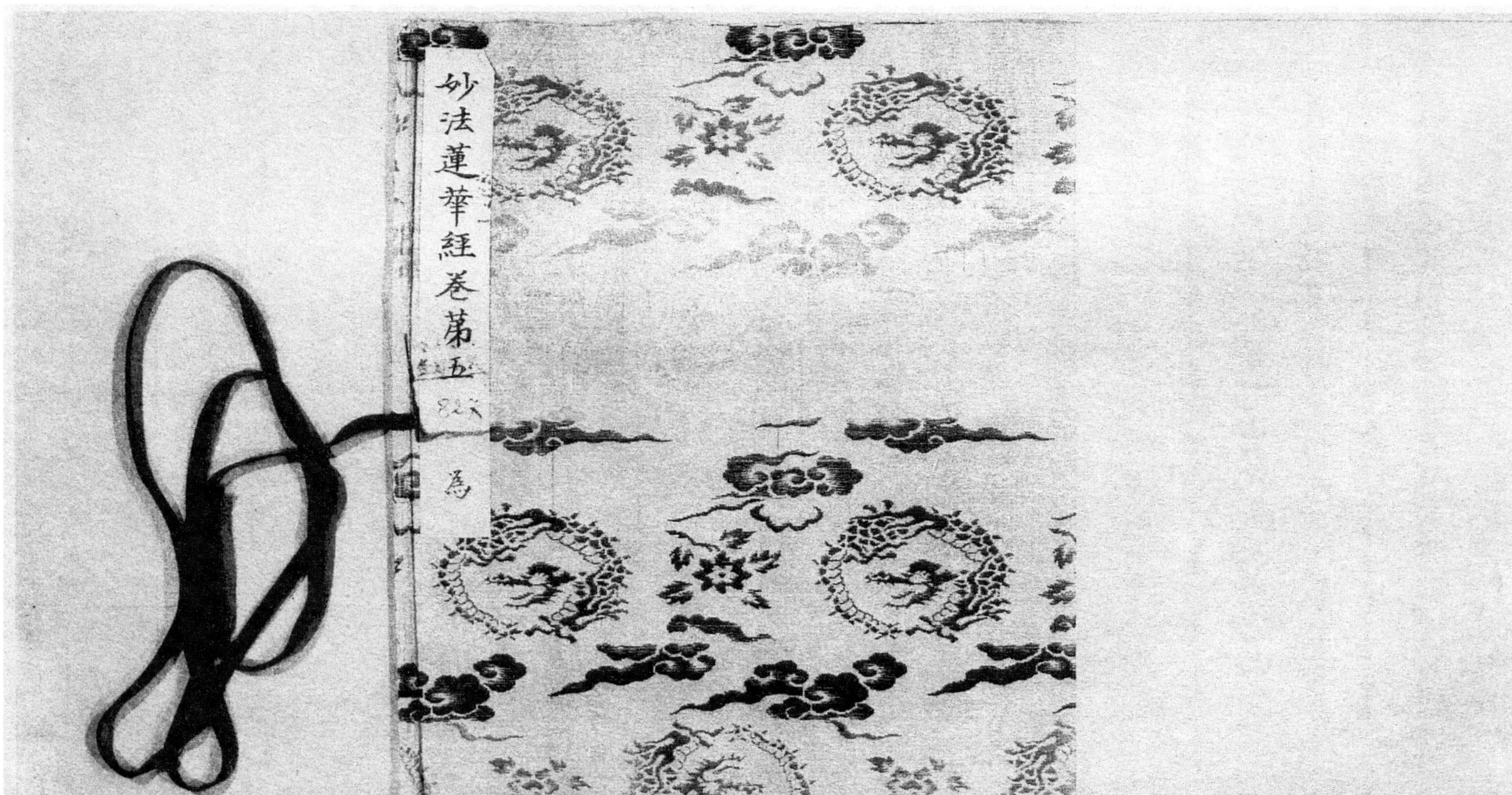

BD13829 號背　現代護首　（1–1）

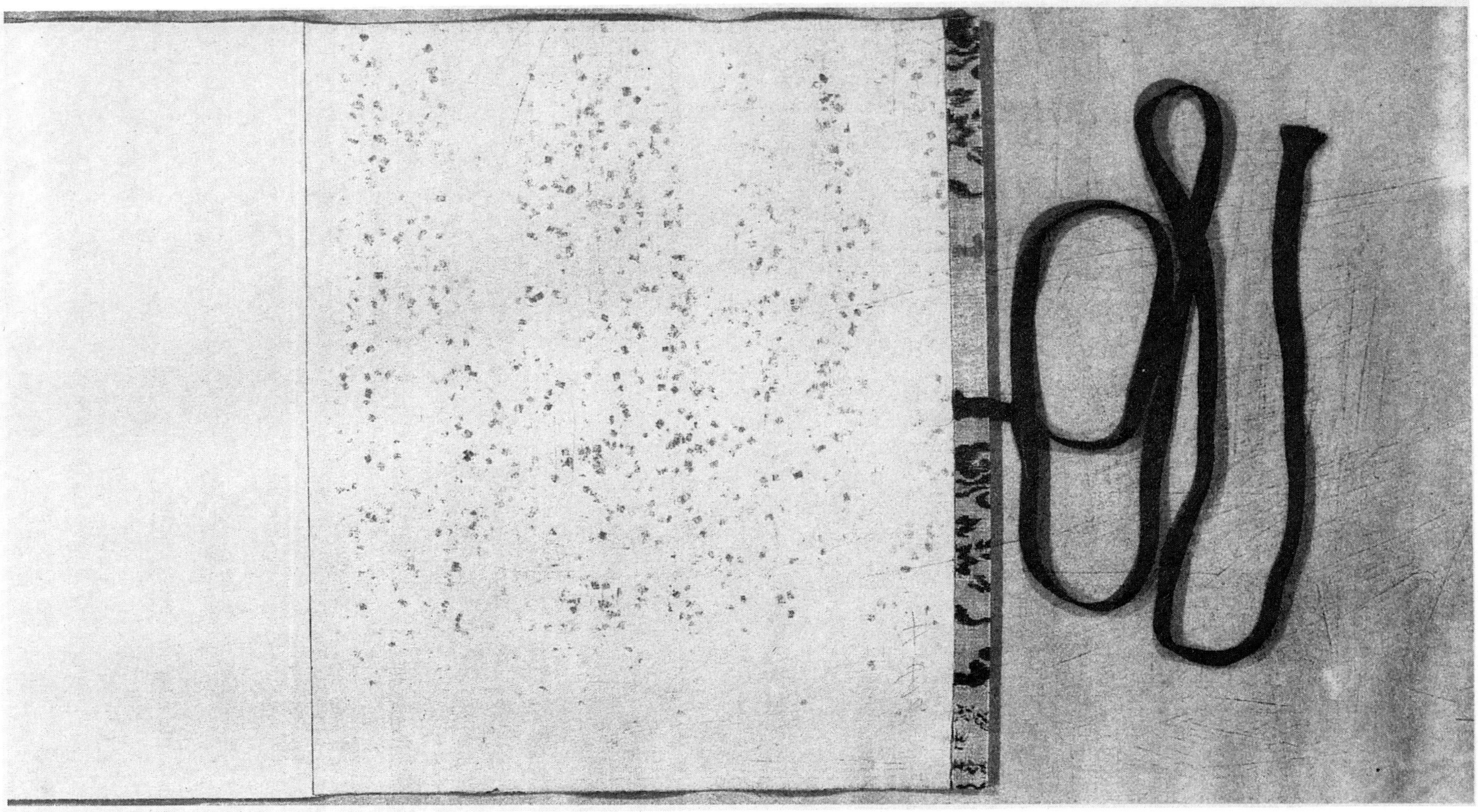

BD13829 號　妙法蓮華經卷五　　（28–1）

菩薩道者無得惱之令其疑悔語其人言汝
等去道甚遠終不能得一切種智所以者何
汝是放逸之人於道懈怠故又亦不應戲論
諸法有所爭競當於一切衆生起大悲想於
諸如来起慈父想於諸菩薩起大師想於十
方諸大菩薩常應深心恭敬礼拜於一切衆
生平等說法以順法故不多不少乃至深愛
法者亦不為多說文殊師利是菩薩摩訶薩
於後末世法欲滅時有成就是第三安樂行
者說是法時無能惱亂得好同學共讀誦是
經亦得大衆而来聽受聽已能持持已能誦
誦已能說說已能書若使人書供養經卷恭
敬尊重讃嘆尒時世尊欲重宣此義而說偈

BD13829 號　妙法蓮華經卷五　　（28–2）

於後末世法欲滅時有成就是第三安樂行
者說是法時無能惱亂得好同學共讀誦是
經亦得大衆而来聽受聽已能持持已能誦
誦已能說說已能書若使人書供養經卷恭
敬尊重讚嘆尒時世尊欲重宣此義而說偈
言

若欲說是經　當捨嫉恚慢　諂誑耶偽心　常脩質直行
不輕蔑於人　亦不戲論法　不令他疑悔　云汝不得佛
是佛子說法　常柔和能忍　慈悲於一切　不生懈怠心
十方大菩薩　愍衆故行道　應生恭敬心　是則我大師
於諸佛世尊　生無上父想　破於憍慢心　說法無鄣㝵
第三法如是　智者應守護　一心安樂行　無量衆所敬

又文殊師利菩薩摩訶薩於後末世法欲滅
時有持是法華經者於在家出家人中生大
慈心於非菩薩人中生大悲心應作是念如
是之人則為大失如来方便隨宜說法不聞
不知不覺不問不信不解其人雖不問不信
不解是經我得阿耨多羅三藐三菩提時隨
在何地以神通力智慧力引之令得住是法
中文殊師利是菩薩摩訶薩於如来滅後有
成就此第四法者說是法時無有過失常為
比丘比丘尼優婆塞優婆夷國王王子大臣
人民婆羅門居士等供養恭敬尊重讚嘆虛
空諸天為聽法故亦常隨侍若在聚落城邑
空閑林中有人来欲難問者諸天晝夜常為

成就此第四法者說是法時無有過失常為
比丘比丘尼優婆塞優婆夷國王王子大臣
人民婆羅門居士等供養恭敬尊重讚嘆虛
空諸天為聽法故亦常隨侍若在聚落城邑
空閑林中有人来欲難問者諸天晝夜常為
法故而衛護之能令聽者皆得歡喜所以者
何此經是一切過去未来現在諸佛神力所
護故文殊師利是法華經於無量國中乃至
名字不可得聞何況得見受持讀誦文殊師
利譬如強力轉輪聖王欲以威勢降伏諸國
而諸小王不順其命時轉輪王起種種兵而
往討伐王見兵衆戰有功者即大歡喜隨功
賞賜或與田宅聚落城邑或與衣服嚴身之
具或與種種珎寶金銀琉璃車𤦲馬瑙珊瑚
虎珀象馬車乘奴婢人民唯髻中明珠不以
與之所以者何獨王頂上有此一珠若以與
之王諸眷屬必大驚怪文殊師利如来亦復
如是以禪定智慧力得法國土王於三界而
諸魔王不肯順伏如来賢聖諸將與之共戰
其有功者心亦歡喜於四衆中為說諸經令
其心悅賜以禪定解脫無漏根力諸法之
財又復賜與涅槃之城言得滅度引導其心
令皆歡喜而不為說是法華經文殊師利如
轉輪王見諸兵衆有大功者心甚歡喜以此
難信之珠久在髻中不妄與人而今與之如来

其心悦賜以禪定解脱無漏根力諸法之
財又復賜與涅槃之城言得滅度引道其心
令皆歡喜而不為說是法華經文殊師利如
轉輪王見諸兵衆有大功者心甚歡喜以此
難信之珠久在髻中不妄與人而今與之如来
亦復如是於三界中為大法王以法教化一
切衆生見賢聖軍與五陰魔煩惱魔死魔共
戰有大功勳滅三毒出三界破魔網尒時如
来亦大歡喜此法華經能令衆生至一切智
一切世間多惌難信先所未說而今說之文
殊師利此法華經是諸如来第一之說於諸
說中㝡為甚深末後賜與如彼強力之王久
護明珠今乃與之文殊師利此法華經諸佛
如来秘密之藏於諸經中㝡在其上長夜守
護不妄宣說始於今日乃與汝等而敷演之
尒時世尊欲重宣此義而說偈言
常行忍辱　哀愍一切　乃能演說　佛所讚經
後末世時　持此經者　於家出家　及非菩薩
應生慈悲　斯等不聞　不信是經　則為大失
我得佛道　以諸方便　為說此法　令住其中
譬如強力　轉輪之王　兵戰有功　賞賜諸物
象馬車乘　嚴身之具　及諸田宅　聚落城邑
或與衣服　種種珍寶　奴婢財物　歡喜賜與
如有勇健　能為難事　王解髻中　明珠賜之
如来亦尒　為諸法王　忍辱大力　智慧寶藏

象馬車乘　嚴身之具　及諸田宅　聚落城邑
或與衣服　種種珍寶　奴婢財物　歡喜賜與
如有勇健　能為難事　王解髻中　明珠賜之
如来亦尒　為諸法王　忍辱大力　智慧寶藏
以大慈悲　如法化世　見一切人　受諸苦惱
欲求解脱　與諸魔戰　為是衆生　說種種法
以大方便　說此諸經　既知衆生　得其力已
末後乃為　說是法華　如王解髻　明珠與之
此經為尊　衆經中上　我常守護　不妄開示
今正是時　為汝等說
我滅度後　求佛道者　欲得安隱　演說斯經
應當親近　如是四法　讀是經者　常無憂惱
又無病痛　顏色鮮白　不生貧窮　卑賤醜陋
衆生樂見　如慕賢聖　天諸童子　以為給使
刀杖不加　毒不能害　若人惡罵　口則閉塞
遊行無畏　如師子王　智慧光明　如日之照
若於夢中　但見妙事　見諸如来　坐師子座
諸比丘衆　圍繞說法　又見龍神　阿脩羅等
數如恒沙　恭敬合掌　自見其身　而為說法
又見諸佛　身相金色　放無量光　照於一切
以梵音聲　演說諸法　佛為四衆　說無上法
見身處中　合掌讚佛　聞法歡喜　而為供養
得陁羅尼　證不退智　佛知其心　深入佛道
即為授記　成㝡正覺　汝善男子　當於来世

以梵音聲　演說諸法　佛為四衆　說無上法
見身處中　合掌讚佛　聞法歡喜　而為供養
得陁羅尼　證不退智　佛知其心　深入佛道
即為授記　成最正覺　汝善男子　當於来世
得無量智　佛之大道　國土嚴淨　廣大無比
亦有四衆　合掌聽法　又見自身　在山林中
脩習善法　證諸實相　深入禪定　見十方佛
諸佛身金色　百福相莊嚴　聞法為人說　常有是好夢
又夢作國王　捨宮殿眷屬　及上妙五欲　行詣於道場
在菩提樹下　而處師子座　求道過七日　得諸佛之智
成無上道已　起而轉法輪　為四衆說法　經千萬億劫
說無漏妙法　度無量衆生　後當入涅槃　如烟盡燈滅
若後惡世中　說是第一法　是人得大利　如上諸功德

妙法蓮華經從地踊出品第十五

尒時他方國土諸来菩薩摩訶薩過八恒河
沙數，於大衆中起合掌作礼而白佛言：世尊，
若聽我等於佛滅後在此娑婆世界懃加精
進護持讀誦書寫供養是經典者，當於此土
而廣說之。尒時佛告諸菩薩摩訶薩衆：止，善
男子，不須汝等護持此經。所以者何？我娑婆
世界自有六萬恒河沙等菩薩摩訶薩，一一
菩薩各有六萬恒河沙眷屬，是諸人等能於
我滅後護持讀誦廣說此經。佛說是時，娑婆
世界三千大千國土地皆震裂，而於其中有

菩薩各有六萬恒河沙眷屬，是諸人等能於
我滅後護持讀誦廣說此經。佛說是時，娑婆
世界三千大千國土地皆震裂，而於其中有
無量千萬億菩薩摩訶薩同時踊出。是諸
菩薩身皆金色，三十二相，無量光明，先盡在此
娑婆世界之下此界虛空中住。是諸菩薩聞
釋迦牟尼佛所說音聲，從下發来。一一菩薩
皆是大衆唱導之首，各將六萬恒河沙眷屬，
況將五萬四萬三萬二萬一萬恒河沙等眷
屬者，況復乃至一恒河沙、半恒河沙、四分之
一，乃至千萬億那由他分之一，況復千萬億
那由他眷屬，況復億萬眷屬，況復千萬百萬
乃至一萬，況復一千一百乃至一十，況復將
五四三二一弟子者，況復單己樂遠離行。如
是等比無量無邊，筭數譬喻所不能知。是諸
菩薩從地出已，各詣虛空七寶妙塔多寶如
来釋迦牟尼佛所。到已，向二世尊頭面礼足，
及至諸寶樹下師子座上佛所，亦皆作礼，右
繞三迊，合掌恭敬，以諸菩薩種種讚法而以
讚嘆，住在一面，欣樂瞻仰於二世尊。是諸菩
薩摩訶薩從初踊出，以諸菩薩種種讚法而
讚於佛。如是時間經五十小劫。是時釋迦牟
尼佛嘿然而坐，及諸四衆亦皆嘿然，五十小
劫，佛神力故，令諸大衆謂如半日。尒時四衆

讃於佛如是時聞經五十小劫是時釋迦牟
尼佛嘿然而坐及諸四衆亦皆嘿然五十小
劫佛神力故令諸大衆謂如半日尒時四衆
亦以佛神力故見諸菩薩遍滿無量百千萬
佛國土虛空是菩薩衆中有四導師一名上
行二名無邊行三名淨行四名安立行是四
菩薩於其衆中最為上首唱導之師在大衆
前各共合掌觀釋迦牟尼佛而問訊言世
尊少病少惱安樂行不所應度者受教易不
不令世尊生疲勞耶尒時四大菩薩而說偈
世尊安樂 少病少惱 教化衆生 得無疲惓
又諸衆生 受化易不 不令世尊 生勞苦耶
尒時世尊於菩薩大衆中而作是言如是如
是諸善男子如来安樂少病少惱諸衆生等
易可化度無有疲勞所以者何是諸衆生世
世已来常受我化亦於過去諸佛供養尊重
種諸善根此諸衆生始見我身聞我所說即
皆信受入如来慧除先脩習學小乘者如是
之人我今亦令得聞是經入於佛慧尒時諸
大菩薩而說偈言
善哉善哉 大雄世尊 諸衆生等 易可化度
能問諸佛 甚深智慧 聞已信行 我等隨喜
於時世尊讃歎上首諸大菩薩善哉善哉
善男子汝等能於如来發隨喜心尒時弥勒菩
薩及八千恒河沙諸菩薩衆皆作是念我等

BD13829 號　妙法蓮華經卷五　（28–9）

善哉善哉 大雄世尊 諸衆生等 易可化度
能問諸佛 甚深智慧 聞已信行 我等隨喜
於時世尊讃歎上首諸大菩薩善哉善哉
善男子汝等能於如来發隨喜心尒時弥勒菩
薩及八千恒河沙諸菩薩衆皆作是念我等
從昔已来不見不聞如是大菩薩摩訶薩衆
從地踊出住世尊前合掌供養問訊如来時
弥勒菩薩摩訶薩知八千恒河沙諸菩薩等
心之所念并欲自決所疑合掌向佛以偈問曰
無量千萬億 大衆諸菩薩 昔所未曾見 願兩足尊說
是從何所来 以何因緣集 巨身大神通 智慧叵思議
其志念堅固 有大忍辱力 衆生所樂見 為從何所来
一一諸菩薩 所將諸眷屬 其數無有量 如恒河沙等
或有大菩薩 將六萬恒沙 如是諸大衆 一心求佛道
是諸大師等 六萬恒河沙 俱来供養佛 及護持是經
將五萬恒沙 其數過於是 四萬及三萬 二萬至一萬
一千一百等 乃至一恒沙 半及三四分 億萬分之一
千萬那由他 萬億諸弟子 乃至於半億 其數復過上
百萬至一萬 一千及一百 五十與一十 乃至三二一
單己無眷屬 樂於獨處者 俱来至佛所 其數轉過上
如是諸大衆 若人行籌數 過於恒沙劫 猶不能盡知
是諸大威德 精進菩薩衆 誰為其說法 教化而成就
從誰初發心 稱揚何佛法 受持行誰經 脩習何佛道
如是諸菩薩 神通大智力 四方地震裂 皆從中踊出
世尊我昔来 未曾見是事 願說其所從 國土之名号

BD13829 號　妙法蓮華經卷五　（28–10）

如是諸大衆　若人行籌數　過於恒沙劫　猶不能盡知
是諸大威德　精進菩薩衆　誰為其說法　教化而成就
從誰初發心　稱揚何佛法　受持行誰經　脩習何佛道
如是諸菩薩　神通大智力　四方地震裂　皆從中踊出
世尊我昔來　未曾見是事　願說其所從　國土之名号
我常遊諸國　未曾見是衆　我於此衆中　乃不識一人
忽然從地出　願說其因緣　今此之大會　無量百千億
是諸菩薩等　皆欲知此事　是諸菩薩衆　本末之因緣
無量德世尊　唯願決衆疑
尒時釋迦牟尼佛分身諸佛從無量千萬億他
方國土來者在於八方諸寶樹下師子座上
結加趺坐其佛侍者各各見是菩薩大衆於
三千大千世界四方從地踊出住於虛空各
白其佛言世尊此諸無量無邊阿僧祇菩薩
大衆從何所來尒時諸佛各告侍者諸善男
子且待須臾有菩薩摩訶薩名曰弥勒釋迦牟
尼佛之所授記次後作佛已問斯事佛今荅
之汝等自當因是得聞尒時釋迦牟尼佛
告弥勒菩薩善哉善哉阿逸多乃能問佛如
是大事汝等當共一心被精進鎧發堅固意
如來今欲顯發宣示諸佛智慧諸佛自在神
通之力諸佛師子奮迅之力諸佛威猛大勢
之力尒時世尊欲重宣此義而說偈言
當精進一心　我欲說此事　勿得有疑悔　佛智叵思議
汝今出信力　住於忍善中　昔所未聞法　今皆當得聞

通之力諸佛師子奮迅之力諸佛威猛大勢
之力尒時世尊欲重宣此義而說偈言
當精進一心　我欲說此事　勿得有疑悔　佛智叵思議
汝今出信力　住於忍善中　昔所未聞法　今皆當得聞
我今安慰汝　勿得懷疑懼　佛無不實語　智慧不可量
所得第一法　甚深叵分別　如是今當說　汝等一心聽
尒時世尊說此偈已告弥勒菩薩我今於此
大衆宣告汝等阿逸多是諸大菩薩摩訶薩
無量無數阿僧祇從地踊出汝等昔所未見
者我於是娑婆世界得阿耨多羅三藐三菩
提已教化示導是諸菩薩調伏其心令發道
意此諸菩薩皆於是娑婆世界之下此界虛
空中住於諸經典讀誦通利思惟分別正憶
念阿逸多是諸善男子等不樂在衆多有所
說常樂靜處勤行精進未曾休息亦不依止
人天而住常樂深智無有鄣礙亦常樂於諸
佛之法一心精進求無上慧尒時世尊欲重
宣此義而說偈言
阿逸汝當知　是諸大菩薩　從無數劫來　脩習佛智慧
悉是我所化　令發大道心　此等是我子　依止是世界
常行頭陁事　志樂於靜處　捨大衆憒閙　不樂多所說
如是諸子等　學習我道法　晝夜常精進　為求佛道故
在娑婆世界　下方空中住　志念力堅固　常勤求智慧
說種種妙法　其心無所畏　我於伽耶城　菩提樹下坐

如是諸子等　學習我道法　晝夜常精進　為求佛道故
在娑婆世界　下方空中住　志念力堅固　常懃求智慧
說種種妙法　其心無所畏　我於伽耶城　菩提樹下坐
得成最正覺　轉無上法輪　尒乃教化之　令初發道心
今皆住不退　悉當得成佛　我今說實語　汝等一心信
我從久遠来　教化是等衆
尒時弥勒菩薩摩訶薩及無數諸菩薩等心
生疑惑怪未曾有而作是念云何世尊於少
時間教化如是無量無邊阿僧祇諸大菩薩
令住阿耨多羅三藐三菩提即白佛言世尊
如来為太子時出於釋宮去伽耶城不遠坐
於道場得成阿耨多羅三藐三菩提從是已
来始過四十餘年世尊云何於此少時大作
佛事以佛勢力以佛功德教化如是無量大
菩薩衆當成阿耨多羅三藐三菩提世尊此
大菩薩衆假使有人於千萬億劫數不能盡
不得其邊斯等久遠已来於無量無邊諸佛
所殖諸善根成就菩薩道常脩梵行世尊如
此之事世所難信譬如有人色美髮黑年二
十五指百歲人言是我子其百歲人亦指年
少言是我父生育我等是事難信佛亦如是
得道已来其實未久而此大衆諸菩薩等已
於無量千萬億劫為佛道故懃行精進善入
出住無量百千萬億三昧得大神通久脩梵

少言是我父生育我等是事難信佛亦如是
得道已来其實未久而此大衆諸菩薩等已
於無量千萬億劫為佛道故懃行精進善入
出住無量百千萬億三昧得大神通久脩梵
行善能次第習諸善法巧於問荅人中之寶
一切世間甚為希有今日世尊方云得佛道
時初令發心教化示導令向阿耨多羅三藐
三菩提世尊得佛未久乃能作此大功德事
我等雖復信佛隨宜所說佛所出言未曾虛
妄佛所知者皆悉通達然諸新發意菩薩於
佛滅後若聞是語或不信受而起破法罪業
因緣唯然世尊願為解說除我等疑及
未来世諸善男子聞此事已亦不生疑尒時
弥勒菩薩欲重宣此義而說偈言
佛昔從釋種　出家近伽耶　坐於菩提樹　尒来尚未久
此諸佛子等　其數不可量　久已行佛道　住於神通力
善學菩薩道　不染世間法　如蓮華在水　從地而踊出
皆起恭敬心　住於世尊前　是事難思議　云何而可信
佛得道甚近　所成就甚多　願為除衆疑　如實分別說
譬如少壯人　年始二十五　示人百歲子　髮白而面皺
是等我所生　子亦說是父　父少而子老　舉世所不信
世尊亦如是　得道来甚近　是諸菩薩等　志固無怯弱
從無量劫来　而行菩薩道　巧於難問荅　其心無所畏
忍辱心決定　端正有威德　十方佛所讚　善能分別說

世尊亦如是 得道来甚近 是諸菩薩等 志固無怯弱
從無量劫来 而行菩薩道 巧於難問荅 其心無所畏
忍辱心決定 端正有威德 十方佛所讃 善能分別説
不樂在人衆 常好在禪定 為求佛道故 於下空中住
我等從佛聞 於此事無疑 願佛為未来 演説令開解
若有於此經 生疑不信者 即當墮惡道 願今為解説
是無量菩薩 云何於少時 教化令發心 而住不退地
妙法蓮華經如来壽量品第十六
尒時佛告諸菩薩及一切大衆諸善男子汝
等當信解如来誠諦之語復告大衆汝等當
信解如来誠諦之語又復告諸大衆汝等當
信解如来誠諦之語是時菩薩大衆弥勒為
首合掌白佛言世尊唯願説之我等當信受
佛語如是三白已復言唯願説之我等當信
受佛語尒時世尊知諸菩薩三請不止而告
之言汝等諦聽如来秘密神通之力一切世
間天人及阿脩羅皆謂今釋迦牟尼佛出釋
氏宫去伽耶城不遠坐於道場得阿耨多羅
三藐三菩提然善男子我實成佛已来無量
無邊百千萬億那由他劫譬如五百千萬億
那由他阿僧祇三千大千世界假使有人抹
為微塵過於東方五百千萬億那由他阿僧
祇國乃下一塵如是東行盡是微塵諸善男
子於意云何是諸世界可得思惟挍計知其
數不弥勒菩薩等俱白佛言世尊是諸世界

BD13829號　妙法蓮華經卷五　（28-15）

為微塵過於東方五百千萬億那由他阿僧
祇國乃下一塵如是東行盡是微塵諸善男
子於意云何是諸世界可得思惟挍計知其
數不弥勒菩薩等俱白佛言世尊是諸世界
無量無邊非筭數所知亦非心力所及一切聲
聞辟支佛以無漏智不能思惟知其限數
我等住阿惟越致地於是事中亦所不達世
尊如是諸世界無量無邊尒時佛告大菩薩
衆諸善男子今當分明宣語汝等是諸世界
若著微塵及不著者盡以為塵一塵一劫我
成佛已来復過於此百千萬億那由他阿僧
祇劫自從是来我常在此娑婆世界説法教
化亦於餘處百千萬億那由他阿僧祇國導
利衆生諸善男子於是中間我説燃燈佛等
又復言其入於涅槃如是皆以方便分別諸
善男子若有衆生来至我所我以佛眼觀其
信等諸根利鈍隨所應度處處自説名字不
同年紀大小亦復現言當入涅槃又以種種
方便説微妙法能令衆生發歡喜心諸善男
子如来見諸衆生樂於小法德薄垢重者為
是人説我少出家得阿耨多羅三藐三菩提
然我實成佛已来久遠若斯但以方便教化
衆生令入佛道作如是説諸善男子如来所
演經典皆為度脫衆生或説已身或説他身
或示已身或示他身或示已事或示他事諸

BD13829號　妙法蓮華經卷五　（28-16）

然我實成佛已來久遠若斯但以方便教化
衆生令入佛道作如是說諸善男子如來所
演經典皆為度脫衆生或說己身或說他身
或示己身或示他身或示己事或示他事諸
所言說皆實不虛所以者何如來如實知見
三界之相無有生死若退若出亦無在世及
滅度者非實非虛非如非異不如三界見於
三界如斯之事如來明見無有錯謬以諸衆
生有種種性種種欲種種行種種憶想分別
故欲令生諸善根以若干因緣譬喻言辭種
種說法所作佛事未曾暫廢如是我成佛已
來甚大久遠壽命無量阿僧祇劫常住不滅
諸善男子我本行菩薩道所成壽命今猶未
盡復倍上數然今非實滅度而便唱言當取
滅度如來以是方便教化衆生所以者何若
佛久住於世薄德之人不種善根貧窮下賤
貪著五欲入於憶想妄見網中若見如來常
在不滅便起憍恣而懷厭怠不能生難遭想
恭敬之心是故如來以方便說比丘當知諸
佛出世難可值遇所以者何諸薄德人過無
量百千萬億劫或有見佛或不見者以此事
故我作是言諸比丘如來難可得見斯衆生
等聞如是語必當生於難遭之想心懷戀慕
渴仰於佛便種善根是故如來雖不實滅而
言滅度又善男子諸佛如來法皆如是為度

量百千萬億劫或有見佛或不見者以此事
故我作是言諸比丘如來難可得見斯衆生
等聞如是語必當生於難遭之想心懷戀慕
渴仰於佛便種善根是故如來雖不實滅而
言滅度又善男子諸佛如來法皆如是為度
衆生皆實不虛譬如良醫智慧聰達明練方
藥善治衆病其人多諸子息若十二十乃至
百數以有事緣遠至餘國諸子於後飲他毒
藥藥發悶亂宛轉于地是時其父還來歸家
諸子飲毒或失本心或不失者遙見其父皆
大歡喜拜跪問訊善安隱歸我等愚癡誤服
毒藥願見救療更賜壽命父見子等苦惱
如是依諸經方求好藥草色香美味皆悉具足
擣篩和合與子令服而作是言此大良藥色
香美味皆悉具足汝等可服速除苦惱無復
衆患其諸子中不失心者見此良藥色香俱
好即便服之病盡除愈餘失心者見其父來
雖亦歡喜問訊求索治病然與其藥而不肯
服所以者何毒氣深入失本心故於此好色
香藥而謂不美父作是念此子可愍為毒所
中心皆顛倒雖見我喜求索救療如是好藥
而不肯服我今當設方便令服此藥即作是
言汝等當知我今衰老死時已至是好良藥
今留在此汝可取服勿憂不差作是教已復
至他國遣使還告汝父已死是時諸子聞父

而不肯服我今當設方便令服此藥即作是
言汝等當知我今衰老死時已至是好良藥
今留在此汝可取服勿憂不差作是教已復
至他國遣使還告汝父已死是時諸子聞父
背喪心大憂惱而作是念若父在者慈愍我
等能見救護今者捨我遠喪他國自惟孤露
無復恃怙常懷悲感心遂醒悟乃知此藥色
味香美即取服之毒病皆愈其父聞子悉已
得差尋便來歸咸使見之諸善男子於意云
何頗有人能說此良醫虛妄罪不不也世尊
佛言我亦如是成佛已來無量無邊百千萬
億那由他阿僧祇劫為衆生故以方便力言
當滅度亦無有能如法說我虛妄過者尒時
世尊欲重宣此義而說偈言
自我得佛來 所經諸劫數 無量百千萬 億載阿僧祇
常說法教化 無數億衆生 令入於佛道 尒來無量劫
為度衆生故 方便現涅槃 而實不滅度 常住此說法
我常住於此 以諸神通力 令顛倒衆生 雖近而不見
衆見我滅度 廣供養舍利 咸皆懷戀慕 而生渴仰心
衆生既信伏 質直意柔軟 一心欲見佛 不自惜身命
時我及衆僧 俱出靈鷲山 我時語衆生 常在此不滅
以方便力故 現有滅不滅 餘國有衆生 恭敬信樂者
我復於彼中 為說無上法 汝等不聞此 但謂我滅度
我見諸衆生 沒在於苦惱 故不為現身 令其生渴仰

BD13829號 妙法蓮華經卷五 (28-19)

時我及衆僧 俱出靈鷲山 我時語衆生 常在此不滅
以方便力故 現有滅不滅 餘國有衆生 恭敬信樂者
我復於彼中 為說無上法 汝等不聞此 但謂我滅度
我見諸衆生 沒在於苦惱 故不為現身 令其生渴仰
因其心戀慕 乃出為說法 神通力如是 於阿僧祇劫
常在靈鷲山 及餘諸住處 衆生見劫盡 大火所燒時
我此土安隱 天人常充滿 園林諸堂閣 種種寶莊嚴
寶樹多花菓 衆生所遊樂 諸天擊天鼓 常作衆伎樂
雨曼陀羅華 散佛及大衆 我淨土不毀 而衆見燒盡
憂怖諸苦惱 如是悉充滿 是諸罪衆生 以惡業因緣
過阿僧祇劫 不聞三寶名 諸有脩功德 柔和質直者
則皆見我身 在此而說法 或時為此衆 說佛壽無量
久乃見佛者 為說佛難值 我智力如是 慧光照無量
壽命無數劫 久脩業所得 汝等有智者 勿於此生疑
當斷令永盡 佛語實不虛 如醫善方便 為治狂子故
實在而言死 無能說虛妄 我亦為世父 救諸苦患者
為凡夫顛倒 實在而言滅 以常見我故 而生憍恣心
放逸著五欲 墮於惡道中 我常知衆生 行道不行道
隨所應可度 為說種種法 每自作是意 以何令衆生
得入無上慧 速成就佛身

妙法蓮華經分別功德品第十七

尒時大會聞佛說壽命劫數長遠如是無量
無邊阿僧祇衆生得大饒益於時世尊告弥
勒菩薩摩訶薩阿逸多我說是如來壽命長

BD13829號 妙法蓮華經卷五 (28-20)

妙法蓮華經分別功德品第十七
尒時大會聞佛說壽命刧數長遠如是無量
無邊阿僧祇衆生得大饒益於時世尊告弥
勒菩薩摩訶薩阿逸多我說是如來壽命長
遠時六百八十萬億那由他恒河沙衆生得
無生法忍復千倍菩薩摩訶薩得聞持陁羅
尼門復有一世界微塵數菩薩摩訶薩得樂
說無礙辯才復有一世界微塵數菩薩摩訶
薩得百千萬億無量旋陁羅尼復有三千大
千世界微塵數菩薩摩訶薩能轉不退法輪
復有二千中國土微塵數菩薩摩訶薩能轉
清淨法輪復有小千國土微塵數菩薩摩訶
薩八生當得阿耨多羅三藐三菩提復有四
四天下微塵數菩薩摩訶薩四生當得阿耨
多羅三藐三菩提復有三四天下微塵數菩
薩摩訶薩三生當得阿耨多羅三藐三菩提
復有二四天下微塵數菩薩摩訶薩二生當
得阿耨多羅三藐三菩提有一四天下微塵
數菩薩摩訶薩一生當得阿耨多羅三藐
三菩提復有八世界微塵數衆生皆發阿耨
多羅三藐三菩提心佛說是諸菩薩摩訶薩
得大法利時於虛空中雨曼陁羅華摩訶曼
陁羅華以散無量百千萬億寶樹下師子座
上諸佛并散七寶塔中師子座上釋迦牟尼

BD13829號　妙法蓮華經卷五　（28-21）

得大法利時於虛空中雨曼陁羅華摩訶曼
陁羅華以散無量百千萬億寶樹下師子座
上諸佛并散七寶塔中師子座上釋迦牟尼
佛及久滅度多寶如來亦散一切諸大菩薩
及四部衆又雨細抹旃檀沉水香等於虛空
中天鼓自鳴妙聲深遠又雨千種天衣垂諸
瓔珞真珠瓔珞摩尼珠瓔珞如意珠瓔珞遍
於九方衆寶香爐燒無價香自然周至供
養大會一一佛上有諸菩薩執持幡蓋次苐
而上至于梵天是諸菩薩以妙音聲歌無量頌
頌讃嘆諸佛尒時弥勒菩薩從座而起偏袒右
肩合掌向佛而說偈言
佛說希有法　昔所未曾聞　世尊有大力　壽命不可量
無數諸佛子　聞世尊分別　說得法利者　歡喜充遍身
或住不退地　或得陁羅尼　或無礙樂說　萬億旋捴持
或有大千界　微塵數菩薩　各各皆能轉　不退之法輪
復有中千界　微塵數菩薩　各各皆能轉　清淨之法輪
復有小千界　微塵數菩薩　餘各八生在　當得成佛道
復有四三二　如此四天下　微塵數菩薩　隨數生成佛
或一四天下　微塵數菩薩　餘有一生在　當成一切智
如是等衆生　聞佛壽長遠　得無量無漏　清淨之果報
復有八世界　微塵數衆生　聞佛說壽命　皆發無上心
世尊說无量　不可思議法　多有所饒益　如虛空无邊
雨天曼陁羅　摩訶曼陁羅　釋梵如恒沙　無數佛土來
雨旃檀沉水　繽紛而亂墜　如鳥飛空下　供散於諸佛
天鼓虛空中　自然出妙聲　天衣千萬種　旋轉而來下

BD13829號　妙法蓮華經卷五　（28-22）

如是等衆生　聞佛壽長遠　得無量無漏　清淨之果報
復有八世界　微塵數衆生　聞佛說壽命　皆發無上心
世尊說无量　不可思議法　多有所饒益　如虛空无邊
雨天曼陁羅　摩訶曼陁羅　釋梵如恒沙　無數佛土來
雨栴檀沉水　繽紛而亂墜　如鳥飛空下　供散於諸佛
天鼓虛空中　自然出妙聲　天衣千萬種　旋轉而來下
衆寶妙香爐　燒無價之香　自然悉周遍　供養諸世尊
其大菩薩衆　執七寶幡蓋　高妙萬億種　次第至梵天
一一諸佛前　寶幢懸勝幡　亦以千萬偈　歌詠諸如來
如是種種事　昔所未曾有　聞佛壽無量　一切皆歡喜
佛名聞十方　廣饒益衆生　一切具善根　以助無上心
尒時佛告弥勒菩薩摩訶薩阿逸多其有衆
生聞佛壽命長遠如是乃至能生一念信解
所得功德無有限量若有善男子善女人為
阿耨多羅三藐三菩提故於八十萬億那由
他劫行五波羅蜜檀波羅蜜尸羅波羅蜜羼
提波羅蜜毗梨耶波羅蜜禪波羅蜜除般若
波羅蜜以是功德比前功德百分千分百千
萬億分不及其一乃至筭數譬喻所不能知
若善男子有如是功德於阿耨多羅三藐三
菩提退者無有是處尒時世尊欲重宣此
義而說偈言
若人求佛慧　於八十萬億　那由他劫數　行五波羅蜜
於是諸劫中　布施供養佛　及緣覺弟子　并諸菩薩衆
珎異之飲食　上服與卧具　栴檀立精舍　以薗林莊嚴
如是等布施　種種皆微妙　盡此諸劫數　以迴向佛道

義而說偈言
若人求佛慧　於八十萬億　那由他劫數　行五波羅蜜
於是諸劫中　布施供養佛　及緣覺弟子　并諸菩薩衆
珎異之飲食　上服與卧具　栴檀立精舍　以薗林莊嚴
如是等布施　種種皆微妙　盡此諸劫數　以迴向佛道
若復持禁戒　清淨無缺漏　求於無上道　諸佛之所歎
若復行忍辱　住於調柔地　設衆惡來加　其心不傾動
諸有得法者　懷於增上慢　為此所輕惱　如是亦能忍
若復懃精進　志念常堅固　於無量億劫　一心不懈息
又於無數劫　住於空閑處　若坐若經行　除睡常攝心
以是因緣故　能生諸禪定　八十億萬劫　安住心不亂
持此一心福　願求無上道　我得一切智　盡諸禪定際
是人於百千　萬億劫數中　行此諸功德　如上之所說
有善男女等　聞我說壽命　乃至一念信　其福過於彼
若人悉無有　一切諸疑悔　深心須臾信　其福為如此
其有諸菩薩　無量劫行道　聞我說壽命　是則能信受
如是諸人等　頂受此經典　願我於未來　長壽度衆生
如今日世尊　諸釋中之王　道場師子吼　說法無所畏
我等未來世　一切所尊敬　坐於道場時　說壽亦如是
若有深心者　清淨而質直　多聞能捴持　隨義解佛語
如是之人等　於此無有疑
又阿逸多若有聞佛壽命長遠解其言趣是
人所得功德無有限量能起如來無上之慧
何況廣聞是經若教人聞若自持若教人持
若自書若教人書若以華香瓔珞幢幡繒蓋

又阿逸多若有聞佛壽命長遠解其言趣是
人所得功德無有限量能起如來無上之慧
何況廣聞是經若教人聞若自持若教人持
若自書若教人書若以華香瓔珞幢幡繒蓋
香油蘇燈供養經卷是人功德無量無邊能
生一切種智阿逸多若善男子善女人聞我
說壽命長遠深心信解則為見佛常在耆闍
崛山共大菩薩諸聲聞眾圍繞說法又見此
娑婆世界其地琉璃坦然平正閻浮檀金以
界八道寶樹行列諸臺樓觀皆悉寶成其菩
薩眾咸處其中若有能如是觀者當知是為
深信解相又復如來滅後若聞是經而不毀
呰起隨喜心當知已為深信解相何況讀誦
受持之者斯人則為頂戴如來阿逸多是善
男子善女人不須為我復起塔寺及作僧坊
以四事供養眾僧所以者何是善男子善女
人受持讀誦是經典者為已起塔造立僧坊
供養眾僧則為以佛舍利起七寶塔高廣漸
小至于梵天懸諸幡蓋及眾寶鈴華香瓔珞
末香塗香燒香眾鼓伎樂簫笛箜篌種種儛
戲以妙音聲歌唄讚頌則為於無量千萬億
劫作是供養已阿逸多若我滅後聞是經典
有能受持若自書若教人書則為起立僧坊
以赤栴檀作諸殿堂三十有二高八多羅樹

BD13829號　妙法蓮華經卷五　（28–25）

劫作是供養已阿逸多若我滅後聞是經典
有能受持若自書若教人書則為起立僧坊
以赤栴檀作諸殿堂三十有二高八多羅樹
高廣嚴好百千比丘於其中止園林浴池經
行禪窟衣服飲食牀褥湯藥一切樂具充滿
其中如是僧坊堂閣若干百千萬億其數無
量以此現前供養於我及比丘僧是故我說
如來滅後若有受持讀誦為他人說若自書
若教人書供養經卷不須復起塔寺及造僧
坊供養眾僧況復有人能持是經兼行布施
持戒忍辱精進一心智慧其德最勝無量無
邊譬如虛空東西南北四維上下無量無邊
是人功德亦復如是無量無邊疾至一切種
智若人讀誦受持是經為他人說若自書若
教人書復能起塔及造僧坊供養讚歎聲聞
眾僧亦以百千萬億讚歎之法讚歎菩薩功
德又為他人種種因緣隨義解說此法華經
復能清淨持戒與柔和者而共同止忍辱無
瞋志念堅固常貴坐禪得諸深定精進勇猛
攝諸善法利根智慧善答問難阿逸多若我
滅後諸善男子善女人受持讀誦是經典者
復有如是諸善功德當知是人已趣道場近
阿耨多羅三藐三菩提坐道樹下阿逸多是
善男子善女人若坐若立若行處此中便應

BD13829號　妙法蓮華經卷五　（28–26）

滅後諸善男子善女人受持讀誦是經典者
復有如是諸善功德當知是人已趣道場近
阿耨多羅三藐三菩提坐道樹下阿逸多是
善男子善女人若坐若立若行處此中便應
起塔一切天人皆應供養如佛之塔尒時世尊
欲重宣此義而說偈言
若我滅度後　能奉持此經　斯人福無量　如上之所說
是則為具足　一切諸供養　以舍利起塔　七寶而莊嚴
表刹甚高廣　漸小至梵天　寶鈴千萬億　風動出妙音
又於無量劫　而供養此塔　華香諸瓔珞　天衣衆伎樂
然香油蘇燈　周匝常照明　惡世法末時　能持是經者
則為已如上　具足諸供養　若能持此經　則如佛現在
以牛頭栴檀　起僧坊供養　堂有三十二　高八多羅樹
上饌妙衣服　牀卧皆具足　百千衆住處　園林諸流池
經行及禪窟　種種皆嚴好　若有信解心　受持讀誦書
若復教人書　及供養經卷　散華香末香　以須曼瞻蔔
阿提目多伽　勳油常然之　如是供養者　得無量功德
如虛空無邊　其福亦如是　況復持此經　兼布施持戒
忍辱樂禪定　不瞋不惡口　恭敬於塔廟　謙下諸比丘
遠離自高心　常思惟智慧　有問難不瞋　隨順為解說
若能行是行　功德不可量　若見此法師　成就如是德
應以天華散　天衣覆其身　頭面接足礼　生心如佛想
又應作是念　不久詣道樹　得無漏無為　廣利諸人天
其所住止處　經行若坐卧　乃至說一偈　是中應起塔
莊嚴令妙好　種種以供養　佛子住此地　則是佛受用

遠離自高心　常思惟智慧　有問難不瞋　隨順為解說
若能行是行　功德不可量　若見此法師　成就如是德
應以天華散　天衣覆其身　頭面接足礼　生心如佛想
又應作是念　不久詣道樹　得無漏無為　廣利諸人天
其所住止處　經行若坐卧　乃至說一偈　是中應起塔
莊嚴令妙好　種種以供養　佛子住此地　則是佛受用
常在於其中　經行及坐卧

妙法蓮華經卷第五

大周證聖元年歲次乙未四月戊寅
朔廿一日戊戌弟子薛崇徽奉為
尊長敬造

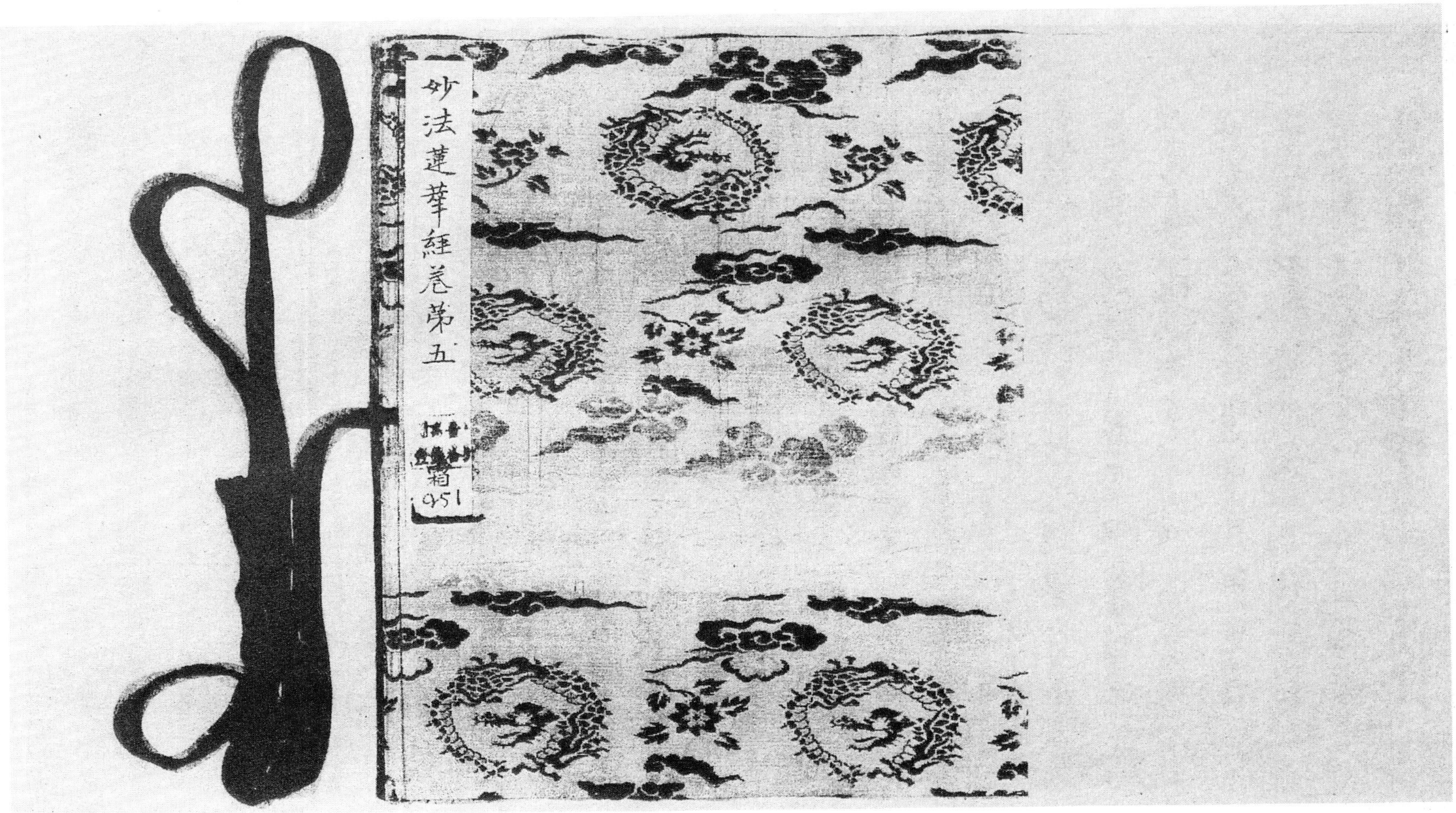

BD13830 號背　現代護首　　（1–1）

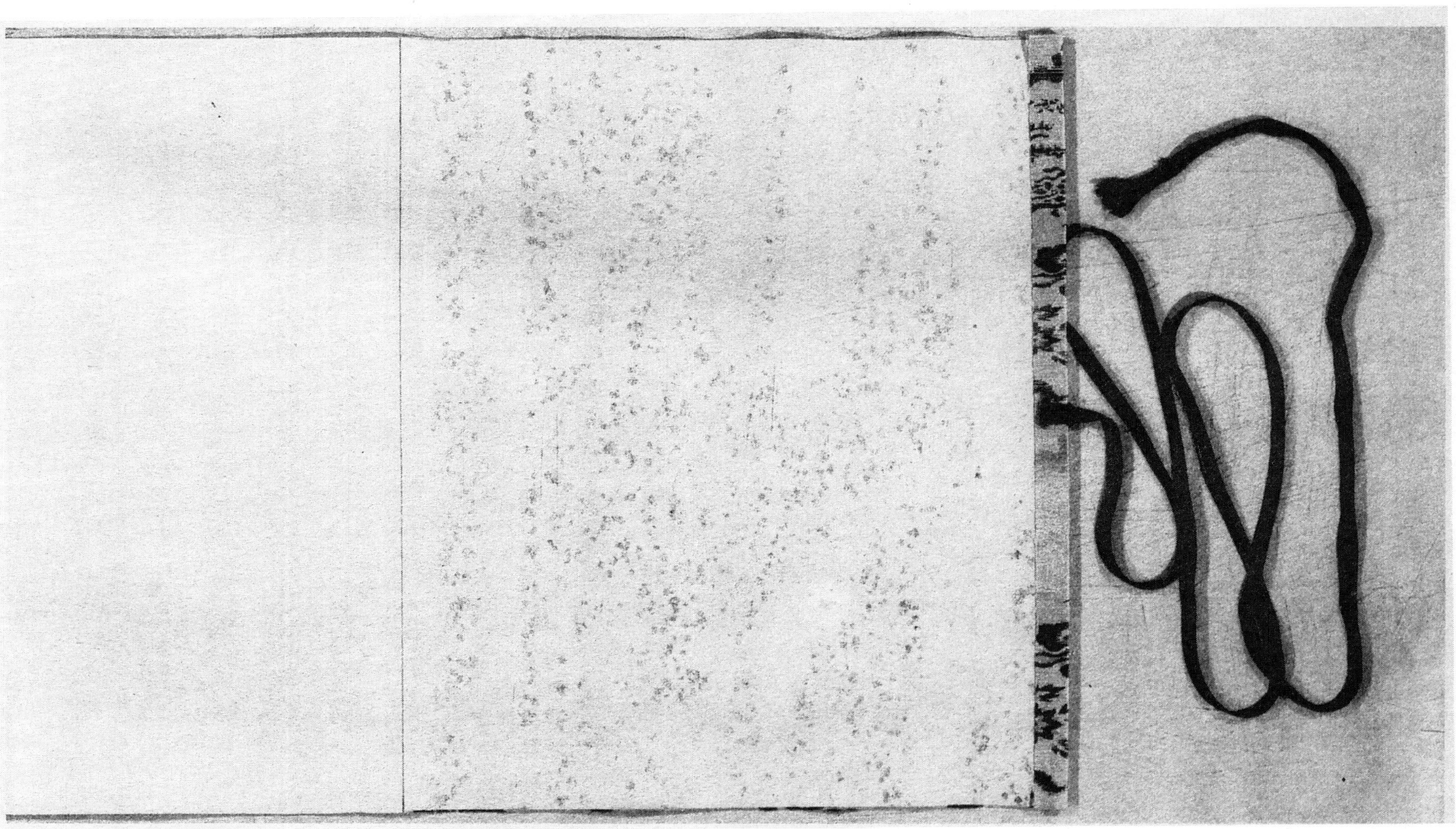

BD13830 號　妙法蓮華經卷五　　（28–1）

入里乞食　将一比丘　若无比丘　一心念佛
是則名為　行處近處　以 處　能安樂說
又復不行　上中下法　有為无為　實不實法
亦不分別　是男是女　不得諸法　不知不見
是則名為　菩薩行處　一切諸法　空无所有
无有常住　亦无起滅　是名智者　所親近處
顛倒分別　諸法有无　是實非實　是生非生
在於閑處　脩攝其心　安住不動　如須弥山
觀一切法　皆无所有　猶如虛空　无有堅固
不生不出　不動不退　常住一相　是名近處
若有比丘　於我滅後　入是行處　及親近處
說斯經時　无有怯弱　菩薩有時　入於靜室

在於閑處　脩攝其心　安住不動　如須弥山
觀一切法　皆无所有　猶如虛空　无有堅固
不生不出　不動不退　常住一相　是名近處
若有比丘　於我滅後　入是行處　及親近處
說斯經時　无有怯弱　菩薩有時　入於靜室
以心憶念　隨義觀法　從禪定起　為諸國王
王子臣民　婆羅門等　開化演暢　說斯經典
其心安隱　无有怯弱　文殊師利　是名菩薩
安住初法　能於後世　說法華經
又文殊師利如来滅後於末法中欲說是經
應住安樂行若口宣說若讀經時不樂說
人及經典過亦不輕慢諸餘法師不說他
人好惡長短於聲聞人亦不稱名說其過
惡亦不稱名讚歎其美又亦不生怨嫌之心
善脩如是安樂心故諸有聽者不逆其意
有所難問不以小乘法荅但以大乘而為解說
令得一切種智尒時世尊欲重宣此義而說偈言
菩薩常樂　安隱說法　於清淨地　而施床座
以油塗身　澡浴塵穢　著新淨衣　內外俱淨
安處法座　隨問為說　若有比丘　及比丘尼
諸優婆塞　及優婆夷　國王王子　群臣士民
以微妙義　和顏為說　若有難問　隨義而荅
因緣譬喻　敷演分別　以是方便　皆使發心
漸漸增益　入於佛道　除嬾惰意　及懈怠想
離諸憂惱　慈心說法　晝夜常說　无上道教
以諸因緣　无量譬喻　開示衆生　咸令歡喜
衣服臥具　飲食醫藥　而於其中　无所悕望

因緣譬喻　敷演分別　以是方便　皆使發心
漸漸增益　入於佛道　除嬾惰意　及懈怠想
離諸憂惱　慈心說法　晝夜常說　无上道教
以諸因緣　无量譬喻　開示衆生　咸令歡喜
衣服卧具　飲食醫藥　而於其中　无所悕望
但一心念　說法因緣　願成佛道　令衆亦尒
是則大利　安樂供養　我滅度後　若有比丘
能演說斯　妙法華經　心无嫉恚　諸惱障礙
亦无憂愁　及罵詈者　又无怖畏　加刀杖等
亦无擯出　安住忍故　智者如是　善脩其心
能住安樂　如我上說　其人功德　千万億劫
筭數譬喻　說不能盡
又文殊師利菩薩摩訶薩於後末世法欲滅
時受持讀誦斯經典者无懷嫉妬諂誑之心
亦勿輕罵學佛道者求其長短若比丘比丘
尼優婆塞優婆夷求聲聞者求辟支佛者求
菩薩道者无得惱之令其疑悔語其人言汝
等去道甚遠終不能得一切種智所以者何
汝是放逸之人於道懈怠故又亦不應戲論
諸法有所諍競當於一切衆生起大悲想於
諸如來起慈父想於諸菩薩起大師想於十
方諸大菩薩常應深心恭敬礼拜於一切衆
生平等說法以順法故不多不少乃至深愛
法者亦不為多說文殊師利是菩薩摩訶薩
於後末世法欲滅時有成就是第三安樂行
者說是法時无能惱亂得好同學共讀誦是
經亦得大衆而來聽受聽已能持持已能誦

BD13830號　妙法蓮華經卷五　（28–4）

法者亦不為多說文殊師利是菩薩摩訶薩
於後末世法欲滅時有成就是第三安樂行
者說是法時无能惱亂得好同學共讀誦是
經亦得大衆而來聽受聽已能持持已能誦
誦已能說說已能書若使人書供養經卷恭
敬尊重讚歎尒時世尊欲重宣此義而說偈言
若欲說是經　當捨嫉恚慢　諂誑邪偽心　常脩質直行
不輕蔑於人　亦不戲論法　不令他疑悔　云汝不得佛
是佛子說法　常柔和能忍　慈悲於一切　不生懈怠心
十方大菩薩　愍衆故行道　應生恭敬心　是則我大師
於諸佛世尊　生无上父想　破於憍慢心　說法无障礙
第三法如是　智者應守護　一心安樂行　无量衆所敬
又文殊師利菩薩摩訶薩於後末世法欲滅
時有持法華經者於在家出家人中生大慈
心於非菩薩人中生大悲心應作是念如是
之人則為大失如來方便隨宜說法不聞不
知不覺不問不信不解其人雖不問不信不
解是經我得阿耨多羅三藐三菩提時隨在
何地以神通力智慧力引之令得住是法中
文殊師利是菩薩摩訶薩於如來滅後有成
就此第四法者說是法時无有過失常為比
丘比丘尼優婆塞優婆夷國王王子大臣人
民婆羅門居士等供養恭敬尊重讚歎虛空
諸天為聽法故亦常隨侍若在聚落城邑空
閑林中有人來欲難問者諸天晝夜常為法
故而衛護之能令聽者皆得歡喜所以者何
以是一切過去未來現在諸佛神力所護

BD13830號　妙法蓮華經卷五　（28–5）

民婆羅門居士等供養恭敬尊重讚歎虛空
諸天為聽法故亦常隨侍若在聚落城邑空
閑林中有人來欲難問者諸天晝夜常為法
故而衛護之能令聽者皆得歡喜所以者何
此經是一切過去未來現在諸佛神力所護
故文殊師利是法華經於无量國中乃至名
字不可得聞何況得見受持讀誦文殊師利
譬如強力轉輪聖王欲以威勢降伏諸國而
諸小王不順其命時轉輪王起種種兵而往
討伐王見兵衆戰有功者即大歡喜隨功賞
賜或與田宅聚落城邑或與衣服嚴身之具
或與種種珎寶金銀琉璃車渠馬瑙珊瑚琥
珀象馬車乘奴婢人民唯髻中明珠不以與
之所以者何獨王頂上有此一珠若以與之
王諸眷屬必大驚怪文殊師利如來亦復如
是以禪定智慧力得法國土王於三界而諸
魔王不肯順伏如來賢聖諸將與之共戰其
有功者心亦歡喜於四衆中為說諸經令其
心悅賜以禪定解脫无漏根力諸法之財又
復賜與涅槃之城言得滅度引導其心令皆
歡喜而不為說是法華經文殊師利如轉輪
王見諸兵衆有大功者心甚歡喜以此難信
之珠久在髻中不妄與人而今與之如來亦
復如是於三界中為大法王以法教化一切
衆生見賢聖軍與五陰魔煩惱魔死魔共戰
有大功勳滅三毒出三界破魔網尒時如來
亦大歡喜此法華經能令衆生至一切智一

BD13830號　妙法蓮華經卷五　（28–6）

復如是於三界中為大法王以法教化一切
衆生見賢聖軍與五陰魔煩惱魔死魔共戰
有大功勳滅三毒出三界破魔網尒時如來
亦大歡喜此法華經能令衆生至一切智一
切世間多怨難信先所未說而今說之文殊
師利此法華經是諸如來第一之說於諸說
中最為甚深末後賜與如彼強力之王久護明珠
今乃與之文殊師利此法華經諸佛如來祕密
之藏於諸經中最在其上長夜守護不妄
宣說始於今日乃與汝等而敷演之尒時世尊
欲重宣此義而說偈言

常行忍辱　哀愍一切　乃能演說　佛所讚經
後末世時　持此經者　於家出家　及非菩薩
應生慈悲　斯等不聞　不信是經　則為大失
我得佛道　以諸方便　為說此經　令住其中

譬如強力　轉輪之王　兵戰有功　賞賜諸物
象馬車乘　嚴身之具　及諸田宅　聚落城邑
或與衣服　種種珎寶　奴婢財物　歡喜賜與
如有勇健　能為難事　王解髻中　明珠賜之
如來亦尒　為諸法王　忍辱大力　智慧寶藏
以大慈悲　如法化世　見一切人　受諸苦惱
欲求解脫　與諸魔戰　為是衆生　說種種法
以大方便　說此諸經　既知衆生　得其力已
末後乃為　說是法華　如王解髻　明珠與之
此經為尊　衆經中上　我常守護　不妄開示
今正是時　為汝等說　我滅度後　求佛道者
欲得安隱　演說斯經　應當親近　如是四法

BD13830號　妙法蓮華經卷五　（28–7）

以大方便　說此諸經　既知衆生　得其力已
末後乃為　說是法華　如王解髻　明珠與之
此經為尊　衆經中上　我常守護　不妄開示
今正是時　為汝等說　我滅度後　求佛道者
欲得安隱　演說斯經　應當親近　如是四法
讀是經者　常无憂惱　又无病痛　顔色鮮白
不生貧窮　卑賤醜陋　衆生樂見　如慕賢聖
天諸童子　以為給使　刀杖不加　毒不能害
若人惡罵　口則閉塞　遊行无畏　如師子王
智慧光明　如日之照　若於夢中　但見妙事
見諸如来　坐師子座　諸比丘衆　圍繞說法
又見龍神　阿脩羅等　數如恒沙　恭敬合掌
自見其身　而為說法　又見諸佛　身相金色
放无量光　照於一切　以梵音聲　演說諸法
佛為四衆　說无上法　見身處中　合掌讚佛
聞法歡喜　而為供養　得陁羅尼　證不退智
佛知其心　深入佛道　即為授記　成最正覺
汝善男子　當於来世　得无量智　佛之大道
國土嚴淨　廣大无比　亦有四衆　合掌聽法
又見自身　在山林中　脩習善法　證諸實相
深入禪定　見十方佛
諸佛身金色　百福相莊嚴　聞法為人說　常有是好夢
又夢作國王　捨宮殿眷屬　及上妙五欲　行詣於道場
在菩提樹下　而處師子座　求道過七日　得諸佛之智
成无上道已　起而轉法輪　為四衆說法　經千万億劫
說无漏妙法　度无量衆生　後當入涅槃　如烟盡燈滅
若後惡世中　說是第一法　是人得大利　如上諸功德

在菩提樹下　而處師子座　求道過七日　得諸佛之智
成无上道已　起而轉法輪　為四衆說法　經千万億劫
說无漏妙法　度无量衆生　後當入涅槃　如烟盡燈滅
若後惡世中　說是第一法　是人得大利　如上諸功德

妙法蓮華經從躍出品第十五

尒時他方國土諸来菩薩摩訶薩過八恒河
沙數於大衆中起立合掌作礼而白佛言世尊
若聽我等於佛滅後在此娑婆世界勤加精
進護持讀誦書冩供養是經典者當於此土
而廣說之尒時佛告諸菩薩摩訶薩衆止善
男子不須汝等護持此經所以者何我娑婆
世界自有六万恒河沙等菩薩摩訶薩一一
菩薩各有六万恒河沙眷屬是諸人等能於
我滅後護持讀誦廣說此經佛說是時娑婆
世界三千大千國土地皆震裂而於其中有
无量千万億菩薩摩訶薩同時踊出是諸菩
薩身皆金色三十二相无量光明先盡在此
娑婆世界之下此界虛空中住是諸菩薩聞
釋迦牟尼佛所說音聲從下發来一一菩薩
皆是大衆唱導之首各將六万恒河沙眷屬
况將五万四万三万二万一万恒河沙等眷屬
者况復乃至一恒河沙半恒河沙四分之一
乃至千万億那由他分之一况復千万億那
由他眷屬况復億万眷屬况復千万百万
乃至一万况復一千一百乃至一十况復將五
四三二一弟子者况復單己樂遠離行如

由他眷屬況復億万眷屬況復千万百万
乃至一万況復一千一百乃至一十況復將五
四三二一弟子者況復單已樂遠離行如
是人天而住常樂深智无有障礙亦常樂於諸
佛之法一心精進求无上慧尒時世尊欲重宣
此義而說偈言
阿逸汝當知　是諸大菩薩　從无數劫來　脩習佛智慧
悉是我所化　令發大道心　此等是我子　依止是世界
常行頭陁事　志樂於靜處　捨大衆憒閙　不樂多所說
如是諸子等　學習我道法　晝夜常精進　為求佛道故
在娑婆世界　下方空中住　志念力堅固　常勤求智慧
說種種妙法　其心无所畏　我於伽耶城　菩提樹下坐
得成最正覺　轉无上法輪　尒乃教化之　令初發道心
今皆住不退　悉當得成佛　我今說實語　汝等一心信
我從久遠來　教化是等衆
尒時弥勒菩薩摩訶薩及无數諸菩薩等心
生疑惑恠未曾有而作是念云何世尊於少
時間教化如是无量无邊阿僧祇諸大菩薩
令住阿耨多羅三藐三菩提即白佛言世尊
如來為太子時出於釋宮去伽耶城不遠坐
於道塲得成阿耨多羅三藐三菩提從是已
來始過四十餘年世尊云何於此少時大作佛
事以佛勢力以佛功德教化如是无量大菩薩
衆當成阿耨多羅三藐三菩提世尊此大
菩薩衆假使有人於千万億劫數不能盡不
得其邊斯等久遠已來於无量无邊諸佛
所植諸善根成就菩薩道常脩梵行世尊如

事以佛勢力以佛功德教化如是无量大菩薩
衆當成阿耨多羅三藐三菩提世尊此大
菩薩衆假使有人於千万億劫數不能盡不
得其邊斯等久遠已來於无量无邊諸佛
所植諸善根成就菩薩道常脩梵行世尊如
此之事世所難信譬如有人色美髮黑年二
十五指百歲人言是我子其百歲人亦指年少
言是我父生育我等是事難信佛亦如是得
道已來其實未久而此大衆諸菩薩等已於
无量千万億劫為佛道故勤行精進善入出
住无量百千万億三昧得大神通久脩梵行善
能次苐習諸善法巧於問荅人中之寶一切世
間甚為希有今日世尊方云得佛道時初令發
心教化示導令向阿耨多羅三藐三菩提世
尊得佛未久乃能作此大功德事我等雖復
信佛隨宜所說佛所出言未曾虛妄佛所知
者皆悉通達然諸新發意菩薩於佛滅
後若聞是語或不信受而起破法罪業因緣
唯然世尊願為解說除我等疑及未來世諸善
男子聞此事已亦不生疑尒時弥勒菩薩欲重
宣此義而說偈言
佛昔從釋種　出家近伽耶　坐於菩提樹　尒來尚未久
此諸佛子等　其數不可量　久已行佛道　住神通智力
善學菩薩道　不染世間法　如蓮華在水　從地而踊出
皆起恭敬心　住於世尊前　是事難思議　云何而可信
佛得道甚近　所成就甚多　願為除衆疑　如實分別說
譬如少壯人　年始二十五　示人百歲子　髮白而面皺

此諸佛子等 其數不可量 久已行佛道 住於神通力
善學菩薩道 不染世間法 如蓮華在水 從地而踊出
皆起恭敬心 住於世尊前 是事難思議 云何而可信
佛得道甚近 所成就甚多 願為除衆疑 如實分別說
譬如少壯人 年始二十五 示人百歲子 髮白而面皺
是等我所生 子亦說是父 父少而子老 舉世所不信
世尊亦如是 得道來甚近 是諸菩薩等 志固无怯弱
從无量劫來 而行菩薩道 巧於難問答 其心无所畏
忍辱心決定 端正有威德 十方佛所讚 善能分別說
不樂在人衆 常好在禪定 為求佛道故 於下空中住
我等從佛聞 於此事无疑 願佛為未來 演說令開解
若有於此經 生疑不信者 即當墮惡道 願今為解說
是无量菩薩 云何於少時 教化令發心 而住不退地

妙法蓮華經如來壽量品第十六

尒時佛告諸菩薩及一切大衆諸善男子汝
等當信解如來誠諦之語復告大衆汝等當
信解如來誠諦之語又復告諸大衆汝等當
信解如來誠諦之語是時菩薩大衆弥勒為
首合掌白佛言世尊唯願說之我等當信受
佛語如是三白已復言唯願說之我等當信
受佛語尒時世尊知諸菩薩三請不止而告
之言汝等諦聽如來秘密神通之力一切世
間天人及阿脩羅皆謂今釋迦牟尼佛出釋
氏宮去伽耶城不遠坐於道場得阿耨多羅
三藐三菩提然善男子我實成佛已來无量
无邊百千万億那由他劫譬如五百千万億
那由他阿僧祇三千大千世界假使有人抹

間天人及阿脩羅皆謂今釋迦牟尼佛出釋
氏宮去伽耶城不遠坐於道場得阿耨多羅
三藐三菩提然善男子我實成佛已來无量
无邊百千万億那由他劫譬如五百千万億
那由他阿僧祇三千大千世界假使有人抹
為微塵過於東方五百千万億那由他阿僧
祇國乃下一塵如是東行盡是微塵諸善男
子於意云何是諸世界可得思惟校計知其
數不弥勒菩薩等俱白佛言世尊是諸世界
无量无邊非筭數所知亦非心力所及一切聲
聞辟支佛以无漏智不能思惟知其限數我
等住阿惟越致地於是事中亦所不達世尊
如是諸世界无量无邊尒時佛告大菩薩衆
諸善男子今當分明宣語汝等是諸世界若
著微塵及不著者盡以為塵一塵一劫我
成佛已來復過於此百千万億那由他阿僧祇
劫自從是來我常在此娑婆世界說法教
化亦於餘處百千万億那由他阿僧祇國導
利衆生諸善男子於是中間我說燃燈佛等
又復言其入於涅槃如是皆以方便分別諸
善男子若有衆生來至我所我以佛眼觀
是等比无量无邊筭數譬喻所不能知是諸
菩薩從地出已各詣虛空七寶妙塔多寶如
來釋迦牟尼佛所到已向二世尊頭面礼足
及至諸寶樹下師子座上佛所亦皆作礼右
繞三帀合掌恭敬以諸菩薩種種讚法而以
讚歎住在一面欣樂瞻仰於二世尊是諸菩
薩摩訶薩從初踊出以諸菩薩種種讚法而

来釋迦牟尼佛所到已向二世尊頭面礼足
及至諸寶樹下師子座上佛所亦皆作礼右
繞三帀合掌恭敬以諸菩薩種種讚法而以
讚歎住在一面欣樂瞻仰於二世尊是諸菩
薩摩訶薩從初踊出以諸菩薩種種讚法而
讚於佛如是時間經五十小劫是時釋迦牟
尼佛嘿然而坐及諸四衆亦皆嘿然五十小劫
以佛神力故令諸大衆謂如半日尒時四衆亦
以佛神力故見諸菩薩遍滿无量百千万
億國土虛空是菩薩衆中有四導師一名上
行二名无邊行三名淨行四名安立行是四
菩薩於其衆中最為上首唱導之師在大衆
前各共合掌觀釋迦牟尼佛而問訊言世尊
少病少惱安樂行不所應度者受教易不
不令世尊生疲勞耶尒時四大菩薩而說偈言
世尊安樂　少病少惱　教化衆生　得无疲惓
又諸衆生　受化易不　不令世尊　生疲勞耶
尒時世尊於菩薩大衆中而作是言如是如
是諸善男子如来安樂少病少惱諸衆生等
易可化度无有疲勞所以者何是諸衆生世
世已来常受我化亦於過去諸佛供養尊重
種諸善根此諸衆生始見我身聞我所說即
皆信受入如来慧除先脩習學小乘者如是
之人我今亦令得聞是經入於佛慧尒時諸大
菩薩而說偈言
善哉善哉　大雄世尊　諸衆生等　易可化度
能問諸佛　甚深智慧　聞已信行　我等隨喜

BD13830號　妙法蓮華經卷五　（28–14）

之人我今亦令得聞是經入於佛慧尒時諸大
菩薩而說偈言
善哉善哉　大雄世尊　諸衆生等　易可化度
能問諸佛　甚深智慧　聞已信行　我等隨喜
於時世尊讚歎上首諸大菩薩善哉善哉
善男子汝等能於如来發隨喜心尒時彌勒菩
薩及八千恒河沙諸菩薩衆皆作是念我等
從昔已来不見不聞如是大菩薩摩訶薩衆
從地踊出住世尊前合掌供養問訊如来時
彌勒菩薩摩訶薩知八千恒河沙諸菩薩
等心之所念幷欲自決所疑合掌向佛以偈問
曰
无量千万億　大衆諸菩薩　昔所未曾見　願兩足尊說
是從何所来　以何因緣集　巨身大神通　智慧叵思議
其志念堅固　有大忍辱力　衆生所樂見　為從何所来
一一諸菩薩　所將諸眷屬　其數无有量　如恒河沙等
或有大菩薩　將六万恒沙　如是諸大衆　一心求佛道
是諸大師等　六万恒河沙　俱来供養佛　及護持此經
將五万恒沙　其數過於是　四万及三万　二万至一万
一千一百等　乃至一恒沙　半及三四分　億万分之一
千万那由他　万億諸弟子　乃至於半億　其數復過上
百万至一万　一千及一百　五十與一十　乃至三二一
單己无眷屬　樂於獨處者　俱来至佛所　其數轉過上
如是諸大衆　若人行籌數　過於恒沙劫　猶不能盡知
是諸大威德　精進菩薩衆　誰為其說法　教化而成就
從誰初發心　稱揚何佛法　受持行誰經　脩習何佛道
如是諸菩薩　神通大智力　四方地震裂　皆從中踊出

BD13830號　妙法蓮華經卷五　（28–15）

如是諸大衆　若人行籌數　過於恒沙劫　猶不能盡知
是諸大威德　精進菩薩衆　誰為其說法　教化而成就
從誰初發心　稱揚何佛法　受持行誰經　修習何佛道
如是諸菩薩　神通大智力　四方地震裂　皆從中踊出
世尊我昔来　未曾見是事　願說其所從　國土之名号
我常遊諸國　未曾見是衆　我於此衆中　乃不識一人
忽然從地出　願說其因緣　今此之大會　无量百千億
是諸菩薩等　皆欲知此事　是諸菩薩衆　本末之因緣
无量惠世尊　唯願決衆疑
尒時釋迦牟尼佛分身諸佛從无量千万億
他方國土来者在於八方諸寶樹下師子座
上結跏趺坐其佛侍者各各見是菩薩大衆
於三千大千世界四方從地踊出住於虛空
各白其佛言世尊此諸无量无邊阿僧祇菩
薩大衆從何所来尒時諸佛各告侍者諸善
男子且待須臾有菩薩摩訶薩名弥勒釋
迦牟尼佛之所授記次後作佛已問斯事佛今
答之汝等自當因是得聞尒時釋迦牟尼佛
告弥勒菩薩善哉善哉阿逸多乃能問佛
如是大事汝等當一心被精進鎧發堅固意
如来今欲顯發宣示諸佛智慧諸佛自在神
通之力諸佛師子奮迅之力諸佛威猛大勢
之力尒時世尊欲重宣此義而說偈言
當精進一心　我欲說此事　勿得有疑悔　佛智叵思議
汝今出信力　住於忍善中　昔所未聞法　今皆當得聞
我今安慰汝　勿得懷疑懼　佛无不實語　智慧不可量
所得第一法　甚深叵分別　如是今當說　汝等一心聽

BD13830號　妙法蓮華經卷五　(28–16)

之力尒時世尊欲重宣此義而說偈言
當精進一心　我欲說此事　勿得有疑悔　佛智叵思議
汝今出信力　住於忍善中　昔所未聞法　今皆當得聞
我今安慰汝　勿得懷疑懼　佛无不實語　智慧不可量
所得第一法　甚深叵分別　如是今當說　汝等一心聽
尒時世尊說此偈已告弥勒菩薩我今於此
大衆宣告汝等阿逸多是諸大菩薩摩訶薩
无量无數阿僧祇從地踊出汝等昔所未見
者我於是娑婆世界得阿耨多羅三藐三菩
提已教化示導是諸菩薩調伏其心令發道
意此諸菩薩皆於是娑婆世界之下此界虛
空中住於諸經典讀誦通利思惟分別正憶
念阿逸多是諸善男子等不樂在衆多有所
說常樂靜處勤行精進未曾休息亦不依止
其信等諸根利鈍隨所應度處處自說名
字不同年紀大小亦復現言當入涅槃又以種種
方便說微妙法能令衆生發歡喜心諸善男
子如来見諸衆生樂於小法德薄垢重者為
是人說我少出家得阿耨多羅三藐三菩提
然我實成佛已来久遠若斯但以方便教化
衆生令入佛道作如是說諸善男子如来所
演經典皆為度脫衆生或說己身或說他身或
示己身或示他身或示己事或示他事諸所
言說皆實不虛所以者何如来如實知見
三界之相无有生死若退若出亦无在世及滅
度者非實非虛非如非異不如三界見於
三界如斯之事如来明見无有錯謬以諸衆

BD13830號　妙法蓮華經卷五　(28–17)

示己身或示他身或示己事或示他事諸所
言說皆實不虛所以者何如來如實知見
三界之相无有生死若退若出亦无在世及滅
度者非實非虛非如非異不如三界見於
三界如斯之事如來明見无有錯謬以諸衆
生有種種性種種欲種種行種種憶想分別
故欲令生諸善根以若干因緣譬喻言辭種
種說法所作佛事未曾暫廢如是我成佛已
來甚大久遠壽命无量阿僧祇劫常住不滅
諸善男子我本行菩薩道所成壽命今猶未
盡復倍上數然今非實滅度而便唱言當取
滅度如來以是方便教化衆生所以者何若
佛久住於世薄德之人不種善根貧窮下賤貪
著五欲入於憶想妄見網中若見如來常在
不滅便起憍恣而懷厭怠不能生難遭之想
恭敬之心是故如來以方便說比丘當知諸佛出
世難可值遇所以者何諸薄德人過无量百千
万億劫或有見佛或不見者以此事故我作
是言諸比丘如來難可得見斯衆生等聞
如是語必當生於難遭之想心懷戀慕渴仰
於佛便種善根是故如來雖不實滅而言滅
度又善男子諸佛如來法皆如是爲度衆生
皆實不虛譬如良醫智慧聦達明練方藥
善治衆病其人多諸子息若十二十乃至百
數以有事緣遠至餘國諸子於後飲他毒
藥藥發悶亂宛轉于地是時其父還來歸
家諸子飲毒或失本心或不失者遥見其父

BD13830號　妙法蓮華經卷五　(28-18)

善治衆病其人多諸子息若十二十乃至百
數以有事緣遠至餘國諸子於後飲他毒
藥藥發悶亂宛轉于地是時其父還來歸
家諸子飲毒或失本心或不失者遥見其父
皆大歡喜拜跪問訊善安隱歸我等愚癡
誤服毒藥願見救療更賜壽命父見子等苦
惱如是依諸經方求好藥草色香美味皆悉具
足擣篩和合與子令服而作是言此大良藥
色香美味皆悉具足汝等可服速除苦惱无
復衆患其諸子中不失心者見此良藥色香
俱好即便服之病盡除愈餘失心者見其父
來雖亦歡喜問訊求索治病然與其藥而不
肯服所以者何毒氣深入失本心故於此好色
香藥而謂不美父作是念此子可愍爲毒所
中心皆顛倒雖見我喜求索救療如是好藥
而不肯服我今當設方便令服此藥即作是
言汝等當知我今衰老死時已至是好良藥
今留在此汝可取服勿憂不差作是教已復
至他國遣使還告汝父已死是時諸子聞父背喪
心大憂惱而作是念若父在者慈愍我等能
見救護今者捨我遠喪他國自惟孤露无復
恃怙常懷悲感心遂醒悟乃知此藥色味香美
即取服之毒病皆愈其父聞子悉已得差尋
便來歸咸使見之諸善男子於意云何頗有
人能說此良醫虛妄罪不不也世尊佛言
我亦如是成佛已來无量无邊百千万億那由
他阿僧祇劫爲衆生故以方便力言當滅度

BD13830號　妙法蓮華經卷五　(28-19)

使来歸咸使見之諸善男子於意云何頗有
人能說此良醫虛妄罪不不也世尊佛言
我亦如是成佛已来无量无邊百千万億那由
他阿僧祇劫為衆生故以方便力言當滅度
亦无有能如法說我虛妄過者尒時世尊欲
重宣此義而說偈言
自我得佛来　所經諸劫數　无量百千万　億載阿僧祇
常說法教化　无數億衆生　令入於佛道　尒来无量劫
為度衆生故　方便現涅槃　而實不滅度　常住此說法
我常住於此　以諸神通力　令顛倒衆生　雖近而不見
衆見我滅度　廣供養舍利　咸皆懷戀慕　而生渴仰心
衆生既信伏　質直意柔軟　一心欲見佛　不自惜身命
時我及衆僧　俱出靈鷲山　我時語衆生　常在此不滅
以方便力故　現有滅不滅　餘國有衆生　恭敬信樂者
我復於彼中　為說无上法　汝等不聞此　但謂我滅度
我見諸衆生　沒在於苦惱　故不為現身　令其生渴仰
因其心戀慕　乃出為說法　神通力如是　於阿僧祇劫
常在靈鷲山　及餘諸住處　衆生見劫盡　大火所燒時
我此土安隱　天人常充滿　園林諸堂閣　種種寶莊嚴
寶樹多華菓　衆生所遊樂　諸天擊天鼓　常作衆伎樂
雨曼陁羅華　散佛及大衆　我淨土不毀　而衆見燒盡
憂怖諸苦惱　如是悉充滿　是諸罪衆生　以惡業因緣
過阿僧祇劫　不聞三寶名　諸有脩功德　柔和質直者
則皆見我身　在此而說法　或時為此衆　說佛壽无量
久乃見佛者　為說佛難值　我智力如是　慧光照无量
壽命无數劫　久脩業所得　汝等有智者　勿於此生疑
當斷令永盡　佛語實不虛　如醫善方便　為治狂子故

BD13830號　妙法蓮華經卷五　　（28–20）

久乃見佛者　為說佛難值　我智力如是　慧光照无量
壽命无數劫　久脩業所得　汝等有智者　勿於此生疑
當斷令永盡　佛語實不虛　如醫善方便　為治狂子故
實在而言死　无能說虛妄　我亦為世父　救諸苦患者
為凡夫顛倒　實在而言滅　以常見我故　而生憍恣心
放逸著五欲　墮於惡道中　我常知衆生　行道不行道
隨應所可度　為說種種法　每自作是意　以何令衆生
得入无上道　速成就佛身

妙法蓮華經分別功德品第十七

尒時大會聞佛說壽命劫數長遠如是无量
无邊阿僧祇衆生得大饒益於時世尊告弥
勒菩薩摩訶薩阿逸多我說是如来壽命長
遠時六百八十万億那由他恒河沙衆生得无
生法忍復千倍菩薩摩訶薩得聞持陁羅
尼門復有一世界微塵數菩薩摩訶薩得樂
說无礙辯才復有一世界微塵數菩薩摩訶
薩得百万億无量旋陁羅尼復有三千大千
世界微塵數菩薩摩訶薩能轉不退法輪復
有二千中國土微塵數菩薩摩訶薩能轉清
淨法輪復有小千國土微塵數菩薩摩訶薩
八生當得阿耨多羅三藐三菩提復有四四
天下微塵數菩薩摩訶薩四生當得阿耨多
羅三藐三菩提復有三四天下微塵數菩薩
摩訶薩三生當得阿耨多羅三藐三菩提復
有二四天下微塵數菩薩摩訶薩二生當得
阿耨多羅三藐三菩提復有一四天下微塵數
菩薩摩訶薩一生當得阿耨多羅三藐三菩

BD13830號　妙法蓮華經卷五　　（28–21）

羅三藐三菩提復有三四天下微塵數菩薩
摩訶薩三生當得阿耨多羅三藐三菩提復
有二四天下微塵數菩薩摩訶薩二生當得
阿耨多羅三藐三菩提復有一四天下微塵數
菩薩摩訶薩一生當得阿耨多羅三藐三菩
提復有八世界微塵數衆生皆發阿耨多羅
三藐三菩提心佛說是諸菩薩摩訶薩得
大法利時於虛空中雨曼陁羅華摩訶曼陁
羅華以散无量百千万億寶樹下師子座上
諸佛并散七寶塔中師子座上釋迦牟尼佛
及久滅度多寶如來亦散一切諸大菩薩及
四部衆又雨細末栴檀沉水香等於虛空中天
鼓自鳴妙聲深遠又雨千種天衣垂諸瓔珞真
珠瓔珞摩尼珠瓔珞如意珠瓔珞遍於九方衆
寶香爐燒无價香自然周至供養大會一一
佛上有諸菩薩執持幡蓋次第而上至于
梵天是諸菩薩以妙音聲歌无量頌讚歎
諸佛尒時彌勒菩薩從座而起偏袒右肩
合掌向佛而說偈言
佛說希有法　昔所未曾聞　世尊有大力　壽命不可量
无數諸佛子　聞世尊分別　說得法利者　歡喜充遍身
或住不退地　或得陁羅尼　或无礙樂說　万億旋總持
或有大千界　微塵數菩薩　各各皆能轉　不退之法輪
或有中千界　微塵數菩薩　各各皆能轉　清淨之法輪
復有小千界　微塵數菩薩　餘各八生在　當得成佛道
復有四三二　如是四天下　微塵諸菩薩　隨數生成佛
或一四天下　微塵數菩薩　餘有一生在　當成一切智

或有中千界　微塵數菩薩　各各皆能轉　清淨之法輪
復有小千界　微塵數菩薩　餘各八生在　當得成佛道
復有四三二　如是四天下　微塵諸菩薩　隨數生成佛
或一四天下　微塵數菩薩　餘有一生在　當成一切智
如是等衆生　聞佛壽長遠　得无量无漏　清淨之果報
復有八世界　微塵數衆生　聞佛說壽命　皆發无上心
世尊說无量　不可思議法　多有所饒益　如虛空无邊
雨天曼陁羅　摩訶曼陁羅　釋梵如恒沙　无數佛土來
雨栴檀沉香　繽紛而亂墜　如鳥飛空下　供養於諸佛
天鼓虛空中　自然出妙聲　天衣千万種　旋轉而來下
衆寶妙香爐　燒无價之香　自然悉周遍　供養諸世尊
其大菩薩衆　執七寶幡蓋　高妙万億種　次第至梵天
一一諸佛前　寶幢懸勝幡　亦以千万偈　歌詠諸如來
如是種種事　昔所未曾有　聞佛壽无量　一切皆歡喜
佛名聞十方　廣饒益衆生　一切具善根　以助无上心
尒時佛告彌勒菩薩摩訶薩阿逸多其有衆
生聞佛壽命長遠如是乃至能生一念信解
所得功德无有限量若有善男子善女人為
阿耨多羅三藐三菩提於八十万億那由他
劫行五波羅蜜檀波羅蜜尸羅波羅蜜羼提
波羅蜜毗梨耶波羅蜜禪波羅蜜除般若波
羅蜜以是功德比前功德百分千分百千万億
分不及其一乃至筭數譬喻所不能知若善
男子有如是功德於阿耨多羅三藐三菩提
退者无有是處尒時世尊欲重宣此義而說
偈言
若人求佛慧　於八十万億　那由他劫數　行五波羅蜜

男子有如是功德於阿耨多羅三藐三菩提
退者无有是處尒時世尊欲重宣此義而說
偈言
若人求佛慧　於八十万億　那由他劫數　行五波羅蜜
於是諸劫中　布施供養佛　及緣覺弟子　并諸菩薩衆
珎異之飲食　上服與卧具　栴檀立精舍　以園林莊嚴
如是等布施　種種皆微妙　盡此諸劫數　以迴向佛道
若復持禁戒　清淨无缺漏　求於无上道　諸佛之所歎
若復行忍辱　住於調柔地　設衆惡來加　其心不傾動
諸有得法者　懷於增上慢　為此所輕惱　如是亦能忍
若復勤精進　志念常堅固　於无量億劫　一心不懈息
又於无數劫　住於空閑處　若坐若經行　除睡常攝心
以是因緣故　能生諸禪定　八十億万劫　安住心不亂
持此一心福　願求无上道　我得一切智　盡諸禪定際
是人於百千　万億劫數中　行此諸功德　如上之所說
有善男女等　聞我說壽命　乃至一念信　其福過於彼
若人悉无有　一切諸疑悔　深心須臾信　其福為如此
其有諸菩薩　无量劫行道　聞我說壽命　是則能信受
如是諸人等　頂受此經典　願我於未來　長壽度衆生
如今日世尊　諸釋中之王　道場師子吼　說法无所畏
我等未來世　一切所尊敬　坐於道場時　說壽亦如是
若有深心者　清淨而質直　多聞能揔持　隨義解佛語
如是諸人等　於此无有疑
又阿逸多若有聞佛壽命長遠解其言趣是
人所得功德无有限量能起如來无上之慧何
況廣聞是經若教人聞若自持若教人持若自
書若教人書若以華香瓔珞幢幡繒蓋香油
蘇燈供養經卷是人功德无量无邊能生一切種

如是諸人等　於此无有疑
又阿逸多若有聞佛壽命長遠解其言趣是
人所得功德无有限量能起如來无上之慧何
況廣聞是經若教人聞若自持若教人持若自
書若教人書若以華香瓔珞幢幡繒蓋香油
蘇燈供養經卷是人功德无量无邊能生一切種
智阿逸多若善男子善女人聞我說壽命長
遠深心信解則為見佛常在耆闍崛山共大菩
薩諸聲聞衆圍繞說法又見此娑婆世界其地
瑠璃坦然平正閻浮檀金以界八道寶樹行列
諸臺樓觀皆悉寶成其菩薩衆咸處其中
若有能如是觀者當知是為深信解相又復
如來滅後若聞是經而不毀呰起隨喜心當
知已為深信解相何況讀誦受持之者斯人則
為頂戴如來阿逸多是善男子善女人不須
為我復起塔寺及作僧坊以四事供養衆僧
所以者何是善男子善女人受持讀誦是經典
者為已起塔造立僧坊供養衆僧則為以佛舍
利起七寶塔高廣漸小至于梵天懸諸幡蓋
及衆寶鈴華香瓔珞末香塗香燒香衆鼓
伎樂簫笛箜篌種種儛戲以妙音聲歌唄
讚頌則為於无量千万億劫作是供養已阿
逸多若我滅後聞是經典有能受持若自書
若教人書則為起立僧坊以赤栴檀作諸殿
堂三十有二高八多羅樹高廣嚴好百千比丘
於其中止園林浴池經行禪窟衣服飲食
床褥湯藥一切樂具充滿其中如是僧坊
堂閣若干百千万億其數无量以此現前供

堂三十有二高八多羅樹高廣嚴好百千比丘
於其中止園林浴池經行禪窟衣服飲食
床褥湯藥一切樂具充滿其中如是僧坊
堂閣若干百千万億其數无量以此現前供
養於我及比丘僧是故我說如來滅後若有受
持讀誦為他人說若自書若教人書供養經
卷不須復起塔寺及造僧坊供養衆僧況復
有人能持是經兼行布施持戒忍辱精進
一心智慧其德最勝无量无邊譬如虛空東
西南北四維上下无量无邊是人功德亦復如
是无量无邊疾至一切種智若人讀誦受持
是經為他人說若自書若教人書復能起
塔及造僧坊供養讚歎聲聞衆僧亦以百千
万億讚歎之法讚歎菩薩功德又為他人種
種因緣隨義解說此法華經復能清淨持
戒與柔和者而共同止忍辱无瞋志念堅固常
貴坐禪得諸深定精進勇猛攝諸善法利根
智慧善答問難阿逸多若我滅後諸善男
子善女人受持讀誦是經典者復有如是諸
善功德當知是人已趣道場近阿耨多羅三
藐三菩提坐道樹下阿逸多是善男子若
坐若立若經行處此中便應起塔一切天人皆
應供養如佛之塔尒時世尊欲重宣此義而
說偈言
若我滅度後　能奉持此經　斯人福无量　如上之所說
是則為具足　一切諸供養　以舍利起塔　七寶而莊嚴
表刹甚高廣　漸小至梵天　寶鈴千万億　風動出妙音

BD13830號　妙法蓮華經卷五　（28–26）

藐三菩提坐道樹下阿逸多是善男子若
坐若立若經行處此中便應起塔一切天人皆
應供養如佛之塔尒時世尊欲重宣此義而
說偈言
若我滅度後　能奉持此經　斯人福无量　如上之所說
是則為具足　一切諸供養　以舍利起塔　七寶而莊嚴
表刹甚高廣　漸小至梵天　寶鈴千万億　風動出妙音
又於无量劫　而供養此塔　華香諸瓔珞　天衣衆伎樂
然香油蘇燈　周帀常照明　惡世法末時　能持是經者
則為已如上　具足諸供養　若能持此經　則如佛現在
以牛頭栴檀　起僧坊供養　堂有三十二　高八多羅樹
上饌妙衣服　床臥皆具足　百千衆住處　園林諸浴池
經行及禪窟　種種皆嚴好　若有信解心　受持讀誦書
若復教人書　及供養經卷　散華香末香　以須曼瞻蔔
阿提目多伽　薰油常然之　如是供養者　得无量功德
如虛空无邊　其福亦如是　況復持此經　兼布施持戒
忍辱樂禪定　不瞋不惡口　恭敬於塔廟　謙下諸比丘
遠離自高心　常思惟智慧　有問難不瞋　隨順為解說
若能行是行　功德不可量　若見此法師　成就如是德
應以天華散　天衣覆其身　頭面接足礼　生心如佛想
又應作是念　不久詣道樹　得无漏无為　廣利諸人天
其所住止處　經行若坐臥　乃至說一偈　是中應起塔
莊嚴令妙好　種種以供養　佛子住此地　則是佛受用
常在於其中　經行及坐臥

妙法蓮華經卷第五

BD13830號　妙法蓮華經卷五　（28–27）

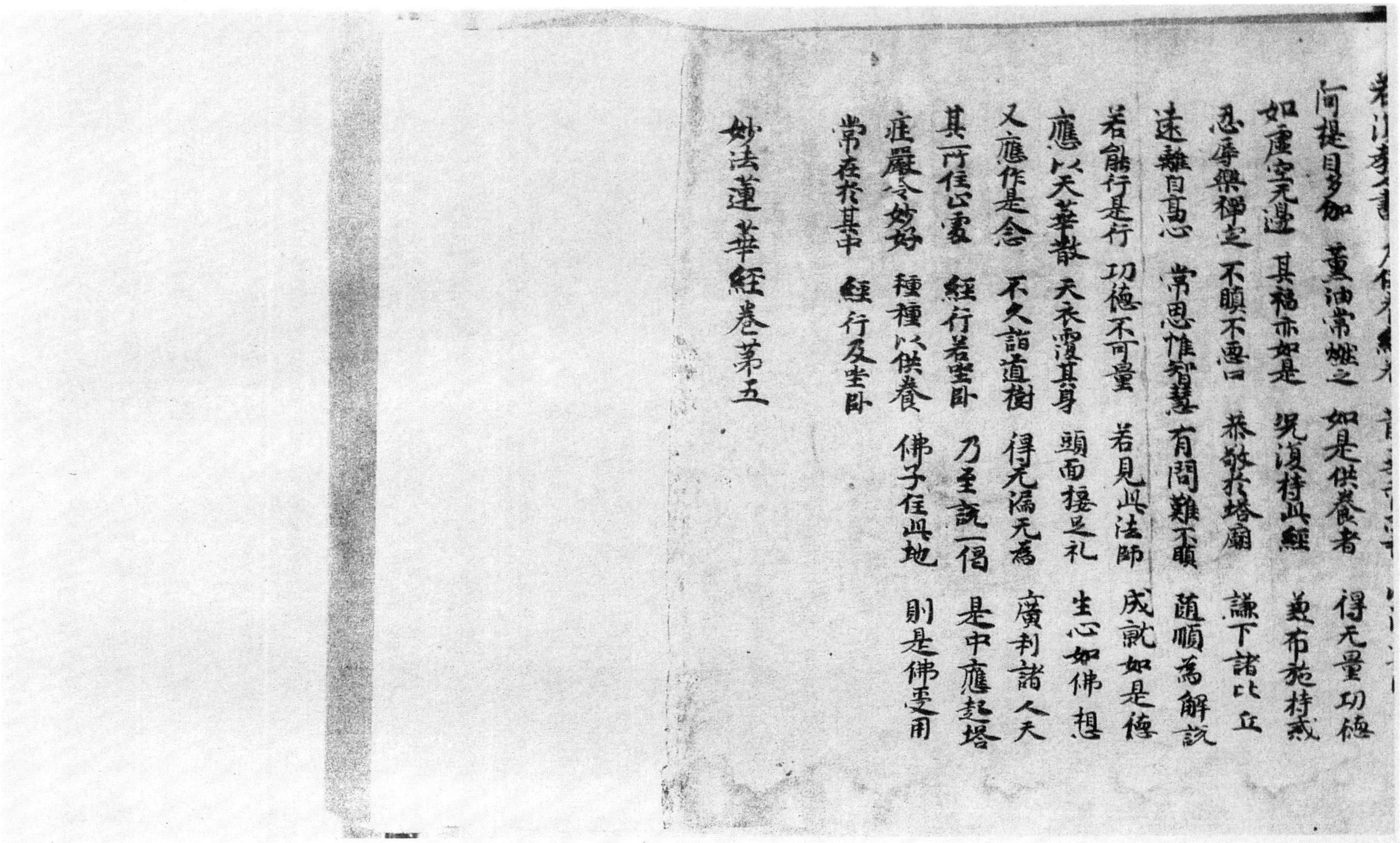

閻提目多伽　薰油常燃之　如是供養者　得无量功德
如虛空无邊　其福亦如是　況復持此經　兼布施持戒
忍辱樂禪定　不瞋不惡口　恭敬於塔廟　謙下諸比丘
遠離自高心　常思惟智慧　有問難不瞋　隨順為解說
若能行是行　功德不可量　若見此法師　成就如是德
應以天華散　天衣覆其身　頭面接足礼　生心如佛想
又應作是念　不久詣道樹　得无漏无為　廣利諸人天
其所住止處　經行若坐臥　乃至說一偈　是中應起塔
莊嚴令妙好　種種以供養　佛子住此地　則是佛受用
常在於其中　經行及坐臥

妙法蓮華經卷第五

BD13830 號　妙法蓮華經卷五　（28–28）

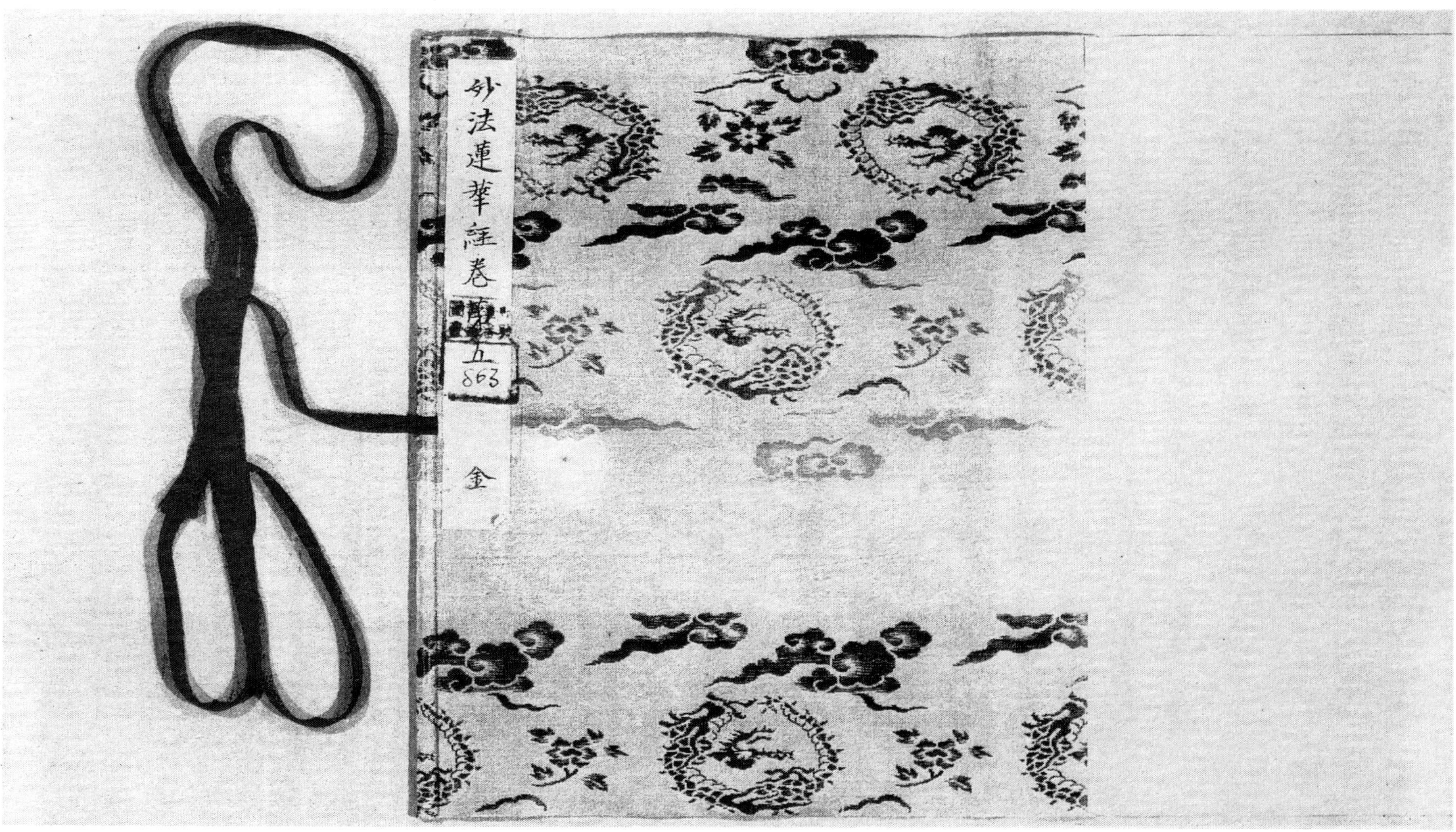

BD13831 號背　現代護首　（1–1）

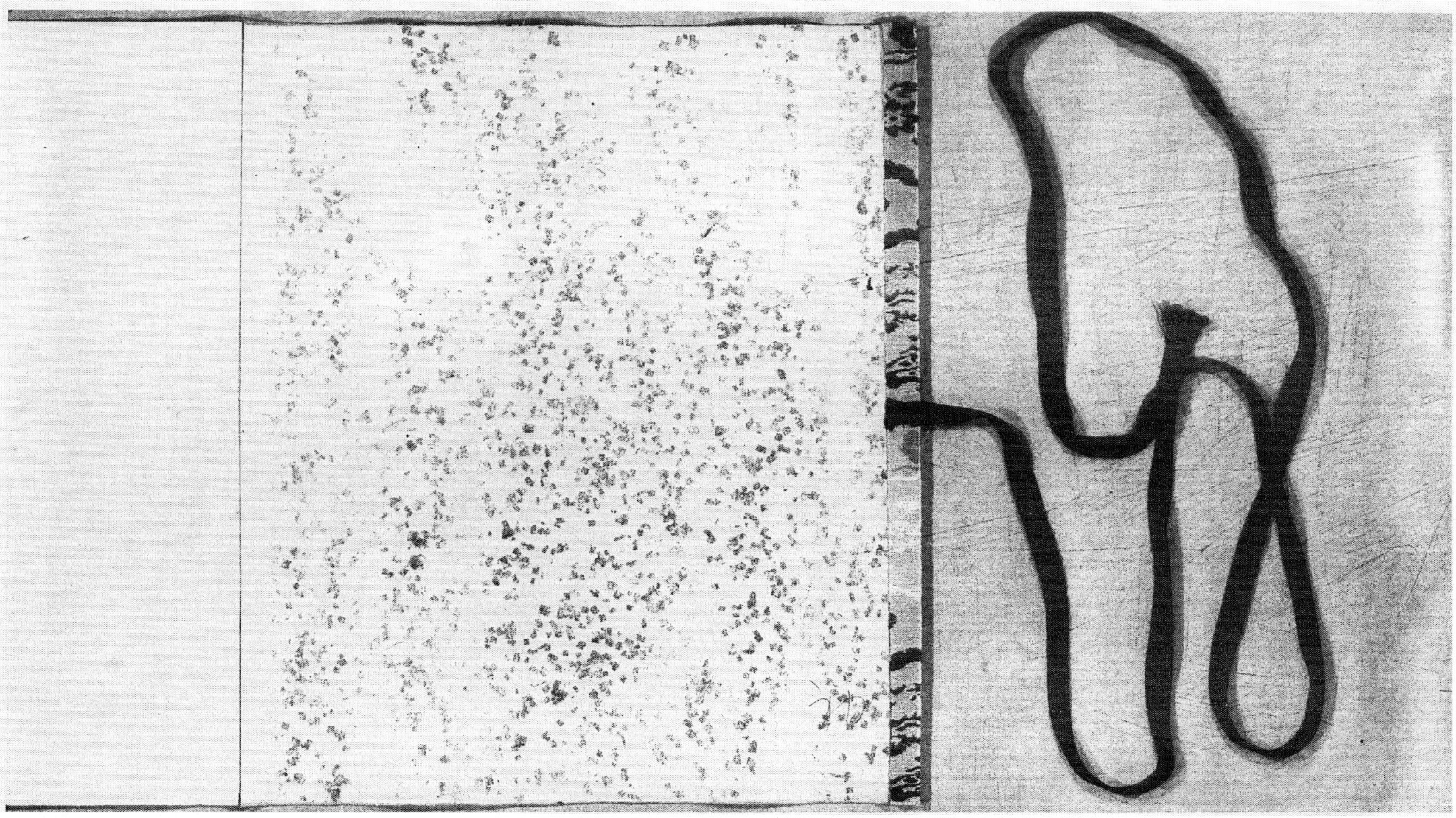

BD13831 號　妙法蓮華經卷五　　（30–1）

顛倒分別　諸法有无　是實非實　是生非生
在於閑處　脩攝其心　安住不動　如須弥山
觀一切法　皆无所有　猶如虛空　无有堅固
不生不出　不動不退　常住一相　是名近處
若有比丘　於我滅後　入是行處　及親近處
說斯經時　无有怯弱　菩薩有時　入於靜室
以正憶念　隨義觀法　從禪定起　為諸國王
王子臣民　婆羅門等　開化演暢　說斯經典
其心安隱　无有怯弱　文殊師利　是名菩薩
安住初法　能於後世　說法華經
又文殊師利　如來滅後　於末法中　欲說是經
應住安樂行　若口宣說　若讀經時　不樂說人
及經典過　亦不輕慢　諸餘法師　不說他人好

BD13831 號　妙法蓮華經卷五　　（30–2）

其心安隱 无有怯弱 文殊師利 是名菩薩
安住初法 能於後世 說法華經
又文殊師利如來滅後於末法中欲說是經
應住安樂行若口宣說若讀經時不樂說人
及經典過亦不輕慢諸餘法師不說他人好
惡長短於聲聞人亦不稱名說其過惡亦不
稱名讚歎其美又亦不生怨嫌之心善脩如
是安樂心故諸有聽者不逆其意有所難問
不以小乘法荅但以大乘而為解說令得一
切種智尒時世尊欲重宣此義而說偈言
菩薩常樂 安隱說法 於清淨地 而施床座
以油塗身 澡浴塵穢 著新淨衣 內外俱淨
安處法座 隨問為說 若有比丘 及比丘尼
諸優婆塞 及優婆夷 國王王子 群臣士民
以微妙義 和顏為說 若有難問 隨義而荅
因緣譬喻 敷演分別 以是方便 皆使發心
漸漸增益 入於佛道 除嬾惰意 及懈怠想
離諸憂惱 慈心說法 晝夜常說 无上道教
以諸因緣 无量譬喻 開示衆生 咸令歡喜
衣服卧具 飲食醫藥 而於其中 无所悕望
但一心念 說法因緣 願成佛道 令衆亦尒
是則大利 安樂供養 我滅度後 若有比丘
能演說斯 妙法華經 心无嫉恚 諸惱障礙
亦无憂愁 及罵詈者 又无怖畏 加刀杖等
亦无擯出 安住忍故 智者如是 善脩其心
能住安樂 如我上說 其人功德 千万億劫

是則大利 安樂供養 我滅度後 若有比丘
能演說斯 妙法華經 心无嫉恚 諸惱障礙
亦无憂愁 及罵詈者 又无怖畏 加刀杖等
亦无擯出 安住忍故 智者如是 善脩其心
能住安樂 如我上說 其人功德 千万億劫
筭數譬喻 說不能盡
又文殊師利菩薩摩訶薩於後末世法欲滅
時受持讀誦斯經典者无懷嫉妬諂誑之心
亦勿輕罵學佛道者求其長短若比丘比丘
尼優婆塞優婆夷求聲聞者求辟支佛者求
菩薩道者无得惱之令其疑悔語其人言汝
等去道甚遠終不能得一切種智所以者何
汝是放逸之人於道懈怠故又亦不應戲論
諸法有所諍競當於一切衆生起大悲想於
諸如來起慈父想於諸菩薩起大師想於十
方諸大菩薩常應深心恭敬礼拜於一切衆
生平等說法以順法故不多不少乃至深愛
法者亦不為多說文殊師利是菩薩摩訶薩
於後末世法欲滅時有成就是第三安樂行
者說是法時无能惱亂得好同學共讀誦是
經亦得大衆而來聽受聽已能持持已能誦
誦已能說說已能書若使人書供養經卷恭敬
尊重讚歎尒時世尊欲重宣此義而說偈言
若欲說是經 當捨嫉恚慢 諂誑耶偽心 常脩質直行
不輕蔑於人 亦不戲論法 不令他疑悔 云汝不得佛

經亦得大衆而來聽受聽已能持持已能誦
誦已能說說已能書若使人書供養經卷恭敬
尊重讚歎尒時世尊欲重宣此義而說偈言
若欲說是經　當捨嫉恚慢　諂誑邪偽心　常脩質直行
不輕蔑於人　亦不戲論法　不令他疑悔　云汝不得佛
是佛子說法　常柔和能忍　慈悲於一切　不生懈怠心
十方大菩薩　愍衆故行道　應生恭敬心　是則我大師
於諸佛世尊　生无上父想　破於憍慢心　說法无障礙
第三法如是　智者應守護　一心安樂行　无量衆所敬
又文殊師利菩薩摩訶薩於後末世法欲滅
時有持法華經者於在家出家人中生大慈
心於非菩薩人中生大悲心應作是念如是
之人則為大失如來方便隨宜說法不聞不
知不覺不問不信不解其人雖不問不信不
解是經我得阿耨多羅三藐三菩提時隨在
何地以神通力智慧力引之令得住是法中
文殊師利是菩薩摩訶薩於如來滅後有成
就此第四法者說是法時无有過失常為比
丘比丘尼優婆塞優婆夷國王王子大臣人
民婆羅門居士等供養恭敬尊重讚歎虛空
諸天為聽法故亦常隨侍若在聚落城邑空
閑林中有人來欲難問者諸天晝夜常為法
故而衛護之能令聽者皆得歡喜所以者何
此經是一切過去未來現在諸佛神力所護
故文殊師利是法華經於无量國中乃至名

BD13831號　妙法蓮華經卷五　（30–5）

故而衛護之能令聽者皆得歡喜所以者何
此經是一切過去未來現在諸佛神力所護
故文殊師利是法華經於无量國中乃至名
字不可得聞何況得見受持讀誦文殊師利
譬如強力轉輪聖王欲以威勢降伏諸國而
諸小王不順其命時轉輪王起種種兵而往
討伐王見兵衆戰有功者即大歡喜隨功賞
賜或與田宅聚落城邑或與衣服嚴身之具
或與種種珍寶金銀瑠璃車𤦲馬瑙珊瑚虎
珀象馬車乘奴婢人民唯髻中明珠不以與
之所以者何獨王頂上有此一珠若以與之
王諸眷屬必大驚怪文殊師利如來亦復如
是以禪定智慧力得法國土王於三界而諸
魔王不肯順伏如來賢聖諸將與之共戰其
有功者心亦歡喜於四衆中為說諸經令其
心悅賜以禪定解脫无漏根力諸法之財又
復賜與涅槃之城言得滅度引導其心令皆
歡喜而不為說是法華經文殊師利如轉輪
王見諸兵衆有大功者心甚歡喜以此難信
之珠久在髻中不妄與人而今與之如來亦
復如是於三界中為大法王以法教化一切
衆生見賢聖軍與五陰魔煩惱魔死魔共戰
有大功勳滅三毒出三界破魔網尒時如來
亦大歡喜此法華經能令衆生至一切智一
切世間多怨難信先所未說而今說之文殊

BD13831號　妙法蓮華經卷五　（30–6）

復如是於三界中為大法王以法教化一切
衆生見賢聖軍與五陰魔煩惱魔死魔共戰
有大功勳滅三毒出三界破魔網尒時如來
亦大歡喜此法華經能令衆生至一切智一
切世間多怨難信先所未說而今說之文殊
師利此法華經是諸如來第一之說於諸說
中最為甚深末後賜與如彼強力之王久護
明珠今乃與之文殊師利此法華經諸佛如
來秘密之藏於諸經中最在其上長夜守護
不妄宣說始於今日乃與汝等而敷演之尒
時世尊欲重宣此義而說偈言
常行忍辱 哀愍一切 乃能演說 佛所讚經
後末世時 持此經者 於家出家 及非菩薩
應生慈悲 斯等不聞 不信是經 則為大失
我得佛道 以諸方便 為說此法 令住其中
譬如強力 轉輪之王 兵戰有功 賞賜諸物
象馬車乘 嚴身之具 及諸田宅 聚落城邑
或與衣服 種種珍寶 奴婢財物 歡喜賜與
如有勇健 能為難事 王解髻中 明珠賜之
如來亦尒 為諸法王 忍辱大力 智慧寶藏
以大慈悲 如法化世 見一切人 受諸苦惱
欲求解脫 與諸魔戰 為是衆生 說種種法
以大方便 說此諸經 既知衆生 得其力已
末後乃為 說是法華 如王解髻 明珠與之
此經為尊 衆經中上 我常守護 不妄開示
今正是時 為汝等說 我滅度後 求佛道者

欲求解脫 與諸魔戰 為是衆生 說種種法
以大方便 說此諸經 既知衆生 得其力已
末後乃為 說是法華 如王解髻 明珠與之
此經為尊 衆經中上 我常守護 不妄開示
今正是時 為汝等說 我滅度後 求佛道者
欲得安隱 演說斯經 應當親近 如是四法
讀是經者 常无憂惱 又无病痛 顏色鮮白
不生貧窮 卑賤醜陋 衆生樂見 如慕賢聖
天諸童子 以為給使 刀杖不加 毒不能害
若人惡罵 口則閉塞 遊行无畏 如師子王
智慧光明 如日之照 若於夢中 但見妙事
見諸如來 坐師子座 諸比丘衆 圍繞說法
又見龍神 阿脩羅等 數如恒沙 恭敬合掌
自見其身 而為說法 又見諸佛 身相金色
放无量光 照於一切 以梵音聲 演說諸法
佛為四衆 說无上法 見身處中 合掌讚佛
聞法歡喜 而為供養 得陀羅尼 證不退智
佛知其心 深入佛道 即為授記 成最正覺
汝善男子 當於來世 得无量智 佛之大道
國土嚴淨 廣大无比 亦有四衆 合掌聽法
又見自身 在山林中 脩習善法 證諸實相
深入禪定 見十方佛
諸佛身金色 百福相莊嚴 聞法為人說 常有是好夢
又夢作國王 捨宮殿眷屬 及上妙五欲 行詣於道場
在菩提樹下 而處師子座 求道過七日 得諸佛之智
成无上道已 起而轉法輪 為四衆說法 經千万億劫

深入禪定見十方佛
諸佛身金色　百福相莊嚴　聞法爲人説　常有是好夢
又夢作國王　捨宮殿眷屬　及上妙五欲　行詣於道場
在菩提樹下　而處師子座　求道過七日　得諸佛之智
成无上道已　起而轉法輪　爲四衆説法　經千万億劫
説无漏妙法　度无量衆生　後當入涅槃　如烟盡燈滅
若後惡世中　説是第一法　是人得大利　如上諸功德

妙法蓮華經從地踊出品第十五

尒時他方國土諸来菩薩摩訶薩過八恒河沙數於大衆中起合掌作礼而白佛言世尊若聽我等於佛滅後在此娑婆世界勤加精進護持讀誦書寫供養是經典者當於此土而廣説之尒時佛告諸菩薩摩訶薩衆止善男子不須汝等護持此經所以者何我娑婆世界自有六万恒河沙等菩薩摩訶薩一一菩薩各有六万恒河沙眷屬是諸人等能於我滅後護持讀誦廣説此經佛説是時娑婆世界三千大千國土地皆震裂而於其中有无量千万億菩薩摩訶薩同時踊出是諸菩薩身皆金色三十二相无量光明先盡在此娑婆世界之下此界虚空中住是諸菩薩聞釋迦牟尼佛所説音聲從下發来一一菩薩皆是大衆唱導之首各將六万恒河沙眷屬况將五万四万三万二万一万恒河沙等眷屬者况復乃至一恒河沙半恒河沙四分之

聞釋迦牟尼佛所説音聲從下發来一一菩薩皆是大衆唱導之首各將六万恒河沙眷屬况將五万四万三万二万一万恒河沙等眷屬者况復乃至一恒河沙半恒河沙四分之一乃至千万億那由他分之一况復千万億那由他眷屬况復億万眷屬况復千万百万乃至一万况復一千一百乃至一十况復將五四三二一弟子者况復單己樂遠離行如是等比无量无邊筭數譬喩所不能知是諸菩薩從地出已各詣虚空七寶妙塔多寶如来釋迦牟尼佛所到已向二世尊頭面礼足及至諸寶樹下師子座上佛所亦皆作礼右繞三帀合掌恭敬以諸菩薩種種讃法而以讃歎住在一面欣樂瞻仰於二世尊是諸菩薩摩訶薩從初踊出以諸菩薩種種讃法而讃於佛如是時間經五十小劫是時釋迦牟尼佛嘿然而坐及諸四衆亦皆嘿然五十小劫佛神力故令諸大衆謂如半日尒時四衆亦以佛神力故見諸菩薩遍滿无量百千万億國土虚空是菩薩衆中有四導師一名上行二名无邊行三名淨行四名安立行是四菩薩於其衆中最爲上首唱導之師在大衆前各共合掌觀釋迦牟尼佛而問訊言世尊少病少惱安樂行不所應度者受教易不不令世尊生疲勞耶尒時四大菩薩而説偈言

菩薩於其衆中最為上首唱導之師在大衆
前各共合掌觀釋迦牟尼佛而問訊言世尊
少病少惱安樂行不所應度者受教易不不
令世尊生疲勞耶尒時四大菩薩而說偈言
世尊安樂 少病少惱 教化衆生 得无疲惓
又諸衆生 受化易不 不令世尊 生疲勞耶
尒時世尊於菩薩大衆中而作是言如是如
是諸善男子如来安樂少病少惱諸衆生等
易可化度无有疲勞所以者何是諸衆生世
世已来常受我化亦於過去諸佛供養尊重
種諸善根此諸衆生始見我身聞我所說即
皆信受入如来慧除先修習學小乘者如是
之人我今亦令得聞是經入於佛慧尒時諸
大菩薩而說偈言
善哉善哉 大雄世尊 諸衆生等 易可化度
能問諸佛 甚深智慧 聞已信行 我等隨喜
於時世尊讚歎上首諸大菩薩善哉善哉善
男子汝等能於如来發隨喜心尒時弥勒菩
薩及八千恒河沙諸菩薩衆皆作是念我等
從昔已来不見不聞如是大菩薩摩訶薩衆
從地踊出住世尊前合掌供養問訊如来時
弥勒菩薩摩訶薩知八千恒河沙諸菩薩等
心之所念并欲自決所疑合掌向佛以偈問曰
无量千万億 大衆諸菩薩 昔所未曾見 願兩足尊說
是從何所来 以何因緣集 巨身大神通 智慧叵思議
其志念堅固 有大忍辱力 衆生所樂見 為從何所来

BD13831號　妙法蓮華經卷五　（30–11）

弥勒菩薩摩訶薩知八千恒河沙諸菩薩等
心之所念并欲自決所疑合掌向佛以偈問曰
无量千万億 大衆諸菩薩 昔所未曾見 願兩足尊說
是從何所来 以何因緣集 巨身大神通 智慧叵思議
其志念堅固 有大忍辱力 衆生所樂見 為從何所来
一一諸菩薩 所將諸眷屬 其數无有量 如恒河沙等
或有大菩薩 將六万恒沙 如是諸大衆 一心求佛道
是諸大師等 六万恒河沙 俱来供養佛 及護持此經
將五万恒沙 其數過於是 四万及三万 二万至一万
一千一百等 乃至一恒沙 半及三四分 億万分之一
千万那由他 万億諸弟子 乃至於半億 其數復過上
百万至一万 一千及一百 五十與一十 乃至三二一
單已无眷屬 樂於獨處者 俱来至佛所 其數轉過上
如是諸大衆 若人行籌數 過於恒沙劫 猶不能盡知
是諸大威德 精進菩薩衆 誰為其說法 教化而成就
從誰初發心 稱揚何佛法 受持行誰經 修習何佛道
如是諸菩薩 神通大智力 四方地震裂 皆從中踊出
世尊我昔来 未曾見是事 願說其所從 國土之名号
我常遊諸國 未曾見是衆 我於此衆中 乃不識一人
忽然從地出 願說其因緣 今此之大會 无量百千億
是諸菩薩等 皆欲知此事 是諸菩薩衆 本末之因緣
无量德世尊 唯願决衆疑
尒時釋迦牟尼佛分身諸佛從无量千万億
他方國土来者在於八方諸寶樹下師子座
上結加趺坐其佛侍者各各見是菩薩大衆

BD13831號　妙法蓮華經卷五　（30–12）

无量德世尊　唯願決衆疑
尒時釋迦牟尼佛分身諸佛從无量千万億
他方國土来者在於八方諸寶樹下師子座
上結跏趺坐其佛侍者各各見是菩薩大衆
於三千大千世界四方從地踊出住於虛空
各白其佛言世尊此諸无量无邊阿僧祇菩
薩大衆從何所来尒時諸佛各告侍者諸善
男子且待須臾有菩薩摩訶薩名弥勒釋迦
牟尼佛之所授記次後作佛已問斯事佛今
荅之汝等自當因是得聞尒時釋迦牟尼佛
告弥勒菩薩善哉善哉阿逸多乃能問佛如
是大事汝等當共一心被精進鎧發堅固意
如来今欲顯發宣示諸佛智慧諸佛自在神
通之力諸佛師子奮迅之力諸佛威猛大勢
之力尒時世尊欲重宣此義而說偈言
當精進一心　我欲說此事　勿得有疑悔　佛智叵思議
汝今出信力　住於忍善中　昔所未聞法　今皆當得聞
我今安慰汝　勿得懷疑懼　佛无不實語　智慧不可量
所得第一法　甚深叵分別　如是今當說　汝等一心聽
尒時世尊說此偈已告弥勒菩薩我今於此
大衆宣告汝等阿逸多是諸大菩薩摩訶薩
无量无數阿僧祇從地踊出汝等昔所未見者
我於是娑婆世界得阿耨多羅三藐三菩提
已教化示導是諸菩薩調伏其心令發道
意此諸菩薩皆於是娑婆世界之下此界虛
空中住於諸經典讀誦通利思惟分別正意

BD13831號　妙法蓮華經卷五　（30–13）

无量无數阿僧祇從地踊出汝等昔所未見者
我於是娑婆世界得阿耨多羅三藐三菩提
已教化示導是諸菩薩調伏其心令發道
意此諸菩薩皆於是娑婆世界之下此界虛
空中住於諸經典讀誦通利思惟分別正憶
念阿逸多是諸善男子等不樂在衆多有
所說常樂靜處勤行精進未曾休息亦不依止
人天而住常樂深智无有障礙亦常樂於諸
佛之法一心精進求无上慧尒時世尊欲重
宣此義而說偈言
阿逸汝當知　是諸大菩薩　從无數劫来　脩習佛智慧
悉是我所化　令發大道心　此等是我子　依止是世界
常行頭陀事　志樂於靜處　捨大衆憒閙　不樂多所說
如是諸子等　學習我道法　晝夜常精進　為求佛道故
在娑婆世界　下方空中住　志念力堅固　常勤求智慧
說種種妙法　其心无所畏　我於伽耶城　菩提樹下坐
得成最正覺　轉无上法輪　尒乃教化之　令初發道心
今皆住不退　悉當得成佛　我今說實語　汝等一心信
我從久遠来　教化是等衆
尒時弥勒菩薩摩訶薩及无數諸菩薩等心
生疑惑怪未曾有而作是念云何世尊於少
時間教化如是无量无邊阿僧祇諸大菩薩
令住阿耨多羅三藐三菩提即白佛言世尊
如来為太子時出於釋氏宮去伽耶城不遠坐
於道場得成阿耨多羅三藐三菩提從是已

BD13831號　妙法蓮華經卷五　（30–14）

生疑惑怪未曾有而作是念云何世尊於少
時間教化如是无量无邊阿僧祇諸大菩薩
令住阿耨多羅三藐三菩提即白佛言世尊
如来為太子時出於釋氏宫去伽耶城不遠坐
於道場得成阿耨多羅三藐三菩提從是已
来始過四十餘年世尊云何於此少時大作
佛事以佛勢力以佛功德教化如是无量大
菩薩衆當成阿耨多羅三藐三菩提世尊此
大菩薩衆假使有人於千万億劫數不能盡
不得其邊斯等久遠已来於无量无邊諸佛
所殖諸善根成就菩薩道常脩梵行世尊如
此之事世所難信譬如有人色美鬚黒年二
十五指百歲人言是我子其百歲人亦指年
少言是我父生育我等是事難信佛亦如是
得道已来其實未久而此大衆諸菩薩等已
於无量千万億劫為佛道故勤行精進善入
出住无量百千万億三昧得大神通久脩梵
行善能次第習諸善法巧於問荅人中之寶
一切世間甚為希有今日世尊方云得佛道
時初令發心教化示導令向阿耨多羅三藐
三菩提世尊得佛未久乃能作此大功德事
我等雖復信佛隨宜所說佛所出言未曾虛
妄佛所知者皆悉通達然諸新發意菩薩於
佛滅後若聞是語或不信受而起破法罪業
因緣唯然世尊願為解說除我等疑及未来

妄佛所知者皆悉通達然諸新發意菩薩於
佛滅後若聞是語或不信受而起破法罪業
因緣唯然世尊願為解說除我等疑及未来
世諸善男子聞此事已亦不生疑尒時弥勒
菩薩欲重宣此義而說偈言
佛昔從釋種　出家近伽耶　坐於菩提樹　尒来尚未久
此諸佛子等　其數不可量　久已行佛道　住神通智力
善學菩薩道　不染世間法　如蓮華在水　從地而踊出
皆起恭敬心　住於世尊前　是事難思議　云何而可信
佛得道甚近　所成就甚多　願為除衆疑　如實分別說
譬如少壯人　年始二十五　示人百歲子　鬚白而面皺
是等我所生　子亦說是父　父少而子老　舉世所不信
世尊亦如是　得道来甚近　是諸菩薩等　志固无怯弱
從无量劫来　而行菩薩道　巧於難問荅　其心无所畏
忍辱心決定　端正有威德　十方佛所讚　善能分別說
不樂在人衆　常好在禪定　為求佛道故　於下空中住
我等從佛聞　於此事无疑　願佛為未来　演說令開解
若有於此經　生疑不信者　即當墮惡道　願今為解說
是无量菩薩　云何於少時　教化令發心　而住不退地
妙法蓮華經如来壽量品第十六
尒時佛告諸菩薩及一切大衆諸善男子汝
等當信解如来誠諦之語復告大衆汝等當
信解如来誠諦之語又復告諸大衆汝等當
信解如来誠諦之語是時菩薩大衆弥勒為
首合掌白佛言世尊唯願說之我等當信受

等當信解如来誠諦之語復告大衆汝等當
信解如来誠諦之語又復告諸大衆汝等當
信解如来誠諦之語是時菩薩大衆弥勒爲
首合掌白佛言世尊唯願說之我等當信受
佛語如是三白已復言唯願說之我等當信
受佛語介時世尊知諸菩薩三請不止而告
之言汝等諦聽如来秘客神通之力一切世
間天人及阿脩羅皆謂今釋迦牟尼佛出釋
氏宫去伽耶城不遠坐於道塲得阿耨多羅
三狼三菩提然善男子我實成佛已来无量
无邊百千万億那由他劫譬如五百千万億
那由他阿僧祇三千大千世界假使有人末
爲微塵過於東方五百千万億那由他阿僧
祇國乃下一塵如是東行盡是微塵諸善男
子於意云何是諸世界可得思惟挍計知其
數不弥勒菩薩等俱白佛言世尊是諸世界
无量无邊非筭數所知亦非心力所及一切
聲聞辟支佛以无漏智不能思惟知其限數
我等住阿惟越致地於是事中亦所不達世
尊如是諸世界无量无邊介時佛告大菩薩
衆諸善男子今當分明宣語汝等是諸世界
若著微塵及不著者盡以爲塵一塵一劫我
成佛已来復過於此百千万億那由他阿僧
祇劫自從是来我常在此娑婆世界說法教
化亦於餘處百千万億那由他阿僧祇國導

若著微塵及不著者盡以爲塵一塵一劫我
成佛已来復過於此百千万億那由他阿僧
祇劫自從是来我常在此娑婆世界說法教
化亦於餘處百千万億那由他阿僧祇國導
利衆生諸善男子於是中間我說燃燈佛等
又復言其入於涅槃如是皆以方便分別諸
善男子若有衆生来至我所我以佛眼觀其
信等諸根利鈍随所應度處處自說名字不
同年紀大小亦復現言當入涅槃又以種種
方便說微妙法能令衆生發歡喜心諸善男
子如来見諸衆生樂於小法德薄垢重者爲
是人說我少出家得阿耨多羅三狼三菩提
然我實成佛已来久遠若斯但以方便教化
衆生令入佛道作如是說諸善男子如来所
演經典皆爲度脫衆生或說已身或說他身
或示已身或示他身或示已事或示他事諸
所言說皆實不虛所以者何如来如實知見
三界之相无有生死若退若出亦无在世及
滅度者非實非虛非如非異不如三界見於
三界如斯之事如来明見无有錯謬以諸衆
生有種種性種種欲種種行種種憶想分別
故欲令生諸善根以若干因缘譬喻言辞種
種說法所作佛事未曾暫癈如是我成佛已
来甚大久遠壽命无量阿僧祇劫常住不滅
諸善男子我本行菩薩道所成壽命今猶未

故欲令生諸善根以若干因緣譬喻言辭種
種說法所作佛事未曾暫廢如是我成佛已
來甚大久遠壽命无量阿僧祇劫常住不滅
諸善男子我本行菩薩道所成壽命今猶未
盡復倍上數然今非實滅度而便唱言當取
滅度如來以是方便教化衆生所以者何若
佛久住於世薄德之人不種善根貧窮下賤
貪著五欲入於憶想妄見網中若見如來常
在不滅便起憍恣而懷猒怠不能生難遭之
想恭敬之心是故如來以方便說比丘當知
諸佛出世難可值遇所以者何諸薄德人過
无量百千万億劫或有見佛或不見者以此
事故我作是言諸比丘如來難可得見斯衆
生等聞如是語必當生於難遭之想心懷戀
慕渴仰於佛便種善根是故如來雖不實滅
而言滅度又善男子諸佛如來法皆如是為
度衆生皆實不虛譬如良醫智慧聰達明練
方藥善治衆病其人多諸子息若十二十乃
至百數以有事緣遠至餘國諸子於後飲他
毒藥藥發悶亂宛轉于地是時其父還來歸
家諸子飲毒或失本心或不失者遙見其父
皆大歡喜拜跪問訊善安隱歸我等愚癡誤
服毒藥願見救療更賜壽命父見子等苦惱
如是依諸經方求好藥草色香美味皆悉具
足擣篩和合與子令服而作是言此大良藥

皆大歡喜拜跪問訊善安隱歸我等愚癡誤
服毒藥願見救療更賜壽命父見子等苦惱
如是依諸經方求好藥草色香美味皆悉具
足擣篩和合與子令服而作是言此大良藥
色香美味皆悉具足汝等可服速除苦惱无
復衆患其諸子中不失心者見此良藥色香
俱好即便服之病盡除愈餘失心者見其父
來雖亦歡喜問訊求索治病然與其藥而不
肯服所以者何毒氣深入失本心故於此好
色香藥而謂不美父作是念此子可愍為毒
所中心皆顛倒雖見我喜求索救療如是好
藥而不肯服我今當設方便令服此藥即作
是言汝等當知我今衰老死時已至是好良
藥今留在此汝可取服勿憂不差作是教已
復至他國遣使還告汝父已死是時諸子聞
父背喪心大憂惱而作是念若父在者慈愍
我等能見救護今者捨我遠喪他國自惟孤
露无復恃怙常懷悲感心遂醒悟乃知此藥
色味香美即取服之毒病皆愈其父聞子悉
已得差尋便來歸咸使見之諸善男子於意
云何頗有人能說此良醫虛妄罪不不也世
尊佛言我亦如是成佛已來无量无邊百千
万億那由他阿僧祇劫為衆生故以方便力
言當滅度亦无有能如法說我虛妄過者尒
時世尊欲重宣此義而說偈言

真佛言我亦如是成佛已來无量无邊百千
万億那由他阿僧祇劫為衆生故以方便力
言當滅度亦无有能如法說我虛妄過者尒
時世尊欲重宣此義而說偈言

自我得佛來　所經諸劫數　无量百千万　億載阿僧祇
常說法教化　无數億衆生　令入於佛道　尒來无量劫
為度衆生故　方便現涅槃　而實不滅度　常住此說法
我常住於此　以諸神通力　令顛倒衆生　雖近而不見
衆見我滅度　廣供養舍利　咸皆懷戀慕　而生渴仰心
衆生既信伏　質直意柔軟　一心欲見佛　不自惜身命
時我及衆僧　俱出靈鷲山　我時語衆生　常在此不滅
以方便力故　現有滅不滅　餘國有衆生　恭敬信樂者
我復於彼中　為說无上法　汝等不聞此　但謂我滅度
我見諸衆生　沒在於苦惱　故不為現身　令其生渴仰
因其心戀慕　乃出為說法　神通力如是　於阿僧祇劫
常在靈鷲山　及餘諸住處　衆生見劫盡　大火所燒時
我此土安隱　天人常充滿　園林諸堂閣　種種寶莊嚴
寶樹多華菓　衆生所遊樂　諸天擊天鼓　常作衆伎樂
雨曼陁羅華　散佛及大衆　我淨土不毀　而衆見燒盡
憂怖諸苦惱　如是悉充滿　是諸罪衆生　以惡業因緣
過阿僧祇劫　不聞三寶名　諸有脩功德　柔和質直者
則皆見我身　在此而說法　或時為此衆　說佛壽无量
久乃見佛者　為說佛難值　我智力如是　慧光照无量
壽命无數劫　久脩業所得　汝等有智者　勿於此生疑
當斷令永盡　佛語實不虛　如醫善方便　為治狂子故
實在而言死　无能說虛妄　我亦為世父　救諸苦患者

久乃見佛者　為說佛難值　我智力如是　慧光照无量
壽命无數劫　久脩業所得　汝等有智者　勿於此生疑
當斷令永盡　佛語實不虛　如醫善方便　為治狂子故
實在而言死　无能說虛妄　我亦為世父　救諸苦患者
為凡夫顛倒　實在而言滅　以常見我故　而生憍恣心
放逸著五欲　墮於惡道中　我常知衆生　行道不行道
隨應所可度　為說種種法　每自作是意　以何令衆生
得入无上道　速成就佛身

妙法蓮華經分別功德品第十七

尒時大會聞佛說壽命劫數長遠如是无量
无邊阿僧祇衆生得大饒益於時世尊告弥
勒菩薩摩訶薩阿逸多我說是如來壽命長
遠時六百八十万億那由他恒河沙衆生得
无生法忍復千倍菩薩摩訶薩得聞持陁羅
尼門復有一世界微塵數菩薩摩訶薩得樂
說无礙辯才復有一世界微塵數菩薩摩訶
薩得百千万億无量旋陁羅尼復有三千大千
世界微塵數菩薩摩訶薩能轉不退法輪復
有二千中國土微塵數菩薩摩訶薩能轉清
淨法輪復有小千國土微塵數菩薩摩訶薩
八生當得阿耨多羅三藐三菩提復有四四
天下微塵數菩薩摩訶薩四生當得阿耨多
羅三藐三菩提復有三四天下微塵數菩薩
摩訶薩三生當得阿耨多羅三藐三菩提復
有二四天下微塵數菩薩摩訶薩二生當得

八生當得阿耨多羅三藐三菩提復有四四
天下微塵數菩薩摩訶薩四生當得阿耨多
羅三藐三菩提復有三四天下微塵數菩薩
摩訶薩三生當得阿耨多羅三藐三菩提復
有二四天下微塵數菩薩摩訶薩二生當得
阿耨多羅三藐三菩提復有一四天下微塵
數菩薩摩訶薩一生當得阿耨多羅三藐三
菩提復有八世界微塵數衆生皆發阿耨多
羅三藐三菩提心佛說是諸菩薩摩訶薩得
大法利時於虛空中雨曼陁羅華摩訶曼陁
羅華以散无量百千万億寶樹下師子座上
諸佛并散七寶塔中師子座上釋迦牟尼佛
及久滅度多寶如來亦散一切諸大菩薩及
四部衆又雨細末栴檀沉水香等於虛空中
天鼓自鳴妙聲深遠又雨千種天衣垂諸瓔
珞真珠瓔珞摩尼珠瓔珞如意珠瓔珞遍於
九方衆寶香爐燒无價香自然周至供養大
會一一佛上有諸菩薩執持幡蓋次第而上
至于梵天是諸菩薩以妙音聲歌无量頌讃
歎諸佛尒時弥勒菩薩從座而起偏袒右肩
合掌向佛而說偈言

佛說希有法　昔所未曾聞　世尊有大力　壽命不可量
无數諸佛子　聞世尊分別　說得法利者　歡喜充遍身
或住不退地　或得陁羅尼　或无礙樂說　万億旋總持
或有大千界　微塵數菩薩　各各皆能轉　不退之法輪

BD13831號　妙法蓮華經卷五　（30–23）

佛說希有法　昔所未曾聞　世尊有大力　壽命不可量
无數諸佛子　聞世尊分別　說得法利者　歡喜充遍身
或住不退地　或得陁羅尼　或无礙樂說　万億旋總持
或有大千界　微塵數菩薩　各各皆能轉　不退之法輪
或有中千界　微塵數菩薩　各各皆能轉　清淨之法輪
復有小千界　微塵數菩薩　餘各八生在　當得成佛道
復有四三二　如是四天下　微塵諸菩薩　隨數生成佛
或一四天下　微塵數菩薩　餘有一生在　當成一切智
如是等衆生　聞佛壽長遠　得无量无漏　清淨之果報
復有八世界　微塵數衆生　聞佛說壽命　皆發无上心
世尊說无量　不可思議法　多有所饒益　如虛空无邊
雨天曼陁羅　摩訶曼陁羅　釋梵如恒沙　无數佛土來
雨栴檀沉水　繽紛而亂墜　如鳥飛空下　供散於諸佛
天鼓虛空中　自然出妙聲　天衣千万種　旋轉而來下
衆寶妙香爐　燒无價之香　自然悉周遍　供養諸世尊
其大菩薩衆　執七寶幡蓋　高妙万億種　次第至梵天
一一諸佛前　寶幢懸勝幡　亦以千万偈　歌詠諸如來
如是種種事　昔所未曾有　聞佛壽无量　一切皆歡喜
佛名聞十方　廣饒益衆生　一切具善根　以助无上心

尒時佛告弥勒菩薩摩訶薩阿逸多其有
衆生聞佛壽命長遠如是乃至能生一念信解
所得功德无有限量若有善男子善女人為
阿耨多羅三藐三菩提於八十万億那由他
劫行五波羅蜜檀波羅蜜尸羅波羅蜜羼
提波羅蜜毗梨耶波羅蜜禪波羅蜜除般若波

BD13831號　妙法蓮華經卷五　（30–24）

衆生聞佛壽命長遠如是乃至能生一念信解
所得功德无有限量若有善男子善女人為
阿耨多羅三藐三菩提於八十万億那由他
劫行五波羅蜜檀波羅蜜尸羅波羅蜜羼
提波羅蜜毗梨耶波羅蜜禪波羅蜜除般若波
羅蜜以是功德比前功德百分千分百千万
億分不及其一乃至筭數譬喻所不能知若
善男子有如是功德於阿耨多羅三藐三
菩提退者无有是處尒時世尊欲重宣此義而
說偈言
若人求佛慧　於八十万億　那由他劫數　行五波羅蜜
於是諸劫中　布施供養佛　及緣覺弟子　并諸菩薩衆
珎異之飲食　上服與卧具　栴檀立精舍　以園林莊嚴
如是等布施　種種皆微妙　盡此諸劫數　以迴向佛道
若復持禁戒　清淨无缺漏　求於无上道　諸佛之所歎
若復行忍辱　住於調柔地　設衆惡來加　其心不傾動
諸有得法者　懷於增上慢　為此所輕惱　如是亦能忍
若復勤精進　志念常堅固　於无量億劫　一心不懈息
又於无數劫　住於空閑處　若坐若經行　除睡常攝心
以是因緣故　能生諸禪定　八十億万劫　安住心不亂
持此一心福　願求无上道　我得一切智　盡諸禪定際
是人於百千　万億劫數中　行此諸功德　如上之所說
有善男女等　聞我說壽命　乃至一念信　其福過於彼
若人悉无有　一切諸疑悔　深心須臾信　其福為如此
其有諸菩薩　无量劫行道　聞我說壽命　是則能信受
如是諸人等　頂受此經典　願我於未來　長壽度衆生

BD13831號　妙法蓮華經卷五　（30-25）

有善男女等　聞我說壽命　乃至一念信　其福過於彼
若人悉无有　一切諸疑悔　深心須臾信　其福為如此
其有諸菩薩　无量劫行道　聞我說壽命　是則能信受
如是諸人等　頂受此經典　願我於未來　長壽度衆生
如今日世尊　諸釋中之王　道場師子吼　說法无所畏
我等未來世　一切所尊敬　坐於道場時　說壽亦如是
若有深心者　清淨而質直　多聞能揔持　隨義解佛語
如是諸人等　於此无有疑
又阿逸多若有聞佛壽命長遠解其言趣是
人所得功德无有限量能起如來无上之慧
何況廣聞是經若教人聞若自持若教人持
若自書若教人書若以華香瓔珞幢幡繒蓋
香油蘇燈供養經卷是人功德无量无邊能
生一切種智阿逸多若善男子善女人聞我
說壽命長遠深心信解則為見佛常在耆闍
崛山共大菩薩諸聲聞衆圍繞說法又見此
娑婆世界其地瑠璃坦然平正閻浮檀金以
界八道寶樹行列諸臺樓觀皆悉寶成其菩
薩衆咸處其中若有能如是觀者當知是為
深信解相又復如來滅後若聞是經而不毀
呰起隨喜心當知已為深信解相何況讀誦
受持之者斯人則為頂戴如來阿逸多是善
男子善女人不須為我復起塔寺及作僧坊
以四事供養衆僧所以者何是善男子善女
人受持讀誦是經典者為已起塔造立僧坊

BD13831號　妙法蓮華經卷五　（30-26）

受持之者斯人則為頂戴如来阿逸多是善
男子善女人不須為我復起塔寺及作僧坊
以四事供養衆僧所以者何是善男子善女
人受持讀誦是經典者為已起塔造立僧坊
供養衆僧則為以佛舍利起七寶塔高廣漸
小至于梵天懸諸幡蓋及衆寶鈴華香瓔珞
末香塗香燒香衆鼓伎樂簫笛箜篌種種儛
戲以妙音聲歌唄讚頌則為於无量千万億
劫作是供養已阿逸多若我滅後聞是經典
有能受持若自書若教人書則為起立僧坊
以赤栴檀作諸殿堂三十有二高八多羅樹
高廣嚴好百千比丘於其中止園林流池經
行禪窟衣服飲食床褥湯藥一切樂具充滿
其中如是僧坊堂閣若干百千万億其數无
量以此現前供養於我及比丘僧是故我說
如来滅後若有受持讀誦為他人說若自書
若教人書供養經卷不須復起塔寺及造僧
坊供養衆僧况復有人能持是經兼行布施
持戒忍辱精進一心智慧其德最勝无量无
邊譬如虛空東西南北四維上下无量无邊
是人功德亦復如是无量无邊疾至一切種
智若人讀誦受持是經為他人說若自書若
教人書復能起塔及造僧坊供養讚歎聲
聞衆僧亦以百千万億讚歎之法讚歎菩薩功
德又為他人種種因緣隨義解說此法華經

BD13831號　妙法蓮華經卷五　（30–27）

是人功德亦復如是无量无邊疾至一切種
智若人讀誦受持是經為他人說若自書若
教人書復能起塔及造僧坊供養讚歎聲
聞衆僧亦以百千万億讚歎之法讚歎菩薩功
德又為他人種種因緣隨義解說此法華經
復能清淨持戒與柔和者而共同止忍辱无
瞋志念堅固常貴坐禪得諸深定精進勇猛
攝諸善法利根智慧善荅問難阿逸多若我
滅後諸善男子善女人受持讀誦是經典者
復有如是諸善功德當知是人已趣道場近
阿耨多羅三藐三菩提坐道樹下阿逸多是
善男子若坐若立若行處此中便應起塔一
切天人皆應供養如佛之塔尒時世尊欲重
宣此義而說偈言
若我滅度後　能奉持此經　斯人福无量　如上之所說
是則為具足　一切諸供養　以舍利起塔　七寶而莊嚴
表剎甚高廣　漸小至梵天　寶鈴千万億　風動出妙音
又於无量劫　而供養此塔　華香諸瓔珞　天衣衆伎樂
燃香油蘇燈　周帀常照明　惡世法末時　能持是經者
則為已如上　具足諸供養　若能持此經　則如佛現在
以牛頭栴檀　起僧坊供養　堂有三十二　高八多羅樹
上饌妙衣服　床卧皆具足　百千衆住處　園林諸流池
經行及禪窟　種種皆嚴好　若有信解心　受持讀誦書
若復教人書　及供養經卷　散華香末香　以須曼瞻蔔
阿提目多伽　薰油常燃之　如是供養者　得无量功德
如虛空无邊　其福亦如是　况復持此經　兼布施持戒

BD13831號　妙法蓮華經卷五　（30–28）

是則爲具足 一切諸供養 以舍利起塔 七寶而莊嚴
表刹甚高廣 漸小至梵天 寶鈴千万億 風動出妙音
又於无量劫 而供養此塔 華香諸瓔珞 天衣衆伎樂
燃香油蘇燈 周帀常照明 惡世法末時 能持是經者
則爲已如上 具足諸供養 若能持此經 則如佛現在
以牛頭栴檀 起僧坊供養 堂有三十二 高八多羅樹
上饌妙衣服 床卧皆具足 百千衆住處 園林諸流池
經行及禪窟 種種皆嚴好 若有信解心 受持讀誦書
若復教人書 及供養經卷 散華香末香 以須曼瞻蔔
阿提目多伽 薰油常燃之 如是供養者 得无量功德
如虛空无邊 其福亦如是 况復持此經 兼布施持戒
忍辱樂禪定 不瞋不惡口 恭敬於塔廟 謙下諸比丘
遠離自高心 常思惟智慧 有問難不瞋 隨順爲解說
若能行是行 功德不可量 若見此法師 成就如是德
應以天華散 天衣覆其身 頭面接足礼 生心如佛想
又應作是念 不久詣道樹 得无漏无爲 廣利諸人天
其所住止處 經行若坐卧 乃至說一偈 是中應起塔
莊嚴令妙好 種種以供養 佛子住此地 則是佛受用
常在於其中 經行及坐卧

妙法蓮華經卷第五

其所住止處 經行若坐卧 乃至說一偈 是中應起塔
莊嚴令妙好 種種以供養 佛子住此地 則是佛受用
常在於其中 經行及坐卧

妙法蓮華經卷第五

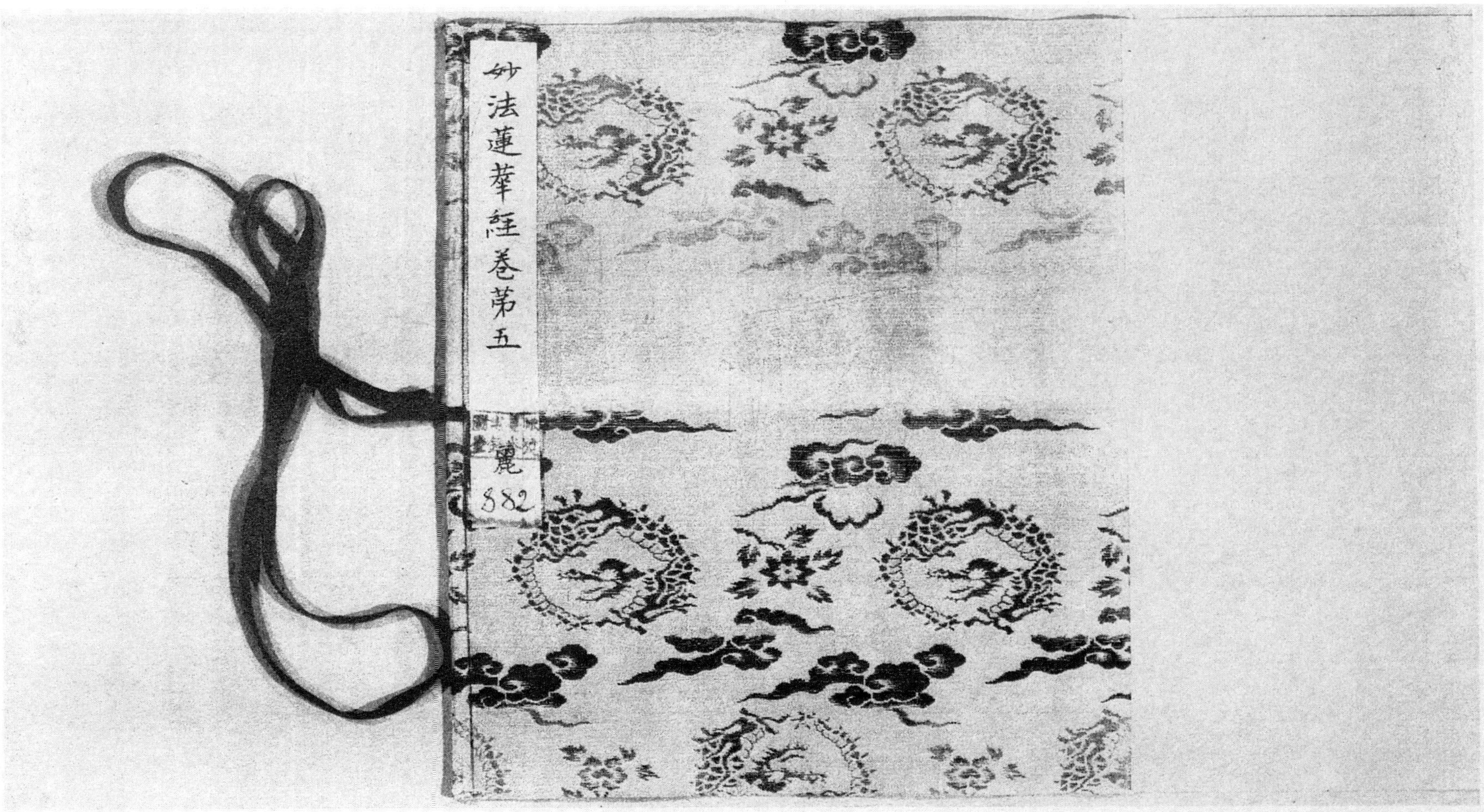

BD13832 號背　現代護首　　（1–1）

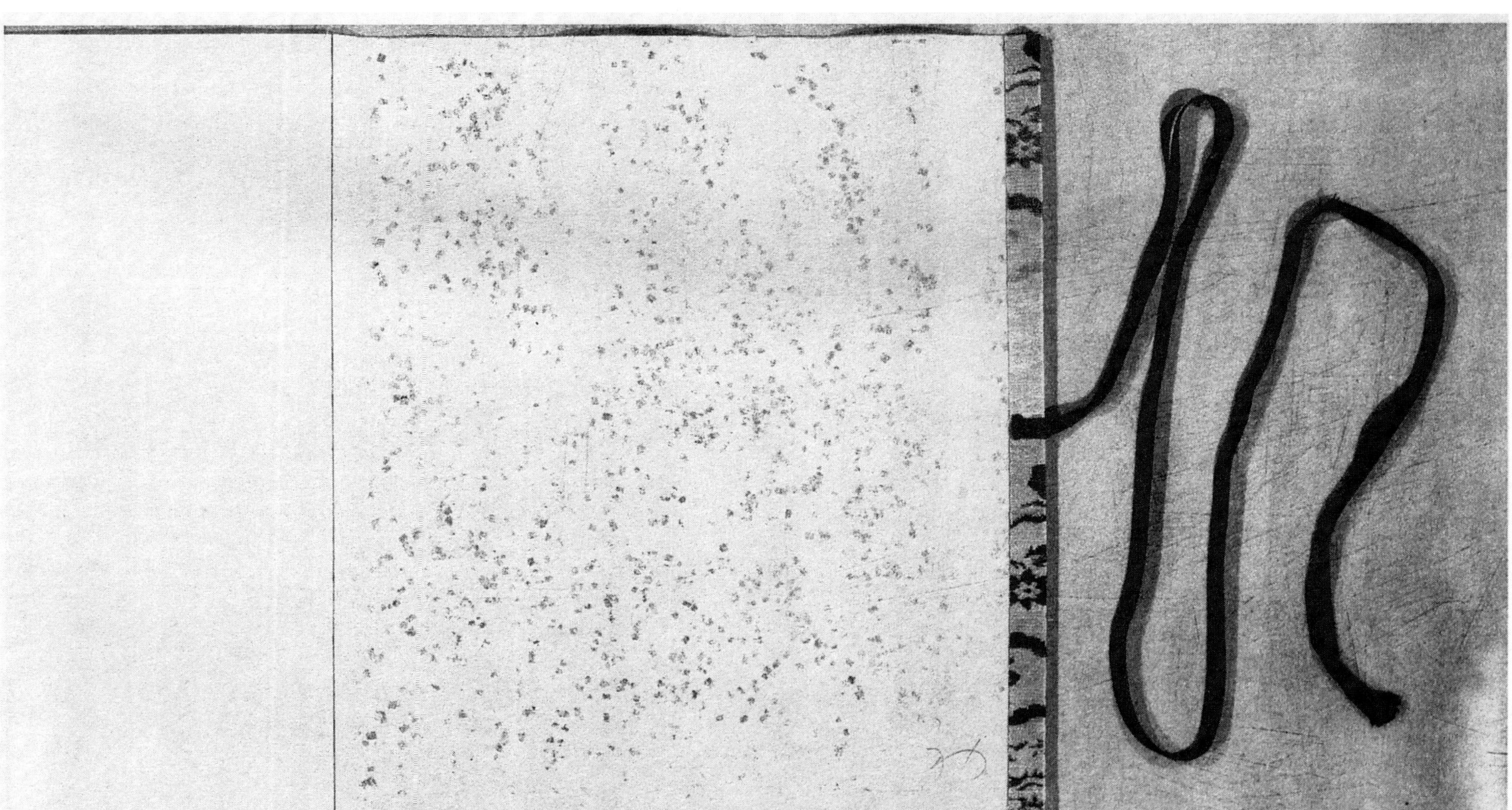

BD13832 號　妙法蓮華經（八卷本）卷五　　（20–1）

羅比丘尼并其眷屬
皆大歡喜得未曾有即於佛前而說偈言
世尊導師　安隱天人　我等聞記　心安具足
諸比丘尼　說是偈已　白佛言世尊我等亦能
於他方國廣宣此經
尒時世尊視八十万億那由他諸菩薩摩訶
薩是諸菩薩皆是阿惟越致轉不退法輪得
諸陁羅尼即從坐起至於佛前一心合掌而
作是念若世尊告勑我等持說此經者當如
佛教廣宣斯法復作是念佛今嘿然不見告
勑我當云何時諸菩薩敬順佛意并欲自滿
本願便於佛前作師子吼而發誓言世尊我
等於如來滅後周旋往返十方世界能令衆
生書寫此經受持讀誦解說其義如法脩行
正憶念皆是佛之威力唯願世尊在於他方
遥見守護即時諸菩薩俱同發聲而說偈言

BD13832 號　妙法蓮華經（八卷本）卷五　（20–2）

本願便於佛前作師子吼而發誓言世尊我
等於如來滅後周旋往返十方世界能令衆
生書寫此經受持讀誦解說其義如法脩行
正憶念皆是佛之威力唯願世尊在於他方
遥見守護即時諸菩薩俱同發聲而說偈言
唯願不為慮　於佛滅度後　恐怖惡世中　我等當廣說
有諸无智人　惡口罵詈等　及加刀杖者　我等皆當忍
惡世中比丘　邪智心諂曲　未得謂為得　我慢心充滿
或有阿練若　納衣在空閑　自謂行真道　輕賤人間者
貪著利養故　與白衣說法　為世所恭敬　如六通羅漢
是人懷惡心　常念世俗事　假名阿練若　好出我等過
而作如是言　此諸比丘等　為貪利養故　說外道論義
自作此經典　誑惑世間人　為求名聞故　分別於是經
常在大衆中　欲毀我等故　向國王大臣　婆羅門居士
及餘比丘衆　誹謗說我惡　謂是邪見人　說外道論議
我等敬佛故　悉忍是諸惡　為斯所輕言　汝等皆是佛
如此輕慢言　皆當忍受之　濁劫惡世中　多有諸恐怖
惡鬼入其身　罵詈毀辱我　我等敬信佛　當著忍辱鎧
為說是經故　忍此諸難事　我不愛身命　但惜无上道
我等於來世　護持佛所囑　世尊自當知　濁世惡比丘
不知佛方便　隨宜所說法　惡口而顰蹙　數數見擯出
遠離於塔寺　如是等衆惡　念佛告勑故　皆當忍是事
諸聚落城邑　其有求法者　我皆到其所　說佛所囑法
我是世尊使　處衆无所畏　我當善說法　願佛安隱住
我於世尊前　諸來十方佛　發如是誓言　佛自知我心
妙法蓮華經安樂行品第十四
尒時文殊師利法王子菩薩摩訶薩白佛言

BD13832 號　妙法蓮華經（八卷本）卷五　（20–3）

道[illegible]
諸聚落城邑　其有求法者　我皆到其所　說佛所囑法
我是世尊使　處衆无所畏　我當善說法　願佛安隱住
我於世尊前　諸來十方佛　發如是誓言　佛自知我心

妙法蓮華經安樂行品第十四

尒時文殊師利法王子菩薩摩訶薩白佛言
世尊是諸菩薩甚為難有敬順佛故發大誓
願於後惡世護持讀說是法華經世尊菩薩
摩訶薩於後惡世云何能說是經佛告文殊
師利若菩薩摩訶薩於後惡世欲說是經當
安住四法一者安住菩薩行處親近處能為
衆生演說是經文殊師利云何名菩薩摩訶
薩行處若菩薩摩訶薩住忍辱地柔和善順
而不卒暴心亦不驚又復於法无所行而觀
諸法如實相亦不行不分別是名菩薩摩訶
薩行處云何名菩薩摩訶薩親近處菩薩摩
訶薩不親近國王王子大臣官長不親近諸
外道梵志尼揵子等及造世俗文筆讚詠外
書及路伽耶陁逆路伽耶陁者亦不親近諸
有凶戲相扠相撲及那羅等種種變現之戲
又不親近旃陁羅及畜猪羊雞狗田獵魚捕
諸惡律儀如是人等或時來者則為說法无
所悕望又不親近求聲聞比丘比丘尼優婆
塞優婆夷亦不問訊若於房中若經行處若
在講堂中不共住止或時來者隨宜說法无
所悕求文殊師利又菩薩摩訶薩不應於女
人身取能生欲想相而為說法亦不樂見若
入他家不與小女處女寡女等共語亦復不

塞優婆夷亦不問訊若於房中若經行處若
在講堂中不共住止或時來者隨宜說法无
所悕求文殊師利又菩薩摩訶薩不應於女
人身取能生欲想相而為說法亦不樂見若
入他家不與小女處女寡女等共語亦復不
近五種不男之人以為親厚不獨入他家若
有因緣須獨入時但一心念佛若為女人說
法不露齒咲不現胷臆乃至為法猶不親厚
況復餘事不樂畜年少弟子沙弥小兒亦不
樂與同師常好坐禪在於閑處脩攝其心文
殊師利是名初親近處復次菩薩摩訶薩觀
一切法空如實相不顛倒不動不退不轉如虛
空无所有性一切語言道斷不生不出不起
无名无相實无所有无量无邊无㝵无鄣
但以因緣有從顛倒生故說常樂觀如是法
相是名菩薩摩訶薩第二親近處尒時世尊
欲重宣此義而說偈言
若有菩薩　於後惡世　无怖畏心　欲說是經
應入行處　及親近處　常離國王　及國王子
大臣官長　凶險戲者　及旃陁羅　外道梵志
亦不親近　增上慢人　貪著小乘　三藏學者
破戒比丘　名字羅漢　及比丘尼　好戲咲者
深著五欲　求現滅度　諸優婆夷　皆勿親近
若是人等　以好心來　到菩薩所　為聞佛道
菩薩則以　无所畏心　不懷悕望　而為說法
寡女處女　及諸不男　皆勿親近　以為親厚
亦莫親近　屠兒魁膾　田獵魚捕　為利殺害

深著五欲 求現滅度 諸優婆夷 皆勿親近
若是人等 以好心来 到菩薩所 為聞佛道
菩薩則以 无所畏心 不懷悕望 而為說法
寡女處女 及諸不男 皆勿親近 以為親厚
亦莫親近 屠兒魁膾 畋獵魚捕 為利殺害
販肉自活 衒賣女色 如是之人 皆勿親近
凶險相撲 種種嬉戲 諸婬女等 盡勿親近
莫獨屏處 為女說法 若說法時 无得戲咲
入里乞食 將一比丘 若无比丘 一心念佛
是則名為 行處近處 以此二處 能安樂說
又復不行 上中下法 有為无為 實不實法
亦不分別 是男是女 不得諸法 不知不見
是則名為 菩薩行處 一切諸法 空无所有
无有常住 亦无起滅 是名智者 所親近處
顛倒分別 諸法有无 是實非實 是生非生
在於閑處 脩攝其心 安住不動 如須弥山
觀一切法 皆无所有 猶如虛空 无有堅固
不生不出 不動不退 常住一相 是名近處
若有比丘 於我滅後 入是行處 及親近處
說斯經時 无有怯弱 菩薩有時 入於靜室
以正憶念 隨義觀法 從禪定起 為諸國王
王子臣民 婆羅門等 開化演暢 說斯經典
其心安隱 无有怯弱
文殊師利是名菩薩安住初法能於後世說
法華經又文殊師利如来滅後於末法中欲
說是經應住安樂行若口宣說若讀經時不
樂說人及經典過亦不輕慢諸餘法師不說
他人好惡長短於聲聞人亦不稱名說其過

文殊師利是名菩薩安住初法能於後世說
法華經又文殊師利如来滅後於末法中欲
說是經應住安樂行若口宣說若讀經時不
樂說人及經典過亦不輕慢諸餘法師不說
他人好惡長短於聲聞人亦不稱名說其過
惡亦不稱名讚歎其美又亦不生怨嫌之心
善脩如是安樂心故諸有聽者不逆其意有
所難問不以小乘法荅但以大乘而為解說
令得一切種智尒時世尊欲重宣此義而說
偈言
菩薩常樂 安隱說法 於清淨地 而施林座
以油塗身 澡浴塵穢 著新淨衣 內外俱淨
安處法座 隨問為說 若有比丘 及比丘尼
諸優婆塞 及優婆夷 國王王子 群臣士民
以微妙義 和顏為說 若有難問 隨義而荅
因緣譬喻 敷演分別 以是方便 皆使發心
漸漸增益 入於佛道 除懶墮意 及懈怠想
離諸憂惱 慈心說法 晝夜常說 无上道教
以諸因緣 无量譬喻 開示衆生 咸令歡喜
衣服卧具 飲食醫藥 而於其中 无所希望
但一心念 說法因緣 願成佛道 令衆亦尒
是則大利 安樂供養 我滅度後 若有比丘
能演說斯 妙法華經 心无嫉恚 諸惱鄣㝵
亦无憂愁 及罵詈者 又无怖畏 加刀杖等
亦无儐出 安住忍故 智者如是 善脩其心
能住安樂 如我上說 其人功德 千万億劫
筭數譬喻 說不能盡

亦无憂愁 及罵詈者 又无怖畏 加刀杖等
亦无儐出 安住忍故 智者如是 善脩其心
能住安樂 如我上說 其人功德 千万億劫
筭數譬喻 說不能盡
又文殊師利菩薩摩訶薩於後末世法欲滅
時受持讀誦斯經典者无懷嫉妬諂誑之心
亦勿輕罵學佛道者求其長短若比丘比丘
尼優婆塞優婆夷求聲聞者求辟支佛者求
菩薩道者无得惱之令其疑悔語其人言汝
等去道甚遠終不能得一切種智所以者何
汝是放逸之人於道懈怠故又亦不應戲論
諸法有所諍競當於一切衆生起大悲想於
諸如来起慈父想於諸菩薩起大師想於十
方諸大菩薩常應深心恭敬礼拜於一切衆
生平等說法以順法故不多不少乃至深愛
法者亦不為多說文殊師利是菩薩摩訶薩
於後末世法欲滅時有成就是第三安樂行
者說是法時无能惱乱得好同學共讀誦是
經亦得大衆而来聽受聽已能持持已能誦
誦已能說說已能書若使人書供養經卷恭
敬尊重讚嘆尒時世尊欲重宣此義而說偈
言
若欲說是經 當捨嫉恚慢 諂誑邪僞心 常脩質直行
不輕蔑於人 亦不戲論法 不令他疑悔 云汝不得佛
是佛子說法 常柔和能忍 慈悲於一切 不生懈怠心
十方大菩薩 愍衆故行道 應生恭敬心 是則我大師
於諸佛世尊 生无上父想 破於憍慢心 說法无鄣㝵

BD13832號　妙法蓮華經（八卷本）卷五　（20–8）

若欲說是經 當捨嫉恚慢 諂誑邪僞心 常脩質直行
不輕蔑於人 亦不戲論法 不令他疑悔 云汝不得佛
是佛子說法 常柔和能忍 慈悲於一切 不生懈怠心
十方大菩薩 愍衆故行道 應生恭敬心 是則我大師
於諸佛世尊 生无上父想 破於憍慢心 說法无鄣㝵
第三法如是 知者應守護 一心安樂行 无量衆所敬
又文殊師利菩薩摩訶薩於後末世法欲滅
時有持是法華經者於在家出家人中生大
慈心於非菩薩人中生大悲心應作是念如
是之人則為大失如来方便隨宜說法不聞
不知不覺不問不信不解其人雖不問不信
不解是經我得阿耨多羅三藐三菩提時隨
在何地以神通力智慧力引之令得住是法
中文殊師利是菩薩摩訶薩於如来滅後有
成就此第四法者說是法時无有過失常為
比丘比丘尼優婆塞優婆夷國王王子大臣
人民婆羅門居士等供養恭敬尊重讚嘆虛
空諸天為聽法故亦常隨侍若在聚落城邑
空閑林中有人来欲難問者諸天晝夜常為
法故而衛護之能令聽者皆得歡喜所以者
何此經是一切過去未来現在諸佛神力所
護故文殊師利是法華經於无量國中乃至
名字不可得聞何況得見受持讀誦文殊師
利譬如强力轉輪聖王欲以威勢降伏諸國
而諸小王不順其命時轉輪王起種種兵而
往討罰王見兵衆戰有功者即大歡喜隨功
賞賜或與田宅聚落城邑或與衣服嚴身之
具或與種種珍寶金銀琉璃車渠馬瑙珊瑚

BD13832號　妙法蓮華經（八卷本）卷五　（20–9）

利譬如强力轉輪聖王欲以威勢降伏諸國
而諸小王不順其命時轉輪王起種種兵而
往討罰王見兵衆戰有功者即大歡喜隨功
賞賜或與田宅聚落城邑或與衣服嚴身之
具或與種種珎寶金銀瑠璃車𤦲馬瑙珊瑚
虎魄象馬車乘奴婢人民唯髻中明珠不以
與之所以者何獨王頂上有此一珠若以與
之王諸眷屬必大驚恠文殊師利如來亦復
如是以禪定智慧力得法國土王於三界而
諸魔王不肯順伏如来賢聖諸將與之共戰
其有功者心亦歡喜於四衆中為說諸經令
其心悅賜以禪定解脫无漏根力諸法之財又
復賜與涅槃之城言得滅度引導其心令
皆歡喜而不為說是法華經文殊師利如轉
輪王見諸兵衆有大功者心甚歡喜以此難
信之珠久在髻中不妄與人而今與之如来亦
復如是於三界中為大法王以法教化一
切衆生見賢聖軍與五陰魔煩惱魔死魔共
戰有大功勳滅三毒出三界破魔網尒時如
来亦大歡喜此法華經能令衆生至一切智一
切世間多怨難信先所未說而今說之文
殊師利此法華經是諸如来第一之說於諸
說中冣為甚深末後賜與如彼强力之王久
護明珠今乃與之文殊師利此法華經諸佛
如来秘密之藏於諸經中冣在其上長夜守
護不妄宣說始於今日乃與汝等而敷演之
尒時世尊欲重宣此義而說偈言

如来秘密之藏於諸經中冣在其上長夜守
護不妄宣說始於今日乃與汝等而敷演之
尒時世尊欲重宣此義而說偈言
常行忍辱　哀愍一切　乃能演說　佛所讚經
後末世時　持此經者　於家出家　及非菩薩
應生慈悲　斯等不聞　不信是經　則為大失
我得佛道　以諸方便　為說此法　令住其中
譬如强力　轉輪之王　兵戰有功　賞賜諸物
象馬車乘　嚴身之具　及諸田宅　聚落城邑
或與衣服　種種珎寶　奴婢財物　歡喜賜與
如有勇健　能為難事　王解髻中　明珠賜之
如来亦尒　為諸法王　忍辱大力　智慧寶藏
以大慈悲　如法化世　見一切人　受諸苦惱
欲求解脫　與諸魔戰　為是衆生　說種種法
以大方便　說此諸經　既知衆生　得其力已
末後乃為　說是法華　如王解髻　明珠與之
此經為尊　衆經中上　我常守護　不妄開示
今正是時　為汝等說　我滅度後　求佛道者
欲得安隱　演說斯經　應當親近　如是四法
讀是經者　常无憂惱　又无病痛　顏色鮮白
不生貧窮　卑賤醜陋　衆生樂見　如慕賢聖
天諸童子　以為給使　刀杖不加　毒不能害
若人惡罵　口則閉塞　遊行无畏　如師子王
智慧光明　如日之照　若於夢中　但見妙事
見諸如来　坐師子座　諸比丘衆　圍遶說法
又見龍神　阿脩羅等　數如恒沙　恭敬合掌
自見其身　而為說法　又見諸佛　身相金色

若人惡罵口則閉塞 遊行无畏 如師子王
智慧光明 如日之照 若於夢中 但見妙事
見諸如來 坐師子座 諸比丘衆 圍遶說法
又見龍神 阿脩羅等 數如恒沙 恭敬合掌
自見其身 而為說法 又見諸佛 身相金色
放无量光 照於一切 以梵音聲 演說諸法
佛為四衆 說无上法 見身處中 合掌讚佛
聞法歡喜 而為供養 得陁羅尼 證不退智
佛知其心 深入佛道 即為授記 成最正覺
汝善男子 當於來世 得无量智 佛之大道
國土嚴淨 廣大无比 亦有四衆 合掌聽法
又見自身 在山林中 脩習善法 證諸實相
深入禪定 見十方佛
諸佛身金色 百福相莊嚴 聞法為人說 常有是好夢
又夢作國王 捨宮殿眷屬 及上妙五欲 行詣於道場
在菩提樹下 而處師子座 求道過七日 得諸佛之智
成无上道已 起而轉法輪 為四衆說法 經千万億劫
說无漏妙法 度无量衆生 後當入涅槃 如烟盡燈滅
若後惡世中 說是第一法 是人得大利 如上諸功德
妙法蓮華經從地踊出品第十五
尒時他方國土諸來菩薩摩訶薩過八恒河
沙數於大衆中起立合掌作礼而白佛言世
尊若聽我等於佛滅後在此娑婆世界勤加
精進護持讀誦書寫供養是經典者當於此
土而廣說之尒時佛告諸菩薩摩訶薩衆止
善男子不須汝等護持此經所以者何我娑
婆世界自有六万恒河沙等菩薩摩訶薩一

BD13832號 妙法蓮華經（八卷本）卷五 （20–12）

精進護持讀誦書寫供養是經典者當於此
土而廣說之尒時佛告諸菩薩摩訶薩衆止
善男子不須汝等護持此經所以者何我娑
婆世界自有六万恒河沙等菩薩摩訶薩一
一菩薩各有六万恒河沙眷屬是諸人等能
於我滅後護持讀誦廣說此經佛說是時娑
婆世界三千大千國土地皆震裂而於其中
有无量千万億菩薩摩訶薩同時踊出是諸
菩薩身皆金色三十二相无量光明先盡在
此娑婆世界之下此界虛空中住是諸菩薩
聞釋迦牟尼佛所說音聲從下發來一一菩
薩皆是大衆唱導之首各將六万恒河沙眷
屬況將五万四万三万二万一万恒河沙等眷
屬者況復乃至一恒河沙半恒河沙四分
之一乃至千万億那由他分之一況復千万
億那由他眷屬況復億万眷屬況復千万百
万乃至一万況復一千一百乃至一十況復
將五四三二一弟子者況復單己樂遠離行
如是等比无量无邊筭數譬喻所不能知是
諸菩薩從地出已各詣虛空七寶妙塔多寶
如來釋迦牟尼佛所到已向二世尊頭面礼
足及至諸寶樹下師子座上佛所亦皆作礼
右遶三帀合掌恭敬以諸菩薩種種讚法而
以讚歎住在一面欣樂瞻仰於二世尊是諸
菩薩摩訶薩從初踊出以諸菩薩種種讚法
而讚於佛如是時間逕五十小劫是時釋迦牟
尼佛默然而坐及諸四衆亦皆默然五十小

BD13832號 妙法蓮華經（八卷本）卷五 （20–13）

右遶三匝合掌恭敬以諸菩薩種種讚法而
以讚嘆住在一面欣樂瞻仰於二世尊是諸
菩薩摩訶薩從初踊出以諸菩薩種種讚法
而讚於佛如是時閒逕五十小劫是時釋迦牟
尼佛黙然而坐及諸四衆亦皆黙然五十小
劫佛神力故令諸大衆謂如半日尒時四
衆亦以佛神力故見諸菩薩遍滿无量百千
万億國土虚空是菩薩衆中有四導師一名
上行二名无邊行三名淨行四名安立行是
四菩薩於其衆中冣為上首唱導之師在大
衆前各共合掌觀釋迦牟尼佛而問訊言世
尊少病少惱安樂行不所應度者受教易不
不令世尊生疲勞邪尒時四大菩薩而說偈
言
世尊安樂　少病少惱　教化衆生　得无疲倦
又諸衆生　受化易不　不令世尊　生疲勞邪
尒時世尊於菩薩大衆中而作是言如是如
是諸善男子如来安樂少病少惱諸衆生等
易可化度无有疲勞所以者何是諸衆生世
世已来常受我化亦於過去諸佛供養尊重
種諸善根此諸衆生始見我身聞我所說即
皆信受入如来慧除先脩習學小乘者如是
之人我今亦令得聞是經入於佛慧尒時諸
大菩薩而說偈言
善哉善哉　大雄世尊　諸衆生等　易可化度
能問諸佛　甚深智慧　聞已信行　我等隨喜
於時世尊讚嘆上首諸大菩薩善哉善哉善
男子汝等能於如来發隨喜心尒時弥勒菩

大菩薩而說偈言
善哉善哉　大雄世尊　諸衆生等　易可化度
能問諸佛　甚深智慧　聞已信行　我等隨喜
於時世尊讚嘆上首諸大菩薩善哉善哉善
男子汝等能於如来發隨喜心尒時弥勒菩
薩及八千恒河沙諸菩薩衆皆作是念我等
從昔已来不見不聞如是大菩薩摩訶薩衆
從地踊出住世尊前合掌供養問訊如来時
弥勒菩薩摩訶薩知八千恒河沙諸菩薩等
心之所念并欲自決所疑合掌向佛以偈問曰
无量千万億　大衆諸菩薩　昔所未曾見　願兩足尊說
是從何所来　以何因緣集　巨身大神通　智慧叵思議
其志念堅固　有大忍辱力　衆生所樂見　為從何所来
一一諸菩薩　所將諸眷屬　其數无有量　如恒河沙等
或有大菩薩　將六万恒沙　如是諸大衆　一心求佛道
是諸大師等　六万恒河沙　俱来供養佛　及護持是經
將五万恒沙　其數過於是　四万及三万　二万至一万
一千一百等　乃至一恒沙　半及三四分　億万分之一
千万那由他　万億諸弟子　乃至於半億　其數復過上
百万至一万　一千及一百　五十與一十　乃至三二一
單己无眷屬　樂於獨處者　俱来至佛所　其數轉過上
如是諸大衆　若人行籌數　過於恒沙劫　猶不能盡知
是諸大威德　精進菩薩衆　誰為其說法　教化而成就
從誰初發心　稱揚何佛法　受持行誰經　脩習何佛道
如是諸菩薩　神通大智力　四方地震裂　皆從中踊出
世尊我昔来　未曾見是事　願說其所從　國土之名号
我常遊諸國　未曾見是衆　我於此衆中　乃不識一人
忽然從地出　願說其因緣　今此之大會　无量百千億

是諸大威德　精進菩薩眾　誰為其說法　教化而成就
從誰初發心　稱楊何佛法　受持行誰經　脩習何佛道
如是諸菩薩　神通大智力　四方地震裂　皆從中踊出
世尊我昔来　未曾見是事　願說其所從　國土之名号
我常遊諸國　未曾見是眾　我於此眾中　乃不識一人
忽然從地出　願說其因緣　今此之大會　无量百千億
是諸菩薩等　皆欲知此事　是諸菩薩眾　本末之因緣
无量德世尊　唯願決眾疑
尒時釋迦牟尼分身諸佛從无量千万億他
方國土来者在於八方諸寶樹下師子座上
結跏趺坐其佛侍者各各見是菩薩大眾於
三千大千世界四方從地踊出住於虛空各白
其佛言世尊此諸无量无邊阿僧祇菩薩大
眾從何所来尒時諸佛各告侍者諸善男
子且待須臾有菩薩摩訶薩名曰弥勒釋迦牟
尼佛之所受記次後作佛已問斯事佛今荅
之汝等自當因是得聞尒時釋迦牟尼佛告
弥勒菩薩善哉善哉阿逸多乃能問佛如是
大事汝等當共一心被精進鎧發堅固意如
来今欲顯發宣示諸佛智慧諸佛自在神通
之力諸佛師子奮迅之力諸佛威猛大勢之
力尒時世尊欲重宣此義而說偈言
當精進一心　我欲說此事　勿得有疑悔　佛智叵思議
汝今出信力　住於忍善中　昔所未聞法　今皆當得聞
我今安慰汝　勿得懷疑懼　佛无不實語　智慧不可量
所得第一法　甚深叵分別　如是今當說　汝等一心聽
尒時世尊說此偈已告弥勒菩薩我今於此
大眾宣告汝等阿逸多是諸大菩薩摩訶薩

我今安慰汝　勿得懷疑懼　佛无不實語　智慧不可量
所得第一法　甚深叵分別　如是今當說　汝等一心聽
尒時世尊說此偈已告弥勒菩薩我今於此
大眾宣告汝等阿逸多是諸大菩薩摩訶薩
无量无數阿僧祇從地踊出汝等昔所未見者
我於是娑婆世界得阿耨多羅三藐三菩
提已教化示導是諸菩薩調伏其心令發道
意此諸菩薩皆於是娑婆世界之下此界虛
空中住於諸經典讀誦通利思惟分別正憶
念阿逸多是諸善男子等不樂在眾多有所
說常樂靜處勤行精進未曾休息亦不依止
人天而住常樂深智无有鄣㝵亦常樂於諸
佛之法一心精進求无上慧尒時世尊欲重
宣此義而說偈言
阿逸汝當知　是諸大菩薩　從无數劫来　脩習佛智慧
悉是我所化　令發大道心　此等是我子　依止是世界
常行頭陀事　志樂於靜處　捨大眾憒丙　不樂多所說
如是諸子等　學習我道法　晝夜常精進　為求佛道故
在娑婆世界　下方空中住　志念力堅固　常勤求智慧
說種種妙法　其心无所畏　我於伽邪城　菩提樹下坐
得成最正覺　轉无上法輪　尒乃教化之　令初發道心
今皆住不退　悉當得成佛　我今說實語　汝等一心信
我從久遠来　教化是等眾
尒時弥勒菩薩摩訶薩及无數諸菩薩等心
生疑惑恠未曾有而作是念云何世尊於少
時間教化如是无量无邊阿僧祇諸大菩薩
令住阿耨多羅三藐三菩提即白佛言世尊
如来為太子時出於釋宮去伽耶城不遠坐

[illegible]
生疑或怯未曾有而作是念云何世尊於少
時間教化如是无量无邊阿僧祇諸大菩薩
令住阿耨多羅三藐三菩提即白佛言世尊
如來為太子時出於釋宮去伽耶城不遠坐
於道場得成阿耨多羅三藐三菩提從是以
來始過四十餘年世尊云何於此少時大作佛
事以佛勢力以佛功德教化如是无量大菩
薩眾當成阿耨多羅三藐三菩提世尊此
大菩薩眾假使有人於千万億劫數不能盡
不得其邊斯等久遠以來於无量无邊諸佛
所殖諸善根成就菩薩道常脩梵行世尊如
此之事世所難信譬如有人色美髮黑年廿
五指百歲人言是我子其百歲人亦指年
少言是我父生育我等是事難信佛亦如是
得道以來其實未久而此大眾諸菩薩等已於
无量千万億劫為佛道故勤行精進善入出
住无量百千万億三昧得大神通久脩梵行
善能次第集諸善法巧於問荅人中之寶一
切世間甚為希有今日世尊方云得佛道時
初令發心教化示導令向阿耨多羅三藐三
菩提世尊得佛未久乃能作此大功德事我
等雖復信佛隨宜所說佛所出言未曾虛妄
佛所知者皆悉通達然諸新發意菩薩於佛
滅後若聞是語或不信受而起破法罪業因
緣唯然世尊願為解說除我等疑及未來世
諸善男子聞此事已亦不生疑尒時弥勒菩
薩欲重宣此義而說偈言

BD13832號　妙法蓮華經（八卷本）卷五

（20–18）

佛所知者皆悉通達然諸新發意菩薩於佛
滅後若聞是語或不信受而起破法罪業因
緣唯然世尊願為解說除我等疑及未來世
諸善男子聞此事已亦不生疑尒時弥勒菩
薩欲重宣此義而說偈言
佛昔從釋種　出家近伽耶　坐於菩提樹　尒來尚未久
此諸佛子等　其數不可量　久已行佛道　住神通智力
善學菩薩道　不染世間法　如蓮華在水　從地而踊出
皆起恭敬心　住於世尊前　是事難思議　云何而可信
佛得道甚近　所成就甚多　願為除眾疑　如實分別說
譬如少壯人　年始二十五　示人百歲子　髮白而面皺
是等我所生　子亦說是父　父少而子老　舉世所不信
世尊亦如是　得道來甚近　是諸菩薩等　志固无怯弱
從无量劫來　而行菩薩道　巧於難問荅　其心无所畏
忍辱心決定　端政有威德　十方佛所讚　善能分別說
不樂在人眾　常好在禪定　為求佛道故　於下空中住
我等從佛聞　於此事无疑　願佛為未來　演說令開解
若有於此經　生疑不信者　即當墮惡道　願今為解說
是无量菩薩　云何於少時　教化令發心　而住不退地

妙法蓮華經卷第五

BD13832號　妙法蓮華經（八卷本）卷五

（20–19）

我等從佛聞　於此事无疑　願佛為未來　演說令開解
若有於此經　生疑不信者　即當墮惡道　願今為解說
是无量菩薩　云何於少時　教化令發心　而住不退地
妙法蓮華經卷第五

BD13832號　妙法蓮華經（八卷本）卷五　（20–20）

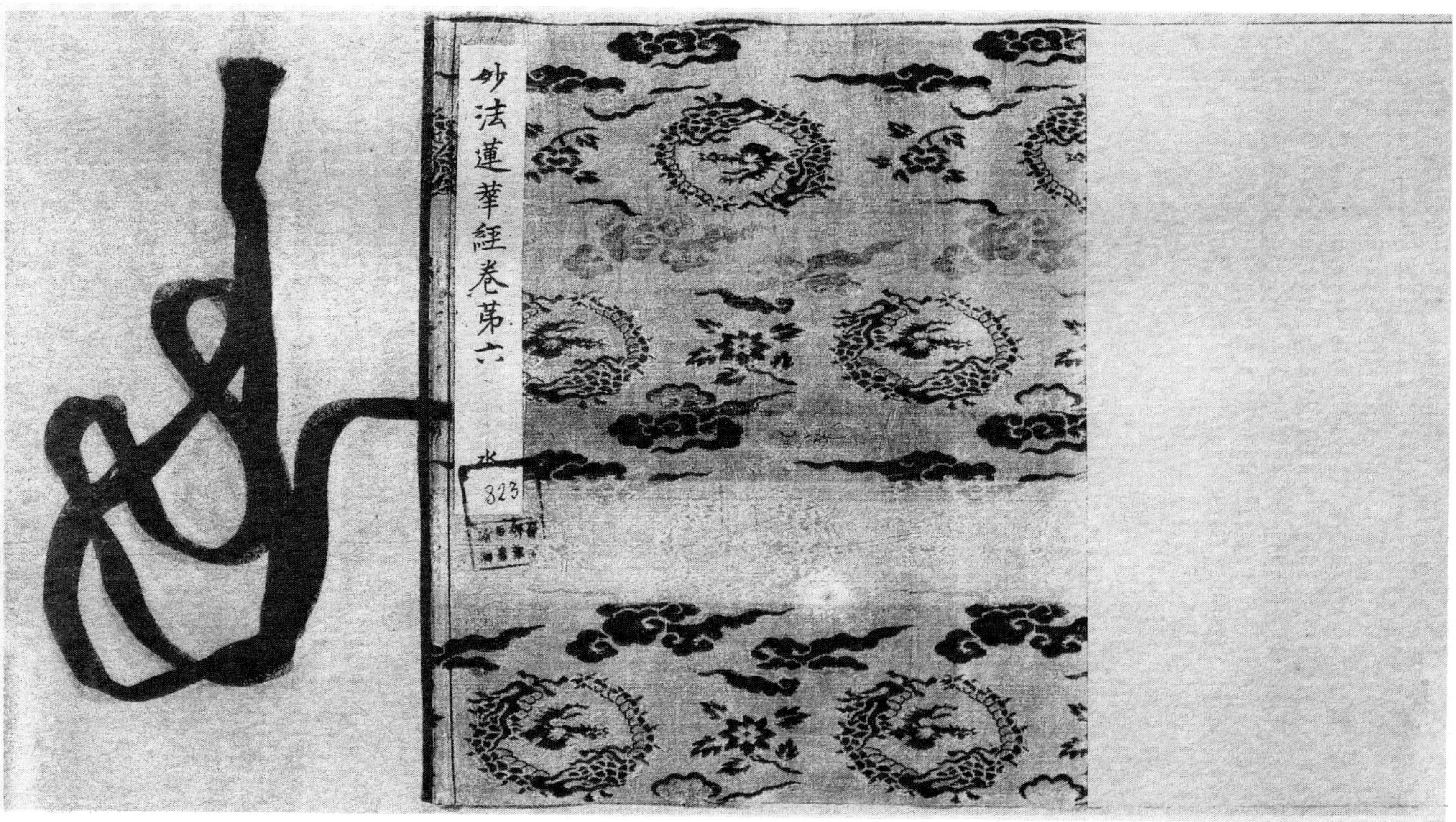

BD13833號背　現代護首　（1–1）

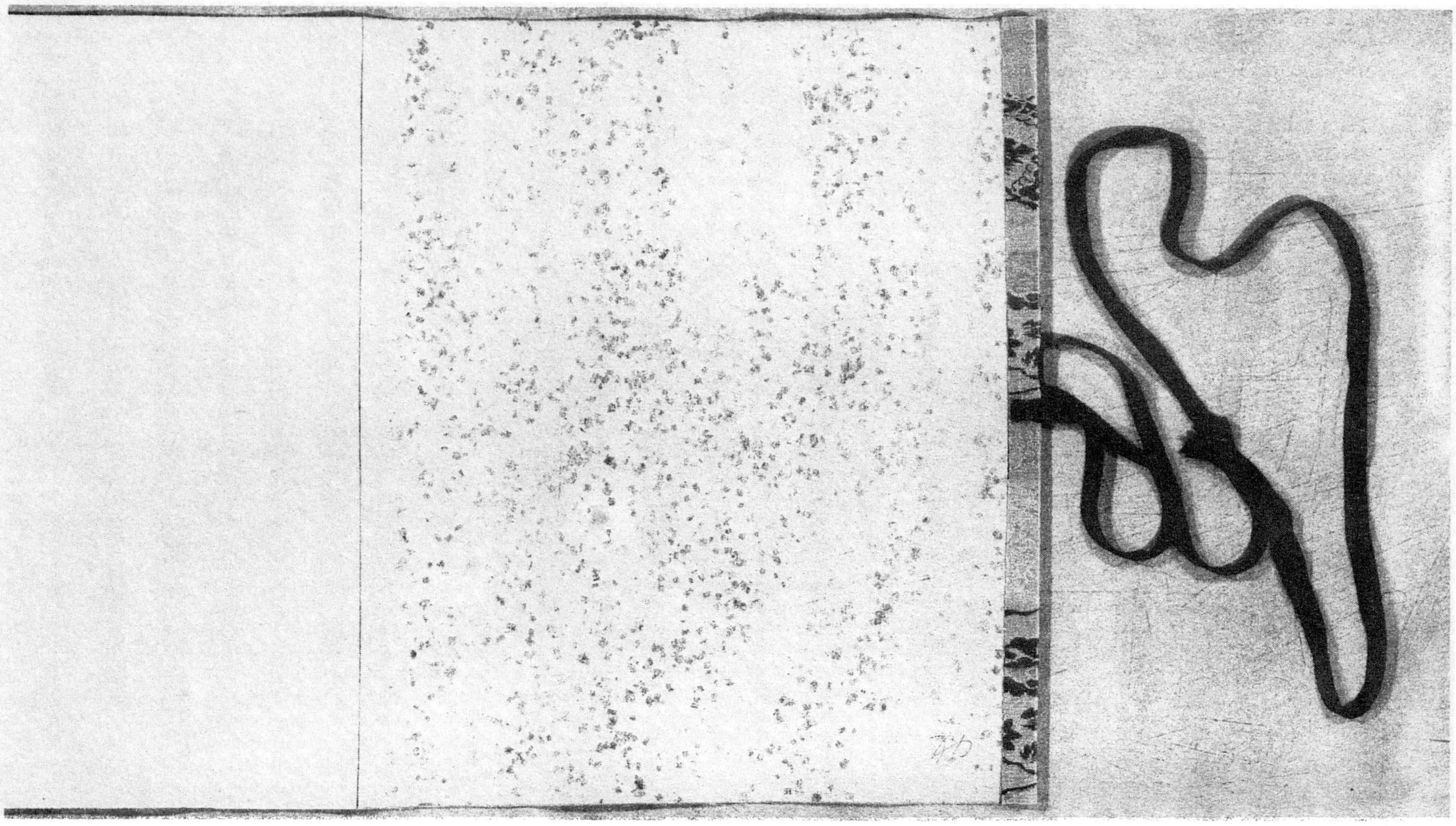

BD13833號　妙法蓮華經卷六　（28–1）

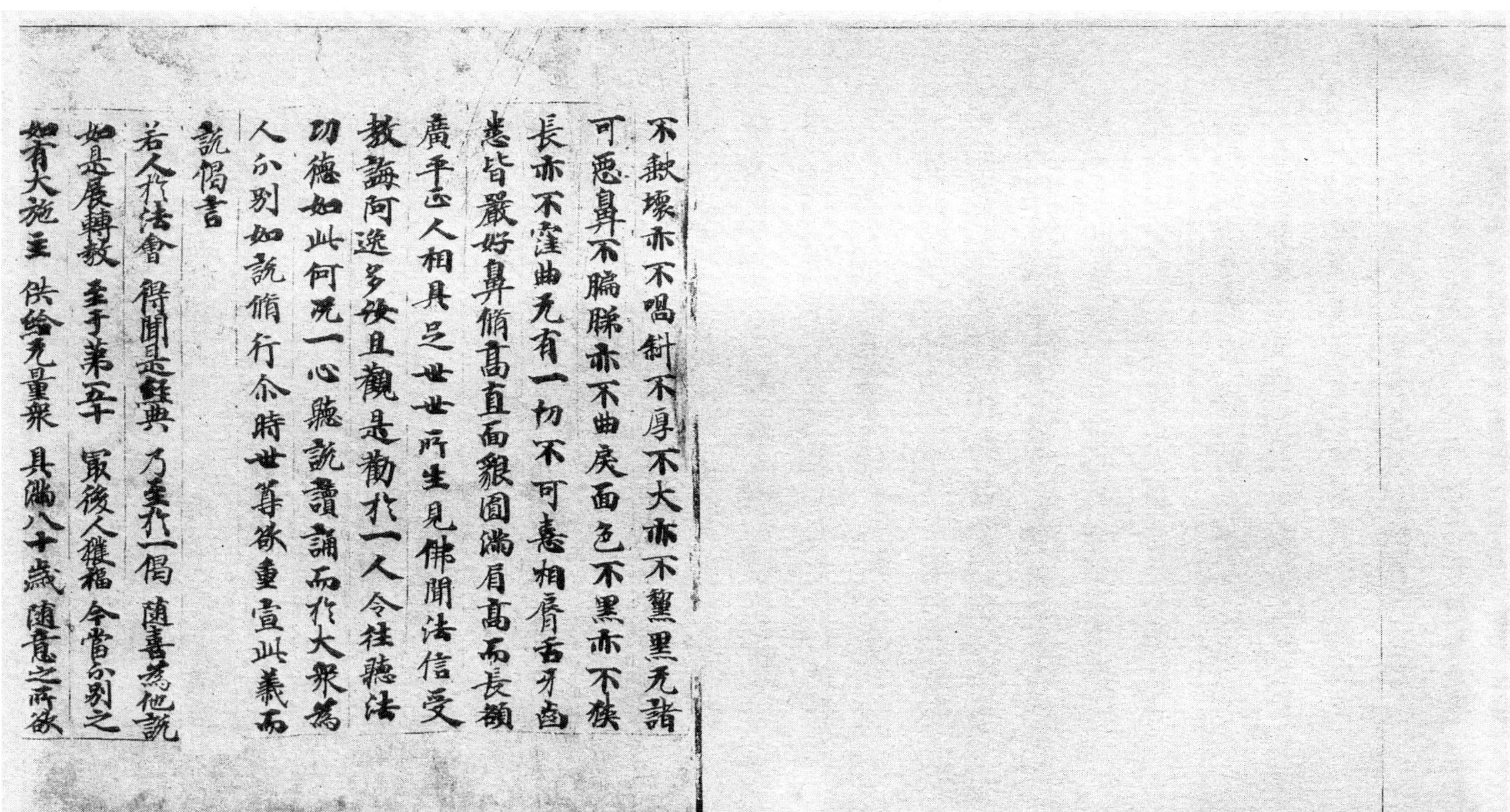

不缺壞亦不喎斜不厚不大亦不黧黑无諸
可惡鼻不匾㔸亦不曲戾面色不黑亦不狹
長亦不窪曲无有一切不可憙相脣舌牙齒
悉皆嚴好鼻脩高直面貌圓滿眉高而長額
廣平正人相具足世世所生見佛聞法信受
教誨阿逸多汝且觀是勸於一人令往聽法
功德如此何况一心聽說讀誦而於大衆為
人分別如說脩行尒時世尊欲重宣此義而
說偈言
若人於法會　得聞是經典　乃至於一偈　隨喜為他說
如是展轉教　至于第五十　最後人獲福　今當分別之
如有大施主　供給无量衆　具滿八十歲　隨意之所欲

BD13833號　妙法蓮華經卷六　（28–2）

說偈言
若人於法會　得聞是經典　乃至於一偈　隨喜為他說
如是展轉教　至于第五十　最後人獲福　今當分別之
如有大施主　供給无量眾　具滿八十歲　隨意之所欲
見彼衰老相　髮白而面皺　齒疏形枯竭　念其死不久
我今應當教　令得於道果　即為方便說　涅槃真實法
世皆不牢固　如水沫泡焰　汝等咸應當　疾生厭離心
諸人聞是法　皆得阿羅漢　具足六神通　三明八解脫
最後第五十　聞一偈隨喜　是人福勝彼　不可為譬喻
如是展轉聞　其福尚无量　何況於法會　初聞隨喜者
若有勸一人　將引聽法華　言此經深妙　千萬劫難遇
即受教往聽　乃至須臾聞　斯人之福報　今當分別說
世世无口患　齒不疏黃黑　脣不厚褰缺　无有可惡相
舌不乾黑短　鼻高脩且直　額廣而平正　面目悉端嚴
為人所喜見　口氣无臭穢　優鉢華之香　常從其口出
若故詣僧坊　欲聽法華經　須臾聞歡喜　今當說其福
後生天人中　得妙象馬車　珍寶之輦輿　及乘天宮殿
若於講法處　勸人坐聽經　是福因緣得　釋梵轉輪座
何況一心聽　解說其義趣　如說而脩行　其福不可限

妙法蓮華經法師功德品第十九

尒時佛告常精進菩薩摩訶薩若善男子善
女人受持是法華經若讀若誦若解說若書
寫是人當得八百眼功德千二百耳功德八
百鼻功德千二百舌功德八百身功德千二
百意功德以是功德莊嚴六根皆令清淨是
善男子善女人父母所生清淨肉眼見於三

BD13833號　妙法蓮華經卷六　（28–3）

寫是人當得八百眼功德千二百耳功德八
百鼻功德千二百舌功德八百身功德千二
百意功德以是功德莊嚴六根皆令清淨是
善男子善女人父母所生清淨肉眼見於三
千大千世界內外所有山林河海下至阿鼻
地獄上至有頂亦見其中一切眾生及業因
緣果報生處悉見悉知尒時世尊欲重宣此
義而說偈言
若於大眾中　以无所畏心　說是法華經　汝聽其功德
是人得八百　功德殊勝眼　以是莊嚴故　其目甚清淨
父母所生眼　悉見三千界　內外彌樓山　須彌及鐵圍
并諸餘山林　大海江河水　下至阿鼻獄　上至有頂處
其中諸眾生　一切皆悉見　雖未得天眼　肉眼力如是
復次常精進若善男子善女人受持此經若
讀若誦若解說若書寫得千二百耳功德以
是清淨耳聞三千大千世界下至阿鼻地獄
上至有頂其中內外種種語言音聲象聲馬
聲牛聲車聲啼哭聲愁歎聲螺聲鼓聲鍾聲
鈴聲笑聲語聲男聲女聲童子聲童女聲法
聲非法聲苦聲樂聲凡夫聲聖人聲喜聲不
喜聲天聲龍聲夜叉聲乾闥婆聲阿脩羅聲
迦樓羅聲緊那羅聲摩睺羅伽聲火聲水聲
風聲地獄聲畜生聲餓鬼聲比丘聲比丘尼
聲聲聞聲辟支佛聲菩薩聲佛聲以要言之
三千大千世界中一切內外所有諸聲雖未

BD13833號　妙法蓮華經卷六　（28–4）

迦樓羅聲緊那羅聲摩睺羅伽聲火聲水聲
風聲地獄聲畜生聲餓鬼聲比丘聲比丘尼
聲聲聞聲辟支佛聲菩薩聲佛聲以要言之
三千大千世界中一切内外所有諸聲雖未
得天耳以父母所生清淨常耳皆悉聞知如
是分別種種音聲而不壞耳根尒時世尊欲
重宣此義而説偈言
父母所生耳　清淨无濁穢　以此常耳聞　三千世界聲
象馬車牛聲　鍾鈴螺鼓聲　琴瑟箜篌聲　簫笛之音聲
清淨好歌聲　聽之而不著　无數種人聲　聞悉能解了
又聞諸天聲　微妙之歌音　及聞男女聲　童男童女聲
山川嶮谷中　迦陵頻伽聲　命命等諸鳥　悉聞其音聲
地獄衆苦痛　種種楚毒聲　餓鬼飢渴逼　求索飲食聲
諸阿脩羅等　居在大海邊　自共語言時　出于大音聲
如是説法者　安住於此間　遥聞是衆聲　而不壞耳根
十方世界中　禽獸鳴相呼　其説法之人　於此悉聞之
其諸梵天上　光音及遍淨　乃至有頂天　言語之音聲
法師住於此　悉皆得聞之　一切比丘衆　及諸比丘尼
若讀誦經典　若爲他人説　法師住於此　悉皆得聞之
須有諸菩薩　讀誦於經法　若爲他人説　撰集解其義
如是諸音聲　悉皆得聞之　諸佛大聖尊　教化衆生者
於諸大衆中　演説微妙法　持此法華者　悉皆得聞之
三千大千界　内外諸音聲　下至阿鼻獄　上至有頂天
皆聞其音聲　而不壞耳根　其耳聰利故　悉能分別知
持是法華者　雖未得天耳　但用所生耳　功德已如是
復次常精進若善男子善女人受持是經若
讀若誦若解説若書寫成就八百鼻功德以

三千大千界　内外諸音聲　下至阿鼻獄　上至有頂天
皆聞其音聲　而不壞耳根　其耳聰利故　悉能分別知
持是法華者　雖未得天耳　但用所生耳　功德已如是
復次常精進若善男子善女人受持是經若
讀若誦若解説若書寫成就八百鼻功德以
是清淨鼻根聞於三千大千世界上下内外
種種諸香須曼那華香闍提華香末利華香
瞻蔔華香波羅羅華香赤蓮華香青蓮華香
白蓮華香華樹香菓樹香栴檀香沈水香多
摩羅跋香多伽羅香及千万種和香若末若
丸若塗香持是經者於此間住悉能分別又
復別知衆生之香象香馬香牛羊等香男香
女香童子香童女香及草木叢林香若近若
遠所有諸香悉皆得聞分別不錯持是經者
雖住於此亦聞天上諸天之香波利質多羅
拘鞞陁羅樹香及曼陁羅華香摩訶曼陁羅
華香曼殊沙華香摩訶曼殊沙華香栴檀沈
水種種末香諸雜華香如是等天香和合所
出之香无不聞知又聞諸天身香釋提桓因
在勝殿上五欲娯樂嬉戲時香若在妙法堂
上爲忉利諸天説法時香若於諸園遊戲時
香及餘天等男女身香皆悉遥聞如是展轉
乃至梵世上至有頂諸天身香亦皆聞之并
聞諸天所燒之香及聲聞香辟支佛香菩薩
香諸佛身香亦皆遥聞知其所在雖聞此香
然於鼻根不壞不錯若欲分別爲他人説憶
念不謬尒時世尊欲重宣此義而説偈言

乃至梵世上至有頂諸天身香亦皆聞之并
聞諸天所燒之香及聲聞香辟支佛香菩薩
香諸佛身香亦皆遥聞知其所在雖聞此香
然於鼻根不壞不錯若欲分別為他人說憶
念不謬尒時世尊欲重宣此義而說偈言
是人鼻清淨　於此世界中　若香若臭物　種種悉聞知
須曼那闍提　多摩羅栴檀　沈水及桂香　種種華菓香
及知衆生香　男子女人香　說法者遠住　聞香知所在
大勢轉輪王　小轉輪及子　群臣諸宮人　聞香知所在
身所著珎寶　及地中寶藏　轉輪王寶女　聞香知所在
諸人嚴身具　衣服及瓔珞　種種所塗香　聞則知其身
諸天若行坐　遊戲及神變　持是法華者　聞香悉能知
諸樹華菓實　及蘇油香氣　持經者住此　悉知其所在
諸山深嶮處　栴檀樹華敷　衆生在中者　聞香皆能知
鐵圍山大海　地中諸衆生　持經者聞香　悉知其所在
阿脩羅男女　及其諸眷屬　鬪諍遊戲時　聞香皆能知
曠野嶮隘處　師子象虎狼　野牛水牛等　聞香知所在
若有懷任者　未辯其男女　无根及非人　聞香悉能知
以聞香力故　知其初懷任　成就不成就　安樂產福子
以聞香力故　知男女所念　染欲癡恚心　亦知脩善者
地中衆伏藏　金銀諸珎寶　銅器之所盛　聞香悉能知
種種諸瓔珞　无能識其價　聞香知貴賤　出處及所在
天上諸華等　曼陁曼殊沙　波利質多樹　聞香悉能知
天上諸宮殿　上中下差別　衆寶華莊嚴　聞香悉能知
天園林勝殿　諸觀妙法堂　在中而娛樂　聞香悉能知
諸天若聽法　或受五欲時　來往行坐臥　聞香悉能知
天女所著衣　好華香莊嚴　周旋遊戲時　聞香悉能知

BD13833號　妙法蓮華經卷六　（28–7）

天上諸宮殿　上中下差別　衆寶華莊嚴　聞香悉能知
天園林勝殿　諸觀妙法堂　在中而娛樂　聞香悉能知
諸天若聽法　或受五欲時　來往行坐臥　聞香悉能知
天女所著衣　好華香莊嚴　周旋遊戲時　聞香悉能知
如是展轉上　乃至於梵世　入禪出禪者　聞香悉能知
光音遍淨天　乃至于有頂　初生及退沒　聞香悉能知
諸比丘衆等　於法常精進　若坐若經行　及讀誦經法
或在林樹下　專精而坐禪　持經者聞香　悉知其所在
菩薩志堅固　坐禪若讀誦　或為人說法　聞香悉能知
在在方世尊　一切所恭敬　愍衆而說法　聞香悉能知
衆生在佛前　聞經皆歡喜　如法而脩行　聞香悉能知
雖未得菩薩　无漏法生鼻　而是持經者　先得此鼻相
復次常精進若善男子善女人受持是經若
讀若誦若解說若書寫得千二百舌功德若
好若醜若美不美及諸苦澁物在其舌根皆
變成上味如天甘露无不美者若以舌根於
大衆中有所演說出深妙聲能入其心皆令
歡喜快樂又諸天子天女釋梵諸天聞是深
妙音聲有所演說言論次第皆悉來聽及諸
龍龍女夜叉夜叉女乾闥婆乾闥婆女阿脩
羅阿脩羅女迦樓羅迦樓羅女緊那羅緊那
羅女摩睺羅伽摩睺羅伽女為聽法故皆來
親近恭敬供養及比丘比丘尼優婆塞優婆
夷國王王子群臣眷屬小轉輪王大轉輪王
七寶千子內外眷屬乘其宮殿俱來聽法以
是菩薩善說法故婆羅門居士國內人民盡

BD13833號　妙法蓮華經卷六　（28–8）

親近恭敬供養及比丘比丘尼優婆塞優婆
夷國王王子羣臣眷属小轉輪王大轉輪王
七寶千子內外眷属乘其宮殿俱來聽法以
是菩薩善說法故婆羅門居士國內人民盡
其形壽隨侍供養又諸聲聞辟支佛菩薩諸
佛常樂見之是人所在方面諸佛皆向其處
說法悉能受持一切佛法又能出於深妙法
音尒時世尊欲重宣此義而說偈言
是人舌根淨　終不受惡味　其有所食噉　悉皆成甘露
以深淨妙音　於大衆說法　以諸因緣喻　引導衆生心
聞者皆歡喜　設諸上供養　諸天龍夜叉　及阿脩羅等
皆以恭敬心　而共來聽法　是說法之人　若欲以妙音
遍滿三千界　隨意即能至　大小轉輪王　及千子眷属
合掌恭敬心　常來聽受法　諸天龍夜叉　羅剎毗舍闍
亦以歡喜心　常樂來供養　梵天王魔王　自在大自在
如是諸天衆　常來至其所　諸佛及弟子　聞其說法音
常念而守護　或時為現身
復次常精進若善男子善女人受持是經若
讀若誦若解說若書寫得八百身功德得清
淨身如淨瑠璃衆生憙見其身淨故三千大
千世界衆生生時死時上下好醜生善處惡
處悉於中現及鐵圍山大鐵圍山彌樓山摩
訶彌樓山等諸山及其中衆生悉於中現下
至阿鼻地獄上至有頂所有及衆生悉於中
現若聲聞辟支佛菩薩諸佛說法皆於身中
現其色像尒時世尊欲重宣此義而說偈言

處悉於中現及鐵圍山大鐵圍山彌樓山摩
訶彌樓山等諸山及其中衆生悉於中現下
至阿鼻地獄上至有頂所有及衆生悉於中
現若聲聞辟支佛菩薩諸佛說法皆於身中
現其色像尒時世尊欲重宣此義而說偈言
若持法華者　其身甚清淨　如彼淨瑠璃　衆生皆憙見
又如淨明鏡　悉見諸色像　菩薩於淨身　皆見世所有
唯獨自明了　餘人所不見　三千世界中　一切諸羣萌
天人阿脩羅　地獄鬼畜生　如是諸色像　皆於身中現
諸天等宮殿　乃至於有頂　鐵圍及彌樓　摩訶彌樓山
諸大海水等　皆於身中現　諸佛及聲聞　佛子菩薩等
若獨若在衆　說法悉皆現　雖未得无漏　法性之妙身
以清淨常體　一切於中現
復次常精進若善男子善女人如來滅後受
持是經若讀若誦若解說若書寫得千二百
意功德以是清淨意根乃至聞一偈一句通
達无量无邊之義解是義已能演說一句一
偈至於一月四月乃至一歲諸所說法隨其
義趣皆與實相不相違背若說俗間經書治
世語言資生業等皆順正法三千大千世界
六趣衆生心之所行心所動作心所戲論皆
悉知之雖未得无漏智慧而其意根清淨如
此是人有所思惟籌量言說皆是佛法无不
真實亦是先佛經中所說尒時世尊欲重宣
此義而說偈言
是人意清淨　明利无穢濁　以此妙意根　知上中下法

此是人有所思惟籌量言說皆是佛法无不
真實亦是先佛經中所說 尒時世尊欲重宣
此義而說偈言
是人意清淨 明利无穢濁 以此妙意根 知上中下法
乃至聞一偈 通達无量義 次第如法說 月四月至歲
是世界內外 一切諸衆生 若天龍及人 夜叉鬼神等
其在六趣中 所念若干種 持法華之報 一時皆悉知
十方无數佛 百福莊嚴相 為衆生說法 悉聞能受持
思惟无量義 說法亦无量 終始不忘錯 以持法華故
悉知諸法相 隨義識次第 達名字語言 如所知演說
此人有所說 皆是先佛法 以演此法故 於衆无所畏
持法華經者 意根淨若斯 雖未得无漏 先有如是相
是人持此經 安住希有地 為一切衆生 歡喜而愛敬
能以千万種 善巧之語言 分別而說法 持法華經故

妙法蓮華經常不輕菩薩品第二十

尒時佛告得大勢菩薩摩訶薩 汝今當知若
比丘比丘尼優婆塞優婆夷持法華經者若
有惡口罵詈誹謗獲大罪報如前所說其所
得功德如向所說眼耳鼻舌身意清淨得大
勢乃往古昔過无量无邊不可思議阿僧祇
劫有佛名威音王如來應供正遍知明行足
善逝世間解无上士調御丈夫天人師佛世
尊劫名離衰國名大成其威音王佛於彼世
中為天人阿脩羅說法為求聲聞者說應四
諦法度生老病死究竟涅槃為求辟支佛者
說應十二因緣法為諸菩薩因阿耨多羅三
藐三菩提說應六波羅蜜法究竟佛慧得大

BD13833號　妙法蓮華經卷六　（28–11）

中為天人阿脩羅說法為求聲聞者說應四
諦法度生老病死究竟涅槃為求辟支佛者
說應十二因緣法為諸菩薩因阿耨多羅三
藐三菩提說應六波羅蜜法究竟佛慧得大
勢是威音王佛壽四十万億那由他恒河沙
劫正法住世劫數如一閻浮提微塵像法住
世劫數如四天下微塵其佛饒益衆生已然
後滅度正法像法滅盡之後於此國土復有
佛出亦号威音王如來應供正遍知明行足
善逝世間解无上士調御丈夫天人師佛世
尊如是次第有二万億佛皆同一号最初威
音王如來既已滅度正法滅後於像法中增
上慢比丘有大勢力尒時有一菩薩比丘名
常不輕得大勢以何因緣名常不輕是比丘
凡有所見若比丘比丘尼優婆塞優婆夷皆
悉禮拜讚歎而作是言我深敬汝等不敢輕
慢所以者何汝等皆行菩薩道當得作佛而
是比丘不專讀誦經典但行禮拜乃至遠見
四衆亦復故往禮拜讚歎而作是言我不敢
輕於汝等汝等皆當作佛故四衆之中有生
瞋恚心不淨者惡口罵詈言是无智比丘從
何所來自言我不輕汝而與我等授記當得
作佛我等不用如是虛妄授記如此經歷多
年常被罵詈不生瞋恚常作是言汝當作佛
說是語時衆人或以杖木瓦石而打擲之避
走遠住猶高聲唱言我不敢輕於汝等汝等皆
當作佛以其常作是語故增上慢比丘

BD13833號　妙法蓮華經卷六　（28–12）

瞋恚心不淨者惡口罵詈言是无智比丘從
何所来自言我不輕汝而與我等授記當得
作佛我等不用如是虛妄授記如此經歷多
年常被罵詈不生瞋恚常作是言汝當作佛
說是語時衆人或以杖木瓦石而打擲之避
走遠住猶高聲唱言我不敢輕於汝等汝等皆
當作佛以其常作是語故增上慢比丘比丘尼
優婆塞優婆夷号之為常不輕是比丘臨欲終
時於虛空中具聞威音王佛先所說法華經
二十千万億偈悉能受持即得如上眼根清
淨耳鼻舌身意根清淨得是六根清淨已更
增壽命二百万億那由他歲廣為人說是法
華經於時增上慢四衆比丘比丘尼優婆塞
優婆夷輕賤是人為作不輕名者見其得大
神通力樂說辯力大善寂力聞其所說皆信
伏隨從是菩薩復化千万億衆令住阿耨多
羅三藐三菩提命終之後得值二千億佛皆
号日月燈明於其法中說是法華經以是因
緣復值二千億佛同号雲自在燈王於此諸
佛法中受持讀誦為諸四衆說此經典故得
是常眼清淨耳鼻舌身意諸根清淨於四衆
中說法心无所畏得大勢是常不輕菩薩摩
訶薩供養如是若干諸佛恭敬尊重讚歎種
諸善根於後復值千万億佛亦於諸佛法中
說是經典功德成就當得作佛得大勢於意
云何尒時常不輕菩薩豈異人乎則我身是

訶薩供養如是若干諸佛恭敬尊重讚歎種
諸善根於後復值千万億佛亦於諸佛法中
說是經典功德成就當得作佛得大勢於意
云何尒時常不輕菩薩豈異人乎則我身是
若我於宿世不受持讀誦此經為他人說者
不能疾得阿耨多羅三藐三菩提我於先佛
所受持讀誦此經為人說故疾得阿耨多羅
三藐三菩提得大勢彼時四衆比丘比丘尼
優婆塞優婆夷以瞋恚意輕賤我故二百億
劫常不值佛不聞法不見僧千劫於阿鼻地
獄受大苦惱畢是罪已復遇常不輕菩薩教
化阿耨多羅三藐三菩提得大勢於汝意云
何尒時四衆常輕是菩薩者豈異人乎今此
會中跋陁婆羅等五百菩薩師子月等五百
比丘尼思佛等五百優婆塞皆於阿耨多羅
三藐三菩提不退轉者是得大勢當知是法
華經大饒益諸菩薩摩訶薩能令至於阿耨
多羅三藐三菩提是故諸菩薩摩訶薩於如
来滅後常應受持讀誦解說書寫是經尒時
世尊欲重宣此義而說偈言
過去有佛　号威音王　神智无量　將導一切
天人龍神　所共供養　是佛滅後　法欲盡時
有一菩薩　名常不輕　時諸四衆　計著於法
不輕菩薩　往到其所　而語之言　我不輕汝
汝等行道　皆當作佛　諸人聞已　輕毀罵詈
不輕菩薩　能忍受之　其罪畢已　臨命終時
得聞此經　六根清淨　神通力故　增益壽命

不輕菩薩　往到其所　而語之言　我不輕汝
汝等行道　皆當作佛　諸人聞已　輕毀罵詈
不輕菩薩　能忍受之　其罪畢已　臨命終時
得聞此經　六根清淨　神通力故　增益壽命
復為諸人　廣說是經　諸著法衆　皆蒙菩薩
教化成就　令住佛道　不輕命終　值无數佛
說是經故　得无量福　漸具功德　疾成佛道
彼時不輕　則我身是　時四部衆　著法之者
聞不輕言　汝當作佛　以是因緣　值无數佛
此會菩薩　五百之衆　并及四部　清信士女
今於我前　聽法者是　我於前世　勸是諸人
聽受斯經　第一之法　開示教人　令住涅槃
世世受持　如是經典　億億万劫　至不可議
時乃得聞　是法華經　億億万劫　至不可議
諸佛世尊　時說是經　是故行者　於佛滅後
聞如是經　勿生疑惑　應當一心　廣說此經
世世值佛　疾成佛道

妙法蓮華經如來神力品第廿一

尒時千世界　微塵等菩薩摩訶薩從地踊出
者皆於佛前一心合掌瞻仰尊顏而白佛言
世尊我等於佛滅後世尊分身所在國土滅
度之處當廣說此經所以者何我等亦自欲
得是真淨大法受持讀誦解說書寫而供養
之尒時世尊於文殊師利等无量百千万億
舊住娑婆世界菩薩摩訶薩及諸比丘比丘
尼優婆塞優婆夷天龍夜叉乾闥婆阿脩羅

度之處當廣說此經所以者何我等亦自欲
得是真淨大法受持讀誦解說書寫而供養
之尒時世尊於文殊師利等无量百千万億
舊住娑婆世界菩薩摩訶薩及諸比丘比丘
尼優婆塞優婆夷天龍夜叉乾闥婆阿脩羅
迦樓羅緊那羅摩睺羅伽人非人等一切衆
前現大神力出廣長舌上至梵世一切毛孔
放於无量无數色光皆悉遍照十方世界衆
寶樹下師子座上諸佛亦復如是出廣長舌
放无量光釋迦牟尼佛及寶樹下諸佛現神
力時滿百千歲然後還攝舌相一時謦欬俱
共彈指是二音聲遍至十方諸佛世界地皆
六種震動其中衆生天龍夜叉乾闥婆阿脩
羅迦樓羅緊那羅摩睺羅伽人非人等以佛
神力故皆見此娑婆世界无量无邊百千万
億衆寶樹下師子座上諸佛及見釋迦牟尼
佛共多寶如來在寶塔中坐師子座又見无
量无邊百千万億菩薩摩訶薩及諸四衆恭
敬圍繞釋迦牟尼佛既見是已皆大歡喜得
未曾有即時諸天於虛空中高聲唱言過此
无量无邊百千万億阿僧祇世界有國名娑
婆是中有佛名釋迦牟尼今為諸菩薩摩訶
薩說大乘經名妙法蓮華教菩薩法佛所護
念汝等當深心隨喜亦當礼拜供養釋迦牟
尼佛彼諸衆生聞虛空中聲已合掌向娑婆
世界作如是言南无釋迦牟尼佛南无釋迦
牟尼佛以種種華香瓔珞幡蓋及諸嚴身之

薩說大乘經名妙法蓮華教菩薩法佛所護
念汝等當深心隨喜亦當礼拜供養釋迦牟
尼佛彼諸衆生聞虛空中聲已合掌向娑婆
世界作如是言南无釋迦牟尼佛南无釋迦
牟尼佛以種種華香瓔珞幡蓋及諸嚴身之
具珎寶妙物皆共遥散娑婆世界所散諸物
從十方來譬如雲集變成寶帳遍覆此間諸
佛之上于時十方世界通達无礙如一佛土
尒時佛告上行等菩薩大衆諸佛神力如是
无量无邊不可思議若我以是神力於无量
无邊百千万億阿僧祇劫為屬累故說此經
功德猶不能盡以要言之如來一切所有之
法如來一切自在神力如來一切秘要之藏
如來一切甚深之事皆於此經宣示顯說是
故汝等於如來滅後應一心受持讀誦解說
書寫如說脩行所在國土若有受持讀誦解
說書寫如說脩行若經卷所住之處若於園
中若於林中若於樹下若於僧坊若白衣舍
若在殿堂若山谷曠野是中皆應起塔供養所
以者何當知是處即是道場諸佛於此得阿耨
多羅三藐三菩提諸佛於此轉于法輪諸佛於
此而般涅槃尒時世尊欲重宣此義而說偈言、
諸佛救世者　住於大神通　為悅衆生故　現无量神力
舌相至梵天　身放无數光　為求佛道者　現此希有事
諸佛謦欬聲　及彈指之聲　周聞十方國　地皆六種動
以佛滅度後　能持是經故　諸佛皆歡喜　現无量神力

此而般涅槃尒時世尊欲重宣此義而說偈言、
諸佛救世者　住於大神通　為悅衆生故　現无量神力
舌相至梵天　身放无數光　為求佛道者　現此希有事
諸佛謦欬聲　及彈指之聲　周聞十方國　地皆六種動
以佛滅度後　能持是經故　諸佛皆歡喜　現无量神力
屬累是經故　讚美受持者　於无量劫中　猶故不能盡
是人之功德　无邊无有窮　如十方虛空　不可得邊際
能持是經者　則為已見我　亦見多寶佛　及諸分身者
又見我今日　教化諸菩薩　能持是經者　令我及分身
滅度多寶佛　一切皆歡喜　十方現在佛　并過去未來
亦見亦供養　亦令得歡喜　諸佛坐道場　所得秘要法
能持是經者　不久亦當得　能持是經者　於諸法之義
名字及言辭　樂說无窮盡　如風於空中　一切无鄣礙
於如來滅後　知佛所說經　因緣及次第　隨義如實說
如日月光明　能除諸幽冥　斯人行世間　能滅衆生闇
教无量菩薩　畢竟住一乘　是故有智者　聞此功德利
於我滅度後　應受持斯經　是人於佛道　決定无有疑

妙法蓮華經屬累品第二十二

尒時釋迦牟尼佛從法座起現大神力以右
手摩无量菩薩摩訶薩頂而作是言我於无
量百千万億阿僧祇劫脩習是難得阿耨多
羅三藐三菩提法今以付屬汝等汝等應當
一心流布此法廣令增益如是三摩諸菩薩
摩訶薩頂而作是言我於无量百千万億阿
僧祇劫脩習是難得阿耨多羅三藐三菩提
法今以付屬汝等汝等當受持讀誦廣宣此
法令一切衆生普得聞知所以者何如來有

摩訶薩頂而作是言我於无量百千万億阿
僧祇劫脩習是難得阿耨多羅三藐三菩提
法今以付屬汝等汝等當受持讀誦廣宣此
法令一切衆生普得聞知所以者何如來有
大慈悲无諸慳悋亦无所畏能與衆生佛之
智慧如來智慧自然智慧如來是一切衆生
之大施主汝等亦應隨學如來之法勿生慳
悋於未來世若有善男子善女人信如來智
慧者當為演說此法華經使得聞知為令其
人得佛慧故若有衆生不信受者當於如來
餘深法中示教利喜汝等若能如是則為已
報諸佛之恩時諸菩薩摩訶薩聞佛作是說
已皆大歡喜遍滿其身益加恭敬曲躬低頭
合掌向佛俱發聲言如世尊勑當具奉行唯
然世尊願不有慮諸菩薩摩訶薩衆如是三
反俱發聲言如世尊勑當具奉行唯然世尊
願不有慮尒時釋迦牟尼佛令十方來諸分
身佛各還本土而作是言諸佛各隨所安多
寶佛塔還可如故說是語時十方无量分身
諸佛坐寶樹下師子座上者及多寶佛并上
行等无邊阿僧祇菩薩大衆舍利弗等聲聞
四衆及一切世間天人阿脩羅等聞佛所說
皆大歡喜

妙法蓮華經藥王菩薩本事品第二十三

尒時宿王華菩薩白佛言世尊藥王菩薩云
何遊於娑婆世界世尊是藥王菩薩有若干

四衆及一切世間天人阿脩羅等聞佛所說
皆大歡喜
妙法蓮華經藥王菩薩本事品第二十三
尒時宿王華菩薩白佛言世尊藥王菩薩云
何遊於娑婆世界世尊是藥王菩薩有若干
百千万億那由他難行苦行善哉世尊願少
解說諸天龍神夜叉乾闥婆阿脩羅迦樓羅
緊那羅摩睺羅伽人非人等又他國土諸來
菩薩及此聲聞衆聞皆歡喜尒時佛告宿王
華菩薩乃往過去无量恒河沙劫有佛号日
月淨明德如來應供正遍知明行足善逝世
間解无上士調御丈夫天人師佛世尊其佛
有八十億大菩薩摩訶薩七十二恒河沙大
聲聞衆佛壽四万二千劫菩薩壽命亦等彼
國无有女人地獄餓鬼畜生阿脩羅等及以
諸難地平如掌瑠璃所成寶樹莊嚴寶帳覆
上垂寶華幡寶瓶香鑪周遍國界七寶為臺
一樹一臺其樹去臺盡一箭道此諸寶樹皆
有菩薩聲聞而坐其下諸寶臺上各有百億
諸天作天伎樂歌歎於佛以為供養尒時彼
佛為一切衆生憙見菩薩及衆菩薩諸聲聞
衆說法華經是一切衆生憙見菩薩樂習苦
行於日月淨明德佛法中精進經行一心求
佛滿万二千歲已得現一切色身三昧得此
三昧已心大歡喜即作念言我得現一切色
身三昧皆是得聞法華經力我今當供養日

衆說法華經是一切衆生憙見菩薩樂習苦
行於日月淨明德佛法中精進經行一心求
佛滿万二千歲已得現一切色身三昧得此
三昧已心大歡喜即作念言我得現一切色
身三昧皆是得聞法華經力我今當供養日
月淨明德佛及法華經即時入是三昧於虛
空中雨曼陁羅華摩訶曼陁羅華細末堅黑
栴檀滿虛空中如雲而下又雨海此岸栴檀
之香此香六銖價直娑婆世界以供養佛作
是供養已從三昧起而自念言我雖以神力
供養於佛不如以身供養即服諸香栴檀薰
陸兜樓婆畢力迦沉水膠香又飲瞻蔔諸華
香油滿千二百歲已香油塗身於日月淨明
德佛前以天寶衣而自纏身灌諸香油以神
通力願而自然身光明遍照八十億恒河沙
世界其中諸佛同時讚言善哉善哉善男子
是真精進是名真法供養如來若以華香瓔
珞燒香末香塗香天繒幡蓋及海此岸栴檀
之香如是等種種諸物供養所不能及假使
國城妻子布施亦所不及善男子是名第一
之施於諸施中最尊最上以法供養諸如來
故作是語已而各默然其身火然千二百歲
過是已後其身乃盡一切衆生憙見菩薩作
如是法供養已命終之後復生日月淨明德
佛國中於淨德王家結跏趺坐忽然化生即
為其父而說偈言

故作是語已而各默然其身火然千二百歲
過是已後其身乃盡一切衆生憙見菩薩作
如是法供養已命終之後復生日月淨明德
佛國中於淨德王家結跏趺坐忽然化生即
為其父而說偈言

大王今當知　我經行彼處　即時得一切　現諸身三昧
勤行大精進　捨所愛之身
說是偈已而白父言日月淨明德佛今故現
在我先供養佛已得解一切衆生語言陁羅
尼復聞是法華經八百千万億那由他甄迦
羅頻婆羅阿閦婆等偈大王我今當還供養
此佛白已即坐七寶之臺上外虛空高七多
羅樹往到佛所頭面禮足合十指爪以偈讚佛
容顏甚奇妙　光明照十方　我適曾供養　今復還親覲
尒時一切衆生憙見菩薩說是偈已而白佛
言世尊世尊猶故在世尒時日月淨明德佛
告一切衆生憙見菩薩善男子我涅槃時到
滅盡時至汝可安施牀座我於今夜當般涅
槃又勅一切衆生憙見菩薩善男子我以佛
法屬累於汝及諸菩薩大弟子并阿耨多羅
三藐三菩提法亦以三千大千七寶世界諸
寶樹寶臺及給侍諸天悉付於汝我滅度後
所有舍利亦付屬汝當令流布廣設供養應
起若干千塔如是日月淨明德佛勅一切衆
生憙見菩薩已於夜後分入於涅槃尒時一
切衆生憙見菩薩見佛滅度悲感懊惱戀慕
於佛即以海此岸栴檀為積供養佛身而以

所有舍利亦付屬汝當令流布廣設供養應
起若干千塔如是日月淨明德佛勑一切衆
生憙見菩薩已於夜後分入於涅槃尒時一
切衆生憙見菩薩見佛滅度悲感懊惱戀慕
於佛即以海此岸栴檀爲積供養佛身而以
燒之火滅已後收取舍利作八万四千寶瓶
以起八万四千塔高三世界表刹莊嚴垂諸
幡蓋懸衆寶鈴尒時一切衆生憙見菩薩復
自念言我雖作是供養心猶未足我今當更
供養舍利便語諸菩薩大弟子及天龍夜叉
等一切大衆汝等當一心念我今供養日月
淨明德佛舍利作是語已即於八万四千塔
前然百福莊嚴臂七万二千歲而以供養令
无數求聲聞衆无量阿僧祇人發阿耨多羅
三藐三菩提心皆使得住現一切色身三昧
尒時諸菩薩天人阿脩羅等見其无臂憂惱
悲哀而作是言此一切衆生憙見菩薩是我
等師教化我者而今燒臂身不具足于時一
切衆生憙見菩薩於大衆中立此誓言我捨
兩臂必當得佛金色之身若實不虛令我兩
臂還復如故作是誓已自然還復由斯菩薩
福德智慧淳厚所致當尒之時三千大千世
界六種震動天雨寶華一切人天得未曾有
佛告宿王華菩薩於汝意云何一切衆生憙
見菩薩豈異人乎今藥王菩薩是也其所捨
身布施如是无量百千万億那由他數宿王

BD13833號　妙法蓮華經卷六　（28–23）

界六種震動天雨寶華一切人天得未曾有
佛告宿王華菩薩於汝意云何一切衆生憙
見菩薩豈異人乎今藥王菩薩是也其所捨
身布施如是无量百千万億那由他數宿王
華若有發心欲得阿耨多羅三藐三菩提者
能然手指乃至足一指供養佛塔勝以國城
妻子及三千大千國土山林河池諸珎寶物
而供養者若復有人以七寶滿三千大千世
界供養於佛及大菩薩辟支佛阿羅漢是人
所得功德不如受持此法華經乃至一四句
偈其福最多宿王華譬如一切川流江河諸
水之中海爲第一此法華經亦復如是於諸
如來所說經中最爲深大又如土山黑山小
鐵圍山大鐵圍山及十寶山衆山之中須弥
山爲第一此法華經亦復如是於諸經中最
爲其上又如衆星之中月天子最爲第一此
法華經亦復如是於千万億種諸經法中最
爲照明又如日天子能除諸闇此經亦復如
是能破一切不善之闇又如諸小王中轉輪
聖王最爲第一此經亦復如是於衆經中最
爲其尊又如帝釋於三十三天中王此經亦
復如是諸經中王又如大梵天王一切衆生
之父此經亦復如是一切賢聖學无學及發
菩薩心者之父又如一切凡夫人中須陁洹
斯陁含阿那含阿羅漢辟支佛爲第一此經
亦復如是一切如來所說若菩薩所說若聲
聞所說

BD13833號　妙法蓮華經卷六　（28–24）

菩薩心者之父又如一切凡夫人中須陁洹
斯陁含阿那含阿羅漢辟支佛為第一此經
亦復如是一切如來所說若菩薩所說若聲
聞所說諸經法中最為第一有能受持是經
典者亦復如是於一切衆生中亦為第一一
切聲聞辟支佛中菩薩為第一此經亦復如
是於一切諸經法中最為第一如佛為諸法
王此經亦復如是諸經中王宿王華此經能
救一切衆生者此經能令一切衆生離諸苦
惱此經能大饒益一切衆生充滿其願如清
涼池能滿一切諸渴乏者如寒者得火如裸
者得衣如商人得主如子得母如渡得船如
病得醫如闇得燈如貧得寶如民得王如賈
客得海如炬除闇此法華經亦復如是能令
衆生離一切苦一切病痛能解一切生死之
縛若人得聞此法華經若自書若使人書所
得功德以佛智慧籌量多少不得其邊若書
是經卷華香瓔珞燒香末香塗香幡蓋衣服
種種之燈蘇燈油燈諸香油燈瞻蔔油燈須
曼那油燈波羅羅油燈婆利師迦油燈那婆
摩利油燈供養所得功德亦復无量宿王華
若有人聞是藥王菩薩本事品者亦得无量
无邊功德若有女人聞是藥王菩薩本事品
能受持者盡是女身後不復受若如來滅後
後五百歲中若有女人聞是經典如說修行
於此命終即往安樂世界阿彌陁佛大菩薩
衆圍繞住處生蓮華中寶座之上不復為貪

无邊功德若有女人聞是藥王菩薩本事品
能受持者盡是女身後不復受若如來滅後
後五百歲中若有女人聞是經典如說修行
於此命終即往安樂世界阿彌陁佛大菩薩
衆圍繞住處生蓮華中寶座之上不復為貪
欲所惱亦復不為瞋恚愚癡所惱亦復不為
憍慢嫉妬諸垢所惱得菩薩神通无生法忍
得是忍已眼根清淨以是清淨眼根見七百
万二千億那由他恒河沙等諸佛如來是時
諸佛遥共讚言善哉善男子汝能於釋
迦牟尼佛法中受持讀誦思惟是經為他人
說所得福德无量无邊火不能燒水不能漂
汝之功德千佛共說不能令盡汝今已能破
諸魔賊壞生死軍諸餘怨敵皆悉摧滅善男
子百千諸佛以神通力共守護汝於一切世
間天人之中无如汝者唯除如來其諸聲聞
辟支佛乃至菩薩智慧禪定无有與汝等者
宿王華此菩薩成就如是功德智慧之力若
有人聞是藥王菩薩本事品能隨喜讚善者
是人現世口中常出青蓮華香身毛孔中常
出牛頭栴檀之香所得功德如上所說是故
宿王華以此藥王菩薩本事品屬累於汝我
滅度後後五百歲中廣宣流布於閻浮提无
令斷絕惡魔魔民諸天龍夜叉鳩槃荼等得
其便也宿王華汝當以神通之力守護是經
所以者何此經則為閻浮提人病之良藥若

[illegible][illegible]頭栴檀之香所得功德如上所説是故
宿王華以此藥王菩薩本事品囑累於汝我
滅度後後五百歲中廣宣流布於閻浮提无
令斷絕惡魔魔民諸天龍夜叉鳩槃荼等得
其便也宿王華汝當以神通之力守護是經
所以者何此經則為閻浮提人病之良藥若
人有病得聞是經病即消滅不老不死宿王
華汝若見有受持是經者應以青蓮華盛滿
末香供散其上散已作是念言此人不久必
當取草坐於道場破諸魔軍當吹法螺擊大
法鼓度脫一切衆生老病死海是故求佛道
者見有受持是經典人應當如是生恭敬心
説是藥王菩薩本事品時八万四千菩薩得
解一切衆生語言陁羅尼多寶如來於寶塔
中讚宿王華菩薩言善哉善哉宿王華汝成
就不可思議功德乃能問釋迦牟尼佛如此
之事利益无量一切衆生

妙法蓮華經卷第六

BD13833號　妙法蓮華經卷六　（28–27）

解一切衆生語言陁羅尼多寶如來於寶塔
中讚宿王華菩薩言善哉善哉宿王華汝成
就不可思議功德乃能問釋迦牟尼佛如此
之事利益无量一切衆生

妙法蓮華經卷第六

BD13833號　妙法蓮華經卷六　（28–28）

條 記 目 錄

BD13801—BD13833

1.1 BD13801 號
1.3 妙法蓮華經卷一
1.4 新 0001
2.1 558×26 厘米；14 紙；297 行，行 17 字。
2.2 01：22.0，護首； 02：47.7，28； 03：50.4，29；
04：08.4，05； 05：41.2，24； 06：50.3，27；
07：50.1，27； 08：04.7，03； 09：44.5，23；
10：50.0，27； 11：48.0，25； 12：49.6，25；
13：49.7，27； 14：50.0，27。
2.3 卷軸裝。首全尾殘。有護首。第 2、3 紙有 5 個殘洞。有烏絲欄。近代已托裱。
3.1 首全→大正 0262，09/0001C14。
3.2 尾殘→大正 0262，09/0006B08。
4.1 妙法蓮華經序品第一（首）。
8 9～10 世紀。歸義軍時期寫本。
9.1 楷書。
10 此件原為日本大谷探險隊所得並托裱。護首為黄底雲龍織錦。卷端有題簽“妙法蓮華經卷第一”。並鈐有藍色長方形印章，2.4×3.4 厘米；印文為“圖書臺帳\登錄番號 871”，數字係手寫。有千字文編號“天”。尾有軸，人工水晶軸頭。軸頭粘有紙簽，上書“類別 8，番號 1”。第 4、第 7 和第 12 紙上邊均粘有現代紙簽，分別寫有”ヤ七一”,”ヤ三”,”ヤ四”。

1.1 BD13802 號
1.3 妙法蓮華經卷二
1.4 新 0002
2.1 （11.5＋1092.5）×26.8 厘米；26 紙；595 行，行 17 字。
2.2 01：13.0，護首； 02：42.5，23； 03：43.5，24；
04：43.5，24； 05：43.5，24； 06：43.5，24；
07：43.5，24； 08：44.0，24； 09：44.0，24；
10：44.0，24； 11：44.0，24； 12：44.0，24；
13：44.0，24； 14：44.0，24； 15：43.5，24；
16：43.5，24； 17：43.5，24； 18：43.5，24；
19：43.5，24； 20：44.0，24； 21：44.0，24；
22：43.5，24； 23：43.5，24； 24：43.5，24；
25：43.5，24； 26：43.5，20。
2.3 卷軸裝。首殘尾全。有護首，右上殘。尾紙上邊有撕裂。有烏絲欄。近代已托裱。
3.1 首全→大正 0262，09/0010B24。
3.2 尾全→大正 0262，09/0019A12。
4.1 妙法蓮華經譬喻品第三，二（首）。
4.2 妙法蓮華經卷第二（尾）。
7.1 卷尾有硃筆題記：“西天取經僧繼從乾德六年（968）二月日科記。”
8 10 世紀。歸義軍時期寫本。
9.1 楷書。
9.2 前半卷有硃筆句讀及科分，後半卷僅在個別字上有硃點。
10 此件原為日本大谷探險隊所得並托裱。護首為黄底雲龍織錦。卷端有題簽“妙法蓮華經卷第二”。並鈐有藍色長方形印章，2.4×3.4 厘米；印文為“圖書臺帳\登錄番號 835”，數字係手寫。有千字文編號“地”。尾有軸，人工水晶軸頭。軸頭粘有紙簽，上書“類別 8，番號 2”。

1.1 BD13803 號
1.3 妙法蓮華經卷三
1.4 新 0003
2.1 （986＋4.5）×25.1 厘米；20 紙；554 行，行 17 字。
2.2 01：48.5，26； 02：49.5，28； 03：49.5，28；
04：49.5，28； 05：50.0，28； 06：50.0，28，
07：50.0，28， 08：49.5，28； 09：49.5，28；
10：49.5，27； 11：49.5，28； 12：49.5，28；
13：49.5，28； 14：49.5，28； 15：49.5，28；
16：49.5，28； 17：49.5，28； 18：49.5，28；
19：49.5，28； 20：49.5，25。
2.3 卷軸裝。首全尾殘。第 6、7 紙接縫處下部開裂。有烏絲欄。近代已托裱。

3.1　首全→大正 0262，09/0019A14。
3.2　尾全→大正 0262，09/0027B09。
4.1　妙法蓮華經藥草喻品第五，三（首）。
4.2　妙法蓮華經卷第三（尾）。
8　8～9 世紀。吐蕃統治時期寫本。
9.1　楷書。
10　此件原為日本大谷探險隊所得並托裱。護首為黄底雲龍織錦。卷端有題簽“妙法蓮華經卷第三”。並鈐有藍色長方形印章，2.4×3.4 厘米；印文為“圖書臺帳＼登錄番號 862”，數字係手寫。有千字文編號“玄”。尾有軸，人工水晶軸頭。下軸頭粘有紙簽，上書“類别 8，番號 3”。

1.1　BD13804 號
1.3　妙法蓮華經卷四
1.4　新 0004
2.1　（9＋1189.5）×25.8 厘米；25 紙；659 行，行 17 字。
2.2　01：05.0，扉頁；　02：47.5，25；　03：49.5，27；
04：50.0，28；　05：50.0，28；　06：50.0，28；
07：50.0，28；　08：50.0，28；　09：50.0，28；
10：50.0，28；　11：50.0，28；　12：50.0，28；
13：50.0，28；　14：50.0，28；　15：50.0，28；
16：50.0，28；　17：49.5，28；　18：49.5，28；
19：49.5，28；　20：49.5，28；　21：49.5，28；
22：49.5，28；　23：49.5，28；　24：49.5，28；
25：50.5，19。
2.3　卷軸裝。首殘尾全。原卷有護首。有烏絲欄。近代已托裱。
3.1　首行下殘→大正 0262，09/0027B12。
3.2　尾全→大正 0262，09/0037A02。
4.1　妙法蓮華經五百弟子受記品第［八］（首）。
4.2　妙法蓮華經卷第四（尾）。
8　9～10 世紀。歸義軍時期寫本。
9.1　楷書。
10　此件原為日本大谷探險隊所得並托裱。護首為黄底雲龍織錦。卷端有題簽“妙法蓮華經卷第四”。並鈐有藍色長方形印章，2.4×3.4 厘米；印文為“圖書臺帳＼登錄番號 865”，數字係手寫。有千字文編號“黄”。尾有軸，人工水晶軸頭。軸頭粘有紙簽，上書“類别 8，番號 4”。

1.1　BD13805 號
1.3　妙法蓮華經卷五
1.4　新 0005
2.1　963.4×25 厘米；22 紙；596 行，行 17 字。
2.2　01：47.4，28；　02：47.0，28；　03：47.0，28；
04：47.0，28；　05：47.0，28；　06：46.5，28；
07：47.0，28；　08：47.0，28；　09：47.0，28；
10：47.0，28；　11：47.0，28；　12：47.0，28；
13：47.0，28；　14：47.0，28；　15：47.0，28；
16：47.0，28；　17：47.0，28；　18：47.0，28；
19：47.0，28；　20：47.0，28；　21：47.0，28；
22：23.5，08。
2.3　卷軸裝。首脱尾全。有烏絲欄。近代已托裱。
3.1　首殘→大正 0262，09/0037B07。
3.2　尾全→大正 0262，09/0046B14。
4.2　妙法蓮華經卷第五（尾）。
8　8～9 世紀。吐蕃統治時期寫本。
9.1　楷書。
10　此件原為日本大谷探險隊所得並托裱。護首為黄底雲龍織錦。卷端有題簽“妙法蓮華經卷第五”。並鈐有藍色長方形印章，2.4×3.4 厘米；印文為“圖書臺帳＼登錄番號 877”，數字係手寫。有千字文編號“宇”。尾有軸，人工水晶軸頭。下軸頭粘有紙簽，上書“類别 8，番號 5”。上端軸頭已脱落。

1.1　BD13806 號
1.3　妙法蓮華經卷六
1.4　新 0006
2.1　1016.2×25.8 厘米；25 紙；597 行，行 17 字。
2.2　01：14.0，護首；　02：42.2，25；　03：43.3，26；
04：43.3，26；　05：43.7，26；　06：43.0，25；
07：43.0，26；　08：43.2，26；　09：43.0，26；
10：43.5，26；　11：43.0，26；　12：42.5，26；
13：43.0，26；　14：43.0，26；　15：43.0，26；
16：43.0，26；　17：43.0，26；　18：43.0，26；
19：43.0，26；　20：43.0，26；　21：43.0，26；
22：43.0，26；　23：43.0，26；　24：42.5，26；
25：13.0，01。
2.3　卷軸裝。首尾均全。有護首。有烏絲欄。近代已托裱。
3.1　首全→大正 0262，09/0046B17。
3.2　尾全→大正 0262，09/0055A09。
4.1　妙法蓮華經隨喜功德品第十八，六（首）。
4.2　妙法蓮華經卷第六（尾）。
8　8～9 世紀。吐蕃統治時期寫本。
9.1　楷書。
9.2　有行間校加字。
10　此件原為日本大谷探險隊所得並托裱。護首為黄底雲龍織錦。卷端有題簽“妙法蓮華經卷第六”。並鈐有藍色長方形印章，2.4×3.4 厘米；印文為“圖書臺帳＼登錄番號 880”，數字係手寫。有千字文編號“宙”。尾有軸，人工水晶軸頭。軸頭粘有紙簽，上書“類别 8，番號 6”。

1.1　BD13807 號
1.3　妙法蓮華經卷七
1.4　新 0007
2.1　（5＋931.5＋7）×25.2 厘米；20 紙；526 行，行 17 字；
2.2　01：10.0，扉頁；　02：49.5，27；　03：49.5，28；

04：49.5，28；　05：49.5，28；　06：49.5，28；
07：49.5，28；　08：49.5，28；　09：49.5，28；
10：49.5，28；　11：49.5，28；　12：50.0，28；
13：49.5，28；　14：49.5，28；　15：49.5，28；
16：49.5，28；　17：49.5，28；　18：49.5，28；
19：49.5，28；　20：42.0，23。

2.3　卷軸裝。首尾均殘。有護首，卷中殘損，第2紙上下邊有殘缺，尾紙有殘洞。有烏絲欄。近代已托裱。

3.1　首全→大正0262，09/0055A12。

3.2　尾3行上下殘→大正0262，09/0062A23～26。

4.1　妙法蓮華經妙音菩薩品第廿四，卷七（首）。

8　8～9世紀。吐蕃統治時期寫本。

9.1　楷書。

9.2　有行間校加字。

10　此件原為日本大谷探險隊所得並托裱。護首為黄底雲龍織錦。卷端有題簽“妙法蓮華經卷第七”。並鈐有藍色長方形印章，2.4×3.4厘米；印文為“圖書臺帳＼登錄番號864”，數字係手寫。有千字文編號“洪”。尾有軸，人工水晶軸頭。軸頭粘有紙簽，上書“類別8，番號7”。卷尾上邊粘有現代紙簽，上寫“コ六”字樣。

1.1　BD13808號

1.3　妙法蓮華經卷一

1.4　新0008

2.1　389×25.5厘米；8紙；224行，行17字。

2.2　01：49.0，28；　02：49.0，28；　03：48.5，28；
04：48.5，28；　05：48.5，28；　06：48.5，28；
07：48.5，28；　08：48.5，28。

2.3　卷軸裝。首全尾脱。有烏絲欄。近代已托裱。

3.1　首全→大正0262，09/0001C14。

3.2　尾殘→大正0262，09/0005A12。

4.1　妙法蓮華經序品第一（首）。

8　8～9世紀。吐蕃統治時期寫本。

9.1　楷書。

10　此件原為日本大谷探險隊所得並托裱。護首為黄底雲龍織錦。卷端有題簽“妙法蓮華經卷第一”。並鈐有藍色長方形印章，2.4×3.4厘米；印文為“圖書臺帳＼登錄番號876”，數字係手寫。有千字文編號“荒”。尾有軸，人工水晶軸頭。軸頭粘有紙簽，上書“8，8”。

1.1　BD13809號

1.3　妙法蓮華經卷二

1.4　新0009

2.1　（2.5＋1075.5）×25.7厘米；22紙；578行，行17字。

2.2　01：02.5，01；　02：51.5，28；　03：52.0，28；
04：52.0，28；　05：52.0，28；　06：52.0，28；
07：52.0，28；　08：52.0，28；　09：52.0，28；
10：52.0，28；　11：52.0，28；　12：52.0，28；
13：52.0，28；　14：52.0，28；　15：52.0，28；
16：48.5，26；　17：49.5，28；　18：50.0，28；
19：50.0，28；　20：50.0，28；　21：50.0，28；
22：50.0，19。

2.3　卷軸裝。首殘尾全。自第17紙起字體與前不同，係兩人先後所書。有烏絲欄。近代已托裱。

3.1　首行下殘→大正0262，09/0011A01～02。

3.2　尾全→大正0262，09/0019A12。

4.2　妙法蓮華經卷第二（尾）。

8　9～10世紀。歸義軍時期寫本。

9.1　楷書。

9.2　有硃筆加行。

10　此件原為日本大谷探險隊所得並托裱。護首為黄底雲龍織錦。卷端有題簽“妙法蓮華經卷第二”。並鈐有藍色長方形印章，2.4×3.4厘米；印文為“圖書臺帳＼登錄番號878”，數字係手寫。有千字文編號“日”。尾有軸，人工水晶軸頭。軸頭粘有紙簽，上書“類別8，番號9”。

1.1　BD13810號

1.3　妙法蓮華經卷三

1.4　新0010

2.1　（8＋1231.3）×25.6厘米；30紙；537行，行17字。

2.2　01：8＋36，20；　02：42.5，20；　03：42.5，20；
04：42.5，20；　05：42.5，20；　06：41.3，18；
07：41.5，18；　08：41.5，18；　09：41.5，18；
10：41.5，18；　11：41.5，18；　12：41.5，18；
13：41.5，18；　14：41.5，18；　15：41.5，18；
16：41.5，18；　17：41.5，18；　18：41.5，18；
19：41.5，18；　20：41.5，18；　21：41.5，18；
22：41.5，18；　23：41.5，18；　24：41.5，18；
25：41.5，18；　26：41.5，18；　27：41.5，18；
28：41.5，18；　29：41.5，18；　30：29.5，05。

2.3　卷軸裝。首殘尾全。有烏絲欄。近代已托裱。

3.1　首4行上下殘→大正0262，09/0019B08～11。

3.2　尾全→大正0262，09/0027B09。

4.2　妙法蓮華經卷第三（尾）。

8　8、7～8世紀。唐寫本。

9.1　楷書。

10　此件原為日本大谷探險隊所得並托裱。護首為黄底雲龍織錦。卷端有題簽“妙法蓮華經卷第三”。並鈐有藍色長方形印章，2.4×3.4厘米；印文為“圖書臺帳＼登錄番號861”，數字係手寫。有千字文編號“月”。尾有軸，人工水晶軸頭。軸頭粘有紙簽，上書“類別8，番號10”。

1.1　BD13811號

1.3　妙法蓮華經卷七

1.4　新0011

2.1　862.5×25.3厘米；18紙；476行，行17字。

2.2　01：41.0，25；　02：50.5，28；　03：50.5，28；
04：50.5，28；　05：50.5，28；　06：50.5，28；
07：50.5，28；　08：50.5，28；　09：50.5，28；
10：50.5，28；　11：50.5，28；　12：50.5，28；
13：50.5，28；　14：50.5，28；　15：50.5，28；
16：50.5，28；　17：50.5，28；　18：13.5，03。

2.3　卷軸裝。首斷尾全。首紙尾行上缺。有烏絲欄。近代已托裱。

3.1　首殘→大正0262，09/0055C17。

3.2　尾全→大正0262，09/0062B01。

4.2　妙法蓮華經卷第七（尾）。

8　7～8世紀。唐寫本。

9.1　楷書。

10　此件原為日本大谷探險隊所得並托裱。護首為黄底雲龍織錦。卷端有題簽"妙法蓮華經卷第七"。並鈐有藍色長方形印章，2.4×3.4厘米；印文為"圖書臺帳＼登錄番號826"，數字係手寫。有千字文編號"宿"。尾有軸，人工水晶軸頭。軸頭粘有紙簽，上書"8，11"。

1.1　BD13812號1

1.3　妙法蓮華經卷一

1.4　新0012

2.1　1733.1×27厘米；36紙；1264行，行30餘字。

2.2　01：27.7，扉頁；　02：48.7，35；　03：48.7，37；
04：48.7，37；　05：48.7，37；　06：48.7，37；
07：48.7，37；　08：49.0，32；　09：48.7，37；
10：49.0，37；　11：48.7，37；　12：48.7，37；
13：48.7，37；　14：48.7，37；　15：48.7，37；
16：48.7，37；　17：48.7，32；　18：49.0，37；
19：48.7，37；　20：48.7，37；　21：48.7，37；
22：48.7，37；　23：48.7，37；　24：48.7，37；
25：48.7，37；　26：48.7，37；　27：48.7，37；
28：48.7，37；　29：48.7，20；　30：48.7，35；
31：48.7，37；　32：48.7，37；　33：48.7，37；
34：48.7，37；　35：48.7，37；　36：48.7，37。

2.3　卷軸裝。首全尾脱。有護首，上有烏絲欄。近代已托裱。第2紙有殘洞，第3紙首上下邊有殘缺。有烏絲欄。近代已托裱。

2.4　本遺書包括4個文獻：（一）《妙法蓮華經》卷一，319行，今編為BD13812號1。（二）《妙法蓮華經》卷二，361行，今編為BD13812號2。（三）《妙法蓮華經》卷三，327行，今編為BD13812號3。（四）《妙法蓮華經》卷四，257行，今編為BD13812號4。

3.1　首全→大正0262，09/0001C14。

3.2　尾全→大正0262，09/0010B21。

4.1　妙法蓮華經序品第一（首）。

4.2　妙法蓮華經卷第一（尾）。

5　與《大正藏》本對照，第8紙第26～32行文字為重複抄寫。漏抄經文一段，相當於大正262，9/8A27－29，抄經者發現漏抄，於第9紙重抄，故第8紙尾空5行，説明該紙本屬兑廢，而第8紙尾與第9紙首有7行經文重複。

此外，第17紙尾空5行，文字與第18紙首部連接。第29紙尾空17行。

本件多處錯簡，詳情如下：

第18紙尾應接第31紙首，存文參見《大正藏》09/0017B19；

第19紙首應接第30紙尾，存文參見《大正藏》09/0028B02；

第21紙尾應接第34紙首，存文參見《大正藏》09/0030C27；

第22紙首應接第22紙尾，存文參見《大正藏》09/0020B03；

第30紙尾應接第19紙首，存文參見《大正藏》09/0028B01；

第31紙首應接第18紙尾，存文參見《大正藏》09/0017B19；

第33紙尾應接第22紙首，存文參見《大正藏》09/0020B03。

本卷正確的順序應為：（1～18紙）→（31～33紙）→（22～30紙）→（19→21紙）→（34→36紙）。

8　8～9世紀。吐蕃統治時期寫本。

9.1　楷書。

10　此件原為日本大谷探險隊所得並托裱。護首為黄底雲龍織錦。卷端有題簽"妙法蓮華經卷第一～四"。並鈐有藍色長方形印章，2.4×3.4厘米；印文為"圖書臺帳＼登錄番號870"，數字係手寫。有千字文編號"列"。尾有軸，人工水晶軸頭。下軸頭粘有紙簽，上書"類別8，番號2"。卷尾上邊粘有現代紙簽，上寫"イ十二"。

1.1　BD13812號2

1.3　妙法蓮華經卷二

1.4　新0012

2.4　本遺書由4個文獻組成，本文獻為第2個，361行，餘參見BD13812號1第2項。本號經文在第10紙31行至18紙尾、第31紙至32紙第26行。

3.1　首全→大正0262，09/0010B24。

3.2　尾全→大正0262，09/0019A12。

4.1　妙法蓮華經卷第二（首）。

4.2　妙法蓮華經卷第二（尾）。

8　8～9世紀。吐蕃統治時期寫本。

9.1　楷書。

1.1 BD13812 號 3
1.3 妙法蓮華經卷三
1.4 新 0012
2.4 本遺書由 4 個文獻組成，本文獻為第 3 個，327 行，餘參見 BD13812 號 1 第 2 項。本號經文在第 32 紙 27 行至 33 紙尾、第 22 紙至 29 紙尾。
3.1 首全→大正 0262，09/0019A14。
3.2 尾全→大正 0262，09/0027B09。
4.1 妙法蓮華經卷第三（首）。
4.2 妙法蓮華經卷第三（尾）。
8 8~9 世紀。吐蕃統治時期寫本。
9.1 楷書。

1.1 BD13812 號 4
1.3 妙法蓮華經卷四
1.4 新 0012
2.4 本遺書由 4 個文獻組成，本文獻為第 4 個，257 行，餘參見 BD13812 號 1 第 2 項。本號經文在第 30 紙、第 19 紙至 21 紙尾、第 34 紙至卷終。
3.1 首全→大正 0262，09/0027B12。
3.2 尾殘→大正 0262，09/0033B12。
4.1 妙法蓮華經五百弟子受記品第八，四（首）。
5 與《大正藏》本對照，漏抄 9/29A26~B1 經文。
8 8~9 世紀。吐蕃統治時期寫本。
9.1 楷書。

1.1 BD13813 號
1.3 妙法蓮華經卷五
1.4 新 0013
2.1 1044×26.4 厘米；25 紙；599 行，行 17 字。
2.2 01：44.0，25； 02：43.0，25； 03：43.5，25；
04：43.5，25； 05：43.0，25； 06：43.5，25；
07：43.0，25； 08：43.0，25； 09：42.5，25；
10：43.5，25； 11：43.0，25； 12：43.0，25；
13：43.0，25； 14：43.0，25； 15：43.0，25；
16：43.5，25； 17：43.0，25； 18：43.0，25；
19：43.0，25； 20：43.0，25； 21：43.0，25；
22：43.5，25； 23：43.5，25； 24：43.0，24；
25：08.0，00。
2.3 卷軸裝。首脫尾全。近代已托裱。
3.1 首殘→大正 0262，09/0037B03。
3.2 尾全→大正 0262，09/0046B14。
4.2 妙法蓮華經卷第五（尾）。
8 9~10 世紀。歸義軍時期寫本。
9.1 行楷。
10 此件原為日本大谷探險隊所得並托裱。護首為黃底雲龍織錦。卷端有題簽“妙法蓮華經卷第五”。並鈐有藍色長方形印章，2.4×3.4 厘米；印文為“圖書臺帳\登錄番號 855”，數字係手寫。有千字文編號“張”。尾有軸，人工水晶軸頭。下軸頭已脫落。上軸頭粘有紙簽，上書“類別 8，番號 73”。卷尾上邊粘有現代紙簽，上寫“ロ七”。

1.1 BD13814 號
1.3 妙法蓮華經卷六
1.4 新 0014
2.1 （2.5+1017）×25.2 厘米；22 紙；573 行，行 17 字。
2.2 01：02.5，01； 02：50.0，29； 03：48.0，27；
04：48.0；27； 05：47.5，27； 06：49.0，28；
07：49.0，28； 08：49.0，28； 09：49.0，28；
10：49.0，28； 11：49.0，28； 12：49.0，28；
13：49.0，28； 14：49.0，28； 15：49.0，28；
16：49.0，28； 17：49.0，28； 18：49.0，28；
19：49.0，28； 20：49.0，28； 21：49.0，28；
22：39.5，14。
2.3 卷軸裝。首殘尾全。有烏絲欄。近代已托裱。
3.1 首行上下殘→大正 0262，09/0046C19~20。
3.2 尾全→大正 0262，09/0055A09。
4.2 妙法蓮華經卷第六（尾）。
8 8~9 世紀。吐蕃統治時期寫本。
9.1 楷書。
10 此件原為日本大谷探險隊所得並托裱。護首為黃底雲龍織錦。卷端有題簽“妙法蓮華經卷第六”。並鈐有藍色長方形印章，2.4×3.4 厘米；印文為“圖書臺帳\登錄番號 944”，數字係手寫。有千字文編號“寒”。尾有軸，人工水晶軸頭。軸頭粘有紙簽，上書“類別 8，番號 14”。卷尾上邊粘有現代紙簽，上寫“に七”。

1.1 BD13815 號
1.3 妙法蓮華經卷七
1.4 新 0015
2.1 536×25.4 厘米；12 紙；289 行，行 17 字。
2.2 01：16.5，09； 02：51.0，28； 03：51.0，28；
04：51.0，28； 05：51.0，28； 06：51.0，28；
07：51.0，28； 08：51.0，28； 09：51.0，28；
10：51.0，28； 11：51.0，28； 12：09.5，01。
2.3 卷軸裝。首斷尾全。尾紙有經名，紙質與前不同。尾題字體與前不同。有烏絲欄。近代已托裱。
3.1 首殘→大正 0262，09/0058B09。
3.2 尾全→大正 0262，09/0062B01。
4.2 妙法蓮華經卷第七（尾）。
8 7~8 世紀。唐寫本。
9.1 楷書。
10 此件原為日本大谷探險隊所得並托裱。護首為黃底雲龍織錦。卷端有題簽“妙法蓮華經卷第七”。並鈐有藍色長方形印章，

2.4×3.4 厘米；印文為“圖書臺帳\登錄番號 860”，數字係手寫。有千字文编號“來”。尾有軸，人工水晶軸頭。軸頭粘有紙簽，上書“類別 8，番號 15”。

1.1 BD13816 號 1
1.3 妙法蓮華經卷一
1.4 新 0016
2.1 （1091.7＋4）×27.3 厘米；23 紙；893 行，行 30 餘字。
2.2 01：23.0，護首； 02：47.5，42； 03：48.5，47；
04：49.0，42； 05：49.0，41； 06：49.0，41；
07：49.0，42； 08：49.0，41； 09：49.0，40；
10：49.0，40； 11：49.0，40； 12：49.0，40；
13：49.0，39； 14：49.0，40； 15：49.0，40；
16：49.5，40； 17：49.0，40； 18：47.7，38；
19：48.7，40； 20：48.5，40； 21：48.5，40；
22：49.0，40； 23：48.5，40。
2.3 卷軸装。首全尾殘。有護首。尾紙上邊有殘缺。有烏絲欄。近代已托裱。
2.4 本遺書包括 4 個文獻：(一)《妙法蓮華經》卷一，278 行，今編為 BD13816 號 1。(二)《妙法蓮華經卷》二，337 行，今編為 BD13816 號 2。（三）《妙法蓮華經》卷三，246 行，今編為 BD13816 號 3。（四）《妙法蓮華經》卷四，32 行，今編為 BD13816 號 4。
3.1 首全→大正 0262，09/0001C14。
3.2 尾全→大正 0262，09/0010B21。
4.1 妙法蓮華經序品第一（首）。
4.2 妙法蓮華經卷第一（尾）。
8 8～9 世紀。吐蕃統治時期寫本。
9.1 楷書。
9.2 本件上邊、下邊及行間有硃筆校改及校加字。通卷長行均有硃筆句讀。
10 此件原為日本大谷探險隊所得並托裱。護首為黄底雲龍織錦。卷端有題簽“妙法蓮華經第一～四”。並鈐有藍色長方形印章，2.4×3.4 厘米；印文為“圖書臺帳\登錄番號 822”，數字係手寫。有千字文編號“暑”。尾有軸，人工水晶軸頭。軸頭粘有紙簽，上書“類別 8，番號 16”。

1.1 BD13816 號 2
1.3 妙法蓮華經卷二
1.4 新 0016
2.4 本遺書由 4 個文獻組成，本文獻為第 2 個，337 行，餘參見 BD13816 號 1 第 2 項。
3.1 首全→大正 0262，09/0010B24。
3.2 尾全→大正 0262，09/0019A12。
4.1 妙法蓮華經譬喻品第三，卷二（首）。
4.2 卷第二（尾）。
8 8～9 世紀。吐蕃統治時期寫本。
9.1 楷書。

1.1 BD13816 號 3
1.3 妙法蓮華經卷三
1.4 新 0016
2.4 本遺書由 4 個文獻組成，本文獻為第 3 個，246 行，餘參見 BD13816 號 1 第 2 項。
3.1 首全→大正 0262，09/0019A14。
3.2 尾全→大正 0262，09/0027B09。
4.1 妙法蓮華經藥草喻品第五，卷三（首）。
4.2 妙法蓮華經卷第三（尾）。
8 8～9 世紀。吐蕃統治時期寫本。
9.1 楷書。

1.1 BD13816 號 4
1.3 妙法蓮華經卷四
1.4 新 0016
2.4 本遺書由 4 個文獻組成，本文獻為第 4 個，32 行，餘參見 BD13816 號 1 第 2 項。
3.1 首全→大正 0262，09/0027B12。
3.2 尾 3 行上殘→大正 0262，09/0028A24～B05。
4.1 妙法蓮華經五百弟子授記品第八，卷四（首）。
8 8～9 世紀。吐蕃統治時期寫本。
9.1 楷書。

1.1 BD13817 號
1.3 妙法蓮華經卷五
1.4 新 0017
2.1 （2＋1029.8）×25.4 厘米；20 紙；541 行，行 17 字。
2.2 01：52.0，28； 02：52.0，28； 03：51.7，28；
04：51.7，28； 05：51.7，28； 06：51.7，28；
07：52.0，28； 08：52.0，28； 09：52.0，28；
10：52.0，28； 11：52.0，28； 12：50.0，27；
13：52.0，28； 14：52.0，28； 15：51.5，28；
16：51.5，28； 17：52.0，28； 18：52.0，28；
19：51.5，28； 20：48.5，10。
2.3 卷軸裝。首殘尾全。有烏絲欄。近代已托裱。
3.1 首行上殘→大正 0262，09/0038A21。
3.2 尾全→大正 0262，09/0046B14。
3.4 説明：
本件多處錯簡，詳情如下：
第 5 紙尾應接第 12 紙首，存文參見《大正藏》09/0040A15；
第 6 紙首應接第 14 紙尾，存文參見《大正藏》09/0043B12；
第 11 紙尾應接第 15 紙首，存文參見《大正藏》09/0044A05；

第 12 紙首應接第 5 紙尾，存文參見《大正藏》09/0040A15；

第 14 紙尾應接第 6 紙首，存文參見《大正藏》09/0043B11；

第 15 紙首應接第 11 紙尾，存文參見《大正藏》09/0044A06。

正確的順序應為：（1～5 紙）→（12～14 紙）→（6～11 紙）→（15～20 紙）。

4.2　妙法蓮華經卷第五（尾）。

8　7～8 世紀。唐寫本。

9.1　楷書。

10　此件原為日本大谷探險隊所得並托裱。護首為黄底雲龍織錦。卷端有題簽“妙法蓮華經卷第五”。並鈐有藍色長方形印章，2.4×3.4 厘米；印文為“圖書臺帳＼登錄番號 829”，數字係手寫。有千字文編號“往”。尾有軸，人工水晶軸頭。軸頭粘有紙簽，上書“類別 8，番號 17”。

1.1　BD13818 號

1.3　妙法蓮華經卷六

1.4　新 0018

2.1　1055.6×25.4 厘米；22 紙；571 行，行 17 字。

2.2　01：13.0，護首；　02：50.2，28；　03：51.0，28；
04：50.0，28；　05：50.2，28；　06：50.7，28；
07：50.7，28；　08：50.7，28；　09：50.7，28；
10：50.7，28；　11：50.7，28；　12：50.7，28；
13：50.7，28；　14：50.7，28；　15：50.7，28；
16：50.7，28；　17：50.7，28；　18：50.7，28；
19：50.7，28；　20：50.7，28；　21：50.7，28；
22：30.0，11。

2.3　卷軸裝。首脱尾全。有護首。有烏絲欄。近代已托裱。

3.1　首殘→大正 0262，09/0046C20。

3.2　尾全→大正 0262，09/0055A09。

4.2　妙法蓮華經卷第六（尾）。

8　7～8 世紀。唐寫本。

9.1　楷書。

10　此件原為日本大谷探險隊所得並托裱。護首為黄底雲龍織錦。卷端有題簽“妙法蓮華經卷第六”。並鈐有藍色長方形印章，2.4×3.4 厘米；印文為“圖書臺帳＼登錄番號 828”，數字係手寫。有千字文編號“秋”。尾有軸，人工水晶軸頭。軸頭粘有紙簽，上書“類別 8，番號 18”。

1.1　BD13819 號

1.3　妙法蓮華經卷七

1.4　新 0019

2.1　360.2×25.3 厘米；8 紙；195 行，行 17 字。

2.2　01：15.0，扉頁；　02：48.7，27；　03：49.5，28；
04：49.5，28；　05：49.0，28；　06：49.5，27；
07：49.0，29；　08：50.0，28。

2.3　卷軸裝。首全尾殘。原卷有護首。有烏絲欄。近代已托裱。

3.1　首全→大正 0262，09/0055A12。

3.2　尾行上殘→大正 0262，09/0057B24～25。

4.1　妙法蓮華經妙音菩薩品第二十四，七（首）。

8　9～10 世紀。歸義軍時期寫本。

9.1　楷書。

10　此件原為日本大谷探險隊所得並托裱。護首為黄底雲龍織錦。卷端有題簽“妙法蓮華經卷第七”。並鈐有藍色長方形印章，2.4×3.4 厘米；印文為“圖書臺帳＼登錄番號 832”，數字係手寫。有千字文編號“收”。尾有軸，人工水晶軸頭。軸頭粘有紙簽，上書“類别 8，番號 19”。卷尾上邊粘有現代紙箋，上書“又（?）武（?）”。

1.1　BD13820 號

1.3　妙法蓮華經卷一

1.4　新 0020

2.1　466.3×26.3 厘米；10 紙；221 行，行 17 字。

2.2　01：50.5，27；　02：50.0，26；　03：50.0，27；
04：50.0，23；　05：50.0，24；　06：50.3，28；
07：50.0，26；　08：50.0，25；　09：50.0，20；
10：15.5，拖尾。

2.3　卷軸裝。首脱尾全。有烏絲欄。近代已托裱。

3.1　首殘→大正 0262，09/0006B08。

3.2　尾全→大正 0262，09/0010B21。

4.2　妙法蓮華經卷第一（尾）。

8　10 世紀。歸義軍時期寫本。

9.1　楷書。

10　此件原為日本大谷探險隊所得並托裱。護首為黄底雲龍織錦。卷端有題簽“妙法蓮華經卷第一”。並鈐有藍色長方形印章，2.4×3.4 厘米；印文為“圖書臺帳＼登錄番號 866”，數字係手寫。有千字文編號“冬”。尾有軸，人工水晶軸頭。軸頭粘有紙簽，上書“類别 8，番號 20”。

1.1　BD13821 號

1.3　妙法蓮華經卷二

1.4　新 0021

2.1　（8＋1026.9）×25.2 厘米；23 紙；607 行，行 17 字。

2.2　01：20.5，19；　02：44.7，27；　03：44.7，28；
04：35.0，22；　05：48.0，28；　06：48.0，28；
07：48.0，28；　08：48.0，28；　09：48.0，28；
10：48.0，28；　11：48.0，28；　12：48.0，28；
13：48.5，28；　14：48.5，28；　15：48.5，28；
16：48.5，28；　17：48.5，28；　18：48.5，28；
19：48.5，28；　20：48.5，28；　21：48.5，28；
22：48.5，28；　23：21.0，07。

2.3　卷軸裝。首殘尾全。有烏絲欄。近代已托裱。

3.1　首5行下殘→大正0262，09/0010C06～11。
3.2　尾全→大正0262，09/0019A12。
4.2　妙法蓮華經卷第二（尾）。
8　　7～8世紀。唐寫本。
9.1　楷書。
9.2　有硃筆校改。
10　此件原為日本大谷探險隊所得並托裱。護首為黄底雲龍織錦。卷端有題簽"妙法蓮華經卷第二。"並鈐有藍色長方形印章，2.4×3.4厘米；印文為"圖書臺帳\登錄番號831"，數字係手寫。有千字文編號"成"。尾有軸，人工水晶軸頭。軸頭粘有紙簽，上書"類別8，番號21"。

1.1　BD13822號
1.3　妙法蓮華經卷二
1.4　新0022
2.1　（2+974.1）×25.4厘米；21紙；577行，行17字。
2.2　01：46.7，28；　02：46.7，28；　03：46.7，28；
04：46.7，28；　05：46.4，28；　06：46.7，28；
07：46.2，28；　08：46.5，28；　09：46.4，28；
10：46.2，28；　11：46.5，28；　12：46.5，28；
13：46.5，28；　14：46.5，28；　15：46.2，28；
16：46.4，28；　17：46.5，28；　18：46.5，28；
19：46.5，28；　20：46.7，28；　21：46.7，28。
2.3　卷軸裝。首殘尾全。首紙下邊有撕裂。有烏絲欄。近代已托裱。
3.1　首行上殘→大正0262，09/0011A07。
3.2　尾全→大正0262，09/0019A12。
4.2　妙法蓮華經卷第二（尾）。
7.1　尾題後有題記："長壽二年五月十五日弟子張元禮為亡父敬造供養流通。"
8　　693年，唐寫本。
9.1　楷書。題記中"年"字為有武周新字，通卷僅此一武周新字。
9.2　有硃筆校改。
10　此件原為日本大谷探險隊所得並托裱。護首為黄底雲龍織錦。卷端有題簽"妙法蓮華經卷第二"。並鈐有藍色長方形印章，2.4×3.4厘米；印文為"圖書臺帳\登錄番號834"，數字係手寫。有千字文編號"呂"。尾有軸，人工水晶軸頭。

1.1　BD13823號
1.3　妙法蓮華經（小字兩卷本）卷一
1.4　新0023
2.1　537.9×26.8厘米；11紙；395行，行26～28字。
2.2　01：49.0，36；　02：48.7，36；　03：49.0，36；
04：49.0，36；　05：49.0，36；　06：49.0，36；
07：49.0，36；　08：49.0，36；　09：48.7，36；
10：49.0，36；　11：48.5，35。
2.3　卷軸裝。首尾均脱。有烏絲欄。近代已托裱。
3.1　首殘→大正0262，09/0018B14。
3.2　尾殘→大正0262，09/0027B07。
3.4　説明：

本遺書所抄為鳩摩羅什譯《妙法蓮華經》。

現知該《妙法蓮華經》有七卷本、八卷本和十卷本等不同的流通本。本遺書所抄之《妙法蓮華經》，從"信解品第四"的後部分到"化城喻品第七"結束（僅差15字）。這部分經文，在七卷本、八卷本中，均屬卷二、卷三；在十卷本中，屬於卷三、卷四。故本遺書所抄《妙法蓮華經》形態與上述三種卷本均不同。

本遺書為小字，存文僅注品名，不分卷次，行26到28字，尾與BD13827號綴接，經文截止於"見寶塔品第十一"。則本遺書與BD13827號綴接後，經文截止於七卷本卷四的中部、八卷本卷四結尾、十卷本卷六前部。由此可以判定本遺書所抄為《妙法蓮華經》的又一種流傳形態。

疑為小字兩卷本，詳情待考。

6.2　尾→BD13827號。
8　　8～9世紀。吐蕃統治時期寫本。
9.1　楷書。
9.2　有行間校加字。
10　此件原為日本大谷探險隊所得並托裱。護首為黄底雲龍織錦。卷端有題簽"妙法蓮花經卷第二、三"。並鈐有藍色長方形印章，2.4×3.4厘米；印文為"圖書臺帳\登錄番號875"，數字係手寫。有千字文編號"調"。尾有軸，人工水晶軸頭。軸頭粘有紙簽，上書"類別8，番號23"。

1.1　BD13824號
1.3　妙法蓮華經卷三
1.4　新0024
2.1　774.4×25.3厘米；16紙；418行，行17字。
2.2　01：51.7，28；　02：48.5，27；　03：50.7，28；
04：50.4，28；　05：50.5，28；　06：50.5，28；
07：50.5，28；　08：50.5，28；　09：50.5，28；
10：50.5，28；　11：50.5，28；　12：50.5，28；
13：50.5，28；　14：50.8，28；　15：50.8，27；
16：17.0，00。
2.3　卷軸裝。首脱尾全。有烏絲欄。近代已托裱。
3.1　首殘→大正0262，09/0021A10。
3.2　尾全→大正0262，09/0027B08。
8　　7～8世紀。唐寫本。
9.1　楷書。
10　此件原為日本大谷探險隊所得並托裱。護首為黄底雲龍織錦。卷端有題簽"妙法蓮華經卷第三"。並鈐有藍色長方形印章，2.4×3.4厘米；印文為"圖書臺帳\登錄番號858"，數字係手寫。有千字文編號"陽"。尾有軸，人工水晶軸頭。軸頭粘有紙簽，上書"類別8，番號24"。

1.1　BD13825 號
1.3　妙法蓮華經卷四
1.4　新 0025
2.1　（2＋878）×25.5 厘米；20 紙；534 行，行 17 字。
2.2　01：22.0，13；　02：46.0，28；　03：46.0，28；
04：46.0，28；　05：46.0，28；　06：46.0，28；
07：46.0，28；　08：46.0，28；　09：46.0，28；
10：46.0，28；　11：46.0，28；　12：46.0，28；
13：46.0，28；　14：45.5，28；　15：46.0，28；
16：45.8，28；　17：45.7，28；　18：45.7，28；
19：46.0，28；　20：45.7，17。
2.3　卷軸裝。首殘尾全。前 5 紙有等距離殘洞，尾 2 紙上邊殘缺。有烏絲欄。近代已托裱。
3.1　首行上下殘→大正 0262，09/0029B13～14。
3.2　尾全→大正 0262，09/0037A02。
4.2　妙法蓮華經卷第四（尾）。
8　7～8 世紀。唐寫本。
9.1　楷書。
10　此件原為日本大谷探險隊所得並托裱。護首為黄底雲龍織錦。卷端有題簽“妙法蓮華經卷第四”。並鈐有藍色長方形印章，2.4×3.4 厘米；印文為“圖書臺帳＼登錄番號 825”，數字係手寫。有千字文編號“雲”。尾有軸，人工水晶軸頭。下軸頭粘有紙簽，上書“類別 8，番號 25”。

1.1　BD13826 號
1.3　妙法蓮華經卷四
1.4　新 0026
2.1　1072.4×25.2 厘米；23 紙；632 行，行 17 字。
2.2　01：46.7，28；　02：46.7，28；　03：46.7，28；
04：46.7，28；　05：46.7，28；　06：46.7，28；
07：46.7，28；　08：46.7，28；　09：46.7，28；
10：46.7，28；　11：46.7，28；　12：46.7，28；
13：46.7，28；　14：46.7，28；　15：46.7，28；
16：46.7，28；　17：46.7，28；　18：46.7，28；
19：46.7，28；　20：46.7，28；　21：46.7，28；
22：46.7，28；　23：45.0，16。
2.3　卷軸裝。首脱尾全。有烏絲欄。近代已托裱。
3.1　首殘→大正 0262，09/0027C14。
3.2　尾全→大正 0262，09/0037A02。
4.2　妙法蓮華經卷第四（尾）。
8　7～8 世紀。唐寫本。
9.1　楷書。
10　此件原為日本大谷探險隊所得並托裱。護首為黄底雲龍織錦。卷端有題簽“妙法蓮華經卷第四”。並鈐有藍色長方形印章，2.4×3.4 厘米；印文為“圖書臺帳＼登錄番號 879”，數字係手寫。有千字文編號“騰”。尾有軸，人工水晶軸頭。下軸頭粘有紙簽，上書“類別 8，番號 26”。

1.1　BD13827 號
1.3　妙法蓮華經（小字兩卷本）卷一
1.4　新 0027
2.1　465.9×26.5 厘米；10 紙；326 行，行 26～29 字。
2.2　01：49.0，36；　02：49.0，36；　03：49.0，36；
04：49.0，36；　05：41.0，31；　06：48.5，36；
07：48.7，36；　08：48.7，36；　09：41.5，30；
10：41.5，14。
2.3　卷軸裝。首脱尾斷。第 4、5 紙接縫處下部開裂。紙全而文字未抄完。有烏絲欄。近代已托裱。
3.1　首殘→大正 0262，09/0027B07。
3.2　尾缺→大正 0262，09/0034B22。
3.4　説明：
參見 BD13823 號第四項説明。
5　與《大正藏》本對照，本卷第 8 紙與第 9 紙首之間，漏抄經文一段，相當於大正 262，9/32B3～9/33B27。
6.1　首→BD13823 號。
8　8～9 世紀。吐蕃統治時期寫本。
9.1　楷書。
9.2　有行間校加字及硃筆點改。
10　此件原為日本大谷探險隊所得並托裱。護首為黄底雲龍織錦。卷端有題簽“妙法蓮華經卷第四”。並鈐有藍色長方形印章，2.4×3.4 厘米；印文為“圖書臺帳＼登錄番號 824”，數字係手寫。有千字文編號“致”。尾有軸，人工水晶軸頭。軸頭粘有紙簽，上書“類別 8，番號 27”。

1.1　BD13828 號
1.3　妙法蓮華經卷四
1.4　新 0028
2.1　（797.5＋4.5）×25.3 厘米；17 紙；448 行，行 17 字。
2.2　01：47.5，26；　02：50.0，28；　03：50.0，28；
04：50.0，28；　05：50.0，28；　06：50.0，28；
07：50.0，28；　08：50.0，28；　09：50.0，28；
10：50.0，28；　11：50.0，28；　12：50.0，28；
13：50.0，28；　14：50.0，28；　15：50.0，28；
16：50.0，28；　17：04.5，02。
2.3　卷軸裝。首全尾殘。有烏絲欄。近代已托裱。
3.1　首全→大正 0262，09/0027B12。
3.2　尾 2 行上殘→大正 0262，09/0034A01～03。
4.1　妙法蓮華經五百弟子受記品第八，四（首）。
8　9～10 世紀。歸義軍時期寫本。
9.1　楷書。
10　此件原為日本大谷探險隊所得並托裱。護首為黄底雲龍織錦。卷端有題簽“妙法蓮華經卷第四”。並鈐有藍色長方形印章，2.4×3.4 厘米；印文為“圖書臺帳＼登錄番號 874”，數字係手寫。有千字文編號“雨”。尾有軸，人工水晶軸頭。下軸頭粘有紙簽，上書“類別 8，番號 28”。

1.1　BD13829 號
1.3　妙法蓮華經卷五
1.4　新 0029
2.1　986.6×24.7 厘米；23 紙；570 行，行 17 字。
2.2　01：44.5，24；　02：44.2，24；　03：44.0，24；
04：44.5，24；　05：44.2，24；　06：44.0，24；
07：44.0，24；　08：44.0，24；　09：44.5，24；
10：44.5，24；　11：44.0，24；　12：44.0，24；
13：44.5，24；　14：44.0，24；　15：44.0，24；
16：44.0，24；　17：44.2，24；　18：44.0，24；
19：44.3，24；　20：44.2，24；　21：44.0，24；
22：44.0，23；　23：15.0，03。
2.3　卷軸裝。首脫尾全。有烏絲欄。近代已托裱。
3.1　首殘→大正 0262，09/0038B06。
3.2　尾全→大正 0262，09/0046B14。
4.2　妙法蓮華經卷第五（尾）。
7.1　尾題後有題記："大周證聖元年歲次乙未四月戊寅朔廿一日戊戌弟子薛崇徽奉為尊長敬造。"
8　695 年。唐寫本。
9.1　楷書。題記中的"證"、"聖"、"年"、"月"、"日"均為武周新字。
9.2　有行間加行。
10　此件原為日本大谷探險隊所得並托裱。護首為黄底雲龍織錦。卷端有題簽"妙法蓮華經卷第五"。並鈐有藍色長方形印章，2.4×3.4 厘米；印文為"圖書臺帳\登錄番號 827"，數字係手寫。有千字文編號"為"。尾有軸，人工水晶軸頭。下軸頭粘有紙簽，上書"類別 8，番號 29"。

1.1　BD13830 號
1.3　妙法蓮華經卷五
1.4　新 0030
2.1　975.5×25 厘米；21 紙；573 行，行 17 字。
2.2　01：47.5，28；　02：47.5，28；　03：47.5，28；
04：47.5，28；　05：47.5，28；　06：47.5，28；
07：47.5，28；　08：47.5，28；　09：47.5，28；
10：47.5，28；　11：47.5，28；　12：47.5，28；
13：47.5，28；　14：47.5，28；　15：47.5，28；
16：47.5，28；　17：47.5，28；　18：47.5，28；
19：47.5，28；　20：47.5，28；　21：25.5，13。
2.3　卷軸裝。首脫尾全。首紙有殘洞。有烏絲欄。近代已托裱。
3.1　首殘→大正 0262，09/0037C07。
3.2　尾全→大正 0262，09/0046B14。
4.2　妙法蓮華經卷第五（尾）。
8　9～10 世紀。歸義軍時期寫本。
9.1　楷書。
10　此件原為日本大谷探險隊所得並托裱。護首為黄底雲龍織錦。卷端有題簽"妙法蓮華經卷第五"。並鈐有藍色長方形印章，2.4×3.4 厘米；印文為"圖書臺帳\登錄番號 951"，數字係手寫。有千字文編號"霜"。尾有軸，人工水晶軸頭。軸頭粘有紙簽，上書"類別 8，番號 90"。

1.1　BD13831 號
1.3　妙法蓮華經卷五
1.4　新 0031
2.1　1027.5×25 厘米；21 紙；566 行，行 17 字。
2.2　01：50.5，28；　02：50.5，28；　03：50.5，28；
04：50.5，28；　05：50.5，28；　06：50.5，28；
07：50.5，28；　08：50.5，28；　09：50.5，28；
10：50.5，28；　11：50.5，28；　12：50.5，28；
13：50.5，28；　14：50.5，28；　15：50.5，28；
16：50.5，28；　17：50.5，28；　18：50.5，28；
19：50.5，28；　20：50.5，28；　21：17.5，06。
2.3　卷軸裝。首脫尾全。有烏絲欄。近代已托裱。
3.1　首殘→大正 0262，09/0037C15。
3.2　尾全→大正 0262，09/0046B14。
4.2　妙法蓮華經卷第五（尾）。
8　7～8 世紀。唐寫本。
9.1　楷書。
10　此件原為日本大谷探險隊所得並托裱。護首為黄底雲龍織錦。卷端有題簽"妙法蓮華經卷第五"。並鈐有藍色長方形印章，2.4×3.4 厘米；印文為"圖書臺帳\登錄番號 863"，數字係手寫。有千字文編號"金"。尾有軸，人工水晶軸頭。軸頭粘有紙簽，上書"類別 8，番號 31"。

1.1　BD13832 號
1.3　妙法蓮華經（八卷本）卷五
1.4　新 0032
2.1　（3.5＋674）×24.5 厘米；15 紙；394 行，行 17 字。
2.2　01：47.0，28；　02：47.0，28；　03：47.0，28；
04：47.0，28；　05：47.0，28；　06：47.0，28；
07：47.0，28；　08：47.0，28；　09：47.0，28；
10：47.0，28；　11：47.0，28；　12：47.0，28；
13：46.5，28；　14：46.5，28；　15：20.5，02。
2.3　卷軸裝。首殘尾全。有烏絲欄。近代已托裱。
3.1　首 2 行中上殘→大正 0262，09/0036B03～04。
3.2　尾全→大正 0262，09/0042A28。
4.2　妙法蓮華經卷第五（尾）。
5　與《大正藏》本對照，本卷經文分卷不同。屬於八卷本。
8　8～9 世紀。吐蕃統治時期寫本。
9.1　楷書。
10　此件原為日本大谷探險隊所得並托裱。護首為黄底雲龍織錦。卷端有題簽"妙法蓮華經卷第五"。並鈐有藍色長方形印章，2.4×3.4 厘米；印文為"圖書臺帳\登錄番號 882"，數字係手寫。有千字文編號"麗"。尾有軸，人工水晶軸頭。軸頭粘有紙

簽，上書“類別 8，番號 92”。

1.1　BD13833 號
1.3　妙法蓮華經卷六
1.4　新 0033
2.1　961.5×25.2 厘米；23 紙；548 行，行 17 字。
2.2　01：43.5，25；　02：43.5，25；　03：43.5，25；
04：43.5，25；　05：43.5，26；　06：43.5，25；
07：43.5，25；　08：43.5，25；　09：43.5，25；
10：43.5，25；　11：43.5，25；　12：43.5，25；
13：43.5，25；　14：43.5，25；　15：43.5，25；
16：43.5，25；　17：43.5，25；　18：43.5，25；
19：43.5，25；　20：43.5，25；　21：42.5，24；
22：43.0，23；　23：07.0，00。
2.3　卷軸裝。首脱尾全。有烏絲欄。近代已托裱。
3.1　首殘→大正 0262，09/0047A15。
3.2　尾全→大正 0262，09/0055A09。
4.2　妙法蓮華經卷第六（尾）。
8　7～8 世紀。唐寫本。
9.1　楷書。
10　此件原為日本大谷探險隊所得並托裱。護首為黄底雲龍織錦。卷端有題簽“妙法蓮華經卷第六”。並鈐有藍色長方形印章，2.4×3.4 厘米；印文為“圖書臺帳\登録番號 823”，數字係手寫。有千字文編號“水”。尾有軸，人工水晶軸頭。下軸頭粘有紙簽，上書“類別 8，番號 93”。

新舊編號對照表

新字頭號與北敦號對照表

新字頭號	北敦號	新字頭號	北敦號	新字頭號	北敦號
新 0001	BD13801 號	新 0012	BD13812 號 3	新 0021	BD13821 號
新 0002	BD13802 號	新 0012	BD13812 號 4	新 0022	BD13822 號
新 0003	BD13803 號	新 0013	BD13813 號	新 0023	BD13823 號
新 0004	BD13804 號	新 0014	BD13814 號	新 0024	BD13824 號
新 0005	BD13805 號	新 0015	BD13815 號	新 0025	BD13825 號
新 0006	BD13806 號	新 0016	BD13816 號 1	新 0026	BD13826 號
新 0007	BD13807 號	新 0016	BD13816 號 2	新 0027	BD13827 號
新 0008	BD13808 號	新 0016	BD13816 號 3	新 0028	BD13828 號
新 0009	BD13809 號	新 0016	BD13816 號 4	新 0029	BD13829 號
新 0010	BD13810 號	新 0017	BD13817 號	新 0030	BD13830 號
新 0011	BD13811 號	新 0018	BD13818 號	新 0031	BD13831 號
新 0012	BD13812 號 1	新 0019	BD13819 號	新 0032	BD13832 號
新 0012	BD13812 號 2	新 0020	BD13820 號	新 0033	BD13833 號